中国人民大学刑事法律科学研究中心系列丛书

# 刑事司法通论

刘品新　郭佳音　王燃　主编

清华大学出版社
北京

本书封面贴有清华大学出版社防伪标签，无标签者不得销售。

版权所有，侵权必究。举报：010-62782989，beiqinquan@tup.tsinghua.edu.cn。

图书在版编目(CIP)数据

刑事司法通论 / 刘品新，郭佳音，王燃主编．
北京：清华大学出版社，2025.3.
(中国人民大学刑事法律科学研究中心系列丛书)．
ISBN 978-7-302-68342-1

Ⅰ．D925.204

中国国家版本馆 CIP 数据核字第 20253U7Z72 号

责任编辑：刘　晶
封面设计：徐　超
版式设计：方加青
责任校对：宋玉莲
责任印制：宋　林

出版发行：清华大学出版社
网　　址：https://www.tup.com.cn，https://www.wqxuetang.com
地　　址：北京清华大学学研大厦 A 座　　　邮　编：100084
社 总 机：010-83470000　　　　　　　　　邮　购：010-62786544
投稿与读者服务：010-62776969，c-service@tup.tsinghua.edu.cn
质 量 反 馈：010-62772015，zhiliang@tup.tsinghua.edu.cn

印 装 者：三河市天利华印刷装订有限公司
经　　销：全国新华书店
开　　本：185mm×260mm　　　印　张：41.5　　　字　数：954 千字
版　　次：2025 年 4 月第 1 版　　印　次：2025 年 4 月第 1 次印刷
定　　价：198.00 元

产品编号：105433-01

谨以此书纪念何家弘教授执教40年。

# 序言

这是一部刑事司法一体化研究的著作,具有开拓性。虽然内容体系不够周延、不够严谨,但是也能给人启迪,促人考较,并提供整合刑事司法观念的思路。因此,这是一本值得阅读的书。

受语词沿革的影响,中国的专家学者在使用"刑事司法"概念时有不同的习惯,而且主要表现为对刑事司法主体的认识不同。因此,人们在研讨刑事司法问题时就形成了"部门本位"的刑事司法观和"学科本位"的刑事司法观。

受部门利益或习惯的影响,法院、检察院、公安局、司法部对"刑事司法"的解释有所不同。在刑事司法改革过程中,法院强调狭义的司法权,检察院强调法律监督权,公安部强调广义执法权,司法部强调司法人事权。于是乎,符合本部门利益时就积极推动,不符合本部门利益时就消极应付。在涉及不同部门之间的权力配置问题上,这种"部门本位"的刑事司法观就会影响刑事司法改革的进程。

由于刑事司法的概念模糊且众说不一,不同学科的专家就会从本学科的视角进行解说。例如,有的刑事诉讼法学者认为,刑事司法改革就是刑事诉讼法的事情,与刑法无关;有的刑法学者认为,刑事诉讼法是刑事司法改革的路,刑法才是刑事司法改革的车。于是,在以"刑事司法"为主题的研讨会上,不同学科的专家学者就会从不同角度发表观点,甚至出现各说各话的状况。

在中国,学科的划分是精细且严格的,从学科门类到一级学科再到二级学科乃至三级学科,都有明确的名称和地界。根据研究对象不同而对学科进行划分,这是天经地义的,但是划分过细、过严且与带有行政管理色彩的职称晋升、科研评奖、课题申报、大学评估等挂钩,就可能影响科学的发展和学术的进步。一些学者就会把学科视为"领地",自己"不出圈",他人"别越界",于是就形成了学科本位的刑事司法观。

学术研究追求精深,因此要划分专业,例如刑法学、刑事诉讼法学、刑事证据法学、犯罪侦查学、犯罪学、刑事执行法学等。然而,刑事司法实务并没有明确的学科划分。例如,侦查人员、检察人员、审判人员在实践中都要综合运用刑法、刑事诉讼法、证据法的专业知识。

社会科学研究的路径之一是问题导向,而司法实践中的问题不会遵守学科的划分,于是,研究者在问题引导下就会"跨界"闯入他人的领地。刑事错案研究就是一个例证。刑事错案是刑事司法系统的伪劣产品,反映了刑事司法制度的弊端和漏洞。这不是刑事司法系统中某个部门的问题,也不是刑事司法领域内某个学科的问题,因此需要综合性研究。

由此可见,我们应该对"刑事司法"的语言习惯进行整合,统一刑事司法的概念。简言之,刑事司法是专业人员依照法律赋予的权力,办理刑事案件,适用刑事法律的活动，以刑事调查、刑事检控、刑事审判、刑事执行为基本内容。与此相应，刑事司法系统包括刑事调查机关、刑事检察机关、刑事审判机关和刑事执行机关。刑事司法的主干人员包括刑事调查人员、刑事检控人员、刑事审判人员和监狱管理人员。此外，刑事司法还有辅助人员，包括刑事技术人员和刑事辩护人员。这些专业人员都是刑事司法活动的参与者。

理解这个概念，我们要明确三点：第一，刑事司法是一种跨行业的组织行为。它包括警察行业、检察官行业、法官行业、律师行业、监狱管理行业、刑事科学技术行业等。第二，刑事司法是一个跨学科的法学专业。它不是一个学科，而是一个学科群，包括刑法学、刑事诉讼法学、犯罪侦查学、刑事证据法学、刑事执行法学、刑事科学技术等。第三，刑事司法是一套跨部门的功能系统。它的主体不能简单地列举为公、检、法机关。其实，公安局、检察院和法院都不是刑事司法系统的部门，各机关中从事刑事司法活动的人员才是刑事司法的主体，包括刑事调查人员、刑事检察人员、刑事审判人员等。

综上所述，刑事司法是一个重要的法学专业领域，也是一个重要的社会功能系统，大有厘清概念之必要。刑事司法概念的一体化可以促进刑事司法观念的一体化，进而构建刑事司法的职业共同体。诚然，概念的明晰和语词的精准，并不能创造事物，但是可以促进事物的发展。是所谓，正名不能造物，但是可以格物，进而育物，即促进刑事司法的健康发展。

这是一部由学生们撰写的文集。浏览书稿之后，我有一个强烈的感觉——青出于蓝而胜于蓝。这些学生各有所长，各有建树。他们的成就，令我骄傲。因此，我欣然作序。

何家弘
**2024 年岁杪写于北京世纪城痴醒斋**

# 目录

导语：迈向一体化的刑事司法 ············································ 吴 琼 何 西 / 1

## 第一编 刑事侦查 ··································································· 22

**本编导言** ············································································ 22

### 第一章 刑事侦查的原理 ···················································· 23
第一节 刑事侦查的同一认定原理 ········································ 李学军 / 23
第二节 刑事侦查的信息转移原理 ········································ 刘品新 / 41

### 第二章 刑事侦查的技术 ···················································· 52
第一节 刑事侦查的家族基因鉴定技术 ··································· 方 斌 / 52
第二节 刑事侦查的增强证人回忆技术 ··································· 方 斌 / 76

### 第三章 网络大数据时代的刑事侦查 ···································· 97
第一节 网络时代的侦查制度创新 ········································ 刘品新 / 97
第二节 大数据时代侦查模式变革 ········································ 王 燃 / 110
第三节 大数据时代刑事取证管辖 ········································ 梁 坤 / 129
第四节 大数据时代刑事数据出境 ································ 王 燃 姚秀文 / 149

## 第二编 刑事司法的证据与证明 ·················································· 168

**本编导言** ············································································ 168

### 第四章 证据的理论之辩 ···················································· 169
第一节 证据的概念之辩 ··················································· 李学军 / 169
第二节 证据的属性之辩 ··················································· 马丽莎 / 183
第三节 证据的排除之辩 ···················································· 林 倩 / 199

### 第五章 证明的理论之问 ···················································· 213
第一节 刑事司法的真实之问 ·············································· 周慕涵 / 213
第二节 司法证明的标准之问 ·············································· 马丽莎 / 232
第三节 证明根据的短缺之问 ·············································· 徐月笛 / 248
第四节 案件事实的认定之问 ······································· 渠 澄 吕泽华 / 262
第五节 推定证明的规则之问 ·············································· 刘英明 / 278
第六节 司法推定的条件之问 ······································· 毛淑玲 林 驰 / 291

### 第六章 刑事证据与证明的创新理论 ····································· 303
第一节 电子证据的基础理论 ·············································· 刘品新 / 303
第二节 电子证据的双联性原理 ············································ 刘品新 / 311

  第三节 电子数据的双重鉴真 ········································· 刘译矾 / 326
  第四节 区块链证据的基础理论 ········································· 刘品新 / 339
  第五节 大数据的证明机理 ················································· 王 燃 / 356
  第六节 大数据的相关关系 ················································· 黄 健 / 373
  第七节 大数据证据的法律地位 ········································· 周慕涵 / 392

## 第三编 刑事控辩审 ············································································· 406
**本编导言** ······································································································ 406
### 第七章 刑事检察 ···················································································· 407
  第一节 我国的未检治理 ····················································· 季美君 / 407
  第二节 我国检察官的职业保障 ········································· 季美君 / 424
  第三节 德国检察官的职业保障 ············· 季美君 周遵友 / 443
### 第八章 刑事辩护 ···················································································· 451
  第一节 刑事辩护方的证明责任 ········································· 房保国 / 451
  第二节 电子证据时代的刑事辩护 ····································· 刘品新 / 463
  第三节 大数据时代的智慧辩护 ············· 李奋飞 朱梦妮 / 478
  第四节 刑事辩护人的资格剥夺 ········································· 刘译矾 / 491
### 第九章 刑事审判 ···················································································· 507
  第一节 刑事诉讼的理论祛魅 ············································· 张 帅 / 507
  第二节 审判直播的实证研究 ············································· 王 燃 / 518
  第三节 刑事错案的申诉再审 ············································· 刘译矾 / 533
  第四节 诉讼中的专门性问题 ············································· 李学军 / 544
  第五节 刑事审判与鉴定制度 ············································· 季美君 / 565

## 第四编 刑事司法与社会治理的中国智慧 ··········································· 587
**本编导言** ······································································································ 587
### 第十章 犯罪治理 ···················································································· 588
  第一节 我国的新型网络犯罪治理 ········································· 皮 勇 / 588
  第二节 我国的轻微犯罪治理 ················· 王晓霞 张恒飞 / 610
  第三节 我国的刑民交叉治理 ················· 王婵婵 吴周求 / 618
### 第十一章 社会治理 ················································································ 631
  第一节 我国司法判例制度的实践 ········································· 张 晶 / 631
  第二节 我国数字社会正义的实现 ········································· 房保国 / 642

## 后记 ············································································································ 654

# 导语

# 迈向一体化的刑事司法

吴琼 何西

在我国,"刑事司法"是一个被官方接受并广泛使用的术语。《中共中央关于进一步全面深化改革 推进中国式现代化的决定》明确要"推进执纪执法和刑事司法有机衔接";中央全面深化改革领导小组会议强调"要着眼于解决影响刑事司法公正的突出问题,把证据裁判要求贯彻到刑事诉讼各环节……建立更加符合司法规律的刑事诉讼制度";习近平总书记也曾指出"我国人民警察是国家重要的治安行政和刑事司法力量"。①

刑事司法还是一个出现频率很高的学术术语。截至 2024 年 8 月 25 日,中国知网上以"刑事司法"为题目的文章已高达 2 829 篇,而以"刑事司法"为主要内容的著作也不在少数,如何家弘教授著《外国刑事司法制度》、王敏远教授著《刑事司法理论与实践检讨》、张建伟教授著《刑事司法体制研究》,等等。2022 年,最高人民检察院举办了"新时代刑事司法改革发展与展望"学术研讨会,众多刑事法学者纷纷建言献策。如陈兴良教授提到,"刑事司法改革主要涉及刑诉法问题,但也离不开刑法理念的指导";周光权教授认为,"刑事司法改革还需要思考刑事实体法理念和方法的塑造,坚持刑法客观主义,确保刑事司法活动在正确的轨道上运行"。②可见,"刑事司法"是一个被刑事实体法和程序法领域共同接受的概念,虽然专家学者的理解并不尽同,但基本上还是以法院和检察院的职能范围为主。这大概也符合汉语中"司法"一词的使用习惯,即主要指法院,也可以包括检察院,但一般不包括公安机关。"公安"可以和"司法"并列使用,例如,"公安司法机关"和"公安司法人员"就是耳熟能详的表达方式。

不过,刑事司法的语义似乎并不止于此。众所周知的是,我国国务院设司法部,主管全国司法行政部门的工作。司法部的一项重要职责是负责全国监狱管理工作,包括监督管理刑罚执行、罪犯改造的工作,以及指导、管理社区矫正工作和刑满释放人员帮教安置工作。这显然与上文语境中的"刑事司法"含义不完全相同。此外,我国一些政法和公安院校还设有以"刑事司法"为名的专业或学院。例如,浙江警官职业学院和四川司法警官职业学院等设有刑事司法系;中国政法大学、中南财经政法大学、河南财经政

---

① 《习近平向中国人民警察队伍授旗并致训词》,载中国政府网 2020 年 8 月 26 日,https://www.gov.cn/xinwen/2020-08/26/content_5537659.htm,最后访问日期:2024 年 10 月 31 日。
② 《理念政策创新:为刑事司法改革注入永续动力——"新时代刑事司法改革发展与展望"研讨会主题研讨摘要(一)》,最高人民检察院微信公众号 2022 年 10 月 11 日,https://mp.weixin.qq.com/s/9MnUJaNN18l9qCE4HNoAvQ. 最后访问日期:2024 年 10 月 8 日。

法大学等法科学校还设有刑事司法学院。这些院系的研究范围不仅包括刑法和刑事诉讼法,培养的也远不止法官和检察官。例如,中国政法大学刑事司法学院设有两个本科专业,即法学专业和侦查学专业,且后者是该学院的特色专业;四川司法警官职业学院设有刑事执行、罪犯心理测量与矫正技术、社区矫正等多个教研室。由此可见,院系名称中的"刑事司法",不仅包括狭义上的"司法"活动,还包括公安侦查和刑事执行等业务,涉及侦查技术、社区矫正、犯罪预测等刑侦学和犯罪学的相关内容。

一般而言,一种语言中的语词含义是相对明确且稳定的,但是在受到外来语言影响的情况下,就容易出现语词使用的变异,甚至出现歧义。当下刑事司法表意"花开两朵,各表一枝",追根溯源,也是受到域外语词 criminal justice 转译的影响。虽然"刑事司法"一词已经成为高频的政策和学术语词,相关语义在各自语境下也不至于混淆,但我们仍希望能够尽量明确对该词的理解和使用,减少不必要的沟通成本。为此,本部分将首先就"刑事司法"一词的语义演变展开历史考察,梳理学术界对"刑事司法"一词的不同理解;其次就"刑事司法"的内涵与外延重新界定,作为后续文本的基础;最后简要阐述刑事司法的主要内容,并比对几组与之关联的概念。

# 一、"刑事司法"词源考

## (一)"刑事司法"的古今之变

"刑事司法"是一个明显的组合词语,"刑事"与"司法"分别表达不同的含义,二者的搭配出现也是晚近的语言现象。因此,若作语义方面的追根溯源,需要分别从"刑事"与"司法"展开。

"刑"字历史悠久,但起初并非单字,而是两个字的组合。金文中"刑"的左边是一个井,右边则是一把刀(见图1)。《说文解字》记载:"井刂,罚罪也,从刀、从井。",本义即征伐、杀戮,这与古代"兵刑不分"的观念有关,后多引申为残害肌体的肉刑,又泛指刑罚。如《韩非子·二柄》"杀戮之谓刑"。"刑"字左侧的"井"也有"法"的含义。《易经·井卦》有注:"井,法也。"这里的"井"字,读音为刑,其写法为"开"。汉代应劭在《风俗通》说:"井(刑)者,法也,节也。"① 可见,"刑"即用暴力、强制力来维持"法"和"节"。

图 1 金文"刑"

此外,古代的"刑"与"型"还是通假字,这是因为"井"字是铸造青铜器所用模范的象形,本义即铸造青铜器的模子,长期与"刑"音部相同而混用,直至春秋战国之后才在"井刂"字之下加上模具的材料"土"旁,后来规范为"型"字。所以"井刂"

---

① 参见代天才:《修养·法度·心性:儒学的嬗变与〈井卦〉义理的多重阐释》,载《天府新论》2024年第4期。

字还有模型、模范之义，又引申为规范、法。①《左传》中有"夏有乱政而作《禹刑》，商有乱政而作《汤刑》，周有乱政而作《九刑》"，《论语》中有"道之以政，齐之以刑"，其中"刑"即为"法"。可见，在古代"刑"具有多种含义，既有刑法之意，又可以表示处罚，还引申为对犯人的体罚，如"刑讯""刑具"，等等。

今天，我们仍沿袭古代汉语使用"刑"字，"刑事"自然指"有关刑法的"，但"司法"一词明显经历了古今之变。古代汉语中，"司"多表示"主管""掌管"之意。东汉《说文解字》有云，"司，臣司事于外者"。"司"与特定领域结合多代指官职，如"司农"指掌管农业的官员；"司马"最初指专门负责马匹的官员。同样，"司法"一词在古代汉语中多指掌管、适用法律的官员。《陈书·姚察传》载："思廉在陈为衡阳王府法曹参军，转会稽王主簿。入隋，补汉王府行参军，掌记室，寻除河间郡司法。"这里的"司法"即表示"适用法律的官员"。唐代的"司法"是一项正式官职。《新唐书·百官志四》记载："武德初，司功、司仓、司户、司兵、司法、司士书佐皆为司功等参军事，有府四人、史十人。"其中"法曹司法参军事，掌鞫狱丽法、督盗贼、知赃贿没入"，说明在唐代"司法"主要掌管与刑狱相关的事务。到宋时期，"凡诸州狱，则录事参军与司法掾参断之"，与唐代司法职责基本一致。

"司法"一词的含义自清末起发生重要转变，原因是清末预备立宪，开始引入西方国家的法律制度。《清史稿》记载："丁巳，改按察使为提法使，置巡警、劝业道，裁分守、分巡各道，酌留兵备道，及分设审判厅，备司法独立，增易佐治员，备地方自治，期十五年内通行。"这里的"司法"与现代国家权力理论中的"司法"基本一致，是与立法、行政并行的国家权力，适用主体主要是法院。1908年，《钦定宪法大纲》"君上大权"第10条写道："司法之权，操诸君上，审判官本由君上委任，代行司法，不以诏令随时更改者……"其中的"司法之权"同样强调由"审判官"代行。中华民国时期的立宪基本延续这一用法。在清末民初的西学东渐中，"司法"已由"掌管法律与刑罚的官员"转变为与行政、立法并行的，由专业法官开展的审判活动。

中国共产党领导的人民政权使用"司法"一词表达人民政权的组织机构。中华苏维埃共和国临时中央政府成立后，陆续颁布了《裁判部暂行组织及裁判条例》《中华苏维埃共和国司法程序》等法令。陕甘宁边区政府根据《陕甘宁边区高等法院组织条例》《陕甘宁边区议会及行政组织纲要》等法令，将原苏维埃裁判部改组为陕甘宁边区法院，建立了以高等法院为核心的司法机关体系。②上述法令中"司法"同样强调的是"审判"。新中国成立前夕，《中国人民政治协商会议共同纲领》规定，"制定保护人民的法律、法令，建立人民司法制度"。可见，其仍然延续了近代以来"司法"的含义。至此，"司法"的"指检察机关或法院依照法律对民事、刑事、行政案件进行调查、审判"的含义基本形成。改革开放后，法制建设恢复，因为不同部门法中司法运作的形态和规律截然不同，为表区别，在司法前添加"民事""刑事""行政"等以作区分，刑事与司法连

---

① 参见杨永红：《中国古代的"刑"、"法"、"律"字的演变及其含义》，载北京法院网，https://bjgy.bjcourt.gov.cn/article/detail/2011/07/id/882676.shtml. 最后访问日期：2024年6月30日。
② 龙婧婧：《革命根据地时期司法建设的历史经验》，载《人民法院报》2022年2月11日，第6版。

用，自然就可以表达"国家机关行使的审判权和监督刑事法律实施的活动"的含义了。

## （二）"刑事司法"的中外交汇

除上述含义外，刑事司法在我国显然还有更多的含义。原因之一是我们习惯于将域外的 criminal justice 也译为刑事司法，造成该词的语义多元。事实上，当前"刑事司法"一词多义的情况与 20 世纪 80 年代起我国刑事法学（尤其是刑事诉讼法学者）对英美法系，尤其是对美国相关制度的学习借鉴有关。

我们可以从"中国知网"的期刊中寻找蛛丝马迹。改革开放前《法学研究》的相关论文中多次出现"司法""刑事"等关键词，但几乎没有将二者联系使用。陈光中先生在 1962 年《我国古代刑事立法简述》一文中"北齐律对魏晋以来的刑事立法和司法经验……"的表述比较早地将刑事与司法连用，但显然并没有形成固定语词。1979 年，《刑法》《刑事诉讼法》等刑事法律相继出台，刑事法学的研究也再次走向正轨。相较于此前，刑事法学界更重视比较法的研究，《环球法律评论》《现代法学》等期刊连续发表关于英国、美国、德国、日本等国家的司法制度。正是在刑事法学研究"西学东渐"的思潮下，"刑事司法"逐渐出现在学术界并成为常用语词。

1982 年，何鹏在《吉林大学社会科学学报》发表《美国刑事司法新动向的剖析》，这是目前可以检索到的首次以"刑事司法"为题目的文章。文章中，作者从美国的刑罚目的、刑事程序中非法证据排除和辩诉交易的发展以及美国刑罚执行中监狱的问题等方面展开介绍，并指出"任何一个国家的刑事司法制度，都是这个国家的统治阶级实行阶级专政的工具，维护统治阶级利益的手段"。该文介绍的美国的刑事司法包括刑罚、诉讼程序和刑事执行，这已经与我国司法的传统语义有所区别，展现了"刑事司法"一词更加宏大且更为一体化的一面。①1985 年，徐友军在《论刑事司法系统》一文中首次提出"刑事司法系统"的概念，认为"刑事司法系统是一个与对人犯的逮捕、公诉定罪以及改造有关的整体。"作者认为，警察、检察官、法院和监狱是刑事司法的子系统，它们相互传导，共同形成了刑事司法的"总系统"（见图 2）。②显然，二者对"刑事司法"的使用都受到 criminal justice 一词的影响。

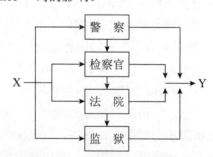

**图 2　徐文中"刑事司法系统"的图示**

除期刊论文外，何家弘教授也曾口述他对该词语的认识，一定程度上也推动了

---

① 参见何鹏：《美国刑事司法新动向的剖析》，载《吉林大学社会科学学报》1982 年第 6 期。
② 参见徐友军：《论刑事司法系统》，载《河北法学》1985 年第 5 期。

criminal justice 与"刑事司法"产生关联。根据何家弘教授介绍，1985年初，中国人民大学法律系和公安部二所计划联合举办"物证技术暑期讲习班"。受限于当时我国刑事比较法研究的现状，很多英文词汇尚未有准确的中文词语与之对应，其中之一就是criminal justice。criminal 可以翻译成刑事或犯罪；justice 的本义是正义和公正，可以引申为法官和审判等。但二者组合在一起应当如何翻译却有不同意见，最后何家弘教授将其翻译为"刑事司法"。

自此，在刑事法学，尤其是刑事诉讼法学大量研究英美法系的时代背景下，刑事司法与 criminal justice 的关联程度密切加深。学者们发现 criminal justice 在国外是一个被广为使用的词语，并且含义广泛，包括刑事调查、刑事检控、刑事辩护、刑事审判、刑事执行等内容。1999年出版的第七版《布莱克法律词典》对"刑事司法"的解释是："第一，社会应对那些被指控实施了犯罪的人的方法手段；第二，那些要把执法作为职业的人所要进入的学科领域。"同时，"刑事司法系统"被解释为"被指控犯罪的人所经由处理指控或适用刑罚之机构的集合。该系统一般有三个部分：执法（警察、警务官、法警）、审判（法官、检察官、辩护律师）和矫正（监狱官、缓刑官、假释官）。"后续，何家弘教授等研究者陆续发表以"刑事司法"为主题的文章、著作等，更多的刑事法学研究者也开始接受，并在更广义的维度使用"刑事司法"这一概念。至此，刑事司法已经超越传统意义上的"国家机关行使的审判权和监督刑事法律实施的权力"，逐渐容纳刑罚制度、刑事证据、调查、辩护、执行等内容。

## 二、"刑事司法"的域外研究

域外关于"刑事司法"的研究以自成体系的专著为主要形式，且往往针对某一特定法域的刑事司法展开。截至2024年9月14日，以 criminal justice 为关键词，在谷歌学术中进行检索，在引用率最高的几本关于 criminal justice 的图书当中，Andrew Sanders, Richard Young, Mandy Burton 合著的 *Criminal Justice* 一书被引用次数达649，该书主要关注英国刑事司法领域，其主要内容为：（1）刑事司法的目的与价值，具体包括刑事司法的性质与结构，刑事司法中的有罪、无辜之人以及被害人，两大法系的刑事司法理论，刑事司法的犯罪控制与正当程序模式，刑事司法的管理模式（Managerialism）与计算司法模式（Actuarial Justice），刑事司法的发展趋势等。（2）刑事司法的程序，具体包括截停与搜查，逮捕，拘留，警察讯问，非讯问手段取得之证据，刑事起诉，辩诉交易，简易审判，刑事审判，上诉以及对警察违法行为的救济。（3）刑事司法系统，具体包括法院系统，检察院系统以及刑事司法中的被害人。Frank Schmalleger 所著的 *Criminal Justice Today—An Introductory Text for the Twenty-First Century* 被引用次数达578，该书主要关注美国刑事司法领域，其主要内容包括美国的犯罪治理，警察侦查，审判程序，惩戒程序以及刑事司法特殊领域的问题。虽然该篇章体例安排迥异，且聚焦于不同法域的刑事司法，但均涉及刑事司法的概念、刑事司法系统、刑事司法程序以及刑事司法的模式等内容，有鉴于此，本书将针对上述内容对域外研究进行考察。

## （一）"刑事司法"的概念

根据维基百科，justice 的通常用法有 8 种：（1）在经济学领域中，justice 指用于构建经济制度的一系列道德、伦理准则，属于福利经济学的分支。（2）在美德领域，justice 指古典哲学与基督教神学中四种个人品质之一的公正，除此之外还包括审慎、勇气、节制。（3）distributive justice，指公正的社会资源分配方案。（4）global justice，指一个政治哲学中的议题。（5）retributive justice，指一种关于惩罚的理论，也即分配正义。（6）social justice，涉及个人与社会之间划定的适当关系。（7）justice 也用于称呼某一层级的法官。（8）criminal Justice，是对被指控犯罪的人伸张正义，将正义送达被指控犯罪的人（the delivery of justice to those who have been accused of committing crimes）。

criminal justice 这一用法当中，justice 意为正义。在广义层面上，正义是指以公平公正的方式对待个人。哈特认为，正义是一种特殊的道德，并且通过考察人们使用"正义"或者"非正义"的观点进行评价，发现"正义"与"公平"几乎同义，也即"作为公平的正义"（fairness as justice）。他进一步认为，正义包含了两个部分：（1）等者等之；（2）不同情况下的差别对待。① 罗尔斯如此阐述这种"作为公平的正义"：在某些制度中，当对基本权利和义务的分配没有在个人之间作出任何任意性的区分时，当规范使得各种对社会生活利益的冲突要求之间有一项恰当的平衡时，这些制度就是正义的。这样一种正义的概念（the concept of justice），在这一共识基础上人们还可能产生不同的对于正义的观念（conceptions of justice）。②

criminal justice 直译为刑事正义，国内理论界约定俗成将其译为"刑事司法"。刑事司法，是对被指控犯罪的人伸张正义，将正义送达被指控犯罪的人（the delivery of justice to those who have been accused of committing crimes）。广义的刑事司法，包括政府部门的组织机构以及其实践运行（practice and institutions of governments），旨在维持社会控制、威慑或者减轻犯罪、通过刑罚以及矫正措施来制裁罪犯，这些组织机构及其运行所针对的目标，涵盖潜在的犯罪行为（potential criminal activities）、被指控的犯罪行为（alleged criminal activities）以及实际的犯罪行为（actual criminal activities）。

广义层面上的刑事司法，是一个国际上通用的专业术语。联合国毒品和犯罪问题办公室曾发布《联合国预防犯罪和刑事司法标准和规范简编》，内容涉及各种问题，如少年司法、罪犯待遇、国际合作、良好治理、被害人保护等。按照该准则的理解，刑事司法是指国家权力机构制定、执掌和适用刑事法律的活动。《预防犯罪和刑事司法系统及其在变化世界中的发展的萨尔瓦多宣言》也强调，"我们确认对环境产生重大影响的新形式罪行所构成的挑战。我们鼓励各会员国加强在此领域的国家预防犯罪和刑事司法立法、政策和做法"。可见，在英语语境中，刑事司法包括了刑事立法活动，这显然与汉语中的"司法"概念不一致，因为在汉语中，立法是与司法并列的概念，不是相容概念。

---

① 参见 [英] 哈特：《法律的概念》（第三版），许家馨、李冠宜译，北京，法律出版社 2018 年第 1 版，第 226-235 页。
② 参见 [美] 约翰·罗尔斯：《正义论》（修订版），何怀宏等译，北京，中国社会科学出版社 2009 年第 1 版，第 3-6 页。

狭义的刑事司法仅关注指控犯罪行为的政府组织机构及其运行，也即由警察机构、检察院、法院、辩护律师等围绕被指控犯罪的人展开的一系列侦查、起诉、审判程序。域外研究刑事司法的相关文献，主要关注的是狭义的刑事司法，因此在这层含义上，刑事司法几乎与刑事诉讼同义。

## （二）刑事司法系统

刑事司法系统（criminal justice system）由如下一系列政府部门和机构组成。

### 1. 立法机构（legislatures）

在一国法域内，立法、行政机关通过颁布刑事法律、法规来划定犯罪的范围，并制定打击犯罪的刑事政策。除了某一国家的立法机关能够参与到刑事司法政策、法规的制定当中，在涉及国家之间的跨区域刑事司法合作方面，国家间签署的双边协定、多边协定以及一些国际组织发布的规范性文件也发挥了重要作用。比如，为在世界范围内打击非法药物以及国际犯罪，联合国药物管制规划署以及国际预防犯罪中心合并成立了联合国毒品和犯罪问题办公室，其中一项重要任务便是通过规范性工作协助各国批准、执行相关的国际条约，在国内针对药物、犯罪以及恐怖主义立法，为条约及理事机构提供秘书处及实质性服务。再如，2003年第58届联合国大会全体会议投票通过了《联合国反腐败公约》，这是联合国历史上通过的首个用于打击国际腐败犯罪的法律文件，截至2007年1月20日，该文件已被140个国家和地区所承认，其中83个国家和地区批准了公约。目前在青少年司法、毒品犯罪、网络犯罪、恐怖主义犯罪以及通过科技手段实施的犯罪领域，刑事立法应当如何回应，构成刑事司法的前沿问题。

### 2. 执法机构（law enforcement agency），主要指警察

现代第一支警察部队起源于英国伦敦。在美国，各州与联邦的警务机构并无隶属领导关系，但在跨区或者涉及联邦利益的犯罪案件中保持密切合作。在美国联邦层面，联邦调查局（Federal Bureau of Investigation）是美国的国内情报与安全机构，也是美国主要的联邦执法机构，隶属于美国司法部，向司法部长与国家情报总局汇报工作。联邦调查局是美国领先的反恐、反间谍和刑事调查组织，对200多种联邦犯罪行为拥有管辖权。在传统欧陆国家，尤其在检察制度的发源地法国，一度由预审法官主导正式的侦查程序，检察官只享有对轻罪、违警罪的侦查权，预审法官制度在德国经过法律移植与改革，现如今其侦查权、对基本权干预行为的司法审查权以及对提起公诉案件的预先审查权，分别转隶给德国的检察官、调查法官以及中间程序的法官行使。现如今，德国学界认为，检察官是侦查的主人。随着网络犯罪、科技犯罪等专业、疑难类型犯罪案件的增多，在侦查主体方面，现代法治国家逐渐由检主警辅转向由警察主导侦查，各国也不断进行警务改革。

### 3. 法院系统（court），包括检察机关（procuratorate）、辩护律师（defense lawyer）

法院系统按照处理法律争议的性质，可以划分为普通法院与宪法法院。按照审级可以划分为初审法院与上诉法院。按照涉诉争议的专业性，有些国家或者地区又会设立劳动法院、行政法院、交通运输法院、军事法院等专门法院。纵观各国"刑事司法"的基本范畴，其中一项重要区别便在于，不同国家法院主管的范围各有不同，比如，对于发

生在审前环节、构成对公民基本权利干预的侦查行为之合法性审查，多数国家认为属于法院主管的范围。但也存在例外，20世纪末，苏联以及受苏联影响较大的社会主义国家，将羁押等强制性侦查措施的审查权交由检察官行使，但随着苏联的解体以及欧洲人权委员会、欧洲人权法院的影响，很多国家和地区将羁押决定权交由法院行使。俄罗斯以及我国台湾地区也在20世纪末21世纪初将羁押的决定权交由法院行使。如此一来，法院的主管范围便不再局限于实体性事项，还包括程序性事项。

检察机关与检察制度起源于法国，检察官前身是封建时期的国王代理人。检察制度发展壮大于德国，德国的检察机关具有制度意义上的客观公正义务，有"法律的守护人"之称，甚至可以为了维护被告人的利益而对一审判决提出上诉。而当代法国、意大利以及英美法系国家的检察机关主要作为控诉一方当事人存在，因此不得为了被告人的利益提出上诉。在苏联，列宁首先提出了检察机关的"一般监督"理论，也即苏联的检察机关负有维护全境法制统一的职责。

### 4. 执行机构（corrections），或称惩戒机构

执行机构主要指在刑事司法中，对被判有罪之人执行惩罚（punishment）、治疗（treatment）和监管（supervision）职能的政府部门或者机构，执行措施通常包括监禁（imprisonment）、假释（parole）和缓刑（probation）等。

罪犯被定罪后，由法院系统移交给惩教当局。与刑事司法的所有其他方面一样，惩罚的实施在历史上也有许多不同的形式。早期缺乏建造和维护监狱所需的资源时，流放和处决是主要的惩罚形式。从历史上看，羞辱惩罚和流放也曾被用作谴责的形式。现代最公开的惩罚形式是监狱。监狱可以作为审判后囚犯的拘留中心。监狱用于关押被告。早期的监狱主要用于关押罪犯，很少考虑监狱内的生活条件。在美国，贵格会运动普遍被认为是建立了"监狱应该用来改造罪犯"的理念的功臣。这可以看作是有关惩罚目的的辩论中的一个关键时刻。还有许多其他形式的惩罚通常与监禁一起使用或代替监禁。罚款是至今仍在使用的最古老的惩罚形式之一。这些罚款可以作为赔偿支付给国家或受害者。缓刑和软禁（house arrest）也是旨在限制一个人的流动性及其犯罪机会的制裁，而无需真正将他们关进监狱。此外，许多司法管辖区可能要求某种形式的公共或社区服务作为对较轻罪行的赔偿。

## （三）刑事司法程序

刑事司法程序主要包括侦查、起诉、审判以及执行。以美国刑事司法系统为例，侦查又具体包括了《宪法第四修正案》规制的搜查（search）与扣押（seize），《宪法第五修正案》反对强迫自证其罪条款以及正当程序条款、《宪法第六修正案》的律师帮助权、《宪法第十四修正案》正当程序条款以及米兰达规则规制的讯问程序，还包括目击证人辨认、诱惑侦查等。其中，"搜查"这一侦查措施在美国语境下作广义理解，凡是侵犯公民合理隐私期待的官员行为，皆为搜查，这不仅包括传统上对人身、财产权的物理侵入（trespass），也包括信息时代对个人隐私以及信息的监控（surveillance）、追踪（track）行为。"扣押"同样作广义理解，不仅包括对物的占有，还包括对人身的短时间截停（stop）、逮捕（arrest）以及羁押（custody）。在日本，侦查措施根据其对人身权和

财产权的侵犯程度的不同，传统上可以划分为任意侦查与强制侦查，前者对公民基本权利的限制较小，因而无需令状即可由侦查人员径行实施，后者由于涉及对公民基本权利的限制或者剥夺，因此需要由法院签发令状后方可实施。但是，由于大规模监控时代对个人隐私权利、个人信息权利的不断强调，传统任意侦查与强制侦查的边界逐渐模糊，德国法往往采用基本权利干预理论以及宪法意义上的比例原则处理对基本权利干预行为的审查问题。

刑事起诉在美国则通常由检察官提出控诉（complaint），在一些州经由大陪审团审查并签发（true bill），提起大陪审团起诉（indictment），在另一些州仅需经由治安法官签发，提起检察官起诉（information），检察官提起公诉的标准是定罪的可能性大于释放的可能性。在德国，为避免检察官滥诉，法律制度上一方面施加制度意义上的检察官客观义务对公诉权加以约束；另一方面设置刑事起诉与审判阶段之间的中间程序用来过滤不符合起诉标准的案件，审查标准是进入审判阶段后获得有罪判决的高度可能性。

美国刑事司法程序中的审判应做广义理解，不仅包括法庭审理阶段，还应当延伸至对抗制刑事司法开启之时，也即法官介入并包含双方对立之程序，皆为审判程序。在这种意义上，审判也包括审前的令状程序（warrant proceedings），也即治安法官依据美国《宪法第四修正案》对搜查和扣押的要求进行审查，满足条件才可以签发令状，若在无令状情况下实施搜查与扣押行为，则可能引发证据排除的程序性后果。除此之外，审判也包括审前的保释（bail）听证程序，也即被采取逮捕措施的犯罪嫌疑人必须无延迟地被带至中立的司法官员面前进行是否羁押的听证程序。这也是《公民权利与政治权利国际公约》和《欧洲人权公约》的要求。在这之后，还有作为分流案件的传讯程序（arraignment），根据被告人在法官面前作出有罪答辩、无罪答辩或者不争辩的答辩，而采用不同的后续程序处理。最后，进入正式的庭审程序时，被告人可以选择由小陪审团（jury）进行事实裁定。在美国，有罪裁定的证明标准为排除合理怀疑（beyond reasonable doubt）；并由职业法官对法律问题进行判决，这里的法律问题包括证据可采性（admissibility）问题。

在传统欧陆职权主义国家，法院审理实行一元审判组织，不将事实问题与法律问题交由不同的审判组织，而是完全由同一法庭进行审理。但是，一则法庭审理组织往往由职业法官与外行法官（lay judge）组成，二则法律问题与事实问题的区分依然在上诉审层面具有意义，对事实问题的上诉以一次为限，对法律问题的上诉可能存在三审制，并且上诉理由的设定也存在不同。日本在 21 世纪初创立了"裁判员"制度，是其从职权主义诉讼模式转向对抗制改革的重要一环。对于重大案件，由职业法官与裁判员一同进行审理，"裁判员"制度配合起诉状一本主义与传闻规则，逐渐实现"以公判为中心"。

### （四）刑事司法的理论模式

刑事司法的系统模式（the systems model）仅仅是一种分析工具，而非现实存在。例如，在刑事司法中，模式通过解释参与到刑事司法运作中官员的行为，将刑事司法视为一个可预测的程序。比如，根据参与到刑事司法中的角色之间的关系，可以将刑事司法的模式初步划分为协作模式（the consensus model）和争斗模式（the conflict model）：

根据协同模式，刑事司法中的参与者致力于一个共同的目标，并且由于参与者之间的通力合作，案件与被追诉人在刑事司法中的流转呈现出平滑、流畅的状态。而根据争斗模式，刑事司法中的参与者各自服务于不同的目的，并且各自目标的实现压力、程序推进的成本、不同角色的责任分配等因素，将刑事司法的整体力量碎片化。刑事司法模式的研究肇始于美国学者赫伯特·帕克（Herbert L. Packer），他首先提出了犯罪控制与正当程序两种刑事司法的模式，以诠释当时由美国联邦最高法院沃伦大法官领导的"正当程序革命"。后续世界各国的刑事法学家在帕克这两种模式的基础上，又进一步提出了家长模式、被害人参与模式等。下文将进行详述。

### 1. 犯罪控制模式与正当程序模式

在20世纪60年代，帕克（Packer）教授提出了刑事司法的两种模式：犯罪控制（crime control）与正当程序（due process），旨在阐明两种在刑事司法当中相互冲突并且竞相争夺优先地位的价值体系。虽然以美国刑事司法系统为参照，但这两种模式都无意具体描述任何特定国家的刑事司法体系，也都不应被视为理想体系。相反，它们代表了实现刑事司法的可能方式中的两种极端方式。它们的功能在于定位当前刑事司法的模式倾向，以及预测刑事司法系统的未来走向。

简单来说，犯罪控制模式以维持社会秩序为目标，优先考虑对有罪之人定罪，即使冒着一些无辜者被定罪的风险，并以侵犯嫌疑人的自由为代价来实现其目标；而正当程序则优先考虑对无辜者的无罪释放，即使冒着让有罪之人逍遥法外的风险，也将保护公民自由作为其最终目的。此外，正当程序力求通过在每个阶段为侦控机关设置障碍来最大限度地发挥对抗性刑事司法的功能，而犯罪控制则寻求确保对抗性竞争不会进入警察局内，破坏警察与嫌疑人之间的交流。因此，正当程序和对抗性刑事司法的观念可以协同运作，而犯罪控制则倾向于颠覆对抗性程序，强调信任警察和检察机关以可靠的方式获得真相。

### 2. 家长模式

虽然帕克认为，他的两个模式涵盖了整个刑事案件程序的基本价值选择。但是美国耶鲁大学约翰·格里菲斯（Griffiths）教授却认为，帕克的两种模式实际上只代表了一种模式的两个方面——格里菲斯称之为"作战模式"。格里菲斯指出，帕克假设国家利益和个人利益之间存在根本上的不可调和性。格里菲斯认为帕克的理论是这么解释的：国家的基本目标是"把涉嫌犯罪的人关进监狱"；个人利益的目标相比就是远离监狱。格里菲斯认为，犯罪控制模式和正当程序模式，在个人与国家间的无情的敌对性上持有同一观念：不同的模式的区别仅仅在于敌手之间的鏖战中平衡点的不同。因此，格里菲斯总结认为，帕克给我们的是一个单一的作战模式，它带着偏见的两种可能性。

格里菲斯认为，人们可以想象一种不一样的刑事司法制度，它不是以无序、利益方面根本的不可调和性以及战争状态作为前提，而是以"协调，甚至相互支持的利益以及关爱状态"作为前提。他提出了家长模式，并认为该模式的关键特征在于不是以惩罚为基础，而是以寻求重塑罪犯并将个人的最佳利益牢记在心为基础的。格里菲斯对此表述道："当社会积极地关注犯罪的利益并处处与他受到惩罚的社会需求相符合，这时就产生了调和。尽最大可能减少对他的伤害。让他的体验尽可能地没有痛苦并对他有益。我们可以在具体方面清楚地表明，虽然他犯了法，但我们不会因此将他一脚踢开；我们对他的关切和对他的犯罪改过迁善的努力不会停止。我们已经惩罚了他,并带他回到我们中间;而不是将他驱逐出去,让他生活在我们的制度化的敌意之中。"

### 3. 被害人参与模式

美国学者道格拉斯·埃文·贝洛夫(Douglas Evan Beloof)以美国法律体系为样本,认为现行法律已经承认了被害人参与刑事诉讼的重要性。将被害人纳入诉讼参与人,动摇了构成刑事诉讼基础的传统假设。因为,被害人参与并不依赖犯罪控制和正当程序模式所蕴含的价值。具体来说,犯罪控制模式所蕴含的主要价值是高效率地打击犯罪;正当程序模式所蕴含的价值是单个被害人的至上重要性以及限制国家权力的有关概念;被害人参与模式的价值取向则包含了三个重要的概念:被害人的正义,对被害人的尊重以及被害人的尊严。大多数州宪法有关被害人权利的条款中包含两个或者两个以上这样的概念。一般而言,这些权利包括被通知出席法庭的权利,以及与检察官和法官交流的权利。虽然也设置了一些其他类型的权利,但是这些权利从本质上看都是类似于正当程序的权利。规定上述权利的根本原因在于,为了防止被害人受到两种伤害。一种是源于犯罪本身的初次受害,另一种则是来自司法程序以及该程序中国家工作人员的再次受害。这些伤害使得尊严、公正,以及尊重之类的概念有了用武之地,也为被害人参与刑事诉讼提供了基本的根据。

加拿大多伦多大学法学与犯罪学教授肯特·罗奇(Kent Roach)提出了类似的被害人权利模式,具体又分为被害人权利的惩罚模式以及被害人权利的非惩罚模式。前者肯定了刑罚在报应和昭示方面的重要性,以及保障被害人权利的同时考虑被害人权利的需求。后者则试图通过强调犯罪预防和恢复性司法将被害人与刑罚的痛苦降至最低。笼统地讲,被害人权利的惩罚模式与非惩罚模式均承诺控制犯罪并尊重被害人,但是惩罚模式集中全力于刑事司法系统以及刑罚的适用,而非惩罚模式则扩展到社会发展以及融合的其他领域。罗奇强调,这两种模式并不排斥其他模式,也不期望被当作刑事诉讼唯一合法的、确定的、规范的或者笼统的指南。他认为,犯罪控制模式描绘了刑事司法系统的过去,正当程序模式和被害人权利的惩罚模式是当下存在的两种相互竞争的模式,将来则取决于究竟是被害人权利的惩罚模式还是非惩罚模式占据主导地位。

## (五)刑事司法的制度模式

在制度层面,当代两大法系的刑事司法模式可以粗略划分为当事人主义模式(又称"对抗式刑事司法")与职权主义模式,一般认为两者分别发端于历史上的弹劾制与纠问制模式。美国耶鲁大学法学教授达马斯卡(Mirjan R. Damaska)在检讨传统上对抗式诉讼模式与职权主义诉讼模式二分的基础上,从两大法系的国家权力组织形态中提炼出了科层模式(the hierarchical ideal)与协作模式(the coordinate ideal),认为在两种国家权力组织框架下,司法程序分别倾向于呈现出"政策实施"功能(policy-implementing)与"纠纷解决"功能(conflict-solving)。

### 1. 职权主义模式与对抗制

(1)职权主义模式(inquisitorial system)

一般认为,欧洲大陆法系国家在刑事司法领域普遍贯彻职权主义模式,该模式最早源于法国大革命时期对纠问制的改良，并经由 1808 年《法国重罪审理法典》确立下来。不同于欧洲中世纪时期控审不分的纠问制诉讼模式，职权主义模式在审前阶段实行控审分离，由专门的侦检机关或者预审法官主导侦查环节，在审判阶段则保留了法官的积极主动开展证据调查的特点。现如今《德国刑事诉讼法》第 244 条第 2 款是对职权主义的最佳诠释："法官为查明真相，应当依职权将证据调查的范围涵盖至对裁判具有重要性至所有事实与证据方法。"法官并非消极中立，而且为追求实质真实，法官积极主动开展证据调查也并不会被视为对一方当事人的偏袒。控辩双方参与刑事诉讼，其目的在于为法官形成心证提供证据材料。并且，在职权主义国家，作为控诉方的检察机关，往往负有一定程度上的客观中立义务。作为检察制度发源地的法国，其检察机关最早作为"法律的守护人"，负有一定的法律监督职责，现如今法国的检察机关则被视为控诉一方当事人；与此不同，德国的检察机关则负有制度意义上的客观中立义务，而并非纯粹的控诉一方当事人，作为客观中立的国家公署，检察机关甚至可以为了被告人的利益提出上诉。

（2）对抗制（adversarial system）

一般认为，在包括英格兰与威尔士、美国在内的普通法系国家，刑事司法程序在本质上是对抗制的，或者称为当事人主义模式。对抗制诉讼模式最早源于古罗马时期的弹劾式（accusatory）诉讼模式，其基本特征是：①不告不理，没有告诉就没有法庭审理，法官不得依职权主动介入刑事调查，也不得将审理对象延伸至告诉者的控诉范围之外。②庭审由控辩双方而非法官推进。法官消极中立，法官不得依职权主动进行证据调查，在法庭之上不得存在偏向任何一方当事人的行为。包括举证、质证在内的法庭活动由控辩双方推进，原则上实行控辩平等，检察官的法律地位往往被局限在控诉一方当事人，以胜诉为己任，而不负有制度意义上的客观公正义务。③二元制审判组织。普通法对抗制的特色之一在于由陪审团进行事实认定，由职业法官进行法律问题的处理。这种二元制审判组织有时被视为对抗制刑事诉讼制度的起源。

作为采取传统职权主义模式的日本以及意大利，分别在"二战"后和 1988 年进行了对抗制诉讼模式改革。日本逐渐引入起诉状一本主义、传闻规则，并确立了裁判员制度，在 20 世纪初基本实现"公判中心主义"；意大利则确立了双重卷宗制度以及对质权原则，同样转向对抗制。所以，现如今一般将日本与意大利的刑事司法模式称为混合式刑事诉讼模式。

**2. 科层模式与协作模式**

根据达马斯卡提炼的科层模式（the hierarchical ideal）与协作模式（the coordinate ideal），支撑科层模式价值体系的特点是对决策的确定性高度注重。这个偏好直接影响了其与刑事司法制度其他公认的目标的权衡，特别是要求在个案特定情形中实现正义。如果对个案情形的考量阻碍了特定判决的理由转变为一个普遍的确定性准则，就一定要抛弃这样的考虑因素。如果有人想要寻求一个特别强调这种确定性的更深动机，科层模式的态度基调将可能被置于这种理性主义的渴望之中——对生活的错综复杂施以一个相对简单的秩序。

协作模式则旨在实现另一目标：得出最合乎个案情形的判决。决策的确定性被认为是一个重要的价值，但是，比起科层模式却不那么有分量；在具体案件中最好的解决办法将不会是甘愿为决策的确定性和统一性而牺牲。所以，区分下述事项不如在科层模式中那样容易，即认为一个特定的判决是否公正以及是否与法律一致。支撑这些价值选择的思维方式非常重视经验的丰富性与多样性，并且对如下做法持怀疑态度：给日常生活的复杂性施以通行的结构框架。

## 三、刑事一体化视野下的"刑事司法"

目前，"刑事司法"已经是官方和法学理论界使用频率很高的专业术语。但是，我国的专家学者以及实务人士在使用"刑事司法"概念时有着不同的习惯，主要表现为对刑事司法主体以及内容的认识不同。相关认识的差异不仅增加了交流与沟通的成本，也让刑事司法的研究呈现出部门本位以及学科本位的倾向。事实上，刑事司法与"立法"相对，包含刑事法律在实践中运作的全部内容，相关研究应当从一体化的视角出发才能得出真正妥当的结论。为此，考虑到"通论"的基本定位和出发点，我们将以刑事一体化和国际化为底色来重新界定"刑事司法"的概念。

### （一）我国理论界的"刑事司法观"

虽然受国外 criminal justice 的影响，我国的刑事司法呈现出不同的语义，如"刑事司法学院""刑事司法专业"等称呼体现了刑事一体化的色彩，但不可否认，目前我国理论界对"刑事司法"的理解呈现出一定的"部门本位"和"学科本位"特征，也在一定程度上影响了刑事司法的研究。

#### 1. 部门化的"刑事司法观"

我国学者在提及"刑事司法"时，往往是在司法改革的语境下使用的。这是因为中国共产党自改革开放后逐渐形成"改革话语"，是经济体制、改革价值和发展模式的全面构建，从经济领域逐渐扩散到其他领域，司法领域自然也不例外。[1]1997 年 9 月，中国共产党第十五次全国代表大会正式确立了依法治国的基本方略并首次在工作报告中提出"推进司法改革"。2002 年，中国共产党第十六次全国代表大会提出继续推进司法改革，而且明确提出司法体制改革的目标任务，要"完善司法机关的机构设置、职权划分和管理制度，进一步健全权责明确、相互配合、相互制约、高效运行的司法体制"。进入新时代，以习近平同志为核心的党中央将司法改革纵深推进。当前司法改革的主要内容是"完善司法人员分类管理、完善司法责任制、健全司法人员职业保障、人财物省级统管"，有学者将其概括为司法改革的"四梁八柱"。[2] 在这一语境下，司法主体主要指法院和检察院。当然，也有学者主张司法的主体主要是法院，如张建伟教授认为，广义上的"司法体制"是指参与司法活动的国家专门机关在机构设置、组织隶属关系和管理权限划分等方面的体系、制度、方法、形式等总称，其中审判处于重心位置。[3]

---

[1] 贺东航：《中国共产党改革话语的形成与演变——国家转型与发展的中国经验》，载《马克思主义与现实》2018 年第 5 期。
[2] 陈卫东：《中国司法体制改革的经验——习近平司法体制改革思想研究》，载《法学研究》2017 年第 5 期。
[3] 张建伟：《刑事司法体制原理》，北京，中国人民公安大学出版社 2002 年版，第 4 页。

在司法改革的推进过程中,刑事领域始终是重中之重,无论是以审判为中心的诉讼制度改革,还是认罪认罚从宽制度改革,都是理论界与实务界关注的重点。同时,自21世纪以来,一些冤错案件得到重新审理,产生了巨大的社会影响。在这些因素的共同推动下,"刑事司法改革"成为经久不衰的"热词"。而在司法改革的语境下,关于刑事司法的研究呈现出明显的部门化特征,即各个主体在司法改革中关注的重点不同。例如,法院注重狭义司法权的行使,以庭审实质化作为司法改革的抓手;检察院则更强调"法律监督权"的实现,强调对公安和法院的监督,公安机关更加关注广义的执法权,刑事执行机关则处于"隐身"状态。这种在"分工负责,互相配合,互相制约"影响下形成的部门化刑事司法观难以实现统一的、全局性的司法改革。

最为典型的例证是"以审判为中心的诉讼制度改革"。2014年,党的十八届四中全会明确提出,要"推进以审判为中心的诉讼制度改革,确保侦查、起诉的案件事实证据经得起法律的检验。全面贯彻证据裁判规则,严格依法收集、固定、保存、审查、运用证据,完善证人、鉴定人出庭制度,保证庭审在查明事实、认定证据、保护诉权、公正裁判中发挥决定性作用"。从上述内容可以看出,该项改革涉及侦查、起诉、审判各环节,既包括刑事程序法,也包括刑事证据法,是关涉刑事司法整体的改革。然而,法检公三机关在参与改革的过程中秉持部门化的刑事司法观,仅在局部制度进行技术性改良。例如,人民法院将"以审判为中心"的改革话语置换成"庭审实质化"改革,以证人出庭、庭审会议、非法证据排除等制度来技术性地推动审判中心。人民检察院则大力推进认罪认罚从宽制度改革,强调能通过繁简分流来优化司法资源配置,在复杂、疑难案件中真正实现"审判中心"。同时,检察机关再次提出"检察引导侦查"的议题,强化对侦查程序的引导。相比之下,公安机关的态度较为消极,致使刑事司法改革呈现"一头热,一头冷"的局面,对侦查权力的司法控制始终未能有所进展。上述现状在展现部门本位的刑事司法观——从部门利益的角度出发理解刑事司法,推进相关改革,虽然取得了一定的技术性进展,但并未完全实现刑事司法的"现代化"。

### 2. 学科化的刑事司法观

除刑事司法在改革与权力配置语境中的部门化外,因其指涉范围较广且定义模糊,不同学科的专家学者也会从本学科的视角解读"刑事司法",即出现一种以学科为主导的刑事司法观。对此,何家弘教授指出,"当前刑法的学者和刑诉法的学者在话语体系上有较大偏差,对话很困难。于是,一些刑事司法改革就存在各说各话的问题,并导致了偏离改革目标的情况。"这是因为在我国学术界,学科之间的划分精细且严格,与刑事司法有关的学科包括刑法学、刑事诉讼法学、证据法学、犯罪学、刑事执行法学、物证技术学,等等。这些学科往往有自己的"核心领域",形成了一套相对成熟的研究范式,相关学者也沿着此前的成果精耕细作,力求形成较深的专业槽。在学科化的研究格局下,刑事司法也呈现出明显的学科化倾向。

目前来看,在所有的刑事法相关学科中,刑事诉讼法学者使用"刑事司法"这一概念的频次最高。例如,陈光中教授在《如何理顺刑事司法中的法检公关系》一文中认为,"分工负责、互相配合、互相制约,是我国刑事司法中法检公三机关处理相互关系的一项基本原则"。① 陈卫东教授指出，以审判为中心的提出主要是"针对刑事司法而且是刑事公诉案件而言，所要解决的是刑事司法中侦查、起诉、审判三者之间的关系问题"。② 陈如超教授在《专家参与刑事司法的多元功能及其体系化》一文中认为，"公检法机关在刑事司法中的权力关系，被宪法和刑事诉讼法定位为'分工负责，互相配合，互相制约'"。③ 因为刑事诉讼是国家专门机关在当事人和其他诉讼参与人的参加下，依照法定程序追诉犯罪，解决被追诉人刑事责任的活动，重点又是国家机关的权力配置，所以在刑事诉讼法学者的视野下，刑事司法主要指刑事侦查、起诉以及审判的活动，也包括在刑事程序进行的过程中，如何获取证据以及对其进行审查判断，即刑事证据法学。

当然，有部分刑事诉讼法学者在传统的侦查、起诉和审判之外，也关注到刑事执行的重要性，在使用刑事司法这一术语时，也会有意体现刑事执行法的部分内容。例如，陈卫东教授在论述公民如何参与刑事司法时，分别讨论侦查阶段、审查起诉阶段、审判阶段和执行阶段的公民参与。从国外公民参与司法的实践看，公民参与司法虽然以审判阶段为典型，但并不局限于审判阶段。④ 在《犯罪防治与社会治理》一书中，作者认为刑事司法制度，主要指刑事诉讼制度和刑事执行制度，并重点列举了看守所及其管理制度、保外就医制度、被害人谅解制度以及触刑未成年人处遇制度等。⑤ 可见，上述研究者是在相对广义的范围使用"刑事司法"一词的。

刑事诉讼法学者结合学科属性来使用刑事司法的概念，一定程度上推动了刑事法治的发展，且在相当程度上主导了对"刑事司法"的研究。但是，这种学科导向的理解是有局限的，可能阻碍刑事一体化的研究。例如，认罪认罚从宽制度在刑事诉讼法领域的研究如火如荼，在刑法学界却并没有获得与之相当的关注，一些刑法学者甚至认为"认罪认罚"并非刑法规定的量刑情节，只能作为法官在量刑时的酌定因素。关于认罪认罚为何能够从宽，刑事诉讼法学者多从效率角度予以阐释，却很难获得刑法学者的认同。又如，刑事诉讼法学长期以来忽视对于侦查程序的研究，很大程度上与学者对犯罪侦查学、刑事科学技术的了解不够有关。在这种学科本位的刑事司法研究中，侦查程序的理论与实践在某种意义上处于脱节的状态。刑事诉讼法学者也很难及时捕捉到侦查技术的新发展，也就难以研究如何实现对新技术的程序规制。

## （二）"刑事司法"中外理解的差异与衔接

经过前述介绍可知，域外的 criminal justice 与我国理论与实务界约定俗成的"刑事司法"一词，其内涵与外延均存在差异，具体体现在以下三个方面。首先，在刑事司法的系统层面，域外的"刑事司法"覆盖从立法到执法、审判等所有涉及犯罪治理的阶段，而我国"刑事司法"一般不包括立法机构以及立法活动。1997 年，党的十五大提出

---

① 陈光中：《如何理顺刑事司法中的法检公关系》，载《环球法律评论》2014 年第 1 期。
② 陈卫东：《中国刑事司法改革的基点》，载《法学家》2016 年第 4 期。
③ 陈如超：《专家参与刑事司法的多元功能及其体系化》，载《法学研究》2020 年第 2 期。
④ 参见陈卫东：《公民参与司法：理论、实践及改革——以刑事司法为中心的考察》，载《法学研究》2015 年第 2 期。
⑤ 刘白驹：《犯罪防治与社会治理》，北京，社会科学文献出版社 2019 年版，第 160-201 页。

"依法治国方略",并且强调了推动司法改革的意义。"十五大"报告指出,要"推进司法改革,从制度上保证司法机关依法独立公正地行使审判权和检察权"。2002年,党的十六大提出要继续推进司法改革,而且明确提出司法体制改革的目标任务。2003年,中央成立司法体制改革领导小组,制定了司法体制改革的具体方案。这种语境下的司法主要指法院和检察院,并不包括立法机关。再如,2024年党的二十届三中全会通过《中共中央关于进一步全面深化改革 推进中国式现代化的决定》(以下简称《决定》),《决定》指出,"必须全面贯彻实施宪法,维护宪法权威,协同推进立法、执法、司法、守法各环节改革";"完善执法司法救济保护制度"以及"加强人权执法司法保障"。这些表述将司法活动与立法活动、执法活动相区分开来,采取了相对狭义的"刑事司法"内涵,也即公、检、法机关为了追诉犯罪而采取的刑事追诉行动。

其次,在刑事司法主体层面,域外刑事司法主体除了包含前述提到的立法机关外,还将辩护律师纳入其中,而我国刑事司法主体则主要指侦查机关、检察机关以及审判机关等涉及刑事追诉活动的公权力机关。典型如我国《刑法》第94条将司法工作人员的范围界定为有侦查、检察、审判、监管职责的工作人员。再如《公安机关组织管理条例》第2条明确规定,人民警察是武装性质的国家刑事司法力量。在我国,辩护律师虽然属于刑事诉讼的参与人,但并不属于刑事司法的主体。值得一提的是,德国的辩护律师具有国家机构的性质。

最后,在法院主管范围层面,域外普遍实行司法审查,法院对广泛的侦查行为的合法性拥有终局裁决权。比如根据美国《宪法第四修正案》的规定,警察在对公民进行搜查、监听、扣押、羁押、身体检查之前,应当经过治安法院签发令状。对违反《宪法第四修正案》规定的,可以对程序性裁定提出上诉,或者在审判阶段适用非法证据排除规则进行救济。在我国,除了具有羁押性质的逮捕措施由人民检察院批准或者法院决定外,其他刑事强制措施以及所有侦查行为均由侦查机关内部实行审批,其中甚至包括对公民人身权、财产权构成重大限制的拘留、查封、扣押措施以及可能侵犯公民隐私权的技术侦查措施。不仅如此,这些侦查行为也被排除在《行政诉讼法》规定的具有可诉性的行政行为范围之外,因而不能寻求诉讼救济,只能向人民检察院提出申诉。从法院视角来看,其主管范围主要是实体性争议,以及少量的程序性争议,比如通过适用非法证据排除规则来附带审查侦查行为的合法性。

上述法院主管范围的差异,构成了中外刑事司法的核心差异。这一点从理论与实务界对"以审判为中心的诉讼制度改革"理解之分歧可见一斑。理论界主流观点认为"以审判为中心"涉及侦、诉、审三种诉讼职能之间的调整,以审判为中心,就意味着三种诉讼职能之间,审判职能应当对侦查与起诉职能实现把控作用,因此审判职能的辐射范围应当突破审判阶段,延伸至审前阶段。而实务界则在改革之初就将"以审判为中心"置换为"以庭审为中心",发力点在于通过证据规则等技术性规则的改革完善,实现庭审的实质化,并未将其作为诉讼职能层面的调整。究其根本,理论界希望法院主管的范围实现突破,与域外刑事司法中法院的主管范围相一致,但以法院为主的实务界并未打算将步子迈得太大。

### （三）"刑事司法"概念的一体化界定

可见，无论是从部门视角还是学科视角去理解刑事司法，总会存在一定的局限之处，毕竟刑事法律活动并不会因部门或学科的划分而变得简单。而且，刑事司法活动是一个重要的社会系统，对于实现一国的刑事政策，推进国家治理体系和治理能力的现代化具有重要意义。在这个意义上，我们希望在一体化的视野下整合刑事司法的概念，以此推动问题导向的刑事司法研究。刑事司法是国家刑罚权具体行使乃至最终实现的动态过程，具体指专业人员依照法律赋予的权力，办理刑事案件，适用刑事法律的活动。刑事司法的构成要素包括刑事司法活动、刑事司法规则以及刑事司法人员。刑事司法活动主要以刑事调查、刑事检控、刑事审判、刑事执行为基本内容。刑事司法规范包括刑事实体法、刑事程序法、刑事证据法、刑事矫正法或监狱法等法律制度。刑事司法主体一般包括警察、检察官、法官和监狱管理人员等主要的规则适用者；被告、被害人等规则的适用对象，以及律师、鉴定人、证人等对规则适用产生重要影响的人。

刑事司法本质上是刑事司法人员在刑事司法规则指引下开展的刑事司法活动。理解一体化的刑事司法概念，我们需要明确以下几点。第一，刑事司法是国家发动刑罚权的"生命周期"，由刑事调查、检控、审判、执行等具体活动组成。这些具体活动之间并非仅仅是顺承关系，而是相互影响，形成了一个动态的、跨部门的有机系统。第二，刑事司法主体不能完全等同于公、检、法三机关。一方面，除公、检、法三机关外，不属于刑事司法机关，但对刑事司法的运作产生重要影响的律师、鉴定人、证人等，同样也是刑事司法主体；另一方面，我国刑事司法有关程序和实体的决定以机关名义作出，但各机关内从事刑事调查、检察和审判的个体对刑事司法的过程在实质上发挥了重要影响。因此，研究刑事司法主体，既要关注作为整体的刑事司法机关及相互关系，也要关注刑事司法机关内部的工作人员及其互动。第三，刑事司法规范是一个多部门规范的集合，不仅包括刑法和刑事诉讼法，还包括刑事证据法、刑事执行法等一切与刑事司法活动密切相关的法律法规等。

**1. 刑事司法活动**

刑事司法本质上是办理刑事案件，适用刑事法律的活动。根据我国刑事司法的规范样态和实践情况，刑事司法活动主要由以下四个部分组成。

（1）刑事侦查（criminal investigation）

刑事侦查，又称刑事调查、刑事侦缉、犯罪调查等，是指执法人员对可能发生的犯罪行为进行调查和取证的过程，目的是确定犯罪嫌疑人，收集、整理与案件相关的事实和证据，从而查明真相，具体措施包括搜查（search and seizure）、讯问（interrogation）、现场勘查等多种方式。现代刑事侦查通常采用许多科学技术，统称鉴识科学。刑事侦查是一门古老的学科，约公元前 1 700 年的《汉谟拉比法典》中就提到了刑事侦查，该法典中有条文表示原告和被告都有权利提出他们所收集的证据。我国的刑事侦查通常由公安机关、国家安全机关等有侦查权的机构进行，国家监察机关的调查行为虽然不属于刑事侦查，但本质上也是查明职务犯罪事实的活动，遵循与刑事侦查相同的规律。

（2）刑事检控（criminal prosecution）

刑事检控是指法定的国家机关或个人，依法向有管辖权的法院提出指控，要求该法院对被指控的被告人进行审判并予以刑事制裁的司法活动。以起诉的主体区分，检控可以分为公诉和自诉，前者是国家专门设立的机关及其官员代表国家向法院提出诉讼请求，要求法院通过审判确定被告人刑事制裁的活动，后者的主体则是被害人及其法定代理人或其他按法律规定享有起诉权的个人或团体。我国刑事司法实践以检察机关的公诉活动为主，人民检察院需要对侦查或者调查终结的案件全面审查，并作出处理决定的诉讼活动。在现代各国的刑事司法中，刑事检控的地位愈发重要，检察机关可以通过是否提起公诉决定案件的走向和犯罪嫌疑人的境遇，现已成为审前分流的最主要阶段。

（3）刑事审判（criminal trial）

刑事审判是刑事司法的核心环节，指人民法院在控辩双方及其他诉讼参与人的参加下，依照法定权限和程序，对于其受理的刑事案件进行审理和裁判的活动。其中审理主要是对案件的有关事实进行举证、调查、辩论；裁判则是在审理的基础上，依法就案件的实体问题或特定的程序问题作出裁判。为何刑事审判是刑事司法的核心，主要有以下原因：其一，刑事审判确定被告人是否构成犯罪以及应当承担何种责任，对被告人影响重大。其二，刑事审判的程序构造最为完备，参与的主体最多，既有警察、检察官、被害人、控方证人等控诉方，也有律师、辩方证人等辩护方，还有法官作为居中裁判者。其中控辩双方冲突最为明显。其三，刑事审判涉及刑法、刑事诉讼法、证据法、物证技术学等多学科知识，是刑事司法的"十字路口"。刑事审判程序有多种分类，按照审判的对象，可以分为公诉案件的审判程序、自诉案件的审判程序、刑事附带民事诉讼程序等；按照诉讼的进程，可以分为第一审程序、第二审程序、死刑复核程序和审判监督程序；在第一审程序中按照繁简程度又可分为普通程序、简易程序和速裁程序。

（4）刑事执行（criminal enforcement）

刑事执行，是法定的刑事执行主体按照刑事法律要求，依照法律规定的程序，将已发生法律效力的刑事判决、裁定、决定以国家强制力为保障而付诸实施的活动，是刑事司法的最后一个环节，也是国家刑罚权得以实现的关键。刑事执行既包括人民法院交付执行、监狱及其他执行机关对刑罚的执行和变更等诉讼活动，也包括监狱、社区矫正机构等对罪犯进行的监管、教育等司法行政活动。在我国，刑事执行的目标不仅是惩罚犯罪，还包括改造犯罪人，预防再犯，并为其回归社会创造条件。不过，受到学科化刑事司法观的影响，我国刑法学者和刑事诉讼法学者较少关注刑事执行的相关研究，但刑事执行不仅关乎刑事法律的最终效果，还直接影响社会的安全与稳定，更需要问题导向的一体化研究。

**2. 刑事司法规范**

从刑事侦查启动到刑事执行终结，作为一个社会功能系统，刑事司法规范由众多的部门法规范组成，其中最重要的是四类法规范，即刑事实体法、刑事程序法、刑事证据法与刑事执行法。可能的争议是，刑事证据规范集中于我国的《刑事诉讼法》，刑事执行规范则分散于《刑法》《刑事诉讼法》等，二者在刑事司法规范内部是否具有相对独立性？我们认为，上述四类规范虽有交叉关系，但规范对象并不完全相同，而且，不同规范的制度功能、基本原则也有明显区别，因此后两类刑事司法规范具有相对独立的必要性。具体来说，其一，刑事程序法重在规范刑事诉讼各主体的程序行为，意在限制公权力的同时保障司法人权；刑事证据法的核心是证据的可采性与司法证明，旨在保障、促进真实发现，二者规范对象及功能并不相同，只是我国采用了将证据法纳入程序法当中的刑事诉讼立法体例，即便如此，我国《刑事诉讼法》依然有单列的证据章，使得证据规则以及司法证明的内容相对独立。其二，刑事执行法与刑事实体法、程序法有一定交叉，如刑事实体法规定了刑罚种类与幅度，刑事程序法规定刑罚变更与消灭的程序，等等。但刑事执行法并不限于此，如《监狱法》《社区矫正法》等同样是刑事执行法的组成部分。它以预防和矫正犯罪为目的，反映的是行刑与矫正的规律，由此与刑事实体法和程序法形成区别。

（1）刑事实体法

刑事实体法是指规定犯罪构成、刑事责任、刑罚种类及适用条件等内容的法律体系，主要规定什么行为构成犯罪以及犯罪后应当承担的法律后果。在我国，刑事实体法主要是《刑法》，其核心任务是明确犯罪行为的构成，并规定适用何种制裁来惩罚犯罪行为。在刑事司法的研究中，我们不仅需要关注刑法条文的准确适用，也要关注刑法对于刑事程序法、证据法等的影响，如认罪认罚从宽制度的实体法效果，刑法中"明知"的证明以及正当防卫的举证责任等。

（2）刑事程序法

刑事程序法是指规定办理刑事案的各种程序和步骤的法律体系，它主要规范侦查、起诉、审判、上诉以及刑罚执行等阶段的程序，确保刑事司法过程中各方权力、权利和义务的合理行使，并保证刑事实体法的有效实施。刑事程序法的主要任务是确保案件在合法、公正的程序下得到审理和裁决，维护司法公正，防止司法权力滥用，同时保障犯罪嫌疑人、被告人、被害人和其他相关人员的合法权益。

（3）刑事证据法

一般认为，刑事证据法是规范刑事司法中单个证据的法律资格以及认定案件事实的证明标准问题，主要包括证据能力的规则以及司法证明的范围、责任和标准等。目前，我国并无统一的证据法典，相关的内容散见于《刑法》《刑事诉讼法》《监察法》《国家安全法》《电子签名法》等法律，以及《关于办理死刑案件审查判断证据若干问题的规定》《关于办理刑事案件排除非法证据若干问题的规定》《关于办理刑事案件收集提取和审查判断电子数据若干问题的规定》等司法规范性文件中，体系性相对较差，基本条款粗疏，不能适应刑事司法能力现代化的需要。可以说，刑事证据法的完善仍是我国刑事司法改革的一项紧迫任务。

（4）刑事执行法

刑事执行法是指关于刑事判决、裁定确定的刑罚等制裁的执行程序和相关法律制度的法律规范体系。它主要涉及刑罚实施、监狱管理、社区矫正、减刑、假释、保外就医等方面的法律规定，旨在确保刑事制裁的合理执行、维护社会秩序和保障犯罪嫌疑人、被告人的合法权益。在我国，刑事执行法主要包括监禁刑执行制度（如《监狱法》《看守所法》等）、社区矫正制度（如《社区矫正法》）、其他刑罚的执行制度（如财产刑、死刑的执行主要由《刑法》《刑事诉讼法》规定）以及刑事执行的相关制度（如赦免制度、非刑罚执行制度等）。

### （四）刑事司法学

刑事司法学（criminal justice）与犯罪学（Criminology）是涉及惩治犯罪并适用法律的相似学科领域。两者均在刑事执法、司法以及惩治系统当中扮演重要角色。具体来说，犯罪学是一门研究犯罪以及犯罪行为各个方面的社会科学，比如对犯罪的预测，犯罪的成因以及犯罪的治理。犯罪学也是运用经济学、心理学、生理学以及人类学等研究方法解释违法犯罪行为的跨学科领域。掌握犯罪学，有利于帮助理解犯罪的手段、成因、发生过程，与此同时帮助构建治理犯罪的政策与程序。

刑事司法学是对犯罪学的研究以及适用。不同于犯罪学家研究违法犯罪的过程并提出解决犯罪问题的方案，刑事司法学者能够提供更为直接的解决方案。因为刑事司法部门包括了侦查、执行、审判、惩戒、恢复机构在内的各个机构。

### （五）刑事司法的发展趋势

在刑事一体化的视野下，刑事司法既是一个重要的法学领域，也是一个重要的社会功能系统，统摄刑法学、刑事诉讼法学、犯罪侦查学、刑事证据法学、刑事执行法学以及刑事科学技术等多学科的研究。作为一个动态系统，刑事司法既要向精密化、规范化、现代化演进，也要与时俱进，在互联网时代实现对新兴犯罪行为的有效调查、审理以及预防、控制。我们认为，我国刑事司法的发展存在以下三条主线，分别为刑事一体化的研究、刑事制度规则的进一步完善以及刑事司法方法的演进。

其一，刑事司法研究一体化。受制于我国法学的专业划分，理论研究者通常在刑法、刑事诉讼法或者证据法等单一部门法内展开研究。但是司法实务并没有明确的学科划分，司法实务工作内容往往不局限于狭窄的学科。例如，侦查人员、检察人员、审判人员在实践中都要综合运用刑法、刑事诉讼法、证据法，甚至物证技术学、侦查学等专业知识。某种程度上，刑事司法的概念本身就侧重于司法实务。近年来，刑事法学研究强调问题导向，关注实务问题，逐渐出现刑事实体、程序、证据甚至犯罪矫正与预防等交叉融合的研究。例如，自21世纪以来，我国集中平反了一批冤假错案，推动了刑事错案的学术研究。错案的出现反映的其实是综合性的刑事司法中存在的问题，既有实体法的问题，也有程序法的问题，但更多的是证据的问题，还包括司法理念的问题。又如，在当前犯罪结构轻刑化的背景下，刑事司法关注轻罪的立法、司法和矫正等问题，也形成了一系列的成果。人们发现在犯罪结构轻刑化的当下，轻罪与重罪呈现出明显的不同，不仅是刑法上的社会危害性的不同，也是刑事诉讼法中协商性与对抗性理念的不同；不仅是证据获取难度和审查方式的不同，也是犯罪控制最优方式的不同。进入轻罪时代，刑事司法需要一体化地予以回应，单一依靠实体、程序或者证据是不行的。

其二，刑事司法的制度完善。伴随着社会发展，世界各国的刑事司法规则和制度都在不断向精细化、多元化发展。我国刑事司法制度的建构与完善始终坚持惩罚犯罪与人权保障相结合的理念，遵循民主、法治、科学的司法规律向前推进，无论是《刑事诉讼法》的三次修改,还是刑事证据制度,如非法证据排除规则、电子数据规则的完善,都彰显了我国刑事司法制度建设的成就。但不可否认的是,我国刑事司法制度仍存在不小的问题。其一,《刑事诉讼法》虽然历经三次修改,但仍未完全贯彻正当程序原则和无罪推定原则,被追诉人及被害人等诉讼主体的权利保障尚不完备,以审判为中心的诉讼制度改革仍在路上,辩护制度、强制措施、刑事审判等规则仍待精细化。其二,刑事证据法散落于部门法和司法规范性文件中,在现有制度中尚未完全确立并贯彻"证据裁判""自由心证"等基本原则,也缺少"证据能力和证明力"等明确的制度逻辑,尚未实现体系化。同时,因为理论研究缺少犯罪侦查学、物证技术学等专业知识,刑事证据存在理论与实践脱节的情况。其三,刑事执行领域的制度发展缓慢,除《社区矫正法》外,我国刑事执行领域的立法已经多年未有重要进展,关于涉案财物处置、监狱中服刑人员权利保障、行刑反向衔接等非刑罚措施虽有关注,但制度疏漏仍非常明显。可见,在较长的一段时间里,我国刑事司法的研究仍须立足本土,放眼国际,对既有的制度进行理论检视,同时加快回应尚未制度化、规则化的内容。

其三,刑事司法的方法演进。科技的迅速发展深刻影响着刑事司法的发展,查明案件事实的手段也在持续进步,日益趋向科学化、专业化。特别是在当今科技飞速发展的背景下,计算机技术、网络技术、大数据技术和人工智能等对刑事司法体系产生了深远影响。在司法实践中,刑事司法与数字技术之间已经形成了深度的结合。首先,人工智能辅助社会危险性评估、证据审查、量刑等已开始兴起,积极推动了同案同判和统一司法适用的目标。其次,通过对海量数据的关联、比对和碰撞,涌现出大数据侦查和法律监督的新模式,大幅提升了案件侦破的效率,并有效震慑了违法行为。此外,刑事远程审判的推进打破了传统审判程序的时空限制,提高诉讼效率的同时也引发了一定的争议。随着信息网络科技的发展,刑事证据的形式逐步从传统的口头证据和实物证据转向电子数据,对司法官审查和判断证据的专业性提出了更高的要求。与司法实践的变化相比,刑事司法理论的回应相对不足。未来的研究应聚焦于技术性正当程序的构建、大数据证据、抽样取证等新型证据的审查判断,以及信息网络犯罪的程序、证据和司法证明等,向世界贡献数字时代刑事司法的中国方案。

本书通过对"刑事司法"的词源考察、域外研究以及内涵与外延的重新界定,使读者能够对"刑事司法"有初步的了解。考虑到刑事司法是办理刑事案件,适用刑事法律活动的动态过程,本书在设置篇章时也力图全面,既展现刑事调查、检控、审判、执行等基本内容,也涵盖实体、程序、证据等基本制度;既关注当前中国刑事司法取得的进步与存在的问题,也对数字时代下刑事司法的发展作出展望。基于此,本书主要设置了"刑事侦查""刑事司法的证据与证明""刑事控辩审"以及"刑事司法与社会治理的中国智慧"这四编,每编内容均由中国人民大学证据学科团队长期以来的研究观察组成,涵盖了各个主题项下具有代表性的研究成果,以求在刑事司法领域为读者提供较为系统的、全面的、理论的介绍。

吴琼,中国人民大学法学院诉讼法学专业博士研究生;何西,中国人民大学法学院诉讼法学专业博士研究生。

# 第一编
# 刑事侦查

**本编导言**

刑事侦查是刑事司法程序的起点，是收集证据的主要阶段，也是刑事司法中检控、审判两个阶段的基础。侦查的原理是对侦查活动客观规律的概括，揭示了侦查过程的本质，阐释了侦查活动的基本方法。侦查的技术，又称刑事技术，是指侦查活动中的各种技术手段和方法的总称，是侦查中不可缺少的手段。随着互联网和大数据技术的快速发展，犯罪方式和侦查方法都发生了显著的转变。新型网络犯罪涉及黑客入侵、网络欺诈、网络赌博和网络色情等多样化形态，它们通常表现出匿名性、跨区域性、快速性和复杂性等特征，给侦查工作带来了前所未有的挑战。为了有效应对网络犯罪，侦查机关必须因时而变，积极应用包括网络监控、大数据分析、人工智能等在内的新兴技术手段。网络监控通过监测和分析网络流量及日志信息，揭示犯罪嫌疑人的行踪和活动路径。大数据分析则通过深入挖掘大量数据，揭示犯罪嫌疑人的相关信息和犯罪行为模式。人工智能则借助机器学习与深度学习等尖端技术，提升侦查的精确度和效率。

# 第一章 刑事侦查的原理

## 第一节 刑事侦查的同一认定原理

李学军

历史上曾经仅靠神示法和决斗法方能实现的人身同一认定,经技术迭代演进为诸如人脸识别等数字人身同一认定,具有了高效、高能的助力面向。但在场景效应下,数字人身同一认定还隐含着侵害隐私和个人信息的权力面向。当前,数字人身同一认定的法律规制存在授权不全面,限权不充分的问题。为此,数字人身同一认定的规制完善需以生物识别数据为中心,并在价值论和方法论层面分别采取两头强化和法技协同原则;且应从赋权与限权两方面出发,对数据收集、使用、存储和删除等环节及其适用场域进行体系化完善。

### 一、问题的提出

"人身同一认定"[①]虽然是"依据某些与人身密不可分的特征来判断人身是否同一的活动"[②],普遍用于侦查学、物证技术学、司法鉴定学等领域,但因其最终目的是确定人的身份,或者判定某行为的施行者究竟是谁,故而在实践中也广泛服务或运用于包括但不限于诉讼在内的各种场域。如支付宝、微信支付时手指的捺印或密码、验证码的录入,银行开户或现金提取时的身份校验,飞机或高铁登入时人脸的识别,遗嘱、合同、委托书等书面材料上签名者的鉴定。诚然,此种只需刷个脸、按下指纹便可让人们立即步入某些场域或启用相关电子设备的人身同一认定技术,在给人们生活带来便利的同时,也引发了民众的担忧,甚至是不满,具体体现在提起人脸识别之诉、专门戴着头盔去看房等。2021年中央电视台"3·15晚会"更是曝光了一些非法收集人脸数据用于营销目的的企业。综合而言,之所以出现如上情形,实为科技的"双刃剑"效果使然。

为控制人脸识别技术的负面效应,最高人民法院于2021年7月28日专门发布了《审理人脸识别案规定》。域外近年来也对此积极予以法律规制。如,欧盟已出台《通用数据保护条例》(*General Data Protection Regulation*),并积极推动《人工智能法案》(*Artificial Intelligence Act*)的出台。一些学者也开始对各自法域人身同一认定技术即生物识别技术的应用和规制状况进行反思。如,有学者提出了"智能时代的人身同一认定"模式并对其风险规制给出了初步建议。[③]还有学者从个人信息、隐私保护角度出发,

---

① 参见[奥]维特根斯坦:《逻辑哲学论》,贺绍甲译,北京,商务印书馆2009年版,第79页。
② 李学军主编:《物证技术学》,北京,中国人民大学出版社2021年版,第27页。
③ 参见张超、吕凯:《人工智能时代的人身同一认定研究》,载《合肥工业大学学报》(社会科学版)2022年第2期。

通过引入比较法材料、检视本土法制等方式，为生物识别数据的规范运用献策建言。① 尽管以上研究揭露了新型技术的隐患，并积极予以制度性回应，但未明确人身同一认定的历史由来、技术革新及其理论构造，疏于剖析侵犯隐私和个人信息权的机理与权利保障的法理，对实定法的检视完善也欠缺体系性。因此，本部分内容将经技术迭代升级为诸如人脸识别等的人身同一认定概括为"数字人身同一认定"，进而剖析数字人身同一认定在技术加持下的"助力面向"与"权力面向"，并就其隐患和规制展开系统的理论探析。

## 二、人身同一认定的技术化演进

从司法证明发展史的视角来看，人身同一认定的技术化演进经历了从无到有的三个历程。

### （一）人身同一认定的初始样态

#### 1. 神示法和决斗法——以神灵旨意或武力结果为据

人类社会早在诉讼活动萌生之时，便对证据有了需求。没有证据，就难以查明相关事实，更难以解决诉讼纷争。而需以证据查明的事实，便不可或缺地要解决"谁是否实施了某行为""某某究竟是谁的孩子"等这样的人身同一认定问题。如，战国时期的《墨子·明鬼》记载，因无法确定已诉三年的一案究竟是王里国还是中里徼实施的犯罪行为，故齐庄公想把他俩都杀了，可又担心错杀无辜；齐庄公也想将他俩均释放，却又害怕放走真凶。② 又如，公元584年法兰克王国希尔佩里克一世被暗杀，其幼子克洛泰被政敌诬陷为某宫廷宠臣之子，③ 此时确认克洛泰是否为国王之子就极为重要。

在那个时代，诸如前述案件中对身份的确认，亦即人类社会对人身同一认定最初的解决方式，是且只能是神示法以及决斗法。所谓神示法，即以向神灵宣誓的方式或以神灵惩戒的判断方式来查明包括人身同一认定问题在内的案件事实的一类方法。基于对神灵的崇拜，宣誓者通常不会撒谎，或者虽有谎言，但也会因忌惮神灵惩罚而难掩心神不宁之情态，进而被认定为不法者。④ 而决斗法，则是有异议的双方当事人，以武力的方式对决，进而由决斗主持人认定败者便是相关责任承担者的裁判法。如，意大利一位名为兰伯特的王室成员，通过决斗之胜证成自己便是王母的儿子。

诚然，神示法或决斗法下的事实认定及裁判结果有较为明确的标准，⑤ 故而有利于人们接受、认可相关人身同一认定的权威性。但是，以神示法或决斗法进行人身同一认定，在现今来看，虽暗含一丝"科学的味道"⑥，但其并未以反映人身特征的客观证据

---

① 参见姚永贤：《生物特征识别技术用于社会治理的风险及法律控制》，载《电子政务》2022年第11期；孙清白：《敏感个人信息保护的特殊制度逻辑及其规制策略》，载《行政法学研究》2022年第1期；付微明：《个人生物识别信息的法律保护模式与中国选择》，载《华东政法大学学报》2019年第6期。
② 参见邓敏文：《神判论》，贵阳，贵州人民出版社1991年版，第1-2页、第54页。
③ 参见［美］亨利·查尔斯·李：《迷信与暴力：历史中的宣誓、决斗、神判与酷刑》，X. Li译，桂林，广西师范大学出版社2016年版，第38页。
④ 参见［法］迭朗善译：《摩奴法典》，马香雪转译，北京，商务印书馆1982年版，第179页以下。
⑤ 参见何家弘：《短缺证据与模糊事实：证据学精要》，北京，法律出版社2012年版，第47页。
⑥ 邓敏文：《神判论》，贵阳，贵州人民出版社1991年版，第1-2页、第54页。第130页以下。

为根据，因而整体上不具有科学可靠性，且不可避免地戕害人的生命和身体（健康）权。随着人类认识能力的提高，神示法和决斗法逐渐退出了人身同一认定的历史舞台。

**2. 言辞法——以当事人陈述及证人证言为据**

在人类诉讼的初始阶段，另一重要的人身同一认定做法是，依靠当事人的自我陈词或他人的说道以及其发言时的情态来定夺被告人是不是实施了某行为的人，此即言辞法。如，我国西周时期便有了须"听狱之两辞"的说法——裁判者应该当堂听取诉讼双方陈述后再作出裁决。又如，在 12 世纪的英格兰，其"陪审员"尚不具备事实裁断者的身份，而是作为证人来协助法官裁判"谁是土地占有者"或者"谁是杀人凶手"。① 而 16 世纪前后，英国的刑事庭审通常表现为控辩双方的"争吵"，或呈现为"被告陈述式审判"——当事人及证人的陈述即人证，是裁判者作出裁判的重要"信息来源"②。

诚然，依靠人之言辞进行人身同一认定具有相当的合理性和有效性。即当事人陈述或证人所言，是基于当事人或证人本身对案发时相关情况的深刻记忆；而裁判者当面讯问或询问当事人和证人时，实际上既在关注人证的言辞内容又在审视其表达时的情态，这便蕴含着现代诉讼的直接原则和言辞原则精神，也暗合了心理学和审讯学原理。因此，言辞法一度成为人身同一认定的主力军，至今还发挥着重要的作用。但是，言辞法的不足也显而易见：人可能因受胁迫或受利益驱使等外在因素影响，而提供前后不一致甚至虚假的陈述，还会因认识、记忆偏差等内在因素而提供错误或不完整陈述。此外，对人证的依赖，也极易侵犯受审查者的身体健康权、人身自由权甚至生命权。

可见，虽然较神示法而言，以言辞法对人身进行同一认定的可靠性大大提升，但当事人、证人的言辞主观性较强，即便抛开其主观偏向，单从人的胖瘦、高矮、肤色、性别等外表特征，或基于模糊语言、语音特征而展开的相关人身同一认定，其结论仍难以令人信服。若要同时达到准确认定案件行为人并保障人权的双重目标，人身同一认定的具体方法仍有大力变革的需求。

## （二）人身同一认定的技术介入

随着生物、物理、化学等自然科学的发展，人类对"人"的特征认识越来越深入、全面，对"人"之特征的运用也越来越客观、科学。再随着设备研发、机理探析，如显微镜、潜在指纹的物理及化学显现法、条件反射原理、人类血液分型技术的问世及应用，人类的认知能力不断提高，人的相貌③、骨骼④、指纹⑤、书写动作习惯⑥、血液等人体生物特征开始被关注，并逐渐成为用于人身同一认定的可靠依据。20 世纪 40 年代初，美国发明了声谱仪，开始了以声音的频率、强度和时间参数来认定说话者的历程。而

---

① 参见李红海：《英国陪审制转型的历史考察》，载《法学评论》2015 年第 4 期，第 180 页。
② 参见［美］兰博约：《对抗式刑事审判的起源》，王志强译，上海，复旦大学出版社 2010 年版，第 11 页、第 24 页。
③ 参见翁南洲主编：《刑事摄影与物证光学检验》，杭州，浙江摄影出版社 2008 年版，第 8 页。
④ See Richard Saferstein, Criminalistics: An Introduction to Forensic Science, Pearson Education, 2020, p.5-7.
⑤ See Barry A.J. Fisher, Willion J. Tilstone & Catherine Woytowicz, Introduction to Criminalistics: The Foundation of Forensic Science, Academic Press, 2009, p.56.
⑥ See Max M. Houck & Jay A. Siegel, Fundamentals of Forensic Science, Academic Press, 2009, p.505.

DNA技术的出现，更是将人身同一认定的可靠性再次推向高潮——1986年，英国杰弗里斯教授首次将DNA分析技术用于刑事案件的侦破：在比对嫌疑人与现场精斑的DNA后，杰弗里斯教授为已经"招供"的嫌疑人巴克兰德脱罪，转而认定匹兹佛克为强奸案的真凶。

可以说，正是技术的介入，人身同一认定的迫切现实需求才无须依赖神灵之旨意或单单渴求当事人、证人的发声——人亘古以来便有的各种生物特征，如相貌、骨骼、声纹、DNA、指纹、书写动作习惯等，被逐渐挖掘出来并得以"开口说话"，能更好地解决"此人是否正是某人"这一问题。被赋予物证一词的前述生物特征逐渐被认真对待，进而成为人身同一认定的重要且极为可靠的依据。人，由此成为丰富的证据源（见图1-1-1）；物证时代亦得以建成。

图1-1-1　科技的进步促进人成为丰富的证据源

### （三）数字人身同一认定的启航

物证的应用使人身同一认定的客观可靠性有了质的飞跃，但也时有遭遇"可靠却难以运用"的尴尬境地。为了更好地查明"某人是谁"，人的指纹、相貌、DNA等特征也就逐渐被制成大量的文档材料，并汇聚成档案库。随着档案库体量的增大，鉴定专家的每次鉴定或查询，均需比对数以千万计甚至更多的样本，此乃鉴定专家"不可承受之重"[①]。

不过，"数据+算法"卸下了鉴定专家"肩上的重负"，人身同一认定迎来了数字化革命。一方面，生活于网络/物理"双层社会"的人，日益呈现出"生物—信息"的双重面向，发生了从自然人到"信息人"的转变，[②] 进而可以通过传感器及数据库等数字技术将人的相貌、指纹、声纹、书写习惯等特征数字化为生物识别数据。另一方面，专家将识别人身的专门知识数字化为各种算法，铸就了自动指纹识别、人脸识别、DNA索引等生物识别系统。[③] 由此，专家们得以从海量枯燥的机械性比对中解脱。可以说，新技术的助力不仅让一些"冷案""积案"有了告破的希望，更使得一些民事、行政、仲裁等纠纷中相关责任人或权利人的身份得以确认。

---

[①] 参见［美］查尔斯·R. 斯旺森、尼尔·C. 谢美林、伦纳德·特里托：《刑事犯罪侦查》（第8版），但彦铮、郑海译，北京，中国检察出版社2007年版，第319页。

[②] 参见马长山：《智慧社会背景下的"第四代人权"及其保障》，载《中国法学》2019年第5期。

[③] See Anil K. Jain, Arun A. Ross & Karthik Mandakumar, Introduction to Biometrics, Springer, 2011, p.3-4.

进入大数据时代，人身同一认定的数字化革命进一步推进。以机器学习（machine learning）①，尤其是深度学习（deep learning）②技术为代表的大数据技术，使得人身同一认定更加"高能"。来自人的相貌、指纹、DNA等生物识别数据，经人工标注并汇聚成庞大的数据集，用于训练并提升人身同一认定算法模型的识别能力。③经大数据赋能而成的人身同一认定算法，其识别准确率已与人类不相上下，甚至高于人类。④与此同时，大数据技术还使得人身同一认定算法的能力进一步增强。于是，原本鉴定专家束手无策的一些难题，现今就可能通过智能算法系统加以解决。如，传统的笔迹鉴定法对"多笔画"的笔迹鉴定较为有效，因为笔画越丰富，就意味着书写人的书写习惯被反映得越充分，鉴定也就越可行、越可靠；但对"少笔画"的笔迹，即便是经验丰富的鉴定专家也难下定论。而经机器学习的动态签名识别算法则能准确捕捉笔迹形成的动态特征：在特制电子屏板上签名，该屏上的传感器不仅会提取笔迹的静态图像数据，还会提取并利用书写的速度、压力、时序等动态特征。此等传感器和算法优势，便能解决笔迹鉴定专家无从下手的这些难题。⑤

质言之，大数据时代的人身同一认定，凭借的不只是"与人身密不可分的特征"，还可以是由人身特征衍生而成的生物识别数据（见图1-1-2），并呈现出"数据驱动"的特点。而生物识别数据的汇聚及有效应用，使得人身同一认定变得高效且高能——于是，基于数据及其相关技术的数字人身同一认定得以诞生。

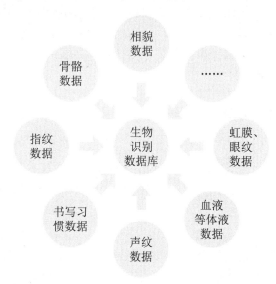

**图1-1-2 作为数据源的人促成生物识别数据库的建立**

---

① 参见［美］米歇尔：《机器学习》，曾华军等译，北京，机械工业出版社2003年版，第3页。
② 参见王晓峰、高俊波、孔繁荣主编：《英汉人工智能辞典》，上海，上海交通大学出版社2019年版，第102页。
③ 参见［美］佩德罗·多明戈斯：《终极算法：机器学习和人工智能如何重塑世界》，黄芳萍译，北京，中信出版社2017年版，第9页。
④ 参见《人工智能读本》编写组：《人工智能读本》，北京，人民出版社2019年版，第206页。
⑤ 参见《机智过人第二季——韩雪邀5名美院学生共书 笔迹精灵面临多字鉴定难题》，载央视网，http://tv.cctv.com/2018/09/22/VIDEXVQzH2ml6u4eilvJezh4180922.shtml，2023年5月8日访问。

## 三、数字人身同一认定的理论构造

尽管上文对数字人身同一认定的源流进行了梳理，但相关认识尚停留在感性阶段，故有必要从组成要素切入，明晰数字人身同一认定的内部构造，为其提供坚实的本体论基础。

### （一）数字人身同一认定承袭的传统要素

传统人身同一认定理论主要针对鉴定和辨认而展开，因此，可从主体、客体、比对依据和比对方法四个要素梳理其结构。第一，人身同一认定的主体为自然人，一般是具有专门知识的人或知悉案件情况的当事人、证人。第二，人身同一认定的客体为"两个"人，即被寻找的人和受审查的人。需要说明的是，此"两个"人并非是同时间、同空间出现的两个个体（哪怕是极其相似的二者），而是同一人在不同时间、空间出现过两次或以上。第三，人身同一认定的依据源于人的特征反映体，包括相貌、指纹、笔迹、体液、声纹等。第四，人身同一认定的方法主要是比较法，即通过人的认识能力，判断分别源自被寻找人的特征反映体（检材）与受审查人的特征反映体（样本）之间的符合性及差异性。

诚然，"数字人身同一认定"这个创设性术语源于其技术力量的强大，但笔者认为，人身同一认定的功用及其历程表明，数字人身同一认定的理论构造无疑要守正。事实上，数字人身同一认定在主体、客体、依据和方法这四个要素方面承袭了传统人身同一认定理论：并未脱离人的介入，特别是最后的结论还需由人来确定；指向的对象仍然是被寻找的人和受审查的人，仍需倚赖源于人的特征反映并以比较方法展开，否则数字人身同一认定无法运行。

### （二）数字人身同一认定的特别构造

传统人身同一认定的理论构造主要基于过往实践，但其对于由大数据及算法驱动的人身同一认定在当下实践中尚不具备充分的解释力。新的技术实践呼唤新的理论构造，故当前应围绕数字人身同一认定作出与时俱进的创新性理论概括。而其"创新性"体现在数字人身同一认定极大丰富了如下三个特别构造要素的理论内涵。

第一，以人与机器的有机结合为认识"主体"。对于认识活动，一般认为，人才有资格充当认识主体。然而随着机器的介入，人的感知能力、数学能力及经验获得能力日益延伸，"机器从认识论的边缘逐渐走向认识论的中心"[①]。将认识活动具化到人身同一认定，则更可明晰机器与人的认识正在如何深度关联：传统人身同一认定的主体，不论是具有专门知识的人，还是知悉案情的普通证人或当事人，均为自然人；而数字人身同一认定的主体还包含机器，并构成"机器筛选+人工审查"的"合伙"模式[②]。换言之，数

---

① 董春雨、薛永红：《大数据哲学：从机器崛起到认识方法的变革》，北京，中国社会科学出版社2021年版，第178页以下。
② See Itiel E. Dror & Jennifer L. Mnookin, The Use of Technology in Human Expert Domains: Challenges and Risks Arising from the Use of Automated Fingerprint Identification Systems in Forensic Science, Law, Probability and Risk, Vol.9:47, p.59 (2010).

字人身同一认定的主体不再纯粹是人，而是"机器+人"的有机结合。

第二，以特征反映体及其衍生数据为认识"依据"。传统人身同一认定的依据是相貌、指纹、声纹、笔迹等被寻找人的生物特征反映体；数字人身同一认定的依据不仅包含前述各种特征反映体，更包含由这些特征反映体生成的生物识别数据。更重要的是，以个人的生物识别数据为核心的各类数据，为人身同一认定的范式升级奠定了基础，是认识大数据时代数字人身同一认定的出发点。

第三，以算法比较法为主要的认识"方法"。人身同一认定方法层面的特殊性，皆因其主体差异而成，即单纯的由人运作与"机器+人"的"合伙"无疑有本质上的不同：传统人身同一认定凭借的是人脑中基于知识、经验的比较方法，而数字人身同一认定凭借的则是计算机中基于数据的比较算法。① 当然，在数字人身同一认定实践中，算法比较法与经验比较法并非互斥，而是呈现出协同或递进关系。如，在运用指纹自动识别系统进行人身同一认定时，系统会运用算法，从指纹数据库中筛选出数个与检材指纹最为相似的指纹图像作为"候选名单"，人类专家则将"候选名单"中的样本指纹与检材指纹再进一步作比较检验，以确定二者的源头是否同一人。

可见，数字人身同一认定在认识主体、依据、方法三个维度区别于传统人身同一认定（见表1-1-1）。而机器、特征反映体衍生数据、算法这三个维度理论要素共同折射出数字人身同一认定的核心特性——生物识别数据的依赖性：人身特征在数字时代需以生物识别数据来呈现，主体往往直接通过生物识别数据（如人脸相貌的电子数据），而非物质性的特征反映体（如人脸相貌的照片）来进行同一认定。同时，生物识别数据是数字人身同一认定算法的直接处理对象，而经标注的生物识别数据还可作为"燃料"，反向助推算法的识别能力。值得关注的是，生物识别数据往往广泛涉及电子商务和通信，故而承载着个人的财产权、隐私权等重要权益。

表1-1-1 传统人身同一认定与数字人身同一认定的差异

| | 传统人身同一认定 | 数字人身同一认定 |
|---|---|---|
| 主体 | 自然人 | 人与机器有机结合的"合伙人"② |
| 依据 | 特征反映体（指纹、声纹、笔迹等） | 特征反映体及其衍生数据即生物识别数据（指纹数据、声纹数据、笔迹数据等） |
| 方法 | （经验）比较法 | （算法）比较法为主 |

综上，以生物识别数据为中心而展开的数字人身同一认定，可解读为以人与机器有机结合的"合伙人"为主体，以"被寻找的人"与"受审查的人"为客体，以算法比较法为主要研判方法，以特征反映体及其衍生数据为比对依据，进而判断先后出现过的人是否同一个人（即对某人予以身份识别）的新范式认识活动。该新范式能较好地反映并阐释当前数字人身同一认定在能效上的提升，同时也明确了其法律规制的重心——生物

---

① 机器算法其实也来自人的经验，且算法还可视为经验的数据化。参见姜昕、刘品新等：《检察大数据赋能法律监督三人谈》，载《人民检察》2022年第5期。
② 陶晓、陈世丹：《"失控"与"无为"：走向一种合伙人式的人机关系》，载《北京科技大学学报》（社会科学版）2019年第5期。

识别数据的规范运用。而这就指向了大数据时代数字人身同一认定在特定场景下所拥有的较为强势的"权力面向"。

## 四、数字人身同一认定的权力面向

数字人身同一认定的"技术力量"有两个不同视角的理论评价：一是"助力"，即人身同一认定经数字算法技术的渗透而变得高效且高能，拥有快速认定或者否定某个人的力量；二是"权力"①，即数字人身同一认定因高度依赖生物识别数据，故极易被异化运用进而对公民的隐私权及个人信息权②形成威胁，这也促使该认识活动在定位上有了较大扩容。

### （一）数字人身同一认定的异化机理

数字人身同一认定离不开对生物识别数据的应用。本质上看，身份判断或辨识的启动与准备、组织与实施、管控与收尾，对应的正是生物特征信息的获取、分析、管理等一系列活动。此时是否可能侵犯个人隐私？有观点认为不侵犯，其理据是，公开于公共场合的个人生物识别数据不存在隐私保护的合理期待，亦未妨害我国《民法典》第1032条所述的私密空间、私密活动、私密信息和私人生活安宁。但是，"私密场所有隐私，公共场所无隐私"的观念现已过时。③ 更重要的是，数字人身同一认定总是在一定的时间和场合下发生，这些人身信息与相关的时空信息、场景信息等如同一块块拼图，当拼图被慢慢汇聚、集齐并以一定形式呈现时，便会产生"马赛克效应"④，进而拼凑、提炼甚至放大某些隐私信息。由此，哪怕在公共场所，个人隐私或个人信息权也会因数字人身同一认定而受侵犯。这就是数字人身同一认定的异化应用。概言之，其相关机理如下。

从横向来看，数字人身同一认定技术结合特定时间、场所信息，或结合其他情况下合法收集的信息，可能导致系统所获信息超出了个人同意披露的个人信息范围，继而侵犯个人隐私。⑤ 如，A公司运营的手机导航App数据显示，使用某手机号注册的甲用户多年来每隔一段时间便会搜索前往B疾病门诊附近车站的导航路径；同时，A公司旗下的论坛网站相关数据亦显示，使用该手机号注册的乙用户常在论坛上与网友讨论B疾病相关的治疗方案。此时，A公司自身的跨部门数据互通平台就很可能推断甲用户与乙用

---

① [德]马克斯·韦伯：《经济与社会》（上），林荣远译，北京，商务印书馆1997年版，第81页。
② 参见张翔：《个人信息权的宪法（学）证成——基于对区分保护论和支配权论的反思》，载《环球法律评论》2022年第1期。
③ See Helen Nissenbaum, Privacy as Contextual Integrity, Washington Law Review, Vol.79:119, p.155 (2004). 关于隐私的场景依赖性之论述，参见丁晓东：《个人信息保护：原理与实践》，北京，法律出版社2021年版，第14页。
④ See Pozen, The Mosaic Theory, National Security, and the Freedom of Information Act, The Yale Law Journal, Vol.115:628, p.633 (2005).
⑤ 参见郭锐：《人工智能的伦理和治理》，法律出版社2020年版；韩旭至：《刷脸的法律治理：由身份识别到识别分析》，载《东方法学》2021年第5期。

户为同一人（尽管两者的用户名并不相同）且患有 B 疾病，进而在导航软件上给甲用户推送相关营销信息。这无疑会给用户带来困扰，破坏其生活安宁。

从纵向而言，持续进行的数字人身同一认定可能揭示公民的私密信息或私密活动。因为如今的数据提取设备不仅是单点、静态、机械的记录器，而是广泛分布并连续运行且难以察觉的智能设备，如网格式部署的人脸识别视频监控系统。这些利用公共视频监控对特定人进行多次或无数次"接力式的追踪监控"实已侵犯公民隐私——这样的监控实属技术侦查，本不应被滥用。①

此外，即便特定场景下的数字人身同一认定没有侵犯隐私，但若其所依据的生物识别数据被不当收集、使用、存储，也会侵犯公民的个人信息权。个人信息的本质在于其可识别性，且强调一种社交属性，即信息越多，识别就越准确全面。在大数据时代，民众往往身不由己地需要将部分个人信息共享给互联网企业或政府单位及社会组织，以获取必要的网络服务、开展相应的社交活动。如，某些软件在下载安装时会默认勾选"加入数据共享计划以便我们更好开发软件"的选项，从而让用户在不知情或不得已（否则，将无法正常使用相关软件）的情况下"被上传"了大量个人信息，并足以据此勾勒出该用户多方面的具体情况，包括进行数字人身同一认定。再如，随着"智慧城市""智能政务""数字政府"等建设场景的深入推进，政府开始多维度、全方位收集尽可能多的民众信息，不仅包括人口情况、国民收入等传统内容，还覆盖公安、税务、交管、医疗、教育等诸多方面。这在为公众提供便捷服务、满足个人需求的同时，实际上也为精准开展数字人身同一认定提供了可能。而这或许已经远远超出了用户或民众提供相关信息时的合理预期。

### （二）数字人身同一认定的定位扩容

数字人身同一认定所蕴含的权力属性，不仅关系到实践层面的异化应用，更挑战理论层面的基本定位。人身同一认定作为一种认识活动，鲜与权力及其运作有关。然而，内嵌于数字人身同一认定的算法，却将算法权力②辐射至该种认识活动，并赋予展开数字人身同一认定的平台企业或者国家机关以相关的控制力和影响力。这种权力既可被互联网平台等民事主体所掌控，③导致个人与平台间的不平等性增强；又可被掌握在公权力机关手中④，从而扩张公权力主体的权力边界和执行能力⑤。这自然也证成了数字人身同一认定的理论定位应扩容至权力面向。而不论是民事主体还是公权力机关，其对数字人身同一认定有意或无意地异化应用，均有可能造成对公民尊严的贬损和对其自主决定的削弱。

首先，对公民尊严的贬损。我国《宪法》第 38 条明确规定，中华人民共和国公民

---

① 参见纵博：《公共场所监控视频的刑事证据能力问题》，载《环球法律评论》2016 年第 6 期。
② 参见陈景辉：《算法的法律性质：言论、商业秘密还是正当程序？》，载《比较法研究》2020 年第 2 期。
③ 参见张吉豫：《数字法理的基础概念与命题》，载《法制与社会发展》2022 年第 5 期。
④ 参见张凌寒：《权力之治：人工智能时代的算法规制》，上海，上海人民出版社 2021 年版，第 37 页以下。
⑤ 参见李涛：《政府数据开放与公共数据治理：立法范畴、问题辨识和法治路径》，载《法学论坛》2022 年第 5 期。

的人格尊严不受侵犯。尊严，实为基于人反思、评价进而选择自己生活的能力。① 当人感受到被物化或工具化时，其尊严便可能受到侵犯。在如今的数字人身同一认定技术面前，个人只是数据源；当生物识别数据被提取后，个人便成为被识别的客体，或成为实现犯罪预防或精准营销等目的之对象或者工具。尽管这种处理难以被及时察觉，但个人受尊重的主体地位已被悄然客体化，其尊严受到减损。此外，作为社会对特定群体的贬低性标签，污名在古代以身体印记的方式呈现，而当下，我国法律未明确所收集的生物样本和信息的保存时限，相关公权力机关在司法实践中习惯性地将个人生物样本和信息（甚至包括被判无罪或驳回起诉之人的信息）长期保存于数据库，以作为将来数字人身同一认定的元素材。因此，社会大众会认为，"数据库中的这些人"是"不同于我们"的存在——数据被提取者便有了被贴上标签的可能，② 其社会身份相应也就污名化了。③

其次，对自主决定的削弱。自主决定是人之主体性的核心要素之一，意味着个人的行为由自主意志决定，并非事先由他人决定。而数字人身同一认定却已实质上削弱了公民自主决定的自由。最常见的示例便是人脸识别，它作为一种深度渗透至工作、生活的数字人身同一认定技术，正悄然规训着人们的行为：在人脸识别技术面前，人们通常无法去改变或挑战它，而只能顺应技术发展调整自身行为。④ 不仅如此，数字人身同一认定的权力边界在当下更有扩大的趋势。如实践中，公安机关在使用人脸识别系统时，除了将在逃犯罪嫌疑人、有犯罪前科的人员纳入监控名单，还将"上访人员""涉黄人员"纳入人脸识别监控范围。

综上所述，在特定场景下，数字人身同一认定的"权力面向"实际已对个人隐私权和信息权构成威胁，有可能削弱个人的尊严及自主决定自由。因此，对数字人身同一认定予以法律规制势在必行。

## 五、数字人身同一认定的规制现状及其检视

我国现有法律法规虽对指纹鉴定等传统人身同一认定进行了一定的规制，但就数字人身同一认定而言，相关的法律规制尚处于起步阶段。而数字人身同一认定的权力面向一旦在场景效应下被不当使用，将会使个体的人格权益陷入危机。因此，有必要从我国相关规制的现有状况切入，探析其存在的不足，以便为后续的体系化完善指明方向。

数字人身同一认定以个人的生物识别数据为中心，覆盖了对生物识别数据的处理全过程。根据现有法律框架，作为一种个人信息且在很多场域下还是敏感个人信息的生物识别数据，现有关键规制环节和核心规制情形如下。

第一，数据收集方面。我国公权力机关一直有权采集生物识别数据，且近年来被允

---

① 参见王旭：《宪法上的尊严理论及其体系化》，载《法学研究》2016年第1期。
② 参见刘静怡：《DNA采样、犯罪预防和人权保障》，载《台湾法学杂志》第124期（2009年3月）。
③ 参见管健：《身份污名的建构与社会表征——以天津N辖域的农民工为例》，载《青年研究》2006年第3期。
④ 参见陆幸福：《人工智能时代的主体性之忧：法理学如何回应》，载《比较法研究》2022年第1期。

许收集的生物识别数据类别也在扩大。2012 年修订的《刑事诉讼法》第 130 条（现行《刑事诉讼法》第 132 条）、《人民检察院刑事诉讼规则（试行）》第 213 条规定，侦查机关仅可采集指纹信息。2018 年修正的《反恐怖主义法》第 50 条进一步规定："公安机关调查恐怖活动嫌疑，……可以提取或者采集肖像、指纹、虹膜图像等人体生物识别信息……并留存其签名。"2018 年和 2020 年修正的《公安机关办理行政案件程序规定》第 83 条、2020 年修正的《公安机关办理刑事案件程序规定》第 217 条均规定公安机关有权采集"肖像、指纹等人体生物识别信息"。此外，依据《反电信网络诈骗法》第 9 条、第 15 条、第 21 条之规定，电信业务经营者、银行业金融机构、非银行支付机构、互联网服务提供者应当落实用户实名制度。于是，上述主体在网络或现场办理相关业务时，以上传身份证件、人脸识别等方式对用户身份进行识别、核验便同步收集了个人的人脸数据、身份数据等信息。这些用户注册、核验信息已经成为破解网络匿名、确定用户真实身份的关键证据。① 因为根据《网络安全法》第 28 条、《数据安全法》第 35 条等规定，有关单位、部门为配合相关案件的办理还应向公安机关、国家安全机关提供其持有的人体生物识别数据。

第二，数据使用方面。我国法律针对私权利主体及公权力机关设定了不同的生物识别数据处理模式。具体来说，民事主体根据《民法典》第 1035 条第 1 款和《个人信息保护法》第 13 条第 1 款规定，使用数据时必须遵循"知情—同意"规则。此外，关于人脸识别使用，最高人民法院的《审理人脸识别案规定》从权益保护、价值平衡、未成年人保护、小区门禁系统、手机使用等多维度作出了系统性考量。② 国家机关使用数据虽然不受"知情—同意"规则的拘束，但必须具有目的上的合法合理性。如，现有法律、司法解释等相关要求均出于"确定某些特征、伤害情况或者生理状态""调查恐怖活动嫌疑"或"维护公共安全等合法目的"，而《个人信息保护法》则特别设置了"国家机关处理个人信息的特别规定"专章，并明确规定"不得超出履行法定职责所必需的范围和限度"。

第三，数据存储和删除方面。整体上看，依据《民法典》第 1037 条和《个人信息保护法》第 47 条的规定，私权利主体或运营平台应主动或按照个人要求，删除生物识别信息；而依据《刑事诉讼法》第 54 条第 3 款和第 152 条第 2 款、《反恐怖主义法》第 32 条和第 48 条、《关于办理刑事案件收集提取和审查判断电子数据若干问题的规定》第 4 条、《公安机关办理刑事案件电子数据取证规则》第 4 条等规定，已获取相关个人生物识别信息的公权力机关或采集部门，对个人隐私应当保密并审慎保管和使用。

基于如上规制内容的区别，可从民事主体间的数字人身同一认定、公权力机关的数字人身同一认定两个视角展开检视。

在平等民事主体之间，个人信息的收集和使用应遵循"知情—同意"规则。对于生物识别数据等敏感个人信息的处理，则有更严格的程序限制，包括获得个人单独同意，且告知处理敏感个人数据的必要性及对个人权益的影响。《民法典》《个人信息保护法》

---

① 参见贺娇：《网络综合治理体系下网络平台证据提供义务的优化路径》，载《证据科学》2023 年第 2 期。
② 参见孙航：《强化人脸信息司法保护 促进数字经济健康发展——最高法相关负责人就审理使用人脸识别技术处理个人信息相关民事案件的司法解释答记者问》，载《人民法院报》2021 年 7 月 29 日，第 3 版。

《数据安全法》及一些司法解释等规范性文件也正在持续完善有关生物识别数据处理的相关规定。尽管"知情—同意"在形式上充分尊重了个人意思自治权,但实际上,"知情—同意"规则在数字人身同一认定(尤其是人脸识别、语音识别)境域下却处于一种失灵状态。这是因为,动用该技术的一方往往在技术能力及经济实力等方面远强于个人,导致个人极易陷入一种"知道却不知情"或者"知情但不得不同意"的困境。① 因此,对于生物识别技术即数字人身同一认定的运用而言,有必要对"知情—同意"规则的具体落地予以完善。

作为"知情—同意"规则的例外适用,公权力机关运用生物识别数据进行数字人身同一认定的场景更丰富,对公民隐私、个人信息权等正当权益的威胁更大。现有法律规定尽管强调了公权力机关在处理生物识别数据时要保护公民隐私、不得泄密,且这些数据只能用于法定目的、不得用于他途,但也呈现出较为明显的强化授权趋势。其突出表现之一即公权力机关收集生物识别数据的类别得到极大扩张,由原来的"指纹信息"拓展为"面部肖像、指纹、声纹、虹膜图像等人体生物识别数据";与此同时,对于某些必要规制的内容却语焉不详或处于留白状态。这就使得公权力机关特别是公安机关应如何运用数字人身同一认定的现有法律规定暴露出如下问题:第一,从收集环节来看,现行《刑事诉讼法》仅为公安机关收集生物样本和指纹信息提供了法律依据,但对其他生物识别数据的收集并未提供法律支撑。相关条款虽授权在特定情况下收集犯罪嫌疑人、被告人和受害人的生物识别数据,但能否收集相关第三人的生物识别数据却不明晰,能否以预防犯罪为目的收集生物识别数据也不明了。第二,从使用环节来看,即便《个人信息保护法》授权公权力机关为维护公共安全可使用人脸识别等数字人身同一认定技术,但人脸识别的监控对象范围仍未确定。第三,从数据的存储和删除环节来看,当前的法律规定对此更少有规制,包括何种生物识别数据应被存储/删除以及如何存储生物识别数据等问题,均不得而知。

## 六、数字人身同一认定规制的体系化完善

以大数据、云计算等为代表的数字科技革命,对人类的生产方式、生活样式、生存模式带来了颠覆性变革,"数字法治"这种现代法治新形态正在重构重塑法治运行的时空场景、方法手段、功能作用。② 基于数字人身同一认定的现有规定在私法及公法领域的不足,应从算法权力的视角寻找一体化完善的底层逻辑:通过以法律为主的手段,围绕拥有算法技术运用权的主体,在"赋权"与"限权"间找到新平衡。为此,有必要在提炼数字人身同一认定的规制原则基础上,细化、完善相关的法律规定。

### (一)数字人身同一认定的规制原则

"在数字时代,个人信息国家保护义务意味着国家不仅应履行尊重私人生活、避免干预个人安宁的消极义务,还应通过积极保护,支援个人对抗个人信息处理中尊严减损

---

① 参见郭春镇:《数字人权时代人脸识别技术应用的治理》,载《现代法学》2020年第4期。
② 参见黄文艺:《数字法治是现代法治新形态》,载《数字法治》2023年第2期。

的风险。"因此,数字人身同一认定的规制原则,既要借鉴、吸收个人信息保护的成熟原则,更应贴合数字人身同一认定的本质特性。笔者认为,考虑到数字人身同一认定的核心依据(即生物识别数据)往往关涉敏感个人信息,故除了坚持个人信息保护的正当目的、知情同意、数据最小化等原则,①还需在规制对象、价值和手段方面着重遵循如下三个原则,以便织牢严密法网、筑牢保护屏障。

### 1. 以生物识别数据为中心的原则

从规制对象来看,数字人身同一认定应以生物识别数据为中心,这是大数据时代的必然选择。第一,它意味着数字人身同一认定的规制要点,应以生物识别数据为出发点和归宿,而不能仅局限于生物样本。当然,生物识别数据与生物样本关系紧密,均关联隐私和个人信息权,故以生物识别数据为中心并非忽视对生物样本的规制。但是大数据时代,收集生物样本的重要目的之一即提取生物识别数据,且生物识别数据相对而言易复制、易流动、易存储,对隐私与个人信息权的影响更显著,所以在法律规制上更应得到重视。第二,该原则表明,对生物识别数据的规制应从收集环节扩大到数据生命的全周期,覆盖收集、存储、使用、加工、传输、提供、公开等处理全流程。目前,《反恐怖主义法》《出入境管理法》等法律仍主要强调关于收集生物识别数据的授权,而《民法典》《个人信息保护法》仅有保障生物识别数据等个人信息的原则性规定。《深圳经济特区数据条例》虽然对处理生物识别数据作出了较处理其他数据更加严格的规定,但其位阶低、适用区域小,对生物识别数据保障的效果有限,因此需要在规制导向上进行相应调整。第三,该原则实质上要求以生物识别数据背后的权益尤其是人格权益为中心。作为一种重要的个人信息,生物识别数据除具备公共管理价值及商业价值外,还关乎人格尊严和自由。②尤其是鉴于生物识别数据的唯一性、不可更改性等特点,其背后的人格权益保护应当被置于法律规制的首要位置。因为"人的本质问题,人的人格,对于法的本质是决定性的",③而人格尊严又源自个人的独特性和不可重复性,从这个角度来说,生物识别数据正是个体人格权益的直接承载。

### 2. "两头强化"原则

"两头强化"原则要求在强化特定目的下个人生物数据识别功能的同时,还需强化对数据中蕴含的隐私等权益予以保护。这是数字人身同一认定规制的价值追求。之所以强调"两头强化",是因为生物识别数据与其他信息一样,也具有两面性:信息的流动能促进社会经济的发展、信息的规模化处理有利于维护公共安全,但信息的流动和规模化汇聚处理还可能侵犯公民隐私等合法权益。故对人脸识别、声纹识别等数字人身同一认定技术,不能因其认定准确率高、认定效率高而任由其野蛮发展,也不能因这些新生技术有着权益侵犯之隐患而将其"一棒子打死"。法律规制的功能导向应是在强化生物识别数据身份识别功能的同时,严格规范并限制生物识别数据的用途,努力调和个人信息保护与利用间的需求冲突,实现利益平衡及其最大化。

---

① 参见刘权:《论个人信息处理的合法、正当、必要原则》,载《法学家》2021年第5期。
② 参见张新宝:《论个人信息处理的合法、正当、必要原则》,载《法学家》2021年第5期。
③ [德]阿尔弗里德·比勒斯巴赫:《法学与社会科学》,载[德]阿图尔·考夫曼、温弗里德·哈斯默尔主编:《当代法哲学与法律理论导论》,郑永流译,北京,法律出版社2013年版,第490页。

### 3."法技协同"原则

"法技协同"原则是指数字人身同一认定的持续、长远发展需要法律和科技共同参与，这是数字人身同一认定规制的方法论抓手。一方面，数字人身同一认定的规制，应由法律予以明确规定并协同推进。依照法律保留原则，[①] 对宪法列举的公民基本权利以及未列举的个人信息权等权利的干预应由法律明确授权。而数字人身同一认定，从数据的收集、存储到使用等，均可能侵犯个人信息权等基本权利。[②] 因此，为在公共安全与保护公民合法权益间维持动态平衡，由法律明确规定数字人身同一认定的范围、目的等适用场域无疑是可期进路。即便法律"滞后"、难以及时消除数字人身同一认定的隐患，也应积极通过司法解释、部门规章或行业规范等规范性文件予以初步应对。还应注意的是，数字人身同一认定的法律规制不单是部门法问题，还需从"领域法"视角进行协同构建。如，将"个人信息受保护权"落实到刑事诉讼全过程，既需要《个人信息保护法》对于公权力机关处理个人生物识别信息作出原则性规定，又需要《刑事诉讼法》等法律对合法处理个人生物识别信息作出更详细且明确的规定，以实现法律部门之间的有效衔接、多措并举。[③] 另一方面，数字人身同一认定的规制，也离不开技术协助。生物识别数据的存储、使用、传输等环节，均需加密、脱敏等相关技术加持。对此，一系列国家标准、行业标准已经明确了数字人身同一认定在技术层面的规制路径。此外，大数据、人工智能等新技术的发展与应用，不仅改变了公安等公权力机关的权力运行样态，也有利于将权力关进"数据铁笼"，开辟出以数据和智能科技为基础的权力监督新图景。可见，面对数字人身同一认定的规制难题，法律共同体应加强与技术界的沟通，合理采用技术思维并吸收成熟的技术经验，通过法律和技术的双管齐下，在最大程度限制数字人身同一认定之不良效应的同时，最大化其在预防、打击犯罪及寻找失踪人口等领域的突出效能。

## （二）数字人身同一认定的规制完善

### 1.赋权：周延收集、使用生物识别数据的相关规定

#### （1）明确收集生物识别数据的合法性

公权力机关收集个人信息不受"知情—同意"规则的限制，而就其收集生物识别数据进行数字人身同一认定的依据来说，《刑事诉讼法》第132条仅授权侦查机关提取指纹信息、采集生物样本，而对声纹、人脸图像、DNA信息等能否依法收集却并无规定。诚然，通过解释的方式，可将第132条规定中的"生物样本"扩大为"样本＋信息"，因为生物样本是生物识别数据的载体、生物识别数据是生物样本的内容，既然有权收集生物样本，按逻辑便可合法收集生物样本所承载的生物识别数据。但实质上，生物样本与生物识别数据具有本质差别：生物样本是物质性客体，而生物识别数据则是一种信息，

---

① 张翔：《基本权利的体系思维》，载《清华法学》2012年第4期。
② *See Kindt, Biometric Data Processing: Is the Legislator Keeping up or Just Keeping up Appearances?*, In Gloria González Fuster, Rosamunde Van Brakel & Paul de Hert eds., Research Handbook on Privacy and Data Protection Law: Values, Norms and Global Politics, Edward Elgar Publishing, 2022, p.389.
③ 参见黄文艺：《权力监督哲学与执法司法制约监督体系建设》，载《法律科学》2021年第2期。

并非物质性客体。①提取样本和收集信息显然大相径庭。一般情况下，提取生物样本是收集生物识别数据的前提和基础，收集生物识别数据是提取生物样本的继承和发展。因此，若将"生物样本"解释为既包括"样本"又涵盖"信息"，这便不是语义上的扩张解释，而是法律所不允许的类推解释。根据《刑事诉讼法》第132条的上下文关系，"生物样本"与"指纹信息"的并列，意味着立法者也认同生物样本的语义本身并不包含信息。

此外，就所涉权利类型而言，生物样本的收集主要涉及个人身体权、健康权、财产权和隐私权，而生物识别数据的收集除了涉及前述权利外，还涉及个人信息权这一新兴权利。通常来说，权力的行使，应以法律明文规定的授权为依据；单以解释（不论何种法解释方法）的方式来扩大公权力，无疑有违法律保留原则。其实，已经有法律规范积极应和了人身同一认定的数字化嬗变，在收集生物样本基础上再授权采集肖像、指纹、虹膜图像等人体生物识别数据。笔者认为，依据法律保留原则，应从整体出发，在相应法律中对生物识别数据的收集明确授权，为其奠定合法性基础。

（2）周延生物识别数据的适用场域

从前文的立法梳理来看，公权力机关能否在如下两个刑事司法场景下获取、应用生物识别数据尚存疑问。第一，能否收集、使用可能推进刑事诉讼进程的"嫌疑对象"②的生物识别数据？对此，也许有人持肯定意见。因为依据《公安机关办理刑事案件程序规定》第174条、《人民检察院刑事诉讼规则》第169条的规定，侦查机关可采取一系列"不限制被调查对象人身、财产权利的措施"。提取生物样本和相关信息并未限制调查对象的人身和财产权利，故而属于"授权"范围之列。但如此一来，无疑将导致初查阶段的采样、比对等数字人身同一认定不受任何法律制约，使嫌疑对象或第三人的隐私和个人信息陷入极大风险。笔者认为，只有针对重大犯罪，且在仅用于身份识别/人身同一认定之目的时，我国《刑事诉讼法》方可授权侦查机关经相对人同意后，收集并处理与案件相关第三人的生物识别数据。关于何为"重大犯罪"，德国将其定义为"针对生命、身体之不受侵犯权、人身自由或性自主决定确定权的重罪"。③结合我国相关法律法规、司法解释等综合标准，为便于在预防、打击犯罪与保护隐私、个人信息间保持衡平，可以从关联的罪名、相关罪行的影响力或者可能判处的刑罚这三个视角，将"重大犯罪"规定为：危害国家安全、公共安全，严重危害他人人身安全或涉恐怖活动、毒品、贪污贿赂、涉外的犯罪；或者在本省、自治区、直辖市或全国范围内有较大影响的犯罪；或者依法可能被判处无期徒刑以上刑罚的犯罪。此外，我国检察机关肩负法律监督职责，在推进刑事诉讼进程而大规模收集处理生物识别数据时，应要求公安机关获得同级检察机关批准，以此限制和监督公安机关的取证权力。

第二，能否以犯罪预防为目的，收集、使用犯罪嫌疑人、第三人的生物识别数据？为预防犯罪而收集生物识别数据的对象，主要指向犯罪嫌疑人及第三人。首先，关于犯

---

① 参见［美］N. 维纳：《控制论》，郝季仁译，北京，科学出版社1963年版，第133页。
② 参见刘梅湘：《犯罪嫌疑人的确认》，载《法学研究》2003年第2期。
③ 参见宗玉琨译注：《德国刑事诉讼法典》，北京，知识产权出版社2013年版，第46页。

罪嫌疑人。尽管《公安机关执法细则（第3版）》第16章第1条规定应当采集到案嫌疑人的有关生物识别数据，但此乃部门规章，位阶较低，还须有更高位阶的法律设计及论证。在德国，为了兼顾犯罪治理与"个人资讯权"的保护，法律授权侦查机关根据未来刑事程序确认身份之需而收集被指控人的DNA信息，但收集范围仅限定"重大犯罪、性犯罪及反复犯罪"对象，且只能用于身份确定。我国同样有预防犯罪的需求，但随着《个人信息保护法》的生效，刑事诉讼也应契合个人信息保护之需求。为此，笔者认为，基于个人信息保护的"正当、必要"原则，不应无差别收集犯罪嫌疑人的生物识别数据，而应将收集范围限定于预防前述"重大犯罪"，且仅限用于"确认身份之目的"。其次，关于第三人。随着近年来电信网络诈骗等非接触性刑事案件高发、频发，为打击并预防此类犯罪，有专家建议，在公民办理身份证时应同步收集其声纹数据并建立"全国性的声纹基础数据库"，以发挥声纹识别技术快速锁定嫌疑人或大幅缩小侦查范围的优势。①诚然，此类犯罪治理极为重要，但此种无差别、大规模收集公民声纹信息并建库的提议仍需商榷。该做法并未得到法律授权，且实将每位公民假定为嫌犯。这过于单向追求犯罪治理，完全未考虑公民合法权益的同步保护。换言之，我们不能为了犯罪预防之目的，收集、使用身为第三人的普通民众的生物识别数据。

### 2. 限权：谨防数字人身同一认定的异化应用

（1）从"知情—同意"到"知情—选择"

就民事主体而言，其应根据"知情—同意"规则收集、使用个人信息。然而实践中，该规则却存在失灵现象。对于"知情—同意"规则的改良，有学者主张"以分层同意和动态同意为中心"的新型知情—同意模式②，或放弃"知情—同意"规则而转向"场景与风险管理理念"③。但这些建议的可接受性及有效性均存疑。尤其是在人脸识别场景下，问题不仅在于"同意"的灵活度，更在于个人拒绝生物识别信息的收集后，是否有功能等同的其他措施供其选择使用。

应当看到，为遏制变相获得个人同意以处理其个人信息，《个人信息保护法》第16条明确规定，原则上个人信息处理者不得以个人不同意或撤回同意为由而拒绝提供产品或服务。这意味着，对于非必要提供个人信息的服务或产品，个人不仅有权拒绝提供个人信息，且在拒绝同意后，个人信息处理者还应提供功能等同的其他替代性措施，以便个人仍能获得相关产品或服务。《个人信息保护法》第29条还专门规定，处理敏感个人信息需获得个人单独同意。这实质上构成了我国处理个人信息的"知情—选择"机制，即在征得个人同意处理个人信息，并特别告知处理敏感信息的必要性及对个人权益影响的同时，还应提供处理个人信息（包括敏感信息）以外的功能等同措施，以供个人选择。尽管经目的解释及体系解释可以得出以上"知情—选择"之规则，但相关规定显然不够明确，故应以司法解释或行政法规明示该规则，并明确对应的监督机关，方能发挥限制个人信息处理主体之算法权力的效用。

---

① 参见梁鹏毅：《建立人工智能声纹识别系统的研究与思考》，载《辽宁警察学院学报》2019年第1期。
② 参见田野：《大数据时代知情同意原则的困境与出路——以生物资料库的个人信息保护为例》，载《法制与社会发展》2018年第6期。
③ 参见范为：《大数据时代个人信息保护的路径重构》，载《环球法律评论》2016年第5期，第92页。

（2）持续型数字人身同一认定的限制

相较非持续比对的数字人身同一认定而言，持续型人身同一认定对于公民隐私权及个人信息权的侵犯更为持久且深远，亟须重点规制。人脸识别便是持续型人身同一认定的典型代表。诚然，近年来学界围绕人脸识别的法律规制原则和路径进行了热烈讨论，[①] 但鲜有从实定法角度探究如何明确监控范围及相关问题。《个人信息保护法》实施后，人脸识别这一数字人身同一认定技法的规制重心已不在于应否使用，而在于如何合理合法使用，即谁应/不应成为识别客体，或识别监视名单的范围应如何确定。对此，英国南威尔士的法律实践有一定借鉴意义，其警方将人脸识别监视名单范围明确限定在有犯罪嫌疑的人、通缉犯、弱势群体和情报收集所需之人等 7 种情形。[②] 无疑，该标准限定了南威尔士警方运用人脸识别技术的监视范围，但英国法院却仍认为何为"情报收集所需之人"并不明晰，有可能让警方有了决定监视名单的过度自由裁量权。

目前，我国法律法规尚未明确人脸识别监视名单的范围，这导致实践中对监视对象即识别客体的确定具有相当任意性。这种强大的数字人身同一认定技术甚至可能异化为监管公民的手段，值得警惕。笔者认为，我国法律应明确公安机关可将人脸识别附条件地用于犯罪预防和侦查，但不得滥用于监视"上访人员"等用途。具体而言，一般情况下，人脸识别仅可适用于逃犯、犯罪嫌疑人；对于曾实施前述重大犯罪的前科者，可基于犯罪预防目的而对其进行人脸识别监管。程序上，鉴于人脸识别具有与技术侦查措施相当的权利侵害性，故应以技术侦查同等严格的审批程序进行规制。此外，公权力机关还应公布纳入人脸识别监视名单的标准和规则，并将纳入监视名单的依据记录在案，以备接受检察机关的法律监督或网信办等职能部门的监管。

（3）生物识别数据的存储和删除

安全存储与及时删除生物识别数据，也是谨防数字人身同一认定被异化应用的重要举措。这里，需要明确回答的问题主要是：如何安全、合法地存储生物识别数据以及在何种条件下应删除相关数据。

关于前者，笔者认为，采用去标识化技术、加密技术、个人生物识别数据与个人身份信息分别存储等措施存储个人生物识别数据，是兼顾打击犯罪和保护个人信息的必要选择。如，原则上 DNA 数据库中不得存储姓名、生日等个人识别符码（失踪人员库等个别数据库除外），而应依据数据最小化原则存储必要的 DNA 分型数据；即便因特殊情况需要在 DNA 数据库中存储非必要的个人识别符码，也应通过加密技术、访问控制技术等限制无授权的访问。

关于后者，我国《个人信息保护法》第 47 条明确个人有权请求个人信息处理者删除个人信息，且《个人信息安全规范》还规定个人信息处理者应及时删除可提取个人生物识别数据的原始图像。这表明，对于包括生物识别数据在内的个人信息，应以及时删

---

[①] 参见林凌、贺小石：《人脸识别的法律规制路径》，载《法学杂志》2020 年第 7 期；邢会强：《人脸识别的法律规制》，载《比较法研究》2020 年第 5 期；郭春镇《数字人权时代人脸识别技术应用的治理》，载《现代法学》2020 年第 4 期。

[②] See R (Bridges) v. The Chief Constable of South Wales Police, [2020] EWCA Civ 1058, para.13.

除为原则、以延长保留为例外。为更好地保护个人信息权等，应将此等技术规范适时上升为法律规范，并进一步从法律规制层面对可以提取生物识别数据的原始数据和其他生物识别数据区别对待。而目前在刑事法律体系中，关于人身识别信息的删除条款依然阙如。因此，笔者认为，结合《个人信息保护法》对于敏感个人信息保护的相关规定以及犯罪预防、侦查的需要，可对个人生物识别数据的删除进行初步的三重规制：第一，对于个人生物样本、个人生物识别原始图像信息等，公权力机关应在实现数字人身同一认定目的后及时销毁或删除；第二，对于有助于犯罪预防和推进刑事诉讼进程的生物识别数据，可依法保留一定期限，且保留时需经相关技术保护；第三，对于法律另有规定的特别情形，比如重大犯罪案件嫌疑人的生物样本和生物识别数据，可延长存储期限。

## 七、小结

在"我们即数据"[①]的时代，每一个人都是"信息人"。个人既是信息的生产者也是信息的消费者，无法脱离数据/信息的交互而生存。人脸数据、指纹数据等个人信息及隐私甚至财产等权益的交叠加深，"AI 换脸"等新技术、新业态的出现，让数字人身同一认定的规制越发受到重视。正如司法证明方法经历了"神证—人证—物证"的转化，人身同一认定的历史发展则有初始样态—技术介入—数字启航三个历程。由于机器、算法等要素的介入，数字人身同一认定在主体、比对依据和比对方法等维度，虽然仍有对自然人及其经验的需求，但已经呈现出明显的"数智"依赖性。然而，任何一项技术的应用都可能超越其开发初衷。技术对数据的高效能处理既为个人生活带来便利、为国家治理赋予新动能，彰显出"助力面向"；其也对隐私权、个人信息权、数字身份权等数字人权造成严重威胁——大数据监控、人脸识别等技术在个人信息处理者手中生发的"权力面向"，影响甚至支配着人们的权利和自由。检视现行法律法规可知，当前对数字人身同一认定的规范存在"授权不全面，限权不充分"的问题。因此，数字人身同一认定规制的体系化完善，应当以生物识别数据为中心，坚持运用与保护"两头强化"原则，坚持法律与技术联动的"法技协同"原则，力求在"赋权"与"限权"间找到新平衡。

在数字科技发展与应用日新月异的今天，数字法治必将面临许多新挑战、呈现不同新样态。数字人身同一认定虽然仅仅是数字科技应用的冰山一角，但其对于社会治理、公权监督、公民权益保护等方面的影响深远。笔者虽就数字人身同一认定的规制提出了一些建议，但这些建议仍是初步的，并未全面细化具体生物识别数据的适用场域，也未深入探讨防范数字人身同一认定侵害相对人权益的具体程序保障和相应救济路径。希望更多学者及实务专家关注当前数字人身同一认定技术与人的耦合关系，并通过"法律＋技术"的助推，实现人与技术的正当、合法契合。

李学军，中国人民大学法学院教授，博士生导师。本节内容以《数字人身同一认定的技术力量与规制》为题发表于《中国法学》2024 年第 1 期，收录本书时有改动。

---

① Cheney-Lippold, We are Data: Algorithms and the Making of Our Digital Selves, New York University Press, 2017, preface -xii.

## 第二节　刑事侦查的信息转移原理

刘品新

　　侦查学的基本原理主要是指能够囊括侦查学的全部内容或大部分内容，具有原理性质或实质指导意义的基础理论。[①] 我国以往的侦查学研究对经验型、操作型的问题关注较多，大体停留在经验型研究的模式上。而对于高层次的理论研究则相当薄弱，这种状况直接影响了侦查学学术品位的提升，以至于影响了侦查学在中国的发展，直到近年来才有所改变。不仅国内陆续出版了以《侦查学原理》为名的高质量专著，[②] 而且大量的论文屡见不鲜，相关教材中出现专章更不在少数。这既反映了侦查学的一大研究热点，又预示着侦查学的美好明天。诚然，在学术研究表面繁荣的背后也隐藏着一些危机。例如，对于什么是侦查学原理，存在着"滥竽充数"的现象，对于有关原理的理解还有重大偏差，看法也很不成熟。

　　笔者不揣浅陋，曾经著文阐述犯罪行为的物质性原理，犯罪过程的物质交换原理、揭露和证实犯罪的同一认定原理是侦查学的基本原理，并提出物质交换原理亦可以称为信息交换原理，但对于如何真正从信息科学的角度来认识犯罪过程中的物质交换现象与规律则未能说明，本部分内容将在对侦查过程中的物质转换原理与侦查学的信息学分析两大课题研究予以深刻检讨的基础上，试图全面阐述一个新的理论构想——犯罪过程中的信息转移原理，以适应当代侦查学发展的实际。当然，由于只是初探，故本部分内容仍只能在该理论的基本构架及意义上展开。

## 一、物质交换转移原理之局限性

### （一）物质交换转移原理发展述评

　　作为各国普遍公认的侦查学与法庭科学的著名理论，物质交换转移原理由法国侦查学家和法庭科学家埃德蒙·洛卡德在20世纪初提出，故也被称作洛卡德交换转移原理。

　　该理论的问世同19世纪自然科学技术的迅猛发展及其在侦查实践中的应用密切相关。当时，欧美各国相继完成了工业革命，科学技术长足发展，物理学化学医学等领域出现了惊人的突破，这些都给沿袭落后方式且错案百出的侦查活动带来了巨大的冲击。

　　首先将现代科学方法、科学精神引入侦查实践的，当推法国人阿方斯·贝蒂隆，他于1882年发明了人体测量法，将其父亲（一位著名的人类学家）的一些人类学知识和方法应用于对罪犯某些骨骼部位的科学测量，用骨骼长度对罪犯进行个体化，获得了巨大的成功。贝蒂隆的创举，在某种意义上引导了一个新的时代，即侦查走向科学法的时

---

[①]　参见刘品新：《论侦查学的基本原理》，载《法学家》2002年第1期。
[②]　如王传道教授编著的《侦查学原理》（北京，中国政法大学出版社2001年版），提出了侦查认识论、侦查对抗论、侦查思维论、侦查谋略论、侦查科技论、侦查民本论、侦查决策运筹论、侦查系统论信息论与控制论，以及侦查目的论共九大理论。任惠华主编的《侦查学原理》（北京，法律出版社2001年版），阐释了侦查学的对象体系、学科性质、学科历史、基础理论以及侦查的概念、价值、功能、原则等问题。

代,故后人尊称他为科学侦查之父。

在贝蒂隆将科学应用于侦查的理念的影响下,柯南道尔、格罗斯、拉卡桑等人也先后作出了自己的努力。他们注意到了自然界普遍存在着物质交换现象,即两种物质客体在外力的作用下若发生相互接触——摩擦、撞击,都会引起接触面上物质成分的相互交流和变化,并认为这些交换现象与证据可用于侦查破案。柯南道尔用他那支生花的妙笔,塑造了一个名扬世界的大侦探福尔摩斯,借助福尔摩斯这一小说人物,柯南道尔不止一次地提到和利用泥土等物质转移证据。汉斯·格罗斯是奥地利著名的侦查学和法庭科学家,他和柯南道尔几乎同时提出了收集和研究衣服上和罪犯凶器上的尘土的想法,他强调将科学知识科学方法应用于侦查及物证的分析、解释中,如他已把显微镜等科学仪器用于检验鉴定之中。亚历山大·拉卡桑则是法国法医学的奠基人,同时也是最早研究衣物和身体上的灰尘的少数法庭科学家之一,他研究过灰尘在判断罪犯职业居住地区方面的作用。

所有这些革新的思想与成功的实践,为物质转移原理的产生做了充分的酝酿。但直到20世纪初,供职于法国里昂警察局的埃德蒙·洛卡德才第一次明晰物质转移原理。洛卡德主要从事物证分析工作,他特别强调尘土在侦查中的应用价值,他发现任何罪犯都可以通过从犯罪现场提取的及罪犯带走的灰尘颗粒与所实施的犯罪行为联系起来。这一思想正是物质转移原理的雏形,但最初这一思想并不为警方所重视。后来,他成功地运用该原理为很多案件的破获提供了有力的证据,从而引起了警方的注意,并得到资助和支持。例如在一起伪造金属货币的案件中,洛卡德用自己制造的吸尘器对嫌疑人的衣服进行了细致的检查,在衣服上发现的尘土里含有锡锑铅——全世界伪造货币者最常用的金属的混合物金属颗粒,通过化学分析证明,金属颗粒与货币在成分上相同。当洛卡德指出,嫌疑犯衣服上的这三种金属的比例同怀疑是他制造的假币中所含金属的比例完全一样时,面对这样的证据,嫌疑人承认了所犯的罪行。① 从一定意义上讲,洛卡德在物质转移原理上的成功有自己的卓越贡献,柯南道尔,汉斯·格罗斯和亚历山大·拉卡桑也功不可没,洛卡德本人就曾经将该理论归功于上述三个人。

物质转移原理使得洛卡德名垂青史。然而,洛卡德对该理论的表述并不是一成不变的,而是又经过他的同事和学生等许多后来者的改良,才最终成了侦查学和法庭科学的基础原理。在目前国外的侦查学和法庭科学著作中,一般将其表述为:"无论何时,只要两个客体接触,在接触面就会产生物质的转移现象。"由于物质转移原理是由对尘土等微量物质的研究发展而来,所以很长一段时间人们认为转移只是发生在微量的等级上。后来一些学者对其进行了合理拓展,认为实践中还存在着宏观转移的情况,而且立体特征转移是物质转移的合乎逻辑的扩充,从而将物质转移分为物理转移与立体特征转移,而物理转移又包括微量物证转移与宏观物证转移两种情况。与此同时,他们也对影响转移和勘查的因素作了一定的分析,他们认为影响因素有:

(1) 分离力及客体被分离的难易程度,这两个因素影响在转移中可以获得的碎片的数量和大小。

---

① [苏]拉·别尔金著:《刑事侦察学随笔》,李瑞勤译,北京,群众出版社1983年版,第198-199页。

（2）转移力及物质转移的难易程度，它们决定一个子碎片粘附在他的母体或转移到目标物上的可能性的大小。

（3）转移的碎片的数量。

（4）碎片的附着能力。

（5）二次转移，指的是碎片从其来源 A 转移到目标物 B，又从 B 转移到 C，当在 C 上发现了来源于 A 的碎片时，就可能导致推出 A 与 C 之间存在相互作用的错误结论。

（6）无关转移，指的是碎片转移或被发现在与犯罪事件不相关转移的可能性。

他们认为，后两个影响因素使人们认识到实施犯罪行为并不总是发生在由源物体到目标物的物质转移之中，同时在犯罪现场的物质可能和犯罪有关也可能无关。[①] 毫无疑问，100 多年来物质转移原理在其发展演变过程中，既修补了原有认识的不足，又填补了以前缺乏细致分析与质疑的缺憾，进而巩固了其在侦查学、法庭科学上的基础理论地位。

在该理论传入我国后，学术界逐步形成了一些通识。我国学术界一般认为，物质转移原理表明犯罪的过程，实际上是一个物质转移的过程。作案人作为一个物质实体在实施犯罪的过程中总是跟各种各样的物质实体发生接触和互换关系。因此，犯罪案件中物质转移是广泛存在的，是犯罪行为的共生体，这是不以人的意志为转移的规律。具体来说这一理论涉及的物质转移是广义上的，可分为两种类型：（1）痕迹性物质转移。即人体与物体接触后发生的表面形态的转移。如犯罪现场留下的指纹、足迹、作案工具痕迹以及因搏斗造成的咬痕、抓痕等。（2）实物性物质转移，又可分为有形物体的物质转移和无形物体的物质转移。前者包括微观物体的互换和宏观物体的互换。微观物体的互换指在犯罪过程中出现的微粒脱落、微粒粘走，如纤维、生物细胞的转移。宏观物体的互换指作案人遗留物品于现场或者从现场带走物品等。后者主要指不同气体的互换，如有毒气体与无毒气体的互换、刺激性气味的遗留等。

总的来看，物质转移原理有着深厚的科学基础，它反映了客观事物的因果制约规律，体现了能量转换和物质不灭的定律。这一原理对侦查学的理论与实践有十分重要的指导作用，它不仅是研究微量物证、细致取证的基础，也是研究现场勘查的依据，更是研究侦查对策的基石。

## （二）物质转移原理遇到的各种挑战

任何理论都有其时代的局限性，物质转移原理最初是适应 20 世纪初的侦查实践状况和科技水平而提出的，它后来逐渐受到各国侦查专家的认可并在侦查活动中发挥了卓越功效。但随着时代和科技的发展，它也暴露出一些固有的局限性，其中既有适用范围方面的又有适用效果方面的。

首先，物质转移原理是专门针对物质性信息而言的，不适用于意识性信息，这人为地缩小了其适用范围。

---

① Keith Inman, Norah Rudin: *Principle and Practices of Criminalistics, The Profession of Forensic Science*, 2001, by PcRc Press LLC.

在人类进入理性司法时代以后,各国普遍确立了证据裁判主义,这就要求侦查人员广泛收集各种证据用于定案。而证据本质上是一种信息,现今人们可用于侦查破案的信息既包括寓存在物质中的信息即物质性信息,又包括寓存在人脑记忆中的信息即意识性信息。① 前者集中表现为形形色色的实物证据,后者表现为证人证言与犯罪嫌疑人供述、辩解等言词证据。它们都是破案的重要依据,都主要通过转移或交换而来。但物质转移原理的提法无疑排除了对后者的适用,使得其对侦查学和法庭科学整个学科的指导意义大打折扣。事实上,在侦查实践中广泛使用的各种意识性信息完全可以通过"××转移原理"的形式予以概括,只不过用"物质转移原理"有点不恰当而已。

具体来说,以下意识性信息都是通过交换或转移而形成的,却难以套用物质转移原理予以解释。

1. 犯罪心理痕迹的形成与运用

心理痕迹是指人在一定心理状态下进行活动在客观环境中留下反映该种心理状态的迹象。由于犯罪行为和犯罪结果的发生总是犯罪人在一定的环境中受一定的犯罪心理支配的产物,因此犯罪人的犯罪心理总会以一定的方式表现出来,即在特定的环境中留下心理痕迹。侦查人员可以根据转移的规律来分析犯罪人的心理特点,达到识别犯罪人的目的。例如,在20世纪七八十年代,西方尤其是美国出现过系列变态杀人案的典型犯罪,它们同当时整个社会的经济、政治、社会矛盾激化,个人精神极度空虚有很大的关系,这类案件的犯罪人往往有着相对明显的特点,一些作案手法往往会直接或间接地反映其个人心理信息,可以为侦查破案提供重要的线索。毫无疑问,这些心理痕迹的形成客观上属于信息转移的结果,但却很难被归为物质转移,运用其破案也不能视为物质转移原理的贡献。

2. 犯罪记忆的形成与测谎技术的应用

测谎技术是指通过对接受测验者的呼吸、脉动、血压、皮肤电阻、脑波或亚声频颤抖所造成的次声波变化的仪器测定,在确认接受测验者的生理变化与其虚伪陈述之间具有对应关系的基础上,审查判断接受测验者关于涉嫌犯罪事实的陈述的真实性及其可信程度的刑事科学技术。通俗地讲,测谎技术的科学机理在于,任何人经历一定事件以后都会在大脑中留下记忆,经历犯罪等特殊事件以后就会留下深度记忆,这种深度记忆会不断在作案人脑海中浮现,他们也会极力回避"旧事重提";一旦在测谎实验中提起与犯罪相关的问题,作案人对犯罪事实的记忆痕迹会立即在大脑的记忆区域恢复,复现并唤起接受测试者相关的情绪记忆、动作记忆、视觉记忆等,进而引起邻近的情绪中枢的心理生物反应,如皮电、血压、呼吸、肌肉等指标的变异。由于这些心理生物反应为植物神经系统所控制,一般不受人的意识控制,所以接受测试者很难进行人为的掩饰,但测谎仪可以准确地显示出来。尽管目前在各国侦查实践中对测谎技术的准确性还有争议,但其所测试的记忆痕迹无疑是意识性信息转移的结果。正是由于作案人实施犯罪行为时将犯罪过程、犯罪环境与被害人的信息转移至自己的大脑并予以记忆,所以在其再次接受类似信息的刺激后才会出现异常症状,这正好视为对发生转移的犯罪信息的印证。

---

① 王传道:《侦查学原理》,北京,中国政法大学出版社2001年版,第411-412页。

#### 3. 犯罪印象痕迹和催眠术的应用

与作案人在犯罪结束后会留下犯罪记忆相对应，被害人或相关证人也会对作案人、犯罪行为、犯罪过程、犯罪工具、犯罪时间、犯罪场所等留下犯罪印象痕迹。从理论上讲，这种犯罪印象痕迹本身就是犯罪信息的表现形式，是以被害人、相关人同罪犯之间的双向或单向意识性信息转移为基础的。犯罪人保留有对被害人的记忆，同时被害人也保留有对犯罪人的记忆。在侦查实践中，这种犯罪印象痕迹被广泛用于破案，即便对丧失记忆的被害人、证人也可通过心理催眠的方式予以唤醒。但为什么会形成犯罪印象痕迹，却不能用传统的物质转移原理加以解释？实际上，其中利用了被害人、证人同作案人、犯罪现场以及其他犯罪要素之间的意识性信息转移。

侦查技术在当代获得了新的突破，扩大了人们可识别的物证的范围，这种扩大的物证能否适用物质转移原理也存有一定的障碍。

这突出体现在计算机侵入犯罪方面。这是一种发生在虚拟空间的新犯罪形式。在犯罪过程中，犯罪人使用的计算机同被害人使用的计算机之间的电子数据交流总是相互的。一方面，犯罪人会获取所侵入计算机中的大量电子数据；另一方面，他也会在所侵入计算机系统中留下有关自己使用的计算机的电子"痕迹"，这些电子数据或"痕迹"都是自动转移或交换的结果，不仅寓存于作为犯罪工具的计算机与处于被害地位的计算机中，而且在登录所途经的有关网络站点中也有保留。它们在实质上属于转移或交换的结果，但由于表现为二进制代码的电子数据形式，不可为人所直接感知，因此不宜通过传统的物质转移原理加以解释。

正是上述各种局限性暴露出物质转移原理存在着其固有的缺陷，它已经不能满足时代发展的需要。我国学界就有前辈曾经提出，它只是适用物证技术学（大致相当于外国的法庭科学）的指导理论，而不是侦查学的基本原理。为了回应实践的发展对物质转移原理构成的重大挑战，显然有必要重新检讨并变革之。

## 二、侦查学的信息论（学）分析之不足

信息科学是 20 世纪中叶兴起的一门新兴自然科学。1848 年，美国贝尔电话公司研究所的仙农发表了《通讯的数学理论》一文，奠定了现代信息学的基础。历经半个多世纪，信息学的成果已广泛应用到自然科学和社会科学的诸多领域。我国侦查学领域开展信息学研究至少始于 20 世纪 80 年代，如立里、炎土发表的《我国刑事侦查学理论研究概述》一文，提出"以三论为中心的信息再现说"。该学说认为，犯罪侦查是一个依据信息并由犯罪过程中的信息转移、人工加以控制的系统工程，将现代科学"三论"的方法应用于侦查实践，可以揭示侦查过程的实质，帮助人们认识刑事犯罪的物质过程，促进案件的侦破。到目前为止，侦查学的信息论（学）分析已经有了长足进展，但仍达不到令人满意的程度，其突出表现就是还不能有效地指导和启发侦查实践。

通观我国学术界对侦查学信息论分析所作的各种尝试和努力，应当认为喜忧参半。可喜的是，我国将信息论方法引入侦查学研究的思想已经深入人心，理论框架基本成型。有的学者对侦查中犯罪信息的概念、特征与分类，对侦查中犯罪信息处理的机制，对如何

收集与整理犯罪信息,① 以及对侦查学中信息论方法的运用原则与作用等,② 发表了论证严谨的见解。有的学者指出,刑事侦查实质上是一个信息传输的过程,犯罪事实是信源,侦查机关和侦查员是信宿,侦查措施和侦查活动是信道,这样构成一个完整的信息系统。这种信息系统的观念启示侦查人员应加强信息库建设、改进侦查装备与倡导信息反馈方法等。③ 有的学者提出,从发案到破案的完整过程,就是由犯罪行为到犯罪信息,再到信息反馈,最后到再现犯罪的过程。其中收集信息、处理信息是主要环节与关键环节。④ 有的学者则另辟蹊径,专门就侦查信息的概念与类型、侦查信息的寓存形式以及收集、识别和处理作了探讨。⑤ 还有学者对侦查学信息论的观点作了彻底的全面总结,将其概括为:犯罪行为必取一定的形态,不同的犯罪形态反映不同的犯罪行为信息;犯罪信息不仅存储于犯罪行为形态之中,还存储在犯罪痕迹、犯罪行为结构及犯罪行为的联系等诸方面;犯罪信息是形成侦查判断、推理、假定的前提,也是推进侦查、调整侦查的基础。⑥

然而,我国现阶段对侦查学的信息论分析也存在着明显的不足:其一,它们基本只涉及对侦查过程的信息论分析,即只分析了在侦查过程中如何利用犯罪信息与侦查信息破案的方法,而未涉及犯罪过程中的信息论分析。其实,侦查过程的信息论分析只能告诉人们应该有效地利用各种案件信息破案,而犯罪过程中的信息论分析才能告诉人们应该如何识别和分析各种信息、如何利用信息破案。后者在很大程度上是前者的基础。如果不能彻底了解犯罪过程中的信息传递规律,则侦查过程中对信息的利用将是无本之木、无源之水,最后成为一句空话。其二,我国目前侦查学中信息论分析仍只提出了思想,只解释侦查学信息的概念、分类,很少涉及侦查中利用信息的各种规律,更没有人能够构造出有用的模型。信息系统模型分析是信息论的核心方法,如果侦查学信息论分析拿不出任何模型,则只能说明我国侦查学在这一方面研究的低层次,尚不能对侦查实践发挥应有的作用。

而要根本改变这种状况,学术的未来走向必然是调整研究视角,将信息论方法用于分析犯罪过程中的信息现象与规律,在此基础上开发出侦查过程中的信息分析模型。只有这样,才能将侦查学的信息论分析引向深入,真正拿出可用于指导侦查实践的成果。

## 三、犯罪过程中信息转移原理的初步构想

在回顾了物质转移原理与侦查学信息论分析之后,笔者有意识地将它们结合起来,这就是犯罪过程中信息转移原理的出炉。这是一个以传统物质转移原理为基础的理论,但它更强调犯罪过程中信息转移的不可避免。至于采用"信息转移原理"名称的原因,并不是对"物质转移原理"名称的简单模仿,而是因为从信息论的角度讲,犯罪过程确

---

① 参见李锡海:《侦察思维学》,济南,济南出版社 1995 年版,第 51-75 页。
② 参见李锡海:《侦察方法学》,北京,中国人民公安大学出版社 1993 年版,第 122-143 页。
③ 参见王庆明:《刑事侦查学总论》,北京,北京大学出版社 1994 年版,第 69-70 页。
④ 参见史殿国,高良科:《狱内侦查方略》,北京,法律出版社,中央文献出版社 2000 年版,第 31 页。
⑤ 参见王传道:《侦查学原理》,北京,中国政法大学出版社 2001 年版,第 404-415 页。
⑥ 参见任惠华:《侦查学原理》,北京,法律出版社 2002 年版,第 58 页。

实是一个信息转移或交换的过程，作案人在实施犯罪的过程中必然会同被害人、犯罪现场与犯罪环境之间发生信息转移甚至互换。

信息转移原理表明犯罪过程中信息转移现象是广泛存在的，它是犯罪行为的共生体，是不以犯罪人的意志为转移的客观规律。具体来说，这一理论既表明了犯罪过程中信息转移的必然性，又涉及信息转移的内容与相关模型。

### （一）犯罪过程中信息转移的必然性

犯罪过程中必然会发生信息转移，首先是由犯罪行为的物质性原理决定的。马克思主义犯罪观认为，任何犯罪行为都是行为人反社会的物质性表现形式，而非行为人单纯的主观意念。只有当个体将犯罪意向付诸实施，将犯意外化为行为，用物质的力量侵犯犯罪对象时，犯罪才随之发生。这就是侦查学领域的"犯罪行为的物质性原理"。依照该原理，既然犯罪是一种物质的运动，那它必然要在一定的时间空间条件下实施，必然会破坏事物原有的状态，引起信息转移的出现。一方面，犯罪人通过实施犯罪行为会促使被害人、犯罪现场与犯罪环境发生变化，将其自身的信息保存在变化后的被害人、犯罪现场与犯罪环境中；另一方面，犯罪人实施犯罪以后还会造成自身的变化，将被害人、犯罪现场与犯罪环境的信息存储在自己身上。

此外，对这个问题还可以从案件信息与熵（或混乱度）的关系上讨论。信息论认为，犯罪过程同其他自然过程一样，是一个熵值增大即混乱度增大的过程。在犯罪过程中，熵值增大表现为三个方面：（1）自然意义的混乱度的增加，如对被害人人身的伤害与生命的终结，对物品、场所的破坏；（2）社会意义上的混乱度的增加，如对某一种社会关系（所有关系人身关系等）的破坏，尤其是犯罪人的人际关系的变化；（3）个人意义上的混乱度的增加，如犯罪人在作案前后的异常行为、异常情绪，受害人对犯罪人个人、实施犯罪过程的记忆。当然，此三种意义上的混乱度的增加往往是交织在一起的，尤其后两者多相互结合。而这些混乱度的增加本身就表现为一定的信息转移，可以被广泛运用于侦查实践中。

### （二）犯罪过程中信息转移的构成

犯罪过程中所转移的信息是指刑事案件信息，即犯罪案件的准备、发生、发展、结果及其状态的各种表征或秉性知识。它在侦查活动中的最大价值在于，它能为侦查人员消除案件中的各种不确定因素，获得有助于破案的知识。

这种信息的表现是形形色色的，可以依照不同的标准划归入相应的类型。

#### 1. 依照其内容的不同，案件信息可以分为犯罪信息、反侦查信息与其他关联信息

所谓犯罪信息，是指来自犯罪行为方面的信息，即犯罪人实施犯罪行为造成被害人、犯罪现场及犯罪环境的改变与变异，这种改变和变异中蕴含的信息。犯罪人为掩盖犯罪实施各种伪装等反侦查行为必然要增添新的掩盖犯罪、歪曲事实、逃避侦查的行动轨迹，这里面所蕴含的信息便是反侦查信息，它有别于犯罪信息。除此之外，案中还会派生出其他有关的信息。简言之，犯罪信息是犯罪行为的共生体，反侦查信息是反侦查行为的共生体，它们是犯罪过程中转移的主要信息。

**2. 依照其寓存形式的不同，案件信息可以分为物质性信息与意识性信息**

物质性信息是指寓存在各种宏观与微观的固体、液体与气体物质的信息，意识性信息是指寓存于犯罪人、被害人、目击证人及其他知情人的大脑记忆中的信息。一般来说，前者受到的干扰因素较小，虽然也可能因遭到人为或自然破坏、变质或污染而失真，但不会主动"造假"；而后者则要受到提供者的主观因素影响，既有可能因提供者的感知能力、记忆能力与陈述能力而失真或减值，又有可能因提供者的利害关系等而不如实反映案情。我国著名学者何家弘曾经总结说，"神证—人证—物证"证明方法的转变是人类司法证明的历史，我国当前要转变以"人证"为主的办案观念，转向以物证为主要载体的科学证明。①由此看来，我国的侦查活动也要由重视意识性信息的收集与运用，转向强调物质性信息的收集与运用。此外，依据其来源的不同，案件信息还可以分为犯罪人信息、被害人信息、目击证人信息、犯罪现场信息与犯罪环境信息等。

所有这些信息并不是孤立地存在的，而是以结构和联系的方式存在着。每一条信息或每一组信息都会反映案件的人、事、物、时、空五要素或其中之一，它们在犯罪预备阶段、犯罪实施阶段、犯罪后阶段所发生的转移也不是单独进行的，而是互相联系甚至互动地进行。转移的结果是使上述五要素可以反映在案件的各个方面。虽然有些转移的信息可能误导侦查人员，使之作出矛盾的侦查推断，但大多数信息针对案件中同一要素时基本上是相互印证的，这为侦查人员不断明晰案情提供了有利的保障。

### （三）犯罪过程中信息转移的相关模型及规律

为了说明信息传递的基本原理，信息论创始人仙农曾提出著名的信息系统模型。这个模型主要由信源、信源编码器、信道编码器、信道、信道译码器，信宿译码器、信宿等几部分构成。这一模型的运行原理是，消息从信源发出，经发送机将消息转变为信号，输入信道，经过信道译码器，信号被接收机译码还原，将信息传输给信宿。同时，信息的传输必定要经过信道，信道中总有噪声干扰，所以信宿所获及的全部消息并非原来从信源中发出的消息。尽管这一模型具有很强的数学意味，但是它仍然可以用来阐释许多社会现象的运行机制。为了便于阐释犯罪过程中的信息转移现象，笔者把这一模型的结构简化成三个部分：信源、信道和信宿。

信源是指信息的源泉，犯罪过程中的信源主要是作案人，它可以是自然人、法人或其他犯罪单位。总的来说，对于整个自然和社会而言，它是一个相对孤立和封闭的物质系统，具有特定的耗散结构。作为一个物质系统，它是整个社会系统的衍生物，物质系统的信息不仅反映着自身，也反映了它与社会物质系统相互作用的过程和痕迹。在侦查实践中，把握这一点有利于正确判断犯罪主体的犯罪动机以及实施犯罪的手段。信道是指传送信息的通道，犯罪过程中的信道是犯罪行为，包括犯罪预备行为、犯罪实施行为与罪后处理行为等。通过形形色色的犯罪行为，作案人的信息得以四散开来。在侦查实践中，信道是决定取证方向的基本因素。信宿是指传送信息结束后信息的归宿，犯罪过程中的信宿既包括被害人，也包括犯罪现场及犯罪环境。被害人在接受信息时具有主观

---

① 参见何家弘：《中国证据法学前瞻》，载《检察日报》，1999年9月2日。

能动性，他总是有选择地接受来自作案人的各种信息，故而他存储的信息是否准确取决于其感知能力、记忆能力与表达能力；而犯罪现场及犯罪环境是被动地接受信息，它们存储信息的方式是各种痕迹物证。如果用图来表示的话，犯罪过程中的信息转移现象至少可归结为以下两种模型：一是人－人信息转移模型（见图1-2-1），二是人－场所信息转移模型（见图1-2-2）。

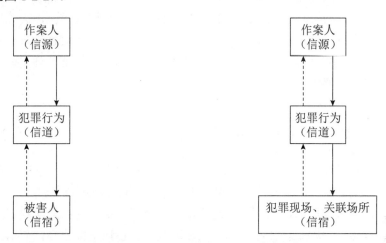

图 1-2-1 犯罪过程中的人－人信息转移模型　　图 1-2-2 犯罪过程中的人－场所信息转移模型

严格地说，犯罪过程中的信息转移并不是单向的，被害人的信息也可能传递给作案人，甚至传递至犯罪现场及犯罪环境（他们传递信息的信道往往不是犯罪行为而更可能是抵抗行为）。由于这些信息转移并不是犯罪过程中的主要现象，故限于篇幅关系暂不做展开。

由图1-2-2可以看出，犯罪过程中的信息转移遵循两大规律：一是不守恒性的规律。传统的物质转移原理认为，物质是不灭的，犯罪过程中发生接触的两个物体中一方增加的物质必定是另一方减少的，一方减少的物质必定到了另一方身上，转移的物质不能分享、复制；而信息转移原理则认为，信息是可以分享的，它以复制的方式进行转移，犯罪过程中发生接触的两个物体中一方获得了对方的信息，对方不会丧失该信息，而且这种信息还可能继续转移到其他客体上。二是不一定对称性的规律。传统的物质转移原理认为，犯罪过程中的物质转移是对称性的，发生接触的物体任一方都会在对方身上留下源于自身的物质；而信息转移原理则认为，犯罪过程中的信息转移既可能是双向的，也可能是单向的，在发生转移的物体一方将自身的信息传递给另一方的同时，另一方不一定对应地将自身的信息传递给这一方。

上述两大规律充分说明了信息转移原理不是物质转移原理的简单翻版，而是一种超越。它告诉侦查人员在侦查过程中不仅要有意识地利用转移得来的信息，而且要主动遵守信息论的基本方法。

### （四）信息转移原理与信息论分析的关系

从某种意义上讲，信息转移原理既是传统物质交换原理的升华，又是信息论用于分析犯罪过程的一个结论。之所以说信息转移原理是原先物质交换原理的升华，是因为这一理论基本克服了物质转移原理的种种局限性,可以更好地应用于侦查学和法庭科学,更好地指导侦查办案实践。之所以说信息转移原理只是信息论用于分析犯罪过程的一个结论,是因为该原理只深入揭示了犯罪过程中的一种信息现象——信息转移现象,它不涉及其他方面。

如果进一步用信息论方法分析犯罪过程,人们至少还能对信息反馈现象、信息互动现象等加以挖掘。也许还能概括出一些可供实践借鉴的规律与经验,提炼出所谓的信息反馈原理、信息互动原理也不是不可能的。总而言之,不要将信息论方法局限于侦查过程,要大胆拓展至犯罪过程。这样侦查学的信息论分析就能真正起到实效,结出更多的指导侦查实践的重要成果。

## 四、信息转移原理的理论意义

笔者试拟信息转移原理,绝不是要否定物质转移原理,而是对该原理进行横向扩展和纵向深化。笔者认为,该理论至少在以下几个方面具有深远意义。

首先,信息转移原理可以更广泛地应用于侦查学,更好地指导实践。这是因为,传统的物质转移原理局限于物证技术学中的微量物证,适用范围狭窄,而信息转移原理则适应了现代科学技术、侦查实践的发展趋势,可以解决传统理论所无法解决的诸多问题。这一点在计算机犯罪的侦查中体现得较为明显。计算机犯罪的出现和剧增,不仅要求人们必须挖掘出此类案件侦查的方法论基础,而且要求必须在知识与观念上都要有所突破。

其次,信息转移原理能够指导侦查人员有效地利用各方面信息。刑事案件发生后,必然会出现大量的信息,其中既有表现为痕迹、物证的物质性信息,又有表现为当事人陈述、证人证言的意识性信息,既有反映犯罪事实的犯罪信息,又夹杂有大量的反侦查信息、干扰信息、无关信息。对此,侦查人员应按照信息论分析的方法,从作案人、被害人、犯罪现场犯罪环境四个方面去收集信息,然后研究各种信息是如何转移的,相互之间能否印证等,为我所用。

最后,信息转移原理决定了人们应科学地看待侦查和鉴定。在犯罪过程中,信息的转移是不可避免的,但这种转移不一定是对称的,而且不具有守衡性,转移活动中任何意外因素都有可能造成信息的失真、灭失。而侦查与鉴定是建立在获取信息的基础上的专门活动,它只能够尽可能地复现信息转移的情况,只具有相对的真理性,同样可能出错。当然,这并不否认人们较为准确地把握基本犯罪信息的可能。

## 五、小结

作为侦查学、法庭科学的基础理论,物质转移原理在人类社会中已经得到了广泛的认同和持续的发展。但世易时移,无论是犯罪还是侦查都发生了深刻的变化,固守传统的理论只会导致泥古不化。人们在研究侦查学新问题的时候必须对该理论有所突破,为其注入"新鲜血液",使其在实质和适用上都得到更大的发展,能够更好地为侦查实践服务。信息转移原理正是为了适应这种需要而提出的。当然，本部分内容所论及的仍只是一种理论构想，尚需要得到侦查实践的检验与润色，更期待各位方家的批评指正。

现在学术界对侦查学原理的探讨似乎存在一些误区，一些人脱离侦查实践研究侦查学原理。其实，侦查学原理只有对侦查实践起到有效的指导作用，才具有实际意义。因此，笔者倾向于选择从"侦查途径"的角度来研究侦查学原理。笔者认为，个案侦查中的每一条侦查途径后面都隐藏着一个深邃的侦查学原理，如主张"从调查因果关系入手开展侦查"的侦查途径背后是"犯罪的因果关系原理"或"犯罪的物质性原理"；主张"从调查痕迹物证、控制赃物入手"的侦查途径背后是"犯罪过程的信息转移原理"或"犯罪过程的物质转移原理"；主张"从排查作案时间入手"的侦查途径背后是"犯罪的时空关系原理"；主张"从摸底排队入手"的侦查途径背后是"同一认定原理"。这是赘话，权作"引玉之砖"。

刘品新，中国人民大学法学院教授，博士生导师。本节内容以《论犯罪过程中的信息转移原理》为题发表于《福建公安高等专科学校学报》2003年第1期，收录本书时有改动。

# 第二章 刑事侦查的技术

## 第一节 刑事侦查的家族基因鉴定技术

方 斌

1988年至2002年的14年间，在我国甘肃省白银市、内蒙古自治区包头市昆都仑区两地共有11名女性惨遭入室杀害，部分被害人曾遭受性侵害。犯罪嫌疑人专挑年轻女性下手，作案手段残忍，行踪诡秘，在社会上引起了巨大的恐慌。2004年8月5日，公安部组织专家对上述案发现场遗留的指纹、足迹、DNA等痕迹物证以及犯罪嫌疑人的作案手法进行综合研判，成功将白银、包头两地案件并案，并将该系列案件命名为"甘、蒙'8·05'系列强奸杀人残害女性案"（以下简称"甘、蒙8·05系列案"）。

2016年8月26日，随着该系列案件犯罪嫌疑人高承勇在白银市的落网，Y-STRsDNA数据库作为一种新型的侦查技术手段亦受到了新闻媒体和社会公众的广泛关注。[①]在人类男性精子的细胞核里共有23条染色体，其中22条是常染色体，1条为性染色体，作为男性特有的性染色体——Y染色体严格遵循着同一父系遗传规律，是这个家族男性后代共享的身份识别标记。这种通过比对Y染色体STRs特征进行个体识别的技术被称为Y-STRs。正是这一新型的生物识别技术给"甘、蒙8·05系列案"带来了重大突破。

2015年下半年，一位名叫高某明的男子因涉嫌违法犯罪被公安机关采取血样。当技术人员检验他的血样时，发现其Y染色体27个位点上的STRs情况和"甘、蒙8·05系列案"犯罪嫌疑人的完全一致。换言之，"甘、蒙8·05系列案"的犯罪嫌疑人很可能就是高某明的族亲。为此，警方从高某明的DNA信息出发，找到了甘肃省兰州市榆中县青城镇高氏家族，利用家谱、人员信息调查等手段取得了一个叫高某芝的后代的人员名单，通过调查该家族各个男性后代的活动轨迹，警察最终锁定了时年52岁的高承勇。高承勇到案后，警察提取其DNA信息，经常染色体STRs比对，发现与当年遗留在"甘、蒙8·05系列案"现场的DNA信息完全一致。至此，这起历时28年的"世纪悬案"得以成功告破。

当新闻媒体争相报道这起案件破获的喜讯时，笔者作为一个研究侦查的学者却陷入了一连串的沉思。这起系列案件的破获为何用了28年的时间？从高承勇最后一次作案（2002年）至其在白银市落网（2016年）的14年中，我国的法医DNA数据库已聚集了

---

[①] 参见林琳：《"白银连环杀人案"告破传递什么信号》，载《工人日报》2016年9月2日；谈琳：《白银连环杀人案告破凸显科技的力量》，载《科技日报》2016年8月30日；王晨、李骥：《系列杀人犯罪案件的生成特征及防控路径：以甘蒙"8·05"系列强奸杀人残害女性案为参考》，载《河北公安警察职业学院学报》2016年第4期；等等。

3 000万条以上的常染色体 STRs 数据,且在超过 100 万起案件中发挥了作用。①然而,这一千万级容量的法医 DNA 数据库却为何迟迟未能比中高承勇?当犯罪嫌疑人遗留在案件现场的 DNA 数据被录入法医 DNA 数据库之后,警方是只能消极地等待犯罪嫌疑人的 DNA 数据再次"碰网",还是能够另有作为?换言之,如果你所居住的社区里住着一个连环杀手(或强奸犯),你是按兵不动,等待他进入你的数据库呢,还是会主动采取某种行动?如果高某明没有实施违法犯罪行为或者没有因其他原因而被公安机关采集血样,那么这起系列案件中 11 名被害人的正义又何时才能得以实现?如果在案发现场提取的是一名没有 Y 染色体的女性犯罪嫌疑人的 DNA,那么警方是否还能通过家系排查找到真凶?警方利用犯罪嫌疑人亲属的 DNA 进行搜索并由此找到犯罪嫌疑人究竟是一种什么性质的行为?它的实施有哪些形式,是否会构成对公民权益(如隐私权)的侵犯?国家应当怎样对这种行为进行规制才能在确保侦查效率的基础上更好地实现打击犯罪和保障人权的平衡?

2021 年 2 月 2 日,时任公安部刑侦局局长刘忠义在第一期全国刑侦大讲堂上明确提出:要着力打造全时空、立体化、全要素的现场勘查新模式;深入推进现场勘查向网络空间延伸;充分挖潜指纹、足迹、DNA 等传统技术,强化新技术、新手段的应用。②在这种背景下,全面梳理法医遗传学的历史演进轨迹,特别是系统总结近年来法医遗传学在服务侦查破案方面的技术和应用创新,并对上文中提出的问题予以全面回答,无论是对于挖潜和拓展 DNA 技术在刑侦工作的应用,进一步明确未来的发展方向,还是更好地实现 DNA 技术在打击犯罪和保障人权之间的平衡,都具有重大的理论意义和现实紧迫性。

## 一、DNA 远程家族搜索:法医遗传学进展的第四次浪潮

历史地看,截至目前,法医遗传学在服务于侦查破案方面共经历了四波标志性的技术创新。需要明确的是,在法医遗传学服务侦查破案的历史发展中,这四波技术创新并非表现为一波技术创新接替另一波技术创新的"接力"形式,而是呈现出并行交错、相互渗透、有消有长的"共存"形式,进而共同描绘出法医遗传学在侦查破案中应用的现实图景。尽管,这四波技术创新当前都仍在沿着各自的轨道不断发展、演进,但是,从历史发展的时间脉络,我们还是可以粗略地勾勒出法医遗传学在服务侦查破案方面的演进轨迹。

### (一)STRs 作为个体识别标准的确立

第一波技术创新,发端于 20 世纪 80 年代末至 90 年代初期,主要集中于 DNA 图谱的法庭可信度及其在刑事审判中的应用。这波技术创新以亚力克·杰弗里斯(AlecJohnJeffreys)和他的同事们的工作为科学基础,以 DNA 实验室检验质量和样本搜

---

① 刘冰:《现阶段我国 DNA 数据库发展的几个关键问题》,载《刑事技术》2015 年第 4 期。
② 公安部刑侦局:《今年刑侦工作怎么做?》,载"腾讯网",https://view.inews.qq.com/a/20210202A0BT3J00,最后访问日期:2021 年 8 月 5 日。

集、保存、污染导致的可靠性问题为推动，以 DNA 提取、分析和可视化方法为突破，并最终导致常染色体 STRs（短串联重复序列）的分析和匹配作为全球可信赖的法医遗传学技术而得到普遍接受。[①] 这波技术创新的一个历史性贡献是，使得 DNA 取代传统的"指纹证据"而成为新一代的"证据之王"。

### （二）DNA 技术与信息技术的结合：法医 DNA 数据库的建立、扩展和应用

第二波技术创新，发端于 20 世纪 90 年代中期，主要集中于世界各国法医 DNA 数据库的建立、扩展和应用方面。在遗传学客观性光环——能够产生确定性和真相——的影响下，伴随着信息技术的进步，世界上许多国家纷纷开始筹建法医 DNA 数据库，[②] 以提高 DNA 技术在打击犯罪方面的效能。例如，1992 年，在前期技术可行性研究的基础上，英国警察和犯罪证据委员会向皇家审判委员会递交了申请从案件相关的嫌疑人身上采样进行分型的法案，该法案于 1994 年 11 月 3 日经皇家批准而成为一项正式的议会立法。在法律授权下，英国警方于 1995 年 4 月 10 日起正式开展了 DNA 样本的收集工作，标志着英国国家法医 DNA 数据库建设的开始。[③] 几乎同一时期，美国国会亦通过了建立 DNA 数据库的法案，[④] 由此拉开了在全美进行法医 DNA 数据库建设的序幕。随后，加拿大、奥地利、荷兰等国于 1997 年，法国、葡萄牙、芬兰、挪威等国于 1998 年，以及中国香港特别行政区于 1999 年，也纷纷开启了 DNA 数据库的建设工作。[⑤] 截至 2002 年，在国际刑警组织的倡导下，先后共有 76 个成员方建立了自己的法医 DNA 数据库，其中有近一半的国家和地区支持法医 DNA 数据库信息的共享。[⑥] 法医 DNA 数据库的建立和应用极大地提高了侦查部门认定或排除犯罪嫌疑人的能力，有效地遏制了犯罪，并极大地提升了社会公众对刑事司法系统的信心。同时，允许各国和地区刑事司法机关之间交换合法持有的基因信息，[⑦] 亦开辟了 DNA 技术的情报价值，极大地提高了警方打击跨境、跨国犯罪和维护国家安全的能力。

这波技术创新的一个典型特征是：基因技术与信息技术的结合。以我国法医 DNA 数据库的建立和应用为例，早在 20 世纪 90 年代中期，公安部科技局就提出了"统一规划、统一标准、分步实施、滚动发展"的 DNA 数据库建设原则。在这一原则的指导下，90 年代末期，上海、广州、北京、南京、湖北以及江苏等省市率先开展了地方

---

① Lynch, Michael, Simon Cole, Ruth McNally, and Kathleen Jordan. *Truth Machine: The Contentious History of DNA Fingerprinting.* Chicago, IL: University of Chicago Press.2008,pp.1-23.
② 参见牛勇、程宝文等：《我国 DNA 检验和数据库建设立法现状与对策》，载《中国法医杂志》2019 年第 5 期。
③ 赵兴春、李路平等：《英国 DNA 技术应用与国家 DNA 数据库》，载《中国人民公安大学学报（自然科学版）》1999 年第 2 期。
④ 焦文慧、宋辉：《英美国家犯罪 DNA 数据库建设及应用》，载《上海公安高等专科学校学报》2013 年第 2 期。
⑤ 姜先华：《DNA 分析技术在法庭科学领域的进展》，载《现代仪器》2004 年第 6 期。
⑥ 姜先华：《中国法庭科学 DNA 数据库》，载《中国法医学杂志》2006 年第 5 期。
⑦ Johnson P, Williams R. Internationalizing new technologies of crime control: Forensic DNA databasing and data sharing in the European Union. *Policing & Society 2007*, 17(2): 103-118.

DNA 数据库建设的探索。2000 年，公安部以在全国范围内开展的打击拐卖妇女儿童专项斗争为契机，在北京、辽宁、广州等地设立区域性的 DNA 亲缘检验鉴定中心，并借助网络信息技术初步实现了"打拐 DNA 信息"的跨地区传输、比对。① 这一全国性的"打拐 DNA 数据库"的探索性实践为日后建立全国法医 DNA 数据库积累了有益的经验。2003 年公安部刑侦局正式下发了《关于对国家"十五"科技攻关计划项目——公安机关 DNA 数据库系统测试的通知》（公刑〔2003〕1487 号），标志着全国 DNA 数据库正式启动建设应用。② 之后，随着公安部"法庭科学 DNA 实验室规范""2004—2008 年公安机关 DNA 数据库建设规划"以及"全国公安机关 DNA 数据库建设任务书"等一系列规范性文件的出台以及"DNA 数据库系统软件"在全国范围内的推广运行，我国法医 DNA 数据库的建设与发展进入了快车道。③ 据统计，截至 2010 年 12 月，全国公安机关共建立了 312 个 DNA 实验室，其中 283 个与国家库联网，DNA 数据总量达 700 余万份，居世界第 2 位，④ 而截至 2016 年底，全国公安机关联网的 DNA 实验室总数已达到 598 个，DNA 数据库库容总量达 5 900 余万条，位居世界第一。

不仅如此，基因技术与计算机网络信息传递技术、数据库管理等技术的深度融合，也使我国法医 DNA 数据库衍生出从人到案、从案到案、从案到人等多种侦查模式，⑤ 并在认定或排除犯罪嫌疑人、案件串并、查找失踪被拐儿童以及流窜犯罪预测和预警等方面发挥出巨大的威力。然而，需要注意的是，尽管与常规 DNA 证据的比对模式（即现场物证 DNA 分型与犯罪嫌疑人 DNA 分型之间的一对一比对）相比，我国法医 DNA 数据库搜索的比对模式更加多元，如存在一对多（即将现场物证 DNA 分型手工入库比对）、多对多（即不同子库之内或不同子库之间所有 DNA 分型数据的自动比对）等比对模式，但其总体上均属于"同一"型比对，即要求两个 DNA 分型之间所有基因位点的情况均完全一致。由此可见，在这波技术创新中，就 DNA 数据库的应用而言，信息技术与 DNA 技术的融合并未改变 DNA 的"证据"本质。

### （三）法医 DNA 数据库应用的转向：从证据构建范式走向情报生成范式

第三波技术创新的推动力量主要来自于侦查部门在法医 DNA 数据库应用中产生的一个普遍而紧迫的问题：当犯罪嫌疑人的常染色体 STRsDNA 图谱在法医 DNA 数据中没有搜索到完全精确的匹配时，遗传信息又将如何在侦查中发挥作用？出于对这一问题的回应，DNA 技术创新和应用出现了三个新的动向。

第一个新动向是家族搜索的出现。家族搜索的方法其实早在 1992 年就被用于个案调查，但一直到近几年才与 DNA 数据库搜索一起使用。鉴于此，本部分内容所指的家

---

① Johnson P, Williams R. Internationalizing new technologies of crime control: Forensic DNA databasing and data sharing in the European Union. *Policing & Society 2007*, 17(2):260-261.
② 刘雁军：《法庭科学 DNA 数据库的运用与规制》，北京，中国社会科学出版社 2020 年，版第 5 页。
③ Johnson P, Williams R. Internationalizing new technologies of crime control: Forensic DNA databasing and data sharing in the European Union. Policing & Society 2007, 17(2): 103-118.
④ 姜先华：《中国 DNA 数据库建设应用技术现状及发展趋势》，载《中国法医学杂志》2011 年第 5 期。
⑤ 陈连康等：《上海市公安局"法庭 DNA 数据库"介绍》，载《刑事技术》2003 年第 5 期。

族搜索,主要是指在法医 DNA 数据库中通过搜索 DNA 样本真正来源的亲属(主要是近亲,如父母、子女、全同胞兄弟姐妹等一级亲属),从而通过法医 DNA 数据库间接开辟案件调查线索的一种方法。[①] 由此可见,家族搜索的核心是对传统法医遗传学 STRs 分析方法的创新性应用:当传统的调查没有找到犯罪嫌疑人,以及犯罪行为人的 DNA 没有被记录在案的情况下,通过将传统的以个体识别为首要目标的完全匹配搜索策略修正为以识别生物亲属的基因联系为目标的部分匹配搜索策略,从而潜在地扩大法医 DNA 数据库的规模和覆盖面,提升 DNA 数据库的侦查效能,以实现对已经合法存在于 DNA 数据库中的基因证据的再利用。

英国是较早开展家族搜索实践的国家。2002 年,英国警方在侦破一起系列强奸案件中利用家族搜索成功地在国家 DNA 数据库中找到了犯罪嫌疑人的儿子(依据案发时的年龄和 DNA 的不完全匹配已排除),并以现场 DNA 样本和匹配对象 DNA 信息之间揭示的遗传关系为线索,成功地锁定了这起系列强奸案件的犯罪行为人——约瑟夫·卡彭(Joseph Kappen)。破案时,约瑟夫·卡彭已经死亡,警方挖出其尸体后经常染色体 STRs 比对后确认与犯罪现场遗留的 DNA 完全匹配。[②]

据统计,从 2003 年到 2011 年,英国先后进行了大约 200 次家族搜索,所获的调查信息帮助破获了大约 40 起严重犯罪案件。[③] 自 2012 年以来,英国又授权对 120 个案件展开家族搜索,其中 9 起案件已通过该技术得到解决。[④] 另外,从英国实施 DNA 家族搜索的实践来看,侦查线索的产生已不再单纯地依赖 DNA 数据库中存储的遗传数据,相关个体的地理位置、年龄、性别,以及侦查部门对犯罪行为人分析刻画的侦查结论等非遗传数据亦参与到家族搜索的过程中来,并承担着对遗传数据进行过滤的功能。例如,如果警方推断犯罪行为人为男性,那么 Y-STRs 特征与犯罪现场 DNA 样本不符的个体将会被排除在调查范围之外。

第二个新动向主要集中于对人类男性 Y 染色体的研究和利用领域。尽管利用 Y-STRs 技术缩小排查犯罪嫌疑人的方法在家族搜索中就已得到应用,但中国是世界上第一个开发和建立大型法医 Y-STRs 数据库的国家。例如,河南省公安机关自 2006 年开始探索,于 2007 年建成了第一代 Y-STRsDNA 信息录入查询系统;2009 年引入家系概念后,第二代 Y-STRs DNA 信息录入查询系统开始支持简单家系数据录入;2011 年通过在原有系统上增加动态图形化家系图谱录入组件、实验室全流程管理以及多源试剂盒录入支持等功能,全新的 Y-STRs 家系排查分析系统 V1.0 正式上线;2015 年改良后的

---

[①] Maguire,C.N., McCallum, L.A., Storey,C., Whitaker, J.P. Familial searching: A specialist forensic DNA profiling service utilising the National DNA Database to identify unknown offenders via their relatives—The UK experience. Forensic Science International: Genetics, 2014,8:1-9.

[②] Murphy, E.E. Inside the cell: the dark side of forensic DNA. New York Nation Books,2015, pp.196-197.

[③] Familial Searching. https://www.fbi.gov/services/laboratory/biometric-analysis/codis. 最后访问日期:2021 年 8 月 6 日。

[④] Biometrics and Forensics Ethics Group. Should We Be Making Use of Genetic Genealogy to Assist in Solving Crime? *A Report on the Feasibility of Such Methods in the UK.* 2020. https://assets.publishing.service.gov.uk/government/uploads/system/uploads/attachment data/file/916364/BFEG Genetic Genealogy Final.pdf, 最后访问日期:2021 年 8 月 5 日。

Y-STRs 家系排查分析系统 V1.5 正式发布；历经多次升级之后，于 2016 年 11 月在全国率先建成了覆盖全省男性的 Y-STRsDNA 数据库。① 统计数据表明，2018 年左右该数据库容量已涵盖家系 4 148 518 个，人员信息 68 616 481 条，Y-STRs 数据 5 603 114 条，案件信息 12 743 条，物证信息 14 432 条。②

当前，河南省公安机关的 Y-STRsDNA 数据库已初步形成了以居民父系家系为基本构架，以个体 Y-STRs 数据为主要内容，集家系图谱、家系成员户籍资料等相关信息的采集、录入、查询、比对、统计等功能，现场物证 Y-STRs 数据与犯罪嫌疑人（或被害人）家系自动关联比对、筛查分析可疑男性成员为一体的智能化 DNA 数据排查分析系统。从实战应用层面来看，法医 Y-STRs 数据库父系家系排查分析结果已实现了与视频侦查、情报信息、技术侦查、网络侦查以及传统的摸底排队、辨认等侦查手段与措施的深度融合，一种以 Y-STRs 数据库排查为先导的集刑侦、图侦、网侦、技侦为一体的新型、高效便捷的合成作战模式已初具雏形。

Y-STRs 数据库搜索方法用于确定两个 Y-STRs 配置文件是否来自同一个男性血统。搜索的结果要么是两个配置文件所有类型位点共享的所有等位基因完全匹配，要么是出现一个或几个位点不匹配的部分匹配。尽管遗传距离更遥远的男性亲属出现不匹配的概率更高，但他们仍然属于同一父系亲属。因此，与家族搜索相比，法医 Y-STRs 数据库搜索是一种更加高效的搜索方法。以全国公安机关"云剑-2020"行动为例。2020 年 4 月，公安部党委坚持以人民为中心的发展思想，组织全国公安机关开展"云剑-2020"行动，并将命案积案攻坚列为该行动的一项重点工作。据统计，截至 2020 年 12 月，全国公安机关共侦破命案积案 5 400 余起。其中，距案发 20 年以上的案件占比 46.8%，10 年至 20 年的案件占比 42.9%，10 年以上的案件占比高达 90% 以上。这次专项行动的一个最为突出的特点就是借助了科技的力量。在上述侦破的 5 400 余起命案积案中有 70% 左右的案件都是通过科学技术手段破案的。在 DNA 技术的应用方面，尤以 Y-STRs 数据库侦查技术最为突出，利用该技术直接破获的案件高达 300 余起，而且这些案件多是之前并无明确犯罪嫌疑人的高难度案件。③ 介于 Y-STRs 数据库在侦查实战中成效显著，发端于地方公安机关的 Y-STRs 数据库建设及其开发应用目前正逐渐演化为一项全国性的运动。另外，从我国实施 Y-STRs 数据库搜索的实践来看，除基因数据之外，家系图谱数据录入的规模和质量是决定 Y-STRs 数据库搜索应用效率的关键性因素。

鉴于 Y-STRs 数据库搜索在明确侦查方向、缩小侦查范围以及锁定重点犯罪嫌疑人方面发挥着重要作用，世界上其他一些国家也陆续开始着手创建自己的 Y-STRs 数据库。例如，荷兰于 2012 年前后创建了用于刑事调查的国家 Y-STRs 数据库；④ 2018 年 6 月，新加坡也启动了国家 Y-STRs 数据库的建设，方法是重新录入所有已被定罪的罪犯的 Y-STRs 数据；⑤ 2018 年 10 月新西兰也积极开展了 Y-STRs 数据库的筹建，但由于经

---

① 杨玉章、邹容合：《Y-STR DNA 数据库侦查技战法》，北京，群众出版社 2018 年版，第 24-25 页。
② 杨玉章、邹容合：《Y-STR DNA 数据库侦查技战法》，北京，群众出版社 2018 年版，第 7 页。
③ 上述统计数据来自中国行为法学会侦查研究会（2020）年会相关主题报告。
④ Kayser M. Forensic use of Y-chromosome DNA: a general overview. Hum Genet.2017,136(5):621-635.
⑤ 转引自 Ge, J., Budowle, B. Forensic investigation approaches of searching relatives in DNA databases. Journal of Forensic Sciences, 2021,66(2):430-443.

费受限，目前仅录入了来自犯罪现场的 Y-STRs 数据；澳大利亚也建立了自己的 Y-STRs 数据库，数据录入范围涵盖来自罪犯、嫌疑人、犯罪现场样本和身份不明的死者。然而，这些国家的 Y-STRs 数据库建设目前仍处于起步阶段，其中一个重要的缺陷是没有预先将 Y-STRs 数据与家谱数据关联起来，这显然严重制约了 Y-STRs 数据库的侦查效能。

第三个新动向则主要集中于对人类表型的遗传成分以及特定 DNA 标记的地理和祖先分布差异等方面的研究。许多人类表型，如身高、面部特征和色素沉着等通常被认为具有强大的遗传成分。从 DNA 中预测身体特征的能力为法医学提供了重要的机会。例如，利用 DNA 表型技术使得科学家们能够通过现场遗留的 DNA 预测犯罪嫌疑人的皮肤、眼睛、头发的颜色，以及其生物地理血统。① 不仅如此，这些预测还能够以书面的形式呈现，目前已出现了利用商业算法和法医 DNA 技术生成的面部合成图像，可以预测犯罪嫌疑人在特定年龄的可能外观。② 例如，美国在 2010 年左右已开始将这种"DNA 面部分子画像技术"应用于侦查实践。在侦破一起发生在旧金山唐人街的入室抢劫杀人案件中，美国警方就利用从犯罪现场提取的 DNA 成功合成了犯罪嫌疑人卡贝尔的面部图像，并在随后的通缉中将其抓获。③ 2017 年中国也首次开始了 DNA 面部分子画像在法医领域中应用方面的探索，④ 尽管目前仍处于起步阶段，但不难想象，有朝一日，即使现场没有目击证人，即使现场没有监控探头，即使犯罪行为人头戴面具，但只要其在现场上遗留有脱落细胞，"DNA 分子目击证人"仍可以准确地"描述"出犯罪行为人的体貌特征，而且犯罪行为人的 DNA 面部分子画像将和其面部视频监控截图一样，可以与其他存储有公民面部照片的数据库进行交叉比对，并在侦查中显示出巨大的威力。

综上，DNA 技术应用的第三波创新代表了刑事司法系统中法医遗传技术所发生的历史性变化。这突出地体现在以下两个方面。一是它将法医学的研究重点从证据的构建转向了对刑事侦查有价值情报的生成。换言之，DNA 技术在刑事诉讼中的应用正在从传统的基于"个体识别"的"证据构建范式"向基于"开辟调查线索"的"情报生成范式"迈进。二是 DNA 技术比对的位点从个体化转向可疑群体的聚集。换言之，第三波 DNA 技术的总体特点是，它们的目的不是提供能够识别特殊个体的概率性数据，相反，它们通过聚集具有相同的生物学联系、遗传祖先和外部可见特征的可疑群体，从而提供类型学信息来实现个体识别与群体识别的融合。

**（四）远程家族搜索：从法医 DNA 数据库向公共 DNA 数据库的跨越**

第四波技术创新肇始于直接面向消费者（Direct-to-Consumer, DTC）的基因组学领域。直接面向消费者的基因检测行业在 21 世纪初开始出现，旨在通过利用有关个人

---

① Chaitanya, L, Breslin, K,& Zuñiga, S., et al. The HIrisPlex-S system for eye, hair and skin colour prediction from DNA: Introduction and forensic developmental validation. Forensic Science International: Genetics, 2018, 35:123-135.
② Scudder,N et al.Differing perception of DNA evidence and intelligence capabilities in criminal investigations. Preprints 2020, 1-16. https://www.preprints.org/manuscript/202002.0004/v1, 最后访问日期：2021 年 8 月 5 日。
③ 阿碧：《DNA 画像》，载《检察风云》2011 年第 4 期。
④ 刘京、乔露等：《DNA 面部分子画像技术应用研究》，载《刑事技术》2017 年第 4 期。

DNA 的知识，来实现个性化医疗保健和提供有关基因根的信息。① 近年来，基于医学、群体遗传学和法医学研究目的的千人基因组计划、人类基因多样性计划以及精准医学计划等一系列全基因组测序项目的实施进一步激活了直接面向消费者的基因检测行业。

当前，一些商业化运作的基因检测公司可以为消费者提供祖先来源、健康风险评估、营养代谢、遗传疾病、天赋预测等基因分析服务。② 这方面规模较大的基因检测公司有，AncestryDNA、23andMe、My Heritage、GED match（不进行基因检测，仅提供第三方服务）、Family Tree DNA，等等。例如，截至 2019 年，AncestryDNA 包含用户近 1 500 万人，23andMe 包含用户近 1 000 万人，My Heritage 和 Family Tree DNA（FTDNA）总共包含用户约 350 万人。③ 消费者可以利用这些基因检测公司的网站自愿上传基因数据，以更多地了解自己的健康、血统，或查找亲属和遗产。另外，这些商用基因检测公司的网站不仅允许用户以家庭为单位创建账户，分享文档、图片与视频，组织家庭活动，④ 而且还鼓励用户在线提供家谱数据。例如，索伦森基因组公司（Sorenson Genomics）在与 AncestryDNA 公司合并之前，就曾以提供免费基因检测服务来换取用户四代以内的家谱图表。据统计，目前仅在美国和欧洲的基因检测公司就至少建立有 22 个个体家谱数据库。⑤ 另外，截至 2019 年，直接面向消费者的基因检测网站已生成超过 2 600 万份全基因组 SNPs 档案，而且数量还在不断增加。⑥ 随着越来越多的消费者将自己的 DNA 样本（或全基因组数据）和家谱数据上传至基因检测公司的网站，公共 DNA 数据库中存储的海量个人基因信息、家族系谱信息在药物研发、疾病诊断、生命研究、亲子鉴定以及生物识别等方面的可用性亦随之增加。

然而，值得关注的是，医学和法医学边界的模糊正逐渐成为第四波 DNA 技术创新的典型特征。也就是说，一种旨在从表观遗传学和基因组数据中获取健康和生活方式的信息分析方法正在越来越多地被用于法医学目的。然而，有趣的是这种现象的出现却带有一定的戏剧性和偶然性。例如，美国著名的"金州杀手案件"的侦破就是对这一论断最好的注脚。2018 年 4 月，随着被称为"金州杀手"（golden state killer）的美国加州退休警察约瑟夫·詹姆斯·迪安杰洛（Joseph James DeAngelo）的落网，法医遗传系谱调查作为一种打击犯罪的新型侦查技术手段受到了国际社会的广泛关注。

在 1974 年至 1986 年间，金州杀手约瑟夫·詹姆斯·迪安杰洛在美国加利福尼亚

---

① Horowitz, A. L., Saperstein,A., et al. Consumer (Dis-)Interest in Genetic Ancestry Testing: The Roles of Race, Immigration, and Ancestral Certainty.New Genetics and Society, 2019,1-30.
② 转引自刘京、季安全等：《法医系谱分析研究进展》，载《刑事技术》2019 年第 3 期。
③ 参见 Regalado A. More than 26 million people have taken an at-home ancestry test. *MIT Technology Review*. 2019.https://www.technologyreview.com/2019/02/11/103446/more-than-26-million-people-have-taken-an-at-home-ancestry-test/，最后访问日期：2021 年 8 月 5 日。
④ 网络资料：《"基因黑客"告诉你基因检测的出路在哪里》，载"腾讯网"，https://new.qq.com/omn/20190926/20190926A0GYPH00.html，最后访问日期：2021 年 10 月 12 日。
⑤ Skeva,S., Larmuseau,M.HD., Shabani,M. Review of policies of companies and databases regarding access to customers' genealogy data for law enforcement Purposes. Per Med, 2020,17(2):141–153.
⑥ 参见 Regalado A. More than 26 million people have taken an at-home ancestry test. *MIT Technology Review*. 2019. https://www.technologyreview.com/2019/02/11/103446/more-than-26-million-people-have-taken-an-at-home-ancestry-test/，最后访问日期：2021 年 8 月 5 日。

地区犯下至少 12 起谋杀案、约 50 起强奸案以及 120 余起入室盗窃案。警方通过犯罪嫌疑人的作案手法以及遗留在犯罪现场的 DNA 等证据成功将上述案件并案侦查。由于警方的 DNA 数据库中并没有存储约瑟夫·詹姆斯·迪安杰洛的 DNA 数据,尽管警方在多个案件现场获取了犯罪嫌疑人遗留的 DNA 证据及其他线索,但该案的侦查多年来一直没有任何突破性的进展。直到 2017 年 12 月,负责该案侦查的加州探员保罗·霍尔斯(Paul Holes)发现了一个叫 GED match 的网站,①才使案件的侦破出现了转机。金州杀手的 DNA 数据上传至 GED match 网站后,霍尔斯虽然没有发现与之完全匹配的 DNA 数据,但是他却发现了与金州杀手的 DNA 数据部分匹配的相关人员。换言之,霍尔斯在一个面向社会公众开放的、商业化运作的基因数据库(GED match)中找到了金州杀手的亲属,从而将该案的调查范围从上百万人缩小到了一个家族。之后,霍尔斯在遗传系谱学家芭芭拉·瑞·文特尔(Barbara Rae-Venter)博士的帮助下,成功还原了约瑟夫·詹姆斯·迪安杰洛所在的家系,并通过年龄、种族、体貌特征、遗传变异等信息最终将犯罪嫌疑人的范围从 6 人缩小到 1 人。依据芭芭拉·瑞·文特尔提供的线索,警方最终在约瑟夫·詹姆斯·迪安杰洛家门口垃圾箱里的卫生纸上、车内的门把手上,提取到其 DNA,后经常染色体比对,成功锁定了这个躲藏在加州附近 40 余年的金州杀手。②

据美国《科学》(Science)期刊的统计,在 2018 年 4—8 月,短短的 4 个月之内,美国警方就使用这种技术手段成功侦破了 13 起陈年旧案。③ 截至 2018 年 11 月,大约有 200 起疑难案件使用了法医遗传系谱分析技术,其中 55% 的案件都产生了匹配结果。介于法医遗传系谱技术在犯罪侦查领域里取得的重大突破,《科学》期刊将该技术(单细胞水平细胞系谱追踪技术)评选为 2018 年十大科学突破之一,《时代周刊》(Time)则把帮助警方识别金州杀手身份的遗传系谱学家芭芭拉·瑞·文特尔列为年度的十大重要人物之一。另外,《时代周刊》报道称,芭芭拉·瑞·文特尔为执法部门提供了自 20 世纪 80 年代法医 DNA 测试出现以来最具革命性的工具。④

以金州杀手案件为代表的第四波法医遗传学技术创新与前几波技术创新存在三个重大的不同。其一,从 DNA 数据的生成和存储方面来看,在前三波技术创新中,DNA 数据的生成和存储都发生在法医领域,而在第四波技术创新中,DNA 数据的生成和存储则发生在法医领域之外的个人或公司的 DNA 数据库之中。这不仅使 DNA 数据库的参与人群发生了结构性的变化,而且将遗传数据、在线系谱数据以及社交媒体结合起来,亦使得 DNA 数据库搜索变得更具侵入性。其二,就 DNA 分型技术本身来讲,前两波 DNA 分型技术的重心主要侧重于对人类基因组非编码区域信息的利用。例如,传统 DNA 鉴定主要检测常染色体 STRs,这些所谓的非编码基因不仅数量有限而且除了鉴

---

① 参见 Kennett D.Using genetic genealogy databases in missing persons cases and to develop suspect leads in violent crimes.*Forensic Science International*,2019,301:107-117.
② 参见陈劲松:《进退两难的美国 DNA 数据库》,载《东西南北》2019 年第 21 期;武丛:《金州杀手 40 年后落网》,载《现代世界警察》2021 年第 7 期;[美] 丽兹·加巴斯:《我将消失在黑暗中》第一季(记录片),第 5 集,http://www.qnvod.net/mplay/oumei/72955.html?72955-1-5,最后访问日期:2021 年 8 月 20 日。
③ 朱波峰、郭瑜鑫等:《"法医系谱学瓜熟蒂落"解读》,载《科学通报》2019 年第 22 期。
④ 转引自 Machado,H., Granja,R. Forensic Genetics in the Governance of Crime. *Palgrave Pivot*, Singapore.2020, (pp.91).

定之外几乎没有其他任何价值。而在发端于第三波并延续至第四波的技术创新中，DNA分型技术的重心转向了人类基因组中的编码区域。例如，第三代遗传标记——单核苷酸多态性（SNPs）位点广泛分布在基因组的编码区和非编码区，其中蕴含的遗传信息十分丰富，它们允许推断个体关于健康标记、表型特征、生物地理以及家族血统等方面的信息。将编码区基因分析（直接或间接）引入法医遗传学是一个里程碑式的变化。毕竟，从25个常染色体STRs和27个Y染色体STRs到超过65万个SNPs，是DNA检测技术的一个巨大飞跃，[①]它不仅使基因检测技术披上了大数据的外衣，更使得推测远距离的亲缘关系成为可能。其三，金州杀手案件及其随后一系列历史悬案的侦破使得遗传系谱学知识在查找犯罪嫌疑人方面发挥着越来越重要的作用，并在客观上使侦查认知权威的中心从法医遗传学家转向了系谱学家。

鉴于遗传系谱知识在金州杀手案件的侦破中发挥了至关重要的作用，有的学者也把美国警察在该案中查找犯罪嫌疑人的方法称为法医遗传系谱搜索。然而，在本部分内容中，笔者更倾向于使用远程家族搜索这一概念。主要原因有三。其一，与传统家族搜索利用常染色体STRs搜索其匹配结果一般为亲子、隔代、同胞以及半同胞相比，利用单核苷酸多态性（SNPs）位点可以搜索更远距离的亲缘关系，如在"金州杀手"案的侦查中，警察利用GEDmatch网站找到的是犯罪嫌疑人三代以内的堂、表远亲。其二，与前文提到的家族搜索联系起来，并在此基础上更好地阐明家族搜索、Y-STRs数据库搜索以及远程家族搜索之间的区别与联系。毕竟，上述三种搜索方式都带有法医遗传系谱搜索的性质，而本部分内容旨在强调利用全基因组SNPs检测结果在公共DNA数据进行的法医系遗传谱搜索。其三，在法医DNA数据库中和在面向消费者的公共DNA数据库中反思遗传系谱搜索方法的异同是十分重要的，因为它们反映了法医遗传学更为广泛和深刻的变化。

基于上述分析，笔者把远程家族搜索界定为：一种以数字化的生物信息数据库（包括但不限于人类遗传标记DNA数据和家族系谱数据）为依托，集成DNA分型、遗传系谱刻画、计算机自动识别、数据库管理以及网络传输等高新技术，通过计算两个（或多个）个体的全基因组SNPs数据预测两个（或多个）个体的父系和母系的多级亲缘关系，从而为查明未知名个体的身份开辟调查线索的公共DNA数据库侦查方法。

## 二、DNA远程家族搜索的理论依据

### （一）DNA远程家族搜索的统计学依据

DNA远程家族搜索的想法源于这样一个科学假设：生物学上有血缘关系的个体比无血缘关系的个体更有可能拥有相同的遗传特征。换言之，近亲个体比无血缘关系的个体更有可能在某一位点共享等位基因。然而，由于常染色体上的基因在遗传过程中存在分离、重组的现象，因此不同层级亲缘关系的个体之间共享的同源（identity-by-descent,

---

① Phillips C.The Golden state killer investigation and the nascent field of forensic genealogy. Forensic Science International: *Genetics*, 2018, 36:186-188.

IBD）片段的长度亦有所不同。例如，孩子从父母双方各得到一半的 DNA 等位基因。尽管兄弟姐妹之间共享 DNA 的程度是可变的，但平均而言，两个兄弟姐妹共享大约 65% 的 DNA 等位基因。① 因此，通过全基因组 SNPs 数据（指 DNA 中同源序列的单碱基变化），基于同源片段长度分析等算法，就可以在 DNA 数据库中搜索某个个体的多级家族亲缘关系。

利用 SNPs 确定两个个体之间的亲缘程度，是由预期的共享 DNA 的数量，而不是减数分裂的数量来定义的。② 人体 22 条常染色体中的每一条都有两个副本，其中一条遗传自父亲，一条遗传自母亲。然而，常染色体并非完整地遗传自双亲；相反，父母各自的一对染色体随机重组成一个新的染色体，然后遗传给孩子。虽然重组是随机发生的，但染色体上距离较近的核苷酸更有可能一起遗传，而距离较远的核苷酸则更有可能通过重组分离。两个核苷酸之间的重组概率被量化为它们的遗传距离，并以厘摩为计量单位，即 1 厘摩等于 1% 的重组概率。遗传系谱学并非简单地计算共享 SNPs 的总数，而是利用了基因重组会在几代人的时间里打破长段共享 DNA 这一事实。这样有密切关系的人将分享长链 DNA（段）（identical-by-descent，IBD），而重组事件的发生将导致个体间共享的 IBD 段变短，因此，用厘摩表示的 IBD 的数量和长度便可以被用来反应个体间亲缘关系远近的程度。

目前，这一假设已得到科学研究的证实。例如，美国《科学》期刊指出，当两个个体间共享 IBD 片段长度大于 700cm 时，意味着两者存在一代表亲或更近的亲缘关系；当两者间共享 IBD 片段长度大于 100cm 时，两者间的关系则更接近于三代表亲或更近的亲缘关系。而且，基于欧裔美国人口的增长速度，研究人员预测，若拥有约占人口 2% 的测序数据库（300 万人），即可找到几乎 90% 人口的至少一名第三代表亲（third cousin），以及约 65% 欧裔美国人的至少一名第二代表亲（second cousin）。③ 因此，从理论上可以作出的合理推测是，当某一国家或地区人口的 DNA 数据库达到一定的规模时，我们每一个人均可以通过计算 IBD 片段长度在该数据库中找到至少一名自己的远房表亲。

## （二）DNA 远程家族搜索的侦查学依据

侦查从本质上来讲是一个同一认定的过程。同一认定要解决的核心问题就是通过比较被寻找客体（犯罪行为人）和受审查客体（嫌疑对象）各自的特征反应体（如犯罪行为遗留在案件现场的 DNA 和侦查人员采集的嫌疑对象的 DNA），进而来判定二者是否同一的问题。传统的 DNA 鉴定通常是通过检测人体的常染色体 STRs 遗传标记来进行的，通过选取 13 个核心基因位点，STRs 分析技术可以达到对人身进行个体识别的

---

① Bieber, F.R., Brenner, C.H., Lazer, D. Finding criminals through the DNA of their relatives, *Science* 312 (2006) 1315-1316.
② Greytak, E.M., Moore, C., Armentrout, S.L.Genetic genealogy for cold case and active investigations.*Forensic Science International*, 2019,299, 103-113.
③ Erlich, Y., Shor, T., et al. Identity inference of genomic data using long-range familial searches. *Science*, 2018,1-7.

水平。一旦 DNA 中潜态的遗传信息被转化为可供计算机软件自动识别的配置文件（通常为反映一组基因位点的条形码模式的图谱），DNA 分析结果便衍生出更多潜在的用途。

随着计算机化的生物信息网络的出现，法医 DNA 数据库可以衍生出从人到案、从案到案、从案到人等多种侦查模式。由于我国当前法医 DNA 数据建设仅限于收集个体的常染色体特定点位（基因座）信息，而且其比对是采取"一对一"或"点到点"①的精确比对模式，因此，当受审查客体（参照样本）的 DNA 信息事先未被录入法医 DNA 数据库时，由于缺乏参照样本，系统将无法自动给出现场样本的比对结果。一旦出现这种情况，要确定被寻找客体的身份便只有被动地等待受审查客体 DNA 信息的"触网"。由此可见，传统的 DNA 数据库搜索（比对）策略是注重因果关系的精确型侦查思维方式的产物，其典型的特征是注重 DNA 证据的同一认定（或个体识别）功能。然而，在刑事案件侦查中，对于这种基于同一认定思路的 DNA 数据库搜索策略而言，"精确性"既是其显著优点，同时又使其不可避免地具有上述被动性的局限。

为了克服这种局限，充分挖潜传统 DNA 技术，开辟 DNA 新技术、新手段的应用，我们有必要重新审视同一认定与种类认定的关系问题。其实，早在 2008 年，何家弘教授对于这一问题就提出了深刻的见解。其核心观点如下："对于侦查破案来讲，种类认定的结论虽然不像同一认定结论那样富有魅力，但其应用范围却可能比同一认定更为广泛；在实践中，确定侦查范围的主要根据就是对有关客体的种类认定，这既可以通过认定物的种属来实现，也可以通过认定人的种属来实现；种类认定和同一认定都是为侦查破案服务的，只不过一个解决的是同一问题，一个解决的是相似问题；对于否定结论来说，种类认定结论的价值并不低于同一认定结论的价值；同一认定往往要通过种类认定才能实现，二者既有区别又有联系，既互相对立，又可以在一定条件下转化。"②

尽管侦查的终极目标是"从相似走向同一"，但是，笔者以为，在大数据时代，或许侦查人员更应该重视的思维是"从同一走向相似"③。正如何家弘教授所言："尽管，相似不等于同一，但是相似可以通向同一。"李昌钰博士在论及现场物证的功用时也强调："物证最为重要也最为有意义的作用是为侦查破案提供线索。"④因此，当"同一"这扇门关闭时，侦查人员就应当及时转换思路，打开"相似"这扇门而另辟蹊径。具体到 DNA 技术及其应用而言，在 DNA 证据的功用方面，侦查人员应当从关注 DNA 证据的"认定犯罪嫌疑人"功能转向关注 DNA 证据的"提供情报线索"功能；在 DNA 数据库检索的范围方面，侦查人员应当从关注公安机关内部的法医 DNA 数据库（或 DNA 实验室）转向关注社会上商业化运作的 DNA 数据库（或 DNA 实验室）；在 DNA 数据库检索的目标方面，侦查人员应当从关注查找特定犯罪嫌疑人转向关注查找与该犯罪嫌疑人存在生物学关系的相关人员（即犯罪嫌疑人的亲属）；在 DNA 数据库检索标准（或参数）方面，侦查人员应当从关注精确匹配标准转向关注模糊匹配标准；在 DNA 检测

---

① 许满军、黄磊等：《Y-STR 数据库建设初探》，载《法医学杂志》2015 年第 31 卷，第 6 期。
② 何家弘：《从相似到同一：犯罪侦查研究》，北京，中国法制出版社 2008 年版，第 151-164 页。
③ 方斌：《大数据时代侦查思维》，载《中国人民公安大学学报（社会科学版）》2017 年第 3 期。
④ [美] 李昌钰、蒂莫西 M. 帕姆巴奇、玛丽莲 .T. 米勒：《李昌钰博士犯罪现场勘查手册》，郝宏奎等译，北京，中国人民公安大学出版社 2006 年版，第 7-15 页。

技术方面，侦查人员应当从关注常染色体 STRs 基因分型技术转向关注高密度的全基因组 SNPs 检测技术。总之，DNA 技术的应用只有从传统的基于"个体识别"的"证据构建范式"走向基于"开辟调查线索"的"情报生成范式"才能在大数据时代焕发出新的生机。

遵循上述思路，近年来我国地方公安机关针对 DNA 技术的新应用也开展了一些有益的探索。其中，在实践中运作良好且战果显著的当属 Y-STRs 数据库侦查技术。然而，我们需要正视的是，Y-STRs 数据库侦查技术虽然也借助了法医遗传系谱学的知识（如男性 Y 染色体的遗传规律）并在某种程度上缓解了传统"人身识别"范式下法医 DNA 数据库检索中"参照样本缺失"这一难题，但其自身仍有着不可克服的局限性。其一，犯罪嫌疑人需为男性，该技术对女性犯罪嫌疑人无法发挥作用。换言之，一个在 DNA 数据库中只有一位女性亲属的犯罪嫌疑人可能仍然不会被发现。其二，相较于常染色体，Y 染色体上可用的遗传标记更有限，比对效能相对较低。其三，部分 Y 染色体上的遗传标记突变率高，从而易发生假比中、假排除，易误导侦查方向。可喜的是，建立在遗传系谱学研究基础之上的 DNA 远程家族搜索为解决上述难题带来了新的希望。毕竟，相较于 Y-STRs 数据库侦查，以法医系谱刻画为基础的远程家族搜索具有以下优势：其一，将家族搜索的范围从父系家系扩展至母系家系；其二，STRs 遗传标记只能预测四级以内的亲缘关系，而远程家族搜索则可预测至九级，范围更广；其三，在进行复杂亲缘关系预测时，STRs 需要增加基因座加做实验，而远程家族搜索可通过全基因组芯片或者测序一次性地进行检验预测，因此更加经济有效，节省检材。

### （三）DNA 远程家族搜索的犯罪学依据

DNA 远程家族搜索的核心是通过寻找、排查与犯罪嫌疑人在生物学上存在基因联系的人员从而为侦查破案开辟调查线索。因此，DNA 远程家族搜索与家族搜索、Y-STRs 数据库搜索在犯罪学上有着共同的理论依据。其一，一对具有反社会人格的父母更有可能生下一个具有反社会人格的孩子。[①] 其二，由于罪犯生活的社会环境，他们的家庭成员也可能参与犯罪，因此这些人员的 DNA 数据被纳入到警方法医 DNA 数据库的可能性也随之增加。例如，在父亲被定罪的男孩中约有 63% 的男孩自己也被定罪；在有兄弟是罪犯的男孩中约有 50% 的男孩自己也被定罪，而在无兄弟是罪犯的男孩中其被定罪的比例仅有 19%；在监狱服刑的囚犯中大约有 46% 的囚犯有一个亲戚也曾在监狱服过刑。其三，家庭成员往往居住在有限的地理区域之内。其四，家庭离散程度与家庭成员的经济收入、文化程度呈正相关，而有犯罪倾向的人多来自低收入、低学历的家庭，因此，这类家庭成员分散的机会可能更为有限。[②] 其五，也有研究表明，一些罪犯更倾向于在离

---

[①] Hicks, T., Taroni, F., et al. Use of DNA profiles for investigation using a simulated national DNA database:Part II. Statistical and ethical considerations on familial searching.Forensic Science International: *Genetics*, 2010,4:316-322.

[②] Maguire,C.N., McCallum, L.A., Storey,C., Whitaker, J.P. Familial searching: A specialist forensic DNA profiling service utilising the National DNA Database to identify unknown offenders via their relatives—The UK experience. Forensic Science International: *Genetics*, 2014,8:1-9.

他们居住地较近的地理位置作案。[①] 其六，就确定未知个体之间的遗传关系而言，在有些情况下，利用 DNA 部分匹配或许是唯一的解决办法。例如，如果一个孩子（犯罪嫌疑人）是由于强奸致孕而生的，那么部分匹配（母亲和胎儿之间不共享的等位基因）则可能是追查犯罪的唯一手段。因此，当现场 DNA 样本入库（包括传统的公安机关 DNA 数据库和 Y-STRs 数据库）比对未果时，侦查人员仍应继续坚持"积极侦查、及时破案"的方针，主动运用 DNA 远程家族搜索开辟新的调查途径。

## 三、DNA 远程家族搜索的步骤及方法

### （一）DNA 的检测与分析

DNA 远程家族搜索的第一个阶段是 DNA 的检测与分析阶段。这一阶段的主要工作内容包括：（1）侦查人员在犯罪现场收集可疑生物检材并将之送到物证检验鉴定中心；（2）物证鉴定中心对生物检材进行处理并生成常染色体 STRs 图谱；（3）将生成的 STRs 数据输入法医 DNA 数据库进行检索比对并未返还匹配结果；（4）对生物检材进行全基因组检测生成 SNPs 图谱，如图 2-1-1 所示。

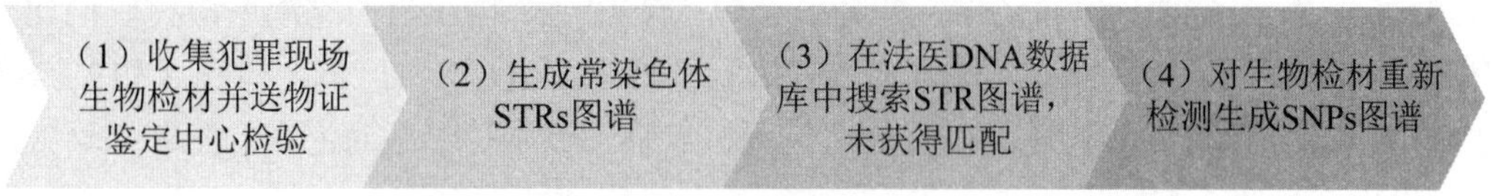

| （1）收集犯罪现场生物检材并送物证鉴定中心检验 | （2）生成常染色体 STRs 图谱 | （3）在法医 DNA 数据库中搜索 STR 图谱，未获得匹配 | （4）对生物检材重新检测生成 SNPs 图谱 |

**图 2-1-1　远程家族搜索阶段一**

在这一阶段中，对生物检材样本进行全基因组检测生成高密度 SNPs 图谱是关键和核心的步骤。当传统法医 DNA 数据库搜索无法得到匹配结果时，来自犯罪现场的 DNA 样本就需要利用新技术进行进一步分析。为了能够与直接面向消费者的基因检测公司的系谱数据库兼容，来自犯罪现场的生物检材样本必须在 SNPs 芯片上进行重新测试。目前，全基因组单核苷酸多态性（SNPs）数据的生成主要有两种方法：一种是全基因组阵列（whole genome array, WGA），也称高密度 SNPs 阵列（或微阵列），一种是全基因组测序（whole genome sequencing, WGS）。[②]

然而，遗憾的是，目前上述技术在法医领域中的应用还十分有限。其中对 DNA 数量和质量（主要是来源）的要求是一个最为严峻的挑战。例如，在检验所需的 DNA 数量方面，传统的法医常染色体 STRs 分析可能仅需要半毫微克 DNA 来分析大约 20 个 STRs，而 WGA 则需要数百毫微克 DNA 来分析超过 50 万个 SNPs。[③] 显然这样高含量的 DNA 并不总是存在于法医样本中。尽管使用 WGS 技术能够规避 WGA 对于 DNA 输

---

[①] W. Bernasco, T. Kooistra, Effects of residential history on commercial robber's crime location choices, *European Journal of Criminology*, 2010,7 (4) :251-265.

[②] Kling ,D., Phillips ,C., Kennett ,D., &Tillmar,A. Investigative genetic genealogy: Current methods, knowledge and practice. *Forensic Science International: Genetics*, 2021,(1) :1-24.

[③] Scudder, N., Daniel, R., Raymond, J., Sears, A. Operationalising forensic genetic genealogy in an Australian context. *Forensic Science International*, 2020, 316:1-8.

入数量的要求,进一步降低检验所需的 DNA 数量(如仅需 50 毫微克),但其检测的成功仍可能会受到其他因素的影响,例如,DNA 的降解的严重程度、DNA 的来源等。目前,上述两种技术都对 DNA 的来源有着较高的要求。例如,从单一来源的精液和唾液中提取 SNPs 成功的可能性要高于从血液、骨骼和混合物(包含一个人以上的 DNA)中提取 SNPs 的可能性。除此之外,还有其他几种因素也严重制约着这两种新技术在法医领域中的应用。例如,上述两种方法的应用可能需要分析人员运用专业的生物信息学来推断 DNA 中缺失的 SNPs 数据;上述两种技术方法所需的仪器设备价格昂贵,维护成本较高;另外,最为关键的是上述技术的准确性和可靠性还未经过严格的科学检验和职业共同体的审查,等等。出于上述原因,为远程家族搜索而进行的 SNPs 检测目前主要在直接面向消费者的基因检测公司进行。

### (二)遗传系谱学搜索

远程家族搜索的第二个阶段是遗传系谱搜索阶段。这一阶段的主要工作包括:(1)将生成的 SNPs 数据输入商业化运作的基因检测公司的内部遗传系谱数据库进行搜索比对;(2)生成一个与未知名个体有着共享常染色体 DNA 的人员列表,并依据个体间共享 IBD 片段的数量和长度进行自动排序;(3)依据家谱数据和其他人类学信息对排名靠前的匹配人员进行家系还原,构建一个包括未知名个体在内的家族系谱树以创建一个潜在的犯罪嫌疑人池;(4)利用遗传三角测量技术、进一步的 DNA 检测(如 Y 染色体 DNA 和线粒体 DNA 检测)以及地理位置、年龄、性别等参数对潜在的犯罪嫌疑人池进行优化,如图 2-1-2 所示。

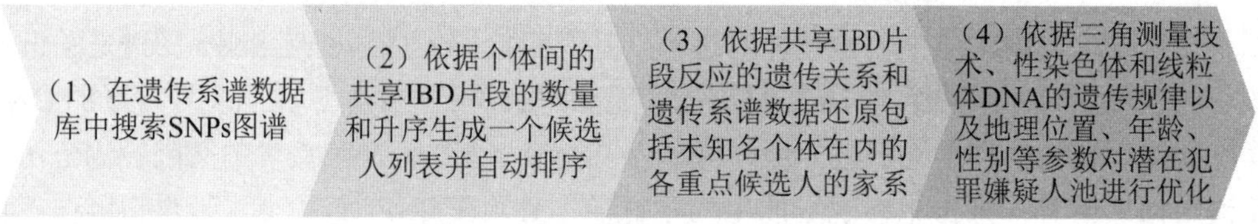

| (1)在遗传系谱数据库中搜索SNPs图谱 | (2)依据个体间的共享IBD片段的数量和升序生成一个候选人列表并自动排序 | (3)依据共享IBD片段反应的遗传关系和遗传系谱数据还原包括未知名个体在内的各重点候选人的家系 | (4)依据三角测量技术、性染色体和线粒体DNA的遗传规律以及地理位置、年龄、性别等参数对潜在犯罪嫌疑人池进行优化 |

**图 2-1-2 远程家族搜索阶段二**

这一阶段是远程家族搜索的实质性阶段,其中有两个最为关键的环节:其一是还原未知名个体(即犯罪嫌疑人)的家系,建立潜在的犯罪嫌疑人池;其二是对潜在的犯罪嫌疑人池进行优化以为后续调查提供工作基础。

#### 1. 未知名个体家系的还原

在确认并核实匹配列表中感兴趣人员(即排名靠前人员)的身份之后,就应当把工作的重心放在对上述个体的家系还原上来。具体来讲,家系还原工作包括两个步骤。首先,应以匹配个体为节点沿着时间轴向后还原,即寻找相关个体与未知名个体可能的共同祖先。由于回溯到共同祖先的世代数是由未知名个体与匹配个体之间的亲缘关系距离决定的,因此,当出现多个亲缘关系距离不同的匹配个体时,回溯共同祖先的实际世代数应当能够涵盖匹配个体中与未知名个体亲缘关系最远的距离。当找到匹配个体与未知名个体可能的共同祖先之后,接下来就应当从可能的共同祖先出发沿着时间轴向前还原,即寻找这些祖先的所有后代直至匹配个体所在的世代,如图 2-1-3 所示。

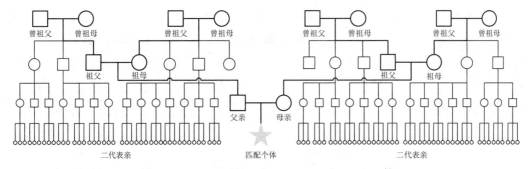

**图 2-1-3　一个由遗传家谱研究得出的假想家谱**[①]

注：给定遗传系谱数据库中的一个匹配项（星号），家谱将按时间向后构建到可能的共同祖先（粗线条），然后按时间向前构建到可能的后代（细线条），以确定未知个体的可能身份（在本例中，来自第二代表亲）。

从美国的远程家族搜索实践来看，目前，许多商业化运作的基因检测网站不仅存储有消费客户提供的姓名、性别、年龄、联系方式、邮件地址以及家庭住址等个人基本信息，而且还存储有大量消费者提供的家系图谱信息。不仅如此，美国许多的公共记录面向社会公众开放，并且已被纳入到基因检测网站的搜索范围。例如，Ancestry.com 提供了一种获取大量记录的机制，通过该网站可以查询 1940 年以来的人口普查数据，公民出生、婚姻、死亡登记数据以及社会保障死亡指数，[②]等等。上述信息的存在为我们还原未知名个体的家系并确认每一个亲属的身份提供了极大的便利。尽管如此，需要警惕的是，家谱通常只能提供一系列的社会关系，而不是一个确切的亲缘关系水平。事实上，由于错误的父权归属、未被记录的收养、迁徙或移民、姓氏的变化以及未知的血统等原因，通过相关记录构建的社会学意义上的家谱往往会出现和生物学意义上的家谱不尽一致的情况。因此，在还原未知名个体家系的过程中，必须采取"线上"和"线下"调查相结合的方式，以线上调查提供的家庭基本结构为线索，以线下调查查明的入赘、抱养、私生、离婚及娶妻带子等情况为补充和修正，还原出未知名个体真正生物学意义上的家谱。

**2. 潜在犯罪嫌疑人池的优化**

当未知名个体的生物学家系被还原出来后，调查人员就获得了一份潜在的犯罪嫌疑人名单。潜在犯罪嫌疑人的实际数量取决于匹配个体的数量和他们与未知名个体之间的亲缘距离。当匹配个体较多或者匹配个体与未知名个体的亲缘距离较远时，由于构建的家系或者家系世代较多，潜在的犯罪嫌疑人的数量也可能变得异常庞大。在这种情况下，为了使后续的调查工作具有现实可能性，就必须采取一些方法排除掉一些明显不相关的个体，并尽可能地缩小犯罪嫌疑人池的范围。

具体来讲，优化犯罪嫌疑人池的方法大体上可以分为三种。

---

[①] Greytak, E.M., Moore, C., Armentrout, S.L. Genetic genealogy for cold case and active investigations. *Forensic Science International*, 2019, 299, 103-113.

[②] 参见《什么是社保死亡指数》，载"互动问答网"，https://www.iiiff.com/article/327038，最后访问日期：2021 年 8 月 20 日。

第一种方法是利用匹配个体之间共享的 DNA 来确定未知名个体在家族树中所处的位置。这种方法也被称为三角测量技术（triangulation）①。在一个家族的遗传系谱中，从理论上我们可以区分出三个点，它们分别是：A 点，代表你；B 点，代表你基因上的近亲（即基因匹配列表上与你的基因有着最佳匹配的多个人员）；C 点，代表与你及你的近亲在基因上有共同匹配的第三人，如图 2-1-4 所示。

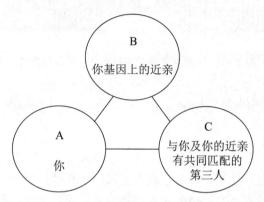

图 2-1-4　遗传三角示意图②

为了确定未知名个体（即 A 点）在家族系谱中的位置，我们需要确定与其有着最佳匹配的 B 点，然而当基因检测网站的 DNA 数据库较大时，未知名个体近亲（即 B 点）的人员数量也可能很大，因此，最佳的办法是尽可能缩小 B 点的范围，而这正是"遗传三角"中 C 点的作用。通过网站提供的共享匹配工具搜索 A 点与 B 点的共同匹配，基因检测网站可以自动生成一个共享 DNA 匹配列表，该列表中的每一个成员都可以成为 C 点，由此，我们便可以依据找出的多个 B 点和 C 点创建出关于未知名个体的多个"遗传三角"。这样，再结合 B 点和 C 点的家族系谱，我们便可以确定 A 点的大致位置，如图 2-1-5 所示。

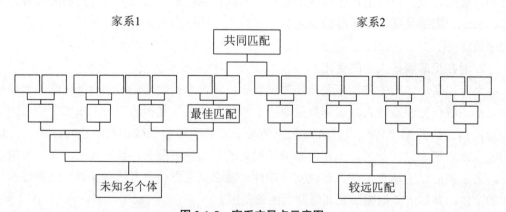

图 2-1-5　家系交叉点示意图

---

① 参见 Regalado A. More than 26 million people have taken an at-home ancestry test. *MIT Technology Review*. 2019.https://www.technologyreview.com/2019/02/11/103446/more-than-26-million-people-have-taken-an-at-home-ancestry-test/, 最后访问日期：2021 年 8 月 5 日。
② Tips for Triangulating Your DNA Matches. https://www.familytreemagazine.com/dna/triple-play-dna-matches-triangulation/. 最后访问日期：2021 年 8 月 5 日。

由此可见，三角测量法的核心是通过寻找匹配个体家系中的交叉点，进而在确定未知名个体与各匹配个体的共同祖先的基础上，再通过最佳匹配来锁定未知名个体在家族系谱中的位置。

第二种方法是利用性染色体和线粒体 DNA 的遗传规律来确定匹配个体之间的遗传路径。例如，利用 X 染色体上的共享 DNA 可以缩小匹配个体之间可能的遗传路径，因为男性只能从他们的母亲那里继承 X-DNA。因此，如果一个未知的男性和一个匹配的男性拥有相同的 X-DNA，那么他们一定是通过他们的母亲而具有血缘关系，X-DNA 在他们之间的遗传路径不可能通过两个男性连续传递。另外，在条件具备的情况下，Y 染色体和线粒体 DNA 也可以用来缩小犯罪嫌疑人池的范围，因为 Y 染色体只能由父亲遗传给儿子，而线粒体 DNA 只能由母亲遗传给孩子。因此，个体与母系拥有相同的线粒体 DNA 单倍群，而男性与其父系拥有相同的 Y 单倍群。

第三种方法是利用与特定个体相关的地理位置、年龄、性别等非基因数据对犯罪嫌疑人池进行过滤。例如，通过遗留在犯罪现场的 DNA，我们可以得知嫌疑对象的性别，而作为嫌疑对象，在案发时他们至少应该还活着，而且在身体上必须具备实施特定犯罪的能力；作为嫌疑对象，他们还必须在特定的时间出现在特定的地点，这可能意味着他们居住在犯罪现场附近，等等。目前研究人员已经对利用地理信息、年龄、性别等非基因数据（参数）过滤遗传信息的效力进行了实证研究。研究结果表明：在一个平均包含 850 个个体的初始候选人列表中，如果把搜索目标的居住地点定位到距案发现场方圆 100 英里的范围之内，平均将会排除 57% 的候选对象；如果将搜索目标的年龄误差限定在 5 岁以内，将会排除 91% 的剩余候选对象；最后，再加上对搜索目标生物性别的推断（如利用性别特异性标记 Y-STRs）又将使候选人员名单减半。经过上述过滤，一个包含 850 个候选人员的名单最终将只剩下 16~17 个人。[①] 这样的侦查范围使得后续对重点嫌疑对象的摸排和甄别工作具备了现实可能性。

### （三）重点嫌疑对象的确定和审查

远程家族搜索的第三个阶段是侦查阶段，目的是确定重点嫌疑对象并对其进行甄别核实。这一阶段的主要工作包括：（1）依据侦查阶段对犯罪嫌疑人的刻画对未知名个体家系成员进行筛查并确定重点嫌疑对象；（2）提取重点嫌疑对象的生物检材并送物证鉴定中心；（3）物证鉴定中心将重点嫌疑对象的生物检材生成常染色体 STRs 图谱并与现场检材的常染色体 STRs 图谱进行比对；（4）如果比对一致，则认定犯罪嫌疑人；如果比对不一致，则排除重点嫌疑对象的嫌疑，侦查人员需要进一步扩大排查范围并依据对犯罪嫌疑人的刻画重新确定重点嫌疑对象，如图 2-1-6 所示。

这一阶段是远程家族搜索结果的验证阶段。遗传系谱搜索的结果仅仅表明相关个体的基因与犯罪嫌疑人的基因存在一定的相似性，而不能证明其涉案。为此，侦查人员必须利用从犯罪现场所获信息以及从其他侦查途径所获信息对相关个体实施犯罪的机会和条件进行初步检验以确定重点调查对象。检验的重点包括但不限于：可疑对象是否具

---

① 许满军、黄磊等：《Y-STR 数据库建设初探》，载《法医学杂志》2015 年第 31 卷，第 6 期。

备目击证人或视频监控画面反映的体貌特征；可疑对象的活动轨迹（包括住宿、上网、消费、通信工具、交通工具等），特别是在案发时段是否接近或到达过犯罪现场；可疑对象是否具备作案时间且持有特定的作案工具；等等。当然，在判明重点嫌疑对象后，侦查人员还应当提取其 DNA 与犯罪现场生物检材进行常染色体 STRs 比对进行进一步确证。

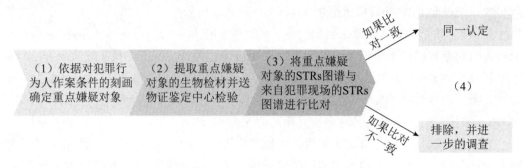

图 2-1-6 远程家族搜索阶段三

## 四、DNA 远程家族搜索带来的挑战及启示

### （一）DNA 远程家族搜索带来的挑战

#### 1. 侦查权边界的外溢

DNA 远程家族搜索使警方侦查的触角延伸到了法医 DNA 数据库之外的公共 DNA 数据库之中。如果单从突破历史积案和解决传统法医 DNA 数据库"比而不中"这一固有局限的角度来看，这似乎是一条合乎逻辑的侦查进路。据不完全统计，我国现有商业基因检测公司有 200 余家。尽管这些基因检测公司规模较小，但有关研究表明，随着社会公众对基因检测认知的加深，未来五年中国基因检测市场有可能迎来指数增长期。另外，2021 年 1 月，为全力维护儿童合法权益、积极回应人民群众的新期待、新要求，公安部部署全国公安机关开展以侦破拐卖儿童积案、查找失踪被拐儿童为主要内容的"团圆行动"。6 月 1 日，公安部刑侦局对全国公安机关 3 000 余个免费采血点的信息进行汇总整理，并通过公安部刑侦局微信公众号、刑侦局打拐办抖音号以及新华网客户端等新闻媒体集中向社会公众发布，[①]进一步加大了对失踪被拐儿童父母、疑似被拐人员和身源不明人员血样的采集。据报道，截至 7 月 13 日，已有近万人到公安机关免费采血。[②]尽管目前我国执法部门能够在多大程度上获取公共数据库中的基因数据尚不十分清楚，但是可以预见的是，随着全基因组检测技术的发展成熟，上述基因检测公司的 DNA 数据库，以及打拐 DNA 数据库在未来仍然存在被执法部门用于 DNA 远程家族搜索的可能性。

---

① 公安部刑侦局：《全国 3000 余个免费采血点，请依靠科技力量寻亲》，载"腾讯网"，https://xw.qq.com/cmsid/20210607A0DJRE00，最后访问日期：2021 年 8 月 22 日。
② 蒋小天：《公安部公布三千余免费采血点，已有近万人主动采血认亲》，载"网易网"，https://www.163.com/dy/article/GEPM3V4G05129QAF.html，最后访问日期：2021 年 8 月 22 日。

然而，需要警醒的是，DNA 远程家族搜索实质上是一种隐性的数据库扩张。在大数据时代，DNA 数据不仅是开放的而且是全球性的，随着 DNA 数据的不断增长，人们保持匿名的可能性正在逐渐消失。毕竟，在大数据时代，你的 DNA 并不完全只是属于你自己的。由于人员流动性的增加，一个家庭的成员可能生活在世界各地，这意味着，某一个体在某个国家（或地区）作出的一个进行 DNA 测试的决定可能导致其居住在另一个国家（或地区）的亲属接受警方调查。从程序正义的角度来看，任何形式的搜查和扣押必须有足够的法律依据。于是，DNA 远程家族搜索提出了这样一个问题：一个没有实施犯罪的人因为某个亲属的 DNA 被检测并记录（包括警方、科研机构以及其他商业公司）而在实质上成为某个案件的嫌疑人，并接受警方的调查、搜查和扣押，这是否公平？换言之，作为警方获取侦查线索的一个有效工具，DNA 远程家族搜索仅仅是借助了现有 DNA 数据库的威力，还是说，它构成了对 DNA 数据库之外的其他公民声誉和自由的威胁与侵犯？随之而来的问题是，警方仅仅依据与某一犯罪嫌疑人存在亲缘关系，而对一个未实施犯罪的人进行搜查和扣押（如采集血样）的行为是否合法？警方使用公共 DNA 数据库进行搜索的行为是否还需要让 DNA 捐赠者知情并获得其同意？

### 2. 隐私权侵犯的担忧

作为第二代分子生物遗传标记（短串联重复 STRs）的有益补充，第三代分子生物遗传人类遗传标记——单核苷酸多态性（SNPs）——为人类个体识别提供了独特的优势。然而需要正视的是，广泛分布于基因组编码区和非编码区的 SNPs 位点蕴含着丰富的遗传信息，一方面它使推断更远距离的亲缘关系成为可能，另一方面它又潜藏着泄露公民个人隐私（如疾病易感性、行为倾向等敏感信息）的巨大风险。就美国的司法实践来看，目前 DNA 远程家族搜索大多是在遗传系谱学家的协助下完成的。由于将 DNA 测试应用于家谱研究是一门相对较新的学科，大多数遗传系谱学家实际上没有接受过正式的培训或获得权威机构的资格认证。在专业化和问责机制缺乏的情况下，吸收遗传系谱学家参与远程家族搜索无疑会增加违反道德和侵犯公民隐私的风险。

另外，更为严重的是，由于在遗传系谱分析产生调查线索之后，总是伴随着警察对相关个体的调查和常染色体 STRs 比对。在人类社会中，家庭是社会性而非生物性的。然而值得关注的是，系谱调查与常规调查有着本质的不同：前者侧重于调查家庭的生物属性，而后者则侧重于调查家庭的社会属性。当侦查人员在调查时问："你有孩子吗？""你的父亲是谁？"这些问题都是生物学问题，而不是社会学问题。要诚实地回答这些问题，接受调查的对象可能需要披露最私密的信息，如被遗弃、被收养、借助生殖技术而受孕以及有关父亲身份的家庭秘密，等等。由此可见，DNA 远程家族搜索将使那些将自己的 DNA 数据上传至基因检测网站的相关用户的整个家族都暴露在警方调查的聚光灯下，这不仅可能导致因实际犯罪而逮捕其有罪的亲属，而且亲缘关系推测的假阳性结果也可能使一些无辜的人受到怀疑和监视，并使家族乱伦、偷情私生、强奸致孕、产后错抱等重大家庭隐私面临随时暴露的风险。

### 3. 算法黑箱内的偏见

对于 DNA 远程家族搜索而言，如果说 DNA 数据库结构的变化引发了侦查权边界外溢的风险，而 DNA 数据的存储、使用以及侦查线索产生后的调查行为引发了公民隐私权被侵犯的风险，那么DNA远程家族搜索产生侦查线索的过程本身亦不是毫无问题的。DNA远程家族搜索产生侦查线索的过程，就其本质而言，是一个基于特定算法的自动化决策过程，其展现的是一种典型的技术理性。然而，值得警惕的是，DNA数据库通常不成比例地包含着来自不同种族、民族和地理群体的DNA，算法自动化决策在提高DNA远程家族搜索效率的同时，亦引发了对特定群体歧视的风险，侵蚀着我们对于现代民主体制中平等这一概念的理解。其中一个最为典型的表现就在于，DNA远程家族搜索区别对待DNA数据库之外的人。如果你是一个遵纪守法的公民，而又不幸出生在一个"骗子"之家，那么一旦你的某位亲属的DNA出现在警方搜索的数据库中，你将永远无法摆脱警方的调查、监视和怀疑。

美国金州杀手案件的侦破过程就很好地说明了这一问题。有人认为，算法偏见正是金州杀手案件迟迟未能破获的重要原因。在美国警方的法医DNA数据库中存储的非裔美国人（尤其是美国黑人群体）的DNA数据是美国白种人的四倍，这种不成比例的数据结构导致警察未能通过法医DNA数据库搜索到该案的犯罪嫌疑人（一个已退休的美国白人警察）。① 然而，颇具讽刺的是，当警察搜索商业基因检测网站的DNA数据库（种族构成严重偏向白人）时，② 却"意外"地找到了犯罪嫌疑人。尽管商业基因检测网站DNA数据库中的人口特征与法医DNA数据库有所不同，但是，算法偏见的幽灵仍然不容忽视，特别是当警察通过使用种族或民族标记或积极地针对某些特定群体来寻找某个嫌疑人时，更是如此。③

### （二）DNA远程家族搜索给予的启示

#### 1.Y-STRs数据库搜索的优化

随着Y-STRs数据的建设和应用在我国的普及，对于未知名男性家族的排查已成为当前法医遗传学服务侦查破案的重要手段。但是在侦查实践中，Y-STRs数据库侦查技战法的效能仍然面临着巨大的挑战，其中，有两个问题尤为突出。其一，当前我国Y-STRs数据库的数据录入主要是以特定区域人口的社会学家系（父系）为基本参考框架，而且是抽样式的部分录入，这种数据结构在嫌疑个体的社会学家系与生物学家系一致时，系统录入的系谱数据能够较好地发挥以点带面的筛查作用，然而当嫌疑个体的社会学家系与生物学家系不一致时，将导致系谱搜索的虚置化。在这种情况下，为了确定嫌疑个体的生物学家系，侦查部门还需要做大量的系谱调查工作。其二，由于同一父系多代男性的Y-STRs基因分型可能出现大量的相似甚至相同，在个案应用中Y-STRs数据比对结果很可能涉及国内多个不同地区的多个家系，由此导致的一个结果是，当侦查人员无法确定各个家系与犯罪嫌疑人的亲缘关系远近（即无法确定重点调查家系）时，则

---

① Hazel, J. W., Clayton,E. W., Malin,B. A., &Slobogin, C. Is it time for a universal genetic forensic database?*Science*,2018,362 (6417), 898-900.
② Murphy, E. Law and policy oversight of familial searches in recreational genealogy databases.*Forensic Science International*,2018,1-10.
③ Berkman, B.E., Miller, W.K.,& Grady, C.Is It Ethical to Use Genealogy Data to Solve Crimes?*Annals of Internal Medicine*,2018,1-3.

不得不对所有比中家系展开全面摸排工作，这不仅耗时耗力而且效率极其低下。上述两个问题的存在使得 Y-STRs 数据库侦查在一些个案的侦查中仍然呈现出明显的人力密集型特征。

如果说，对于第一个问题的解决，未来可以通过进一步改进家族系谱数据的采集方式、提高系谱数据的覆盖面以及确保数据录入的准确性等工作加以改进，那么，DNA 远程家族搜索的出现，则给第二个问题的解决带来了一线希望。尽管目前我国尚不具备大范围推行 DNA 远程家族搜索的条件，但是，利用全基因组 SNPs 检测技术在推断远距离亲缘关系、预测人类表型以及遗传疾病等方面的独特优势，适时对 Y-STR 数据库侦查技战法予以改进和优化不失为一种理性的选择。

事实上，早在 2019 年我国就有学者探索了 Y-STRs 单倍型和 Y-SNPs 单倍群遗传标记综合分析方法在父系家系调查中的应用。研究人员指出，"当 Y-STRs 单倍型累积突变步数超过 3 步时，可用 Y-SNPs 检测其所属单倍群，若属同一单倍群则需进一步扩大家系调查范围和补充采集样本检测；若归属不同 Y-SNPs 单倍群，则可排除来自同一家系。Y-SNPs 是 Y-STRs 的有力补充，可防止错排 DNA 来源人所在的父系家系"。① 另外，最近的资料表明，公安部物证鉴定中心近期已研发出了法医 SNP 系谱推断技术，使用该技术不仅可以推断犯罪嫌疑人族群所在的地理区域，而且还可以从 Y-STRs 比中的几十代遗传的父系大家系中找到两百年以内的近代小家系，从而能够帮助侦查人员快速锁定重点调查区域和目标家系。② 不仅如此，SNPs 技术在推断人类表型外观、特定疾病以及行为倾向等方面的独特优势还可以帮助侦查人员锁定重点嫌疑对象。例如，在美国金州杀手案件的侦破中，警方在遗传系谱学家芭芭拉·瑞·文特尔的帮助下，不仅利用 SNPs 技术推断出该杀手应是一名高加索白人男性，③ 而且还成功推断出其眼睛的颜色为蓝色（可能性为 97.4%），有秃顶倾向（可能性为 92.1%），从而在未排除的 6 名嫌疑人中快速锁定了约瑟夫·詹姆斯·迪安杰洛。④ 因此，可以合理预见的是，SNPs 族群、系谱刻画、DNA 表型推断等技术与 Y-STRs 数据库侦查的融合，将会显著减少排查样本的检验数量，提升侦查的精确性，并将形成：Y-STRs 比中多地大家系——SNPs 族群推断划定范围——SNPs 系谱推断锁定小家系——SNPs 表型推断锁定重点对象——常染色体 STRs 确认嫌疑人的 Y-STRs 数据库侦查新格局。

### 2. 传统法医 DNA 数据库应用的扩展

当前法医 DNA 数据库应用从证据构建范式转向情报生成范式已是大势所趋。在这种背景下，传统法医 DNA 数据应用的扩展可以考虑沿着两个维度展开。首先，可以考虑将传统法医 DNA 数据库的搜索策略从"完全匹配"修正为"部分匹配"，以便能够实

---

① 参见钱恩芳等：《Y-STRs 和 Y-SNPs 综合分析方法在父系家系调查中的应用》，《南京医科大学学报（自然科学版）》2019 年第 39 卷第 8 期，第 1135-1141 页。
② 参见刘京、马咪等：《法医 SNP 系谱推断技术助破 14 年久冷案》，载《刑事技术》2021 年第 6 期。
③ 阎升：《追查金州杀手》，载《大自然探索》2018 年第 10 期。
④ 参见张田勘：《基因追踪金州杀手》，载"参考网"，https://www.fx361.com/page/2019/0429/5081895.shtml，最后访问日期：2021 年 8 月 10 日；[美] 丽兹·加巴斯：《我将消失在黑暗中》第一季（记录片），第 5 集，http://www.qnvod.net/mplay/oumei/72955.html?72955-1-5，最后访问日期：2021 年 8 月 20 日。

施家族搜索。这种做法的好处在于：（1）仍可沿用传统常染色体 STRs 分型技术；（2）可以在不增加现有法医 DNA 数据库规模的情况下，将 DNA 比对的范围由特定个体扩展至其一级亲属，从而潜在增加 DNA 数据库的覆盖面。尽管家族搜索的效力远不如远程家族搜索，但其功能亦不容忽视，例如，在侦破金州杀手案件过程中，犯罪嫌疑人约瑟夫·迪安杰洛的兄弟曾有过犯罪前科，如果加州警方搜集了这位兄弟的 DNA 并实施家族搜索的话，那么该案件的侦破有可能提前 10 年。[①]

其次，介于 SNPs 检测技术目前已开始尝试应用于我国的法医实践，因此可以考虑待该技术进一步发展成熟后，将其逐步纳入法医 DNA 数据的建设轨道，以为日后在法医 DNA 数据库中实施远程家族搜索铺平道路。考虑到人员、技术、设备以及成本等因素，对所有在押人员重新进行 SNPs 检测建库并不具有现实性，因此可以考虑在条件具备的地区优先开展对新进在押人员进行 SNPs 检测建库，待条件成熟后，再逐步扩展至全国范围。

由于无论是采取"部分匹配策略"还是实施远程家族搜索，都离不开家族系谱数据，为了保证上述扩展应用的效果，上述两种改革方案都应当将相关个体的家族系谱数据的搜集纳入法医 DNA 数据之中。因此，可以预见，如果传统法医 DNA 数据沿着上述两个维度不断扩展，届时公民家族系谱数据的收集将成为新时代刑侦基础工作的重要内容之一。

### 3. 全民建库时代的到来？

当前，DNA 正在成为一个越来越有用的破案工具。从家族搜索到 Y-STRs 数据库搜索，再到 DNA 远程家族搜索的产生及其兴起，代表着侦查部门在打击犯罪过程中为克服传统法医 DNA 数据库侦查方式的局限（无匹配结果）而做的不懈努力，而且这种努力还在持续。然而，我们需要正视的是，基因组大数据的时代已经到来，在这个时代中，医学和法医学的界限、法医 DNA 数据库和公共 DNA 数据库的界限以及基因中信息和非信息区域利用的界限正在变得日益模糊，相应地侦查启动的法律标准也正在逐渐脱离传统的基于合理或特殊怀疑的先决条件，国家对公民基因信息监控的范围正在持续地扩大，DNA 数据库搜索的侵入性正在不断地增强……

在上述背景下，如何更好地平衡保障国家和社会安全、打击犯罪和保障公民自由与隐私安全的需要，不仅事关 DNA 数据库发展、应用的未来，更是对一国司法智慧的考验。笔者认为，构建一个全民 DNA 数据库或许是解决这一难题的理想方案。第一，建立一个全民 DNA 数据库有助于高效、准确地解决和预防犯罪问题。介于在故意杀人、抢劫、强奸等严重暴力犯罪的侦查中，DNA 鉴定往往发挥着至关重要的作用，因此，可以合理预见的是，一个全民 DNA 数据库的建立将可能极大地遏制和解决此类犯罪，无论是现案还是积案。另外，DNA 鉴定通常也是识别冤假错案的重要途径之一，因此，全民 DNA 数据库的建立必将有助于司法部门识别出更多的无辜者，使他们的沉冤得以昭雪。除此之外，全民 DNA 数据库的建立在预防重复犯罪、解救被拐卖儿童以及确认

---

[①] Kennett, D. Using genetic genealogy databases in missing persons cases and to develop suspect leads in violent crimes. *Forensic Science International*, 2019, 107-117.

未知名尸体和遗骸身份方面也将发挥积极的作用。

第二，建立全民 DNA 数据库有助于在确保 DNA 数据库应用效率的基础上最大限度地保障公民的隐私。对公民隐私权侵犯的担忧一直是 DNA 数据库应用中最为突出的伦理问题。全民 DNA 数据库的启用，将使法医 DNA 鉴定比对的标准仍然沿用传统的常染色体 STRs，而这部分区域通常被视为"垃圾 DNA"，其除了具备个体识别的价值之外，几乎不会透露任何个人信息，如个体表型外观、疾病的易感性以及行为倾向，等等。另外，也可以通过立法对 DNA 数据的存储、访问、使用以及 DNA 检材样本的管理等方面作出相关规定，以减少对公民隐私侵犯的可能性。例如，在全民 DNA 数据库存储的信息方面，可以将 DNA 图谱数据与公民身份信息分开存储，通过这种双层信息存储系统，将 DNA 检测结果与其来源进行分离，以确保数据管理者（或黑客）不会仅仅知道一个人的身份就能获取其 DNA 信息，或与之相反；在 DNA 数据库访问权限方面，可以将访问权限限定于刑事司法部门，而且通过新兴的密码协议（如区块链技术）来实现，该协议可以通过多个密钥来控制对基因组数据的访问；在 DNA 检材样本的管理方面，可以设立样本销毁条款，规定 DNA 检材样本应当在 DNA 图谱数据生成后立即销毁，以阻止将来对样本进行二次利用，如对疾病状况或行为倾向等私人信息的检测，等等。或许更为重要的是，全民 DNA 数据库的建立将可以通过减少更具侵入性的调查技术来增加对公民隐私的保护。Y-STRs 数据库搜索向未知名个体父系家族成员的扩张、DNA 远程家族搜索向公共 DNA 数据库的扩张以及伴随而来的对相关个体的调查均会给个人隐私带来巨大的风险。而全民 DNA 数据库的建立将有效消除或遏制执法部门为调查犯罪目的而使用未知名个体父系家族成员的 DNA 数据、公共 DNA 数据以及其他用于研究的 DNA 数据进行亲缘搜索的动机，进而更好地保障位于这些数据库之外的人的自由和隐私。

第三，需要明确的是，一个全民 DNA 数据库并不会让我们处于普遍的基因监控之下，它也不会侵犯我们的尊严和自由。因为，全民 DNA 数据库所能防止的仅仅是公民向警方隐藏个人身份的能力，[①] 除非我们想要实施犯罪，否则这种能力并没有实际意义。

综上，一个全民 DNA 数据库只会对公民的个人自由和隐私造成有限的侵犯，同时，它又能够促进公共安全和刑事司法系统中的公平，并作为防范执法部门对公民隐私更大侵犯的防火墙。

## 五、小结

法医遗传学的历史进步、传统法医 DNA 数据库应用的固有局限性以及打击犯罪的现实需要，共同促使 DNA 技术在司法领域中的应用重心从"证据构建"范式走向"情报生成"范式。上述范式的转换，给法医遗传学、侦查学带来了历史性的变化：一方面，遗传系谱学知识在 DNA 数据库侦查中的作用日益凸显，相应地侦查认知的权威亦由法

---

① 转引自 Dedrickson, K. Universal DNA databases: a way to improve privacy? *Journal of Law and the Biosciences*, 2017, 4(3):637-647.

医遗传学家转向遗传系谱学家；另一方面，DNA 数据库参与人群的结构性转向以及全基因组测序技术共同催生了"生物公民""分子目击证人"等新兴的法律概念。DNA 远程家族搜索的出现及其兴起，进一步加强和固化了上述趋势，并孕育着现代遗传系谱刑侦学的萌芽。

然而，不容忽视的是，遗传系谱搜索中亦蕴含着刑事司法系统长期以来一直试图铲除的"有罪推定""连坐""种族歧视"甚至"生物决定论"等有害本能的风险。因此，为了最大限度地发挥遗传系谱学在现代刑事侦查中的价值，同时更好地实现未实施犯罪人的隐私权、受害者获得正义的权利以及保护公共安全需要三者之间的平衡，未来需要法学家、法医科学家、生物伦理学家、执法机构、遗传系谱学家和其他有关方面共同努力，以制定遗传系谱搜索的相关政策、法律和最佳的实践指南。毕竟，生物大数据的时代已经到来，未来以"基因技术＋大数据＋人工智能"为典型特征的遗传系谱侦查值得我们憧憬和认真对待。

方斌，河南警察学院副教授，法学博士。本节内容以《情报生成范式下系谱侦查的新工具：DNA 远程家族搜索》为题发表于《证据科学》2022 年第 1 期，收录本书时有改动。

## 第二节　刑事侦查的增强证人回忆技术

方　斌

回忆是刑事调查的一个基本环节。高质量的刑事调查乃至诉讼活动均离不开证人对案件事实准确、全面的回忆。然而，侦查人员必须面对的一个现实是：人类的记忆具有脆弱性。尽管自由回忆有利于确保证人对案件事实陈述的准确性，但是仅凭证人自身的努力根本无法提供能够满足侦查需要的所有信息。在帮助证人回忆的过程中，如何平衡检索线索对记忆的增强价值和污染风险是改进询问技能的一个难点。尽管认知询问的相关组件能够满足上述证人记忆"无损"增强的原则，但是，随着时间的推移，其在实践应用中的局限性也日益凸显。可喜的是，人类对增强证人回忆的研究从未停止。近年来，国外相关文献中涌现出了模型陈述、时间线、自我管理访谈、类别聚类，以及画图等大量关于增强证人回忆的技术。这些技术不仅是认知询问的继承、发展和有益的补充，而且还极大地丰富和扩展了增强证人回忆技术在侦查询问中的应用场景。总结、梳理国外在增强证人回忆方面的先进研究成果，并予以适当借鉴，有助于丰富、完善我国侦查询问的基本理论，提升实务部门的侦查询问水平。

### 一、问题的提出

侦查询问是贯穿于侦查活动过程始终的一项最为基本的侦查措施。它在查明案情、查获犯罪嫌疑人、发现侦查线索，以及为其他侦查措施（如追缉堵截、辨认、视频侦查等）提供依据等方面发挥着不可替代的作用。

　　侦查人员所需的一些案件信息存储在证人、被害人等调查对象（以下简称证人）的记忆中，而且侦查询问所获信息的数量和质量在很大程度上取决于证人回忆的能力和质量。然而，与回忆在侦查询问中所处地位不相匹配的是，我国关于促进证人回忆的研究仍然处于匮乏状态。笔者通过中国知网检索发现，当前学者对于侦查询问的研究主要集中在语用学应用[①]、交流技巧[②]、提问技巧[③]、特定案件[④]（如恶势力犯罪案件、强奸案件）、特定人群[⑤]（如儿童、未成年人），以及国外询问方法介绍[⑥]（如认知询问）等方面。尽管个别文献中也有促进证人回忆的相关论述，但总体而言，这些论述仍围绕认知询问技术展开，缺乏对记忆心理学研究新成果的关注。

　　事实上，一个完整的询问过程包括交流（提问与回答）与回忆两个核心环节。[⑦] 上述两个环节对侦查询问而言，"正如车之两轮，鸟之两翼，缺一不可"。不仅如此，交流与回忆这两个环节还能够彼此影响，其中任何一个环节的功能如果不能正常发挥，将会给另一个环节带来不良的影响。例如，证人对案件事实回忆的不充分、不详细将迫使侦查人员提问更多的问题，而侦查人员的不当提问又会干扰乃至污染证人的记忆。如此循环往复，我们很难期待侦查人员能够获得一份高质量的证人证言。

　　鉴于上述原因，笔者拟梳理、总结国外关于促进证人回忆的相关技术，以期为丰富我国侦查询问的基本理论，改进侦查询问的基本技能，以及提升我国侦查询问的整体质量和水平建言献策。

## 二、证人记忆的脆弱性

　　证人的记忆是侦查信息的重要来源。了解记忆的工作原理可以帮助侦查人员获得更多、更准确的信息。然而，我们不得不面对的现实是，人类记忆的工作方式既不同于录像机，也不同于电脑的硬盘驱动器，更不是像图书馆那样，在堆满的书架上安全地存储着我们经历事件的原始副本。相反，记忆是对过去我们经历事件的心理重构（或建构）。因此，尽管证人的记忆通常是可靠的，但是有时它也会出错。更真实的情况是，人类的记忆是脆弱的，同时也是易受影响的。在侦查询问中更为常见的是，证人关于调查事件

---

① 参见杨郁娟：《语用学视角下侦查询问理论体系的重构》，载《江汉论坛》2019年第9期。
② 参见方斌：《论侦查询问中的交流技巧——以证人和被害人为中心》，载《中国刑事法杂志》2013年第1期。
③ 参见方斌：《证人记忆匹配性询问模式构建——从侦查人员中心走向目击证人中心》，载《中国人民公安大学学报》（社会科学版）2017年第5期。
④ 参见杨郁娟：《论黑恶势力犯罪案件中的侦查询问》，载《铁道警察学院学报》2019年第3期；马忠红：《性侵害案件中女性被害人的调查访问》，载《中国人民公安大学学报》（社会科学版）2005年第5期。
⑤ 参见马忠红：《香港警方办理未成年人遭受性侵害案件的做法及启示》，载《中国青年研究》2006第9期；莫然，龙潭：《未成年证人侦查询问程序实证分析及构建》，载《青少年犯罪问题》2017年第4期；徐菲：《认知询问技术的发展及其在性侵儿童案件中的应用》，载《广西警察学院学报》2022年第4期。
⑥ 参见莫然：《认知型侦查询问模式实证研究》，载《中国人民公安大学学报》（社会科学版）2015年第1期；李安：《认知询问技术原理及其应用》，载《江苏警官学院学报》2004年第5期。
⑦ 方斌：《论侦查询问中的交流技巧——以证人和被害人为中心》，载《中国刑事法杂志》2013第1期。

的回忆，在最好的情况下，可能只是不完整或缺乏细节的，而在最坏的情况下，则可能被扭曲、污染，甚至出现重大错误。

### （一）影响证人记忆的因素

心理学家认为，人类的记忆是一种信息加工系统，它会对信息进行建设性的编码、存储和提取。[①] 在大脑执行这些信息加工任务的过程中，有诸多因素都可能会影响或阻碍证人的记忆（见表2-2-1）。

表 2-2-1 影响或阻碍证人记忆的因素

| 编码 | 存储 | 提取 |
| --- | --- | --- |
| （1）注意力<br>（2）情绪化<br>（3）精细化 | （1）记忆的容量<br>（2）复述<br>（3）工作记忆的加工水平 | （1）短暂性<br>（2）心不在焉<br>（3）阻断<br>（4）易受暗示性<br>（5）错误归因<br>（6）偏差<br>（7）纠缠 |

注：本表所列内容依据菲利普·津巴多等著《普通心理学》（第八版）归纳整理。

其实，对于任何一个想要从证人那里获取准确、详细信息的侦查人员来讲，了解这些影响证人记忆的因素都是至关重要的。尽管如此，值得关注的是，记忆在执行这三项任务中的影响因素对于侦查询问的意义却是不同的。编码，是指某一事件被感知，并被反映在证人的大脑中。在这一过程中，尽管注意力、事件引发的情绪反应，以及将感知信息与已有信息进行联系的努力等因素均会影响证人对感知事件的编码过程，但这些因素对于实施询问的侦查人员来讲却是无法控制和改变的。因此，侦查人员了解这些记忆影响因素的意义主要在于对证人证言的真实性、可靠性及准确性进行评估。存储，是指外界刺激信息经过编码后被保留在证人的记忆中。由于这一阶段发生在证人感知事件之后和侦查人员对证人进行询问之前，严格来讲，侦查人员也无法对证人是否对感知的信息进行了复述以及是否对该信息进行了深度加工等影响因素进行干预。提取，是指需要使用存储在证人长时记忆区中的事件信息的时候（如被侦查人员提问），这些信息再次呈现出来。这一阶段与侦查询问的关系最为密切，也是笔者拟重点分析的内容。

具言之，在记忆提取过程中影响证人记忆的主要因素包括以下几方面。

**1. 短暂性**

短暂性，是指由于记忆消退而导致的遗忘——证人对于感知过的事件信息不能进行回忆或再认。赫尔曼·艾宾浩斯（Ebbinghaus）关于记忆短暂性的经典研究显示，对于相对无意义的材料，我们在最初的遗忘速度会很快，但随后遗忘速度会逐渐减慢。他的

---

[①] ［美］菲利普·津巴多等著：《普通心理学》（第八版），傅小兰等译，北京，人民邮电出版社2022年版，第184页。

"遗忘曲线"清晰地反映出我们的记忆存在短暂性模式。[1] 这意味着，我们的记忆会随着时间的推移而衰退，而事件的一些细节信息也会逐渐消失，即使对于那些容易引起情绪唤醒的事件也不例外。[2]

客观地讲，在记忆的编码、存储和提取中均存在一些导致证人遗忘的因素。例如，在感知信息阶段，由于缺乏注意而导致事件的某些信息没有被证人编码；即使是那些经过编码的信息也可能由于存储不充分或其他一些原因，而导致证人无法检索到某信息；在提取阶段，证人也可能由于注意力不集中（心不在焉）或者暂时缺乏有效的检索线索（也称阻断）而导致提取失败。就侦查询问而言，认识到缺乏有效的检索线索（或方案）是导致证人"遗忘"的原因之一，对于寻找有效的改善证人记忆的策略是有益的。

#### 2. 易受暗示性

易受暗示性，是指外部线索会扭曲或创造记忆。换言之，证人的记忆很容易被其目击事件之后接触的信息所污染。这种现象也被称为事后信息效应。事后信息给证人记忆带来的影响已被洛夫斯特（Loftus）和帕尔默（Palmer）的经典研究所证实。[3] 事后信息效应的存在表明，我们的记忆具有易受暗示性，即很容易受外部线索（或信息）的影响而扭曲乃至被创造。在实践中，事后信息可以通过多种媒介给证人的记忆造成污染，如目击同一事件的其他证人（共同证人）[4]，包括社交网络在内的大众媒体[5]，以及接受侦查人员的询问，等等。在证人记忆检索阶段，比较常见的事后信息效应是，当侦查人员使用证人并未提及的信息进行提问时，新信息的引入可能导致证人产生记忆来源监控错误（无法识别信息的最初来源），进而错误地认为该信息是在事件编码时产生的。

#### 3. 错误归因

错误归因，是指个体将记忆归因于不正确的来源。证人在进行记忆检索时，有可能把记忆事项与错误的时间、地点或人物联系在一起。例如，心理学家唐纳德·汤姆森（Donald Thomson）就曾因被害人的指认而遭到涉嫌强奸的指控。然而，事后查明，这是由于被害人在遭到强奸前刚好在电视直播中观看了记者对汤姆森关于记忆扭曲知识的采访，因此在应激经历下回忆起了汤姆森而不是袭击者的脸。[6] 研究人员认为，证人之所以会在记忆检索时出现这种错误，是由于人类的长时记忆具有的重构性质所致。[7]

---

[1] 转引自［美］菲利普·津巴多等著：《普通心理学》（第八版），傅小兰等译，北京，人民邮电出版社2022年版，第206页。

[2] Y.Lee & Y.Hsu, How Do We Forget Negative Events? The Role of Attentional, Cognitive, and Metacognitive Control, *Cognition and Emotion*, no.27, 2013, pp.401-415.

[3] 参见［美］菲利普·津巴多等著：《普通心理学》（第八版），傅小兰等译，北京，人民邮电出版社2022年版，第211页。

[4] E.Wang, E, H.Paterson, & R.Kemp, The Effects of Immediate Recall on Eyewitness Accuracy and Susceptibility to Misinformation, *Psychology, Crime and Law*, no.20, 2014, pp.619-634.

[5] J.Ost, P.Granhag, et al., Familiarity Breeds Distortion: the Effects of Media Exposure on False Reports Concerning Media Coverage of The Terrorist Attacks in London on 7 July 2005, *Memory*, no.16, 2008, pp.76-85.

[6] 参见［美］菲利普·津巴多等著：《普通心理学》（第八版），傅小兰等译，北京，人民邮电出版社2022年版，第210页。

[7] D.L. Schacter, The Seven Sins of Memory: Insights From Psychology and Cognitive Neuroscience, *American Psychologist*, vol.54, no.3, 1999, pp.182-203.

### 4. 偏差

偏差，是指个人信念、态度和经历对记忆的影响。证人在进行记忆检索时，当前的知识、信念和态度会扭曲其对过去发生事件的记忆。这种现象也被称为期望偏差，即证人总是更容易记住那些与自己期望相一致的事件。① 在侦查询问的场合，证人过去的经历（当前知识）对记忆的影响尤其值得关注。这主要涉及两方面的知识。其一，是刻板印象，即对一群人的概括性描述，该群体的所有成员都被赋予了同样的特征。② 因此，当证人使用刻板印象来填补记忆的空白时往往存在着发生错误的可能性。其二，是脚本知识。记忆中的脚本知识能够帮助我们快速而经济地过滤、组织和处理大量信息，以便确定我们在特定情形下应当如何行动。然而，当证人使用脚本知识来填补记忆空白时也往往会出现错误。例如，研究人员已经发现，证人在回忆盗窃、抢劫和抢夺案件中，往往会使用与行为顺序相关的脚本知识来填补记忆的空白。③

### （二）记忆的关键特征及启示

上述影响记忆的因素揭示了人类记忆脆弱性的几个关键特征。

第一，记忆是短暂的。记忆会随着时间的流逝而迅速消退。换言之，随着时间的推移，人们会逐渐失去获取记忆事件细节和特定信息的途径。在通常情况下，遗忘很快就会发生，因此在调查事件发生后的第一时间尽快获取目击证人的陈述就显得尤为重要。

第二，记忆是易受影响的。记忆具有重要的社会功能——我们通过与他人分享自己的经历来提供信息、建立关系，甚至进行娱乐。然而，值得警惕的是，在从事社交活动时，与他人的对话可能改变我们记忆事件的方式。记忆的这种"社会传染"方式意味着，我们可能无法察觉当前已被污染的记忆与我们初始经历之间的差异。换言之，人们对事件的记忆很容易被事件发生后的信息所扭曲。而扭曲的范围可以从一个相对较小的细节到一个实际上并未发生过的事件。同样，在侦查询问的场合，侦查人员一个不经意的诱导性问题也会污染证人的记忆。因此，为了实现收集准确、可靠信息的目标，侦查人员在询问之前不仅要确定证人陈述的事件是来自亲身经历还是从他人那里转述的二手故事。而且更为重要的是，在询问中要通过使用开放式问题鼓励证人进行自由回忆，并要求证人用自己的语言来进行陈述。

第三，记忆是需要帮助的。记忆是一项耗费脑力的任务，仅凭证人自己的努力是不够的。常识和经验告诉我们，要想获得满足侦查需要的信息，侦查人员就必须在证人回忆过程中给予必要的支持和帮助。换言之，侦查人员能否在询问中给证人提供良好的心理提取线索，同时又不会对证人的回忆造成干扰或污染，是确保询问取得成功的关键。而这正是本部分内容研究的主要议题。

---

① 参见［美］菲利普·津巴多等著：《普通心理学》（第八版），傅小兰等译，北京，人民邮电出版社2022年版，第212页。
② ［美］理查德·各里各著：《心理学与生活》（第二十版），王垒译，北京，人民邮电出版社2023年版，第542页。
③ V.H.Fisher, K.Pezdek, Scripts for Typical Crimes and Their Effects for Eyewitness Testimony, *Applied Cognitive Psychology*, no.6, 1992, pp.573-587.

## 三、认知询问技术：增强证人回忆的初步尝试

### （一）认知询问中增强证人回忆的策略

认识到证人记忆的脆弱性固然重要，但或许更为重要的是找到一个有效的方法来改善它。随之而来的问题是，在上述记忆的三个阶段（即编码、存储、检索）中哪个（或哪些）阶段能够用来改进证人的回忆呢？伴随着对这一问题的探索和回答，美国的两位心理学家罗纳德·费舍尔（Ronald P.Fisher）和爱德华·高斯曼（R.Edward Geiselman）逐渐认识到：

（1）尽管证人大脑中存储有大量经过编码的记忆事件片段，但是这些编码本身并不能用来提高证人对特定犯罪事件的回忆，原因就在于犯罪是突然发生的，证人在感知犯罪事件时无法主动地去选择一个有效的编码策略。

（2）感知事件编码的存储过程通常是在证人无意识的状态下自动发生的，因此人们对于存储这一记忆过程也很难采取有效的干预措施。

（3）记忆的检索阶段是一个有意识的控制过程，也只有在这一阶段，证人才最有可能有意识地思考犯罪现场。[1]

在上述认识的启发下，罗纳德·费舍尔和爱德华·高斯曼这两位心理学家创建了认知询问技术（Cognitive Interview）。认知询问的最初版本包括讲出一切、背景重建、改变顺序，以及改变视角等四个增强证人回忆的指导策略。几年之后，为了提升认知询问的侦查实用性，这两位心理学家又在认知询问的最初版本中加入了社会动力学和人际沟通的一些成分[2]，进而推出了认知询问的加强版（Enhanced Cognitive Interview）。

综合认知询问的上述两个版本，其中关于增强证人回忆的技术可以归纳如下。

#### 1. 讲出一切

讲出一切的指导语，旨在鼓励证人主动讲出他们能够记住的一切情况，甚至包括那些看起来不重要或微不足道的信息。由于证人不了解某一信息与案件的相关性，或者以为侦查人员已经掌握了该信息，以及证人对某一信息的准确性缺乏自信等原因，他们往往不会在询问中主动报告自己记住的所有信息，特别是那些看起来微不足道或不相关的信息。而事实上，证人没有讲出的这些信息可能恰恰具有重要的侦查价值。另外，证人从事其他活动的记忆可能会与目击事件的记忆在有些地方出现重叠。因此，一些回忆即便与当前调查的案件无关，但它们却可能会激活某些与案件相关的记忆。鉴于此，"讲出一切"的指示能够帮助证人克服上述心理障碍，激活关联记忆，进而促使其回忆并讲出更多、更详细的案件信息。

#### 2. 背景重建

事件发生的背景对事件如何在记忆中进行存储有着重要的影响。具言之，事件发生

---

[1] R. P. Fisher & R. E. Geiselman, Memory-Enhancing Techniques for Investigative Interviewing: The Cognitive Interview，Springfield, IL:Charles C. Thomas,1992.

[2] 参见董礼明：《认知询问技术的应用及其效果评析——以定性实验结果分析为基础》，载《湖南公安高等专科学校学报》2009年第1期。

的背景既包括事件发生时的物理环境（如空间特征、光线和距离等）也包括证人在感知事件时的心理环境（如生理、认知和情感）。相应地，背景重建可以区分为外部背景重建（即物理环境重建）和内部背景重建（即心理环境重建）两种。鉴于外部背景重建在实践操作上不具有客观现实性——即侦查人员不可能把每一起案件的目击证人都带到案发现场，认知询问中的背景重建主要是指内部背景重建。具体的方法是使用以下指导语："试着让自己回到犯罪事件发生时的情景当中，回忆当时你站在什么位置，和谁在一起，你看到了什么，你听到了什么，周围的环境是什么，你当时有什么样的想法和感受？"在实际操作中，除了可以在证人的大脑中重建事件发生的宏观背景之外，侦查人员还可以利用指导语重建较为具体的微观背景（如某个特定动作）。例如，"你提到那个人拿着一支枪，我希望你集中注意力，只回忆那支枪，包括它的颜色、形状、任何独特的标记，以及这支枪是怎么拿着的"。

**3. 多面提取**

多面提取策略，是指侦查人员采取一定的方法帮助证人全面、系统地检索存储于其记忆中的视觉、听觉、触觉、嗅觉、味觉等各类信息。具体来讲，多面提取策略包括以下几种。

（1）改变时间顺序。证人对案情的陈述通常是以对犯罪行为的回忆为导向，并按照犯罪行为发生的先后顺序进行的。当证人采取这种按犯罪行为先后顺序展开的线性回忆策略时，他们往往容易忽略一些次要的犯罪行为或与犯罪行为相关的非犯罪行为（如嫌疑人在现场抽烟），而有时这些行为恰恰能为案件侦破提供关键线索。因此，为了更加全面地收集案件信息，侦查人员在认为必要时，可以要求证人以相反的顺序再次回忆并陈述案情。

（2）改变自我中心（改变视角）。证人在回忆案情时往往存在以自我为中心的倾向。这种以自我为中心的回忆视角，使得证人在回忆犯罪行为时，往往过于集中于自己与犯罪嫌疑人的互动侧面，而忽略犯罪嫌疑人与其他人员（包括其他犯罪嫌疑人、被害人及证人等）的互动侧面。因此，要求证人从现场其他人员的角度对案件进行回忆，便可以给证人提供一条新的记忆检索路径，从而最大限度地挖掘证人感知到的信息。

（3）探查不同类型的编码。人们在感知一起事件时，使用的编码是双重的，其中既有图像编码，也有语义编码。这两种编系统是同时自动进行的。① 例如，当证人目击犯罪嫌疑人时，同时存储到证人记忆中的既有关于犯罪嫌疑人体貌特征的"画面"，又有关于犯罪嫌疑人体貌特征的语言描述，如体态中等、圆脸、短发、皮肤较黑等。在上述两种编码系统中均存储有一些与案件相关的独特信息。因此，侦查人员在对某一类编码探查结束之后，再尝试探查另一类型编码，往往可以收集到一些意想不到的"新信息"。② 例如，在探查语义编码时，证人可能没有回忆出犯罪嫌疑人是否佩戴首饰，但当侦查人员要求证人将注意力集中于犯罪嫌疑人的颈部画面时，证人就极有可能回忆出嫌

---

① 梁宁建：《当代认知心理学》，上海，上海教育出版社 2003 年版，第 158 页。
② 参见方斌：《证人记忆匹配性询问模式构建——从侦查人员中心走向目击证人中心》，载《中国人民公安大学学报》（社会科学版）2017 年第 5 期。

疑人佩戴了一条项链。

（4）探查不同的知觉通道。证人在回忆案情时，通常更加倾向于优先使用视觉通道，而对于听觉、嗅觉、触觉、味觉等感知通道则较少使用。例如，当侦查人员要求证人回忆其遭遇强奸的情况时，证人对于事件经过的描述往往呈现出其所观察到的一系列行为或动作（如相遇、持刀劫持、脱衣服、实施强奸、逃跑等），而对于犯罪嫌疑人的口音（听觉）、体味（嗅觉）、手部皮肤粗糙程度（触觉）等细节特征则较少提及。因此，当证人依据视觉记忆对案情作出描述后，再尝试让证人依次回忆其他感知通道的信息，就能够有效扩大证人记忆检索的范围，从而收集更全面的案件信息。

**4. 多重提取**

在日常生活中，我们往往会遇到"舌尖"现象，即自己明明认识这个人，但在遇见的当时就是无法回忆出他（或她）的名字。其实，记忆检索对于证人来讲是一项艰苦的工作，它需要证人在认知上付出较多的努力。在实践中更是有许多证人往往在需要付出更多的认知努力时（如出现舌尖现象）就过早地停止了回忆。客观地讲，记忆检索的过程就如同搜索，你搜索的次数越多，收获也就越多。事实上，多重提取策略的核心就是鼓励证人增加记忆检索尝试的次数。因此，在实践中如果遇到证人无法对某一案件事实进行回忆的情况，侦查人员应当坚定信心，并最好在后续的询问中择机再次要求证人对该事实进行回忆。

## （二）认知询问的理论基础及其局限性

认知询问的上述组件之所以能够起到增强证人回忆的效果，主要是因为其背后有着深厚的理论基础。具言之，认知询问有两大理论基础：一是编码特异性理论，即某一记忆检索线索的有效性，取决于该线索与记忆事件编码特征相匹配的程度；二是记忆痕迹的多元视角理论，即记忆是一个相互关联的网络，而且在该网络中存储的事件编码信息要远远多于证人通常能够回忆出的数量。因此，当证人使用某一检索路径或线索无法获得特定信息时，可以尝试通过其他的记忆路径或线索来实现访问。在认知询问的四个策略中，"讲出一切"和"背景重建"这两个策略旨在提高检索线索中提示信息的特征与证人感知事件时编码存储特征的匹配程度；"多面提取"策略重在鼓励证人使用不同的检索路径；而"多重提取"策略则主要用于维持和提升证人记忆检索的动机水平。

尽管认知询问的理论体系相对完善，且在侦查实践中发挥了较好的作用，但随着应用和研究的不断深入，其局限性也逐渐显现出来。例如，有学者指出，认知询问技术一个重要的缺陷是对警力资源的要求较高。这主要体现在进行一次完整的认知询问需要花费较长的时间，而在警力资源（警力、时间等）有限的情况下，警察很难真正对每一个证人都实施完整、彻底的认知询问。[1] 除此之外，认知询问的部分组件也还存在一些弊端（后文将详述）。这些弊端的存在，一方面使得认知询问技术的实用价值受到贬损，另一方面也激发并促进了认知询问技术和其他新的增强证人回忆技术的研究。

---

[1] M. R. Kebbell, R. Milne & G. F. Wagstaff, The Cognitive Interview: A Survey of Its Forensic Effectiveness, *Psychology, Crime & Law*, vol.5, no1-2, 1999, pp. 101-115.

## 四、增强证人回忆技术的新发展

### （一）模型陈述技术

当侦查询问进入案件信息收集阶段，侦查人员通常都会用一个开放式问题来引出证人关于调查事件的自由叙述。例如，请你详细讲一下昨天晚上你遭遇抢劫的经过。当听到这一问题后，证人便会在脑海中回忆其遭遇抢劫的情景并用自己的语言将之表述出来。此时，证人对案情的回忆是自由的、不受限制的，因此这种回忆也被称为自由回忆。当证人进行自由回忆时，由于受侦查人员提问的影响较少，其提供的信息通常也更为准确。然而，尽管侦查人员在提问中明确要求证人"详细"叙述案情，但从实践的情况来看，证人对案情的自由回忆通常都是不完整的。也正因如此，在证人自由叙述结束之后，侦查人员还要进行追问，以收集更多的信息。

为了提升证人的自由回忆能力，认知询问技术中增加了"讲出一切"这一指导用语。尽管与"详细"相比，"讲出一切"似乎给证人提供了一个更为明确的回忆标准，但它们在性质上并没有什么本质的不同——都是口头上的指示用语。尽管这种口头指示意思较为明确，但由于其包含的信息较少且比较抽象，证人无论是理解还是执行这一指示都存在一定的困难。鉴于此，有学者提出可以用一个模型陈述来替代上述的口头指示。所谓模型陈述（the Model Statement），是指侦查人员向证人提供一个关于某事件（与当前调查案件无关）的详细陈述，并要求证人比照这一陈述中的模型语句对当前调查的案件进行自由叙述。①

其实，模型陈述技术并非一项新技术，在侦查询问实践中，它最早被应用于对儿童的询问，用于解决儿童在回答开放式问题时回答内容简短（因叙述能力不足）的难题。例如，为了获得儿童关于调查事件的详细叙述，侦查人员通常会寻找一个儿童感兴趣的话题（如玩游戏），并要求儿童描述下他是如何玩游戏的。当儿童作出一个较为详细的叙述后，侦查人员接着会要求儿童按照刚才的叙述，详细描述下调查事件的发生经过。②不过将模型陈述技术应用于对成人的询问，并借此引出口头欺骗的线索的确是一种应用上的创新。最近几项关于利用语言线索识别谎言的研究表明，在提供模型陈述的情况下，无论是说谎的调查对象还是诚实的调查对象，他们都比在不提供模型陈述的情况下，报告了更多的调查事件细节。③

尽管学者们对模型陈述提供的形式（如是使用录音还是文本）还存在一定的争议，

---

① S. Leal, A. Vrij, L. Warmelink. et al., You Cannot Hide Your Telephone Lies: Providing A Model Statement as An Aid to Detect Deception in Insurance Telephone Calls, Legal and Criminological Psychology, vol. 20, no.1, 2015, pp.129-146.
② 方斌：《论侦查询问中的交流技巧——以证人和被害人为中心》，载《中国刑事法杂志》2013年第1期。
③ 参见 Sarah, Ewens, Aldert, et al., Using the Model Statement to Elicit Information and Cues to Deceit from Native Speakers, Non-native Speakers and Those Talking Through an Interpreter, Applied Cognitive Psychology, vol.30, no.6, 2016, pp.854-862. S. Leal, A.Vrij, Z. Vernham, et al., Using the Model Statement to Elicit Verbal Differences Between Truth Tellers and Liars Amongst Arab Interviewees: A Partial Replication of Leal, Vrij, Deeb, and Jupe (2018), Applied Cognitive Psychology, vol.33, no.6, 2019, pp.1-8.

但这些实证研究无可辩驳地证明了模型陈述在明确传递侦查人员对于收集信息数量和类型的期待,帮助调查对象理解详细陈述的标准,以及促进调查对象回忆并提供信息方面的潜力。

### (二)时间线技术

在司法实践中,故意杀人、故意伤害(或致人死亡)、强奸、抢劫,以及涉黑社会性质组织犯罪等案件中,往往涉及多名犯罪嫌疑人。这类重大、复杂案件往往给案件侦查和法庭审判带来一个难题:如何准确查明和认定每一个犯罪嫌疑人的犯罪事实。特别是,当犯罪嫌疑人承认自己在案发现场,但坚持否认自己实施了犯罪行为时,这一问题的解决就显得尤为迫切和必要。

为了成功起诉案件,侦查人员需要提供证据以证明犯罪嫌疑人与犯罪行为之间存在直接关联。在这种情况下,获得高质量的目击证人证言就显得尤为必要。然而,侦查人员不得不面对的现实是:证人在回忆上述复杂案件(有多名犯罪嫌疑人)的案情时,需要在多个人物(如犯罪嫌疑人、被害人等)、行为、行为顺序、地点等情景元素之间来回切换,而证人在记忆中对这些情景元素执行计划、组织、保持和切换等任务时,不仅会耗费较多的认知资源,而且还可能给记忆检索带来干扰。[①]不仅如此,考虑到侦查询问通常都是以言辞的方式进行,基于会话准则的约束,证人在叙述案情时也很难突兀地插入一段与当前叙述主题无关的事项。例如,当证人在描述犯罪嫌疑人甲的行为时,很难在叙述中插入其同时感知到的犯罪嫌疑人乙和丙的行为。这是因为在证人叙述过程中,添加任何不符合主题时间顺序的信息都将会破坏故事的叙述流,因此这种行为往往会遭到证人自发的抵制。毕竟,证人对于案情的叙述并非章回小说或评书,他们在叙述时既无法做到"花开两朵,各表一枝",也无法实现"……且按下不表,却说……"

当犯罪事件发生时,犯罪嫌疑人与犯罪行为,以及犯罪行为发生的先后顺序在时间上都是一种暂时相关的关系。相关研究表明,情景记忆中的信息与它们被编码的时空背景有关;情景记忆是有时间顺序的,在自由回忆的检索过程中时间往往扮演着重要的角色。[②]例如,在对一个情景事件进行回忆的过程中,我们经常可以观察到回忆在时间上的"邻近效应":当两种识记对象在编码时存在时间接近关系时,我们只要回忆起其中的一个对象,另一个对象便也容易被回忆出来。这表明,记忆项目的时间聚类是序列回忆的一个"普遍属性"。[③]

其实,对于任何一个情境事件来讲,它的发生、发展都存在一个特定的时间框架。例如,当目击证人对一个记忆事件进行回忆时,他们首先会在记忆中检索他们认为该事

---

① K.Oberauer & S.Bialkova, Accessing information in working memory: Can the focus of attention grasp two elements at the same time? *Journal of Experimental Psychology: General*, vol.138, no.1, 2009, pp.64-87.
② L.Hope, R. Mullis, F. Gabbert, Who? What? When? Using a timeline technique to facilitate recall of a complex event, *Journal of Applied Research in Memory & Cognition*, vol.2, no.1, 2013, pp.20-24.
③ S. M.Polyn, K. A.Norman & M. J. Kahana, A context maintenance and retrieval model of organizational processes in free recall, *Psychological Review*, vol.116, no.1, 2009, pp.129-156.

件开始的某个时间点（如三名犯罪嫌疑人闯入银行大厅）和事件结束的某个时间点（如嫌疑车辆逃跑时迅速穿过十字路口），接下来，目击证人可以在这两点之间回忆起抢劫事件发生的顺序细节。例如，谁在何时做了什么，以及他对谁做了什么，等等。因此，证人在检索情景记忆时，连结事件发生起点和终点之间的时间线是一个极具参考价值的工具。

在上述认识的启发下，研究人员开发出了时间线技术（the Time line Technique），用以帮助证人回忆和报告特定时间段内发生的事件，识别参与事件的相关人员，以及将这些人员与特定的行为联系起来。时间线技术通常用于对证人的初次访问，具体方法如下。

第一步，准备与介绍。在使用时间线技术之前，侦查人员应当准备所需物品，并向证人介绍时间线的使用方法。应用时间线技术时可能需要用到以下物品：（1）可以在上面画出一条物理"时间线"的载体。这个载体可以是一张纸、一个纸板、一面空白的墙壁或地板。（2）一些卡片（或便利贴）。在操作中，可以将这些卡片分为两类，分别用于记录不同的信息：一类是人员描述卡，用于记录事件中涉及人员的详细信息；另一类是行动信息卡，用于记录事件发生过程中证人及其他人员（主要是犯罪嫌疑人）活动的详细信息。（3）彩色便利贴。这类卡片用于帮助证人在不知道行为人姓名和其他身份识别信息的情况下，将特定行为人与特定行为进行匹配。（4）书写工具。在准备好上述物品后，侦查人员还应当告知证人，时间线是用来帮助证人更好进行回忆的工具，主要目的是用来帮助证人按照正确的时间顺序对事件进行描述。同时，侦查人员还应当介绍各类卡片的作用，以及使用方法（主要是记录相关内容，并将其放置在时间线上的适当位置）。

第二步，让证人叙述案发当天的主要活动，确定每一项活动的大体时间、地点，并按照先后顺序在时间线上进行排列。这样做的目的有两个：一是确定调查事件大体上涉及的时间区间（或范围），二是有利于侦查人员结合案件性质，判明需要重点调查（证人回忆）的时间段。假设在一起抢劫、强奸案件中，被害人叙述自己在案发当天活动的时间线如图 2-2-1 所示。

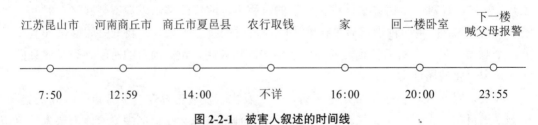

图 2-2-1 被害人叙述的时间线

那么，侦查人员便可以确定该案件所涉及的时间范围大致是案发当日早 7 点 50 分至当天夜里 11 时 55 分。考虑到该案件涉及抢劫，不能排除嫌疑人目击被害人取钱并尾随的情形，因此，该案具有侦查意义的时间段应该包括：从夏邑车站到农行，从农行到家，以及回二楼卧室到下楼报警这几个关键时段。

第三步，在时间线上添加事件细节信息。对于识别出的一些具有侦查意义的时间区间,侦查人员可以另外制作单独的时间线,并要求证人:(1)回忆在这段时间证人接触或感知到的有关人员。(2)回忆在这一时间段证人参与或感知(如看到或听到等)的活动,包括谁做了什么,什么时间做的等具体细节。(3)依据上述回忆填写相应卡片,并将其放置在时间线上。在这一步骤中,侦查人员应当告知证人,可以根据需要使用更多的卡片,可以从时间线上的任何地方开始,而且如果有必要,可以重新调整卡片位置,以确定准确的事件顺序。

使用时间线技术具有以下优势:(1)能够有效释放工作记忆空间,减少证人在回忆复杂事件时的认知负荷,使证人以一种直观、可视的方式来组织他们对事件的回忆。(2)有利于侦查人员发现证人叙述中遗漏的时间间隔,或行为上的逻辑错误,并据此收集更多信息或识别谎言。(3)由于这种方法在很大程度上都是由证人自己独立完成的,因此其回忆和叙述也不太可能受到侦查人员提问(如暗示或诱导)的影响。

### (三)自我管理访谈技术

在司法实践中,侦查人员面对的复杂事件多种多样,其中既包括案件存在多名犯罪嫌疑人的情况,也包括案件存在多名目击证人的情况。就影响证人回忆的因素来讲,如果说前者面临的挑战来自于工作记忆容量的有限性,那么,后者面临的挑战则主要来自于访问时间的延迟。

试想恐怖袭击发生后现场的混乱场面。2022年4月12日,美国纽约布鲁克林地铁站发生一起枪击事件。一名犯罪嫌疑人在地铁车厢内释放烟幕弹,并持枪向站台上的无辜民众射击,造成10人中弹,多人受伤。相信看过案发现场视频的人都能够真实地感受到当时现场的混乱。这类案件发生后,第一时间赶赴现场的警察(包括医护人员)的首要任务是救治伤员,疏散无关群众,同时封锁现场并实施搜索,以确保现场不再遭受二次袭击。然而,在枪击事件发生过程中,案发车厢内和地铁站台上可能存在多名目击者,在他们的脑海中存储有大量关于这起枪击事件和犯罪嫌疑人的重要信息。如果不及时对这些目击证人展开访问,那么随着时间的流逝,目击者的记忆不仅容易衰退,而且还可能受到各种来源的"事后信息"的影响,进而损害证人后续回忆的完整性和准确性。

由此可见,在应对恐怖袭击、群体械斗,以及发生于公共复杂场所的其他暴力犯罪案件时,侦查人员不得不面对的一个难题是:如何解决有限的警力资源与及时对大量证人进行访问之间的冲突。[①] 按照常规的做法,侦查人员通常会寻找少数关键证人进行询问,而对于其他证人则可能会登记造册,并留下联系方式,以待日后需要时再行访问。然而,这一做法并非没有问题。首先,警察在案发初期确定谁是案件的关键证人会有一定的难度。现场的杂乱无序性、初始信息数量的有限性,以及判明关键证人标准的主观性等因素均会影响警察确定关键证人的准确性。其次,在侦查初期阶段就过早地将调查重点限定于少数关键证人也是有风险的。因为,即使侦查人员对这些证人进行了正式的

---

① 参见 F. Gabbert,L. Hope,R. Horry et al.,Examining the Efficacy of A Digital Version of The Self-Administered Interview,*Computers in Human Behavior Reports*,no.5,2022,pp.1-7.

询问，他们也可能无法提供完整、准确的案件信息，而当警方发现需要更多信息来推进侦查时，存储于其他证人记忆中的案件关键信息则可能随着时间的流逝而变得模糊不清、被遗忘或扭曲。

相关研究表明，在事件发生后，及时为证人提供回忆的机会可以有效减少询问延迟对证人记忆的不利影响。首先，最初的回忆尝试能够加强情景记忆。有研究指出，在目击事件发生后，一旦证人尝试立即进行回忆，就能有效防止记忆的进一步衰退。[1] 这种事后尽快回忆"冻结"遗忘过程的现象，可以用记忆的联想网络模型来进行解释：记忆检索活动（尽快回忆尝试）可以提高记忆项目（信息）的激活水平以及它们之间的关联，从而能够增强它们在记忆中的表征，增强它们之间的联系程度，形成完整的情景记忆痕迹。[2] 其次，最初的回忆尝试也能够促进后续的回忆。换言之，在记忆中检索并提取一个项目的行为，也会增加该项目在日后被再次提取的可能性。这是因为，初步的记忆检索活动，一方面使得记忆痕迹得以激活和细化，另一方面也创建了访问记忆事件初始编码的检索路径。最后，最初的回忆尝试还能够帮助证人有效抵制事后信息的影响。目前已有研究证实，如果目击者在接触误导信息之前能够进行高质量的初始回忆，那么他们的记忆就不太容易受到错误信息的影响。因为，当一个较强的记忆痕迹存在时，证人注意和拒绝不符信息的可能性均会增加。[3]

综上，为了有效应对询问延迟对证人记忆的消极影响，研究人员开发出了自我管理访谈技术（Self-Administered Interview）。需要明确的是，尽管自我管理访谈技术中包含了一些认知询问技术的内容（如背景重建、讲出一切的指示等），但其在有效应对案件中出现多名目击证人，以及充分利用高质量初始回忆对证人记忆的优化、保持和促进等特性方面却是增强证人回忆技术在侦查应用形式上的一种创新。

具体而言，该技术包括七个部分：（1）关于自我管理访谈的介绍，着重强调证人应遵循相关指示，并按照顺序依次完成相关内容的重要性和意义。这一部分包括认知询问技术的两个组件：一是背景重建，二是讲出一切的指示。（具体内容参见前文，在此不赘）目的是使证人在大脑中重建事件发生的背景，并在无他人帮助的情况下，自己独立回忆并尽可能准确、完整报告记忆事件的一切情况。（2）这部分是关于事件中涉及的人员。要求证人按照提供的人员线索——如性别、年龄、身高、体重、肤色、服装等，回忆事件中相关人员的细节信息。（3）要求证人绘制现场草图，以记录重要的空间信息，可以使用符号和箭头来标记相关人员所处位置，及其移动的方向和路线等细节。（4）要求证人描述出现在案发现场的一切人员（例如，其他潜在证人）。（5）提供关于车辆的检索线索，如大小、形状、颜色、型号等，并要求证人描述犯罪嫌疑人使用的交通工具，以及在现场出现的其他可疑车辆。（6）使用开放式问题，要求证人描述现场的环境

---

[1] E. B.Ebbesen & C. B. Rienick, Retention Interval and Eyewitness Memory for Events and Personal Identifying Attributes, *Journal of Applied Psychology*, vol.83, no.5, 1998, pp.745-762.

[2] M. S.Ayers & L. M. Reder, A Theoretical Review of The Misinformation effect: Predictions from an activation-based memory mode, *Psychonomic Bulletin & Review*, vol.5, no.1, 1998, pp. 1-21.

[3] E. F.Loftus, B.Levidow & S.Duensing, Who Remembers Best? Individual Differences in Memory for Events That Occurred in A Science Museum, *Applied Cognitive Psychology*, vol.6, no.2, 1992, pp.93-107.

条件，包括天气、光线（如白天还是夜晚）、照明、障碍物、观察时长，以及观察时与目标物的距离等。（7）报告其他没有被问及的信息。[①]

在实践中，上述七个部分的内容可以打印在纸张上，装订成册，方便调查对象按照提示和说明自行完成。自我管理访谈具有以下优势：（1）方便侦查人员在第一时间快速搜集案发现场大量相关人员所了解的案件情况；（2）无需特殊设备和技能便能快速生成与案件相关的文字、图形、表格等有形产品，便于侦查人员查阅，并及时掌握、筛查和发现案件关键线索；（3）侦查人员可以在纸质表格上进行编号和记录，有利于案件信息的快速传递和检索；（4）由证人自己独立完成，收集的信息也相对准确、可靠；（5）可以印刷成不同的语言，方便向不使用本民族语言、文字的人员以及其他涉外人员收集信息。尽管如此，仍需明确的是，自我管理访谈只是警察在开展正式询问之前采取的一项初步调查措施，它的目的旨在提供一个有效的回忆工具，方便警察快速搜集案件信息，筛查重点证人，以及减小事后信息、时间延迟等因素对证人记忆的影响。因此，在自我管理访谈结束后，警察仍然需要对识别出的重要证人进行正式的询问。

### （四）类别聚类技术

尽管认知询问技术普遍被认为是增强证人记忆的有效方法，但是其中一些组件的有效性和实用性还存在一定争议。当前的争议主要集中于作为第二次记忆检索尝试的改变顺序和改变视角这两种技术。从整体来看，学者们对于在穷尽证人第一次自由回忆之后，再次使用其他策略帮助证人回忆更多信息的做法持肯定的态度，但对于使用改变顺序和改变视角这两种技术是否适当，以及它们是否优于第二次自由回忆却存在质疑和争论。例如，有学者指出，使用这两种技术需要花费较多的时间，而在实践中警察往往没有充足的时间来进行询问，不仅如此，使用这两种技术获取的额外信息数量极其有限；[②]使用改变顺序（如反向回忆）技术可能不如自由回忆有效，[③]而且因其增加了证人的认知负担，可能也无法长时间持续进行；[④]改变视角技术可能无法应用于对儿童证人的询问。[⑤]另外，实务人员也都认为这两种技术无效、耗时且难以使用。[⑥]

基于上述原因，学者们开发了用于第二次记忆检索尝试的类别聚类技术，用以替代认知询问中改变顺序和改变视角这两种回忆策略。所谓类别类聚技术（Category

---

[①] L. Hope, F. Gabbert, R. P. Fisher, From Laboratory to The Street: Capturing Witness Memory Using the Self-Administered Interview, *Legal & Criminological Psychology*, vol.16, no.2, 2011, pp.211-226.
[②] L.Bensi, R.Nori, E.Gambetti et al., The Enhanced Cognitive Interview: A Study on the Efficacy of Shortened Variants and Single Techniques, *Journal of Cognitive Psychology*, vol.23, no.3, 2011, pp. 311-321.
[③] C.Dando, R.Wilcock, C. Behnkle & R. Milne, Modifying the Cognitive Interview: Countenancing Forensic Application by Enhancing Practicability, *Psychology, Crime &Law*, vol.17, no.6, 2011, pp.491-511.
[④] A. Vrij, S.Mann, R.Fisher et al., Increasing Cognitive Load to Facilitate Lie Detection: The Benefit of Recalling An Event in Reverse Order, *Law and Human Behavior*, vol.32, no.3, 2008, pp.253-265.
[⑤] J.Boon & E. Noon, Changing Perspectives in Cognitive Interviewing, *Psychology Crime and Law*, no.1, 1994, pp. 59-69.
[⑥] C. J.Dando, R.Wilcock & R. Milne, The Cognitive Interview: Inexperienced Police Officers' Perceptions of Their Witness Interviewing Behaviour, *Legal and Criminological Psychology*, vol.13, no.1, 2008, pp.59-70.

Clustering Recall），是指侦查人员首先要求证人报告他们能够记住的一切信息，然后要求证人依次回忆在每一种犯罪中都广泛存在的一些信息类别，如人员细节、物品（环境）细节、位置细节、动作细节、对话细节和声音细节等。①

要求证人一次集中于一个语义类别来拆分和组织他们的回忆具有以下优势：（1）在类别集群中回忆犯罪事件更加符合证人对记忆事件的心理组织方式，因为人们经常自发地在语义、时间或空间集群中编码、组织和检索信息；②（2）由于类别聚类通常是自发进行的，与改变顺序（如反向回忆）相比，证人在执行这一检索策略时占用的认知资源相对较少，因此，证人能够更加关注回忆任务本身；（3）特定事件的记忆痕迹是相互关联的，回忆一段儿记忆可能会触发其他相关的记忆。③语义处理的"扩展—激活"理论亦表明，一次回忆一个与特定语义集群相关的信息可能会触发与该集群密切相关的记忆。例如，连续回忆与特定集群（如物品）相关的信息单元，如"桌子""纸张""铅笔"，可能触发相关记忆（如"计算器"）。从这一角度来讲，类别聚类技术也优于自由回忆，因为在自由回忆条件下，证人既不知道哪些检索策略有用，也不知道记忆痕迹之间具有关联性。

### （五）画图技术

此处的画图（Sketching），是指要求证人将现场方位，现场上物品、人员、车辆的位置、相互关系，以及活动轨迹等目击事件的细节用图形、符号和箭头等标示在纸张上，并利用该草图作为参照物向侦查人员解释、描述事件的发生经过。

画图之所以能够促进证人的回忆，主要是基于以下几个方面的原因。第一，画图符合并利用了记忆的编码特异性理论。具言之，画图可以帮助证人重现记忆事件在编码过程中出现的各种线索，其功能类似于背景重建，因此也更加有利于回忆。第二，画图是一种视觉输出，这种输出格式与目击事件在最初编码时的格式相兼容，因此它更加有利于视觉信息的检索。④第三，画图还给证人提供了一个记忆的外部存储工具（如可以把记忆线索画在纸张上），使证人在回忆时释放出更多的工作记忆空间，而这些节约的认知资源可以用来对事件的其他细节进行更好的回忆。第四，画图在客观上具有将事件构成要素进行拆解功能。证人可以在纸张上逐个画出"浮现在脑海中的每一个事件要素"，这种以单一项目为导向的回忆方式，能够极大地减小证人在回忆复杂事件时的认知负荷。第五，画图还会引导证人自动提供空间信息，因为在画图时证人将不得不将某人或某物绘制在草图的某个特定位置上。

---

① R. M.Paulo，P. B.Albuquerque & R.Bull，Improving the enhanced cognitive interview with a new interview strategy: Category clustering recall，*Applied Cognitive Psychology*，vol.30，no.5，2016，pp.775-784.
② J. R.Manning & M. J.Kahana，Interpreting semantic clustering effects in free recall，*Memory*，vol.20，no.5，2012，pp.511-517.
③ A. M.Collins & E. F. Loftus，A spreading-activation theory of semantic processing，*Psychological Review*，vol.82，no.6，1975，pp.407-428.
④ D. L.Schacter & R. D. Badgaiyan，Neuroimaging of priming: New perspectives on implicit and explicit memory，*Current Directions in Psychological Science*，vol.10，no.1，2001，pp.1-4.

除此之外，将画图应用于侦查询问还具有以下优势。首先，它将创建检索线索的责任微妙地转移给证人，既减少了由外部检索线索（侦查人员提供）与证人记忆不匹配给证人回忆带来的干扰，亦降低了外部检索线索（事后信息）给证人记忆造成污染的风险。其次，画图还能够激发证人用言语描述那些无法用图形、符号等方式来表示的细节（或经历）的潜在功能，[①] 从而也更加有利于信息收集。

## 五、对我国侦查询问研究与实践的启示

上述分析表明，近十余年来，关于增强证人回忆技术的研究已取得了实质性的进展。然而，需要强调的是，这些新技术尽管名称各异，但它们的出现并非是对认知询问技术的彻底抛弃和替代，相反，它们是认知询问技术在理论和应用上的继承、扬弃和创新。例如，模型陈述技术是通过一个叙述范例中的模型语句替代了认知询问中关于"讲出一切"的指示，从而使证人在理解侦查人员对其叙述"详细程度"的内心期待上有了更为明晰和可操作的标准；时间线技术尽管融合了认知询问技、类别聚类技，以及画图等技术的相关元素，但其通过向证人提供一条"可视"的时间线，释放了证人的工作记忆空间，从而有效地解决了证人在各种情境元素之间来回"切换"的难题；自我管理访谈技术本身亦包括认知询问技术的部分内容，其不过是增强证人回忆技术在侦查应用形式上的一种创新；类别聚类技术则是对认知询问中"改变顺序"和"改变视角"这两种技术在功能上的扬弃和修正；画图技术尽管属于认知询问技术的传统内容，但因其指示直接、简短而且主要依赖于视觉而不是口头风格的信息处理，所以不仅能够有效解决询问中遇到的儿童（特别是患有自闭症）记忆来源监控缺陷[②]、语言信息（特别是详细语言指示）加工障碍[③]，以及老年人认知加工认知资源减少、工作记忆执行缺陷[④]等难题，而且还可以用于犯罪嫌疑人的谎言识别（后文详述）。认识到这一点，无论对于坚守学术传统，还是厘清增强证人回忆技术的发展脉络，都是十分重要的。

### （一）对于询问证人、被害人的启示

#### 1. 应重视利用自由回忆的价值

长期以来，询问证人和被害人的技巧一直未能引起我国理论界和实务部门足够的重视。相应地，在侦查询问实践中，自由回忆在保障证人叙述完整性和准确性方面的功能和价值亦未能得到充分的利用和开发。其中一个突出的表现是，在未能充分获得证人自由陈述的情况下，侦查人员就过早地针对案件细节进行提问。由此可能引发的后果是：

---

[①] 方斌：《论侦查询问中的交流技巧——以证人和被害人为中心》，载《中国刑事法杂志》2013年第1期。
[②] S.Hala，C.Rasmussen & AM.Henderson，Three Types of Source Monitoring by Children with and without Autism:the Role of Executive Function，*Journal of Autism and Developmental Disorders*，vol.35，no.1，2005，pp.75-89.
[③] CS.Gabig，Verbal Working Memory and Story Retelling in School-age Children with Autism，*Language, Speech, and Hearing Services in Schools*，no.39，2008，pp.498-511.
[④] Coral J. Dando，Drawing to Remember: External Support of Older Adults' Eyewitness Performance，*PLoS ONE*，vol.8，no.7，2013.

（1）证人对案情自由回忆的过程被打断，这将导致某些原本被证人回忆起并想要陈述的内容丢失；（2）一个不充分、不完整的自由叙述也很难给侦查人员的后续提问提供必要的依据和素材；（3）一个简短的自由陈述将迫使侦查人员不得不使用更多的封闭式问题进行提问，这将使证人对案情的回忆异化为对侦查人员已知或猜测事实的确认；（4）当证人的回忆被侦查人员的提问多次打断时，证人积极回忆案情的动力被破坏，他将逐渐变得消极、被动，此时，证人除了回答侦查人员的提问之外不会主动提供任何信息；（5）当侦查人员针对证人在自由陈述中并未提及的案件细节提问时，问题中透露的信息又极易给证人的记忆造成污染，等等。

自由回忆固然重要，然而，侦查人员必须面对的现实是：尽管开放式问题能够引导证人进行自由回忆，但是单凭简单地提出一个开放式问题，就期待证人就能够自动进行充分的自由回忆，并据此给出一个满足侦查需要的陈述是不现实的。事实上，回忆（特别是情景记忆）是一项耗费脑力的任务，一项能够满足侦查需要的自由回忆不仅需要证人自身的努力和动力，而且更需要侦查人员的帮助。问题的难点是，侦查人员如何在提供帮助的同时，既能维护好证人回忆的动力，又不会对证人的记忆造成污染？

其实，本部分内容介绍的增强证人回忆技术的新发展均聚焦于开发证人的自由回忆，旨在确保证人能够在侦查人员的指导下，独立、自主地对记忆事件进行充分的回忆，同时最大限度地减少询问时间延迟、不当提问，以及检索线索匮乏等不利因素对证人记忆的影响。为此，侦查人员在实践中应增强主动运用这些技术的意识和能力，以期最大限度地挖掘并利用自由回忆的价值。

#### 2. 应强化分类运用与综合创新

认知询问是一种相对比较成熟的增强证人回忆的技术。尽管它在帮助目击证人回忆方面效果显著，但其自身也有着不可克服的局限性。文中介绍的增强证人回忆技术的新发展是对认知询问技术的继承、扬弃和发展。这些新技术不仅弥补或修正了认知询问的某些缺陷，而且也拓宽了增强证人回忆技术在司法实践中的应用场景。例如，画图技术可以用于帮助存在语言缺陷或记忆缺陷的儿童或老人；时间线技术可以应用于由多名犯罪嫌疑人共同实施犯罪的案件；而自我管理访谈技术则主要适用于存在多名目击证人的案件。为此，在将这些新技术应用于司法实践时，为了达到最佳效果，侦查人员应当根据案件的具体情况、证人的特点和类型来选择适宜的技术类别。

除此之外，侦查人员还应提高综合应用这些回忆技术的能力并创造性地开展工作。在笔者看来，侦查人员至少可以在以下两个方面进行应用创新。第一，以时间线技术为基础对增强证人回忆的各类技术进行整合。具体方法是：（1）利用模型陈述获得一个关于案情的详细叙述，并据此找出证人叙述事件的时间线；（2）结合案情找出时间线上的空白间隔和重点区域；（3）对于时间线上的重点区域，根据侦查需要针对性地采取背景重建、画图、类别类聚等技术帮助证人进行回忆；（4）在必要的情况下，利用模型陈述向前或向后延伸时间线，并填补时间线上的空白；（5）如果在这一阶段发现有侦查意义的区域，重复步骤（3）。

第二，探索自我管理访谈技术的数字化应用。鉴于当今的世界正越来越依赖数字信息源以及涉及数据存储、处理和传输的计算机系统和网络，自我管理访谈技术从原有的纸质格式升级为数字格式亦是大势所趋。相比纸质格式，数字化的自我管理访谈技术具有以下优势：（1）快速、便捷且使用成本较低；（2）更具灵活性，证人不仅可以通过短信、邮件、即时通信等多种方式参与，而且还可以自行选择使用的语言；（3）数字化格式的自我管理访谈还可以内置功能，允许证人以音频或视频格式记录他们的报告，并上传现场的照片和视频。[①] 另外，在推出自我管理访谈数字化版本的同时，还应加强其应用场景的探索。例如，自我管理访谈是否可以与传统的摸底排队相结合？它是否可以应用于电信网络诈骗案件中被害人证言的获取？如果回答是肯定的，那么显然需要我们进一步研究并推出适宜的自我管理访谈版本。

### （二）对于讯问犯罪嫌疑人的启示

如何准确地识别谎言是任何一个侦查人员在讯问犯罪嫌疑人时都无法回避的主题。以往的研究表明，隐瞒和编造是犯罪嫌疑人经常使用的两个说谎策略。前者表现为，犯罪嫌疑人在回答侦查人员的提问时尽可能使自己的回答保持简短。换言之，提供一个简短的"封面故事"是隐瞒策略的典型样态。后者表现为，犯罪嫌疑人提前预测侦查人员可能提问的问题并事先准备好相应的回答。这种回答看似较为"详细"，但实则缺乏核心细节。

上述两种说谎策略给侦查人员准确识别谎言带来了一定的困难：首先，简短的"封面故事"由于包含的信息量过少而不利于谎言识别；其次，一个事先准备的谎言也比临时编造的谎言更难识别；最后，更重要的是，当缺乏以诚实者的回答作为参照标准时，无论犯罪嫌疑人的回答是基于隐瞒的"简短"还是基于编造的"详细"均失去了比较的基础。可喜的是，本部分内容中介绍的增强证人记忆的技术给上述谎言识别难题的解决带来了新的契机。

**1. 模型陈述在识别谎言中的应用**

模型陈述的作用在于明确要求犯罪嫌疑人履行详细陈述义务。它用于谎言识别的理论基础是，通过向犯罪嫌疑人提供一种社会比较，进而来提高诚实者和说谎者在回答侦查人员的提问中应该提供多少信息的内心期望。为了便于更好地理解这一点，我们来看一个模型陈述的例子："（1）我在一家房地产公司工作。因为我们公司是二级方程式赛车手托马斯的赞助商，所以那天我被托马斯邀请来看他的比赛。（2）当我走上赛道时，首先看到的是一辆安全车，对是一辆阿尔蒂玛车。车辆的后面站着22位赛车女郎，她们手里举着车手的名字牌，站在显眼的位置上，这样方便车手过来时，知道在哪里停车进行赛前检查。（3）我当时走在赛道的正中央，这时有人过来告诉我赛车马上要进来，为了避免被车撞倒，我就走在了赛道的边上。（4）我记得我朝右侧的看台观望时，那里已站了好多人在等待发车。（5）我朝托马斯所在的11号发车位走去，走近赛车女郎时，我仔细地看了她一眼。（6）我想只要是个男人都会这么做的。（7）要知道，并不是每天

---

① F.Gabbert, L.Hope, R.Horry et al., Examining the efficacy of a digital version of the Self-Administered Interview, *Computers in Human Behavior Reports*, no.5, pp.1-7.

都有机会见到赛车女郎,我就赶紧掏出手机进行录像,就想把当时看到的景象都记录下来。(8)就在这时,托马斯开着赛车停到了车位上。(9)他在参加一项危险的运动,头上戴着头盔,你也不能和他讲话。(10)所以,我就站在赛车前面认真地看着眼前的一切,太美妙了。(11)对了,我记得赛前车检时,有个机械师把托马斯车前的液压系统卸下来做了一些微调。"①

从上述例子可以看出,陈述中的模型语句在背景信息嵌入(第1、4句)、细节的数量和质量(第2、5句)、交互描述(第3、9句)、主观感受的解释(第6、7句)、情感信息(第10句)、空间位置信息(第3、4句),以及不寻常的细节(第11句)等方面给证人详细叙述提供了明确、具体的参照。因此,当侦查人员要求犯罪嫌疑人按照模型陈述语句再次陈述案情时,无论犯罪嫌疑人是否有罪,他(或她)均会(或多或少)在原有陈述的基础上添加一些细节信息。客观地讲,仅凭陈述中新添加细节信息数量的差异,我们并不能将诚实者和说谎者区别开来。其实,能够真正放大诚实者和说谎者之间差异的是新添加细节信息的类型。

依据细节的改变能否导致事件(或案件)中最基本和最重要的部分发生变化,我们可以将事件的细节区分为核心细节和外围细节。具言之,核心细节的变化会影响事件的基本内容,而外围细节的变化则没有这种影响。当犯罪嫌疑人按照模型陈述作出详细叙述时,说谎的犯罪嫌疑人会竭力避免添加事件的核心细节(会导致其嫌疑增加或被定罪),而诚实的犯罪嫌疑人则不会有这种顾虑。因此,在使用模型陈述的情况下,侦查人员可以通过犯罪嫌疑人添加信息的类型差异(如是核心细节还是外围细节)将诚实者和说谎者区别开来。②

另外,即使犯罪嫌疑人在叙述中添加了事件的核心细节,那么在核心细节的诊断价值方面,说谎的犯罪嫌疑人与诚实的犯罪嫌疑人仍然会存在差异。例如,犯罪嫌疑人声称自己在案发时段去看了某歌星的演唱会。按照模型陈述的要求,其在随后的陈述中又添加了该歌星演唱的几首歌曲。这一细节(演唱曲目)虽然属于事件(演唱会)的核心细节,但尚不能据此完全排除犯罪嫌疑人说谎的可能,因为该细节的特定性不强,故而对犯罪嫌疑人是否参加该演唱会这一事件的诊断价值也较低。可见,当犯罪嫌疑人在陈述中添加事件核心细节时,考虑核心细节的诊断价值是必要的。说谎的犯罪嫌疑人总是会避免在叙述中添加有诊断价值的事件细节,而对于诚实者来说,区分事件细节的诊断价值就显得没有那么重要。因此,在使用模型陈述的情况下,犯罪嫌疑人在事件细节诊断价值方面的差异也是识别谎言的重要线索。

最后,利用模型陈述来识别谎言还有一个附带的好处——它可以有效应对犯罪嫌疑人事先编造的谎言。原因就在于,犯罪嫌疑人事先编造的谎言在细节上可能与侦查人员在模型陈述中所期待的不符。

---

① 本段模型陈述是由英国 CREST 网站提供的录音版本翻译而来,略有改动。参见网址:https://crestresearch.ac.uk/download/1105/.

② S.Leal, A.Vrij, H.Deeb, L.Jupe, Using the Model Statement to Elicit Verbal Differences Between Truth Tellers and Liars: The Benefit of Examining Core and Peripheral Details, *Journal of Applied Research in Memory and Cognition*, vol.7, no.4, 2018, pp.610-617.

由此可见，模型陈述不仅具有引出信息的功能，而且还具有谎言识别的功能。不过，在用于谎言识别时，还应注意模型陈述呈现的方式。例如，是向犯罪嫌疑人提供一段录音，还向其提供一份书面材料？当使用书面材料呈现时，是要求犯罪嫌疑人阅读，还是朗读？显然，在不同的呈现方式下，犯罪嫌疑人的参与程度会有所不同。那么，随之而来的问题是，模型陈述的呈现方式对识别谎言有何影响？这显然给我们提供了崭新的研究课题。

### 2. 画图技术在识别谎言中的应用

实践中，侦查人员经常利用陈述一致性，即通过比较犯罪嫌疑人前后两次（或多次）陈述在细节上是否一致，来检验犯罪嫌疑人是否说谎。由于这种方法只需比较陈述之间的一致性，而无需再利用额外的信息对陈述内容本身进行检验，因此操作起来相对比较简单，也颇受侦查人员青睐。然而不幸的是，试图说谎的犯罪嫌疑人也很容易意识到陈述的前后一致性是识别谎言的重要线索，因此，当要求其再次陈述相关内容时，他更倾向于采取"重复"策略，即简单地重复事件细节来确保自己的陈述具有前后一致性。特别是对于那些记忆能力较强或者事先对陈述内容进行过多次演练的犯罪嫌疑人，侦查人员很难从其多次重复陈述中发现破绽。其原因就在于，当以"口头的方式"复述案情时，犯罪嫌疑人的"重复策略"很容易实现。

然而，当我们将画图技术用于陈述一致性检验时呈现的则是另一番图景。相比口头陈述，画图是一种完全不同的输出格式。这种输出格式能有效阻止犯罪嫌疑人的重复策略。首先，要求犯罪嫌疑人以画图的方式复述事件比较新奇。这意味着犯罪嫌疑人必须在事先没有准备的情况下当场绘制一幅草图。其次，当采用口头的方式复述时，犯罪嫌疑人可以隐瞒一些他们不知道的细节，如只需提及事件中涉及的人员、物品，而无需描述它们的具体位置，便可以使其陈述获得一定的可信性，然而，当要求绘制草图时，上述语言上的"掩盖策略"（如不提供位置）将不起作用，因为犯罪嫌疑人将不得不将某人员或物品绘制在一个特定的位置。最后，以画图的方式来解释事件将迫使犯罪嫌疑人采取一个特定的视角，而通过这一视角来观察并描述事件则很可能是犯罪嫌疑人没有事先演练过的。由此可见，画图技术是通过诱导犯罪嫌疑人改变他们报告事件的模式来放大并识别诚实者和说谎者之间的认知差异。因此，与传统的重复讯问利用诚实者与说谎者之间自然产生的认知差异（不是外部影响的结果）相比，它是一种更加主动的谎言识别方法。

尽管画图技术在识别犯罪嫌疑人谎言方面显示出了一定的潜力，但其应用的最佳方式仍值得进一步研究。其中有两个问题值得予以关注：第一，画图技术与模型陈述的整合问题。在实践中，当要求犯罪嫌疑人画图时，他可能采取"自我设限策略"（如声称自己不擅长画图或不知该如何画图）来抵制或消减画图的功用。因此，是否可以考虑采取"模型画图"（即提供一个详细草图的例子）来消除"自我设限策略"的不利影响，显然值得深入研究。第二，画图作为一种谎言识别工具的全部潜力是什么？换言之，到底是草图本身包含的内容细节促进了谎言的识别，还是由画图引发的更详细的陈述细节促进了谎言的识别？要回答这一问题，显然需要我们深入研究画图对犯罪嫌疑人陈述内容和其绘画内容的影响。

方斌,河南警察学院副教授,法学博士。本节内容以《国外侦查询问中增强证人回忆技术的发展及启示》为题发表于《公安学研究》2024年第1期,收录本书时有改动。

# 第三章　网络大数据时代的刑事侦查

## 第一节　网络时代的侦查制度创新

刘品新

信息化侦查手段在案件侦破中起到关键性的作用已然成为一个普遍的现实。这表明传统的侦查制度在网络时代遭遇到新的挑战，必须进行一系列的调整与变革。换言之，侦查工作必须学会"数字化生存"。这是网络时代侦查制度转型的重大命题。

### 一、问题的提出

2011年12月1日下午5:30左右，湖北省武汉市一家建设银行大门处发生爆炸，造成周围群众2人死亡、10余人受伤。初步调查表明，爆炸系由门前堆放的不明物体引起。4日，武汉警方在官方微博中公布了"12·1"爆炸案监控录像，犯罪嫌疑人作案时骑一辆白色踏板摩托车，头戴白色头盔；警方发布悬赏通告，请广大市民群众提供线索。当晚10时，警方通过群众举报的线索与侦查的对象碰撞成功，确定从事空调修理工作的王某有重大嫌疑。随后警方搜查了王某案发前的多处租住地，不过没有发现其踪迹。接着警方在王某可能藏身落脚的地方部署警力，张网布控、巡逻排查；严守各个出城路口，防止其逃出武汉。7日，警方发布消息称，犯罪嫌疑人王某的身份已经确定，系1987年2月27日出生的湖北枣阳人，并再一次发动群众协助缉捕，向社会公开王某照片和基本情况。16日中午12时，在知情群众的协助下，警方在武昌某医院成功擒获犯罪嫌疑人王某。在讯问中，王某交代了为劫取运钞车钱款实施爆炸的罪行……就这样，经过15个昼夜的缜密侦查，武汉警方利用微博公布犯罪嫌疑人的信息，发动群众提供线索，最终抓获犯罪嫌疑人，成功破案。

这是一起产生了重大社会影响的案件。破案经过反映出当今侦查呈现出同传统侦查相比的鲜明差异。过去开展此类爆炸案件的侦查，侦查人员通常会从现场勘查开始，在刻画犯罪嫌疑人形象或重建案情的基础上进行摸底排队，之后抓获犯罪嫌疑人进行突审。这就是有学者概括的"老三板斧"——"一排二查三突审"。[①]而在本案中，侦查人员成功地使用了视频调查、公安网查询、微博发动群众、网上通缉等信息化的手段。

### 二、网络时代侦查制度变迁的内涵

网络时代侦查制度究竟该向何处去？回答这一问题，可以从犯罪与侦查的竞生关系

---

[①] 郝宏奎主编：《侦查论坛》（第九卷），北京，群众出版社、中国人民公安大学出版社2010年版，序言部分第3页。

谈起。在人类历史上，没有犯罪，便没有侦查，两者的互动严格遵循"魔高一尺，道高一丈"的规律。换言之，有什么样的犯罪行为，便要有针对性的侦查行为克之。而在网络时代，形形色色的犯罪现象借助了网络的巨大助力而兴风起浪。借用英国首相哈罗德·麦克米伦1957年的一句演说词，犯罪"赶上了从来没有的好时代"。① 基于此，人们普遍认为，侦查必须向利用网络的力量方面转型。这种主流的观点认为，网络时代中数字信息无处不在，侦查工作必须实现向侦查信息化的转型。

所谓"侦查信息化"，是侦查与信息化相结合的一种形象说法，与之相同或相似的表述还有"信息化侦查""数字化侦查"，与之相关的用语还有"情报导侦""信息导侦""网上侦查""网上串并""网上追逃""网上作战""网上办案"，等等。厘清它们之间的联系与区别，有助于人们准确地把握网络时代侦查制度变迁的内涵。

依照一些学者的界定，侦查信息化是指"信息技术和计算机网络在侦查部门全面渗透，在侦查破案中广泛应用，全方位支持侦查工作的过程"。它包括两个方面："一是构筑侦查信息平台，运用侦查信息平台办案；二是利用各种商业运作的信息网络开展侦查活动"。② 信息化侦查"主要是围绕侦查工作目标，利用信息技术和信息资源，优化和完善侦查业务的一切理论与实践的总和"；③ 是"利用信息技术所搭建的各类平台，并采用数字化手段在各类平台上开展侦查所涉及的各种方法的总称"。④ 按照其所依托的信息系统为界限进行分类，其可以分为利用公安网信息资源、利用互联网信息资源、利用视频信息资源、利用通信信息资源、利用GPS信息资源、利用银行卡信息资源、利用其他社会信息资源、综合利用信息资源及其他信息化侦查方法。⑤ 数字化侦查则是"借助于数字信息、数据库、数字信息系统、数字信息网络等数字信息资源、数字信息载体、数字信息传输途径与方式，获取侦查线索和犯罪证据，揭露和证实犯罪的活动"。⑥ "数字化侦查涉及的内容和领域十分广泛，包括运用互联网数字信息开展的侦查、利用公安网数字信息开展的侦查、利用电信数字信息开展的侦查、利用视频监控信息开展的侦查、利用GPS卫星定位系统数字信息开展的侦查、利用GRS地理信息系统数字信息开展的侦查，林林总总，不胜枚举。"⑦ 虽然这些表述的侧重点有所不同，但基本的内核是一致的。它们反映了侦查机制两个方面的转变，一是传统侦查措施的信息化，二是新型信息化侦查措施的出现。为论述的便利，下文统一使用侦查信息化的概念。

---

① Ian Walden, Computer Crimes and Digital Investigations, I.C.L.Q. 2008, 57(4), pp. 997-998.
② 郝宏奎：《论侦查信息化》，载《中国人民公安大学学报》2005年第6期。
③ 陈刚主编：《信息化侦查大趋势——信息化侦查理论与实践学术研讨会论文集》，北京，中国人民公安大学出版社2010年版，前言部分第2页。
④ 李双其：《论信息化侦查方法》，载《中国人民公安大学学报》（社会科学版）2010年第4期。
⑤ 李双其：《论信息化侦查方法》，载《中国人民公安大学学报》（社会科学版）2010年第4期。
⑥ 郝宏奎主编：《侦查论坛》（第九卷），北京，群众出版社、中国人民公安大学出版社2010年版，序言部分第2页。
⑦ 郝宏奎主编：《侦查论坛》（第九卷），北京，群众出版社、中国人民公安大学出版社2010年版，序言部分第2页。

至于"情报导侦"①"信息导侦"②"网上侦查"③"网上串并"④"网上追逃"⑤"网上作战"⑥"网上办案"⑦等概念，分别反映了侦查的某个环节在新时期所出现的信息化转变。它们属于侦查信息化的一个个片断，是各个重要的组成部分，但单独都还不构成整体。其中，有的概念是针对侦查体制变迁的，有的是针对侦查模式变迁的，有的是针对侦查措施变迁的。研究"情报导侦"等相关概念，有助于加深对新形势下侦查观念与制度变革的认识。

那么，网络时代为什么侦查制度要实现信息化的转型？这除了因应人类社会走向信息化的历史潮流外，更有着深刻的直接原因。简言之，任何侦查人员都没有回到过去的"时空隧道"，在案件发生后他们需要由果导因、顺藤摸瓜、抽丝剥茧地还原已经消失的案件事实。而在网络时代，任何犯罪案件都在物理空间留下蛛丝马迹的同时，也会在网络空间留下转移留存的信息。因此，侦查人员开展调查既要关注物理空间，也要关注网络空间；既要获取物理空间的证据，也要获取网络空间的证据；既要还原物理空间发生的案件事实，也要还原网络空间出现的案件事实。总之，侦查人员需要实施两个空间的侦查，两者结合起来才能达到侦查的目的。

由单一空间的侦查转型转向两个空间相结合的侦查，这种转变决定了网络时代侦查制度变迁的几项主要任务：其一，在侦查模式上，传统的"由事到人"侦查、"由人到事"侦查要转变为以涉案电子设备或账号为枢纽的"事—机—人"侦查、"人—机—事"侦查。其二，在侦查格局上，传统的单一实体侦查方法要转变为实体侦查方法与现代数字化侦查方法并行并存的新的侦查格局。"侦查转型既不意味着由实体侦查转向数字化侦查，更不意味着由数字化侦查取代实体侦查。实体侦查与数字化侦查相结合，构成了数字化时代侦查活动的总体特征。"⑧其三，在侦查措施上，各种传统的取证措施会呈现电子化的转变，一些全新的电子取证措施也会在侦查领域不断涌现。⑨在前述爆炸案例中，侦查机关进行了视频调查，提取到了犯罪嫌疑人的影像，在公安网中查询到嫌疑人的身份，并通过微博等手段发动群众举报，开展网上监控。这些做法使得侦查的触角伸向了网络空间，转向了电子取证手段。更为重要的是，该案侦查工作的突破就在于有效查询到街头录像的视频并准确锁定了犯罪嫌疑人的影像。这些都形象地展示了网络时代侦查制度变迁的一些侧面。

---

① 参见徐立忠、孔令军：《情报导侦理论根据和制度设计》，载《江苏警官学院学报》2007年第5期。
② 参见马兵、朱兰：《论科技侦查的"信息导侦"模式研究》，载《湖南社会科学》2010年第5期。
③ 参见马忠红：《论网上侦查》，载《新疆警官高等专科学校学报》2006年第3期。
④ 参见马忠红：《论网上串并案件》，载《新疆警官高等专科学校学报》2007年第3期。
⑤ 参见罗辉勇：《"网上追逃"的法律规制》，载《法制与社会》2011年第7期（上）。此处用语"通过计算机网上"为原文如此，准确地说，应当为"通过计算机网络"。
⑥ 参见黄燕芳、王钢：《网络侦查及网上作战方法新探》，载《中国人民公安大学学报》（社会科学版）2011年第5期。
⑦ 参见刘乐国、佩兆斌：《网上办案的理论基础》，载《辽宁公安司法管理干部学院学报》2007年第3期。
⑧ 郝宏奎：《数字化时代侦查工作应把握好十个统筹》，载《信息化侦查大趋势——信息化侦查理论与实践学术研讨会论文集》，陈刚主编，北京，中国人民公安大学出版社2010年版。
⑨ 参见刘品新主编：《电子取证的法律规制》，北京，中国法制出版社2010年版，序言部分第4页。

诚然，要实现网络时代侦查制度的上述变迁任务，还有一个理念必须突破。那就是，传统的洛卡德交换原理必须拓展至网络空间。这种突破表明，犯罪过程中物质或信息的转移现象是广泛存在的，不仅包括各种实物性、痕迹性物质或信息的转移，更包括各种电子信息的转移。认识到这一点，人们就能理解网络时代侦查制度需要实现前述三项转变的深层原因。

下面试拟网络时代侦查制度创新的结构可见图 3-1-1。后文将在图示的基础上，分别对每一项创新作展开阐述。

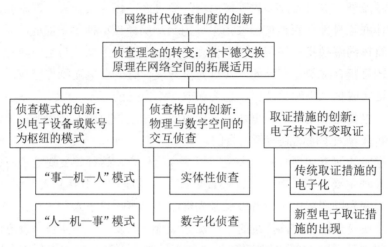

图 3-1-1　网络时代侦查制度创新的结构

## 三、侦查制度创新的理念前提：将洛卡德交换原理拓展至网络空间

### （一）洛卡德交换原理的含义及局限性

司法实践中用于指导侦查工作的基本原理有很多。从 20 世纪 80 年代开始，我国学界深入研讨过的代表性理论包括犯罪行为的物质性原理、犯罪过程的物质交换原理、揭露和证实犯罪的同一认定原理等。[①] 它们分别从不同的角度给予侦查工作以不同的指导意义。其中，物质交换原理的产生历史最为悠久，它是由法国侦查学家、法科学专家埃德蒙·洛卡德（Edmond Locard）在 20 世纪初正式提出的。准确地说，这一理论在国际上被称为洛卡德交换（转移）原理，本身并没有限定交换或转移的客体性质。本部分内容统一改用洛卡德交换原理。

当时自然科学技术发展迅猛，在侦查活动中得到了日益广泛的应用。作为近代法科学领域的先驱之一，洛卡德在借鉴前人思想与总结侦查经验的基础上提出一个重要的论断："当两个客体发生接触时，总会有一些物质出现转移。诚然，受制于侦查手段的有效性，侦查人员可能不能揭示这些转移的物质；或者，由于转移痕迹衰减得太快，在特定

---

① 参见刘品新：《论侦查学的基本原理》，载《法学家》2002 年第 1 期。

的时间内已经销声匿迹。尽管如此，前述物质转移现象还是确实发生过的。"① 这一现象在犯罪过程中同样存在。也就是说，"当作案人进入犯罪现场时，他会在现场留下痕迹，同时也会带走现场的痕迹"。② 这些看法是洛卡德交换原理的萌芽，此后又经过许多后来者的改良。

现在一般认为，这一原理涉及的物质交换是广义上的，可分为两种类型：（1）痕迹性物质交换。即人体与物体接触后发生的表面形态的转移。如犯罪现场留下的指纹、足迹、作案工具痕迹以及因搏斗造成的咬痕、抓痕等。（2）实物性物质交换，又可分为有形物体的物质交换和无形物体的物质交换。前者包括微观物体的互换和宏观物体的互换，微观物体的互换指在犯罪过程中出现的微粒脱落、微粒粘走，如纤维、生物细胞的转移，宏观物体的互换指犯罪嫌疑人遗留物品于现场或者从现场带走物品等；后者主要指不同气体的互换，如有毒气体与无毒气体的互换、刺激性气味的遗留等。③ 以上规律浓缩为一句话，就是"接触即留痕"。④

洛卡德交换原理有着深厚的科学与实践基础。它反映了客观事物的因果制约规律，体现了能量转换和物质不灭的定律，对于侦查工作具有十分重要的指导作用。然而，随着时代和科技的发展，洛卡德交换原理也暴露出一些固有的局限性。局限性之一在于，网络犯罪或涉网犯罪中电子数据的形成如何利用洛卡德交换原理进行解释。以计算机侵入犯罪为例，在犯罪过程中犯罪嫌疑人使用的计算机同被害者使用的计算机之间的电子数据交换总是必然的，一方面犯罪人会获取所侵入计算机中的大量电子数据，另一方面他也会在所侵入计算机系统中留下有关自己所使用计算机的电子"痕迹"。这些电子数据或"痕迹"都是自动交换或转移的结果，不仅寓存于作为犯罪工具的计算机与处于被害地位的计算机中，而且在登录所途径的有关网络站点中也有所保留。同样，在其他网络犯罪或涉网犯罪中，有关犯罪嫌疑人作案的"蛛丝马迹"，也会由于其使用各种电子设备而留存于个人电脑等设备中。⑤ 这些电子数据或痕迹在实质上属于交换或转移的结果，但不同客体之间并未出现实质上的接触，而且交换或转移的方式也有特殊之处，因此不能简单地援引洛卡德交换原理加以解释。换言之，人们必须将洛卡德交换原理的适用范围拓展至网络空间。

### （二）洛卡德交换原理同样适用于网络空间

上述局限性暴露出洛卡德交换原理存在着其固有的缺陷，它已经不能满足网络时代发展的需要。为了回应实践的发展对洛卡德交换原理提出的重大挑战，人们有必要重新检讨并变革之。这就是借助信息科学的知识对洛卡德交换原理的必要改造。

---

① Robert A. Hayes, CPG, *Forensic Geologists Uncover Evidence in Soil and Water*, 81-MAY Mich. B.J. 42, May, 2002.
② Ferraro Mattei Monique et al., *Investigating Child Exploitation and Pornography*, 129-30 (Elsevier Academic Press 2005).
③ 江平主编：《中国大百科全书·法学》（修订版），北京，中国大百科全书出版社 2006 年版，第 537 页。
④ Elizabeth Kelley, Every Contact Leaves a Trace: Crime Science Experts Talk About Their Work From Discovery Through Verdict, 386, (New York:Connie Fletcher St. MARTIN'S PRESS,2006).
⑤ See Craig Ball,"Locard's Principle", Originally published in *Law Technology News*, February 2006.

信息科学是 20 世纪中叶兴起的一门新兴自然科学。1948 年，美国贝尔电话公司研究所的仙农发表了《通讯的数学理论》一文，奠定了现代信息科学的基础。历经半个多世纪，信息科学的成果已广泛应用到自然科学和社会科学的诸多领域。将信息科学引入侦查实践，可以揭示侦查过程的实质，帮助人们认识刑事犯罪的物质过程，促进案件的侦破。而将信息科学与洛卡德交换原理结合起来，就是信息转移原理的出炉。这是一个以传统洛卡德交换原理为基础的理论，但更强调网络空间中信息转移的不可避免及特殊规律。

这一原理表明，犯罪过程确实是一个信息交换或转移的过程，犯罪嫌疑人在实施犯罪的过程中一旦涉网，必然会发生网络空间的信息转移乃至互换。这种信息转移包括两种情况：一是犯罪行为发生在网络空间的，如在网上传播色情信息犯罪中作案人通过某台计算机发布色情资料的，必然会在作案的计算机、网络服务器以及被侵入的计算机中均留痕迹，数字痕迹就形成了；二是犯罪行为发生在物理空间的，也可能因为两个空间的交叉互联而发生信息转移。以在前述爆炸案件为例，犯罪嫌疑人实施爆炸犯罪的过程就是一个信息转移的过程，包括由物理空间转向网络空间的过程。他的人体影像、外貌特征、在现场出现的各个时间点等信息，不可避免地会被直接留存到视频监控系统、手机服务系统等，也会被间接地留存到公安信息采集系统、微博服务系统、网络聊天系统等。在这个信息转移过程中，犯罪嫌疑人是主要的信源，犯罪预备行为、犯罪实施行为与罪后处理行为是信道，网络空间、视频空间等是信宿。这充分说明了各种犯罪案件（不仅仅是网络犯罪）发生后为什么侦查人员都需要到网络空间找证据。

网络空间的这种信息转移呈现三大新特点：一是非直接接触性。传统的洛卡德交换原理认为，犯罪过程中的物质交换是基于不同客体之间出现了直接接触，特别是客体表面的相互接触；而信息转移原理则认为，信息的转移无需以不同客体的接触为前提，特别是不以直接接触为前提，网络空间的不同节点（电脑）之间的信息交换是源于它们之间的互联互通（称为间接接触未尝不可）。二是不守恒性。传统的洛卡德交换原理认为，物质是不灭的，犯罪过程中发生接触的两个物体中，一方增加的物质必定是另一方减少的，一方减少的物质必定到了另一方身上，转移的物质不能分享、复制；而信息转移原理则认为，信息是可以分享的，它以复制的方式进行转移，犯罪过程中发生接触的两个物体中一方获得了对方的信息，对方不一定会丧失该信息，而且这种信息还可能继续转移到其他客体上。三是不一定对称性。传统的洛卡德交换原理认为，犯罪过程中的洛卡德交换是对称性的，发生接触的物体任一方都会在对方身上留下源于自身的物质；而信息转移原理则认为，犯罪过程中的信息转移既可能是双向的，也可能是单向的，在发生转移的物体一方将自身的信息传递给了另一方的同时，另一方不一定对应地将自身的信息传递给了这一方。

上述三个新特点充分说明了信息转移原理不是洛卡德交换原理的简单翻版，而是一种超越。它告诉侦查人员在侦查过程中不仅要有意识地利用网络空间转移得来的信息，而且要主动遵守信息交换的基本规律，革新传统的侦查模式、侦查格局和取证措施。那将是一种立足于虚拟空间与电子数据的新型侦查制度，它既可以用于对嫌疑人进行数字式画像，也可以用于重建虚拟空间的案件事实。诚然，基于这一理论源于传统的洛卡德交换原理，称之为洛卡德交换原理在网络空间的拓展未尝不可。①

## 四、侦查制度的创新之一：构建以电子设备或账号为纽带的双向侦查模式

### （一）传统侦查模式的含义及局限性

在长期的实践中，侦查机关形成了两种经典的侦查模式：其一是"从事到人"开展侦查，其二是"从人到事"开展侦查。前者是针对受理时侦查机关只知道犯罪事件发生，而不知道谁是犯罪嫌疑人的情形，侦查工作是从已知的犯罪事实入手，通过对事的侦查来揭露与证实犯罪嫌疑人；后者是针对受理时已有明确的犯罪嫌疑人的案件进行侦查，侦查工作是围绕犯罪嫌疑人的有关活动与社会关系开始的，通过查证线索发现犯罪嫌疑人有罪或无罪的证据，进而认定或否定其犯罪。

一般来说，"从事到人"开展侦查的方法有：（1）从因果关系入手；（2）从作案规律入手；（3）从作案手段入手；（4）从并案侦查入手；等等。② 所有这些具体途径都是以"何事"为起点、以"何人"为终点，以已知的其他案件要素为中间媒介展开的，进而形成了"何事—何时—何人""何事—何地—何人""何事—何故—何人""何事—何物—何人"以及"何事—何情—何人"等五种带有摸排特点的具体侦查思路。③ 这是传统"从事到人"模式的应有之义。相应地，传统"从人到事"模式也有类似的不同途径选择。

譬如，在前述爆炸案件中，侦查人员可以摸排哪些可疑人员在案发前后到达过爆炸现场，进而排查犯罪嫌疑人，这是遵循"何事—何时/何地—何人"的途径；可以调查哪些人具有图财或者制造社会影响的企图，进而发现犯罪嫌疑人，这是遵循"何事—何故—何人"的途径；可以调查现场上留下的指纹、足迹、摩托车痕迹、爆炸残留物以及爆炸遗留物等，进而锁定犯罪嫌疑人，这是遵循"何事—何物—何人"的途径；还可以调查类似的案件或作案手段，进行寻找犯罪嫌疑人，这是遵循"何事—何情—何人"的途径。

然而，网络时代许多犯罪发生在虚拟的网络空间，或者牵涉到虚拟空间，这就使得"何人"和"何事"往往横跨物理与信息两大空间，两者之间联系的中间纽带非常特殊，必须经过两大空间之间的转换。如果侦查人员事先知道了"何事"，很难直接通过上述中间要素——"何时""何地""何故""何物"与"何情"查清楚未知的"何人"。这些中间要素不具有直接将"何人"和"何事"连接起来的侦查价值。同样的挑战，也发生在"从人到事"的案件侦查上。由此可见，网络时代的侦查工作必须创新侦查模式。

---

① 参见李学军：《物证论——从物证技术学层面及诉讼法学的视角》，北京，中国人民大学出版社2010年版，第69页。
② 张玉镶、文盛堂：《当代侦查学》，北京，中国检察出版社1998年版，第475-476页。
③ 参见何家弘主编：《证据调查》（第二版），北京，中国人民大学出版社2005年版，第169-170页。

### (二)新型侦查模式的提出及含义

简言之,这种新的侦查模式就是以涉案电子设备或账号为中间纽带而开展的双向侦查。它可以分为两个阶段:一是"从事到机"阶段,侦查人员要追根溯源找到涉案电子设备或账号,既包括作为作案工具的电子设备或账号(如犯罪嫌疑人作案时使用的手机系统),也包括记录了犯罪嫌疑人或作案过程相关信息的电子设备或账号(如警方使用的道路视频系统、公安信息采集系统以及第三方保管的微博服务系统、网络聊天系统等)。二是"从机到人"阶段,侦查人员要找到涉案电子设备或账号的使用者或关联者,即是由谁操作了电子设备或账号作案,或者电子设备或账号所反映的犯罪嫌疑人是谁等。

为什么网络时代侦查工作应当以涉案电子设备或账号为中间纽带?这可以区分网络犯罪与普通犯罪两种情况讨论。在网络犯罪中,涉案的电子设备或账号往往就是作案工具或犯罪对象,对于这样一个充当着"帮凶"或"被害人"的角色,显然应当作为侦查的切入点。这符合侦查要从从犯或被害人开始切入的规律。而在普通犯罪中,涉案的电子设备或账号不仅可能是作案工具或犯罪对象,还可能是犯罪的忠实"见证者",对于充当"见证者"角色的电子设备或账号当然也可以作为侦查的切入点。基于此理,显然传统的"从事到人"模式是无法直接适用的,因为整个犯罪活动离不开电子设备或账号的枢纽作用。

譬如,美国某一"黑客"采取迂回曲折的手段非法侵入美国国防部的数据库,他先登录到日本某网站,再转"道"澳大利亚某网站,然后借助德国某网站来攻击目标。黑客这一扑朔迷离的行为似乎不能被追踪,其实他每登录一网站都在系统日志留下前一服务器设备 IP 地址等电子信息,通过追踪 IP 地址和分析系统日志等内容就能逐层追踪到其终端计算机,然后再结合传统的侦查手段侦破此案。[①] 在这样的侦查活动中,"从事到机"与"从机到人"两个阶段都是客观存在的。任何一个阶段的疏忽都将导致侦查工作的失败。具体来说,在"从事到机"阶段,如果侦查人员找到的不是犯罪嫌疑人直接操纵的计算机,而是"傀儡机",就不可能破案;同样,在"从机到人"阶段,如果侦查人员无法确定案发时操纵该计算机的人,也不能顺利实现侦查终结。

同样的规律在传统犯罪案件的信息化侦查中也有所体现。在前述爆炸案件中,侦查工作就经历了两个阶段:一是通过对爆炸现场周围视频录像的分析,找到了记录犯罪嫌疑人在现场及周围活动的录像,进而锁定犯罪嫌疑人,并在公安信息采集系统进行身份确认,这是"从事到机"、即找到记录犯罪嫌疑人影像的视频录像机器、记录身份信息的系统;二是根据视频录像机器、公安信息采集系统确认犯罪嫌疑人信息,通过微博发动群众提供线索,缉捕犯罪嫌疑人,这是"从机到人"。将这样的侦查过程归入"事—机—人"模式,同样没有任何障碍。

总而言之,当代的侦查模式是新型的"事—机—人"模式或"人—机—事"模式,

---

① 参见刘建华:《论网络犯罪的运行机理与侦查模式》,载《侦查论丛》第 1 卷,赵永琛、何家弘主编,北京,法律出版社 2003 年版,第 309 页。

其突出特点在于以电子设备或账号为中介的双向调查。在新的侦查模式下，侦查可以从虚拟现场的勘查开始，可以从信息化数据库的搜索、网上定位、手机定位、电子数据鉴定等方面突破。这是一种发源于传统侦查又不断创新的模式。

## 五、侦查制度的创新之二：实行实体侦查与数字化侦查相结合的格局

### （一）新型侦查格局出现的必然性

相比传统的侦查模式而言，"事—机—人""人—机—事"侦查模式的突出优点在于有效地将物理空间和虚拟空间结合起来。以"事—机—人"的侦查模式为例，它所区分的"从事到机"阶段与"从机到人"两个阶段的侦查方法有着明显的区别：（1）前一阶段主要针对的是数字化空间或虚拟空间，而后一阶段则针对的是人或实物所在的物理空间；（2）前一阶段的任务是查找电子形式的"元凶"或造痕者，后一阶段的任务则是认定实体空间的犯罪嫌疑人；（3）前一阶段的依据是形形色色的电子数据，后一阶段的依据则是各种传统形式的证据；（4）前一阶段的侦查措施是各种电子取证手段，后一阶段的侦查措施则是传统的取证手段。如果说前一阶段的侦查是带有高科技性的，必须由信息技术专家等专业人士完成，那么后一阶段的侦查实际上仍属于典型的传统侦查，带有排查法的特点，由普通的侦查人员实施就行。不过，随着社会信息化程度的加深，这两个阶段的侦查方法也相互渗透与融合。其突出表现为实体侦查方法与数字化侦查方法的交叉作用。

现代信息技术的发展状况表明，虚拟空间不仅限于国际互联网空间。只要使用现代信息技术，就可能构成一个虚拟的数字空间，如手机信号空间、电话网空间、电报网空间以及计算机局域网空间等。虚拟空间既可能是案发的主要场所，也可能是关联场所；既可能是案件的一个构成要素，也可能与案件无关，但记录了犯罪嫌疑人、涉案物等信息。这一特点使得在"从事到机"阶段，侦查人员主要是采取数字化侦查方法，但也不排斥实体侦查方法；在"从机到人"阶段，侦查人员主要采取实体侦查方法，但也不排斥数字化侦查方法。

我国还有学者从侦查资源的角度评价这种新型侦查格局出现的必然性："数字化使侦查资源的构成发生了重大变化，在传统实体性资源的基础上，又增加了数字化的侦查资源，这为侦查活动提供了新的线索引导和证据支撑，改变了侦查线索与证据资源的类型结构，数字化时代的到来开辟了数字化侦查的新领域，使侦查活动由传统单一实体侦查发展为实体侦查与数字化侦查并存并行，形成了数字化时代新的侦查格局。"① 这种说法也有相当充分的道理。

实践也表明，实体侦查与数字化侦查相辅相成的新格局，是当代侦查演变的一种必

---

① 郝宏奎主编：《侦查论坛》（第九卷），北京，群众出版社、中国人民公安大学出版社 2010 年版，序言部分第 1 页。

由之路。笔者对北京市公安局办理的 10 起典型侦破案件[①]作了分析，发现这些案件虽然大都是传统犯罪案件，但侦查时都交错使用了现场勘查、讯问、询问、辨认、摸排、鉴定等实体方法以及视频调查、GPS 调查、手机调查、计算机调查、因特网调查、公安网调查、旅店系统查询、账户查询等信息化侦查方法。最为重要的是，这些案件侦破的突破口几乎都是信息化侦查方法。这充分说明了侦查实践中新型侦查格局已经浮出水面，而且发挥了极大的破案力。

### （二）新型侦查格局的内涵

笔者在 2005 年第一次提出"事—机—人"的侦查模式[②]时，曾经举了 2003 年清华大学、北京大学的爆炸案侦查为例。该案可以用来说明前述新型侦查格局的基本内涵。

2003 年 2 月 25 日，清华大学、北京大学两餐厅陆续发生爆炸。由于国内"两会"即将召开，警方面对着强大的破案压力，成立了由刑侦总队、技术部门、保卫部门、网监部门等组成的专案组。现场勘查表明，这是两次有预谋的爆炸事件。于是，专案组安排警力进行全方位摸排，有的负责访问知情群众，有的负责对校内特殊人群、外来人口、出租房、旅店、商店进行清查走访，从犯罪动机、作案时间、技能条件、作案工具、物证条件、反常条件、个体条件与购物条件等八方面开展拉网式调查。这些调查方式便属于典型的"从事到人"模式。尽管通过这些超强度的侦查措施基本查明了案情——"何事"，但在确定犯罪嫌疑人方面未见实质性进展。除此之外，本案中技术部门还对案发时现场附近的手机信号进行分析，试图从中发现嫌疑的手机号码；网监部门负责对内外网上相关信息进行搜索、过滤，一方面控制案件带来的负面影响，另一方面发掘嫌疑信息。事后证明，犯罪嫌疑人黄某一路南下潜逃，并多次以"黄老邪"的网名登录互联网，在"清华网""北大网""新华社网""中国网"等网站上发布信息。正是由于网监部门卓有成效的工作，黄某对犯罪所引发的社会反响"平淡"甚为不满，于 3 月 6 日向北京大学新闻中心的电子邮箱发出一封自称是爆炸案制造者的匿名邮件。警方分析了邮箱名字、邮件内容与发出时的 IP 地址，再通过该 IP 地址定位出犯罪嫌疑人发邮件的物理位置——福州"猎人网吧"。最后警方顺藤摸瓜，通过将匿名邮箱登录手机报警、IP 地址追踪、询问网吧服务员、化装网友与犯罪嫌疑人开展网聊以及现场布控等方式，多管齐下将犯罪嫌疑人一举抓获。

从侦查途径来看，本案的侦查就分为两个阶段，一是确定犯罪嫌疑人的电子邮箱、IP 地址及使用电脑，二是抓获犯罪嫌疑人。在前一阶段，侦查方法以数字化侦查为主，也包括一些实体性侦查；在第二阶段，侦查方法以实体性侦查为主，也包括一些数字化侦查。这两种方法的并行并存，正是这种新型侦查格局的主要内容。这样的例子比比皆是，像前述 10 起典型案件的侦破也都经历了两个不同的阶段。不仅网络犯罪的侦查如此，传统犯罪的侦查亦然。

---

① 案件选自北京市刑事侦查学研究会 2012 年内部交流资料。
② 刘品新：《论网络时代侦查模式的转变》，载《侦查论坛》第 4 卷，郝宏奎主编，北京，中国人民公安大学 2005 年版。

## 六、侦查制度的创新之三：推行传统取证措施的电子化与电子取证措施

无论是前述侦查模式的转变，还是前述侦查格局的调整，最终都要落实到具体取证措施方面。这就表现为新生事物——电子取证登上人类司法舞台。电子取证是借助于电子设备或账号开展的专门性调查活动，它既可能是新式的技术取证手段，也涵盖各种传统取证方法的电子化。这两个方面的有机统一构成了传统取证措施的革新。

### （一）传统取证措施的电子化

传统的取证措施究竟有哪些种？我国《刑事诉讼法》主要规定了讯问、询问、辨认、勘验、检查、侦查实验、鉴定、搜查、查封、扣押、通缉、技术侦查等，相关司法解释文件还有一些更为细致的规定。这些传统取证措施的共同特点是立足于获取物理空间的证据，通常不需要特别的技术手段。①然而，这些措施正呈现日益电子化的趋势。现在，远程讯问、远程询问、远程辨认、计算机勘验、计算机检查、计算机仿真实验、电子数据鉴定、计算机搜查、网上查封、电子扣押、网上通缉、数据库查询等新措施层出不穷，在侦查工作中发挥了积极的作用。

在这些新措施中，数据库查询既是一种独立的取证手段，也可以作为其他取证手段的辅助方式。它的推广使用，已经成为传统取证措施电子化的重要路径。当前我国公安机关通过建设数据库或联网借用社会数据库的方式，拓展了辅助侦查的主力阵地，并成功破案无数。这一做法在欧美地区出现的更早一些。例如，美国联邦调查局自1994年获得国会立法授权，开始建设全国性DNA索引数据库（NDIS），主要纳入已知违法者的DNA样本（简称违法者DNA样本）、犯罪现场的未知DNA样本（简称供检验DNA样本）等。该数据库发展迅猛，到2012年4月已囊括超过10 718 700个的违法者DNA样本与427 500个供检验DNA样本。警方借助该数据库将供检验DNA样本与违法者DNA样本进行比对，发现了超过178 300次对比一致的情况，协助侦查破案171 000多起。②此外，美国各州还建立了州联合DNA索引数据库（CODIS），也取得了卓越的业绩。又如，大多数欧洲国家都建设有至少一个以上的、供侦查犯罪之需的犯罪信息数据库；③而且欧盟为有效打击有组织犯罪的需要也在积极建设名为"欧洲犯罪记录"（ECR）的犯罪数据库或类似的侦查、起诉数据库。④国际上这些现象充分表明，以数据库查询来打击犯罪是信息化革命带来的一项重大转变。它极大地提升了传统取证措施的威力，提高了破案的效率。

---

① 参见朱孝清：《检察机关侦查业务教程》，北京，中国检察出版社2003年版，第497页。
② Federal Bureau of Investigation, CODIS Statistics Clickable Map, http://www.fbi.gov/about-us/lab/codis/ndis-statistics (last visited Jun. 8, 2012).
③ Constantin Stefanou, Databases as a means of combating organised crime within the EU, 100, 101, J.F.C. 2010, 17(1), pp. 100-115.
④ Constantin Stefanou, Databases as a means of combating organised crime within the EU, 101, J.F.C. 2010, 17(1), pp. 100-115.

显而易见，上述各种电子化的取证措施源于传统取证措施，同时存在着鲜明的信息化特色。以传统勘验和计算机勘验的比较为例，它们从字面上看具有相似性和承继性，在具体做法上则有本质的、显著的不同：（1）勘验的对象不同。前者针对的是关于案发地点的物理区域，侦查人员要通过一定的路线进入，察看一个又一个区域，并提取一些有价值的东西；后者针对的是各种各样的虚拟空间（包括单机空间和网络空间），侦查人员不可能亲身进入，也不可能直接观察那些以"0"和"1"代码信号组合的数据，更不可能直接提取任何东西，他只能是输入指令解读相关的电子信息。（2）勘验的机制不同。前者只涉及物理空间，通常只需要按照勘验证的范围开展集中式的提取与保全；而后者往往需要借助电子技术从电子设备等虚拟空间获取电子数据，全过程可以视为电子技术的"演练"。前者获取的是各种痕迹物证，对现场不能进行"复制"备存；后者往往需要尽力完全地复制"镜像"或其他复制件，在此基础上进行检验分析，它对现场原则上要求"复制"备存。（3）勘查的信息量不同。关于案发地点的物理场所会留下犯罪形成的各种痕迹物证，但信息量有限，作案人也比较容易毁灭或伪造痕迹物证；而计算机硬盘等存储的信息却是海量的，网络空间的信息更是如此，因而计算机勘查相当于对一座巨型信息库的搜索。此外，在当前侦查实务中，传统勘验与计算机勘验往往是紧密相关联的。这就表现为在实施传统勘验时不排除对一些电子设备等进行勘验，在开展计算机勘验时要事先对键盘、鼠标等设备上的指印、毛发等物证进行提取。总之，不管从什么意义上讲，各种取证措施的电子化都是在传统措施基础上的升华。这一点是不言而喻的。

## （二）新型的电子取证措施

相比上述变化，一些新型电子取证措施的运用给侦查办案带来了更大的冲击。诸如人肉搜索、网上定位、手机定位、网络过滤、网络监控与社交网站调查等等无不强化了侦查的力度。在侦查实践中，人肉搜索是侦查机关发动网民进行的搜索活动，具有信息反馈快、侦查能力强、参与人数众多等特点，是"侦查机关依靠群众办案的一条路线"。[①] 网上定位、手机定位是通过技术手段确定犯罪嫌疑人登录互联网、打手机时所对应的物理地址，这是地球数字化的时代产物，它可用于判断犯罪嫌疑人有无作案时间、是否到过作案地点以及进行信息碰撞等。网络过滤是侦查人员运用特定的网络技术手段，对涉嫌犯罪的特定网络信息进行访问、读取和浏览等行为，它在发现犯罪线索并进行自动取证方面具有突出的作用。网络监控是侦查人员对网络传输或网络通信进行监控，是在办理严格审批手续的基础上开展的技术侦查措施。这些取证措施使得侦查工作插上了新的翅膀，同时也带来了前所未有的冲击与挑战。

社交网站调查是当下警方破案的另一种利器，或者说是"执法者的朋友"。[②] 这源

---

① 何家弘：《"人肉"嫌犯是群众路线的新尝试？》，载《法制日报》2009 年 7 月 27 日。
② 美国学者朱莉·马西斯对马萨诸塞州威明顿市 14 个执法部门进行正式调查发现，一半以上的执法官员说他们在开展侦查工作时会对"脸书""聚友网"等社交网站进行查询。一名警官甚至说，"毒贩们经常使用'脸书'网站买卖毒品……我们若不将社交网站作为侦查工具，那就太傻了"。因此她总结说，社交网站调查是"执法者的朋友"。See Julie Masis, Is This Lawman Your Facebook Friend? Increasingly, Investigators Use Social Networking Websites for Police Work, The Bos. Globe, Jan. 11, 2009, at 1 (NORTHWEST Reg).

于越来越多人使用社交网站并在其上公布个人信息。尤其是当越来越多的犯罪人借助社交网络实施犯罪行为的今天,侦查人员关注社交网站并利用其为侦查服务,就成为一种必然。据统计,截至 2009 年 9 月,美国社交网站脸书(Facebook)拥有 3 亿用户的信息,聚友网(MySpace)拥有 1.25 亿用户的信息,推特(Twitter)拥有 0.2 亿用户的信息,①在 18～24 岁的年轻群体中,大约有 74% 的人使用社交网站。②由于社交网站上有如此多的个人信息,而且不同用户可以相互联系,因此警方也很快学会了在社交网站上寻找破案的信息。例如,美国联邦调查局就安排有秘密警员专门从事各大社交网站调查的任务,③他们在侦查实务中会广泛调查社交网站上的信息。中国警方也在积极开展借助 QQ、微博等社交网站破案的探索,他们利用这些网站公布案情、收集线索、发布通缉令、发布悬赏告示、发布协查公告、辨认尸源、诱捕犯罪嫌疑人以及辅助落地查控等,获得了重大的成功,积累了丰富的经验。④世界范围内,人们围绕社交网站调查是否侵犯了民众的合法权利、是否属于警方有权采取的措施等问题,产生了热烈的争论。

一种普遍存在的担心在于,诸如社交网站调查之类的电子取证措施破坏了侦查工作与人权保障在历史长河达成的价值平衡,人们必须重新构建法律规制的界线。详言之,人肉搜索、网上定位、手机定位、网络过滤、网络监控、社交网站调查等会极大地侵犯个人的隐私权、个人信息权和言论自由权等。⑤这就涉及如何通过法律规范进行有效规制的问题。从证据法理上讲,现阶段我国电子取证立法应当在确保电子数据的原始性、真实性与合法性方面作出努力。⑥近年来,我国公安部、最高人民检察院相继颁行《公安机关电子数据鉴定规则》《计算机犯罪现场勘验与电子证据检查规则》《人民检察院电子证据鉴定程序规则(试行)》,其他相关的规章也在陆续制定之中。2012 年我国《刑事诉讼法》作了重大修改,不仅增加了电子数据这种证据形式,而且规定了行政执法中获取的电子数据可以在刑事诉讼中使用。这给电子取证浮出水面并接受法律的规制又提供了新的契机。随着这些规范性文件的出台和修改,我国电子取证措施将不断地推陈出新和走向规范化,最终推动侦查工作实现科学化与法治化。

---

① David Lee, Problems Unique to Social Networking and the Law, address at Samuelson Conference, (Oct. 23, 2009), available at http:// www.law.berkeley.edu/7458.htm.
② Id.David Lee, Problems Unique to Social Networking and the Law, address at Samuelson Conference, (Oct. 23, 2009), available at http:// www.law.berkeley.edu/7458.htm.
③ Paul Ohm, Lauren Gelman & Jack Bennett, Are You Really My Friend? The Law and Ethics of Covert or Deceptive Data-Gathering, address at Samuelson Conference, (Oct. 23, 2009), available at http://www.law.berkeley.edu/7458.htm.
④ 参见李明刚:《浅议 QQ 在侦查中的应用》,载《吉林公安高等学校学报》2011 年第 4 期;王国亮:《微博在侦查破案中应用》,载《江苏警官学院学报》2011 年第 3 期;黄首华、魏克强:《论公安微博在侦查中的应用——以武汉建设银行爆炸案为例》,载《广西警官高等学校学报》2012 年第 2 期。
⑤ See Samuelson Conference, Social Networks: Friends or Foes? Confronting Online Legal and Ethical Issues in the Age of Social Networking (Oct. 23, 2009), available at http://www.law.berkeley.edu/institutes/bclt/socialnetworking/schedule.htm.
⑥ 刘品新:《电子取证的法律规制》,载《法学家》2010 年第 3 期。

## 七、小结

1999年8月5日,美国副总统戈尔在一次演讲中说:"违法犯罪不是网络空间的独特现象,但是网络放大了人类社会中好与坏的方面……我们必须找到对付犯罪的新手段。"[1]20多年过去了,现如今网络已经成为人类生活的中心世界,人们获取信息、分享信息都离不开网络。对于各国侦查人员而言,如何接近和提取网络信息是一个迫在眉睫的任务,网络技术的影响早已渗透到侦查工作的各个角落。在这种大背景下,侦查制度的创新是一个不以人们意志为转移的趋势。

适应这一变革趋势,侦查模式、侦查格局和取证措施等都必须作相应的调整。从侦查模式上,传统的"从事到人"与"从人到事"将转向以涉案电子设备或账号为中间纽带的模式,即以查清犯罪事件与涉案电子设备或账号、犯罪嫌疑人与涉案电子设备或账号之间关系为主要侦查任务。在侦查格局上,传统的实体侦查将转向实体侦查与数字化侦查相结合的格局,即通过获取物理空间与网络空间相联系的两种证据来查明案件真相。在取证措施上,各种传统的讯问、询问、辨认、勘验、检查、侦查实验、鉴定、搜查、查封、扣押、通缉等措施出现了程度不等的电子化、信息化,与此同时一些全新的电子取证措施日益充实着侦查武器库,在有关法律的规制下正在深刻地改变着侦查的面貌。国人常说中国的刑事司法具有侦查中心主义的特色,而上述改变必将突破侦查阶段的范围,在立案、审查起诉、审判、执行等刑事司法制度更广泛的范围内产生持续而深远的影响。

刘品新,中国人民大学法学院教授,博士生导师。本节内容以《网络时代侦查制度的创新》为题发表于《暨南学报》(哲学社会科学版)2012年第11期,收录本书时有改动。

## 第二节　大数据时代侦查模式变革

王　燃

大数据时代,传统侦查模式正发生着全方位的变革,以数据空间为场景、以数据为载体、以算法为工具、以数据价值为目的的全新大数据侦查模式正在形成。技术层面,大数据技术与侦查业务相结合,促进情报资源丰富化、线索发现主动化、案情研判智能化;思维层面,大数据推动侦查思维从因果性转向相关性,从抽样性转向整体性,从回溯性转向预测性,从分散独立性转向共享协作性。大数据时代侦查模式的变革也带来相应的法律问题,司法公正、正当程序、司法证明规则以及数据治理体系都面临着挑战。对此,应构建大数据侦查的法治体系,通过数据与算法的规制来保障司法公正,通过规则的调整赋予大数据时代正当程序新内涵,并基于大数据特征创新证明规则,完善大数据侦查背景下的数据治理体系。

---

[1] See Harry S.K. Tan, *E-fraud: current trends and international developments*, 9(4) J.F.C. 347, 354, (2002).

从 2015 年 10 月第十八届五中全会正式提出国家大数据发展战略，到党的十九大报告中再次强调发展互联网、大数据以及人工智能技术，我国已全面进入大数据时代。对于何为大数据，目前尚存在多元化认识：数据层面，认为大数据是海量数据的集合；① 技术层面，认为大数据包括专业的数据处理技术与方法；② 价值层面，重在强调海量数据背后的价值、规律。③ 无论从哪个角度解读，都不能否认大数据作为新时代的新能源，正开启一次重大的时代转型。

目前，大数据在侦查领域已显示出巨大的应用前景。各地侦查机关从战略到技术已全面铺开大数据革命：例如浙江省"智慧浙江公安"、湖北省"智慧警务"以及山东省"大数据警务云计算"等战略；④ 实务中更是不乏运用大数据破案的成功案例，如广东警方利用大数据技术批量集中打击"盗抢骗"系列犯罪案件曾在全国产生广泛影响。⑤ 然而，当前大数据在我国侦查领域的发展有"重技术、轻法律"的色彩。大数据侦查技术的迅猛发展，既对传统司法原则以及诉讼程序产生影响，也带来一系列基于大数据特征的新型法律问题。当前，现有法律机制无力全面涵盖大数据技术过度发展所产生的问题，新的配套法治体系尚未形成；相关理论研究也过于保守和零散化，缺乏对大数据侦查的立体叙述和全面回应。基于此，笔者提出"大数据侦查"理念，对大数据时代侦查模式的变革进行全景式描述，从司法公正、正当程序、司法证明及数据治理等角度探讨大数据侦查带来的法律问题并寻求解决路径，构建法治化的大数据侦查体系。

# 一、大数据侦查模式的解析

大数据时代产生了与物理空间相对应的数据空间。侦查领域，则衍生出以数据空间为场景、以数据为载体、以算法为工具、以数据价值为目的的大数据侦查模式。大数据侦查既体现为侦查技术的革新以及基于技术应用的新业务场景，也蕴含着侦查思维的转变，带来相关性、整体性、预测性及共享协作的全新思维模式。

## （一）大数据侦查的内涵

每一次科学技术革命都推动人类认知能力的变化，侦查领域体现得尤为明显。前信息化时代，侦查可以归纳为"由案到人"和"由人到案"模式，以时间、地点、情节等物理空间要素为中介，搭建起案和人之间的关系；随着信息化时代的到来、网络技术的发展，又有学者提出了"事—机—人"及"人—机—事"侦查模式，将涉案的电子设备或账号作为中介，连接起案件事实和犯罪嫌疑人的关系。⑥ "大数据之父"迈尔·舍恩伯

---

① 参见[日]成田真琴：《大数据的冲击》，周自恒译，北京，人民邮电出版社 2013 年版，第 3 页。
② 参见工业和信息化部电信研究院：《大数据标准化白皮书》，2014 年 5 月编写，第 1-2 页。
③ 参见[英]维克托·迈尔-舍恩伯格，肯尼斯·库克耶：《大数据时代》，盛杨燕，周涛译，杭州，浙江人民出版社 2013 年版，第 4 页。
④ 参见张兆端：《智慧公安：大数据时代的警务模式》，北京，中国人民公安大学出版社 2015 年版，第 256 页、第 276 页、第 286 页。
⑤ 参见《中央政法委举行政法干部学习讲座 讲解大数据等》，http://bj.people.com.cn/n2/2016/0516/c233086-28337923.html，2018 年 4 月 22 日访问。
⑥ 参见刘品新：《论网络时代侦查模式的转变》，载《山东警察学院学报》2006 年第 1 期。

格曾说："大数据开启了一次重大的时代转型……大数据正改变我们的生活以及理解世界的方式。"① 作为人类历史上又一次技术革命，大数据推动侦查领域认知模式的变革。

对此可通过一则典型案例来感知。2013年美国波士顿一场马拉松比赛中突发爆炸，嫌疑人趁混乱迅速逃离现场。案发后警方发动群众力量，调取了案发现场几乎所有的"大数据"，包括周围的监控录像，民众所拍摄以及社交网站上传的照片、视频等近10TB的数据。警方对海量数据进行挖掘分析，三天后便确定了嫌疑人真实身份。② 此案中，侦查人员不再拘泥于物理空间及传统侦查模式，而是以"数据空间"为犯罪侦查场景，以"数据"为载体连接起"案"与"人"的关系、打破物理空间和数据空间的界限，以算法为工具挖掘出海量数据背后的相关人、案信息，构建"大数据侦查"的全新内涵。

**1. 大数据侦查以数据空间为场景**

大数据时代，"万物皆可数据化""一切皆可量化"。物联网等技术能够将物体的运行状态、人类的语言行为乃至睡眠、情绪都以数据形式记录下来，形成与传统物理空间相对应、平行的"数据空间"。大数据侦查正是在这样的平行数据空间中展开，侦查人员根据物理空间的人和事去找其对应的数据空间形式，再从数据空间返回到物理空间。通过物理空间与数据空间的交叉以及数据之间的碰撞，很多与犯罪行为相关的线索、信息就显现出来了。上述案例中，侦查人员巧妙抛开物理空间的束缚转向数据空间，寻找与案件相关的数据痕迹。

**2. 大数据侦查以数据为载体**

数据连接起物理空间和数据空间，连接起"案"与"人"之间的关系。上述案例中，侦查人员以物理空间为起点，对应至数据空间中寻找与犯罪嫌疑人相关的数据线索，包括含有相关人像图片、视频，与其身份相关的账号等，确定犯罪嫌疑人数据空间中的虚拟身份后再回到物理空间，直至确立其真实身份。在此过程中，与嫌疑人相关的图像、账号等案件信息均以数据形式呈现。数据作为桥梁和载体，连接起"案"与"人"的关系，完成现实到虚拟、再从虚拟到现实的转换。

**3. 大数据侦查以算法为工具**

大数据侦查中的数据往往达到"TB"甚至是"PB"的海量级别，而数据的海量性决定其无法适用于传统的人工分析，必须依赖于专业的智能化大数据算法。上述案件中，从10TB的海量数据中筛选出与犯罪嫌疑人相关的数据，仅靠侦查人员的人工逐条分析显然是不现实的。而运用如文本分析、神经网络、人像识别等专业算法则能够很快完成数据处理任务，从海量数据中提炼出与犯罪嫌疑人相关的信息，解放侦查员人力劳动的同时大大提高了侦查效率。

**4. 大数据侦查以数据价值为目的**

大数据的精髓就在于挖掘数据背后的规律，并将其应用于具体的业务决策中。大数据侦查也致力于从海量数据中发掘有价值的信息作为情报、线索乃至证据。上述案件

---

① 参见[英]维克托·迈尔-舍恩伯格、肯尼斯·库克耶：《大数据时代》，盛杨燕、周涛译，杭州，浙江人民出版社2013年版，第1页。
② 参见 Data for Boston investigation will be crowd sourced，http://edition.cnn.com/2013/04/17/tech/boston-marathon-investigation/，2018年4月22日访问。

中，侦查人员之所以搜集近 10TB 的数据，目的并不在于这些数据本身，而是借助于对海量数据的分析，挖掘其中与犯罪嫌疑人及案件相关的信息，如通过嫌疑人推特账号分析其 IP 地址，通过海量现场照片来确定嫌疑人的外形等，助力案件侦破。

综上，大数据时代的侦查以数据空间为场景，以数据为载体连接起"案"与"人"之间关系、打通虚拟与现实的桥梁，以专业算法为工具，以挖掘数据背后案件线索、情报为目的，形成独特的大数据侦查内涵。在此基础上，大数据侦查还进一步表现为侦查技术的革新及侦查思维的转变。

### （二）大数据侦查带来侦查技术的革新

数据挖掘、文本分析、机器学习等大数据技术逐渐运用于侦查领域，并与侦查实务需求相结合，形成不同业务场景下的大数据侦查方法，带来情报资源丰富化、线索发现主动化以及案情研判智能化的转变。

#### 1. 情报资源的丰富化

大数据强调海量数据的集合，而海量数据恰恰是情报的重要来源。除了侦查机关自有数据外，随着数据开放共享运动的兴起，政府开放数据平台、互联网数据库及其他行业数据库都能为侦查提供大量情报。例如 J 省 X 市的"侦查信息云平台"接入了银行账单数据、话单数据、社保数据、婚姻数据等多行业数据库，通过身份证号、手机号、姓名等标识数据能够一键关联出犯罪嫌疑人海量相关信息，协助侦查人员快速了解犯罪嫌疑人的资产、家庭、人际关系等基本情况。很多侦查平台还开发出关联数据实时比对查询、多库比对等智能化搜索功能，全方位多维度提供侦查情报信息。

#### 2. 线索发现的主动化

相较于以往举报、报案、摸排等"被动式"的线索查找方式，侦查人员可以依托大数据智能算法建立起主动化、长效化的线索发现机制。尤其对隐蔽性犯罪线索的筛选效果极佳。例如 F 省 Q 市的"智慧大数据分析平台"通过对当地机关、企业历年采购数据进行分析，采用机器学习算法得出不同单位的采购数据标准值，并据此设置各类单位开票数据的预警规则（阀值）。侦查机关将预警规则用至对当地单位开票数据的实时监测中，即能自动识别出触碰阀值的异常数据，并随之查处多起异常数据背后的犯罪案件。大数据主动发现犯罪线索的原理就在于通过对海量案件数据进行大规模样本训练，挖掘类案规律并建立相应的数据预警规则，一旦有触动预警机制的异常数据，其背后往往就隐藏着犯罪线索。

#### 3. 案情研判的智能化

大数据技术开启了案情分析的智能化时代。实务中，侦查人员普遍反映，账单分析、话单分析、人员组织关系等复杂案情梳理亟须智能化的大数据技术支持。以银行账单分析为例，以往账单分析多依靠侦查人员逐笔手工梳理，耗时费力且容易遗漏信息；大数据算法则能够对海量银行账单进行智能化分析，前后手交易账户、异常交易明细、异常转账人员等重要信息一目了然，大大提高了侦查效率。再以犯罪成员的组织分工为例，以往侦查中往往依赖证人证言、犯罪嫌疑人口供等方式来获悉各成员在犯罪组织中的地位和作用，言词证据主观性强且易变性较大；大数据则能够对犯罪组织成员之间的联系频次、亲疏度等要素进行客观化定量计算,并将他们的层级关系、分工形式以关系图谱呈现出来,各犯罪分子的角色地位一目了然。

### (三)大数据侦查带来侦查思维的转变

大数据侦查还带来侦查思维的转变。一方面,大数据本身所倡导的理念带来侦查人员的思维变化;① 另一方面,大数据技术的普及也倒逼侦查人员改变传统思维模式。相比于传统侦查思维,大数据侦查思维集中体现为相关性思维、整体性思维、预测性思维以及共享协作思维。

#### 1. 从因果性思维到相关性思维

长久以来,人类的思维范式都拘泥于小数据时代的因果关系思维,侦查思维也不例外。对犯罪事实的认定,必须严格地遵循因果关系,事实与证据之间要具有引起与被引起的因果关系,能够被主观思维所理解与解释。然而,大数据却颠覆了传统的因果思维模式,强调事物之间的相关关系。大数据的相关性通过量化数值之间的数理关系得出,这种数据逻辑上的相关性往往无法被主观思维所理解,即只告知结果"是什么"却不解释过程"为什么",不过很多时候知道"是什么"就已经足够了。相关关系为我们创构想要的结果提供了广阔空间,人们对因果关系的把握从既存结果推展到潜在结果,从过去时推展到将来时。② 将大数据的相关性思维运用至侦查中,可以有效拓展侦查思维视野,发掘更多的线索、情报。

一方面,"找到一个关联物并监测它",③ 通过对关联物的分析来观察某个现象本身。如果侦查对象本身不便观察,可以寻找它的关联数据,通过关联数据的变化来推测侦查对象的情况。例如上文提到 F 省 Q 市侦查人员通过企业开票数据来发现犯罪线索,就体现了相关性思维的运用:将人为难以观测的行受贿等犯罪现象转移至与其相关联的企业开票数据上,通过对开票数据的分析来判断是否有行受贿犯罪行为。再如,某地侦查人员运用大数据思维来办理骗取低保补贴案件,将难以观察的"骗保"现象转移至车辆、房产、工商登记等"相关"数据;将低保发放数据与相关数据进行关联、比对,很快就能筛选出异常的低保户。当然,关联数据的选择需要建立在侦查人员对案件规律、法律业务及数据科学精湛的理解之上,将办案经验转化为数据规则。但未来,我们或许不再需要人工选择关联物,大数据就能够告诉我们谁是最好的"代理人"。④

另一方面,挖掘数据背后的相关性。以往侦查人员一般只能收集看似与案件有明显因果关系的线索、证据,而大数据则能够从看似无关的海量数据背后挖掘出相关信息。例如,从杂乱无章的话单、账单、房产、车辆等海量数据中梳理出当事人的行踪轨迹、人际关系、通话规律、资金房产等信息,对嫌疑人进行立体式数据画像,并挖掘出高频

---

① 迈尔·舍恩伯格在其《大数据时代》一书中提出大数据的三种思维模式变革:"不是随机样本,而是全体数据";"不是精确性,而是混杂性";"不是因果关系,而是相关关系"。
② 参见王天思:《大数据中的因果关系及其哲学内涵》,载《中国社会科学》2016 年第 5 期。
③ 参见[英]维克托·迈尔-舍恩伯格、肯尼斯·库克耶:《大数据时代》,盛杨燕、周涛译,杭州,浙江人民出版社 2013 年版,第 79 页。
④ 参见[英]维克托·迈尔-舍恩伯格、肯尼斯·库克耶:《大数据时代》,盛杨燕、周涛译,杭州,浙江人民出版社 2013 年版,第 75 页。

联系人、异常通话记录、大额转账等敏感信息。尽管这些信息与案件之间并非有直接强关联性，但是能够对案件线索查找、证据收集以及审讯策略制定等侦查活动提供有效指引。

**2. 从抽样性思维到整体性思维**

小数据时代，人类由于获取信息的能力有限，面对大量数据集只能采用抽样调查的方法。但即使选取样本的方法再科学，也无法获取全部数据，而一些重要的信息很可能就在这些"非样本"数据中。小数据时代的侦查思维同样带有"抽样"印记，主要体现在取证的有限性和事实还原的片面性。取证过程中，由于时空条件的限制和人类认知能力的有限，侦查人员所获取的证据充其量只是一小部分，而在这之外尚有大量未知的证据。事实还原过程则带有"原子主义模式"色彩，证明力取决于单个证据及离散式系列推理，事实认定由零散证据的证明力聚合、拼凑而成。① 由于获取证据的有限性，所还原的事实很可能不够客观全面，甚至会由于证据不足而放弃对客观真相的追求。通过单个证据的收集审查去认定案件事实，实际上是"利用样本来推断总体"的统计方法，② 其充其量是一种小数据时代的抽样调查方法。

大数据时代我们则完全有条件获取某个对象的所有数据，"全数据"的思维模式有利于对事物进行全景式的观察。大数据侦查同样具有"全数据"色彩，取证和事实还原过程都呈现出"整体性"的思维特征。就取证而言，数据空间赋予了侦查人员获取"全数据"的可能性，或许与案件有关的数据仅仅是一小部分，但首先要获取一定范围内的整体数据，再进一步析取与案件相关的信息。取证思维的整体性也带来事实还原思维的整体性，根据所获取的"全数据"，侦查人员首先还原出更广泛意义上的"大事实"，再进一步判断、甄别其中与案件有关的事实。例如，若判断嫌疑人是否到过案发现场，侦查人员首先根据其手机基站等时空数据来还原嫌疑人在案发前后一段时间所有的足迹，再从中筛选是否有与案发现场相吻合的位置；若判断某贪腐分子的可疑行贿人，首先对嫌疑人所有通信、社交数据进行挖掘，还原出其完整的人际交往谱图，再从中比对、筛选出可疑行贿人（见图3-2-1）。

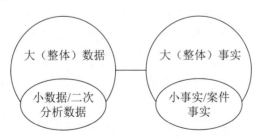

**图 3-2-1 大数据侦查"整体性"思维图示**

**3. 从回溯性思维到预测性思维**

由于时空的不可逆性，侦查活动只能在犯罪行为发生后进行，具有由果溯因的回溯

---

① ［美］米尔吉安·R.达马斯卡：《比较视野中的证据法》，吴宏耀、魏晓娜等译，北京，中国人民公安大学出版社2006年版，第68-69页。
② 参见封利强：《事实认定的原子模式与整体模式之比较考察》，《证据学论坛》（第十七卷），北京，法律出版社2012年版，第115页。

性思维特征。侦查人员只能通过有限的证据去还原发生在过去的事实,而这事实也便如镜花水月一般具有模糊性。① 即使最后对犯罪分子科以刑罚,也无法挽回人类的生命、健康、财产等权利所受到的伤害。

然而,大数据使得人类预知未来成为可能。预测是大数据最核心的价值,其原理就在于将事物、现象的规律转化为数据之间的数理关系(物数据化),再通过对数理关系的分析来预知未来走向(数据物化)。预测性思维同样可以运用于侦查中:犯罪活动一般都具有一定的规律可循,如侵财类犯罪具有相当多的重复性特征;② 且犯罪活动不是瞬间完成的,而是包括犯罪预备、犯罪实施等循序渐进的过程。运用大数据预测性思维,计算出各种犯罪活动在时间规律上的演变特征,在犯罪活动实施前去捕捉信号、预测犯罪。

侦查中,大数据预测性思维体现为对"案"的预测和对"人"的预测。对"案"的预测是指某地区未来一阶段发生某种犯罪的概率。经研究表明,犯罪活动在空间上往往呈现出一种聚集现象,即"犯罪热点"。在犯罪热点分析中加入时序因素,了解犯罪热点在时间上的变化趋势和规律,即可对该地区未来犯罪活动的发生概率进行预测。③ 例如美国 PredPol 软件即为犯罪热点应用的典型代表,该软件在辖区地图上划出诸多五百平方英尺的格子,通过分析每个格子内犯罪类型、犯罪时间、犯罪地点三个维度的数据,利用自我学习算法(self-learning algorithm)来预测可能发生犯罪的时间和地点。④ 对"人"的预测是指对高危犯罪分子进行预测。相较于普通人,犯罪分子会在不同方面呈现出异常特征。大数据能够提炼出各类犯罪分子多维度的特征数据模型,从而在海量人群中有效识别高危分子。例如曾有学者通过对某市海量公交卡轨迹数据的分析,巧妙识别出地铁扒手的轨迹特征,并将轨迹模型用于对可疑扒手的预测和监控。⑤

**4. 从分散孤立思维到共享协作思维**

传统犯罪多发生于物理空间,受地缘条件限制,侦查活动一般也都限定于固定时空,由侦查部门单兵作战。大数据时代则建立起与物理空间相对应的数据空间,犯罪行为会在数据空间留下各种各样的痕迹,数据痕迹成为侦查情报、线索的重要来源。然而,数据痕迹多呈分散化、零碎化态势,且权属不同部门。若要全面收集数据空间相关数据,仅凭侦查机关一己之力远远不够,需要多部门之间的数据共享及协作配合。

首先,共享协作思维强调数据资源的开放与共享。大数据时代若各部门固守数据资源、没有开放共享意识,则大量有价值的数据资源将无法盘活,大量犯罪数据痕迹也无法获取。除政府开放平台的数据外,实务中侦查机关更青睐与个人信息相关的银行账单、电信话单、婚姻、社保、车辆、房产、水电缴纳等数据。因此,实务中侦查机关普

---

① 参见何家弘:《短缺证据与模糊事实》,北京,法律出版社 2012 年版,扉页。
② Kelly K. Koss, Leveraging Predictive Policing Algorithms to Restore Fourth Amendment Protections in High-Crime Areas in a Post-Wardlow World ,*Chicago-Kent L.aw Review*, Vol. 90, No.1, (Feb.,2015), p.307.
③ 参见陆娟等:《犯罪热点时空分布研究方法综述》,载《地理科学研究进展》2012 年第 4 期。
④ 参见 PredPol 官方网站,http://www.predpol.com/how-predpol-works/,2018 年 4 月 23 日访问。
⑤ Bowen Du, Chuanren Liu, Wenjun Zhou, Zhenshan Hou, Hui Xiong, *Catch Me If You Can: Detecting Pickpocket Suspects from Large-Scale Transit Records*, ACM SIGKDD International Conference on Knowledge Discovery & Data Mining,August 13-17, 2016, San Francisco, CA, USA.

遍与上述行业建立数据共享机制,为案件侦查提供最大化数据资源。其次,共享协作思维还强调破案方式的协作化。大数据时代,一些大型网络平台依托其庞大的网络生态体系和业务链,掌握海量公民个人数据,这些数据中往往就隐藏着犯罪线索和痕迹。由网络平台提供数据、协助侦查机关调查取证也逐渐成为常态。经调研发现,近年来侦查机关调取网络平台数据的需求呈指数级增长趋势,用户注册数据、地理位置数据、社交关系数据、日志数据、交易数据等都是常见的数据调取类型。这些数据的组合运用、交叉碰撞能够为案件侦破提供意想不到的效果。例如在一起嫌疑人潜逃的电信诈骗案件中,某网络平台根据犯罪分子的网络账号进一步追踪其后台 IP 地址、网络转账记录等信息,据此锁定嫌疑人物理空间落脚点,协助侦查人员顺利抓获犯罪分子。

综上,大数据侦查的内涵及其技术、思维的多维度变革,共同构成了大数据时代侦查模式的逻辑体系。然而,大数据如一把双刃剑,在促进侦查高效化、集约化、智能化发展的同时,也伴随着新的法律问题。

## 二、大数据侦查的法律问题探究

大数据侦查的发展初期,社会更倾向于关注其技术创新和应用效果,易忽视其所产生的法律问题。一方面,大数据侦查的技术、思维特征一定程度上会与司法公正、正当程序原则以及司法证明规则产生冲突;另一方面,大数据侦查所带来的新现象尚难以悉数纳入既定法治体系,特别是个人信息保护风险及数据开放共享异化、数据协查乱象等新问题。

### (一)大数据侦查与司法公正之冲突

尽管大数据侦查呈多元化表现形态,但其基础层面由数据和算法两部分组成。数据与算法的先天性特征将对传统司法公正的模式带来冲击。

#### 1. 数据的混杂性与司法的精确性

小数据时代人们通过"抽样"的方式认识世界,由于抽样的数据量有限,对每个数据的质量要求都很高。大数据时代则是"全数据""整体性"的思维模式,由于数据量的巨大、数据结构的混杂,很难保证每一数据都精准无误,且数据收集、模型设计及分析等任一环节都有出错的可能。大数据的"混杂性"与司法的精确性要求之间便产生了矛盾。

(1)数据质量问题。学理上,数据源应符合一致性(consistency)、正确性(correctness)、完整性(completeness)和最小性(minimality)等质量要求。[①] 但实际上,在数据产生过程中由于系统环境的复杂性、数据标准不一致以及数据结构的差异性,数据源天生就会带有质量问题。大数据侦查中常见的数据质量问题包括以下类型:数据的错误,如数据字段本身的错误或拼写的错误;数据的重复,同一事物往往有着不同的数据表达形式,如侦查中录入的地址编码经常出现一址多名、地址重名等问题;数据的缺

---

① 参见郭志懋、周傲英:《数据质量和数据清洗研究综述》,载《软件学报》2002 年第 11 期。

失,如某一数据体系中丢失个别重要数据;此外,还有数据不一致、数据过时等问题。另外,随着数据生命的发展,既有的质量问题解决后,还会产生新的问题。① 一定程度的劣质数据、错误数据会降低数据分析结果的可靠性,直接影响侦查效果和案件实体结果的判断。

(2)数据采集偏差。虽然"全数据"模式能克服抽样调查的缺陷,但"数字鸿沟"所带来的数据采集偏差问题仍然无法克服。"数字鸿沟"是指不同地区、人群及行业数据化发展水平不均衡,从而造成部分对象无法被数据化的现象。② 例如我国西部地区、农村地区的信息化水平尚不高,该地区相当一部分人群的行为、犯罪现象尚未被"数据化";不同年龄群体的信息发展水平不均衡、不同人群对信息工具的不同偏好也会导致行为数据采集偏差,并导致数据话语权的不平等。此外,侦查领域长期存在"犯罪黑数"的问题,有案不报、报案不立等现象使得基层很多犯罪数据无法全面采集。例如英国的犯罪调查机构(British Crime Survey)曾统计发现只有约42%的违法活动上报到了警局,警局又只对其中约74%的情况进行了记录,最终数据化的犯罪行为只占实际犯罪活动约30%。③ 数据源采集的偏差,也会影响分析结果的准确性。

(3)数据分析出错。大数据分析流程包括主题确定、数据集成、建模运算以及数据可视化等一系列环节,每一环节都有出错的可能,从而影响最终分析结果。主题确定环节,如果对需求场景没有明确认识,则很可能导致数据分析结果产生偏差;数据集成环节,数据源质量、数据清洗技术都会影响数据集合质量;在建模运算环节,不同算法的选择可能产生不同结果,任何一个参数的不准确,都会导致分析结果误差。

另外,法律语言与算法语言的代沟也会影响分析结果,数据分析专家一般都不具备法律知识,难以准确地将侦查业务需求用算法表达出来。特别是在涉及一些犯罪构成、罪名判断的疑难法律情境,数据算法能否准确理解或翻译法律语言将影响着案件分析结果。再者,大数据的分析结果往往并非某一精确的数值或结论,而是以概率表示的区间值,如某地区发生盗窃犯罪的概率是50%~60%,某高危分子的人身危险性是40%~50%,此种情况下就存在着需要人为主观经验来判断的模糊地带。

综上,无论是数据采集抑或数据分析环节,都可能带来数据分析结果的"混杂性",从而造成司法实体结果认定的偏差。司法讲求精确性,尤其是在动辄涉及公民生命、人身、自由等基本权利的刑事侦查中,即使再轻微的数据偏差都有可能造成事实认定错误并进而导致司法不公。此问题在域外已有相关体现,如美国的"禁飞系统"经常将无辜者误判为恐怖分子,从2003年到2006年至少发生过5 000次识别错误,这些错误来源于数据源以及识别算法的错误;④ 美国"可疑活动报告系统"(The Suspicious ActivityReporting, SAR)尽管识别了十六万多名犯罪嫌疑人,但警方最终只对103人展

---

① 参见韩京宇、徐立臻、董逸生:《数据质量研究综述》,载《计算机科学》2008年第2期。
② 参见徐继华、冯启娜、陈贞汝:《智慧政府:大数据治国时代的来临》,北京,中信出版社2014年版,第223-224页。
③ 参见[英]Spencer Chainey,[美]Jerry Ratcliffe:《地理信息系统与犯罪制图》,陈鹏、洪卫军、隋晋光等译,北京,中国人民公安大学出版社2014年版,第47页。
④ Citron, Danielle Keats, Technological Due Process, *Washington University Law Review,* Vol. 85, No.6 (2007), p.1274.

开了刑事调查、5人被逮捕，竟无一人被判处有罪。①

### 2. 算法的偏见性与司法的公正性

相比于传统的人为主观经验分析，大数据运用科学的算法看似更为客观和准确，其实不然。数据分析的整个过程都离不开人为设计和操作，自然也不可避免地夹杂着人类的主观价值偏见。技术人员能够轻易将"需求"编入数据算法中，形成隐藏的价值偏见，并通过科学方法为这种偏见披上合理的外衣。在大数据侦查工具开发阶段，主观偏见来自于大数据开发商，他们往往带有技术性思维和利益追逐心理，而对司法程序及相关的法律规则不甚了解，因而不排除大数据侦查软件带有重技术效果、轻法律程序的色彩；在大数据算法模型设计过程中，技术人员完全可能将一些政策、价值需求编入数据算法中，形成潜在的价值偏见。②

在美国，COMPAS等犯罪预测软件已经出现算法偏见问题，并进而引发民众对司法不公的担忧。该类软件依据嫌疑人过去的犯罪历史等多维度数据计算并预测其人身危险性。尽管大数据计算方法使之看似客观公正，但算法、模型及测试问题的设计中都隐含着种族、性别歧视等偏见。COMPAS等软件除了运用于犯罪预测外，法官还将其对嫌疑人人身危险性评估结果作为量刑依据，进一步加剧了司法不公效应。例如在美利坚合众国诉卢米斯一案中（State v. Loomis），当事人卢米斯因盗窃机动车被诉诸法庭，法官依据COMPAS的人身风险评估结果，判处卢米斯6年有期徒刑和5年监禁。卢米斯当即提出动议，认为量刑过重要求减轻刑罚，并指出COMPAS算法错误地将性别因素纳入风险性评估体系中；此外，COMPAS算法被普遍质疑是否将少数种族人群纳入更高的风险等级，并有测验表明黑人被评估为再犯的概率高于白人两倍。③可见，算法偏见一旦运用至司法实务中，便有可能造成司法结果判断的偏差化。特别是随着人工智能技术的发展，算法的自主性、自我迭代能力的加强会进一步加剧偏见、歧视的异化。

### （二）大数据侦查与正当程序之冲突

大数据决策机制被比喻为"黑箱效应"（black box），意指大数据运行、决策过程的不透明，人们只看到数据的输入和输出结果，而对其运算过程却一无所知。"黑箱效应"同样存在于大数据侦查机制中，尽管其缘于大数据本身的技术特征，但无形中对正当程序原则产生了重大影响。④正当程序系为了保持司法纯洁性而采取的各种方法：促使审判与调查公正进行，适当采用逮捕和搜查，采取法律援助等。⑤辩护权、禁止酷刑、保

---

① Miller Kevin, Total Surveillance, Big Data, and Predictive Crime Technology: Privacy's Perfect Storm , *Journal of Technology Law & Policy*, Vol. 19, No.1, (Jun.,2014), p.119.

② Miller Kevin, Total Surveillance, Big Data, and Predictive Crime Technology: Privacy's Perfect Storm , *Journal of Technology Law & Policy*, Vol. 19, No.1, (Jun.,2014), p.123.

③ Criminal Law — Sentencing Guidelines — Wisconsin Supreme Court Requires Warning before Use of Algorithmic Risk Assessments in Sentencing — State v. Loomis, 881 N.W.2d 749 (Wis. 2016), *Harvard Law Review*, Vol. 130, No.5, (Mar., 2017), p. 1531,1534.

④ Crawford. Kate, Schultz. Jason, Big Data and Due Process: Toward a Framework to Redress Predictive Privacy Harms, *Boston College Law Review*, Vol. 55, No.1, (Jan., 2014), p.109.

⑤ 参见［英］丹宁勋爵：《法律的正当程序》，李克强、杨百揆、刘庸安译，北京，法律出版社2015年版，第2页。

障人格尊严和保障人身自由等程序性规定都是正当程序的应有之义。① 在上述的美利坚合众国诉卢米斯一案中（Statev.Loomis），COMPAS 的人身危险评估是否违背正当程序也是本案的重要争议点。当事人卢米斯提出法官的判决仅依据系统的分析结果，而系统背后的算法、数据都以商业秘密为由而拒绝开示。② 尽管卢米斯最后并未胜诉，但是该案所折射的大数据正当程序问题却引起了广泛讨论。

1. 程序不透明

一是技术程序的不透明。大数据运行过程中，数据来源、数据清洗、数据算法等都处于不可知的状态，数据采集是否有偏差、数据质量是否可靠、数据模型设计是否合理都无法进行审查；二是法律程序的不透明。技术程序的不透明也间接造成法律程序的不透明，不仅当事人无从知晓大数据分析结果及算法依据，就连侦查人员本身也不清楚数据算法的原理。

2. 知情权和辩护权得不到保障

在大数据运行机制不透明的情况下，当事人的知情权无法得到保障。他们无法获悉其是否被大数据列为高危分子或嫌疑人员、被采取侦查措施的依据何在，不知道在哪一诉讼环节被大数据所"裁判"，进而也没有机会提出辩解，更何况一般人不具备质疑"大数据算法"的专业知识。

3. 说理阐释制度得不到保障

侦查程序中的"说理阐释"一般用于令状制度的司法体系中，由侦查人员对强制性侦查措施进行解释说明，以便法官进行司法审查。然而，面对基于大数据方法的侦查措施，侦查人员往往缺乏专业的技术知识来解释说明，并对后续的审查起诉、审判环节事实判断造成障碍。卢米斯案件中，法庭曾拒绝了 COMPAS 软件的设计人员出庭对系统的算法原理进行解释的请求，而法官自身又缺乏数据专业知识进行说理阐释，从而造成该案裁判结果的合理性及程序的正当性备受质疑。

## （三）大数据侦查与证明规则之冲突

大数据侦查中，证明具有大数据"相关性"思维特征，是建立在数理关系上的间接相关性、弱相关性，关注结果"是什么"而非过程"为什么"。传统的司法证明也讲究相关性，要求证据与待证事实之间具有相关性，但该相关性却不同于大数据的相关性。司法证明的相关性建立在小数据时代因果关系的认知基础上，强调主观经验上的直接相关性、强相关性以及过程的可追溯性，在溯因推理的模式下，不断对假设进行因果验证。③ 随着大数据方法在证据调查、司法证明中的运用，必然导致两种相关性之间产生化学反应。

---

① Friendly, Henry J. Some Kind of Hearing , *University of Pennsylvania Law Review*, Vol.123, No.6, (Jun.,1975), pp.1279-1295.

② Criminal Law — Sentencing Guidelines — Wisconsin Supreme Court Requires Warning before Use of Algorithmic Risk Assessments in Sentencing — State v. Loomis, 881 N.W.2d 749 (Wis. 2016), *Harvard Law Review*, Vol. 130, No.5, (Mar., 2017), p. 1535.

③ 参见［美］特伦斯·安德森、戴维·舒姆、威廉·特文宁：《证据分析》，张保生等译，北京，中国人民大学出版社 2012 年版，第 127 页。

1. 直接相关性与间接相关性

司法证明的相关性建立在人类主观因果思维基础上，要求证据与待证事实之间具有直接的引起与被引起的因果关系；而大数据的相关性是建立在数理分析基础上的间接相关关系。"找到一个关联物并监测它，就能预测未来"是大数据相关性的经典理论。据此，在侦查中如果大数据显示 A 和 B 经常一起发生，只要注意到 B 发生了，就可以预测可能 A 也发生了。进一步类推，在司法证明中，如果 A 事实难以直接证明，但是 B 与 A 之间具有基于大数据的相关性，那么是否可以通过对 B 事实的证明来推定 A 事实呢？这是大数据相关性思维对司法证明提出的第一个难题。

2. 弱相关性与强相关性

广义上，大数据的"数理相关性"与司法证明的"因果相关性"都属于"相关性"范畴，但二者在程度上有所差异，前者是一种"弱相关关系"，而后者则是一种"强相关关系"。[①] 大数据侦查中所获取的"衍生数据"即体现了"弱相关性"特征。侦查中的衍生数据往往反映人物行为特征、事物发展规律等信息，看似与案件无直接联系，但是能够为案件侦查提供很多线索和突破口。例如在互联网金融犯罪侦查中，通过大数据算法对海量数据分析后得出资金流转模型、人员组织关系、公司经营状况等信息，这些信息虽不能直接证明主要事实，但有效推进了案件侦破。此类"衍生数据"与案件事实具有一定的相关性，但又不同于传统司法证明中建立在因果关系基础上的相关性，仅仅是一种"弱相关关系"。正如有学者云：这些数据与案件存在着若有若无的关系（potentiallyRelevant），但是并不能直接有效地去证明有罪或是无罪（not particularly probative of innocence or guilt）。[②] 那么，"衍生数据"是否具有作为证据运用的法律基础呢？[③] 这是大数据相关性思维对司法证明提出的第二个难题。

### （四）大数据侦查与数据治理之冲突

大数据侦查以数据收集利用以及数据开放共享为应用基础，数据的过度运用对本就尚不健全的数据治理体系带来冲击。在侦查机关与公民个人之间，存在数据收集利用与个人信息保护之间的矛盾；在侦查机关及其他机构之间，则存在数据开放共享异化、数据协查机制不规范等问题。

1. 个人信息保护风险

大数据侦查中，个人数据所蕴含的丰富价值令其成为多方主体的争夺对象。对侦查机关而言，个人数据中的海量信息是侦查线索、情报获取的重要来源；对数据主体而言，个人数据是人格权的延伸，天然有着诉诸保护的需求。

一方面，数据的收集、开放及共享形成"大数据监控社会"。大数据时代，越来越

---

[①] 参见刘品新：《电子证据的关联性》，载《法学研究》2016 年第 6 期。
[②] Brandon L. Garrett, Big Data and Due Process, *Cornell Law Review Online*, Vol. 99, No.45, (Aug.,2014), p.211. "A wide range of electronic information (and less and less information is not electronic in some fashion) may be potentially relevant, but not particularly probative of innocence or guilt."
[③] 参见张吉豫：《大数据时代中国司法面临的主要挑战与机遇——兼论大数据时代司法对法学研究及人才培养的需求》，载《法制与社会发展》2016 年第 6 期。

多的国家致力于收集公民的个人信息,建立海量的公民信息库,以便为社会治理、犯罪侦查提供数据支持。例如美国在"9·11"事件之后启动"元数据"项目,美国国家安全局(NSA)采集互联网中美国及境外公民的元数据。① 正如 NSA 首长(General Keith Alexander)的著名言论:为了在干草堆中找到一根针,前提就需要拥有所有的干草。② 当前,我国各地侦查机关兴建的大数据平台也汇集了海量公民个人信息,加之各大网络平台、互联网数据库中留存的公民各类信息,无形中也开始趋向于"大数据监控社会"。尽管作为上游环节,数据收集尚不涉及数据的具体使用,但也会对个人信息权带来威胁。数据主体不知道自己产生了哪些数据、有多少数据被收集、被哪些部门所收集以及数据的使用途径,进而产生对个人信息权"失控"的不安心理。海量个人信息一旦泄漏便不可控制,往往被不法分子用于个人信息买卖、电信诈骗等非法途径。例如在德国 Kennzeichenerfassun 一案的判决中,法院认为将个人信息放在一起,与更多的信息联系起来,构成了一种对潜在的个人相关领域的侵害可能性。③

另一方面,数据挖掘等大数据技术的发展加剧了个人信息保护风险。如果说"大数据监控"系个人信息链的上游环节,那么对个人信息的挖掘、运用则是实质的下游环节。相比于过去对个人信息的单一维度分析,数据挖掘、数据画像等技术则能够基于不同的主题,对个人信息进行多维度、深层次、全方位的分析。即便看似与个人隐私无关的数据,在数据挖掘及反匿名化技术的威力下也能还原出大量隐私信息,将数据挖掘结果进行二次比对、多元碰撞还能发现更多隐藏的规律。例如"美国在线 AOL"网站曾公布了一批脱敏的用户搜索数据,《纽约时报》一名记者仅依据某匿名用户"麻木的手指""60 岁的单身男子""在各种东西上小便的狗"等搜索关键词,即将该用户锁定为居住在里尔本市的 62 岁寡妇尔玛·阿诺德,并对其进行了精准数据画像。④ 侦查中,大数据画像技术能够对目标对象相关数据进行多维度分析,不仅能挖掘出反映其家庭成员、工作关系、资产情况的"外在形象",还能挖掘其行为规律、社交关系、兴趣偏好、情感心理状态等"内在形象",清晰刻画出一个人的生活轨迹及人格特质,从而也多维度地加剧了个人信息保护风险。

**2. 数据开放共享异化及数据协查机制不规范**

大数据时代强调数据的开放共享。国务院《促进大数据发展行动纲要》及各地大数据发展的文件均提出数据开放、共享的要求,但很多部门基于行业的特殊性以及法律依据的缺失,普遍存在着"不敢开、不想开、不会开"的心理。侦查机关对数据开放的需求与相关行业对数据的保守心态之间产生供需矛盾,并由此带来数据开放共享异化及其合法性依据缺失问题,第三方网络平台也存在数据协查不规范乱象。

一方面,行业间数据共享的合法性缺失。在政府数据开放运动下,各省市政府纷纷

---

① 参见李军:《大数据——从海量到精准》,北京,清华大学出版社 2014 年版,第 131 页。
② Miller Kevin, Total Surveillance, Big Data, and Predictive Crime Technology: Privacy's Perfect Storm, *Journal of Technology Law & Policy*, Vol. 19, No.1, (Jun.,2014), p.110. "To find the needle in the haystack, he needs the entire haystack."
③ 于志刚、李源粒:《大数据时代数据犯罪的类型化与制裁思路》,载《政治与法律》2016 年第 9 期。
④ 参见孙广中、魏燊、谢幸:《大数据时代中的去匿名化技术及应用》,载《信息通信技术》2013 年第 6 期。

建立统一数据开放平台,看似可以为侦查提供丰富的情报来源,但实际上效用并不明显。侦查业务的特殊性决定了其更青睐能够指向特定人员的个人信息,例如公民水电缴纳数据、航旅出行数据、银行交易数据、话单数据等。鉴于此,不少侦查机关开始自行与当地税务、房产、银行、水电等部门建立数据共享关系,通过接口、拷贝等方式"借取"其他行业数据。该方式虽实践效果良好,但在当前数据法治体系不健全背景下,"个性化"数据共享面临"无法可依"的问题,并由此导致行业间的数据共享呈现出各地区、各机关发展不均衡现象。且私下的共享容易带来数据滥用等问题,特别是对相关数据在后续审查起诉、审判等环节的运用带来合法性障碍。

另一方面,数据开放"灰色市场"悄然而生。与效果不佳的政府开放数据截然相反,异军突起的"非官方"互联网数据库为侦查提供了丰富的数据源。它们能够提供企业基本信息、居民身份证信息、银行卡实名验证等多方查询渠道,还能提供数据关联分析、数据挖掘等功能。通过对互联网数据库的多重组合运用,其所发挥的效用甚至不亚于侦查机关自建的大数据平台。有人曾实验过,仅根据一个手机号,通过各种"非官方"互联网数据库组合,便可查询出机主姓名、名下企业、配偶等诸多信息。然而,当前兴起的商业数据库尚缺乏明确法律依据,游走于法律"灰色"地带。不少商业平台通过对"官方"数据的爬取整合来组建自己数据库,而一般官方数据平台均声明:未经官方授权、同意,不得对网站数据进行商业性利用。《网络安全法》生效后,已经有近三十家数据平台被关停、整顿,商业数据开放的混乱现象由此可见一斑。侦查中,如何保证此类数据来源合法、数据质量可靠,以及数据查询、数据利用等行为合乎法律规定等都亟待法律规制。

再者,即便是近几年兴起的网络平台数据协查机制也存在诸多不规范乱象。网络平台对侦查机关纷至沓来的数据调取需求往往无所适从,能够提供哪些数据类型、提供数据程序等问题都无明确法律依据。一方面,调取程序不统一。目前,不同网络平台对于调取数据的程序要求不尽一致,有些平台要求侦查机关出示《调取证据通知书》等法律文书,而有些平台则要求出具单位介绍信等其他文书。另一方面,数据类型未区分。侦查机关所调取的数据类型纷繁复杂,如用户注册数据、内容数据、日志数据、位置数据等。不同数据的隐私程度、重要程度并不一致,然而当前所有类型数据均遵循相同调取程序。第三方网络平台作为数据管理者及协助取证主体,亟须对数据协查乱象进行治理及规范。

## 三、大数据侦查的法治体系构建

针对大数据侦查的相关法律问题,可通过数据和算法的规制来保障司法公正,通过规则的调整赋予大数据时代正当程序新内涵,并基于大数据特征创新证明规则,完善大数据侦查背景下的数据治理体系,从而逐步构建大数据侦查的法治化体系。

### (一)司法公正的保障

不同于传统诉讼对办案人员主观能力及经验的依赖,大数据侦查结果的准确与否很大程度上取决于数据与算法的准确性。大数据侦查中可通过对数据和算法的规制来保障分析结果的准确性，从而逐渐趋近司法公正。

### 1. 从数据规制到司法精确

大数据侦查中，数据是关涉实体公正最根本的因素。可通过提高数据质量、提升模型参数的准确度来保证司法结果精确。对此，需要将数据规制贯彻至整个大数据侦查流程，严格审视每一次分析任务，确保每一运行环节的准确、严谨。（1）在数据采集环节，要保证数据收集的全面性，达到"全数据"量级。此外，防止数据采集偏差还有赖于全社会信息化、数据化水平的提高，要促进人们平等使用现代通信和网络设施，保证公民的数字化平等参与权，逐渐消除数字鸿沟所带来的数据偏差。（2）在主题确定环节，要对侦查任务、业务场景需求有着全面、明确的认识和理解，并以之作为数据和算法选择的依据。当然，这有赖于侦查人员的办案经验和对大数据的感知能力，也需要侦查人员与技术人员协作配合。（3）在数据集成环节，要验证数据来源的合法以及数据质量的可靠，并通过清洗技术来提高数据质量。（4）在建模运算阶段，要选择合适的算法进行数据分析，确保参数、模型的准确性，并对模型参数不断调整、校正，逐步提高分析结果的准确性，降低误差、消除偏见。必要时可选择多种算法交叉并行，以验证分析结果的准确性。

### 2. 从算法规制到司法公正

算法的偏见可谓大数据之顽疾。随着人工智能自主学习能力的加强，算法的歧视问题日益加剧。对此，除了通过技术方法对算法进行校准、调整外，还需以伦理对大数据算法进行约束，将人类的道德、价值及法律规范嵌入算法中，并根据具体的应用场景有针对性地嵌入法律规则，如大数据侦查算法中应嵌入人权保障、程序正当等法律要求。

算法的伦理约束应有相应的配套机制，可适度介入人为的干预和监管。如美国学者马修·谢勒（Matthew U. Scherer.）在《人工智能发展法》中提出，应当建立人工智能监管机构，负责审核算法的安全性。① 据此，大数据侦查中的算法日后可纳入如下监管机制。（1）算法测试机制。大数据侦查算法开发者应当在安全环境中测试算法模型（事前颁布统一国家标准或行业标准），同时搜集测试数据、记录测试报告（源代码、算法、软硬件、测试环境、产品运行效果等），并提交给专门管理机构审查。（2）伦理审查机制。成立数据算法的伦理审查委员会已成为全球共识。大数据侦查中，该委员会应由具备法律、数据技术、伦理等不同知识背景和经验的专家组成，共同对大数据侦查算法进行伦理、道德评估。

### （二）正当程序的规则调整

根据正当程序的基本内涵，应当促进控辩双方平等，保障犯罪嫌疑人的特殊权利，如获知控告的性质和理由、不得强迫自证其罪、获得律师帮助、证据开示等。② 可在正

---

① Matthew U. Scherer, Regulating Artificial Intelligence Systems: Risks, Challenges, Competencies, and Strategies, *Harvard Journal of Law & Technology*, Vol. 29, No. 2(Spr., 2016), p.396.
② 参见王敏远主编：《刑事诉讼法学（上）》，北京，知识产权出版社2013年版。

当程序原有内涵基础上，结合大数据的特征进行规则调整，构建大数据侦查的"正当程序"。

### 1. 告知及解释程序

知情权是公民的基本权利之一，当事人在司法程序中应获知其所受的控告及强制措施的性质和理由。①大数据的"黑箱效应"使其很容易就被秘密用于涉及公民人身、自由等权益的侦查程序中。因此，对于因大数据决策机制而遭受不利影响的当事人，在不影响案件正常进展的前提下，司法人员应当告知犯罪嫌疑人大数据侦查的分析结果、数据源及基本算法原理等内容。例如在上述卢米斯案件中，法官们普遍认为，在审前侦查报告中即应当开示 COMPAS 人身危险性评估的数据来源及算法，包括风险数值是如何计算的、各因素的权重是多少。②针对该案中商家提出算法系商业秘密而不予开示的理由，笔者认为，此种情境下商业秘密的保护应让位于刑事诉讼中知情权的保障，且可以通过开示范围的限制来平衡知情权与商业秘密的保护。

### 2. 赋予当事人"数据辩护权"

在告知当事人大数据分析结果的基础上，自然应当赋予由此而遭受不利处分的当事人提出异议的权利。当事人可以对数据来源、数据算法、数据分析结果是否正确、合理等提出异议，也可以直接另行提出与大数据分析结果相反的其他证据。国际上有学者提出"数字无罪"（digital innocence）概念，认为大数据本身也可以成为证明当事人行为合法的依据，以应对数据挖掘偏见以及数字证据选择性忽略等问题。③经审查确有错误的，侦查机关应及时更改错误数据并纠正相关措施。需要注意的是，犯罪嫌疑人及辩护人一般都不具备大数据领域的专业知识，即便侦查机关开示数据及算法原理，其也难以提出有效的辩护意见。对此，可以充分依托"专家辅助人制度"，犯罪嫌疑人借助数据专家的帮助来对大数据来源及算法分析过程进行审查，提出辩解意见。

### 3. 数据追溯程序

从数据收集、数据清洗、数据建模再到数据运算，大数据复杂的决策机制也增加了日后错误查找、责任追究的难度。因此，应当建立起大数据侦查的追溯体系，从源头记录下每一数据的流转、操作过程。技术层面，可以借助专业的"数据溯源"（provenance of the data）技术来实现数据记录功能。"数据溯源"类似于数据档案，通过技术手段将数据的产生、推移演化的整个过程进行保存、记录。④业务管理层面，数据记录可直接融入侦查工作流程中，通过系统记录下相关人员每一次登录、操作数据平台的行为日志，将数据查询、使用记录定位到具体的个人。例如笔者在调研过程中，发现不少侦查大数据平台实行"UKey"实名登录，并在数据查询、浏览页面上打上操作人姓名水印，以保证权责一致及操作过程的可溯性。

---

① 参见钱育之：《知情权：犯罪嫌疑人的基本权利》，载《求索》2007 年第 8 期。
② Criminal Law — Sentencing Guidelines — Wisconsin Supreme Court Requires Warning before Use of Algorithmic Risk Assessments in Sentencing — State v. Loomis, 881 N.W.2d 749 (Wis. 2016), *Harvard Law Review*, Vol. 130, No.5, (Mar., 2017), p. 1531.
③ 参见裴炜：《个人信息大数据与刑事正当程序的冲突及其调和》，载《法学研究》2018 年第 2 期。Fairfield, Joshua A. T., Luna, Erik, Digital Innocence, *Cornell Law Review*, Vol. 99, No.5 (Jul., 2014), p.981.
④ 参见高明等：《数据世系管理技术研究综述》，载《计算机学报》2010 年第 3 期。

## （三）证明规则的创新

理论上，大数据相关性思维与司法证明相关性的差异，将给大数据在司法证明领域的应用带来障碍。然而，司法实践中却呈现出相反样态，越来越多的侦查人员开始致力于将大数据作为一种新式证明方法，甚至在民事、行政诉讼领域已出现将大数据分析结果直接作为定案证据的判例。对于两种"相关性"之间的矛盾，理论上可以对数理的相关性寻找因果关系的解释路径；同时，不妨将大数据司法证明问题先交由司法实践来回应，探索基于大数据的新证明规则。

### 1. 在相关性基础上验证因果关系

大数据的相关性通过数据量化得出，是一种弱相关性、间接相关性；司法证明相关性产生于人类主观因果思维基础上，是一种强相关性、直接相关性。司法证明之所以要求具有强相关性的因果关系，是基于更高层次的创构需求，是为了准确认定事实，保证司法公正，保障公民的生命、自由、财产等权益。然而，产生机理的不同并不意味着二者完全不兼容，因果关系是对因素相互作用过程与其效应之间关联性的描述，相关关系实则为因果关系的派生，其根植于因果关系。① 理论上说，存在着既能被数据所计算，又能被主观思维所理解的相关关系，因而可以在大数据相关性基础上进行因果性验证。正如有学者所言，"如何从相关关系中推断出因果关系，才是大数据真正问题所在"。② 据此，以上文所提出的"A""B"事实间证明难题为例，可以从以下两种思路对大数据的相关性进行因果关系验证：（1）对"A""B"之间关系进行主观逻辑理解。若"A""B"之间关系能够直接被人的主观因果思维所解释，则可通过 B 来认定 A。（2）若"A""B"之间关系难以被主观思维所理解，则需要对算法本身进行因果关系验证。大数据算法本质上是数学，而数学是对自然界运行基本规律最简化、最客观的描述。如果能够对"A""B"之间特定算法本身的形成机理进行因果理解，则可以间接推定其运算结果的合理性，通过证明 B 事实来推定 A 事实。③（3）如果算法亦难以进行主观因果关系验证，则可回到传统证据调查思路，将大数据分析结果作为线索，在此基础上寻找物证、书证、证人证言等其他传统证据进行印证。

### 2. 参照"品格证据"与"习惯证据"规则赋予大数据证明力

"品格证据"是指证明诉讼参与人的品格或品格特征的证据，④"习惯证据"是指有关某人习惯或某组织例行做法的证据。⑤ 大数据侦查中所产生的"衍生数据"往往能够反映出一个人的品行、性格倾向、行为习惯等，与"品格证据"及"习惯证据"的内容不谋而合。表现形式上，品格证据及习惯证据一般是以主观的形态所呈现，而大数据则是通过科学计量的方式所得出，不过从这一意义上来说，大数据形态的"品格证据"及

---

① 参见［英］维克托·迈尔-舍恩伯格、肯尼斯·库克耶：《大数据时代》，盛杨燕、周涛译，杭州，浙江人民出版社 2013 年版，第 28 页。
② 参见姜奇平：《因果推断与大数据》，载《互联网周刊》2014 年第 18 期。
③ 参见 Kun Zhang, Bernhard Schölkopf, Peter Spirtes and Clark Glymour, Learning Causality and Causality-Related Learning: Some Recent Progress, *National Science Review*, Vol.5, No.2(2017), pp.26-29.
④ 徐昀：《论品格证据在未成年人恢复性司法中的运用》，载《河北法学》2009 年第 2 期。
⑤ 易延友：《证据法学——原则 规则 案例》，北京，法律出版社 2017 年版，第 169 页。

"习惯证据"反倒比其传统表现方式更具有客观性、可靠性。不妨参照品格证据及习惯证据的相关规则,赋予与品格、行为习惯相关的大数据一定的证明价值。

笔者调研中发现,司法实务中确实有将此类"大数据"作为习惯证据运用的需求。例如,在一起强奸致死案件侦查中,嫌疑人辩称其没有主观故意,是在两人性行为中自愿采取虐待行为而意外导致被害人死亡。侦查人员试图通过对嫌疑人的网页浏览数据、网购数据、社交数据进行大数据画像进而判断其是否有性虐待行为习惯。但因此类"大数据"证据形式尚无先例及明确法律依据,最终未被采纳。尽管如此,该案体现了司法实务中将大数据作为证据的需求及思路。此类司法需求并非个例,大数据在证明人身危险性、性格品行、行为习惯等方面具有天然的优势,司法实践应当给予"大数据证据"一定的成长空间,不应以表现形式的差异而否认其实质的证明效果。

**3. 弱相关性的积累可达到强相关性的要求**

大数据的相关性是一种弱相关关系,而司法证明的相关性则是强相关关系。根据数学中的概率原理,当同一案件中多重大数据分析结果都指向同一事实时,可否认为多个弱相关性的累积能够达到司法证明的强相关性要求?对此,司法实践已有初步回应。在唐某某诉中国证监会行政诉讼一案中,大数据分析显示19个涉案账户之间MAC地址、IP地址具有高度重合性,19个账户的交易股票品种具有共同性,19个账户的交易行为具有一致性,法院据此认定唐某某为19个账户的实际控制者。此案中,尽管每一大数据分析结果都是数理关系的"弱相关关系",但对19个账户三种不同维度的分析结果最终都指向同一事实,即多重弱相关关系的累积总量达到了强相关关系的要求,从而在事实判断者心中形成较大程度的确信。"相关关系累积"理论系笔者的大胆设想。在其尚未成熟之时,不妨结合证明标准来尝试运用,在证明标准相对较低的民事、行政诉讼中先行探索;刑事诉讼中,在不涉及当事人重大人身、自由权益的个别事项证明中,不妨适当放宽相关性要求,探索通过多重"弱相关关系"累积以达到"强相关关系"的证明路径。

## (四)数据治理的完善

目前,个人信息保护的缺位以及数据共享机制的混乱严重影响大数据侦查本身的合法性,应从个人信息保护及数据共享开放、协查机制的规范化来完善数据治理体系。

**1. 个人信息权的保护**

目前,我国侦查领域个人信息保护的立法尚为真空状态。一方面,个人信息保护本身的法律体系不完善,相关规定散见在《网络安全法》《全国人大关于加强网络信息保护的决定》等法律法规中,没有专门的个人信息保护法。另一方面,刑事诉讼法中没有关于个人信息保护的内容,仅有个别条款涉及隐私权保护。侦查中个人信息面临着"裸奔"的风险。

根据个人信息保护的一般原理,侦查机关基于国家公权力职能行使的需要,对个人信息的保护享有一定的豁免权。然而,豁免、例外并非没有边界的,侦查机关仍应当遵循个人信息保护的基本原则,寻求数据利用与个人信息保护之间的最佳平衡。

(1)个人参与原则。个人参与原则是指数据主体对其数据收集、处理情况享有知情以及要求查询、修改个人数据的权利。在个案侦查中,基于侦查的保密性,个人参与原则应当受到一定限制但并非禁止。可通过对传统的程序性权利的扩张解释来保障个人参与权,如通过"阅卷权"来保障当事人知悉个人信息的使用情况,通过"辩护权"赋予当事人对错误的个人信息提出修改、删除的请求。在一般的个人信息数据库建设中,同样应当赋予公民一定限度的知情权。如德国《联邦个人资料保护法》,美国《隐私法案》都规定了国家机关在收集个人信息时,应当保障信息主体的知情同意。在不影响侦查工作展开的前提下,不妨以"隐私政策"形式告知公民数据的收集范围及使用目的。

(2) 比例原则。个人信息保护中的比例原则强调管理者在处理个人数据的时候要秉持谦抑、克制的态度,数据的处理数量和方式都要控制在目的范围之内。比例原则同样也是侦查程序一项基本原则,强调侦查人员在诉讼目的范围内采取侦查措施,将对公民权利的侵害程度降至最小。① 因此,侦查人员应采取对个人权益影响最小的方式收集、分析、处理个人数据,保障数据的完整性、真实性;对数据库实行访问控制,尽量缩小直接接触个人信息的人员范围;控制对个人敏感信息的利用;对一些与案件无关的关键性身份识别信息可以通过加密技术、匿名化方法进行遮蔽处理。②

(3) 相关性原则。相关性原则强调侦查中数据的收集、调取必须基于案件调查取证需要或其他职能需求,数据的处理和使用也必须在侦查职能范围之内进行,与案件线索获取、证据调查相关。例如大数据侦查中往往需要网络平台提供数据协助,但不少网络平台反映,侦查人员调取数据时会提出过于宽泛的数据需求,忽视数据与案件侦查之间的关系,此即违背相关性原则的体现。此外,对于侦查中获取的个人信息不得另作他用,与案件侦查无关的个人信息应当及时销毁。

**2. 数据开放共享及协查机制的规范**

鉴于大数据侦查中数据开放共享的乱象,应尽快建立规范化的数据开放共享机制与数据协查机制。

(1) 数据开放共享机制的规范化。就数据共享而言,鉴于当前侦查机关对于水电、金融、税务、房产等其他行业数据的迫切需求,与其放任各地侦查机关自行协商获取数据,不如联合各行业顶层部门统一构建行业间数据共享机制,明确各行业对侦查机关所开放数据的种类、数量及方式,特别是赋予行业间数据共享的合法地位。就数据开放而言,针对上文所述的互联网数据开放乱象,一方面有赖于国家对商业数据市场的整顿和治理。政府可建立常态化"许可—授权"机制,明确获得官方授权的商业平台才能开放数据,并及时公布具有开放资质的商业平台名单,保证数据的准确性、权威性及可信性。另一方面,侦查机关自身要加强对此类数据来源的把控审查,确保数据来源的合法性和质量的可靠性。

(2) 数据协查机制的规范化。对于网络平台数据协查的乱象,可通过行业规范来明确侦查机关调取网络平台数据的程序。①统一数据调取程序。应建立统一的网络平台协助调取数据程序规则,明确侦查机关应出具的法律文书种类、调取数据的事由及可调取的范围等。②构建数据分级调取机制。在美国,司法机关调取私密程度不同的数据时,

---

① 参见陈永生:《侦查程序原理论》,北京,中国人民公安大学出版社 2003 年版,第 149 页。
② 参见刘铭:《大数据反恐应用中的法律问题分析》,载《河北法学》2015 年第 2 期。

需要履行传票、法庭调查令、搜查令等不同严格程度的程序。① 结合目前网络平台数据协查实际，建议我国侦查机关调取网络平台不同种类数据时，应根据数据私密程度、重要程度来建立分级、分类的调取程序。此外，有条件的网络平台应建立专门的数据协查部门，安排专人负责协助司法机关调取数据事宜。网络平台在协助侦查机关调取数据过程中，还可以收取资料、设备、打印、技术支持等成本费用。②

王燃，中国人民大学纪检监察学院副教授，法学博士。本节内容以《大数据时代侦查模式的变革及其法制问题研究》为题发表于《法制与社会发展》2018年第5期，收录本书时有改动。

## 第三节　大数据时代刑事取证管辖

梁　坤

关于电子数据的刑事取证管辖，在国家层面形成了数据存储地模式与数据控制者模式两大方案。传统的数据存储地模式以国家疆域为基础，因其适用困难、效率低下而有所松动。数据控制者模式则依托于跨境云服务提供者，实现了对数据存储地模式的部分取代。刑事数据取证管辖模式的变革，从根本上讲，乃是各国立足自身国家利益的最大化而试图对境内及境外数据资源的掌控所致，而数据特例主义的提出也对适用于有形实物的传统管辖模式构成了冲击。我国应当正视国际变革趋势，在数据主权国家战略的基础上，着力探索刑事取证管辖模式的中国方案。具体而言，在坚持数据存储地模式的同时，有必要设定特殊的例外情形；把握数据控制者模式之优势的同时，亦需针对他国采取该模式给我国带来的危害予以对等回应；在程序主义数据主权的概念框架下，加强与其他国家的平等协商与合作，以此建构适用于数据的刑事取证管辖的互惠模式。

## 一、问题的提出

无论是从国内法还是国际法的角度来看，一国虽然可以依国内刑事法律对发生在他国境内的犯罪享有立法管辖权及裁判管辖权，但是原则上并不能在程序上行使执法管辖权。③ 刑事执法管辖权在广义上指的是一国执法机关依照法定程序侦查、起诉和执行刑罚的权力，④ 狭义上则仅涉及刑事侦查管辖，特别是问题较为突出的刑事取证管辖。作为刑事执法管辖的下位概念，刑事取证管辖通常也不能在未经他国许可的情况下延伸至他国境内。然而，网络时代的到来导致以领土范围为标准的管辖界限逐渐模糊，近年来各国在刑事侦查中收集电子数据时跨越传统国家疆界的情况屡见不鲜。这里首先提供中美两国涉及此种情况的两起典型案例。

---

① 参见顾伟：《美国政府机构获取电子数据的法律程序研究》，载《信息安全与通讯保密》2016年第12期。
② 参见王燃：《大数据时代个人信息保护视野下的电子取证》，载《山东警察学院学报》2015年第5期。
③ Anthony J. Colangelo, What Is Extraterritorial Jurisdiction, 99 *Cornell Law Review* 1311 (2014).
④ 参见张兰图、刘竹君：《国家刑事管辖权法定论》，载《当代法学》2006年第5期。

在张某、焦某非法猎取计算机信息系统数据、非法控制计算机信息系统案中，焦某归案后主动向公安机关提供了一台位于美国的主控服务器的 IP 地址、用户名和密码。武汉市公安局网络安全保卫支队出具的远程勘验检查工作记录载明，侦查人员对该主控服务器（IP 地址为 66.102.253.30）进行了远程登录，提取到了主控程序"Client.exe"和"系统日志"。"主控列表"显示，该服务器共控制了 240 个 IP 地址，其中包括我国境内的 31 个 IP 地址。本案对电子数据的取证反映了许多同类案件的类似做法，即侦查机关通过讯问等方式获得嫌疑人提供的账号和密码后登录服务器，进行了跨境网络远程勘验。

在美国，近年来一起涉及跨境电子邮件数据收集的案件的侦查程序，引发了巨大的法律争议。2013 年 12 月，美国联邦调查局在查办一起贩毒案件的过程中，在取得法院签发的令状后，要求微软公司披露某邮件用户的信息。微软公司拒绝披露邮件内容数据，因为这些数据被存储在了爱尔兰的数据中心，微软公司主张联邦调查局应通过双边司法协助程序收集这些数据。然而，联邦调查局坚持要求微软公司直接披露相应数据，并否认本案的侦查权出现了域外适用。① 微软公司无奈之下提起诉讼，最后由检察机关上诉至联邦最高法院。2018 年 3 月 23 日，《澄清合法使用境外数据法》（即《云法》）生效。该法授权执法部门通过对美国境内有实体机构的服务提供者（ISP）进行数据披露的方式收集境外数据。联邦调查局遂根据该法取得了新的搜查令状，微软公司也对该法予以支持。4 月 17 日，最高法院终审裁决，由于本案争议的法律问题不复存在，故将案件驳回。② 至此，"微软—爱尔兰案"尘埃落定。

在上述张某、焦某案中，我国侦查机关通过网络远程勘验直接收集了存储于境外的数据。从国家刑事取证管辖的角度，这种跨境电子数据取证方案显然不属于常规意义上的数据存储地模式。而在《云法》已经施行的背景下，美国执法部门今后必将充分依托该国在全球占据巨大市场优势的服务提供者间接收集境外数据，也即在刑事取证管辖模式上更多地采用与数据存储地模式迥异的数据控制者模式。

两案中跨境电子数据取证的具体程序、措施尽管存在显著区别，但两案均表明，刑事取证管辖已经借助网络空间便捷地跨越了传统意义上的国家疆界。刑事取证管辖乃是国家主权行使的典型体现，因此两案突显出来的根本问题是，国家到底能否在国际法和刑事程序法理的框架下对储存于境外的数据拥有主权和刑事取证管辖权？如果答案是肯定的，那么具体到本部分内容的论题则需要进一步回答如下问题：针对网络空间中的数据（特别是存储于境外的数据）行使刑事取证管辖权时，一国到底应当采取什么样的理论模式？本部分内容将立足我国所主张的数据主权战略，在对数据存储地模式、数据控制者模式进行理论分析的基础上，着力探索刑事取证管辖模式的中国方案，希冀在国际法原则和规则的框架下，为国家刑事取证管辖模式的完善，提供有益的参考。

## 二、基于传统国家疆域的数据存储地模式

### （一）数据存储地模式概说

所谓数据存储地模式，是以数据实际存储的物理位置来确定国家的刑事取证管辖范

---

① Microsoft Corp. v. United States, 829 F.3d 222(2d Cir. 2016).
② United States v. Microsoft Corp., No. 17-2, 584 U.S. _(2018).

围。可以具体从四个方面来理解这一模式：其一，将数据视为与其他有形实物无实质性差异的证据，在刑事取证管辖制度上不对数据做特殊安排；其二，将数据视为与存储介质密不可分的物品，刑事取证管辖的依据实际上就是存储介质的物理位置；其三，将虚拟空间附着于物理空间，相当于将传统的适用于物理空间的地域管辖同等延伸至虚拟空间；其四，以传统意义上的属地原则来确定刑事取证管辖的疆界，管辖效力范围实际上等同于国家在刑事实体法上的属地管辖。

根据数据存储地模式，一国对境内的电子介质中存储的数据拥有无可争议的刑事取证管辖权。如同 A 国侦查人员不能在未经许可的情况下进入 B 国国境进行侦查取证，其原则上也不能擅自"进入"B 国境内的计算机系统收集电子数据。为避免电子数据取证行为越境，许多国家国内法的适用及国际公约对相关制度的安排都较为谨慎。例如，英国法官在签发远程搜查令状的时候，需要判断警方的侦查是否会跨越国境。如果违法从境外收集数据，法院在后续程序中可能会将其予以排除。[①] 在美国，过去很长时间的司法准则也是坚持数据存储地模式。例如在 2000 年，联邦调查局在调查一起黑客案件的过程中，在未经俄罗斯官方许可的情况下，使用秘密获得的嫌疑人用户名和密码登录俄方境内的计算机系统，在线提取涉案数据。此案引发了俄罗斯方面强烈的外交抗议。[②] 美国法院认定，由于数据存储于俄罗斯，因此此案的侦查行为属于跨境搜查。[③] 在总结诸多经验和教训之后，美国司法部刑事处计算机犯罪与知识产权犯罪部在 2009 年发布的《刑事侦查中计算机搜查扣押与电子证据收集指引》中慎重地提醒，调查人员在未经许可的情况下"进入位于他国的计算机系统"，可能触及"国家主权及礼让方面的复杂问题"。[④] 美国的网络法专家 Goldsmith 也严肃地指出，跨境远程搜查等侦查行为会导致对他国主权的侵犯，可能面临严重的国际法后果甚至外交纷争。[⑤]

作为目前影响最大的区域性国际法文件，2004 年生效的《网络犯罪公约》（*Convention on Cybercrime*）中的许多条文，也遵循了数据存储地模式。例如，根据第 18 条第 1 款规定的"提供令"（Production Order）制度，各缔约方的有权机关可以命令国内的个人（person）提交其持有或者控制的特定计算机数据，以及要求国内的服务提供者提供其所持有或者在其控制范围内的用户数据。但无论是哪一种情况，提供令所涉及的目标数据都应"在发出提供令的缔约方国内"。[⑥]

根据数据存储地模式，跨境电子数据取证原则上应遵循适用于普通实物的程序规则，即需要通过司法协助程序来执行。例如在"微软—爱尔兰"案中，爱尔兰政府的主

---

① See Ulrich Sieber, Nicolas von zur Mühlen(eds.), *Access to Telecommunication Data in Criminal Justice*, Duncker & Humblot, 2016, p.730.
② See Russell G. Smith, Peter Grabosky, Gregor Urbas, *Cyber Criminals on Trial*, Cambridge University Press, 2004, p.58.
③ United States v. Gorshkov, NO. CR00-550C, 2001 WL 1024026 (W.D. Wash. May 23, 2001).
④ See CCIPS, *Searching and Seizing Computers and Obtaining Electronic Evidence in Criminal Investigations*, p.58, available at http: //www.justice.gov/criminal/cybercrime/docs/ssmanual2009.pdf, visited on Nov. 01, 2018.
⑤ See Jack L. Goldsmith, The Internet and the Legitimacy of Remote Cross-Border Searches, 2001 *University of Chicago Legal Forum* 103 (2001).
⑥ 参见皮勇：《〈网络犯罪公约〉中的证据调查制度与我国相关刑事程序法比较》，载《中国法学》2003 年第 4 期。

张就明显地反映出对这种模式的信奉以及对司法协助程序的坚持。其在2014年12月23日向美国法院递交的"法庭之友"意见书中申明了对涉案邮件内容数据的主权管辖，强调只有通过两国之间的双边刑事司法协助机制，才能由爱尔兰官方对相应数据进行调查。①

## （二）数据存储地模式面临的困境

### 1. 适用困难

首先，数据存储地模式适用于存储状态下的静态数据，而不适用于传输过程中动态数据。对于静态数据，由于存储介质的物理位置通常较为明确地位于某一司法管辖区域内，故在确定刑事取证管辖时较易作出判断。然而，就跨境传输中的动态数据，在侦查开始前很难以预测所要收集的数据会流向何处，这便导致无法使用采取数据存储地模式来确定管辖。其次，数据存储地模式适用于位置确定的数据，而不适用于位置不确定的数据。在当今云计算的技术框架下，无论是通过服务提供者披露数据，还是由用户提供数据，数据的存储位置经常是不明确抑或无法确定的。②典型的情况是，使用云存储服务的绝大多数用户都不清楚其上传至"云"中的数据到底位于何处。又如，"深网"（deep web）中的多数数据通常会有加密保护，"暗网"（dark web）则无法通过常规方式访问及追踪。这些技术性的限制因素给数据存储地的确定造成了极大障碍，从而导致一国侦查机关不可能严格遵循数据存储地模式来行使刑事取证管辖权。

### 2. 效率低下

随着跨境通信及云技术的飞速发展，数据的跨境存储与流动已越发常态化。如果严格遵循数据存储地模式，数据的跨境收集原则上都要通过司法协助程序开展。然而，这种程序耗时较长、冗繁复杂，近年来相关取证需求剧增更使得其效率低下的劣势越发凸显。由于美国在全球云数据市场占有绝对优势地位，该国当前收到的取证请求也最多。然而，一国地方侦查机关若要搜查谷歌公司存储于美国境内的邮件内容数据，按常规程序需首先将请求逐级上报该国中央主管机关，然后由后者将协助请求按美方要求的形式发送给美国司法部国际事务办公室。该办公室审查后将该协助请求交由检察官处理，然后再由后者向对数据有管辖权的法院申请搜查令状。之后，警务人员方才可持令状要求谷歌公司提供相应数据。统计数据表明，整个协助程序通常需耗费10个月甚至更长的时间，③这对追求效率的电子数据取证，显然是难以承受的。

## （三）数据存储地模式的松动

为缓解上述困境并有效提升跨境电子数据取证的效率，区域性国际公约及某些国家

---

① Brief for Ireland as *Amicus Curiae* Supporting Appellant at 4, 7,In re Warrant To Searcha Certain E-mail Account Controlled &Maintained byMicrosoft Corp., No. 14-2985-CV (2dCir. Dec.23, 2014).
② See Christopher Millard(ed.), *Cloud Computing Law*, Oxford University Press, 2013, p.288.
③ See Richard A. Clarke, et. al., *LibertyAnd Securityina Changing World,Reportand Recommendationsofthe President's Review Groupon Intelligence and Communications Technologies* (2013), p.227, available at https://obamawhitehouse.archives.gov/sites/default/files/docs/2013-12-12_rg_final_report.pdf, visited on Nov. 09, 2018.

的国内法作了一些有针对性的制度安排，从而导致严格意义上的数据存储地模式出现了松动。

#### 1. 在国际共识的基础上设定数据存储地模式的特殊例外

《网络犯罪公约》第32条和2010年的《阿拉伯国家联盟打击信息技术犯罪公约》（*Arab Convention on Combating Information Technology Offences*）第40条，规定了两种无需告知数据存储地国的单边远程取证方式。由于后者几乎照搬前者的条文，这里仅对《网络犯罪公约》第32条进行阐释。该条a款规定，缔约国执法部门可以"提取公众能够获得的存储于计算机中的数据，而不论该数据位于何处"。由于这类数据在执法地便可以公开获得，故国际法专家们认为这种情况属于行驶域内管辖权。① 该条b款则采属人主义，授权"通过一方境内的计算机系统提取、接收存储于另一方境内的计算机系统中的数据，前提是相应的行为获得了拥有法定权限而通过计算机系统向取证方披露数据的个体的合法且自愿的同意"。为避免法条适用过程中可能出行的理解偏差，网络犯罪公约委员会（T-CY）于2014年发布《跨境电子数据取证指引注释》，强调第32条b款在性质上属于地域管辖原则的特殊例外。② 而根据国际电信联盟的阐释，缔约国签署该公约实际上是放弃了部分主权，从而允许其他国家实施影响其领土完整的调查。③

#### 2. 在数据存储于境外但无法确认所在国家的情况下直接适用国内侦查程序

云计算技术有时会导致数据在境外的具体位置难以确定。2017年发生在美国的一起欺诈案件的侦查便遇到这种情况。法院裁定谷歌公司需向联邦调查局披露存储于境外的数据，原因是连该公司也无法确定涉案数据被技术性拆分后在境外的具体存储地，因此根本不可能根据数据存储地模式开展常规的刑事司法协助。④

#### 3. 在数据存储位置不确定的情况下不排斥电子数据取证措施的跨境适用

某些案件中，在侦查取证开始之前，根本无法判断数据到底存储于国内还是国外。为此，一些国家并不绝对排斥对潜在的跨境远程侦查措施进行授权。例如，美国为解决"暗网"取证等情况下数据存储地不明的法律障碍，于2016年修订《联邦刑事程序规则》，其中第41条b款第673项授权执法部门可以在"因技术原因而导致媒介或信息的储存地点被隐藏的情况下"，对管辖区外（含境外）的数据进行远程侦查。而在欧盟，截至2016年9月，比利时、葡萄牙、西班牙、法国的国内法也对这类取证活动进行了授权。⑤

---

① 参见［美］迈克尔·施密特总主编：《网络行动国际法塔林手册2.0版》，黄志雄等译，北京，社会科学文献出版社2017年版，第107页。

② See Cybercrime Convention Committee *T-CY Guidance Note # 3, Transborder access to data* (Article 32), p.3, available at https://rm.coe.int/16802e726a, visited on October 26, 2018.

③ 参见国际电信联盟电信发展部门：《了解网络犯罪：现象、挑战及法律对策》，第282页，https://www.itu.int/en/ITU-D/Cybersecurity/Pages/Publications.aspx, 2018年3月18日最后访问。

④ In re Search Warrant No. 16-960-M-01 to Google; In re Search Warrant No. 16-1061-M to Google, 232 F. Supp. 3d 708.

⑤ See European Commission, *Commission Staff Working Document Impact Assessment(SWD(2018) 118 final)*, p.33, available at https://eur-lex.europa.eu/legal-content/EN/TXT/?uri=SWD%3A2018%3A118%3AFIN, visited on October 29, 2018.

数据存储地模式本身存在着缺陷，给刑事取证管辖带来了很多障碍，近年来也确实出现了松动。然而，这一模式并未崩塌，它仍然是国际上刑事取证管辖制度运行的基本模式。这主要有以下三个方面的原因。

首先，在数据的境外存储位置明确的情况下，刑事司法协助仍是常规程序。因此，除非存在国际公约的特别授权和国家间的礼让机制，一国单边开展的跨境电子数据取证就与其他实物证据的跨境收集无异，原则上都不为国际法所允许。

其次，侵犯性较弱的远程取证措施更受青睐，以尽可能降低对数据所在地国家主权的潜在侵犯程度。除了美国对可能跨境开展的侦查行为规定了远程"搜查"这样的强制性措施，上述国际公约和其他国家的国内法所授权的措施，其侵犯性明显较弱。例如，《网络犯罪公约》授权的依据属人主义收集境外数据，需建立在相关主体自愿的基础上。从侦查法理上讲，这具有不限制相对人基本权利的"任意侦查"的特征。比利时于 2000 年修订刑事诉讼法增加了第 88 条之三（Art.88ter），规定可能跨境开展的电子数据取证方式仅限于"复制"。此外，从欧盟委员会于 2018 年 4 月发布的规范成员国单边跨境远程取证的立法计划来看，也强调取证方式只能限于"复制"而不能进行"实时监控"。①

最后，在远程取证过程中确认数据存储地后，对相关国家的告知受到重视。相应的制度在比利时刑事诉讼法、荷兰 2019 年 1 月 1 日起施行的《计算机犯罪法（三）》相关条款的配套机制中均有反映。例如，荷兰官方认为，一旦确认远程搜查跨越国境，原则上需停止侦查，并且需要基于国际礼仪及时告知相应国家。② 此外，欧盟于 2017 年在其发布的非正式文件《跨境收集电子证据的改进：来自专家的意见及具体的建议》中也特别指出，对于单边跨境电子数据取证，未来的立法应当专门规定诸如应告知可能受影响的国家在内的缓解措施。③

## 三、依托跨境云服务提供者的数据控制者模式

### （一）数据控制者模式概说

所谓数据控制者模式，是指在云计算的技术框架下，通过寻求跨境云服务提供者的合作或对其发出指令的方式，获取其控制的数据。关于这一模式，可以从三个方面进行把握：其一，数据控制者不仅将云数据与其他有形实物相区分，而且将云数据所在的虚拟空间与有形实物所在的物理空间相区隔，在云数据的刑事取证管辖方面完全不考虑数

---

① See European Commission, *Commission Staff Working Document Impact Assessment(SWD(2018) 118 final)*, p.71, available at https://eur-lex.europa.eu/legal-content/EN/TXT/?uri=SWD%3A2018%3A118%3AFIN, visited on October 29, 2018.
② See Anna-Maria Osula, Mark Zoetekouw, The Notification Requirement in Transborder Remote Search and Seizure: Domestic and International Law Perspectives, 11: 1 *Masaryk University Journal of Law and Technology* 107(2017).
③ See *Improving cross-border access to electronic evidence, Findings from the expert process and suggested way*, available at https://ec.europa.eu/home-affairs/sites/homeaffairs/files/docs/pages/20170522_non-paper_electronic_evidence_en.pdf, visited on Sep. 15, 2018.

据存储的位置，从而回避适用常规的司法协助程序。其二，数据控制者模式依托跨境云服务提供者，属于对存储在境外的数据的间接取证方式。其三，数据控制者模式下的数据范围只涉及跨境云服务提供者控制的数据，即其拥有（possession）、保管（custody）或掌控（control）的数据。

近年来，通过数据控制者模式获取位于境外的数据，在国际上已经出现两种情况：一是通过在本地无实体机构的外国服务提供者获取境外数据。例如在比利时的一起案件中，当局要求美国雅虎公司披露境外数据，遭到后者拒绝（下文简称"比利时—雅虎案"）。比利时最高法院于2015年判决指出，雅虎公司虽然在比利时并无分支机构，但存在实质性的向比利时用户提供网络服务的行为，"事实上是位于"比利时的服务提供者，因而需遵守比利时刑事程序中的数据披露义务。[①] 二是通过在本地有实体机构的外国服务提供者获取境外数据。例如，在2015年，巴西一家法院指令微软公司在该国的分支机构披露其存储于美国境内的涉案数据（下文简称"巴西—微软案"），微软公司未予执行，其负责人员随后遭到了巴西当局的刑事起诉。[②] 此外，根据英国2016年的《调查权法》（Investigatory Powers Act）第3部分"获取通讯数据的授权"第85条"跨境适用"之规定，执法部门可以向其境内运营的电讯服务提供者发布指令，以获取其存储于境外的数据。

不过，比利时、巴西、英国的立法或实践更多只是对数据控制者模式作了初步探索。这一模式的系统提出主要是受到了"微软—爱尔兰案"的影响，并最终在《云法》于2018年出台之后正式成形。[③]《云法》开宗明义地指出，其立法目的就是授权美国执法部门在云计算技术的背景下通过服务提供者获取境外数据。该法标志着美国在云数据的刑事取证管辖方面，从数据存储地模式转向了数据控制者模式。

### （二）数据控制者模式与数据存储地模式的关系

其一，数据存储地模式面临的困境，客观上为数据控制者模式的问世提供了可能性。如果数据存储地模式运行良好，各国自然无须探索新模式。在数据存储地模式面临困境且出现松动的情况下，跨境电子数据取证的实际需求并未减少。特别是对于那些对境外云数据有较大掌控需求的国家，在数据存储地模式现有的特殊例外情形之外构建新模式，从而更大程度地化解数据存储地模式的困境，便成为契合时代变迁背景的选择。以美国为例，在传统的刑事司法协助机制与跨境远程提取电子数据的单边方案均存在明显缺陷的背景下，通过服务提供者获取境外云数据成为其近年来重要的战略选项。从2016年开始，美国便一直在试图通过立法推进相关工作，[④] 而《云法》的出台也确实也助于化解数据存储地模式面临的困境。

---

① Belgium Supreme Court, September 4th, 2012, A.R. P.11.1906.N/2.
② See Brad Smith, *In the Cloud We Trust*, http://news.microsoft.com/stories/inthecloudwetrust. visited on June 11, 2018.
③ 参见洪延青：《美国快速通过CLOUD法案 明确数据主权战略》，载《中国信息安全》2018年第4期；许可：《数据主权视野中的CLOUD法案》，载《中国信息安全》2018年第4期。
④ 参见梁坤：《美国〈澄清合法使用境外数据法〉背景阐释》，载《国家检察官学院学报》2018年第5期。

其二，数据控制者模式的适用限制意味着其只是部分取代数据存储地模式。数据控制者模式完全不考虑传统国家疆界的限制，因此从性质上讲并不属于数据存储地模式的特殊例外。当然，数据控制者模式与数据存储地模式不是截然对立的，不能简单地认为前者完全取代了后者。上文已经说明，数据控制者模式依托于跨境云服务提供者，瞄准的只是服务提供者控制的境外数据。由此观之，数据控制者模式的适用并不具有普适性，实际上它只是部分取代了数据存储地模式。这就意味着，对于网络空间中与这类服务提供者无关的数据，数据存储地模式仍然是刑事取证管辖的基本方案。

其三，两种模式会在一定时期内以相互博弈的方式共同存在。如同下文将要着重分析的，各国对于境内及境外数据资源存在差异极大的利益诉求。就单个国家而言，其很可能基于数据安全等核心国家利益而采取数据存储地模式以保护境内数据，但同时又可能通过数据控制者模式力图长臂掌控境外数据。而从国际层面来看，数据掌控能力较弱的国家可能会单一性地坚守数据存储地模式，一些数据强国则会倾向于同时采取两种模式。换言之，在数据控制者模式部分取代数据存储地模式之后，两种模式的共存会成为一定时期内的必然现象，相互之间的博弈也将成为常态，这是各国刑事取证管辖制度面临的全新课题。

### （三）数据控制者模式在全球层面对刑事取证管辖制度的影响

一方面，数据控制者模式导致国家间刑事取证管辖范围出现重叠并诱发国际法冲突。根据数据存储地模式，对数据的刑事取证管辖受限于国家疆域，因此，除非出现上文提到的数据存储地模式的特殊例外，否则不可能发生国家间的刑事管辖权冲突。然而，在数据控制者模式部分取代数据存储地模式之后，主张前一模式的国家会将刑事取证管辖的范围延伸至主张后一模式的国家境内，这会导致取证管辖范围的重叠，从而诱发国际法上的冲突。

另一方面，数据控制者模式将深刻改变国际上刑事取证管辖的实际运行结构。虽然数据控制者模式只是部分取代数据存储地模式，但可以预见的是，前者在国际范围内很可能会逐渐压缩后者的适用空间。这主要有两方面的原因。其一，数据控制者模式瞄准了全球云数据市场的蓬勃发展趋势，有着广阔的应用前景。如今，无论是个人还是公司，都越来越多地将数据上传至"云"中，而不再过多地进行本地存储。正如"微软—爱尔兰案"那样，一份电子邮件所涉及的内容数据和非内容数据存储于不同国家的情况，将越来越多地出现。应当认识到，数据控制者模式相较数据存储地模式的确有其优势，它有助于破除个案中数据跨境分散存储从而难以通过常规法律程序快捷获取的难题。其二，数据控制者模式因美国的技术优势和全球影响力，在刑事取证管辖方面将逐渐显现其重要性。以谷歌、苹果、脸书和亚马逊为代表的美国IT巨头在全球云数据市场占据统治性份额，其所控制的海量境外云数据，随着《云法》的出台都将潜在地纳入美国刑事取证管辖的范围。而从近期来看，以欧盟、加拿大为代表的美国传统"朋友圈"已经准备效仿《云法》的做法或接受该法授权的双边互惠机制，从而将令数据控制者模式在全球范围内实际影响越发放大。

## 四、模式变革的影响因素分析

数据控制者模式的问世以及其对数据存储地模式的部分取代,反映出国际上刑事取证管辖模式制度发生了变革。通过比较分析和理论考究可以发现,这一变革主要受到两大方面因素的影响。其中,各国立足于自身国家利益的最大化对数据资源实施掌控是核心地位。而数据特例主义的提出也对适用于有形实物的传统管辖模式形成了冲击,这一因素同样不容忽视。

### (一)各国立足自身国家利益的最大化而对数据资源的掌控

数据作为一种新兴资源的巨大价值早已获得国际认可,许多国家近年来越发重视对数据资源的掌控,以实现国家利益的最大化。不过,不同国家在数据资源的实际掌控能力上存在巨大的落差,因而在国家数据主权、国家数据安全及数据权利保护等方面,各国的国家战略及法律制度均展现出了显著的差异,由此对国际上刑事取证管辖模式的变革产生了重要影响。

#### 1. 国家数据主权

刑事取证管辖是国家主权的重要体现。由于网络空间中刑事取证管辖的对象是数据,国家对数据主权的基本立场便成了刑事管辖模式塑造及变革的基础。我国是数据主权的坚定主张者和支持者。2015年8月31日,国务院在其发布的《促进大数据发展行动纲要》中首次从官方层面对数据主权进行了表述:"充分利用我国的数据规模优势……增强网络空间数据主权保护能力,维护国家安全,有效提升国家竞争力。"数据主权依托于网络空间,因此其理应成为我国在国家安全法和网络安全法中已经规定的"网络空间主权"的下位概念。而网络空间主权系国家主权在网络空间的延伸,因此数据主权也成为国家主权不可或缺的组成部分。

然而,我国所主张的数据主权尚未在国际范围内得到普遍认同。例如,由"北约卓越合作网络防御中心"(CCDCOE)组织包括中国学者在内的专家组编写的"网络空间国际法示范规则"即"塔林手册2.0版",尽管认可我国所主张的网络空间主权,但在具体内容上只涉及三个层次:(1)物理层,包括物理网络组成部分,即硬件和其他基础设施,如电缆、路由器、服务器和计算机;(2)逻辑层,由网络设备之间存在的连接关系构成,包括保障数据在物理层进行交换的应用、数据和协议;(3)社会层,包括参与网络活动的个人和团体。[①] 换言之,"塔林手册2.0版"并未涉及国家对特定数据本身行使主权。[②]

更为复杂的问题是,尽管以中国为代表的大多数发展中国家为抵制网络霸权对网络空间的侵害而主张网络空间主权,[③] 但以美英为代表的许多西方发达国家则对此予以反

---

① 参见[美]迈克尔·施密特总主编:《网络行动国际法塔林手册2.0版》,黄志雄等译,北京,社会科学文献出版社2017年版,第58页。
② 黄志雄:《网络空间国际规则制定的新趋向——基于〈塔林手册2.0〉的考察》,载《厦门大学学报》(社会科学版)2018年第1期。
③ 张新宝、许可:《网络空间主权的治理模式及其制度构建》,载《中国社会科学》2016年第8期。

对。以美国为例，2018年9月发布的《美国国家网络战略》只字不提网络空间主权，而是再次强调其在近年来所力推的互联网治理的"多利益攸关方模式"。①这些国家并不支持网络空间主权，因此更谈不上赞成作为网络空间主权下位概念的数据主权。

在对网络空间主权的认识存在明显分歧，并且数据主权是否成立、是否包含于网络空间主权概念等问题尚未达成国际共识的背景下，不同国家基于自身利益必然会对网络空间中存储、流动的数据展开激烈的争夺。这种争夺对刑事取证管辖模式的变革产生了显而易见的影响。主张数据主权的国家必然强调对网络空间中特定数据的保护和管控，特别是对于存储于其境内的数据，坚持数据存储地模式从而排他性地对抗他国的争夺，显然更符合其国家利益。然而，与此相对，反对数据主权的国家则更希望松动乃至突破数据存储地模式，在云计算的时代背景下凭借其技术优势实现对存储于他国的数据的长臂掌控。就此而论，数据控制者模式的问世与数据主权的国际争议不无关系。

**2. 国家数据安全**

出于国家数据安全的考虑强化对数据的保护，这对于在网络技术、跨境通讯、云计算市场等领域处于弱势的国家尤为重要。如今，跨境云服务提供者控制的数据不仅涉及大范围的用户隐私，甚至关系到一国的国计民生，从而会潜在地影响一国的数据安全和稳定。于是，通过法律强制要求服务提供者对其境内收集及提供服务过程中产生的数据进行本地化存储，已经成为许多国家对抗数据强国、反抗数据霸权的重要选择。2017年的一份研究报告显示，全球范围内已经有包括中国在内的36个国家和地区，通过立法等方式对数据的本地化存储进行了明确要求。②

基于数据安全的考虑强化数据保护的另一个表现是，对数据的跨境流动或披露进行法律规制。这一方案近年来也得到许多国家的青睐，并形成以俄罗斯、澳大利亚为代表的刚性禁止流动模式，以欧盟、韩国为代表的柔性禁止流动模式，以印度、印尼为代表的本地备份流动模式。③从便利刑事取证管辖的执行、维护数据安全从而实现国家利益最大化的角度看，数据存储地模式有显著优势。一方面，在实现数据本地化存储后，可以有效服务于本国的刑事侦查，取证活动无需经历复杂的司法协助程序、无需受制于他国的取证标准；另一方面，限制或禁止数据跨境流动或披露，致使其他国家无法便捷地通过单边渠道收集数据，这对于数据安全具有重要意义。

反对数据本地化存储并主张数据跨境自由流动，更符合在云数据市场占绝对优势且试图推行数据霸权的国家的利益。这是因为，在 A 国实行数据本地化制度后，B 国服务提供者在 A 国从事数据业务就必须以自建服务器或本地托管的方式满足 A 国的法律要求，这必然导致 B 国的服务提供者大大增加在境外的成本投入，削弱其在云计算方面的技术优势。《美国国家网络战略》便指出："数据本地化规则对美国企业的竞争力产生了

---

① See National Cyber Strategy of the United States of America, p.25, https://www.whitehouse.gov/wp-content/uploads/2018/09/National-Cyber-Strategy.pdf, visited on Nov. 15, 2018.

② See Nigel Cory, *Cross-Border Data Flows, Where Are the Barriers, and What Do They Cost?*, available at https://itif.org/publications/2017/05/01/cross-border-data-flows-where-are-barriers-and-what-do-they-cost, visited on Oct. 28, 2018.

③ 参见吴沈括：《数据跨境流动与数据主权研究》，载《新疆师范大学学报》（哲学社会科学版）2016年第5期。

负面影响，美国将继续抵制阻碍数据和数字贸易自由流动的壁垒，促进全球数据自由流动。"① 可见，美国反对其他国家的数据本地化存储制度，并主张数据跨境自由流动，这很大程度上就是要通过维护其跨国企业的利益来实现其国家网络战略。要达到这一目标，美国必然需要弱化其他国家保护数据力度。就刑事取证管辖，数据强国所力主推行的数据控制者模式，可以看作是对其他国家在数据本地化存储、跨境数据流动管制的背景下维护数据安全并坚守数据存储地模式的战略回击。

3. 数据权利保护

对与数据相关的特定法律权利进行保护，提升国家对数据的掌控能力，也会对刑事取证管辖模式的塑造和变革产生重要的影响。2018年5月25日，被称为"史上最严"的《通用数据保护条例》（GDPR）（下文简称"欧盟数据条例"）施行，欧盟从整体层面强化了对个人数据的保护。其中，第48条专门规定"未经欧盟法授权的转移或披露"。任何法庭判决、仲裁裁决或第三国行政机构的决定，若要求控制者或处理者对个人数据进行转移或披露，同时满足以下条件时方能得到认可或执行：一是该判决、裁决或决定必须基于提出请求的第三国与欧盟或其成员国之间订立的法律互助协议等国际条约；二是该判决、裁决或决定不会对"欧盟数据条例"第5章规定的其他转移形式产生消极影响。根据该规定，如果外国执法机构单方采取数据控制者模式，从而欲通过服务提供者转移或披露存储于欧盟成员国境内的数据，在不满足上述两个条件的情况下便与"欧盟数据条例"相冲突。从这个角度看，该条文可被视为欧盟选择以数据存储地模式来强化个人数据保护，从而强有力地提升成员国对与存储在其境内的数据的掌控能力。这对维护成员国的整体数据利益而言，显然具有重要意义。

但从另一角度来看，"欧盟数据条例"在强化个人数据保护方面也出现了跨境适用。② 根据第3条"地域范围"的规定，"欧盟数据条例"适用于"对欧盟内的数据主体的个人数据处理，即使控制者和处理者没有在欧盟境内设立机构"。上文已经提到，欧盟在美国《云法》出台的背景下已计划设立"欧洲数据提交令"制度，在电子数据取证方面不再考虑相应数据到底是否存储于欧盟的地域范围内。由于欧盟强调这一改革提议所涉及的个人数据受到"欧盟数据条例"的保护，③ 所以，这实际上就是通过强化个人数据保护实质性地实现成员国对境外数据的实际掌控。如果"欧洲数据提交令"制度未来能够落地，欧盟必将在刑事取证管辖方面对数据存储地模式予以实质性变革。这样一来，欧盟的改革方案对内强化了数据存储地模式，对外则计划推行数据控制者模式。这些实际上体现了欧盟及其成员国在信息时代尽最大可能维护其自身数据利益而作出的努力。

## （二）数据特例主义对适用于有形实物的管辖模式的冲击

相较于有形实物，电子数据的出现时间较晚。由于有形实物的刑事取证管辖范围

---

① 《美国国家网络战略》报告，第15页。
② 参见何波：《数据是否也有主权——从微软案说起》，载《中国电信业》2018年第8期。
③ See Security Union: *Commission facilitates access to electronic evidence*, available at http://europa.eu/rapid/press-release_IP-18-3343_en.htm, visited on Oct. 22, 2018.

长久以来严格受限于国家疆域,所以,对于数据,要么强调其所具有特殊性从而建构全新的刑事取证管辖模式,要么将其与有形实物予以无差别化对待从而适用传统模式。

强调数据在刑事取证管辖方面不同于有形实物从而需要创设新的法律规则的观点,被称为"数据特例主义"。美国学者从五个方面详细地阐释了数据相对于有形实物的差异:(1)数据的迅捷流动性。以国际电子邮件为例,数据可以迅速且频繁地穿行于他国的云服务器,而有形实物的越境流动则受到严格限制。(2)数据的离散存储性。特别是在云计算的技术背景下,基于数据运营安全及效率的考虑,离散式跨境存储已呈常态。(3)数据存储与获取的分离性。一方面,数据权利人所处的位置与数据的存储位置相分离;另一方面,调查人员的位置也与数据存储位置相分离。(4)数据的多方牵涉性。以国际通信为例,数据可以同时涉及境内和境外的传输和存储,通信双方甚至多方均对数据享有权利。(5)数据的第三方掌控性。在云计算时代,用户的海量数据为跨境服务提供者所实际掌控,后者对数据存储地有着决定性的影响。[①] 根据数据特例主义的观点,既然数据与有形实物存在诸多显著差异,因此不应基于国家疆域来确定刑事取证管辖。这就意味着,数据特例主义的理论观点实际上可以看作是对数据存储地模式的否定。

当然,与数据特例主义针锋相对的观点,并不主张因为数据具有某些特殊性就为数据建构全新的刑事取证管辖规则。例如,戈德史密斯较早提出,网络空间中的事务与现实世界的事务并没无不同,国家基于领土的管制同样适用于网络空间。[②] 就网络空间中的数据而言,伍兹认为,它并非人们观念中所认为的那样属于新事实,其实它与有形实物并无实质不同。即使是云数据,事实上也位于特定国家领土之内的存储设备之中,因此本质上也具有归属于国家疆域之基本特征。伍兹对数据具有某些不同于实物的独有特征的观点进行了批判。以所谓的"迅捷流动性"为例,实际上跨境流动的资金也具有这样的特征,因此不能简单地将该特征作为建构全新法律规则的论据。[③] 此外,斯万特森指出,更加确切地讲,数据的上述特征应当称为"云数据特例主义"。[④] 例如,在不涉及云计算的情况下,数据完全不具备"离散存储性"和"第三方掌控性"。根据上述观点,尽管应当承认数据的部分特殊性,但也应当采用长久以来适用于有形实物的刑事取证管辖模式,因此这类观点实质上是支持数据存储地模式的。

尽管数据特例主义在理论上遭遇了诸多批评,但由于它否定数据存储地模式,对适用于有形实物的传统刑事取证管辖模式形成了理论冲击,故其已经产生现实影响。美国《云法》所代表的数据控制者模式的问世及其对数据存储地模式的部分取代,就是这一现实影响的典型体现。就此而论,数据特例主义从程序法理和证据法理等层面,对国家刑事取证管辖模式的变革产生了深刻影响,为数据控制者模式的问世奠定了理论基础。

---

① See Jennifer Daskal, The Un-Territoriality of Data, 125 *Yale Law Journal* 365 (2015).
② See Jack L. Goldsmith, Against Cyberanarchy, 65 *The University of Chicago Law Review* 1199 (1998).
③ See Andrew Keane Woods, Against Data Exceptionalism, 68 *Stanford Law Review* 729 (2016).
④ See Dan Jerker B. Svantesson, *Against* "Against Data Exceptionalism", 10:2*Masaryk University Journal of Lawand Technology* 204 (2016).

## 五、刑事数据取证管辖模式的中国立场及理论检讨

### （一）我国刑事取证管辖的现状

对于存储在境内的数据，我国主张拥有无可争议且排他性的刑事取证管辖权。2018年10月26日起施行的《国际刑事司法协助法》第4条第3款规定："非经中华人民共和国主管机关同意，外国机构、组织和个人不得在中华人民共和国境内进行本法规定的刑事诉讼活动，中华人民共和国境内的机构、组织和个人不得向外国提供证据材料和本法规定的协助。"这一条文显然适用于数据的刑事取证管辖。我国通过多部法律法规强制要求数据的本地化存储以保障数据安全，如此也便于国内刑事取证的执行。例如，《网络安全法》第37条规定，"关键信息基础设施的运营者在中华人民共和国境内运营中收集和产生的个人信息和重要数据应当在境内存储"。然而，对于存储在境外或跨境流动中的数据的刑事取证管辖，侦查取证的具体情况较为复杂，须区分情形进行说明。

第一，通过刑事司法协助程序收集存储于境外的数据。《国际刑事司法协助法》第25条规定，办案机关需要外国就所列事项协助调查取证的，应当制作刑事司法协助请求书并附相关材料，经所属主管机关审核同意后，由对外联系机关及时向外国提出请求。其中第4项的内容是"获取并提供有关文件、记录、电子数据和物品"。由此可见，该法对电子数据与其他实物证据的跨国收集没有作任何区分，刑事司法协助是常规程序。区际刑事司法协助遵循同样的准则。例如，2009年签署的《海峡两岸共同打击犯罪及司法互助协议》第8条规定的"调查取证"，虽然只列举了"书证、物证及视听资料"，但从体系解释的角度来看也适用于电子数据。原因在于，协议签署的时候，刑事诉讼法并未规定电子数据这一证据形式，从发展的眼光看，应当将与"书证、物证及视听资料"一样属于实物证据的电子数据纳入其中。另外，该条规定协议适用于勘验、鉴定、检查、搜索及扣押等常规的实物证据调查措施，而这些措施均可用于收集电子数据。

第二，通过单边授权的远程侦查措施收集存储于境外及跨境流动中的数据。2014年的《关于办理网络犯罪案件适用刑事诉讼程序若干问题的意见》第15条，首次对跨境远程提取电子数据作了规定。具体而言，对于"原始存储介质位于境外"而无法获取介质的，可以提取电子数据。2016年最高人民法院、最高人民检察院、公安部《刑事电子数据规定》第9条进一步明确"对于原始存储介质位于境外或者远程计算机信息系统上的电子数据，可以通过网络在线提取。为进一步查明有关情况，必要时，可以对远程计算机信息系统进行网络远程勘验。进行网络远程勘验，需要采取技术侦查措施的，应当依法经过严格的批准手续。"

据此，我国对单边开展的三种跨境远程取证措施进行了授权。第一种称为跨境网络在线提取，一般指向的是境外的公开数据。第二种即跨境网络远程勘验，属于在网络在线提取措施的基础上针对远程计算机信息系统这一特定情形的取证。第三种则是以网络监听为代表的跨境远程技术侦查，可用于收集境外或跨境流动的动态数据。其中，跨境远程勘验在侦查实践中得到了更为广泛的运用，实践中主要有两种类型：其一，通过讯问等手段获取账号、密码后登录境外网站或服务器提取数据。其二，采用勘验设备或专

门软件提取境外服务器中存储的数据,这在服务器架设在境外的传播淫秽物品、网络赌博、电信诈骗等案件中十分常见。

在上述三种类型之外,侦查机关是否还可以采取其他措施收集境外电子数据,目前并无定论。例如,侦查机关常用的远程鉴定、远程检查、远程搜查、远程辨认等措施,[①]实际上都可以轻易地跨越国境,实践中甚至还出现了侦查中"冻结"境外电子数据的案例。[②]然而,这些侦查措施的跨境适用欠缺明确的法律授权。此外,对于我国侦查机关是否可以像其他国家那样采用数据控制者模式从而通过服务提供者获取境外的云数据,也无明确答案。而根据《刑事电子数据规定》第13条,办案机关可以采取"调取"措施收集电子数据,并通知电子数据持有人、网络服务提供者或者有关部门执行。然而,该条既没有指明调取的电子数据是否可以涉及境外数据,也没有对网络服务提供者的跨境数据披露法律义务作出明确要求,因此国际互联网公司在实践中往往都不愿意配合。[③]

### (二)对我国现行刑事数据取证管辖模式的检讨

#### 1. 现行刑事数据取证管辖模式的内在矛盾

一方面,我国坚持数据存储地模式,并且反对数据控制者模式。《国际刑事司法协助法》第25条将电子数据与其他实物证据作同类处理,实质上就是主张数据存储地模式的主张。与此相应的是,我国反对外国在不符合该模式的情况下进行跨境远程取证。例如,中国代表团于2013年2月参加"联合国网络犯罪问题政府间专家组第二次会议"时指出,《网络犯罪公约》第32条b款的缺陷在于,直接跨境取证措施"与国家司法主权之间的关系值得探讨"。[④]出于维护数据存储地模式并保障主权和管辖权的考虑从而反对这一条款,成为我国拒绝加入该公约的主要理由之一。此外,我国通过立法对数据控制者模式表达了反对立场。《国际刑事司法协助法》于2017年12月一审之后,有部门提出,"实践中有外国司法执法机关未经我国主管机关准许要求我境内的机构、组织和个人提供相关协助,损害我国司法主权和有关机构、组织和个人的合法权益"。由此,该法第4条增加我国"境内的机构、组织和个人不得向外国提供证据材料"的内容,其目的就是"抵制外国的'长臂管辖'"。[⑤]

另一方面,我国的侦查程序规范及实务又时常违背数据存储地模式。严格意义上的数据存储地模式,要求跨境电子数据取证均需通过司法协助机制来加以执行。然而,《刑事电子数据规定》确立的跨境远程取证措施,在很大程度上选择了单边主义。《刑事电子数据规定》第23条虽然强调对"境内远程计算机信息系统上的电子数据"可以通

---

[①] 参见高峰、田学群:《五方面细化规范"远程取证"工作》,载《检察日报》2013年12月15日第3版。
[②] 参见雷强、张发平:《境外注册境内狂拉下线,在线赌博网站涉赌9.8亿》,载《市场星报》2015年10月9日第5版。
[③] 冯姣:《互联网电子证据的收集》,载《国家检察官学院学报》2018年第5期。
[④] 《中国代表团出席"联合国网络犯罪问题政府间专家组"》,http://www.fmprc.gov.cn/ce/cgvienna/chn/drugandcrime/crime/t1018227.htm,2018年3月15日最后访问。
[⑤] 全国人民代表大会宪法和法律委员会:《关于〈中华人民共和国国际刑事司法协助法(草案)〉审议结果的报告》,http://www.npc.gov.cn/npc/xinwen/2018-10/26/content_2064519.htm,2018年10月31日最后访问。

过网络在线提取，但并未明确禁止网络远程勘验的跨境适用。具体到本部分内容开篇提到的张某、焦某案中跨境网络远程勘验的情况，这种做法从操作上讲与《网络犯罪公约》第 32 条 b 款所授权的属人主义并无实质区别，却没有像后者那样建立在多边认同的基础之上而构成国际法所认可的数据存储地模式的特殊例外。从侦查机关使用取证设备或软件进行跨境远程勘验以及以网络监听为代表的跨境技术侦查来看，则与"未经一国的同意而'侵入'他国境内的服务器以获取证据"之情形更为类似，而这与数据存储地模式背后的国家主权理念是背道而驰的。

### 2. 现行刑事取证管辖模式欠缺数据主权国家战略的统领设计

刑事取证管辖直接体现国家主权的行使，刑事数据取证管辖也就体现了国家数据主权的行使。根据《布莱克法律词典》的界定，国家主权既包括内部主权即国家在其境内享有的最高权力，也包括外部主权即对外处理其国家利益的权力。[①] 与此相应，我国学者也多主张应从对内、对外两个维度来认识数据主权。[②] 然而，学界对数据主权的范围划定却存在分歧。一种观点认为，数据主权只涉及对本国网络、数据中心、信息系统中的数据行使所有权、控制权、管辖权和使用权；[③] 另一种观点则认同属人主义，主张对境外的部分数据也拥有主权。[④] 在数据主权的概念和范围没有得到清晰界定的情况下，我国目前对于刑事数据取证管辖模式，自然无法在数据主权之国家战略的统领下进行良好设计，内在的矛盾和冲突难以避免。

## 六、基于数据主权的刑事取证管辖模式之完善

### （一）基于数据主权战略完善刑事取证管辖模式的基本主张

#### 1. 坚持数据主权，刑事取证管辖应纳入数据主权的战略部署

在大数据和云计算的时代背景下，数据已成为国家核心资源。我国应当坚定不移地主张和行使数据主权，并使其成为网络空间主权的有机组成部分。数据的刑事取证管辖直接体现国家数据主权的行使，因此，从国家战略的层面应当意识到，刑事取证管辖模式的完善应成为数据主权建设的重要组成部分。

#### 2. 维护数据主权，刑事取证管辖模式的建构应当与国家数据安全保障整体协调

维护数据主权的重要前提是保障数据安全，而刑事取证管辖模式的良好设计与数据安全保障密切相关。考虑到控制海量数据的服务提供者在刑事取证管辖方面扮演着越发

---

① See Bryar A. Garner(ed.), *Black's Law Dictionary*(9th edition), Thomson West, 2009, p.1610.
② 参见齐爱民、盘佳《数据权、数据主权的确立与大数据保护的基本原则》，载《苏州大学学报 ( 哲学社会科学版 )》2015 年第 1 期；孙南翔、张晓君《论数据主权基于虚拟空间博弈与合作的考察》，载《太平洋学报》2015 年第 2 期；孙伟、朱启超《正确区分网络主权与数据主权》，载《中国社会科学报》2016 年 7 月 5 日第 5 版。
③ 参见冯伟、梅越：《大数据时代，数据主权主沉浮》，载《通信安全与保密》2015 年第 6 期；沈国麟：《大数据时代的数据主权和国家数据战略》，载《南京社会科学》2014 年第 6 期。
④ 蔡翠红：《云时代数据主权概念及其运用前景》，载《现代国际关系》2013 年第 12 期；杜雁芸：《大数据时代国家数据主权问题研究》，载《国际观察》2016 年第 3 期。

重要的角色，对其实际执行的跨境数据披露进行有效的法律规制，对于保障数据安全、维护数据主权具有重大意义。

**3. 尊重数据主权，对外行使刑事取证管辖不得侵犯他国对内的数据主权**

"互相尊重主权和领土完整"是我国长期坚持的和平共处五项原则中的第一位原则。对于数据主权，各国应当遵循同样的原则，旗帜鲜明地反对数据霸权。我国在主张数据主权的同时，也应相应地基于国际礼让承认并尊重他国同等享有的数据主权，而无论他国是否对此作出明确主张。对于各国基于自身国家利益和网络空间战略而发生的刑事取证管辖范围的重叠，有必要在国际法的框架下通过平等互利的协商加以解决。

### （二）基于数据主权完善刑事取证管辖模式的具体构想

**1. 数据存储地模式的坚持与调整**

基于数据主权战略，原则上应当坚持数据存储地模式，并尊重他国同样以国界划定的数据主权。鉴于此，应当根据这一模式并在国际法的框架下，对现有刑事取证管辖制度进行三个方面的调整。

首先，根据数据存储地模式的内在要求，严格限制国内法单边授权的跨境远程取证。基于数据主权的立场，我国在坚决反对他国以远程搜查等方式收集存储于我国境内的数据的同时，也应有效清理我国现有侦查程序中有可能侵犯他国数据主权的制度和规范。如上文所述，一国在数据存储地模式下以单边途径收集存储于他国的非公开数据，只能在国际公约、国际礼让及他国法律允许的情况下进行。然而，《刑事电子数据规定》单边授权实施的某些跨境远程取证措施却不符合数据存储地模式的内在要求。最高人民法院权威人士解读相关司法解释时提出，"对位于境外的服务器无法直接获取原始存储介质的，一般只能通过远程方式提取电子数据"。[①] 这种单边主义思路过度放大电子数据相对于常规实物证据的特殊性，针对电子数据打造了回避适用刑事司法协助程序的快捷跨境取证制度，这明显与数据存储地模式的内在要求相违背。而且，这种做法也与我国所主张的数据主权战略相冲突，忽视了对他国数据主权的尊重。因此，除了下文提出的三种特殊例外而外，其他类型的跨境远程取证应在程序法上受到严格限制。

其次，根据数据存储地模式的特殊例外，允许开展特定的单边跨境远程取证。

第一，在国际认同的情况下依据属人主义获取境外数据。如上文介绍，《网络犯罪公约》第 32 条 b 款是属人主义的典型表现。我国也有学者明确支持通过这种方式对境外数据行使管辖权。[②] 从本部分内容开篇提到的张某、焦某案进行跨境远程勘验的情况来看，属人主义实际上已经在我国侦查实践中得到广泛接受。虽然外交部门就《网络犯罪公约》第 32 条 b 款对国家主权的潜在侵犯提出了反对意见，但根据研究者的解读，对该条款的质疑除了国家主权方面的考虑外，主要是担忧该条款可能被滥用，例如被用

---

① 胡云腾主编：《网络犯罪刑事诉讼程序意见暨相关司法解释理解与适用》，北京，人民法院出版社 2014 年版，第 55 页；喻海松：《〈关于办理网络犯罪案件适用刑事诉讼程序若干问题的意见〉的理解与适用》，载《人民司法（应用）》2014 年第 17 期。

② 蔡翠红：《云时代数据主权概念及其运用前景》，载《现代国际关系》2013 年第 12 期；杜雁芸：《大数据时代国家数据主权问题研究》，载《国际观察》2016 年第 3 期。

于非刑事侦查程序的情报收集。①然而，本着互相尊重数据主权的原则，我国没有理由在采取属人主义对境外数据单方行使刑事取证管辖权的同时，却认为他国采用同样方式取证会侵犯我国（数据）主权。这也意味着，我国在没有与其他国家签署有关条约的情况下，依属人主义采取远程勘验等侦查措施，有违反数据存储地模式从而侵犯他国数据主权之嫌。因此，我国可以考虑在平等互利的基础上达成国际认同，对这类跨境远程取证的具体要求进行限定，从而在国际法上形成数据存储地模式的特殊例外。由于这种国际认同的实现有赖于下文提出的互惠模式的建构，因此这里不作展开。

第二，收集无需特别侦查措施即可访问的境外公开数据。这主要是指《网络犯罪公约》第32条a款涉及的数据类型，即普通公众能够获得的数据。《刑事电子数据规定》第23条、第9条第（2）项规定的网络在线提取的数据，实际上就包括这类境外数据。根据最高人民检察院权威人士对后一条款的解读，这种措施的实际操作"一般就是通过网络公共空间对网页、网上视频、网盘文件上的电子数据进行提取，可以理解为从网上下载文件"。②具体而言，这类数据主要分为两种情况：第一种是普通搜索引擎能够检索并且普通用户能够直接访问的数据；第二种则是常规搜索引擎无法爬取的"深网"中的部分数据，例如境外封闭在线论坛、聊天频道或者私人主机服务中的数据。这类数据尽管受到登陆凭证或其他方式的保护，但从性质上讲也属于公开数据。2014年由网络犯罪公约委员会发布的《跨境电子数据取证指引注释》便将这类数据界定为"公众可以获得的公开资料"，包括公众通过订阅或注册而可以获得的资料。③"塔林手册2.0版"更是阐明，在使用登录凭证收集境外数据的情况下，一国行使的是"域内管辖权，而不是域外管辖权"。④

第三，运用国内法授权的措施收集存储地不明的数据。对于一国在数据存储地不明确的情况下，是否可以潜在地行使域外刑事取证管辖权，国际法上目前并无确定的解决方案。在此背景下，美国、比利时、葡萄牙、西班牙、法国的法律已经对这类刑事取证活动进行了授权。我国在侦查实务中也已经出现类似的"暗网"取证，⑤这种潜在的跨境电子数据取证应当在侦查程序中得到明确认可。

最后，根据电子数据取证的快捷理念，着力推动司法协助的高效开展。单边跨境远程取证的扩张与传统司法协助程序无法满足时代发展的需求不无关系。然而，在上文主张根据数据存储地模式的内在要求严格限制单边方案的背景下，侦查实务的取证需求并未萎缩甚至还在持续增加，这就需要为跨境电子数据取证另寻出路。对此，国外已经出现的双边和多边快捷司法协助方案，给我国提供了富有价值的参考。

---

① 胡生健、黄志雄：《打击网络犯罪国际法机制的国境与前景——以欧洲委员会〈网络犯罪公约〉为视角》，载《国际法研究》2016年第6期。
② 万春等：《〈关于办理刑事案件收集提取和审查判断电子数据若干问题的规定〉理解与适用》，载《人民检察》2017年第1期。
③ Cybercrime Convention Committee 报告，第4页。
④ [美]迈克尔·施密特总主编《网络行动国际法塔林手册2.0版》，黄志雄等译，北京，社会科学文献出版社2017版，第107页。
⑤ 参见刘子珩等：《境外隐秘网络第一案背后的暗黑世界》，载《新京报》2016年11月25日第13版。

从双边方案来看，特事特办的"司法协助函"（letters Rogatory）近年来在某些重大犯罪的跨境电子数据取证方面，发挥了重要作用。例如，法国于2015年1月7日发生《查理周刊》总部恐怖袭击案之后，便向美国递交了这种函件，请求在调查过程中及时共享相关数据，最后得到了美国的支持。又如，美国近年来在查办"丝路"（Silk Road）暗网黑市交易案的过程中，在与冰岛没有签署司法协助条约的情况下，也向后者发送了这种函件，在获得准许后对位于冰岛的服务器进行了在线实时监控取证。[①]

从多边方案来看，欧盟于2018年系统提出并计划于2019年底立法的方案，可能极大程度地推动跨境电子数据取证的快捷执行。具体而言，欧盟准备对目前适用于所有证据类型的"欧洲调查令"进行改良，专门针对电子数据的特点，打造取证协助的在线加密通信平台。预期方案拟要求一国执法机关在发布"欧洲调查令"的同时，需提供接受请求的一方便于开展工作的电子调查令版本，并附上操作者在无需经受专门培训的情况下便可快捷执行的明确指引。

然而，"司法协助函"尽管高效快捷，却不可能大范围推广；欧盟的多边跨境快捷电子数据取证方案需要成员国的集体认同，真正落地的难度也不小。尽管如此，我国可以吸取其有益经验，相应地在双边、多边框架下着力打通快捷刑事司法协助渠道，使之能够产生替代部分单边跨境电子数据取证的效果。

**2. 数据控制者模式的运用与对等回应**

首先，数据控制者模式的有效运用。主张数据主权且在刑事取证管辖方面坚持数据存储地模式，并不意味着数据控制者模式就没有任何的适用空间。如上文已述，数据控制者模式适应了云计算技术发展的时代背景，在某些方面确实有其优势。虽然这一模式目前是由试图扩张数据霸权、占据技术优势的国家所竭力主张，但是，在一定程度上，它也可以为包括我国在内的欠发达国家所有效运用。

具体而言，在外国法允许的框架下开展与服务提供者的合作，是依托数据控制者模式有效开展跨境快捷电子数据取证的重要方式。如果数据存储地国家的法律不禁止，甚至明确允许外国执法部门采用该模式收集其境内数据，相应措施当然可以为我国所用。例如，欧盟国家近年来便广泛开展与美国服务提供者的合作，在后者自愿且不违背美国法律的情况下，通过数据披露机制快捷获取存储于美国境内的部分数据。根据美国《储存通讯记录法》的规定，外国政府若要通过这种方式获取存储于美国的内容数据，会受到严格的程序限制。但是，该法也规定了两种无需启动司法协助程序的情形。第一种可以称为"一般例外"。例如，服务提供者在自愿的情况下，可以向他国执法部门直接披露用户名称、网络地址、通信时长等非内容数据。[②] 第二种可以称为"特殊例外"。例如，服务提供者基于善意且有理由相信，当出现涉及生命或严重身体伤害的威胁时，甚至可以立即披露内容数据。[③] 又如，外国执法部门在获得服务订阅者或客户的同意后，可以

---

[①] See Peter Swire, Justin D. Hemmings, Mutual Legal Assistance In An Era Of Globalized Communications: The Analogy To The Visa Waiver Program, 71 *Nyu Annual Survey Of American Law* 702 (2017).

[②] 18 U.S.C. § 2703(c)(2).

[③] 18 U.S.C. § 2702(b)(8).

直接要求服务提供者披露内容数据。①

我国可以在符合外国法规定的情况下，寻求与跨境服务提供者合作，在一定范围内有效实现对部分境外数据的便捷收集，从而改变目前实务中向外国服务提供者调取境外数据时普遍遭到拒绝的境况。为此，我国侦查实务应当加强对外国法中相关授权性或非禁止性规定的把握，争取服务提供者在保护客户信息的前提下自愿合作，最大限度地发挥数据控制者模式的优势。但是，这种主张在未来可能面临较大的障碍。这是因为，《国际刑事司法协助法》第4条原则上禁止我国境内的机构、组织和个人向外国提供包括电子数据在内的证据材料。所以，在此背景下我国如欲实现对数据控制者模式的有效运用，在政策层面就存在矛盾之处。于是，一些国家在无法通过服务提供者获取存储于我国的数据的情况下，也极易对我国采取对等举措。其国内法在授权其他国家通过数据控制者模式获取其境内的部分数据的同时，可能会单方面对我国施加限制。因此，数据控制者模式的有效运用，实际上也需要在国际礼让的基础上才能实现。

其次，数据控制者模式的对等回应。为确保数据控制者模式发挥最大效用，一些国家对服务提供者施加了强制性法律义务，并且在其违反该义务时施加处罚。这在"比利时—雅虎案""巴西—微软案"当中都有反映。由于美国《云法》集中反映了数据控制者模式的运作方式，这里重点分析该法对我国可能产生的影响，并提出应对策略。

根据《国际刑事司法协助法》第4条，在我国运营的服务提供者将不得向外国披露存储于我国境内的数据。然而，如果相关服务提供者同时在美国运营，则在未来的个案中，将面临该国执法部门依据"云法"要求其提供我国境内数据的问题。这样一来，包括中国互联网公司在内的服务提供者将受到两国法律冲突的挤压，并可能因无法向美国提供数据而受到处罚。实际上，"云法"也提供了一定的权利救济机制，允许跨境服务提供者在可能违反"适格外国政府"法律禁令之重大风险的情况下，向美国法院提出申请撤销或更改数据披露指令的动议。然而，该法对所谓的"适格外国政府"设置了大量的限制条件，除了要求其必须与美国签署有专门的行政性协议，还需要审查其是否为《网络犯罪公约》的缔约国抑或其国内法是否与该公约第1章、第2章的界定与要求相符。综合来看，我国目前并不是美国《云法》所谓的"适格外国政府"。② 于是，在中美两国均运营的服务提供者，无法适用该法所提供的所谓救济机制。

因此，为制衡《云法》所代表的数据控制者模式的长臂管辖，特别是为了应对在两国运营的中国服务提供者在个案中可能违反该法而受到美国处罚的情况，我国应当对等保留采取数据控制者模式收集美国境内云数据的权力，通过对美国服务提供者施加跨境数据披露义务的方式形成"战略上的对冲"。③ 如此一来，对数据存储地模式的突破，就完全是国际法上对等原则的体现，而不能视为我国对这种模式的放弃。

**3."程序主义数据主权"概念下的互惠模式**

上文的论述充分说明，在各国对数据采取不同的刑事取证管辖模式的背景下，国家主权及国际法上的冲突不可避免。这种现象的出现，从根本上讲是因为各国采取单边视

---

① 18 U.S.C. § 2703(c)(1)(C).
② 梁坤：《美国〈澄清合法使用境外数据法〉背景阐释》，载《国家检察官学院学报》2018年第5期。
③ 洪延青：《美国快速通过CLOUD法案 明确数据主权战略》，载《中国信息安全》2018年第4期。

角,从自身国家利益和网络空间战略出发,单方面设计刑事取证管辖制度的结果。尽管本部分内容主张在一定程度上可以采取对等回应方式抵御外来跨境刑事取证管辖并维护我国的数据主权与安全,但是冲突和对抗毕竟不是长久之计。因此,要从根本上解决各国在刑事取证管辖方面的冲突,就有必要摈弃界定数据主权的单边视角,而应当从网络空间治理的角度尽最大可能寻求国际共识。

就此而论,美国学者阿迪斯的研究提供了重要启发。阿迪斯将主权的行使划分为极权主义模式、自由主义模式和程序主义模式。① 前两种模式属于单边视角的界定,而程序主义主权模式则将主权理解为一个关系概念,只有在相互交往的过程中才能被定义。根据这种阐释,主权概念的核心不是免于外来的干涉,而是参与国际关系。②

将程序主义主权模式引申到数据主权的界定当中,便可以生成"程序主义数据主权"概念。根据这一概念,一国不能采取单边视角自行界定数据主权,而应当在平等参与国际关系的基础上,与他国就数据主权是否存在、范围划定及冲突解决方案等问题,进行有效的沟通和协调。在这一概念框架下,我国主张的数据主权在国际上才有可能得到更好的理解和尊重。实际上,外交部门的立场也符合程序主义数据主权的意旨。2011年1月,中国代表团在参加联合国"打击网络犯罪问题政府间专家组首次会议"时提出:"从国际合作的实践看,为打击跨国性日益突出的犯罪,国内法的域外适用一方面是必要的,但因涉及主权和管辖权,也是极易引起争议的,需要各国在此方面加强协调。"

从有效推动国际上对程序主义数据主权达成共识,并协调各国刑事取证管辖模式的立场出发,理想的方案是缔结全球性的公约,对国家、侦查机关、服务提供者及相关主体的权利义务进行明确规定。然而,这一方案目前看几无实现可能。欧美强国极力主张将《网络犯罪公约》扩展为全球性公约,而我国关于缔结或参加这类公约的底线则是,应以联合国作为唯一的国际合作平台和主体。③ 因此,在联合国的多边平台之外,更为灵活地寻找程序主义数据主权的沟通渠道,目前看来是更为符合实际的方案。

国家间通过外交上的平等沟通,可以在就数据主权达成共识的基础上,构建刑事取证管辖的互惠模式。这种模式是对数据存储地模式和数据控制者模式的有机结合。一方面,国家间彼此认同数据存储地模式,尊重对方基于领土范围而享有对数据的原则性、排他性刑事取证管辖;另一方面,国家间彼此让渡一部分对内数据主权,有条件地容许对方采取数据控制者模式或根据数据存储地模式的特殊例外,直接收集己方境内的数据。

实际上,刑事取证管辖的"互惠模式"在国际上已现雏形。有学者提出,可以效仿国家间的互免签证协议为跨境电子数据取证寻找新思路,通过双边条约的形式有条件地消除刑事司法协助程序造成的障碍。④ 作为"互免签证协议"思路在跨境刑事取证管辖

---

① See Adeno Addis, The Thin Statein Thick Globalism: Sovereignty in the Information Age, 37 Vanderbilt Journal of Transnational Law1(2004).
② 参见刘连泰:《信息技术与主权概念》,载《中外法学》2015年第2期。
③ 参见于志刚:《缔结和参加网络犯罪公约的中国立场》,载《政法论坛》2015年第5期。
④ See Peter Swire, Justin D. Hemmings, Mutual Legal AssistanceIn An Era Of Globalized Communications: The Analogy To The Visa Waiver Program, 71 *Nyu Annual Survey Of American Law* 702 (2017).

方面的实践,美英两国曾于2016年初计划签署条约,授权彼此的执法部门在严重犯罪的调查中直接要求对方境内的服务提供者披露电子数据。不过,随着"微软—爱尔兰案"法律争论的出现,美国调整了自身方案,最终呈现的是《云法》的条款安排。该法虽然宣称秉持互惠理念,但实际上是通过国内法对国际性的刑事取证管辖进行规定,考虑到其对"适格外国政府"及其数据披露指令施加了非常严苛的双重限制,因此根本谈不上真正意义上的互惠。

我国若基于程序主义数据主权建构刑事取证管辖的互惠模式,可以以《云法》规定的双向机制作为参考,但绝不能照搬其实质不平等的所谓"互惠"机制,而应当与其他国家通过双边或多边平台在彼此平等、尊重的基础上实现真正意义上的互惠。当然,这就意味着我国有必要在坚持数据存储地模式并切实维护数据主权与安全的基础上,正视各国刑事取证管辖存在一定程度交织的现状,从而适度放开对内数据主权的绝对管控。为了在数据安全保障与数据适度对外共享、开放之间找到平衡,可以考虑保留适用严格的数据存储地模式以行使"关键数据主权"的权利。例如,《网络安全法》第37条强制要求关键信息基础设施的运营者在我国境内运营中收集和产生的个人信息和重要数据应当在我国境内进行存储。这便是通过数据本地化存储,对特定数据进行特殊保护,即在程序主义数据主权的框架下可以开放或让渡部分数据主权,坚持通过刑事司法协助程序来解决相关问题。当然,对于这类关键数据的范围,还需要我国相关法律法规进一步明确。

梁坤,西南政法大学刑事侦查学院教授,博士生导师。本节内容以《基于数据主权的国家刑事取证管辖模式》为题发表于《法学研究》2019年第2期,收录本书时有改动。

## 第四节 大数据时代刑事数据出境

王 燃 姚秀文

随着互联网的快速发展,刑事司法领域大量犯罪证据以网络数据形式存在,跨境取证和数据出境不可避免。目前针对刑事司法领域数据跨境尚无统一国际规则,各国法律冲突严峻,既不利于犯罪打击和国际合作,亦导致数字服务经济发展受阻。我国和美国、欧盟的刑事司法领域数据跨境调取存在"数据控制者"和"数据存储地"的模式之争;我国国内法划分"执法司法"和"跨境业务"两种场景区别规制,同时伴随数据积极调取和数据保守出境的理念分歧。国际冲突背后隐藏着数据主权和数据自由、经济利益和人权保障的深层纠纷,国内矛盾之下充斥着数据主权的证据属性和技术特性、属地主义和属人主义、数据安全和数字发展的法理博弈。我国应在坚持数据主权原则的基础上重塑数据主权的中国式新理解,从强调该领域数据的证据属性到还原于技术特性,进而将管辖的属地主义转变为属人主义。推动属人主义框架下联合国统一国际规则的制定,同时通过搭建刑事司法领域公开数据的自由流动和非公开数据的分级制度理顺国内数据出境制度规范。

## 一、问题的提出

数字时代，互联网渗透至人类生活方方面面，世界交流联系愈发紧密，刑事犯罪的网络性和国际性增强。大量证据以电子数据形式存在，刑事司法领域传统取证程序难以满足数据跨境调取的井喷需求，网络犯罪治理的重点在于如何有效打击网络犯罪，制度重心由实体法转向程序法。基于自身主权和安全利益考虑，美国《澄清合法使用境外数据法》（Clarifying Lawful Overseas Use of Data Act, CLOUD Act,《云法》）、欧盟《电子证据条例》（Electronic EvidenceRegulation）和《网络犯罪公约》（Convention on Cybercrime）及第二议定书等规定确立起"数据控制者模式"。

美欧的长臂执法给我国数据出境规制带来了巨大压力，问题随之浮现。为牢牢坚持国家主权原则，我国通过《国际刑事司法协助法》《数据安全法》《个人信息保护法》以及《网络安全法》等法律规定在刑事司法领域数据管辖上坚持"数据存储地模式"，与美欧进行对抗。然而该制度下复杂冗长的国际司法协助手续大大降低了犯罪打击效率，跨境数据服务提供者也因身处国际法律冲突进退维谷，数据安全和经济发展遭受挑战。聚焦国内立法，面对同样的数据，在跨境业务场景下允许合理的常态化出境，在调取境外数据时允许直接在线提取，而在数据出境执法领域仅承认司法协助为合法方式。立法混乱不仅给数据出境带来困扰冲突，更无法实现数据安全的实质保护。

本部分内容以刑事司法数据出境法律冲突为出发点，通过梳理国内外立法冲突现状，探究数据跨境制度背后的数据主权深层逻辑，在平衡安全和发展中重塑数据主权的中国式理解，调整当前对数据出境过于严苛的刚性管制。以转变数据管辖理念为基础，建立数据主权的"属人主义"原则，进而推动统一的国际规则建立。同时结合数据技术特性塑造公开数据自由流动制度，并在数字发展的理念下搭建刑事司法领域非公开数据的分级出境制度，化解数据出境的法律冲突。

## 二、刑事司法领域数据出境的法律冲突

放眼国际，统一的刑事司法领域数据出境规则尚未正式出台，各个国家或地区基于自身执法需求和利益平衡制定法律，立法差异造成司法管辖模式的冲突。聚焦国内，当前立法导致同一个数据出境时存在执法司法和跨境业务两套标准，在坚持国际司法协助程序的同时又允许在线提取境外数据，国内立法冗余、自相矛盾。

### （一）国际法律冲突

管辖权蕴含着一国对主权的主张，司法管辖权规制国家的具体权力行为，因其直接接触相对人或物，[1]无论是从国内法还是国际法的角度看，一国原则上并不能在境外行使司法管辖权。[2]但互联网时代的到来模糊了地域疆界，传统属地管辖理念暴露弊端。美

---

[1] 裴炜：《论网络犯罪跨境数据取证中的执法管辖权》，载《比较法研究》2021年第6期。
[2] Colangelo, Anthony J, What Is Extraterritorial Jurisdiction, *Cornell Law Review*, vol.99, no.6, September 2014, pp.1303-1352.

国和欧盟建立"数据控制者模式"，由执法司法机关强制网络服务提供者披露数据完成数据调取；我国坚持"数据存储地模式"，主张数据出境应遵守国际刑事司法协助程序，国际法律冲突由此产生。

**1. 美欧立法下的"数据控制者模式"**

"数据控制者模式"是指"在互联网技术支撑下，以寻求跨境网络服务提供者的合作或对其发出指令的方式，获取其控制的数据"。① 该模式的逻辑基础在于通过诠释网络数据与既往有体物的极大差异，证明以物理位置判断管辖权归属已不适用于数据这个新兴事物，应该创造出一种从其自身性质出发的，淡化地理属性的新制度。美国和欧盟作为互联网领域典型国家，通过强制网络服务提供者披露数据，建立起"长臂执法"下直接调取境外数据的立法方案。

美国《云法》源于"微软诉美国政府案"（Microsoft Corp.v.United States）。此案中联邦调查局根据搜查令要求微软提供有关一项贩毒调查中犯罪嫌疑人的数据。而微软以数据存储在爱尔兰服务器上为由拒绝提交，并认为《存储通信法案》（*Stored Communications Act*）不适用于存储在美国境外的数据，故而向法院提起诉讼，要求撤销该搜查令。最终审理期间，最高法院认为法律适用问题应交给国会立法解决，于是在2018年3月23日，《云法》以超常的速度通过成为正式法律，首次以立法明确美国执法司法机关享有强制在美注册设立或者向美提供服务的网络服务提供者披露其所控制数据的权力，从而肯定其直接调取存储于境外的电子数据的权力。

欧盟早在《网络犯罪公约》（*Convention on Cybercrime*，又称《布达佩斯公约》）中就已经通过"提供令"（Production order）制度对与网络服务提供者进行自愿合作的模式进行了探索。并在此基础上于第二议定书中增加了数据"强制披露"的要求，将该披露指令的地域范围扩展到整个欧盟境内，其中第7条明确授予缔约国的执法司法机关享有直接强制另一缔约国境内的网络服务提供者披露"订户信息"和"域名注册信息"的权力，强调接收到指令的服务提供商面对这种与刑事调查或诉讼所必需的信息时，必须合作提供。欧盟2023年7月通过的《刑事电子证据提交令与保存令条例》（以下简称《电子证据条例》）更明确指出"即使目标数据存储于欧盟境外，欧盟成员国的执法司法机关仍可强制在其境内注册或设立代表机构的网络服务提供企业提交或保存电子数据。"从而通过数据控制者的强制披露义务完成对境外存储数据的间接取证。

"数据控制者模式"一方面确实能够规避国际刑事司法协助程序的漫长复杂程序，给数据流动和跨国犯罪打击带来便利；另一方面也巧妙地利用"网络服务提供者"这一中间桥梁化解了《网络犯罪公约》第32条规定的单边取证方式下的侵犯主权风险。然而，"数据控制者模式"对他国境内数据的调取并不存在有关国际法的支撑，因而据此进行跨境调证实际上仍属于国内法或区际法的单边适用，对传统司法主权造成挑战和侵犯。

**2. 我国立法下的"数据存储地模式"**

"数据存储地模式"指"通过数据实际存储的物理位置来确定国家的管辖，并对数

---

① Woods, Andrew Keane, Against Data Exceptionalism, *Stanford Law Review*, vol.68, no.4, April 2016, pp.729-790.

据出境加以严格程序限制"。①数据存储地模式突出领土和属地管辖概念,将数据等同于其他有体物证据,把数据和数据载体视为一个整体,沿用原有规定依据有形数据载体的物理位置判断管辖。②出于对数据安全和主权的保护,数据存储地模式为大多数网络技术相对欠发达的国家所推崇,并且在此基础上强调"数据存储的本地化"。我国立法对国际司法协助程序的坚持和对数据本地化存储的要求是"数据存储地模式"的生动表现。

《国际刑事司法协助法》第4条规定表明我国对存储在境内的数据出境问题强调属地主权,遵守与其他证据同样的跨境调取程序。与此相适,《网络安全法》第1条即指明"保障网络安全,维护网络空间主权"的立法目的,《数据安全法》第36条和《个人信息保护法》第41条均强调面对外国执法司法机构调取数据的请求,要根据条约、协定或者按照国际法原则来处理,禁止境内私主体非经批准即向外国当局提供存储于我国境内的数据或个人信息。

为强化数据主权安全,我国立法进一步强调数据存储地的重要性,要求特定类型的数据存储在中国境内。《网络安全法》第37条明确对"关键信息基础设施的运营者"在我国境内收集和产生的"个人信息"和"重要数据"存储在境内的要求。《个人信息保护法》第36条针对"国家机关处理的个人信息",第40条对"关键信息基础设施运营者"和"处理个人信息达到国家网信部门规定数量的个人信息处理者"在中国收集和产生的个人信息要求存储在境内。

综上所述,美欧倡导的"数据控制者模式"与我国坚持的"数据存储地模式",及数据本地化存储要求间形成制度对立。

## (二)国内法律冲突

我国立法在坚持主权至上的同时兼顾实际,实践中数据跨境适用目的存在差异,鉴于跨境业务和执法司法两种场景下侧重保护的法益不同,我国现阶段立法形成数据出境的"双重制度"。而在执法司法领域内部,又因利益权衡对数据入境与出境持不同态度,国内法律冲突由此产生。

**1. 跨境业务和执法司法的制度冗余**

"以跨境业务为目的开展的一般数据出境"是指出于业务开展或合作的需要,境内组织将数据传输给境外组织。③《网络安全法》第37条、《数据安全法》第31条、《个人信息保护法》第38条提出关键信息基础设施的运营者或个人信息处理者"因业务需要"而"向境外提供"数据应依法进行安全评估等措施。这种数据出境接收对象复杂,出境数据规模庞大,类型繁多且次数高频,因此在数据出境的选择上强调其业务性质,规定灵活。

《数据安全法》第21条明确对数据出境进行分类分级保护。《个人信息保护法》第

---

① 梁坤:《基于数据主权的国家刑事取证管辖模式》,载《法学研究》2019年第2期。
② 参见刘天骄:《数据主权与长臂管辖的理论分野与实践冲突》,载《环球法律评论》2020年第2期。
③ 参见洪延青:《数据跨境流动的规则碎片化及中国应对》,载《行政法学研究》2022年第4期。

38条建立起分类分级基础上数据出境的"数据出境安全评估""个人信息保护认证"和"订立个人信息出境标准合同"三条路径，仅就《数据安全出境评估办法》第4条规定范围内的数据进行安全评估管制，其余一般数据允许采订立标准合同、个人信息保护认证的常态化方式进行出境。国家网信办发布的《规范和促进数据跨境流动规定（征求意见稿）》中，通过进一步限缩和明确数据出境管制的范围和适用情形，传达出立法对数据出境管制放松的态度，详见表3-4-1。

表3-4-1 以跨境业务为目的开展数据出境的立法现状梳理表

| 法律效力 | 时间 | 法律法规 | 具体内容 |
| --- | --- | --- | --- |
| 法律 | 2017.06.01 | 《网络安全法》第37条 | 关键信息基础设施的运营者因业务需要向境外提供个人信息和重要数据，应依法进行安全评估 |
| 法律 | 2021.09.01 | 《数据安全法》第31条 | 关键信息基础设施的运营者的重要数据的出境安全管理，适用《网络安全法》的规定，其他由国家网信部门会同国务院有关部门制定 |
| 法律 | 2021.11.01 | 《个人信息保护法》第38条 | 个人信息处理者因业务等需要向境外提供数据，应依法进行安全评估、个人信息保护认证、签订标准合同等程序 |
| 部门规章 | 2022.09.01 | 《数据出境安全评估办法》第4条、第5条 | 重要数据处理者、关键信息基础设施运营者和部分个人信息处理者向境外提供数据应当先开展风险自评估，再申报数据出境安全评估 |
| 部门规章 | 2023.06.01 | 《个人信息出境标准合同办法》第5条 | 个人信息处理者通过订立标准合同的方式向境外提供个人信息前，应当开展个人信息保护影响评估 |
| 部门其他规范性文件 | 2022.12.16 | 《网络安全标准实践指南——个人信息跨境处理活动安全认证规范》V2.0第1条 | 本部分内容件作为认证机构对个人信息跨境处理活动进行个人信息保护认证的认证依据，也为个人信息处理者规范个人信息跨境处理活动提供参考 |
| 部门其他规范性文件 | 2023.09.28 | 《规范和促进数据跨境流动规定（征求意见稿）》第1条至第7条 | 对出境时需要进行"申报数据出境安全评估、订立个人信息出境标准合同、通过个人信息保护认证"的数据范围进行限缩和明晰 |

"以执法司法为目的开展的特殊数据出境"是指境内组织因需要遵守由境外执法司法机关发起的数据调取指令而向境外提供数据。这种数据出境接收对象往往特定为外国执法司法机关，该种场景下的数据除却自身特性还肩负着证据使命，承载着更高位阶的国家司法主权，因此在制度设计中更强调安全和主权保护的价值取向，彰显数据作为证据时的特殊性。《国际刑事司法协助法》第4条对所有数据以证据形式出境均以国际刑事司法协助程序进行管制。无关乎数据本身内容与国家安全、社会利益和个人信息保护等的紧密程度和实质保护价值，不区分数据类型，均要履行国际刑事司法协助手续进行个案申请，从而彰显刑事司法场景中数据作为证据的司法主权和权威（见表3-4-2）。

表 3-4-2　以执法司法为目的开展数据出境的立法现状梳理表

| 法律效力 | 时间 | 法律法规 | 具体内容 |
| --- | --- | --- | --- |
| 法律 | 2018.10.26 | 《国际刑事司法协助法》第 4 条 | 非经中国主管机关同意，外国机构、组织和个人不得在中国境内进行本法规定的刑事诉讼活动，中国境内的机构、组织和个人不得向外国提供证据材料和本法规定的协助 |
| 法律 | 2021.09.01 | 《数据安全法》第 36 条 | 主管机关根据法律和国际条约、协定，或者按照平等互惠原则，处理外国司法或者执法机构关于提供存储于境内数据/个人信息的请求。非经中国主管机关批准，个人信息处理者不得向外国司法或者执法机构提供存储于中国境内的数据/个人信息 |
| 法律 | 2021.11.01 | 《个人信息保护法》第 41 条 | |
| 部门其他文件 | 2005 | 《计算机犯罪现场勘验与电子证据检查规则》第 3 条第 2 款 | "远程勘验"是指通过网络对远程目标系统实施勘验，以提取、固定远程目标系统的状态和存留的电子数据 |
| 两高司法文件 | 2016.10.01 | 两高一部《关于办理刑事案件收集提取和审查判断电子数据若干问题的规定》第 9 条第 2 款 | 对于原始存储介质位于境外或者远程计算机信息系统上的电子数据，可以通过网络在线提取 |
| 部门其他文件 | 2019.02.01 | 《公安机关办理刑事案件电子数据取证规则》第 23 条 | 对公开发布的电子数据、境内远程计算机信息系统上的电子数据，可以通过网络在线提取 |

两种场景下的区分规定在实际运用中导致制度重复冲突和实效不佳的问题。一方面，根据数据出境目的区分出境程序造成制度重复和司法资源浪费。以同一重要数据为例，面对同时进行跨境业务出境和执法司法出境时，既要通过所在地省级网信部门向国家网信部门申报数据出境安全评估，完成跨境业务数据出境的审核及程序要求；又要由外国执法司法机关向我国对外联系机关提出申请，审查合格后转交主管机关处理再交办案机关执行。两次判断实质上是按照两套流程对同一数据能否出境的问题进行了不必要的重复操作。

另一方面，根据数据出境场景区分出境程序架空制度实效。以同一个一般数据为例，在跨境业务合作场景允许常态化出境，而在执法司法场景却遭完全管制。域外司法机关完全可以通过手段变更绕过执法，以生产经营名义获取常态化出境数据，或者直接调取因跨境业务已经流动至境外的数据来进行执法司法活动，绕开国际刑事司法协助程序的冗长程序。刑事司法数据调取特殊的制度安排不仅无法取得保护数据主权安全和国家司法尊严的实效，反而导致制度自身架空。

**2. 数据出境和数据入境的态度分歧**

随着我国数字经济的发展，网络服务提供者将越来越多地走向世界各地，我国对跨国网络犯罪、调取境外数据证据的需求只增不减，在我国刑事司法领域，数据跨境制度内部也存在着数据入境和数据出境的态度分歧。一方面，我国对刑事司法领域坚持数据存储地模式，反对外国执法机关直接跨境获取我国境内数据。《国家刑事司法协助法》确立起数据出境严格遵循刑事司法协助程序的原则要求,《人民检察院办理网络犯罪案件规定》第 56 条也明确了跨境电子取证要"尊重协作国司法主权"等原则。因此根据平等互惠原则,我国国家机关也不得绕过对方主管机关开展相关刑事司法活动。

另一方面,我国侦查规范和实践允许执法司法机关对域外数据进行网络在线提取。2005 年,公安部在《计算机犯罪现场勘验与电子证据检查规则》中就出现对"远程勘验"的有关规定,为之后的单边取证制度作出铺垫;2016 年,"两高一部"联合发布《关于办理刑事案件收集提取和审查判断电子数据若干问题的规定》(《刑事案件电子数据规定》),该规定第 9 条明确指出"对于原始存储介质位于境外或者远程计算机信息系统上的电子数据,可以通过网络在线提取",实质上允许执法司法机关突破数据保护的属地主义。但是单边调取境外数据有违国际法基本原则,存在侵害他国主权安全的风险,该条文遭受正当性质疑。

为回应《刑事案件电子数据规定》中"网络在线提取电子数据"存在的合法性争议,2019 年 2 月实施的《公安机关办理刑事案件电子数据取证规则》(《电子数据取证规则》)于第 23 条将网络在线提取的对象限定为"公开发布的电子数据",通过将数据类型限缩在"公开范围"化解原规定中存在的单边取证问题。但需要注意的是,该规定未对这种公开数据的地域作出界定,只要满足"公开"要求,无论电子数据是否存储于境内服务器均可为我国侦查机关在线提取。在《国际刑事司法协助法》要求数据出入境均严格遵守司法协助程序的背景下,侦查规范仍尽可能在法理允许范围内赋予侦查机关对境外数据的在线提取权,表明我国刑事司法领域已经注意到应当对不同类型数据进行不同的跨境管制,反映出司法实践对调取境外数据的现实需求。

## 三、刑事司法领域数据出境冲突的法理反思

### (一)国际法律冲突的法理反思

法律是国家意志的表现,国家间法律冲突由国家利益分歧引起。安全和发展是国家治理永恒的命题,比较美、欧、中关于刑事司法领域数据出境法律规制的不同态度,深究差异症结,亦体现于安全与发展这两方面的考量。

**1. 数据主权与数据自由的价值博弈**

(1)中国与欧盟方案的数据主权主张

数据作为互联网时代的新产物,主权之争已经不是一个新话题。《网络行动国际法塔林手册 2.0》(*Tallinn Manual 2.0 on the International Law Applicable to Cyber Operations*,《塔林手册 2.0》)作为国际专家研究网络空间治理规则的代表性文件,明确提出"国家主权原则适用于网络空间"。[①] 因此,网络空间是国家领土的扩展和延续,网络空间的维护和治理需要主权国家参与。上述观念在数据出境领域则体现为"数据主权"的主张。

---

① 参见[美]迈克尔·施密特主编:《网络行动国际法塔林手册 2.0 版》,黄志雄等译,北京,社会科学文献出版社 2017 年版,第 11-13 页。

基于重视主权的立法传统和数据安全保护的现实考量,我国坚持主张数据主权论。《网络安全法》作为我国网络安全立法的顶层设计,在第一条就明确规定我国坚持网络主权,从而维护国家安全和社会、个人利益。同时,《国际司法协助法》第4条强调按照国际司法协助程序或平等互惠原则来处理数据跨境调取问题,强调各国对存储在自身领土范围内的数据享有管辖和利用的权力,遵守国际公法秩序,尊重主权差异。

欧盟对数据主权的坚持体现于"技术主权"(technological sovereignty),从而维护欧盟公民的合法权利。欧盟对数据主权的主张来源于其悠久厚重的人权观点,其在《塑造欧洲的数字未来》(*Shaping Europe's Digital Future*)中强调欧盟通过关注欧洲人民和社会的需求来确定数据跨境规则,欧洲的"技术主权"不针对任何国家和个人。从相关表述可见欧盟是从自身的数据主权构建角度出发,将数据主权视作一种人权加以保护,搭建刑事司法数据跨境调取制度。它强调在延续传统数据主权的基础上充分考虑数据的固有特征,重新审视以往适用于有体物的属地管辖和司法协助方式,转而寻求"数据例外"①(data exceptionalism)的新出路。正是基于对自身数据主权的极致追求,欧盟《电子证据条例(草案)》"将人权保障强化到长臂执法的程度",②出现强制数据披露的规定,强调无论涉及欧洲公民的数据存储于何处,欧盟均可根据属人管辖权要求网络服务提供者披露,从而实现对欧盟数据主权的极大保证。

(2)美国方案的数据自由主张

"数据自由论"产生于网络无主权理论,这种观点认为互联网具有虚拟性、开放性和无界性等特征,可以将网络空间从现实空间中抽离为一个理想的"全球公域"(Global Commons),在这里打破传统主权的领土原则,认为数据治理应当弱主权甚至去主权,并通过"多利益攸关方主义"(Multi-stakeholder Governance Model)反对代表国家权力的政府参与到网络空间治理规则的制定过程中。③

美国《云法》初创"数据控制者模式"就是"数据自由论"的表现。其主张网络世界无主权,认为国家权力机关在这里与其他主体地位平等,数据并不承载任何国家的主权,因此即便数据存储于他国境内也不应受所在国主权管辖,而是为网络世界中的平等主体所共有。基于此,美国通过立法授权执法司法机关强制在美国注册设立或为美国提供服务的网络服务提供者披露其所控制的数据,从而在实质上直接调取境外数据。同时依靠其自身强大的技术实力,谷歌、脸书等美国网络服务提供商遍布世界各地,"数据自由论"更为其获取全球数据打开方便之门,美国主权安全和发展利益得以维护。

**2. 人权保障与经济效益的价值博弈**

(1)中国与欧盟方案的人权保障立场

我国对刑事司法领域数据出境坚持主权至上原则,实质上是为了保障本国公民的数据权利。《国际刑事司法协助法》第1条表明"为加强刑事司法领域的国际合作,有效

---

① Colangelo, Anthony J, What Is Extraterritorial Jurisdiction, *Cornell Law Review*, vol.99, no.6, September 2014, pp.1303-1352.
② 陈统:《域外长臂执法压力下我国数据出境规制难题及应对》,载《山西师大学报》(社会科学版)2023年第2期。
③ 参见张新宝,许可:《网络空间主权的治理模式及其制度构建》,载《中国社会科学》2016年第8期。

惩治犯罪，保护个人和组织的合法权益"之立法初衷。同样，《网络安全法》《数据安全法》和《个人信息保护法》均在第 1 条开宗明义地指出法律对"个人合法权益"的保护。我国以往与美欧相比在网络经济和技术的发展上并不占优，对数据的控制能力弱，因此对个体数据权利保障的需求更高，为避免个人权益因数据的外流或使用而遭到侵害，对数据加以强地域控制。

欧盟的人权保障历史悠久，是其治理数据跨境的制度出发点。欧盟《电子证据条例（草案）》第 1 条就规定该条例必须尊重《欧盟基本权利宪章》第 6 条中规定的基本权利和法律原则，尊重当事人辩护权；同时第 17 条规定，应当保障被获取数据的犯罪嫌疑人和被告人获得法律救济的权利。结合前文"技术主权"的主张，欧盟公民对其产生的数据享有当然的人权，而欧盟成员国依据对自己公民的属人主权享有直接获取境外数据的权力，"数据控制者模式"得以证成。

（2）美国方案的经济效益考量

美国《云法》承袭网络世界无主权的理论基础确立"数据控制者模式"，追求经济效益，背后有其强大的技术实力作支撑。从美国立场出发，互联网的高速发展推动其网络服务商迈出国门面向全球提供服务，从而在服务过程中获取并控制各地个人或组织的数据，并通过数据传输介质存储于美国境内的服务器上，在"数据控制者模式"下，执法司法机关只要强制相关网络服务提供者披露数据即可获取境外数据。

与此同时，随着跨境网络犯罪增多，为查清犯罪事实，被获取数据地的执法司法机关需要调取已经被存储到美国境内的数据作为犯罪证据。根据传统的跨境取证方式坚持国际刑事司法协助程序，美国当局将因遍布世界的网服提供企业存储大量数据而陷入处理数据出境请求的冗长程序中。因此美国出于自身利益考量必然要调整数据跨境调取方式，对于外国执法司法机关的数据调取请求采用《云法》规定的行政协议予以解决，"适格外国政府"可以根据行政协议要求网络服务提供者披露数据，从而调取存储于美国的数据，减轻美国的司法协助压力（见表 3-4-3）。

表 3-4-3　刑事司法领域数据出境国际立法冲突对比表

| 比较内容 | 美国 | 欧盟 | 中国 |
| --- | --- | --- | --- |
| 数据出境法理根基 | 数据自由 | 技术主权 | 数据主权 |
| 数据出境管辖模式 | 数据控制者 | 数据控制者 | 数据存储地 |
| 数据出境具体程序 | 数据强制披露 | 数据强制披露 | 国际刑事司法协助 |

## （二）国内法律冲突的法理反思

数据因自身的固有属性和载体功能，往往在不同场景和情形下呈现出不同的特殊利益。跨境业务领域注重与生产经营相关的数据特性，执法司法领域强调承载司法主权的证据属性；而在刑事司法领域内部，数据出境制度坚持维护主权安全的属地主义，数据入境制度关注跨境犯罪打击的现实需要。

### 1. 数据特性与证据属性的价值博弈

我国数据出境的双重制度冲突在于跨境业务和执法司法两种场景下侧重保护的法益

不同，因此制度构建时对数据的性质考量也有所差异。

(1) 跨境业务领域数据出境制度强调数据特性

数据出境问题之所以要区别于以往的有体物出境，正是在于其自身的特有性质。《中共中央国务院关于构建数据基础制度更好发挥数据要素作用的意见》（简称《数据二十条》）强调数据已成为"关键生产要素"，抓住数据特性从而更好焕发数字经济活力。关于数据特性的理解，有学者主张其包括"内容海量性、形态易变性、脆弱性、迅捷流动性（移动性）、离散存储性（拆分性）、多方关涉性"①等特点，结合数字经济行业发展和开展跨境业务的现实需求，自然要在维护数据安全进行出境管制的基础上尽可能考虑数据自身快速流动、脆弱易变、存储分散的特点，减少跨境业务合作成本，提高数据作为生产要素的流动效率。

基于数据特性对跨境业务合作的实际影响，跨境业务领域的数据出境制度构建体现出对数据特性的考量，强调数据安全保护和数字经济发展的平衡。②《数据安全保护法》第21条规定对开展跨境业务合作的数据实行分类分级的管理制度，一方面对一旦遭到破坏将损失重大的"国家核心数据"和"重要数据"进行数据安全评估，以出境管制的方式完成法律法规保护数据主权安全的基本目的。另一方面对与国家安全和主权关系不大的一般数据采取个人信息保护认证和签订标准合同的常态化方式进行数据出境，从而促进数字经济的发展和互联网企业的内外联动，极大提升出境效率。

(2) 执法司法领域数据出境制度强调证据属性

数据在执法司法领域中呈现出双重属性。第一层属性是数据本身的天然属性，即前文所述的数据特性，这种数据的固有属性并不因所处应用领域的不同而改变；第二层属性是刑事司法领域中数据作为证据载体的特殊证据属性，电子数据作为一种法定证据形式，更承载着维护国家司法主权的作用。

刑事司法领域的数据出境制度，更突出数据特性之上的证据载体作用，强调数据的证据属性和司法主权的维护。证据调取作为一种侦查手段，是国家司法权的行使，跨境证据调取关系到国家与国家间的司法主权问题。电子数据的证据属性代表着司法主权，刑事司法数据"因其强烈的公权力色彩和犯罪性质往往关系国家安全和敏感事件"，③若允许外国执法司法机关向我国境内的个人或组织直接调取证据，实质上是在长臂执法下使外国司法主权凌驾于我国司法主权之上，置我国司法主权于不顾的做法。因此该领域数据出境立法时往往偏重考量其证据属性这一层性质，数据自身特性湮灭其中。

2. 属地主义与属人主义的价值博弈

我国国内法关于刑事司法领域数据出境问题的另一冲突在于对数据出境严格坚持"数据存储地模式"和"本地化存储"的同时，授权本国执法司法机关在线提取境外数

---

① 参见陈永生：《电子数据搜查、扣押的法律规制》，载《现代法学》2014年第5期；冯俊伟：《跨境电子取证制度的发展与反思》，载《法学杂志》2019年第6期；Jennifer Daskal, The Un-Territoriality of Data, 125 Yale Law Journal 366-378 (2015) 中的有关描述。

② 参见张凌寒：《个人信息跨境流动制度的三重维度》，载《中国法律评论》2021年第5期；许可：《自由与安全：数据跨境流动的中国方案》，载《环球法律评论》2021年第1期。

③ 郑曦：《刑事数据出境规则研究》，载《法律科学》（西北政法大学学报）2022年第2期。

据的权力。此种分歧的法理基础在于刑事司法管辖权究竟是主张属地主义还是属人主义的利益偏好。

数据出境管辖的属地主义坚持传统主权观,强调主权领土性。《国际刑事司法协助法》坚持司法管辖权的属地主义,坚持本国领土内存储的数据由我国进行控制和利用,严控数据安全,从根本上为我国行使数据属地管辖提供实践可能。而数据入境管辖的属人主义关注犯罪人与数据的关联性,强调犯罪打击。一国在对其领土内事务行使属地管辖的同时,又因为其国民"对国籍国负有身份上的效忠或服从之义务"[①]而享有属人管辖权,当犯罪人的犯罪行为与国籍国关联性强或犯罪结果对其产生较大影响时,属人管辖的价值尤为突出。网络犯罪多涉及国家安全和个人隐私,同时数据自身的高流动性和易遭破坏性也淡化了数据的地域属性。我国现存侦查规范及做法中远程跨境调取网络犯罪电子证据,是行使属人管辖的体现,也是保障公民程序性权利和打击网络犯罪的要求。

## 四、刑事司法领域数据主权的中国式新理解

我国在政策文件、法律法规和外交立场中都表明坚持数据主权的坚定立场。国家互联网信息办公室早在 2016 年发布的《国家网络空间安全战略》中明确指出,"国家主权拓展延伸到网络空间,网络空间主权成为国家主权的重要组成部分"。同样,网络数据治理的顶层设计《网络安全法》第 1 条即指明"维护网络空间主权和国家安全"的立法目的。此外,2020 年提出的《全球数据安全倡议》中亦强调对他国"主权、司法管辖权和对数据安全管理权的尊重,应坚持国际司法协助程序调取数据"。数据对国家安全和公民权利保障起着举足轻重的作用,因此我国坚持并应当坚持数据的主权立场,网络空间的无形性更需要各国公权力机关介入来进行统一国际治理,避免乱象丛生。

在明确我国坚持对数据主张国家主权的基础上,结合前文对刑事司法领域数据出境的国际和国内立法冲突的梳理与反思,不难发现其背后的法理问题主要集中于两个方面:一是数据主权的属地主义或属人主义倾向问题;二是如何处理好数据作为证据的属性与自身技术特性之间的关系问题。

### (一)从数据主权的属地主义迈向属人主义

我国刑事司法领域的数据出境制度固然要坚持主权原则,问题在于坚持什么样的主权,传统的主权属地主义和低效烦冗的司法协助程序已无法适应当前数字经济发展和跨国犯罪打击的实践需求,数据主权需要新的理解。根据国际数据公司(IDC)2019 年 2 月发布的《IDC:2025 年中国将拥有全球最大的数据圈》白皮书,我国数字经济产业呈现良好状态,预计到 2025 年我国数据圈将成为全球最大数据圈。根据国际刑警组织于 2022 年 10 月 19 日发布的《2022 年全球犯罪趋势报告》(*2022 Interpol Global Crime Trend Summary Report*),"勒索软件、网络钓鱼和在线诈骗位列当前全球五大犯罪威胁

---

① 吴培琦:《破解迷象:国内法域外管辖的基本形态与衍生路径》,载《苏州大学学》(法学版)2022 年第 1 期。

之列"。① 加强国际合作打击网络犯罪迫在眉睫。

面对这样的局势,现行国际司法协助程序由各国法律制度自行规定,法规差异导致协作效率不高,往往程序复杂,耗时较长。尽管有学者提出可以构建跨境电子证据简易程序,② 但简化的程序依然治标不治本,无法从根本上满足井喷式上涨的跨国网络犯罪和跨境电子取证需求。数据出境领域的国家主权不应单纯强调一国政府对其领土内数据的掌握和控制,更应强调"一个国家对境内外数据处理的灵活度和综合利用能力",③ 从数据主权的属地主义转向属人主义。

数据主权属人主义的正当性来源于对本国数据生产者的属人管辖。这种观点与欧盟的技术主权类似,其法理基础在于从权利到权力的转换,我国的个人或组织对自己产生的、存储于境外的数据享有当然的数据使用权利,包括调取其作为证据在诉讼中使用的权利。为了更高效地行使这种权利,个人或组织将权利让渡给负责收集证据、查明案件真相的执法司法机关统一行使,执法司法机关基于对本国个人和组织享有的属人管辖权获得其让渡的调取数据作为证据使用的权利,从而可以对数据跨境问题适用属人管辖。管辖权的属人主义倾向是对我国既存制度的突破,不再是对以往数据主权管辖的小修小补,而是真正顺应时代创建出全新的数据主权理论。

同时,数据主权的属人主义倾向更符合数据自身特性的要求。基于数据难以确定具体位置,极有可能损毁灭失的特点,需要十分高效便捷的配套程序,为缓解利益相关主体的管辖冲突,由数据的权利根源,数据权利主体的国籍国行使属人管辖权最为适宜。属人主义的产生,就在于面对有些犯罪,犯罪人国籍国与犯罪打击的关联程度或者犯罪后果的影响程度更紧密。结合到数据的管辖问题,数据有关的犯罪因其涉及商业秘密、个人隐私和国家安全等,数据权利主体国籍国对数据的依赖和运用需求远大于数据存储地,其所受到的影响也远大于数据存储地。我们应通过数据调取需求反观数据出境制度,根据数据本身承载的权利判断其管辖归属,向着数据属人主义方向迈进。

### (二)从数据的司法证据属性迈向数据技术特性

刑事司法领域数据出境的既有制度仅考虑数据的司法证据属性,没有考虑到其区别于传统证据的数据技术特性。面对传统的有体物证据,在领土主权概念下进行境外调取管制确实保护着国家司法权,并且因证据相对固定可在一定期限内维持一定状态,对犯罪打击也未造成极大影响。但将有体物证据出境的管制措施原封不动适用于数据证据出境,其可行性和实际效果需要结合数据特性进行考量。如前文所述,数据作为证据载体时具有双重属性,一重是与传统有体物证据相同的证据属性,另一重是区别于有体物的数据固有技术特性。为强调数据证据与传统证据的区分,本部分内容着眼于"存储的分散性""多方利益攸关性"和"易改变性"三个方面的技术特性进行分析。

一是数据存储的分散性。不同于有形物体的移动需要一定的时间空间跨度,"互联网

---

① 转引自裴炜,张桂贤:《2022 年全球网络犯罪态势、应对与展望》,载《中国信息安全》2022 年第 12 期。
② 参见王立梅:《论跨境电子证据司法协助简易程序的构建》,载《法学杂志》2020 年第 3 期。
③ 裴炜:《论网络犯罪跨境数据取证中的执法管辖权》载《比较法研究》2021 年第 6 期。

下的数据由计算机系统自动选择传输路径与存储地",[①] 在各国服务器之间来回变动,瞬息万变。数据在高速流动过程中被复制或碎片化,停留于不同管辖区的存储介质上,难以确定其唯一或原始的存储地,若根据传统属地主义原则,每一个数据碎片的不同存储地都可对该部分行使管辖权,数据调取将成为僵局,因此对其地理位置的判断失去必要。

二是数据的多方利益攸关性。正是由于数据存储的分散性,数据流转于不同国家服务器的过程中,关系到多个管辖主体的利益,多个管辖主体都对其享有权力主张。一国可以根据数据由本国公民或组织产生、控制主张属人管辖权,同时其他国家可以根据数据存储在自己境内服务器上主张属地管辖,再考虑数据复制存储和分散存储的情况,相关国家均可要求对数据主张权力,管辖冲突不断。

三是数据的易改变性。电子数据存在于网络空间,通过技术发展接触到数据的可能性远大于保存于指定地点的有形物体,因此数据更有可能被修改甚至删除,且"一部分电子数据不依附于任何存储介质,一旦不及时取证,将无法获得"。[②] 数据的该特点要求对数据证据的调取尽可能迅速,以防造成侦查中证据篡改或灭失,无法清晰还原犯罪事实。

因此,传统国际刑事司法协助程序与数据证据调取并不匹配,刑事司法领域数据出境制度设计应包含数据技术特性。数据作为信息时代的产物是与有体物相对的新世界,适用于传统有体实物证据的跨境调取方式与技术特性不符,已不能满足数据跨境调取的效率和数量需求,反而会因管辖争执、证据灭失等给犯罪打击雪上加霜。过分保守僵化的数据流动姿态会降低我国对数据的利用和获取能力,不利于保护数据主权安全。我们应当在维护主权框架下对数据主权扩大理解,更多考虑数据技术特性,允许与司法主权和数据主权安全关系不大的数据证据更高效地出境入境,保障证据的及时性和犯罪打击的高效性,将刑事司法领域数据的证据属性更多还原于技术特性,更大发挥刑事司法保障人权、惩罚犯罪的作用。

### (三)从数据安全理念迈向数字发展理念

当前数据安全理念造成了国内外立法现状矛盾,我国基于以往数字技术相对落后情况,强调重视数据主权安全,因此对刑事司法领域数据出境坚持"数据存储地模式",采取严格的国际刑事司法协助程序。但随着美欧"数据控制者模式"的发展应用,严守数字安全理念不仅影响着跨国网络犯罪打击效率,对数字经济发展的阻碍也愈发明显。

一方面,跨国网络服务提供企业面临进退维谷局面。网络服务提供企业在跨国经营或向境外提供服务时,由于其存储或控制着有关数据证据,面临外国执法司法机关调取证据的要求,若按照当地法律法规直接向有关机关披露数据,则存在违反我国法律法规的风险;若遵守我国规范要求,坚持国际刑事司法协助程序,拒绝提供数据,则面临着难以在企业经营国继续生存或丧失继续为其提供服务的机会,网络服务提供企业想要拓展海外市场难上加难。

---

[①] 参见陈丽:《跨境电子取证的中国应对》,载《国家检察官学院学报》2022年第5期。
[②] 冯俊伟:《跨境电子取证制度的发展与反思》,载《法学杂志》2019年第6期。

另一方面，网络服务提供企业面对两种业务下不同的数据出境规则，数据出境业务压力大。鉴于我国现存制度根据数据出境目的区分制度规定，网络服务提供企业在进行数据跨境业务经营时对重要数据向国家网信部门申报数据安全评估，对其他一般数据采常态化出境方式。但面对境外执法司法机关调取存储在境内数据证据时，却不能采取与上述操作流程相类似的方法，而是要拒绝提供，转而配合国际司法协助程序下我国办案机关的调证要求，增加了网络服务提供者在实践中的数据出境操作难度。企业要花费很大精力投入到数据出境的两套程序标准处理中，不能最大程度集中于经营生产，影响企业数字经济发展。

在数据与现实社会深度融合的当今社会，数字发展理念应以数字安全理念为基础红线，在此之上最大限度释放数据活力，更好赋能各个领域。《数字中国发展报告》（2022）罗列了数字中国建设的多方成效，其中强调："数字经济成为稳增长促转型的重要引擎。"因此重视数字经济发展，保护数字产业规模十分重要。网络服务提供企业作为数字经济发展的重要参与者，现存刑事司法数据出境制度过分强调数据安全保护，不仅与美欧数据控制者模式形成对立，使跨国网络服务企业处于两难境地，更在国内造成业务间的规则重复，增加其处理数据出境的操作难度。因此通过制度设计理念转变，考虑数字经济发展对国际统一数据出境规则的需求，结合跨境业务领域下数据分类分级出境制度，在安全与发展概念的统筹中进行制度重塑。

综上，面对刑事司法领域的数据跨境问题，应当从执法管辖权的属地主义转变为属人主义，从数据证据属性转向技术特性。相应的，顺应国际数据执法跨境规则趋势和经济发展、打击犯罪的现实需求，将制度理念从注重安全转向注重发展，更好把握数据主权强调数据利用和控制能力的核心要义。

## 五、刑事司法领域数据出境的调和路径

基于前文对数据主权提出的中国式新理解，在具体的冲突调和路径构建中应注意坚持数据主权的"属人主义"原则、"技术特性"原理和"数字发展"理念，面向国际立法和国内立法的两个层面冲突作出制度回应，为刑事司法领域数据出境搭建统一的国际法规则和与之相对应的国内法依据，真正从制度层面化解司法实践的难题。

### （一）基于属人主义的刑事司法领域数据出境统一国际规则

随着网络信息化程度前所未有地加深，发展中国家的互联网技术水平得到大幅提高，参与全球网络空间治理的能力和积极性与日俱增，过去"由发达国家主导的传统立法样态正在被打磨重塑，国际数据治理的新规则正在孕育"。[①]2021年5月26日，联合国负责公约起草工作的特委会成立，正式启动联合国框架下网络犯罪治理国际公约的起草进程，网络犯罪国际治理框架建设的新阶段正式到来。自提交《关于打击为犯罪目的使用信息和通信技术全面国际公约的总则、刑事定罪条款及程序措施和执法条款的合并

---

① 许多奇：《个人数据跨境流动规制的国际格局及中国应对》，载《法学论坛》2018年第3期。

谈判文件》即《联合国打击网络犯罪公约（草案）》以来，各国家和地区积极参与公约谈判，促进网络犯罪国际治理进程。2024年8月8日，联合国打击网络犯罪公约特委会通过了《联合国打击网络犯罪公约》，并提交至联合国大会进行投票，这也意味着全球第一份打击网络空间犯罪的法律文件即将落地。本节将结合草案内容和对数据主权属人主义的认知，提出中国在推动制定刑事司法领域数据出境的统一国际规则中应当遵循的具体路径。

1. 接受属人主义下的数据控制者模式

我国基于数据主权和安全等因素考量，在《联合国打击网络犯罪公约（草案）》的前期磋商中，始终对涉及跨境调取电子证据问题主张尊重领土主权，坚持刑事司法协助程序的观点，从而与现行国内法相协调。虽然我国官方态度对数据直接跨境调取显示出抵触和警惕，但在联合国网络犯罪政府专家组第五次会议等场合也肯定了"跨境调取电子数据是打击为犯罪目的使用通信技术的需要"以及"国际司法协助和执法合作取证效率低"的问题，加之我国司法实践中对网络在线提取境外电子证据的尝试表明我国对网络服务提供者披露数据等规定的态度出现缓和，为接受相关条款留下余地。①

建立在前述对数据主权新理解的基础上，我国对新公约的包容度将大幅提高，并可以在属人主义中参与探寻"数据跨境流动全球规制的兼容性框架"。② 第六次谈判会议中同意将公约有关电子证据合作的机制适用于未列入公约的严重犯罪，体现《联合国打击网络犯罪公约（草案）》在遵循主权思维的原则下促进国际网络犯罪打击。一直以来公约草案对要求网络服务提供者提交数据的规定表明基本承袭《网络犯罪公约》的"数据控制者模式"，特委会第六次谈判会议对提交令的授权条件进行精简，删除了以往版本中"有合理理由认为已经实施或正在实施刑事犯罪"的要求，仅规定"各缔约国应采取必要的立法和其他措施，授权其主管当局下令进行数据调取"的条件，该表述也在通过版本第27条得以保留。公约进一步放宽对执法司法机关直接调取境外数据的限制，彰显其属人主义色彩。当前数据控制者模式的最大弊端就在于没有国际法的统一规定，公约的规定化解了有关国家按照该模式调取证据存在的国内法国外适用侵犯他国主权的风险。

2. 推进数据控制者模式下的公私主体合作

基于我国对"数据控制者模式"的理解认同，网络服务提供者这一私主体在刑事司法领域数据跨境中的作用凸显，因此加强公私合作，强调网络服务提供企业在刑事司法数据披露等环节中对境内外执法司法机关的配合十分重要。

《联合国打击网络犯罪公约（草案）》特委会通过版本第28条规定，要加强缔约国执法司法机关与网络服务提供者在电子证据搜查扣押方面的合作。这表明公约草案对公私合作的要求力度之大，网络服务提供者不仅要向所在地国或者提供服务国的执法司法机关提供数据，在必要情况下其他缔约国可以要求其进行数据披露。数据控制者模式下的数据跨境流动对网络服务提供商提出更多执法合作上的要求，需要在我国既有的与我

---

① 参见梁坤：《关于〈联合国打击网络犯罪公约〉"提供令"条款的建议》，载微信公众号"白昃研究"2022年5月23日。

② 刘金瑞：《迈向数据跨境流动的全球规制：基本关切与中国方案》，载《行政法学研究》2022年第4期。

国执法司法机关密切合作的基础上制定与境外执法司法机关合作的有关制度，鉴于我国当前的制度构建仍然停留在数据存储地的模式上，因此立法中并无相关规定，需要通过统一国际规则的制定为国内法提供导向和借鉴。

### （二）基于技术特征的公开数据自由跨境流动制度

数据的"存储分散性"和"多方利益攸关性"淡化了数据的地理疆界，同时数据的"易改变性"给数据证据保全和跨境网络犯罪打击带来挑战，因此数据技术特征对制度设计提出了自由流动和高效便捷的要求，以减少不必要的数据跨境制度羁绊。2019年《电子数据取证规则》中关于网络在线提取"公开发布的电子数据"的现有规定，表明我国刑事司法领域已经基于司法实践中数据证据的大量调取需求关注到数据自身的技术特征，开始对满足"公开发布"条件的数据跨境采取自由流动的跨境方式。因此应当在对该制度的正当性予以论证的基础上，明确公开数据自由跨境流动制度，进而以区分数据是否公开发布为切入，搭建起我国完整的数据跨境流动体制。

获取公开数据与下载网络文件性质相同，不应被划入数据跨境调取范围。"公开数据"是指经过权利人同意和国家安全审查通过，公开发布的数据信息。这类数据可以由任何主体通过计算机信息系统进行接收下载，不影响他人权利，也不会对国家主权安全造成危害。根据对最高人民检察院《〈关于办理刑事案件收集提取和审查判断电子数据若干问题的规定〉理解与适用》的解读，在线提取公开数据一般就是通过"网络公共空间对网页、网上视频、网盘文件上的电子数据进行提取，可以理解为从网上下载文件"。《信息安全技术数据出境安全评估指南（征求意见稿）》也已经提出境外对境内公开信息的访问不属于数据出境。立法和司法实践中已经出现对公开数据所见即所得的理解，认为国家执法司法机关通过这种方式获取数据与一般公民在境外网站上浏览文件、视频等数据并下载没有实质性区别，不属于使用侦查手段跨境调取数据的范畴。

数据的存储分散和易改变特性对数据流动效率提出要求，公开数据与国家主权安全保护关系不大，国内立法应进一步明确公开数据的自由流动制度。事实上，对公开数据的自由获取从本质上与《布达佩斯公约》第32条（a）和《打击网络犯罪公约（草案）》第五次会议修订稿第72条规定的在线提取公开数据的内容规定是一致的。因国际上对公开数据可自由流动呈一致态度，该条在第六次会议及之后版本中被直接删除，不将其作为数据跨境调取所要调整的对象范围。

鉴于我国数据出境立法方兴未艾，实践仍然需要明确的规则予以指导，应在立法中进一步明确强调这种公开数据不受地域限制，境内公开数据的出境和获取境外公开数据均采取自由流动制度。从数据自身的流动特性出发，将执法司法机关在公开数据这一情景中与普通个人数据接收者置于同等地位，不进行特别管制，从而填补立法空白，减少不必要的解释与争辩。

### （三）基于发展理念的数据分级出境制度

刑事司法领域对数据一刀切的保护方式不适应对数据特性和数据主权的属人理解，继续僵化恪守数字安全理念会严重阻碍跨国网络犯罪打击，持续执法司法和跨境业务间制度的重复局面，增加网络服务提供者数据出境提供的压力。跨境业务领域对数据出境采取的分类分级制度能够精准维护数据主权安全，平衡企业日常经营中的数据跨境流动需要，取得良好制度实效，可以为刑事司法领域的数据分级制度所借鉴。因此在引入刑事司法领域数据出境分级制度之前，首先要分析把握当前该制度在数据跨境业务领域的具体情况。数据分类分级制度包含两个方面，本部分内容聚焦数据出境安全与效率平衡问题，更加关注"为了保护数据安全，明确数据各级界限，对不同级别数据采取不同级别措施"的数据分级制度。

**1. 跨境业务领域数据分级出境制度探析**

《数据安全法》第 21 条首次在立法上明确提出我国建立数据的分类分级保护制度。其第二、三款按照数据重要程度以及"一旦遭受篡改、破坏、泄露或者非法获取、非法利用，对国家安全、公共利益或者个人、组织合法权益造成的危害程度"进行分级，确立除"关系国家安全、国民经济命脉、重要民生、重大公共利益等的国家核心数据"和"本地区、本部门以及相关行业、领域的重要数据"外，绝大部分数据都允许跨境业务领域常态化出境。

在对数据完成分级后，问题聚焦于如何将不同级别的数据根据其背后法益的高低选择兼顾安全与效率的出境路径。对此，我国数据出境目前有三大方式，包括"数据出境安全评估""个人信息保护认证"和"订立个人信息出境标准合同"。就核心数据而言，虽然现有制度并无特殊的路径指引，但根据《数据安全法》规定，核心数据是重要数据的子集，应当对核心数据采取比重要数据更严格的保护措施，往往经评估后不准出境。就重要数据而言，根据《数据出境安全评估办法》第 4 条规定应当进行数据安全评估。同时一些特殊的个人信息因处理主体特殊、信息规模庞大或信息内容敏感等被升级保护，也以安全评估的方式进行出境衡量。就其他一般数据（主要指个人信息）而言，可采用个人信息保护认证和订立标准合同的方式进行数据出境。数据出境管制范围的松动和配套措施的灵活多样为跨境业务提供便利。

**2. 刑事司法领域数据分级出境制度构建**

刑事司法领域数据出境的分级制度可以参考跨境业务领域的数据出境管制方式和实践进行搭建，同时不能忽视刑事司法当然的特殊性。一是要兼顾惩罚犯罪和保障人权的刑事司法价值取向，数据跨境调取本身是一项刑事侦查措施，肩负着刑事司法惩罚犯罪和保障人权的双重目的，因此尤其要在数据出境的个案判断中结合具体情况加以平衡，兼顾数据保护与数据开放。二是要进行"风险识别"，因为数据本身的高流动性和易改变性，加之刑事犯罪的敏感性和高危性，该领域数据安全的维护相较于跨境业务情境意义更加重大。三是要协调数据的证据属性和数据特性，在强调数据自由流动的同时不能完全忽视数据作为证据承载的司法主权。

刑事司法领域数据分级出境制度要以明确的数据分级标准为前提。结合全国信息安全标准化技术委员会于 2021 年 12 月 31 日发布实施的《网络安全标准实践指南—网络数据分类分级指引》的有关规定，从数据安全保护的角度出发，考虑影响对象、影响程度两个要素进行数据分级保护。一旦受损将对国家安全造成一般或严重危害、对公共利益造成严重危害的属于核心数据；对国家安全造成轻微危害、对公共利益造成一般或轻微危害的属于重要数据；对国家安全和公共利益无危害，受损后仅影响个人或组织合法权益的属于一般数据。

就具体出境方式及态度来说，对直接关系国家主权与安全方面的国家核心数据，在跨境业务领域都不准予出境，刑事司法领域应保持更加审慎严格的态度。在国家核心数据上坚持主权安全的第一要义，无论如何都不应属于外国执法司法机构调取数据的范围，[①] 不允许出境；同时，与数据主权与安全关系不紧密的一般数据，因为其出境对国家安全和公共利益并无影响，仅涉及个人或组织的利益调整，可以由网络服务提供者自行采取个人信息保护认证或签订标准合同的方式进行出境，自行决定是否向外国执法机构提供（见表3-4-4）。

表3-4-4 刑事司法领域数据分级出境制度构建表

| 数据级别 | 出境路径 | | |
|---|---|---|---|
| | 适用情形 | 具体路径 | 出境态度 |
| 核心数据 | — | | 不准出境 |
| 重要数据 | — | 数据安全评估 | 不准许自由出境，需平衡主权安全保护和基本人权保障作个案判断 |
| 一般数据 | （1）关键信息基础设施运营者；（2）处理100万人以上个人信息的数据处理者；（3）自上年1月1日起累计向境外提供10万人个人信息或者1万人敏感个人信息的数据处理者向境外提供个人信息 | 数据安全评估 | 不准许自由出境，需平衡主权安全保护和基本人权保障作个案判断 |
| | 其他一般数据（主要指上述范围外的个人信息） | 个人信息保护认证 | 准许常态化自由出境 |
| | | 订立标准合同 | |

数据分级出境规制的难点往往不在核心数据和一般数据这两端，而在于如何处理网络服务提供者掌握的特定行业重要数据和被上升为特殊类型的个人信息（即前述跨境业务领域需要进行数据安全评估的范围）。这类数据对国家安全和公共利益存在着一定程度的影响，因此在原则上不能由外国执法司法机关自由调取，必须经过个案综合判断。一方面要考虑该数据承载的我国司法主权轻重程度及与国家安全、公共利益保护的远近关系；另一方面又要兼顾该数据作为跨境网络犯罪案件中的关键证据，对当事人诉讼权利这一人权的保障作用以及对查明案件事实有效打击犯罪的重要意义。若对我国主权安全的危害程度远低于对当事人人权的侵害程度，应当允许有关重要数据出境，以国际合作促进人权保障。

在公开数据自由流动无需法律管制的基础上，通过对刑事司法领域非公开数据出境采用相同于跨境业务领域的数据分类分级出境方式可以理顺国内法冲突，简化网络服务提供企业的操作复杂，与我国对数据主权的属人主义认识相契合，与统一国际规则的价值取向相衔接。在推动数据流动的同时精准管控数据安全，解决国内法的制度冲突，促进数字经济发展，建设数字现代化强国。

---

① 参见梁坤：《长臂执法背景下的数据出境管制》，载《国家检察官学院学报》2022年第5期。

## 六、小结

网络与人类生活的关系日益紧密，犯罪网络化、全球化的趋势水涨船高。法律具有天然的局限性，传统的刑事执法属地管辖理念已经无法解决数据因其高流动性、无体性而难以确定地理位置的新问题，冗长的刑事司法协助程序给跨国网络犯罪转移和隐匿滋生温床，惩罚犯罪与保障人权，经济发展与主权安全的长久矛盾造成我国刑事司法领域数据出境的国际法律冲突和内部的法秩序混乱。因此应从制度深层的主权理解出发，从数据自身和作为证据的双重属性出发，调和司法主权和数据特性，主权的时代价值在于最大化维护自身利益，而非固守形式主义。转变司法管辖的属地主义，为数据开创属人主义例外；积极推动联合国层面打击网络犯罪公约制定，通过公约为数据主权的属人主义提供正当性基础，塑造网络国际治理新秩序；探索刑事司法公开数据的自由流动制度和非公开数据的分级出境制度，理顺国内法秩序，回应对"数据控制者模式"的新接受。司法管辖权因涉及国家具体权利的现实行使，一直以来都坚持严格的属地主义，但数据特性模糊了地理疆界，需要在数据领域将数据生产者的国籍作为连接点，搭建数据管辖的属人主义，实现数据的高效利用。本部分内容提出的刑事司法领域属人主义管辖虽符合时代发展趋势，但面对我国长期的司法传统未免过于激进，将会面临反对和挑战，相关的制度更新也将经历较长的周期，还需要更多的研究探索落实到司法实践。良法是善治前提，笔者期待以法律制度完善打击跨国违法犯罪，保障公民数据权利，从而实现推动数字经济发展和保障国家数据主权安全之双赢局面。

姚秀文，天津大学法学院研究生、中国智慧法治研究院研究人员；王燃，中国人民大学纪检监察学院副教授，法学博士。本节内容以《刑事司法领域数据出境的冲突与调和》为题发表于《数字经济与法治》2018 年第 5 期，收录本书时有改动。

# 第二编
# 刑事司法的证据与证明

**本编导言**

证据即为证明的根据。证据制度是刑事司法制度的核心之一，是用以查明案件事实的桥梁。刑事司法是收集证据、运用证据与审查判断证据的过程。刑事司法中几乎所有的问题都与证据制度息息相关。近年来披露的冤假错案绝大多数也与证据问题密切相关，更加彰显了证据问题在刑事司法中的重要性。证据的基础理论在刑事司法实践和研究中是不可或缺的一部分，对于正确认定案件事实和维护司法公正具有重要意义。刑事司法以认定事实和适用法律为基本内容，而适用法律依赖于事实的准确认定。证明既是一种普遍的社会现象，也是一种重要的司法行为。刑事司法活动中的证明，是在法律的规范下，刑事司法人员或刑事司法活动的参与者运用证明确表明案件事实的活动，它既是主观的认识活动又是客观的行为，在刑事司法实践中，负有证明责任的一方对于本方的事实主张，不仅要给出各种"静态证据"使每项待证的事实均有证据证明，还要使这些"静态证据"有效的"运动"起来，在动态的证明过程中说服审理者以明确案件事实。这就是刑事司法中证据与证明的关系。电子证据是在虚拟空间存在的证据，包括电子邮件、电子文件、电子照片、电子聊天记录等。随着信息技术的发展，电子证据在刑事司法实践中的重要性不断增加。与此同时，随着科技发展，实践中不断出现新的证据形态，如大数据证据、区块链存证等。电子证据和证据新形态的出现对司法实践提出了新的挑战。一方面，这些新的证据形式需要法律和司法机构进行规范和认定，以确保其合法性和可靠性；另一方面，这些新的证据形式也为刑事司法的事实认定提供了更多、更强大的手段，有助于提高事实认定的准确性与公正性。

# 第四章　证据的理论之辩

## 第一节　证据的概念之辩

李学军

　　传统证据观仅从功能的视角在静态层面界定证据，无法将证据与法律拟规范的行为相关联，本部分内容从动态生成的过程维度，提出证据乃是"行为引发外界发生的各种变化"这一新的证据概念，并探析了其理论依据即过程哲学及物质不灭原理。新证据概念的提出，不仅可对杭州来某某失踪案侦查机关"由证至供"的侦查模式予以理论支撑，还能引领实务工作者从多维空间找寻各种证据以回建案件事实。新证据概念下"由证至供"侦查模式，彰显了我国人权保障理念的落地样态，提高了我国精准打击犯罪的专业水平。为进一步确保程序公正、进一步保障犯罪嫌疑人的人权，同时防范一些实施犯罪行为者因侦查机关在侦查过程中存在的程序问题而出罪，建议在与现行功能证据观并存的新证据概念下，建立、完善公安机关的法律顾问制度。

## 一、问题的提出

　　2021年5月14日，许某利故意杀人案一审开庭审理；7月26日，许某利被杭州中院以故意杀人罪判处死刑、剥夺政治权利终身并赔偿附带民事诉讼原告人20万元人民币。许某利便是备受社会关注的2020年7月在杭州江干区自己家中"失踪"的来某某的丈夫。

　　对比2020年中国十大刑案中其他九大案件可知，杭州来某某失踪案是唯一一起在侦查阶段便入选的案件。诚然，该案的入选，与来某某"蹊跷"失踪后的19天里互联网上"全民破案"密切相关，但回顾杭州警方侦破此案的历程，笔者认为，侦查人员对收集证据之路径和空间的选择，以及由此体现的侦查理念的变化等，更有可圈可点之处；而在程序合法性和人权保障等方面则还存在需加以警醒的地方。

　　按照许某利的说法，他在2020年7月5日凌晨起夜时，还见过睡在床上的来某某，但早上5点多起床时，便没再见着她了……来某某就这样没了踪迹，来某某与前夫所生的长女和许某利于是在7月6日晚10点左右报案。随后，当地派出所立即组织力量开展调查寻人工作，该案离奇诡异的是，一个51岁的中年女子，未随身携带任何重要物品便于凌晨"人间蒸发"般地消失于自己家中。结合"失踪者"丈夫许某利给出的语焉不详的解释，以及许某利家中当天用去自来水多达2吨多的情形，侦查机关认为来某某的失踪实为刑事案件、许某利有重大犯罪嫌疑，故组建了由浙江省公安厅、杭州市公安局和江干区公安分局三级专家及相关办案人员参与的专案组开展调查。

　　侦查人员阅尽了来某某家所在小区自7月份以来共计约6 000小时时长的监控视频，

确定来某某 7 月 4 日 17 时 4 分与其小女儿乘坐电梯回家后再未离开小区。侦查人员走访了小区 6 幢楼房的住户，并搜索了与每幢楼均相通的累计一万多平方米地下车库、电梯井、水箱、窨井、烟道、通风管道、小区水池等地，均未发现来某某的任何踪迹。最后，侦查机关于 7 月 22 日下午始由事发楼道化粪池里抽取 38 车粪水进行冲洗、筛查，从中发现疑似人体组织。现场提取检测后，经 DNA 比对系来某某的人体组织，案件的侦查工作取得重大突破！

随即，专案组在来某某失踪第 19 天即 7 月 23 日 1 时，以涉嫌故意杀人罪传唤许某利；当日 10 时，许某利便初步交代，其因家庭生活矛盾对来某某产生不满，于 7 月 5 日凌晨，趁来某某在家中熟睡时将其杀害并分尸抛撒，部分身体组织通过马桶冲入化粪池。一审开庭审理时，公诉机关指控许某利于 2020 年 7 月 4 日在来某某的牛奶中放入安眠药，趁其熟睡之际用胶带纸封口、枕头及毛巾压口鼻的方式将她捂死，后许某利又用美工刀、切割机等分尸，将一部分人体组织冲入马桶，一部分骨骼等尸块带到室外分散抛弃，完成杀人分尸后又将作案工具拆分丢弃。

事实上，来某某的长女报案后，侦查机关经初步调查便觉得许某利疑点重重，但侦查机关为何未立即拘传许某利以获取其言词证据，而是耗尽人力一帧帧反复查看时长约 6 000 小时的监控视频，费尽周折、寸土不漏地搜寻小区的各个物理空间，甚至在气温近 40 度的酷热杭州，并因新冠病毒疫情的防护需要仍身着全封闭隔离服连续 25 小时从化粪池抽取 38 车粪水来收集证据？为何就能从监控视频和小区其他物理空间等得知来某某未自行离开家、未在小区其他地方出现，并最终从化粪池抽取的粪水中提取到来某某人体组织这一重要证据？

2020 年 8 月 6 日，杭州市人民检察院以涉嫌故意杀人罪，依法对许某利批准逮捕。2021 年 1 月 5 日，该案移送杭州市人民检察院审查起诉；同年 7 月 26 日，许某利一审被判死刑。撇开其他过程不谈，该案在犯罪嫌疑人许某利被批捕之前的侦查推进，及可能遇到的对相关办案程序的质疑，就足以促使我们结合证据法学、侦查学及刑事诉讼法学等相关知识进行一定的理论思考。

## 二、收集证据的路径及空间选择——新证据概念的提出

"证据乃裁判的基石"已为理论界及实务界普遍认可。相应地，肩负打击犯罪之重任且应最先介入刑事案件之查办程序的侦查机关，无不格外重视证据的收集和提取。而证据的收集和提取，先要明晰"何为证据"，否则将不知应从哪些路径及空间去收集、固定能够证明某人实施了犯罪行为的证据。

### （一）功能视角的传统"证据"概念及其缺陷

自 20 世纪 90 年代初，我国证据法学界围绕证据概念的研析和讨论一直颇为热烈，但所形成的证据概念学说却存在一定缺陷。早期"事实说"之证据概念一度成为通说，学者普遍认为，"诉讼证据就是司法人员在诉讼过程中可用以证明案件真实情况的各种

事实";①且以"事实"来定义证据,将证据归入事实范畴,在外国证据法学中也是一种常见的理论处理。②基于此,1979年和1996年《刑事诉讼法》均规定,"证明案件真实情况的一切事实都是证据"。但"事实说"将证据定义为"事实"不仅存在逻辑上的错误,而且还混淆了证据与定案根据的区别。既然将证据定义为"证明案件真实情况的事实",那么再去审查证据三性,进行举证、质证活动就会显得多余。③实务界一些刑事错案的曝光更是让我们反思,证据如果是事实的话,为何还会有不实即虚假之态?由此,"修正的事实说"认为,证据是"与待证事实具有法律相关性、可直接观察认识的外在事实"——它虽然维护了证据是事实这一观点,但同时也认为仅凭事实本身并不足以准确界定何为证据,还需对事实进行多重限定。④此后又出现了"根据说""命题说"等界定证据概念的新学说。"根据说"认为,"证据即证明案件事实的根据",⑤但显然,"根据说"过于抽象,难以揭示证据的本质,容易导致证明标准降低,增加证据的随意性。⑥诚如拉伦茨所言:"那些抽象程度日益升高的概念,虽则很可以帮助提纲挈领(因为借助它们可以赋予大量极度不同的现象以相同的名称,并作相同形式的规整),然而这些概念的抽象程度越高,内容就越空洞。"⑦这就意味着,提纲挈领是需要付出代价的,即"由——作为规整之基础的——价值标准及法律原则所生的意义脉络不复可见,而其正系理解规整所必要者"。⑧而视证据为"从证据载体得出的,用来证明案件真实情况的命题"的"命题说",⑨更被他人觉得怪异:这种观点如何能解释法律条文如《刑事诉讼法》中的相关规定"不得毁灭、伪造证据或者串供"呢?证据若是"命题",那么"命题"又怎样才能被"毁灭"?⑩

随着证据法学的理论研究日渐醒目、热门,"根据说""命题说"无法再站稳脚跟。"材料说"的证据观渐渐占据上风并成为主导观点,最终在2013年1月1日生效的《刑事诉讼法》第48条规定中得以体现,即"可以用于证明案件事实的材料,都是证据"。这表明我国立法者将证据的概念建基于"材料说"之上。诚然,这样的决策在一定程度上避免了"事实说""根据说""命题说"等的缺陷,但这种界定依然存在无法克服的问题:一方面,我国的法定证据并非都能被称为"证据材料",此种定义偏重于实物证据而忽略了当庭的言词陈述;另一方面,"材料说"强调证据是证明"案件事实"的手段,但实际上证据能够证明的只是事实片段或案件信息,不代表案件事实本身。⑪

---

① 陈一云主编:《证据学》,北京,中国人民大学出版社1991年版,第104页。
② 参见宋振武:《传统证据概念的拓展性分析》,载《中国社会科学》2009年第5期。
③ 参见陈瑞华:《证据的概念与法定种类》,载《法律适用》2012年第1期。
④ 参见周洪波:《修正的事实说:诉讼视野中的证据概念新解》,载《法律科学》(西北政法大学学报)2010年第2期。
⑤ 何家弘:《让证据走下人造的神坛——试析证据概念的误区》,载《法学研究》1999年第5期。
⑥ 参见闵春雷:《证据概念的反思与重构》,载《法制与社会发展》2003年第1期。
⑦ [德]卡尔·拉伦茨:《法学方法论》,陈爱娥译,北京,商务印书馆2003年版,第332页。
⑧ [德]卡尔·拉伦茨:《法学方法论》,陈爱娥译,北京,商务印书馆2003年版,第333页。
⑨ 张继成:《事实、命题与证据》,载《中国社会科学》2001年第5期。
⑩ 参见孙远:《证据概念否定论——从证据概念到证据法基本概念体系》,载《中国刑事法杂志》2016年第2期。
⑪ 参见陈瑞华:《证据的概念与法定种类》,载《法律适用》2012年第1期。

综观学界前述有关证据概念的看法，特别是重新审视我国《刑事诉讼法》自 2012 年修正案起便已确立的"证据材料说"，笔者认为，这些学说之缺陷虽然已被明确指出，但至今均未得到实质性完善。无论是"事实说"还是"材料说"，抑或是理论界曾经的"根据说"，它们均是从功能的视角界定了何为证据，即唯有能发挥证明功用进而助力于案件事实之重建的"事实""材料"或"根据"，才称得上是证据。固然，这样的证据界定，彰显了"事实""材料"或"根据"的价值，但这种只从功能的角度来讨论什么是证据，且都只是围绕"事实"二字来界说证据的做法，导致我国的"证据"概念过分抽象，以至于已有学者开始否定证据概念在规范法学体系中存在的必要性。[①] 这种界定方式也无法将证据与法律拟规范或惩戒的行为关联在一起，更无法从理论上解释为何来某某失踪案能从化粪池里找到她已被杀害的证据。

在无法以当下的证据概念解释杭州来某某失踪案中侦查机关为何能从化粪池中获取重要证据的情形下，我们有没有可能另辟蹊径地界定"证据"，进而既能够将证据与行为相关联，又可以对来某某案中侦查人员从化粪池获取来某某已被他人杀死的证据给出理论上的支持？笔者认为，就前一问题，我们可以给予肯定回答，即就"什么是证据"，可从证据的形成或生成过程这一新视角另行界定；并可以此新视角的证据概念对后一问题给予理论上的解释。从证据生成或形成过程这一新视角给证据下定义，将证据与其拟重建之事实所指向的有关行为具体地联系起来，不仅可以合理解释杭州来某某失踪案中侦查机关为何能从化粪池中获得来某某已被杀害的重要证据，而且可以引导证据收集者结合案情在特定空间中去寻找、收集因行为人的行为而导致的相应变化，即证据。这样的引导作用，无疑意义深远，能够促使案件证据收集者特别是侦查人员、监察调查人员积极开动脑筋，从可能的不同路径、不同空间去找寻相关行为人可能引发的各种变化。

### （二）过程视角的全新"证据"概念及其优益

人的一举一动，均为人的行为。当人施以行为时，必然会引发各种变化。这些变化或可视或可闻，如吸烟者掸在地上的烟灰及吐出的烟气；却也可能令人完全无感，如用手机与他人通话引发的相关基站电子数据的增加，便是人们看不见摸不着的变化。但基于地上的烟灰或闻到的烟味，便可得知有人在此有过抽烟的行为；而借助一定工具及方式，从基站上增加的电子数据便可明了某处有过人与人之间电话通信的行为。这些或可视或可闻或令人无感的变化，实际上是可以帮助我们回溯事实、认定行为的。故而笔者认为，从形成或生成的过程来看，所谓证据，是人的行为引发外界发生的各种变化。而这些"变化"，实为"外界物质、物品、痕迹、信息数据等等的增加、减少或变动"。鉴于人的行为的具体施行，或者单单依靠其自身身体及器官便可完成，或者需借用其他工具特别是现代电子设备、网络方可完成，故而由人的行为引发的"这些外界物质、物品、痕迹、信息数据等等原始状态的变化"，既可能发生在物理空间，如指纹、足迹、血迹的出现，尸体的"消失"等；也可能出现在虚拟世界，如电子数据 0 或 1 的二进制

---

[①] 参见孙远：《证据概念否定论——从证据概念到证据法基本概念体系》，载《中国刑事法杂志》2016 年第 2 期。

数字的增减及改变；还可能留存在人的脑海中，即大脑记忆的增加。由于案件一旦发生，无论刑事案件还是民事案件，均需收集、固定证据以重建事实；而事实，无一不与人的行为紧密关联，且需重建的事实从根本上便是要确认："谁"在"何时"及"何地"是否实施或实施了"什么行为"并最终引发了"怎样的结果"。因此，从证据生成或形成过程这一视角界定证据，能实实在在将证据与待证事实所涉具体行为紧密关联，便于人们理解证据概念的内涵和外延，更便于实务工作者搜寻证据、运用证据回建事实。

杭州许某利杀妻碎尸案即来某某失踪案的侦查过程则完全可以验证上述新视角的证据观。在人类社会已步入21世纪的当下，谁都不会认为一个大活人能够"人间蒸发"。来某某不再出现于其家中，要么是其自己出行离开，要么是被人杀害然后被移尸他处隐藏或抛弃。而无论是来某某自己的出行还是被他人杀害后的移尸藏埋抛撒，显然均是人的行为，它必然会引发外界众多地方发生相应变化：来某某家中不再有她这个人，其他地方却有了她的出现或尸体、尸块的增加。因此，杭州来某某失踪案专案组首先一帧帧查看来某某所在小区的监控视频，显然是想通过视频中记录的"人物影像变化"查明来某某是否有自行离家的行为，或是否有其他人携带某些大型箱包等离开来某某家及其所在小区的异常行为。然而，细细查看了约6 000小时视频的帧帧画面，警方并未发现任何与来某某出行有关的影像变化，也未发现来某某家人或他人的异常行为。故而，警方否定了来某某自己离家出行的可能性并认为来某某被杀害的可能徒增，同时将寻找被害人来某某的工作集中在其居住的小区。

在穷尽可能的路径，即走访小区共计379户人家1 075名住户，查看小区地下车库、水箱、窨井、水池等空间，并未发现有任何价值的相关物质、物品等变化之后，结合来某某家仅在7月5日一天其自来水表便显示用去了2吨水的"变化"信息，警方遂将可能因来某某的失踪而发生的"变化"聚焦于事发楼栋所在的化粪池，并最终从化粪池抽取的38车粪水中发现疑似人体组织并确认该组织来自来某某。化粪池，原本就不该有人体组织，更不该有监控视频中显示的7月4日17点4分还与小女儿一起进入电梯的来某某的人体组织块；而化粪池里增加的来某某人体组织块这一"物质变化"，无疑是他人杀害来某某后的碎尸抛尸行为所致。

换言之，杭州来某某失踪案专案组走访小区住户、查寻小区包括化粪池在内的物理空间及监控视频，实际上是在从人的脑海、小区的物理区域、监控视频的虚拟空间找寻相关各种形式的变化，进而分析判断来某某"是自己离家出走了"还是"被人杀害并被抛尸了"。当警方发现小区住户的记忆、监控视频中的影像均没有可以证明来某某自行离家出走的行为，且小区众多的物理区域也未出现来某某的尸体的时候，就只能希冀从化粪池里获取"增加"的"人体组织块"以认定来某某被人杀害并被碎尸抛尸的行为。也就是说，警方能从化粪池中获取来某某的人体组织块这一重要证据，实际上是因为：（1）来某某没有自行离家出走的行为，故而小区监控视频或其他住户记忆中均无相关行为引发的"变化"；（2）来某某被人杀害、碎尸并从厕所便池抛至化粪池的行为使得化粪池内"增加"了来某某的人体组织块。

因此，"变化"与"行为"的关系、"变化"对"行为"认定的支撑，呈现了"变化"便是"证据"的逻辑结论，更展现了从证据的生成或形成过程这一新视角来界定证据概念的价值所在。证据的收集、固定和提取，无非是从物理空间、人的脑海及虚拟世界去发现或找寻一些物质、物品、痕迹、信息数据等等的"变化"，进而反推相关行为是否存在以及该行为是如何具体实施的。当这些相关行为因"变化"而被认定、当这些行为的实施过程因"变化"而明晰，相关的案件事实无疑也就得以重建并被确认了。

"行为引发的外界变化便是证据"的观点，除了能对杭州来某某失踪案的侦查经验做前述理论上的总结和阐释，更能指引实务工作者从何处收集、固定、提取证据。

## 三、新证据概念的理论基础——过程哲学及物质不灭原理

### （一）过程哲学的证据学注解

在法理层面，将证据定义为"行为引发外界发生的各种变化"符合过程思维。"现实世界是一个过程，过程就是各种现实存在的生成。因此，现实存在都是创造物，也可以称为'现实发生'。"[①] "一个现实存在是如何生成的，构成了这个现实存在是什么；因而现实存在的这两种描述方式并不是互不相关的。现实存在的'存在'是由其'生成'所构成的。这就是'过程原理'。"[②] "事实说""修正的事实说""根据说""命题说""材料说"等关于证据的概念学说均从静态的角度思考证据，仍停留在传统实体哲学的思维方式之中。在这种思维下，存在就是客观存在的东西，它是否变化和发展，并不影响它的存在。而且，只有它作为主体或实体先存在，才谈得上变化和发展，因为它是变化和发展的主体。

过程哲学则认为，现实存在的"存在"正是由其"生成"构成的，没有生成就不会有这个现实存在，它至多只是抽象的存在。[③] 早期人类提出的"万物皆流""无物常驻""太阳每天都是新的"等命题，就蕴含着过程思维。海德格尔以过程思维方式取代实体思维方式，将存在视为过程，一切都在未完成的展示状态中，并以此为基础建立起他的"存在过程论"。[④] 海德格尔看待存在的本真面目由名词性视野变成动词性视野、从静态视角转向动态过程，由其视角来看，其实际认为，世界就是一个发生、发展、灭亡的过程。[⑤] 恩格斯提出的"世界不是既成事物的集合体，而是过程的集合体"理论等，同怀特海过程哲学具有内在一致性。[⑥]

从形成过程的角度将证据定义为人的行为引发外界发生的物质、物品、痕迹、信息数据等各种变化，不仅贯彻了过程思维，更是对证据概念的本质化。黑格尔指出，与抽象的概念不同，我们不能任意形成具体的概念，概念"毋宁才是真正的先存者"，"事物

---

① ［英］怀特海：《过程与实在》，杨富斌译，北京，中国人民大学出版社 2013 年版，第 28 页。
② ［英］怀特海：《过程与实在》，杨富斌译，北京，中国人民大学出版社 2013 年版，第 29 页。
③ 参见杨富斌等：《怀特海过程哲学研究》，北京，中国人民大学出版社 2018 年版，第 211 页。
④ 闫顺利、敦鹏：《存在过程论与过程哲学的对话——海德格尔和怀特海的过程观比较》，载《昆明理工大学学报》（社会科学版）2009 年第 2 期。
⑤ 闫顺利、敦鹏：《存在过程论与过程哲学的对话——海德格尔和怀特海的过程观比较》，载《昆明理工大学学报》（社会科学版）2009 年第 2 期。
⑥ 参见杨富斌等：《怀特海过程哲学研究》，北京，中国人民大学出版社 2018 年版，第 4 页。

之所以是如斯之事物，乃是由于内在于事物，并借事物而显示其自身的概念之活动"。①从形成过程视角界定何为证据实则是在证据"自我发展的过程中证实自我"，这恰恰是概念的本质。②

### （二）物质不灭原理的证据学体现

从形成过程来看，证据是指人的行为引发外界的各种变化。这一关于证据概念的界定方式并非凭空臆造，而是内在于证据之中：人的行为、外界变化是该证据概念的构成要素，二者互相依存、相辅相成。人类思想史上关于物质不灭的深刻哲思恰恰能够证成这一证据概念。

早在春秋战国时期，中国先哲们就开始了对自然界客观规律的思辨，物质不灭性思想由此萌生。老子在《道德经》第七十七章提出："有余者损之，不足者补之。天之道，损有余而补不足。"③ 这是老子对自然界物质变化规律的思考。《庄子》认为："万物皆出于机，皆入于机。"④ 这里的"机"是万物生演变化过程中某种不变的东西，反映出庄子对物质不灭性的认识。《列子·天瑞》中对此注解："夫生死变化，胡可测哉？生于此者，或死于彼；死于彼者，或生于此。"⑤ 张湛为《列子》作注时认为"形生之主未尝暂无"，即不论事物生死，其基本物质构成却始终存在，因此"生不常存，死不永灭，一气之变，所适万形"。

西方先哲们对物质不灭性也有相似的认识。米利都学派的泰勒斯说万物是由水做成的，阿列克西曼德则认为万物出于一种简单的物质，但那不是泰勒斯所说的水，或我们所知道的任何其他的物质。它是无限的、永恒的而且无尽的，"万物所由之而生的东西，万物消灭后复归于它，这是命运规定了的，因为万物按照时间的秩序，为它们彼此间的不正义而互相偿补。"⑥ 赫拉克利特则认为火是根本的实质，"一切死的就是不死，一切不死的是有死的；后者死则前者生，前者死则后者生"。⑦

物质不灭的哲思指引了近代自然科学的发展。拉瓦锡在应用定量方法进行科学研究时提出了物质不灭定律，即"由于人工的或天然的操作不能无中生有地创造任何东西，所以每一次操作中，操作前后存在的物质总量相等，且其要素的质与量保持不变，只是发生更换和变形，这可以看成为公理。"⑧ 焦耳从1843年以磁电机为对象开始测量热功当量，进行了数百次实验，使能量转化与守恒定律确立在实验基础上。根据物理学上的能量守恒定律，"自然界的一切物质都具有能量，能量既不能创造也不能消灭，只能从一种形式转换成另一种形式，从一个物体传递到另一个物体，在能量转换和传递过程中能量的总量恒定不变"。⑨

---

① ［德］卡尔·拉伦茨：《法学方法论》，陈爱娥译，北京，商务印书馆2003年版，第334页。
② ［德］卡尔·拉伦茨：《法学方法论》，陈爱娥译，北京，商务印书馆2003年版，第335页。
③ 《道德经·第七十七章》。
④ 《庄子·至乐篇》。
⑤ 杨伯峻：《列子集释》，北京，中华书局2012年版，第17页。
⑥ ［英］罗素：《西方哲学史》（上卷），何兆武、李约瑟译，北京，商务印书馆1963年版，第32页。
⑦ ［英］罗素：《西方哲学史》（上卷），何兆武、李约瑟译，北京，商务印书馆1963年版，第50-51页。
⑧ ［英］J. R. 柏廷顿：《化学简史》，胡作玄译，桂林，广西师范大学出版社2003年版，第104页。
⑨ 姚斌：《重新认识能量守恒定律》，载《中国科技信息》2009年第5期。

新证据概念是物质不灭哲思在证据学领域的体现。具言之，证据是人的行为引发外界发生的各种变化，这种变化表明从生成过程来看，证据可以由一种形式转变为另一种形式，其既不会凭空产生，也不会凭空自灭。无论如何变化，总能被人发现。杭州杀妻碎尸案查明杀人行为引发外界发生的各种变化并非易事，主要原因在于亲人间在自己家中故意杀人案具有特殊性。此类案件中，犯罪嫌疑人和被害人往往同处一个屋檐下，犯罪场所本身就会同时留有犯罪嫌疑人和被害人的大量毛发、指纹、足迹、DNA 等痕迹。结合本案现有证据可知，案件第一现场是来某某家中，在自己家中无处不充斥着来某某及许某利的气息、物品、痕迹，这就加大了警方侦破案件的难度。并且案发后，犯罪嫌疑人会有足够充分的时间毁尸灭迹。本案中犯罪嫌疑人许某利反侦查能力极强，其在案发后试图把杀人行为引发的"变化"尽可能恢复原状，就对侦查人员的取证形成更大的挑战。

在物质不灭性原理指引下，杭州杀妻碎尸案的侦查人员积极搜寻证据和线索，实际上是在搜寻杀人行为引起外界产生的各种变化，包括物理空间、虚拟空间和大脑记忆中的变化。首先，发生于物理空间的变化可指向被害人来某某的遗骸、家中水表数字等。办案人员抽取粪水进行冲洗、筛查，其间发现有疑似人体组织，现场提取检测后，经 DNA 比对系来某某人体组织。这些人体组织就是杀人行为导致物理空间所发生的变化。经查水表，来某某离奇失踪的当天家中用水量奇高，一天之内就用掉了 2 吨水，这接近平常人家半个月的用水量。后在侦讯中，犯罪嫌疑人许某利承认他趁来某某入睡时，用枕头等蒙住其口鼻将其杀害，身体大部分组织通过马桶冲入化粪池。可见，这里的水表度数之离奇变化，也是犯罪行为所引起的，可以当做证据使用。来某某本是一个活人，但被杀害碎尸后，便成了残存于化粪池中的人体组织碎块，这一物理空间的关键变化是案件侦破真正的突破口。其次，本案发生于虚拟空间的变化则表现为监控视频，视频记录了被害人来某某的行为轨迹，帮助办案人员将搜查被害人的工作集中在其所居住的小区内。最后，办案人员走访了来某某的家人、亲友、邻居等，所获得的言词证据反映出被走访人员大脑中记忆的变化。许某利对犯罪目的、犯罪工具、犯罪过程等的供述则反映出其对杀人经过的大脑记忆变化。

诚然，"行为引发的外界变化便是证据"这一形成过程的新证据概念，较好地将诉讼意欲查明的行为与证据关联在一起，但本部分内容并不是要以此概念替代我国现有的"可以用于证明案件事实的材料，都是证据"这一功能证据观。事实上，从形成过程和功能这两个视角分别界定什么是证据，更便于我们探讨如何发现、收集、固定并运用证据：前者能引导证据收集者依据可能存在的相关行为前往何处找寻、固定证据；而后者，则明确表明证据收集者收集固定的各种变化意欲成为定案依据时，必须满足关联性和客观性这两个最为基本的要求。

## 四、新证据概念的实践引领——侦查模式的进阶

证据规则和证据理念理应与证据概念相关联，而非有的学者所言可以"不依赖于证据的概念"。[①] 就刑事侦查而言，侦查机关可以选用"由供至证"或"由证至供"的侦查

---

① 孙远：《证据概念否定论——从证据概念到证据法基本概念体系》，载《中国刑事法杂志》2016 年第 2 期。

模式展开工作,以期获得相关证据。而来某某失踪案的侦破,杭州侦查机关无疑理性、明智地选择了"由证至供"的模式——这种模式既能够与本部分内容提出的证据新概念相联结,还有利于增强实证法中与证据概念相关的法规范之间的协作,更体现出当下我国侦查机关在侦破刑事案件时对犯罪嫌疑人人权保障的重视。

### (一)"由供至证"侦查模式的式微

侦查是刑事诉讼的基础一环,其对后续起诉、审判程序的顺利进行具有重要意义。《刑事诉讼法》第108条规定,"侦查"是指公安机关、人民检察院对于刑事案件,依照法律进行的收集证据、查明案情的工作和有关的强制性措施。侦查阶段的核心任务是,收集证据、重建案件事实、确定犯罪嫌疑人。为了完成该核心任务,侦查工作或以"由证至供",或以"由供至证"的模式展开。前者,是指侦查人员先收集能够证明犯罪行为的证据,随后再抓捕犯罪嫌疑人获取口供,以构建出足以证明犯罪嫌疑人实施了犯罪行为的完整证据链;后者,则是指侦查人员先"拘""捕"犯罪嫌疑人以获取其口供,之后再根据其口供去收集各种证据。

回顾司法证明史便可得知,"由供至证"的侦查模式曾在我国极被青睐,这既与科技阙如导致的人类认知能力不足相关,也与我国的诉讼传统脱不了干系。

因为认知能力极为有限,所以虽有惩治犯罪的需求,但人类初始阶段只能依靠"神灵的旨意"来作出裁判。随着国家权力的膨胀及人类对神明裁判之合理性、可靠性提出质疑,人类步入了以当事人、证人的言词证据为主的理性证明时代。一方面,国家可以通过受其管控的人来影响裁判的结果;另一方面,本就是犯罪行为的施行者或受害者,或是案件发生时的目击者,其对案件事实的陈词无疑更具现实性、更易令人信服。于是乎,获得言词证据,特别是犯罪嫌疑人、被告人的供述的办案模式风靡全球。而纠问式诉讼制度下,特别是自然科学刚刚起步,其在诉讼中对证据种类的扩张和助力还极为有限时,口供更成为裁判的重要证据。我国根深蒂固的传统思想加上经济发展的依然落后、资源的极为有限,使得侦查人员在相当长的时间里还是首选"由供至证"的侦查模式,毕竟,讯问犯罪嫌疑人以获得其供述,再根据供述找寻包括物证在内的其他证据,所投入的人力、物力都不会过高。至于为得到供述是否会刑讯嫌疑人,以及刑讯逼出的供述是否会导致刑事错案、侵害人权,则少有人在意。因为,打击犯罪才是重点,才是侦查人员工作的核心所在。

而从我国诉讼传统文化来看,漠视个体权利的保障、偏好"由供至证"之侦查模式还有深远的思想渊源。"无讼息争"的理念在中国古代被推崇备至,这在《易经》中已有体现。"讼,有孚窒惕,中吉,终凶。"[①] 讼卦时劝诫争讼之人不要因为或有"吉"就诉讼,否则必遭遇"终凶"之实。而贯穿儒家思想始终的"无讼""和为贵"的政治理想,如《论语·颜渊》中孔子提出的"听讼,吾犹人也。必也使无讼乎!"[②] 更反映出我国传统上力求息事宁人的文化特色。无讼无争的传统文化下,被追诉者的个体权利遭受

---

① 杨天才、张善文:《易经》,北京,中华书局2011年版,第71页。
② 陈晓芬、徐儒宗:《论语·大学·中庸》,北京,中华书局2011年版,第144页。

漠视，从海瑞的断案标准中便可窥见："凡讼之可疑者，与其屈兄，宁屈其弟；与其屈叔伯，宁屈其侄；与其屈贫民，宁屈富民；与其屈愚直，宁屈刁顽……"为顾全大局，被追诉者个体权利即使被剥夺、被伤害也无所谓，也成为即使刑讯也要获得供述以便获得其他证据、打击犯罪的侦查行为的底层逻辑。①

人权的主体是个人，当文化底色仅关注群体间的依附关系时，就无法厚植出以个体之人为基础的人权思想，人权保障便无从谈起。而司法实践更是表明，钟情于口供的侦查办案模式导致了大量冤假错案。呼格吉勒图案、聂树斌案、张玉环案、赵作海案、佘祥林案等冤错案件无不留有刑讯逼供的阴影。例如：法院认定被佘祥林"杀害"的张在玉却在佘祥林服刑 10 余年后现身，而佘祥林在侦查期间有关"杀妻"的供述显然是刑讯而成——佘祥林在 1998 年的申诉中便控诉"我敢说那 10 天 11 夜的痛苦滋味并不是每个人都能理解的，鼻子多次被打破后，他们竟将我的头残忍地按到浴缸里，我几次因气力不足喝浴缸里的水呛得差点昏死"。②再如，被羁押了 9 778 天、最终于 2020 年 8 月 4 日被无罪释放的张玉环，曾经在派出所被讯问时供述其将 2 个同村男童杀害并抛尸水库，但该供述与张玉环所言的 6 天 6 夜连续被审讯不让睡觉，且这过程还有被电击、蹲桩、"飞机铐"，被塞瓶子、棍子撬，并被两只狼狗威胁，同时还被要挟其老婆将被抓被打等刑讯手段密切相关。③

无疑，以口供为中心的办案理念往往会促发刑讯行为，并酿成冤错案件；而即便只是为了获得其他证据才首先"抓人问讯"，同样也可能动用刑讯的手段逼迫其给出其他证据的线索而伤及被讯问者的身体健康和自由。④因此，不仅口供中心主义广受抨击，而且"由供至证"的侦查模式也被视为我国刑事司法的一个误区。⑤

再来品读 1979 年便纳入我国《刑事诉讼法》的规定（现行《刑事诉讼法》第 55 条第 1 款），即"对一切案件的判处都要重证据，重调查研究，不轻信口供。只有被告人供述，没有其他证据的，不能认定被告人有罪和处以刑罚；没有被告人供述，证据确实、充分的，可以认定被告人有罪和处以刑罚。"我国早早就意识到轻信口供的弊端，早早就希冀弱化办案人员对口供的依赖，早早就试图引导侦查机关更新侦查模式为"由证至供"——有了其他充足、确切的证据，哪怕无口供也不影响定罪量刑！而众多冤错案件的曝光，更是让我国沿用多年的"由供至证"的侦查模式弊端展露无遗，侦查人员亦已尝试避免将精力全部放在讯问嫌疑人获取口供上。刑事案件承办人员应以冤错案件这样血的教训为戒，避免悲剧重演。

### （二）"由证至供"侦查模式的价值及与新证据概念的契合

随着人类文明的不断进步，唯口供为重、需口供先取，不再是侦查人员的基本且唯

---

① 参见张宇琛：《刑讯逼供的文化根源追问》，载《社会科学家》2021 年第 2 期。
② 陈兴良：《中国刑事司法改革的考察：以刘涌案和佘祥林案为标本》，载《浙江社会科学》2006 年第 6 期。
③ 参见杨百会：《独家对话张玉环案律师王飞：冤案是如何被制造出来的？》，载《中国经济周刊》2020 年 8 月 15 日。
④ 穆书芹：《侦查阶段刑事错案防范之侦查理念、行为与制度构建》，载《中国刑事法杂志》2016 年第 1 期。
⑤ 参见何家弘：《当今我国刑事司法的十大误区》，载《清华法学》2014 年第 2 期。

一思路。但是，当被讯问者始终保持沉默，且能够让被讯问者不再沉默不语的刑讯手段不得再使用时，侦查人员又该如何收集证据、打击犯罪、保障社会安全？幸而科技的进步成就了证据种类的扩张：用于重建事实、适用法律的证据不再局限于当事人陈述、犯罪嫌疑人供述等言词证据；那些源自现场、源自作案者或受害者的指纹、足迹、枪弹痕迹、油漆碎片、毒物毒品、骨骼、毛发、精斑等实物证据，都能借科技的力量来"说话"，甚至替代口供、证人证言等直接证据帮助重建案件事实。

早在1979年我国《刑事诉讼法》诞生时就已注意到对犯罪嫌疑人、被告人的人权保障即程序公正问题，该法第32条明确规定，"审判人员、检察人员、侦查人员必须依照法定程序，收集能够证实被告人有罪或者无罪、犯罪情节轻重的各种证据。严禁刑讯逼供和以威胁、引诱、欺骗以及其他非法的方法收集证据……"遗憾的是，侧重于打击犯罪的传统思维方式仍长期固存，对科技融汇于实物证据中的价值认知还很有限，且让实物证据"说话"的技术手段之研发和使用在我国还经历了漫长的路程，故"由供至证"多有而"由证至供"的侦查模式少见。

但杭州杀妻碎尸案的侦破，让我们得以重点关注该案对"由证至供"这一侦查模式。来某某失踪后，人们就已对许某利产生了怀疑。但许某利反侦查意识极强，他不仅淡定报警，还向亲属询问来某某去向，声称自己"身正不怕影子斜"。尽管侦查人员同样认为来某某的丈夫许某利疑点重重，但他们并未立即拘传许某利，也不急于获取有犯罪嫌疑的许某利的口供，而是一改传统的"由供至证"为"由证至供"的侦查模式，动用大量警力、倾尽宝贵时光、借助科技成果，去可疑的第一现场特别是其外围寻找供述以外的其他证据……经由警方自身格外辛苦、但丝毫未影响到来某某丈夫许某利之自由的工作；警方由监控视频、证人证言推知来某某并未自行离家出走；由地毯式搜索整个小区及地下车库等空间的结果，以及从化粪池找出的经DNA技术确认为来某某的组织碎块，并结合来某某家里异常的水表数字可知，许某利的报案、表达等均为虚假之言！在掌握了如此重要且特别关键的证据之后，2020年7月23日1时警方传唤了许某利，并在9小时后就获得了许某利故意杀死其妻子并碎尸抛尸的供述！

无疑，该案侦办人员"由证至供"这一侦查模式的选择明智、理性。这样的选择及实际应用，不仅应和了我国早在1979年《刑事诉讼法》第35条的规定中便倡导的不轻信口供、要重视依靠口供之外其他证据来办理案件的证据观，而且落地了自2010年7月1日我国"两个证据规定"施行之日以来就格外强调的证据裁判原则，即《关于办理死刑案件审查判断证据若干问题的规定》第2条、2013年《刑事诉讼法司法解释》第61条（现第69条）专门规定的"认定案件事实，必须以证据为根据"。更为重要的是，杭州杀妻碎尸案侦查人员运用"由证至供"侦查模式体现出警方在打击犯罪的同时，高度重视保障嫌疑人的基本人权。

事实上，尽管受传统文化的深刻影响，我国始终高度重视打击犯罪，但我国刑事证据制度四十余年的发展历程已清楚表明，在打击犯罪维护社会治安的同时，我国有关人权保障、程序公正的理念在不断提升，并已成为近四十余年来刑事证据制度发展的核心要素；而科技的不断进步及其在实物证据，即客观证据或间接证据方面的广泛介入，则实实在在地助推了我国刑事诉讼中人权保障理念的落地！① 因为科技的进步，诸多的实物证据，不论是源自犯罪嫌疑人还是受害者，或是犯罪现场，均可以被发现、提取、固定并可以"说话"以证明相关的案件事实！此时，完全可以没有供述，更不必以刑讯等侵犯被讯问者基本人权的方式获得供述才能重建相关事实进而认定被告人有罪。我国 2013 年《刑事诉讼法司法解释》第 105 条（现第 140 条）明确规定："没有直接证据，但间接证据同时符合下列条件的，可以认定被告人有罪：（一）证据已经查证属实；（二）证据之间相互印证，不存在无法排除的矛盾和无法解释的疑问；（三）全案证据形成完整的证据链；（四）根据证据认定案件事实足以排除合理怀疑，结论具有唯一性；（五）运用证据进行的推理符合逻辑和经验。"

再结合本部分内容提出的新证据概念，可进一步推广"由证至供"这一侦查模式的运用。由新证据概念可知，"由证至供"的侦查模式虽"看轻"了供述这一特殊证据，却强调了去找寻其他证据，因为同一行为引发的其他空间特别是物理空间、虚拟世界、他人脑海的变化都是证据，都可与行为实施者施行的、将受到刑法制裁的相关行为关联在一起；而如若收集、固定了其他证据，那么，零口供便可定罪，又或者可让被讯问者如实、尽快供述其罪行——杭州杀妻碎尸案的高效、精准侦破，并最终在一审时被法院认定为构罪，无疑与"由证至供"侦查模式的选用密切相关。而"由证至供"侦查模式与新证据概念的契合，更是为该侦查模式的进一步广泛运用奠定了坚实的理论基础。即便侦查人员在办案过程中发现某人疑点重重，亦无必要先行拘传嫌疑人以获得口供，相反却可从嫌疑人以外的多维空间去找寻其他证据。

侦办刑事案件时，若尚未获取其他证据就先入为主地传唤、讯问犯罪嫌疑人，还有可能打草惊蛇，导致侦查活动陷入被动。若已经收集获取了充分的证据，办案机关就可以围绕现有证据，制定合理的诉讼策略和审讯方案，迅速获取可靠的犯罪嫌疑人口供。相比过去想方设法抓捕嫌疑人以获取口供，再根据口供去收集证据的"由供至证"模式而言，"由证至供"的侦查模式更有利于保障犯罪嫌疑人的人权，更符合当下我国刑事诉讼制度强调的"实体公正、程序公正兼重"的价值取向。

当然，"由证至供"并非新生的侦查模式，早在多年以前侦查案件中就时有使用。但警方侦破杭州来某某失踪案对该侦查模式的高明、得当的运用，无疑促使笔者借该案架构出新的证据观，同时也为当下一些新兴犯罪如网络犯罪的侦办给出"模版"式的引领：高科技时代，越来越多的犯罪行为极为隐匿，甚至几乎虚拟化，这为此类案件的侦破及相关犯罪行为的治理带来了巨大挑战。但借助新的证据观，并积极推用"由证至供"的侦查模式，充分且合法借力技术力量在证据收集、提取、固定方面的作用，努力从各种空间特别是虚拟世界找寻由行为引发的相关变化即证据，必将提升侦查机关的办案水平及办案质量，更好地打击并治理包括新兴犯罪在内的各类犯罪。

---

① 参见李学军：《"人权保障"及"科技进步"——我国刑事证据制度四十年发展史及其核心要素、助推器》，载《法学杂志》2018 年第 10 期。

## 五、新证据概念下侦查推进时的程序保障——回应及建议

如前所述,许某利杀妻碎尸能较为迅速被警方破获,无疑归功于侦办该案的侦查人员选用了有新证据概念支撑的"由证至供"的侦查模式。如果公安系统如同法院、检察院系统一样评选指导性案例,该案必定顺利入围。但是,该案侦破后随即出现的些许质疑,也需要我们予以一定思考。

在杭州警方获取了其他可靠并指向许某利的证据,并于7月23日传唤许某利后,7月25日,杭州警方就该案召开新闻通气会。随后,便有律师撰文《程序不正义,事实皆可疑》,质疑该案专案组的办案程序是否对许某利的人权有所侵犯,如为何心理素质强大的许某利在被拘传仅9个小时便供述自己是杀死来某某的真凶,许某利作为非专业人士在短时间内便分尸抛尸令人难以置信,且该案没有披露任何与犯罪嫌疑人律师相关的信息。①当然,这些质疑并非都有道理。首先,该案尚处于侦查阶段,再考虑到社会影响,警方可以不公布犯罪嫌疑人的作案细节,具体的分尸抛尸过程人们也就无从得知。其次,许某利被传唤9个小时后便交代了犯罪事实,这应与警方事先周密布局、制定详细的审问策略,且警方已掌握了诸如从化粪池里找寻到来某某组织碎片的关键证据,许某利已无法自圆其谎相关;更何况被传唤后仅9个小时便交代事实,并不能表明讯问时警方有非法行为,难道那些被传唤后立即就交代的犯罪嫌疑人都系遭到刑讯对待?最后,关于辩护律师的质疑,《刑事诉讼法》第34条第1款规定:"犯罪嫌疑人自被侦查机关第一次讯问或者采取强制措施之日起,有权委托辩护人;在侦查期间,只能委托律师作为辩护人。"但却没有规定,律师在接受委托后就一定要公开表明其在代理该案,警方在相关发布会上必须公布犯罪嫌疑人的律师信息等。

这些质疑经不起推敲,却为侦查人员又一次敲响了应重视程序公正,即严格依照程序法的规定推进相应的侦查工作,进而切实保障犯罪嫌疑人之人权的警钟。

现代法治为国家治理注入了良法的基本价值,包括秩序、公正、人权、效率等。确认和保障权利是法治的真谛,尊重和保障人权是国家治理的精髓所在,也是国家现代性的根本体现。②以现代法治为目标的我国,近二三十年来,一直将人权保障理念的树立及制度的建立和完善作为我国司法改革的重点之一。2004年3月,"国家尊重和保障人权"被写入宪法。2010年7月,我国首部《关于办理刑事案件排除非法证据若干问题的规定》生效。2012年3月修正的《刑事诉讼法》将"尊重和保障人权"纳入刑事诉讼的基本任务之列,同时就被追诉者基本人权的保障作出了众多新的规定,如第49条"公诉案件中被告人有罪的举证责任由人民检察院承担,自诉案件中被告人有罪的举证责任由自诉人承担";第121条"侦查人员在讯问犯罪嫌疑人的时候,可以对讯问过程进行录音或者录像;对于可能判处无期徒刑、死刑的案件或者其他重大犯罪案件,应当对讯问过程进行录音或者录像。录音或者录像应当全程进行,保持完整性";第130条"为了确定被害人、犯罪嫌疑人的某些特征、伤害情况或者生理状态,可以对人身进行检

---

① 参见张凯:《程序不正义,事实皆可疑》,载微信公众平台,https://mp.weixin.qq.com/s/H6SeEARyYM8KDiJ-3Im9YA,2021年8月9日访问。
② 参见张文显:《法治与国家治理现代化》,载《中国法学》2014年第4期。

查,可以提取指纹信息,采集血液、尿液等生物样本"。2017年6月,我国施行了程序性、实操性较强的《关于办理刑事案件严格排除非法证据若干问题的规定》。2018年10月修正的《刑事诉讼法》进一步完善了相关的程序性规定,以深化人权保障。

在立法层面依次作出前述革新的同时,我国实务界也渐次将强调程序公正、追求人权保障落到实处,不仅依法纠正了一系列发生在过去的重大刑事冤错案件,如杜培武案、佘祥林案、赵作海案、聂树斌案、张氏叔侄案、呼格吉勒图案、张玉环案、张文中案等,而且严格依照当下程序公正与实体公正并重的司法理念,为保障被追诉者的合法权益,作出了一些疑罪从无的裁判,如贵州遵义的陶某杀人案(2013年)等。

多年来,我国司法文明程度日渐提升,公权力的规范和制约以及控辩审多方的平衡等,均与我国刑事司法人权保障制度也即我国刑事程序制度的不断完善密切相关。相应地,关注个案中犯罪嫌疑人、被告人的相关权利是否得到了较好保障,或者本该入罪的犯罪嫌疑人、被告人,是否会因程序不当而出罪,便成为民众颇为在意的焦点。在这样的背景下,许某利被侦查机关刑事拘留后某律师发声,属于正常。而这种正常的发声,实际上可促进侦查机关进一步完善自己的举措,确保个案中犯罪嫌疑人的人权切切实实依照《刑事诉讼法》等程序性法律法规得到完备的保障。

杭州杀妻碎尸案,基于警方已掌握的众多证据,特别是关键证据,被传唤的许某利显然有重大作案嫌疑。依据现行《刑事诉讼法》第34条第2款:"侦查机关在第一次讯问犯罪嫌疑人或者对犯罪嫌疑人采取强制措施的时候,应当告知犯罪嫌疑人有权委托辩护人;在侦查期间,只能委托律师作为辩护人。被告人有权随时委托辩护人。"那么,办理此案的侦查人员:(1)讯问许某利时是否就此规定告知过许某利?(2)告知许某利后其是否有委托辩护人的意向并要求立即委托辩护人?(3)在告知许某利随时有权委托辩护人之后,其有无放弃自行委托辩护人的意图?(4)若许某利放弃了自行委托辩护人的权利,而就此命案许某利很有可能被判处死刑或无期徒刑,那么讯问人员是否依据《刑事诉讼法》第35条第3款的规定,即"犯罪嫌疑人、被告人可能被判处无期徒刑、死刑,没有委托辩护人的,人民法院、人民检察院和公安机关应当通知法律援助机构指派律师为其提供辩护",立即通知法律援助机构指派律师为其提供辩护?且在通知法律援助机构后当地法律援助机构是否立即指派了律师为许某利提供辩护?(5)是否依照《刑事诉讼法》第121条的规定,在讯问犯罪嫌疑人许某利时对讯问过程进行了全程、完整的录音或者录像?

无疑,依照我国《刑事诉讼法》的相关规定,在第一次讯问时对这些权利的告知、落实及措施的采用等,就密切关联到被讯问人许某利的诉讼权利。再考虑到我国《刑事诉讼法》第57条第1款"在对证据收集的合法性进行法庭调查的过程中,人民检察院应当对证据收集的合法性加以证明"。讯问人员承担着证明相关程序合法、得当的义务,且依据新证据概念可知,所有的证据实乃行为者实施行为时引发的外界变化。因此,只有讯问人员当时确实依照前述法律规定对许某利予以了相关告知、许某利也给出了自己的选择、需要时有指派律师实际履行了法律援助义务、侦查人员在讯问许某利时全程录制了完整的录音或录像,那么该案的侦办人员方可能有得当的证据,即讯问人员有过告知、许某利则有过选择等行为"引发的变化",证明其传唤、拘留许某利后的系列侦行为，并未侵犯许某利的合法权利。而有了相应的证据来证明侦查人员侦办案件时均严格依照程序办理，便足以应对前文提及的律师质疑。

考虑到公安侦查人员的专业能力更多体现于证据的收集、固定、提取以及犯罪嫌疑人的圈定上，考虑到我国法定的犯罪罪名多达数百个，且相关行为在罪与非罪、此罪与彼罪认定方面往往存在很大的难点，同时公安侦查人员在刑事侦查程序规定的适用方面还有把握不当或理解偏差的情形，在精准、高效打击犯罪的同时，为最大限度地保障犯罪嫌疑人的基本人权，笔者认为，应提倡建立公安侦查机关的法律顾问制度。

政府机关法律顾问制度起源于西方，警察部门聘请法律顾问更是一种国际通行做法。但我国警察（公安）部门长期以来却基本只遵循公安部1994年《关于公安机关能否聘请常年法律顾问的请示》的批复，即公安机关不应当也没有必要聘请常年法律顾问；如若遇到无法解决的法律问题，则可向法律专家请教，或向上一级公安机关请示。但如今距离该批复已过去二十多年，在全面依法治国的当下，为了落实党的十八届三中全会、四中全会提出的"普遍建立法律顾问制度"和"推进政府法律顾问制度"，更为了推进国家治理体系和治理能力现代化，已无法再沿用二十多年前的批复，而建议采用湖南省公安厅2015年发布的《湖南省公安厅法律顾问工作规定》的思路，构建公安系统的法律顾问制度，由公安系统法制部门工作人员、法律专家和律师组成法律顾问组，依法履行顾问职责。事实上，2019年2月生效的《公安机关维护民警执法权威工作规定》第6条即明确，"公安机关可以通过聘请法律顾问、专职律师等形式，为民警依法履行职责、行使职权提供法律服务，强化维护民警执法权威工作法律保障"，也足以表明，公安系统不能再适用已有过时之嫌且无法满足时代要求的前述批复。

在新证据概念的指引下，侦查机关合法借助科技力量并广泛运用"由证至供"的侦查模式，主动问询并积极接受法律顾问的专业指导，既能保障案件的侦破程序公正合法、不被后续程序中辩护律师挑战和推翻，更能保证由收集到的证据回建出的事实精准、确切，如此，可避免杜培武案、佘祥林案等冤假错案的发生，同时也可避免辛普森案那样因警方重大失误导致关键证据失效，进而导致有高度犯罪嫌疑的辛普森最终被无罪释放的后果。

李学军，中国人民大学法学院教授，博士生导师。本节内容以《新证据概念视角下杭州来某某失踪案侦查推进的理论阐释》为题发表于《法学家》2022年第3期，收录本书时有改动。

## 第二节　证据的属性之辩

马丽莎

"证据属性"曾是我国诉讼法学界众说纷纭的一个理论问题。虽然人们使用的语词一样，但实质对象并不统一，因此其争点就成为"伪命题"。在诉讼法已修改证据概念的前提下，我们应该从证据属性问题的研究转向证据的审查认定标准的研究。审查认定证据的标准可以分为采纳标准和采信标准。采纳证据的主要标准是关联性与合法性，采信证据的主要标准是真实性与充分性。

## 一、问题的提出

"证据属性"是 20 世纪 80 年代至 90 年代我国诉讼法学界和证据法学界讨论得非常热烈的一个理论问题。中国人素有"名不正则言不顺"的思维习惯,所以在研讨理论问题时往往以概念的内涵、外延及特征为起始,并经常为"正名"而争鸣且莫衷一是。证据问题即为一例。

受 1979 年《刑事诉讼法》第 31 条规定的约束,并受当时流行的泛唯物主义哲学思潮的影响,那个年代的证据学者一般都坚称客观性和关联性(或称为"相关性")是证据的基本特征或基本属性。例如,新中国第一部"统编"证据学教材就明言,证据的两个基本特征是"证据是客观存在的事实"(客观性)和"证据是与案情有联系的事实"(关联性)。[①] 这是当时的主流观点,而且一般都坚持把客观性作为证据的第一属性。不过,当时也有学者对如此绝对的客观性观点提出质疑,认为证据也具有主观性。[②] 本部分内容作者之一也曾撰文探讨证据的客观性问题,并试图用"证据材料""证据""定案根据"等不同层次上的概念来解释证据的客观性和主观性问题。[③]

此外,有些学者根据《刑事诉讼法》第 32 条关于"依法收集证据"的规定,提出证据还应该具有合法性的观点,于是就引发了众多学者参与的"两性说"与"三性说"的论争,并形成阵线分明的两大学派。卞建林教授在其主编的《证据法学》教材中说道:"在证据属性问题上,我国证据法学者一般持有两性说或者三性说,持两性说者认为,证据具有客观性与相关性两种属性,它们是证据的本质属性;持三性说者则认为,证据具有客观性、相关性和法律性三种属性,法律性是将诉讼证据与一般证据区分开来的基本属性……"[④]

世纪之交,我国的证据法学研究不断升温,诸多法律学人撰文,众多非法律人关注,于是乎,证据法学庶几成为"显学"。在十多年间,成百上千的证据法学著作面世,堪称汗牛充栋。而且,这是具有实质意义的学术繁荣,其主要标志就是理论研究的重心从证据的概念和属性等抽象问题转向证据规则、证明责任、证明标准等具体问题,既扩充了证据法学的知识体系,也为相关法律规则的修改和完善提供了理论指引与支撑。

然而,证据属性问题仍是不能忽视的。虽然学者们不再纠结于两性说与三性说的纷争,虽然证据属性问题已然退至学术舞台的边缘,但是证据的客观性、关联性、合法性、真实性等概念依然被学术型和实务型法律人广泛使用,并普遍地出现在各类司法裁判文书之中。不过,人们对这些概念的使用既不统一,也不规范,隐含着对相关理论问题的认识混乱。因此,对这一问题的梳理与重述既有理论价值,也有现实意义。

最近,张保生教授和阳平博士生在《清华法学》上发表了一篇论文,标题是"证据客观性批判"。[⑤] (以下简称"张阳文")"张阳文"对"证据客观说"的生成原因与现实

---

[①] 巫宇甦主编:《证据学》,北京,群众出版社 1985 年版,第 67-69 页。
[②] 参见吴家麟:《论证据的主观性和客观性》,载《法学研究》1981 年第 6 期。
[③] 参见何家弘:《刑事诉讼证据属性新辩》,载《法律学习与研究》1988 年第 6 期。
[④] 卞建林主编:《证据法学》,北京,中国政法大学出版社 2000 年版,第 78 页。
[⑤] 张保生、阳平:《证据客观性批判》,载《清华法学》2019 年第 6 期。

危害进行了系统的剖析和批判,提出了相关性才是证据的根本属性的观点,并提出以相关性作为证据法的逻辑主线来构建我国现代证据制度的主张。这篇文章论据充沛且富含哲理,对于我们研习证据属性问题很有教益和启迪。不过,该文中的某些观点似有缺欠或偏颇,尚值得商榷。以上便是我们撰写本部分内容之初衷。

## 二、证据属性是理论纷争的"伪命题"

人们就概念的特征或属性问题展开的争论并非都具有实质意义,有些还可能是"伪命题"之争。例如,有人就小麦的颜色展开争论。张三说,小麦是绿色的;李四说,小麦是黄色的;王五说,小麦是白色的。三人各执己见,而且都举出了证据。张三以记者报道为证,"百亩麦田,一片绿色,长势良好";李四也以记者报道为证,"金黄色的麦浪传递着丰收的喜讯";王五则以众所周知的常识为证,"中国人都知道小麦做的馒头是白色的"。大家一看就知道,这个争论毫无意义。虽然三人都使用了"小麦"这个相同的语词,但是其指代的对象并不相同。张三说的是初生的麦苗,李四说的是成熟的麦穗,王五说的是小麦磨制的面粉。此物非彼物,特征或属性自然有所不同。

证据属性之争也是这样的"伪命题"之争。从表面看,坚称证据具有客观性、主观性或合法性的学者使用的语词都是"证据",但是他们所说的"证据"并非同一个"东西"——请允许我们在此使用了一个极不专业的语词。语言是约定俗成的,但是人们对语词的理解和使用习惯却并非尽同。就诉讼活动而言,人们所说的"证据"至少可以指代三个东西。

第一,任何一个案件或事件在发生时都会在客观环境中留下一些能够证明该案件或事件的东西。它可以是留在物质环境中的痕迹和物品,也可以是留在有关人的大脑中的印象。无论是否被诉讼当事人或司法执法机关的办案人员发现和使用,这些东西都是客观存在的,而这些客观存在的东西就是证据。为了便于讨论,我们称之为"证据一"。

第二,诉讼当事人或办案人员提交法庭以证明其事实主张的东西,包括人证、物证等。我们称之为"证据二"。在此需要说明,"证据二"不能等同于"证据一"。二者之差表现为两种情况:其一是"证据二"少于"证据一";其二是"证据二"多于"证据一"。第一种情况是普遍存在的。这就是说,当事人或办案人员收集到并提交法庭的证据少于客观存在的证据。这可能是由于办案人员或当事人没有发现某些潜在的证据,也可能是他们虽然发现却不愿意提交给法庭。第二种情况在各类诉讼中也时有所见,即当事人或办案人员有意或无意地把一些本来不是本案证据的东西当作证据收集来并提交法庭。由此可见,"证据二"和"证据一"属于交叉概念。"证据二"中既包含有"证据一"的内容,也包含有不属于"证据一"的内容。

第三,司法人员对诉讼当事人或办案人员提交的"证据二"进行审查之后用作认定案件事实之根据的东西,即一般所言之"定案根据"。我们可以称之为"证据三"。在此也需要说明,虽然司法人员对证据的审查认定常被冠以"去伪存真"之名,但是"证据三"也不能等同于"证据一"。二者之差也表现为两种情况:其一是"证据三"多于"证据一",即某些并不是该案客观存在之证据的东西被用作定案根据;其二是"证据三"少于已经进入"证据二"行列的"证据一",例如因收集证据的程序或方法违反法律规定而被法庭排除的证据。换言之,"证据三"和"证据一"也属于交叉概念。

实际上,那些就证据属性问题持有不同观点的学者在使用"证据"这一语词时指代的对象并不相同。有人指的是"证据一",有人指的是"证据二",有人指的是"证据三"。犹如前文关于"小麦"的争论,有人指的是"麦苗",有人指的是"麦穗",有人指的是"麦粉"。

主张客观性是证据根本属性的学者认为:"作为证据的事实,是不依赖于司法人员的主观意志而客观存在的,不论司法人员是否发现或是否收集,它们都客观地存在着。司法人员进行诉讼活动的一个重要目的,就是为了发现和收集这些客观事实,并据以查明案情真相,使自己的主观认识如实地反映客观情况。"[1] 这一派学者所说的"证据"显然属于"证据一"。

主张证据还具有主观性的学者认为:"诉讼证据不是纯客观的,而是人们主观认识与客观世界相统一的结果。许多法律上所规定的诉讼证据,如当事人陈述、证人证言、鉴定结论、勘验笔录等,都是有关人员主观上对案件客观事实认识的结果,是客观事实在人们主观认识中的反映。而这些'反映',则有可能完全符合客观事实,也可能部分符合客观事实,还有可能不完全符合客观事实,因此,不能就此说诉讼证据是纯客观的。"[2] 这一派学者所说的"证据"显然属于当事人或办案人员收集到并提交法庭的"证据二"。

主张证据还具有合法性的学者认为:"合法性是指证据只能由审判人员、检察人员、侦查人员依照法律规定的诉讼程序,进行收集、固定、保全和审查认定。即运用证据的主体要合法,每个证据来源的程序要合法,证据必须具有合法形式,证据必须经法定程序查证属实。"[3] 这里所说的"证据"已经不仅是当事人或办案人员收集到并提交法庭的东西,而且是经过审判人员依法审查认定的东西,因此应当属于"证据三"的范畴,即作为定案根据的证据。

由此可见,上述学者在讨论证据属性问题时使用的并不是同一个概念,因此其争论貌似激烈对抗,实为各说各话。而且,有些学者在论述中未能遵守形式逻辑的同一律,即所用语词的含义未能保持一致。换言之,有些学者在讨论过程中,有时讲的是"证据一",有时讲的是"证据二"或"证据三"。

"张阳文"未就"证据"给出明确定义,但是从其论述中,我们可以看出其对"证据"一词的使用也未能严格遵守同一律,而是在不知不觉中出现了词意的漂移。该文的基本观点可以概括为:客观性不是证据的根本属性,关联性才是证据的根本属性。正如其"摘要"所言,"本部分内容证据客观性批判,旨在通过系统阐述证据根本属性,确立相关性作为我国现代证据制度基本原则的地位"。[4]

---

[1] 巫宇甦主编:《证据学》,北京,群众出版社1985年版,第67-68页。
[2] 江伟主编:《证据法学》,北京,法律出版社1999年版,第213页。
[3] 樊崇义主编:《证据法学》,北京,法律出版社2001年版,第49页。
[4] 张保生、阳平:《证据客观性批判》,载《清华法学》2019年第6期。

就证据的属性而言,客观性与关联性是相互"绑定"的,而且只能实然地存在于"证据一"。证据法学者一般都认为,证据的关联性是一种客观联系,是以证据的客观性为前提的。樊崇义教授指出:"证据事实与案件事实之间的关联性是客观存在的,其联系是不以人们的主观意志为转移的……"① 陈一云教授指出:"证据同案件事实必须有联系,是证据的一个独立的特征或另一种属性。它以证据的前一特征(客观性)为前提,但并不包含在前一特征之中,因其具有特殊的内容。指出证据与案件事实的联系是客观的,只是说明这种联系不以人的主观意志为转移,人们只能如实地去反映这种联系,而不能随意地妄行联系。"② 这就是说,证据有客观性,就有关联性,没有客观性,就没有关联性。"证据一"是客观存在的证据,同时具有客观性和关联性。"证据二"是掺入了主观因素的证据,因此其可能具有客观性和关联性,也可能不具有客观性和关联性。"证据三"经过了法官的审查认定,应该具有客观性和关联性,但是古今中外的冤假错案都一再表明其也可能不具有客观性和关联性。

"张阳文"介绍了他们所做的一项问卷调查。受访者对问题 1 "关联性是证据的根本属性(没有关联性的就不是证据)"持赞成意见者占 72%,对问题 2 "客观性是证据的根本属性(没有客观性的就不是证据)"持赞同意见者占 72.2%。他们对这一结果有些失望,因为他们原本以为赞同问题 1 的人会不赞同问题 2,反之亦然。他们对此评论道:"显然,在受访者看来,这两个问题并不是非此即彼、势不两立的关系,而是可以同样正确、并存不悖的关系。可以说,这种结果除了反映法律职业群体对证据基本属性观念较为模糊之外,还表明了'证据客观说'在一定程度上对法律实务界人士的影响根深蒂固。"③ 我们以为,"张阳文"对受访者的批评有失公允,因为该项调查结果恰恰表明了证据的关联性与客观性之间的"绑定"关系。由此来看,"对证据基本属性观念较为模糊"的人并不是该项调查的受访者,而是该项调查的设计者。

该项调查的问题应该是基于"证据一"设计的,而持赞成意见的受访者应该也是这样理解证据概念的。"没有关联性就不是证据"和"没有客观性就不是证据"的说法都只能适用于"证据一"。与此相应,那大约 28% 的持不同意见者对"证据"一词的理解大概属于"证据二"的范畴。然而,"张阳文"并未一直秉持"证据一"的概念,而是在后面的论述中不由自主地漂移到"证据二"。

"张阳文"第三部分的题目是"存在、事实与证据之间的关系"。作者通过富有哲理的分析,得出"证据不等于客观事实"和"证据可能虚假"的结论。作者说:"与事实的真实性相比,证据有真假之分,有时甚至真假难辨。真实性是事实的本质特性,却不是证据的本质特性。世界上没有假的事实,却大有假的证据。审查判断证据的一个重要方面,就是判断证据是否真实。""张阳文"第四部分的题目是"为什么说客观性不是证据的基本属性"。作者通过对证人证言、实物证据、科学证据的分析,并以冤错案件中的虚假证据为佐证,阐述了"客观性不是证据的基本属性"的观点。作者说:"综上所述,证据不仅有真假之分,而且诉辩双方的证据有时候还截然相反,我们不能说一方的证据

---

① 樊崇义主编:《证据法学》,北京,法律出版社 2001 年版,第 48 页。
② 陈一云主编:《证据学》,北京,中国人民大学出版社 1991 年版,第 102 页。
③ 张保生、阳平:《证据客观性批判》,载《清华法学》2019 年第 6 期。

有客观性，另一方的证据没有客观性。所以，我们不能说客观性是证据的基本属性。"这两部分的论述很有说服力，也相当精彩，但是作者此时所说的"证据"已经不是"证据一"，而是"证据二"了。就"证据二"而言，不仅客观性不是根本属性，关联性也不是根本属性，因为那些造成冤错案件的虚假证据与案件事实的联系也是虚假的。

由此可见，人们在讨论证据属性问题时首先要明确对象，把大家所说的"证据"统一为一个东西。在此基础之上的讨论或争论才有实质意义。否则，君在黄河头，我在黄河尾；君说河水清，我说河水浊；日日争论无结果，此水非彼水。换言之，如果人们不能明确讨论的对象究竟是"麦苗"还是"麦穗"抑或"麦粉"，那么这样的理论争议就是"伪命题"。

## 三、证据属性是学术研究的"废矿区"

所谓"属性"，是指一个事物所具有的性质或者所隶属的性质。属性可以表现为特征，即一个事物区别于他事物的征象和标志。从哲学上讲，属性是内在的东西，是事物的质的规定性；特征是外在的东西，是事物的质的规定性的外在表现。因此，有些法律学者也把证据属性称为证据特征。无论使用证据属性还是证据特征的说法，都是附属于证据概念的，都是对证据概念的补充说明。陈一云教授在论述了证据的客观性和相关性之后就说道："以上两个特征，就是证据这一概念的内涵，是证据本质属性之所在，是证据不同于任何其他事物的质的规定性。"[①] 因此，讨论证据属性问题必须回归证据的概念。

众所周知，"事实说"曾经是我国法学界在证据概念问题上的主流观点，而且与证明标准问题上的"客观真实说"一脉相承。1979年《刑事诉讼法》第31条规定："证明案件真实情况的一切事实，都是证据。"这一貌似定义的表述就成为证据概念的官方解释。于是，各路学者无论是否情愿，就都把证据界定为"证明案件真实情况的事实"，并且武断地得出"不属实者非证据"的结论。在那个思想封闭的时代，人们很难跳出"泛唯物主义"的思维定式去探讨证据概念的问题，因为持不同意见者很可能受到带有政治色彩的批判。

中国推行"改革开放"政策以后，国人思想得到解放，学术讨论更加活跃，一些学人就证据概念的主流观点提出质疑：证据都是事实吗？证据都是真实的吗？司法实践经验告诉人们，现实中的证据既有真实的，也有虚假的，还有半真半假的。如果只有证明案件真实情况的事实才是证据，那么人们在日常的诉讼活动中自觉或不自觉地称为"证据"的那些东西就不能界定为证据了。当事人提交的证据有真有假，侦查员收集的证据有真有假，检察院移交法院的证据有真有假，法院审查认定的证据依然有真有假，因为一审判决有可能被二审法院改判，即使是法院的终审判决也可能后来被认定为错判。于是乎，人们天天在诉讼活动中称为"证据"的东西就都不能界定为证据了，证据就没有了现实性，只能供奉在"人造的神坛"之上。[②]

---

① 陈一云主编：《证据学》，北京，中国人民大学出版社2000年版，第102页。
② 参见何家弘：《让证据走下人造的神坛——试析证据概念的误区》，载《法学研究》1999年第5期。

根据前文的分析,证据就是"证明案件真实情况的事实"的观点是把"证据一"作为了界说的对象。这是可以成立的,因为案件发生时在客观环境中留下的"证据一"确实能够证明该案的真实情况,尽管把证据称为"事实"或有牵强。然而,那些潜伏在客观世界中的"证据一"并不一定都能被人发现并提交法庭,而且更为重要的是,被人提交法庭的"证据二"和作为定案根据的"证据三"并不一定都是"证据一"。因此,作为一个具有现实意义的概念,把"证据二"作为界说的对象才是合理的。2012年修订的《刑事诉讼法》第48条规定:"可以用于证明案件事实的材料,都是证据。"这一规定体现了对"事实说"的否定,也等于把"证据二"作为了界定证据概念的对象。

　　"证据二"并不否定客观性,因为它也具有一定的客观存在的属性,或者说,证据是客观存在的东西。无论是在刑事、民事、行政等诉讼活动中,还是在仲裁、公证、监察等非诉讼法律事务中,证据都具有一定的客观性。具体来说,证据的客观性包括两个方面。首先,证据的内容具有客观性。这就是说,证据的内容是对客观事物的反映。虽然这种反映可能有错误和偏差,但它是以客观事物为基础的。纯粹的主观臆断和毫无根据的猜测等,都不属于证据的范畴。其次,证据的形式具有客观性。这就是说,证据本身具有客观存在的形式,是一种客观存在的东西,是人们可以某种方式感知的东西。无论是物证、书证,还是证人证言、鉴定结论,都必须有其客观的存在形式,都必须是看得见、摸得着、听得到、闻得出的东西。如果对案件有关情况的反映仅存在于某人的大脑之中,没有以证人证言或当事人陈述等形式表现出来,那它就不具备证据形式的客观性。

　　然而,"证据二"不仅有客观性,而且具有一定的主观性。即使是颇受司法人员偏爱的"客观证据",其实在进入诉讼程序时也会带有一定的主观因素。例如,某人在实施杀人行为之后把带血的刀丢弃在现场附近的树丛中。这把刀属于"证据一",但是它自己并不能去证明案件事实。首先要有人发现并提取这把刀作为证据,然后要有人对它进行检验或辨认,以确定它与案件事实或嫌疑人的联系。只有当有关专家通过对刀上的血痕或尸体伤口的鉴定结论确认它就是致被害人死亡的那把凶器,或者有关证人通过辨认确认它就是某个嫌疑人的刀时,它才能发挥证明的作用。而在这一系列行为过程中,这个"客观证据"也就不可避免地加入了有关人的主观因素。明确这一点,对于我们在司法实践中正确使用证据具有重要意义,因为证据的主观性正是司法人员和执法人员依靠证据认定案件事实时可能发生错误的根源之一。

　　既然"证据二"是证据,那么"证据三"就是定案根据。一般来说,定案根据都应该是证据,但是证据并不都能成为定案根据。我们这里所说的"定案"并不仅指审判人员的判决。实际上,侦查人员、检察人员、仲裁人员、行政执法人员、纪检监察人员等都有"定案"的任务。虽然他们"定案"的标准和要求并不完全相同,但是工作性质却是相似的。他们对于自己收集或他人提供的证据要根据有关的规则进行审查评断,然后从中筛选出他们认为属实或可靠的证据作为定案的根据。那些未能被他们选中或者被他们排除的证据,也仍然是证据,只是未能"荣升"为定案根据而已。

　　综上,客观性和关联性都不是"证据二"的根本属性,因为"证据二"有真有假,半真半假,或真或假。其实,面对成分和结构都如此复杂多样的"证据二",人们已经很难就其属性作出明确的界定。因此，研究"证据二"的属性问题已经徒劳无益。诚然，我国学者在20世纪关于证据属性的学术研讨很有意义，对于我国证据学的理论积累做出重要贡献。但是进入新世纪后，我国学者在这一领域的理论研究已经发生重要转向，人们大可不必再纠结于证据属性的纷争。其实，有些学者已经对"证据属性"的通说提出了质疑和挑战。例如，有的学者认为，以"客观性"为核心的证据属性说不但缺乏理论周延性，而且缺乏逻辑与层次，无法对立法形成有效解释力，也无法对司法实践进行有效的指导；还有的学者主张弃用证据属性的说法，转而使用"证据能力与证明力"或者"证据的可采性"等概念。

学术研究犹如采矿，找准开采区域是至关重要的。在富矿区开采可以事半功倍，在贫矿区挖掘可能事倍功半，而在本应废弃的矿区继续劳作则是徒劳无益的。诉讼法已然放弃了"证据是证明案件真实情况的事实"的说法，或者说已经把"证据二"作为证据概念的对象。在此前提下，证据属性问题已然成为"废矿区"，学者们就应该"转场"了。笔者称之为"废矿区"，并不否认其"矿藏"曾经具有的价值，也不反对人们继续使用其"矿产"。具体来说，人们可以也应该继续研究证据的关联性、合法性、真实性等问题，但是不再纠缠于它们是不是证据必须具有的属性，而要把研究重心转向审查认定证据的标准与规则。

## 四、证据"属性"是审查认定证据的标准

早在20年前，一些学者就注意到这个转向问题。在司法部统编教材《新编证据法学》的编写过程中，参编者[①]经集体讨论后决定放弃证据属性和证据特征的说法，采取了"证据的采用标准"的说法。不过，作者们那时还无法跳出思维的惯性和语词使用的惯性，因此沿用了"客观性"的说法，分别论述了采用证据的客观性标准、关联性标准、合法性标准。[②]然而，"客观性"这个语词很容易让人自觉或不自觉地回归过去的思维定式，因此我们建议用证据的真实性代替证据的客观性。[③]

其实，在司法解释中也出现了这样的变化。正如"张阳文"中所述："虽然在'两高三部或'两高'联合发布的司法解释中没有出现过证据客观性概念，但最高人民检察院2001—2018年单独发布的规定却常将'客观性'奉为证据第一属性或基本属性……然而，这种情况在2018年最高人民检察院印发的《人民检察院公诉人出庭举证质证工作指引》中出现了重大变化，其一反过去的做法，用'真实性'全面取代'客观性'作为证据的第一属性。"[④]

根据《刑事诉讼法》第162条的规定，我国刑事诉讼的证明标准是"案件事实清

---

① 该书由何家弘担任主编，作者包括陈瑞华、王若阳、汤维建、杨迎泽、张方、高家伟、毕玉谦、陈敏、刘品新。
② 何家弘主编：《新编证据法学》，北京，法律出版社2000年版，第103-110页。
③ 参见何家弘：《虚拟的真实——证据学讲堂录》（何家弘作品集. 法道纪实系列），北京，中国人民公安大学出版社2009年版，第40-43页。
④ 张保生、阳平：《证据客观性批判》，载《清华法学》2019年第6期。

楚，证据确实、充分"。诉讼证明标准与证据的审查认定标准具有密切的关系，因为审查认定证据是证明案件事实的基础。换言之，诉讼证明标准中包含了对作为定案根据的证据的要求。首先，作为定案根据的证据必须是确实的。这是对证据真实性的要求。其次，作为定案根据的证据必须是充分的。这是对证据证明力的要求，可以称为证据的"充分性"。因此，审查认定证据的标准还应包括证据的充分性。

所谓审查认定证据，是指有关人员在诉讼过程中对证据进行检查和分析，并对证据的资格能力和证明效力进行评断和确认的活动。审查证据是认定证据的前提和基础，认定证据是审查证据的目的和归宿。一般来说，审查认定证据的主体是法官，因为这是法官行使审判权的一种职能活动。但是在诉讼活动中，其他人员也可能要对证据进行审查认定，因此也可以成为审查认定证据的主体。以刑事诉讼为例，侦查人员在侦查终结时也要对自己收集或他人提供的证据进行审查认定，检察人员在决定批捕和起诉时也要对案件中的证据进行审查认定。因此，下文所说的标准，既适用于审判人员，也适用于侦查人员和检察人员，尽管在尺度的把握上可能略有差异。

就诉讼程序而言，审查认定证据的基本任务有二：其一是判定证据可否采纳；其二是判定证据可否采信。前者主要解答某个证据能否进入诉讼"大门"的问题，后者主要解答某个证据能否作为定案根据的问题。诚然，有关人员在审查认定证据时可以一并解答这两个问题，也可以分段解答这两个问题，但是明确区分二者还是很有意义的，特别是就审判而言。换言之，侦查人员和检察人员在审查认定证据时可以采取"一步模式"，而审判人员在审查认定证据时最好采取"两步模式"。具体来说，法官在审判过程中首先要审查某证据是否具备在该类诉讼中作为证据的资格，即能否采纳；然后再审查该证据是否可以作为认定该案事实的根据，即能否采信。①

我国法官在很长时期内习惯于"一步认证模式"。即使是涉嫌刑讯逼供的证据，法官往往也会留待庭审之后"一并考虑"其能否作为定案根据。在这种模式下，证据的采纳问题就容易被忽视，或者被"淹没"在证据的采信问题之中。随着证据法学研究的转向与深入，越来越多的专家学者认为，在刑事诉讼中——特别是复杂的重大案件中，采用"两步认证模式"有利于提高认证结果的合理性和科学性，也有利于提高法官的认证能力和水平。②

2017年2月，最高人民法院制定了《刑事制度改革实施意见》。同年6月，最高人民法院、最高人民检察院、公安部、国家安全部、司法部又联合颁布了《严格排除非法证据问题规定》。《刑事制度改革实施意见》和《严格排除非法证据问题规定》就非法证据的裁定作出了与法庭审理相分离的"庭前会议"和"先行调查"等程序性安排。这些为推进以审判为中心的刑事诉讼制度改革的规定就在一定程度上肯定了采纳与采信相分离的两步认证模式。下面，我们就分别讨论采纳证据的标准和采信证据的标准。

---

① 参见何家弘：《证据的采纳和采信——从两个证据规定的语言问题说起》，载《法学研究》2011年第3期。
② 参见何家弘主编：《证据学论坛》（第4卷），北京，中国检察出版社2004年版，第555-564页。

## 五、采纳证据的主要标准是关联性与合法性

### （一）采纳证据的关联性标准

关联性貌似证据法学中最无争议的问题。无论是从证据属性的角度进行讨论，还是从审查证据的角度进行说明，人们一般都同意证据应该具有关联性。就采纳标准而言，在诉讼双方提交法庭的各种证据中，与案件事实具有关联性的证据可以采纳，不具有关联性的证据不得采纳。这个标准看上去相当简明，但实际上蕴含着非常复杂的内容，因为关联性（或相关性）本身就是一个很难界说的概念。正如华尔兹教授所言，"相关性实际上是一个很难用切实有效的方法界定的概念。相关性容易识别，但却不容易描述"。[①]

从哲学上说，事物之间的联系是普遍存在的，任何两个事物之间都可以找到或近或远或强或弱的联系。然而，这种普遍存在的关联性过于宽泛，无法作为诉讼中采纳证据的标准。因此，这里所说的关联性不是哲学意义上的关联性，而是对案件事实具有证明作用的关联性。换言之，可以采纳的证据是能够证明案件事实的证据。但是，"能够证明"的语义还是宽泛的，需要进一步解释与说明。美国《联邦证据规则》第401条规定，"关联性证据是指具有下述趋向性的证据，即任何一项对诉讼裁判有影响的事实的存在，若有此证据将比缺乏此证据时更有可能或更无可能"。[②] 用通俗的话说，有这个证据比没有这个证据能更有效地证明某个案件事实的存在或不存在。

证据对案件中的待证事实具有证明作用的基础就在于证据的内容与待证事实之间存在某种关联，如因果关系、伴生关系、链接关系、时间联系、空间联系、逻辑联系等。对不同的证据来说，这些关联的性质和形式也有所不同，包括直接关系和间接关系，必然联系和或然联系或偶然联系等。关联的性质和形式不同，证据对案件事实的证明力就有所不同。一般来说，作为采纳证据标准的关联性并不考察这些性质和形式的差异，并不考虑证明力的大小，而只考察有无关联，有无实质性证明作用。正如罗纳德·艾伦教授所说的"相关性不是充分性"，"可采性问题所关注的是合乎逻辑的结果，而《联邦证据规则》第401条关于'任何趋向性'的要求，只是对合乎逻辑的结果的最低要求。充分性问题……所关注的则是常人是否能被该证据所说服，而达到相关说服责任所要求达到的水平"。[③]

我国司法解释中的一些规定也体现了对关联性的最低要求。例如，《刑事诉讼法司法解释》第203条规定："控辩双方申请证人出庭作证，出示证据，应当说明证据的名称、来源和拟证明的事实。法庭认为有必要的，应当准许；对方提出异议，认为有关证据与案件无关或者明显重复、不必要，法庭经审查异议成立的，可以不予准许。"这一规定表明，采纳证据的标准只是证据的"最低关联性"。

为了规范证据的采纳标准，法律可以就一些在司法实践中较难把握的关联性问题制定具体规则。由于这些规则加入了司法公正、人权保障、诉讼效率等方面的考量，所以

---

[①] [美]乔恩·华尔兹：《刑事证据大全》（第2版），何家弘等译，北京，中国人民公安大学出版社2004年版，第81页。
[②] 刘晓丹主编：《美国证据规则》，北京，中国检察出版社2003年版，第21页。
[③] [美]罗纳德·艾伦等：《证据法——文本、问题和案例》（第3版），张保生等译，北京，高等教育出版社2006年版，第157页。

在决定某类证据能否采纳时就要适度提升关联性的采纳标准，譬如品格证据规则。所谓品格证据，是指能够证明一个人的品行、性格、行为习惯等特征的证据。品格证据既包括良好品格的证据，也包括不良品格的证据，而在刑事诉讼中以后者居多。例如，一个盗窃案的被告人在多年前曾因盗窃罪被判入狱。那么，证明其有犯罪前科的证据与当下这起盗窃案的事实之间有无关联性？或者说，有无实质性证明作用？就行为惯性而言，一个曾经实施盗窃行为的人确实有可能再次进行盗窃，或者说以前的盗窃行为与后来的盗窃行为之间存在伴生关系，因此前科证据与待证事实之间具有关联性。但是这种关联是或然的，而且比较薄弱。更为重要的是，如果采纳这类前科证据来认定案件事实，就可能减轻公诉方证明被告人有罪的证明责任，也可能使法官自觉或不自觉地接受"一次为贼终身是贼"的"经验法则"，而这显然有悖于司法公正原则，也会侵害被告人的正当权利。因此，有些国家的法律就明确规定了品格证据一般不可采纳。美国《联邦证据规则》第404条（a）款就规定：有关某人品格或品格特征的证据，不能用以证明该人在某特定场合的行为。① 不过，品格证据在某些情况下是可以采纳的。例如，该前科证据不仅表明其曾犯有盗窃罪，而且表明其曾使用一种特殊的方法撬盗保险柜。如果本案的作案人也使用这种特殊的撬盗保险柜的方法，那么这种相同而且特殊之作案手法的品格证据就可以采纳，因为在这种情况下，品格证据的内容与待证事实之间的关联性得到了加强，或者说，这个品格证据对于本案的盗窃事实具有了实质性证明作用。

在民事侵权诉讼中，被告人在损害发生后主动采取救助措施或承担医疗费用等行为的证据能否用来证明其是侵权行为人或具有侵权过错？这也是审查认定证据关联性的一个难题。例如，在曾经引起广泛关注的"南京彭宇案""天津许云鹤案""广东吴伟青案"中，都存在着"撞人者"送"被撞者"到医院就诊并代付医药费的情况。那么，这些证明被告人救助且代付医药费的证据与撞人事实之间有无实质性证明关系？就行为而言，事后救助并付费与撞人之间存在关联性，或者说，二者之间存在因果关系，但这是或然性因果关系，而且此类案件的法院裁判会对社会道德产生很大影响。在彭宇案中，一审法官不仅采纳了该证据，而且作为判定彭宇败诉的定案根据之一。② 然而，该案判决在社会中广受诟病，并被指责为造就"扶还是不扶"之道德困境的主要原因。其实，法律可以就这类证据的采纳标准作出明确规定。例如，美国《联邦证据规则》第409条就规定："有关支付、提出或承诺支付因伤害而引起的医药、住院或类似费用的证据，不得采纳来证明对该伤害负有责任。"③ 2015年，《民事诉讼法司法解释》第107条规定："在诉讼中，当事人为达成调解协议或者和解协议作出妥协而认可的事实，不得在后续的诉讼中作为对其不利的根据，但法律另有规定或者当事人均同意的除外。"这一规定的用语虽不够明确，但已有近似的含义。

在诉讼活动中，作为证据采纳标准之一的关联性是对案件事实具有实质性证明意义的关联性，而人们对这种关联性的认识也会受到科学技术的影响。某些过去被认为没有

---

① 刘晓丹主编：《美国证据规则》，北京，中国检察出版社2003年版，第23页。
② 参见何家弘：《司法证明方法与推定规则》，北京，法律出版社2018年版，第29-30页。
③ ［美］罗纳德·艾伦等：《证据法——文本、问题和案例》（第3版），张保生等译，北京，高等教育出版社2006年版，第360页。

关联性的事物，随着科学技术的发展，可能就具有了关联性。例如，过去人们不知道在人的血压、呼吸频率和皮肤电阻等生理变化和人的说谎行为之间具有关联性，后来的科研成果表明它们之间确有伴生关系。于是，这些心理和生理测试的数据对于有关人员陈述是否属实的问题就具有了实质性证明作用。不过，法律在决定这种关联性是否达到采纳证据的标准时，还要考虑其可能给事实认定者带来的"披上科学外衣"的偏见。因此，法律也可以认可其仅具有"部分可采性"，即适用"有限采纳规则"。[①] 证据的"有限采纳规则"是英美法系国家证据法中关于证据可采性的一个规则。按照这个规则，某些证据只能为某个限定的目的而被采纳。例如，某证人先前的矛盾性陈述只能用来对该证人进行质疑，不能用来认定案件事实；某证据可以采纳，但是只能针对一方当事人而不能针对另一方当事人。

## （二）采纳证据的合法性标准

无论是刑事诉讼还是民事诉讼或行政诉讼，都是维护国家法治和保障公民合法权利的活动，因此在这些活动中采纳的证据都应该具有合法性。这里所说的"合法性"，主要指收集和提取证据的程序和方法。换言之，诉讼中采纳的证据应该是依法收集和提取的证据，而违反法律规定收集或提取的证据则应被排除。诚然，证据的基本功能是证明案件事实，但是在制定证据规则时，制定者不仅要考虑证明案件事实的需要，还要考虑司法公正和保障人权的需要。由于在刑事诉讼中最容易发生公权力侵犯私权利的情况，所以在现代法治国家中把合法性规定为刑事诉讼活动中审查认定证据的标准之一，具有重要意义。

毋庸讳言，我国的司法实践中曾经存在比较多的违法取证行为，包括侦查人员的刑讯逼供，所以我国的相关法律法规强调要认真审查证据的合法性。我们对当前适用的15部涉及证据审查认定的刑事法律法规进行了用词情况的统计。它们在谈及审查认定证据的要求时共有212次提到了证据的关联性（或关联、相关）、合法性（或合法）、真实性（或真实），其中关联性（或关联、相关）18次，约占9%；真实性（或真实）62次，约占29%；合法性（或合法）132次，约占62%。

非法证据排除规则是体现合法性采纳标准的法律规则。世界各国一般都制定了刑事诉讼中的非法证据排除规则，但具体内容并不尽同。欧盟国家在推进刑事司法一体化的进程中试图统一各国的非法证据排除规则。在其重要法律文献《刑事大法典》（the Corpus Juris）中，作者将非法证据分成三类：第一类是违法获取的证据（evidence obtained illegally），如警察通过闯入民宅等违法搜查的方式获取的证据；第二类是违规获取的证据（evidence obtained irregularly），例如，法律规定取证时须有律师在场，但是警察却在律师未到场的情况下提取了证据；第三类是不当获取的证据（evidence obtained improperly），例如，警察对犯罪嫌疑人谎称在现场手枪上发现其指纹印，从而获得了嫌疑人的认罪口供。其中，第一类是各成员国必须在立法中规定排除的；第二类是建议各成员国在立法中规定排除的；第三类是各成员国自行决定是否在立法中规定排除的。[②]

---

① 参见 *Black's Law Dictionary* (7<sup>th</sup>Edition), West Publishing Co., 1999, p.48。
② 参见 M. Delmas-Mary & J. A. E. Vervaele, *The Implementation of the Corpus Juris in the Member States*, Intersentia Antwerp-Groningen-Oxford, 2000, p. 26。

由此可见，证据的合法性标准即使在欧盟国家中也不完全一样，譬如，欺骗取证在某些国家是非法的，在某些国家却是合法的。又如，有些国家的法律明确要求执法人员在讯问嫌疑人前必须明确告知其享有沉默权，有些国家则没有这样的规定。那么，侦查人员在没有告知沉默权的情况下获取的口供，在前一类国家就属于非法证据，在后一类国家则不属于非法证据。

我国 2012 年修订的《刑事诉讼法》就非法证据排除规则作出了比较明确的规定。第 50 条规定："严禁刑讯逼供和以威胁、引诱、欺骗以及其他非法的方法收集证据，不得强迫任何人证实自己有罪。"第 54 条又规定："采用刑讯逼供等非法方法收集的犯罪嫌疑人、被告人供述和采用暴力、威胁等非法方法收集的证人证言、被害人陈述，应当予以排除。收集物证、书证不符合法定程序，可能严重影响司法公正的，应当予以补正或者作出合理解释；不能补正或者作出合理解释的，对该证据应当予以排除。"

根据上述规定，我国的非法证据排除规则采取了区别对待的两分法：第一类是法律明确列举应当排除的非法证据；第二类是可以经补正或解释后再决定是否排除的非法证据。不过，对于以引诱、欺骗等非法方法收集的言词证据，法律未作明确规定，允许司法人员根据具体情况来决定是否排除。对此，立法机关的领导曾解释说："对于规定'采用刑讯逼供等非法方法'收集的供述予以排除，有的建议对采用引诱、欺骗手段取得的口供也应当明确予以排除。经研究考虑：采用引诱、欺骗手段取得的口供、证言也是非法的，也应当禁止，但实践中，存在问题较多，影响较大，重点应当排除的主要是刑讯逼供取得的供述，明确列举，体现了着力解决在惩治犯罪和维护司法公正方面存在的突出问题。"[①]2017 年的《严排规定》就我国的非法证据排除规则又作出了更为具体的规定。[②]

司法人员在决定证据采纳问题时不仅要考虑证据的关联性与合法性，也要考虑证据的真实性等要求，并确立相应的规则。这些排除性规则一般都针对某类证据，例如传闻证据排除规则和意见证据排除规则。我国法律尚未就传闻证据排除规则作出明确规定，只是强调要认真审查证据的来源以判断其真实性。至于意见证据排除规则，两院三部在 2010 年联合发布的《关于办理死刑案件审查判断证据若干问题的规定》第 12 条第 3 款首次作出规定，2012 年的《刑事诉讼法司法解释》第 75 条第 2 款又作出了同样的规定。

鉴定意见属于科学证据的范畴。虽然对鉴定意见的审查也包括关联性与合法性，但最重要的还是真实性或科学性，而且也可以区分采纳标准与采信标准。前者是种类问题，后者是个体问题。鉴定意见的真实性首先取决于该类鉴定所依据的原理、方法和技术。例如，DNA 鉴定的原理、方法、技术是否科学？如果是科学的，那么 DNA 鉴定意见就是可以采纳的。如果是不科学的，那么 DNA 鉴定意见就是不可采纳的。不过，DNA 鉴定意见符合采纳证据的科学性标准，并不等于每个 DNA 鉴定意见都可以采信为定案根据。换言之，可以采纳的鉴定意见还要接受能否采信的个体审查。司法人员要根据证据的具体情况，全面审查鉴定意见形成的各个环节，包括 DNA 检材的提取和保管、

---

① 全国人大法工委刑法室编著：《刑事诉讼法修改前后条文对照表》，北京，人民法院出版社 2012 年版，第 3 页。
② 戴长林、刘静坤、朱晶晶：《〈关于办理刑事案件严格排除非法证据若干问题的规定〉的理解与适用》，载《人民司法》2017 年第 22 期。

实验室检验的设备和技术、鉴定专家的能力与经验等。① 总之,真实性既是证据的采纳标准,也是证据的采信标准。二者相互区别,相互衔接,相辅相成。

## 六、采信证据的主要标准是真实性与充分性

### (一)采信证据的真实性标准

真实性是采信证据的主要标准,也是司法人员审查证据的主要内容。在获准采纳的证据中,如果经审查发现某个证据不具备真实性,那么法官就不能采信该证据,就不能把它作为定案的根据。在司法实践中,真实性(包括按照过去的语言习惯使用的"客观性"或"客观真实")是裁判文书中涉及证据审查问题所使用频率最高的语词。我们利用"威科先行"数据库,检索了 2013 年 1 月 1 日至 2019 年 1 月 1 日的刑事案件一审判决书中判决理由部分涉及证据"三性"的语词使用情况。其中,使用了"合法性"的判决书是 10 513 份,使用了"关联性"(或"相关性")的判决书是 11 186 份,使用了"真实性"(或"客观性""客观真实")的判决书是 27 356 份。

真实性既是审查证据的要点,也是审查证据的难点。证据的种类繁多,情况复杂,有真有假,半真半假,司法人员要准确认定其是否真实,确非易事。在司法实践中,案件事实的认定错误往往是因为对证据的真实性作出了错误的判断。一般来说,对证据真实性的审查主要包括两个方面,其一是证据来源的可靠性,其二是证据内容的可信度。所谓证据来源,即证据是如何形成的,或者是由谁提供的。分析证据来源的可靠性,就是要分析证据在形成过程中是否受到外界因素的影响及其影响的程度,就是要分析提供证据者有无影响证据内容可信度的因素,包括证据提供者的能力、知识、身份、动机等。所谓证据内容,即证据所反映的人、事、物的情况。司法人员在分析证据内容的可信度时应该考察证据内容的可能性、一致性、合理性、详细性等情况。

对于不同种类的证据,真实性审查的要点和方法也会有所不同。例如,对证人证言的真实性审查可以采用"五问法"。第一问是证人与当事人或案件结果有无利害关系,第二问是证人有无受到威胁或利诱的情况,第三问是证人感知案情时的主客观条件中有无造成误差的因素,第四问是证言内容是否符合常理与逻辑,第五问是证人品格中有无可能影响证言真实性的因素。又如,对电子证据的真实性审查应包括审查电子证据的生成环节、存储环节、传递环节、收集环节,以及电子证据所依存的计算机系统、保管者以及是否在正常业务中形成等情况。

### (二)采信证据的充分性标准

证据的充分性也是采信证据的标准。作为定案根据的证据,不仅要具有内容的真实性,还要具有证明的充分性;不仅要"证据确实",而且要"证据充分"。所谓"证据充分",即证据的证明力足以证明案件中的待证事实。从理论上讲,"证据充分"可以就单个证据而言,也可以就案件中的一组证据或全部证据而言。就案件中的某个事实或情节

---

① 参见何家弘、刘晓丹:《论科学证据的采纳与采信》,载《中国司法鉴定》2002 年第 1 期。

来说,一个证据或一组证据达到了"证据充分"的标准;就是说,这个证据或这组证据已具有足够的证明力来证明该事实或情节的存在或不存在。就整个案件来说,所谓"证据充分",则是指案件中的全部证据已经具有足够的证明力来证明案件的真实情况。由此可见,审查证据是否充分,就是要对证据的证明力进行分析和评断。

在司法实践中,证据的充分性也是审查认定证据的要点和难点。在刑事审判中,法院判决被告人有罪时一般都要明言"证据确实充分",在判决无罪时也多以"证据不充分"为理由。我们以"无罪"为关键词,以"裁判结果"为搜索范围,"威科先行"的司法案例数据库中对 2010 年 1 月 1 日至 2020 年 1 月 1 日全国中级人民法院的一审刑事裁判文书进行搜索,共获得 158 份案例。然后,我们通过人工筛查的方式,排除其中重复或无关的案例 27 个,获得有效案例 131 个。其中,依据《刑事诉讼法》第 200 条第(2)项,即案件事实清楚但"依据法律认定被告人无罪的" 24 个,约占 18.3%;依据《刑事诉讼法》第 200 条第(3)项,即"证据不足,不能认定被告人有罪的" 107 个,约占 81.7%。在证据不足的无罪判决中,法院认为全案证据不充分(证明力不足)的 63 个,约占 58.9%;法院认为某些证据真实性存疑的 41 个,约占 38.3%;法院认为某些证据不合法的 3 个,约占 2.8%。

就单个证据而言,证据的充分性一般都要求证据的内容具有完整性,法律也对此作出了一些明确的规定。例如,《刑事诉讼法》第 123 条就侦查人员在讯问犯罪嫌疑人时录音录像的问题作出了规定。其第 2 款就明确规定:"录音或者录像应当全程进行,保持完整性。"最高人民法院于 2019 年修订的《关于民事诉讼证据的若干规定》也多次提到证据内容的完整性,例如,第 44 条规定了摘录文件或材料的完整性,第 63 条规定了当事人陈述内容的完整性。由于电子证据容易被删改或损坏,所以司法人员在审查电子证据时要特别注意其完整性。在前文统计的 15 部涉及证据审查认定的刑事法律法规中,提到要审查电子证据完整性的共有 38 处。

物证的完整性也会影响到证据的证明力。例如,侦查人员在某盗窃现场的中心部位提取到一枚不完整的指纹印,可供鉴定的细节特征只有 8 个。经过与嫌疑人的指纹样本进行比对,刑事技术人员认为这 8 个细节特征是吻合的。但是,这个比对结果并不能充分证明该现场指纹印就是该嫌疑人所留。另外,物证具有"双联性"的特点,一方面联系案件事实,一方面联系嫌疑人。例如,司法人员在审查上述指纹证据时,一方面要确认其与犯罪事实的联系,即推断该指纹印是不是作案人在实施犯罪行为的过程中留下的;另一方面要确认其与嫌疑人的联系,即鉴定该指纹印与嫌疑人的指纹是否同一。如果"双联性"不完整,该物证就不能充分证明案件事实,而确认物证的"双联性"出现误差就可能导致错判。

在 2005 年震惊中国的佘祥林冤案中,法院用作定案根据之一的物证是在水塘中提取的装有四个石块的"蛇皮袋"。根据该物证的特征和发现地点,办案人员推断它是作案人沉尸所用,因此确立了该物证与犯罪事实的联系。但是,办案人员未能找到把该物证与嫌疑人联系起来的证据,只好通过佘祥林的口供加以确认。这个关联性不完整的物证就成为导致错判的原因之一。[①]

---

① 参见何家弘:《亡者归来——刑事司法十大误区》,北京,北京大学出版社 2014 年版,第 123-210 页。

综上所述，采纳证据的主要标准是证据的关联性与合法性，采信证据的主要标准是证据的真实性与充分性。然而，这种区分并不是绝对的。在具体案件中，证据的关联性、合法性、真实性、充分性等方面的审查内容可能相互交叉、相互影响。如前所述，证据的充分性与证据的关联性有密切联系，前者在一定程度上受后者影响。一般来说，直接关联要比间接关联具有更高的证明力，必然联系要比偶然联系具有更高的证明力。另外，证据的证明力是以证据的真实性为基础的，因此对证明力的认定也离不开对真实性的考察。但是，区分证据的采纳标准与采信标准，区分证据的关联性、合法性、真实性、充分性，既有理论价值，也有实践意义。

## 七、小结

有学者指出："西方哲学在其漫长的发展道路上发生了两次根本性的转向或变革。第一次变革是由笛卡尔开始的从本体论到认识论的转变，这一变革使得哲学研究的中心问题从此前一直关心的关于'存在是什么''世界在本质上是由什么构成的'的传统命题转移到'我们能知道些什么''我们的知识的根据何在'这一近代哲学命题上来，实现了古希腊以来哲学中心问题的根本性转变，认识论从此成为整个哲学的基础或中心。第二次变革是指哲学研究从认识论向语言的转变，发端自弗雷格（G.Frege），最后由维特根斯坦（L.Wittgenstein）正式完成。在他们之后，逻辑或语言取代认识论成为哲学的基础，哲学家不再为知识的权利辩护，而是探究用以表达知识的语句的意义。西方许多著名哲学家都曾宣称，为了诊治哲学的'语言病'而引发的第二次变革，即哲学上的语言转向使得哲学研究的主题、研究方法乃至哲学论著的整体风格都发生了巨大的变化。他们认为，通过这种转向，一些长期以来纠缠不清的哲学难题得以彻底解决，有些哲学问题被证明是'假问题'而被消解或抛弃。由于这种哲学上的语言转向为现代哲学提供了一种崭新的研究范式和发展路向，因此被人称作是20世纪哲学上的'哥白尼式的革命'。"[①]

这段话在一定程度上击中了我国学者在理论研究上的一个"痛点"，促人反思，发人深省。确实，我们在很多学科领域内的学术纷争都曾纠缠于概念或语词问题。其中，有一半是因为争论者各自使用不同的语词，譬如20世纪我国犯罪侦查学的学科名称之争；[②] 还有一半是因为争论者对同一语词的理解或解释各不相同，譬如本部分内容所讲的"证据属性"之争。

上述关于西方哲学转向的观点对证据法学研究也有启发。在20世纪的相当长时期内，我国的证据法学研究基本上徘徊于"本体论"领域，研讨的主题是客观存在的证据和案件事实，例如，什么是证据，证据有哪些本质属性，什么是客观存在的案件事实等。世纪之交，我国学者的研究开始进入"认识论"领域，研讨主题从客观存在的证据转向司法人员认识和使用的证据，从客观存在的案件事实转向主观认识的案件事实，包

---

[①] [澳]约翰·吉本斯：《法律语言学导论》，程朝阳等译，北京，法律出版社2007年版，第2页。
[②] 在20世纪80年代，这门学科的名称应该使用"侦查"还是"侦察"，曾是一个争论得非常热烈的问题，并且形成了不同的学派。参见何家弘：《从相似到同一——犯罪侦查研究》（何家弘作品集·法学文萃系列），北京，中国法制出版社2008年版，第253-255页。

括关于证明标准的"客观真实说"与"法律真实说"的论争。与此同时,司法证明的公正性与正当性等价值论考量也更加受到学者的关注。于是,我国证据法学的研究重心从单一的追求客观真实的认识论目标转向追求事实真相、司法公正、人权保障等包括认识论和价值论的多元目标,从审查运用证据的方法转向审查认定证据的规范,从重视证明标准问题转向重视证据规则问题。这些转变反映了我国证据法学的进步。

马丽莎,西南政法大学刑事侦查学院讲师,法学博士。本节内容以《证据"属性"的学理重述——兼与张保生教授商榷》为题发表于《清华法学》2020年第4期,收录本书时有改动。

## 第三节　证据的排除之辩

林　倩

证据的资格问题涉及刑事司法活动中决定有关人员提出的证据能否被采纳作为证明的根据,这是刑事司法不能回避的问题。本部分内容以一类具有特殊性的证据即重复自白为例,探讨其是否可以在刑事司法中被采纳。通过分析21例重复自白排除典型案例,可以发现法官通常仅排除被告人的一部分重复自白,很少全部排除。在普通刑事案件中违法取供行为主要为刑讯逼供。在重复自白排除的证明程序中,同步录音录像发挥着重要作用,重复自白被采纳的主要原因是自白具有任意性,但同时也存在着证明责任错位等问题。为了更好地平衡被追诉人权利保障与打击犯罪的需要,应当重塑重复自白排除的功能,实现从任意性保障到威慑理论的转变。应当扩宽违法取供的行为范围,明确监察阶段的调查行为也应当被纳入规范,完善重复自白排除的证明程序。

## 一、问题的引入

2017年6月27日"两高三部"联合发布的《严格排除非法证据问题规定》)中第一次对重复自白问题作出了规定。其第5条规定,采用刑讯逼供方法使犯罪嫌疑人、被告人作出供述,之后犯罪嫌疑人、被告人受该刑讯逼供行为影响而作出的与该供述相同的重复性供述,应当一并排除,但符合规定的例外情形除外。在《严格排除非法证据问题规定》出台之前,随着2010年"两个证据规定"的出台,非法证据排除规则在中国得到初步确立。2012年《刑事诉讼法》的规定标志中国非法证据排除规则的正式确立,经过多年的实践,非法言词证据排除规则的效果因为重复自白的存在被大大降低,对于重复自白是否应当被排除以及如何排除、有哪些例外情形也变得越来越重要。

从2010年"两个证据规定"出台时起,理论界对于重复自白问题就开始了有益的探讨,也产生了很多有影响的成果。在《严格排除非法证据问题规定》出台之前,理论界主要探讨了重复自白排除的范围、理论依据、影响重复自白采纳的因素、毒树之果的运用等,但学界的研究多数都是在《严格排除非法证据问题规定》出台前的,《严格排除非法证据问题规定》中对于重复自白排除的规定吸收了学界研究的部分成果,但仍然存在着排除范围窄、排除的违法取供手段限于刑讯逼供、例外规定太过宽松以至于有可能架空重复自白排除规定等问题。经过两年多的实践，通过实证研究方法分析 21 例重复自白排除典型案例可以发现，2017 年《严格排除非法证据问题规定》中的重复自白排除规则基本能够满足普通刑事案件中的需求，但对于职务犯罪而言，《严格排除非法证据问题规定》生效前后，重复自白排除规则在实践中所存在的问题几乎没有什么变化，由此可见，新规定并未解决职务犯罪犯罪案件中重复自白排除规则存在的问题。目前对于违法取供的行为范围、重复自白排除的程序、重复自白排除的功能、同步录音录像的证明作用等问题仍有待研究。

## 二、"两个证据规定"出台后重复自白排除规则理论与实践状况

### （一）"两个证据规定"出台后重复自白排除规则的理论探讨

"两个证据规定"生效后，对于重复自白是否应当被排除以及排除的范围、模式等问题学界已经有了很多的成果。总体而言，学界的主流观点认为重复自白原则上应当被排除，至于排除的范围和理论根据则有争议。有学者主张：由于我国的口供排除规则范围已经限于十分严重的违法取供方法，因此，凡是确认或者不能排除采用使犯罪嫌疑人、被告人在肉体上、精神上剧烈疼痛和痛苦的非法方法获取口供的，其后续口供不能使用，并且禁止侦查机关重新取供。① 也有学者主张"原则上，只要侦查机关的非法讯问行为一经查证属实的，则侦讯阶段形成的所有口供均应无例外的一体排除，并且禁止侦查机关重新取证，只有法官在采取特定措施后可以重新取供"。② 还有学者主张"应当以诉讼程序的推进为基础，实行分阶段的重复供述排除方式"。③

关于重复自白排除的理论根据，学界主要存在"毒树之果""非法证据排除规则的继续效力"与"直接排除"三种观点。对于重复自白排除与否的判断关键，学界基本上达成了一致：后续自白是否受到了前面非法取供行为的影响。而因果关系中断与否的考量因素包括：讯问人员的改变、两次讯问之间的时间间隔、讯问地点的改变、讯问环境的变更等。④ 由此可以看出，在"两个证据规定"生效后，学界的主流观点是重复自白应当被排除，应当以因果关系是否被中断作为判断后续自白效力的关键；因果关系是否中断的考量因素要结合案件的具体情况进行综合的考量和评估。

### （二）"两个证据规定"出台后重复自白排除规则的案例分析

"两个证据规定"和 2012 年《刑事诉讼法》生效后，重复自白排除规则在实践中的

---

① 参见龙宗智：《我国非法口供排除的"痛苦规则"及相关问题》，载《政法论坛》，2013 年第 5 期。
② 万毅：《论反复自白的效力》，载《四川大学学报》（哲学社会科学版），2011 年第 5 期。
③ 闫召华：《重复供述排除问题研究》，载《现代法学》，2013 年第 2 期。
④ 参见陈瑞华：《非法证据排除规则的适用对象——以非自愿供述为范例的分析》，载《当代法学》，2015 年第 1 期；谢小剑：《重复供述的排除规则研究》，载《法学论坛》，2012 年第 1 期；吉冠浩：《论非法证据排除规则的继续效力——以重复供述为切入的分析》，载《法学家》，2015 年第 2 期；林国强：《审前重复供述的可采性》，载《国家检察官学院学报》，2013 年第 7 期。

运行超越了既有的规定，具体表现在以下几个方面：首先是关于违法取供的手段。在实践中，辩护方申请排除重复自白的主要理由是前面的自白受到了刑讯逼供，由此导致后续的自白不可采（参见雍奎魁案、邝光华受贿、滥用职权案、潘某盗窃案）。除了刑讯逼供，辩护方申请排除重复自白的非法取供行为还具有多元性，包括逼供、诱供和骗供行为（陆军受贿罪案）、由于威胁所作出的供述的重复自白（邝光华受贿、滥用职权案）、由于非法羁押影响所作出的重复自白（李某甲受贿罪案）和在疲劳讯问、泄露隐私影响下而作出的重复自白（陈亚伟受贿案）。辩护方申请排除重复自白的违法取供主体不仅包括侦查机关，也包括纪委（参见陆军受贿罪案、邝光华受贿、滥用职权案）。对于辩护方排除重复自白的申请，法院几乎从未同意，除了在潘某盗窃案中，由于侦查机关不能提供讯问时同步录音录像，法院对重复自白予以排除。法院采纳重复自白的主要理由是讯问时的同步录音录像能够证明侦查机关在取供时没有违法行为（参见陆军受贿罪案、李某甲受贿罪案、陈亚伟受贿罪案、邝光华受贿、滥用职权案）。其他的理由包括：诉讼阶段与取证人员的变更（参见雍奎魁故意杀人案）。由此可以看出，在"两个证据规定"和2012年《刑事诉讼法》生效后，实践中针对重复自白排除问题，辩护方申请排除的违法取供行为超过了刑讯逼供这种最严重的违法取供方式，而法院对于辩护方排除重复自白的申请几乎都是不予支持的。法院不支持的原因固然与当时的法律并未对这个问题进行规范、与法无据有关，笔者觉得更重要的原因是我国的刑事司法更加注重实体真实，这也是为什么如果有同步录音录像显示侦查人员没有实施刑讯逼供等违法取供行为时，法院在绝大多数情况下对于辩护方排除重复自白的申请都不予支持（参见表4-3-1）。

表 4-3-1 《严格排除非法证据问题规定》通过前，重复自白排除典型案例

| 案件名称 | 辩护方主张 | 法庭裁决 |
| --- | --- | --- |
| 雍奎魁故意杀人案 | 公安机关存在刑讯逼供，所有的有罪供述都应当排除 | 犯罪嫌疑人在侦查期间受刑讯逼供行为持续影响而作出的与之前供述基本相同的重复性供述，应当与刑讯逼供后所作的供述一并排除。但是，在审查批捕、审查起诉期间，犯罪嫌疑人接受检察人员讯问时自愿作出的有罪供述不应作为非法证据予以排除 |
| 陆军受贿罪案 | 被告人陆军虽然在侦查阶段存在有罪供述，但该供述是对纪委调查阶段供述的重复自白，办案人员有严重的逼供、诱供和骗供行为，其有罪供述不应当采信 | 被告人侦查阶段多次供述稳定，且每次讯问均有同步录音录像，其供述与证人的证言和相关书证能够相互印证，辩护人的辩护意见法院不予采信 |
| 李某甲犯受贿罪、徇私舞弊不征、少征税款罪 | 被告人受到了非法羁押，其在非法羁押期间的有罪供述和在之后由于非法取供行为影响所做的重复供述，应当被排除 | 根据同步录音录像印证，结合四份供述的签名、按印，笔录客观真实，无法证实其受到侦查机关的诱供、逼供，不应排除 |
| 陈亚伟受贿案 | 上诉人的前三份供述系疲劳审讯、以泄露隐私相要挟等非法方式取得，此后的有罪供述均属于重复自白，上诉人在不敢且不能纠正的情况下所做，均应予以排除 | 同步录音录像以及讯问笔录能够证明侦查机关没有刑讯逼供或者变相肉刑，也没有采取其他使其在肉体或者精神上遭受痛苦的方法进行供述，故其有罪供述合法应予采纳 |

续表

| 案件名称 | 辩护方主张 | 法庭裁决 |
|---|---|---|
| 邝光华受贿、滥用职权案 | 被告人邝光华在纪检机关办案期间受到刑讯逼供和威胁，形成不真实的供述内容，侦查阶段邝光华的供述属于对在纪检机关供述内容的重复供述，内容不真实 | 同步录音录像能够表明邝光华在接受讯问过程中表情轻松自然，同步录音录像资料记录完整结合其他证据，对于辩护方的主张，法院不予支持 |
| 潘某盗窃案 | 上诉人提出侦查机关存在刑讯逼供，录音录像是在系殴打、威胁、引诱后，按照侦查人员要求录制，申请排除非法证据 | 侦查机关不能提供潘某在派出所供述的同步录音录像，根据证据难以认定潘某在派出所所作供述合法，对该口供予以排除。其在看守所内形成的口供也难以证实其供述自愿性，不予采纳 |

## 三、《严格排除非法证据问题规定》中的重复自白排除规则及适用

### （一）《严格排除非法证据问题规定》中重复自白排除规则的解读

2017年《严格排除非法证据问题规定》中第一次明确规定了重复自白排除规则。根据其第5条："采用刑讯逼供方法使犯罪嫌疑人、被告人作出供述，之后犯罪嫌疑人、被告人受该刑讯逼供行为影响而作出的与该供述相同的重复性供述，应当一并排除，但下列情形除外：（一）侦查期间，根据控告、举报或者自己发现等，侦查机关确认或者不能排除以非法方法收集证据而更换侦查人员，其他侦查人员再次讯问时告知诉讼权利和认罪后的法律后果，犯罪嫌疑人自愿供述的；（二）审查逮捕、审查起诉和审判期间，检察人员、审判人员讯问时告知诉讼权利和认罪的法律后果，犯罪嫌疑人、被告人自愿供述的"。

**1. 违法取供行为仅限于刑讯逼供**

万毅教授认为，《严格排除非法证据问题规定》第5条将重复性供述排除规则适用对象局限于采用刑讯逼供方法收集的供述，使得该规则的适用对象和范围受到抑制，人权保障功能大打折扣。[1] 也有学者认为，其他在权益侵害和强迫程度上与刑讯逼供相当的如威胁、非法限制人身自由拘禁、羁押等非法取供行为未规定重复自白排除规则，可能导致重复性供述的排除范围过窄，不利于排除规则的彻底施行。[2] 笔者赞同这两位学者的观点，《严格排除非法证据问题规定》仅将重复自白排除规则的违法取供行为限于刑讯逼供属于不当限缩，不利于保障犯罪嫌疑人自白的任意性和威慑侦查机关的违法取供行为。

**2. 重复自白排除例外情形规定比较广泛**

《严格排除非法证据问题规定》对于重复自白排除的例外规定采取了主体变更说与阶段变更说两种例外。对于重复自白排除的范围究竟是采取绝对排除还是相对排除，学界在《严格排除非法证据问题规定》出台之前有过争论。例如龙宗智教授认为对于重复

---

[1] 万毅：《何为非法 如何排除——评〈关于办理刑事案件严格排除非法证据若干问题的规定〉》，载《中国刑事法杂志》，2017年第4期。
[2] 董坤：《重复性供述排除规则之规范解读》，载《华东政法大学学报》，2018年第1期。

自白问题,如果一律排除,不符合我国的司法实际,也不利于打击犯罪。应当根据讯问主体、阶段的变更等来考虑重复自白的证据能力。① 也有学者主张"因为公检法三机关的同质性较高,只要侦查机关的非法讯问行为一经查证属实的,则侦查阶段形成的所有口供均应无一例外的一体排除"。② 此即绝对排除观点。相对排除观点更多地考虑了犯罪嫌疑人权利保护与打击犯罪之间的平衡,比较符合我国的刑事司法实际,但例外过多可能导致重复自白排除规则的效果在实践中被架空。对侦查机关收集的重复自白采取绝对排除有利于保护犯罪嫌疑人的合法权利和威慑侦查机关非法取供,但排除过于严格也可能不太符合中国刑事司法的现实情况。

## (二)《严格排除非法证据问题规定》中重复自白排除规则的适用及问题

《严格排除非法证据问题规定》生效以后,重复自白排除申请在实践中明显增多,并且在职务犯罪案件与普通犯罪案件中呈现出不同的特点。笔者以重复自白和重复供述为关键词,在北大法宝上进行检索(截至 2019.10.07),总共搜集典型案例 21 例,职务犯罪案件有 6 例,普通犯罪案件有 15 例。由于重复自白排除规则在实践中在普通犯罪与职务犯罪案件中存在着较大的差异,因此笔者就分别列了两个表格进行分析。

### 1. 重复自白被有限度的排除

《严格排除非法证据问题规定》通过后,实践中对于重复自白排除有了越来越多的经典案例(参见表 4-3-2)。但法官通常仅排除被告人的一部分重复自白,很少有全部排除的。例如在叶某某猥亵儿童案中,仅排除了侦查阶段未更换侦查人员的重复自白。侦查阶段更换侦查人员后的后两次自白以及检察阶段的自白被采纳。在王建平等诈骗、贷款诈骗案中,侦查阶段虽然更换了侦查人员,但未告知诉讼权利,因此侦查阶段的供述被全部排除。在检察阶段,检察人员告知了诉讼权利,因此被告人在检察阶段的供述不排除。由此,在实践中,侦查机关采取刑讯逼供获得供述后,如果侦查阶段未更换侦查人员,法院有可能一体排除被告人在侦查阶段的全部供述。但被告人在审查起诉和审判阶段所作的供述,因为诉讼阶段的变更是《严格排除非法证据问题规定》中规定的重复自白可采的例外情形之一,在实践中,法官很少排除被告人在审查起诉阶段和审判阶段所作的供述。

表 4-3-2 《严格排除非法证据问题规定》生效后重复自白在普通案件中被申请排除典型案例

| 案件名称 | 辩护方主张 | 法庭裁决 |
| --- | --- | --- |
| 叶某某猥亵儿童案 | 上诉人叶某某在第一次被讯问时存在刑讯逼供。上诉人叶某某在一审侦查阶段的其余供述和检察阶段的二次供述是在受到公安机关刑讯逼供以后,一审阶段和检察阶段未被告知权利的情形下做出的,依法应当予以排除 | 上诉人在侦查阶段共有四次供述,检察阶段两次供述。因为叶某某在公安阶段的第一次供述可能存在侦查人员取证不规范情形,予以排除。第二次讯问有一名侦查人员未更换,属于不合法情形的延续,故对叶某某侦查阶段第一次和第二次供述予以排除。侦查阶段后两次供述与检察阶段的供述符合法律规定,不予排除 |

---

① 参见龙宗智:《两个证据规定的规范与执行若干问题研究》,载《中国法学》,2010 年第 6 期。
② 万毅:《论反复自白的效力》,载《四川大学学报》(哲学社会科学版),2011 年第 5 期。

续表

| 案件名称 | 辩护方主张 | 法庭裁决 |
| --- | --- | --- |
| 王某平等诈骗、合同诈骗、贷款诈骗案 | 上诉人王某平所作的有罪供述系侦查人员刑讯逼供取得,其后续供述是在该刑讯逼供影响下作出,且检察机关未告知认罪的法律后果,因此王某平庭前所作的有罪供述均应予以排除 | 录音内容证明侦查人员对王某平的讯问过程存在刑讯逼供手段获得供述,对第一次供述予以排除。第二次是受到刑讯逼供影响下的重复供述,一并排除,更换侦查人员后,没有告知诉讼权利和法律后果,亦应予以排除。检察阶段,检察人员告知了权利义务,王某平属于自愿作出有罪供述,不属于重复性供述,不予排除 |
| 秦某1掩饰隐瞒案 | 被告人主张在外提期间遭受侦查人员刑讯逼供,故作了有罪供述因为害怕再次遭到刑讯逼供,被告人此后向侦查机关所作的四次供述均为有罪供述 | 无法证实外提期间侦查行为的合法性,且非法收集证据的行为通常会对被告人产生延续作用,且本案不存在更换侦查人员等阻断性事由,被告人第一次供述及之后侦查阶段所作的重复性供述均应当作为非法证据予以排除,不能作为认定事实的根据 |
| 张某某抢劫、盗窃一案 | 被告人在接受侦查机关第一次讯问时受到刑讯逼供,因此其在侦查阶段所作的第一至第四次份供述笔录均应作为非法证据予以排除 | 公安机关提供的证据不能证明该次讯问笔录收集的合法性,不能排除存在法律规定的以刑讯逼供非法方法收集证据的情形,故对被告人张某某的第一份供述笔录予以排除。鉴于对被告人的第二至第四次讯问系由相同或者同一名承办民警进行且四次讯问之间的时间较短,不能排除第二至第四次讯问笔录系被告人受之前非法取证行为影响作出的重复性供述,应当一并予以排除 |
| 付某某等诈骗案 | 上诉人主张其受到刑讯逼供。原判决所采纳的有罪供述系案件移送检察院后取得,程序违法,该供述笔录系在刑讯逼供影响下所作出的重复性供述,与录音录像不完全相符,依法应当予以排除 | 供述内容有录音录像为证,虽然笔录内容与录音录像不完全相符,但基本内容一致,且录音录像反映的内容更全面。供述内容以及供述过程体现了上诉人供述的自愿性和真实性。原审法院采信经过庭审举证、质证程序的该份供述笔录并无不当 |
| 江某等贩卖毒品案 | 江某在公安机关被刑讯逼供,所作供述非本人真实意思表示,依法应予以排除。对重复性自白应当在消除刑讯逼供影响后重新告知权利义务 | 即便在监视居住初期可能存在疲劳审讯,其非法取证手段的影响、持续性效果也因后续办案机关、讯问人、讯问地点的变更而中断。且拘留后被告人在毒品次数、克数等方面作了不同供述,因此被告人被拘留后供述不属于非法取证后的重复性有罪供述,依法不应排除 |
| 张某某等贩卖毒品案 | 被告人主张其在公安阶段的供述是在公安人员的威胁下作出的 | 对张某某在侦查阶段的所作的供述予以排除。但检察人员在讯问过程中没有使用刑讯逼供或者威胁和诱供等非法方法,在本案审查起诉期间,检察人员讯问时被告人的供述系讯问主体变更后的供述,不属于被告可能因为刑讯逼供等非法方法作出的重复性供述 |
| 周某、刘生贵等故意杀人罪 | 被告人被从看守所提出带至公安机关办案中心讯问期间存在辱骂、威胁行为,前几次讯问都是长时间的疲劳讯问。其他供述则是属于以威胁、引诱、欺骗取得供述后的重复性供述,应当一并予以排除 | 侦查机关在看守所之外的地点对张某琴进行讯问取得的有罪供述,违反法律规定,依法应当予以排除;关于张某琴在看守所内作出的供述是否属于重复性自白,看守所的讯问程序虽然存在程序瑕疵,但没有证据或者线索证明讯问存在刑讯逼供的情形,因此该讯问笔录不属于非法证据,不予排除 |

### 2. 在普通刑事案件中违法取供行为主要为刑讯逼供

《严格排除非法证据问题规定》中，重复自白排除的非法取供行为仅限于刑讯逼供。在实践中，在普通案件中辩护方请求排除重复自白的主要原因也是侦查机关存在刑讯逼供，由此请求法院排除被告人受刑讯逼供影响而作出的重复自白。与此同时，辩护方也可能以侦查机关存在威胁为理由请求法院排除侦查阶段的自白以及后续重复自白。例如，在张某某等贩卖毒品案中，被告人陈某某就主张其在公安机关的供述是由于公安人员的威胁所致。由此可以看出，在实践中，在普通刑事案件中刑讯逼供是辩护方主张排除被告人供述及其重复自白最重要的原因。同时如果侦查机关存在刑讯逼供以外的非法取供行为，辩护方也会主张排除被告人的自白及其重复自白。不过，在实践中，在普通案件中法官几乎仅排除侦查机关以刑讯逼供方法获得的自白与侦查阶段未更换侦查人员的自白。对于侦查机关以刑讯逼供以外的非法手段获得的重复自白，法官几乎都不排除（见表4-3-2）。

### 3. 重复自白被采纳的主要原因是自白具有任意性

《严格排除非法证据问题规定》中对重复自白排除的例外情形规定了取供人员变更与诉讼阶段的变更，例外规定比较广泛。在实践中，法官在不排除重复自白时，其论述的主要原因也是侦查人员的变更或者诉讼阶段的改变，由此被告人的供述具有自愿性（见表4-3-2）。例如在李某某贩卖毒品案中，被告人庭前有罪供述经当庭自愿确认后，即转化为独立于庭前有罪供述的当庭重复性供述，不受先前侦查行为合法性的影响。在付某某等诈骗案中，录音录像的内容体现了上诉人供述的自愿性与真实性，因此，不予排除（见表4-3-2）。由此可以看出，我国目前重复自白排除的功能主要还是在于保障被告人供述的自愿性与真实性。

### 4. 重复自白排除规则在职务犯罪案件中特征明显

在笔者搜集的21例关于重复自白排除的典型案例中，职务犯罪案件就占了6例，并且与普通刑事案件相比，重复自白排除规则在职务犯罪案件中呈现出很明显的特点。首先，在职务犯罪案件中，重复自白被申请排除的案例较多。在笔者搜集的21例中，就占6例；其次，被申请排除的违法取供行为具有多元性，除了刑讯逼供外，更多的是疲劳审讯、威胁、引诱、恐吓等非法取供行为（见表4-3-3）；最后，法院在多数案例中不支持辩护方的申请。在6例重复自白排除申请典型案例中，法院仅在两例中排除了重复自白（参见蒙自市水务局等滥用职权案、冯某等贪污案）；在其他的四例案件中，法院均以纪委非侦查机关、其调查行为不受刑事诉讼法规制、后续侦查人员的取证程序合法为由等不支持辩护方提出的重复自白排除申请。

表4-3-3 《严格排除非法证据规定》生效后重复自白在职务犯罪案件中被申请排除情况

| 案件名称 | 辩护方主张 | 法庭裁决 |
| --- | --- | --- |
| 金某某受贿、滥用职权案 | 被告人金某某与证人在纪委调查阶段受到长时间疲劳审讯及威胁、恐吓，被告人在侦查阶段所作的供述及证言与纪委阶段违法取证行为存在因果关系，属于重复性供述，应当予以排除 | 纪委并非侦查机关，其所采取的调查手段不受刑事诉讼法规制。本案侦查机关在收集被告人供述过程中，并不存在刑讯逼供等非法取证行为，故不存在重复性供述需要排除 |

续表

| 案件名称 | 辩护方主张 | 法庭裁决 |
|---|---|---|
| 蒙自市水务局等滥用职权案 | 辩护方主张侦查人员在审问中采用恐吓、威胁、折磨、诱导、不让睡觉等方式,上诉人在侦查期间作出的多份供述应当被排除 | 侦查人员对被告人卢某某的取证违反法定程序,按照重复性供述排除法则,被告人卢某某在本案侦查期间的供述与辩解不具备证据能力 |
| 冯某等贪污案 | 上诉人在侦查阶段所作出的供述是由于侦查人员四天四夜不让其吃饭而取得的口供,应当予以排除 | 公诉机关未能证明取证的合法性以及后续供述的获得未更换侦查人员,因此对于冯某在侦查期间所作的供述与后续自白予以排除 |
| 麻某敏滥用职权罪 | 辩护方主张上诉人在纪委阶段所作的谈话笔录系受威胁所作,在侦查机关所作的供述属于重复自白,应当认定属于非法证据,予以排除 | 纪委双规非刑事诉讼程序,不适用非法证据排除程序,且纪委所作的笔录并未作为证据移送。至于侦查阶段的供述是否属于重复自白问题,由于辩护方未提供非法取供的有关线索,不符合启动非法证据排除的条件,故辩护方的相关辩护意见,理由不足,不予采纳 |
| 吴某和受贿案 | 在本案侦查阶段,侦查人员采用刑讯逼供,通过威胁、恐吓、利诱取得吴某和供述,系非法证据,应予以排除 | 对于吴某和在检察院办案点作出的供述予以排除;对于吴某和在看守所所作供述,因为在看守所,受到侦查人员的影响减弱,加上同步录音录像反映在看守所侦查人员没有违法取供行为、侦查人员也告知了诉讼权利,因此,对于上诉人在看守所作出的供述不予排除 |
| 魏某某贪污、受贿案 | 辩护方主张魏某某第一次供述系侦查人员利用其痛风发作疼痛难忍时进行,属于"以变相肉刑"手段获得,应予以排除。之后的有罪供述属于"重复性供述",应当一并予以排除 | 对魏某某的多次讯问均有同步录音录像,在第一次讯问过程中,其不适显然达不到以刑讯逼供等非法方法所导致的难以忍受的痛苦的程度,之后在看守所对于魏某某的讯问程序合法,对于辩护方的意见,法院不予采纳 |

"两个证据规定"生效以来,重复自白排除规则在理论界与实务逐渐成为一个重要的问题。《严格排除非法证据问题规定》生效以前,由于缺乏明确的规范,其在实践中的典型案例较少,且法院主要以同步录音录像能够证明侦查机关取供合法为由,不予排除辩护方所提出的重复自白排除申请(见表4-3-1)。《严格排除非法证据问题规定》生效以来,在实践中,重复自白排除典型案例明显增多,并且在职务犯罪与普通犯罪案件中呈现出很大的差异。在普通犯罪案件中,法院对于辩护方排除重复自白的申请主要是依据《严格排除非法证据问题规定》,排除的违法取供行为基本限于刑讯逼供,很少排除所有重复自白,而是按照《严格排除非法证据问题规定》中所列举的两种例外情形,有限的排除部分重复自白(见表4-3-2)。在职务犯罪案件中,辩护方申请排除重复自白的案件较多(21例典型案例中,职务犯罪案件就占例6例)。无论在《严格排除非法证据问题规定》生效前后,重复自白排除排除规则在职务犯罪案件中所存在的问题几乎都没有改变即辩护方申请排除的违法取供行为具有多元性,除了刑讯逼供,还包括疲劳讯

问、威胁、引诱等违法取供行为；对于辩护方提出的重复自白排除申请，法院通常也是不予支持的（见表4-3-3）。法院对于重复自白排除的证明程序也存在着问题。在多起职务犯罪案件中，法院都以没有证据证明后续自白的获得程序违反了法律规定为由拒绝排除重复自白（参见金某某受贿案，麻某敏滥用职权罪，吴某和受贿案和魏某某贪污、受贿案）。判断重复自白是否可采的关键在于非法取供行为是否对后续自白的自愿性产生了影响，以后续自白的取供程序合法为由认为后续自白具有可采性完全违背了重复自白排除规则的法理和要求。因此《严格排除非法证据问题规定》中规定的重复自白排除规则对于普通犯罪案件而言是足够的，但对于职务犯罪而言，《严格排除非法证据问题规定》几乎没有解决重复自白排除规则在职务犯罪案件中存在的问题。

## 四、重复自白排除规则的重塑

### （一）重复自白排除规则的功能定位

对于重复自白排除的意义，由于很多学者主张重复自白排除为非法证据排除的当然内容。① 对于重复自白排除规则的意义，主要包括四个方面，即促进非法证据排除规则的实施、保障犯罪嫌疑人的合法权利、威慑警方违法取供行为和促进案件真实发现。如有学者认为，排除重复自白的理由包括如下三点，"重复供述可能是虚假的，妨碍事实真相的发现，抑制侦查违法和保障被追诉者权利"。② 也有学者主张"如果不排除重复自白，排除非法证据的规范就会被规避，排除规则就会丧失其效用"。③ 笔者认为，排除重复自白确实有助于促进非法证据排除规则效果的实现，但对于重复自白排除而言，其最重要的功能包括两项，即保障被追诉人自白的任意性以及威慑侦查机关的非法取供行为。并且，我们应当从任意性保障为主转为威慑侦查机关非法取供为主。

#### 1. 保障自白的任意性

在我国的刑事诉讼中，由于公安机关和检察机关通常情形下对于同一犯罪嫌疑人都会进行多次的讯问，并形成多份讯问笔录。若仅排除以非法方法获得的首次自白而采纳后续自白，可能导致侦查机关故意违反刑事诉讼法规定，先通过违法手段获取自白后再通过合法方式获取重复自白。因此，为了保障被追诉人自白的任意性，对于非法取供后的重复自白也应当排除。在实践中，重复自白被采纳的主要原因也是因为其具备任意性（见表4-3-2）。

#### 2. 威慑侦查机关的非法取供行为

在"毒树之果"规则产生的美国，排除非法证据之衍生证据的最重要动因就是威慑警方的非法取证行为。"对于非法取得的证据，如果只禁止直接使用，却不禁止间接使

---

① 闫召华：《重复供述排除问题研究》，载《现代法学》，2013年第2期；林国强：《审前重复供述的可采性》，载《国家检察官学院学报》，2013年第4期。
② 谢小剑：《重复供述的排除规则研究》，载《法学论坛》，2012年第1期。
③ 谢小剑：《重复供述的排除规则研究》，载《法学论坛》，2012年第1期。

用,等于邀诱执法人员以违反法律及侵害人权的方法获得证据。"①"在自白领域,为达到彻底吓阻非法行为的目的,亦应适用毒树果实理论,此时排除之目的与该自白是否为真实任意即无关系,而在达到吓阻非法行为的目的。"② 若排除侦查机关在违法取供后所获得的重复自白,将能威慑侦查机关的违法取供行为,促使其遵守刑事诉讼法的规定。

### 3. 从自白任意性为主转向威慑理论为主

目前我国学界对于重复自白的研究,主要还是在于保障被追诉人自白的任意性。例如有学者认为"重复供述问题在于先前非法讯问对随后供述的任意性是否继续产生影响"。③ 在实践中,法官在论述是否采纳重复自白时也主要是考虑后续自白是否具有任意性(见表4-3-2、表4-3-3)。保障自白的任意性是非法言词证据排除的主要目的,对于重复自白排除而言,其更重要的功能在于威慑侦查机关的违法取供行为。就是由于任意性规则是主导我国重复自白排除与否的根据,导致实践中法官基本上仅排除侦查机关获得的部分重复自白,这并不能很好的威慑侦查机关的违法取供行为(见表4-3-2)。相反,如果以威慑理论作为重复自白排除的理论根据,根据《严格排除非法证据问题规定》的条款,结合我国的刑事司法实践,在侦查机关存在严重的违法取供时(例如刑讯逼供),被告人在侦查阶段所有的供述应当全部被排除,并禁止侦查机关重复取证,以断绝侦查机关进行刑讯逼供的动机。由此,在表4-3-2中的典型案例中,法院如果认定侦查机关存在刑讯逼供后,对被追诉人在侦查阶段所作的所有供述全部排除,对于被告人在审查起诉和审判阶段所作的自白在符合特定条件下予以采纳,既可以威慑侦查机关的刑讯逼供行为,也能保障被告人的权利。因此,笔者认为以威慑理论作为我国重复自白排除的基础理论更加切合我国目前加强被追诉人权利保障的趋势。

## (二)重复自白排除规则的模式选择

### 1. 强制排除模式

目前我国学界对于重复自白排除的模式主要存在强制排除与裁量排除两种。主张强制排除的学者较少。例如,万毅教授主张"原则上,只要侦查机关的非法讯问行为一经查实的,则侦讯阶段所形成的所有口供均应无一例外的排除。只有法官可以对被告人重新取供"。④ 因此,根据万毅教授的观点,一旦侦查机关非法取供行为被证实,除了被告人在法官面前所作的供认外,其之前的所有有罪供述都应当被排除。这属于强制排除模式,没有给侦查机关补正的机会。龙宗智教授也主张"凡是确认或不能排除采用使犯罪嫌疑人、被告人在肉体上、精神上剧烈疼痛和痛苦的非法方法获取口供的,其后续供述,即使没有采用这种方法,也不能使用。而且禁止因非法取供事实存在而重新获取口供的行为,并否定此类重新取供行为的效力。其例外是被告人在庭审中所作的供述以及

---

① 王兆鹏:《自白与毒树果实原则》,载《月旦法学杂志》,2003年第101期。
② 王兆鹏:《开创自白法理的新纪元》,载《月旦法学杂志》,2008年3月,第154期。
③ 吉冠浩:《论非法证据排除规则的继续效力——以重复供述为切入的分析》,载《法学家》,2015年第2期。
④ 万毅:《论反复自白的效力》,载《四川大学学报》(哲学社会科学版),2011年第5期。

根据被告人供述提取到了隐秘性很强的物证、书证"。①龙宗智教授虽然对于重复自白也是持强制排除的观点，但是其将重复自白的先前违法取供行为限于刑讯逼供，具有相对的合理性和可接受性。

**2. 裁量排除模式**

由于重复自白强制排除的效果太强，学界多数学者都主张对于重复自白应当实行裁量排除，即重复自白是否排除取决于后续自白与先前侦查机关的违法取供之间是否存在因果关系。因果关系是否被切断又取决于很多的因素。②对于重复自白裁量排除的理论依据，学界主要存在着继续效力说与毒树之果理论。

（1）继续效力模式

继续效力模式的主要观点为"重复供述问题在于先前非法讯问对随后任意性是否继续产生影响。继续效力模式处理的是先前非法讯问对随后供述的任意性继续产生影响的问题"。对于切断重复自白与先前非法取供行为之间的联系，该观点主张需要考虑的介入因素包括侦查人员非法讯问时的主客观违法形态、讯问主体是否有变化，等等。③

（2）毒树之果模式

美国刑事诉讼法下的毒树之果规则是指"所有通过侵犯宪法权利而获得的证据都应当被排除，只要争议的证据与违法性之间有足够的联系"。④对于毒树之果与重复自白之间的关系，王兆鹏教授主张"只要证据是利用先前非法行为的产物或与先前非法行为有关者，该证据即如毒树所生之果实，仍应排除而不得为证据"。⑤关于先前非法取供行为对于后续自白的效力，王兆鹏教授主张，"如果自白的取得违法了任意性规定，就该自白的衍生证据，适用毒树果实原则。如果警察违反的是告知义务，则允许检察官证明自白具有任意性。在检察官不能证明后续自白具有任意性时，适用毒树果实原则"。⑥因此，根据这种观点，先前侦查机关非法取供行为的严重性会影响到后续自白的效力。

毒树之果原则主要有三个例外情形，即独立来源、必然发现和稀释例外。对于重复自白问题而言，由于独立来源和必然发现例外不适用，因此主要考虑的就是稀释例外。由毒树之果原则的定义可知，重复自白在毒树之果原理下是否需要被排除主要考虑的是重复自白是否受到了前述非法取供行为的影响。而对于稀释的因素，学界目前的争议也不大，主要包括："两次取供之间的时间间隔、犯罪嫌疑人、被告人自愿行为的介入、违法取供行为的严重性，等等。"⑦

---

① 参见龙宗智：《我国非法口供排除的"痛苦规则"及相关问题》，载《政法论坛》，2013年第5期。
② 吉冠浩：《论非法证据排除规则的继续效力——以重复供述为切入的分析》，载《法学家》，2015年第2期。
③ 吉冠浩：《论非法证据排除规则的继续效力——以重复供述为切入的分析》，载《法学家》，2015年第2期。
④ Diana, Jennifer. Apples and Oranges and Olives - Oh My - Fellers, the Sixth Amendment, and the Fruit of the Poisonous Tree Doctrine, *Brooklyn Law Review* vol. 71, no. 2 (Winter 2005): pp. 1010-1011.
⑤ 王兆鹏：《开创自白法理的新纪元》，载《月旦法学杂志》，2008年3月，第154期。
⑥ 王兆鹏：《自白与毒树果实原则》，载《月旦法学杂志》，2003年第101期。
⑦ 王兆鹏：《美国刑事诉讼诉讼法》，北京，北京大学出版社，2014年，第274页。[美]约书亚·德雷斯勒，[美]艾伦·C.麦克尔斯，吴宏耀译：《美国刑事诉讼法精解》（第一卷·刑事侦查），北京，北京大学出版社，2009年，第416页。

### 3. 评价

由于强制排除模式未给侦查机关违法取供行为任何补救的机会，效力太强，因此，目前我国学界主张此种观点的学者较少。笔者认为，对于侦查机关故意实施刑讯逼供后的重复自白实行强制排除，不给侦查机关补救的机会能够比较好地遏制侦查机关刑讯逼供的动因，在严格限制非法取供行为为刑讯逼供的前提下，对被证实或者不能排除合理怀疑存在刑讯逼供后的被告人在侦查阶段所作的重复自白应当直接排除，以保护被追诉人的合法权利和威慑侦查机关违法取证行为。

主张裁量排除说的主要观点包括毒树之果说[①]和不法行为继续效力说[②]。赞同"毒树之果"理论的学者认为：重复自白的证据能力可以适用非法收集证据排除规则中的毒树果实理论，是否应当否定反复自白的证据能力，取决于第一次自白与第二次自白的关联性。[③] 所谓不法讯问的继续效力，是指第一次非法讯问以后，在第二次讯问之时，第一次讯问对于任意性的侵害是否延续到第二次讯问，导致第二次讯问时犯罪嫌疑人仍然处于非任意陈述的状态，[④] 由此后续供述因为受到了第一次供述的影响而予以排除。

笔者认为，无论是毒树之果原理下根据因果关系的强弱来判断后续供述是否具有可采性，还是不法行为继续效力模式下是否排除重复自白的考量因素，其本质上都是考量后续自白是否出于真实的意愿，介入因素其实也是大同小异。在我国的实践中，在普通刑事案件中，辩护方申请排除重复自白的违法取供行为绝大多数为刑讯逼供，法院在实践中也主要是按照《严格排除非法证据问题规定》中的规定和例外情形排除侦查机关的违法取供以及重复自白。因此，笔者认为在我国现阶段，对于侦查机关采用刑讯逼供获得的自白及其重复自白采取强制排除模式更切合我国的实际。对于侦查机关采用刑讯逼供以外的违法手段获得的被告人供述与重复自白则可以采用裁量排除的模式，这样既符合我国目前的既有规定，也能更好地平衡犯罪嫌疑人的权利保障与打击犯罪的需要。

### （三）完善我国重复自白排除规则的具体建议

#### 1. 增加重复自白排除规则的违法取供行为种类

在《严格排除非法证据问题规定》生效之前，由表 4-3-1 可知，在实践中，辩护方申请排除重复自白的违法取供行为具有多元性，除了刑讯逼供，还有违法羁押、疲劳审讯等。在《严格排除非法证据问题规定》生效以后，在普通刑事案件中，辩护方申请排除重复自白的违法取供行为主要为刑讯逼供（见表 4-3-2）；在职务犯罪案件中，辩护方申请排除重复自白的违法取供行为远远多于刑讯逼供，还包括威胁、恐吓、诱导和变相刑讯等（见表 4-3-3）。通过《严格排除非法证据问题规定》生效前后重复自白排除规则

---

① 林国强：《论毒树之果在我国刑事诉讼中的适用空间》，载《河北法学》，2013 年第 10 期；谢小剑：《重复供述的排除规则研究》，载《法学论坛》，2012 年第 1 期。
② 万毅：《论"反复自白"的效力》，载《四川大学学报》（哲学社会科学版），2011 年第 5 期；吉冠浩：《论非法证据排除规则的继续效力——以重复供述为切入的分析》，载《法学家》，2015 年第 2 期；张建伟：《排除非法证据的价值预期与制度分析》，载《中国刑事法杂志》，2017 年第 4 期。
③ [日]田口守一：《刑事诉讼法》，张凌等译，北京，中国政法大学出版社 2010 年版，第 300 页。
④ 张颖：《重复自白的证明能力》，载《中国刑事法杂志》，2012 年第 7 期。

在实践中运行状况的对比,可以看出:一方面,《严格排除非法证据问题规定》在普通刑事案件中,对于重复自白排除的运行确实发挥了指导效应(见表4-3-2);另一方面,在职务犯罪案件中通过对比《严格排除非法证据问题规定》通过前后重复自白排除的实践状况可以发现,重复自白排除规则在职务犯罪案件中所存在的问题并未得到解决。在职务犯罪案件中,对于刑讯逼供以外的其他严重违法取供行为——例如变相肉刑、给被告人造成严重痛苦的威胁等方法——所获得的供述与重复自白也应当被纳入重复自白排除的违法取供行为范围,这样既能更好地满足实践的需要,也能促进这个规则的进一步发展。

2. 监察阶段调查行为也应当被纳入规范

《严格排除非法证据问题规定》生效后,重复自白排除在职务犯罪案件中被运用的比较多。在笔者收集到的21例典型案例中,职务犯罪案件就占例6例。如何规范监察委调查程序中的取供行为会在很大程度上影响到职务犯罪案件中重复自白排除规则的运行效果(见表4-3-3)。在实践中,犯罪嫌疑人在纪委阶段在刑讯逼供行为影响下作出的重复自白是否需要被排除仍然存在着争议。在金某某受贿、滥用职权案中,辩护人主张被告人金某某在纪委调查阶段受到长时间的疲劳审讯及威胁、恐吓,其在侦查阶段所作的供述与纪委阶段违法行为存在因果关系,属于重复性供述,应当予以排除。法院以纪委并非侦查机关为由拒绝了辩护方的请求。在麻某敏滥用职权案中,法院以纪委双规非刑事诉讼程序,不适用非法证据排除程序为由,拒绝适用重复自白排除规则。因此,在实践中,重复自白排除不仅应当包括侦查机关的取供行为,也应当包括监察委的取供行为。

我国《监察法》第40条规定了"严禁以威胁、引诱、欺骗以及其他非法方式收集证据,严禁侮辱、打骂、虐待、体罚或者变相体罚被调查人和涉案人员"。因为监察委调查的案件在符合法律规定的条件后需要移送检察院审查起诉,因此,一方面监察机关在进行调查时,需要遵守监察法关于合法取证的规定;另一方面,若监察委违法取供的行为在庭审中被证实或者不能排除合理的怀疑,对于监察机关严重违法取供的后续自白也应适用重复自白排除规则,由此一方面促使监察机关合法取供、保障被告人的合法权利;另一方面也是为了重复自白排除规则在实践中得到落实、避免被架空或者成为具文。

3. 完善重复自白排除的证明程序

在实践中,讯问时同步录音录像对于证明被告人供述的自愿性具有至关重要的作用。当有同步录音录像显示被告人没有被刑讯逼供时,法院基本上会采纳被告人供述(见表4-3-1、表4-3-3);相反,若是检察院不能提供讯问时同步录音录像或者同步录音录像不能证明不存在违法取供行为时,法院则会排除被告人的重复自白(参见潘某盗窃案、王某平等诈骗案和付某某等诈骗案);《严格排除非法证据问题规定》中并未规定是否需要排除侦查机关未同步录音录像所取得的供述。正如有学者指出"《严格排除非法证据问题规定》除了重申并进一步完善了刑事诉讼法关于全程录音像的规定外。对于未依法进行全程录音录像的供述是否排除避而不谈,采取了回避态度"。[①] 重复自白能否

---

① 万毅:《何为非法 如何排除——评〈关于办理刑事案件严格排除非法证据若干问题的规定〉》,载《中国刑事法杂志》,2017年第4期。

被采纳的关键在于后续自白是否受到了前面违法取供行为的影响。从前述表格的统计可以看出，同步录音录像对于证明被告人供述的自愿性有着很关键的作用。对于刑事诉讼法规定的应当进行同步录音录像的案件，如果侦查机关未进行同步录音录像或者录音录像不全、存在被剪辑情形的，当被告人主张排除重复自白时，法院应当支持。一方面这符合实践的要求，有利于保障被告人的合法权利。从实践中可以看出，当追诉机关不能提供同步录音录像或者录音录像不完整时，法院通常会支持辩护方排除重复自白的申请（参见李某甲犯受贿罪、潘某盗窃案）；另一方面也有助于威慑侦查机关的程序违法取供行为，促使其在以后的侦查程序中遵守刑事诉讼法的规定。

其次是重复自白排除的证明责任与证明标准。从表 4-3-2 和表 4-3-3 可以看出，在《严格排除非法证据问题规定》生效之后，重复自白排除的证明责任与标准在普通刑事案件和职务犯罪案件中存在着较大的差异。在普通刑事案件中，法院基本上是按照《严格排除非法证据问题规定》中的规范，在侦查机关未更换侦查人员时排除被告人作出的重复自白（参见叶某某猥亵儿童案，张某某抢劫、盗窃案）；在检察机关告知诉讼权利后在满足《严格排除非法证据问题规定》中规定的例外情形时，法院也基本上会采纳被告人在后续阶段所作的重复自白；但在职务犯罪案件中，由于法院普遍认为纪委阶段的调查程序不受《刑事诉讼法》规范，因此，重复自白排除规则在职务犯罪案件中的运行就存在着较大的问题（见表 4-3-3）；具体表现在法院经常以被告人不能证明侦查阶段的重复自白是由于侦查机关的非法取供而不予排除（参见金某某受贿、滥用职权案，麻某敏滥用职权罪，吴某和受贿案，魏某某贪污、受贿案）。重复自白是否被排除的关键在于后续用合法手段取得的自白与先前的非法取供之间是否存在着因果关系，也就是后续自白是否受到了非法取供行为的影响。正如有学者指出"重复自白并非由刑讯逼供等取证行为获得的自白再衍生出来的证据，仍然是在非法取证行为直接影响下产生的证据，因此，仍然属于'非法证据'"。[1] 在职务犯罪案件中，很多法院以后续自白是合法获得的为由而不予排除从根本上偏离了重复自白排除规则原理。无论是在普通案件中，还是在职务犯罪案件中，当辩护方提出排除重复自白的申请后，都应当由控方承担违法取供行为与后续自白之间不存在因果关系的证明责任。当控方不能通过同步录音录像等方式证明因果关系已经被中断时，法院应当作出排除重复自白的决定。

林倩，中国人民大学法学博士。本节内容以《论重复自白排除规则的完善》为题发表于《证据科学》2020 年第 2 期，收录本书时有改动。

---

[1] 张建伟：《排除非法证据的价值预期与制度分析》，载《中国刑事法杂志》，2017 年第 4 期。

# 第五章　证明的理论之问

## 第一节　刑事司法的真实之问

周慕涵

刑事诉讼的事实观是"三位一体"的，由客观事实、主观事实和法律事实组成。客观事实是本体论上的事实，主观事实是认知建构的事实，法律事实是司法剪辑的事实。其间，客观事实是主观事实的基础，主观事实是客观事实的建构，法律事实是主观事实的剪辑。在刑事诉讼真实观的理论中也存在客观真实说、主观真实说与法律真实说的观点。三者在一定程度上分别体现了哲学上的真理符合论、真理融贯论与真理实用论的观点。与事实观的多元结构不同，刑事诉讼的真实观具有单一性的，只得建立在法律真实之上。近年来，一些学者在传统诉讼认识论的基础上提出了刑事诉讼共识论，为诉讼认识理论贡献了新知。然而，其中的程序共识论却在事实观与真实观上存在一些似是而非的观点，值得商榷。

## 一、问题的提出

在刑事诉讼中，控诉方和辩护方的诉求是让司法人员接受本方的诉讼主张，而司法人员的任务是就控辩双方的诉讼主张作出裁判。无论是就当事人的诉求还是就司法人员的裁判而言，诉讼要解决的基本问题有二：其一是事实认定；其二是法律适用。由此，刑事司法裁判的原理便分别由刑事诉讼认识论和刑事诉讼价值论所统摄。

刑事诉讼的认识论有三个元概念：证据、事实、真实。三者分别指向刑事诉讼认识过程中的认识的根据、认识的对象和认识的标准，而刑事司法证明的实质也正是寻找认识的根据，确定认识的对象，并判定认识是否满足了法律所设定之标准的过程。从这个意义上来说，建立在证据、事实与真实概念之上的证据观、事实观与真实观理论，就共同构成了刑事诉讼认识论原理的三大支柱。具体来说，证据观是关乎"如何定义证据的内涵并划定证据的外延，以及如何审查判断证据"的理论，事实观是关于"如何看待刑事司法证明中的事实"的理论，真实观关涉的则是"如何定义刑事司法证明中的真"，或者说"如何设定刑事司法证明之真的标准"的理论。

在过去三十年，我国法学界在刑事诉讼的证据观、事实观与真实观的理论研究方面取得了许多成果，其中不乏经典论著，但是也存在一些问题。特别是在事实观与真实观的问题上，一些学者的观点存在亟须厘清或纠正的缺陷与谬误。具体来说，有些学者未能准确把握事实观与真实观的区别，当面对"客观事实""主观事实""法律事实"和"客观真实""主观真实""法律真实"这些概念时，往往不加区分，甚至完全混淆，[①] 致

---

① 相关论述如杨建军：《法律事实的概念》，载《法律科学》（西北政法大学学报）2004年第6期。

使刑事诉讼的事实观与真实观之间缺乏明晰的界线，因而也无法建立相对独立的理论体系。有些学者把德国哲学家哈贝马斯（Jürgen Habermas）的"真理共识论"移植到刑事诉讼的认识论中，提出了有别于传统诉讼认识论的"刑事诉讼共识论"。这些学者对以往学界的主流观点进行批判，提出了一些颇具创新性的观点，拓宽了研究者的理论视野，具有一定的学术价值。然而，有的学者对刑事诉讼共识论的阐释存在似是而非的观点，并且导致了刑事诉讼事实观与真实观的混乱。

为正本清源，笔者在本部分内容中对刑事诉讼事实观进行理论重述，对刑事诉讼真实观进行理论新解，并就"程序共识论"中有关事实观与真实观的观点进行商榷。诚然，本部分内容中的观点也是笔者的一家之言，敬请读者批评指正。

## 二、刑事诉讼事实观的理论重述

司法裁判应该以事实为根据，以法律为准绳。这是法律人耳熟能详且普遍接受的司法原则。但是，如何来理解刑事诉讼中的事实，并形成体系化的认识，却并非易事。在学界过往关于刑事诉讼事实观的论述中，"客观事实""主观事实"和"法律事实"是三个基本概念。① 毫无疑问，"法律事实"的概念为突破"客观事实观"对诉讼法学研究的束缚作出了贡献，但是一些学者仅基于"法律事实"来建构刑事诉讼事实观的主张亦有偏颇。笔者以为，"客观事实""主观事实"和"法律事实"共同构成刑事诉讼的事实观，堪称"三位一体"，相辅相成。

### （一）客观事实：本体论上的事实

所谓"客观事实"，是指客观存在的事实，是不依赖于人们的主观认知活动的事实，即本体论上的事实。英国哲学家罗素（Bertrand Arthur William Russell）说道："事实是不论人们对之持什么样的看法而该是怎么样就是怎么样的东西……事实不是由人们的思想或者信念创造出来的。"② 罗素还指出："当我谈到一个'事实'时，我不是指世界上的一个简单的事物，而是指某物具有某种性质或某些事物有某种关系。因此，例如我不把拿破仑叫作事实，而把他有野心或他娶约瑟芬叫做事实。"③ 在他看来，事实可以体现在事物之间已有的性质或关系，或是过去发生过的事态，与人的主观意志没有关联。由此可见，罗素是从客观外界的角度来界定事实的。

根据罗素对事实的定义，"客观性"和"不以人的主观意志为转移"便是客观事实的根本属性，换言之，客观事实具有"硬性"，④ 或可称为"先验性"。因此，判断一个人的陈述是否真实，客观事实便是最佳参照物，故客观事实也被学者冠以"使真者"

---

① 参见樊崇义等：《刑事证据前沿问题研究》，载何家弘主编：《证据法论坛》第 1 卷，北京，中国检察出版社 2000 年版，第 210-211 页。
② ［英］伯特兰·罗素：《逻辑与知识》，苑莉均译，北京，商务印书馆 1996 年版，第 219 页。
③ ［英］伯特兰·罗素：《我们关于外间世界的知识》，陈启伟译，上海，上海译文出版社 2006 年版，第 39 页。
④ 参见金岳霖：《知识论》，北京，商务印书馆 2017 年版，第 103-104 页。

（truth maker）的称号。① 从这一意义上来说，既然客观事实是命题的"使真者"，那么在刑事诉讼中，准确揭示客观事实，对于真相的发现和实体正义的实现同样是最理想的。然而，客观发生过的案件事实却并非总是能够被发现的，这是因为，客观事实是客观世界中过去发生过的事态，而非现在发生的或是将来发生的，② 具有"过去时态性"的特征。因此，要发现客观事实，就必须根据当前的有限条件来对过去进行回溯，这必然无法做到百分百的还原。

同样的，刑事诉讼中所要发现的案件事实都是发生在过去的，是发生在诉讼之前的既成事实，其客观存在属于过去时，而非现在时。因此，案件事实并不会自动地呈现出来，而是需要司法人员积极地通过各种认识活动，尽可能地加以回溯。但由于司法人员没有亲历案件发生的全过程，也无法穿越"时空隧道"回到过去，故对其而言，案件事实便无法直接通过经验感知的方式予以获悉，甚至在某些极端情况下，客观事实根本无处可寻。由此，这些客观存在过的案件事实就具有一定的隐蔽性，以至于被有些学者视为可有可无。③

然而，在刑事司法证明中，客观事实虽然并不总能被全面发现，甚至在许多时候是难以寻见的，但客观事实的概念对于树立正确的刑事诉讼事实观而言，仍然是十分重要的。一方面，客观存在过的案件事实是刑事诉讼中证明活动的对象，也是司法人员认识活动的对象，是主观事实得以建构的认识基础，离开了客观事实的概念，主观事实的建构便成了虚幻的"空中楼阁"。另一方面，即便司法人员无法以直接经验的方式来感知客观事实，但还是可以通过各种证据以间接的方式来认识这些案件事实。对于司法人员来说，案件事实犹如镜中之花、水中之月、海市蜃楼。这里的"花、月、楼"是客观存在的事实，但是司法人员只能通过"镜、水、空气"的折射感知它们的存在，而这"镜、水、空气"就是案件中的证据，而且是可以造成映像歧变的证据。④

由此我们可以得出三条结论：第一，司法证明活动不能背离客观事实；第二，司法人员只能通过证据去间接地认知客观事实；第三，司法人员通过证据所认定的案件事实未必等同于客观事实。在刑事诉讼中，客观事实是证明活动的出发点，但未必是证明活动的归宿。

### （二）主观事实：认知建构的事实

在哲学上，事实不仅有本体论意义的一面，也有主观性的一面。所谓"主观事实"，指的是认知主体通过认知手段感知客观事实以后，经陈述或命题所建构出来的事实。因此，与具有"硬性"或"先验性"的客观事实不同，主观事实具有一定程度的"软性"或"经验性"。

哲学界对此有一些经典的论述。德国哲学家哈贝马斯（Jürgen Habermas）就认为："物与事件（人及其表现）是我们要处理或经历的'世界中的某些东西'；它们是可能的

---

① See D. M. Armstrong, *A World of States of Affairs*, Cambridge University Press, 1997, p.14.
② See D. M. Armstrong, *A World of States of Affairs*, Cambridge University Press, 1997, pp.115-119.
③ 参见陈波："事实"概念是一个本体论赘物——答陈嘉明、苏德超》，载《江淮论坛》2021年第1期。
④ 参见何家弘：《司法证明方法与推定规则》，北京，法律出版社2018年版，第6页。

（与行为相关的）经验对象或者（以经验为依据的）行为对象。相反，事实则是我们在陈述中所肯定地存在着的事态。"① "如果我们说，事实就是存在的事态，那么我们指的不是对象的存在，而是命题的内容的真实性……命题的真理也并非在世界上发生的事件的过程中得到证实，而是在以论证方式所取得的共识中得到证实。"② 中国也有一些哲学家给出过类似的论说。金岳霖曾指出，"事实是接受了的或安排了的所与"，"事实是所与和意念的混合物"。③ 此外，陈伟在评论上述两位哲学家的观点时指出："对哈贝马斯而言，事实并非传统意义上的'客观'事实，完全客观的对象世界的存在对于一个实际上由主体间交往形成的意义世界而言没有任何认知意义。"④ 在哈贝马斯看来，主观事实是主体间的交往行为所建构出来的一种经验性认识，而非存在于客观世界之物。而在金岳霖看来，事实就是认知主体在客观事实的基础上所做的一种"认知建构"。⑤ 哲学界关于"主观事实"的著述对于刑事诉讼事实观的建立具有借鉴意义。在刑事诉讼过程中，为诉讼主体所认识并主张的事实便属于主观事实。无论是公诉方提出的事实主张、辩护方提出的事实主张还是裁判者认定的事实，都是诉讼主体在主观上对客观事实进行认知建构，并通过陈述或命题的形式表达出来的结果。具体而言，在经过主观上的认知建构以后，检察官在法庭上用其组织的语言来描述指控的犯罪事实，辩护律师在法庭上用其组织的语言来表达抗辩事实，法官则在裁判文书中表述最终的事实认定结论。

此外，与过去发生的客观事实不同，这些经过认知建构的主观事实以陈述或命题为存在的载体，在诉讼过程中通过动态方式表达出来，故相比于客观事实的"过去时态性"，主观事实则表现为"进行时态性"。前者是已然存在，不可改变的，而后者则是逐渐认知的，是可以在诉讼过程中发生变化的。

客观事实与主观事实的区别还表现在二者与陈述或命题的关系上。客观事实以自在的形式存在，是命题的"使真者"。虽然我们必须用陈述或命题的形式表达客观事实，但其并非陈述或命题本身。与之不同的是，主观事实不仅需要用陈述或命题来表达，而且是在此基础上建构的，因此其在本质上就是关于客观事实的陈述或命题。正是在这个意义上，人们经常把主观事实称为"命题"。

虽然主观事实与客观事实的性质存在很大差异，但是二者之间也有密切联系。一方面，客观事实是主观事实的认识基础；另一方面，主观事实是客观事实的认知建构或主观再现。因此，主观事实的建构不能完全脱离客观事实。在刑事诉讼中，如果脱离客观事实来建构主观事实，那就可能得出错误的事实认定结论，进而酿成冤假错案。

### （三）法律事实：司法剪辑的事实

所谓"法律事实"，是指用法律所许可的证据予以证明的、可以引发一定法律后果的事实。具体到刑事诉讼中，法律事实是司法人员以经法定程序认可的证据予以证明的

---

① ［德］尤尔根·哈贝马斯：《认识与兴趣》，郭官义、李黎译，上海，学林出版社1999年版，第316页。
② ［英］尤尔根·哈贝马斯：《认识与兴趣》，郭官义、李黎译，上海，学林出版社1999年版，第317页。
③ 金岳霖：《知识论》，北京，商务印书馆2017年版，第770-772页。
④ 参见陈伟：《哈贝马斯法哲学中的"事实性"与"有效性"》，载《南京社会科学》2011年第3期。
⑤ 参见陈波：《客观事实抑或认知建构：罗素和金岳霖论事实》，载《学术月刊》2018年第10期。

案件事实，是司法人员在证明活动的基础上确认的案件事实。在诉讼过程中，司法人员通过对证据的审查认定，对诉讼当事人所主张的案件事实进行"司法剪辑"，而这种"司法剪辑"就体现了法律事实的生成原理。一言以蔽之，法律事实是经过"司法剪辑"的主观事实。

法律事实应该以客观事实为基础，或者说，是由客观事实所决定的。但是，法律事实并不等同于客观事实。在任何案件中，在任何司法活动中，法律事实和客观事实都存在着质和量的差异。首先，法律事实在质上并不完全等于客观事实。因为法律事实是由证据证明的事实，而用证据证明是人类的行为，所以法律事实并不是客观的，其中或多或少都会掺杂人的主观因素。其次，法律事实在量上也不等于客观事实。一般来说，案件中客观事实的体量都会大于法律事实的体量，因为并非所有与案件有关的客观存在或发生的事实都可以由证据证明，都可以转化为法律事实。由于各种各样的原因，案件中的一些客观事实会在司法证明的过程中遗失，甚至根本就没能获得进入司法证明过程的资格。

由此可见，法律事实带有主观的色彩和人为的品格。美国学者吉尔兹（Clifford Geertz）曾指出："法律事实并不是自然生成的，而是人为造成的，一如人类学家所言，它们是根据证据法规则、法庭规则、判例汇编传统、辩护技巧、法庭雄辩能力以及法律教育等诸如此类的事物而构设出来的，总之是社会的产物。"[①] 中国也有学者认为："诉讼中所呈现的并最终为法院所认定的事实，乃是经过证据法、程序法和实体法调整过的、重塑了的新事实。这种新事实因为不可避免地渗透了人的主观意志，因此可以称之为主观事实；又由于它是在诉讼活动过程中形成并成立于诉讼法上、仅具有诉讼意义的事实，因此也可以称之为诉讼事实或法律事实。"[②]

由于法律事实是司法人员对主观事实进行"司法剪辑"的结果，它就与前两种事实有了不同的属性，即"完成时态性"。换言之，法律事实是结果意义上的案件事实。我们强调司法裁判要"以事实为根据，以法律为准绳"。这里所说的"事实"显然不是客观事实，而只能是经过司法证明程序所得出的结果意义上的事实。我们希望司法裁判所依据的法律事实能够高度近似于客观事实，但是不能保证所有司法裁判都能做到高度的"近似"。一般来说，只要司法人员"内心确信"其"剪辑"的法律事实基本上符合客观事实，那就可以达致司法公正所要求的事实认定，或可称之为"信念确证"。

综上，客观事实、主观事实与法律事实的理论内涵有所不同，但共同构成了刑事诉讼的事实观。客观事实是本体论上的事实，是"过去时态性"的事实，是独立于人类意志以外的事实，也是司法人员的认识对象。客观事实为刑事诉讼的事实观提供了本体论上的依据。主观事实是认知建构的事实，是"进行时态性"的事实，是司法人员对客观事实的主观描述。主观事实为刑事诉讼的事实观提供了认识论上的依据。法律事实是司法剪辑的事实，是"完成时态性"的事实，是司法裁判最终认定的案件事实。法律事

---

① ［美］克列福德·吉尔兹：《地方性知识：事实与法律的比较透视》，邓正来译，载梁治平主编《法律的文化解释》，北京，生活·读书·新知三联书店1994年版，第80页。
② 江伟主编：《证据法学》，北京，法律出版社1999年版，第117页。

实为刑事诉讼的事实观提供了法律意义上的依据。这就是"三位一体"的刑事诉讼事实观。

## 三、刑事诉讼真实观的理论新解

刑事诉讼的事实观是关于什么是刑事司法证明中的事实的问题，而真实观则是关涉如何定义刑事司法证明的真实，以及如何设定刑事司法证明事实认定结论的真实性标准的问题。二者都属于认识论的范畴，具有密切的内在联系，只是关注的角度有所不同。

英国的哲学家罗素指出："真理和虚妄是属于信念和陈述的性质；因此，一个纯粹物质的世界就既不包括信念又不包括陈述，所以也就不会包括有真理或虚妄。"① 换言之，真实观是就信念、命题及陈述等语言层面的事物而言的，也即，"真"或"假"只能存在于命题、信念或陈述之中。在刑事诉讼的认识活动中，客观事实是独立于人意志以外的，是命题的使真者，因此客观事实并非命题本身，不存在真不真实的问题。② 但与客观事实不同的是，主观事实和法律事实，均是以信念、命题或陈述来建构的。因此，在这三种事实之中，只有主观事实和法律事实才可以成为刑事诉讼真实观的考察对象。

另外，与事实观"三位一体"的多元结构不同，真实观以单一的形式存在。这就是说，认识者只能秉持一种真实观，而不能同时持有几种不同的真实观。所谓"真实"，指的是命题或陈述的内容是否如实准确地反映了客观外界的情况。那么，如何评价命题或陈述是否真实？这就涉及哲学的真理理论。真理符合论、真理融贯论和真理实用论是哲学界最主要的真理理论。它们对这个问题给出了不同的回答，而且这些回答之间不具有兼容性。因此，刑事诉讼的真实观不能像事实观那样"三位一体"，而只能是一元性的。在我国的刑事诉讼理论中存在三种真实观，即客观真实观、主观真实观和法律真实观。这三种不同的真实观在一定程度上分别反映了哲学上的三种主流真理学说。

### （一）客观真实说与真理符合论

所谓"客观真实"，指的是司法人员对案件事实的认定"必须与客观上实际发生的事实完全相符，确定无疑"，③ 才能够认定为真实。换言之，客观真实是主观认识应当完全符合客观事实的一种诉讼真实观。学界普遍认为，客观真实说植根于辩证唯物主义的认识论。有学者指出："辩证唯物主义认为，真理是客观事物及其规律在人们头脑中的正确反映，换言之，凡是主观符合客观的内容都是真理，因此，一切真理都有客观性，一切真理都是客观真理……因此，我们如果认为唯物主义认识论适用于诉讼，能指导诉讼证据理论和实践，就应当认同诉讼中的客观真实论。"④

客观真实与客观事实之间既有联系，又有区别。二者的区别在于，前者谈论的是真

---

① ［英］伯特兰·罗素：《哲学问题》，何兆武译，北京，商务印书馆2007年版，第99页。
② 参见彭漪涟：《事实论》，桂林，广西师范大学出版社2015年版，第67页。
③ 巫宇甦主编：《证据学》，北京，群众出版社1983年版，第78页。
④ 陈光中、陈海光、魏晓娜：《刑事证据制度与认识论——兼与误区论、法律真实论、相对真实论商榷》，载《中国法学》2001年第1期。

实的问题,指向的是命题与外部世界之间的关系,后者谈论的是事实的问题,指向的是认识的对象问题。二者的联系则在于,客观真实是以客观事实为基础的。在客观真实说中,客观事实扮演了命题"使真者"的角色,这意味着,当且仅当司法人员发现客观事实时,才能使其主观认识符合客观事实,从而成为一种客观上的真实。客观真实说的具体主张可以浓缩为一句话,即真实在于主观认识与客观事实之间的符合。从这个意义上讲,刑事诉讼的客观真实说体现了哲学上的真理符合论。

真理符合论是知识论哲学中的一种真理理论,主张命题或信念之真在于其是否与客观事实相符合。① 关于真理符合论,许多哲学家曾给出经典的论述。早在古希腊时期,亚里士多德(Aristotle)就曾提出:"每一事物之真理与各事物之实是必相符合。"② "凡以不是为是,是为不是者,这就是假。凡以是为是,以假为假,这就是真。"③ 洛克(John Locke)认为:"所谓真理,顾名思义讲来,不是别的,只是按照实在事物的契合与否,而进行的各种标记的分合。"④ 维特根斯坦(Ludwig Josef Johann Wittgenstein)从他的逻辑原子论和图像论出发,也曾论证了这种真理观。他认为在命题和事实、基本命题和事态、名称和对象之间存在着严格的对应关系。命题的真假或者取决于命题与它所描述的事实之间是否存在着符合关系,或者取决于命题是否成为它所描述的事实的图像。⑤ 罗素在秉持逻辑原子论时认同维根斯坦的观点,在《人类的知识》一书中,他把真理定义为,"如果一个具有'这是A'的形式的句子是由'A'所表示的意义而引起的,那么这个句子便叫作'真'的"。⑥ 以上学者的论述虽然有一定差别,但实质内涵是相同的。总之,他们都认为,只有当命题或信念的内容能够与客观事实相符合时,这一命题或信念才可以成为真理。同样,刑事诉讼的客观真实说也认为,真实就在于司法人员的主观认识与客观事实相符合。由此可见,基于辩证唯物主义的客观真实观,基本上"符合"哲学界的真理符合论。

客观真实说和真理符合论的理论也存在缺陷。在司法实践中,作为命题使真者的客观事实并不总能被发现。当客观事实无法被发现时,命题与客观事实的符合便成为一句空话,命题的真假也就无从判断了。英国哲学家卡尔·波普尔(Karl Popper)曾经指出:"要想清楚地理解一个陈述同一件事实之间难以捉摸的符合,乃是毫无希望的。"⑦ 中国也有学者指出:"如果法官要判断自己的认定是否与客观事实相符,他就必须先知道案件事实是什么,而他如果已经知道案件事实是什么,那么诉讼中就不存在事实问题了。"⑧ 这

---

① 参见[美]路易斯·P. 波伊曼:《知识论导论——我们能知道什么?》,洪汉鼎译,北京,中国人民大学出版社2008年版,第6页。
② [古希腊]亚里士多德:《形而上学》,吴寿彭译,北京,商务印书馆1959年版,第33页。
③ [古希腊]亚里士多德:《范畴篇·解释篇》,方书春译,北京,商务印书馆1959年版,第46页。
④ [英]约翰·洛克:《人类理解论》,关文运译,北京,商务印书馆1959年版,第566页。
⑤ 参见[奥]维特根斯坦:《逻辑哲学论》,韩林合译,北京,商务印书馆2013年版,第37页。
⑥ 参见[英]伯特兰·罗素:《人类的知识》,张金言译,北京,商务印书馆2017年版,第145页。
⑦ [英]卡尔·波普尔:《猜想与反驳——科学知识的增长》,傅继重等译,上海,上海译文出版社2005年版,第318页。
⑧ 喻敏:《证据学问题的语言哲学初步思考》,载本书编辑委员会:《北大法律评论》第4卷(第2辑),北京,法律出版社2002年版,第432页。

些质疑表明，真理符合论与客观真实观都面临一个难以解决的悖论，难以完备地解释刑事诉讼的真实观。其实，在刑事诉讼中偏执于客观真实说，非但不能保障客观真实，还会为达致客观真实制造障碍，甚至在某些案件中产生南辕北辙的后果。正如有学者所指出的："对客观真实的一味追求会使得诉讼程序的设计具有很大的难度，程序价值和程序意义受到极大冲击。"① 在司法实践中，某些司法人员片面追求客观真实，忽略了法律程序上关于司法公正与权利保护的要求，甚至不惜违法收集证据，结果酿出冤假错案。

由此可见，客观真实说不宜作为刑事诉讼的真实观，客观真实也不宜作为刑事诉讼的证明标准。诚然，客观真实的概念并非毫无价值。司法人员在审查认定证据时，努力去发现客观事实，努力使认定结论达致客观真实的理想状态，可以提高办案质量和证明水平。但是，把客观真实作为刑事诉讼的真实观整体弊大于利。正是在这个意义上，我们认为，客观真实可以作为司法证明的目的，但是不能作为司法证明的标准。②

### （二）主观真实说与真理融贯论

所谓"主观真实"，是指司法人员对案件事实的认识符合主观的真实标准。换言之，检验司法证明结论是否真实的标准是主观认识——或者是具有权威性的认识，或者是符合逻辑规律的认识。具体来说，司法人员认定案件事实所依据的证据应该构成一个完整的证明体系。在这个体系中，所有证据的证明作用是有机结合的，是方向同一而且没有矛盾的，是可以互相支撑或印证的。当这一证明体系能够使认知主体形成信念确证时，司法人员就应该认定该事实主张为真实。

与客观真实和客观事实这对概念一样，主观真实和主观事实之间也存在内在联系。主观事实是认识者通过命题或陈述的方式，对客观事实的一种主观认知建构。主观事实的实质是关于客观事实的主张，因此主观性和认知建构性便是这一概念的核心要素。主观真实是对主观事实的评价。当认识者建构的主观命题或陈述具备合理性，且足以使得认知主体形成信念确证，便达致了主观真实。由此可见，主观真实的标准就在于认知建构是否具备足够的主观合理性，能否形成认知主体的信念确证。

主观真实说在一定程度上反映了真理融贯论的观点。真理融贯论认为，真理应该表现为判断之间、命题之间、信念之间的融贯性，一个命题之真在于该命题与其所从属之命题集合的融贯。③ 因此，在真理融贯论看来，真理必须不与自身相冲突。④ 真理融贯论把真理视为一个合乎逻辑的整体或系统。这个系统是由各个融洽且相互依存的部分所组成的有机整体。人们对部分的认识并不能代替对整体的认识。对部分的认识只能获得相对真理，只有对整体的认识才能获得绝对真理。绝对的真理不能在经验中获得，只能在理性的认识活动中形成。如果不从整体着眼，人们就只能看到部分现象，而这些部分

---

① 卞建林主编：《证据法学》，北京，高等教育出版社2020年版，第97页。
② 参见何家弘：《论司法证明的目的和标准——兼论司法证明的基本概念和范畴》，载《法学研究》2001年第6期。
③ ［美］路易斯·P. 波伊曼：《知识论导论——我们能知道什么？》，洪汉鼎译，北京，中国人民大学出版社2008年版，第9页。
④ 参见［英］格雷林：《哲学逻辑引论》，牟博译，北京，中国社会科学出版社1990年版，第195页。

现象就会互不相干，甚至互相矛盾。一个命题若与其他命题相融贯，这个命题就是真命题。反过来，要检验一个命题是否为真，人们就必须把它放在一个命题集合中，考察它与其他命题的融贯关系。

真理融贯论起源于唯心主义哲学的唯理论，笛卡尔（René Descartes）、斯宾诺莎（Baruchde Spinoza）、黑格尔（Georg Wilhelm Friedrich Hegel）是这一学派的代表人物。与真理符合论预设了一个独立于人意志以外的客观世界不同，真理融贯论认为，人类无法脱离语言和思想来认识客观实在。人们所认识的"世界"都带有认识者的思想和意愿。因此，命题与"客观实在"的符合实质上是融贯系统内一些命题与另一些命题的融洽。

真理融贯论也存在理论缺陷，因为命题的融贯性并不能保证命题的真实性。严格地说，一个命题的体系融贯，只是这个命题为真的必要条件，而不是充分条件。正如美国学者所言，一个虚构的故事也可以达致体系性融贯，但却并非真理。① 刑事诉讼的主观真实说也有类似的缺陷。一个完整且自洽的证据体系并不能保证这些证据所支撑的事实主张具有真实性。譬如，刑讯获得的被告人虚假供述也可以达成与其他证据的融贯，或曰"印证"，但是这样的事实认定结论却很可能是错误的。由此看来，信念之间的融贯未必能够保证命题的真实，因此主观真实说也不宜作为刑事诉讼的真实观。

### （三）法律真实说与真理实用论

所谓"法律真实"，是指司法活动中人们对案件事实的认识符合法律所规定或认可的真实标准，是法律意义上的真实。倡导法律真实说的樊崇义教授就指出："所谓法律真实，是指公、检、法机关在刑事诉讼证明的过程中，运用证据对案件真实的认定应当符合刑事实体法和程序法的规定，应当达到从法律的角度认为是真实的程度。"② 简言之，法律真实即满足了法定真实标准的真实。

无论是否明言，当前世界大多数国家都在刑事诉讼中采纳了"法律真实说"。与前两种真实观相比较，"法律真实说"的内涵比较复杂，也比较特殊。"客观真实说"的要点是主观认识完全符合客观事实。"主观真实说"的要点是主观信念的合理与融贯。"法律真实说"的要点则表现为一种人为设定的具有可操作性的真实标准，或曰具有"可接受性"的真实标准。③ 从这个意义上讲，法律真实亦可称为"人造的真实"。

法律是人造的，法律真实的内涵和标准也是人造的。因此，在不同的国家和不同的历史时期，法律真实的内涵和标准也会有所不同。古代的"神明裁判"是一种法律真实；曾经在中世纪欧洲大陆国家盛行的"法定证据"也是一种法律真实；在当今西方国家占主导地位的"自由心证"仍然是一种法律真实。同样，在不同的诉讼程序和诉讼阶段，法律真实的内涵和标准也会有所不同。在民事诉讼中，法律真实的标准大多为"优势证据"或"高度可能性"，但是在刑事诉讼中，法律真实的标准则往往被表述为"排除合理怀疑"或"内心确信"，或者如我国《刑事诉讼法》所规定的"案件事实清楚，

---

① 参见［美］理查德·费尔德曼：《知识论》，文学平、盈俐译，北京，中国人民大学出版社 2019 年版，第 83 页。
② 樊崇义：《客观真实管见——兼论刑事诉讼证明标准》，载《中国法学》2000 年第 1 期。
③ 参见易延友：《证据法学的理论基础——以裁判事实的可接受性为中心》，载《法学研究》2004 年第 1 期。

证据确实、充分"。

与上述两对概念一样，法律真实与法律事实之间也存在密切关系。法律事实是法律真实的基础，法律真实是法律事实的展现。如前所述，法律事实是对主观事实进行"司法剪辑"后形成的事实，是司法证明结果意义上的案件事实。如果这些法律事实经过了法律所设定的证明标准的检验，相应的事实主张也就达致了法律真实。

在很长时期内，我国的法学界和司法界都秉持"客观真实说"。后来，有些学者对此提出挑战，创造了"法律真实说"，并且引发了两种观点的激烈论战。持有"法律真实说"的学者认为，"客观事实观在实践中不但无法实现，而且会带给我们一系列的严重后果，如任意司法、蔑视法律和法治等"。[①] 坚持"客观真实说"的学者则声称，法律真实无法代替客观真实标准，因为无论从认识论的角度还是从法律理论的角度考量，"法律真实说"都不能成立。[②]

从表面上看，这两种观点似乎水火不容，但是仔细考量，二者之间也有相通之处。一方面，"法律真实说"也承认在诉讼活动中追求客观真实的价值，而这恰恰是"客观真实说"所极力主张的。例如，持有"法律真实说"的学者指出："对于我们每个人来说，如果在诉讼过程中能够发现案件的客观真实情况，是最好不过的事情，或者说，再没有任何一种主张比这种主张更完美了。正因为如此，人们对于如何发现客观真实，不知道倾注了多少热情和精力。"[③] 另一方面，坚持"客观真实说"的学者也承认在每个案件中都或多或少会有一些客观事实是无法查明的，而这正是"法律真实说"的学者所强调的。例如，坚持"客观真实说"的学者认为："司法实践中，并非对每个案件的证明均达到了客观真实的程度。其原因是多方面的，或因证据未及时收集而损毁消失，或因未深入调查没有获得必要证据，或因缺乏、没有运用必要的科学技术手段，或因办案人员思想方法主观片面作出错误判断，或因慑于权势、徇于私情故意歪曲事实，等等。"[④]

"客观真实说"与"法律真实说"的争论，也在一定程度上反映了司法理想与司法现实之间的冲突。作为理想的标准，司法活动应该追求客观真实，而且是百分之百的真实。但是面对现实，面对各种条件的限制，人们又不得不在司法活动中满足于法律真实。换言之，承认法律真实是司法证明活动的标准，可以减少这个标准中的理想成分，使证明标准在司法实践中趋向实用性和可操作性。从这个意义上讲，法律真实说在一定程度上体现了真理实用论的观点。

真理实用论又被称为实用主义的真理论，由皮尔士（Charles Sanders Santiago Peirce）、詹姆士（William James）、杜威（John Dewey）等哲学家提出，在维特根斯坦的后期观点中也有所体现。真理实用论看重命题在实际生活中的效用，将命题是否有

---

[①] 参见樊崇义等：《刑事证据前沿问题研究》，载何家弘主编：《证据学论坛》第1卷，北京，中国检察出版社2000年版，第206页。
[②] 参见张继成等：《对"法律真实"和"排他性证明"的逻辑反思》，载何家弘主编：《证据学论坛》第2卷，北京，中国检察出版社2001年版，第416-427页。
[③] 参见樊崇义等：《刑事证据前沿问题研究》，载何家弘主编：《证据学论坛》第1卷，北京，中国检察出版社2000年版，第202-203页。
[④] 陈一云主编：《证据学》（第2版），北京，中国人民大学出版社2000年版，第117页。

效用作为命题为真的条件，正如詹姆士所言，"'它是有用的，因为它是真的'；或者说'它是真的，因为它是有用的'，这两句话的意思是一样的"。①基于此，实用主义哲学家杜威认为，观念、思想、理论都是一种假设，是为了达到一定目的所设计出来的工具。他进一步指出："它们（观念、思想、理论）是工具，和一切工具同样，它们的价值不在于它们本身，而在于它们所能造就的结果中显现出来的功效。"②由此可见，真理实用论所追求的不是僵硬的真实信念，而是尽可能穷尽对真理的描述和说明。其将真理视为一种经验的观念，而观念的功用和效果才是最为重要的。同样，在刑事诉讼中，体现真实观的证明标准也可以被视为一种模型和假设，而且其实用效果就是其真实性的体现。如上所述，法律真实的证明标准具有实用效果且便于操作，因此刑事诉讼的真实观应该以法律真实说为基本内涵。

以上，笔者在传统的诉讼认识论的理论框架之内，对刑事诉讼的事实观与真实观作出了理论重述与新解。以下，笔者将把视线转向一种颇为新颖的关于刑事诉讼真实观的理论，即刑事诉讼共识论。这种理论对于诉讼真实观乃至事实观的研究都有开拓之意，但是其中的一些观点也值得认真评析乃至批判。

## 四、刑事诉讼共识论的理论评析

共识首先是一个哲学的范畴，是真理共识论的核心概念，其代表为哈贝马斯创建的"交往共识理论"。哈贝马斯认为，语言交往共识的要求包括论断的真实性、规范的正确性和意图的真诚性，而交往共识可以从过程、程序、产物三个角度进行考察。③共识也是一个政治学的范畴，是民主政治的重要概念，以罗尔斯（John BordleyRawls）创建的"重叠共识理论"为代表。罗尔斯认为，不同利益诉求和政治主张的人们之间可以达成共识，而民主政治的任务就是回答共识的下限、深度、广度以及明晰度等问题。④从哲学到政治学，共识理论也就从单纯的认识论理论发展到认识论与价值论相结合的理论。

近年来，我国的一些学者在借鉴哈贝马斯"真理共识论"的基础上，创立了刑事诉讼共识理论。不过，这些学者的观点并非尽同。其中，有的学者称之为"刑事程序共识论"，主要从认识论的视角探讨刑事诉讼中共识的概念与构成，以及与证明标准的关系。还有的学者称之为"刑事裁判共识论"，在讨论刑事诉讼的共识问题时兼顾了认识论和价值论的考量。由于本部分内容的主题是刑事诉讼的事实观与真实观，笔者将主要从认识论的视角对这些学者的观点进行评析。

### （一）刑事诉讼共识论的观点概要

刑事诉讼共识论的认识论理论源自哈贝马斯的真理共识论。哈贝马斯认为，最理想的认识活动应当是在平等主体之间的交往活动中展开的，并且，在交往的过程中，

---

① 参见［美］威廉·詹姆斯：《实用主义》，陈羽伦、孙瑞禾译，北京，商务印书馆1989年版，第104页。
② ［美］约翰·杜威：《哲学的改造》，许崇清译，北京，商务印书馆2017年版，第88页。
③ 参见［德］哈贝马斯：《交往行动理论》，洪佩郁、蔺青译，重庆，重庆出版社1994年版，第40-65页。
④ 参见［美］罗尔斯：《政治自由主义》，万俊人译，南京，译林出版社2000年版，第156-158页。

只有认识主体所获得的认识经过其他主体的检验，达成所谓的"理性共识"（rational consensus），认识活动才得以结束，而这种"理性共识"即为真理。① 因此，在哈贝马斯看来，追求主体间性的共识是认识活动中最为核心的环节。

有的学者认为，真理共识论同样可以作为刑事诉讼的认识论原理："共识理论与刑事裁判两者所涉及的问题起点的相似性、终点的一致性、观念的相通性、基本要求的一致性等方面表明，将共识理论引入刑事裁判问题是可行的。"② 因此，这些学者便在借鉴真理共识论的基础上提出了刑事诉讼共识论。

在事实观方面，持刑事诉讼共识论的学者主张，诉讼中事实的形成有赖于诉讼主体间的共识。例如，有学者认为，"法律事实就是在这种不断对话的言说中说出的……最终的法律事实结论既非控辩双方之一方的意见或主张，也非法官（或陪审员）的独断之见"，而实际上是诉讼各方主体所达成的共识。③ 还有学者指出："司法活动是一种建立在主体理性认识基础之上的主体间的交往活动，事实并非主体探知到的所谓原始案件事实的摹本，而是司法过程中之利益主体主观建构的产物，法律事实的正当性最终要诉诸于主体间在程序内达成的'共识'。"④ 刑事诉讼共识论关于事实的观点可概括为"诉讼中的事实形成于诉讼主体间追求共识的过程之中"。

在真实观方面，刑事诉讼共识论并不追求主观认识与客观事实的相符，而仅着意于裁判结论的可接受性，这种可接受性的正当性基础便在于诉讼主体间的共识。例如，有学者指出："多数案件中，再现案件客观事实其实已经沦为控辩双方之间形成共识的手段，即再现案件事实也仅仅是为了证明己方认识的正确性，而当人们已经就认识的正确性给出一个共同认可的标准——主体间达成的共识——的情况下，案件事实能否再现便无实际意义。"⑤ 可见，刑事诉讼共识论认为，只要诉讼主体之间在程序之内经过平等的商谈和论辩，并就案件事实达成了共识，不论证明结论是否正确反映了客观事实，司法证明的结论都可以被接受，也就达致了刑事诉讼的真实性标准。

在诉讼价值论方面，刑事诉讼共识论的学者认为，刑事裁判共识的价值主要表现在促进公正裁判、统一法律适用以及解决社会冲突这三个层面上。⑥ 此外，建立追求共识的裁判机制还有助于"增强裁判结果的可接受性"，"克服机械司法的缺陷，发挥能动司法的优势"，"促进司法民主，激活民众参与司法的热情"以及"遏制司法腐败，防止行政权力对司法的不当干涉"。⑦

---

① See Jürgen Habermas. *On the Pragmatics of Social Interaction: Preliminary Studies in the Theory of Communicative Action (Studies in Contemporary German Social Thought)*, translated by Barbara Fultner, MIT Press, 2000, p.97.
② 彭海青：《刑事裁判共识论》，北京，法律出版社 2012 年版，第 45 页。
③ 李力、韩德明：《解释论、语用学和法律事实的合理性标准》，载《法学研究》2002 年第 5 期。
④ 杨波：《法律事实建构论论纲——以刑事诉讼为中心的分析》，载《吉林大学社会科学学报》2010 年第 2 期。
⑤ 杨波：《由"真实"到"程序内的共识"——刑事诉讼事实认定标准理论的新展开》，载《法制与社会发展》2010 年第 4 期。
⑥ 参见彭海青：《刑事裁判共识论》，北京，法律出版社 2012 年版，第 115 页以下。
⑦ 闫斌：《哈贝马斯交往行动理论视域下的商议式司法》，载《法学论坛》2015 年第 2 期。

## (二)刑事诉讼共识论的逻辑论证

基于上述基本观点,刑事诉讼共识论的学者主要从两个方面展开逻辑论证。其一是作为论证逻辑前提的主体间性的认识论框架;其二是作为论证核心内容的商谈和论辩的认识手段。下面,笔者也将从这两个方面进行评析。

### 1. 主体间性的认识论框架

刑事诉讼的事实形成机制之所以能够被视为诉讼主体间追求共识的过程,就是因为其在认识论上有一个大前提,即主体间性的认识论框架。所谓主体间性的认识论框架,是相对于主客二分思维或主体性哲学而言的。主客二分的认识论思维源于真理符合论,主张认识活动是主体单方面对客体的经验认识,并将认识活动归结为一种个体性的主观与客观的符合。与之不同,主体间性的认识论框架则主张认识活动是在多个认识主体之间共同进行的,强调个体性的认识必须获得其他认识主体的检验。

刑事诉讼共识论的学者对主客二分的认知思维进行了批判。他们认为,客观真实中的主客二分思维"为诉讼主体的诉讼行为施加了潜在的限制,极容易致使全部的诉讼活动蜕变成一种单纯围绕案件事实真相而展开的封闭性活动"。[1] 并且,主客二分思维"将刑事裁判的作出者置于刑事裁判活动的中心,根据刑事审判者的主体性和理性能力实施裁判行为,而同司法实践所处的社会背景相分离,仍无法为刑事裁判的正当性提供不容置疑的理论支撑"。[2] 此外,还有学者指出:"古典的客观真实很难为刑事裁判在本体论上提供合理的支撑……寻求具体案例事实中各方当事人主体间性的理解与共识,这才是刑事裁判的本体论基础。"[3]

这些学者认为,既然主客二分的思维并不能提供认识论上的正当性依据,那么就应当引入主体间性的认识论框架,以弥补传统认识论的不足和缺陷。有学者认为:"所谓的司法程序其实就是对司法活动当中发生的法官与控辩双方之间的互动加以调节的一种规则安排,确切地说,就是受理案件的法官与控辩双方及其他参加诉讼的人之间的关系结构。"[4] 刑事司法证明不是单一诉讼主体(裁判者)的认识活动,而是由控辩审三方诉讼主体共同对案件事实真相进行发现和探索,就各方形成的多种认识结论,在程序之内进行商谈、论辩,寻求其他诉讼主体的认可并形成最终共识的过程。[5] 在主体间性的认识论框架之内,主观事实不是认知主体对客观实在的摹状,而是主体间通过解释、交涉建构的关于对象的共识。[6]

### 2. 商谈和论辩的认识手段

在关于如何实现诉讼主体间共识的问题上,刑事诉讼共识论的学者认为,诉讼主体

---

[1] 杨波:《由"真实"到"程序内的共识"——刑事诉讼事实认定标准理论的新展开》,载《法制与社会发展》2010年第4期。

[2] 马琳娜:《刑事裁判公众认同的法理基础》,载《江苏师范大学学报》2020年第4期。

[3] 周维明:《刑法解释学中的前理解与方法选择:刑事裁判的理性实践保障》,北京,知识产权出版社2018年版,第146-147页。

[4] 杨波:《诉讼认识论探究——以刑事诉讼为对象的分析》,载《求实学刊》2011年第3期。

[5] 参见杨波:《刑事诉讼事实形成机理探究》,载《中国法学》2022年第2期。

[6] 参见李力、韩德明:《解释论、语用学和法律事实的合理性标准》,载《法学研究》2002年第5期。

间关于案件事实的共识是通过商谈和论辩的认识手段实现的。实际上,刑事司法证明的过程本身就可以表现为诉讼主体间就案件事实进行商谈和论辩的过程。

在刑事审判中,设置法庭质证和法庭辩论环节的目的,就是让控辩双方就案件事实展开充分的商谈和论辩,而商谈和论辩的形式就表现为诉讼双方之间的陈述、驳斥、质证、妥协,也包括法官对诉讼双方的质询、引导、释明。① 在庭审结束后,裁判者须综合法庭审理的情况,在听取各方意见的基础之上得出最终的裁判结论。② 因此,裁判结论是在多方诉讼主体的交互中形成的。③ 综上,这些学者主张,刑事司法证明的实质就是诉讼主体间进行商谈和论辩,并最终形成诉讼主体间共识的认识过程。

在关于商谈和论辩的认识手段如何确保达成共识的问题上,这些学者认为,程序规则和证据规则的设立为诉讼主体间展开平等的商谈和论辩提供了制度条件,主体间的共识可以通过诉讼程序内的商谈和论辩得以实现。从这个意义上讲,程序规则和证据规则就是哈贝马斯所说的"普遍认同的话语规则和论证程序",而这正是主体间要达成共识所不可或缺的重要条件。④ 有的学者认为:"诉讼主体之间协商与交涉、沟通与合意、说理与论证的活动需要借助于一定的程序来完成,特定的程序是各方诉讼主体展开论证、辩论活动的平台。"⑤ 总之,程序之内的商谈与论辩是诉讼主体在事实问题上达成共识性结论的必经之路,也是可行之路。

### (三)刑事诉讼共识论的司法实践

司法裁判的基本社会功能有二:其一是维护社会正义;其二是解决社会纠纷。在很多案件中,后一功能具有更为突出的现实意义。社会成员往往是因为遇到了自己不能解决的纠纷才找到法院,而法院审判的基本任务就是定纷止争。如果诉讼各方能够就案件事实达成共识,法院就比较容易做到"案结事了"。在刑事诉讼中,被告人认罪可以作为共识的依据。但是在许多案件中,被告人否认自己实施了公诉方指控的犯罪事实,于是,如何达成共识就成为刑事诉讼的难题。一般而言,检控方和审判者比较容易达成共识,因此此难题的实质就在于如何达成控辩双方的共识,或者说,控辩审三方的共识。在司法实践中,解决这一难题的路径有二:其一是寻求控辩共识;其二是寻求裁判共识。

美国的司法实践中广泛采用的辩诉交易就是寻求控辩共识的例证。所谓辩诉交易,就是公诉方和辩护方通过协商与谈判,就指控的犯罪事实和应受的刑罚达成协议。其表现形式一般为被告人承认指控的犯罪事实,而检控方承诺给予较轻的刑罚乃至免于刑罚。德国的认罪协商制度和中国的认罪认罚从宽制度也有相似的效果。此外,刑事和解程序也有助于达致控辩双方的共识。一般来说,启动刑事和解程序就意味着被告人承认了指控的犯罪事实,并通过积极赔偿来寻求被害人方面的谅解,从而获得刑罚上的从轻或减轻。在这些共识的达成过程中,对立双方都要作出一定的妥协,并且表现出一定程度的"合作"。因

---

① 参见闫斌:《哈贝马斯交往行动理论视域下的商议式司法》,载《法学论坛》2015年第2期。
② 参见彭海青:《刑事裁判共识论》,北京,法律出版社2012年版,第51-52页。
③ 参见杨波:《法律事实建构论论纲——以刑事诉讼为中心的分析》,载《吉林大学社会科学学报》2010年第2期。
④ 参见章国锋:《哈贝马斯访谈录》,载《外国文学评论》2000年第1期。
⑤ 杨波:《刑事诉讼事实形成机理探究》,载《中国法学》2022年第2期。

此，有些学者就把这两种共识称为"合作式诉讼模式"中的"实质共识"。①

在被告人坚称自己无罪的案件中，控辩双方无法就案件事实达成共识，因此就需要法官通过裁判来认定案件事实。在这种情况下，法官裁判的可接受性是至关重要的。诉讼当事人都接受了法官的裁判，法院也就做到了定分止争。在社会关注的案件中，法官的裁判不仅要能够被当事人接受，而且要能够被社会公众接受。于是，控辩审三方的共识就会转化为社会公众的共识，而这对于司法功能的实现具有更为重要的意义。

那么，司法裁判如何具有可接受性？第一，通过司法机关或司法人员的权威性。如果法院或法官在社会中享有极高的权威和公信力，那么其裁判就会被接受。换句话说，因为民众都相信法官是公正的，所以法官的裁判就是公正的。第二，通过司法程序的公正性和终局性。例如，英美法系国家采用的陪审团审判就强调程序公正，而且陪审团的裁决具有终局性。在美国橄榄球明星辛普森涉嫌杀妻案中，虽然很多美国人都认为辛普森是杀人凶手，但是他们都接受了陪审团的无罪判决。②换言之，该案的审判做到了案结事了。

陪审团的评议过程也是寻求裁判共识的过程。在传统的陪审团审判中，陪审团成员必须就指控事实达成一致意见才能作出裁判。如果陪审团经过反复协商和讨论仍然无法达成一致意见，那么法官就要宣布该审判为"流审"，即无效审判。于是，法官宣布解散该陪审团，并在符合法律条件时再次组成陪审团，重新对该案进行审判。这就是说，陪审团的裁判必须基于全体陪审员的共识。后来，为了避免"流审"所造成的司法资源浪费，英美法系国家的陪审团裁判制度从"全体共识"转向了"多数共识"。例如，美国一些州的法律就规定，三分之二以上陪审员的一致意见就可以构成有效的陪审团判决。③

我国的合议庭评议制度也体现了裁判共识的要求，特别是作为人民陪审员制度改革之成果的"大合议庭"的裁判。《人民陪审员法》第22条规定："人民陪审员参加七人合议庭审判案件，对事实认定，独立发表意见，并与法官共同表决；对法律适用，可以发表意见，但不参加表决。"第23条规定："合议庭评议案件，实行少数服从多数的原则。人民陪审员同合议庭其他组成人员意见分歧的，应当将其意见写入笔录。合议庭组成人员意见有重大分歧的，人民陪审员或者法官可以要求合议庭将案件提请院长决定是否提交审判委员会讨论决定。"由此可见，我国的合议庭裁判也属于"多数共识"。当然，如何把合议庭的共识转化为社会公众的共识，这仍然是我国司法机关面临的一个难题。

## 五、刑事诉讼的程序共识论批判

我国学者关于刑事诉讼共识论的研究成果，为刑事诉讼的认识论研究开辟了一条新

---

① 参见彭海青：《刑事裁判共识引论》，载《现代法学》2011年第1期；杨波：《刑事诉讼事实形成机理探究》，载《中国法学》2022年第2期。
② 参见何家弘：《毒树之果——美国刑事司法随笔》，北京，中国人民公安大学出版社1995年版，第252-260页。
③ 参见何家弘主编：《中国的陪审制度向何处去——以世界陪审制度的历史发展为背景》，北京，中国政法大学出版社2006年版，第79-81页。

的理论进路。在这方面,杨波教授作出了重要的贡献。其不仅从新的视角批判了客观真实说,还引入了主体间性的认识论框架以及论辩和商谈的认识手段,促进了理论更新和知识增长,具有一定的学术价值和实践意义。然而,其提出的程序共识论也存在一些缺陷,例如,过度强调事实的认知建构性和主体间性的认识框架,以至于在事实观与真实观上陷入主观主义的误区。下面,笔者就从这两个方面针对杨波教授的观点进行讨论。

### (一)程序共识论的事实观批判

在刑事诉讼的事实观问题上,程序共识论并不是客观事实、主观事实和法律事实"三位一体"的,而是全然否定客观事实的存在,只承认事实的认知建构。换言之,程序共识论的事实观局限在主观事实的范畴内。这主要表现在以下三个方面。

第一,杨波教授批判了传统事实发现理论以及主客观二分思维中必须"预设一个独立于人(心灵)的客观事实的存在"的观点。① 这样的批判就反映出其对客观事实的态度,即认为独立于人(心灵)的客观事实是不必要的,或者说是没有意义的。另外,在对事实的定义和看法上,程序共识论的事实观与哈贝马斯的主观事实定义一脉相承。哈贝马斯认为,"事实并不是与客体(对象)完全相同的方式在世界中存在着的东西",② "事实就是(人们)说出来的、通过论辩能够证立的命题"。③ 基于此,杨波教授主张:"事实并非主体探知到的所谓原始案件事实的摹本,而是司法过程中之利益主体主观建构的产物,法律事实的正当性最终要诉诸主体间在程序内达成的'共识'。"④

第二,在认知思维方面,杨波教授认为应当完成由主体性认识到主体间性认识的转换。她认为:"在现代刑事诉讼中,认识活动不能被简单地化约为主客体间的关系……刑事诉讼中的事实形成于控辩双方之间充分的互动、交涉和论辩之中,无论是对抗式诉讼中法庭上控辩的激烈交锋,还是合作式诉讼中的控辩协商,事实认知都是在主体间的互动中才得以最终完结。"⑤ 她还断言,"诉讼认识活动所要处理的核心关系是主体之间的关系,而非主客体之间的关系"。⑥ 在这种认知思维的引导下,作为客体的客观事实在认识活动中并不具有基础性的作用。由此,程序共识论的认知思维便体现出浓厚的主观主义色彩。

第三,在关于法律事实的论述上,杨波教授也试图切断法律事实与客观事实之间的联系。她认为:"法律事实是主体之间在法定的程序空间内依据规则重构起来的一个新的事实,新事实的建构需要遵循实体规范,接受证据规则的剪裁,依托于动态的证明程序,受到各种程序规则的约束,也深深地打上了主体意志的烙印。通过程序重塑事实的过程也是赋予事实以法律意义的过程,由此,法律事实便摆脱了对客观事实的依附,获

---

① 杨波:《诉讼认识论探究——以刑事诉讼为对象的分析》,载《求是学刊》2011年第3期。
② [德]罗伯特·阿列克西:《法律论证理论》,舒国滢译,北京,中国法制出版社2002年版,第130页。
③ [德]罗伯特·阿列克西:《法律论证理论》,舒国滢译,北京,中国法制出版社2002年版,第135页。
④ 杨波:《法律事实建构论论纲——以刑事诉讼为中心的分析》,载《吉林大学社会科学学报》2010年第2期。
⑤ 杨波:《诉讼认识论探究——以刑事诉讼为对象的分析》,载《求是学刊》2011年第3期。
⑥ 杨波:《刑事诉讼事实形成机理探究》,载《中国法学》2022年第2期。

得独立存在的意义。"① 在她看来，客观事实不仅不能为法律事实提供正当性来源基础，反而阻碍了法律事实获得应有的独立地位。

综上，在程序共识论的事实观体系中，客观事实是毫无意义的，只有在程序之内建构出来的主观事实才是有意义的，法律事实也无需以客观事实为基础。因此，程序共识论的事实观是一种主观主义的事实观，或可称为"唯主观事实"的事实观。笔者认为，杨教授的这些观点值得商榷。

首先，程序共识论只承认主观事实并彻底否定客观事实的观点无法成立。如前所述，客观事实是主观事实的认识基础，而主观事实是客观事实的认知建构或主观再现。若是完全脱离客观事实，主观事实便失去了成立的正当性基础，认知建构的根基也就不复存在了。如此看来，程序共识论主张抛开事实的客观根基，仅通过"追求程序之内的共识"的方式建构主观事实的观点，完全忽视了客观事实在认知建构中所起到的基础性作用。若是将其运用在司法实践中，就可能导致最终的事实认定结论成为一种缺乏客观事实基础的"空中楼阁"或"海市蜃楼"。因此，这种事实观不仅无法助益于案件事实的准确认定，还会产生较为负面的影响，进而阻碍实体正义的实现，甚至为制造冤假错案打开方便之门。

其次，引入主体间性的认识论框架并不意味着要以之取代主客二分的认知思维，也不意味着要彻底否定客观事实的存在。正如郭湛教授所指出的："'主体—主体'的模式并没有完全否定和取代'主体—客体'模式。一方面'主体—主体'关系是以'主体—客体'关系为背景的。主体与主体作为复数的主体与他们共同的客体仍然处于'主体—客体'的关系之中。在这个意义上，可以说'主体—主体'关系是更宏观的'主体—客体'关系中的一部分。另一方面，在'主体—主体'关系中，每一主体作为对方的对象性存在具有一定程度的客体性。"② 由此可见，在主体间性的认识论框架内，客观事实仍然是认识的对象和基础，主客二分的思维模式也仍然是作为一种基础性的认识手段而存在的。引入主体间性的认识论框架的主要意义在于明确认识活动中的认识主体的多元性。后者并没有取代前者，而只是对前者的优化和改良。杨波教授运用主体间性的认识论框架来代替主客二分的思维，进而否定客观事实的存在，显然是一种谬误。

最后，在关于法律事实的论述上，程序共识论片面地强调了法律事实的主观性，严重忽视了客观事实在司法剪辑中的作用。如前所述，虽然法律事实是对主观事实进行司法剪辑的结果，其与客观事实之间必然存在着质和量上的差异，但是法律事实也不能脱离客观事实，且在司法剪辑的过程中仍须尽可能地做到以客观事实为基础。然而，杨教授的程序共识论却主张要"让法律事实摆脱对客观事实的依附"，建立一种独立的"程序性事实观"。这样一来，客观事实在司法诉讼中就失去了存在的必要性，法律事实便完全取决于主观事实，结果反倒使得法律事实失去了独立存在的意义。众所周知，实体公正的实现有赖于主观事实对客观事实的正确反映，剥离了客观事实便抽空了实体公正的内涵，进而使得司法公正成为无源之水、无本之木。因此，程序共识论关于法律事实的观点很难成立。

---

① 杨波：《刑事诉讼事实形成机理探究》，载《中国法学》2022年第2期。
② 郭湛：《论主体间性或交互主体性》，载《中国人民大学学报》2001年第3期。

### (二)程序共识论的真实观批判

在真实观方面,杨波教授认为:"只要据以作出裁判的事实结论是主体之间在程序保障下所达成的共识,那么,司法裁判就具有正当性和普遍的可接受性。"[①] 因此,"刑事诉讼事实认定标准应由'真实'走向'程序内的共识'。"[②] 基于这种真实观立场,杨教授对客观真实说持彻底否定的态度,认为客观真实根本无法实现,而且坚持客观真实说还会使司法证明陷入"封闭性的认识活动"。[③] 不仅如此,她还批判了法律真实中将客观真实作为司法证明理想目标的观点,因为"奋力接近案件事实"的要求同样体现了主客二分的思维。[④] 总之,不论是在具体的真实观主张上,还是在对客观真实的否定上,程序共识论都表现出强烈的主观主义倾向,因而也就显露出一些与其事实观相通的理论缺陷。

首先,程序共识论对客观真实说的批判有过度之嫌。法律真实与客观真实之所以会产生差异,其根本原因在于人类认知的有限性,但我们不能因为这种有限性的存在就完全放弃对客观真实的追求。例如,没有一个人在道德上是完美无缺的,但我们不能因此否定对道德完美的追求。同理,虽然刑事诉讼中认定的案件事实未必是客观真实,但是司法人员仍有必要把客观真实作为追求的目标。简言之,司法证明的目标是客观真实,司法证明的标准是法律真实。前者的作用是指引证明行为,后者的功能是规范证明结果。在刑事诉讼过程中,特别是在收集证据的侦查阶段,如果办案人员不以追求客观真实为目的,就容易导致收集证据的主观性和片面性,就会违反客观全面收集证据的原则。在审判阶段,司法人员也应该努力通过证据去认定客观发生的案件事实,即以客观真实为追求的目标,并保证所认定的案件事实达到了法律真实的标准。如果司法人员完全放弃了对客观真实的追求,那就容易在审查评断证据时偏离客观公正的立场,或者自觉不自觉地降低司法证明的标准,其后果就是办案质量的下降。

其次,程序共识论的真实观缺乏明确的司法证明标准。如前所述,法律真实是达致法律所设定之标准的真实,包括案件事实清楚、证据确实充分、排除合理怀疑、高度盖然性等。但是,程序共识论的真实观并没有给出具体的证明标准。如前所述,程序共识论者认为,"程序内的共识"就是真实,因此事实认定标准应当从真实走向程序内的共识。那么,程序内的共识是全面的共识还是部分的共识,是实质的共识还是形式的共识,是控辩双方的共识还是裁判主体的共识?作为认定事实的标准或证明标准,这些问题都是需要明确回答的。诚然,控辩审三方就案件事实达成的全面共识可以作为一个比较明确的证明标准,但是这个标准的适用范围有限,主要适用于"认罪认罚从宽"等非对抗性程序的案件之中。如前所述,陪审团或合议庭可以达成裁判共识,但是这种共识并不等于控辩审三方的共识。实际上,在大多数需要陪审团或合议庭审判的案件中,法庭所认定的案件事实都很难成为控辩双方(包括被害人)的共识。例如,引起广泛关注

---

[①] 杨波:《刑事诉讼事实形成机理探究》,载《中国法学》2022 年第 2 期。
[②] 杨波:《由"真实"到"程序内的共识"——刑事诉讼事实认定标准理论的新展开》,载《法制与社会发展》2010 年第 4 期。
[③] 杨波:《刑事诉讼事实形成机理探究》,载《中国法学》2022 年第 4 期。
[④] 参见杨波:《由"真实"到"程序内的共识"——刑事诉讼事实认定标准理论的新展开》,载《法制与社会发展》2010 年第 4 期。

的"28年错换人生案"就是无法达成共识的例证。该案的主要争议事实是杜新枝等人是否实施了"偷换"孩子的行为。虽然一审法院和二审法院对此问题都给出了否定的结论,但是并没有与当事人达成共识,更没有与社会公众达成共识。由此可见,在控辩双方或诉讼当事人无法就争议事实达成共识的情况下,法官的居中裁判是解决争议的基本路径,而法官依据法定的证明标准认定案件事实就是裁判的基础。从这个角度来看,程序共识论的真实观并没有普遍的适用价值。

最后,程序共识论的真实观很难发挥维护社会正义的司法功能。社会正义的实现既需要程序公正,更需要实体公正,因为正义的价值在很大程度上依赖于事实真相的发现。按照哈贝马斯的观点,认知主体在参与商谈与论辩时不仅要遵循程序规则,而且要"表现出共同探求真理的真诚态度和愿望"。然而,刑事诉讼属于控辩双方进行对抗的活动。不同的利益诉求使控辩双方很难形成"共同探求真理的真诚态度和愿望",因此追求程序之内的共识也很难查明事实真相。司法实践经验表明,要求控辩双方共同探求真相只能是一个美好的愿望。正如有学者指出的,共识不仅是一个认识论的问题,还是一个关于话语权的较量和斗争的问题。① 如果说刑事诉讼中控辩审三方可以在程序内达成共识,那也往往是话语权博弈的结果,是利益斗争与妥协的结果,而与事实和真相无关。

美国著名的证据法学家达马斯卡(Mirjan R. Damaska)曾经说道:"通过商谈,从多种观点中产生事实真相的赞誉似乎只有在以下意义上才能够成立,即通过商谈说服了某些参与者——这些参与者原来的观点导致了错误的事实主张,因而原本就应当抛弃。如果不存在这种对原有观点的背叛,那么,达成一致的决定所反映的就更有可能是为打破僵局而采取的折中方案,而不是有价值的事实真相。如果折中能够产生事实真相,那么,通过地心说与日心说之间的争论,所产生的正确结果就会是:地球与太阳在绕着它们等距的中轴运转。"②

综上所述,程序共识论的真实观是一种主观主义的真实观,也是容易偏离实体正义的真实观,而且在司法实践中很难达到其预估的效果。这也再次表明,刑事诉讼共识理论为学界从多角度理解诉讼中的事实与真实提供了一定的参考价值,但是其适用的局限性也是显而易见的。

## 六、小结

作为刑事诉讼认识论原理的两大支柱,事实观与真实观关乎司法人员如何正确看待刑事司法证明中的认识对象和认识标准的问题,其重要性不言而喻。因此,只有这两种理论得到正确的阐释,才能起到引导司法实践的理论功效。笔者认为,刑事诉讼的事实观是"三位一体"的,由客观事实、主观事实和法律事实所共同构成,三者缺一不可;而刑事诉讼的真实观是以单一形式存在的,即以法律真实为基本内涵。刑事诉讼共识论的提出,为事实观和真实观的理论贡献了新知,开阔了视野,但是也存在自身的局

---

① 参见章国锋:《话语·权力·真理——社会正义与"话语的伦理"》,载《社会科学》2006年第2期。
② [美]米尔吉安·达马斯卡:《比较法视野中的证据制度》,吴宏耀、魏晓娜译,北京,中国人民公安大学出版社2006年版,第53页。

限性。特别是其中的程序共识论，在关于事实观与真实观的问题上存在一些谬误。若不予以澄清，恐怕会影响司法实践。诚然，笔者的观点也只是一家之说，难免存在偏颇之处。为此，笔者敬请读者指正。

周慕涵，江西财经大学法学院讲师，法学博士。本节内容以《刑事诉讼事实观与真实观的学理重述——兼评"程序共识论"》为题发表于《清华法学》2022年第6期，收录本书时有改动。

## 第二节 司法证明的标准之问

马丽莎

在只有间接证据的案件中认定被告人是否有罪，是司法裁判的一个难题，而依据间接证据定罪的证明标准是这一难题的核心。间接证据定罪的"唯一性标准"具有合理性和实用价值，但是司法人员在具体案件中适用这个证明标准时要防止出现过严的偏差。认定结论的唯一性属于主观意义上的证明标准，不应理解为客观意义上的绝对真实。认定结论的唯一性应体现为证据组合的完整性和证据审查的系统性。

### 一、问题的提出

根据与案件主要事实之间的关联方式不同，我们可以把证据划分为直接证据和间接证据。所谓直接证据，就是以直接方式与案件主要事实相关联的证据，即能够直接证明案件主要事实的证据，例如刑事案件中的被告人供述和目击证人证言。所谓间接证据，就是以间接方式与案件主要事实相关联的证据，即必须与其他证据连接起来或通过推理才能证明案件主要事实的证据，亦称为"旁证"，例如刑事犯罪现场的手印、足迹和血迹，或手机等电子设备中留存的电子数据等。

根据直接证据认定案件事实的工作比较简单，司法人员的主要任务就是审查证据的真实性。例如，司法人员只要能够确信被告人的认罪口供是真实的，就可以认定案件事实。而根据间接证据认定案件事实的工作比较复杂，因为司法人员既要审查证据的真实性，还要审查证据与案件主要事实的关联性，而且一般都要以推理作为证明的桥梁。多数刑事案件既有直接证据，也有间接证据，后者的证明作用主要是印证和佐证，因此司法人员认定案件事实的主要依据就是直接证据。然而，某些刑事案件没有直接证据，只有间接证据，司法人员在认定案件事实时就不得不依赖于后者。这类案件可以称为"间接证据案件"或"旁证案件"。

毋庸讳言，我国司法人员在很长时期内都偏爱直接证据，特别是被告人的认罪口供。虽然我国刑事诉讼法明确规定不得轻信口供，并且确立了口供补强规则，但是在实践中，侦查人员没有口供不结案，检察人员没有口供不起诉，审判人员没有口供不判案等情况屡见不鲜。司法人员都知道口供并不可靠，但在认定案件事实时又习惯于依赖口供，形成一种"口供情结"。司法实践经验表明，依赖口供定案容易导致刑讯逼供的泛滥并造成冤假错案。①

依赖直接证据定罪是人类社会司法裁判的惯常做法，在世界各国的刑事错判中往往都能看到司法人员偏重直接证据的情况。在美国的刑事诉讼中，法官和陪审员容易轻信目击证人（包括被害人）的证言和辨认，因此辨认错误就是美国刑事错判的首要原因。例如，在美国专家统计的1989年至2009年发现并纠正的冤错案件中，被害人或目击证人辨认错误排在证据错误的第一位，所占比例高达75%，排在其后的是法庭科学鉴定错误、虚假的被告人供述和虚假的污点证人证言。②

进入21世纪以来，中国的刑事司法改革加强了对犯罪嫌疑人和被告人的权利保护，其措施之一就是要克服"口供情结"和遏止刑讯逼供。有些地方的司法机关甚至提出了办案"零口供"的口号。2012年修订的《刑事诉讼法》制定了比较明确的非法证据排除规则，还在第50条增加了"不得强迫任何人证实自己有罪"的规定。虽然人们对这一规定是否属于沉默权的问题存在认识上的分歧，但是该规定显然有利于加强对犯罪嫌疑人权利的保护，而且有助于消除司法人员的"口供情结"。另外，手机、互联网和公共场所的监控摄像等电子技术的广泛应用，为犯罪侦查和司法审判提供了多种多样的电子证据，也在一定程度上降低了司法人员对口供的依赖。总之，随着司法文明的进步和科学技术的发展，司法人员在认定案件事实时越来越多地运用间接证据，甚至出现了越来越多的间接证据案件。因此，我们有必要加强对间接证据的研究。

特别是承担公诉任务的检察机关，更应该加强对间接证据案件中证明标准的研究。证明标准是证据法学中一个重要的理论问题，也是司法活动中一个重要的实务问题。二十多年来，我国专家学者对刑事诉讼中的证明标准问题进行了广泛深入地研讨，取得了重大成果。这些成果不仅丰富了我国证据法学理论，也推动了我国刑事诉讼立法的完善。例如，2012年修订的《刑事诉讼法》就对1979年和1996年《刑事诉讼法》所规定的"证据确实、充分"标准作出了更为具体的规定，可以简称为"证据确实充分＋排除合理怀疑"的证明标准。由于间接证据案件具有特殊性，而且司法人员在依据间接证据认定案件事实时容易出现意见分歧，2010年由最高人民法院、最高人民检察院、公安部、国家安全部、司法部联合颁布的《死刑案件证据规定》第33条对死刑案件中依据间接证据定罪的证明标准作出了单独规定，其要点是"依据间接证据认定的案件事实，结论是唯一的，足以排除一切合理怀疑……"这一标准后来被人们简称为"唯一性标准"。2012年《刑事诉讼法》修订之后，最高人民法院颁布的《刑事诉讼法司法解释》（2012）第105条沿用了《死刑案件证据规定》的间接证据定罪标准，只是把上述文字表述修改为"足以排除合理怀疑，结论具有唯一性"。这一修改在语义上弱化了证明标准的强度，以便将其适用范围从死刑案件扩大至全部刑事案件。2021年2月4日，最高人民法院发布了修改后的《刑事诉讼法司法解释》（2021）。该司法解释对于依据间接证据定罪的

---

① 参见何家弘：《亡者归来——刑事司法十大误区》，北京，北京大学出版社2014年版，第17页。
② 本文作者之一何家弘于2011年4月应邀到美国辛辛那提市参加刑事错判的国际研讨会（2011 Innocence Network Conference: an International Exploration of Wrongful Conviction），这些数据来自美国专家的发言材料。参见何家弘：《短缺证据与模糊事实——证据学精要》，北京，法律出版社2012年版，第428-441页。

证明标准并未作出实质改变，只是在文字表述上更加简练。尽管上述法律法规似乎为依据间接证据定罪的证明标准提供了明确指引，但司法实践中对于这一规范的理解并不统一，存在进一步解读和阐释的需要。如何在司法实践中正确理解和把握间接证据案件的证明标准？这是值得证据法学者认真讨论的问题，也是本部分内容所要讨论的主题。

## 二、间接证据案件证明标准的实证考察

为考察间接证据案件在司法实践中的证明标准，我们拟以刑事判决书为样本展开分析。通过机器检索和人工筛查，我们在"中国裁判文书网"和"威科先行-TM 法律信息库"一共检索到 2004 年 1 月至 2020 年 9 月间审判的 186 个间接证据案例。在我国司法机关每年审理的大约 100 万件刑事案件中，这些间接证据案件的数量显得微乎其微。诚然，司法实践中的间接证据案件不会这么少。一方面，我们检索到的案例未必完全；另一方面，由于侦查人员和检察人员的办案习惯和"口供情结"，一定数量的间接证据案件未能进入审判阶段。不过，我们在这 186 个案例中也能看到一种正向的发展趋势，即间接证据案件在 2012 年修订的《刑事诉讼法》颁行之后基本呈现逐渐增加的态势（见图 5-2-1）。其中，2004 年至 2013 年这 10 年间只有 14 个，而 2019 年就有 39 个。虽然数量很少，但是它从一个侧面表明我国司法人员对口供的依赖程度开始下降，而且这符合刑事司法文明化和法治化的发展趋势。因此，认真研究这些"稀缺案例"，分析其中的规律性问题，可以为刑事司法实践提供一些前瞻性参考意见。

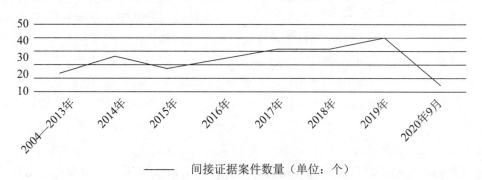

图 5-2-1 间接证据案件数量变化图

在这 186 个案例中，法院对指控的罪行不予认定的有 94 个（简称为"无罪案例"），对指控的罪行予以认定的有 104 个（简称为"有罪案例"），指控罪名的有罪判决率略高于 55%。在我国，刑事案件的有罪判决率高达 99%。相比之下，间接证据案件的有罪判决率确实很低。究其原因，一方面是侦查人员和公诉人员可能还不适应或不善于间接证据的证明；另一方面是审判人员在适用间接证据的定罪标准时可能存在过于谨慎的心态，以及多年形成的"无供不录案"的司法裁判习惯。在此，我们有必要先对这些无罪案例的判决理由进行具体分析。

### （一）无罪案例中判决理由的分析

在 94 个无罪案例中，法院对证据和事实的认定情况大致分为两类。

第一类案件中欠缺证明被告人实施了指控犯罪行为的证据,共有 12 个案例,约占 13%。这类案例可进一步分为两种情形:其一是犯罪事实的发生未得到有效证明的,有 2 个案例;其二是虽有证明犯罪事实发生的证据,但是没有证明被告人是作案人的证据,有 10 个案例。在这些案例中,法院的无罪判决少有异议,因为现有证据显然不能达到"结论具有唯一性"的证明标准。在我们检索的范围内,这些案件的公诉方在一审判决后也都没有提出抗诉。

第二类案件中存在证明被告人实施了指控犯罪行为的证据,但法院认为证据不足,共有 76 个案例,约占 80%。这类案例也可进一步分为两种情形:其一是单个证据存在不合法、不可靠、关联性不足等情况;其二是全案证据存在证明链不完整、证据之间相互矛盾、证明力不足等情况(见图 5-2-2)。

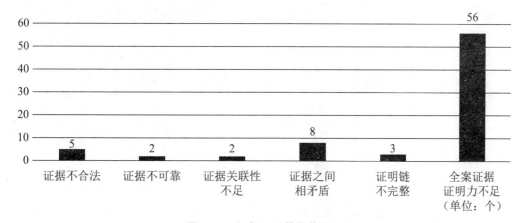

图 5-2-2 证据不足的具体原因

由于第二类案例中存在证明被告人实施了指控犯罪行为的证据,法院的无罪判决较容易引起异议。根据我们的检索,在这些案件中,共有 9 个案件的公诉方在一审判决后提出了抗诉。由于我国检法两家的工作关系以"互相配合"为主调,在刑事案件中公诉方提出抗诉的情况并不多见。在上述抗诉案件中,检法两家对案件事实的认识差异主要表现在对间接证据充分性的认定,即全案证据的证明力是否达到了定罪的"唯一性标准"。"唯一性标准"的认识差异不仅存在于控审两方之间,也存在于不同的审判者之间,比如对于证据情况类似的案例,不同的法官就可能得出不同的结论,这在盗窃罪案件中体现得尤为明显。下面我们就通过有罪判决的盗窃罪案例与无罪判决的盗窃罪案例的对比来加以说明。

## (二)盗窃罪案例中有罪判决与无罪判决的比较

在我们收集的 186 个间接证据案例中,盗窃罪的数量最多,共有 94 个。其中,有罪案例 55 个,无罪案例 49 个。这大概有两个原因:其一是盗窃罪案件中的间接证据比较多,直接证据比较少;其二是盗窃罪不像故意杀人罪、强奸罪、抢劫罪那么严重,司法人员容易接受间接证据定罪的结果。相较而言,虽然《死刑案件证据规定》最早就间接证据定罪的"唯一性标准"作出明确规定,但是在我们收集的间接证据案件中,仅有一起案件的判决是死刑缓期两年执行。

盗窃罪案件的证明要点比较单一，一般都是"被告人是否实施了指控的盗窃行为"，而且证据种类具有相似性，即多为痕迹物证、生物物证、赃物物证、工具物证、被害人陈述、监控录像等，比较适合进行案件之间的对比分析。因此，我们从中选取了10个有罪案例和10个无罪案例，通过对各个案件中能够证明被告人有罪的证据（简称为"本证"）和能够证明被告人无罪的证据（简称为"反证"）的比较，来考察盗窃罪案件中司法人员对"唯一性标准"的认识差异（见表5-2-1）。

表 5-2-1　盗窃罪案例中有罪判决与无罪判决的比较

| 有罪案例 | | | 无罪案例 | | |
| --- | --- | --- | --- | --- | --- |
| 序号 | 案由 | 证据情况 | 序号 | 案由 | 证据情况 |
| 1 | 曹某某盗窃案 | 本证：（1）被盗现场室内流动物体上提取到曹某某指纹印一枚；（2）报案及现场勘查及时；（3）曹某某有盗窃罪前科<br>辩方质证：证据充分性不足 | 1 | 吴某丰盗窃案 | 本证：（1）被盗现场室内流动物体上提取吴某丰指纹印一枚；（2）案发后的一个月内，吴某丰银行卡里有一笔与失窃金额近似的进账收入<br>反证：（1）有证人证言、书证等证据证明吴某丰没有作案时间且有较稳定的收入；（2）吴某丰对进账收入的来源能作出合理解释；（3）良好的品格证据；（4）被盗数额欠缺证据佐证 |
| 2 | 吴某某盗窃案 | 本证：（1）被盗现场室内窗框内侧及桌子抽屉外表面各提取到吴某某指纹印一枚；（2）吴某某有盗窃罪和抢劫罪的前科<br>辩方质证：证据充分性不足 | 2 | 李某某盗窃案 | 本证：（1）被盗现场室内窗框内侧提取到李某某指纹印三枚；（2）报案及现场勘查及时；（3）李某某有多次入室盗窃罪前科；（4）被害人有一定的证据证明失窃物品的数量和价值<br>反证：指纹印提取笔录无见证人签字，而且见证人是与案件有利害关系的被害人及其亲属，取证程序不合法 |
| 3 | 郭某某盗窃案 | 本证：（1）被盗现场室内流动物体上提取到郭某某的指纹印一枚；（2）报案及现场勘查及时；（3）郭某某有多次盗窃罪和贩卖毒品罪的犯罪前科<br>辩方质证：证据充分性不足 | 3 | 段某某盗窃案 | 本证：（1）被盗现场室内流动物体上提取到段某某的指纹印一枚；（2）段某某有盗窃罪前科<br>反证：（1）有证人证言、书证等证据证明段某某无作案时间；（2）侦查人员在现场同一物体上还提取到另外四枚不属于段某某的指纹印，其中两枚已认定属于另外两人——吴某和彭某；（3）经查询，段某某没有案发期间出现在案发省市的出行、住宿、上网、手机信号等相关记录，亦无与吴某往来的信息记录 |

续表

| 有罪案例 | | | 无罪案例 | | |
|---|---|---|---|---|---|
| 序号 | 案由 | 证据情况 | 序号 | 案由 | 证据情况 |
| 4 | 郑某某盗窃案 | 本证：(1) 被盗现场室内不同流动物体上提取到被告人的指纹印两枚；(2) 报案及现场勘查及时；(3) 郑某某有盗窃罪前科<br>辩方质证：证据关联性、充分性不足 | 4 | 黄某某盗窃案 | 本证：(1) 被盗室内流动物体上提取到被告人的指纹印一枚；(2) 被告人有盗窃前科<br>反证：(1) 侦查人员在现场同一物体上还提取到另外一枚不属于黄某某的指纹印；(2) 存在黄某某没有作案时间的证据；(3) 侦查机关在现场提取到指纹印的包装纸具有很强的流动性；(4) 被害人家中平时人员往来多且杂；(5) 现场窗户的铁柱被剪断，超出黄某某的作案能力，且作案工具未提取到 |
| 5 | 白某某盗窃案 | 本证：(1) 在被盗现场的作案工具上提取出白某某的DNA；(2) 被盗物品在白某某家中搜查出<br>辩方质证：证据充分性不足 | 5 | 付某某盗窃案 | 本证：(1) 被盗现场室内两个易拉罐上的遗留唾液中提取到付某某DNA；(2) 付某某有盗窃前科；(3) 有证据证明付某某于案发两个月前曾出现在案发地区，且付某某对此供述不实<br>证据短缺：(1) 无证据显示付某某于案发时出现在案发现场；(2) 被盗物品量大，窗框及窗户被拆，但作案工具和赃物未找到 |
| 6 | 胡某某盗窃案 | 本证：(1) 被盗现场室内斑迹提取到胡某某DNA；(2) 胡某某有盗窃罪前科<br>辩方质证：现场提取的载体与询问笔录中的载体互相矛盾，其检验结果真实性、关联性、充分性不足 | 6 | 陈某某盗窃案 | 本证：(1) 被盗现场室内提取到陈某某的血迹；(2) 陈某某有抢劫罪前科<br>证据短缺：被害人家中监控录像显示，案发时嫌疑人在屋内大门处出现了两次，但相貌不清晰，无法进行比对 |
| 7 | 刘某某盗窃案 | 本证：(1) 视频资料及证人证言证明刘某某在案发当天出现于现场附近；(2) 在刘某某身上和住处查获了被盗财物；(3) 刘某某关于赃物来源无法作出合理解释；(4) 刘某某无稳定工作和收入；(5) 刘某某有敲诈、抢劫、盗窃等前科<br>辩方质证：证据充分性不足 | 7 | 曾某某盗窃案 | 本证：(1) 视频资料显示嫌疑人于案发时间进入案发现场；(2) 案发现场室外窗户框提取曾某某指纹印1枚，与视频中显示嫌疑人触摸的位置相符；(3) 曾某某因疑似以相同手法实施另一起盗窃案而被群众抓获时，其体貌、衣着特征与案发现场监控视频显示的嫌疑人特征相符；(4) 曾某某有盗窃罪和抢劫罪的前科<br>证据短缺：(1) 监控视频不具备人像比对条件；(2) 从判决书中列明的证据来看，侦查机关未通过侦查实验的方式对指纹印位置与视频中嫌疑人推窗位置是否一致进行检验 |

续表

| | 有罪案例 | | | 无罪案例 | |
|---|---|---|---|---|---|
| 序号 | 案由 | 证据情况 | 序号 | 案由 | 证据情况 |
| 8 | 余某某盗窃案 | 本证：（1）视频资料显示余某某案发时段出现在现场门口，消失三分钟后裤子口袋明显变大，且形状与失窃物的形状相近，余某某不能对此作出合理解释；（2）余某某被抓获时随身携带的开锁工具，与现场门锁状况吻合；（3）案发当天余某某有与失窃数额相当的还款支出<br>辩方质证：证据关联性、合法性、真实性、充分性不足 | 8 | 郝某某盗窃案 | 本证：（1）视频资料显示郝某某于案发时段出现在被盗现场门口，而且其无法对此作出合理解释；（2）郝某某有类似作案手法的盗窃前科<br>证据短缺：从视频资料中无法确定郝某某是否进入现场 |
| 9 | 姜某某盗窃案 | 本证：（1）在姜某某家中查获赃物，而且其对赃物来源不能作出合理解释；（2）视频显示姜某某于案发当晚将赃物运送回家；（3）姜某某有盗窃罪前科<br>辩方质证：侦查机关违反受理管辖程序、证据充分性不足 | 9 | 孙某某盗窃罪案 | 本证：（1）被盗电脑的QQ账号在宽带用户孙某某之父的网络IP地址登录；（2）孙某某与被盗现场附近监控视频中显示的嫌疑人年龄和体型相符；（3）孙某某曾在案发学校就读，熟悉现场环境<br>证据短缺：（1）现场附近监控视频不具备人像比对条件；（2）孙某某家中的宽带网络上网密码设置简单，容易被人破解使用，且曾提供给亲友使用 |
| 10 | 马某某、冯某某盗窃案 | 本证：（1）视频资料显示二被告人在案发时段进出案发楼门；（2）案发后二人迅速离开案发城市；（3）部分被盗财物在马某某处查获，而且其不能说明来源；部分被盗财物经证人证明由冯某某销赃；（4）案发次日二人有大笔钱款进账，而且二人对钱款来源不能做出合理解释；（5）银行的监控视频记录了二人存款的过程，其中冯某某存款的一万元现金用红毛线捆绑，与被害人陈述一致；（6）二被告人无固定收入；（7）被告人在租房时使用虚假身份证并虚构职业<br>辩方质证：证据的关联性、充分性不足 | 10 | 杨某某盗窃案 | 本证：（1）杨某某于案发时段出现在现场附近，并在逃跑时被被害人抓获；（2）在现场周边提取到杨某某的鞋印；（3）在杨某某身边查获装有100只鸭子的3个蛇皮袋；（4）杨某某对出现在现场的解释经查不实，且前后不一致；（5）杨某某有故意伤害罪前科<br>证据短缺：（1）鸭棚内没有杨某某的足迹；（2）现场周边提取的脚印残缺，鉴定条件不佳；（3）被害人仅听到鸭叫，并看到杨某某在装有鸭子的编织袋附近，但并未看到其盗窃鸭子；（4）逃跑的另外一人未被抓获 |

从横向对比来看，表格中位于同一行的案例在证据方面有一定的相似性。例如，前6对案例的现场都存在与被告人相关联的生物物证或痕迹物证；第7对和第8对案例中都存在能证明被告人于案发时出现在现场附近或进入现场的视频资料；第9对案例中都

存在能证明被告人持有赃物或疑似持有赃物的证据；第 10 对案例中都存在能证明被告人于案发时出现在现场并于作案后逃离现场且持有赃物或疑似持有赃物的证据。从纵向来看，无罪案例中前 4 起案例都有反证，后 6 起案例都有一定的证据短缺；有罪案例虽然都没有反证，但也都或多或少地存在一定的证据短缺，例如在姜某某盗窃案中，现场内部的监控视频未能显示姜某某曾进入现场，只是法官认为这些短缺不足以影响有罪的心证。另外，总体来看，在有罪案例中，辩方的质证主要指向证据的充分性，而在无罪案例中，法院的主要判决理由也是证据的充分性不足，即不能排除合理怀疑，结论不具有唯一性。

### （三）盗窃罪案例中"唯一性标准"的认识误区

通过上述案例的比较分析，我们可以看到司法人员在具体案件中把握"唯一性标准"时存在一些认识误区。这主要表现在以下三个方面。

第一，有的审判人员习惯于依赖直接证据，不太善于或敢于运用逻辑和经验来审查间接证据的充分性。例如在胡某某盗窃案与陈某某盗窃案中，两案的公诉机关都指控被告人破窗入室盗窃，两案的侦查机关在案发现场都提取到被告人的血迹并从中检测出了被告人的 DNA，且两案都欠缺其他证明被告人实施了盗窃行为的证据，但胡某某被判决有罪而陈某某被判决无罪。在陈某某盗窃案中，法院认为除了现场提取的陈某某血迹外，"没有其他直接证据证实被告人陈某某具有入室的主观目的并实施了盗窃的行为"。但从判决书来看，该案的现场勘查图、照片证实被盗窃现场的卫生间玻璃被打烂，窗边及窗边瓷砖有血迹、房内的柜门被撬坏等情况，证明作案人采取了破窗入室的作案手法，且在作案过程中滴落血迹；司法鉴定意见书证实被盗现场提取的血迹与陈某某血样的 STR 分型相同，证明陈某某于案发时间非法出现在案发现场。简言之，窗边血迹一方面连接作案现场，证明与盗窃事实有关；另一方面连接陈某某，证明与陈某某有关，那么由此可以推断陈某某与盗窃事实有关，即陈某某在破窗过程中遗留了血迹；而陈某某因犯抢劫罪被抓获，证明陈某某具有犯罪动机，这一证据同样指向陈某某有可能实施盗窃行为。倘若这些证据是真实可靠的，那么在没有反证的前提下，根据一般经验法则（被告人有作案动机和作案意图，且案发核心现场不合理地留有其血迹，是作案人）进行推理，也并非难以得出陈某某非法进入案发现场并实施了盗窃行为的唯一合理结论。在刑事案件中，尽管伴随着科技的发展和社会管控能力的加强，可收集提取的证据越来越多，但鉴于不少犯罪嫌疑人具有较强的反侦查能力，嫌疑人销毁证据使得部分事实尤其是关键事实无法通过可提取的证据加以重现的情形十分常见。比如在传统盗窃案件中，被告人是否不合理地出现在案发现场就是很多案件中有待查证的关键事实。在这种情况下，倘若一味要求用证据直接证明关键事实，将使得这类案件的审查起诉和有罪判决成为难以完成的任务，不利于正确追诉犯罪。司法人员唯有敢于并善于运用逻辑和经验来审查间接证据的充分性，才有可能逐步改变对于直接证据的依赖。

第二，有的审判人员在适用"唯一性标准"时有偏严的倾向，过于强调某一特定事实是否达到了"唯一性标准"，这可能是受到了结论具有唯一性应该达到排除"一切"合理怀疑的要求的影响。例如，在刘某某盗窃案中，不仅在刘某某处查获了赃物，而且有证据证明刘某某于案发时间出现在案发地点，且其有多次盗窃前科，又无法说明赃物的合理来源。一审法院认定刘某某无罪，二审法院撤销了一审法院的无罪判决，认为现有证据足以证明刘某某构成盗窃罪。我们无意于评价二审法院的判决是否一定符合客观事实，但可以肯定的是一审法官对"唯一性标准"的把握更严，更倾向于考虑"能够排除合理怀疑地证明被告人靠近被害人并实施了盗窃行为"这一特定事实是否有证据直接加以证明，而不倾向于从刘某某在现场周边活动的时间、其本人的经济状况、以往的作案方法、能否合理地说明赃物的来源并提供查证线索等情况综合考虑刘某某是否实施了盗窃行为。再如，在杨某某盗窃案与马某某、冯某某盗窃案中，被告人于案发时都出现在案发现场且不能作出合理解释，侦查人员或证人在被告人住处或身旁发现了赃物且被告人不能合理说明来源，证明被告人案发后逃离现场的证据充分，两案的案发核心现场同样欠缺与被告人相关的物证……两个案件虽然存在这些证据上的相似点，但杨某某被判无罪，马某某、冯某某被判处有罪。尽管杨某某一案的确存在他人参与作案的可能，且他人未抓获归案，但从全案证据情况来看，这似不足以影响杨某某实施了盗窃行为的唯一合理结论。

　　第三，有的侦查人员和公诉人员对于间接证据的证明规律和要求的认识不足，在提取和审查间接证据时对证据组合完整性的重视不够，影响了唯一合理结论的达成。例如在曾某某盗窃案中，由于现场视频资料欠缺面部比对的条件，现场周边提取的曾某某的指纹与视频中嫌疑人之间的关联就成为事实认定的关键，侦查机关可以通过侦查实验等方式补充侦查，验证曾某某指纹印与案件之间的关联，若能够确定曾某某指纹印的位置与视频中嫌疑人触摸的位置和方向一致，且曾某某被抓获时的衣着和体貌特征能够与视频资料中嫌疑人的特征比对一致，结合在案其他证据应能得出曾某某实施了盗窃行为的唯一合理结论。在郝某某盗窃案中，视频资料并不能直接看出郝某某是否进入了案发现场，但抗诉机关认为"根据监控录像中光线的变化判断，郝某进入了班某某的办公室"。笔者认为，鉴于正常进出公共场所实施盗窃行为遗留物证痕迹的可能性较小，公诉机关可以通过侦查实验等方式补充侦查，进一步确认郝某某是否进入了案发现场，倘若这一事实能够确认，结合郝某某有类似作案手法的盗窃前科，郝某某对于出现在案发现场又无法作出合理解释，在案发时间段仅有郝某某一人在现场门口逗留，应能得出郝某某实施了盗窃行为的唯一合理结论。这些案例表明，侦查人员和公诉人员也应该加强对间接证据定罪的"唯一性标准"的认知。

　　通过上述关于间接证据案件证明标准的实践考察，我们可以大致得出以下结论：当前我国间接证据案件的数量并不多，且间接证据案件的有罪判决率较低；无罪判决的理由主要是证据的充分性不足，即无法达到"唯一性标准"；司法人员对于"唯一性标准"的认识存在一定差异，既有过于依赖直接证据以致不敢于、不善于基于间接证据进行推理的现象，也有对"唯一性标准"把握过严，或对"唯一性标准"认识不足的现象。其实，不仅司法实务人员对"唯一性标准"的认识存在差异，学界对该标准的内涵也有不同的解说。这或许正是导致司法实践中出现认识混乱的原因。因此，我们有必要在学理上对"唯一性标准"的内涵作出进一步澄清和阐释。

## 二、间接证据案件证明标准的学理解析

在刑事证据制度改革在世纪之交成为我国法学研究的热点问题时，在司法实践中统一具体案件的证明标准或证据标准的需求推动下，一些专家学者对延续多年的以"实事求是"为标签的自由证明模式也进行了反思和批判，力图推动刑事证据制度转向规范证明模式。在这种发展趋势下，司法机关在研究刑事证据规则时就提出了明确间接证据定罪标准的主张，并最终体现为《死刑案件证据规定》第33条，其要点是"依据间接证据认定的案件事实，结论是唯一的，足以排除一切合理怀疑……"。2012年《刑事诉讼法》修订之后，最高人民法院颁布的《刑事诉讼法司法解释》（2012）沿用了该规定，只是把上述文字表述修改为"足以排除合理怀疑，结论具有唯一性"。这一修改在语义上弱化了证明标准的强度，以便将其适用范围从死刑案件扩大至全部刑事案件。但是，司法人员对这一标准的理解似乎并未清除"一切"二字的含义，因为"排除合理怀疑"也可以解释为"排除一切合理怀疑"。例如，最高人民法院的法官在解读这一规定时就指出："此项规定有以下涵义：其一，依据间接证据认定的案件事实，只能得出唯一结论；其二，依据间接证据得出的结论排除了其他一切合理怀疑。"[①] 与此同时，法律学者对于"唯一性标准"的看法也不一致，主要争议就在于"唯一性标准"与《刑事诉讼法》规定的"证据确实充分+排除合理怀疑标准"的关系，即前者与后者是否相同，或者说，前者是否高于后者。

其实，早在20世纪末讨论刑事诉讼证明标准问题时，一些学者就曾使用"唯一性"来解释证据确实充分的标准。例如，樊崇义教授认为："从证据的调查和运用上要排除一切矛盾，从运用证据对案件事实所得出的结论上，本结论必须排除其他一切可能，而是本案唯一的结论。"[②] 金承光教授强调："要判定认定是否具有充分性，就要看它的结论是否具有排他性和唯一性。"[③] 此外，许多刑事诉讼法学和证据法学的教科书也都采用了"证据确实充分包含结论唯一性"的观点，但一般都不是单独就间接证据定罪的证明标准而言的。[④]

《死刑案件证据规定》出台之后，一些学者就"唯一性标准"和"排除合理怀疑标准"的关系进行了讨论。有学者认为，"唯一性标准"是高于"排除合理怀疑"的证明标准。例如，陈光中教授认为："我国的'唯一性'标准指的是没有其他可能性。这显然高于'排除合理怀疑'标准。"[⑤] 郭天武教授指出："排除合理怀疑与结论唯一这两项要求本身就是有所区别的，排除合理怀疑的事实认定，在证明标准意义上应当是一种或然

---

① 参见江必新：《最高人民法院刑事诉讼法司法解释理解与适用》，北京，人民法院出版社2015年版，第344页。
② 樊崇义：《客观真实管见——兼论刑事诉讼证明标准》，载《中国法学》2001年第1期。
③ 金承光：《从逻辑学的视角谈谈证据的充分性及其判定方法》，载《政法论坛》1999年第1期。
④ 参见陈瑞华：《刑事证据法学》，北京，北京大学出版社2012年版，第255页；程荣斌、王新清：《刑事诉讼法》，北京，中国人民大学出版社2013年版，第171页；张建伟：《证据法要义》，北京，北京大学出版社2014年版，第420页；陈一云、王新清：《证据学》，中国人民大学出版社2015年版，第71页；陈卫东、谢佑平：《证据法学》，上海，复旦大学出版社2016年版，第223页。
⑤ 陈光中：《"结论唯一"之解读》，载《证据科学》2010年第5期。

性、非唯一结论的事实确信。"① 但也有学者认为,"唯一性标准"是低于"排除合理怀疑"的证明标准。例如,陈卫东教授认为:"所谓'证据确实充分'就是要求利用确实的证据构成一个完整的证据体系,对主要犯罪事实(即被告人实施了犯罪行为)的证明达到唯一性(或排他性)的程度。而英美法系的'排除合理怀疑'的证明标准,实际上对司法人员的证明能力提出了更高的要求。建立这样的标准,可以从制度上进一步保证办案质量的提高。"② 近年来,有些学者对"唯一性标准"提出了批评。例如,李昌盛教授认为:"在我国现有证明标准解释和实践中,充分性条件并不具有'独立'意义,它基本被有罪结论唯一性所取代",并主张"把充分性要求从衡量最终判断的排他性要求中解放出来,让它具有独立的地位,并构建不同的规范路径。"③ 周洪波教授认为:"要使情理推断模式成为中国刑事司法的常规证明模式,关键的法律技术就是在证明标准上抛弃'结论具有唯一性'这种说法,按或然真实的意涵来理解'案件事实清楚,证据确实、充分''排除合理怀疑'等法律话语。"④ 总之,法律学者对这个问题的看法堪称众说纷纭,但问题的实质归根到底仍然是"唯一性标准"是客观真实标准还是主观认知标准,以及刑事诉讼是否应该因证据种类不同而设立不同的证明标准。

笔者认为,间接证据案件的证明方法和证据审查都具有一定的特殊性。在有直接证据的案件中,司法证明的主要依据就是直接证据,司法人员审查直接证据的要点主要是真实性,而间接证据的主要作用也是印证或佐证直接证据的真实性。在这类案件中,只要能够确认直接证据内容的真实性,司法人员就可以认定案件事实,因此"结论具有唯一性"的要求并不具有太大的意义。但是在间接证据案件中,司法人员并不能直接根据间接证据的内容去认定案件事实,尽管这些间接证据是真实可靠的。司法人员往往要根据间接证据的组合并借助于逻辑推理,才能认定案件事实。在这种情况下,缺少证据证明的事实环节,能否借助推理来填补,在不同的推理结果面前应作何选择,以及以推论填补事实的空缺是否与"无罪推定"原则相抵触等,都使得司法人员在罪与非罪、此罪与彼罪面前犹豫不决。对此,我们认为,把这类案件的定罪标准表述为"结论具有唯一性"是必要且合理的,是与"无罪推定"的刑事司法原则相一致的,且有助于司法人员根据间接证据的特点去把握刑事诉讼的证明标准。但正确理解和把握这一标准十分重要,正如有学者所言:"'结论唯一性'不应指案件结论数量上的单一,而应强调其质地上的独特性,即在排除了其他潜在结论的可能性(排他性)的基础上最大限度地还原案件事实。"⑤

从学理上讲,"唯一性标准"并不是高于"排除合理怀疑"的证明标准,因为排除合理怀疑的证明就包含了证明结论具有唯一性的含义。如果司法人员认为根据所有证据得出的事实认定结论不具有唯一性,那就表明其内心还存在合理怀疑。以故意杀人案为例,如果司法人员认为根据现有证据不能得出被告人就是杀人凶手的唯一性结论,那就

---

① 郭天武、颜林雅:《间接证据质证问题研究》,载《政法学刊》2017年第4期。
② 陈卫东:《2012刑事诉讼法修改条文理解与适用》,北京,中国法制出版社2012年版,第57页。
③ 李昌盛:《证据确实充分等于排除合理怀疑吗?》,载《国家检察官学院学报》2020年第2期。
④ 周洪波:《中国刑事印证理论的再批判与超越》,载《中外法学》2019年第5期。
⑤ 张晓娜:《间接证据的独立证明功效》,载《检察日报》2017年10月9日。

说明还存在其他合理的可能性，譬如另有真凶或另有死因，而这里所说的"其他合理的可能性"也就构成了司法人员的合理怀疑。总之，间接证据案件虽然具有一定的特殊性，但是也要适用刑事诉讼的证明标准。"唯一性标准"并未超越"证据确实充分＋排除合理怀疑"的证明标准，只是为帮助司法人员审查运用间接证据提供一种更加明确的表达方式而已。

## 三、间接证据案件证明标准的司法适用

虽然"唯一性标准"是必要且合理的，但这一看似"绝对化"的表述容易使人产生"绝对真实"的误解。为了防止司法人员在具体案件中适用这个证明标准时出现把握过严的偏差，我们有必要再次明确客观真实与主观认知标准的差异，从逻辑推理和证据审查的角度为司法人员提供指引。

### （一）认定结论的唯一性不应理解为客观意义上的绝对真实

首先，间接证据案件中认定结论具有唯一性的要求不属于客观真实的范畴。虽然《刑事诉讼法司法解释》第105条强调了证据的真实性，即"据以定案的间接证据已经查证属实"和"据以定案的间接证据之间相互印证，不存在无法排除的矛盾和无法解释的疑问"，但是这里所说的"唯一性"是指司法人员对案件事实的认识结论，因此它与"排除合理怀疑"一样，都是衡量司法人员主观认知的标准。

这里所说的"唯一性"是对推理性认识结论的要求，可以比"排除合理怀疑"更加明确地表达间接证据案件中的证明要求。运用直接证据证明案件事实的要点是证据的真实性，运用间接证据认定案件事实的要点是证据的充分性。在存在被告人的认罪口供或犯罪过程目击者的辨认与证言等直接证据的案件中，司法人员的"合理怀疑"主要针对上述证据的真实性。在间接证据案件中，案件主要事实的证明往往要通过推理来完成，因此司法人员的"合理怀疑"主要针对推理性认识结论的充分性或确定性，而使用"唯一性"来表达这种证明要求可以传达更为明确的信息。对此，外国的司法判例和法律规则也可为佐证。

早在1838年，英国的霍奇判例（R v. Hodge）就明确了间接证据定罪的证明标准，即"霍奇案规则"。在该案中，奥尔德森法官在对陪审团的指示中说道："此案完全是由旁证（circumstantial evidence）组成的。在认定被羁押人有罪之前，你们必须确信'这些旁证不仅与他实施的犯罪行为具有一致性，而且与他是有罪之人这一结论以外的任何合理结论都是不一致的'。"[①] 此后的一百多年，"霍奇案规则"不仅指导了英国的司法实践，而且指导了美国和加拿大等英美法系国家的司法实践。例如，加拿大的法官在审理间接证据案件时往往就直接引用霍奇案中法官对陪审图的指示。"这一指示在加拿大已经成为一种法律规则，即在审理间接证据案件时，陪审团应该遵照（奥尔德森）法官的

---

① Eric Scott, Hodge's Case: A Reconsideration, *Criminal Law Quarterly*, Vol.8, p.17（1965）.

指示。"① 尽管后来随着越来越多的学者和司法人员认识到依据间接证据定罪的证明标准不应受到特殊对待,②在间接证据案件中不再就证明标准对陪审团作出特殊指示,但仍有不少英美法系国家和地区受到"霍奇案规则"的影响,要求在间接证据案件中指示陪审团依据间接证据定罪应具有唯一合理性,但这一指示也仅仅是对排除合理怀疑的进一步强调,同属于主观认识标准。

例如,美国加利福尼亚州司法委员会制定的《陪审团指导手册》,第224条"间接证据:证据的充分性"指出:"在你依靠间接证据认定被告有罪之前,你必须确信间接证据所支持的唯一合理结论是被告有罪。如果你可以从间接证据中得出两个或两个以上的合理结论,而其中一个合理结论指向无罪,另一个指向有罪,你必须接受指向无罪的那个结论"。

2010年,澳大利亚维多利亚州司法学院出版的《统一证据手册》(*Uniform Evidence Manual*)对该州《2008年证据法》第141条作出解释:"当控方的案件建立于间接证据的基础之上,证明标准要求根据已证明的案件事实认定被告人有罪是唯一合理的推论。"另外,维多利亚州司法学院于2007年修订的《维多利亚刑事指控书》第8条建议:"如果控方的案件依赖于间接证据,通常需要给出以下两个指示:(1)要认定被告有罪,他或她有罪不仅必须是合理的推论,而且该推论必须是从证据所确定的情况中得出的唯一合理的推论;(2)如果陪审团认为对这些情况有任何合理的解释,而这些解释是符合被告人无罪的,则陪审团必须裁定被告人无罪。"第14条又补充解释:"陪审团作出的推论必须是唯一能从事实中得出的合理推论。在下列情况下,某一特定争议事实的存在将是从间接证据中得出的唯一合理推论:陪审团认为这些情况已经成立;根据人类事物的一般发展规律,这些情况的发生极有可能伴随着该待证事实的存在,以至于不能合理地认为存在相反的情况。"

由此可见,唯一性标准作为排除合理怀疑的进一步解释说明,同属能否认定被告人有罪的主观认知标准,而不是客观真实的标准。如果司法人员把这一标准理解为客观真实或绝对确定的标准,那就有可能过高地适用这个标准,不利于正确追诉犯罪。

其次,司法人员根据间接证据得出的推理结论很难达到百分之百的准确,结论的"唯一性"实质具有一定的或然性,这是由推理的内在本质所决定的。在表5-2-1前4个有罪案例中,证明被告人有罪的主要证据都是侦查人员在盗窃现场中心部位提取的新鲜指纹印及其与被告人指纹印样本的同一认定结论。由于被告人与被害人从无交往,因此法官推断现场指纹印是被告人实施盗窃行为时所留。结合案件中的其他间接证据,法官判定被告人有罪。这个事实认定包含了如下推理:

大前提:凡是在盗窃现场中心部位留下新鲜指纹印且与被害人素无交往的人就是盗窃人;

小前提:本案被告人是在盗窃现场中心部位留下新鲜指纹印且与被害人素无交往的人;

结论:本案被告人就是盗窃人。

---

① Sufficiency of Circumstantial Evidence in a Criminal Case, *Columbia Law Review* Vol.4, pp.549-560(1955).
② See John H.Wigmore, *the Science of Judicial Proof: As Given by Logic, Psychology, and General Experience, and llustrated in Judicial Trials*, Little, Brown, and Company, 1937, p.21. 转引自封利强:《我国刑事证据推理模式的转型:从日常思维到精密论证》,《中国法学》2016年第6期。

在演绎推理中，大前提的真实性是至关重要的。虽然这个现场指纹印推理的大前提是实践经验的总结，但却是通过不完全归纳得出的，因此并非绝对真实。正如表5-2-1中的无罪案例1吴某丰盗窃案和案例3段某某盗窃案，虽然案发核心现场留有被告人的指纹印，但其他证据都无法指向被告人实施了盗窃行为。这说明根据上述推理得出的事实认定结论也就具有一定的或然性。威格摩尔教授认为"证据推理通常是一种归纳法，但是每一个归纳推论至少可以通过将其或多或少潜在依赖的规则或概化命题凸显出来，从而被转化并表述为演绎形式。"这就是说，归纳推理构成演绎推理的大前提，而这一归纳结果可被称为"概括"或"概化命题"。对此，特文宁教授认为："概括是必要的，但也是危险的"，由于为建构理性论据提供唯一可以获得的基础，因此它们是必要的；但因为它们易于以推论为基础为接受结论提供无效的、不合法的或虚假的理由，当它们是隐形的或未明确表达的时候是危险的。① 由此可见，根据经验概括出来的演绎推理大前提属于或然真实的范畴。另外，"新鲜"指纹印也是一个并非精确的概念。在上述案例中，司法人员未能确定那些指纹印遗留的准确时间，因此对案件事实的认定结论也就具有一定的或然性。

最后，认定结论的或然性并不能否定该结论的唯一性。只要能排除合理怀疑，或然真实的结论也可以具有唯一性，而且据此作出的判决就符合法律真实的标准。在表5-2-1的有罪判决案例中，唯一性结论的或然性有所不同，换言之，这些认定结论的确定性程度有所不同。在表5-2-1的10个有罪判决案例中，我们可以把认定结论的确定性程度分为三级。第一级是确定性很高的案件。这类案件的间接证据一般都包括被告人遗留在盗窃现场的指纹印等痕迹物证、在被告人处查获的赃物以及被告人多次实施手段相似盗窃行为的前科证据等，譬如案例5白某某盗窃案。第二级是确定性较高的案件。这类案例的间接证据一般都包括在被告人处查获的赃物、能够证明被告人于案发时段出现在盗窃现场周围的电子数据（如手机GPS数据）或视频资料，以及证明被告人在案发后拥有来源不明的收入或明显超出其收入的支出等证据，例如案例7刘某某盗窃案。这一层级的案件，法官往往在此罪与彼罪之间犹疑不决，如刘某某一案应认定为盗窃罪还是掩饰、隐瞒犯罪所得罪？毕竟从事实发现和证明的角度来看，两罪之间有可能只相差是否实施了盗窃行为这一个环节，其他环节在事实外观上都可能是重合的。在这种情形面前，法官如果通过综合考虑全案证据情况，能够排除"被告人未实施盗窃行为"的合理怀疑，那么仍然可以达到"唯一性标准"，相反则应作出有利于被告人的认定。第三级是确定仅高于不确定性的案件。这类案件的间接证据一般仅包括在案发现场提取的被告人的指纹印、DNA等物证，被害人报案及时、现场勘查及时，没有其他嫌疑人进入现场的合理根据，且被告人往往有盗窃罪的前科，但并无更多指向被告人作案的证据，譬如表5-2-1中有罪案例的前4起盗窃案。由于当前的科技水平尚不能准确地识别指纹印和DNA证据的遗留时间，这一层级的案件中，法官在认定指纹印或DNA证据与本次犯罪的关联性问题上有所顾虑。但我们认为，鉴于实施盗窃行为的人往往具有较强的反侦查能力，在盗窃案件中，能够在核心现场收集到嫌疑人的指纹印或DNA证据已经十

---

① 参见［英］威廉·特文宁：《反思证据：开拓性论著》，吴洪淇等译，北京，中国人民大学出版社2014年版，第339页。

分不易，在此情况下，法官也可以根据对全案证据情况的把握对事实作出综合认定。如果法官能够达成内心确信，也可以得出唯一合理的结论。不过，在此类案件中，司法人员对于嫌疑人、被告人提出的有利于其的证据线索应当予以特别的重视。申言之，虽然确定性程度有所不同，但是只要法官在判定被告人有罪时能排除合理怀疑，就可以认为"结论具有唯一性"。司法人员在实践中对于"唯一性标准"的把握应该是与刑诉法规定的"排除合理怀疑标准"相一致的，或者说是融会贯通的。

### （二）认定结论的唯一性应重在证据组合的完整性

司法人员在间接证据案件中适用"唯一性标准"时，不应过分重视单个证据的证明力，而应综合评价全部证据的证明力，特别要注重证据组合的完整性。物证类间接证据，往往蕴藏着或多或少的时间、空间、成分等信息，这些能经合法合理的分析传递给司法人员的信息量决定了这个证据的分量，即证明力。证明力度高的证据一般被称为关键证据。关键证据受到司法人员的重视，甚至决定判决的走向。在盗窃案件中，能够证明被告人不合理地出现在案发核心现场的证据往往是关键证据，如指纹、DNA等，但这类关键证据因不能形成完整的证据组合，并不能完整地证明被告人实施了盗窃行为的关键事实；另外，有的案件虽然欠缺这类关键证据，但通过综合考量其他证据，也能达到结论具有唯一性的认定结果。

澳大利亚新南威尔士州司法委员会编纂的《刑事审判法院法官手册》将法官在间接证据案件中可对陪审团作出的指示分为"锁链式"（linkinthechaincase）和"电缆式"（strandsinacablecase）两类。"锁链式"是指"在某个间接证据案件中，公诉方所依据的一项或多项事实对于推断被告人有罪的过程来说非常重要，以至于该事实必须得到排除合理怀疑的证明"。"电缆式"是指"一般来说，间接案件中所依赖的任何特定事实或情况都不需要得到排除合理怀疑的证明"，"在审理一个间接证据案件时，（法庭）要考虑和权衡证据所确定的所有情况，以决定根据这些证据是否可以合理地作出符合无罪的推断。证据必须作为一个整体来考虑，而不是对每一个具体的旁证采取零碎审查的方法"，"公诉方必须向法庭证明，从整体上考虑所有已证明的事实后，可以得出唯一合理的推论或结论是被告人有罪。"[1]"锁链式"强调单项事实的重要性，即对于居于关键地位的事实必须得到排除合理怀疑的证明；"电缆式"则强调对全案事实的综合考量，即任何一项特定事实都无需单独得到排除合理怀疑的证明，但经权衡全案证据，所确定的事实应得出唯一合理的推论。这两种指示方式体现了间接证据案件审查的两种思维模式，可以指引不同证据结构的间接证据案件的审查。但无论哪种模式，事实认定都必定是证据组合证明的结果。

在盗窃罪案件中，存在"能够证明被告人不合理地出现在案发核心现场的证据"的案件可使用"锁链式"的审查模式。例如，在白某某盗窃案中，白某某与被害人无交往，而案发现场的作案工具上提取到白某某的DNA，且在白某某的家中扣押了部分赃物，这两项事实对于推断白某某实施了盗窃行为来说至关重要。如果不存在强有力的反证，如不在场证明，那么白某某进出现场的路线、实施盗窃行为的具体细节、其他赃物

---

[1] Judicial Commission of New South Wales, *Criminal Trials Court Bench Book*, https://www.judcom.nsw.gov.au/.

的去向等事实并不需要再进行排除合理怀疑的证明。有的盗窃案件中，由于种种原因并不能扣押到赃物，但如果"被告人不合理地出现在案发核心现场"这一事实能够得到排除合理怀疑的证明，且能够排除他人作案的合理怀疑，如吴某某盗窃案，也可以得出被告人实施了盗窃行为的唯一合理结论。在吴某丰盗窃案、段某某盗窃案、黄某某盗窃案中，虽然案发核心现场也提取到被告人的指纹印，但由于存在相矛盾的证据，或者证据的证明力不足等原因，"被告人是否不合理地出现在案发核心现场"这一关键事实不能得到排除合理怀疑的证明，而其他证据也无法弥补这一关键事实证明的缺失，进而无法得出被告人实施了盗窃行为的唯一合理结论。

对于不存在"能够证明被告人不合理地出现在案发核心现场的证据"的案件，则可使用"电缆式"的审查模式。这类案件各项证据的分量相对均衡，并无哪一项证据能够突出证明某一关键事实，但证据组合的效力使得综合全案事实可得出被告人实施了犯罪行为的唯一合理结论。在确认每个间接证据的真实性的基础上，证据组合中的证据数量越多，组合关系越紧密，其整体证明力就越大，认定结论的确定性就越强。正如英国法学家边沁在"自强证据链"理论中所指出的："自强证据链就是累积式论证结构，每一小部分证据仅仅为证明最终结论提供了很少证据力，但是在给定情形的语境中，如果把许多小部分证据结合在一起，那么作为一个整体证据就会有一种累积式增加的趋势。在某个点上，一旦有足够多的这种小部分证据结合在一起，整个推理链就会为接受结论提供一个相当充分的理由。而这种理由比任何单个证据本身所能给予的理由都要充分。"① 在表5-2-1的有罪案例10马某某与冯某某盗窃案中，虽然在案发核心现场没有发现被告人遗留的指纹印等痕迹物证，但是全案有60份证据，包括在被告人住处查获的赃物、记录被告人犯罪准备活动的视频资料以及证明被告人销赃的证人证言等。诚然，这些证据并不能单独证明被告人进入了案发现场并实施了指控的盗窃行为，但是这些证据组合在一起就可以得出唯一合理的结论。正如该案审判法官所言，"虽然单独每一个间接证据均有无限种怀疑，但将所有证据结合分析，足以排除合理怀疑"。相反，在孙某某盗窃案中，虽然孙某某具有持有赃物的可能，其年龄和体型也与现场监控视频中的嫌疑人相符，且其熟悉作案场所、具备作案条件，但是对这些证据进行单独分析时，每一个证据都有多种怀疑，整体分析时，全部证据组合在一起也并不能得出孙某某实施了盗窃行为的唯一合理结论。另外，在曾某某盗窃案和郝某某盗窃案中，现有的证据组合都能够证明被告人具有实施作案行为的高度可能性，但如果能通过补充侦查的方式，增加证据组合的强度，则更有利于得出唯一合理的结论。总之，对于并无哪些证据能够突出证明某一关键事实的案件，司法人员可以综合审查全部证据，通过查明证据组合的整体证明力作出是否有罪的认定。

### （三）认定结论的唯一性应基于证据审查的系统性

在间接证据案件中，司法人员首先要审查间接证据的真实性。虽然许多间接证据都戴着科学的帽子，但是其内涵也未必都是科学的，因此司法人员要认真审查，辨识真

---

① [美] 道格拉斯·沃尔顿：《法律论证与证据》，梁庆寅、熊明辉等译，北京，中国政法大学出版社2010年版，第129-130页。

伪。在对单个证据的真实性进行审查的基础上，司法人员还要在综合评断全案证据时发现并分析间接证据的矛盾。一般来说，自身矛盾者必有问题；两证矛盾者必有一假；与众证矛盾者多属假证；与事实矛盾者定是假证。如果案件中的间接证据可以达到"三统一"，即自身统一、相互统一和全案统一，那么这样的证据组合就具有很高的真实性，就可以作为定案的根据。

司法人员在确认了间接证据的真实性之后，还要审查其证明力。间接证据的证明力是由证据与案件事实之间的联系所决定的，而间接证据与案件事实的联系具有多样性。一方面，间接证据与案件事实的联系性质具有多样性。其中，既有真实联系，也有虚假联系；既有直接联系，也有间接联系；既有必然联系，也有偶然联系；既有因果联系，也有非因果联系等。另一方面，间接证据所确立的联系对象也具有多样性。具体来说，间接证据可以联系作案行为与嫌疑人，可以联系作案行为与被害人，可以联系作案行为与有关场所，可以联系作案行为与有关物体，可以联系嫌疑人与案件发生的时间和地点，可以联系嫌疑人与有关物体，可以联系被害人与有关物体，可以联系被害人与嫌疑人，等等。联系的性质和对象不同，间接证据对于证明案件主要事实的价值也有所不同。对于司法裁判而言，间接证据的审查认定是一项重要且艰巨的任务。

## 四、小结

在司法证明活动中，间接证据的种类和数量都很多。如果把案件中的证据比作大海上漂浮的冰山，那么直接证据相当于露出水面的山尖部分，而间接证据则是藏在水下的巨大山体。科学技术的发展不断为司法证明提供新的证据种类，而这些新的证据也多为间接证据，如以计算机、互联网、手机等为载体的新型证据。总之，间接证据的种类和数量都会不断增加。随着司法文明的进步和科学技术的发展，间接证据在司法证明中的运用会越来越多，越来越广。因此，加强对间接证据的证明规律的研究，特别是对间接证据案件证明标准的研究，既有理论价值，也有实践意义。

马丽莎，西南政法大学刑事侦查学院讲师，法学博士。本节内容以《间接证据案件证明标准辨析》为题发表于《国家检察官学院学报》2021年第5期，收录本书时有改动。

## 第三节　证明根据的短缺之问

徐月笛

司法人员认定案件事实依赖证据，若案件中的证据确实、充分，司法人员就容易得出正确的事实认定结论；若案件中证据短缺，事实就会模糊不清，就容易出现裁判错误。我国刑事诉讼法把证据的"确实、充分"作为认定案件事实的证明标准，要求定案证据的质和量都达致很高的水平。证据短缺现象在刑事错案中普遍存在，其特点是：短缺往往出现在司法证明的关键环节，言词证据容易出现证据质的短缺，实物证据容易出现证据量的短缺。导致证据短缺的原因是多方面的，既有案件客观条件的因素，也有办案人员的主观因素。研究证据短缺现象对于认识错案发生规律和预防错案皆有裨益。

刑事案件事实由于发生在过去，司法人员不可能直接感知，只能通过各种证据去认识，因此，案件事实对于司法人员来说犹如"镜中之花"一般。"花"是客观存在的，但司法人员看到的是经过"镜子"反射或折射所形成的影像，"镜子"在案件发生的过程中往往破碎并散落。于是，司法人员要想认识案件事实，就必须把散落各处的"镜子片"收集起来，拼凑成"镜子"，再通过"镜子"去认识"花"。然而，在许多案件中，司法人员得到的"镜子碎片"是残缺的和磨损的，只能看到"花"的部分影像，有些还是模糊的甚至是扭曲的影像。这就是说，案件中的证据往往具有短缺性。为了更好地研究和认识证据短缺现象及其规律，笔者选取了45起已经纠正的刑事错案作为样本，并且以20起证据确实充分的刑事判决案件为对照，进行实证比较分析，为保证两组样本分析标准的一致性，笔者选取的案件罪名都是故意杀人罪。

## 一、故意杀人罪证据标准的实例解析

证据是司法人员认定案件事实的根据。证据有两种含义：一是案件发生时客观存在的证据，例如，杀人案中的尸体和周围环境中留下的痕迹物证以及在相关人员大脑中留下的印象。由于这种证据潜藏在客观世界中，可能被办案人员发现，也可能不被办案人员发现，所以称为"潜在证据"。二是办案人员或当事人收集并使用的证据，例如，在杀人案中，侦查人员收集的血衣、凶器等物证，这种证据是办案人员已经发现和使用的，可称为"现实证据"。在刑事司法活动中，现实证据往往少于潜在证据，因为侦查人员或当事人几乎不可能发现并收集全部客观存在的证据，换言之，潜在证据是大量的，其中有一部分没能转化为现实证据——无论是由于侦查人员或当事人没有发现，还是发现后没有使用。[①] 那么，多少现实证据可以保证司法裁判的正确性呢？这是我们首先要回答的问题。

### （一）证明标准与证据标准

证明标准是指司法证明必须达到的程度和水平，是衡量司法证明结果的准则。证明标准可以根据案件的不同和诉讼阶段的不同而有所区别，如刑事诉讼的证明标准和民事诉讼的证明标准，刑事诉讼中批准逮捕的证明标准和决定起诉的证明标准，以及法院认定被告人有罪和再审认定刑事错判的证明标准都有所不同，这即是证明标准多元化。证据标准是证明标准在案件中对定案证据的具体要求，一般来说，证明标准应该包含证据标准，但证明标准强调全案证据对案件事实的证明程度，因此，有些国家法律规定的证明标准仅侧重司法人员主观认知水平的描述，没有证据标准的客观描述，譬如排除合理怀疑的证明标准和内心确信的证明标准。我国《刑事诉讼法》规定的证明标准明确描述了证据标准的内涵，该法第195条规定法院判定被告人有罪的证明标准是"案件事实清楚，证据确实、充分"；第53条第2款规定证据确实、充分，应当符合以下条件：（1）定罪

---

[①] 何家弘、何然：《刑事错案中的证据问题——实证研究与经济分析》，载《政法论坛》，2008年第2期。

量刑的事实都有证据证明;(2)据以定案的证据均经法定程序查属实;(3)综合全案证据,对所认定事实已排除合理怀疑。全国人民代表大会法律工作委员会在《刑事诉讼法》的修改决定中认为使用"排除合理怀疑"这一提法并不是修改了我国刑事诉讼的证明标准,而是从主观方面进一步明确了"证据确实、充分"的含义,便于办案人员把握。①

证明标准指向案件事实,证据标准指向定案证据。要保证案件事实认定的正确性,定案证据的质和量都必须达到一定的标准。"证据质"是指证据的内容能否正确地证明案件事实,既包括证据的关联性与合法性,也包括证据的真实性与可靠性。"证据量"是指证明案件事实的证据数量,既包括证据的种类和件数,也包括证据内容所指向的案件事实要素的数量。"证据确实、充分"的证据标准既包含了对证据质的要求,也包含了对证据量的要求。"据以定案的证据均经法定程序查证属实"就是对证据质的要求,而"定罪量刑的事实都有证据证明"则是对证据量的要求。也可以说,"证据充分"是对证据量的要求,"证据确实"是对证据质的要求。这样划分虽然有些粗略,但基本表达了证据标准的内涵。就具体案件的证据标准而言,全案证据综合起来就能够形成一个整、协调的证明体系,足以得出唯一、确定和排除其他可能的结论。②于是,证据标准在案件事实认定的层面又回归于证明标准之中。

要研究证据短缺现象应首先明确定罪的证据标准,这应该从证据量和证据质两个方面展开。笔者选取了20起证据确实、充分的刑事判决案件,这些案例的选择标准是:(1)不存在法律适用争议;(2)当事人没有因定罪异议而提出上诉;(3)裁判文书中对定罪证据的描述比较全面详细。表5-3-1为20起证据确实充分的样本案例基本情况。

表5-3-1　20起证据确实充分的样本案例基本情况

| 分析角度 | | 案件数量(起) | 占比(%) |
|---|---|---|---|
| 裁判文书类型 | 二审判决书 | 15 | 75 |
| | 复审裁定书 | 5 | 25 |
| 犯罪阶段 | 故意杀人既遂 | 17 | 85 |
| | 故意杀人未遂 | 3 | 15 |
| 被告人能力 | 完全行为能力人 | 14 | 70 |
| | 限制行为能力人 | 6 | 30 |
| 作案方式 | 放火 | 1 | 5 |
| | 爆炸 | 1 | 5 |
| | 投毒 | 1 | 5 |
| | 使用凶器 | 17 | 85 |

### (二)证据量的定罪标准

根据证据标准对证据量的要求,司法人员认定被告人实施了指控的犯罪行为必须有

---

① 全国人大法制工作委员会刑法室:《关于修改中华人民共和国刑事诉讼法的决定:条文说明、立法理由及相关规定》,北京,北京大学出版社2012年版,第53页。
② 马凯、王兆峰:《证据短缺路径下的错案预防》,载《黑龙江社会科学》,2014年第3期。

充分的证据,其要点在于证据的内容应该覆盖所控犯罪的全部构成要件事实。我国传统的刑法理论把犯罪构成概括为犯罪主体、主观方面、客体和客观方面,但也有学者主张采取二分体系,即罪体与罪责。罪体是犯罪构成的客观要件,罪责是犯罪构成的主观要件,两者是客观与主观的统一。罪体是定罪的客观根据,对应于传统理论中犯罪的客观方面,包括行为、结果、因果关系、犯罪的时间和地点等因素。① 在司法证明中,罪体是案件事实的核心内容,也是司法证明的要点。案件事实可以分解为"七何"要素,即何事、何时、何地、何情、何故、何物、何人。② 就故意杀人案来说,案件事实可以抽象地表述为"何人因何事在何时、何地、如何(包含用何物)杀害了何人"。在案件审理过程中,这些事实要素都是要用证据加以证明,而其中最重要的两个要素是"何人""何事",简言之,司法证明的要点是"何人干了何事"。

根据《刑事诉讼法司法解释》第 64 条规定,在故意杀人案中,应当用证据证明的基本案件事实包括:(1)被告人的身份及其刑事责任能力;(2)被害人的身份;(3)被告人实施了指控的杀人行为;(4)被告人有杀人的动机,存在直接故意或者间接故意的罪过;(5)故意杀人行为的时间、地点、手段、后果及起因等。

从证据形式的角度看,通常用于证明"被告人身份及其刑事责任能力"的证据包括户籍证明身份证信息和门诊病历等书证,证人证言、骨龄鉴定和司法精神鉴定等鉴定意见。用于证明"被害人身份及损害程度"的证据包括户籍证明、身份证信息和辨认笔录等书证,尸体检验报告、人体损伤鉴定和 DNA 鉴定等鉴定意见,证人证言。用于证明"被告人实施了指控的杀人行为"的证据包括直接证据(目击证人证言、被害人陈述和监控录像等视听资料)和间接证据(搜查笔录等书证、物及其鉴定意见、证人证言、视听资料以及辨认笔录等)。用于证明"故意杀人行为的时间、地点、手段、后果及起因等"的证据包括刑事立案书、报案记录、现场勘查笔录等书证,作案工具等物证,证人证言,被害人陈述,监控录像等视听资料以及尸体检验报告等鉴定意见。对于主观故意的证明,案件中常见的是动机证明,例如能够证明被告人与被害人之间存在矛盾、被告人曾说过要加害被害人及案发前被告人的精神或生活状况等的证人证言、被害人陈述等。而法官要想证明被告人主观上系"故意"非"过失",往往要依靠能够证被害人的损伤部位及损伤程度、被告人的加害方式及案发过程等证据,如尸检报告显示被害人被多次严重伤害并且受损部位在头部、胸部等致命部位,则认为被告人有杀人的故意。因此,用于证明罪责的证据包括证人证言、被害人陈述、人体损伤鉴定和尸体检验报告等鉴定意见。

在 20 起证据确定、充分的样本案例中,公诉方提供了能够证明基本案件事实的证据,因此证据量均达到了定罪的标准。例如,在邓某某故意杀人案中,法院作出有罪判决的证据有:(1)警方文件,包括接处警登记表、受案登记表、抓获经过、破案经过;(2)被害人陈述(证明案发过程及被告人动机);(3)六份证人证言证明案发过程,内容基本一致;(4)监控录像光碟一张(证明案发过程);(5)一份证人证言(证明被告人与

---

① 参见陈兴良:《本体刑法学》,北京,商务印书馆 2001 年版,第 220-227 页。
② 何家弘、刘品新:《证据法学》,北京,法律出版社,2013 年版,第 204 页。

被害人之间存在情感纠纷）；（6）辨认笔录及照片（证明被告人、被害人身份及作案工具）；（7）现场指认笔录及照片；（8）笔记本提取笔录、接受证据清单（证明被告人动机及作案前思想动态）；（9）百货商场购物小票（证明作案工具来源）；（10）现场勘验检查笔录、照片（证明案发现场的状况）；菜刀、背包的扣押决定书、扣押清单；人口基本信息表；现场血痕、被告人衣物上的血痕与被害人DNA一致的鉴定意见；法医学人体损伤程度鉴定书、伤残鉴定书；被告人邓某某的供述。

在上述证据中，能够证明被告人身份及其责任能力的证据有（6）；能够证明被害人身份及损害程度的证据有；能够证明被告人有杀人动机及存在故意的证据有（5）（8）；能够证明被人实施了指控的杀人行为及故意杀人行为的时间、地点、手段、后果及起因等的证据有（1）（2）（3）（4）（6）（7）（9）（10）。综上，案件的基本事实都有证据证明，而且每项证明中都有多个证据，因此该案的证据量已经达到了定罪的标准。

### （三）证据质的定罪标准

证据质既是司法人员认定案件事实的要素，也是司法人员审查判断证据的基本内容，即使个案件中的证据量已经达标，但若证据质不达标，司法人员依然无法确认案件事实。《刑事诉讼法》第48条规定，"证据必须经过查证属实，才能作为定案的根据"，这里的"查证属实"便是指向了证的真实可靠性。2007年中华人民共和国最高人民法院、最高人民检察院、公安部、司法部印发的《关于进一步严格依法办案确保办理死刑案件质量的意见》第25条规定，人民检察院对于退回补充侦查的案件，经审查仍然认为不符合起诉条件的，可以作出不起诉决定。具有下列情形之一，不能确定犯罪嫌疑人构成犯罪和需要追究刑事责任的，属于证据不足，不符合起诉条件：（1）据以定罪的证据存在疑问，无法查证属实的；（2）犯罪构成要件事实缺乏必要的证据予以证明的；（3）据以定罪的证据之间的矛盾不能合理排除的；（4）根据证据得出的结论具有其他可能性的。其中的（1）（3）（4）项都涉及证据质的欠缺。

作为定案根据的证据应该具备证据能力且真实可靠，这就是证据标准对证据质的要求。在上述20个样本案例中，司法人员都已对证据查证属实，确认了定罪证据的合法性、关联性和真实可靠性，因此其证据质也都达到了定罪的标准。例如，在史某某故意杀人案中，法院认定其犯故意杀人罪的证据包括：（1）被告人供述；（2）被害人陈述；（3）四份证人证言（证明被告人与被害人的关系和矛盾以及被害人被送至医院的经过）；（4）证人（卖店老板）证言（证明被告人购买、退回、又要回可乐的经过）；（5）证人（医生）证言（证明被害人就医后的诊断情况）；（6）医院检测报告、证明书等（证明被害人系秋水仙碱中毒及就诊情况、损伤情况）；（7）现场勘验检查笔录与办案说明、视频截图（证明告人曾购买秋水仙碱）；（8）受案登记表、办案说明、身份材料、学籍档案卡等（证明办案经过及被告人身份情况）。该案所列证据都与案件事实相关，证据（1）（2）（4）的内容基本一致，反映被告人给被害人买了一瓶可乐，在被害人发现可乐是苦的以后，与被害人一起将可乐退回小卖部，之后又单独来到小卖部取回所退可乐的经过；证据（1）（2）（3）（5）的内容，反映被害人在喝完可乐的当夜被送入医院就诊的事实；证据（7）系办案人员对被告人网上交易记录的固定，能够证明被害人在案发前曾购买过秋水仙碱。综合来看，全案证据均已查证，相互之间不存在无法解释的矛盾，内容属实，具备真实可靠性，能够得出被告人投毒杀人的唯一结论。

如何确认证据的真实可靠性往往是司法人员审查认定证据的难点，对证据的审查认定包括单独审查与比对审查：单独审查是单独地分析每个证据的来源、内容和形式，评断其是否真实可靠；比对审查是对案件中证明同一案件事实的两个或多个证据的比较和对照，看其内容和反映的情况是否一致以及能否合理地共同证明该案件事实。一般来说，内容相互一致的证据比较可靠，而内容相互矛盾的证据真实性则可能存在问题。当然，对于内容相互一致的证据也不能盲目采信，因为串供、伪证和刑讯逼供等因素也可能造成虚假证据一致，而对于内容相互矛盾或有差异的证据也不能一概否定，这是由于不同证据之间有时也会出现一些并不影响其真实可靠性的差异。所以，还应认真分析矛盾或差异的形成原因和性质。例如，不同证人对同一案件事实的描述很难完全相同，他们的感知能力、记忆能力和表达能力并不相同，其感知案件事实时的主客观条件也不完全相同，所以，比对审查的关键不在于找出不同证据之间的相同点和差异点，而在于分析这些相同点和差异点，看其是否合理、是否符合规律。

龙宗智把我国的司法证明模式概括为印证证明模式[①]，他认为"证据的相互印证是达到证据确实充分最重要的要求"，其中，"证据确实"须通过证据间的相互印证来确认，而"证据充分"也要求多个证据所含信息内容具有同一指向。[②] 虽然印证证明模式存在一些弊端，但证据印证作为一种客观审查判断证据的方法，在实践中具有可行性和实用价值。多个证据相互印证意味着证据内容具有一致性，并且提高了证据的可信度，因此，证据印证可以作为一种衡量证据质的客观标准。例如，在李某故意杀人案中，刑事技术鉴定书显示，被害人系被钝性物体多次击打头部致颅脑损伤死亡；公安机关在现场提取的扁头铁锤、圆头铁锤上均检出被害人血迹；被告人供述称其在案发现场先用圆头铁锤后用扁头铁锤击打被害人，且通过辨认，确认了现场提取的两把铁锤系其作案时使用的工具。另有证人证言证实，这两把铁锤平时就存放在被害人处。综合来看，被告人的供述、辨认结果和两份鉴定书的内容共同指向两个铁锤就是作案工具的结论，而被告人供述、证人证言的内容则共同指向作案工具系被告人从被人处获得的结论。因此，在李某故意杀人案中，被告人供述、辨认结果、证人证言和鉴定意见等证据的内容一致，能够互相印证，司法人员可以确认这些证据的真实可靠性。换言之，这些证据达到了证据质的定罪标准。

## 二、刑事错案中证据短缺现象的案例分析

刑事错案本质上都属于疑案，即因证据短缺而事实模糊的案件，只是因为办案人员原审时没有正确认识，作出了错误选择才导致误判的发生。因此，错案中存在证据短缺。刑事错案中的证据短缺有两种情况：一是证据量的短缺，是指案件中的证据未能证

---

① 龙宗智：《印证与自由心证——我国刑事诉讼证明模式》，载《法学研究》2004年第2期。
② 龙宗智：《中国法语境中的"排除合理怀疑"》，载《中外法学》2012年第6期。

明所有犯罪构成要件或案件事实要素，未能形成完整的证据链；二是证据质的短缺，是指案件中的某些证据不具备证据能力或真实可靠性，不能作为定案根据或者不能排除合理怀疑地证明特定案件事实。在许多刑事错案中，证据短缺的两种情况是同时存在的，为了考察这些证据短缺现象及其特点，笔者对45起较典型的刑事错案进行实证分析。

## （一）45起刑事错案的基本情况

本部分收录分析的45起刑事错案都是原审判决被告人犯故意杀人罪，后因某种原因改判无罪的案件。在这45起刑事错案中，纠错原因为"亡者归来"的有滕兴善案、佘祥林案、赵作海案共3起；纠错原因为"真凶再现"的有石东玉案、杜培武案、李久明案、孙万刚案、张高平和张辉案、呼格吉勒图案、杨云忠等三人案、丁志权案、李化伟案、覃俊虎等二人案、陈金昌等人案、刘日太案、秦艳红案、赵新建案、李杰等四人案共16起；纠错原因属于证据不足的"疑罪从无"案件26起。

表5-3-2为45起错案的作案方式及比例，从"作案方式"来看，以"扼颈"致被害人窒息死亡的有9起（其中的7起案件存在强奸或奸尸情节），占20%；"投毒"的有4起，占8.9%；因"放火""煤气中毒"致死的各有1起，各占2.2%；致死原因不明的有2起，占4.4%；使用枪支、刀具、木棍等凶器杀害被害人的有28起，占62.2%。

表5-3-2　45起错案的作案方式及比例

| 分析 | | 案件数量（起） | 占比（%） |
| --- | --- | --- | --- |
| 作案方式 | 扼颈 | 9 | 20 |
| | 投毒 | 4 | 9 |
| | 放火 | 1 | 2.2 |
| | 煤气中毒 | 1 | 2.2 |
| | 不明 | 2 | 4.4 |
| | 使用凶器 | 28 | 62.2 |

## （二）刑事错案中证据量的短缺

从罪体来看，错案中证据量的短缺集中体现在对"被告人实施了指控的杀人行为"的证明上，这主要表现为两种：一是没有充分的证据将被告人与该起案件中的杀人行为联系起来；二是现有证据对故意杀人行为的时间、地点、手段、后果及起因等的证明仍存在模糊或矛盾的地方。

通常来说，要证明被告人实施了犯罪行为，要么依靠能够证明案发全程的直接证据，如被告人供述、证人证言、被害人陈述和监控录像等；要么依靠将被告人和杀人行为联系起来的间接证据，如现场提取到的被告人指纹、血液和毛发等生物物证、被告人衣物或身体上提取到的被害人血液和毛发等生物物证以及证明被告人案发前出现在犯罪现场或具备作案时间的证人证言等。在一些错案中，能够证明被告人实施了杀人行为的证据往往只有被告人的供述，而没有其他直接证据，也没有充分的间接证据。

以使用作案工具的故意杀人案件为例，在故意杀人案现场、作案工具上容易留下犯罪嫌疑人的指印、掌印等生物痕迹。而且，被害人遭到木棍、刀具或斧子等器具袭击后，往往会有血迹喷溅在现场或犯罪嫌疑人身上，这些生物物证的指向性较强，是锁定犯罪嫌疑人或排除犯罪嫌疑人的力证据。在笔者统计的使用凶器杀人的28起案件中，现场未提取到犯罪嫌疑人的相关物证并且在被告人处不存在与案件相关的生物物证的有12起；现场存在可能与犯罪嫌疑人有关的物证但未提取或提取后未鉴定或未提供鉴定结果并且在被告人处不存在与案件相关的生物物证的有6起；现场未提取到犯罪嫌疑人的相关物证，而在被告人处发现血迹的有7起；现场有相关物证且被告人处有血迹，但无法作出同一认定的情况有3起。后两种情形虽然有相关证据，但是证明力不强，实际上涉及证据质的问题。从整体来看，在28起错案中，没有证据证明被告人与故意杀人案有关联的有18起。其他间接证据也存在类似情况，如在45起错案中，有16起案件的已有证据无法证明被告人具备作案时间，由此可见，大部分错案中没有足够的指向性证据将被告人与杀人行为联系起来。

除直接证据外，司法人员如要认定故意杀人行为的时间、地点、手段、后果及起因等事实，往往借助于大量的间接证据，如现场勘查笔录、尸检报告等，这类间接证据由侦查机关出具，有固定的文书形式，一方面可以证明有案件发生，另一方面可用于推测案件发生过程，这类间接证据也可称为"格式证据"。其他间接证据还包括作案工具等物证、证人证言等，这些证据需要通过内容的交叉性，一环扣一环地发挥对事实的证明作用。因此，间接证据的数量越多，司法人员就越容易认定事实经过；反之，间接证据数量不足会导致证明环节的缺失、证据链的断裂，事实经过就呈现出碎片化、模糊化。错案样本中，证明具体案发经过的证据量的短缺突出表现在作案工具上，28起使用凶器的错案样本中，有6起案件能够认定作案工具，有12起案件找不到作案工具，有9起案件无法定作案工具，还有1起案件的相关材料中未提及作案工具问题。

从罪责来看，错案样本中用于证明被告人动机的证据往往较为薄弱。侦查机关会根据被害人的人际交往情况，沿着情感纠纷、财产纠纷等方向查找、锁定犯罪嫌疑人，在这一过程中收集到的"动机证据"在事实认定阶段会转化成证明被告人动机或罪过的证据。但在某些案件中，也存在没有证据证明被告人动机的情况。例如李化伟案，由于死者是李化伟之妻，案发后李化伟被列为首要嫌疑人，然而控方并没有提供证据证明李化伟的杀人动机，只有口供中提到"婚后怀疑被害人婚前与他人发生过性关系，一直嫉恨在心，因家庭钱财一事发生口角后将被害人杀害"，而这一"动机"事后却被证明纯属臆测。在45起错案样本中，除口供外，没有其他证据证明被告人动机或直接故意、间接故意的有16件，占总错案样本的35.6%。实际上，只有在被告人确实实施了犯罪行为的前提下，"动机"才能作为证据证明被告人的主观方面，在不确定被告人是否有罪的情况下，"动机"证据不具有证明价值。

虽然"被告人的身份及其刑事责任能力"和"被害人的身份"这两项基本事实与其他需要证明的事实相比，比较容易证明，但错案样本中也存在缺少证据、无法证实被害人身份的情形。显然，确定被害人身份最有力且最直接的证据是DNA鉴定，然而在45起错案中，有4起案件未对被害人做DNA鉴定或者对DNA鉴定结果未进行比对，被害人身份的不确定导致了"亡者归来"现象的出现。

在李春兴案的原审中，公诉方提供的有罪证据包括：（1）被告人的认罪口供（证明其因砍树被害人产生纠纷，案发时用木棍将被害人打死）；（2）现场勘查笔录；（3）证人证言一（证明发现被害人并报案的经过）；（4）证人证言二（证明被告人案发前有弄死被害人的意思表示）；（5）尸体检验报告（证明被害人系被钝物打击头部，颅内出血死亡）；（6）现场提取的物证（木棍）上的血迹与被害人血型一致（证明系作案工具）；（7）鉴定意见（证明砍树现场发现的纸条系被告人所写）。在李春兴案中，除被告人口供外并没有其他直接证据，而且间接证据的数量也不够充分。首先，李春兴案中的侦查人员在进行现场勘查之前，案发现场就已遭到破坏，导致未能提取到足够的有价值的线索，没有指向性的间接证据能够证明"被告人实施了杀人行为"；其次，现场勘查笔录、尸体检验报告、提取到的木棍及其血迹鉴定意见只能证明被害人曾遭到木棍击打，未能证明使用该木棍的是被告人李春兴；最后，证人证言和砍树现场发现的纸条虽然能够证明被告人有作案动机，但是却无法证明是被告人实施了杀人行为。

### （三）刑事错案中证据质的短缺

在证据量不足的同时，刑事错案中证据的质也未能全部达到"确实"的标准，不足以证明各犯罪要素，主要表现为证据能力欠缺和真实可靠性不足。其中，因证据来源、内容和形式不合法和证据关联性不强导致的证据能力欠缺、因证据内容存在矛盾和误读证据价值导致的真实可靠性不足最为常见。表 5-3-3 为 45 起错案中证据合法性、关联性存在的问题。

表 5-3-3  45 起样本案例基本证据情况

| 分析角度 | 具体情况 | 案件数量 |
| --- | --- | --- |
| 证据取得程序不合法 | 鉴定样本来源不明 | 2 |
| | 实物证据取得程序不合法 | 3 |
| | 证人证言取得程序不合法 | 3 |
| 证据造假 | 鉴定造假 | 2 |
| | 作案工具造假 | 3 |
| | 证人证言虚假 | 8 |
| | 篡改证人证言 | 1 |
| 关联性不足 | 品格证据证明犯罪意图 | 6 |
| | 书证关联性、证明力不足 | 3 |

根据《刑事诉讼法》中非法证据排除规则的规定，来源、内容和形式不合法的证据应当依法排除，然而在错案原审中，不合法的证据却十分常见。例如，在李久明案中，律师在开庭时就提出"在 DNA 鉴定结论上没有关于检材来源、取得、送检过程以及必要鉴定过程的相关内容"，且被告人毛发的提取、保管和鉴定均无笔录证实。由于鉴定意见的取得包括侦查人员的取证阶段和鉴定人员的鉴定阶段，所以要确保其合法性，既需要保证侦查人员的取证合法，也需要保证鉴定人的鉴定合法。据此，李久明案中，已有证据无法证明物证来源的合法性和 DNA 鉴定结论内容的合法性，需要进一步查证或

予以排除。有些错案中还出现了"人造证据""虚假证据",如在李志平案中,侦查人员在现场提取了血迹、足迹和掌纹,这些生物物证具有明确的指向性,易于锁定犯罪嫌疑人,但侦查机关没有利用好这些证据,而是在掌纹比对不一致的情况下,通过鉴定造假来证明李志平有罪。这些完全不具备合法性的证据一旦进入法庭,就很可能对法官的事实认定产生误导。错案中定案依据的证据能力欠缺的另一问题在于证据关联性不强。关联性要求每一个具体的证据必须对证明案件事实具有实质性意义,换言之,一个证据的使用必须对证明案件事实或其他争议事实有确实的帮助。① 实证分析显示,上述错案中的某些证据与待证事实并无必然联系,或者其内容未能有效证明待证事实。例如,在李春兴案中,控方提供的证据之一是砍树现场发现的纸条,经鉴定,该纸条系被告人所写,控方据此认定被告人系因砍树纠纷谋杀了被害人,但仔细分析,砍树现场并非案发现场,纸条只能证明被告人曾到过砍树现场,无法有效证明被告人与杀人案件有任何关联,这种类似的案件还有何家标案和郭新才案。又如,在案件事实存疑的情况下,将犯罪前科作为犯罪动机,据此认定被告人的犯罪行为。犯罪前科只是对过去行为的评判,在侦查阶段可用于确定侦查方向,或在审判阶段用于确定量刑轻重,却不能作为定罪依据。"一次做贼不等于永远做贼,一次犯罪不等于永远犯罪。"在没有进行充分调查前,将品格作为案件的动机是武断而盲目的。在 45 起错案样本中,借助品格证据证明犯罪意图的有 6 起。

通过比对审查,看两个或多个证据能否合理地共同证明案件事实可以帮助确定证据的真实可靠性。表 5-3-4 为 45 起错案中证据真实可靠性不足的表现,如果证据与事实之间、证据与证据之间存在无法解释的不合理矛盾,那么该证据的真实可靠性就不强,法官据此认定案件事实时就需要慎重考量。错案样本中最常见的就是被告人供述内容上的矛盾,包括多份被告人供述(有罪供述和罪供述)之间相互矛盾,司法人员认定的有罪供述与证人证言、现场勘验笔录和鉴定意见等其他证据相互矛盾等多种情形。出现这种情形的案件共有 23 起,占到 45 起错案样本的一半以上。还有的案件中存在证人证言之间相互矛盾、鉴定结果与其他证据无法印证等类似问题,也占有一定比例。

表 5-3-4　45 起错案中证据真实可靠性不足的表现

| 分析角度 | 具体情况 | 案件数量(起) | 占比 |
| --- | --- | --- | --- |
| 证据内容存在矛盾 | 被告人供述反复 | 9 | 20% |
| | 被告人有罪供述之间相互矛盾或与其他证据无法印证 | 23 | 50.1% |
| | 证人证言之间相互矛盾 | 3 | 6.6% |
| | 鉴定结果与其他证据无法印证 | 5 | 11.1% |
| | 作案工具与尸检报告不符 | 2 | 4.4% |
| | 现场勘验笔录与尸检报告不符 | 2 | 4.4% |
| | 证据不具有唯一性和排他性 | 9 | 20% |
| | 鉴定方法的科学性存疑 | 3 | 6.6% |

---

① 陈兴良:《本体刑法学》,北京,商务印书馆 2001 年版,第 114 页。

证据真实可靠性不足的另一个表现是对证据价值的误读，即原审法官将证明价值较低的证据误读为证明价值较高的证据，因此错误认定了案件事实。例如，在滕兴善案中，侦查机关对作案工具的认定基于两个原因：一是斧头上附着的毛发血型与被害人相同，二是斧头的形状与被害人身上的砍痕一致。但无论是血型还是砍痕，都不是与唯一客体相对应的特征反映体，它们对应多个客体，或者说一类客体，不能据此作出该斧头是作案工具的同一认定。在徐东辰案中，被告人之所以被警方锁定，是因为其血型和被害人阴道残留物的血型能对得上，公安机关的 DNA 鉴定意见显示，"不能排除被害人阴道擦拭纱布和卫生纸上的精斑是徐东辰所留"，显然，这是个非确定性的鉴定意见，不具有排他性和唯一性，但这份鉴定意见最终却成为认定徐东辰犯罪的重要证据。在 45 起错案中，存在因证据不具有唯一性和排他性而无法证明被告人系作案人情况的案件有 9 起；测谎结论、根据鞋底压痕所反映的步法特征对穿鞋人进行同一认定的原理、方法和技术虽具有一定的科学性，但未能得到实践的充分验证和同行的一致认同，[①] 因此，对人身进行同一认定来讲，其证明价值也相对较弱，此类案件在样本中有 3 起。

错案样本中证据量的短缺和证据质的短缺往往是同时出现的，"不充分""不确实"共同造成全案证据不能形成完整的证明体系，案件事实模糊不清。以杜培武案为例，该案控方提供的有罪证据包括：(1) 被告人供述；(2) 现场勘验笔录及现场照片；(3) 尸检报告；(4) 测谎结论；(5) 枪弹痕迹检验书；(6) 提取笔录及物证检验报告，即提取了现场足迹、案发现场车辆离合器上的泥土、被告人衬衣泥土及火药残留物并进行检验；(7) 警犬气味鉴定结果；(8) 非目击证人证言。原审庭审中，辩护人曾提出几点疑问：作案枪支一直未能找到；现场未提取"刹车踏板"和"油门踏板"上的泥土，但检验报告中却将其作为对比检材；气味鉴定中两只警犬的鉴定结果不同且无比对样本；相关技术鉴定结论与现场勘验报告不符，被告人供述反复等。从证据角度分析，杜培武案既存在证据量的短缺又在证据质的短缺：一是缺少除被告人供述以外直接证据和作为关键性间接证据的作案工具，且被告人供述存在反复、内容不一致的情况；二是证据 (4) 的存在科学性存疑，只能作为参考性证据，或者排除性证据，而非确定性证据；三是证据 (5) 对枪弹痕迹的检验为种属认定而非同一认定，未能证明在被告人身上遗留火药残留物的枪支就是杀害被害人的那把手枪；四是证据 (6) 的检验鉴定一方面没有空白对照样本，另一方面泥土的来源不清，不能排除证据造假或检材混合的可能，真实可靠性不足，难以证明被告人在案发期间到过现场；五是证据 (7) 的两次鉴定结果相反，无法得出确定性论，而且由于被告人与被害人是夫妻关系，不能排除其二人身上气味相似的可能性。因此，杜培武案不但缺少证明"被告人实施了指控的杀人行为""故意杀人行为的时间、地点、手段、后果及起因"等证据，而且已有证据的"确实性"不足、证据链存在缺口。虽然有证据能够证明杜培武曾经开过枪，但鉴于其之前参加过射击训练，不能认定其开枪杀死了被害人。

---

① 何家弘：《当今我国刑事司法的十大误区》，载《清华法学》2014 年第 2 期。

## 三、刑事错案中证据短缺的特点与原因

通过已决案件与冤错案件中的证据对比,笔者发现,错案中的证据短缺存在一定特点,其产原因也与案发时的主客观条件有关。摸清证据短缺的发生路径,有利于我们正确认识、有效防范证据短缺并且减少因证据短缺而造成的误判。

### (一)刑事错案中证据短缺的特点

能够为办案人员使用的"现实证据"往往少于案件发生时客观存在的"潜在证据",从这个意义上来讲,证据短缺是必然存在的客观事实。但是,"证据短缺是错案的必要条件,有证据短缺不一定是错案,但错案一定存在证据短缺"[①]。证据短缺是否会影响案件的审判,是由短缺的表现特点所决定。

#### 1. 短缺发生在司法证明关键环节

通过对错案的分析可知,导致冤错案件发生的证据短缺往往是司法证明关键环节中的短缺,即案件构成要素事实的证据短缺,表现为(1)缺少证据对该事实予以证明;(2)已有证据的内容不可靠、使该事实处于真假不明的状态,例如,缺少被害人身份的证明、缺少被告人实施了指控的犯罪行为的证明以及缺少唯一能够证明被告人实施了指控的犯罪行为的证据(被告人供述)真实性不足等;(3)已有证据的证明力不强,不足以证明该要事实,例如血型鉴定的种属认定等。在所有构要素事实中,最难证明的当属"被告人实施了犯罪行为",即认定被告人与作案人的同一性。错案中的证据,除作为直接证据的口供外,现场勘验笔录、鉴定意见等间接证据中的大多数只能证明"有案件发生",而无法证明"被告人实施了该起犯罪",即在"有案件发生""被告人实施了犯罪"和"被告人实施了该起犯罪"之间,现有证据未能架起一座可靠的桥梁,这就是证据链的环与环之间没有扣好,导致在证明的关键环节上出现了缺口。如果"何人干了何事"的基本案件事实都模糊不清,那么办案人员构筑的整个事实框架就会分崩离析。

#### 2. 言词证据不可靠和实物证据不充分

刑事错案中的言词证据容易出现证据质的短缺,实物证据容易出现证据量的短缺。言词证据的真实可靠性不足是错案的一大"弊病"。在45起错案样本中,有8起案件出现虚假证人证言,还有起案件出现被害人陈述错误,它们在原审时没有经过严谨的审查判断,最终成为误判的定罪证据,当然,真实可靠性最值得怀疑的言词证据莫过于被告人陈述。由于客观情况限制,错案中往往没有目击证人证言,被告人供述几乎是错案中唯一能够证明主要案件事实的言词证据。然而,正是因为其"独一无二",所以才更容易成为真假不明的"洼地"。在"亡者归来"型和"真凶再现"型的19起错案中,被告人的"有罪供述"已被确定为虚假,而在另外的26起错案中,大部分被告人都在庭审时提出存在刑讯逼供,还有多起案件的辩方明确提出相关证据加以证明,却未得到原审法庭的重视。这些被告人供述很有可能是"由证到供"的虚假产物,是为了印证而印证的"人造证据"。此外,刑事错案中出现的被告人口供反复以及证人证言之间相互矛盾

---

[①] 参见陈兴良:《本体刑法学》,北京,商务印书馆2001年版,第105页。

等情况也给它们的真实可靠性画上了问号。

错案中的实物证据突出表现在数量稀缺上,对于言词证据而言,实物证据更容易"说真话"。虽然实物证据容易损毁或灭失,但只要及时、正确地提取、保管和使用,就能充分发挥其证明价值。然而,刑事错案中的实物证据数量普遍不足。在杜培武案中,由于警方始终未找到作案枪支,于是强迫杜培武供称"枪被拆散,扔到滇池里去了"。生物物证因现场条件限制提取不到或该提取而未提取,收集、保管和使用不当导致遗失等情况更比比皆是。在呼格吉勒图案中,作为关键物证的死者体内的混合体液至今未能得到确切答案——其究竟是没有提取还是提取后没有送检?可见,生物物证常常成为错案证据链上的"缺口"。与此相反,在20起证据确实、充分的刑事判决案件中,除存在两个以上直接证据或被告人自首的15起案件外,其余5起案件中存在"被告人衣物上生物痕迹为被害人所留"的有3起,"现场遗留被告人生物痕迹"的有2起,这些指向性实物证据与其他证据一起,使证明案件事实的证据锁链得以闭合。另外,书证、视听资料等实物证据在刑事错案中更为少见,即使存在,也大多关联性不强、证明力不足。

## (二)刑事错案中证据短缺的原因

追寻证据短缺产生的路径可以回溯到侦查阶段,应该说,不管是错案中证据量的短缺,还是证据质的短缺,都可以在侦查阶段找到原因。这些原因既包括主观方面,也包括客观方面。

### 1. 侦查中的不当行为是直接原因

《刑事诉讼法》第113条规定:"公安机关对于已经立案的刑事案件,应当进行侦查,收集、调取犯罪嫌疑人有罪或者无罪、罪轻或者罪重的证据材料。"正是基于这一职能,侦查人员成为案发后最先接触证据的人。能否把好侦查阶段证据调查的"第一关",直接影响到案件审理过程中证据是否短缺以及短缺的程度。然而,通过上述案例我们不难发现,错案中证据短缺的源头恰恰多来自于侦查机关的不当行为。

一是非法取证行为屡见不鲜。我国《刑事诉讼法》确立了非法证据排除规则,有效遏制了非法取证行为。在此之前,侦查人员为破获案件、获得证据,采用刑讯逼供、非法搜查等方式收集固定证据的现象却是屡见不鲜,非法取证行为是造成证据质的短缺的重要原因。一方面,运用法律手段取得的证据因不具有合法性而使其证据能力缺失;另一方面,非法获得的证据要么违背了被取证人的意愿,言词真实性存疑,要么不符合法定的取证程序,不能排除伪造证据的可能。非法取证行为还能够解释为何错案中会出现证据内容与客观情况相互矛盾,或者不同证据内容之间存在矛盾的情况。错案中出现的非法取证更多地造成了证据质的短缺,如果在未决案件中,非法证据排除规则得以贯彻执行,那么非法取证行为将会造成部分证据因不合法而被排除在法庭之外,由此造成的证据量的短缺也会影响案件事实的认定。

二是正确收集和认识证据的行为失范、能力匮乏。(1)在某些案件中,侦查人员在发现、提取和保管证据时不符合规范,影响了证据的真实可靠性,造成证据质的短缺。据孙万刚案做血型复检的专家回忆:物证送检时是混合装,即孙万刚和被害人的送检物是放在一起的。依据相关规范,物证应严格分开保存,混合装很可能会造成检材的污染。将混放在一起的物证拿去鉴定，很难保证鉴定结果的正确性和可靠性，自然无法保证其发挥应有的证明作用。（2）办案人员对证据的错误认识也会给证据的质量造成影响。在石东玉案中，当年的法医竟把被害人的 AB 血型错误地鉴定为 A 型，而司法人员也错误地将血型的种属认定当作同一认定，坚信石东玉大衣上的血就是被害人所留。（3）与鉴定相关的证据往往以自然真实性为前提，需要直观地评断其证据价值，仅凭模糊思维随意判断容易出现误读。滕兴善案作案工具的认定、杜培武案测谎结论的使用等都是不当解读的典型示例。（4）有一些案件存在办案人员努力不够，没有足够认真、细致地收集证据，造成了案发现场证据的遗漏，导致了证据量的短缺。例如，在覃俊虎、兰永奎案中，现场勘验人员居然没有发现被害人装有行车证和驾驶证的外套，反而是由被害人兄长捡到后交到侦查人员手中。可见，不管是办案人员的能力不足还是行为失范，证据收集过程中稍有不慎，就会影响证据数量的多寡和质量的高低。只有依法、依规、严谨和细致地对待"潜在证据"，才能得到"现实证据"的保质保量。

**2. 客观现实和制度缺陷是间接原因**

办案人员不可能回到过去认识案件事实，只能在案发后运用证据重构"镜中之花"，这种逆向性、间接性的认识活动不可避免受制于客观条件、受制于人类的认知能力。一方面，案件本身的情况和特点可能导致证据的短缺。错案样本中经常出现的情况是：案发现场本身能够提取的证据数量不多、质量不好，在一定程度上限制了办案人员对证据的收集和认识。在 45 起错案样本中，有 6 起案件就存在案发现场遭到破坏、涉案的尸体条件难以提取生物物证等情况。石东玉案中，现场脚印由于杂乱、太过模糊而没有条件提取；佘祥林、李怀亮等案中，被害人尸体由于长时间浸泡，难以提取到血迹、精斑等物证。在这些错案中，由于案发时间、案发地点的隐蔽性，鲜有目击证人能够提供证言或者有监控录像等视听资料，可见，客观条件对直接证据和间接证据的数量都有影响。另一方面，人的认识能力存在有限性。刑事案件中，办案人员不能保证完全发现、提取案发现场的所有证据，对已有的证据也无法确信认识正确。因为司法人员对每一起案件事实的认识都属于认识的"个别实现"，都是"在完全有限地思维着的个人中实现的"[①]，因此，实践中不能保证办案人员能够发现并提取所有的"潜在证据"并将其转化为"现实证据"。

我国目前存在的一些不合理、不完善的证据制度也影响着办案人员的证据调查行为，这是造成证据短缺的间接原因，比如违背规律的限期破案、轨制证据调查模式等。众所周知，诸如故意杀人案等重大恶劣刑事案件往往会产生巨大影响，引起社会的广泛关注。早日破案、严惩凶手是公安机关和普通百姓的共同心愿，这种"心愿"催生了"限期破案"制度。"限期破案"固然可以短时间内集中人力、物力和财力快速侦破案件，但凡事过犹不及，将"限期破案"看得过重，就会衍生出为了破案不惜伪造证据、非法取证的行为，错案中许多证据质的短缺正是根源于此。单轨制证据调查模式的弊端同样会影响证据的数量和质量。所谓单轨制证据调查模式，是指证据调查活动基本上由公诉方的侦查人员进行，查明案情和收集证据是以检察官和警察为代表的"官方"活动，而辩护方在证据调查中的作用甚微。刑事诉讼中，侦查人员的目标是查找犯罪嫌疑人，在

---

① 何家弘：《论司法证明的目的和标准——兼论司法证明的基本概念和范畴》，载《法学研究》2001 年第 6 期。

收集证据时常存在"心理盲点",造成证据调查的片面性,而单轨制证据调查模式不仅纵容了种片面性、限制了证据的来源渠道,而且使庭审时的辩方处于更加不利的证明地位。

### 3. "有罪推定"的错误理念是关键因素

"有罪推定"是我国司法人员办案理念中的"顽疾",它不仅可能导致误判的发生,还会加剧证据的短缺。错案样本中的一个普遍现象是办案人员锁定"犯罪嫌疑人"后,用于指控"犯罪嫌疑人"的证据往往不足,这种不足通常表现为数量上的缺少,而在无法确定"犯罪嫌疑人"是否犯罪的情况下,办案人员倾向于相信办案经验,坚持先入为主的观点,认为"犯罪嫌疑人"是在"负隅顽抗",或者说他们已经认定了"犯罪嫌疑人"就是凶手,剩下的只是需要"补足"证据。正是基于这种"有罪推定"的思想,某些办案人员才会不遗余力地获取口供、人为"搭建"证据链。有罪推定会导致侦人员热衷于非法取证,甚至不惜采用刑讯方式逼取口供;容易导致司法人员一叶障目,忽视或者不重视罪轻、无罪证据,将之看作"无关证据"而置之不理;容易导致一些办案人员不惜隐匿证据、伪造证据,不仅使认定案件事实的证据数量愈加贫乏,且造成证据不真实、不可靠,使证据质量达不到证据标准。冰冻三尺非一日之寒,错案中的证据短缺是多种原因交叉作用的结果,这其中既有客观条件的限制,也有主观认识的误区。虽然对因客限制造成的证据短缺很难在短时间内予以改善,但对于人为造成的证据短缺却可以也应该有所为。转变司法理念,树立无罪推定、疑罪从无的思想是根本;提高人员素质,建立能力强、水平高司法队伍是必需。为此,我们要不断提高侦查人员的取证能力,特别是发现和提取物证等间接证据的能力;不断提高司法人员审查运用证据的能力,特别是分析评断各种证据证明价值的能力。我们需革除刑事诉讼中的体制机制弊端,通过建立合理的制度来保证进入案件审理的证据数量和质量,缓解证据短缺程度。比如,通过有效的证据规则以及相应的激励机制,促使和保障那些有价值的证据材料顺利进入刑事司法系统的决策过程;通过保障法官审查运用证据的中立性和建充分搜寻、有效使用反证的制度机制,使司法人员在认定案件事实时实现证据资源的合理配置等。[①]

徐月笛,山东师范大学法学院副教授,硕士生导师。本节内容以《刑事错案中证据短缺现象的实证分析》为题发表于《武汉科技大学学报(社会科学版)》2017年第2期,收录本书时有改动。

## 第四节 案件事实的认定之问

渠 澄 吕泽华

关于正当防卫制度的研究在刑法领域已形成较成熟的"五要件说"认定标准体系,但正当防卫的证明难题仍需刑事诉讼法领域积极应对。正当防卫他向证明层面存在证明责任分配及证明标准设定不统一、证据制度单一固化的困境;正当防卫自向证明层面面临正当防卫的认定呈现损害结果导向化,以及法院审理阶段自向证明模式僵化等难题。

---

① 何家弘、何然:《刑事错案中的证据问题——实证研究与经济分析》,载《政法论坛》,2008年第2期。

结合三阶层犯罪论，应构建针对控方的有罪指控，先由辩方行使举证权利，提出正当防卫的相关证据以推动争点形成，而后由控方承担正当防卫的证伪责任，且需达到排除合理怀疑标准的证明体系。通过落实庭审实质化与证人出庭作证制度，加强对"一对一"证据的审查认定，适度扩展证据类型以缓解正当防卫案件中证据资源稀缺的困境。在法官自由心证中，不必过分苛求印证，应强调在经验法则同传统证据规则协调运用的基础上，充分发挥法官的心证作用，贯彻疑罪从无原则，确保判决结果的公正合理。

## 一、问题的提出

从 2016 年山东于欢案到 2018 年昆山于海明案、福建赵宇案、涞源反杀案，再到 2019 年丽江唐雪反杀案，近年来，正当防卫刑事案件不断涌现，引起社会各界的广泛关注，也产生了公众价值判断同司法裁判之间的激烈碰撞。为此，最高人民法院在 2019 年 10 月 17 日召开的第七次全国刑事审判法制工作小组会议中强调，要依法正确适用正当防卫制度，鼓励公民在自身权益受到侵害时进行正当防卫，同违法暴力犯罪行为做斗争。在此基础上，最高人民法院、最高人民检察院、公安部于 2020 年 8 月 28 日发布《关于依法适用正当防卫制度的指导意见》。此后，一系列典型案例判决的有序导引、各种宏观政策的相继出台，逐步唤醒了正当防卫这一沉睡的制度，与此同时，也带来了诸多不可回避的司法难题。对此，相关研究多集中于刑事实体法领域，并已形成较为成熟的"五要件说"[①] 认定模式，但正当防卫证明难、认定难的现状并未得到根本疏解。究其原因在于，刑事程序法领域对正当防卫证明机理研究欠深入。

1913 年，美国证据法学家约翰·威格莫尔率先提出"证明机理"（the principles of judicial proof）这一概念，旨在探索运用证据证明案件事实时所应遵循的内在证明机制。[②] 聚焦于正当防卫领域，对证明机理的研究即探索多方主体共同参与正当防卫案件的事实证明、运用证据进行推理时所遵循的机制与原理。为了避免理论探索与司法实践脱节，本部分内容建立在对司法实践案例考察的基础上，通过中国裁判文书网以"正当防卫"为关键词，检索筛选出青岛市 2014 年 1 月 1 日至 2022 年 12 月 31 日共计 209 份刑事裁判文书。以青岛市实践案例作为研究样本，一方面，为了克服裁判文书量化研究的固有局限性，[③] 本研究的开展还需与案件承办法官、检察官进行深入交流，青岛作为笔者所在城市，具有调研优势；另一方面，青岛市正当防卫案件裁判数量位居全国各地市前列，足以从中洞见具有普遍性的正当防卫证明难题。

梳理分析研究样本并结合对实务工作人员的深度访谈，可以发现，当前正当防卫领域正面临诸多证明难题。首先，因欠缺明晰的理论观点与法律规范指引，实践在对证明责任分配与证明标准设立问题的处理上呈标准不一的乱象。详言之，就证明责任的分配

---

[①] 参见高铭暄、马克昌：《刑法学》，北京，北京大学出版社 2022 年版，第 127 页；张明楷：《刑法学（上）》，北京，法律出版社 2021 年版，第 258-274 页；陈兴良：《正当防卫论》，北京，中国人民大学出版社 2017 年版，第 35-37 页；曲新久：《刑法学》，北京，中国政法大学出版社 2022 年版，第 45-47 页等。
[②] 参见封利强：《司法证明机理：一个亟待开拓的研究领域》，载《法学研究》2012 年第 2 期。
[③] 参见程金华：《迈向科学的法律实证研究》，载《清华法学》2018 年第 4 期。

而言,27% 的案件由辩方证明存在正当防卫事由,且其均因证明不能而承担了不利后果;剩余 73% 的案件则由控方承担不构成正当防卫的证明责任。此外,在由辩方承担证明责任的案件中,法院对被告人是否构成正当防卫这一事实的认定也多未达到"排除合理怀疑"的标准。证明责任是司法证明活动的基本前提,[①] 其解除又以达到一定的证明标准为要件,故二者作为正当防卫证明中的两大基础性问题,亟须理论层面的研究加以明确,以推动证明程序的开展。其次,基于正当防卫行为的特殊性,在研究样本中,有 14% 的案件还面临证据困局,即案件发生于密闭、空旷等无监控的空间,亦无证人目睹案件经过,证据资源极度匮乏。此类案件中,正当防卫事由真伪不明时的败诉风险往往由辩方承担,最终裁判也多以"正当防卫事实无证据证明"为由,作出了不利于被告方的事实认定。在单一、稀缺的证据条件致使正当防卫证明受阻的情形下,如何根据现存证据进一步深入挖掘潜在证据以完成证明责任亦是亟待解决的关键问题。最后,从研究样本的说理来看,法官对于是否存在正当防卫事实的论证普遍存在薄弱粗略的问题,亦能反映出当前正当防卫认定难的现状。基于正当防卫案件的特殊属性,应积极探索法官在案件审理的过程中,除了遵循传统的证据规则外,还应当结合何种原则、方法,才能更好地还原案件事实;在证据单一、匮乏的情形下又该如何作出公正合理的判决等,以丰盈裁判文书的说理,形成令公众信服的判决。前述问题均在正当防卫证明机理的应有涵射范围内,亦是当前正当防卫案件证明、认定过程中亟须解决的关键问题。

## 二、正当防卫证明的困境考察与反思

接续前述梳理,正当防卫的证明问题可以分为两类:其一是他向证明层面,即存在于控辩双方之间的证明问题;其二是自向证明层面,针对的是法官行使司法裁判权对案件进行认定时的证明问题。[②] 依循这两条主线,对正当防卫的证明难题展开细化挖掘。

### (一)正当防卫他向证明的困境探析

#### 1. 正当防卫证明责任分配标准不一

从理论层面来看,目前学界针对正当防卫证明责任分配问题尚未形成统一观点,主要分为"控方举证说"与"辩方举证说"两派。与理论界的观点争鸣一样,司法实践中也存在正当防卫证明责任分配标准不一的问题。

持"辩方证明说"的学者认为,正当防卫作为积极抗辩事由,并非单纯否定犯罪的消极辩解,而是犯罪事实之外的积极诉讼主张,提出的一方应对其主张承担证明责任,[③] 让法官相信其行为可能构成正当防卫,这种证明责任的分配方式类似于刑讯逼供案件中

---

[①] 参见胡学军:《证明责任制度本质重述》,载《法学研究》2020 年第 5 期。
[②] 参见何家弘:《证据法学研究》,北京,中国人民大学出版社 2007 年版。
[③] 参见卞建林、谭世贵主编:《证据法学》,北京,中国政法大学出版社 2019 版,第 478 页;欧卫安:《论刑事被告人的证明责任及其履行——以积极辩护为中心》,载《法学评论》2018 年第 5 期;陈瑞华:《刑事诉讼中的证明责任问题》,载《警察法学》2013 年第 1 期。

的举证责任倒置;① 亦有学者指出正当防卫事由独立于控方主张,被告人对此至少要承担提供证据的证明责任,否则将承担积极抗辩事由不成立的法律后果。② 与之类似,还有学者将辩方在正当防卫案件中需要承担的证明责任称为"有限的证明责任",且明确此种证明责任的分配方式符合无罪推定原则的总体要求,亦有助于实现刑事诉讼发现真实目的。③

检索研究样本后可以发现大量与此种学说相呼应的实证案例:在董翔宇故意伤害案中,一审法院认定的案件事实为上诉人董翔宇与被害人王某1、王某2因琐事发生争吵后,遂持菜刀砍伤王某1与王某2,并判定其构成故意伤害罪。董翔宇以王某2等人持凶器非法闯入其家中行凶在先,其持菜刀反击在后为由提起上诉,主张其行为系正当防卫,二审法院则以并无证据证实董翔宇所提主张为由驳回其上诉。显然,在二审中,对于本案是否属于正当防卫的关键性事实——王某2等人是否行凶在先的证明责任,是分配给辩方承担的,辩方因未能提出相关证据证实其主张而承担了败诉后果。

持"控方举证说"的学者则认为,在我国,由辩方承担"积极抗辩事由"的举证责任于法无据,也不符合刑事诉讼的诉讼目标及构造。④ 举证责任不是提出任何证据的责任,而是提出关于被告人有罪证据的责任,故而应由控方承担,辩方提出其属正当防卫等不构成犯罪的证据,并非承担举证责任,⑤ 应被当作行使抗辩权利。⑥ 亦有学者认为,要求辩方承担存在正当防卫的证明责任,无异于要求被告人自证无罪,这是与无罪推定原则相违背的,故应由控方承担不构成正当防卫的证明责任。⑦

对青岛市各级人民法院的判决进行考察后发现,实务中不乏控方举证学说的践行实例。在王灿庆故意伤害案中,被害人王某因琐事与被告人王灿庆发生争执,双方发生撕扯后倒地,王灿庆压在王某身上,数次以拳击打王某面部,致使王某面部受伤。王灿庆以其系正当防卫为由提出上诉,二审法院认为,检察机关提供的证人证言等证据可证实,虽然被害人王某动手在先,对引发本案负有一定责任,但并未严重威胁王灿庆人身安全,不具有防卫的紧迫性。在被害人倒地后,王灿庆仍主动攻击,连续朝被害人头面部击打数拳,致被害人轻伤二级,并不构成正当防卫。可以看出,针对上诉人提出的正当防卫事由,控方积极举证否定了王灿庆防卫的紧迫性,进而对其提出的正当防卫事由予以排除,是"控方证明说"的典型实践例证。

无论是理论层面的观点争鸣还是实践层面的司法乱象,均直指正当防卫证明责任分配标准不一这一问题,但在探索确立合理统一的证明责任分配方式前,需先明晰问题背

---

① 参见何家弘、梁颖:《论正当防卫案的证明责任》,载《中国高校社会科学》2021第2期,第83页。
② 参见纵博:《刑事被告人的证明责任》,《国家检察官学院学报》2014年第2期,第130页。
③ 参见王雯萱:《正当防卫案件的证明责任分配规则研究——以浙江省200份刑事判决书为分析样本》,《法治研究》2022年第3期,第84页。
④ 参见李昌盛:《积极抗辩事由证明责任:误解与澄清》,载《法学研究》2016年第2期。
⑤ 参见顾永忠:《论我国刑事公诉案件举证责任的突破、误区及理论根基》,载《甘肃社会科学》2015年第2期。
⑥ 参见李蓉、宋家骏:《论正当防卫的证明责任——以阶层犯罪论为视角》,载《湘潭大学学报(哲学社会科学版)》2020年第6期,第95页。
⑦ 参见陈光中:《证据法学》,北京,法律出版社2019年版,第317页。

后的成因，从而更好地"对症下药"。

首先，刑事立法层面的缺失是造成正当防卫证明责任分配标准不一的首要因素。当前我国刑事诉讼法律制度中涉及证明责任的立法规定原则性强，有关正当防卫等特殊事由证明责任的细化规定缺位。证明责任的分配应沿用私法中"谁主张谁举证"的惯常做法，还是贯彻刑事诉讼法体系中控方举证的基本原则，亟须研究加以明确。

其次，我国主流犯罪论体系的局限性致使正当防卫证明责任的合理分配受阻。长期以来，四要件犯罪论因其先入为主占据了犯罪构成主流学说的地位，但其在实践适用中却存在诸多弊端，具体到正当防卫证明责任的分配领域，主要体现在以下几个方面。

其一，我国刑事诉讼法确立了由控方承担犯罪构成要件事实的证明责任，故某一事实能否纳入控方证明责任的履行范围，很大程度上取决于实体法规范对犯罪构成的定义。[1]在四要件犯罪论体系下，正当防卫仅能作为独立于犯罪构成要件之外的违法阻却事由而存在，致使正当防卫事由证明责任的分配面临立法空白的尴尬局面，引发证明责任分配标准不一的乱象。

其二，四要件犯罪论具有极强的入罪倾向，易使办案人员仅专注于有罪证据的收集，[2]造成构罪观念先入为主的思维定势，进而招致有罪推定之虞，证明责任的分配也因此难得到有效落实。四要件犯罪论体系的平面结构决定了其在案件认定时的惯常逻辑：判定一个行为符合犯罪构成要件后先行得出其构成犯罪的结论，延后甚至不考虑案件是否存在违法阻却事由。此种逻辑驱使下，即便对证明责任进行了合理分配，也难以与先入为主的构罪观念相抗衡，实践中弱化出罪证明，轻视证据矛盾分析的情形屡屡发生。例如，通过对青岛市涉正当防卫案件进行考察后发现，在部分判决书的说理部分中，对于被指控行为是否符合犯罪四要件构成的说明占据大量篇幅，而对于被告提出的正当防卫事由却仅以"理据不足，不予采纳"寥寥几字带过。故此，应尽快摆脱传统四要件犯罪论的桎梏，探索在合理的犯罪论体系下证明责任分配的具体路径。

**2. 正当防卫证明标准界定不明**

对现有理论成果考察后发现，正当防卫证明标准的确立常与证明责任的分配存在一定关联。主张辩方承担证明责任的观点中存在不同的证明标准主张，有学者提出辩方对正当防卫的证明应达到优势证据、高度可能性标准；[3]亦有学者提出辩方只需证明正当防卫事由的存在具有可能性即可。[4]而主张控方承担证明责任的观点则对正当防卫的证明采行了证明责任倒置之设计，先由辩方承担正当防卫的主张责任，且需达到引起正当防卫合理怀疑的标准，之后证明责任倒置给控方，由其来对正当防卫证伪，并应达到排除

---

[1] 参见杨依：《正当防卫案件证明责任的分配逻辑》，载《中外法学》2022年第4期。
[2] 参见董坤：《构成要件与诉讼证明关系论纲》，载《法律科学》2020年第1期。
[3] 陈瑞华：《刑事证据法》，北京，北京大学出版社2018年版，第486页；房保国：《论辩护方的证明责任》，载《政法论坛》2012年第6期。
[4] 何家弘、梁颖：《论正当防卫案的证明责任》，载《中国高校社会科学》2021年第2期，第83页。纵博：《刑事被告人的证明责任》，《国家检察官学院学报》2014年第2期，第130页。

合理怀疑的程度，否则法官应作出无罪判决。①

正当防卫证明标准的高低在一定程度上决定着正当防卫最终得到认定的难易程度。故此，在当下相关规定缺位的状态下，极易出现证明标准的适用混乱，继而引发同案不同判的司法乱象，在此援引辽宁夏俊峰案与安徽周某某案加以说明。首先，从案发环境来看，前者发生于封闭的勤务室，后者发生于空旷无人的农田，案发地点虽不相同，但均会导致案件事实无证人证言亦无监控录像证明，还会使二者均处于孤立无援的危急状态；其次，从两案的防卫起因来看，前者遭受城管暴力执法，后者面临被强奸风险，二者的生命安全和身体健康权均受到切实侵害；最后，对两案案发时双方力量的对比情况进行考察，夏俊峰独自面对两名城管执法人员，而周某某则需抵抗身强力壮的成年男性，二者在案发时均处于力量条件的劣势地位。可以看出，两案不论是在证据条件方面、还是在防卫起因、案发环境、案发时力量对比方面均具有高度相似性（见表5-4-1），然而最终却呈现截然相反的裁判结果，造成同案不同判的一个重要原因即两案采用了不同的证明标准。考察来看，夏与周对正当防卫的证明均停留于被告人供述层面，对此，夏案审理法院认为"仅存在夏俊峰的供述，无法证实正当防卫行为的存在"；而周案审理检察院则认为"周某某供述稳定，且能够与其他证据相互印证，对周某某的供述应予以采信"，并作出不起诉决定。相较之下，夏案中法院对被告人推动争点形成所要求的标准显然高于周案，而这种差距的背后则是被告人命运的生死之别。由小见大，实践中正当防卫证明标准不一的现状亟待解决，故而对此展开研究，构建合理的正当防卫证明标准体系确有必要。

表 5-4-1  夏俊峰案与周某某案的案情对比表

| 考察因素 | 夏俊峰案 | 周某某案 | 两案共同属性 |
| --- | --- | --- | --- |
| 防卫起因 | 夏俊峰遭受城管暴力执法 | 周某某险被许某某强奸 | 两者生命安全和身体健康权利均遭受威胁 |
| 案发环境 | 密闭的城管办公室 | 夜晚空旷无人的郊外 | 两者均无获得外界救助的可能 |
| 案发时双发力量对比 | 两名执法人员对一名群众 | 男强对女弱 | 两者均处力量条件劣势地位 |
| 裁判结果 | 不构成正当防卫 | 构成正当防卫 | — |

### 3. 正当防卫案件证据稀缺、证据制度形式化

在正当防卫的他向证明层面，无论是证明责任的承担还是证明标准的设计，均需以一定的证据为载体，然而实践中正当防卫案件却常常面临证据资源稀缺，证据制度形式僵化的困境，致使正当防卫证明受阻。

首先，证人证言书面化与庭审形式化致使正当防卫证明效果大打折扣。正当防卫证

---

① 参见兰荣杰：《正当防卫证明问题的法律经济学分析》，载《法治社会发展》2018年第1期，第175-176页；揭萍、余怡：《正当防卫司法认定的证据学实证分析》，载《中国人民公安大学学报》（社会科学版）2020年第6期。

明的理想状态是能够获得监控录像来还原案件事实，但期待每一个案件均有如此明晰的证据条件并不现实。在大多数没有监控录像的案件中，证明活动的开展主要还是以证人证言为依托，而我国长期以来证人出庭率低以及庭审形式化的司法现状致使正当防卫案件中证人证言的证据价值大打折扣。一方面，实践中存在法官仅凭控方提供的书面证言即否定正当防卫成立的情形，致使辩方丧失对证人当庭质询、反驳的权利，证人证言所述事实的真实性难以得到保障，控辩平等对抗也流于形式。另一方面，通过分析研究样本及与实务工作者交谈，可以发现，即便在证人出庭作证的情况下，法官也鲜少以组织交叉询问的方式对证人证言所述案情进行核实，证人出庭只是走个过场。如果其他证据也匮乏，那么被告根本没有抵抗的可能性，这也使得正当防卫的证明难度进一步提高。

其次，正当防卫案件面临证据稀缺之困境致使正当防卫证明举步维艰。一方面，实践中大量正当防卫案件呈现"一对一"的证据困局，即仅存在被害人陈述和被告人辩解这对相互对立的直接证据，正当防卫的证明难以形成完整的证据链条，案件事实认定难。另一方面，我国法律体系规定了较为严格的证据制度，其中最明显的表现即对证据的来源及分类进行了严格限制，形成一种全封闭的证据类型规定。囿于法定证据种类的限制，许多有助于正当防卫证明活动开展的材料因不能获得证据资格而无法纳入正当防卫的证明中。如此，案情的查证难以得到突破，正当防卫证明难的现状亦无法得到改善。

### （二）正当防卫自向证明之困境探析

前述正当防卫案件证明责任的分配乱象、证明标准的多样以及证据证明的困境针对的均是控辩双方将案情呈现给法官，进行他向证明时存在的问题。接下来需探究案件流转至法庭裁判阶段，法官依据前述证据条件与证明活动进行裁决过程中所面临的困境。

**1. 证据条件欠佳下正当防卫认定呈现损害结果导向化**

对研究样本考察后发现，在证据稀缺状态下，法院的裁判结果往往与被告人造成的损害结果相关联，即如果被告人行为造成被害人重伤或者死亡，案件往往不会被认定为正当防卫。以青岛市中级人民法院审理的"王某故意杀人案"为例，被害人张某4因案发前与其继女即被告人王某发生家庭纠纷，将王某推搡在地致其流产，后被害人张某4又伙同其姐、外甥于案发当天欲强行让刚做完流产手术的王某搬出其丈夫租住处。被告人王某因被害人张某4的侵害行为而流产，后又面对被害人张某4一行人持续不间断的厮打辱骂，致其于案发时顺手拿起电脑边的水果刀进行防卫，但由于捅刺到被害人胸部，造成被害人死亡的重大损害后果。青岛市中级人民法院最终认定王某的行为具有正当防卫性质，但因捅刺被害人胸部造成其死亡的重大损害后果，正当防卫行为明显超过必要限度，构成故意杀人罪。

王某案发前遭受被害人攻击至流产而蒙受身心打击后不久即面对被害人张某4等三人连续不断的厮打辱骂，期待其案发时具备社会一般公众之理性并不现实，而法院判决的结果并未就张某4等人给王某造成的恐惧与伤害给予足够考量，虽然肯定了王某行为的防卫性质，但以其造成被害人死亡结果的发生而最终否定了正当防卫的成立。在此基础上,我们有理由推测,若王某的防卫行为并未造成被害人死亡,那么法院大概率会将其行为认定为正当防卫。实践中,正当防卫的证成五个要件缺一不可,相较之下,否定正当防卫的成立则容易得多,仅需对其中一个要件予以否定即可。趋易性使然,法院往往择一要件入手,尝试对正当防卫予以击破。如此,在没有监控录像证明的一对一证据格局中,案件事实无从考证,法院往往会回避对正当防卫的正面证成,从而选择以防卫限度要件为突破口,通过对外化的双方损害结果进行对比从而简单得出防卫是否过限的结论,形成以结果为导向的错误裁判思维。

**2. 法院审理阶段的证明模式僵化**

首先,法庭审理阶段过分苛求形成印证,加剧了正当防卫的证明困难。在我国刑事司法制度框架下,最终认定被告人有罪须满足客观层面据以定罪量刑的事实都有证据证明,且需达到证据间相互印证的标准;在主观层面,还应排除合理怀疑。[①] 通过对实证样本的考察,可以发现法官在对案件进行认定时,大都将证据相互印证的客观条件置于首要位置,有时甚至直接忽视对主观条件的考察。在证据条件良好的案件中,强调印证固然存在其合理性,毕竟印证更能客观真实地被外界感知,并可被多次检验,从而最大限度地摒除法官主观因素对案件审理的影响,错案概率也相对较低。但在证据条件欠佳的正当防卫案件中,重印证轻心证则会凸显其机械僵化的弊端。在对正当防卫心证已然形成但印证尚未牢固的情形下,法官往往不会轻易对正当防卫事实进行认定,最终极有可能因在案证据无法形成印证而否定正当防卫的成立,从而形成一种正当防卫印证不能即宣告证明失败的纯粹印证证明思维。除此之外,在追诉犯罪压力激增与正当防卫案件相互印证证据难以收集的双重压力下,法院极有可能作出有违司法公正之举。例如,为获得有罪裁判依据而对某些违法取证行为予以默许,漠视或者轻视正当防卫违法阻却事由的存在。由此观之,在正当防卫案件的审理阶段,过分苛求、依赖形成印证进一步加剧了正当防卫证明难的问题。

其次,法院在对正当防卫进行认定时往往忽视对经验法则、逻辑法则的合理运用,致使案件事实的还原受阻。正当防卫案件常发生于一对一的场景中,案发后双方对案情各执一词。在这种情形下,当事人所述是否符合一般人认知,言词证据间是否具备逻辑上的自洽性等均处于真伪不明之状态,印证证明难以推进。而实践中又存在过分苛求形成印证的现象,多重因素作用下,法官极有可能因印证难以形成即以宣告"不构成正当防卫"来终结案件审理。仅以印证的方法判断证据、认定案件事实,从外观来看固然客观,实则具有极强的形式性,[②] 其追求的是对形式上能否形成印证进行判断,忽视了经验法则在证据审查中的运用以及对单个证据的实质性分析,案件事实的还原亦无从保证。故此,在遵循证据规则的基础上,还要注重对经验法则、逻辑法则的灵活适用,从而对证据展开实质性审查判断,以确定相关证据证明力的有无及大小,在此基础上将证据串联成动态的案发过程,从而在最大程度上接近案件真相。

---

① 参见肖沛权:《论庭审实质化视角下定罪证明标准的适用》,载《政法论坛》2019年第5期。
② 参见纵博:《印证方法的不足及其弥补:以多元证据分析方法体系为方向》,载《法学家》2020年第6期。

## 三、正当防卫证明机理的完善进路

与正当防卫证明难题的挖掘相对应,对正当防卫证明机理完善进路的探究也将沿着他向证明与自向证明两条主线展开。

### (一) 正当防卫他向证明层面的机制构建

#### 1. 正当防卫证明责任分配之纠偏

(1) 三阶层犯罪论体系下正当防卫证明责任之确立

前已述及,四要件犯罪论体系呈耦合式的平面结构,犯罪构成仅是四个要件的简单集合,并无外在顺序要求与内在逻辑联系,在正当防卫案件的应对中存在巨大局限性。而在三阶层犯罪论体系下,犯罪构成包括该当性、违法性、有责性三方面,且呈环环相扣,层层递进的位阶关系,[1] 相较之下,以三阶层犯罪论为正当防卫证明责任分配的实体法根基具有显著优势。

一方面,三阶层犯罪论在刑事证明中具有普遍优越性。其一,三阶层犯罪论秉持由客观到主观,先行为表象再行为实质的原则,避免因先行对社会危害性进行判断,从而造成先入为主后果的发生,[2] 于正当防卫案件而言,其能够有效避免前述正当防卫认定时损害结果导向化的问题。其二,三阶层犯罪论"过滤网"式的构造实现了犯罪构成判断的透明化,有效遏制司法裁判的专断与随意,赋予公众对审理结果的可预期性。三阶层犯罪论在刑事制度框架内中具有普遍适用性及优越性,且其于正当防卫案件的应对而言亦是如此,择其作为本研究开展的刑事实体法根基契合当下刑法发展趋势,并非本领域的一厢情愿。

另一方面,回归至正当防卫的证明责任分配领域,三阶层犯罪论能够解决四要件犯罪论体系下正当防卫证明责任分配不明的难题。阶层犯罪论体系下,犯罪构成的判定将按照该当性、违法性、有责性的顺序依次递进展开,而正当防卫处于三阶层犯罪论体系中的违法性阶层,理应在是否有罪判定的范围之内,其证明责任自然也应由控方一并承担。与此同时,辩方没有证明自己无罪的义务,也不应承担因未能将正当防卫证明到事实清楚、证据确实充分而使得裁判者直接认定防卫事实不存在的不利诉讼后果。[3]

在此基础上,相关证明责任的分配将沿以下路径展开:一般情况下,在控方证明相关行为符合该当性要件后即可推定该行为兼具违法性和有责性,控方无需特意对此展开证明。而当辩方提出存在正当防卫等违法阻却事由的证据使得上述推定出现疑点时,便会引发控方对此展开附加证明。

(2) 证明责任分配之具体规则构建:由辩方向控方转移

上文从刑事实体法角度对控方承担正当防卫证明责任的合理性进行了阐述,从刑事程序法角度来看,控方承担正当防卫的证明责任亦是与刑事诉讼基本原则及立法本意契合的选择。一方面,若要求辩方承担正当防卫的证明责任,实质等同于要求其进行自身

---

[1] 参见车浩:《体系化与功能主义:当代阶层犯罪理论的两个实践优势》,载《清华法学》2017 年第 5 期。
[2] 参见周光权:《阶层犯罪论及其实践展开》,载《清华法学》2017 年第 5 期。
[3] 杨依:《正当防卫案件证明责任的分配逻辑》,载《中外法学》2022 年第 4 期。

无罪的证明,有违无罪推定原则,坚持由控方承担证明责任才是贯彻刑事诉讼相关原则的合理之选。另一方面,从立法流变来看,对于辩护人的职责,自2012年刑事诉讼法修正案进行修改以来,一直未发生过变动。2012年《刑事诉讼法》修正前,辩护人的责任被规定为"根据事实和法律,提出证明犯罪嫌疑人、被告人无罪、罪轻或者减轻、免除刑事责任的材料和意见",将"证明"一词用于对辩护人责任的规定中,颇有要求辩护人承担上述事由证明责任之意味。[①]对此,2012年刑事诉讼法修正案删除了原条文中的"证明"一词,其目的即消除理论与实务界对辩护人职责的误解。具体到正当防卫领域,即辩方提出正当防卫相关证据的行为,并非在承担结果意义上的证明责任,其实质是行使证明权利,证明责任最终还是应由控方承担。

在明确由控方承担证明责任具备合理性的基础上,接下来则需对正当防卫证明责任分配的具体路径进行构建。在正当防卫案件中,控辩双方在不同方面各具优势:控方因其自身属性而具备更强的举证能力,但在相关证据信息的获取方面略逊一筹;而辩方的举证能力虽然较弱,但作为案件的亲历者,其能更精确地掌握相关证据线索。考察来看,由控方单独完成对正当防卫的证明并非最佳选择,将两方优势结合才能使正当防卫的证明兼具低成本性与高效率性。故而,在确立控方承担正当防卫证明责任的大方向后,还应充分发挥辩方的信息掌握优势及证明指引作用。具体而言,针对控方有罪指控,辩方先行提出正当防卫的证据加以辩解,若控方不认可,则需承担对正当防卫证伪的证明责任,并由其承担证明不能的不利后果。二者的逻辑可近似理解为引发与被引发的关系,即辩方初步举证行为实施完成后即可由控方承担证明责任。

需明确的是,辩方提出正当防卫的证据源于其避免败诉被定罪的心理激励,是其维护自身利益所产生的正向举证驱动,而非法律规范层面直接与不利诉讼后果相联系的法定证明责任。通过上一部分对三阶层犯罪论运用逻辑的论述可知,刑事证明是沿着先证明行为的该当性,再考察违法性和有责性的路径展开的。故控方完成对犯罪行为的该当性证明后,若辩方不接受有罪指控,当然可以提出正当防卫的相关证据为自己辩解。这种情形同普通刑事案件中辩方针对控方指控提出利己证据并无二致,均应视为在行使举证权利。从这一层面看,若将辩方提出正当防卫相关证据的行为视为承担证明责任,便意味着在刑事案件中,被告人针对指控而生的辩护行为均应被认定为承担证明责任,那么在刑事诉讼体系中也便不可能存在行使举证权的情形了,[②]这显然不具合理性。故而,针对控方的有罪指控,辩方提出正当防卫相关证据的行为应视为为自己辩解而行使的举证权利,并非在承担证明责任,此后可引发控方对违法性和有责性的审查与证明。

由此,结合前述对正当防卫证明责任分配路径的阐述,在控方提出犯罪指控后,辩方仅需提出正当防卫的相关证据推动争点形成,而后,由控方承担正当防卫的证伪责任。虽在应然层面,控方需全面收集证实犯罪嫌疑人有罪、无罪的证据,但在实践中,要求控方积极寻求证明犯罪嫌疑人行为系正当防卫的证据并不现实,由辩方推动争点形成观点的提出主要基于以下两方面考量:一方面,被告人更能准确地掌握获取相关证据

---

① 顾永忠:《论我国刑事公诉案件举证责任的突破、误区及理论根基》,载《甘肃社会科学》2015年第2期。
② 顾永忠:《论我国刑事公诉案件举证责任的突破、误区及理论根基》,载《甘肃社会科学》2015年第2期。

的途径与方向；另一方面，基于检察机关在诉讼构造中的地位，很难苛求其在违法阻却事由的证明上完全贯彻客观全面的立场。故而，辩方先行提出能够证明正当防卫事由存在的相关线索，加以证明后形成争点，为后续控方的证明提供明晰方向。这种证明责任的分配方式不会对控方承担证明责任的基本格局造成实质性改变，同时还能充分调动控辩双方在证明方面的优势，在促进司法效率提升的同时也能将司法成本降至最低。

前述证明责任的分配方式并非凭空而生，其存在坚实的先例支撑。在世界范围内进行考察后发现，已有不少国家或地区在正当防卫案件中采用了此种证明责任的分配方式，并且经过多年的实践检验也已日臻成熟。例如美国第九巡回法院形成的判例规定，一旦被告人提出正当防卫的主张，并辅以相关证据支撑，陪审团就应将正当防卫这一违法阻却事由作为犯罪构成的一部分加以审查。此外还规定了相关保障措施，即若被告人因初审法院未就其提出的正当防卫事由进行审查即作出判决为由提起上诉，上诉法院可以作出发回重审的裁定。加拿大最高法院也存在相似判例，对此理论界也与之呼应，认为这种做法可以在一开始就避免检察官对可能存在的违法阻却事由进行漫无目的的考量，在一定程度上节约了司法资源，提升了诉讼效率。[①] 综上，辩方行使举证权利后引发控方证明责任承担的证明责任分配方式，既有成熟的先例支撑，又根植于我国本土的刑事诉讼法律制度土壤，是契合刑事实体法与刑事程序法的整体体系安排，兼顾提高诉讼效率，降低司法成本的合理选择。

当然，构建由辩方行使举证权利后引发控方证明责任承担的分配模式并不意味着对控方独立、主动推进正当防卫证明展开模式的全盘否定，只不过相较之下，前种分配模式更具低成本性与高效率性，但是基于控方的客观公正义务，由其承担直接形成的而非控方举证引发的积极证明责任亦是我国强职权诉讼模式下证明责任分配的应有之义。故此，控方也应积极主动探索犯罪嫌疑人的行为是否构成正当防卫，而不只是在控方提出相关主张形成争点后展开被动证伪，两模式并行共同构成证明责任分配的完整框架，从而推动正当防卫证明的有效开展。

**2. 正当防卫证明标准之确立**

前文明确了正当防卫案件中证明责任的分配方式，即辩方应先提出与正当防卫事由相关的证据线索，通过证明形成争点，此后引发控方承担正当防卫的证伪责任。由此观之，证明标准的确立与证明责任的分配紧密相连，辩方举证权利的行使达到何种程度才能引发控方后续证明责任的承担，而控方承担的证明责任又该达到何种标准？

（1）从控辩双方证明能力层面考量

对此，可以将正当防卫证明体系看成一个天平，控辩双方分居于天平两侧，天平之平衡象征着正当防卫证明体系整体处于协调稳定的状态。当前，控辩双方在证明能力方面存在悬殊差距，质言之，若想完成对份内待证事实的证明，双方的付出程度是不同的。辩方为了弥补其与控方在证明能力上存在的差距，需付出的努力远大于控方，此时天平呈辩方低而控方高之状态（见图5-4-1上半部分）。为了使得天平重归于平衡，此时需运用砝码进行调整，而在正当防卫的证明体系中，证明标准恰恰具有砝码之属性。证

---

[①] See Irit Weiser, The Presumption of Innocence in Section11(d) of the Charter and Persuasive and Edvidential Burdens, 31 *Criminal Law Quarterly*, 318 (1988—1989).

明标准的高低同证明主体需为达到此标准而付出的努力成正比,在这一层面上,可以将高证明标准比作重量大的砝码,同理,低证明标准则可看做是重量小的砝码。因证明能力的差异,在天平处于辩方低控方高的情况下,明智的做法应当是在控方处加上大重量砝码,在辩方处加上小重量砝码,两相中和从而重新回归至天平平衡状态。对应到正当防卫案件中,意味着为了使证明体系重归于协调稳定状态,应为辩方的证明设置相对更低的标准,即其举证行为只需达到这一低标准便可引发控方后续证明责任的承担,而在控方的证明标准上则应进行从严规定(见图 5-4-1 下半部分)。

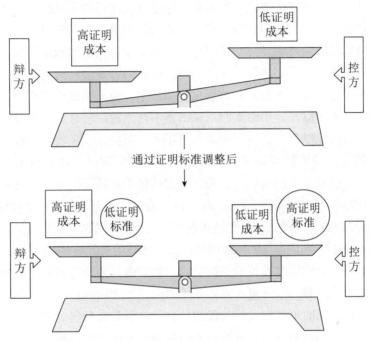

图 5-4-1  控辩双方证明能力及证明标准设置示意图

(2)从正当防卫错案后果层面的考量

形象一点来说,正当防卫的证成需要经过两个关卡考验,第一道关卡为辩方的积极证明,第二道关卡为控方的消极证伪。

在辩方行使举证权利的环节,其可能承受的错案结果主要是,在应然层面,需启动控方承担后续证明责任,而在实然层面,法院并未向控方发出相应指令。这也就意味着,辩方先前所付出的推动争点形成的努力将沦为徒劳,在控方对被告人行为的该当性进行证明后即可对其定罪。于辩方而言其所承受的错案后果便是无责入罪,在终局上导致错案的形成。再加上辩方证明能力相对较弱,倘若仍为其设置同控方一样严格的证明标准,正当防卫的证成极有可能在第一环节就提前终结。退一步讲,即便低证明标准可能导致被告人本不构成正当防卫却仍能通过第一环节考验,也不必然造成终局意义上的错案形成,因为后续还需经过更为严格的第二环节考验。相较之下,于辩方推动正当防卫争点形成的证明而言,为其设置较高标准可能导致的终局性错案结果,显然要比设置较低标准可能导致的阶段性错案结果严重得多,故为避免更为严重结果的发生,理应对辩方所需达到的标准从低设定。

在启动控方承担证明责任后,即进入第二环节,于控方立场而言,其主要任务即尽力否定正当防卫事由的成立。根据最终正当防卫事由排除结果的不同,错案的存在形式也存在多种可能。一种是在控方成功排除正当防卫的情形下,如果事实上被告人行为的确构成正当防卫,那么此时错案的具体表现形式即为被告人无责入罪。而另一种情况是控方无法排除正当防卫,但事实上被告人的行为并不构成正当防卫,那么此时错案的表现形式则为被告人逃脱法律制裁。

简而言之,在第二环节可能发生的错案结果一个是无责入罪,另一个则是错放真凶。如果为了降低前者的发生概率,那么就应采取高证明标准,凡检方达不到这一严格标准都不能算对正当防卫的证伪成功,应作出正当防卫的认定;与之相反,如果为了降低后者的发生概率,就应当适当降低证明标准,以防止因无法达到证明标准而被迫误放真凶。自古世事难两全,在上述问题中亦如是,既然两者无法同时得到改善,那么只能择优解决,两相对比,显然无责入罪的后果更加严重。因为错放还有重审、改判的回旋余地;而错判一旦执行后,其所造成的后果将是不可逆的,轻者失去的是数年光阴,重者失去的则有可能是宝贵生命。现如今早已过了"宁可错杀一千,不可放过一个"的时代,取而代之的是在谨防冤假错案的大背景下,贯穿于刑事司法实践始终的"宁可错放,也不错判"的理念。在正当防卫证明体系的构建中,同样也应以这种理念为基本遵循。故此,当正当防卫的证明进行至第二环节时,为了防止无责入罪错案后果的发生,需对控方的证明标准进行从严设定,只有达到这一严格标准才可谓完成正当防卫的证伪。

(3)正当防卫证明标准的具体规则构建:合理怀疑的引起与排除

基于对正当防卫证明标准设置的权衡考量,初步确立为辩方设置较低标准,为控方设置较高标准的整体框架。接下来,需要明确的则是二者的具体内涵。从辩方推进"存在正当防卫"争点形成的角度出发,其仅需达到足以引起合理怀疑的程度,即可引发控方承担正当防卫证明的结果责任。从控方承担的争点形成后的消极证伪责任,并行客观公正义务要求下控方直接承担的而非证明责任倒置后引发的积极证明责任角度出发,应达到案件事实清楚、证据确实充分并排除合理怀疑的程度,否则其将承受证明不能之不利后果,法官也应依法作出无罪判决。

这是因为,免责事由的存在,直接影响到定罪与否的成立,是出罪与入罪的关键性要素,应等同于定罪要素的证明标准要求。

需进一步说明的是,虽然对辩方推进争点形成的标准应进行从低设定,但这并不意味着不设任何底线,对此应充分理解"足以引起合理怀疑"的内涵。首先,辩方不仅需要提出正当防卫这一事由,还需辅以实质证明,例如可详细描述不法侵害发生的原因、方式和强度,防卫过程中双方所处时空状态以及所使用的手段和工具等。① 倘若只是简单提出其行为系正当防卫,并不足以引起合理怀疑。此外,还应具有客观逻辑性,那些荒诞不经的理由也不能引发争点的形成。其次,辩方若想达到足以引起合理怀疑的程度,还需经受道德、经验及社会一般公众认知的评判。那些仅具有逻辑上可能性,但欠缺经验上合理性的主张并不足以引起合理怀疑,终将沦为"海盗抗辩"。

---

① 参见张薇薇:《排除犯罪性事由的证明责任研究》,载《政治与法律》2014年第8期。

### (二)正当防卫自向证明层面的机制构建

#### 1. 正当防卫案件证据制度之构建

在"正当防卫证明现状考察与反思"章节中,证据困局是他向证明层面普遍存在的问题,但基于客观证据条件的难改变性及辩方主观能力的有限性,在这一问题的应对上,围绕辩方的他向证明进行制度构建很难有所突破。对此,应转换思维,从法院的自向证明角度出发,探索法官如何将有限的证据资源的效用发挥至最大,以及如何构建适配正当防卫案件审理特殊性的证据制度更为可行。

(1) 落实庭审实质化与证人出庭作证制度

当下,以审判为中心诉讼制度改革如火如荼地推进,而庭审实质化作为此次改革之内核自然得到理论与实务界的广泛关注。事实上,其在具体落实中仍面临诸多挑战,其中与正当防卫证明息息相关的即证人出庭作证问题。对此,应通过强化证人出庭作证制度、完善证人证言询问规则推进落实庭审实质化,从而真正发挥证人证言的应有证据价值,缓解正当防卫证明难的现状。

首先,应构建正当防卫证明中的证人出庭作证制度,限制书面证言的效力,落实直接言词原则。质证原则要求,庭审直接言词审查是庭审实质化的根本要义。书面言词证据庭审审查是传闻规则的例外,不利于证据资格的充分查证。在正当防卫事实真假难辨的情形下,若仅依据书面证言定案,不利于正当防卫事实的准确查明,亦不利于被告人庭审质证权利的保障。故此,在正当防卫案件中证人应当出庭作证,拒不出庭作证的,其书面证言将无法作为定案根据。考虑到正当防卫案件中证据的稀缺性,还应为直接言词原则设置一定的例外情况:当证人因特殊原因,如开庭前死亡,无法出庭作证时,若其存在庭前于法官或公证人员处作证并有监控录像予以佐证等情形,使得书面证言具备高度可信性的,该证人证言仍可作为定案根据。①

其次,在证人出庭作证的基础上,还应确保对证人证言展开实质性询问。针对证人当庭发表的有关正当防卫的证言,法院应当积极组织质证,开展交叉询问,通过控辩双方不断地质疑与反质疑来检测证人所述事实的准确性,从而阻隔法官庭前预断对事实认定的影响,更加接近案件的真相。②在落实庭审实质化的同时,用于定案的证人证言的真实性也得到了保障,对正当防卫的证明起到了积极的推动作用。

(2) "一对一"证据的审查认定

正当防卫案件之所以会被贴上"证明难""认定难"的标签,证据条件欠佳是主要原因,很多案件往往发生于隐蔽或偏僻的场所,多无监控录像,有时甚至连证明案发情形的证人证言也难以收集,案件证明往往面临"一对一"直接证据的尴尬情形。对此,应充分意识到间接证据的关键性作用,深入挖掘其证明功效,从有限的证据资源中获取关键信息,探索构建间接证据佐证直接证据的证明体系。对此,可以从以下几个方面入手。

第一,发挥伤情鉴定意见的佐证功效。可以依据"一对一"证据中不同主体的陈

---

① 参见龙宗智:《庭审实质化的路径和方法》,载《法学研究》2015年第5期。
② 参见张月满:《庭审实质化语境下交叉询问机制的完善》,载《人民检察》2017年第14期。

述，对照查看是否存在相应的伤情鉴定意见证据支撑。例如，对于被告人提出其遭到被害人攻击的辩解，应当细化分解为被害人用的什么武器、进行了几次攻击、每次攻击的程度有多大、是否达到非要进行防卫不可的程度等几个方面，分别查验是否与伤情鉴定意见相吻合。

第二，注重犯罪嫌疑人、被告人与被害人的日常关系的证明功效。通过调查收集相关证据，从侧面考察二者在案发前是否存在矛盾嫌隙，结合案发时的具体情形，推测犯罪嫌疑人、被告人的侵害行为属于泄愤式的报复，还是出于恐惧下的自卫等，并审查是否能够与一对一证据中的相关细节相印证。

第三，发掘能够证明被告人案发前后状态的证人证言等证据功效。根据经验法则，犯罪人实施犯罪后的表现往往与其平时表现存在巨大反差，可能还会表现出极强的心虚、逃避、恐慌等情绪。此时，如果存在相关证言证实了上述特征，那么在一定程度上会引发关于被告人行为可能不构成正当防卫的合理推测。

当然，用于印证一对一证据的间接证据之间不能存在相互矛盾或无法解释的情形，此外还应确保所有间接证据综合起来得出的结论具有高度合理性与唯一性，唯此才能最大限度地还原案件真相，提高案件事实认定的准确性。

（3）正当防卫案件证据类型的适度扩展

前已述及，正当防卫案件证明难的困境在很大程度上是由证据资源稀缺导致的，如果说细化对"一对一"证据的审查认定是从侧面中和证据资源稀缺带来的不利影响的话，那么适度扩展现有证据类型则是从正面出击直接缓解证据资源稀缺导致的司法困境。将视野放宽至世界范围进行考察，可发现诸多国家采取了更为开放的证据制度，例如英国、美国、法国等。在这些国家中，依照相关法律规定的程序而获取的证据均可能具备证据能力，并不受证据类型的限制。[①]

基于正当防卫案件的特殊属性，在案件的审理过程中，我国可以适当借鉴国外的经验和做法，跳脱出现有法定证据框架。但是凡事应讲求循序渐进，在对正当防卫案件证据制度的构建中也不例外，太过激进的制度转变往往只会适得其反，现阶段对证据类型仅进行适度扩宽。对此，笔者认为可以参考未成年人犯罪案件的证据制度，在正当防卫案件的认定中也可引入对被告人、犯罪嫌疑人的社会调查，以作为案件审理、认定的参考。

一方面，虽然社会调查报告无论从形式还是内容来看都不属于现有法定证据中的任何一种，但是不管从形成的主体、内容、影响还是其他方面来看，其都应当成为一种具有独立地位的法定证据类型。[②] 另一方面，即便立法并未进行明确规定，在正当防卫案件的认定中，也有了引入社会调查报告作为案件审理参考的有益实践。例如最高人民检察院刑事指导案例第45号——"陈某正当防卫案"中，校方提供了陈某在校期间表现良好的情况说明，为检方的审查批捕环节提供了初步方向，检方沿此方向并结合其他证据综合作出了不批准逮捕的决定。又如轰动一时的河北董民刚反杀案，在公安机关侦

---

① 参见王晨辰：《法国刑事证据自由原则及其限制》，载《证据科学》2016年第6期；胡萌：《英国法中司法认定作为证据的可采性分析——兼与美国证据法作比较》，载《证据科学》2016年第5期。
② 参见张月满：《量刑证明：从形式到实质》，载《政法论丛》2018年第1期。

查结果的基础之上,检察机关又通过实地走访对双方进行了社会关系调查。结果表明董民刚憨厚老实,为人和善,村民还自愿签名按手印以求检察机关伸张正义,还董民刚清白。而与之形成鲜明对比的是刁某因嚣张跋扈被公认为村霸,且存在犯罪前科。两相对比,足以引发对于董民刚案发时的恐惧,以及其实施正当防卫必要性的合理猜想,从侧面推进了检察机关对案件性质的合理认定。

### 2. 正当防卫证明方法的探索

**(1) 合理运用经验法则,注重印证与心证相结合**

正当防卫案件的审理并非单一适用证据规则,刻板追求形成印证的僵化过程,其应当是在合理运用经验法则的基础上,将印证与心证相融合,从而不断还原案件事实的动态过程。在这种证明方式下,印证仍处于优先地位,但如果无法形成印证并不必然导致证明失败,此时法官还需要结合经验法则、原理常识等对是否能够形成正当防卫的心证进行衡量。当然,为了降低心证下裁判结果的错案概率,法官还应将自己设身于案发环境去考虑当事人的真实反应,而非事后的超然、"冷静"分析,[①] 以社会一般人的立场与观念,按照正常逻辑且不带偏见地作出判断。对此,应从以下几方面入手。

首先,基于正当防卫案件证据稀缺的常态,仅遵循传统的证据规则已无法满足正当防卫的裁判需求,有必要注重经验法则的运用。经验法则在正当防卫证明中可发挥验证功能,即以经验法则为评判标准,对证据事实的真实性进行查验。[②] 对实证样本进行考察,部分判决书的说理部分出现了"……不符合常(情)理""以普通人(社会一般人)的认知……"等表述,此即运用经验法则的表现。在正当防卫案件的认定中,法官应将案发时双方力量及身体素质的对比、环境空间的影响、心态情绪的支配等因素同经验法则结合,综合判断能否对证据事实的合理性产生质疑,从而确定能否形成心证。

其次,应注重对案件细节问题的发掘,为心证的形成奠定充足的客观证据基础。一方面,着重围绕在案证据的可信度展开审查、分析。在证据资源稀缺的正当防卫案件中,被告人的供述与辩解作为直接证据对法官心证的形成具有重要意义,法官可以通过当场连续追问细节的方式,由被告人在即时反应时是否犹豫,在回答的过程中是否多次变换说辞,回答的内容是否与先前的供述、辩解具有逻辑上的一致性等方面入手,综合衡量证据的可信度。此外,根据上文,在直接言词原则的指导下,通过法官在庭审过程中亲自听取证人口头陈述及法庭辩论,形成对案件的整体认知,并据此形成关于被告人行为是否系正当防卫的心证。[③] 另一方面,法官还应当充分发掘能够推动心证形成的其他信息,例如案件发生的环境、前情等背景信息,被告人、证人、被害人的事后言行举止等动态即时性信息等,这些信息虽不具有形成印证的证据资格,但是完全可以成为法官心证形成的参考与依据,多个信息来源共同致力于推动法官形成紧贴案件真相的心证,将错案概率控制在合理的范围内。

---

① 参见张军:《关于检察工作的若干问题》,载《人民检察》2019 年第 13 期。
② 参见龙宗智:《刑事证明中经验法则运用的若干问题》,载《中国刑事法杂志》2021 年第 5 期。
③ 汪海燕:《论刑事庭审实质化》,载《中国社会科学》2015 年第 2 期。

(2) 贯彻疑罪从无原则，避免判决的结果导向化

在没有监控录像证明的一对一证据困局中，案件事实难以查证，法院的裁判结果往往与被告人造成的损害结果相关联，即如果被告人行为造成被害人重伤或死亡，案件往往不会被认定为正当防卫，形成了以被告人行为所致结果为裁判导向的错误思维。对此，应贯彻疑罪从无原则。

结合前述证明责任的分配与证明标准的设计，在辩方提出正当防卫事由并证明至引起法官合理怀疑的程度后，便引发控方证明责任的承担。在控方没有充足证据排除存在正当防卫合理怀疑的情况下，应由其承担举证不能的不利后果，认定正当防卫成立。即便控方仍将此类案件移送至法院，法院也应在对案件事实进行全面审查的基础上贯彻疑罪从无精神，作出无罪判决，而非仅因被告行为引发了严重后果而草率认定其行为不构成正当防卫。

## 四、小结

长期以来，无论是学界还是司法实务部门，都习惯于将正当防卫作为刑事实体法领域中的重难点问题展开研究，相关成果不断涌现的同时，正当防卫认定难的困境似乎并未随之纾解。事实上，在刑事一体化的背景之下，所谓的刑法实体疑难问题，往往在运用程序法思维后便会呈现"柳暗花明又一村"的新局面，将视角下沉至正当防卫这一微观制度层面也不例外。但是，期望彻底瓦解正当防卫证明难的司法现状并不现实。在为正当防卫制定了基本的证明机理的框架后，更多的细节问题仍有待进一步探索，比如侦查机关如何针对正当防卫案件的特殊属性展开有效的证据挖掘，庭审阶段控辩双方如何通过交叉询问获取正当防卫案件的更多细节，在证据资源稀缺情况下法官如何形成印证等。相关研究必须不断深入细化，才能推动正当防卫制度的长效运行，也只有在成熟制度的保障下，每位公民才敢于拿起正义的武器反抗不法行为，更好地发挥正当防卫制度惩恶扬善、维护社会正义的功效。

渠澄，中国海洋大学博士研究生；吕泽华，首都师范大学政法学院教授。本节内容以《证明机理视阈下正当防卫的认定困境与进路探究——以青岛市各级法院的209份裁判文书为样本》为题发表于《证据科学》2023年第2期，收录本书时有改动。

## 第五节　推定证明的规则之问

### 刘英明

中国现行法不仅存在转移"完整证明责任"的推定规则，也存在类似于美国法上仅转移"举证责任"的推定规则。在中国，对推定事实进行有效反驳的证明标准不应该是统一的"优势证据"标准，而应该根据诉讼类型、推定类型有所区分。

何家弘教授曾于2008年在《中外法学》第6期发表一篇论文——《论推定适用中

的证明责任和证明标准》（以下简称"《何文》"）。笔者认为，何家弘教授的这篇论文开拓了国内关于推定研究的新视角，值得高度评价。不过，对于该文的一些具体观点，笔者有自己的一些理解和不同的看法。何老师鼓励我将自己的不同意见整理并发表出来，以此促进学术争鸣，故有此论述。①

## 一、中国证据法学语境中推定的效果

《何文》的核心观点之一是：在中国证据法学的语境中，只存在转移完整证明责任的推定规则，不存在美国证据法中的只转移"举证责任"的推定。

### （一）美国法上推定作用效果简介

所谓"举证责任"，这里指的是美国证据法学语境中的"举证责任"，是指"主张某一事实或提出某一争点的当事人提出充分证据，以证明其主张的事实成立，或就该争点获得对自己有利的裁决的责任。若当事人未能履行其举证责任，将会导致诉讼被驳回或法庭作出指示裁断"。②如果仔细剖析，会发现其实美国证据法上的"举证责任"大致包括三部分内容：负举证责任方最初的证据提供责任，负举证责任方的推进责任，不负举证责任方必要时的反驳责任。我们通常用来与"说服责任"相比较的"举证责任"，通常不言自明地特指"负举证责任方最初的证据提供责任"。在美国证据法上，"说服责任"是指"说服事实认定者（法官或陪审团）确信其所提证据指向的事实或要件（如犯罪要件）为真实情况的责任。若当事人未能履行其说服责任，事实认定者须就该事实或要件作出对该当事人不利的裁决。"③

在美国证据法学中，"证明责任"包括上述两种含义。两者的区别主要在于：对象不同，前者的对象是法官，后者的对象是陪审团；证明标准不同，前者较低，一般认为是"表面可信"，概率上大约为30%，后者较高，在一般民事案件中是"优势证据"（在少数民事案件中是"明晰可见"，在刑事诉讼中是"排除合理怀疑"），概率上大约是51%（相应的大约为70%和90%）。④

在美国，关于推定的效果，证据法理论界和立法界曾经有过争论。在理论界，赛耶主张推定仅转移"举证责任"，不转移"说服责任"。摩尔根主张，有些推定既转移"举证责任"又转移"说服责任"。对这两位学者的争论，《何文》已论及，笔者不再赘述。

---

① 西哲亚里士多德云：吾爱吾师，但吾更爱真理。在2008年年底课堂讨论时，笔者曾谈论了一些与恩师何家弘教授不尽一致的看法，恩师当即鼓励笔者把不同的观点写出来，因有此文。感谢恩师的鼓励及其对本文提出的宝贵意见。当然，文责由笔者承担。本文曾发表于《证据科学》2009年第5期，收入本书时有改动。
② 薛波主编：《元照英美法词典》，北京，法律出版社2003年版，第179页。
③ 薛波主编：《元照英美法词典》，北京，法律出版社2003年版，第179页。
④ 何家弘老师在该文中提出了美国证据法学语境中"举证责任"和"说服责任"的三点区别，即对象不同；时间不同；证明标准不同。笔者同意其所提出的第一、第三点区别，不同意其提出的第二点区别。在美国联邦民事诉讼中，"举证责任"可能会发生在即决判决动议阶段，也可能发生在指示裁决动议阶段，还可以发生在程序要求进行不顾（陪审团）裁判的判决的动议阶段，其中即决判决动议发生在庭审之前，指示判决动议发生在庭审过程中，而要求不顾（陪审团）裁判的判决动议发生在庭审之后。刑事诉讼中的情况与民事诉讼大致类似。所以，认为"举证责任"发生在庭审之前，而"说服责任"发生在庭审之中的看法是不准确的。

在制定法上,《统一证据规则》（1953年版本）和《联邦证据规则》草案相关条款采纳的是摩尔根理论,但是最终通过的文本相关条款采纳的是赛耶理论。① 取代《统一证据规则》（1953年版本）的《统一证据规则》（1974年版本）采纳了摩尔根理论。大多数州的证据法典采纳了《联邦证据规则》的做法,即采纳了赛耶理论。少数州采纳了《统一证据规则》（1974年版本）,即采纳了摩尔根理论。个别州,如加利福尼亚州,兼采赛耶理论和摩尔根理论。② 总体而言,在美国法上,存在既转移"举证责任"也转移"说服责任"的推定（下文简称转移"说服责任"的推定）,也存在只转移"举证责任"不转移"说服责任"的推定（下文简称转移"举证责任"的推定）,得根据具体情况而确定。

在美国证据法上,既存在强制性推定,即根据法律规定事实认定者必须适用的推定,也存在许可性推定,即建议事实认定者、但不要求事实认定者必须适用的推定。③ 为了简便,本部分内容只通过强制性推定来说明前述转移"说服责任"推定和转移"举证责任"推定的区别。

在美国证据法上,强制性的转移"说服责任"的推定的运作是这样的:如果主张推定的一方当事人（以下简称"主张方"）证明了A1、A2、A3这些非要素事实,除非对方当事人（以下简称"反对方"）成功反驳了这项推定,那么事实认定者必须认定事实B。反对方为了否定事实B,他可以采取策略一,即攻击事实A1、A2、A3中的一个或多个不成立,经攻击之后,如果主张方不能通过必要的证明程度确定（或许是优势证据）事实A1、A2、A3都存在,那么这个案件就不适用推定,主张方仍然负有说明事实认定者认定事实B的责任。反对方为了否定事实B,他也直接攻击推定事实B,在这种情形下,他必须说服事实认定者相信非B事实。④ 要言之,倘若存在一个转移"说服责任"的推定,则一旦主张方证明了该推定的前提事实,则事实审判者必须认定推定事实存在,反对方为了胜诉,不仅要承担提供证据证明推定事实不存在至"表面可信"的"举证责任",还要承担证明推定事实不存在至优势证明程度的"说服责任"。在案件审理结束时,如果关于推定事实存在与否处于真伪不明状态,则由反对方承担败诉后果。

在美国证据法上,强制性的仅转移"举证责任"的推定的运作是这样的:一旦一方当事人证明了事实A,那就必须认定事实B,除非该推定所反对的当事人提出了非B的事实。换言之,如果反对该推定的当事人在操作上未能提出非推定事实的证据,那么该当事人在事实上将会败诉。如果反对该推定的当事人满足了举证责任,那么推定对案件就没有进一步的影响。这一般意味着,法官将会把案件送交陪审团,向陪审团指示,如果原告想胜诉,就必须以优势证据让陪审团确信事实B。⑤ 简言之,在存在一个仅转移

---

① John Henry Wigmore, *Evidence in trials at common law*(volume9), Little, Brown and company, 1981,pp.340-341。
② John Henry Wigmore, *Evidence in trials at common law*(volume9), Little, Brown and company, 1981,pp.342-352。
③ 参见［美］罗纳德·J.艾伦等:《证据法:文本、问题和案例》,张保生等译,北京,高等教育出版社2006年版,第853页。
④ 参见［美］罗纳德·J.艾伦等:《证据法:文本、问题和案例》,张保生等译,北京,高等教育出版社2006年版,第857-858页。
⑤ 参见［美］罗纳德·J.艾伦等:《证据法:文本、问题和案例》,张保生等译,北京,高等教育出版社2006年版,第853-856页。

"举证责任"的推定的情况下，一旦主张方证明了前提事实，反对方仅需要承担提供证据证明推定事实不存在至"表面可信"的"举证责任"，他不需要承担证明推定事实不存在至优势证明程度的"说服责任"。在案件审理结束时，如果推定事实处于真伪不明状态时，主张方必须承担败诉后果。

笔者个人认为，在美国法上，区别强制性转移"说服责任"和强制性转移"举证责任"推定的标准可以简单归结为两点：第一，由谁承担推定事实处于真伪不明时的败诉后果。如果适用了某推定规则，在推定事实处于真伪不明状态时，由反对方承担不利后果，则该推定是强制性转移"说服责任"的推定。如果适用了某推定规则，在推定事实处于真伪不明状态时，由主张方承担不利后果，则该推定是强制性转移"举证责任"的推定。第二，在反对方证明推定事实不存在至何种程度时，推定规则不起作用。如果适用了某推定规则，当反对方证明该推定事实不存在至"优势证据程度"时，该推定规则不起作用了，则该推定是强制性转移"说服责任"的推定。如果适用了某推定规则，当反对方证明该推定事实不存在至"表面可信"时，该推定规则不起作用了，则该推定是强制性转移"举证责任"的推定。

### （二）中国证据法上推定作用效果的实例检验

所谓"完整证明责任"，按照《何文》的界定，这里指的是中国证据法学语境中的证明责任，是指包括行为责任、说服责任以及后果责任的证明责任。《何文》认为，"中国证据法学语境中的证明责任，是指诉讼当事人在审判中向法庭提供证据证明其主张之案件事实的责任，包括以下三种含义：（1）行为责任，即诉讼当事人就其事实主张向法庭作出提供证据之行为的责任；（2）说服责任，即诉讼当事人使用符合法律要求的证据说服事实裁判者相信其主张的责任；（3）后果责任，即诉讼当事人在不能提供证据或者不能说服事实裁判者而且案件处于不明确状态时承担不利后果的责任。这三层意义上的责任是不可分割的。"

如果严格按照《何文》关于中国证据法学语境中"证明责任"的界定，那么，在逻辑上，中国证据法学语境中只能存在转移"完整证明责任"的推定，不存在仅转移部分证明责任——类似于美国证据法学语境中的仅转移"举证责任"——的推定。因为一个完整的、不可分割的"证明责任"，只可能全部转移，不可能部分转移。这与美国不同。美国证据法上的证明责任包括两种含义，"举证责任"和"说服责任"，这两种责任相互独立，因而可能存在既转移"说服责任"也转移"举证责任"的推定，也可能存在只转移"举证责任"不转移"说服责任"的推定，甚至在理论上还存在只转移"说服责任"而不转移"举证责任"的可能。但是，最后一种情况在美国证据法实践中并没有出现。之所以如此，是因为在诉讼程序开始时，就某个争议事实，总是由负有"说服责任"的一方当事人先履行"举证责任"，[①] 因而不可能出现仅转移"说服责任"却不转移"举证责任"的情形。

不过，上述结论只是根据逻辑推导得出的结论，其正确性还有待实证法律现象的检

---

① John Henry Wigmore, *Evidence in trials at common law*(volume9), Little, Brown and company, 1981,p.293。

验。本部分内容中，笔者想通过列举并分析实例的方法来检验。

在检验之前，我们需要对《何文》所主张的"完整证明责任"做一点解析工作，使得该抽象复杂的界定转化成具体简单的指标，从而便于检验。

《何文》所主张的"完整证明责任"中的三种含义中后果责任最重要。正是因为一方当事人要承担后果责任，即诉讼当事人要承担在不能提供证据或者不能说服事实裁判者而且案件处于真伪不明状态时承担不利后果，他才被迫要承担说服责任和行为责任。如果诉讼当事人无须承担后果责任，他就没有必要承担说服责任和行为责任。《何文》所主张的"完整证明责任"中的"后果责任"又可以分拆成两种后果责任，一种是诉讼当事人一方根本不能或基本不能提供证据时所要承担的不利后果责任；另一种是诉讼当事人一方提供了证据，但是其不能说服事实裁判者且案件事实处于真伪不明状态时所要承担的不利后果责任。在这两种后果责任中，后一种后果责任更重要。既然一方当事人要承担某要件事实真伪不明时的后果责任，则其不根本不能提供证据或基本不能提供证据而承担败诉责任是理所当然的。就相当于考试要求60分及格，某考生考了0分或者30分以下，那他当然是不及格。

根据上述分析，《何文》所主张的"完整证明责任"核心就是案件事实处于真伪不明时的后果责任。如此一来，《何文》所主张的中国证据法学语境中只能存在转移"完整证明责任"的推定，就可以转化成另一种表述，那就是：中国证据法学语境中的推定只能是转移"案件事实真伪不明时败诉负担"的推定。也即，在中国证据法学语境中，倘若存在某推定，则一旦主张方证明了该推定的前提事实，则事实审判者必须认定推定事实存在，反对方为了胜诉，必须证明推定事实不存在。在案件审理结束时，如果关于推定事实存在与否处于真伪不明状态，则由反对方承担败诉后果。

我们很容易发现，中国现行法存在转移"案件事实真伪不明时败诉负担"的推定，也即转移"完整证明责任"的推定。例如，《何文》所举的环境侵权诉讼中因果关系证明责任倒置的规定。最高人民法院《民事证据规定》第4条第3款规定，"因环境污染引起的损害赔偿诉讼，由加害人就法律规定的免责事由及其行为与结果之间不存在因果关系承担举证责任。"这一规定将因果关系的证明责任倒置给被告承担，隐含着一个因果关系存在的推定，而且这一推定是一个没有基础事实的直接推定，这一推定也是一个转移"案件事实真伪不明时败诉负担"的典型推定。之所以这么说，是因为在案件结束时，如果法官内心对因果关系存在与否处于真伪不明状态，法官必须根据本规则判决被告——推定规则的反对方败诉。

再如，最高人民法院《关于适用〈中华人民共和国婚姻法〉若干问题的解释（二）》第22条规定："当事人结婚前，父母为双方购置房屋出资的，该出资应当认定为对自己子女的个人赠与，但父母明确表示赠与双方的除外。当事人结婚后，父母为双方购置房屋出资的，该出资应当认定为对夫妻双方的赠与，但父母明确表示赠与一方的除外。"本条隐含两个推定规则，分别是"当事人结婚前，父母为双方购置房屋出资的，该出资应推定为对自己子女的个人赠与""当事人结婚后，父母为双方购置房屋出资的，该出资应推定为对夫妻双方的赠与"，这两个推定也是转移"案件事实真伪不明时败诉负担"的推定。之所以这么说，是因为在案件结束时，如果法官内心对该争议事实——当事人结婚前,父母为双方购置房屋出资的,该出资是对自己子女的个人赠与还是对夫妻双方的赠与——处于真伪不明状态时,法官必须根据本规则判决反对适用该推定规则的一方败诉;如果法官内心对该争议事实——当事人结婚后,父母为双方购置房屋出资的,该出资是对自己子女的个人赠与还是对夫妻双方的赠与——处于真伪不明状态时,法官必须根据本规则判决反对使用该推定规则的一方败诉。

类似的转移"完整证明责任"的推定还有很多,如医疗侵权诉讼中的过错推定以及因果关系存在推定等。

但是,我们也发现现行法存在某些推定规则,而且这些推定规则不转移"案件事实真伪不明时败诉负担"的推定,也即不转移"完整证明责任"。例如,《民事证据规定》第75条规定,"有证据证明一方当事人持有证据无正当理由拒不提供,如果对方当事人主张该证据的内容不利于证据持有人,可以推定该主张成立。"本条规定是一个推定规则。前提事实是:(1)一方当事人持有证据;(2)有证据证明该方当事人持有证据;(3)持有证据的一方当事人拒不提供该证据;(4)该方当事人拒绝提供证据没有正当理由。推定事实是:该证据的内容不利于证据持有人。在民事诉讼中,一旦对方当事人证明了四个基础事实,则法院就应该适用本规则,认定该证据的内容不利于证据持有人。这一认定对证据持有人不利。

按照《何文》对中国证据法学语境中证明责任的界定,在本例中,提供反驳证据的责任转移给了证据持有人。如果他不提供反驳证据,则他将承担这一不利推定的后果。此时,为了摆脱这一不利的事实认定,证据持有人可以向法官提交并出示该证据。一旦证据持有人提交并出示该证据,则法官先前作出的不利推定自动消失。这时候,对方当事人要想主张该证据的内容不利于证据持有人,必须重新提供证据,当然对方也可以提供反证,当双方关于这一争议事实提供证据完毕时,如果法官对该证据的内容是否有利于证据持有人仍然真伪不明,则法官将依法判决对方当事人而非证据持有人承受不利后果。简而言之,这一推定适用的后果是转移了提供证据责任,但是没有转移"案件事实真伪不明时败诉负担"。也即这一推定仅转移了"部分证明责任",不转移"完整证明责任"。这种情况与美国证据法上强制性仅转移"举证责任"的推定运作机制非常相似。

再如,中国证券监督委员会《上市公司收购管理办法》(2008年修订)第83条第2款规定:"在上市公司的收购及相关股份权益变动活动中有一致行动情形的投资者,互为一致行动人。如无相反证据,投资者有下列情形之一的,为一致行动人:(一)投资者之间有股权控制关系……"本条规定是一个推定规则。前提事实是:(1)投资者之间有股权控制关系;推定事实是:在上市公司的收购及相关股份权益变动活动中有一致行动情形的投资者,互为一致行动人。在公司收购及相关股权变动活动中,一旦主张推定的一方有证明了投资者之间有股权控制关系,则法院必须认定该数个投资者是一致行动人。这一认定对一致行动人不利。

按照《何文》对中国证据法学语境中证明责任的界定,本例中的推定规则至少转移了"部分证明责任"给了反对这一推定的"一致行动人"。如前所述,只要主张推定的人证明了前提事实,法院就得适用推定规则认定推定事实。此时,反对方就得提供证据说服法官认定推定事实不存在。

但是，如果由于反对方提供证据致使案件审理结束时推定事实——若干投资者是不是一致行动人——仍处于真伪不明状态，那么由哪一方承担推定事实处于真伪不明时的败诉后果呢？就《上市公司收购管理办法》第83条第2款本身来看，我们很难回答这个问题。要回答这个问题，我们最好结合《上市公司收购管理办法》第78条第2款的规定："前款规定的收购人聘请的财务顾问没有充分证据表明其勤勉尽责的，中国证监会依法追究法律责任。"我们比较这两个条文的措辞，发现《上市公司收购管理办法》第83条第2款运用了"如无相反证据"的措辞，而《上市公司收购管理办法》第78条第2款运用了"没有充分证据"的措辞。同一个法规内的不同条款措辞明显不同，前者对反对推定方的证明标准要求相对较低，后者对反对方的证明标准要求相对较高。如果适用了上述83条第2款，只要反对方有证据证明该推定事实不存在，此时，该推定规则就不起作用了。如果适用了上述第78条第2款，则只有反对方有充分证据证明该推定事实不存在至"优势程度"时，该推定规则才不起作用了。从"证据责任"的角度来看，上述83条第2款意味着在推定事实——若干投资者是一致行动人——处于真伪不明时，由主张推定者承担败诉后果。上述第78条第2款意味着在推定事实——财务顾问没有勤勉尽责——处于真伪不明时，由反对推定者承担败诉后果。

其实，按照《上市公司收购管理办法》第83条第2款和第78条第2款的措辞，按照笔者的上述分析，如果运用美国证据法上关于推定的分类，很显然，前者是强制性转移"举证责任"的推定，后者是转移强制性转移"说服责任"的推定。

以上只是中国现行法上几个比较典型的例子，中国现行法上更多的推定及其效果还缺乏细致的整理。但是，从这几个典型例子，我们已经可以看出，中国证据法学的语境中，存在转移"完整证明责任"的推定规则，也存在仅转移"部分证明责任"——类似于美国法上仅转移"举证责任"的推定规则。随着中国法对美国法的学习和借鉴，会出现越来越多仅转移"部分证明责任"的推定，尤其是在商事法领域。

### （三）证明责任概念的统一界定

上述反例意味着，《何文》所主张的"证明责任"概念，不能完全解释已经出现的相关法律现象。进而，我们需要建构新的能够解释我国证据制度实践的"证明责任"概念。

目前，在中国民事诉讼法领域，学界和司法界主流已经接受了大陆法系把证明责任区分为"客观证明责任"和"主观证明责任"的观点。中国权威的法律百科全书——《中国大百科全书·法学》（修订版）关于民事诉讼中证明责任的相关条目已经接受了大陆法系国家主观证明责任和客观证明责任的区分学说。[①] 中国民事诉讼法的相关司法解释已经接受了大陆法系国家主观证明责任和客观证明责任的区分。权威部门在解释《民事证据规定》第2条规定时，明确运用了大陆法系关于"主观证明责任"和"客观证明责任"相区分的理论。[②]

---

[①] 《中国大百科全书·法学》（修订版），北京，中国大百科全书出版社2006年版，第286页。

[②] 参见最高人民法院民事审判第一庭著：《民事证据司法解释的理解与适用》，北京，中国法制出版社2002年版，第15-24页。

根据德国民事诉讼法学家普维庭先生的观点，在德国诉讼法学界，证明责任具有两种含义：客观证明责任和主观证明责任。客观证明责任是指当且仅当法官对争议事实存在真伪不明的心证时，法院根据法定规则决定由哪方当事人承担不利后果的问题。主观证明责任是指当事人为了避免败诉，通过自己的举证对争议事实进行证明的责任。主观证明责任要回答的是历史上罗马法及古代德国法很有名的问题，即哪一方当事人应当对具体的要件事实提出证据证明。主观证明责任有时候指主观抽象的证明责任，有时候指主观具体的证明责任。前者独立于具体的诉讼活动而存在，是指从抽象的意义上讲，当事人为了阻止即将来临的败诉，他有责任对某个要件事实提供证据证明。后者是指在具体的诉讼中，法官对于争议事实已经获得了一定的事实信息，这时候应当由谁来提供证据证明，尤其是提供反证的问题。它取决于法官的证明评价，而不是依赖于证明责任规范。因此它可以在双方当事人之间反复转移。①

按照"客观证明责任"和"主观证明责任"的区分理论，我们比较容易解释最高人民法院《民事证据规定》第75条规定。该条规定："有证据证明一方当事人持有证据无正当理由拒不提供，如果对方当事人主张该证据的内容不利于证据持有人，可以推定该主张成立。"该条中的推定规则仅仅转移了主观证明责任，没有转移客观证明责任。换句话说，一旦主张方证明了该推定规则的四个基础事实，则法院可以适用推定规则，认定推定事实存在。此时，对方必须反证，也即主观具体的证明责任转移给了对方。但是，在案件结束时，如果推定事实处于真伪不明状态，则仍由主张方就此一事实负败诉责任，也即客观证明责任并没有转移给对方。类似的，按照这一区分理论，我们也能解释中国证券监督委员会《上市公司收购管理办法》第83条第2款和该法78条第2款，前者仅转移主观证明责任，后者既转移主观证明责任也转移客观证明责任。

笔者主张我国民事诉讼法学界吸收英美证据法上证明责任的合理内核，适当改造我国民事诉讼法上的证明责任概念。具体来说，我国证明责任概念也应分解为两个子概念，即"客观证明责任"和"证据提供责任"，从而为中国诉讼法学及其分支证据法学建立统一的证明责任概念。前者是指在要件事实于诉讼终了前处于真伪不明状态时，当事人一方因法院不能认定这一事实而承受的不利裁判的危险。后者是指当事人在诉讼过程中为避免败诉危险而向法院提供证据证明自己事实主张的责任。后者在有时候指主观抽象的证明责任，有时候指主观具体的证明责任。主观抽象证明责任是指从抽象的意义上讲，当事人为了阻止即将来临的败诉，他有责任对某个要件事实提供证据证明。这里的"客观证明责任"其内涵与大陆法系的"客观证明责任"、英美法系的"说服责任"相一致。这里的"证据提供责任"源自英美法系"证据提供责任"概念，其内涵大致包括三部分内容：负举证责任方最初的证据提供责任，负举证责任方的持续推进责任、不负举证责任方必要时的反驳责任。还需要特别说明的是，其内涵之一——"负举证责任方最初的证据提供责任"具有独立的证明标准，即表面可信程度，这是区别英美法系"证据提供责任"与大陆法系国家"主观证明责任"内涵的关键所在。

由此，本部分内容后面将运用转移"客观证明责任"的推定指代《何文》所称的转

---

① [德]汉斯·普维庭著：《现代证明责任问题》，吴越译，北京，法律出版社2000年版，第9-45页。

移"完整证明责任"的推定,其大致相当于美国法上的转移"说服责任"的推定;将运用仅转移"证据提供责任"的推定指代《何文》所称的转移"部分证明责任"的推定,其大致相当于美国法上的仅转移"举证责任"的推定。

## 二、推定规则适用中的证明标准

除了推定规则适用中的证明责任问题,《何文》也论述了推定规则适用中的证明标准问题。该文中的相关论述可以简单地概括为三个方面:对基础事实进行证明和反驳的证明标准;对推定事实进行反驳的证明标准;不要把推定规则的"条件"笼统地视为"基础事实",从而在司法实务中降低了基础事实的反驳标准。

### (一)基础事实的证明标准和反驳标准

首先,关于基础事实的证明和反驳标准,《何文》认为:在适用推定规则时,基础事实的证明标准,在刑事诉讼中应该是"确信无疑",在民事诉讼中应该是"优势证据",在行政诉讼中,也可以适用"优势证据……在适用推定规则时,推定不利方可以对基础事实进行反驳,也可以对推定事实进行反驳。"不过,由于不利方并不承担对基础事实的证明责任,所以其对基础事实的反驳不存在证明标准问题。不利方当然可以举出反证来证明基础事实不能成立,但是这种举证是权利而非责任,而且主要目的是阻止对方的证明达到法律所要求的标准。对《何文》所提出的上述观点,笔者基本赞同。

不过,笔者不赞同《何文》关于推定不利方反驳基础事实从而举证的定性。《何文》认为推定不利方举证以反驳基础事实是权利而非责任,笔者认为该举证行为不是权利,而是责任。

这个问题与证明责任的性质相关。在中国证据法上,关于证明责任的性质,众说纷纭。① 笔者认为,讨论证明责任的含义,要区分证明责任的两种含义分开论述。客观证明责任仅仅是为克服真伪不明提供解决途径,只是针对法院的要求,不是对当事人的要求,独立于当事人的诉讼活动,因而其不是"权利""义务""责任""负担",只是真伪不明时败诉风险的一种分配方法。

值得探讨的是证据提供责任的性质。在大陆法系国家,权利是一个人相对于他人的、以之刻意追求和实现特定利益的决定权能(或一束决定权能)。② 简而言之,权利的要件之一是其有相对应的义务人和义务。如果证据提供责任是权利,那么该权利的义务方是谁?该义务又是什么?从诉讼实践中,我们发现,承担证据提供责任的相对方并不承担什么义务。因而,从法理上来说,证据提供责任不是"权利"。进一步,为反驳推定基础事实而进行的举证行为也不是"权利"。在大陆法系诉讼法上,"义务"的意义在于维护诉讼程序的顺利进行。不履行诉讼义务是对诉讼程序的破坏,被视为违法,其后果往往是强制制裁措施(直接强制、秩序责任、罚金等)。"责任"的意义在于推进和加

---

① 何家弘、刘品新:《证据法学》,北京,法律出版社2007年版,第292-293页。
② [德]迪特尔·施瓦布:《民法导论》,郑冲译,北京,法律出版社2006年版,第134页。

快诉讼的进程。违反诉讼责任并不破坏诉讼程序的顺利进行,因而不视为"违法",其后果也不是强制制裁,而是违反者从一开始就自愿接受的部分或全部败诉风险。证据提供责任单独可能引起的后果是败诉,不可能是某种强制制裁措施,因而其是"责任"而非"义务"。由于证据提供责任是"责任",为反驳推定基础事实而进行的举证行为也是"责任"。简言之,证据提供责任不是权利,也不是"义务",而是"责任"。

根据上述,借鉴大陆法系的观点,笔者认为,推定不利方为反驳基础事实而进行的举证行为本质是其履行具体的证据提供责任,而证据提供责任的履行行为本质上是履行"责任",而不是行使"权利"。

### (二) 推定事实有效反驳的多元证明标准

其次,关于对推定事实进行反驳的证明标准,《何文》认为:在三大诉讼中,对推定事实的有效反驳都适用"优势证据"的证明标准。对《何文》所提出的这一观点,笔者有不同看法。

首先,笔者承认,在民事诉讼和行政诉讼中,有时候,对推定事实的有效反驳需要提出足够证明推定事实不存在至"优势证据"程度。这种情况主要出现在转移客观证明责任的推定场合。例如,《民事证据规定》第4条第3款规定,"因环境污染引起的损害赔偿诉讼,由加害人就法律规定的免责事由及其行为与结果之间不存在因果关系承担举证责任"。本款中的因果关系证明责任倒置是一个关于因果关系存在的推定。这一推定是一个没有基础事实的直接推定,这一推定也是一个转移客观证明责任的典型例子。被告方要想反驳推定事实,必须提供足够的证据证明该因果关系不存在至"优势证据"程度。

但是,在民事诉讼和行政诉讼中,也存在仅转移"举证责任"的推定,或者说仅转移"证据提供责任"的推定。对于这种类型的推定,被告方有效反驳的证明标准是否也是"优势证据"标准呢?

在美国证据法上,适用这种推定规则时,一旦不利方提出一些证据证明该推定事实不存在,该推定即消失不见。比如,某推定规则规定,一旦证明信件已经被邮递,则推定信件已经被收到。现一方当事人证明信件已经被邮递,则事实审理者应该推定该信件已经被收到。如果对方当事人否认收到信件,并且有证据证明他没有收到该信件,则该推定被取消,并且法官应该指示陪审团在认定事实时不要考虑该推定。① 在适用本规则时,美国一些司法辖区要求只有在反对推定者提出有关推定事实不存在的"实质"证据,另一些司法辖区要求只有在反对推定者提出有关推定事实不存在和存在"同样可能性"的证据,则该推定消失。②

参照美国法,笔者认为,在适用仅转移证据提供责任的推定规则时,推定方若想成功反对该推定规则的适用,其应该提出一些证据证明推定事实不存在至"表面可信"程度。这里的"表面可信",大致是35%的可能性,比"优势证据"标准要低。

---

① 何家弘、张卫平:《外国证据法选译》(下),北京,人民法院出版社2000年版,第965页。
② 参见 [美] Rraham Lilly.: *An Introduction to the Law of Evidence*(2ed).1987. pp.63-64. 转引自 [美] Stewen L. Emanual: Evidence, 北京,中信出版社, 2003.

其次，在中国现行刑事诉讼法中，只存在对被告不利且转移客观证明责任的推定。对此类推定事实有效反驳的证明标准应该是"合理怀疑"，而非"优势证据"程度。

前文已述，笔者个人主张在中国刑事诉讼中引进大陆法系关于证明责任的界定，即区分客观证明责任和证据提供责任。在此前提下，笔者认为，根据中国现行刑事诉讼法，中国刑事诉讼中基本上不存在证据提供责任。尽管在刑事诉讼中，特别是在审判程序中，存在控辩双方形式上的对立，但是审判人员、检察人员、侦查人员负有客观性义务，法院、检察院、公安机关制作刑事法律文书必须忠实于事实真相，法院在审判过程中可以依职权询问人证、调取证据。因此，中国现行刑事诉讼体制基本上仍然是职权主义的，在这种体制下，不存在证据提供责任及其承担问题。但是，有时候肯定会出现在证据调查结束之后法院对要证事实处于真伪不明状态，此时总会出现法院根据客观证明责任规范作出判决的场合。客观证明责任不仅在当事人主义诉讼体制下存在，也在与职权主义诉讼体制下存在。

在刑事诉讼中，由于被告人受"无罪推定原则"的保护，客观证明责任原则上全部由检察官承担，只有在非常特殊的情况下才分配给被告人。因此，原则上仅存在对被告不利且转移客观证明责任的推定，不存在对被告有利且转移客观证明责任的推定。① 因为在中国现行刑事诉讼体制下，控方承担客观证明责任，因此其客观证明责任可以转移给被告；而被告原本不用承担客观证明责任，其不承担可以转移给控方的客观证明责任。这种对被告不利且转移客观证明责任的推定，在目前的制定法中仅有"巨额财产来源不明罪"。

根据上述，在中国现行刑事诉讼法上，只存在对被告不利且转移客观证明责任的推定。对于这种推定事实，被告要想反驳其存在，需要达到什么证明标准呢？

对这一问题的回答，我们最好结合美国法上的规定来阐述。在美国联邦法上，《联邦证据规则》对刑事诉讼中的推定没有规定，《统一证据规则》（1974）第303条规定了刑事诉讼中推定的一般规则，但是，该条没有明确规定被告提出有效反驳的证明标准。在州法的层次上，《加州证据法典》规定了刑事诉讼中被告提出有效反驳的证明标准。该法典第607条规定："在刑事诉讼中，当一个影响证明责任（这里指"说服责任"，笔者注）的推定旨在通过推定的方式确立关于被告符合某罪的要件事实时，只有产生该推定的基础事实被证实或被证明至排除合理怀疑程度后，这样的推定规则才能适用（事实认定者才能认定推定事实，笔者注）；此时，被告（要想提出有效反证，笔者注）对被推定事实的存在提出合理怀疑。"

参照美国法，笔者认为，在中国刑事诉讼中，针对对被告不利且转移客观证明责任的推定，被告方若想成功反驳该推定事实的存在，其应该提出一些证据证明致使事实认定者对推定事实的存在产生"合理怀疑"，无需提供足够证据致使事实认定者认为推定事实更不可能存在。简言之，在中国刑事诉讼中，对此类推定事实有效反驳的证明标准应该是"合理怀疑"，而非"优势证据"程度。

以《何文》所举的"巨额资产来源不明罪"为例，本罪隐含着一个推定，推定事实是被告人的那些巨额财产属于非法所得。根据笔者的意见，这一推定是对被告不利的

---

① 何家弘：《从自然推定到人造推定——关于推定范畴的反思》，载《法学研究》2008年第4期。

推定，因而被告要想反驳该推定事实，只需提出一些证据致使事实认定者能对推定事实——被告人的那些巨额财产属于非法所得——产生"合理怀疑"即可，无需提出足够证据致使事实认定者认为推定事实——被告人的那些巨额财产属于非法所得——更可能不存在，也即无需达到"优势证据"标准。

### （三）推定规则的"条件"——一个多余的概念

最后，《何文》还主张，不能把推定规则的"条件"笼统地视为"基础事实"。《何文》以"巨额资产来源不明罪"为例，论述到："该推定规则的'条件'是被告人有超出合法收入的巨额财产而且来源不明，但是，假如我们把这些条件都视为该推定规则的基础事实，那么，公诉方就要承担'来源不明'的证明责任，而被告方对此的反驳只要达到'产生合理怀疑'的程度就可以阻却该推定规则的适用，换言之，被告方的证明要达到的概率就从60%降到了20%。这显然不符合立法的原意。"

笔者对《何文》的上述分析，笔者基本不同意，原因如下。

首先，《何文》上述观点的基础是其认为推定规则作为法律规则也是由条件（或称为"假定"）、模式（或称为"处理"）、后果（或称为"制裁"）这三个要素组成的。笔者认为，推定规则是不完整的法律规则，不具有完整的法律规则所应具备的假定、处理、制裁三要素，也不具备大致完整的法律规则所应具备的假定和处理（或制裁）。

完整地法律规则应当具备假定、处理、制裁三要素。传统的、获得多数学者认可的学说认为，法律规范是一种特殊的、在逻辑上周全的规范，一个完整的法律规范在结构上必定由三个要素组成，即假定、处理和制裁。①

一个完整的法律规范在逻辑上必然包括假定、处理、制裁三个因素，但在现代实际立法中一个完整的法律规范所要求的三要素同时出现在同一个条文中的情况比较罕见。为了适应现代立法的需要，只要法律条文中具备两个要素，即条件和处理（或制裁），我们就可以把它当作一个大致完整的法律规则。在现代立法中，通常情况下，法律条文都包括假定和处理（或制裁）。这类法律条文本身就是大致完整的法律规则。例如，我国《刑法》第284条规定：非法使用窃听、窃照等专用器材，造成严重后果的，处二年以下有期徒刑、拘役或管制。这一规定中的"非法使用窃听、窃照等专用器材，造成严重后果的"是假定，"处二年以下有期徒刑、拘役或管制"是制裁。

但是，有时候，一个具体条文并不包括没有假定和处理（或制裁）的明确区分。这类法律条文不是大致完整的法律规则，更不是完整的法律规则。此类法律条文可能是有关权限的规范、定义性规范、拟制性规范，也可能是可以反驳的推定规范。例如，《民事证据规定》第4条第3款规定，"因环境污染引起的损害赔偿诉讼，由加害人就法律规定的免责事由及其行为与结果之间不存在因果关系承担举证责任"。这一法律条文将因果关系的证明责任倒置给被告承担，隐含着一个因果关系存在的推定。但是这一法律条文没有假定和处理（或制裁）的明确区分。因此，这类法律条文不是大致完整的法律规则，更不是完整的法律规则。

在推定规范中，我们只能找到"假定"，根本找不到"处理"或"制裁"。以最高

---
① 孙国华、朱景文主编：《法理学》（第2版），北京，中国人民大学出版社2004年版，第292页。

人民法院《关于贯彻执行〈民法通则〉若干问题的意见（试行）》第 88 条为例。该条隐含的推定规则是"对于共有财产，如果不能证明财产是按份共有的，应当认定为共同共有"，这一推定规则中包含"假定"，即其中的"对于共有财产，如果不能证明财产是按份共有的"，但是不存在规定人们可以做什么、应该做什么、不能做什么的"处理"，也不存在规定主体违反法律规定时应当承担何种法律责任、接受何种国家强制措施的"制裁"。再以最高人民法院《关于贯彻执行〈中华人民共和国继承法〉若干问题的意见》第 2 条规定为例，该条隐含的推定规则是："相互有继承关系的几个人在同一事件中死亡，如不能确定死亡先后时间的，推定没有继承人的人先死亡。死亡人各自都有继承人的，如几个死亡人辈分不同，推定长辈先死亡；几个死亡人辈分相同，推定同时死亡。"这一推定规则同样包含"假定"，但是不存在"处理""制裁"。

推定规则之所以不具备完整法律规则所要求的假定、处理、制裁三要素，甚至也不具备大致完整的法律规则所要求的假定和处理（或制裁）两要素，在于推定规则本身不是一个完整的法律规则，它仅仅是"分配主张责任和证明责任的立法技术工具"，[①] 它主要用于减轻"假定"要件事实的证明难度或加重对方的证明难度（事实推定），偶尔解决主张权利方的证明难度或加重反对权利方的证明难度（权利推定）。作为事实推定规则，其通常根据基础事实的存在推定要件事实的存在，无论如何复杂，其只是"假定"的内部事务，不涉及完整法律规则所要求的"处理"或"制裁"。

其次，由于推定规则不是完整的法律规范，推定规则也不是由完整法律规则的三要素组成，因此推定规则不存在所谓的"假定"或"条件"，因而也不可能区分推定规则的"条件"和"基础事实"。简言之，推定规则只有"基础事实"，没有"条件"。从这个立场出发，笔者不同意《何文》对"巨额财产来源不明罪"的上述分析。笔者的看法是：第一，该推定规则不存在"条件"，只存在"基础事实"，这里的基础事实是被告人有超出合法收入的巨额财产并且来源不明。第二，正如《何文》所分析的，根据中国刑事诉讼原则上由公诉方承担客观证明责任的原则，本罪适用过程中，公诉方要承担"巨额财产来源不明"的证明责任，并且要证明至排除合理怀疑程度。相应地，被告方对该基础事实的反驳只要达到"产生合理怀疑"的程度就可以阻却该推定规则的适用。第三，与《何文》的观点相反，笔者认为这恰恰体现了立法的原意——保障被告人的人权。相反，倘若将被告对基础事实的有效反驳标准提高到"优势证据"程度，不仅在理论上讲不通，而且违背了立法原意——保障被告人的人权。

## 三、小结

就中国证据法学语境中的推定效果而言，本部分内容与《何文》的观点不同。本部分内容通过列举实例，说明了中国现行法上不仅存在转移"完整证明责任"的推定，也存在类似于美国法上仅转移"举证责任"的推定。由于中国现行法上存在类似于美国法上仅转移"举证责任"的推定，并且《何文》所主张的"完整证明责任"概念无法解释这一现象，

---

① ［德］魏德士著：《法理学》，吴越译，北京，法律出版社 2005 年版，第 64 页。

笔者主张目前刑事诉讼法学界应参照民事诉讼法学界的做法，放弃"证明责任"的统一定义，而采取两分法定义，即把证明责任区分为"客观证明责任"和"证据提供责任"。

就中国证据法学语境中推定规则适用中的证明标准而言，笔者赞同《何文》关于对基础事实进行证明和反驳的证明标准的观点；但是，笔者认为《何文》关于对推定事实进行有效反驳的证明标准应该是"优势证据"标准的观点不够精细。笔者主张，我国应借鉴美国法，对推定事实进行有效反驳的证明标准应该根据具体诉讼类型、推定类型而有所区分。在我民事诉讼和行政诉讼中，对转移"完整证明责任（包括客观证明责任和证据提供责任）"的推定事实有效反驳的证明标准应该是"优势证据"标准，对仅转移"举证责任（证据提供责任）"的推定事实有效反驳的证明标准应该是"表面可信"标准；在我国刑事诉讼中，仅存在对被告不利且转移"完整证明责任"的推定，对这种推定事实有效反驳的证明标准应该是"合理怀疑"标准。此外，笔者认为推定规则作为不完整的法律规则，只存在"基础事实"，不存在"条件"，因而无需担心因混淆推定规则的"条件"和"基础事实"从而导致司法实务中降低了基础事实的反驳标准。

刘英明，上海政法学院法律学院副教授，硕士研究生导师。本节内容以《也论推定规则适用中的证明责任和证明标准》为题发表于《证据科学》2009年第5期，收录本书时有改动。

## 第六节 司法推定的条件之问

毛淑玲　林　驰

推定是诉讼活动中裁判者认定案件事实的有效法律方法和技术手段。对推定做立法推定与司法推定的分类较为合适，在法官进行事实认定活动中，司法推定适用较多。司法推定的适用条件包括对基础事实严格确证、经验法则准确选择、法律效果明确规定、救济方法科学到位；司法推定的适用主体只能是法官，当事人的推定启动申请权不具有实质意义；适用司法推定要履行告知程序并遵循相关原则，如"确立裁判者排除干扰原则""在刑事领域的保守适用原则""单级推定原则""心证公开原则""建立推定判例制度原则"等；在实践中要矫正对司法推定的几个误解，实现对推定方法的真正规制，使推定的效力从期待状态达到现实状态。

认定事实与适用法律是司法裁判的两个基本过程，而认定事实又是适用法律的基础，所以，建立一种科学合理的事实认定机制是各国法学理论界与实务界孜孜以求的目标。无论在任何国家，每当法庭需要确定某一案件事实时，无非采取两种方法：要么通过获取实际证据来证明；要么采取较容易的然而也是不精确的方法，即依靠先验的推定。[①] 从最初作为例外运用的规则，逐步发展到相对完善的状态，并成为司法实践中发现案件事实的重要的辅助性方法，推定日益显现其不可替代的作用。在现阶段开展的庭

---

① 参见［英］J.W. 塞西尔·特纳：《肯尼刑法原理》，北京，华夏出版社1989年版，第485页。

审实质化改革进程中，推定的合理应用可以提高法官的办案效率，实现诉讼经济目的，对保障当事人的合法权益，减少错案的发生具有积极意义。本部分内容拟就推定的适用条件、适用主体、适用程序和原则等问题进行探讨，力图使推定方法的适用步入合法、有效的轨道。

## 一、司法推定是认定案件事实的重要方法

进行司法裁判的前提有两个，一是确定可适用的法律规范，二是认定满足这一法律规范中行为模式构成要件的案件事实。法律规范因通常已有明确规定，因此较易获得，而案件事实的不可再现性使得对它的准确认定似乎只能依靠证据证明。但是我们知道，在实际的诉讼活动中，有的事实要件，比如损害事实，可以通过直接证据或数个间接证据较为容易地得到证明；而有的事实要件，比如过错要件，证明起来却相当困难。

### （一）推定是对证据证明的补充

通常来讲，诉讼行为多为意识行为，因此通过行为人的行为可以证明行为人的心态，但这仅是一种理论上的认识。由于人的心态属于人的心理世界，非客观证据所能完全把握，"内部事实，因其证明之对象，属于消极性，浮动性，抽象性，是其证明方法较窄，其真实性之程度亦较外部事实为低"。[①] 而且，在某些诸如搁置物、悬挂物等致人损害的侵权案件中，由于行为人往往没有作为，所以根本无法从其行为来判断其主观心态。然而，从另一个角度讲，诉讼活动基本上是按照"谁主张谁举证"原则来分配证明责任的，若因受害人难以通过证据证明加害人的主观过错（"过错"是一般侵权行为构成的事实要件之一），就裁判受害人败诉，使得他们的权益因此而得不到法律的确认，显然会导致正义的天平发生倾斜。

我们知道，纠纷事实之间的逻辑关系不同于自然界事物之间的逻辑关系，纠纷事实往往是在人的意志控制下形成的，因此，普遍联系的哲学观无法实现对具体案件事实间逻辑关系有无的直接识别，也无法实现对既有逻辑关系性质（暂时性的还是永久性的）的直接判定。但是，这并不影响人们对纠纷事实的认识。长期的实践证明，某些纠纷事实之间的逻辑关系在某些情况下仍然比较固定，因此，只要能够确认某两个或两类纠纷事实之间存在固定的逻辑关系，通过转换证明对象进而降低证明难度的愿望仍然可以达成。在诉讼活动中，如果当事人对证明其事实主张（我们称之为待证事实）存在相当的困难，而他所能够证明的事实（我们称之为基础事实或前提事实）与待证事实之间又存在一种近乎必然的联系时，我们就可以运用证据证明之外的方法获得待证事实的存在情况，推定恰恰是这样一种方法。

---

[①] 陈朴生：《刑事证据法》，台北，三民书局1970年版，第198页。转引自李富成《刑事推定研究》第二章，北京，中国人民公安大学出版社2008年版。

## （二）司法推定是推定的重要分类之一①

笔者以为，对概念的分类要建立在对概念的明确界定之上，对推定做分类也是如此。按照笔者的理解，推定是基于事物间的常态联系或某种价值选择，由一种情况的存在状态来认定另一种情况的存在状态的特殊的认定事实的方法，推定的基本分类应该是"立法推定"和"司法推定"。尽管学界有将立法推定（立法者以法律条文形式作出）称为"法律推定"，将司法推定（司法者在诉讼活动中依据一定的规则进行）称为"事实推定"的习惯，但无论是由法律规定还是由法官裁断，二者适用的目标均指向"案件事实"，亦即都是关于"事实"的推定，因此，以推定的适用主体及适用依据为标准，将推定分为"立法推定"和"司法推定"更为合适。

从立法推定与司法推定的关系角度讲，立法推定并不先天优于司法推定，两者均要依赖于经验分析，且没有理由认为立法者的经验高明于司法者。区分二者的关键性标志应在于，"立法推定"除依据经验和逻辑，在大多数时候还要依据经验和逻辑之外的东西。

# 二、司法推定的适用条件

## （一）基础事实的确证

正确适用推定的必要条件之一是基础事实的确证。立法推定从本质上讲是立法者为法官设置的适用规范，也就是说，当基础事实确立后，法官就没有自由裁量的余地了。司法推定属于法官自由心证的范畴，法官基于已被确证的基础事实，依赖事物间的常态相关，凭借经验法则，能够直接认定待证事实。无论是由法律预先作出规定的立法推定，还是以法官心证而为的司法推定，能够正确适用的首要前提均是基础事实必须得到确证，换句话说，对于基础事实的确证当属第一要务。

由于推定的适用仅仅是免除了当事人一方对推定事实的举证责任，并不涉及对基础事实证明义务的免除，因此，除法律规定的免证情形外，如果基础事实不被举证而得到证明是不可能的，因而司法推定不能当然适用。另外，作为推定的启动标准之一，形成推定所需的前提事实不能只达到"高度盖然性"证明标准，应尽可能实现"排除合理怀疑"的程度，意即在法官适用推定时，对前提事实需形成确信的心证。有学者认为，推定的特点就在于其不能确定的或然性，因而基础事实是一个（或一组）高度盖然性命题。② 这种认识是有偏差的，因为它混淆了基础事实与经验法则这两个概念。作为经验法则（表述基础事实与推定事实之间关系的假言命题）是或然的，而基础事实却必须要求为必然性事实。

## （二）经验法则的选择

经验法则是归纳总结于生活经验的有关事物因果联系或属性状态的沉淀性认识，它

---

① 参见毛淑玲：《推定与法律拟制》，载《黑龙江省政法管理干部学院学报》，2010 年 11 期。如无特别标注，本节后文提到的学界"法律推定"与"事实推定"的称谓均指笔者主张的"立法推定"与"司法推定"。
② 裴苍龄：《论推定》，载《政法论坛》1998 年第 4 期。

通常以假言命题形式表现出来。除了其特殊的法律解释功能外，经验法则在诉讼中的意义主要体现在它可以作为司法推定的中介，实现对待证事实的间接证明。第一，经验法则不是立法者或法官个人规定的，更不是法官凭空想象、臆断或推测出来的，它是人们从日常生活中抽象出来经归纳获得的事实，其内容来源于客观的物质世界。因此，它可以经受实践检验，并以一种合乎常理的形式存在，它也可以成为验证实践合理性的标尺。自由心证要求法官在为证据评判时必须谨守评价上的合理与合法，所以一般的伦理法则与经验法则，其作用即在于为法官心证的合理性提供一种考察手段。第二，经验法则是一种按照归纳逻辑生成的结论，它不是自然规律，也不同于科学公理定律，它对事物之间因果联系的反映具有很强的盖然性，因此法官基于经验法则获得的推论并不能保证绝对真实，允许当事人以反例予以推翻。第三，由于经验法则涉及人文因素，因而具有地域性、时效性和不唯一性。由于不同的理念、情绪或场合，使得某个特定案件中可能出现多个经验法则的佐证与冲突，因此法官在审理案件时需要具体认定。需要特别说明的是，经验法则的运用并不是无条件的，它只是在占有一定证据的基础上，借助日常生活经验对证据进行酌量和判断，从而得出结论即"案件事实"。各证据在法官利用经验法则得出的"案件事实"中应得到合理的说明，这样得出的结论才能够可靠。最高人民法院《民事证据规定》第64条规定所包含的精神就是对法官经验法则运用的具体要求。

笔者认为，经验法则在推定中发挥了逻辑三段论大前提的作用，它是证据评价的根据，同时也作为自由心证主义的内在制约而发挥作用。既然经验法则的高度盖然性属于客观范畴，那么违背具有高度盖然性的经验法则，应当理解为对有关经验法则的法律规范的违反，可以作为当事人上诉的理由，法官因此而进行的事实推定，应予撤销纠正。法官选择经验法则时必须受基础事实与推定事实两者之间这种内在联系的制约。这也是作为自由心证原则前提的证据裁判原则的要求。

## （三）法律效果的明定

笔者认为，推定产生的直接后果应该是证明责任的卸除，更确切地说是证明责任中说服责任的卸除。即当前提事实被当事人举证确定后，裁判者即可依据经验法则对推定事实予以认定，略去了该方当事人运用前提事实（或再增加其他证据）对推定事实的证明，即略去了其履行说服责任的过程，除非对方当事人对此进行反驳。而对方当事人进行反驳是其所享受的推定救济权利，或者称之为一种抗辩权利，意即对方当事人完全可以放弃此项反驳活动而任由推定产生效力，此时即使其成为推定的不利益方而可能承受败诉风险，也应该是因"主张方证明力过强"使然，绝不能理解为推定不利益方应该承担证明基础事实、推定事实不存在或者推定依据——经验法则不成立的举证责任，进而在其败诉时被认为"举证不能"。换句话说，我们不能称推定的后果是"转移了证明责任"。"证明责任的转移"是有特定含义的，基于民事诉讼的特点，在诉讼过程中，提出证据责任及说服责任可能会在当事人之间频频发生转移；刑事诉讼的主证明责任在控方，行政诉讼对被诉行政行为的证明责任在被告行政机关，但是在诉讼过程中若辩方（刑事诉讼）提出某一具体的事实主张或原告方（行政诉讼）提出行政行为以外的其他证明对象，则会发生证明责任的临时性转移，直至该证明责任履行完毕再回归到原主证明责任上去。但无论是刑事诉讼、民事诉讼还是行政诉讼，证明责任的转移都不违背"谁主张谁举证"的基本原则。仅就这一点，认为推定是自动将证明推定事实不成立的责任转移给了推定之不利益方的说法就欠推敲，主要原因有两个：第一，构成"转移"须不利方主动提出主张；第二，不利方须提出独立的诉讼主张，而不能仅是对推定事实简单的否定。从这个意义上讲，如果一定要将推定的后果与证明责任挂靠，那也只能勉强说它与举证责任倒置有些相似。

### （四）救济措施的设置

司法推定不具有强制性，即使是立法推定，其本质也不同于法律规定，相对人可以对基础事实与推定事实提出异议。在当事双方诉讼主体地位平等独立的民事与行政诉讼中，法律内在地要求在配置诉讼权利、诉讼义务时，做到双方攻防手段平衡，即使是主体地位不平等的刑事诉讼，推定方法的适用效力也只是期待性的，亦即只有在合理期限内没有受到不利方反驳，始能生效。

处于不利推定结果的当事人，为了实现救济，可以从三个角度对推定进行反驳：一是对基础事实的真实性举证反驳；二是对推定事实的存在进行否证；三是对推定所依据的经验法则的合理正当性进行质疑，后两种反驳一般只能存在于司法推定的情形中。

因为立法上的事实推定，只是以甲事实的存在已获证明的基础状态，推定乙事实存在，从而卸除当事人对推定事实的举证负担的一种证据方法；而立法上的权利推定，是以基础事实的证明，代替法律规定的权利存在或不存在的证明。对方当事人欲阻却该事实或权利推定效果，不能采用质疑推定依据的方法，通常也不能直接否证推定事实，而只能通过排除前提事实的途径，即以与所规定的要件事实相反的证明来实现其救济。对基础事实进行反驳主要包括两种方法，其一，对据以推定的前提事实提出必要反证，以否定前提事实的方法驳斥该推定的适用；其二，对与前提事实相反的事实或与被推定的权利状态互不相容的权利状态的存在，提供必要证据，以否定推定事实或权利推定的存在。

除对基础事实进行反驳，立法推定归于无效还可基于如下情况：(1) 法院职权否定法。人民法院依职权，撤销已做出的推定宣告，使该推定失去效果。如法院依职权撤销宣告失踪的推定（裁定）。(2) 当事人行使撤销权而阻却。基于非诉讼事件所为的权利推定，因一定主体对其行为事实予以撤销或变更，从而否定权利推定效果的存在。如基于土地登记而推定为权利人，在真正的权利人申请有关部门撤销登记后，该推定的法律效果即被排除。(3) 否证推定事实。立法推定的性质决定了对立法推定中推定事实的否定，必须达到使法官确信的程度，方为反驳成功。

对于对司法推定而言，其救济途径应当包括如下内容：(1) 反驳前提事实。对司法推定的救济也可从否证前提事实（即基础事实）入手，其具体反驳方法，同于对立法推定基础事实的反驳。(2) 反驳推定事实。由于基础事实与推定事实之间的联系并不是必然的，仅是一种高度盖然性的相关，因此极有可能存在有基础事实而无推定事实的例外情形。由于司法推定与立法推定的功能不同，当事人对司法推定中的推定事实只要承担提供证据的责任，使其处于真伪不明的状态，反驳即为成功，亦即当事人无需承担说服责任。(3) 质疑推定依据。推定的依据在立法推定中是立法者立法时所考虑的社会理念、价值选择及政策要求等因素,而这样的依据往往因其实现某种法律功能的需要而具有了强制适用的特性,因此也不允许反驳。所以质疑推定依据主要是针对司法推定的依据而言的,即推定之不利益方可对法官据以作出推定的经验法则进行反驳。

虽然经验法则是为社会人所普遍接受的社会生活经验,具有一定客观恰当性,但它毕竟是对过去经验不完全归纳的产物,其自身的正确性并非绝对。"归纳法本身的正确性只能归纳地证明,而这是逻辑循环。"[1] 另外,在司法推定的适用中,经验法则的选择确定系出于法官个人的主观判断,能否正确选择不仅取决于法官个人是否具有丰富的生活经验,而且也取决于其是否具备相应的科学知识及学识背景,因此法官据自己选择的经验法则而判断出的,基础事实与推定事实之间存在的盖然性程度,也会存在高低差异,为保障当事人的利益,尽可能保证审判的正当、合理、公平和正确,必须允许推定之不利方当事人享有反驳法官据以推定的依据——经验法则。

## 三、司法推定的适用要求

### (一) 主体与程序

在民事诉讼、行政诉讼中提出推定启动申请是当事人的一项权利,当事人可以选择证明待证事实从而放弃推定的申请启动权,也可以仅对基础事实予以证明并申请法官适用推定。在刑事诉讼中,除公诉方外,被告方及自诉案件的当事人也享有这项权利。但是,无论是何种性质的诉讼,也无论是立法推定还是司法推定,当事人提出启动申请都不能作为法官适用推定的必要条件,当然更不是充分条件。法官根据当事人举证证明的基础事实和其所主张的待证事实,以及二者之间的相关关系,在考察案情适用推定的条件后,可以决定是否适用推定。

立法推定是立法者就有关事实的认定在制定法律时为法官设置的强制适用规范,它产生于审判活动之前,具有一定明确性,应该默认为双方当事人所知晓。因此,如果当事人选择对推定事实进行证明,法官也不能不许,但法官应当予以释明,告知当事人可以仅对基础事实进行证明。司法推定是法官基于审判职务上的主观判断和认定,行使自由裁量权的结果,它是在基础事实得到证实时对推定事实的认定。司法推定的适用可能并不当然为当事人所知晓,法官认为满足条件时可以径行适用,但要履行一定告知程序(尤其是对推定之不利益方)。

笔者认为,由于推定是法官认定事实的一种特殊方式,不属于当事人举证的范畴,因此原则上并不一定要求将当事人的启动申请作为法官适用推定的前提条件,即当事人对于司法推定的启动申请权及其性质类同立法推定。但是也有学者认为,除非基础事实是不证自明的事实,当事人主张推定必须举证证明基础事实或前提事实,故司法推定应由当事人申请启动,法官即使发现基础事实也不能主动适用,[2] 因为在实体与程序的优

---

[1] 廖荣兴:《推定在民事诉讼中的运用》,载《湖南公安高等专科学校学报》2005年第6期。
[2] 参见邱忠:《民事推定研究》,湘潭大学硕士学位论文,2004年,第57页。

先选择中，推定的价值考虑应更倾向于后者。笔者认为，该观点从表面上看似乎不无道理，但是它忽略了一个重要的问题——推定的适用是法官认定案情的职权行为，具体的个案该不该、能不能适用推定完全取决于法官，当事人的启动申请权仅仅是形式意义上的，并不能左右推定的实际运用。

无论由谁启动推定程序，无论何类诉讼、何种推定，推定的适用主体只能是事实裁判者——法官，除此之外，对于关涉当事人实体权利的事实，任何组织、团体、个人以任何理由作出的任何"推定"都不能具有法律效力。然而在实践中，这个显而易见的道理却常常被忽略，尤其是在当事人已死亡，不能张口反驳，"死无对证"的情况下，似乎谁都可以成为"推定"的适用主体。更为可怕的是，由于司空见惯，公众对此现象却表现得无动于衷。

2007年10月2日17时，重庆冠忠公司万盛分公司的一辆牌照为渝B27436的宇通牌大客车从万盛开往重庆，车上载客38人（包括司机，未超载）。当车行驶15分左右，到綦万高速公路綦江境内的三角段时，客车前排突然起火燃烧，火势凶猛，司机将车靠公路右边停下，11人逃生，27人遇难。事故客车司机陈军提供情况表明，火源起源于司机后一排。该排乘客是冠忠公司万盛分公司原业务副经理肖永华（50岁）、张晓亚（38岁）夫妇，两人提了几个大包上车，未经车站安全检查。火源起于两人的大包。据冠忠公司报告，肖永华于今年9月20日被公司停职检查，有人反映肖永华不满处分。肖永华、张晓亚夫妇均在这起事故中死亡。重庆市公安局副局长3日下午介绍说，"10·2"经公安机关连夜调查和勘验，排除了车辆本身故障及爆炸物引发爆炸等原因，公安技术人员从车内第一排左侧下部提取燃烧残留物，检测确定助燃物为汽油。另，公安机关所获证据表明，肖永华有过多次婚姻变故，家庭成员关系紧张，并对自己被单位停职不满，遂生恶意。至此，对本次恶性事故调查得出的结论是：肖故意纵火，实施了严重危害公共安全的犯罪行为。

这个案例让笔者联想到了2002年大连"5·7"空难。这两个案件从案情到结论同出一辙。无论是"10·2"案对肖永华还是"5·7"案对张丕林，均是有罪推定的最好诠释。这其中暴露出司法实践中的许多问题，笔者认为不能不引起重视。对二案结论最为明显的质疑当是其证据的真实性以及证据与结论因果相关的可靠性。比如，"从车内第一排左侧下部提取到燃烧残留物，检测确定助燃物为汽油"何以能成为出自肖永华"大包"的证据？"有过多次婚姻变故，家庭成员关系紧张，并对自己被单位停职不满"与"遂生恶意""故意纵火"之间的联系能是高度盖然性的吗？对这些明显牵强的生活经验我们姑且不究，二案显露出的法理问题才是最为致命的。首先，调查结论的性质如何界定。如果说它们是"推定事实"，它们的适用主体并不适格，"10·2"案的结论是由公安机关作出的，"5·7"空难的结论是由国务院空难调查小组作出的，二者都不是由人民法院作出；如果说是行政性意见，由于它们不是典型的行政行为，因此很难成为行政诉讼的对象；如果说它们均带有事实上的惩罚性（肖之遗产继承人当需承担赔偿责任；而事实上张丕林已被拒绝保险理赔），因其并非以任何处罚方式作出，没有可申诉的对象；如果说它们是司法鉴定意见，它们又都不是法定的鉴定机关按照法定程序作出的……其次，这样的调查结论在形成程序上存在明显瑕疵。按照无罪推定原则，任何人未经合法审判，都不能被认定有罪。张丕林调查小组虽未作"有罪"认定，但其结论已明显地昭示人们：张即为空难的故意制造者，事实上张的名誉利益（一个已亡的纵火犯）和财产利益（保险公司拒绝理赔）不已实现了对"罪"的惩罚吗？而肖永华案的结论则更加直白，公安机关越俎代庖，干脆认定"肖故意纵火，实施了严重危害公共安全的犯罪行为"。

"罪"与"非罪"的认定，连同"推定"这种特殊的事实认定的方法，都是法官的特权。当然，司法实践中，公安、检察机关也会对案件情态有所想法，作出某些认定，否则诉讼也不会实现，但是需要留意的是，它们的这种认定只能是一种"猜测"和"怀疑"，是未被确定的可能性"推断"，因此不是事实认定，其结论当然也不能成为后续"惩罚"的依据。

实践中出问题的多是如上述二例中当事人已亡故的情形，由于追诉对象的消灭，许多应有的诉讼程序便被略去了，可人类的思维定势要求，事情一定要有个结果，有个说法，因此便产生了这些非适格主体不伦不类的结论。目前看来，我们还不可能像法国等为数不多的国家那样，对于当事人已经死亡的案件，也要经过法院审判程序来确定罪责之有无，但我们至少要保证用语的规范，对一种可能性认识，绝不能当成司法推定的结果来处理。

### （二）期限与告知

有学者认为，尽管推定不是一种证据，而是认定事实的特殊方法，但由于当事人对基础事实的证明，仍然要涉及证据的提供问题，因此当事人主动申请适用推定的，适用申请应作为当事人的诉讼主张对待，其申请期限应规定在举证期限内。同时，为使对方当事人有的放矢地进行反驳，以维护当事人之间的攻防平衡，申请人在证据交换时要提交有关基础事实的证据，并且需说明基础事实与推定事实之间的高盖性关系，否则视为放弃对推定的利用。[①] 对此观点，笔者并不赞同。笔者认为，当事人的推定启动申请权不具有实质意义，因此没有必要再规定一个申请期限；推定适用与否的决定权在于法官，作为一项业绩考核标准，对于应该适用推定的情形，法官自不会怠慢，对当事人作"视为放弃对推定的利用"的规定显然多余；为使"对方当事人有的放矢地进行反驳，以维护当事人之间的攻防平衡"而要求主张推定的当事人进行证据展示，提交证明基础事实的证据以及基础事实与推定事实之间的高度盖然性关系说明的建议貌似在理，但是，只有主张者的申请被法官采纳，一切方才有意义，否则这一程序亦属形同虚设。

法官在适用推定特别是适用司法推定时，有义务将此意向明确告知推定适用之不利方当事人，并将推定适用的前提事实及其证明情况、前提事实与推定事实之间的高度盖然性关系，提示给他（们），告知其可以就基础事实、推定事实以及进行司法推定所适用的经验法则进行反驳，并给予其合理的反驳期限。具体来讲，如果当事人提出了启动申请，推定适用的告知程序可分为两个阶段：在举证期限后证据交换之前，向相对方送达主张推定的申请，以使相对方获得质疑和反驳推定后果产生的初次机会；在庭审结束

---

① 参见廖荣兴：《推定在民事诉讼中的运用》，载《湖南公安高等专科学校学报》2005年第6期。

之前，将法官的推定适用决定告知相对方，以使相对方获得阻止推定最终效力发生的二次机会。

### （三）规制与原则

#### 1. 无关因素不能成为司法推定的依据

该条亦可称为"确立裁判者排除干扰原则"。如前所述，立法推定也好，司法推定也罢，可以成为推定依据的职能是价值理念或者经验法则，除此之外的任何因素都不能成为推定的依据。但理想是好的，法官的推定实践并非总能如此。拿我们在前面提到的大连"5·7"空难和重庆"10·2"事件来讲，调查结论不排除有照顾政治影响、安抚公众情绪的因素，更不排除为了保护某些利益，如航空公司、车站安检部门的声誉而不惜牺牲一个死人利益的做法。尽管那两起事件的结论并不是法官作出的，但道理是相通的。法官在进行推定时，尤其是适用心证基础上的司法推定，除逻辑与经验法则，必须排除来自外界的一切干扰，唯证据说话，唯经验事理说话，只有这样才能保证推定适用的正确有效性，才能保证裁判结论的大众公信力。

#### 2. 推定在刑事领域须保守适用

由于推定所依据的经验法则描述的是事物之间的常态联系，因此推定的结果只能获得一种或然性事实，而且推定结论的或然性程度是无法量化的，其准确性只能保证在一定的幅度内，对于民事诉讼、行政诉讼而言，只要在该幅度内的推定及其结论，都是被允许的。但由于刑事诉讼涉及犯罪嫌疑人、被告人的特殊重大的利益，其证明标准要求也较民事、行政诉讼为高，因此在刑事领域适用推定必须采取保守态度，限定在允许幅度的最低水平，同时，对推定结论的选择也要慎重起见。① 具体而言，表现在如下几个方面：第一，刑法因果关系的必然性，要求刑事推定只能用来推定事实、确定责任，除"巨额财产来源不明罪"等个别的立法推定外，不能直接用来推定有罪；第二，推定结论要与其他证据相互印证，推定结论本身不能作为定案的主要依据；第三，严格筛选基础事实，尽量使推定的基础牢靠；第四，运用经验法则时，尽量做到归纳的周延性，对于例外情况不仅不能回避，而且要尽量发现，力争穷尽；第五，要承认推定依据的事物间的相关性一般是难以实证的，因此对其依赖应尽量做到保守；第六，由于推定的结论毕竟有别于证明的结论，不可能做到唯一、排他，故而在利用推定结论定罪量刑时要留有余地。

#### 3. 任何推定均可被质疑与反驳

推定的本质决定了推定都是可以反驳的，即使是立法推定甚或是有学者所称的强制性推定也是如此，不可反驳的不是推定，只能是法律拟制或法律规定（当然，对于立法推定，法律只允许推定之不利益方反驳基础事实；而对于司法推定，则无论基础事实、推定事实抑或是推定依据，均可成为被反驳的对象）。尽管推定是法官依经验法则和逻辑规则以及法律规定对案件事实作出的谨慎判断，但它的适用条件决定了它的不确定性和任意性，因而基于推定而认定的案件不会是百分之百的可靠。所以，为了把推定可能

---

① 邓子滨：《刑事法中的推定》，北京，中国人民公安大学出版社，2003 年版，第 118 页。

造成的不利后果降低到最小程度,以实现社会与个人价值、个人利益的最大协调和平衡,也为了让司法者在实践中体会到推定要达到何种程度才是适当的和让人可接受的,从而对推定的适用与操作要更加谨慎,更加优化,法律必须允许推定之不利益方对推定予以质疑和反驳。从证明行为的分担角度讲,推定在某种程度上将证明行为倒置给相对方,正是希望他对推定进行反驳,被告承担举证责任的过程,就是对推定进行反驳的过程。

### 4. 单级推定原则

通过推定得到的结论不能作为再次推定的基础事实。由于推定是根据事物的一般规律为基础进行的,本身只具有盖然性,它的适用是以牺牲个别特殊情形为代价的,因此为防止结论的放大失真,不能允许在推定获得的事实基础上再行推定。

### 5. 心证公开原则

司法推定是一种自由裁量权较大的审判行为,它以法官的内心思维活动为原动力,本身并无具体的、可见的标准尺度,需凭借法官的良心、理性,从公正的角度基于事物之间的常态联系和一定的逻辑法则去衡量。因此,推定的过程即法官进行自由心证的过程,这一过程如果不予公开,当事人便无法察知和了解法官的心理活动,不能对推定的适用进行充分的质疑和反驳。我们说,"正义要以看得见的方式实现",法官适用了司法推定,就要将推定适用的依据和理由展示给当事人,展示给社会大众,以此来接受监督,获取人们对司法判决的信任。推定心证公开的最有效方式就是制作清晰、完备、论理详尽的判决书,在判决书中阐明推定的适用依据及适用理由,告知推定的效力,增加审判的透明度,进而有效地预防法官恣意擅断和突袭裁判的发生。对于立法推定的适用,当事人无需对法官的考量方法予以了解。但是,现代意义上的自由心证应该是公开的心证,因此当事人仍然有权被告知何时被适用了何推定,掌握适用推定认定案件事实的有关信息,以保证当事人寻求推定救济方法等诉讼权益的实现。

### 6. 推定判例制度的建立

社会生活的发展变化与司法实践的不断更新,往往会与法律制度的稳定及相对滞后性形成冲突。对于依据经验哲学、突显"重视法律实施,重视法官作用"司法理念的推定技术而言,单纯依靠统一的成文法规,不能满足其复杂多变的具体需要,而判例及判例精神恰好体现了推定"在遇到具体案情时,法官可根据具体情况和法律条款的实质,作出具体的解释和判定"的基本思想。同时,由于司法推定较立法推定在运用范围上更为广泛,在运用概率上更为频繁,为防止裁判者对推定的滥用,保证司法的统一和权威,可以考虑通过形成判例来对司法推定之适用予以规制。

## 四、有关司法推定的几点新认识

关于司法推定,笔者还有一些断想,在行文结束之时,希望把它们作为结语表达一下。

### (一)不能认为司法推定转移了举证责任

推定和证明一样,也是认识事实的一种方法,如果我们认为用证明认识事实较推定更为严谨可靠的话,那我们理当在运用证据证明时,责成对方当事人承担所证事实不成立的举证责任。因为若其不能举证推翻,则因本证的实在有力性,而使得其必须承担不利后果,而不是在运用推定这种或然性极强的方法时,连推定者自己都不认为结论十分有把握的情况下,硬将证明责任进行了转移,让对方承担提出证据或者说服事实裁判者推定不能成立的举证责任,否则就自受败诉风险,这样的做法难道不是有些滑稽吗?正因为推定的非必然可靠性,才要给予对方充分反驳的机会,对方愿意举证推翻推定,那也是他应有的一项权利,怎么能叫"责任"呢?也许不同意见者会认为笔者咬文嚼字,吹毛求疵,但一词之别意义重大。

### (二)不能认为司法推定是立法推定的初级阶段

"从两者的演变过程看,事实推定(笔者建议改称司法推定)在先,法律推定(笔者建议改称立法推定)在后。法律推定是事实推定的法律化、定型化,事实推定是法律推定的初级阶段,有待于上升为法律推定。"[①]"推定用于法律,可作立法推定和司法推定之分,其划分根据是基础事实与推定事实之间的常态联系或伴生关系的稳定性或确定性程度。稳定性或确定性比较强的,一般上升为立法推定;稳定性或确定性比较弱的,一般在司法证明过程中加以运用。"[②]对此观点,笔者不大赞同。因为从形式或结构上看,无论是立法推定还是司法推定,都具备推定的特点,这也是它们(尤其是立法推定)能够区别于法律规定、法律拟制或法律解释等相关概念之处。比如,通常的法律规范中,都会既规定"行为模式",又规定"法律后果",也有的只规定"法律后果",但都不会对"行为模式"的性质归属作出认定,这种情况就属于典型的法律规定;而描述"行为模式"性质归属的,则属于"立法推定",例如《刑法》第 395 条有关巨额财产来源不明罪的规定,其中"以非法所得论"即是对预行处罚的行为模式性质认定亦即推定(从这个角度讲,笔者赞同龙宗智教授"不能将推定扩大解释,认为现行法律中推定四伏"[③]的观点,从理论上要清晰地分辩推定与拟制、规定等概念的区别)。

立法推定与司法推定的差别在于二者遵从不同的推定依据——后者是事物间的常态联系或称经验法则,而前者虽然也要遵循事物间的常态联系规律,但更多考虑的是价值选择、政策倾向、司法理念等更为主观甚至非理性的东西,所以我们对立法推定与司法推定二者的关系必须分情况考察。如果仅从"经验法则"角度来看,的确有立法者对较为稳定、确实之事物之间的联系以立法的形式予以固定的情形,比如正确写明地址和邮寄的信件,推定为已在通常的交邮期内收到;婚姻关系存续期间怀孕或者所生的子女,推定为夫妻双方的子女;等等。如此一来,立法推定也的确是司法推定的高级阶段。但是我们也应该看到,即使在这些推定中,立法者所考虑的因素也不是单一的,也会考虑到诸如社会关系的稳定、特殊群体权益的保护等,所以,若基于这层意义考虑,司法推定与立法推定并不具有可比性,也不存在什么初、高级的递进关系,我们怎么能判断这

---

① 樊崇义:《证据法学》(第六版),北京,法律出版社 2017 年版,第 333 页。
② 邓子滨:《刑事法中的推定》,北京,中国人民公安大学出版社 2003 年版,第 113-114 页。
③ 龙宗智教授 2007 年 10 月 25 日在中国政法大学所做"证据法中推定的界限及其适用"讲座录音整理稿。

两种依据哪个更先进、哪个更高级、哪个更稳定——孰优孰劣呢？比如，在多人死亡的意外事故中作出的死亡顺序先后的立法推定，难道它的依据更符合事态常理，是更可靠的经验法则的运用或者说是司法推定发展到一定阶段的升华吗？这种认识显然是值得商榷的。

### （三）不能认为司法推定的适用降低了证明标准

笔者以为，"证明标准"本身就属于人的认识范畴，证明标准的概念以及学者为量化该概念而作出的诸如"优势证据证明""高盖性证明""无合理怀疑证明"等表述，事实上都是具有明显相对性的。对案件事实的证明标准达到了什么程度，究竟是高还是低，只能依靠实践的检验，具体一点讲，就是要看被推翻、否证、反驳的概率和难易程度。如果我们说证据证明是严谨而周密的认定事实的方法，推定是人类基于认识的局限性不得已而为之的下策，那恐怕以证据证明的案件个个都是铁案，而适用推定的案件则危机四伏了。可现实情况并非如此，许多错案也是出自证据证明之后，而推定的适用比比皆是，也没有要消亡的迹象。原因很简单，任何演绎的大前提都是归纳的结论，因此，即使我们运用的是绝对有效的 AAA 式三段论演绎证明，从理论上讲，其结论也具有可错性，因为大前提的获得方法——归纳始终都是或然性的。

### （四）司法推定才是真正意义上的"推定"

司法推定的运用招致许多学者的质疑，[①] 有的学者甚至认为司法推定（他们使用的是事实推定的概念）的概念本身就属多余。果真如此吗？如果从推定的概念入手分析的话，真正的推定其实就是司法推定，因为只有司法推定才具备推定是"认定案情的一种特殊技术手段"之特性，由于司法推定的依据是人类实践的经验法则，具有客观规律的本质，而立法推定有相当的依据是具有明显的主观色彩的。从某种程度上讲，甚至可以归入立法者的造法活动。因此，按照马克思主义发展观来看，随着国家现象的消亡，倒是立法推定及其理念必然会随之消亡，而作为认定事实的一项技术方法，司法推定之要义却是长存的。

毛淑玲，辽宁师范大学法政学院教授，硕士研究生导师；林驰，大连市中级人民法院审判委员会委员，三级高级法官。本节内容以《司法推定的适用条件与要求》为题发表于《法学杂志》2019 年第 12 期，收录本书时有改动。

---

[①] 参见劳东燕：《认真对待刑事推定》，载《法学研究》，2007 年第 2 期。

# 第六章  刑事证据与证明的创新理论

## 第一节  电子证据的基础理论

刘品新

"就司法证明方法的历史而言,人类曾经从'神证'时代走入'人证'时代;又从'人证'时代走入'物证'时代。也许,我们即将走入另一个新的司法证明时代,即电子证据时代。"这是我国著名证据法学家何家弘教授2002年的断言。时光荏苒,电子证据在十多年后正以加速度改变着人们的司法证明观念,推动着司法证明制度的深度变革。从某种意义上讲,电子证据在中国的变化不仅仅是"入法"获得了独立的证据地位,更是呈现出新一代"证据之王"的气象。那么,如何准确认识电子证据?如何有效收集和运用这种证据?这需要从技术与法律相结合的角度,思考和构建电子证据的基础理论。

## 一、什么是电子证据

### (一)电子证据定义的局限性

现如今,我们生活的空间无处不充斥着电子证据。比如,我们电脑播放PPT,其中就有很多播放记录、临时文件等信息;我们用的手机,其中就有手机与基站连接产生的记录、与GPS卫星联系产生的记录、使用微信微博产生的记录、连结WiFi产生的记录等。这些证据形形色色,表述也五花八门。从英文来看,常见的就有不下十种,主要包括"Electronic Evidence""Digital Evidence""Computer Evidence""Computer-based Evidence""Computer-produced Evidence""Computer-created Evidence""Computer-generated Evidence""Computer-stored Evidence""Computer-related Evidence""Evidence from ComputerRecord"以及"Computer Output/Printout"等;从中文来看,常见的表述也有近十种,除了"电子证据"之外,还有"计算机证据""计算机数据证据""电子数据""电子数据证据""数据电文证据""电子文件证据""网络证据"以及"网上证据"等。

那么,我们怎么来认识这些形形色色的电子证据?对此,习惯上的做法是下定义。所谓"电子",是指"由介质、磁性物、光学设备、计算机内存条或类似设备生成、发送、接收、存储的任一信息的存在形式";所谓"电子证据",是指电子形式的证据。这一定义并不为错,但并没有太大的实际意义,反而更容易使人糊涂。理由很简单,它并未将电子证据同物证、书证等传统证据区分开来,更未能突出电子证据的本质特点。

### （二）比较电子证据与传统证据

笔者认为，最好的方法就是将电子证据与传统证据进行比较，找到电子证据的独有特点。传统证据有物证、书证、证人证言、当事人陈述、鉴定意见、勘验笔录等，电子证据同它们相比有何特点呢？

中国人民大学的研究生们曾经整理过国内外专家关于电子证据特点的论述。他们归纳了20种主流说法，分别认为电子证据具有技术依赖性、非直观性、精密性、易消失性、系统性、安全性、混杂性、多元性、国际性、多媒体性、跨境性、超容性、复合性、虚拟性、可复制性、高科技性、易破坏性、数字性、无痕性、昂贵性等特征。这些表述的字面意义比较简单，大家可以通过下面的课堂讨论来理解电子证据的独有特点。

学员1：虚拟性。就是要通过网络来进行。

老师：通过网络就是虚拟的吗？网上买的东西都是虚拟的吗？

学员1：电子证据需要通过网上的设备来获取。

老师：传统证据也要通过设备来获取。

学员2：可复制性。

老师：这是最"笨"的答案。所有证据都有可复制性，都可分为原件与复制件。

学员3：无痕性，就是没有物理上的痕迹。

老师：没有物理痕迹吗？比如，电脑病毒会造成电脑的物理损坏。病毒造成电脑硬盘的损坏难道不是物理痕迹吗？又如，有的人从事色情网站服务、网上赌博等的活动，也是可以查到他的电脑或涉案光盘的，这些都是物理痕迹。

学员4：数字性。

老师：电子证据的信息形式不是1就是0，这个理解是对的。不管是图像文字音频视频都是由0和1组成。其他证据没有0和1组成的吗？其实也有。

可见，上述的观点并非电子证据的独有特点。经过与国内外专家深度讨论后，我们越来越认同的一个观点是：相比于传统证据而言，电子证据具有虚拟空间性或者数字空间性。所谓的虚拟空间、数字空间，是美国人托夫勒所说的第三次浪潮之后人类社会才出现的空间。具体来说，传统证据都处在物理空间，是办案人员可以进去打交道的空间；电子证据则处在由0和1数字信号量构成的虚拟空间或数字空间，是办案人员不能直接进入的无形空间。假如在这样的空间提取相关的电子证据，人们必须借助高科技的软硬件电子设备。在此过程中，电子设备实际上就起到了技术代理的作用。可见，电子证据是一种必须借助虚拟的"机器"代理才能认识的证据。

虚拟空间有哪些呢？大致包括计算机空间、网络空间、服务器空间、手机空间、摄像机空间，优盘、硬盘、打印机、复印机等存储介质空间，还有现在所说的云空间。云空间是一个更形象的概念。与由原子构成的传统物理空间不同，在虚拟空间留下的诸多痕迹和碎片信息就是电子证据。

总之，以所在空间的不同为标准，我们能够精准地将电子证据与传统证据区分开来。电子证据处在看不见摸不着的无形虚拟空间。对环境虚拟性的认识，是我们研究电子证据起点之一。

## 二、电子证据的系统性原理

如前所述，电子证据所在的空间是虚拟空间或数字空间。对于这样的空间，人们习惯性使用的专门术语包括计算机系统、操作系统、应用文件系统、网络系统、存储系统、手机系统、GPS 系统、云系统等。这些词语的共同词根就是"系统"。这就表明，电子证据的产生、出现、变化等都不是孤立的，而是系统性的，是由若干个元素组成的系统整体。相比而言，人们虽然也试图用系统观念来评价传统证据，但司法实践中的传统证据都是少量的，如裁判文书中所说的一个或几个物证、书证或者一份或几份书证、笔录等。与此相反，任何电子证据均不是孤立存在的，而是由一系列命令或程序遵循一定技术规则的海量电子数据的融合物。这一现象就反映了电子证据的系统性原理。

关于电子证据的系统性，我们做过一个实验：U 盘中拷入 Word 文档实验。我们将一个名为"劳动合同"Word 的文件拷入 U 盘中，大家直观的感受是现在 U 盘中增加了一个名为"劳动合同"的文件。接着我们在 U 盘中将刚刚拷入的文件打开并对它进行一些修改。例如，我们将文件中的第一段文字删掉，将修改后的文件保存。大家思考现在 U 盘中有多少个文件？刚刚我们只拷入了一个文件，然后对这个文件进行了一次修改。现在我们用专门工具如 Winhex 来看一下 U 盘中到底增加了多少个文件。如图 6-1-1，我们可以看到，U 盘中增加了两个主文件，两个的快捷方式：两个主文件分别对应拷入的原文件版本、修改后的文件版本；两个的快捷方式也不是单纯的快捷方式，分别都指向这两个文件版本，是这两个文件版本的快捷方式。且这两组文件都可以被提取。依次类推，如果我们对 U 盘新拷文件进行 N 次修改，就能找到 N+1 组文件。这是一个现象。

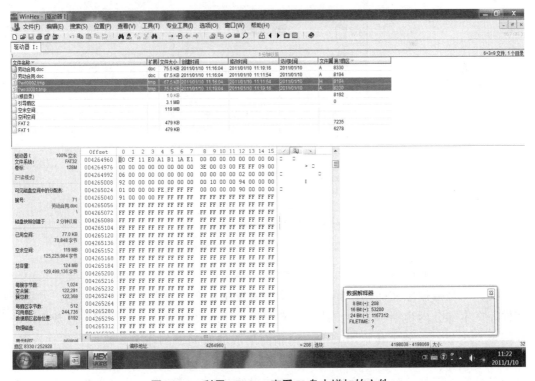

图 6-1-1　利用 Winhex 查看 U 盘中增加的文件

通过这个实验大家可以看到，虚拟空间的电子证据跟物理空间的传统证据是不一样的。在虚拟空间，每一个电子文件背后都有一批相应的文件。一个Word文档从创建到编辑再到保存，每一步都会产生大量的痕迹信息，通过分析这些信息就可以查清该文档的变化过程和更改的内容。这些痕迹信息主要包括最近打开的文件、日志文件、访问日志、预读取文件夹、临时文件、缓存文件、注册表文件、注册表日志文件、虚拟内存的文件、杀毒软件日志、空余空间痕迹等。这些文件会反映原始文件的产生及其变化的整个过程，是电子证据系统性特征的体现。

我们检验的这起案例也能验证电子证据的系统性：一起利用Word文档系统性原理查明真相的案例。一家农药公司告状告另一公司窃取其农药配方，侵犯其商业秘密。被告公司辩称其早在2006年就已开发出来该农药配方，而原告公司则是2008年才开发出来，反倒是原告侵犯了自己的商业秘密。庭审中，被告向法庭提交了刻有被告农药配方Word文档的光盘，用以证明其在2006年时就已研发出该农药配方。审查该文档的关键就在于如何判断其创建时间的真实性？通过查看该Word文档的属性发现：该文档创建显示其创建时间为2006年，修订次数只有四次，总编辑时长不到五分钟（见图6-1-2）。虽然该文档显示其创建时间是2006年，但是该文档的存储位置存在一些反常现象：该文档创建时间与保存时间之差极大……进一步查看发现，该文档是在修改了计算机系统时间下创建的，2006年不一定是该文件创建的真实时间。该案例就体现了利用Word文档的系统性特征去查明文档的真实性。

图6-1-2　Word文档属性显示的修改信息

那么，电子证据构成一个怎样的系统呢？具体来说，所有电子证据都是"三位一体"的。一是数据电文证据，即记载法律关系发生、变更与消灭的内容数据，如电子邮件、文本部分内容档、图片文件、加密文件、压缩文件等；二是附属信息数据，即数据电文生成、存储、传递、修改、增删而形成的时间、制作者、格式、修订次数、版本等信息，如电子邮件的制作人、发件人、收件人、传递路径、日志记录、文档本身的属性等；三是关联痕迹数据，即电子证据的存储位置信息、传递信息、使用信息及相关文件的信息,如缓存文件、休眠文件、分页文件、快捷方式、源文件的存储记录以及副本部分内容等。这三者密切联系,构成了一个有机的整体,共同指向案件事实。

基于这一原理,司法人员在使用电子证据办案时绝不能仅使用数据电文内容,还要依据数据电文内容背后的附属信息数据、关联痕迹数据。

以下这起案例就体现了电子证据系统性原理的应用价值:一家企业举报工商局滥用职权查封企业。工商局工作人员称他们曾三次到过该企业并要求其按照相关规定进行整改,企业都未整改。而该企业称工商局工作人员只来过一次。对此,工商局的解释是前两次去时企业没人,只好将《行政整改通知书》《行政处罚决定书》放在企业。该案中,要查明工商局是否依法行政,关键的问题是查明工商局前两次是否到过该企业进行行政执法。如何查明工商局的辩称"其前两次去时企业无人上班"是否真实?对此,该企业拿出根据本单位电子考勤表做出的工资单,证明工商局声称的其前两次去的日期企业有人上班。而工商局则认为该企业的电子考勤表有可能造假。(由于是小企业,电子考勤表存在大量事后补填的情况,因此有一批电子考勤表并非是在正常时间制作的,这使得此证据的真实性被质疑)其实,该案中要查清工商局声称的其前两次去的日期企业是否有人上班,就可以利用电子证据的系统性原理,查企业员工的电脑操作痕迹,看看那两天企业员工是否在工作。通过检查发现那两天该企业员工电脑有聊天记录,内容基本是工作内容,也创建、修改过文件,也是与工作相关的内容。这说明在那两天该企业员工是正常上班的。该案正是利用了电子证据的系统性原理,通过电子证据的附属信息查明了事实真相。

## 三、电子证据的稳定性原理

电子证据是否容易造假?这是一个老生常谈的问题。在许多人的固有观念里,电子证据特别容易被篡改,眼见不一定为实。以华南虎照片事件为例,为什么周正龙作出的假虎照能够欺骗全国人民?就是因为电子证据容易造假,所谓"一张数码照片抵一万句谎言"。但是,在阐述了电子证据的系统性原理之后,再问大家电子证据是否容易造假?可能很多人会有新的观点。

持新观点的人通常会以北京网监处原处长于某的案件为例。于某是北京市网监处的第一任处长,他本人及其领导的网警都是电子取证高手。在职业生涯中,于某身上发生过一起徇私枉法的污点事件。2005年,他收受一家杀毒软件公司的"好处费",对其竞争对手微点公司"下手",指使办案民警扣押装有微点核心技术的计算机。他们装模作样地检查病毒,实则悄悄地植入了当时网上的流行病毒,并"顺理成章"地查获了病毒。此后,微点公司的负责人田××被冠以"涉嫌故意传播计算机病毒罪名",羁押长达11个月。田××出来后持续信访多年。2008年7月,北京市纪委成立专案组对于某等人的严重违法违纪问题进行立案调查。当时专案组聘请了司法鉴定机构对涉案硬盘进行鉴定,鉴定结论显示,涉案电脑中的病毒处于未激活状态。也就是说,这台电脑中的病毒是被移植进去的,网上的流行病毒不可能是从这台电脑散布出去的。事情曝光后，于某潜逃到马来西亚、南非等地，之后被引渡回国，最终被法院判处死刑缓期两年执行。

于某的案例说明，电子证据其实是不好造假的；更准确地说，电子证据造假是更容易被发现的。理由很简单，电子证据总是以系统的面目呈现的，真的案件行为产生电子证据就会产生一批真的附属信息、关联痕迹，造假行为产生电子证据就会产生一批假的附属信息、关联痕迹。通过查找和鉴别这一批附属信息、关联痕迹，就能够准确把握电子证据的真假。这就是电子证据的稳定性原理。于某事件的曝光就是缘于电子证据的稳定性原理，如果他指使手下制造的假证是书证、物证等传统证据，则不一定能够被轻易发现。

实务中，许多人企图制造假的电子证据，并以为能够不被发现。比如，有人通过修改电脑的时钟或文档属性假造以前的 Word 文档，结果在软件版本信息中露出了破绽，被发现造假；又如，有的嫌疑人在被抓获之前用火烤、刀砍等方式将电脑损坏，但最后因为关键部分的磁盘信息没有损坏，还是被发现了造假的痕迹。无数个例子告诉人们，电子证据造假不被发现其实并不容易。

为什么虚拟空间的电子证据造假相比传统证据更容易被发现？理由如下：其一，电子证据所在的虚拟空间是"人不能至"的空间。人类的经验告诉我们，有人的地方就可能存在造假，智商越高的人越容易造假。而计算机等电子设备由于人不能至，它本身不会造假，只能够进行二进制运算。其二，由于系统性，每次产生电子证据都会随之产生一批相关的信息。系统性决定了电子证据不容易造假。造假不仅要对电子证据的主文件造假，还要对其附属信息、关联痕迹造假，如此一来难度就很大。传统证据的造假通常只要改动一两个地方，而电子证据的造假则要改变一批信息。例如电脑、手机等电子设备上的信息都是机器文件，很多格式的文件是不能人为改变的，即便那些可以人为改变的格式文件也必须批量地改变。即便如此，不能人为改变的信息或者改变后不符合系统性规律的信息还是会被发现。其三，虚拟空间跟物理空间存在着对应的关系，利用这种关系也可以识别真假。例如老师在教室讲课，物理空间对应的是教室，同时虚拟空间对应的还有电脑空间、手机基站空间、GPS 空间等。任何人如果对电脑空间、手机基站空间、GPS 空间的信息进行篡改，必须注意到所有虚拟空间的信息都必须同步改变，而且要与物理空间的证人证言、当事人陈述及痕迹物证相对应。这几乎是不可能的事情。

## 四、电子证据的多元性原理

究竟应该怎么看待电子证据？是将它作为一种法定证据使用，还是像过去一样把它用作线索以获取其他证据，还是有其他定位？现阶段，我给实务部门讲课时特别推崇电子证据"场"的观念。具体来说，电子证据不是简单的涉案线索或证据，而是虚拟的作案场所。办案人员面的前电子证据及所存在的电子介质中有着海量的信息，既有跟案件有关的，也有跟案件无关的；既有数据电文，也有附属信息和关联痕迹。它们构成了一个整体，能够告诉办案人员案件的来龙去脉。

过去人们用指纹、足迹、毛发等痕迹物证重建案件现场，也依靠当事人陈述、证人证言重建案件事实。现在，西方国家当代侦查学提出虚拟空间案件事实重建的理论。怎么样重建虚拟空间的案件事实呢？就是要把电子证据看成一个信息"场"。

我讲课时经常会举一起招投标案例来解释电子证据的"场"理论：2002年8月，一所学校对新建的图书馆进行装修招标。招标的政策是，有资质的公司都可以投标，哪家公司的报价接近于各家报价的平均值哪家公司中标。当时一共有10家公司投标，一家公司中标。在临近签合同的时候，学校有关部门接到举报说是有内外勾结的围标问题，要求查处并将投标结果作废。早期的调查方法是核查这10家公司的纸质标书，将其中的错误表述标出来，看看有无共同的错误表述。如果不同公司的标书存在大量共同的错误表述，那就可能存在围标的问题。但这一调查方案的工作量太大，可操作性不强。后来采取的调查方法是核查10家公司投标材料的光盘。二者相比而言，光盘是电子证据，纸面投标材料是书证；光盘中不仅有投标材料的内容，还有附属信息、关联痕迹甚至无关的信息，纸面投标材料中只有跟投标相关的内容；光盘中的信息能够反映出标书等文件的制作过程，纸面投标材料不能反映出标书等文件的制作过程……总之，根据光盘的"场"信息可以重建部分纸面材料无法反映的案件事实。

事实证明，这10家公司的光盘中信息量很大。我们设想只要能把光盘信息读出来，就知道是不是围标了。当时选择的是Word文档形式的投标书，并审查它们的属性信息，进而判断文档编制的过程是不是具有相关性。具体方法是用鼠标右键点击查看10份Word文档的属性。结果发现有4份Word文档形式的投标书存在严重的"抄袭"嫌疑——它们来源于同一Word文档。检验结果显示（见图6-1-3）：（1）有4份投标书Word文档的"作者"和"最后一次保存者"是完全一致的。第一个"作者"是指创建Word文档的电脑所安装Office软件的用户名，"最后一次保存者"是指最后保存这个文档的电脑所安装的Office的用户名。（2）这4份投标书Word文档的"修订号"非常接近，分别为29、31、30、29次。"修订号"是指一个文件被保存了多少次，这说明这4份文档保存的次数是接近的。（3）这4份投标书Word文档的"公司"信息均为WWW.Y1mF.CoM，这说明它们使用了同一个盗版软件——"雨林木风"软件编制。（4）这4份投标书Word文档的"创建内容的时间"均为"2011/07/22 9:54"。"创建内容的时间"是指新建一份文档的机器时间。如果对一份文档进行修改，那么新旧文档的"创建内容的时间"应当是一致的。这说明，它们极有可能是根据同一份文档修改编辑的。（5）这4份投标书Word文档的"最后一次保存的日期"基本上是同一天（有一份在前一天，但是是23:00）。"最后一次保存的日期"是指文档内容定稿的时间。这说明，这4家公司基本上是在同一天对投标书进行定稿的。在以上重建的五项案件事实中，第四项是最关键的，据此足以说明这4家公司围标的嫌疑。

这一案例鲜明地展示了电子证据的"场"现象。详言之，电子证据是由海量数据电文、附属信息与关联痕迹按照一定规律构成的场所。孤立的电子文件如一个文档、一张图片是一个小"场"，能讲小故事；如果将其保存在电子介质中，那么电子介质就是一个大"场"，能讲更详细的故事。将电子证据的线索价值、证据价值与场价值结合起来，就构成了其多元性原理。

图 6-1-3　4 份 Word 文档属性的对比

多元性原理表明，任何简单地将电子证据视为线索或证据的观点都是片面的，都有可能低估电子证据的价值。将其用作线索，可以用来转化为别的证据；将其用作证据，可以用来证明案件事实；将其作为场，可以用来还原案件事实。我们应当将这三种观点有机地结合起来，最大限度地发挥电子证据的多元性价值。

## 五、小结

电子证据的系统性原理、稳定性原理和多元性原理是我们研究电子证据的起点。不论认为电子证据是孤立的证据，认为其是容易造假的证据，还是认为其是单一的证据，都是误区。我们应当从这三大理念出发，反思各种各样的审查判断规则——关联性规则、合法性规则、客观性规则、证明力规则；反思我们的取证制度和辩护技巧、认证技巧。

实务中，法官、检察官、律师常常走入上述误区。有些法律工作者经常跟我说：老师，这个案子只有一份电子证据，案子没法办。这种观点显然是局限的。为了重塑关于电子证据的正确观念，我习惯于用冰山来作总结。一座冰山，只有一小部分露在了外面，大部分还在水底，我们看不到。电子证据就是这座冰山，你看到的永远是海平面上的一个小角，看不到水下面巨大的冰体。但是水面上的冰山角跟冰体构成了一幅完整画面，会告诉我们海水的密度、冰山的断裂等信息。关键是能不能意识到这些信息，能不能挖掘背后的信息，能不能根据背后的信息去挖掘未知的故事。基于三大基础理论重新认识电子证据，归结到一点，就是电子证据的冰山图。

刘品新，中国人民大学法学院教授，博士生导师。本节内容以《电子证据的基础理论》为题发表于《国家检察官学院学报》2017年第1期，收录本书时有改动。

## 第二节 电子证据的双联性原理

刘品新

关联性是电子证据在法庭上运用的关键性指标。作为一种虚拟空间的证据，电子证据用于定案必须同时满足内容和载体上的关联性。前者是指其数据信息要同案件事实有关，后者突出表现为虚拟空间的身份、行为、介质、时间与地址要同物理空间的当事人或其他诉讼参与人关联起来。这些关联性的良好实现，有赖于我国电子证据规则、刑民事取证制度以及司法鉴定技术规范的创新。大数据的新近出现和发展，为电子证据的关联性带来了新的挑战。

### 一、问题的提出

关联性是电子证据运用的标准之一。只有对证明案件事实能够产生一定的实质性影响，电子证据才能用于司法证明。此为传统证据法理论中的关联性标准，也是赋予电子证据的、等同于传统证据的要求。从电子证据步入司法舞台伊始，学术界对于电子证据的关联性理论就是承继传统证据的关联性理论的，鲜有变化。例如，我国第一本电子证据专著《电子证据法研究》中曾经做出过如下论断："一般来说，关联性在很大程度上是一个事实问题，电子证据是否具有关联性与传统证据相比并无特殊之处"。[1] 这一观念否认电子证据关联性的特殊性，长期流行于学术界，几乎未受什么质疑。同样，加拿大学者艾伦·加顿在代表作《电子证据》一书中，用专章探讨电子证据的可采性时也未着墨电子证据的关联性规则。[2] 然而，司法实践中电子证据遭受的关联性挑战形形色色，关联性对电子证据认定结果的实际影响远超过其他"三性"——真实性、合法性、证明力[3] 之效果。电子证据运用于法庭攻防和司法裁判中的特色其实在于关联性。

本部分内容根据捕捉到的司法实务传递出来的信号，试图对电子证据的关联性理论进行再造，进而提出革新相关制度的建议，期望推动我国电子证据运用朝着高水平发展。

---

[1] 何家弘主编：《电子证据法研究》北京，法律出版社2002年版，第115页。
[2] Alan M.Gahtan: *ElectronicEvidence*,by the Thomson Professional Publishing(1999):pp.138-168.
[3] Pinxin Liu, Trial on the Electronic Evidence: China's Rules on Electronic Evidence, *Frontiers of Law in China*, Vol. 7: pp. 74-90 (2012).

## 二、关联性还是真实性：电子证据运用的第一障碍

### （一）电子证据司法判决书的统计分析

《民事诉讼法》《刑事诉讼法》于2012年修订后，"电子数据"作为一种法定证据"入法"，正式登上我国司法舞台。修订后的两部自2013年1月1日起生效。为了掌握现阶段我国电子证据的运用状况，我们团队通过网上搜索和线下调研的方式收集电子证据判决书，予以统计分析。网上搜索主要以"北大法宝"的司法案例数据库为对象，以"电子证据""电子数据"为关键词，对2013年后宣判的民事、刑事案例进行检索；对于命中的案例，再通过人工筛查的方式，排除其中重复或无关的案例。线下调研主要通过走访司法机关与访问实务人员的方式，收集有关电子证据的典型案例。通过这两种方式，共获得2013年1月至2015年7月作出的508份民事、刑事判决书（民事判决书181份，刑事判决书327份）。这虽不足以反映目前司法实践中涉及电子证据案例的全貌，但基本上构成了一个小规模的案例库。

统计分析发现，上述案例涉及电邮、网页、即时通信记录、单机文件（视频、图片、文本）、光盘文件、移动电话/短信、操作/浏览痕迹、传真文件、软件及其他等10类电子证据形态，涵盖最高人民法院以及全国31个省级区域（西藏自治区除外）的三级地方法院，案由包括民事领域的合同纠纷、知识产权与竞争纠纷、劳动争议、人事争议等10类，刑事领域的诈骗罪、非法经营罪、盗窃罪、走私、贩卖、运输、制造毒品罪、组织、领导传销活动罪、走私普通货物、物品罪、开设赌场罪、侵犯著作权罪、传播淫秽物品罪等14类。从涉及的法院及案由来看，这些案例具有相当广泛的代表性。

我们团队的统计分析涉及电子证据"四性"对司法裁判结果的不同影响。早前我们的一个经验型判断是，电子证据因其技术上的特殊性而易陷入真伪难辨的境地，因而真实性是最大的挑战。然而，统计结果表明这一认识是值得检讨的。在实际案例中，虽然控辩双方对电子证据真实性提出的质疑远多于对关联性的质疑，但是法官的认证结果却是对关联性质疑的支持远大于对真实性质疑的支持。

具体来说，在前述181份民事判决书中，诉辩任一方对电子证据真实性、合法性、关联性和证明力提出质疑的频率分别为65.7%、29.8%、40.3%、24.3%（案例数参见图6-2-1）。

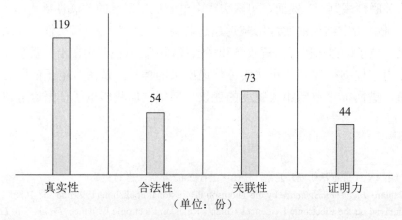

**图6-2-1　民事诉讼中电子证据的质证内容**

在 327 份刑事判决书中，控辩任一方对电子证据真实性、合法性、关联性和证明力提出质疑的频率分别为 6.4%、0.9%、2.8%、2.8%（案例数参见图 6-2-2）。

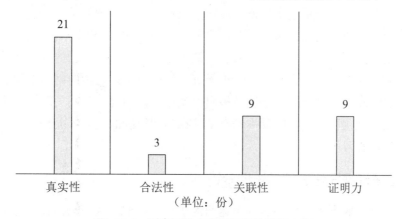

**图 6-2-2　刑事诉讼中电子证据的质证内容**

不难看出，诉讼双方对电子证据关联性的质疑处于远不如对真实性质疑的位置。而从认证结果来看，民事诉讼中法官对电子证据未予采信的有 42 例，刑事诉讼中法官对电子证据未予采信的有 7 例。进一步分析，民事诉讼中因电子证据的关联性受质疑而未予采信的有 27 例，因真实性受质疑而未予采信的仅有 29 例；刑事诉讼中因电子证据的关联性受质疑而未予采信的有 3 例，因真实性受质疑而未予采信的仅有 1 例。显而易见，法庭上质疑电子证据关联性的效果远超质疑真实性的效果。

统计分析还表明，关联性问题并不是电子证据是否得到采信的一个孤立标准，它同真实性、合法性、证明力问题之间存在着一定程度的交叉。首先，电子证据的关联性与真实性存在着一物两面的现象。有些电子证据因缺乏同当事人主体之间的关联性，也可能被解读为不具有真实性。如濮阳市××公司与贺×民间借贷纠纷一案中，贺×提交了从××公司网名为"春天的故事"员工的 QQ 邮箱所发的一份收据打印件，证明已还借款 100 万元。××公司陈述从未通过 QQ 邮箱向贺×发送收据，本公司亦无员工的网名为"春天的故事"。法庭的最终判断是，认定"贺×没有提供证据证明名为'春天的故事'QQ 邮箱与××公司有关联"，同时认定该电子收据"证据来源不清"。其次，在许多部门规章对电子证据的关联性作出明确要求的情况下，关联性问题也可能以合法性问题呈现出来。如最高人民法院等发布的《死刑案件证据的规定》第 29 条规定，"对于……电子证据，应当主要审查以下内容：……（五）该电子证据与案件事实有无关联性"。这就将电子证据的关联性明确为司法解释性文件层面的要求。在胡××等涉嫌破坏计算机信息系统罪一案中，辩护意见认为"鉴定书的鉴定材料来源不明，鉴定意见不具有关联性、合法性"。这实际上是将电子证据的关联性问题以违反规范性文件为由提出。最后，电子证据关联性与证明力的差异在于程度方面，形式上的有无关系属于关联性问题，实质上的有多大关系属于证明力问题。如马××与北京×××公司劳动争议纠纷上诉一案中，马××提交一份公证书证明×××公司给其发放了提成奖金；×××公司对电子邮件及公证书的证明目的不予认可，称该份电子邮件的内容与马××有关，故抄送给马××本人，但并不意味着公司对马××的承诺。上述交叉关系也进一步佐证了关联性在电子证据运用方面的重要地位。

囿于分析样本的不足,以上统计结果不能精准反映司法实践的全貌,但所揭示的两个现象是值得重视的:一是电子证据的攻防效果堪忧。在中国的司法环境中,电子证据的司法运用尚未出现成熟的机制。诉辩双方就电子证据如何使用普遍缺乏经验,法庭上许多攻防都是形式主义色彩的,审判人员也缺少有效认定电子证据的普遍经验。二是电子证据的质证认证重心应当调整,由侧重于真实性的质证认证转向同等重视关联性的质证认证。在现阶段,相对于对电子证据提出真实性质疑而言,对其关联性的质疑更容易为法庭所接受。由此可见,我国要推动电子证据运用机制的建立,关联性方面是一个值得重视且更有效的切入点。

### (二)电子证据司法运用的访谈分析

为了更好地了解电子证据在实务中运用的规律,我们团队还专门找了近100位法律专家进行面对面调研。调研对象基本上是一线的法官、检察官、警察、律师和行政执法人员,他们中绝大多数有着处理电子证据案件的实务经验,有的具有跨专业的知识背景(即兼具法律背景和技术背景),有的积极推动了电子证据规章或行业规范(如《公安机关计算机犯罪现场勘验与电子证据检查规则》《人民检察院电子证据鉴定程序规则(试行)》《中华律师协会律师办理电子数据证据业务指引》)的出台;调研方法包括集体座谈和个别访谈等。

在调研过程中,大家普遍认可当前我国处于电子证据运用的低水平阶段,也赞同电子证据的关联性是比真实性更能影响法庭采证的要点。那么,为什么电子证据的关联性质疑更容易说服法官?在调研中,专家们给出的说法包括:(1)关联性问题主要是经验层面的东西,真实性问题是科学层面的东西,甚至是科学技术暂时无法定论的东西(如传真件的真实性问题);(2)关联性问题是法官必须直接回答的,而对真实性问题法官可以借助司法鉴定或检验报告来完成(即法官可以拒绝直接表态);(3)关联性问题在裁判文书中必须作出认定,真实性问题可以通过举证责任规则来处置;(4)关联性问题的结论都比较明确,真实性问题的结论可以模糊化(即法官不明确表态);(5)关联性问题不能通过证据保全予以保障,真实性问题可以进行事先固定。在上述理由中,第(1)(2)点是专家们均认可的,其他各点也为超过一半的专家所持有。

综上可见,关联性对于电子证据的运用是最为重要的。这既是案例统计得出的判断,也得到了调研结果的支撑。那么,如何为电子证据的关联性构建规则和创设制度?这必须要挖掘其背后的基础理论,剖析其关联性的含义、构成与核心等内容。

## 三、单联性还是双联性:电子证据运用的特殊机理

### (一)电子证据的双联性含义及核心

关联性是电子证据运用的关键,这一论断不仅是相比电子证据的真实性等标准而言的,也是电子证据相较于传统证据的运用而言的。传统理论认为,"每一个具体的证据

必须对证明案件事实具有实质性意义",[①]即具有实质性;"证据必须与需要证明的案件事实或其他争议事实具有一定的联系",[②]即具有证明性。这两点决定了评断证据的关联性往往要考察证据所蕴含的信息或内容是否有价值。众所周知,证据是由信息与载体(或者说内容与形式)两部分构成的。评断传统证据的关联性通常就是信息或内容的关联性,而不用专门考虑载体或形式的关联性。相比而言,评断电子证据的关联性则呈现明显不同的特点,既要考察信息或内容是否有关联性,也要考察载体或形式的关联性。从这个角度来说,电子证据的关联性体现为鲜明的双联性。

导致这一现象的原因很简单:与电子证据的本质特点相关。电子证据是寓存于虚拟空间的证据。"电子证据离不开由电子设备和信息技术营造的特殊环境,该环境的特殊性决定了它同传统人证、物证相比具有明显的不同。不同之处首先表现为电子证据的虚拟空间性,即它通常不是实实在在的物,而是由某种信号量(包括模拟信号量和数字信号量)的方式存储着的信息。"[③]电子证据所存在的虚拟空间表现繁杂,无论是网络、云盘、单机还是硬盘、光盘、U盘等电子信息空间,都是人们不能亲临之处所。这种虚拟空间同案件事实通常所发生的物理空间并不存在一一对应的关系,必须经过某种转换才能建立相应的联系。无论是虚拟空间性,还是两种空间的区隔性,都决定了电子证据用于证明案件事实——通常适用于证明物理空间的人和事——时必须满足内容与载体的双重关联性,而且任一关联性不可或缺。

内容关联性是电子证据的数据信息同案件事实之间的关联性,载体关联性是电子证据的信息载体同案件事实之间的关联性。具体来说,前者是用于影响认定案件事实存在或不存在的,后者是用于确定电子证据所蕴含的信息同案件中当事人等主体的身份有无关联;前者属于经验上的关联性,后者属于法律上的关联性;前者等同于对传统证据的要求,后者体现出对电子证据关联性的特色要求;前者主要涉及物理空间,即判断电子证据的内容是否对证明物理空间的案件事实产生了实质性影响,后者则主要涉及虚拟空间,即借助电子证据的形式确立虚拟空间的案件事实,并搭建两个空间的对应关系。后者还强化了关联性作为电子证据运用的关键。这些内容构成了电子证据双联性原理的丰富内涵。简言之,两个空间,两种关联。

双联性原理决定了法庭必须对电子证据作出双重的关联性评断。无论是缺少了对内容关联性的认定,还是缺少了对载体关联性的认定,或者上述任一种认定的结论是否定的,都会导致法庭作出不采纳电子证据的裁判。其中,载体关联性相对复杂,司法人员的经验也更加缺乏,因而成为判断电子证据关联性的核心。

以人们熟悉的借款纠纷为例。乌鲁木齐市中级法院审理了一起民间借贷纠纷上诉案:2012年8月17日,张××以李×欠款为由诉诸法院。张××提交了一份公证书,用于举证。该公证书系对张××所持手机中所接收短信现状及内容进行的证据保

---

[①] 何家弘、刘品新:《证据法学》(第五版),北京,法律出版社2013年版,第114页。
[②] 何家弘、刘品新:《证据法学》(第五版),北京,法律出版社2013年版,第114页。
[③] 何家弘主编:《刑事诉讼中科学证据的审查规则与采信标准》,北京,中国人民公安大学出版社2014年版,第167页。

全。发出短信的手机号为1369999××××,张××称该手机系李×本人的手机;其中涉及钱财内容的短信分别为"……卡号我记住了,我想办法给你还吧!看年底有没有我们的奖金,要是有的话估计有四五千吧先给你,剩下的我尽快可以吧……"本案中,经过公证的手机短信能否通过关联性标准的检验呢?首先,短信的内容必须能够证明借款事实存在或借款的金额等,即具有内容关联性。其次,还必须确立载体关联性,这就包括该手机号是否与被告人相关。庭审中,承办法官为了查清1369999×××× 机主的身份,在庭上亲自拨号核对。这就是在尝试确立该证据的载体关联性。

一起简单的案件,一次并不简单的关联性认定。本案给人们的启示是,在判断电子证据关联性时既要遵循一般的规律,也要遵循特殊的规律。内容关联性的认识规律同传统证据是一致的,主要是审查评断是直接关联还是间接关联;载体关联性的认识规律则不同于传统证据,它具有明显的特质。

电子证据的载体关联性并不是凭空而降的事物。在人类社会出现虚拟空间以后,就出现了如何将虚拟空间的行为同物理空间的人对应起来的问题,即如何证明人机同一。这一难题不仅出现在审判领域,也同步出现在侦查活动中。当代侦查学理论研究表明,"网络时代的侦查模式是新型的'事—机—人'模式或'人—机—事'模式,其突出特点在于以电子设备或账号为中介的双向调查。"①这样的侦查区分为"从事/人到机"与"从机到人/事"两个阶段,侦查人员既要找到涉案电子设备或账号,更要找到涉案电子设备或账号的使用者。完成后一任务,就是要确定电子证据的载体关联性。

### (二)载体关联性的构成

证据是内容与载体的有机统一。所谓"证据载体",是指那些记载或者证明一定证据事实的证据形式。② 电子证据的载体,通常被称为信息载体,是指脱离数据本身、承受电子信息的一种形式。它可能表现为案件当中一部手机、一台电脑、一台网络服务器、一只U盘、一张光盘以及一个云存储装置。有人错误地认为,只有单机数据才有载体,网络数据没有载体。这一观点并不符合事实。"不论是在个人计算机上直接产生还是在网络中形成,电子证据中的待证事实的事实信息都是必须存储在一个客观存在的物体中……一般来说,人操作终端计算机的行为可以在该计算机硬盘中留下相应的信息,其在网络上产生的信息最终也会存储在网络的服务器上。也就是说,不论何种计算机信息、网络信息,都会有一个具体的物质载体。"③

载体关联性不能简单地理解为电子证据的信息载体同案件中的当事人或者其他诉讼参与人相关,而必须考虑案件中争议事实在虚拟空间的具体呈现。司法实践中几乎找不到两起完全相同的案件,但从结构上看,任何案件都是由人、事、物、时、空构成的。相应地,虚拟空间的人、事、物、时、空任一项出现争议的,电子证据的信息载体都能够呈现出当事人或其他诉讼参与人同虚拟空间的人、事、物、时、空的联系。换言之,法庭要通

---

① 刘品新:《论网络时代侦查制度的创新》,载《暨南学报》(哲学社会科学版)2012年第11期。
② 陈瑞华:《刑事证据法学》,北京,北京大学出版社2012年版,第63页。
③ 熊志海:《信息视野下的证据法学》,北京,法律出版社2014年版,第122页。

过确认信息载体的关联性,将物理空间与虚拟空间这两个空间的案件事实关联起来。

其一,人的关联性(即身份关联性)。在虚拟空间,人的行事身份主要表现为各种电子账号,包括电子邮箱、手机号、微信号、钉钉号、QQ 号、陌陌号、旺旺号、宽带账号、网络电话账号、微博号、Facebook 账号、网游账号、银行卡号、支付宝账号、云账号、域名以及其他网络用户名/号,等等。这就存在一个身份关联的问题,需要有证据证明涉案的电子账号归当事人或其他诉讼参与人所有或所用。如果不能排除共有、共用或者案外人使用、冒用的情况,这种关联性就没有构建起来。这实际上是虚拟空间"如何证明你我他"的问题,即证明当事人或其他诉讼参与人就是虚拟空间的某个身份。

在前述统计分析的案例中,有些电子证据就是因为未确立"人的关联性"而遭到异议或排除。具体情形包括当事人或其他诉讼参与人否认发过邮件/传真、邮件发/收件人身份不明、短信发送记录单不能确认身份等情形。例如,"从内容上,邮件内容无法显示发件人、收件人身份……不认可上述证据的……关联性";"原告……表示该邮件其未发过,本院……对其关联性不予确认";"电话语音详单没有电信部门确认;短信发送记录单不能确认是被告员工号码";"所涉邮件的发送邮箱使用的是公共平台的电子邮件服务,因电子邮箱并非实名登记,任何人均可申请注册,通过邮箱账户名并不能确定其所有人。被告否认该邮箱系其注册、所有,原告也未提供被告曾使用该邮箱的其他证据,本院难以认定从该邮箱发送邮件的行为系被告所为";"虽然济南××公司提交了合作协议的传真件,但是在北京××公司否认曾经发过该传真件的情况下,济南××公司未能提供其他证据证实该传真件确系北京××公司所发……依法不应支持"。这些案件中关于电子证据的争议,归根到底是身份落地的问题。

其二,事的关联性(即行为关联性)。案件事实涉及当事人或其他诉讼参与人的各种法律责任,主要发生在物理空间,不过虚拟空间的案件事实也是不容漠视的。如当事人或其他诉讼参与人是否收发了一封邮件、一条短信,是否制作或者修改了某个文档,是否下载了某个网页等,都影响到对当事人或其他诉讼参与人法律责任的最终认定。

在一起劳动争议案件中,为证明双方存在劳动合同关系,原告陈××向法庭提交了公司法定代表人李×发出的手机短信,发送时间为 2011 年 2 月 26 日,发送号码为 186××××××××,内容为"陈总,你的工资待遇是不变的,一样的 6000 元底薪"。被告公司表示上述号码为其法定代表人李×使用,但平时很少使用,也没有发过上述内容的短信,对该证据的关联性不予确认。这一争议的实质就指向电子证据的行为关联性。

其三,物的关联性(即介质关联性)。承载电子证据的物就是硬盘之类的电子介质。这需要确认电子介质同当事人或其他诉讼参与人的关系。如有关电子介质是否为当事人或其他诉讼参与人所有或所用;是否存在共有共用的情况;如果存在,如何确立电子介质中的数据同当事人或其他诉讼参与人的对应关系;等等。这仅仅依靠类型化的信息(如介质的外观、品牌、型号等)是不够的,还需要一些特定化的信息(如介质序列号、其上的指印痕迹、领用清单、使用记录等)来确立。

2015 年底快播公司涉嫌传播淫秽物品牟利一案开庭审理。一个争议焦点就是 4 台服务器是否与快播公司相关。辩方提出质疑,"保管、查封、鉴定程序都是后补的","提交鉴定的每台服务器都比扣押笔录中少了 1 块硬盘",无法证实服务器的文件来源于快播公司。控方回应说,执法人员"依照相关规定对该公司四台服务器 IP 地址进行了登记保存",现在服务器的 IP 地址同笔录是一致的。辩方再质疑,"电脑的 IP 地址是可以改的","电脑的 IP 地址改起来是非常方便的"。控方再回应,"辩护人无端指控 IP 地址进行了修改,没有实质性的依据"。在这里,双方交锋的就是物的关联性。

其四,时的关联性(即时间关联性)。虚拟空间的时间通常就是机器时间,同物理空间的时间具有一定的对应关系,但又不完全一致。有些没有差别或者说差别不大,有些的差别却是实质性的。时间关联性就是要确定机器时间同物理时间是否一致,或者其对应关系如何,进而确定涉案时间谁的行为产生了相应的电子证据。在司法实务中,诸如电子日志的形成时间、数码照片的拍摄时间、办公文档的修改时间、电子邮件的发送时间等可能对定案至关重要,但一旦出现了机器时间与物理时间不同的情况,就会引发时间关联性之争。

例如,在一起伪基站犯罪案件中,为了查证嫌疑人利用伪基站发送短信的行为造成多少用户通信中断,警方聘请专家对嫌疑人电脑中发送记录和日志进行了检验。但是,在送检之前警方提取电脑时发现"电脑系统时间与北京时间不吻合",而且由于疏忽也未能记录电脑系统时间与物理时间的实际差值。这就造成了对中断通信用户数的鉴定意见缺少时间关联性的麻烦。

其五,空的关联性(即地址关联性)。虚拟空间有着独特的地址概念,如 IP 地址、MAC 地址、GPS 地址、手机基站定位以及电脑空间存储位置等。许多电子证据产生后都带有内置或外置的地址信息。这就需要确认这些地址信息同当事人或其他诉讼参与人之间的关系,即这些地址是否归他们所有或所用,是否存在着共有、共用或者被冒用的情况。

唐××与中国证监会行政诉讼纠纷一案就反映了这种关联性的争议:证监会认定唐××存在操纵股价行为的重要证据之一是涉案账户交易股票共用 MAC 地址和 IP 地址的交易记录。行政相对人一方提出,电脑的 MAC 地址、IP 地址可以进行任意修改,并不能根据相同地址信息判断交易是在同一台电脑上操作的。行政诉讼中,一审法院最终认定涉案交易所用 MAC 地址、IP 地址具有较高的重合率。本案的焦点是依据现有证据能否认定相对人实施了操纵股价的行为,具体表现为 MAC 地址、IP 地址证据是否具有关联性。

前述人、事、物、时、空的关联性均是立足于虚拟空间的,它们合在一起构成了载体关联性。当然,在具体案件中这五项内容并不都会成为争点,通常只有成为争点的关联性问题才具有实际意义。这是电子证据关联性的特色。

实践表明,电子证据的载体关联性还遵循两个规律:一是五项关联性之间存在一定的交叉,大凡当事人有争议的都需要在法庭上解决;二是确立这些关联性既可以依靠当事人自认、证人证言、书证、情况说明之类的传统证据,也可以依靠电子证据的附属信息部分、关联痕迹部分。

令人遗憾的是,司法实践中违反这些规律的情况司空见惯。山东法院系统审理的薄××受贿罪一案便是一例。在该案中,为指控薄××对其妻薄谷××收受法国别墅一事是知情的，控方当庭提交并播放了薄谷××制作的关于法国别墅的幻灯片，以此证明薄谷××在2002年给薄××播放过。一审法院采信了该证据。一审结束后，辩护律师通过查询涉案电脑的序列号，发现该电脑系2005年生产，据此上诉称该电脑"不可能在2002年用于播放幻灯片"。这一上诉意见并不专业精道，其实辩护律师完全可以提出虚拟空间中人、事、物、时、空的关联性问题。同样，本案中控方提取幻灯片和举证时对幻灯片证据的关联性关注不够，工作很不严谨，这也是值得反思的。化解这些实务中的问题，最终还是需要有效的制度建设。

## 四、基于电子证据关联性的制度创新

我国的电子证据法律制度建设始于20世纪末期。随着电子证据案件逐年增多，一些省级司法机关开始摸索建立电子证据运用规范，如2001年北京市高级人民法院颁行了《关于办理各类案件有关证据问题的规定（试行）》。地方性规则为最高人民法院、最高人民检察院、公安部出台相关司法解释、部门规章奠定了良好的基础。迄今为止，我国已经制定了一系列的电子证据规则、刑民事取证制度与司法鉴定技术规范等。诚然，它们多数处于发展初期，在电子证据关联性方面有所欠缺。未来我国创新电子证据制度，重要的任务就是弥补其重大不足。

### （一）电子证据规则

证据规则是以法律形式规范司法证明行为的准则。2010年，最高人民法院等五院部联合发布《死刑案件证据的规定》，对电子证据的审查内容做了详细的规定，涉及关联性的有两项：（1）审查"该电子证据与案件事实有无关联性"；（2）"对电子证据，应当结合案件其他证据，审查其……关联性"。2012年，最高人民法院发布《刑事诉讼法司法解释》时，将关联性规则做了微调：（1）审查"电子数据与案件事实有无关联"；（2）审查"与案件事实有关联的电子数据是否全面收集"。这些规则过于简单自不待言，其最大缺陷是未能反映电子证据关联性的特点和规律。

要构建切实有效的电子证据规则，必须严格把握其特殊性。就关联性而言，其特殊性集中体现于庭审中的攻防策略。学理上所说的人、事、物、时、空关联性，在审判活动中就是控辩双方的各种证据对抗。国内外学者总结了一些关于电子证据的经典抗辩策略，如"黑客"等行为抗辩、"木马"等病毒抗辩、"他人"行为抗辩、"溢波"等窃用行为抗辩等，基本上都属于关联性之辩。所谓"黑客"等行为抗辩，是辩称电子证据系黑客等行为产生；"木马"等病毒抗辩，是辩称电子证据系"木马"等病毒程序所致；"他人"行为抗辩，是辩称电子证据系他人的冒用行为产生；"溢波"等窃用行为抗辩，是辩称行为人的WiFi被盗用所致……这些抗辩策略就是要说明，案件中的电子证据及其载体与当事人或其他诉讼参与人无关。

其实，上述策略只是电子证据关联性抗辩的一部分。当前实务的发展已经远远突破了这个范围。这也是构建电子证据规则必须关注的。下面试举一些代表性案例中的关联性抗辩（见表6-2-1）。

表 6-2-1　代表性案例中的关联性抗辩

| 案件名称 | 举证的证据及目的 | 质证内容及类型 |
| --- | --- | --- |
| 何××走私弹药案 | 电子邮箱及邮件：被告人何××通过邮箱××@yahoo.com.HK 与另一被告人进行邮件联系，商量弹药走私 | "身份关联性"抗辩：(1) 电子邮箱地址××@yahoo.com.HK 是另一人麦××与被告人共用的；(2) 涉案邮件不是被告人所发的 |
| ××公司与王×等技术转让合同纠纷上诉案 | 手机邮箱及邮件：××公司工作人员于2011年6月20日13时35分向××@139.com 发送电子邮件，足以说明按照合同约定期限解除合同的意思表示 | "行为关联性"抗辩：××公司没有证据证明电子邮件已经有效送达叶××，更没有证据证明叶××已经收到并阅读了邮件 |
| 胡×诉×××公司劳动合同纠纷案 | 上网记录及其公证书：证明原告胡×在上班时间经常浏览娱乐性网页，使用与业务无关的网上声音或图像载体……属严重违纪行为的事实 | "介质关联性"抗辩：不能证明经公证的电脑是原告胡×使用过的 |
| 陈××与××公司租赁合同纠纷上诉案 | 网页证据：××县国土资源局国有土地使用权挂牌出让成交网页信息，证明涉案土地于2012年7月5日成交，被上诉人陈××已经取得了土地使用权 | "时间关联性"抗辩：由于涉案租赁合同是2011年4月28日签署的，而该份证据显示在2012年7月份之前被上诉人对挂牌土地无使用权、处分权，故对该证据……关联性不予认可 |
| 胡××等与景×名誉权纠纷案 | 博客及 IP 地址证据：网络用户"打狗棒11111""打狗棒"在网上发布的网帖，内容带有明显侮辱性的语言；其注册 IP 地址与被告公司的微博注册 IP 地址一致 | "地址关联性"抗辩：仅能显示其博客发帖的 IP 地址与网络用户"北京超人2012"的注册 IP 地址一致，但不能证明被告景×就是网络用户"北京超人2012" |

　　构建电子证据规则，就是要形成针对性处理关联性抗辩的认证规则。在这一点上，司法实务中除了遵循现已规定的综合性认证规则外，还必须引入适用广泛的经验法则、举证责任规则等。例如，在一起海上货物运输合同纠纷案中，原告举出了 QQ 聊天记录与电子邮件，以证明涉案货物已被提走的事实。被告经当庭核实，指出邮件中发件人、收件人等身份信息无法查清，内容也与涉案货物无关，对关联性有异议。法院认为，虽然被告对邮箱 grace.zhang@hl-line.com 未予确认，但该邮箱的域名与被告确认的公司邮箱 joy.wang@hl-line.com 域名一致，且被告确认曾有名为 Grace 的员工，并与涉案提单签发处签名一致，可以推定邮件中 GraceZhang 应为被告工作人员，故该邮件与本案存在关联性。这里所说的推定，实际上是将举证责任分配给被告，援引举证责任规则来解决关联性问题。此外，电子证据的关联性有时也以专门性问题的面貌呈现，这就可以依靠技术鉴定等手段来解决，后文将做详述。这些实务经验和方法，应当总结提升为法条。

　　基于以上分析，我们试拟电子证据的关联性规则如下：(1) 电子数据在内容上对证明案件事实能够产生一定实质性影响的，且能确认其信息载体在身份、行为、介质、时间、地址方面同案件中当事人或其他诉讼参与人有联系的，应当认定其具有关联性；(2) 审查电子数据的关联性，应当针对待证事实和质证内容，基于经验法则进行综合性判断，必要时可以通过司法鉴定予以查明；(3) 通过上述方法无法肯定或否定电子证据关联性的，可以依照举证责任规则进行处理。

## （二）刑民事取证制度

取证环节是司法证明的起点，电子证据取证直接为关联性奠定基础。迄今为止，我国颁行了面向刑事民事活动的电子取证框架制度。它们以部门规章和司法解释为主，也包括一些行业指导性的软规范；它们多数为专门的电子取证规则，也有一些含电子取证在内的综合性规则。仔细剖析这些规范的具体条文，不难发现其中对电子证据的关联性关注不够，缺陷明显。绝大多数只是提出了笼统的要求——对于"可以作为证据使用的""能够证明……案件真实情况的""与犯罪/案件相关/有关联的""与拟证明的事实之间存在法律上的客观联系的"电子证据/电子数据进行发现、固定和提取，对于载体关联性的规定甚少或者未做任何规定（见表6-2-2）。

表6-2-2 涉及电子取证的规范性文件

| 规范名称 | 颁布单位 | 是否规定内容关联性 | 是否规定载体关联性 | | | | |
|---|---|---|---|---|---|---|---|
| | | | 身份关联性 | 行为关联性 | 介质关联性 | 时间关联性 | 地址关联性 |
| 《计算机犯罪现场勘验与电子证据检查规则》 | 公安部 | √ | × | √ | √ | √ | × |
| 《人民检察院刑事诉讼规则（试行）》 | 最高人民检察院 | √ | × | × | × | √ | × |
| 《人民检察院电子证据鉴定程序规则（试行）》 | 最高人民检察院 | √ | √ | × | √ | × | × |
| 《人民检察院电子证据工作细则》（试行·审议稿） | 最高人民检察院 | √ | √ | √ | √ | √ | √ |
| 《关于办理网络赌博犯罪案件适用法律若干问题的意见》 | 最高人民法院、最高人民检察院、公安部 | √ | √ | × | √ | × | × |
| 《关于办理网络犯罪案件适用刑事诉讼程序若干问题的意见》 | 最高人民法院、最高人民检察院、公安部 | × | × | √ | √ | × | × |
| 《关于审理证券行政处罚案件证据若干问题的座谈会纪要》 | 最高人民法院 | × | × | × | √ | × | √ |
| 《文化市场行政处罚案件证据规则（试行）》 | 文化部 | √ | × | × | √ | √ | × |
| 《关于工商行政管理机关电子数据证据取证工作的指导意见》 | 国家工商总局 | √ | × | × | √ | √ | √ |
| 《律师办理电子数据证据业务操作指引》 | 中华全国律师协会 | √ | √ | × | √ | √ | × |
| 《办理保全互联网电子证据公证的指导意见》 | 中国公证协会 | √ | √ | × | × | × | × |

在这些规范性文件中，唯一的例外是最高人民检察院起草的《人民检察院电子证据工作细则》（试行·审议稿），其既明确提出了电子取证中内容关联性的要求，也提出了载体关联性的各项要求。具体来说，其第 8 条规定"勘验人员应当根据实际情况，对涉及的场所进行全面勘验，提取电子设备、存储介质、密钥……记录密码设置情况、运行状态、特殊要求等信息"，这就涉及行为关联性的内容；第 9 条规定"勘验笔录应当记录以下内容……（二）电子设备、存储介质的品牌、型号、序列号或出厂号、外观、结构、状况等信息，移动通信号码；（三）电子设备、存储介质所有人、保管人、使用人等信息"；第 16 条规定"提取电子设备、存储介质，应当……记录其型号、容量、序列号、识别码、移动通信号码、用户标识等信息，由取证人员、保管人、见证人签字确认"；第 18 条规定"提取数据内容予以固定的，应当……记录原始的电子设备、存储介质的型号、容量、序列号、识别码、存放位置、保管人等信息"，这就涉及身份关联性、介质关联性的内容；第 11 条第 1 款规定"数据内容的勘验笔录，应当详细记录……系统设置、系统时及误差等信息"，第 2 款规定"远程勘验计算机网络系统，还应当详细记录目标网络地址、网络域名、网络运营商、网络路径、服务器名称、系统环境、系统设置等信息"，这就涉及时间关联性、地址关联性的内容。遗憾的是，这一规章至今未获通过，还不是正式的法律规范。

现阶段我国刑民事取证制度对电子证据载体关联性的漠视，给司法实践带来了相当大的困扰。一些司法人员遇到了棘手的关联性抗辩，通常采取回避的态度，不敢在裁判中归纳这样的质疑，以避免在裁判文书中作答；也有的司法人员勉强作出了回应，其裁判逻辑和表述却混乱不堪。以前述胡××等涉嫌破坏计算机信息系统罪一案为例，辩方对网安部门 34 号远程勘验笔录提出的质疑是，笔录反映的勘验结束时间是 2011 年 11 月 3 日 17:20，而其附件第 2 页上反映的最近登录邮箱时间也是"2011 年 11 月 3 日 17:20"，地点为"湖北省"——该地点与被告人无关，这里存在无法解释的矛盾。而判决书对登录时间异常质疑的回应是，"……说明办案单位在远程勘验工作记录中作风不够严谨，但并不影响工作的结果内容"；对登录地点异常质疑，判决书竟然没有任何回应。如此不讲理的判决书，除司法顽疾使然外，同我国电子证据取证制度的不健全不无关系。

其实，我国刑民事取证制度中电子取证部分的改革与完善不是太大的难事，关键是要严格落实电子证据关联性的基本原则，同时在具体取证规范中对保证载体关联性的五项内容作出规定。具体落实下来，我国可以构建和完善如下电子证据取证制度：一是包括电子文件管理在内的日常管理制度，如政府、企事业单位对重要电子文件及其介质的全过程、规范化管理；二是电子设备的交接制度，如政府、企事业单位对重要电子设备基于领用单、归还单、验收单等清单的管理；三是提取确认制度，如侦查人员、行政执法人员、司法人员在提取电子证据过程中实施的当事人签名确认、见证人见证以及录像固定的身份识别；四是传统证据的关联制度，主要是通过口供、证言、书证等辅助证据证明电子证据的关联性等；五是专门的司法鉴定制度，主要是通过司法鉴定的方法确认电子证据或其介质的使用者、使用时间、使用地点、使用身份等。

有效保障电子证据的关联性，是我国电子取证制度创新的一个方向。国际上流行的逻辑树（LogicTree）理论可供借鉴。以证明电子证据的地址关联性为例，调查人员应当一方面收集 IP 地址证据（证明上网地点）、上网终端归属证据（如手机、电脑、其他设备注册登记、购买信息、卡号识别码、硬件识别码）、网上活动记录证据（如登录日志、轨迹、位置信息）、数字证书（如 PKI 证书、生物特征认证证书）；另一方面收集物证（如介质上的指印、毛发）、书证（如保管使用记录、领用清单）、证人证言、犯罪嫌疑人、被告人供述和辩解等。调查人员还可以依靠专门制作的笔录（如当事人或保管人在提取笔录上确认签字、照片、录像）、情况说明、公证文书、见证文书等额外手段进行补强。这就构成了以电子证据或传统证据为主干的逻辑树体系。诚然，具体到实践中不苛求千篇一律，还要考虑不同部门规章和行业规范的特点。总之，就是通过纠纷发生前后的努力严格满足法庭对证据关联性的要求。

### （三）司法鉴定技术规范

通过司法鉴定来确定电子证据的关联性，不仅是合理的，也是可行的。司法鉴定通常是解决证据专业性问题的终极手段，对于解决电子证据关联性争议也是如此。假如在个案中对电子证据有无关联性产生了实质性争议，又无法通过别的手段甄别，那么寻求司法鉴定的专业帮助就成为一种自然的选择。然而，我国当前的司法鉴定科目和技术能够完成这一任务吗？答案是不乐观的。

电子证据的关联性问题是否属于司法鉴定的业务范围？这本身是个不甚明了的法律问题。我国关于电子证据司法鉴定的部门立法有两种类型。一种是下定义型。2000年司法部颁行的《司法鉴定执业分类规定（试行）》第 13 条规定："计算机司法鉴定：运用计算机理论和技术，对通过非法手段使计算机系统内数据的安全性、完整性或系统正常运行造成的危害行为及其程度等进行鉴定。"2005 年公安部颁行的《公安机关电子数据鉴定规则》第 2 条规定，电子数据鉴定是指"公安机关电子数据鉴定机构的鉴定人按照技术规程，运用专业知识、仪器设备和技术方法，对受理委托鉴定的检材进行检查、验证、鉴别、判定，并出具鉴定结论的过程"。依照这两个规章，是否可以开展电子证据关联性鉴定交由实践去摸索。另一种是"下定义＋列举"型。最高人民检察院 2009 年颁行的《人民检察院电子证据鉴定程序规则（试行）》除了给出定义外，第 4 条还规定："电子证据鉴定范围：（一）电子证据数据内容一致性的认定；（二）对各类存储介质或设备存储数据内容的认定；（三）对各类存储介质或设备已删除数据内容的认定；（四）加密文件数据内容的认定；（五）计算机程序功能或系统状况的认定；（六）电子证据的真伪及形成过程的认定；（七）根据诉讼需要进行的关于电子证据的其他认定。"其中，前六项跟关联性鉴定关系似乎不大，第（七）项为概括性的兜底条款。严格地说，虽然现有规章没有明示针对电子证据关联性的鉴定业务，但从字面上作此解释似乎也可行。

这一理解符合学理的主流观点。电子证据司法鉴定的本质是由具有专门知识的人协助司法人员对有关电子证据的专门性问题作出判断。最高人民法院《刑事诉讼法司法解释》第 93 条规定，"对电子数据有疑问的，应当进行鉴定或者检验"。从语词解释的角度讲，该条当然包括电子证据关联性的专门鉴定。现行教材也普遍将电子证据关联性鉴定纳入司法鉴定科目。司法部组织编写的司法鉴定教育培训教材《电子数据司法鉴定实务》指出，电子证据的应用层鉴定类别包括"认定信息的来源"，即"通过分析信息的传播渠道、生成方法、时间信息等认定信息的最初源头"；"用户身份确定技术"，即确定用户本地身份和用户网络身份；① 另指出，"在网络数据的鉴定过程中，可以应用关联分析技术，对各种线索进行关联分析，发掘同一事件的不同数据间的联系"，关联分析包括用户名关联、密码关联、时间关联、关系人关联等。② 此外，我国有学者将电子证据关联性鉴定同真实性鉴定并列起来，合称为以"评估证据"为目标的司法鉴定。③

相比理论学说而言，实务做法就更加不清晰了。实证调研表明，我国面向社会服务的电子数据司法鉴定中以"评估证据"为目标的司法鉴定只占少数，其中多数还仅是真实性鉴定，典型的关联性鉴定少之又少。这种差异同样在电子证据鉴定技术规范中体现出来。截至2016年4月，我国的电子证据司法鉴定技术标准包括4项国家标准、22项公共安全行业标准、10项司法部标准、7项高检院标准，绝大多数技术规范都难以用于电子证据关联性的判断，极少数技术规范涉及电子证据关联性的也只是限定于内容关联性。

那么，我国电子证据鉴定领域如何推动开展关联性鉴定呢？这就需要研制出相关的技术项目。如前所述，电子证据关联性的核心内容包括身份关联性、行为关联性、介质关联性、时间关联性、地址关联性。一旦这些关联性需要靠技术鉴定解决，就需要有合适的鉴定科目。当前实务中摸索出了一些新的鉴定方案，如介质/文档使用者鉴定、电子证据形成时间鉴定、上网地点鉴定等，都值得关注。所谓介质/文档使用者鉴定，就是对介质/文档使用者的身份或特征进行专业性判断；所谓电子证据形成时间鉴定，就是对电子证据的产生、修改、存储、传送、删除等过程进行专业性描述；所谓上网地点鉴定，就是对网络行为通过检验鉴定进行物理定位。例如，在一起反不正当竞争案件中，被告对涉案硬盘及电子文档提出质疑说跟当事人无关。为此，原告提起了对涉案硬盘的使用者信息以及电子证据的最后写入时间、来源及形成过程等的专门鉴定。鉴定报告最终表明，涉案硬盘的使用者具有以下特征——使用××电子邮箱、拥有署名为××的个人文件、拥有"家庭照片"和"同学照片"文件夹内的照片文件以及拥有卡号为××的招商银行信用卡等；鉴定报告还表明，涉案PPT文档最初由作者××于××年××月××日15:44创建，在××年××月××日21:54:16等进行了修改，在××年××月××日14:48:04至15:03:04期间进行了删除。这一鉴定报告确立了电子证据的关联性，对于法院认定案件事实起到了重要作用。又如，在前述地址关联性判断方面中，鉴定人员也有明显的专业优势，可以鉴定IP地址、上网终端卡号识别码、硬件识别码、登录日志、登录轨迹、登录位置信息、数字证书，进而帮助确定位置信息。诚然，关于电子证据关联性的鉴定科目远不止于此，大批量的项目研发倚赖法律与技术不同学科专家的持续努力。

---

① 麦永浩主编：《电子数据司法鉴定实务》，北京，法律出版社2011年版，第120页。
② 麦永浩主编：《电子数据司法鉴定实务》，北京，法律出版社2011年版，第276页。
③ 杜志淳、廖根为：《电子数据司法鉴定主要类型及其定位》，载《犯罪研究》2014年第1期。

## 五、延展讨论：大数据证据的关联性及制度创新

信息时代的技术更迭日新月异，近年来大数据的兴起引爆了电子证据关联性的更大挑战。作为一种最新的电子证据，大数据为人们解读关联性提供了新的素材。大数据有多"大"？21世纪第二个十年，每年所产生的数据量已经从TB级别跃升到PB、EB乃至ZB级别。同时，大数据的类型繁多，价值密度低，处理速度快时效高。大数据处理方法的特点是全本而非抽样、效率而非精确、相关而非因果。[①] 在大数据时代，"当数据点以数量级方式增长的时候，我们会观察到许多似是而非的相关关系"。[②] "大数据的相关关系分析法更准确、更快，而且不易受偏见的影响。"[③]

大数据之大，完全超出了人脑分析的可能性。这就使得司法人员无法用司法经验来判断关联性。传统证据的因果关系是一种强关联关系，而相关关系是一种弱关联关系。实际上，大数据的相关性是基于机器逻辑的相关关系。这样不可调和的矛盾就出现了。穆××涉嫌炒信被淘宝网中断网络服务合同引发纠纷一案便是一例。2007年9月17日，淘宝网向穆××发出通知，以穆××违反《淘宝网用户行为管理规则（非商城）》为由，对穆××作出"炒作信用度一级"永久封号处理。这一通知的发出与淘宝网采取设定一定标准、利用专门软件筛查大数据，选出符合炒作信用特征的交易，并将其判断为虚假交易的管理方式有关。本案中，淘宝网的后台数据显示，穆××的大量交易存在以下现象：多个买家使用同一IP地址，非同城交易而无物流信息，大幅度改低交易价格，与部分买家交易的其他卖家曾因炒作信用受到处罚等。淘宝网据此判定穆××存在炒作信用的行为，核心的证据就是"多个买家使用同一IP地址"，最大的争议就是该证据的关联性。穆××提出反驳，"多个用户通过同一个IP地址进行交易并不必然证明交易是虚假的"。一审法院的判决是，根据该证据和其他证据，淘宝网有理由相信穆××存在炒作信用的行为，据此作出封号处罚具有事实与合同依据。二审法院支持了一审法院的意见。此判决关于涉嫌炒信大数据的裁判是否合理，值得进一步研究。其是否形成了"先例"的示范效应，也有待进一步观察。

仅就学理而言，大数据的关联性是基于全本形成的，这需要跟人类的司法理性进行磨合。"我们现在拥有如此多的数据，这么好的机器计算能力，因而不再需要人工选择一个关联物或者一小部分相似的数据逐一分析了。"[④] 那么，大数据在什么情况下具有关联性呢？我们认为，大数据的关联性有点类似于品格证据的关联性，人们需要以合适的规则来筛选其关联性。美国证据法大师麦考密克曾有一段被广泛援引的话语描述什么是品格。他指出，品格是指对某人性情的一种概括性的描述，或者是关于某种一般特征

---

[①] ［英］迈尔-舍恩伯格、库克耶著：《大数据时代》，盛杨燕、周涛译，杭州，浙江人民出版社2013年版，第27-96页。
[②] ［英］迈尔-舍恩伯格、库克耶著：《大数据时代》，盛杨燕、周涛译，杭州，浙江人民出版社2013年版，第74页。
[③] ［英］迈尔-舍恩伯格、库克耶著：《大数据时代》，盛杨燕、周涛译，杭州，浙江人民出版社2013年版，第75页。
[④] ［英］迈尔-舍恩伯格、库克耶著：《大数据时代》，盛杨燕、周涛译，杭州，浙江人民出版社2013年版，第74-75页。

（如诚实、性格温和或者爱好和平等）的概括性表述。① 为证明某人的品格，在诉讼中通常通过有关名声的证言、意见形式的证言或者具体行为实例来证明。一般来说，品格证据并不具有当然的可采性，其适用是"间接性的"。美国《联邦证据规则》第404（b）条规定，品格证据不能用于证明某人曾按照品格行事，但可用于证明动机、机会、意图、准备、计划、知识、身份或者无过失或意外事件。② 大数据的关联性也是间接性的，人类无法把握其因果关系而不能用其直接认定案件事实，其基于全本数据而反映出的规律可以在一定程度上影响案件事实的证明。

## 六、小结

作为主要的采证标准，电子证据的关联性长期以来未受到应有的重视。然而，随着实践的发展，司法领域对电子证据的关联性提出了越来越棘手的挑战。不尽快解决关联性问题，电子证据就不能很好地用于司法实践。而双联性原理表明，电子证据必须能够从内容上影响对案件事实的认定，同时从载体上证明虚拟空间的身份、行为、介质、时间、地址同物理空间的当事人或其他诉讼参与人具有某种联系。电子证据的关联性就是搭建两个空间联系的纽带。

其中，载体关联性是电子证据关联性的核心。我国法律界必须深刻认识到这一点，积极推动电子证据规则、刑民事取证制度与鉴定技术规范的推陈出新。这有赖于人们对部分成熟的电子证据率先作出调整，也有赖于人们关注新近涌现的大数据问题。无论如何，法律人积极应对电子证据的关联性挑战，是进行时，也是将来时。

刘品新，中国人民大学法学院教授，博士生导师。本节内容以《电子证据的关联性》为题发表于《法学研究》2016年第6期，收录本书时有改动。

## 第三节  电子数据的双重鉴真

刘译矾

作为一种对电子数据的同一性加以鉴别的方式，鉴真在涉及电子数据的案件中发挥着日益重要的作用。与物证所具有的"单一载体"不同，电子数据表现出"双重载体"的特点，外在载体主要为承载电子数据的外部存储介质，内在载体则是使其证实事实被人所知悉的各种表达方式。这就意味着在对电子数据进行审查判断时，存在双重鉴真的过程，要对其外在载体和内在载体分别进行鉴真。鉴真在对证据的同一性加以鉴别的过程中，也有助于保障电子数据的真实性和相关性。2016年出台的《刑事电子数据规定》结合电子数据的特点，发展了针对电子数据双重载体的鉴真方法，初步搭建起了内外载体鉴真不能的排除规则框架。在电子数据鉴真未来的发展中，立法者需要在有效实施鉴

---

① [美]约翰·W.斯特龙主编：《麦考密克论证据》，汤维建等译，北京，中国政法大学出版社2004年版，第379页。

② 何家弘、张卫平主编：《外国证据法选译》（下卷），北京，人民法院出版社2000年版，第600页。

真方法、建立完备鉴真排除规则等方面作出进一步的努力。

## 一、问题的提出

自 2010 年以来，我国刑事证据立法取得了突破性的进展。2016 年 9 月，最高人民法院、最高人民检察院、公安部出台的《刑事电子数据规定》更是确立了大量专门针对电子数据的证据规则。尽管如此，在我国，电子数据的鉴真仍是一个亟待解决的理论和实践难题。一方面，随着电子信息技术的飞速发展，电子数据已经渗透到现代社会生活的方方面面，在刑事诉讼中的运用越来越广泛，并已成为最常见的实物证据之一。但另一方面，对电子数据的立法规范仍明显不足和滞后，在一些以电子数据为关键证据的案件中，对电子数据的审查判断在公诉和审判阶段都出现了一定的混乱，甚至在一些最基本的问题上还存有分歧。

以 2016 年引起社会广泛关注的快播案为例，在该案关键电子数据的审查判断问题上，辩护律师就涉案"四台服务器"的可靠来源和大量"淫秽视频"的同一性提出了有针对性的质疑，其中大量涉及鉴真问题。对于辩护方的这一挑战，公诉方的回应明显消极、被动，对证据的真实性和同一性均无法作出充分的说明。而法院对这一争议的处理也未能给出令人信服的裁判理由。因而，快播案中电子数据的审查判断问题在学界引起了极大的争议，有学者指出，"该案证据争议的核心，归根到底，就是电子数据的鉴真问题"。[1]

对于实物证据的"鉴真"，目前学界已有一定的研究。自"鉴真"这一概念引入我国后，[2] 有学者对美国法中"鉴真"的概念、性质以及方法进行了比较法上的考察，对中国证据法中有关实物证据的鉴真问题进行了理论分析。[3] 有学者对我国四种实物证据的鉴真分别进行了研究，形成了关于鉴真问题的专门著作。[4] 也有学者对电子数据的鉴真给予了高度的重视。[5]

但是，目前的这些研究成果对于电子数据这一新型证据种类的鉴真，仍缺乏深入、系统和有针对性的揭示。一方面，作为集技术性与法律性于一体的证据种类，电子数据具有区别于传统证据的显著特征。与物证所具有的"单一载体"不同，电子数据存在内外载体之分。快播案中辩护律师对电子数据提出的质疑也显示，在对电子数据进行鉴真时，不仅要对外在服务器进行鉴真，也要对其中存储的大量视频进行鉴真。这充分揭示了电子数据所具有的"双重鉴真"的特征，而对于这一特征，过去的研究从未涉及。另一方面，2016 年《刑事电子数据规定》确立了大量有关电子数据鉴真的规则，这些规则

---

[1] 刘品新：《电子证据的鉴真问题：基于快播案的反思》，载《中外法学》2017 年第 1 期。
[2] 鉴真在英语中的表述是"authentication"，对这一术语，张保生教授首次使用了"鉴真"的译法。参见[美] 罗纳德·J. 艾伦等：《证据法：文本、问题和案例》，张保生等译，北京，高等教育出版社 2006 年版，第 212 页。
[3] 参见陈瑞华：《实物证据的鉴真问题》，载《法学研究》2011 年第 5 期；陈永生：《证据保管链制度研究》，载《法学研究》2014 年第 5 期；白冰：《论实物证据的鉴真规则》，载《当代法学》2018 年第 1 期。
[4] 邱爱民：《实物证据鉴真制度研究》，北京，知识产权出版社 2012 年版。
[5] 谢登科：《电子数据的鉴真问题》，载《国家检察官学院学报》2017 年第 5 期。

或者代表了我国有关电子数据鉴真的独特方法,或者体现了"双重载体"的理论分类,亟待法学界给出必要的理论解读。①

## 一、电子数据的双重载体

按照证据法学的主流观点,证据是"证据载体"和"证据事实"的有机统一。② 通常而言,证据载体之于证据的意义主要有二:一是证据的表现形式;二是记载或者表达证据事实的方式。对于物证而言,物品或痕迹是其通常的证据载体。例如,现场发现的一把刀或者提取的一枚血指纹,"刀"这一物体形态以及"指纹"所呈现出的物理痕迹既是物证存在的形式,也是物证表达其证据事实的载体。通过这些载体,办案人员得以感知"刀"或者"指纹"作为证据的存在,而通过识别其颜色、尺寸、外部形态与状态等物理属性,办案人员则可以发现这些证据所能表达的证据事实,揭示其与待证事实之间的相关性,使其发挥证明作用。

与物证完全不同,电子数据通常既无法单独存在,也无法被人直接感知,办案人员只有通过检查存储电子数据的设备或者介质才能对其加以识别。但电子数据又无法通过存储介质来表达其证据事实,而必须要经由能够被人感知的文字、声音、数字、符号以及动态的画面加以表达,从而使其证据事实被获悉。所以,电子数据在物理的存在形式和证据事实的表达方式上出现了分离,呈现出双重载体的特点:前者表现为储存、承载电子数据的外部介质,可称为"外在载体";后者则是那些表达电子数据的证据事实,并使其为人所感知的包括文字、声音、数字、符号等在内的各种形式,可称为"内在载体"。

### (一)电子数据的外在载体

物证存在于实际的物理空间中,办案人员通过在案发现场进行搜查与查看,就能够发现那些可能与案件事实有关的物理痕迹或者物体形态,并直接对其加以提取或者扣押。电子数据与此完全不同,其一般存在于难以被人直接感知的无形空间中,这一无形空间通常表现为"由0和1数字信号量构成的虚拟空间和数字空间"。③ 这一存在环境意味着办案人员既无法在实际的物理空间中对电子数据加以发现、感知与提取,也无法直接进入这一空间中对其进行识别,而只能借助高科技软硬件设备对存储的外部设备进行检查。于是,这一外部设备就成了办案人员"了解"电子数据的媒介,同时,这些包括计算机、服务器、手机、U盘、软盘、硬盘等在内的设备与介质也就是电子数据得以存在的外在载体。一般而言,对于那些在现场发现的可移动、方便保管的原始存储介质,办案人员可以直接将其扣押并封存,这些被扣押的"原始证据"就是电子数据的外在载体。但当原始存储介质不便封存、扣押,或者要获得的电子数据是计算机内存数据或者

---

① 参见龙宗智:《寻求有效取证与保证权利的平衡——评"两高一部"电子数据证据规定》,载《法学》2016年第11期;谢登科:《电子数据证据使用的五大法律问题》,http://www.scxsls.com/a/20160926/116188.html,2017年6月21日最后访问。
② 陈瑞华:《刑事证据法学》,北京,北京大学出版社2014年版,第66页。
③ 刘品新:《电子证据的基础理论》,载《国家检察官学院学报》2017年第1期。

网络传输数据时，为了便于保管和使用，办案人员就要提取相关电子数据并将其存储在其他设备或介质上，这些新的存储介质就是电子数据的外在载体。①

从外观上看，电子数据的外在载体与物证相差无几，但不同于物证，电子数据并不通过外在载体的物理属性去表达证据事实，而仅以外在载体作为其在物理空间的存在形式。具体说来，外在载体主要发挥着如下的作用：其一，作为电子数据的物理表现形式，外在载体使电子数据得以被办案人员发现；其二，作为电子数据表达证据事实的媒介，外在载体为电子数据被识别创造了条件；其三，作为电子数据的存储介质，安全、可靠的外在载体有助于避免电子数据在扣押或者保管的过程中因技术问题而发生失真。

### （二）电子数据的内在载体

证据内容的"电子化"是电子数据区别于传统证据的显著特征，而存储在外在载体中的不同类别的电子数据，也有不同的表现方式，它们有的是一连串的二进制数字，有的是不同形式的编程代码。但这些数字或者代码所代表的具体含义通常并不能被办案人员直接感知，而必须要被解读或者识别，有的要借由显示屏显示出来，有的则要被打印出来。但无论通过何种方式解读，它们都要转换成能被办案人员所感知的形式，如数字、文字、声音、图像或者兼有声音和连续画面的动态视频。只有这样，这些证据所承载的证据事实才能被揭示，进而对待证事实发挥证明作用。那么，这些能被人五官所感知并使证据事实得以表达的形式就是电子数据的"内在载体"。值得注意的是，电子数据的内在载体并不等同于证据事实，内在载体只是表达证据事实的各种方式，如数字、文字、声音、图像，但这些客观存在的数字、文字本身与案件的待证事实并没有关系；而正是通过这些能被人感知或者解读的表达形式，侦查人员获悉了事实片段或者信息，这些可能与案件待证事实相关的事实片段或者信息才是证据事实。例如，快播案中涉案视频的证据内容是通过声音、连续画面等这些内在载体表达出来的，借由这些呈现在人眼前的各种形式，办案人员识别出了"其中存在大量淫秽视频"的证据事实。

除此之外，在证据所包含的信息量上，电子数据与传统证据也存在不同。传统证据一般具有单一性的特点，例如，为了重构一个犯罪现场，办案人员可能需要借助血迹、毛发、指纹、足迹等多个证据才能实现。但电子数据在证据信息的承载上则呈现出明显的多元性和动态性，这意味着与物证仅能就其被收集时的状态对案件事实发挥证明作用不同，电子数据在证据内容上不仅包括主信息，还包括辅助信息，前者主要是指电子数据的主文，可以用于揭示电子数据被收集时所表达的信息或呈现的状态，后者则是指与主文相关的附属信息和关联痕迹，能够反映电子数据形成的前后经过以及传输的途径痕迹。例如，对于一封完整的电子邮件，通过其主文和附件，办案人员可以知晓接发方的交流内容，而通过 IP 地址、邮件发送时间等辅助信息，办案人员就可以锁定邮件接发方的网络地址以及相关的时间截点。

与数据主文信息一样，电子数据的辅助信息也要通过一系列的数字、符号等形式而

---

① 何家弘：《证据调查》，北京，中国人民大学出版社 2005 年版，第 162 页；《论电子证据的原件理论》，载《法律科学》2009 年第 5 期。

被识别。可见，无论是电子数据的主电文信息，还是辅助信息，它们都有各自的表达方式。通过这些能被人所感知的内在载体，办案人员对它们的证据事实加以识别与揭示，进而使其能在诉讼的过程中对待证事实产生证明作用。

## 二、电子数据双重鉴真的提出

从理论上讲，鉴真解决的是法庭上出示、宣读、播放的某一实物证据，与举证方"所声称的那份实物证据"是否具有同一性的问题。前后证据所具有的这种一致性表现在两个方面：一是物理存在形式的一致性，二是证据事实表达方式的一致性。例如，对于现场发现的一把刀而言，"物理存在形式具有同一性"是指法庭上出示的那把刀仍然是现场被提取的那把刀，不是被伪造的，也没有被替换过；而"证据事实的表达方式具有同一性"则是指这把刀的外观、状态等物理属性与现场发现时的一样，没有发生改变。由于我们把证据的物理存在形式与证据事实的表达方式都称为证据载体，因此，这里的"同一性"是针对证据载体而言的。故而，鉴真应当以"证据载体"作为鉴别的对象，并以"证据载体的同一性"作为证明的目标，这也就意味着证据的另一构成要素即"证据事实"不存在鉴真的问题。具体到物证，其"单一载体"的特点决定了只存在单一鉴真的要求，而电子数据"双重载体"的属性则意味着电子数据存在双重鉴真的过程，要对其外在载体和内在载体分别进行鉴真。

### （一）对电子数据外在载体的鉴真

电子数据的外在载体通常表现为存储电子数据的设备或者介质，它们既有可能是在现场扣押的原始介质，也有可能是办案人员自行携带的新介质。对于前者，办案人员需要进行封存与扣押，并记录被提取时的原始状态；对于后者，则需要保证新介质具有存储电子数据的安全技术条件，并对其名称、类别、格式等标注清楚，从而使其特定化。

在法庭的鉴真程序中，现场扣押的原始介质或者存储电子数据的新介质成为被比对的"证据源头"，法官要将其与法庭上出示或者在诉讼过程中被使用的证据加以对比。一般而言，对外在载体同一性的鉴别主要侧重于从以下三个方面展开：其一，外在载体是否满足基本的存储条件，是否安全、可靠，是否会使其存储的电子数据因为存储条件而发生自然失真；其二，外在载体在保管期间是否被掉包、偷换，与举证方"所声称的那份证据"是否一致；其三，外在载体是否存在被侵入的痕迹，其被扣押时的原始状态是否发生过改变。

### （二）对电子数据内在载体的鉴真

作为电子数据的物理存在形式，外在载体的鉴真注重从整体上考察电子数据的同一性；而作为电子数据证据事实的表达方式，内在载体的鉴真则侧重于判断其局部或者部分是否发生了人为的修改或者自然的失真，能否如实地表达电子数据的证据事实。

当然，正如上文所述，在法庭鉴真的过程中，并不是所有被比对的"证据源头"都是原始证据，它们还有可能是复制证据。例如，有的电子数据是网络传输数据，难以被直接固定，只能被提取；还有的电子数据存储在大型计算机系统的硬盘中，难以封存或者随案移送，只能被复制到新的介质中。在这些情况下，办案人员最初获取的都是复制证据，于是，如何保证复制证据与原始证据之间具有同一性就成了鉴真首先要考虑的问题。这是因为，该问题不仅决定了在诉讼中被使用的证据具有可靠的来源，而且也影响了后续鉴真程序的顺利完成以及鉴真功能的发挥。可以设想，假如被比对的"证据源头"本身存在问题，那么即便完成鉴真，也不存在任何实际的意义，甚至还会给法官认定案件事实带来负面的影响。所以，在比对的证据是复制证据而非原始证据的情形下，鉴真首先要对证据来源的可靠性和真实性进行鉴别，与此相关的审查内容至少应包括以下两点：其一，复制证据与原始证据之间必须具有同一性；其二，复制证据的提取手段必须遵循相应的技术规则，提取过程必须完整记录并受到监督。

除此之外，由于电子数据在证据内容上既包括主电文信息，也包括辅助信息，这意味着内在载体还存在同步鉴真的过程：既要对主电文信息进行鉴真，防止其被修改或者受到污染，也要对辅助信息进行鉴真，避免其一部分或全部丢失、发生改变。内在载体鉴真所具有的这种"同步性"意味着对主电文信息和辅助信息的鉴真应当同时进行、缺一不可，因为这二者的同一性对于保证电子数据整体的同一性都具有至关重要的作用。

## 三、电子数据鉴真的双重功能

在诉讼功能上，鉴真旨在对证据载体的"同一性"加以鉴别。在证据转化为定案根据的过程中，鉴真规则作为一项证据能力规则，要求所有的证据都必须要经过鉴真，保证其具有同一性，不具有同一性或者无法实现鉴真的电子数据不具有证据能力，进而也就不具有法庭准入的资格，更不得被作为定案的根据。与此同时，鉴真在对同一性加以鉴别的过程中还会对证据的真实性和相关性发挥一定的保障作用。

### （一）电子数据外在载体鉴真的功能

鉴真对电子数据外在载体同一性的鉴别，有助于从整体上保证电子数据的真实性，这主要表现在两个方面。其一，作为电子数据的物理存在形式，外在载体是办案人员感知电子数据存在的直接媒介。无论是直接被扣押的原始介质，还是存储提取电子数据的新介质，其都因与案件的关系而被特定化和固定化，正是这些介质所存储的电子数据才与案件具有关联性，才能够对待证事实加以证明。因而，外在载体的同一性决定了电子数据的同一性，进而也保障了其来源的真实性，确保其的确是从现场提取或者发现的，而不是事后伪造的。假如外在载体整体存在被掉包、偷换的情形，那么其存储的电子数据的真实性显然也就无从谈起了。其二，作为电子数据的存储介质，外在载体存储条件的可靠性与安全性也对电子数据的真实性有着重大的影响。区别于传统证据，电子数据具有较高的技术性，其安全性对存储条件有着较强的依赖。假如外在介质的存储条件不符合技术标准或者不满足特定的要求，那么存储于其中的电子数据就很可能会失真，其真实性也难以得到保证。

### (二)电子数据内在载体鉴真的功能

电子数据的内在载体是表达证据事实的媒介,正是通过那些能够被人感知的数字、声音、文字和符号,办案人员才能识别电子数据所包含的证据事实。特定的证据载体传达特定的证据事实,证据载体的同一性决定证据事实的同一性。假如证据的内在载体本身发生了改变,那么经由该证据载体所传达的证据事实也会改变,从而就与其原本要表达的证据事实发生了背离。因此,电子数据内在载体的同一性对证据真实性的保障发挥着直接和根本的作用。

除此之外,对电子数据辅助信息内在载体的同一性鉴别还有助于从另一个角度保证电子数据的相关性。一方面,根据电子数据多元性和系统性的特点,① 电子数据的主电文信息与辅助信息一般相伴存在,在真实性方面,辅助信息(附属信息与关联痕迹)一般严重依赖于电子计算机系统并由其直接产生,在不发生故意篡改和伪造的情况下,这些证据信息具有高度的稳定性和可信性;另一方面,这些辅助信息本身蕴含着海量信息,不仅可以记录电子数据的变化经过和传输过程,还可以与案件相关的人、事、物、时、空发生关联。② 例如,附属于涉案手机短信的电话号码能够与发送短信的人发生关联;附属于电子数据的机器时间能够同物理时间产生对应。因此,一旦对这些电子数据的辅助信息完成了鉴真,其同一性得到了保证,这些真实性较高的信息就会使得电子数据立刻与案件事实产生关联,进而对证据的相关性加以保障。

### (三)电子数据鉴真功能的局限性

尽管电子数据的鉴真有助于保障证据的真实性和相关性,但这种保障并不是全面的。这是因为,从本质上讲,鉴真只能对证据的同一性加以鉴别,而"同一性"与"真实性"并不能完全等同,二者存在一定的交叉关系。因此,鉴真对证据真实性的保障存在一定的局限性,主要体现在以下两点。

其一,鉴真无法鉴别证据事实的真实性。证据的真实性包括两个层面的要求,即证据载体的真实性与证据事实的真实性。鉴真只能在鉴别证据载体同一性的过程中,通过防止电子数据外在载体被偷换、内在载体被篡改,进而保证证据载体在被侦查人员提取后的阶段内没有发生过改变,能够真实地表达证据事实。但对于证据事实的真实性,法官无法通过鉴真予以判断。例如,法官只能通过鉴真判断检察官在法庭上提交的Word文档与侦查机关当初在嫌疑人电脑上提取的文件是"同一份",文档所载的文字与符号自提取后没有发生改变,但法官无法通过鉴真判断文档上记载的"被告人相关受贿时间和金额"这些证据事实是否真实。与其他实物证据一样,法官对电子数据所证明的证据事实的审查,需要综合运用证据之间相互印证、矛盾排除以及鉴定等其他方法加以解决,并最后依赖其经验、理性与良心进行判断。

其二,鉴真只能保障一定时间段内证据载体的真实性。"保管链条的证明"是电子数据鉴真的一个重要方法,主流观点认为,"证据保管链的起点始于侦查人员收集到证

---

① 刘品新:《电子证据的基础理论》,载《国家检察官学院学报》2017年第1期。
② 刘品新:《电子证据的关联性》,载《法学研究》2016年第6期,第175页。

据",① 这说明在侦查人员占有证据前,"不能要求其对证据的保管情况负责"。由此可见,鉴真只能鉴别从侦查人员接手到法庭出示的这一时间段内电子数据的同一性,并对该时间段内证据载体的真实性加以保障。如果电子数据在侦查人员提取前就是假的,例如被凶手伪造,故意放在现场,那么对这一"不真实"的电子数据,鉴真本身也无法识别,只能要求侦查人员保留该证据最完整和最原始的形态,为后续通过鉴定、检查等其他手段确认该证据的不真实提供可靠的"检材"。由此可见,鉴真对证据载体真实性的保障具有一定的时空限制。

当然,鉴真对电子数据"相关性"的保障也并非应有之义,而是在对证据同一性加以鉴别的过程中,借助辅助信息自身的特点使其相关性得以体现。应当指出,那种认为鉴真可以将"非指向案件实质性问题证明的证据予以排除"② 的观点是值得进一步商榷的,因为鉴真的本质在于鉴别在诉讼中被使用的证据与办案人员当初扣押、提取、收集的证据具有同一性,而该证据能否对案件的实质性问题发挥证明作用则不是鉴真要解决的问题。

## 四、电子数据的鉴真方法

对于实物证据的鉴真方法,我国两个"证据规定"以及司法解释已经确立了一些体现"独特性证明"和"保管链条证明"的鉴真方法,2016 年 9 月,《刑事电子证据规定》针对电子数据这一具体的证据种类又明确增设了"完整性证明"等方法。根据电子数据内外载体的各自特点,这些方法在对电子数据鉴真的过程中分别发挥着不同的作用。

### (一)对电子数据内外载体的"独特性证明"

在物证的鉴真程序中,"独特性证明"主要是针对特定物的重要方法,③ 一般通过辨认的方式予以实现。例如,被告人对相关证据进行当庭辨认,控诉方通过宣读笔录对物证的大小、数量、外观和形状进行描述,进而实现对证据同一性的鉴别。

在《刑事电子证据规定》中,若干体现"独特性证明"的鉴真方法被确立下来,主要表现为:一是审查电子数据是否具有数字签名、数字证书等特殊标识(第 22 条第 2 款);二是审查电子数据的类别、文件格式等是否注明清楚(第 24 条第 2 款);三是核查比对电子数据完整性校验值以及相关 IP 地址、网络活动记录等特征(第 23 条第 3 款、第 25 条)。

从理论上讲,"独特性证明"发挥作用的基础在于被鉴别的证据具有区别于其他证据的显著特征。不同于物证一般仅表现于外观上的特殊性,电子数据的独特性既包括外在载体在形态上的特征,也包括内在载体在表达方式上的不同。具体而言,电子数据外在载体的特征与物证差别不大,主要表现为其特有的类别、品牌、格式和大小。与外在

---

① 陈永生:《证据保管链制度研究》,载《法学研究》2014 年第 5 期。
② 邱爱民:《实物证据鉴真制度研究》,北京,知识产权出版社 2012 年版,第 45 页。
③ See Steven L. Emanuel, *Evidence*, 4th ed., Aspen Law & Business, 2010, p.457.

载体所不同的是，电子数据内在载体的特征则更具多元性和技术性：不同种类的电子数据在技术层面上具有不同的表达方式，例如不同的格式、不同的电子化数字代码；相同种类的电子数据则有不同的标识，例如完整性校验值、数字签名就是每个电子数据独有的身份识别码，可以与其他同类或不同类的电子数据相区分。由此可见，基于电子数据内外载体呈现出来的不同特点，在运用"独特性证明"对其鉴真时也应各有侧重：对外在载体独特性的鉴别，大多可通过辨认的方式来实现；而对于内在载体，办案人员则更多需要借助鉴定、科学检查等专业手段。

当然，与物证相比，电子数据在证据载体方面的独特性较为突出，这也意味着"独特性证明"在电子数据鉴真中发挥的作用远不止此。尽管现行立法已经确立了若干体现"独特性证明"的鉴真方法，但就电子数据自身的多元性来说，这些方法还远远不够。在该方法的指引下，未来针对不同种类、不同特点、不同形态的电子数据，还应当及时、充分地吸收最先进的电子科学技术，灵活适用其他更多不同的鉴真方法，从而更加准确、便捷、有效地判断电子数据的同一性。

### （二）对电子数据内外载体的"完整性证明"

"完整性证明"是《刑事电子证据规定》对电子数据提取、收集、移送和保管提出的新要求（第22条第5款），也是确保证据同一性和真实性的重要因素之一。[①] 这一方法来源于电子数据自身多元性和系统性的特点。理论上讲，电子数据的"完整性"主要表现在：其一，在证据载体方面，电子数据应当既有物理存在形式这一外在载体，又有证据事实表达方式这一内在载体；其二，在内在载体方面，电子数据应当既有完整的主电文信息，又有与之相匹配的辅助信息。

具体到我国的立法规范中，对电子数据完整性的审查判断主要表现在：其一，审查电子数据的存储磁盘、光盘等可移动存储介质是否与打印件一并提交（《死刑案件证据规定》第29条）；其二，审查电子数据的制作过程，查看其收集、提取的录像经过，确保电子数据的提取内容和存在状态具有完整性（《刑事电子证据规定》第14条）；其三，审查原始证据的保管状态，要求原始存储介质处于被扣押、封存的状态（《刑事电子证据规定》第8条）；其四，审查并比对电子数据的完整性校验值，保证其始终处于未被更改的状态（《刑事电子证据规定》第5条、第23条）。

### （三）对电子数据内外载体的"鉴定"

鉴定作为一种科学性较强的综合性鉴别方法，多被用来解决案件涉及的专业性技术问题。电子数据自身高技术性的特点决定了与其相关的争议通常都难以被法官通过经验、常识所解决，而需要诉诸具有专业知识和设备的鉴定人员，因此，鉴定也是电子数据鉴真的一种重要方法。

对于电子数据的双重载体，鉴定既可以适用于外在载体的鉴真，例如，判断外在载

---

[①] ［美］罗纳德·J.艾伦等：《证据法：文本、问题和案例》，张保生等译，北京，高等教育出版社2006年版，第231页。

体是否存在被侵入的痕迹；也可以适用于内在载体的鉴真，例如快播案中鉴别在原始介质中解码是否会对电子数据造成污染。但相比较而言，鉴定对内在载体的鉴真有更大的作用。在通过鉴定判断电子数据内在载体的同一性时，侦查人员需要充分运用电子数据自身的特点，依靠其辅助信息，对电子数据的形成过程及变化情况加以判断，正如"真实发生的案件行为产生的电子数据就会产生一批真的附属信息与关联痕迹"，而造假行为产生的电子数据也会有一批与此相随的辅助信息，鉴定人员通过查找和鉴别这些辅助信息，就可以较为容易地判断电子数据的真假。①

当然，对于电子数据的内在载体，鉴定不仅可以判断证据的同一性，还可以揭示证据与待证事实之间的相关性。例如，在快播案中，作为鉴真方法的鉴定解决的是4台服务器中的视频是否受到污染、是否存在被伪造和改变的问题，而用于揭示证据相关性的鉴定则要鉴别涉案视频是否为淫秽视频。应当看到，鉴定的"双重身份"之间存在明确的划分：在鉴真的过程中，鉴定人员主要就电子数据的证据载体进行鉴别，判断证据是否发生过改变，是否与侦查人员声称的那个证据具有同一性；而在揭示证据相关性的鉴定程序中，鉴定人员则是运用科学知识对无法用肉眼识别和经验判断的证据事实加以解读，进而使证据的相关性得以体现。与此同时，这"双重身份"之间也存在紧密的联系：作为鉴真方法的鉴定为揭示证据事实的鉴定程序提供了真实、可靠的检材，检材经过了鉴真也成为鉴定意见转化为定案根据的前提条件。这是因为在作为鉴定对象的"送检证据"本身来源不明或者真实性存疑的情况下，基于该检材作出的鉴定意见既是真伪不明的，也是不具有证据能力的。

### （四）对电子数据外在载体的"保管链条的证明"

一般而言，"保管链条的证明"是适用于种类物的一种重要鉴真方法。完整的"保管链"一般始于侦查机关收集到证据，终止于公诉方将证据提交至法庭。② 在普通物证的鉴真过程中，"完整保管链条"发挥作用的方式是，通过记录证据从提取、收集再到保管的整个过程，证明该证据一直处于有人监管的状态，在接受检验、鉴定直至当庭出示时，该证据与被发现时的状态具有一致性，没有发生实质性的改变。

由于电子数据的内在载体存储于外在载体之中，无法被人直接感知，而外在载体又以某种具体的物理形式呈现出来，被办案人员接触并保管，因此，"保管链条的证明"只适用于电子数据外在载体的鉴真，主要针对三种情形：一是电子数据的外在载体表现为种类物；二是电子数据以其特有的状态对案件事实发挥证明作用；三是电子数据需要作为检材被鉴定或者加以技术检查。

在这一方法的运用上，控诉方对电子数据的鉴真适用于对物证的一般要求，即需要对电子数据整个保管过程的完善性和规范性加以证明。当然，电子数据自身的特点也对办案人员收集、保管证据提出了一些另外的要求。例如，其一，提取、收集电子数据的

---

① 刘品新：《电子证据的基础理论》，载《国家检察官学院学报》2017年第1期。
② Edward J.Imwinkelried, *TheIdentification of Original, Real Evidence*, 61 Military Law Review pp. 154-155(1973).

手段应当满足高标准的技术要求,这是因为电子数据来源的可靠性、内容的真实性严重依赖于证据提取手段的规范性和科学性,因此,对证据提取手段的合规性鉴别是鉴真的重要内容之一。其二,电子数据在被保管、移送时应当被封存,如封存原始存储介质及其备份,并对电子数据加以冻结。我国现行立法尚未建立起有关电子数据的完整保管链条,只在一些环节体现了保管链条的初步要求。例如,《刑事电子证据规定》规定,收集、提取电子数据时,应当进行拍照或录像,有见证人在场,并附有笔录、清单;移送要"以封存状态进行"。显然,目前规定仅对收集和提取这两个环节作出要求是远远不够的,因为完整、真实、准确地固定电子数据的"源头"只是证据保管链条的开始,如何对中间保管环节进行有效的规范,应当是未来鉴真规则关注的重点。

应当指出的是,尽管"保管链条的证明"与"完整性的证明"在具体的落实措施上可能存在一定的重叠,但二者对电子数据同一性的保障各有侧重,前者侧重证明电子数据被侦查人员接手后,一直处于被监管的状态,没有发生改变的机会;后者则强调电子数据本身的完整性状态,并将其作为证据具有同一性的必然要求。

### (五)对电子数据鉴真方法的反思

《刑事电子证据规定》在确立电子数据鉴真方法方面取得了切实的进步,得到了法学界和实务界人士的普遍肯定,对电子数据"完整性"的要求被视为最大亮点。[1] 并且该文件还基于电子数据自身的特点,确定了若干有针对性的审查判断方式,这为未来避免以及解决有关电子数据鉴真的问题奠定了立法基础。但不可否认的是,这些鉴真方法在我国的具体实现还存在一些共性缺陷。

实践中,当辩护方对证据来源的可靠性、证据的同一性提出质疑时,控诉方一般仅通过宣读包括勘验、检查笔录,搜查笔录或提取笔录等在内的笔录证据来对证据进行简单的鉴真。在某些情况下,甚至仅向法院出具一份情况说明。不可否认,这些记录证据提取过程的书面记载的确可以在一定程度上反映侦查人员收集证据的情况,但这些记录是由侦查人员于庭外单方面制作而形成的,其真实性无法保障。假如只通过审查这些书面文件就作出决定的话,那么法官对证据的同一性就很难进行实质性的审查,也难以给出令人信服的判断。

## 五、电子数据鉴真不能的法律后果

电子数据的双重载体对鉴真提出了双重的要求,只有满足了双重鉴真的要求,对电子数据的鉴真才告完成。那么,对于那些违反鉴真程序的电子数据,司法人员应当如何处理呢?对此,我国两个"证据规定"以及司法解释只确立了少量的排除规则。《刑事电子证据规定》则对这一问题作了进一步发展。以适用对象为标准,可将立法确立的鉴真不能的排除规则划分为外在载体的排除规则和内在载体的排除规则。

---

[1] 刘品新:《电子证据的鉴真问题:基于快播案的反思》,载《中外法学》2017年第1期。

### （一）电子数据外在载体的排除规则

《办理死刑案件证据规定》和 2013 年司法解释针对电子数据外在载体的鉴真确立了一系列的审查内容，例如原始存储介质是否随电子数据一并移送；对电子数据的规格、类别、文件格式等是否标注清楚。但立法并没有对违反这些要求的法律后果作出明确规定，仅在"证据制作、取得的过程存有疑问，且不能提供必要证明或者作出合理解释的情形下"，才不得将电子数据作为定案的根据。

在此基础上，《刑事电子证据规定》第 27 条针对电子数据的外在载体设立了若干可补正的排除规则。概括而言，这些排除规则主要适用于以下两种情形：其一，收集、提取、移送的过程不符合技术标准和立法规定，例如，未以封存状态移送，笔录或者清单上没有侦查人员及其他相关人员的签名或盖章；其二，可能导致存储电子数据的外部介质的同一性无法确认，例如，对电子数据的名称、类别、格式等基本情况标注不清。由此可见，对于电子数据外在载体鉴真方面出现的问题，立法确立了可补正的排除规则。假如办案人员对违规之处进行了补正或者作出了令人信服的合理解释，法官就可以忽略这些程序瑕疵，仍然可将其作为认定案件事实的根据。但非法实物证据排除的司法实践显示出，"可补正的排除"在我国通常都演变为了"可补正的不排除"，对于那些可补正的证据，法官将其排除的情形少之又少。因而，这也将成为困扰外在载体排除规则有效实施的障碍之一。

### （二）电子数据内在载体的排除规则

在对电子数据内在载体审查判断的问题上，司法解释和《办理死刑案件证据规定》都就审查"电子数据内容是否真实"作出了明确的规定。例如，应当着重审查电子数据"有无删除、修改、增加等情形"，"有无剪裁、拼凑、篡改、添加等伪造、变造情形"。对于那些"经审查无法确定真伪"的电子数据，司法解释明确规定"不得作为定案的根据"。《刑事电子证据规定》第 28 条针对"无法保证电子数据真实性"的两种具体情形确立了强制性的排除规则，将那些真实性受到影响的证据排除在定案根据的范围之外。这两种情形分别为：其一，电子数据系篡改、伪造或者无法确定真伪的；其二，电子数据有增加、删除、修改等情形，影响电子数据真实性的。通过分析排除规则的上述适用情形，不难发现它们都将电子数据的真实性作为排除的标准。这不禁让人产生怀疑：这些规则是电子数据内在载体鉴真不能的排除规则吗？

在对电子数据进行审查的过程中，假如法官已经确定"电子数据系篡改、伪造"，那么该证据当然就应当予以排除，因为不真实的证据不得作为定案的根据，但这与鉴真不能无关。再者，"无法确定真伪"的因素有很多，需要进一步探究导致其"真伪不明"的具体原因。如果因"同一性"难以确定而影响证据的真伪，那么，因"无法确定真伪"而排除就是有关鉴真不能的排除规则。但如果是其他原因导致证真伪不明，那该证据被排除与鉴真就没有直接的关系。

笔者认为，此次《刑事电子证据规定》确立的强制性排除规则更多关注的是证据的真实性，而非同一性。尽管这些规则蕴含了一些内在载体鉴真不能的萌芽，但从整体上看，它还是证据真实性的审查判断规则，而非鉴真规则；是关于电子数据的证明力规则，而非证据能力规则。

### （三）对电子数据鉴真排除规则的反思

在司法解释和《办理死刑案件证据规定》的基础之上，《刑事电子证据规定》进一步发展了与电子数据鉴真相关的排除规则，并针对内外载体鉴真不能的情形，分别确立了不同的排除规则。在学界尚未对电子数据的双重载体进行充分讨论的情况下，立法者似乎已将这种载体划分的理念运用到了排除规则的设计中，体现了立法先行。但不可否认的是，这些内外载体排除规则的具体设计还存在不少问题，亟待进一步地充实。

第一，外在载体鉴真不能的排除规则过于单一。目前《刑事电子证据规定》针对外在载体仅确立了可补正的排除规则，这就意味着当出现外在载体鉴真不能的问题时，办案人员都有补救的机会。但是，电子数据外在载体鉴真不能都可以适用可补正的排除规则吗？

根据比例原则的基本要求，排除规则的严厉程度应当与违反鉴真要求的情形相适应，外在载体违反鉴真要求的方式有很多，并不都可被视为程序上的瑕疵或者技术上的违规，也并不都可通过程序补救或者作出合理解释的方式来予以解决，因此，这种将外在载体鉴真不能的情形一律适用可补正排除规则的规定并不合理，立法应当针对外在载体违反要求的严重程度分别适用可补正的排除规则与强制性排除规则。

具体而言，作为实物证据的一种形式，电子数据当然可以适用有关实物证据的强制性排除规则，例如，来源不明的电子数据，一律不得作为定案的根据；电子数据在收集、提取和保管的过程中，没有建立起完整的证据保管链条、无法确定真伪的，应当一律被排除。除此之外，在其他可能严重影响证据同一性的情形下，法官也可以适用强制性的排除规则。例如，电子数据的原始存储介质不明的；电子数据可能被掉包、偷换的；电子数据是否存在没有任何证据予以证明的。而对于确属程序瑕疵或技术违规的做法，假如并不会对电子数据的同一性造成太大的影响，或者办案人员可以作出合理的解释和说明，法官就可以对其适用可补正的排除规则。

第二，现行立法尚未建立起内在载体的排除规则。如前文所述，《刑事电子证据规定》中有关内在载体的排除规则都将证据的真实性作为落脚点，这些规则并非鉴真不能的排除规则，而只是对"排除不真实证据"的重申。所谓"鉴真不能的排除规则"，是指当证据无法实现完整的鉴真过程，使其同一性难以得到证明时，法官通过否定其证据能力将其排除于定案根据的范围之外。应当看到，"鉴真不能"作为证据排除的一项事由，具有独立的品格，不依赖于鉴真不能可能给证据真实性带来的负面影响。例如，假如在鉴真的过程中发现某一电子数据确实被改变了，即使其真实性无法完全确定，法官也要将其予以排除，因为被改变的电子数据不具有同一性，无法实现鉴真，当然就不具有证据能力。因此，鉴真排除规则不应落脚于证据的真实性问题上，而应以可能导致鉴真不能的各种情形作为排除规则的适用对象。

同时，与外在载体一样，立法对于内在载体鉴真不能的情形也不应"一刀切"，要么全部适用强制性排除规则，要么全部适用可补正排除规则，而是应当根据内在载体违反鉴真要求的不同程度，建立与其相适应的排除规则。对于技术性或者程序性的瑕疵，法官可以给予办案人员补救的机会。但在证据的同一性受到重大影响的情形下，法官就应当适用强制性的排除规则。例如，电子数据的收集、提取不规范，其来源的可靠性存疑；电子数据的内容信息可能遭受污染，同一性无法得到保证；电子数据的主电文信息与辅助信息无法匹配，无法排除人为修改的情形；电子数据的完整性无法得到证明；等等。

## 六、小结

鉴真规则是我国刑事证据法近年来在实物证据审查判断方面确立的一个重要规则。从本质上讲，鉴真旨在对证据载体的同一性加以鉴别，并对证据的来源、收集、保管、鉴定等一系列环节提出了程序要求。区别于物证所具有的单一载体，电子数据双重载体的特点决定了其存在双重鉴真的过程。同时，电子数据内外载体的鉴真在功能和方法上也呈现出各自不同的特点。在对电子数据鉴真的立法规范上，《刑事电子证据规定》无疑是一次巨大的立法进步。该规定不仅结合电子数据双重载体的显著特点，充实了鉴真的若干方法，还针对内外载体鉴真不能的情形，建立了相关的排除规则，体现了"立法先行"的理念，对法学理论的发展给予了实践指引。

但不可否认的是，当前立法还存在一些问题，立法者在一定程度上混淆了证据的"同一性"与"真实性"，将鉴真视为证据的真实性问题，忽视了鉴真本身所具有的独立证据能力规则的属性；同时，电子数据自身高技术性的特点也对未来鉴真方法提出了很大的挑战，如何在传统鉴真方法的指引下，结合电子数据的特点，发展更多具有科学性的鉴真方法也是值得进一步探讨的话题。除此之外，在当前构建内在载体排除规则基本归于失败的情况下，如何针对内在载体鉴真不能的各种情形分别适用可补正排除规则与强制性排除规则，也是亟待解决的难题。因此，对电子数据的鉴真，无论是立法规范还是理论探讨，目前都只是一个开始，未来还有极大的发展空间。

刘译矾，中国政法大学刑事司法学院副教授，法学博士。本节内容以《论电子数据的双重鉴真》为题发表于《当代法学》2018年第3期，收录本书时有改动。

## 第四节　区块链证据的基础理论

刘品新

区块链技术引发了不同网络数据纷纷入链用作证据的时代现象。区块链证据泛指基于区块链技术的一切材料，可以具体化为区块链生成之证据、区块链存储之证据与区块链核验之证据等形态。得益于区块链技术的加持，区块链证据在厘清涉众复杂案件事实、运用海量异构证据办案与提升智慧司法探索水平等方面具有独特的价值。基于理性的立场，各国法律应当坚守将区块链证据与其他证据同等对待的基本原则，并聚焦真实性问题进行规则建设。缘于技术导入的哈希校验、时间锁定与节点印证等特点，区块链证据在真实性上得到极大增强，呈现入链后数据真实性有保障、入链前数据真实性可优化的两大定律。基于此，我国应当匹配沿用现行相关的真实性规则，分类增设司法认知与推定并行的补充性新规。"区块链＋证据"的实践与制度创新将推出司法证明领域的"代码之治"。

## 一、问题的提出

自 2008 年全球金融危机之际诞生起，区块链技术经过了数字货币、智能合约、全面应用的三阶段迭代。司法实践中区块链记录用作证据，也已悄然成为客观现实。例如，截至 2021 年 1 月，北京互联网法院的"天平链"平台完成版权、互联网金融等 9 类 23 个应用节点数据对接，上链数据 3 042 万条，跨链存证数据超过 3 亿条；杭州、广州互联网法院亦均依赖基于区块链技术的电子证据平台进行海量数据累积；最高人民法院还联合其他各级法院、多元纠纷调解平台等搭建了"人民法院司法区块链统一平台"；法院系统将区块链用于存证正在打造为探索"网上案件网上审理"方案的一张名片。又如，我国一些权力机关、企事业单位、行业组织在政务服务、公益诉讼、版权保护、中介服务等领域推行区块链系统，产生了规模可观的、用于办案的证明材料。至于刑事诉讼中涉及比特币、以太币、火币等形形色色"数字货币"被用于定罪量刑的情况，以及一些民事行政诉讼中涉及智能合约等文本进行司法办案的情况，① 均较为普遍。另据调研了解，2020 年我国绝大多数省份都有区块链服务平台，北京、上海均超过 18 万家，其中有关材料均可用于证明，充满令人想象的空间。

关于区块链记录用作证据的问题，引发了我国法律界的关注。笔者在中国知网等专业数据库中检索发现，已发表的关于"区块链证据""区块链存证""区块链信息""区块链电子证据""区块链存证电子数据""区块链技术证据"等为关键词的法学论文有 30 多篇，内容涉及区块链记录用作证据的具体场景、实践运用及制度配套等内容。它们对该事物形成了好差评的观念对立。乐观论者认为，在未来"所有涉及记录和验证的领域，包括司法过程中的证据保存、提交和验证，都可以借助区块链技术来完成"；② "区块链证据的法治意义绝不仅限于'新兴电子证据'这一简单定位，而是对现行证据法体系的一次全面革新"。③ 悲观论者则认为，"区块链存证技术……就当前司法实践的适用来看，适用率却并不理想"；④ 更有甚者认为，区块链证据在当下只是噱头，或者说噱头效应大于实际意义。

应该说，认识上的混乱无益于提升我国相关立法的质量。2018 年 9 月，最高人民法院颁行《关于互联网法院审理案件若干问题的规定》，其中有关区块链的"开创性"条款仅仅是宣示性地承认"当事人提交的电子数据，通过……区块链等证据收集、固定和防篡改的技术手段……能够证明其真实性的，互联网法院应当确认"。此条文并无实质

---

① 杨延超：《论数字货币的法律属性》，载《中国社会科学》2020 年第 1 期。
② 郑戈：《区块链与未来法治》，载《东方法学》2018 年第 3 期。
③ 张玉洁：《区块链技术的司法适用、体系难题与证据法革新》，载《东方法学》2019 年第 3 期。
④ 罗恬漩：《民事证据证明视野下的区块链存证》，载《法律科学》（西北政法大学学报）2020 年第 6 期。

性的制度进步意义。2021年1月，最高人民法院发布《关于人民法院在线办理案件若干问题的规定》（征求意见稿），第14~17条对区块链证据的效力、审核规则、补强认定等做了细化规定。然而，这些"规定"在基本概念上严重偏窄甚至狭隘，其拟行规则同现行证据规则隔离脱节，对未来法治建设难言有实质助益。中国如何改进相关的立法，亟待学术界对区块链证据进行理论构建。

相比而言，全球其他法域基于区块链在数字货币或资产、证券市场治理、交易合规监管、贸易清算结算等广泛领域的运用，对相关记录用作证据的法律可采性问题做了三种可圈可点的回应：有的颁行了专门承认区块链证据的新法律，有的修订了现行法律，还有的发表了澄清其现行法之规则的声明。面对世界范围内"法律＋科技"融合发展之制度竞争，中国应当以固本强基促制度提升，"提升国际话语权和规则制定权"。本部分内容基于对区块链技术影响司法证明的谨慎乐观立场，致力于全面阐释并提炼区块链记录用作证据的涵义、样态与价值，并论证区块链证据的理性定位、真实性特色与框架性规则。

## 二、区块链记录用作证据的理论基础

### （一）区块链记录用作证据的原理展开

证据是用于证明案件事实的一切材料。在证据数字化的当代，区块链技术对司法文明的影响集中体现为区块链相关材料能否及如何用作证据的问题。所谓区块链，是指"使用密码技术链接将共识确认过的区块按顺序追加而形成的分布式账本"。一般认为，关于区块链的完整描述最早见于中本聪撰写的《比特币：点对点电子现金系统》一文，区块和链被解释为用于记录比特币交易账目历史的数据结构。其中，"区块"（Block）是区块链的数据单元，会记录生成时间段内的所有交易记录；"链"（Chain）是由区块按照发生顺序串联而成的日志单元，是整个账本状态变化的日志记录，可以划分为"公有链""私有链""联盟链"等类型。这些构成元素表达了一种对数据进行区块分割、前后衔接的存储方式，所形成的区块链平台"类似于维基百科或'Google Docs'等其他公开更新的数据库，后者严重依赖普通用户提交内容、提供验证和更新信息"。

对区块链进行技术解读时可以繁多复杂，但进行证明解读时宜当化繁为简。下面以一起侵害作品信息网络传播权纠纷案件为例进行说明。原告主张被告在运营网站上擅自发表了自己的一篇文章，委托第三方平台保全网对侵权网页进行固定。保全网通过使用专门软件对目标网页进行域名解析，抓取涉案网页内容，并获取目标网页源代码等信息。之后，保全网将所获取的涉案网页、源代码和调用信息打包压缩，同步上传至FACTOM区块链等，获得存放内容的哈希值、入链ID等。在庭审举证时，法庭可以根据原告所提交的哈希值，登录FACTOM区块链所在网站进行搜索，查询到该哈希值所存放的内容及生成时间等。这样一来，法庭可以根据下载获得的"存放内容"（即涉案网页、源代码和调用信息）认定侵权事实，而有关"存放内容"的证据材料如何得来、是否可靠就可以依据涉及存放内容的哈希值、入链ID、区块高度及其生成时间等得到证实。在这一证明活动中，与区块链有关的完整证明材料可以归为区块链记录、解读性意见两种。

"区块链记录"（Blockchain Record），也称为区块链数据（Blockchain Data）、区块链收据（Blockchain Receipt）等，是受到区块链技术增强的内容数据，用于证明案件中的争议事实；"解读性意见"是基于"区块"与"链"信息作出的解释、说明，用于支撑前者。在前述案件中，第三方平台接受委托后获取的涉案网页、源代码等即为"区块链记录"；而法庭进行审查判断的结果即为"解读性意见"，鉴定机构所出具的、与之相一致的鉴定意见书亦为"解读性意见"。实践中，"解读性意见"还可以通过第三方平台的技术说明或认证证书、公证处的公证书或公证保管函、"专家证言"以及专业司法人员、专家辅助人的判断等方式表现出来。两相比较，"区块链记录"为主证据，"解读性意见"为从证据，合起来构成一种"主—辅"结构。这种区分体现了一种广义的证据观。

严格地说，案件中对控辩双方有直接影响的是争议事实的认定，故"区块链记录"能否用作证据是根本性的问题，"解读性意见"并无展开独立讨论的意义。一些国家在规则创新中关注的重心仅限于"区块链记录"（Blockchain Record），惯常的做法是将其纳入电子记录（Electronic Record）进行规则调适。具体来说，电子记录指的是"通过电子手段生成、交流、接收或存储的、用于信息系统或从一个信息系统传输到另一个信息系统的记录"，"区块链记录"很容易被归为"电子记录"接受相关规则的约束。例如，美国俄亥俄州于 2018 年 8 月修改了《统一电子交易法》，规定"电子记录"包括通过区块链保护的记录。下文聚焦于如何以区块链记录证明案件事实的讨论，仅在必要时述及"解读性意见"方面。

实践中，区块链记录已经演化出三种证据形式。

第一种区块链记录是基于区块链技术生成的网络数据。比较常见的是一些不法人员利用区块链平台隐蔽性地实施诈骗、勒索、洗钱、合同诈骗、集资诈骗、非法吸收公众存款、破坏计算机信息系统、非法获取计算机系统数据、侵犯公民个人信息组织、领导传销活动以及掩饰、隐瞒犯罪所得、犯罪所得收益等各种犯罪，存在占有或使用各种非法数字货币的情节，侦查人员通过取证溯源而获得有关特殊数据。民事行政诉讼中亦不乏关于非法数字货币的数据、地址信息、转账记录的证据。例如，在一起民间借贷纠纷案件中，被告辩称将原告的部分转账用原告的手机购买了以太币，所提交的证据包括火币网转账记录截图，该截图即属于"区块链生成之证据"（当然此处是复制件）。这些数据原生于区块链平台，在链下无人工干涉的情况下生成，其特点是在案发过程中形成时即与区块链技术有天然联系，故堪称一种自然意义上的区块链证据。

第二种区块链记录是基于区块链技术存储的网络数据。它指的是通过区块链存证平台进行事后保管或管理而形成的派生型证据。例如，2018 年 4 月因某高校大学沈姓教授涉性丑闻事件，一位网友将一封很有影响的公开信存入以太坊区块链，让信息完整地保存下来。该公开信自入链之日起就无法被删除，永远保留在区块链里。在这里，该公开信即属于"区块链存储之证据"。被入链存储的通常是各种"电子数据"，严格地说，也可以是各种传统证据的电子化材料。例如，当事人可以借助平台将书证扫描成 PDF 版本入链，将物证拍照或录像后入链，各种笔录证据以电子形式呈现的亦有入链的可能性。无论是哪一种情况，它们在形成时均与区块链技术或平台无涉，而在存证时被通过区块链技术或纳入区块链平台管理。

第三种区块链记录是基于区块链技术核验的网络数据。例如,在王××等人诈骗罪案件中,侦查机关向支付宝公司调取王××支付宝账号的交易信息,并决定应用区块链存证技术保护电子证据的完整性。具体做法是,侦查机关严格依法向支付宝公司调证;该公司运用蚂蚁区块链技术将王××等人的支付宝账户交易流水账用加密算法上传至区块链"法证链",并向侦查机关提供一张含有该电子证据的光盘及一份载有哈希算法、哈希值、时间戳、区块高度等信息的情况说明。在庭审中,检察机关进行多媒体示证和当庭演示,证明了在案电子证据的真实性。最终,法院认定控方光盘数据合法有效。在这里,指向案件事实证明的是刻入光盘的"支付宝账户交易信息"(即涉案电子证据);入链的材料仅仅是该电子证据的"哈希值",用于佐证涉案电子证据未发生篡改等问题。如此入链形成的区块链记录实乃一种衍生型证据。"也许,区块链在法庭上更为革命性的应用不是承认存储于区块链中的数据可作为证据,而是使用区块链对提交法庭的证据进行鉴真"。本部分内容基于重要性的考量,特别称为区块链核验之证据。

从广义的视野来看,区块链技术还会衍生一些其他证据形态,如与区块链记录相关的 App 客户端数据、登录日志、账号、密码、合约订单等。在一起著作权权属、侵权纠纷案件中,"开发者信息截图"等即被列入"在案佐证"。它们属于延展型的证据材料,本部分内容暂不将其纳入讨论范围。

区块链生成、存储、核验之证据均得到了技术的加持,借以提升数据信息的真实性。仅从技术细节的角度来说,它们对数据信息均采取去中心化方式存储技术,将数据分布到多个分散的网络节点上;均采取分布式共享方式读取技术,将分散的网络节点连接起来赋予统一的逻辑地址、使得任何节点均可以对有关逻辑地址进行读写操作;均采取了严格的链后防篡改技术。这三种情况下入链的记录用作证据时共性大于个性,可以合称为区块链证据,[①] 即借助区块链技术生成、存储和核验而来的一切证据。

### (二)区块链证据的价值阐释

区块链记录用作证据,并非简单地解决一些新材料的证据地位问题。更重要的是,它是区块链产业发展的支撑点,也是区块链制度建设的主阵地。实践已经表明,区块链证据在解决时代性证据难题方面具有独到的重要价值。

其一,区块链证据是厘清涉众复杂案件事实的不二之选。2017 年美国特拉华州衡平法院审判都乐(Dole)食品集团公司股权纠纷一案,遇到的难题清楚地说明了这一点。该集团的一起自 2013 年始争议股权收购完毕后,49 164 415 股的股东代表提起了关于构成收购欺诈的集体诉讼。而该集团依法只发行了 36 793 758 股,也就是说至少有 1 200 万股份将缺少要求结算支付的权利证书。但是,所有主张权利的股东在庭审中均拿出了关于权利的有效证据。该集团的律师未能确定"当前"股份所有者,该集团委托美国存管信托公司(DTC)进行的调查亦未能确定有关事实。主持该案审理的副院长拉斯特指出,现行记账系统已经过时且太过复杂,无法准确、及时地跟踪谁是某一份股票

---

[①] 罗恬漩:《民事证据证明视野下的区块链存证》,载《法律科学》(西北政法大学学报)2020 年第 6 期。

的真正拥有者,以及股东如何在公司决策中使用投票权,是"损害公司治理体系之合法性的系统失灵"。他在一份17页的备忘录意见书中指出了该问题的解决之道是区块链技术:"分布式账本技术可以维护单一、综合的股份所有权账本的多份、可流通副本,提供了一个潜在的技术解决方案";"有了分布式账本,像DTC这样的集中记账者就没有必要了……一种单一的分布式账本将允许直连记账"。实际上,纳斯达克等股票交易所开始使用区块链技术。当年7月,特拉华州通过《区块链法案》,修改了《公司法总则》,明确在该州注册的公司有权在区块链平台上发行和交易股票。随着涉众型案件在世界范围内日渐增多,区块链技术不仅被运用于股权投票、证券管理等涉众活动中,也被运用于选举投票、文件管理、数据管理、资产管理等不断扩增的涉众活动中。至于在当今涌现的各种涉众型犯罪案件办理中,司法人员也面临着要么主动选择要么被动接受区块链证据的问题。

其二,区块链证据是运用海量异构证据办案的硬核方式。一般来说,案件的涉众性带来了难以计量且形式结构多样的证据材料。一些涉案人数以万计、涉案金额以亿计的案件一定离不开庞杂的书证、物证、证人证言、笔录等材料,也离不开资金流数据、发票流数据、通信数据、网页数据、物流数据、轨迹数据及以其为基础的专业分析报告。如何保证这些证据材料的来源属实,就是一个很大的问题。例如,2016年全国各地办理"e租宝"非法吸收公众存款案件时,为查清投资人规模及信息,通过一个专门网址(非法集资案件登记平台,ecidcwc.mps.gov.cn)进行登记,结果在10天内就有24万余名投资人完成登记。登记者的信息是否准确及所申报投资额是否可信,难免让人生疑,故这样的登记材料难以用作诉讼证据。假若当时办案平台中使用了区块链技术,各种疑问终将得到澄清。这一判断绝非坐而论道。另据调研了解,2020年我国公安部、银保监会已经在部分省上线"资金查控电子证据化系统",构建基于区块链技术的"(资金查控)证据池",试行"打印即成证"的机制。具体来说,每一条资金查控信息被收集后均及时入链存储,确保其可溯源及不发生篡改,并能够在法庭上清楚地说明。与此相似,欧洲正在实施一项名为"洛卡德"(Locard.eu)的计划,以搭建"通过区块链技术处理电子化证据的下一代欧洲平台","为执法机构、司法当局和(提供工具的)私营公司提供轻松管理数字证据的工具";美国在大力推广区块链证据系统(BoE),以解决每一份证据进入保管链后的全程追踪及有效运用问题;印度尼西亚专家提出了区块链数字证据袋(B-DEC),以基于以太坊的智能合约方案解决电子证据处理与保存过程的数据完整性管理问题;[①]中国浙江省嘉兴市中级人民法院推出了"智能物证管理平台",对物证拍摄视频影像后进行数据化存储,并通过"司法链"平台上链管理……这些行动针对具体对象不尽一致,但均展示了以区块链证据路径应对证据巨量化、异型化问题的美好前景。

其三,区块链证据是提升智慧司法探索水平的重要抓手。在我国,区块链证据的涌现与智慧司法创新是相伴随的。智慧司法是指司法机关"充分运用互联网、大数据、云计算、人工智能等信息技术,以推进司法运行和管理体系的信息化、智能化与现代

---

[①] Yunianto, Et al., B-DEC: Digital Evidence Cabinet based on Blockchain for Evidence Management. *International Journal of Computer Applications*. (2019)181. 975-8887. 10.5120/ijca2019918580. p22.

化"。① 区块链证据率先在互联网法院大规模推出本身就是智慧司法创新的一种场景。自从三家互联网法院的区块链存证系统运行后，法官可以依靠平台进行自动验证。在北京互联网法院审理的一起侵害作品信息网络传播权纠纷案件中，"天平链"平台可以无需法官介入即自动核验入链数据，验证结果显示涉案证据自存证到"天平链"上后未被篡改过，得出区块链存证验证成功的结果。之后，该院法官对该电子证据予以认可，并据此作出判决。笔者在调研中还了解到，审案法官所看到的天平链平台"验证报告"内容丰富，包括当事人姓名、手机号、身份证号、存证名称、存证编号、存证时间、存证内容、验证结果等，可以确定案件当事人是谁，发生业务行为前是如何进行实名认证的以及整个业务行为进展过程和证据情况等。在这一过程中，法官对该类证据的认定是带有智能化色彩的。不仅如此，基于区块链证据使用的经验，北京互联网法院还将区块链技术嵌入立案、调解、执行案件中，部署"智能合约"的线上节点，并通过当事人的不同确认情形触发不同的立案、调解、执行动作，实现"一键立案""一键转调""一键执行"等。这些变化亦是由区块链技术支持司法活动智能化的体现。

## 三、区块链证据的平等对待原则

区块链证据在实践中已经崭露头角，随之而来的问题是法律该如何为区块链证据合理定位。一个总的原则是，在当前证据法体系下，区块链证据"绝非一种新的证据类型"。② 进一步说，区块链证据仅仅是"区块链+证据"产生大批"化合物"所凝结呈现之新证据形态。于此原则引领下，对区块链证据的定位必须遵循平等对待原则。

所谓平等对待原则，是指法律对区块链证据与其他证据以平等和无差异的看待，不以其萌生于区块链科技看高或看低。该项原则在早期人类认可当时"新"现的各种"数据电文"时被反复申明。如1996年联合国国际贸易法委员会《电子商务示范法》第5条就作出规定："不得仅仅以某项信息采用数据电文形式为理由而否定其法律效力、有效性或可执行性。"该条款宣示性地确认了数据电文的证据地位。该示范法为许多国家法律所援引，如我国《电子签名法》第7条规定："数据电文不得仅因为其是以电子、光学、磁或者类似手段生成、发送、接收或者储存的而被拒绝作为证据使用。"这里表达了"不拒绝数据电文作为证据使用"的意思。世易时移，如今区块链证据作为证据"新贵"涌向司法舞台，平等对待原则再现于部分地区新立法中引领潮流回归。

美国的部分州是区块链证据规则的先行者，主要采取两种方式强调此项原则。一是单独规定区块链记录的证据地位。如华盛顿州2019年《关于承认分布式记账技术的有效性的法律》规定，"不得仅仅以电子记录系使用分布式记账技术生成、交流、接收或存储为由，否定其法律效力、有效性或可执行性"。二是与智能合约、电子签名等事物混同规定其法律效力。如伊利诺伊州2020年1月生效的《区块链技术法》规定，"不得

---

① 冯姣、胡铭：《智慧司法：实现司法公正的新路径及其局限》，载《浙江社会科学》2018年第6期。
② 高奇：《〈证据新规〉下版权诉讼中的区块链证据：需求、规制及治理应对》，载《电子知识产权》2020年第9期。

仅仅因为智能合同、记录或签名是由区块链创建、存储或验证的,而否认其法律效力或可执行性";"在诉讼中不得排除通过基于区块链创建、存储或验证的智能合同、记录或签名的证据";"若法律要求提供经签名材料的,则提交以电子方式记录于区块链或区块链证据的签名数据,以核实旨在提供签名者的意图,同样满足该项条件"。亚利桑那州、纽约州、俄亥俄州相关法案、法律也做了此类调整。一些州还指出,平等对待原则并不意味着区块链证据的适用范围不受任何限制。如果官方法律或当事人约定对于使用书面形式有特别要求的,则区块链记录的效力范围亦受限制。

欧洲部分国家也确认了区块链记录的平等证据地位。如2019年意大利议会通过第12/2019号法律,确认智能合同和分布式账本技术在法律上的有效性。该法规定,基于分布式账本技术存储的电子文件具有同欧盟《电子身份认证与签名条例》规定的加盖电子时间戳一样的法律效力。而欧盟《电子身份认证与签名条例》第41(1)条规定:"在法律程序中,不得仅仅因为电子时间戳系电子形式,或其不满足合格的电子时间戳之要求为由,否定其法律效力和作为证据的可采性。"意大利立法方案的特点是,结合时间戳技术赋予区块链记录以证据效力。诚然,也有批评人士指出,该立法没有解决围绕区块链证据的关键技术和法律问题。不论如何,以分布式账本技术存储的数据、智能合约在意大利具有法律效力,相应记录在法庭上具有可采性。

相比欧美而言,我国在区块链证据探索方面更为前沿,司法部门主导了区块链存证的多项重大试验,特别是以互联网法院为代表的部分司法机关搭建了专门的司法区块链平台并深度运用。在当前实践中,我国不仅有丰富的区块链生成、存储之证据(这一部分与欧美趋同),更有大体量的区块链核验之证据(这一部分在欧美司法机关尚不存在);不仅有电子数据的入链,也有电子数据校验值的入链、传统证据电子化后的入链。这些现象反映了一种步入"无人区"的姿态。如此情势下,我国既要借鉴英美国家通过立法消解对区块链证据的"消极"看低,主要是克服少数司法人员因认知不足对区块链证据的不信赖感与规避心理,更要警惕因不合理地高看区块链证据的问题,后一问题可归于积极"歧视"。

应该承认,近年来我国证据法制建设中"高看"区块链证据的倾向已现端倪。表现之一是已生效的司法解释违反技术中立原则赋予区块链证据以超级地位。2018年,最高人民法院《关于互联网法院审理案件若干问题的规定》第11条第2款规定:"当事人提交的电子数据,通过……区块链等证据收集、固定和防篡改的技术手段或者通过电子取证存证平台认证,能够证明其真实性的,互联网法院应当确认。"在这里,不仅将"区块链"等技术手段单列出来进行法律规定,而且明确法院"应当"确认其真实性。而将特定技术手段入法是无法实现逻辑自洽的,区块链技术或区块链平台并无点石成金之潜能;要求法院"应当"确认有关证据属实带有"技术推定"之意味,同样于法理不通、于实践不妥。该司法解释的制定者通过"官方"释义表明,立法导向是以区块链证据消减在线诉讼中对公证书证据的需求。① 这隐含着将区块链证据等同或超越公证书证据之

---

① 胡仕浩、何帆、李承运:《〈关于互联网法院审理案件若干问题的规定〉的理解与适用》,载《人民司法》(应用)2018年第28期,第27页。

意。然而，相比公证书证据"优先"具有法理基础而言，区块链证据获得厚待则依据不足而显得突兀。

表现之二是新酝酿的法律规范在继续强化这一倾向。2021年《关于人民法院在线办理案件若干问题的规定》（征求意见稿）第16条表明："当事人提出数据上链存证时已不具备真实性，并提供证据予以证明或者说明理由的，人民法院应当予以审查。"这是对当事人质疑上链前数据的真实性设置了不合理的苛刻条件。上链前数据是否真实，理应实行"谁主张，谁举证"等一般性举证责任规则。该条款要求质疑方"提供证据予以证明""说明理由"，很容易被理解为赋予质疑方以初步意义上的举证责任。然而，如此预设是没有任何道理的。此外，该"征求意见稿"单列"区块链证据"条款作出4个条文的规定，亦体现了刻意拔高区块链证据地位的导向。

不同证据并无高低之分，对区块链证据"高看一等"只是一种臆断。前述条文表述的取向实际上是司法办案中惯常做法的映射。笔者向北京互联网法院的一线法官进行调研，发现截至目前几乎所有当事人均未对被纳入"天平链"的数据提过真实性的异议，法官也基本上不做区块链证据是否属实的审查。这就表明，区块链证据在实践中已现被神化之势，而制度建设一再抛出缺乏合理性论证的专门条款，则会使得区块链证据走上神坛。而从技术原理和实践规律来看，区块链证据并不能当然地获得效力占优的法律地位。为此，我国应当扭转立法任性，回归坚守同等对待区块链证据与其他证据的基本立场。

## 四、区块链证据的真实性原理及规则

区块链证据系由各种网络数据汇入区块链系统而出现的。入链的数据既可以是案件过程中形成的，也可以是办案过程中形成证据的电子化形式；它通常不是单点证据、单一记录，而是由多点证据、多份记录的集合。从证据法理来看，区块链证据运用于司法的核心问题是审查评断其可采性有无与证明力大小；而从技术形态来看，区块链证据主要在真实性方面独具风格。因此，区块链证据的制度建设应当聚焦真实性问题，在客观规律抽象的基础进行证据规则的司法续造与立法构建。

### （一）区块链证据的真实性增强原理

证据的真实性在理论上是一个相当复杂多义的概念，电子证据的真实性也是如此。我国有论者论证过电子证据真实性包括"电子证据载体的真实性""电子数据的真实性"和"电子证据内容的真实性"三个层面的观点，[1] 另有论者据此将区块链证据的真实性区分为"载体真实性、数据真实性、内容真实性"三层含义。[2] 这种"三分法"解读徒增困扰，经不起推敲，亦无实际意义。从司法实践来看，案件中电子证据真实性问题只能是具象的，即"结合具体案件的争议点讨论电子证据的真实性""司法只需要解决控辩

---

[1] 褚福民：《电子证据真实性的三个层面——以刑事诉讼为例的分析》，载《法学研究》2018年第4期。
[2] 段莉琼、吴博雅：《区块链证据的真实性认定困境与规则重构》，载《法律适用》2020年第19期。

双方对涉案电子证据的哪一种说法更可信的问题"。① 此乃理性真实观,同样适用于区块链证据。例如,在前述侵害作品信息网络传播权纠纷案件中,针对"电子证据是否确已上传至区块链"的真实性争议,杭州互联法院重点从"电子证据是否真实上传"和"上传的电子证据是否系诉争的电子证据"两点加以审查。② 可见,区块链证据的真实性问题就是已经或可能产生争议的入链数据及其内容是否满足法律所认可属实的要求。个案办理和制度建设均宜以此为出发点和立足点。

那么,如何判断个案中区块链证据的真实性呢?在我国,一种简单的观点认为,"区块链技术具有分布式、自信任、公开透明、不可篡改、集体维护以及隐私保护的技术特点,利用区块链技术进行多方存证,能够确保电子数据真实性、安全性、有效性";③ "'区块链不需要通过各类证据的组合以及链式论证来验证自身的真实性,它本身就能够完成自身的真实性检验'的判断"。④ 此等主张颇有将区块链技术、区块链证据视为真实性问题"终结者"之意味。然而,人类历史上从未有过任何科学技术能够一劳永逸地解决证据真实性的挑战,现在如此,将来亦然。外国也有学者提出过一种设问,"从技术上讲,区块链是自我验证的,但证据法会承认它是这样的吗"?其得出的答案是否定的。化解区块链证据真实性之惑的奥秘在于认识区块链证据在真实性方面的特殊之处。而这有待于结合区块链技术知识和实践剖析区块链证据的真实性增强原理。

**1. 数据入链后防篡改的现象与定律**

区块链技术的许多特性都有助于提升区块链证据的真实性。其中,区块链技术的哈希校验、时间锁定与节点印证是强力防范数据入链后失真的三大支点。

所谓哈希校验,是通过数据的哈希值(即完整性校验值)保障数据不发生篡改的方法。从技术上理解,数据的哈希值是指利用散列函数所产生的,用于校验某一特定长度之数据是否发生变化的特殊数值(如 MD5、SHA1、SHA256、SHA512、CRC32 值),通常可以针对特定文件进行计算得出。它可以被理解为任何一段数据之独一无二的数字指纹,可用于数据完整性方面的验真。只要该数值不变,数据就确定未曾失真。在实践中,哈希校验被广泛运用于司法鉴定、刑事侦查、民事调查、纪检监察等取证活动中,成为各种电子取证措施的技术标配。这一方法在区块链证据保真上再被发扬光大。一般要求在网络数据入链时计算其哈希值,事后在区块链平台的各个节点均可查询该哈希值予以验真。如在前述侵害作品信息网络传播权纠纷案件中,审案法院、鉴定机构均查询到了区块存放内容在 FACTOM 区块链、比特币区块链上的哈希值,且确认"存放内容与送检文件 SHA256 值一致"。这就能够确保入链数据就等同于所提取涉案网页、源代码及调用信息的集合,并保证其中内容未发生过任何改变。

所谓时间锁定,是通过赋予入链数据以各种权威时间戳机构签发的、具有法律效力

---

① 刘品新:《论电子证据的理性真实观》,载《法商研究》2018 年第 4 期。
② 童丰:《公证介入区块链技术司法运用体系初探——从杭州互联网法院区块链存证第一案谈起》,载《中国公证》2018 年第 9 期。
③ 李静彧、李兆森:《基于区块链存证的电子数据真实性探讨》,载《软件》2018 年第 6 期。
④ 罗恬漩:《民事证据证明视野下的区块链存证》,载《法律科学》(西北政法大学学报)2020 年第 6 期;张玉洁:《区块链技术的司法适用、体系难题与证据法革新》,载《东方法学》2019 年第 3 期。

的电子凭证。它用于保证数据在特定时间点已经客观存在，且可以进行数据时间方面的验真。如在前述侵害作品信息网络传播权纠纷案件中，FACTOM 区块链中有关区块高度的生成时间为"Friday, August25, 2017, 16:24"，比特币区块链中有关区块高度的生成时间为"2017-08-27 13：31：20"（格林尼治标准时间）。它们反映了不同的入链时间，意味着入链数据未发生改变的起算点在两个链中分别为这两个时刻点。若合并考虑，可以认为有关数据在较早时刻点"Friday, August25, 2017, 16:24"已被固定下来。

所谓节点印证，是指入链的网络数据是分布式存储的，每一个节点在参与记录的同时，亦验证其他节点记录结果的正确性。这可以进行数据内容方面的验真。只有当大部分节点（或甚至所有节点）均同步认为有关记录正确时，或者所有参与记录的节点均同步比对结果一致通过后，所要记录的数据才被允许写入区块中，盖上时间戳后生成区块数据，再通过分布式传播发送给各个节点实现分布式存储。如在前述侵害作品信息网络传播权纠纷案件中，FACTOM 区块链中各个节点地址均可以查询到入链数据，故千麦鉴定所作为一个节点地址可以根据查询结果作出鉴定。此外，假如个别节点所记录的数据发生篡改，那么就会与该系统大多数节点不一致，会被检测出来并得到纠正。这就跟过去的数据库集中式存储有很大的不同：数据库集中式存储情况下是否有数据改变陷入"孤证不立"之困，区块链分布式存储情况下是否有数据改变迎来"多重印证"之利。这种节点印证构成一种事实上的"完整证据保管链"。诚然，区块链证据从理论上讲仍然存在"51% 攻击""双花"造假的可能性；但是，这些情形在实践中尚未出现过，经研究分析也不会出现。是故，迄今为止鲜有业界人士对数字货币及其记账记录的真实性表示担心。这也说明司法领域"印证"证明的智慧在区块链系统中获得了新生。

值得特别注意的是，区块链证据的保真范围是有时间段限制的，即其保真仅仅指向数据入链后。由于入链前的数据与区块链技术无涉，因此入链前数据的真假问题同普通证据没有什么两样。与之相对，数据一旦入链就得到了区块链技术对其真实性的增强，哈希校验、时间锁定、节点印证等支点能够确保入链后数据的真实性满足法律的要求。总而言之，"入链后数据真实性有保障"，是关于区块链证据真实性的第一定律。

该定律对于区块链生成、存储与核验之证据等类型均存在，但是带来的影响结果并不相同。这主要是因为这三者的数据入链时间同证据形成时间的关系有所差异。具体来说，区块链生成之证据的数据入链时间是案发过程中、电子记录生成时，区块链技术对数据入链后防篡改足以确保其生命周期的真实性。区块链核验之证据的数据入链时间是证据提取过程中、电子记录校验后，区块链技术对数据入链后防篡改只能确保其部分时期的真实性。实践中，诉辩双方产生的证据真实性争议很多体现为证据提取后的保管阶段——即取证之后，因此区块链技术对区块链核验之证据的数据保真亦具有重要意义。至于区块链存储之证据的情况介于前两者之间，其数据入链时间可以是证据保全过程中、电子记录校验后，也可以前展至案发过程中、电子记录生成时；相应地，区块链技术对数据入链后防篡改对其真实性的保障也是情形两分的（详见表 6-4-1）。

表 6-4-1 数据入链后真实性的类型化分析

| | | 区块链生成之证据 | 区块链存储之证据 | 区块链核验之证据 |
|---|---|---|---|---|
| 数据防篡改的共同点 | | 以哈希校验、时间锁定、节点印证等技术特性保障数据入链后防篡改 | | |
| 数据防篡改的差异点 | 入链的时刻点 | 证据生成时 | 取证之时或之后 | 取证之后 |
| | 入链与数据生命周期的关系 | 入链覆盖数据的全生命周期 | 入链覆盖数据的生命周期或后期保存阶段 | 入链覆盖数据的后期保存阶段 |
| | 入链对真实性的保障 | 全程阶段的真实性保真 | 全程或部分阶段的真实性保真 | 部分阶段的真实性保真 |

上表说明，入链的时刻点是可以前移的。也就是说，数据入链的时刻点可以等同于证据生成的时刻点，也可以无限接近证据生成的时刻点。例如，在加密数字货币、智能合约等场景下，数据实际上是自生成之际自动地同步入链；又如，在第三方开展数据存证的场景下，第三方平台可以在数据产生之际即可进行数据入链，即数据自生成之际被强力实行同步入链。在这两种情况下，数据入链的时刻点"逼近"于证据生成的时刻点。基于此，"入链后数据真实性有保障"定律就衍生出一条亚规律——"数据同步入链同样真"。

### 2. 数据入链前的真实性奥秘与定律

考虑到区块链证据的生命周期通常涵盖数据入链前，判断区块链证据真实性时不能忽视数据入链前的阶段。又考虑到数据入链前跟区块链技术无涉，审查入链前阶段的数据是否属实不能依赖区块链技术，要扩大搜寻各种可用之法。这主要针对区块链存储之证据与区块链核验之证据，因为它们均存在着数据入链前阶段。该阶段的数据真实性问题多样复杂，实乃司法判断的难题。

就区块链存储之证据而言，由于其入链行为是在数据生成时人为的，其入链时间晚于生成时间，因此存在入链前数据发生篡改的可能。这就需要注意影响其真实性的三个因素：一是入链数据同原始数据是否同一。这就主要涉及区块链证据的原件问题，[①] 特别是能否保证入链数据"内容上的完整性"。二是入链时间同证据生成时间的间隔。经验告诉人们，证据形成后越快地纳入有效管理，证据发生篡改的可能性越小，进行篡改的难度也越大。入链数据的生成时间与入链时间的间隔过长的，容易让人对入链数据的真实性更多生疑。我国有公证专家评论道，"目前司法实践中，取证行为尚无法做到证据固定后即时提交，往往会存在一定的时间差，但时间差应当在一个合理的期限内"。[②] 说的就是同理。三是入链次数是一次还是多次。单独一次入链的，难以让人们相信数据未发生篡改；而多次就同一事件进行数据入链的，能够破除数据造假的疑虑。举例来说，假如当事人通过电子邮件方式签订合同或先手写、签署纸面合同，后扫描成 PDF 版本，再将电子邮件合同文本、PDF 版本合同存入区块链存证系统，则该区块链存储之证据遭受真实性质疑的程度取决于电子邮件合同入链的内容、时间及次数等。

---

① 刘品新：《论区块链存证的制度价值》，载《档案学通讯》2020 年第 1 期。
② 童丰：《公证介入区块链技术司法运用体系初探——从杭州互联网法院区块链存证第一案谈起》，载《中国公证》2018 年第 9 期。

就区块链核验之证据而言，由于其入链行为在证据材料生成后，有关证据材料可能需要先行电子化处理，因此入链前的数据肯定是复制件。区块链核验之证据所入链的哈希值能否保证有关证据材料的原始信息不发生变化，除了前述三因素的后两项因素外，还要特别注意这里不存在是不是原始数据的问题，而变为能否有效固定原始数据以防止其发生变化的哈希值。从实践来看，有关诉讼主体对哪个版本的文件计算机哈希值、何时计算哈希值，均可能影响入链前数据的真实性。再举一例，假如当事人在电子商务中仅仅将电子邮件合同文本、PDF 版本合同的哈希值存入区块链存证系统，则该区块链核验之证据遭受真实性质疑的程度取决于是否准确计算了电子邮件合同、PDF 版本合同的哈希值，以及入链的内容、时间及次数等。

在这两种情况下，区块链存储行为与核验行为均是人机交互作用的结果。相应地，判断有关证据是否属实要考虑人为因素的影响。这就相当于在一个"技术公证处"进行公证一样，公证的效力同公证员等主体行为不无关系。若做进一步甄别，这两种情况下入链的信息/数据原件所在、哈希计算中造假的可能性有所差异（参见表 6-4-2）。这些差异均会以入链前数据的真实性问题外显出来。

表 6-4-2　数据入链前真实性的类型化分析

| | | 区块链生成之证据 | 区块链存储之证据 | 区块链核验之证据 |
|---|---|---|---|---|
| 是否存在数据入链前的阶段 | | 否（下述各列不填） | 存在"是"与"否"两种可能 | 是 |
| 入链的内容 | | / | 作为证据的数据 | 作为证据之数据的哈希值 |
| 哈希计算中造假的可能性 | | / | 较小 | 较大 |
| 入链前数据的真实性影响因素 | 个性因素 | / | 入链的是否原始数据 | 入链的是否保证原始数据不变的哈希值 |
| | 共性因素 | / | 入链时间同证据生成时间的间隔；入链次数是一次还是多次；入链数据是否包括源码信息、调用日志等文件 | |

不难发现，"入链前数据真实性可优化"，是关于区块链证据真实性的第二定律。至于如何优化？具体方法包括：（1）尽可能压缩数据入链前的时间。如果压缩入链时间到一个合理的时间内，使得不存在造假可能的，可以推定入链数据的真实性。所谓"合理的时间"，指的是符合业务习惯、不给造假提供条件的一个时间段。美国《联邦证据规则》规则 803（6）在解释"正常业务记录例外"规则时的经典表述是"记录形成之际或之后不久"（the Record was made at or near the time）。（2）尽可能用机器来取代人工进行数据入链。2018 年 11 月美国国际战略研究中心在发布的一份专门报告中提出了这一方案。该报告举例说，在医疗数据入链存储的情况下，由机器负责编制数据输入能够解决入链数据自始不准确或有欺诈的棘手问题；在易腐烂食物进入仓库存储的情况下，由传感器进行温度测量和编目将比人工更稳定。（3）尽可能进行多维多次的数据入链。如果当事人将数据内容、数据属性、数据痕迹等系统信息入链的，或者如果当事人持续进行数据入链的，或者当事人的线下行为可以作为佐证的，则可据以综合认定入链前数据

的真实性。第一、第二种方法带有区块链特色，第二种方法是传统技巧的翻新再用。

我国有学者基于第一种方法提出了改造区块链存证的建议，"区块链最典型的存证思路是从数据生命周期开始即介入，即便是碎片化的数据，在其生成时也实现上链固定，同时实时地传送到公证、鉴定、审计或仲裁等机构的服务器，这一方面能保证原始上链证据的真实性，另一方面也使后续的流转数据不被篡改，电子证据从'出生'到'被调取'都能由区块链技术为其真实性背书"。① 这是有道理的。笔者建议，在互联网法院或其他法院开展哈希值存证的场景下，司法存证平台要在有关主体对数据计算哈希值之后即行入链，以最大限度地促使入链的时刻点接近证据生成的时刻点。

## （二）区块链证据的真实性规则构建

区块链证据在真实性方面存在两大独特的定律，这就提出了相关真实性规则建设的需要。然而，区块链证据并不是一种独立的证据形式，这从根本上就决定了不能寄希望于建立封闭独行的区块链证据真实性规则。一些国家或地区的先行举措是结合现行的证据规则体系进行必要的调试。美国联邦法律和一些州法律主要对鉴真规则、最佳证据规则与推定规则，做了面向区块链证据的修补。同样，目前我国最高人民法院在已颁行《关于互联网法院审理案件若干问题的规定》和正推动的《关于人民法院在线办理案件若干问题的规定》（征求意见稿）中，推出一些关于区块链证据真实性的条款。这些新规应当被认为是基于现有电子证据真实性规则的完善，而非任何意义上的替代。也就是说，我国打造区块链证据真实性规则，需要对现行规则进行解释续造，并针对其具有独特性的真实性问题进行规则修补。

应该说，关于电子证据真实性的现行规则是普适于区块链证据的。"区块链记录属于更广泛的'电子证据'范畴。"2018年12月6日美国芝加哥洛约拉法学院举办了一场别开生面的区块链证据模拟法庭，法官就完全依照《联邦证据规则》作出了裁决。他指出，对于判断区块链证据的可采性，"现行证据规则是充分的"，"像佛蒙特州制定新证据规则并不是必需的"。在我国，《民事诉讼证据规定》第93条、第94条是关于电子证据真实性的代表性规则（合称为"电子证据真实性专条"），其确立的推理性标准、推定性标准和认知性标准的"三合一"体系② 显然同样适用于区块链证据。举例来说，人们对区块链记录完全可以按照"电子证据真实性专条"所列举的各种情形，作出"于己不利的推定""源于中立第三方平台的推定""正常业务记录的推定""档案方式保管的推定""遵从约定的推定"等。而且，以上推定对于区块链证据而言通常是多项并存的。又如，《民事诉讼证据规定》第15条第2款规定："电子数据的制作者制作的与原件一致的副本，或者直接来源于电子数据的打印件或其他可以显示、识别的输出介质，视为电子数据的原件。"该款显然可用于解决入链数据是否为原件的争议。此外，我国实行的专家辅助作证规则等亦可适用于区块链证据。

如何针对区块链证据真实性的独特部分进行规则建设，是我国和其他国家共同面临

---

① 伊然、董学敏：《互联网审判中区块链存证技术的应用进路》，载《人民司法》（应用）2020年第31期。
② 刘品新：《论电子证据的真实性标准》，载《社会科学辑刊》2021年第1期。

的更大挑战。其核心任务是如何面对区块链证据两大真实性定律进行建规立制。一些域外立法选择通过拓展"业务记录例外的推定"规则进行应对。2019年9月1日美国弗吉尼亚州名为"商业记录；登记于区块链的、自我鉴真的电子文件"（BusinessRecords；ElectronicallyRegistered on a Blockchain Self-authenticating Document）的条款建议被作为第2415号法案提交给州众议院。该法案规定，"在任何民事诉讼中，如果在区块链上以电子方式登记的商业记录是实质性的、可采性的，则应当推定该记录是自我鉴真的，不再要求外在证据证明其真实性"。当然，该项推定并不表明案件事实或记录的内容具有真实性、有效性或合法性。该法案所确立的推定规则与佛蒙特州《关于多样性经济发展的法律》中规定的推定规则相同，特别是在推定记录的真实性、记录的日期和时刻，以及记录的制作者方面。

美国佛蒙特州《关于多样性经济发展的法律》（An Act Relating to Miscellaneous Economic Development）包括专门规定了确认区块链记录的有效性及其在法庭上可采性的一章。该法规定，若以电子方式登记于区块链中的数字记录得到适格者经宣誓的书面声明的支撑，则是自我鉴真的；有关的书面声明要表明其本人制作了该书面声明，表明该数字记录进入区块链的日期、时刻，表明该数字记录并保管在区块链中是一种正常业务活动，并表明该数字记录按照正常业务活动处理符合习惯做法。但是，该项推定（自我鉴真）并不表明案件事实或记录的内容具有真实性、有效性或合法性。该数字记录被纳入"正常业务行事的记录"，其信息来源、方法或情况缺乏可信性的除外。虽然该法明确区块链证据依然需要人力核验，但该法因其确认"区块链记录"用作证据的巨大潜力而具有深远意义。该法同《佛蒙特州证据规则》的效力是一样的，实际上确认了以区块链方式存储的数字记录在庭审或听证中具有可采性。随着纽约、加利福尼亚等州实施类似的规定，该法的影响进一步扩大。

综观美国各州的这些立法，不难发现它们在区块链证据规则建设上形成了三项共举。一是规则建设的重点是入链后数据的真实性，即所称的区块链记录。入链之前的记录通常不是规则建设的范围。二是立足于法律上的真实性。于区块链证据而言，"技术真实观"可能是一个容易误入的泥沼，它指的是技术上是否存在造假的可能性。美国各州所说的区块链证据适用"自我鉴真""业务记录例外的推定"以及"推定范围"等规定，鲜明地展示了司法实践对区块链证据并不追求技术上"100%"属实意义上的真实性。这给我国应当坚持理性的真实观的启发，即法律适宜规定对案件事实的认识符合法律所规定或认可的真实。① 三是以侧面认定机制为方向。任何证据的审查判断规则均可以从正侧面切入的两个角度，前者是从正面规定综合性的审查判断要素或标准，后者是从侧面规定如何简易高效确认证据属实的方法。美国各州主要规定了推定、自我鉴真等无需举证证明的机制，属于典型的侧面认定机制。

我国的区块链证据实践带有自身的特色，这决定了进行规则建设时可以借鉴上述"共识"，同时应有敢为天下先的胆识和智慧。从世界范围内的实践来看，国外"大多数司法区的法院尚未实际作出关于区块链证据的判决"，唯有"中国是一个例外"。这

---

① 刘品新：《论电子证据的理性真实观》，载《法商研究》2018年第4期。

一观察揭示了中国实践行走在世界的前列。截至目前，中国不仅作出了数量可观的、基于区块链证据的司法裁判，而且司法机关作为区块链证据平台的主导者、参与者投身其中。司法机关设计、开发和运营着一些专门的区块链证据平台，也引导了公证机关、鉴定机关、社会调解组织、行政执法机关等办案部门参与其中，构成了一个庞大的生态系统（参见表6-4-3）。这就给中国的区块链证据真实性规则供给了充足的实践资源，并提供了一些前沿问题亟待立法回应。

表6-4-3 区块链证据生态中影响真实性规则的因素

|  | 区块链生成之证据 | 区块链存储之证据 | 区块链核验之证据 |
| --- | --- | --- | --- |
| 提供区块链服务的主体 | 网络服务提供者（可以是当事人） | 第三方网络服务提供者（不包括当事人） | 法院等办案部门 |
| 参与区块链服务的主体 | 当事人、案外人等 | 当事人、案外人、商业服务机构、法律服务机构等 |  |
| 出具关于区块链"解读性意见"的形式 | 当事人陈述、证人证言等 | 当事人陈述、证人证言、第三方存证报告、档案管理报告、公证书、鉴定意见书、行政执法部门审查意见、司法部门审查意见等 |  |

由上表可知，在我国区块链证据提交后，用于证明区块链证据属实的方式非常多元。不仅可以从一些国外法域传唤当事人、普通证人、专家证人、第三方平台、档案部门出庭作证，而且可以允许提交公证书、鉴定意见书、行政执法部门审查意见等进行证明。这就为我国设置具体推定、司法认知机制进而建立相关的直接确认规则奠定了基础。

关于区块链证据真实性推定机制的设置。我国"电子证据真实性专条"已经明确了"正常业务记录的推定"等若干推定情形，涵盖并超出了美国部分州采取"业务记录例外的推定"规则。是故，我国关于区块链证据的真实性推定规则建设主要是前面所说的将"电子证据真实性专条"同区块链证据有机关联的问题。[①] 当然，"推定区块链证据属实"是什么含义，应当加以明确。在这一点上，我国可以向其他国家、地区进行相互学习的借鉴。如美国佛蒙特州《关于多样性经济发展的法律》为区块链记录规定了如下若干项推定：(1)该记录被推定是真实的；(2)该记录被存入区块链的日期、时刻被推定为其日期、时刻；(3)区块（链）的建立者被推定为记录者。对此，当事人可以通过提交证据证明"区块链中所述日期的推定事实、记录、时间或身份不属实"等，进行反驳。欧盟《电子身份认证与签名条例》第41（1）条规定："仅仅针对合格的电子时间戳可以进行推定，推定该数据标示的日期、时刻是准确的，推定该数据截至所标示的日期、时刻是完整的"。也就是说，"推定区块链证据属实"有时仅指推定具有形式上的真实性。这一做法同我国实践经验是暗合的，可考虑纳入我国立法。

结合前述关于数据入链的两条定律，可以试拟三项专门性推定规则：(1)当事人提交的电子记录是由区块链平台自动生成的，可以推定该记录属实，但有足以反驳的相反证据的除外；(2)当事人提交的电子记录是在生成之际即时存入区块链平台的，或者是在取证之时或之后的合理时刻存入区块链平台的，或者虽不在合理时刻入链，但存在多

---

① 段莉琼、吴博雅：《区块链证据的真实性认定困境与规则重构》，载《法律适用》2020年第19期。

次系列入链等情形的，可以推定该记录入链后未经改变，但有足以反驳的相反证据的除外；（3）对电子记录的哈希值存入区块链平台，且经核验一致的，可以推定该记录自入链时刻起未经改变，但有足以反驳的相反证据的除外。[①] 这不是我国规则建设的难点，限于篇幅在此不赘。

关于区块链证据真实性司法认知机制的设置。司法认知是一种同推定近缘，但又不同的认定方法。它主要由法官对证据在无需当事人举证的情况下进行的直接确认，故也被称为审判上的认知、审判上的知悉。其中，除了"众所周知的事实"以外，可以纳入司法认知范围的通常还有"既决事实"。最高人民法院《民事诉讼证据规定》第10条将之具体化为"已为仲裁机构的生效裁决所确认的事实""已为人民法院发生法律效力的裁判所确认的基本事实""已为有效公证文书所证明的事实"等。这几项事实显然可以拓展适用于区块链证据。人们可以从诸多角度得出同一结论。

一是基于法官依职权知悉的角度。在我国，许多有影响的区块链存证主要是由法院主导的。法院负责开展对平台的设计、开发和运营，法官对事后开展数据查询和核验亲力亲为。如此形成的区块链存储之证据、区块链核验之证据，显然属于法官"审判上的认知""审判上的知悉"之列，应当予以司法认知。以广州互联网法院的电子证据平台"网通法链"为例，它形成一个集数据生成、存证、取证、采信为一体的综合服务体系。其接入机构首先指向广州互联网法院、广州市中级人民法院、广州知识产权法院、广州铁路运输中级人民法院。这就意味着这4家法院对入链数据是相当清楚的。这些法院的法官可以对入链数据的真实性进行认知，等同于法官通过上链查询而知悉信息。

二是基于公证处出具公证书的角度。在我国，许多区块链存证平台将公证处作为节点。一旦发生纠纷，由公证处出具公证书加以证实，就是一种可行方案。从这个角度来说，审案法院完全可以根据入链数据"经由公证"直接确认其真实性。在"网通法链"中，接入的机构还包括广州市南方公证处、广州公证处，它们在数据入链的时候同步共享信息，事后可以出具公证书。这就形成了"已为有效公证文书所证明的事实"，法官应予认知。

此外，还可以基于仲裁机构作出生效仲裁文书、行政机关作出终局行政决定文书、其他司法机关作出办案文书等角度。在"网通法链"中，接入的机构还包括广州仲裁委员会、广州市人民检察院、广州市司法局等多家单位。这意味着任何文书一旦存入"网通法链"平台，仲裁机构可以据此做出仲裁，其他机关还可以在检察办案、行政执法办案中用作证据。对于"已为仲裁机构的生效裁决所确认的事实"，法官可予以认知；对于行政机关、检察机关作出办案所确认的事实，法官亦可直接确认。此等做法类似于一种准司法认知。

最重要的是，在这些有影响的区块链存证平台中，法院、公证处、仲裁机构、检察院、司法局等主体处于"联盟"关系，实现了一步存证、多种取证并举的效果。这正是区块链技术的高明之处，它将原本分散的不同法律主体整合在一起，集各种取证行为于一体。这使得我国着眼于司法认知的角度为区块链证据建立规则，不仅有量增的进步

---

[①] 陈平祥、姜琪、朱冠琳：《论运用区块链技术提取和审查刑事电子数据》，载《网络信息法学研究》2019年第1期。

性,更有质变的进步性。这将催生取证制度集束意义上的司法认知规则。下面试拟一项专门性司法认知规则:"当事人提交的电子记录是由区块链平台存储或核验的,且系由法庭可以在链上检索的,或者由作为区块链节点的公证机关、仲裁机构、检察机关、行政执法机关出具法律文书的,法庭应当确认该记录的真实性,但有相反证据足以推翻的除外"。这将是我国规则建设的亮点。

如此一来,我国就形成了"司法认知+推定"并行的新规。该规则体系能够发扬区块链证据的优势之处,将成为助推面向未来开展司法创新的重要保障。其既满足了司法系统直接参与区块链存证、验证平台的需求,也适应了无需司法系统介入的各种社会区块链平台的情况,更有利于今后更开放地探索区块链跨域、跨链互认等新领域。

## 五、小结

以区块链技术为代表的新兴科学技术深度地改变着人类社会,也昭示着人类社会朝智能化演进的现在与未来。任何尝试"区块链+"的革新者均需要反思究竟是走在正确的轨道上,还是可能陷入歧途与岔路。作为"区块链+司法证明"的直接产物,区块链证据在实践中扑面而来,特别是其有效运用于加密数字货币案件、智能合约等部分案件方面取得了显著改观。一些国家、地区专门修订了这一方面的法律。大多数针对区块链证据及相关的智能合约、加密资产和电子签名等概念作出了大同小异的创新定义,并规定了非歧视的适用原则。然而,立法领域的小进步并不能解决司法领域的大挑战。许多国家法院都面临着当事人日益寻求使用区块链证据证明其主张的情况。这一现象在以国家力量积极推动区块链存证等探索的中国更为明显。

法律应当及时跟上并回应技术创新驱动社会发展的步伐。本部分内容全面审视了区块链证据的各种样态,揭示了其独到的现实价值,特别是对区块链证据的定位、真实性障碍及其化解等基础问题抛出了一份理性的答案。区块链证据的出现会在很大程度上改变传统司法证明方式——将依靠代码来组织司法证明活动。这可能是法学研究者费利皮和赖特所说的"代码之治"在司法证明领域的呈现。总之,区块链虽未催生一种新型证据,但必将引出一套新的证据理论与规则。这是本部分内容研究的基本启示。

刘品新,中国人民大学法学院教授,博士生导师。本节内容以《论区块链证据》为题发表于《法学研究》2021年第6期,收录本书时有改动。

## 第五节 大数据的证明机理

王 燃

大数据促进了司法证明方式的革新。相较于传统证明,大数据证明具有超越人类主观经验的智能化特征,并从物理空间转向数据空间,从侧重逻辑的因果关系转向侧重数理的因果关系,从面向过去的证明转向涵摄未来的证明。数据、算法及法律程序是影响大数据证明可靠性的主要因素,具体体现为数据法律层面不真实及样本不全面,算法模型不准确及不公正，法律程序的不透明。对此，可构建基于数据规则的可靠性审查机制。数据层面，应加强法律数据真实性判断，保证数据的全样本。算法准确性层面，引入算法同行评议机制，保障算法适用情景的匹配性；算法公正性层面，选择多元化数据集、识别替代性变量以及审查模型偏见。法律程序层面，建立算法开示程序、大数据证明结果排除规则以及专家辅助人出庭等制度。

# 一、引言

从早期的神证到人证、物证，再到当下的电子数据、生物证据等科学证据，司法证明的发展与科学技术及人类认知能力的发展息息相关。随着大数据、人工智能的兴起，该技术也逐渐渗入司法证明领域，突出表现为建立在大数据基础上、以算法为核心的证明方式变革。目前，大数据已在司法领域发挥重要证明作用，突出体现在以下几方面：（1）证明主体身份。基于海量数据的生物特征识别技术开始用于人身同一性认定，例如混合DNA识别模式在美国司法界已日趋成熟。基于人脸数据、指纹数据甚至是步态数据的算法模型，大大拓展了人身同一认定的范围。[①]（2）证明资金账户特征。近年来，为了应对互联网金融犯罪海量数据的审查认定难题，我国公安经侦部门开始借助于大数据技术。犯罪组织成员间关系、传销账号及层级、资金流向等特征在算法模型下一目了然。（3）证明情节轻重、损害程度等。根据我国相关司法解释，网络犯罪中"视频或音频文件个数""点击数""注册会员数""浏览量""转发量"等"海量数据"往往作为判断情节严重的依据。面对动辄成千上万的数量级，实务中多以软件（借助算法模型）自动统计。此外，"大数据指数"也经常用于知识产权等案件中损害程度的证明，例如用百度指数等来证明对象的热度、知名度、影响力等。（4）证明人身危险。在美国，司法领域开始普遍采用算法评估嫌疑人的人身危险性、再犯可能性，并将之作为假释和量刑的依据。

相较于实务界大数据证明运用的蓬勃景象，学界的大数据证明研究尚不多，且主要集中在对其证据形式、真实性及关联性的分析讨论。上述研究为大数据司法证明的理论发展开辟了启蒙之路，然而也有很多观点值得进一步深化。首先，大部分研究侧重于"大数据证据"，且过多拘泥于讨论其证据形式，忽视其背后证明方法的运用。即便有大数据证明研究，但并未厘清其证明机理以及与传统证明的差异，[②]相关参考案例也较少。其次，目前研究对数据真实性讨论较多，但往往将其混淆为电子数据真实性，或者仅从技术层面探讨数据真实，而对法律层面的数据真实关照较少。再者，目前研究都关注到算法黑箱、算法偏见问题，并提出算法开示等配套制度。然而，除了技术性算法黑箱外，还有人为的"程序黑箱"；算法偏见在不同的社会背景下表现也不尽一致，应重点探究偏见背后的普适性原因；算法开示也要针对不同司法证明场景构建具体的程序性

---

① Massimo Tistarelli, Christophe Champod, *Handbook of Biometrics for Forensic Science*, Springer International Publishing, 2017, pp.5-7.
② 谢君泽：《论大数据证明》，载《中国刑事法杂志》2020年第2期。

规则。本部分内容将在中外大数据证明实务运用基础上,归纳大数据证明相较于传统证明的特征,着重分析其可靠性问题并提出相应的规制路径。

## 二、大数据证明的机理

有学者从狭义角度出发,认为大数据证明的关键在于计算模型的构建,即通过算法所产生的数据结果;①有学者则从广义角度出发,将一些数据库平台查询搜索结果、②海量数据本身也纳入其中。本部分内容认为,相较于传统基于人类经验的证明机理,大数据证明的核心在于以算法模型完成证明过程,是一种超越人类经验的智能化证明。

基于主观经验的传统证明。传统司法证明,无论是证据证明,抑或是推理、司法认知,都是基于人类主观经验的证明。(1)司法证明主要借助证据与证据、证据与事实之间的逻辑关联,将事实碎片拼接成完整事实图画。③证据推理的关键环节,主要依赖于司法人员的主观经验,即人们从生活经验中归纳获得的关于事物因果关系或属性状态的法则或知识,既包括一般人日常生活所归纳的常识,也包括某些专门性知识。④例如凶杀案犯罪现场遗留一把带有血迹的刀,刀柄上检验出张三的指纹,警方将张三列为犯罪嫌疑人。这一证明过程中,潜在的大前提是杀人凶器上指纹所有者往往是犯罪凶手,小前提是该案中作案刀具上的指纹是张三的,结论是张三可能是犯罪凶手。可见,证据推理的关键环节,即"大前提"一般都是来源于主观经验。(2)除了证据证明外,推定、司法认知这两种证明方式中主观经验更为重要。推定强调从基础事实到推定事实之间要具有高度的伴生关系,事物间的伴生关系来源于主观经验。司法认知中显而易见的事实、众所周知的事实等也建立在主观经验基础上。此外,传统证明以物理空间为场域,相对来说证据数量有限,证据中所体现的信息也较为有限。从证据到事实的推理过程,基本上依靠经验即可完成。

大数据证明则是依靠智能化算法来完成证明活动,是一种超越了人类经验的新型证明模式。一方面,大数据证明解决了人类经验难以完成的证明困境。大数据时代出现了证明对象海量化的趋势,特别是在一些互联网涉众案件中,提取的电子数据动辄上亿条。例如"e租宝"案涉及从4 000多家银行、247家第三方支付平台、164家保险公司、114家券商汇总的1万多个账户的几十亿条资金交易流水信息,200多台服务器的数据,全案数据的总量达到30TB左右。⑤对此,仅凭人类经验浏览完数据集是不可能完成的任务,更遑论进行证据推理。此情况下,算法提供了一种超越人类经验的智能化证明方法。算法可将证明难题模型化,提炼出类案中的普遍证明规律与特征,用数学模型来取代主观推理。例如我国司法实践中已研发出不少互联网金融案件算法证明模型,其证明机理由此可窥见一斑。(1)集资诈骗型:若海量资金账户链路指向某一个账户,

---

① 谢君泽:《论大数据证明》,载《中国刑事法杂志》2020年第2期。
② 徐惠、李晓东:《大数据证据之可行性研究》,载《山东警察学院学报》2019年第6期。
③ 封利强:《司法证明机理:一个亟待开拓的研究领域》,载《法学研究》2012年第2期。
④ 张卫平:《民事证据法》,北京,法律出版社2017年版,第124页。
⑤ 刘品新:《论大数据证据》,载《环球法律评论》2019年第1期。

基本可以判断该账户为"吸款"账户,属于集资、诈骗型犯罪。(2)税票虚开型:若资金流向呈现"闭环"模型,即资金在多个账户之间流转后,又回到最初的账户,基本可以判断为(税票)"虚开"的事实。(3)传销类犯罪:资金分散转入账户,但集中转出;资金交易具有一定周期性;资金链呈现"金字塔"形。① 互联网金融犯罪中,犯罪组织成员间关系、传销账号及层级、资金流向等关键事实在算法模型下一目了然,而这些都是传统经验式证明根本无法完成的任务(见图6-5-1、图6-5-2、图6-5-3)。

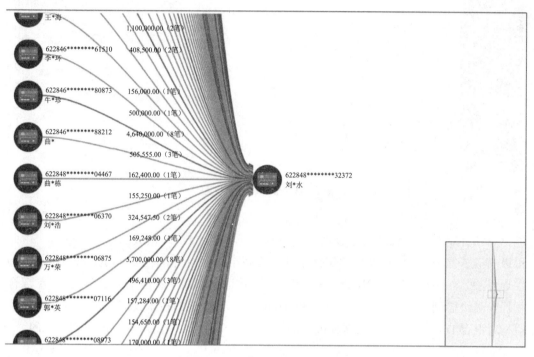

图 6-5-1 资金汇聚型特征图

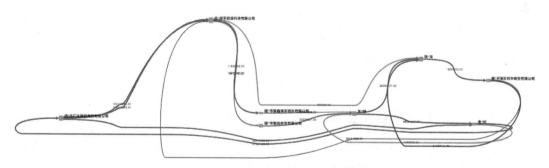

图 6-5-2 资金回流型特征图

---

① 程小白、邓昌智:《违法资金分析与查控技术实务指南》,北京,中国人民公安大学出版社2019年版,第194页。

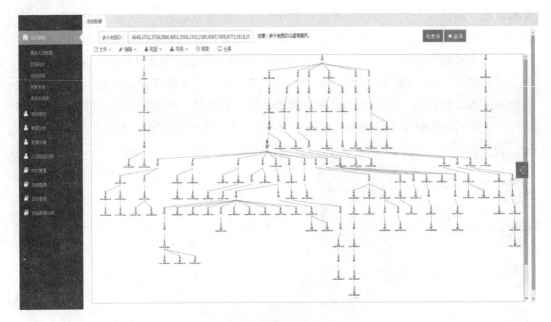

图 6-5-3 金字塔形特征图

另一方面，大数据证明突破了人类经验尚未涉足的认知新领域。超越人类经验的智能化算法亦可被用来探索司法证明的新领域。近年来，DNA 领域的证明"空白"由此得以突破。在单一 DNA 来源的案件中，一直以"人类翻译"（human interpretation）为主导方法。[①] 但面对混合 DNA——即在同一生物证据中存在着两个或更多人 DNA 混合物，人类经验则束手无策。在美国，以 TrueAllele 为代表的技术公司，通过专业的算法模型对混合 DNA 中的海量数据分析，进行人身同一认定，并由此确定刑事案件真凶。[②] 早在 2009 年的联邦诉福利一案中（Commonwealth v.Foley），法院便采信了 TrueAllele 分析结果。目前，以 TrueAllele 为代表的混合 DNA 分析算法已在美国司法实务中得到广泛应用。

可见，大数据证明能够弥补传统经验式司法证明的短板，大大拓展了人类证明的领域边界，是一种超越人类经验的证明模式。此外，相较于传统证明，大数据证明还具有数据空间证明、数据因果关系证明以及涵摄未来证明等内涵。

### （一）从侧重于物理空间的证明到侧重于数据空间的证明

传统证明主要以物理空间为场景。这里的"物理空间"既包括肉眼可见、可以直观感知的现实场景，亦包括以新兴电子数据为代表的"虚拟空间"。尽管很多学者提出电子数据依存"虚拟空间"，并将之作为与物理空间相平行的新场域，但本质上来说，"虚拟空间"亦属于广义上的物理空间，其体现为 0 和 1 二进制代码所组成的空间。在物理

---

① Katherine L. Moss, The Admissibility of TrueAllele: A Computerized DNA Interpretation System, 72 *Wash. & Lee L. Rev* (2015), p.1034.

② See Katherine Kwong, The Algorithm Says You Did It: The Use of Black Box Algorithms to Analyze Complex DNA Evidence, 31 *Harvard Journal of Law & Technology* (2017), pp. 281-282.

空间场景，证据体现为证据载体以及根据载体所反映出的信息，主要根据载体所反映的信息进行事实证明。① 以人身同一认定为例，传统证明可通过辨认来确定犯罪嫌疑人或被害人，其原理是犯罪嫌疑人或被害人在辨认主体脑海中留下的特征映像。传统辨认的效果取决于辨认主体的认知、记忆能力，以及特征反映体是否具有典型性等，受限于物理空间的条件限制。

大数据证明则以数据空间为场景。这里的"数据空间"不同于传统证明中所"自然"生成的物理空间，而是源于大数据时代的"万物皆可数据化"特征，探求物理空间中一切事物所对应的数据形态。理论上说，八种法定证据种类，均可映射在数据空间，有着相对应的数据化形态。大数据证明亦是"物数据化"的过程，将原本物理空间证明转移至数据空间，寻求基于数据及算法的证明方法。仍以人身同一认定为例，大数据证明可采用人脸识别技术来完成证明。其原理是将物理空间具象的人脸转化为图像数据，计算人脸特征的相关数值，再通过数据比对等算法来进行智能化识别。可见，大数据证明不同于物理空间"载体－信息"的证明方式，其将证明对象转化为数据，并通过数据的智能化计算分析来完成证明。

### （二）从侧重逻辑推理的因果关系到侧重基于数理的因果关系

传统证明侧重基于逻辑的因果关系。因果关系是人类认识世界的根本方式。在司法证明中，因果关系的理解及运用尤为重要，往往体现为从果溯因式的逻辑推理。例如张三在案发后神情紧张（果），假设作案人在案发后神情紧张，那么张三则有可能是该案件的作案人（因）。传统司法证明中的因果关系通过人脑的逻辑推理来完成。人脑在接受证据信息后，探究证据背后的原因，建立起证据与事实之间的因果关系，以及证据与证据之间的因果关系。司法证明中，不断地通过逻辑推理来构建起因果链条，并通过因果关系串联出对整个案件的叙事。②

大数据证明侧重基于数理的因果关系。很多学者有这样的误解，认为大数据擅长相关关系而非因果关系，大数据证明中知道"是什么"就足够了。但实际上并非如此。相关关系实际上是因果关系的派生。③ 数据空间中，物数据化意味着因果关系的数据化，因果关系被蜕化为变量之间的数理关系。④ 数理关系完全不同于人类的推理逻辑，其主要表现为数据之间的相关性，并往往进一步体现为"概率"。同理，大数据证明中，因果关系并非不存在、不重要，而是体现为数据的相关关系。甚至一些案件中，司法人员已经开始通过寻求变量之间的强相关关系，进而来证明因果关系。例如在埃里卡·P. 约翰基金公司诉哈里伯顿公司一案中（Erica P.John Fund Inc.v.Halliburton Co.），其核心争议点就在于原告能否证明被告哈里伯顿公司的错误声明影响了公司的股价，并由此导致投资者受损。对此，原告方采取了"事件学习"（Event Study）的数据分析方法，证明

---

① 参见陈瑞华：《刑事证据法》（第三版），北京，北京大学出版社 2018 年版，第 87-93 页。
② 参见栗峥：《人工智能与事实认定》，载《法学研究》2020 年第 1 期。
③ 王天思：《大数据中的因果关系及其哲学内涵》，载《中国社会科学》2016 年第 5 期。
④ 王天思：《大数据中的因果关系及其哲学内涵》，载《中国社会科学》2016 年第 5 期。

了被告公司的财务隐瞒行为与股民投资行为之间具有因果关系。在另一起迈阿密诉美国银行一案中（Miami v.Bank of America），原告方通过算法证明了被告美国银行的贷款政策导致了差别化对待，种族因素在其贷款发放中占有重要比重。此案一直上诉到最高法院，最高法院又将此案发回到第十一巡回法庭重审，并要求确定美国银行的政策与原告所称的种族歧视之间是否有直接关系（Direct Relation）；2019年5月，第十一巡回法庭确认"直接关系"的存在，并进而证明了被告的贷款政策与歧视化、差别化对待之间存在因果关系。① 可见，大数据证明中，因果关系并没有被抛弃，只不过传统基于逻辑推理的因果关系往往以数理相关关系体现出来，甚至很多案件中借助大数据分析来解决因果证明的难题。

### （三）从面向过去的证明到涵摄未来的证明

传统证明主要面向过去事实。大数据时代之前，人类活动主要是描述性的，即真实、精确地反映既存对象，以真实性为衡量标准。② 描述性活动亦体现在司法证明中，传统司法证明对象是"事实"。时间维度上，事实只有过去时和现在时，具有既成性与历史性。一般认为，诉讼活动中需要证明的案件事实都是已经发生的历史事实。③

大数据证明可涵摄未来事项。预测是大数据最具价值的应用。大数据时代人类活动转向创构性，即根据人的需要和发展进行开创性活动，以使用的有效性为衡量标准。创构性活动主要建立在大数据预测基础上，通过对相关因素的把握和干预，来达到预想的结果。④ 创构性活动亦对司法领域产生影响。特别是随着风险社会、信息社会带来的风险增加，预测警务、预测侦查正在全球范围兴起，通过对犯罪分子、犯罪地区、受害人等预测，来提前防范社会风险。例如在美国的堪萨斯州、纽约、洛杉矶、芝加哥、路易斯安那州等地区，警方基于大数据分析技术来识别高危分子，并对其采取警告、干预等措施，以期消减犯罪率。⑤ 上述预测警务离不开证明活动，随之而来的司法证明也开始逐渐涵摄未来事项。例如芝加哥警方探索基于证据的警务模式（evidence-based policing），利用算法、基于11个加权变量来识别高危人群，由此筛选出数千名高危分子，并对其进行1～500赋分，分数越高，说明其越有可能参加暴力活动。

此外，从广义上来说，即便是传统的司法证明也有面向未来的因素，但在大数据时代之前体现的尚不明显。传统司法证明对象包括影响量刑、羁押、取保候审、监视居住等程序性措施的要件，典型的如嫌疑人"人身危险性""再犯可能性"的证明。我国认罪认罚从宽制度中，可能判处管制、宣告缓刑亦要进行社会调查评估，对被告人的家庭和社会关系、一贯表现、犯罪行为的后果和影响等进行调查评估。司法机关以期对被告

---

① Dwight Steward, Roberto Cavazos, *Big Data Analytics in US Courts-Uses, Challenges, and Implications*, Palgrave Macmillan, 2019, pp.37-47.
② 王天思：《大数据中的因果关系及其哲学内涵》，载《中国社会科学》2016年第5期。
③ 张保生：《证据法学》，北京，中国政法大学出版社2018年版，第2-3页。
④ 王天思：《大数据中的因果关系及其哲学内涵》，载《中国社会科学》2016年第5期。
⑤ See Ferguson, Andrew Guthrie, Whom We Police: Person-Based Predictive Targeting, *In the Rise of Big Data Policing: Surveillance, Race, and the Future of Law Enforcement*, New York: NYU Press, 2017, pp.34-61.

人行为、品性的考察来作为其采取惩治措施的依据。大数据无疑为"人身危险性""再犯可能性"的评估和预测提供了绝佳的工具。在美国，司法机关已普遍采用算法评估嫌疑人的人身危险性、再犯可能性，并将之作为假释和量刑的依据。人身危险性评估模型一般将当事人的人身背景及其历史犯罪等数据作为评价要素，预测其未来的犯罪风险。例如公共安全评估系统（Public Safety Assessment, PSA）在搜集美国300个辖区的75万项案例数据基础上，根据嫌疑人年龄、未决指控、未出庭记录等九项指标来计算能否保释该犯罪嫌疑人。再如COMPAS（Correctional Offender Management Profiling for Alternative Sanctions）系统根据嫌疑人的社交关系、生活方式、个性、家庭等动态因素去评估其再犯可能性，并作为法官量刑的依据。①

## 三、大数据证明的可靠性风险

作为一种新型证明方式，证明结果可靠与否乃大数据证明首先要面对的问题。不同于传统基于人类主观经验的证明方式，大数据证明本质在于机器自主、智能化分析。而在这一证明机理中，起关键作用的要素即数据和算法。因而，大数据证明的可靠与否主要取决于基础数据的真实性与全面性，以及算法模型的准确性与公平性，相关法律程序的缺失亦会对其可靠性产生影响。

### （一）数据维度风险

数据质量及其真实性是大数据证明可靠与否的基础。大部分研究都认为数据源本身要准确，有学者还提出"宏观真实性"及"微观真实性"的观点。②然而，上述分析仍然停留在技术层面。实践中，还存在如数据虚假等"法律"层面数据不真实，以及数据样本不全面等问题。

#### 1. 法律层面的数据错误

原始数据一般都面临混杂性问题，包括格式不统一、数据重复、残缺、错误等。对于共性的数据混杂问题，可以通过数据清洗、数据转换等技术来解决。然而，司法证明中的数据混杂远不止技术层面。法律评价与技术评价的差异导致了虚拟空间的"数据"往往不能对应至背后的法律行为，技术真实的数据不一定法律真实，并进而导致法律事实认定困难。例如"点击数""转发数""浏览次数""注册用户数"等海量数据型证据，每一次计数都来源于软件的自动统计，但这些机器计量数据并不一定就对应着具有法律实质意义的行为。某些网站的高点击数可能是水军"刷单"，注册的账号可能是"僵尸用户"，此外还有一人点击多次、网络黑客攻击、机器故障等情形。例如"邱某某、胡

---

① See Kehl, Danielle, Priscilla Guo, and Samuel Kessler, *Algorithms in the Criminal Justice System: Assessing the Use of Risk Assessments in Sentencing*. Responsive Communities Initiative, Berkman Klein Center for Internet & Society, Harvard Law School, 2017, p.11.Citable link to this page: http://nrs.harvard.edu/urn-3:HUL.InstRepos:33746041, visited on Jan.14, 2022.
② Dwight Steward, Roberto Cavazos, *Big Data Analytics in US Courts-Uses, Challenges, and Implications*, Palgrave Macmillan, 2019, pp.29-30.

某、林某传播淫秽物品牟利一案"中，涉案网站点击量 5 595 957 次系通过"CNZZ 数据专家"软件统计得出，然而法官认为统计数是整个网站的被点击数，不等同于淫秽电子信息的"实际被点击数"，应当扣除非淫秽电子信息的点击数和无效点击的数量、自点击数等。在美国，网络广告欺诈司法实务中也突显此类问题。如有些网红采取诸如僵尸粉、机器刷流量等方式扩大自己的粉丝量，以非法获取高额广告利润。① 诉讼中，如何区分真实账户与虚假账户、真实数据与虚假数据成为亟待解决的司法难题。

2. 数据样本的不全面

相比于传统证明方式，大数据证明具有海量数据的特征，但很多场景下并未达到"全数据"量级，并影响证明结果的可靠性。例如在涉及"百度指数""搜狐指数"等指数型证据案件中，指数仅来源于其自身网站搜索量计算，而单一网站数据并不能代表被证明对象的整体发展态势。一些个案中，即便设计了科学的算法模型，但由于未能获取全数据，计算结果仍然未能得到法官采信。例如在美国海关欺诈调查局诉唯特利公司（United States ex.rel Customs Fraud Investigations LLC v. Victaulic Co）一案中，原告海关欺诈调查局（CFI）声称，被告公司从国外进口的液压金属管件部件没有正确列出原产国，并由此逃避进口产品的税收。原告对被告在 eBay 网站的钢铁管道销售数据进行了搜集分析，发现其至少有 75% 的液压管没有原产国标识，并据此认定原告公司在管道配件上逃避进口关税的事实。但法院最终并没支持原告 CFI 的主张，原因就在于 eBay 网站的数据不能代表被告在美国的整体销售情况，远未达到全数据要求，其证明结果不足以支持对被告公司的关税欺诈指控。②

## （二）算法维度风险

算法的科学性及准确性是大数据证明可靠与否的核心因素。算法的可靠性既取决于算法模型本身的设计准确与否，也取决于其在司法场景运作过程中是否公平公正。

1. 算法模型的不准确

算法模型是大数据证明中最核心的部分。很多研究提到了"算法黑箱"问题，但没有深入分析算法不可靠的症结点。实际上，源代码及算法设计环节都有可能出错；即使算法本身通过了验证，具体适用场景的差异也会导致验证结果不可靠。2015 年，澳大利亚昆士兰当局确认，混合 DNA 分析软件 STRmix 中发现了错误代码，并造成至少 60 个案件中犯罪分子认定错误。而在另一混合 DNA 分析软件 FST（The Forensic Statistical Tool）的算法被公开后，纽约法律援助组织声称 FST 的技术根本不可靠，其所依据的数据也不完善，该软件之前所涉及的案件有可能导致法官错误定罪、无辜者被迫认罪。

源代码出错及算法自主性。算法模型中最核心的部分为源代码（Source Code）。源代码是指一系列使用字母数字字符编写的命令。源代码出错的情形实际上远远超过法

---

① Dwight Steward, Roberto Cavazos, *Big Data Analytics in US Courts-Uses, Challenges, and Implications*, Palgrave Macmillan, 2019, pp.52-53.

② Dwight Steward, Roberto Cavazos, *Big Data Analytics in US Courts-Uses, Challenges, and Implications*, Palgrave Macmillan, 2019, pp.28-30.

律人的认知范畴,包括随机性错误、软件升级带来的错误及误差、软件退化带来的源代码功能失灵、委托者的利益影响等。① 随着算法自主学习能力的加强,它们可能会自我强化学习错误的方式。当有成千上万条代码、大量的神经网络层,人类也越来越难以控制、预测算法的分析结果。科学研究表明,智能化算法甚至会采取某种欺诈的方式,去完成人类为其设定的既定目标,且这种欺诈的方式、自我学习错误的能力很难被识别。②

适用场景不一致。实务中非常容易忽略算法适用场景的差异。当算法模型的实际运用场景与其开发环境、实验参数并非完全一致时,就有可能导致分析结果不可靠。以混合 DNA 算法模型为例,假设其研发时场景为三个人的 DNA 混合物,但适用的真实案件中却有五个人 DNA 混合物体,那么则会导致证明结果不可靠。③ 这样的担忧正在成为现实。美国联邦调查局 DNA 实验室的布鲁斯(Bruce Budowle)博士公开指出 FST 算法的类似错误,称其在适用中将五人的 DNA 混合物等同于三人混合物场景,将四人混合物等同于两人混合物场景。④ 而在 2019 年的加州北部地区法院的美国诉威廉姆斯(United States v. Williams)一案中,法官排除了一款名为 BulletProof 混合 DNA 分析软件的结果,原因就在于适用场景的不一致。BulletProof 只能被用于检测最多四个来源者的 DNA 混合物,而本案中无法证明其 DNA 检材中仅有四个来源者。

### 2. 算法模型的不公正

算法模型在运行过程中容易造成偏见,偏离司法公正的要求。学者们多受英美研究启发,关注算法的种族、性别等歧视问题。例如在经典的卢米斯(State v. Loomis)案件中,人身危险性评估软件 COMPAS 就被认为含有性别及种族歧视因素。然而,算法偏见往往是社会既有偏见的数据化体现,与当地的社会背景、历史渊源密切相关。算法作为中立的技术,其本身并没有能力去决定偏见与否,背后的主导者仍然是人类。人类设计者可将其本身意志、价值观、利益等融入算法代码中,种族、地域、性别等歧视偏见也由此而产生。因此,应透过偏见表象去探究影响算法中立的普适性、本质性原因,特别是替代性变量的运用、算法的恶性循环等问题。

替代性变量(Proxy Variables)的运用。算法偏见的一个重要原因是替代性变量的运用。算法模型中,看似中立的变量可能是某类偏见的代名词。在大数据司法证明场景中,替代性变量往往体现为与目标对象无关的,甚至是法律禁止的变量,或者是以群体性变量来替代个体变量。(1)无关的变量:例如 LSI-R(the Level of Service Inventory-Revised)是美国较为流行的人身危险性评估工具,其再犯风险调查问卷是根据犯人生活背景细节来制定的。原本这些背景性细节在法律上是不允许作为证据的,但其却披上算法外衣出现在法庭中。COMPAS 软件也存在同样问题,它将一些假设性变量作为证

---

① See Christian Chessman, A "Source" of Error: Computer Code, Criminal Defendants, and the Constitution, 105 *California Law Review* (2017), pp.186-200.
② See Andrea Roth, Machine Testimony, 126 *Yale Law Journal* (2017), p.1991.
③ See Edward J. Imwinkelried, Computer Source Code: A Source of the Growing Controversy Over the Reliability of Automated Forensic Techniques, 66 *DePaul Law Review* (2017), p.124.
④ See Christian Chessman, A "Source" of Error: Computer Code, Criminal Defendants, and the Constitution, 105 *California Law Review* (2017), pp.186-200.

明依据。例如变量中包含"你在学校多久打一次架",甚至让被告人选择是否同意"饥饿的人有权利去偷窃""当人们惹怒我时,我会变得非常危险"等偏见性问题。当用这些假设性、带有主观色彩的变量来预测、评价客观行为时,不可避免地会带来偏见结果。(2)群体性变量:某些算法会将某一类型群体的特征直接套用于个体分析,导致法律对某个人的评价取决于某一类人的行为特征。例如某些算法变量中的问题,"你的朋友/熟人中有多少人被逮捕过?""在你的社区,你的一些朋友或家人是犯罪的受害者吗?""你的父母曾经入狱?""你有多少熟人吸毒?"等。(3)变量的演化:有些模型设计者在意识到偏见问题后,会避免使用种族、性别等明显带有歧视色彩的变量,而改用地理位置、邮政编码等看似中立的变量。但实际上,地域分布本身就与居民的收入水平、种族分布、教育水平等密切相关。这种做法仍然将过去的不公正变量带入了模型。[1]

恶意循环机制(Pernicious Feedback Loops)的加剧。算法本身会有一种反馈循环机制(Feedback loops),一旦机器学习的运算结果得到验证反馈,则会强化其模型中的某些变量,进而产生更多的该类结果。然而,场景及变量的选择会决定该循环机制是良性还是恶性。某些时候,即便使用中立的数据集,不公正的运用场景也会创建"有害的反馈循环"系统,使得一些歧视性变量、替代性变量被强化学习,进而产生更多的不公正结果。[2] 周而复始,模型变得愈发不公平。以人身危险性证明模式为例,根据种族、性别、教育背景、经济水平等偏见性变量而建立的算法模型一旦投入到司法实践中,其所产生的每一个实例都会作为新的数据结果反馈给模型,强化原本变量及模型,从而导致符合某一特征的种族、性别、地域、教育背景等群体愈发容易被机器识别为高危分子。在美国加州奥克兰地区,有专家基于PredPol公司提供的毒品犯罪预测算法进行了一项实验:既往的毒品犯罪逮捕主要发生在贫穷和非白人社区,该类历史数据作为模型的训练数据集,自然导致该地区的危险程度较高,警察资源也随之被大量派往该地区;如此,警方更有可能在该地区逮捕更多的毒品犯罪嫌疑人;这些新的逮捕数据又被反馈至算法模型,进一步强化该地区的变量权重……这种恶性循环不仅导致警方资源的不均衡分布,更加剧了算法的偏见。

### (三)法律程序维度风险

程序透明也是大数据证明可靠与否的重要因素,透明的机制有助于倒逼数据质量和算法准确性的提升、消减算法偏见。目前大部分研究都关注到技术层面的"算法黑箱",但忽视了法律层面的"程序黑箱",即人为造成的法律程序不透明,且程序黑箱更为隐蔽。在美国,很多涉及大数据证明的案件中,每当被告方申请算法开示时,原告方/公诉方(或技术提供方)都以商业秘密保护特免权(Trade Secret Privilege)而拒绝开示。大数据证明的算法开示与商业秘密特免权的博弈来源于人民诉查布斯(People v.Chubbs)这一里程碑式案件。DNA测试软件TrueAllele表明被告人查布斯是一起重罪谋杀案的凶手,被告要求开示软件的源代码,但遭到了公诉方的拒绝。尽管一审法院排

---

[1] [美]凯西·奥尼尔:《算法霸权》,马青玲译,北京,中信出版集团2018年版,第168页。
[2] [美]凯西·奥尼尔:《算法霸权》,马青玲译,北京,中信出版集团2018年版,第94页。

除了 TrueAllele 的计算结果，但上诉法院驳回了被告的开示请求，认为该案中没有开示代码的必要性，只允许其对专家证词提出异议。① 该上诉法院的判决成为美国刑事案件中法官倾向于保护商业秘密特免权的首例。② 随后，查布斯一案的观点在宾夕法尼亚州、北卡罗来纳州、佛罗里达州、俄亥俄州等法院得以采纳。

然而，越来越多的观点开始质疑在刑事案件中保护商业秘密的必要性。有学者指出，传统的证据规则已经无法适应新技术的变化，"现在用于生成犯罪证据的专有算法的复杂程度是前所未有的，而现有的证据规则还没有完全具备处理这些问题的能力"。商业秘密保护的初衷是创新以及提供公平的营商环境，而刑事诉讼中算法开示的对象——刑事被告人，是最不可能成为商业竞争对象的群体。况且，大部分的算法开示都要求在保护指令下（Predictive Order）进行，证据开示的诸多限制条件已经足够保护算法的商业秘密。法官在此过程中应当对开发商的商业利益与当事人的生命、自由、知情等权利之间进行博弈，商业利益不应当凌驾于当事人权利之上③。此外，开发商拒绝开示算法的动机也颇受质疑，究竟是为了保护商业利益，还是担心开示后被发现代码错误并进而影响商业利益？随着学术界争议的增多，很多法官开始改变对商业秘密的保护态度。柯林斯案件中，④ 法官基于 FST 算法的不透明而排除了其 DNA 计算结果。⑤ 随后，公益组织 ProPublica 公布了 FST 的源代码，法律援助社会及纽约联邦辩护组织都称 FST 的技术不可靠，甚至有可能造成错案。⑥

在中国，证据法体系中没有商业秘密特免权的规定，但并不代表当事人就能获得大数据证明相应的知情权及算法开示的保障。一方面，在一些刑事案件中，办案机关尽管运用了大数据证明方法，但审判环节并不会出现相应的证据形式，多转化成证人证言、电子数据等证据形式。从源头上切断了当事人知情权的来源。另一方面，即便一些案件中当事人知晓大数据证明的运用，诉讼一方会直接以鉴定意见的形式打消了对方当事人甚至法官对算法的质疑。例如在许某某诉淘宝公司一案中，淘宝公司为证明其反作弊系统的可靠性，提交了某司法鉴定所出具的鉴定意见，用以证明其反作弊系统检测方法的科学性、合理性，以及劫持流量的方法、统计依据的事实。该鉴定意见直接被法院采纳。且不谈该鉴定意见究竟能否为反作弊系统可靠性背书，法官及被告对鉴定意见过度依赖直接扼杀了原告的知情权、要求算法开示的权利，背离了正当程序原则。可见，我国并非不存在当事人对于算法开示的需求，只是现有的机制从源头上剥夺了当事人相关

---

① See Christian Chessman, A "Source" of Error: Computer Code, Criminal Defendants, and the Constitution, 105 *California Law Review* (2017), pp.198-199.
② See Wexler, Rebecca, Life, Liberty, and Trade Secrets: Intellectual Property in the Criminal Justice System, 70 *Stanford Law Review* (2018), p.1359.
③ See Wexler, Rebecca, Life, Liberty, and Trade Secrets: Intellectual Property in the Criminal Justice System, 70 *Stanford Law Review* (2018), p. 1402.
④ See People v. Collins, 49 Misc.3d 595 (Sup. Ct., Kings Co., 2015).
⑤ See Katherine Kwong, The Algorithm Says You Did It: The Use of Black Box Algorithms to Analyze Complex DNA Evidence, 31 *Harvard Journal of Law & Technology* (2017), p. 297.
⑥ See Katherine Kwong, The Algorithm Says You Did It: The Use of Black Box Algorithms to Analyze Complex DNA Evidence, 31 *Harvard Journal of Law & Technology* (2017), p. 299.

程序性权利，掩盖了该问题的显现。

## 四、大数据证明的可靠性规制

如上文所述，传统证明是一种基于人类主观经验的证明模式，具体表现为物证、书证、证人证言等实物证据与言词证据方法。传统证据法体系中的可靠性规则也在此基础上构建，例如保障言词证据可靠性的印证规则、交叉询问规则、证人资格规则等，保障实物证据可靠性的鉴真规则、鉴定规则等。然而，作为一种超越人类经验的证明模式，大数据证明是由机器智能化分析来证明相关事实，其核心机制的数据逻辑、算法原理区别于传统人工经验分析。因而，传统证据法体系中的可靠性规则亦难以对大数据证明起到良好的规制效果，例如无法直接对机器进行交叉询问；即便专家出庭也只能就数据分析结果作证，仍然无法有效质证算法内部原理；即使司法人员对海量数据进行了鉴真式保管，也无法获悉其数据分析逻辑。上述问题的症结就在于大数据证明与传统证明的机理及发挥证明作用的要素不同，大数据证明最核心的要素在于数据及算法，特别是算法内部的运行机制。因此，大数据证明的可靠性必然要重新构建一套规则，并重点关照其发挥证明作用的两大支柱"数据和算法"，包括数据质量、数据准确性、数据全面性等，算法的源代码及内部运行机制等。由此从针对人类经验的证据规则迈向针对机器逻辑的数据法则。

同时，数据法则的构建不等同于完全脱离传统的证据法框架，具体的数据法则仍要符合证明可靠性的功能要义。例如，数据和算法要符合法律真实性要求，要保障控辩双方对算法的质证权等。基于此，本节的基本思路是在证据法框架基础上，结合数据及算法的技术特征，融合法律逻辑和数据逻辑来构建大数据证明的可靠性路径。具体而言，数据层面，关注数据法律层面的真实性和数据全样本。算法层面，可引入科学证据标准来审查算法模型的准确性，关注算法适用场景匹配性，并从政策和技术角度消减算法歧视。与此同时，要从程序上保障当事人的知情、质证等权利，构建大数据证明算法开示的具体程序。

### （一）数据层面：基于数据法律真实和全样本的规制路径

针对上文所述的数据维度风险，除了要保障数据"技术"层面的真实性，司法证明中更应当关注数据"法律"层面的真实性，不能盲目信赖数据混杂观念，要确保数据背后对应着具有法律意义的实质行为、符合法律评价的要义；关注数据的"全样本"，以确保事实认定的完整性。

**1. 数据的法律真实**

摒弃数据混杂性的盲目信赖。司法领域涉及公民的人身、财产等重要权利，具有领域的特殊性和专业性，因此司法领域的容错率也有一定限度。[1] 在对数据源真实性进行审查时，不能盲目适用大数据通用领域的"混杂性"观点。特别要防范一些技术表层真

---

[1] 参见王禄生：《论法律大数据"领域理论"的构建》，载《中国法学》2020年第2期。

实、但实质上并不具有法律意义的人为"造假"的数据源，如虚假点击数、僵尸粉、刷单数等，将之作为分析基础易造成事实认定错误。

数据真实性的逻辑判断。在进行数据法律真实性审查时，有学者从技术层面提出"宏观真实性审查""微观真实性审查"。然而，宏观真实性只能保证数据从提取到庭审阶段未受篡改，但无法保证数据本身是否符合客观实际；微观真实性虽然强调单个数据的真实性，但仍然无法识别人为操纵机器所产生的"虚假数据"，例如虚假点击数、僵尸粉、刷单数等。随着人工智能技术的发展，海量数据完全可能由算法批量化生产，如"机器人点评""机器人水军"等。这些由"虚拟主体"所产生的数据尽管符合技术真实的要求，但并不具备法律评价意义，必须进行识别、剔除。

对此，理论界和实务界目前尚未提出有效的解决办法。笔者认为，一个可行的办法仍是借助算法来识别虚假数据。一般而言，机器产生的虚假数据往往呈现出与自然生成数据不同的行为规律，如点评内容重复、点评内容过短、账号在线活跃度不足、粉丝较少等。可通过算法来识别异常行为，例如在确定浏览量时，可用算法筛选每个浏览量在界面停留时间的长度，停留时长不满足一定要求的予以排除；在判断是否为僵尸粉时，可用算法判断该用户的活动轨迹或者活跃度，活跃度低的账户予以排除；在判断是否为虚假点评时，可用算法计算某账户点评内容的重复性，重复度较高的予以排除。

**2. 数据的全样本**

司法证明中，数据的全样本并非一定要动辄达到 PB、EB 等规模的量级，关键在于与分析对象的匹配性。只要其数据量符合具体分析对象、分析任务所需的数据范围，则其数据量的大小并不重要。原因在于"全样本"代表了分析对象行为的完整性，而事实认定和法律评价应当建立在完整行为的基础上。例如百度指数虽然是建立在上亿网民网络行为基础上，但仍然不能代表整体社会评价。假设在上文的美国海关欺诈调查局诉唯特利公司一案中，如果被告所有的钢管均在 eBay 网站上进行销售，那么原告仅从 eBay 网上获取的数据即满足全样本的要求，数据分析结果很有可能被法院所采纳。

### （二）算法层面：基于模型准确和算法正当的规制路径

针对上文所述的算法维度风险，司法实践中既要确保算法模型代码设计的合理性，也不能忽视其具体适用场景与开发场景的一致性；要关注算法模型运行的正当性、公正性，防止人类的偏见被编入代码，并从训练数据的选择、替代性变量的识别及模型验证角度保障算法的公正。

**1. 算法模型的准确性**

如何保证算法模型的准确性，目前一个广泛提议就是进行有效性测试（Validation Test）。[①] 但实际上，有效性测试往往并不可靠。测试有一定的样本限制，其输入、输出设定了一定条件和适用情境，在 A 场景中模型的有效性并不等于在 B 场景中依然有效。而真实的司法场景又非常复杂，小样本的测试不足以囊括所有可能的错误类型。例如，有研究表明哈西德犹太人（Hasidic Jews）具有独特的基因特征，而混合 DNA 算法模型

---

[①] 刘品新：《论大数据证据》，载《环球法律评论》2019 年第 1 期。

无法对这一特殊情况进行测试验证；再如 DNA 分析软件 STRmix 的错误代码在测试时并未显现，而是在之后上千个案例的实践中才得以发现。① 还有研究表明，黑箱测试还可能存在人为设定好的欺诈系统，让其在测试时有着优秀的表现。对此，可采取以下措施保障算法的可靠性：

（1）中立的第三方评价。司法证明领域，算法可靠性的保障可以尝试引入科学证据的审查标准。在美国，科学证据可靠性标准经历了弗赖伊规则（Fryer）到道伯特规则（Daubert）的变化，其中一项重要的标准就是经过同行评议（PeerReview）。但要注意同行评议应当由具有权威性的中立方作出，而不应当出自于利益相关方。例如混合 DNA 分析模型 TrueAllele 尽管有七份经过同行评议的论文发表，但大部分都出自于其公司的利益相关人员，从而导致其中立性、可靠性颇受质疑。

（2）适用情境的匹配性。相关人员一定要注意算法模型开发、测试条件与不同场景的匹配性。例如人身危险性评估算法中，被评估对象是否会缺席审判、是否会再次犯罪等司法场景及其背后原因各不相同，必须分别进行开发与测试，不能混淆适用；再如混合 DNA 分析算法中，面向特定人数开发的混合 DNA 测试模型，不能适用于多于特定人数的场景。因此，一定要区分大数据证明的不同情境，即便是通过有效性测试的模型，司法人员也要审查具体个案中的适用条件是否与算法开发的要求相匹配。

最新研究表明，为确保算法可靠，还可以设计、使用可直接进行解释的模型（Interpretable Models），用户可以直接观察到变量的运用及其变化。这类可解释模型对于诸如人身危险性评估等高风险决策算法尤为有价值。

**2. 算法模型的正当性**

为防止大数据证明中算法偏见的产生，可从政策及技术两个层面构建算法的正当性机制。政策层面，要防止人类的既有偏见编入算法，寻求将公平正义等价值观转化为代码的路径；技术层面，可通过训练数据多元化、识别潜在的替代性变量以及对算法模型的测试验证来确保其正当性。

（1）政策层面的正当性规制

算法的偏见往往来源于人类本身既有的偏见。在人脑的机制中，可以对公平、正义、效率等价值进行动态调整，而算法则缺乏对价值进行运算的能力。算法容易实现效率以及数理上准确的目标，却很难实现社会意义上的公平公正。一直以来，法律更注重"感性"的公平正义，如基于人权保障的无罪推定原则、非法证据排除规则；而算法模型却只能进行"理性"的运算，很难将感性的价值进行量化、编入代码，其追求的恰恰是案件事实的确认、刑事犯罪者的发现。尽管如此，司法证明领域在进行大数据建模时，仍应考虑公平正义等价值观，甚至可为此牺牲部分效率价值的追求。避免出现性别、群体、教育背景等偏见性变量，避免使用带有有罪推定色彩的变量。

（2）技术层面的正当性规制

选择多元化训练数据集。训练数据集选择偏差与否，从根本上影响着模型的中立

---

① See Katherine Kwong, "The Algorithm Says You Did It: The Use of Black Box Algorithms to Analyze Complex DNA Evidence", 31 *Harvard Journal of Law & Technology* (2017), pp. 292-293.

性。例如，在美国人脸识别算法被质疑带有偏见，有色人种的错误识别率是白人的 100 倍，妇女、老人、儿童群体的错误识别率更高。原因之一就是人脸识别算法的训练数据集缺乏多样性，大部分数据都来源于男性白人，这就导致算法模型对于男性白人群体的准确度较高，而对其他群体则容易出错。对此，应当有针对性的增加训练数据集的多样性，例如 IBM 公司利用均衡混合的包括种族、性别和年龄的面部数据集来帮助算法系统克服各种偏见。同理，大数据证明模型也应当注重训练数据集的多元化，如在主体身份的证明中，生物特征识别训练数据应当注意兼顾不同的性别、种族、年龄等群体；在资金账户证明中，训练数据应注意不同地域、罪名等多元化特征；在人身危险性证明中，训练数据应兼顾不同种族、人群、地域、犯罪类型等多元化特征。

识别替代性变量。大数据证明算法设计者及司法人员，都应关注算法模型中歧视性、偏见性变量，特别是一些隐蔽的替代性变量。当然，替代性变量的发现需要识别者具有良好的专业背景知识。例如对人身危险性算法模型审查时，有关人员要对法律规定的逮捕条件、假释条件、量刑情节等了熟于心，以敏锐发现不符合法律要求的数据变量，特别要注意识别群体性变量、替代性变量，以及法律上禁止的"品格证据"变量。具体而言：（1）注意去除数理上相关关系不大的变量，对数理上不具备相关性的变量应直接去除。（2）注意去除相关性较强但不符合法律政策的变量，例如在人身危险性评估中，性别、种族、教育水平等变量虽然具有较强的数理相关性，但却不符合法律政策的要求。（3）注意去除隐蔽的转化型变量，要特别注意识别一些偏见性变量的转化形式，例如地理位置、邮政编码等变量。

审查模型运行效果。通过对模型运用效果的审查，也可发现其偏见性，防止陷入恶意循环的误区。可采用统计学方法设计模型来满足"机会均等"的要求，即将模型在不同群体间进行测试，其测试结果应当具有均衡性。在大数据证明中，以人身危险性模型为例，可验证实际运用中模型假阳性率在不同群体间是否平衡（如在累犯的场景下，假阳性是指非累犯被错误地预测为累犯的概率）。例如公益组织 ProPublica 为了验证诸如 COMPAS 人身危险性评估算法的准确性，获取了 2013 年和 2014 年在佛罗里达州布劳沃德县（Broward County）被捕的 7 000 多人的风险评分，并跟踪了接下来两年里的实际犯罪数据。结果发现在预测暴力犯罪方面，算法所得的分数非常不可靠：实际上只有 20% 的高危分子真正实行了犯罪；并且该算法带有严重的种族歧视，错误地认为黑人的再犯风险概率要比白人高两倍。

### （三）程序层面：基于算法开示的规制路径

有学者对算法开示持反对观点，认为算法开示不可行也没有必要，"算法透明≠算法可知"。[①] 更为经典的观点则认为，算法代码开示是对国家权力的一种制约，一些情形下算法代码必须开放。[②] 笔者认为尽管不能简单用算法开示去替代算法可靠性，但算法的开示、透明是保障其真实可靠的有效途径，为后续算法的审查打开渠道。司法证明场

---

① 沈伟伟：《算法透明原则的迷思——算法规制理论的批判》，载《环球法律评论》2019 年第 6 期。
② 参见［美］劳伦斯·莱斯格：《代码 2.0：网络空间中的法律》，李旭、沈伟译，北京，清华大学出版社 2018 年版，第 152 页。

景中，算法开示也是限制司法权滥用，保障当事人知情、质证等权利行使的重要机制，符合正当程序要义。

在美国，大数据证明中算法开示的地位也日趋重要，商业秘密特免权已不足以成为算法开示的阻碍理由。例如在上文所述的人民诉柯林斯案件、美国诉威廉姆斯案件中，法官均排除未经算法开示的大数据证明结果。众议员马克·高野（Mark Takano）近期甚至发起了一项新的提案，旨在修改联邦证据规则，确保被告能够获取算法的版本、相关数据等信息，防止算法所有者利用商业秘密特权来阻碍被告相关权利的行使。提案建议由美国国家标准与技术研究所（NIST）创建算法的法庭科学标准和测试程序。上述一系列改革也给予我国一定启示，诉讼中可就算法开示采取以下措施。

**1. 赋予当事人知情权，告知其大数据证明的运用**

当前刑事诉讼中，办案单位往往不会披露大数据证明的运用，严重妨碍了当事人知情权的行使，不符合正当程序原则。对此，可建立强制性的告知程序。诉讼一方运用了大数据证明并将之作为事实主张依据的，应当向法庭及对方当事人进行披露。

**2. 赋予当事人申请算法代码及数据开示的权利，建立大数据证明结果排除制度**

（1）算法开示申请权。在知情权的基础上，应赋予当事人申请算法及相关数据开示的权利，可以申请开示算法的原理、代码及其所运用的相关数据。实务中，要注意防范以"司法鉴定"来替代算法开示的伎俩。鉴定意见仅能作为大数据证明结果可靠性的支撑依据，但不能以之剥夺算法及数据开示的程序。（2）算法开示申请权的限度。笔者不主张一刀切的方式，强制所有的大数据证明算法都开示。而是要求当事人说明算法开示的必要性理由，由法官决定是否予以开示。如此安排，一则考虑到算法开示消耗诉讼资源，并非所有案件中都有开示的必要性；二则考虑到刑事诉讼中大数据证明也有可能成为辩方的武器，强制开示则不利于辩方权利的保障。（3）大数据证明结果排除制度。当算法开示涉及事实认定及当事人重大权利，而诉讼一方（或开发商）无正当理由拒不开示时，法官可进行程序性制裁，将该大数据证明的结果予以排除，不作为定案依据。

**3. 算法开示的具体程序**

（1）开示的环节。在民事诉讼中，可通过证据交换环节进行算法及数据的开示。在刑事诉讼中，当事人可通过"阅卷权"的行使来获取算法及相关数据等信息。（2）开示的保障。在美国，涉及商业秘密的证据开示往往在保护指令下进行。在中国，可通过不公开庭审、签署保密协议等方式来将算法及数据信息的披露限制在最小范围内。但要注意，保密措施也不能过度。对于某些通用的大数据证明模型，一旦某一案件中发现其有代码、数据错误以及偏见等风险，该算法的错误信息则不能再被保密，而应当适时披露，以防止该模型在司法领域继续运用。同时，其他运用同样算法模型的案件中，当事人可将此算法错误信息作为质证的依据，或是作为要求本案中算法开示的理由。（3）专家出庭制度。算法模型的幕后研发人员应当作为专家证人出庭，对算法原理、代码、训练数据等进行解释说明；对方当事人也可以申请相关领域专家作为专家辅助人出庭，双方可就算法可靠性、数据准确性等进行对抗质证。

此外，域外的一些做法也值得我们借鉴。（1）鼓励算法开发商主动开示其算法，形成良性法律科技产品竞争机制。例如新西兰皇家研究机构（New Zealand's CrownResearch Institute）建立了主动向被告人进行算法开示机制；CivicScape、Azavea等预测警务产品将其源代码、变量等在GitHub平台进行开示。（2）建立公共性的算法审查监督委员会。考虑到算法具有较高的专业门槛，个案中当事人聘请专家证人、专家辅助人的成本高昂，可成立公益性质的算法审查监督委员会，由其组派专业人员来对算法进行审查，并积累形成算法信息资源库。

## 五、小结

大数据被喻为"未来的新石油"，已对人类社会生活方方面面产生影响。在司法这一专业领域，大数据亦悄然发挥证明作用，能够有效降低证明难度、提高证明效率。相较于传统的主观经验式证明机制，大数据证明的核心机理体现为超越人类经验的智能化证明模式，并且从侧重于物理空间转向侧重于数据空间，从基于逻辑推理的因果关系转向基于数理的因果关系，从对过去事实的证明转向涵摄未来事项的证明。同时，大数据证明亦带来不同于传统司法证明的风险，首先集中体现在证明的可靠性与否。对此，应当采取不同于传统证明"三性"的审视路径，从大数据证明的核心——"数据和算法"出发，构建一种基于数据规则的可靠性审查机制。数据层面，应重点关注数据法律层面的真实性、数据样本全面性。算法层面，既要关注源代码的准确性以及算法适用场景的匹配性，也要关注算法偏见背后的深层原因，注意识别替代性变量、选择多元化训练数据集，审查模型偏见性以避免陷入恶意循环机制。法律程序方面，应关注人为因素所造成的程序不透明，建立算法开示配套程序，保障大数据证明的正当程序。

王燃，中国人民大学纪检监察学院副教授，硕士生导师。本节内容以《大数据证明的机理及可靠性研究》为题发表于《法学家》2022年第3期，收录本书时有改动。

## 第六节 大数据的相关关系

黄 健

大数据相关关系形成于归纳逻辑且经由心理建构的本质，与作为司法证明证据外元素的一般经验知识相类似。但是，意图控制一般经验知识选择及适用的英美道德约束机制抑或我国释法说理公开机制，在面对算法参与产生的相关关系时，难以充分发挥作用。不仅如此，意图使大数据相关关系在刑事司法证明中发挥逻辑黏合作用的构想，还面临难以逾越的技术难题与道德忧虑。而当大数据相关关系以意见证据样态出现时，无论是基于英美科学证据制度还是我国"准鉴定意见"的证据定位，均需对其科学可靠性进行审查。然而，以实证检验为核心，加之同行评议的标准体系，尚不能充分评估大数据算法分析的科学可靠性。可参考英美证据有限可采性规则及我国类似实践，仅出于特定证明目的，使用以意见证据形式呈现的大数据相关关系。现阶段，大数据相关关系仅能在刑事司法证明中发挥局限作用。

## 一、问题的提出

"大数据几乎会改变我们对任何事情的观点与做法,包括法律实践的方式方法。"① 分析与某事物相关的全本数据而非少量的样本数据、接受数据的混杂性而不再追求精确性、关注事物间的相关关系而不再探求因果关系,是大数据时代三个重大的思维转变,并由此引发商业、市场、社会等领域的大变革。② 在最具外显性的应用维度,依托大数据相关关系获取的知识增量,得以"帮助我们更好地了解这个世界。"③"大数据时代,我们能够从大量的数据中直接找到答案,即使不知道原因。"④ 沃尔玛基于啤酒与尿布、飓风与蛋挞间的相关关系以增加销量的例证,表明大数据相关关系已被成功用于商业决策。回归本部分内容论题,刑事司法证明常面临证据的短缺,从而导致事实证成时的信息不足。既然大数据相关关系具有提供新规律、新见解的应用前景,那么,其能否应用于刑事司法证明、可否用以认定案件事实等问题,都亟待理论回应。

在"推动大数据、人工智能等科技创新成果同司法工作深度融合"、智慧司法探索深入事实认定的背景下,"大数据证据""大数据证明"等超前于实践的语词革新与理论探讨已然存在。现有大数据证据论,将基于海量数据库的信息比对、涉案海量数据的算法分析视作大数据证据实践。⑤ 然而,在此前信息化侦查中,同样存在借助系统实现嫌疑人自动比对的技术实践;⑥ 从规模不断扩张的数据中获取信息亦是电子取证领域的永恒话题。⑦ 也就是说,当前的大数据证据研究,仅关注了大数据处理海量混杂数据并从中获取固有信息的工具价值。但是,大数据的典型应用价值在于从相关关系中获取信息增量。与因果关系的确定性不同,相关关系是因素之间、结果之间,以及因素与结果之间的盖然性关系,仅是一种或然表示。⑧ 大数据语境使这种或然关系更为纯粹地表现为两个数值间的数理关系,诚如自变量与因变量间的函数关系,⑨ 并揭示出各种不同信息背后隐藏的相互关系。⑩ 大数据证据论者,并未对此种大数据应用价值能否与证据实践相结合的问题展开深入探讨。已有大数据证明论,虽然对大数据相关关系有所提及,但大多是将相关关系取代因果关系的论断,直接迁移至司法证明场域,并提出大数据时代刑事

---

① David J. Walton, *Litigation and Trial Practice in the Era of Big Data*, 41 No. 4 Litigation 55, 55 (2015).
② [英]维克托·迈尔-舍恩伯格、肯尼斯·库克耶:《大数据时代:生活、工作与思维的大变革》,盛杨燕、周涛译,杭州,浙江人民出版社2013年版,第17-22页。
③ [英]维克托·迈尔-舍恩伯格、肯尼斯·库克耶:《大数据时代:生活、工作与思维的大变革》,盛杨燕、周涛译,杭州,浙江人民出版社2013年版,第83页。
④ 吴军:《智能时代:大数据与智能革命重新定义未来》,北京,中信出版集团2016年版,第135页。
⑤ 参见林喜芬:《大数据证据在刑事司法中的运用初探》,载《法学论坛》2021年第3期。
⑥ 参见郝宏奎:《论侦查信息化》,载《中国人民公安大学学报》2005年第6期。
⑦ See Golden G. Richard and Vassil Roussev, *Next-Generation Digital Forensics*, 49 Communications of the ACM 76,78(2006).
⑧ 参见王天恩:《大数据相关关系及其深层因果关系意蕴》,载《社会科学》2017年第10期。
⑨ 参见齐磊磊:《大数据经验主义——如何看待理论、因果与规律》,载《哲学动态》2015年第7期。
⑩ 参见[美]伊恩·艾瑞斯:《大数据思维与决策》,宫相真译,北京,人民邮电出版社2014年版,第13页。

侦查因果逻辑正在向相关逻辑转变、①"证据与待证事实间的逻辑联系不再是文字性论证的因果关系，而变成基于统计学、概率论的相关关系"等宏观主张。②

由此可见，对于大数据所揭示出的相关关系，能否在刑事司法证明中发挥作用、如何发挥作用等具体问题，现有研究少有论及。本部分内容意对此展开初步探讨，考虑到实践样本的不足，为避免言之无物，本部分内容将在现有研究倾向将技术绝对化、神圣化，并主张技术必然引发法律实践大变革的"技术乐观主义"，与以刑事证据理论及制度迎合技术革新的"技术中心论"基础上，兼采"技术现实主义"，即承认技术具有变革性，但并非乌托邦，③并反对"把技术发展与社会进步之间的复杂关系简单化"。④同时，从现有刑事证据与证明理论及制度出发，分析大数据相关关系适用于刑事司法证明的可能样态，并着力回归已有规范及类似实践，对大数据相关关系可能发挥作用的空间加以理性审视与评估。

## 二、大数据相关关系适用于刑事司法证明的可能样态

若要对大数据相关关系在刑事司法证明中的作用进行探讨，首先应回答前者可能以何种样态介入后者的前提性问题。司法证明的展开除以证据为根基外，尚须凭借证据外元素——人类一般经验知识，以实现证据材料与待证事实的黏合。大数据相关关系的归纳逻辑本质及主观心理建构进路，似乎表明其可作为近似于一般经验知识的证据外元素介入司法证明；在更为具体且更具规范意义的维度，大数据相关关系还可以在司法证明中呈现为意见证据样态。

### （一）作为证据外元素介入刑事司法证明

以休谟经验主义立场上的因果关系论为中介，对大数据相关关系展开进一步剖析，可以发现：大数据呈现的相关关系与作为司法证明证据外元素的一般经验知识存在一定相似之处。

**1. 司法证明中作为证据外元素的一般经验知识**

刑事诉讼语境下，司法证明概念的界定常与诉讼构造、流程、证明责任、证明标准等元素相关联，故呈现多样性与复杂性。就其自然语义而言，是指运用证据以明确、说明或表明案件事实的动态过程。⑤但在大多数情况下，仅凭证据并不能证成案件事实。"任何证据只有在我们愿意相信某项普遍规则时才能证明某些事情。"⑥也就是说，在证据及其所欲达致的事实命题间尚存关键且易被忽视的证据外元素。域外证据分析论者

---

① 参见杨婷：《论大数据时代我国刑事侦查模式的转型》，载《法商研究》2018年第2期。
② 程龙：《论大数据证据质证的形式化及其实质化路径》，载《政治与法律》2022年第5期。
③ 参见朱春艳：《现代西方技术现实主义思潮评析》，载《江苏大学学报》（社会科学版）2011年第1期。
④ 徐奉臻：《梳理与反思：技术乐观主义思潮》，载《学术交流》2000年第6期。
⑤ 参见何家弘：《论司法证明的目的和标准——兼论司法证明的基本概念和范畴》，载《法学研究》2001年第6期。
⑥ ［荷］威廉·A.瓦格纳、彼得·J.范科本、汉斯·F.M.克罗伯格：《锚定叙事理论——刑事证据心理学》，卢俐利译，北京，中国政法大学出版社2019年版，第47页。

将此种证据外元素称为"概括"抑或"概称陈述"(generalization),并将其比喻为黏合证据材料与待证事实的胶水。① 我国证据法学者亦对概称陈述予以关注及推介,② 另有学者从功能视角出发,将作为证据推理依据的概称陈述,本土化命名为"理据"。③ 荷兰学者基于叙事理论及认知心理学,提出了司法事实认定的"锚定叙事理论"(anchored narratives)。案件故事版本,需要通过故事要素逐级分解形成的"锚链",最终锚定在少有争议的普遍规则上。这些普遍规则通常是生活中的常识性事实,在该理论中被称为"锚点"。下文将使用"一般经验知识"指称前述极具个性化的语词表述,"经验知识"强调基于亲身的观察及感知,而非纯粹的理论思辨及推演;"一般"则强调此类知识的共识性,即在人的一般理性上得以产生共鸣。诚然,"一般经验知识"也并非通用概念,但至少可以抽象出司法证明证据外元素的些许特征。以最高人民检察院第42号指导性案例,齐某强奸、猥亵儿童案为例,在案直接证据仅为被害人陈述,且陈述间存在矛盾、被告人不认罪、无物证、被害人家长及同学等证言多为传来证据。最高人民法院在认定案件事实时,除前述证据外,还明确援用了一般经验知识,例如:被害人家长与被告人此前不存在矛盾,案发过程自然,可排除诬告可能;被害人年龄小,前后陈述存在细节差异和模糊属正常现象,也符合被害人记忆特征等。

一般经验知识还表现为基于一定盖然性事实的归纳,并以裁判者心理习惯的形式发挥着难以准确评估的作用。首先,一般经验知识的形成,表现为从具有一定盖然性事件中找寻一般经验的归纳逻辑,由此奠定了其非必然性、可废止性。也就是说,即便某一经验知识在此前的案件事实认定中极为可靠,但在未来的案件中也并非必然适用。例如,有学者在相关论著中提及了《圣经》中的所罗门断案,国王之所以能智断"谁是孩子生母"的事实,是因为他援用了"虎毒不食子"的经验知识。然而,这一看似可靠的经验法则,却可能在"武则天女儿之死"的历史谜案中失灵。④ 而后,司法证明中的一般经验知识选择,受裁判主体心理习惯支配,由此导致事实认定的非理性,并难以准确评估。仍以前述武则天谜案为例,如果裁判者仍然选择"虎毒不食子"的经验法则,则可认定武则天之女为王皇后所杀,高宗废后理所应当;而当裁判者选择"无毒不丈夫"的经验法则时,则可能得出武则天为设计陷害王皇后,而自己杀死亲生女儿的相反结论。

**2. 大数据相关关系与一般经验知识的部分契合**

诚如前文所述,大数据相关关系是运用大数据技术,从海量混杂数据中获取的,若干因素间的或然性关系,通常以数理形式呈现。因此,大数据相关关系与表示绝对确定性的因果关系不同,相关关系与因果关系的对立,常被通俗地解读为追求"是什么"与"为什么"的程度差异,其哲学本质乃经验论与唯理论的不同主张。现有大数据相关关系作用于刑事诉讼实践的例证,常常出现在侦查环节,且多展现为侦查线索。例如,在

---

① 参见[荷]弗洛里斯·贝克思:《论证、故事与刑事证据——一种形式混合理论》,杜文静、兰磊、周兀译,北京,中国政法大学出版社2020年版,第57页。
② 参见杜文静:《法律证据推理的模型研究》,北京,北京大学出版社2021年版,第87页。
③ 参见封利强:《理据:一个不可或缺的证据法学概念》,载《浙江社会科学》2019年第8期。
④ 参见张保生:《证据法的理念》,北京,法律出版社2021年版,第116页。

美国若干州县，警察通过对智能电表数据的分析，划分了正常用电模式与异常用电模式，并建构了异常用电模式与室内种植大麻间的相关关系，从而提高了抓获犯罪嫌疑人的效率。我国则通过对海量交易数据的分析，建构了资金流转模型与特定互联网金融犯罪间相关关系，例如：海量资金账户链路共同指向某一特定账户的模型，与集资诈骗型犯罪存在相关关系；资金在多个账户间流转并回到原初账户的闭环模型，与税票虚开型犯罪存在相关关系；资金分散转入账户并集中转出的金字塔模型，同传销类犯罪间存在相关关系等。① 相关关系与因果关系的对立，是哲学等领域的经典问题，在当前的大数据语境下，有观点极具启发性地指出：当基于休谟心理习惯论对因果关系进行解构时，大数据方法发现的相关关系得以替代因果关系。② 在基于经验主义进路，且意在调和相关与因果间对立的立场上，大数据相关关系的归纳逻辑本质及主观心理建构进路得以显现，由此与司法证明中"一般经验知识"的部分特征相契合，这为大数据相关关系作为证据外元素介入刑事司法证明提供了可能。

以休谟的因果关系论为中介，则可对大数据相关关系的本质做进一步探讨。18世纪，英国哲学家休谟基于经验主义立场考察了因果关系问题，他认为，对经验关联现象的重复观察是因果概念的唯一来源。因果判断，乃至关于自然界的一切知识，都是基于人类对重复性关联现象的归纳，而这种归纳是基于有限经验的非必然性归纳，无论对两个事物前后重复观察多少次，也无法肯定未来它们还会前后伴生。③ 同时，休谟主张因果推理不是理性的，而是心理习惯的。"休谟所理解的'习惯'乃是一种非理性的心理作用，是一种本能的或自然的倾向。"④ 因和果是两个知觉对象，如果只孤立观察这两个对象本身，并不能发现任一对象对另一对象的涵摄。只有当观察到两个知觉对象的恒常联合（constant conjunction），才会产生因果续起、伴生的心理习惯。⑤ 诚然，休谟的因果关系论仅是西方哲学的代表观点之一，康德等人亦对其提出了批判乃至改造意见。本部分内容无意裹足于深奥的哲学思辨，仅是基于大数据相关关系与作为心理习惯的因果关系具有相似性的已有论断，进一步挖掘大数据相关关系依托归纳逻辑，并经由为主观心理建构的本质特征。

大数据相关关系的形成主要呈现为归纳推理逻辑。宏观而论，大数据以数据驱动的相关性认知取代理论驱动的传统研究范式，呈现技术推进的"新经验主义"，它再度突显了培根等人推崇的归纳推理的重要性，彻底贯彻依靠实证经验的归纳，而放弃任何演绎形式的理论思辨。⑥ 更为具体地，大数据分析及其应用虽存在多种方式，但其机理仍是从大量数据样本中推断总体情况，以获知的关联关系推断对未知情况的适用，即归纳

---

① 参见程小白、邓昌智：《违法资金分析与查控技术实务指南》，北京，中国人民公安大学出版社2019年版，第194页，转引自王燃：《大数据证明的机理及可靠性探究》，载《法学家》2022年第3期。
② 参见张晓强、杨君游、曾国屏：《大数据方法：科学方法的变革和哲学思考》，载《哲学动态》2014年第8期。
③ 参见彭玉生：《社会科学中的因果分析》，载《社会学研究》2011年第3期。
④ 陈波：《休谟问题和金岳霖的回答——兼论归纳的实践必然性和归纳逻辑的重建》，载《中国社会科学》2001年第3期。
⑤ 参见陈晓平：《经验与理性之间——简评休谟的认识论》，载《自然辩证法通讯》2003年第4期。
⑥ 参见贾向桐：《论当代大数据发展中的理论终结论》，载《南开学报》（哲学社会科学版）2019年第2期。

推理。①所谓事物间关联关系的发现及其预测作用，就是基于统计方法，挖掘海量数据中符合特定支持度和置信度的关联规则，并推断该规则在未来时空"普适"，即由特殊到一般的归纳法。从对立面视之，大数据相关性分析结论无法达到演绎推理要求的前提必然支持结论的绝对确定性。"大数据分析的量化进路，使其丧失了原有的必然性。"②大数据的多种算法，都是对不确定性的量化，具体到大数据分析中的统计相关，其以"概率因"呈现两事物间的引起关系。当 A 出现时 B 出现的概率大于 A 不出现时 B 出现的概率时，可说明 A 是 B 的概率因。③以介于 0~1 的概率值表征两事物间的相关关系，自始不具有对必然性的追求。"大数据技术的逻辑是归纳，其结果不必然为真。"④

大数据相关关系的形成，亦表现为基于经验的主观心理建构。相较于物质模型、理想模型、理论模型、数学模型的传统分类，大数据模型无物质形式、无抽象过程、无理论介入，亦非探寻所研问题与数学结构间的对应关系。因此，大数据的模型方法，与传统科学模型方法均不相同，是一种新型的模型方法，更多地体现为一种经验模型。同时，大数据相关性认知表现为基于前述经验模型的主观心理建构。大数据经验模型以量化、概率化的方式度量事物间的恒常联系，并且能够在最大程度上把与某一事物相关的各种可能项予以罗列，由主体直接进行倾向性选择。由此，人们发掘并运用的大数据相关性规律，与其说是被认知的对象，不如说是主动建构的结果。⑤

综上，大数据相关关系相较于一般经验知识在形成机制上存在部分相似性，这似乎可以支持前者能作为近似于后者的证据外元素介入刑事司法证明的论断。然而，尚需考虑的是，大数据相关关系的形成在很大程度上依赖于数据与算法，这与完全依靠人类理性的一般经验知识大为不同。后文将对此展开进一步论述，以更为全面地思考大数据相关关系究竟能否用作司法证明的证据外元素，并发挥相应的逻辑黏合作用。

## （二）作为意见证据介入刑事司法证明

除可能被用作近似于一般经验知识的证据外元素，基于算法分析与人类专门知识协同作用的大数据相关关系，常常以意见性结论的形式呈现。在现有证据理论及制度中，此种依托数据科学产生的意见性结论，可进一步划归科学证据范畴，在我国具有"准鉴定意见"的证据地位。也就是说，大数据相关关系可能以"意见证据"形式，介入刑事司法证明，并发挥更为具体且更具规范意义的事实认定作用。

### 1. 算法分析与人类知识交互的意见性结论

大数据相关关系的发掘，是算法分析与人类专门知识共同作用的结果，常以意见、见解、结论等形式展现。大数据在基础数据维度很难被直接用作证据，从取证、举证、质证等证据运用环节进行观察，大量数据的直接运用均难以实现证明效果。⑥即使被直

---

① 参见潘文全：《大数据推理的归纳逻辑基础》，载《哲学分析》2016 年第 6 期，第 112 页。
② 王天思：《大数据中的因果关系及其哲学内涵》，载《中国社会科学》2016 年第 5 期。
③ 参见齐磊磊：《由大数据引起的对因果与相关的探讨》，载《自然辩证法研究》2017 年第 5 期。
④ 张学义、彭成伦：《大数据技术的哲学审思》，载《科技进步与对策》2016 年第 13 期。
⑤ 参见段虹、徐苗苗：《论大数据分析与认知模式的重构》，载《哲学研究》2016 年第 2 期。
⑥ 参见谢君泽：《论大数据证明》，载《中国刑事法杂志》2020 年第 2 期。

接运用,亦会出现"数据倾倒"危机,即优势方向对方倾倒海量数据,致使阅卷不能、质证不能,从而强化己方优势。① 大数据在其应用维度方可与证据实践相结合。"运用大数据分析手段对信息进行处理,得出的报告、结论、意见在办案中发挥着越来越大的证明作用。"② 由此,相关学者在探讨"大数据证据"时,将其限定为"基于海量电子数据形成的分析结果或报告"。③ 而经由海量混杂数据分析获得的事物间相关关系的意见、结论,自然可被视作应用维度大数据证据的典型样态。虽有观点指出,大数据分析主要依靠机器算法展开,但这一观点人为割裂了大数据算法与人类专门知识间的交互。在计算模式的选择、数据挖掘前的打标签、挖掘结果的审查修正等数据分析环节,均有人类专门知识参与的空间。即便通过不断迭代,前述过程均可完全交由算法运行,但最终结果的可视化,除当前的人机交互技术、数据起源追溯技术外④,一个最为简易的方法,就是借助人类专门知识的解读。不仅如此,在数据收集与分析过程中,人们总是希望分析尽量多的相关因素以对案件全面了解,而当我们将大数据分析用作证据时,必须对纷繁复杂的相关关系进行简化以得到有用的见解。这一对机器分析结果精简的过程必须由人类专家承担,而无法被机器替代。

当然,根据证据法基础理论,人类应基于其亲身感知而作证,意见性推论一般不得作为证据,但基于专门知识形成的意见除外。由此,依托算法分析与人类专门知识发掘的大数据相关关系,可能以"意见证据"形态,发挥证明案件事实的关键作用。

**2. 可进一步划归科学证据范畴**

在英美证据理论及制度下,有关大数据相关关系的意见性结论,可进一步划归科学证据范畴。英美意见证据规则,进一步将专家证人(expert witness)的意见性证言区分为科学性的(scientific)、技能性的(technical),以及其他专门知识性的(other specialized knowledge)。若干大数据证据论均谈及了"道伯特"这一美国科学证据采纳标准的里程碑式案例及由其产生的道伯特规则。有学者更是直接主张大数据证据就是一种新兴的科学证据。究竟何谓科学证据,学界尚不能给出一致认可的规范表述。这是因为,英美法系并不纠结于对科学证据的概念界定,而是更为实用的关注科学证据所包含的具体类别。⑤ 基于前述科学、技能与其他专门知识的三分法,科学强调通过专业教育与严格训练获得,而科学之外的技能及其他专门知识强调工作技艺乃至生活经验属性。

用以发掘相关关系的大数据分析技术显属科学范畴。有专家指出,大数据在自身维度就是数据科学。基于统计学、机器学习、数据可视化等基础理论展开的大数据研究趋于融合,进而产生了一门革新性科学——数据科学。因此,一个更为严谨的论断即对海

---

① 参见程龙:《论大数据质证的形式化及其实质化路径》,载《政治与法律》2022年第5期。
② 丁海江、周峰、师晓瑞:《互联网金融犯罪领域大数据证据的定位与运用》,载《检察调研与指导》2019年第5辑。
③ 刘品新:《论大数据证据》,载《环球法律评论》2019年第1期,第25页。
④ 参见方巍、郑玉、徐江:《大数据:概念、技术及应用研究综述》,载《南京信息工程大学学报(自然科学版)》2016年第5期。
⑤ 参见何家弘主编:《刑事诉讼中科学证据的审查规则与采信标准》,北京,中国人民公安大学出版社2014年版,导论部分第1页。

量数据进行分析的需求催生并依托于数据科学。数据科学至少应包括基础理论、数据加工、数据计算、数据管理、数据分析、数据产品开发等内容元素，具有明显的专业性。①以数据分析这一核心元素为例，在实践操作层面，会将统计学常用的 R 语言与分布式系统基础架构 Hadooop 集成，发挥二者的优势以获得强大的深度分析能力。②若要开展数据科学的理论研究与实践应用，则必须通过专业教育与训练，培养集理论、实践精神于一身的数据科学家。显然，数据科学属科学范畴，依托数据科学所发掘的大数据相关关系，自然可划归科学证据范畴。

### 3. 在我国具备准鉴定意见地位

在我国，意见证据所对应的具体形式为鉴定意见，③而有关大数据相关关系的结论性意见，并不属于全国统一管理的"四大类"鉴定范围，依据现有司法解释，其具有"准鉴定意见"的证据性质与地位。意见证据、科学证据等规则及理论源起于英美，在我国，依托专门知识所形成的意见性结论被称为鉴定意见。与美国外显性地探讨科学证据采纳的科学可靠性问题不同，我国则将鉴定意见的采纳问题内隐于鉴定机构与鉴定人的资质认定，至于采信，则主要关注检材的验真。④依现行司法鉴定管理规定，法医类、物证类、声像资料类、环境损害类司法鉴定实行全国统一的审核登记管理制度。其中，前三大类司法鉴定具有较长的实践历史，所依据专门知识的科学可靠性也被广为认可；新增的环境损害类鉴定，因其经历了司法部商请"两高"以进入统一审核登记管理范围的程序，所以能对其背后专业知识的可靠性予以一定程度的背书。

然而，除"四大类"鉴定外，诉讼实践中还存在其他各种各样需要依托专门知识予以解决的专门性问题。根据《刑事诉讼法司法解释》第 100 条规定："因无鉴定机构，或者根据法律、司法解释的规定，指派、聘请有专门知识的人就案件的专门性问题出具的报告，可以作为证据使用。对前款规定的报告的审查与认定，参照适用本节的有关规定。"由此，包括大数据相关关系结论性意见在内的"其他类鉴定"，具有了"准鉴定意见"的证据定位。

## 三、大数据相关关系适用于刑事司法证明的约束机制

从形式上看，大数据相关关系可能以一般经验知识或者意见证据形式介入刑事司法证明。当进一步考虑大数据相关关系适用于刑事司法证明的规范性问题时，则必然受到现有证据理论及制度的约束。当大数据相关关系被用作证据外元素时，英美对于一般经验知识的选择与适用，具有道德约束的历史传统，我国则采更为具体的释法说理公开机制。而前述机制在面对大数据算法参与产生的"经验知识"时，具有一定的局限性。当大数据相关关系被用作意见证据时，应受到科学可靠性标准约束，而现有以实

---

① 朝门乐、邢春晓、张勇：《数据科学研究的现状与趋势》，载《计算机科学》2018 年第 1 期。
② 杨京、王效岳等：《大数据背景下数据科学分析工具现状及发展趋势》，载《情报理论与实践》2015 年第 3 期。
③ 苏青：《鉴定意见概念之比较与界定》，载《法律科学》2016 年第 1 期。
④ 易延友：《证据法学：原则 规则 案例》，法律出版社 2017 年版，第 426-433 页。

证检验为核心，加之同行评议的标准体系，在适用于大数据算法时，也难以得出可信结论。

### （一）用作证据外元素的约束机制及其局限

大数据相关关系同一般经验知识在归纳逻辑、主观心理建构维度的契合，使其在作为证据外元素介入刑事司法证明时，同样引发事实认定的盖然性与不确定性。英美在消解此种不确定性忧虑时，具有道德约束的历史传统，我国则采用释法说理公开机制。然而，在应对算法分析形成的，以大数据相关关系为基础的"经验知识"时，道德约束与释法说理公开机制均具有一定局限性。

#### 1. 英美道德约束机制

英美意图通过系列道德性要求，对证据外元素引发的事实认定盖然性与不确定性作出有效控制。随着对证据推理、司法证明内在机理的认识深入，由追求事实认定精确性到肯认其模糊性，是"后现代证据理念"的重要转变之一。[①] 然而，这并不意味着对"认真对待事实"的放弃，在意识到认识论不足以支撑司法事实认定时，英美证据法论者提出了道德准则补强的系列主张，即："认识论（epistemology）罢手处，道德（morality）接手。"[②] 这里的"道德"一词具有多义性与模糊性，但在英美证据论著中具有经典的历史传承性。在司法证明、标准维度，存在"道德确证性"（moral certainty）表述，其可被近似视为"最高程度的盖然性"（the highest degree of probability），显然，事实得以证成的盖然性越高，陪审团就会在道德上更心安。[③] 就其词源而言，可追溯至17世纪早期，对证据审查判断的关注被概括为"良心上的满意"（satisfied conscience）或"信念上的满意"（satisfied belief），以引起宣誓就职的陪审员在道德和宗教义务上的共鸣。[④] 后续论者将事实认定者的道德义务进一步具体化，即必须从被审判者的立场，重视尊重和关注的价值。经由证据推理、事实认定所形成的判决必须呈现足够的尊重与关注。[⑤] 具体实践中，事实认定是裁判者的深思熟虑，是严格控制下的心理活动。对事实认定道德标准的把控，可基于外部规则的约束与内在身份的驱动。外部规则的例证之一即美国证据可采性规则，此类规则基于道德因素考量，人为限制并约束了天然的逻辑相关性，例如：传闻证据规则出于对被告对质权的保障，人为阻断了其与待证事实间的逻辑相关；品格证据规则基于对被告人格、无罪推定、知情权、误导性、平等保护等道德指标的综合考量，刻意擦除了被告特有品格与当前犯罪具有相关性的逻辑思维。而内在身份约束则是事实认定者道德行为体（moral agent）的定位，也即事实认定者能够且应当在对其

---

[①] 参见栗峥：《超越事实——多种视角的后现代证据哲学》，北京，法律出版社2007年版，第125页。

[②] ［美］亚历克斯·斯坦《证据法的根基》，樊传明、郑飞等译，北京，中国人民大学出版社2018年版，第14页。

[③] See Barbara Shapiro, *The Beyond Reasonable Doubt Doctrine: Moral Comfort or Standard of Proof*, 2 Law & Human. 149, 173 (2008).

[④] Barbara J. Shapiro, To A Moral Certainty: *Theories of Knowledge and Anglo-American Juries 1600-1850*, 38 Hastings L.J. 153, 192 (1986).

[⑤] See Ho Hock Lai, *A Philosophy of Evidence Law: Justice in the Search for Truth*, Oxford University Press, at 83 (2008).

决策独立承担责任。无论一个决定如何作出，它都是一个权力运行的政治道德行为，事实认定者需要承担责任。① 在并无错案追究制，且存在若干司法责任豁免的西方国家，无过错的事实认定错误虽不会令事实认定者承担法律责任，② 但至少会使其受到良心谴责。"意识到把无辜之人送进监狱对于陪审员来说是痛苦的，并且对于法官的职业生涯及声誉也是不利的。"

当大数据相关关系试图作为近似于一般经验知识的证据外元素介入刑事司法证明时，人们意图以道德控制事实认定可靠性的机制将呈现出局限性。这是因为，人们难以对基于数据、算法形成的大数据相关关系施加道德控制；与此同时，数据、算法的介入亦会消解道德行为体的内在驱动力。

首先，人们难以对经由数据、算法产生的结果施加道德控制。基于知识鸿沟，事实认定者难以预测数据、算法产生的行为结果，对其决策逻辑更是不能理解。算法通过对海量数据的处理，基于数理相关性得出不确定的归纳知识。虽然人们期望在数据和归纳知识之间建立某种连接，使前者成为后者的可靠依据，但这种连接在很多情况下不仅是不透明的，甚至还是难以理解的。③ 即便大数据相关关系最终依事实认定者心理认知而选择适用，但此类相关关系大多呈现超越已有知识的样态，且处于动态变化的进程之中，无法被准确地控制与认知，④ 遑论对其进行更为复杂的道德审视。当然，早有相关伦理研究提出了"算法从善"的主张，即将道德准则嵌入算法设计之中，但当面对刑事司法的具体应用场景时，能否将普适的道德指标及规则有效转化为算法可用的变量与代码，是算法专家、伦理专家、法律专家等共同面对的难题。早在20世纪70年代，美国"新证据学派"的概率论者，在贝叶斯定理这一数学算法框架内，探讨基于特征证据实现人身同一认定的概率运算时，就曾指出：诸如无罪推定、内心确信、人性公正等道德准则，将会在数学算法运行中消失或牺牲。⑤ 更令人沮丧的是，算法运行在难以有效兼容道德准则的同时，却常常受到偏见、歧视等非道德裹挟。域外刑事司法实践，业已呈现因算法引发的种族歧视、性别歧视等隐忧。

而后，算法的介入大大削弱了"道德行为体"身份的内在约束作用。"数据主义司法观"的一个潜在结果是导致司法决策由"以法官为中心"转向"以数据算法为中心"，"司法智识"不再为法官所独享。⑥ 这种数据、算法对司法权威的威胁，还可以在另一维度视作对裁判者道德责任的分担。当引入基于大数据分析产生的相关关系后，裁判者即便形成错判，也可能以"产生错误的并非是我，而是算法"为托辞，从而消解道德责任体的内在驱动力。不仅如此，算法还具有成为极佳"替罪羊"的特质。从算法本身来看，通过机器学习、深度学习，算法得以自主调整，从而进一步增加其变动性，使算法

---

① See Sandra Berns, *Judicial Decision Making and Moral Responsibility*, 13 Adel. L. Rev. 119,158 (1991).
② 参见朱孝清：《错案责任追究与豁免》，载《中国法学》2016年第2期。
③ 孙保学：《人工智能算法伦理及其风险》，载《哲学动态》2019年第10期。
④ 参见郭林生：《论算法伦理》，载《华中科技大学学报》（社会科学版）2018年第2期。
⑤ See Laurence H. Tribe, *Trial by Mathematics: Precision and Ritual in the Legal Process*, 84 Harv. L. Rev.1329, 1368-1377 (1971).
⑥ 王禄生：《司法大数据与人工智能技术应用的风险及伦理规制》，载《法商研究》2019年第2期。

溯因变得困难,由此形成"责任鸿沟"(Responsibility gap)。而对大众心理而言,根据实验心理学研究,相较于人类错误,人们对算法错误的道德愤怒程度更低。造成"算法的愤怒不足"(algorithmic outrage deficit)的一个潜在原因,即算法被认为是缺乏思维的,并且与人类相比,其更不容易受到偏见的驱使。当行为体是一种算法时,人们对不公正的防御可能降低,这使得算法错误更容易被忽视,并更少被反对。①

**2. 我国释法说理公开机制**

释法说理公开具有控制一般经验知识选择与适用的制度功能。相较于英美法系国家以抽象道德要求约束事实认定的机制,大陆法系多采更具操作性的心证公开,即裁判者将其认定事实、适用法律等逻辑思维公之于众。这一公开在消除司法专断的同时,又保障了裁判者的深思熟虑,进而对事实认定可靠性、准确性予以背书。在我国,裁判文书的释法说理加之依法上网,是"心证公开"的具体制度。在刑事诉讼场域,这一制度组合能够将裁判者心证曝光在检察官、辩护人、上级法院等职业群体,以及社会公众的视野中,以借助人类理性共识,对裁判者心证过程予以约束及监督。裁判文书网上公布是心证公开形式要件,而完善释法说理才是实质性要求。②最高人民法院印发的《关于加强和规范裁判文书释法说理的指导意见》(以下简称《意见》)第3条规定:"要围绕证据审查判断、事实认定、法律适用进行说理,反映推理过程,做到层次分明。"《意见》第4条进一步规定:"裁判文书中对证据的认定,应当……根据证据规则,运用逻辑推理和经验法则……";第13条又规定,法官可以运用公理、情理、经验法则等论证裁判理由,以提高裁判结论的正当性和可接受性。可见,就本部分内容所论作为司法证明证据外元素的一般经验知识,应当是裁判文书释法说理的重要元素。不仅如此,相较于证据合法性审查、实体法演绎适用等专业化说理,一般经验知识的选取与适用,是法官职业法律意识同社会群众法律意识的最好接口。由此,一般经验知识的运用能够被最为广泛的同等人理性所约束,从而消解其不确定性,并提升其可靠性。从统计学上讲,合格的认同者人数越多,盖然性越大,结果的可信度也越高。然而,我国刑事裁判文书存在证据分析、事实认定说理薄弱的普遍问题,遑论更为微观的一般经验知识了。从功能机制上讲,这恰恰表明释法说理公开,能够对裁判者主观心理活动造成有效约束。只是由于我国检察机关的强势监督、舆论的非理性监督、当事人闹访缠讼、③司法责任制的政策性扭曲等原因,④造成法官防御性的"含糊其辞"。⑤裁判文书释法说理公开功能的充分发挥,是兼顾司法责任制改革、司法独立与司法民主等要素的系统性工程,当然这并非本部分内容重点。

当援用大数据相关关系作为证据外元素以发挥逻辑黏合作用时,即便在形式上满足

---

① See Yochanan E. Bigman, Desman Wilson, Mads N. Arnestad et al., *Algorithmic Discrimination Causes Less Moral Outrage Than Human Discrimination*, J Exp Psychol Gen.,2022 Jun 27, doi: 10.1037/xge0001250.
② 参见孙万怀:《公开固然重要,说理更显公正——"公开三大平台"中刑事裁判文书公开之局限》,载《现代法学》2014年第2期。
③ 参见庄绪龙:《裁判文书"说理难"的现实语境与制度理性》,载《法律适用》2015年第11期。
④ 参见侣化强:《事实认定"难题"与法官独立审判责任落实》,载《中国法学》2015年第6期。
⑤ 参见胡云腾:《论裁判文书说理》,载《法律适用》2009年第3期。

了公开要件，也仅能发挥消解事实认定不确定性的局限作用。诚如上文所述，裁判者在依托经由大数据算法形成的相关关系展开证据推理时，能够将其所承受的道德负担转嫁于算法，加之算法溯因困难所形成的"责任鸿沟"，以及社会公众之于算法的"愤怒不足"，裁判者得以将其适用的大数据相关关系公之于众，但同时可能并不会像仅由其个人决策时那么深思熟虑。更为重要的是，社会公众在面对公开的大数据相关关系时，并不具备同等人理性的基础，从而使心证公开的制度功能无法发挥作用。裁判者公开其选择适用的一般经验知识，之所以能够被广泛监督，甚至被过度干预，是因为社会公众与裁判者，在一般生活经验维度存在同等人理性基础，也即社会公众对于裁判者选择适用的一般经验知识，并不存在认识与评价的鸿沟。然而，当以大数据相关关系作为近似于一般经验知识的证据外元素时，前述同等人理性消失殆尽。大数据相关性认知的产生基础在于算法与大量结构化、半结构化乃至非结构化的混杂数据，与人类一般经验知识的基础素材及形成路径大相径庭，从而导致难以逾越的认识论鸿沟。未来，裁判者虽可能凭借大数据相关关系展开司法证明，但就事实认定的裁判说理势必会沦为公众无法理解的"黑箱"。基于事实认定的司法裁判亦可能成为孤立的彼岸世界。

### （二）用作意见证据的约束机制及其局限

大数据相关关系用作意见性证据时，属科学证据范畴，作为其产生基础的大数据算法分析应接受科学可靠性标准约束。在我国，基于大数据相关关系产生的意见证据，具有"准鉴定意见"的性质与地位。我国虽未言明对鉴定所依技术方法科学可靠性进行审查，但是"准鉴定意见"大多是对新兴诉讼专门问题的鉴定，且由于不受国家统一管理、地方立法及行业协会管理不足，由此，更应对"准鉴定意见"形成的科学可靠性加以约束。

#### 1. 道伯特科学可靠性标准体系

我国若干大数据证据论者，均对美国科学证据采纳标准的道伯特规则予以借鉴。美国学者同样主张，法院应受道伯特规则或其他类似科学调查方法约束，以审查在侦查和起诉过程中运用大数据工具的有效性。[1] 根据道伯特案判决，当法官面对专家提出的科学性证言时，应该判断的一个关键问题为该科学理论或技术是否可被验证；另一个相关的考虑即该理论或技术是否曾接受同行评议并且发表。此外，法庭通常会考虑该技术或理论已知的或是潜在的错误率。最后，还需要考虑相关科学群体就该理论或技术明确表示的可接受程度。[2] 前述标准体系中，可被验证性加之错误率就是要开展实证检验，且实证检验是最为重要的因素，其他判断因素是实证因素的补充。[3] 对道伯特规则的进一步分析可发现，该标准体系在设立之初，就承受着持续的质疑与挑战。有学者主张：道伯特规则并没有提升刑事诉讼中科学性法庭证据的运用，这一制度失灵可归咎于道伯特无法要求并合理评估实证检验这一基础研究。实践中，一些实证检验存在设计缺陷，一

---

[1] See Margaret Hu, *Small Data Surveillance v. Big Data Cybersurveillance*, 42 Pepp. L. Rev. 773,787 (2015).
[2] See *Daubert v. Merrell Dow Pharmaceuticals, Inc.*, 509 U.S. 579 (1993).
[3] See Paul C. Giannelli, *Forensic Science: Daubert's Failure*, 68 Case W. Res. L. Rev. 869, 872 (2018).

个最为极端的检验方法即"封闭集合设计"（closed-set design），也就是说任一争议样本均可在集合中找到正确来源，这一设计使得假阳性率和不确定率被低估了 100 倍以上。①除实证检验要素外，其他判断要素呈解释性，意在实现对道伯特规则的定性补充。真正的同行评审就是科学进步本身的运作结构。以更广阔的视角视之，科学期刊上的发表文献，是将现代科学主张传播给全球科学家受众最为鲜明和盛行的媒介。②然而，有学者指出，同行评议用作质量控制机制具有自身的缺陷，其作用的发挥不仅要求主张者、作者保持正直、诚实，同样也对评议者有着相同的要求。③与此同时，科学共同体也具有社会性、政治性，即使面对最主要竞争对手的主张、作品，评议同行也大都会高抬贵手；另外，诸如作者的政治力量因素，可对其主张的可接受性产生重要影响。④由此，基于个人利益的偏向、评判不一致，甚至是阻碍科学革新，已成为对同行评议等机制的常态质疑。

尽管如此，在尚无更为完善的科学证据标准出现前，对于意见证据中科学方法可靠性的判断说理，均不能绕过道伯特规则。也正是如此，下文意图借鉴道伯特规则建立的标准体系，对大数据算法分析的科学可靠性做初步探讨。

**2. 借鉴道伯特标准的有限考察**

当意在考察大数据算法分析的科学可靠性时，道伯特标准体系并不能充分发挥作用。大数据算法分析结果能否适用实证检验是首要问题。大数据算法的运行就是高速处理、分析数据，并以相关度的方式呈现规律及新知识。然而，这些大量数据处理、分析是超越人类计算能力甚至是传统机器处理能力的，因此，大数据算法是否遍历了全部数据并完整获取了所需数据是无法人为检验的，只得通过算法的多次运行，或是不同算法的交叉验证，但均不能起到严格实证检验的效果。不仅如此，大数据相关关系常呈现出人类所不熟悉的样态，其正确与否也不能获得直观判断。即便是人脸识别、车辆比对等能够直观判断正确与否的算法应用，其也多为在算法研发阶段运用训练数据的实证检验，当其面对未知世界纷繁复杂的真实情况时，其结果不得而知。⑤这种实验室内的实证检验自然会不自觉地落入上述"封闭集合设计"的方法缺陷之中。至于同行评议、发表、接受程度等补充标准而言，毋庸置疑，大数据算法研究已成为绝对热点，相关文献也如雨后春笋，大数据算法也获得了普遍的接受。然而，出于算法的专利属性、财产属性，研发者自然不会对其核心内容进行披露，由此引发前述大量发表、广泛接受究竟出自业界何种审视程度的疑问。现有同行评议大都基于介绍性内容作出，并不涉及算法实质原理。

由此可见，以实证检验为核心，加之同行评议的道伯特标准体系，并不能有效适用

---

① President's council of advisors on science and technology, An Addendum to the PCAST Reprot on Forensic Science in Criminal Courts, P.7 (2017).
② See Effie J. Chan, *The Brave New World of Daubert*: True Peer Review, Editorial Peer Review, and Scientific Validity, 70 N.Y.U. L. Rev. 100,113 (1995).
③ See Susan Haack, *Peer Review and Publication*: Lessons for Lawyers, 36 Stetson L. Rev. 789,799 (2007).
④ 参见张南宁：《科学证据可采性标准的认识论反思》，载《法学研究》2010 年第 1 期。
⑤ See Gabrielle M. Haddad, *Confronting the Biased Algorithm*: The Danger of Admitting Facial Recognition Technology Results in the Courtroom, 23 Vand. J. Ent. & Tech. L. 891,905 (2021).

于大数据算法分析，因而也并不能得出大数据算法分析是否具备科学可靠性的明确结论。诚然，一些有关算法偏见的逸事证据，引发了对大数据算法分析科学可靠性的质疑，这是因为，算法偏见的结局之一就是对特定群体产生不准确的判断。美国国家标准与技术研究所的一项研究发现，面部识别算法适用于黑人群体时产生更高的假阳性率，有时是白人群体的 100 倍。也有学者研究指出，COMPAS 这一自动评估个人危险性以作出刑事司法决策的算法，存在着系统性的性别偏见，将女性过高划归于高风险组。① 在我国，算法偏见最广为人知的实例即"大数据杀熟"，我国《电子商务法》第 18 条甚至专门对此作出立法规制。至于我国司法实践领域，虽算法偏见问题常被提及，但鲜见具体实例的呈现。但这并不意味我国未来司法实践能免受算法偏见影响。基于"偏见进、偏见出"的原理，当用以训练大数据算法的基础数据存在错误或偏见时，其所形成之算法自然呈现相应缺陷。未来，可被用作训练数据的司法裁判文书存在大量问题：如类案数量统计错误、分类错误、②涉案金额数字书写错误、法律条款援引错误、法律关系定性错误等；③不仅如此，户籍歧视、地域歧视、年龄歧视、性别歧视、前科劣迹歧视以及公职身份优待等不公行为存在于量刑裁量过程。④

综上，借助道伯特标准体系，并不能对大数据算法分析的科学可靠性加以明确判断。不仅如此，算法偏见的常态共识，使人们在面对大数据算法基础上的意见证据时，产生可靠性质疑倾向。

## 四、大数据相关关系在刑事司法证明中的局限作用

尽管大数据相关关系具有产生新见解、新知识的技术应用前景，但当其意图作为近似于一般经验知识的证据外元素，发挥为司法证明提供逻辑黏合的作用时，则难以在规范论视角下被有效约束；即便存在依托技术手段增强自身可控性并降低偏见的"技术自治"主张，但仍面临技术瓶颈与伦理隐忧。而将大数据相关关系用作意见证据，则实属新兴技术驱动下的证据革新问题。既往类似实践表明，面对新兴技术驱动的证据，刑事司法实践通常会循序适用，并不会采"全有或全无"的绝对态度。

### （一）难以发挥证据外元素的作用

前文已述，当意图将大数据相关关系用作一般经验知识，以发挥司法证明逻辑黏合作用时，现有关于一般经验知识选择与适用的约束机制存在局限性。然而，有观点主张，可通过"技术自治"提高大数据相关关系形成及适用的可控性，并有效降低主观偏见。下文将对此观点展开探讨，并主张"技术自治"的进路仍具有较大的局限性。

---

① See Melissa Hamilton, *The Sexist Algorithm*, 37 Behav Sci Law. 145, 156 (2019).
② 参见马超、于晓虹、何海波：《大数据分析：中国裁判文书上网公开报告》，载《中国法律评论》2016 年第 4 期。
③ 参见李光杰：《当前基层法院裁判文书存在的问题及对策》，载中国法院网，http://www.chinacourt.org/article/detail/2012/06/id/524425.shtml，最后访问于 2023 年 3 月 6 日。
④ 参见张训：《论量刑歧视》，载《浙江社会科学》2011 年第 2 期。

有观点指出，大数据算法分析能够保障其结果形成的可控性并有效降低主观偏见。首先，"概率性的话题建模（topic modeling）算法，能够同时评估整个数据集，并在不要求任何事前标准的情况下发现主题信息。"① 这种算法运行"无目的"（aimless）工作，分析人员只需简单地明确欲建模的话题数量，算法也只是输出对应数量的词语列表（word list）。这种算法分析首先体现出可控性，只要分析对象是同一数据库，不论分析者是谁，所形成的词语列表均具有可复制性。也就是说，语词列表上的任何分型或者话题结构，都是基于文本整体的，而与它们的实际含义无关。在通过人类感官的非算法方法分析数据时，这种与含义无涉的分类法极有可能被牺牲，从而转为依托人类之于词语的主观理解进行分类。而后，话题建模能够通过扩张数据分析规模从而降低主观偏见，随着数据规模的增加，客观图景将更易出现。② 最后，除话题建模外，多项式逆回归实现了对能够产生稳定和有效结果的非常高元数据的逻辑回归分析，该方法已经被运用到市场影响、经济学和政治学当中。也有学者在法律领域运用多项式逆回归做了相关分析。③ 在理论上，多项式逆回归可以分析法律文本，以实现将法律文本中的每一个语词均作为一个变量，考察各个变量之于司法结果的影响，从而有效地防止"忽视变量偏见"（omitted variable bias）。而对于一个法律判断是如何形成的，人工分析一般只考虑若干变量，诸如常用的法律用语，或者自己偏好的语词，这样就很有可能忽视重要的变量。④

即便"技术自治"确实能够提高大数据相关关系形成的可靠性与可控性，但当考虑将大数据相关关系用作刑事司法证明的证据外元素，以发挥逻辑黏合作用的实践问题时，仍然面临难以逾越的技术障碍与伦理隐忧。就大数据相关关系用作证据外元素并发挥逻辑黏合作用的可能性而言，在技术本身与司法证明传统上均存在阻力。一般经验知识的提炼及选择需要依靠人类极为复杂多元的"知识库"，而现有可被算法运用分析的数据，无论在数量还是种类维度均无法与人类知识库同日而语。当前，有关实体法适用、辅助量刑等相对程式化工作的智能算法探索仍面临技术难题，当面对更"无章可循"的证据推理、司法证明难题时，现有数据、算法可发挥的功用可能更显得捉襟见肘。与此同时，作为传统司法技艺的事实认定势必会与技术革新保持一定的独立性。即便假设大数据相关关系能够发挥与人类一般经验知识相同的证明作用，但仍应进一步探讨大数据相关关系应否被用作证据外元素的伦理考量问题。当以大数据相关关系作为司法证明的逻辑起点或关键衔接时，案件事实认定将在很大程度上被数据、算法左右，裁判者不再位于事实认定舞台的中央。当然，诚如上述"技术自治"论主张，数据、算法介入后的事实认定虽然具备降低裁判者主观偏见的可能性，但是，即便大数据相关关系

---

① David M. Blei, *Probabilistic Topic Models*, 55 Comm. of the Acm,77-78 (2012).
② See Frank Fagan, *Big Data Legal Scholarship*: *Toward a Research Program and Practitioner's Guide*, 20 Va. J.L. & Tech. 1,15-17 (2016).
③ See Jonathan Macey & Joshua Mitts, *Finding Order in the Morass*: *The Three Real Justifications for Piercing the Corporate Veil*, 100 Cornell L. Rev. 99 (2015).
④ See Frank Fagan, *Big Data Legal Scholarship*: *Toward a Research Program and Practitioner's Guide*, 20 Va. J.L. & Tech. 1,22 (2016).

揭示规律的客观准确率高达 99%，社会公众也很难接受"大数据算法会造成 1% 案件事实认定错误"的赤裸表述。

## （二）仅能在特定目的下发挥意见证据作用

当以意见证据形态介入刑事司法证明时，大数据相关关系具备以知识增量补强证据短缺的应用前景。但同时，作为相关关系产生基础的大数据算法分析并不具备确定的科学可靠性。由此，面对以意见证据形式呈现的大数据相关关系时，司法实践既不应盲目接受，也不能武断拒绝。可借鉴英美证据的有限可采性规则及我国既往类似实践，探讨特定目的下大数据相关关系的有限适用问题。

### 1. 英美证据的有限可采性与我国类似实践

英美证据可采性规则肇始于 17 世纪，早期呈现严格的全有或全无规则。及至 19 世纪，在认可完全排除证据合理性与倾向为事实认定者提供最大信息量的理念平衡下，有限可采性规则（limited admissibility）得以产生。[1] 美国《联邦证据规则》第 105 条规定："如果法院认为证据针对某一方或某一目的可采，但对另一方或另一目的不可采，法院基于及时的申请，必须将证据限制在其适当范围内，并相应地指示陪审团。"[2] 可见，有限可采性规则是以目的为导向，人为联通或切断证据与某一实质问题间的关联性，其规则运行极为普遍，也反映出英美之于完全排除证据的慎重，只有当法官对某一证据实在不喜欢时，才会完全排除其可采性。[3] 我国并无有限可采性的典型证据规则，但存在与之相类似的司法证明实践。例如，同步讯问录音录像只得被采用作为证明是否存在违法取供的证据，而不能被用作证明被告人供述内容的证据。又如，根据两高三部出台的《关于规范量刑程序若干问题的意见》第 18 条、《未成年人刑事检察工作指引（试行）》第 28 条等规定，未成年人社会调查报告在审前决策、量刑程序中可被采用，而能否在审判环节使用并无明确规定，考虑到其类似品格证据而易产生误导性，未成年人社会调查报告不应在审判程序及定罪过程中采用。再如，根据最高人民检察院批复，测谎鉴定结论可被采纳为辅助证据，即用来审查其他证据的真实性，而不能被直接用作认定案件事实的证据。

英美证据的有限可采性及我国类似实践，均反映出当立法者及司法者面对特定证据材料时，在全盘肯定与全部否定间的平衡考量。

### 2. 大数据相关关系用作意见证据的有限可采性

在既往刑事证据实践中，有限可采性的证据制度框架，被用以规范科学可靠性尚未被证成的新兴证据的适用问题。国外学者曾以有限可采性框架分析科学技术推动下的强奸创伤综合征专家证言的可采性问题，有关应对极端压力产生应激反应创伤的专家证言，可被用于证明性行为发生是否存在"同意"情节的问题，但不能直接用于证明被告

---

[1] See Daniel D. Blinka, *Delusion or Dispair*: *The Concept of Limited Admissibility in the Law of Evidence*, 13 Am. J. Trial Aavoc. 781, 782-783 (1989).

[2] *Federal Rules of Evidence*, Rule 105, *Limiting Evidence That Is Not Admissible Against Other Parties or for Other Purposes*.

[3] See James W. McElhaney, *Limited Admissibility - Keeping Evidence on Track*, 79 A.B.A. J. 81, 82 (1993).

实施了强奸。① 我国学者也在测谎结论新兴且在其采用颇有争议时，尝试运用有限可采性理论予以分析，并主张对测谎结论的"简单排贬或完全推崇都是草率的。"② 已有学者主张以有限可采性规则限制大数据证据采用，其立论依据为大数据证据之于品格证据的相似性。③ 下文将基于我国现有理论及制度，进一步探讨大数据相关关系用作意见证据时的有限可采性问题，也即基于海量数据算法分析产生的知识增量，可出于何种目的使用，以及证明哪些案件事实的问题。

（1）用以决策特定侦查活动

大数据相关关系能够揭示事物、行为之间的伴生性与续起性，可被用作某些侦查活动的决策依据，但应被限制作为证明特定犯罪情节的证据。即便是大数据之父舍恩伯格，其最先谈及的大数据司法应用场景，也是侦查过程中"合理原因"标准的表述及判断。这是因为，大数据相关关系的核心应用模式，在于依托相关性模型展开预测，并辅助决策。刑事侦查过程中专门活动的决策，具有明显的预测性。例如，《刑事诉讼法》第82条规定的可先行拘留的情形中，正在预备犯罪、犯罪后企图逃跑、可能毁灭、伪造证据等，明显属于面向未来时空的预测。又如，《刑事诉讼法》第136条规定的搜查适用情形中，"可能隐藏罪犯或者犯罪证据"的表述，也显属基于一定迹象的分析预测。更为明显的，《刑事诉讼法》第81条规定的五种符合逮捕社会危险性条件的具体情形，均需依据一定材料进行预判。尽管面向未来行为可能性的预测与案件事实的回溯证明完全不同，但前者仍需遵循证据裁判原则。对于尚未发生的事件，运用证据直接证明实属不易，应主要依据推论方式展开间接证明，即通过已经发生或现实存在的事实推断某一事实未来发生的可能性。④《关于逮捕社会危险性条件若干问题的规定（试行）》第5至9条明确展现了基于若干基础事实推断嫌疑人社会危险性的基本原理。该基本原理表现为基础事实与推断事实之间的盖然性关系，这与运用大数据分析获取不同事物间的相关关系具有相似性。依据大数据分析发掘的事物间的相关关系，对特定行为发生的可能性进行判断，以决策应否启动特定侦查活动。

此外，决策侦查专门活动的证明标准应低于确定有罪的证明标准，由此形成的高容错率可包容大数据证据科学可靠性的不明晰。虽然现有规则并未对启动拘留、逮捕、搜查等侦查专门活动的证明标准进行规定，但基于理论推演，前述证明标准应低于认定有罪的证明标准。具体而言，有学者主张，从证据法层面将逮捕同后续羁押相分离，以降低现行逮捕证明标准。⑤ 而至于拘留，其证明标准更应低于逮捕。⑥ 同理，在明确启动搜

---

① Deborah A. Dwyer, *Expert Testimony on Rape Trauma Syndrome：An Argument for Limited Admissibility*, 63 Wash. L. Rev. 1063，1063 (1988).
② 何家弘：《测谎结论与证据的"有限采用规则"》，载《中国法学》2002年第2期。
③ 参见刘品新：《电子证据的关联性》，载《法学研究》2016年第6期；李茜：《大数据时代司法裁判的路径探索——以大数据分析证明方式的提出与规范为视角》，载《财经法学》2019年第2期。
④ 参见万毅：《逮捕程序若干证据法难题及其破解——法解释学角度的思考》，载《西南民族大学学报》（人文社会科学版）2015年第2期。
⑤ 参见马可、肖军、李忠勇：《逮捕、羁押措施的完善与证明标准的层次性研究》，载《湖北社会科学》2014年第1期。
⑥ 参见谢小剑：《论我国刑事拘留的紧急性要件》，载《现代法学》2016年第4期。

查的证明标准时,这一标准划定也不宜过高。① 进一步拆分,逮捕的社会危险性要件与犯罪事实要件性质不同且更难以证明,所以有学者主张应设计逮捕的双层次证明标准,其中有关社会危险性的证明标准应比存在犯罪事实的证明标准更低。② 相对较低的证明标准在另一个角度意味着对产生更多错误的心理预期,这使得诸如大数据证据科学可靠性不明晰的问题得以被包容。产生此种包容的制度自信,源于后续审查起诉乃至审判阶段能够对前段错误的矫正,这也符合审判中心诉讼制度改革的功能预期。

(2) 用以证明犯罪主观心态

一个更为典型的大数据相关关系有限可采性规则,即其可被用来证明犯罪主观心态,而不得证明客观行为。犯罪主观心态首先表现为故意或过失,此外,还包括特定目的、动机、明知等更为具体的要素。以大数据实践常涉及的集资诈骗罪与组织、领导传销活动罪为例,二罪主观要件均为直接故意,且前者以非法占有为目的;后者则以非法牟利为目的。犯罪主观心态证成是司法证明面对的永恒难题。实践中,通过口供直接证明是认定犯罪主观心态最为常见的方式。除此之外,通过客观行为间接反映也被公认为破解主观心态证明难题的有效方法。威格莫尔在其 1913 年的著作《司法证明的原理》一书中就对意图(intent)的认定作了专门的论述。他指出:"意图,作为故意的要素,以及对疏忽或意外的否定,当然可以通过间接情况和行为予以证明,就像其他心理状态一样。"③ 通过客观行为间接证明主观心态的基本原理同样是推断,即挖掘特定行为模式与特定主观心态间的高度伴生关系。相类似地,运用大数据证据证明犯罪主观心态,同样是依托特定数据模型与特定主观心态间的相关关系。

之所以可以采用科学可靠性不明晰的大数据相关关系证明犯罪主观心态,是因为传统实践中,犯罪目的、动机等要素的认定常常呈现"证据真空"样态,即犯罪最终虽被证成,但并不提及主观心态要素如何证明的问题。更糟糕的是,这种缺乏明确依据的主观心态证明,常常引发罪与非罪、此罪与彼罪的争议及认定乱象。因此,即便大数据相关关系的科学可靠性尚不明晰,但其具有为认定犯罪目的、动机提供信息及知识的潜力。采用大数据相关关系证明犯罪主观心态,自然胜过毫无根据的主观猜测,甚至是对犯罪主观心态要素证明的人为忽视。其实,前文谈及的英美学者主张有关强奸创伤综合征专家证言可用于证明"同意"情节,但不得直接认定被告有罪的限制采纳规则,也可从这一角度进行理解。在强奸罪事实认定中,性行为发生是基于同意还是强迫最为重要。然而,该情节在一些案件中只存在一对一的言辞证据,即便创伤综合征专家证言属于新兴证据表现形式,且其科学可靠性基础尚不充分,但此类意见性证言的采用得以破解证据短缺难题。

由于本部分内容所论及的大数据相关关系在刑事司法证明中的运用问题缺乏实践基础,所以上述大数据相关关系有限可采性规则的设计,仅是在学理层面的初步探讨。当然,尚能设计出大数据相关关系可被用作辅助、弹劾证据,但不得直接证明案件事实、

---

① 参见侯晓焱:《论我国搜查证明标准的完善》,载《国家检察官学院学报》2006 年第 1 期。
② 参见孙谦:《司法改革背景下逮捕的若干问题研究》,载《中国法学》2017 年第 3 期。
③ See John Henry Wigmore, *The Principle of Judicial Proof as Given by Logic, Psychology, and General Experience and Illustrated in Judicial Trails*, little, brown, and company, Boston, at132 (1913).

大数据相关关系可用作量刑证明,而不得用于定罪证明等有限可采性规则,但均须留待实践验证。

## 五、小结

既然大数据相关关系能够揭示新规律、引发新认知,以为人类更好地认识世界提供新思维,那么,刑事司法证明作为认识并论证案件事实的专门活动,自然可以主动拥抱大数据相关关系带来的历史机遇,这是面对新兴技术——社会问题时的"向前看"思维。与这一方针性思维相对应的是"技术决定论"研究范式,其以新兴技术势必引发刑事司法实践的大变革为基本立场,也即传统的刑事司法技艺需要以新兴技术为中心实现迎合式变革。然而,大数据相关关系与刑事司法证明相结合的理论研究刚刚起步,证明实践更是鲜见大数据相关关系的具体应用。在这一现实背景下,"技术决定论"范式下的司法证明革新观点,大都属纯粹的理论推演。此时,反其道而行之的"向后看"思维,能够更为全面地审视所研问题。通常,向前看的现实驱动力阻止了我们向后看,而向后看却能明确我们未来的方向。[①] 所谓"向后看",就是将技术引发的变革问题,回归到已有的理论、制度及类似实践中去,以更好地预测变革的未来走向。与之相对应研究范式可概括为"规范中心论",即以现有的规范框架为中心,预先圈定新兴技术引发的革新方向。试举两例,当前大数据背景下的数据激增可在此前的历史实践中找到相似印记。1820年至1840年,欧洲印刷数字的"雪崩"引发了概率的革命,纵使彼时的印刷数字与当前的混杂数据差异很大,但也同样引发了认识论变革。不仅如此,19世纪初期的第一波"大数据"浪潮同样追求标准化、客观化、通过反馈进行控制、列举以及知识的发现与生产。同时也经历了数据劳动分工、方法变化和理论替代,以上各角度的集成,完美地构成了当前大数据研究的整体图景。又如,数字革命背景下,电子证据的产生与普及同样会产生证据理论及制度应如何改变的思考。然而,令人惊讶的是,产生于20世纪60年代的美国联邦证据规则,却能为数十年后产生的电子证据,提供一个在基础层面上相当不错的可采性规则框架。[②]

聚焦到本部分内容所谈论的大数据相关关系在刑事司法证明中的应用问题,在司法证明理论规范框架内,大数据相关关系既可能被用作近似于一般经验知识的证据外元素,又可能以更为具体且更具规范意义的意见证据形式出现。然而,当进一步以制度规范去审视大数据相关关系的两种可能应用样态时,可以发现:无论是英美道德约束机制抑或我国释法说理公开制度,均难以对被用作证据外元素的大数据相关关系进行有效控制,从而使刑事司法证明成为无法被人类一般理性感知的"彼岸世界"。而当大数据相关关系以意见证据呈现时,其科学可靠性尚不能被完全证成。因此,大数据相关关系尚不能以近似于一般经验知识的样态介入刑事司法证明,也不能发挥黏合证据材料与待证事实的关键作用;从既往类似实践上看,对于科学可靠性尚未完全证成的有关大数据相

---

① See Meg Leta Ambrose, *Lessons from the Avalanche of Numbers*: *Big Data in Historical Perspective*, 11 ISJLP 201,276 (2015).

② See Steven Goode, *The Admissibility of Electronic Evidence*, 29 Rev. Litig. 1,3(2009).

关关系的意见性结论,可参考英美有限可采性规则及我国类似实践,探讨特定证明目的下的有限适用,也就是说作为意见证据样态的大数据相关关系,也仅能在特定目的下发挥局限作用。这一初步研究结论,是在现有"技术中心论""技术乐观主义"的主流范式下,对"规范中心论""技术现实主义"的兼顾,以期能对大数据相关关系介入刑事司法证明展开多维度观察,从而更为准确地锚定技术驱动下传统司法技艺的可持续发展方向。

黄健,中国政法大学法律学院副教授,法学博士。本节内容以《刑事司法证明中大数据相关关系的局限作用论》为题发表于《清华法学》2023年第2期,收录本书时有改动。

## 第七节 大数据证据的法律地位

周慕涵

大数据证据的法律地位主要涉及以下三个问题:一是本体与结构,二是法律性质,三是种类归属。在本体与结构方面,大数据证据仅为大数据报告,其与大数据集、大数据算法共同构成了一种外部性的结构关系。在法律性质方面,大数据证据系意见证据,且该种意见不涉及专门性知识,同时又有别于普通证人的一般意见。在种类归属方面,大数据证据不同于现有的任何证据种类,理应被赋予独立证据种类的地位。这三个问题之间存在着逻辑上的先后关系、推论关系或因果关系。大数据证据的法律地位对于司法实践的启示意义在于,大数据证据在司法实践中的审查应以"裁判者独立审查"为原则,且须设置相应的有限采纳规则与证据排除规则。

### 一、问题的提出

当前,国内关于大数据证据的法律地位问题,学界研究较少,且理论视角较为狭窄,几乎局限在了大数据证据的证据种类归属,而未拓展至其他方面。不仅如此,学者们在探讨大数据证据的种类归属问题时,理论深度也相对欠缺。大多数学者对大数据证据种类归属作出的判断,往往只是基于大数据证据与其他种类证据之间的特征对比,分析其中的异同点,进而给出属于何种证据种类的结论,缺乏更深层次的学理依据。事实上,大数据证据的法律地位并不是只有证据种类归属这一个问题。从逻辑角度而言,要判断大数据证据究竟属于何种证据种类,应当先回答以下两个问题:第一个问题是,大数据证据的本体与结构。具体而言,当我们谈到大数据证据时,往往会同时涉及这三种不同的证据:一是大数据集,二是大数据算法,三是大数据报告。那么,所谓大数据证据,究竟是这三种证据中的某一种证据,还是其中的两种证据,抑或三者皆是?另外,这三种证据之间是否具有某种结构性关系?第二个问题是,大数据证据的本体与结构是否决定了大数据证据具有某种独特的法律性质,此种法律性质具体表现在哪些方面?这两个问题与大数据证据种类归属的问题之间存在着逻辑上的先后关系、推论关系或因果关系,前两者是大数据证据法律地位的"前置性"和"主体性"问题,种类归属则是关于其法律地位的"延伸性"问题。因此,要对大数据证据的法律地位形成较为全面的认识,须按照从大数据证据的本体与结构,到大数据证据的法律性质,再到大数据证据类归属逐一展开论证,并分析大数据证据的法律地位对于司法实践所产生的影响。本部分内容的论证也正是基于此逻辑顺序而展开。

## 二、大数据证据的本体与结构

### (一)大数据证据的本体

大数据证据的本体是关乎"大数据证据"的概念究竟指向何种证据实体的问题,若在这一问题的判断上出现偏差,则之后关于大数据证据法律地位的进一步探讨都有可能得出错误的结论。因此,从某种意义上来说,大数据证据的本体是大数据证据法律地位的元问题。笔者赞同大数据证据的本体应当仅被界定为大数据报告的观点。作出此种判断的论据主要在于以下两个方面:一是大数据证据的生成过程,二是大数据证据的证明价值所在。一方面,大数据证据并非直接生成于案件事实发生过程之中的证据,而是借助大数据算法对原生于案件事实本身的海量电子数据,进行数据收集、挖掘、清洗、整理和计算等一系列分析之后所生成的。[1] 在最终的大数据报告生成之前,并不存在区别于传统类型的证据。这是因为,作为分析对象的大数据集在案件发生之前已然存在,其实质是电子数据,而非一种新型证据。并且,若不存在大数据报告,大数据算法对于案件事实也无法产生任何证明作用,根本不可能被当作一种证据来看待。因此,当且仅当大数据报告生成时,才存在所谓的大数据证据。另一方面,大数据证据对案件事实所产生的证明价值依托于大数据报告。由于大数据集中电子数据的数量过于庞大,海量信息只有通过大数据算法转化为信息体量有限的大数据报告,方能为裁判者所感知。[2] 另外,借助大数据算法将大数据集转化为大数据报告的过程,就是一个将复杂、隐藏的信息内容予以简单化和直观化展现的过程,这一过程产生了大数据集本身所不具备的增值信息。[3] 结合这两个方面,本部分内容认为,大数据证据的本体应当限定为大数据报告。

大数据证据的本体为大数据报告,而大数据集仅是大数据证据的生成基础和分析对象,大数据算法则是生成大数据证据的方法依据。基于此,根据"种差+属"的定义方式,大数据证据的概念便可被定义成,"运用大数据算法对与案件事实相关的海量电子数据进行数据收集、挖掘、清洗、整理和计算后所得出的分析报告"。[4] 在这一定义中,"分析报告"是大数据证据的属概念;"运用大数据算法对与案件事实相关的海量电子数据进行数据收集、挖掘、清洗、整理和计算后所得出的"则是大数据证据的种差,即大数据证据得以区别于其他分析报告的特性。

---

[1] 参见张吉喜、孔德伦:《论刑事诉讼中的大数据证据》,载《贵州大学学报》(社会科学版)2020年第4期。
[2] 参见元轶:《大数据证据二元实物证据属性及客观校验标准》,载《山西大学学报》(哲学社会科学版)2021年第5期。
[3] 参见谢君泽:《论大数据证明》,载《中国刑事法杂志》2020年第2期。
[4] 周安平:《常识法理学》,北京,北京大学出版社2021年版,第117页。

### (二)大数据证据的结构

虽然大数据证据的本体仅为大数据报告,但这并不意味着大数据集和大数据算法对于认识大数据证据而言是无关紧要的。根据前述对大数据证据概念的定义,大数据证据是大数据算法对大数据集进行一系列分析后所得出的分析报告。从根本意义上来说,作为大数据证据本体的大数据报告,实际上就是大数据算法针对大数据集的内容所给出的结论。因此,这三种证据之间必然会存在某种结构性的关系。由于大数据证据的本体并不包括大数据集和大数据算法,因而大数据证据的结构便体现为大数据报告与大数据集、大数据算法之间的外部性的证据结构。首先,大数据报告与大数据集之间体现为一种派生证据与原生证据的关系:一方面,大数据集是原生于案件事实本身的海量电子数据,是大数据报告得以生成的信息来源和事实基础;另一方面,大数据报告并非自然而然产生的证据,而是在司法程序中运用大数据系统在对大数据集进行分析的基础之上才得以派生出来的证据。因此,大数据证据同鉴定意见一样,是在某种或某些原生证据基础之上"故意制造出来"的派生证据。① 其次,从本质上而言,大数据算法是对大数据集进行收集、挖掘、清洗、整理和计算等一系列的分析方法,大数据集是其所要分析的对象,而大数据报告则是经过这一系列分析后所得出的结论。因此,大数据报告与大数据集、大数据算法之间的关系又体现为分析结论、分析对象与分析方法的逻辑关系。最后,这三者各自所指向的证明对象,及其所发挥的证明作用均有所不同。大数据集与大数据报告的证明对象均指向案件事实,在对案件事实的证明中发挥实质证据的作用。前者是原生于案件事实本身的海量电子数据,与案件事实直接关联;后者则是对大数据集进行分析之后所派生出来的分析报告,与案件事实间接相关联。与前两者皆不同的是,大数据算法所要证明的对象并非案件事实本身,而只是用来证明大数据报告的结论是否真实、可靠。换言之,大数据算法并不具有独立的证据地位,其证明价值紧紧依附于大数据报告。因此,大数据算法仅能发挥辅助证据的作用。②

这三者之间的关系共同构成了大数据证据的外部性结构,关于这一结构的全部内容可在图 6-7-1 中得到较为直观的呈现。

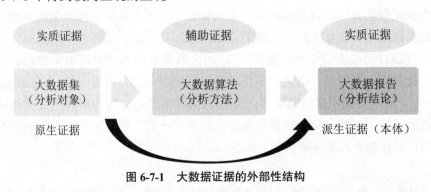

**图 6-7-1 大数据证据的外部性结构**

---

① 参见李学军:《诉讼中专门性问题的解决之道——兼论我国鉴定制度和法定证据形式的完善》,载《政法论坛》2020 年第 6 期。
② 陈瑞华:《刑事证据法》(第 4 版),北京,北京大学出版社 2021 年版,第 115 页。

## 三、大数据证据的法律性质

### （一）大数据证据的法律性质：意见证据

前述已论证，作为大数据证据本体的大数据报告，是大数据算法对大数据集进行分析后所形成的分析报告。并且，在大数据报告与大数据集、大数据算法的外部性证据结构中，存在着原生证据与派生证据，分析对象、分析方法与分析结论，实质证据与辅助证据这三重关系。这些方面均能够说明大数据证据是一种意见证据。这是因为，任何种类的意见证据实际上都是一种以派生证据的形式出现的证据，并且意见的生成过程同样也表现为一个运用某种分析方法，将某一原生证据作为其分析的对象，并最终得出以分析结论为内容的派生证据的过程。这些本体与结构上的特性，在普通证人意见与鉴定意见这两种典型的意见证据中也可得到充分的体现。

当普通证人对案件事实发表意见时，证人证言的内容便由体验性陈述与意见陈述这两部分所组成。[①] 其中，体验性陈述正是源自证人对案件事实的亲身感知和经历的原生证据，意见陈述则是证人对其亲身感知和经历的猜测、评论和推断等主观分析之后所形成的派生证据。同样的，鉴定意见在本体与结构方面也与大数据证据极为相似。作为被分析对象的实物证据，是原生于案件事实本身的证据，科学原理和检验仪器是生成关于实物证据意见的分析方法，最终生成的鉴定报告则是作为分析结论的派生证据，也即鉴定意见的证据本体（见表6-7-1）。

表6-7-1　三种意见证据之间的对比

| 意见证据的类型 | 意见的事实基础 | 意见的方法依据 | 意见的呈现形式 |
| --- | --- | --- | --- |
| 大数据证据 | 大数据集 | 大数据算法 | 大数据报告 |
| 鉴定意见 | 实物证据 | 科学原理与检验仪器 | 鉴定报告 |
| 普通证人意见 | 体验性陈述 | 猜测、评论、推断 | 意见陈述 |

综合大数据证据本体与结构，以及大数据证据与鉴定意见、普通证人意见的对比来看，大数据证据完全符合意见证据所具有的特性。基于此可判定，大数据证据与普通证人的意见、鉴定意见一样，也具有意见证据的性质。当然，与一般的意见证据相比，大数据证据的意见无疑也存在一定的特殊性。这是因为，作为大数据证据本体的大数据报告，并不是基于外行证人或专家证人的人脑分析作出，而是在很大程度上由智能算法直接生成的。[②] 换言之，大数据证据的意见并非人给出的意见，而是智能算法背后的人工智能出具的意见。故大数据证据也可被称作一种"机器意见证据"。另外，大数据证据在司法实践中的具体运用情形，也可以佐证其具有意见证据的法律性质。一般而言，大数据证据的意见主要体现在对大数据集所包含案件事实的分析和梳理。但在某些特殊情况下，大数据证据指向的可能并非案件事实本身，而是关于被告人、犯罪嫌疑人的一些过往行为或所享有的社会声誉，用以证明其具有某种品格、倾向、习惯或癖好，进而作

---

① 参见兰跃军：《刑事证据规则体系的建构》，载《中国刑事法杂志》2016年第6期。
② 参见刘品新：《电子证据法》，北京，中国人民大学出版社2021年版，第127页。

为法官量刑的重要参考。① 因此，大数据证据的意见内容不仅可以表现为关于案件事实的意见，还可表现为一种关于诉讼当事人品格的意见。基于此，大数据证据便可以划分为两种不同类型，一是事实意见型的大数据证据，二是品格意见型的大数据证据。这两种类型大数据证据的区别在于，前者既能够连接案件事实，也能够连接涉案行为人；后者则与案件事实并无关联，只与涉案行为人的过往行为相关，目的是揭示出行为人所具有的某种道德品质、性格特征、行为习惯或行为倾向。事实意见型的大数据证据在民事和行政诉讼中的形式和适用的对象较为多样化，如"淘宝客反作弊系统数据""百度指数""证券交易监控系统数据""查找我的iPhone"等各种形式的大数据证据均有一定的涉及。② 在刑事诉讼中，事实意见型大数据证据的运用则主要集中在网络诈骗、医保诈骗与传销犯罪等类型的案件，以及需要确定行为人的行踪轨迹等特定的证明对象上。如"资金流水大数据报告""医保大数据报告""传销组织层级、组织架构的大数据报告"以及"车辆大数据"等。品格意见型的大数据证据在司法实践中多见于以下两种形式：一是"舆情分析报告"，用于证明行为人所实施的某种行为所造成的社会影响，及其在社会中所获得的普遍评价；二是"涉诉案件大数据报告"，用于证明对方当事人长期存在某种不良行为习惯，或从事某种不道德职业的可能性，如民间借贷案件中被告提供关于原告涉诉案件大数据报告用来证明其系职业放贷人。

从以上论述中可以看出，不论是从学理上而言，还是从实践中的运用情况来看，大数据证据都具有意见证据的法律性质。因此，对于大数据证据法律地位的探究，应当以意见证据的法律性质作为接下来更进一步研究的理论基点。

## （二）大数据证据并非涉及专门性知识的意见

既然大数据证据的法律性质系意见证据，那么紧接着需要回答的一个问题就是，这种意见证据是否涉及专门性知识？在证据法学理上，意见证据既可以是涉及专门性知识的意见，也可以是仅涉及一般性知识的意见。前者是有专门知识的人就专门性问题出具的专业意见，而后者则主要是普通证人针对其证言中的一般性问题所发表的猜测、推断和评论。并且，这两者的证据资格与审查判断的逻辑是截然不同的。前者一般具有证据资格，遵循"专门性问题由有专门知识的人解决"的审查原则。后者一般不具有证据资格，这是因为对一般知识的审查是专属于裁判者的权限，③故遵循"裁判者独立审查"的审查原则。可见，对于大数据证据是否涉及专门性知识这一问题的判断，直接关涉大数据证据的证据资格问题，以及应当如何对其进行审查判断的问题。因此，准确鉴别大数据证据究竟是属于专门性知识的意见还是一般性知识的意见，对进一步厘清大数据证据的法律地位而言至关重要。

对于大数据证据是否涉及专门性知识的问题，一些学者基于大数据证据与鉴定意见

---

① 参见王燃：《大数据证明的机理及可靠性探究》，载《法学家》2022年第3期。
② 参见刘品新：《论大数据证据》，载《环球法律评论》2019年第1期。
③ 参见[美]阿维娃·奥伦斯坦：《证据法要义》，汪诸豪、黄燕妮译，北京，中国政法大学出版社2018年版，第202页。

在生成逻辑上的相似性，以及在法律性质上的共性，认为大数据证据的内容涉及专门性的知识，应当被归入专家证据之列。这些学者之所以作出这样的判断，理由主要在于两个方面：一方面，大数据证据具有很强的专业性和科学性，普通人无法仅凭常识来理解其结论部分的意见表达；①另一方面，"大数据技术是通过从数据海洋中提炼数据经验并形成自主判断，发现难以通过人工方式总结的客观规律以及隐藏的、人类难以发现的客观联系"。②以上论述在某种程度上代表了当前学界大多数人的观点，但这种观点及其论证的过程都是值得怀疑的。根据学界通说观点，某一事实的认定是否涉及专门性知识，可以依据两种不同的标准进行判断：一是基于知识类型的标准，即该项事实问题的判断是依据一般人的理性、经验和常识，还是特定领域中的专业知识和技能；③二是基于审查判断能力上的标准，即裁判者是否具备足够的知识储备和认识能力，也即裁判者在事实认定上的"能"或"不能"。④在这两种判断标准中，前者是判断是否涉及专门性知识的决定因素和前提条件，后者则是前者在结果层面上所表现出来的差异。换言之，前者是专门性知识的实质判断标准，后者则是形式判断标准。

在形式判断标准上，大数据系统可以轻易地在短时间内收集、挖掘、统计和计算大数据集所包含的信息，并形成大数据报告，解决单凭裁判者自身的认知能力所不能解决的事实认定问题。基于这一点，大数据证据显然满足了裁判者"不能"的标准，故从结果意义上来说，大数据证据似乎可以被认为是一种解决专门性知识的意见证据。然而，当我们将目光转向实质判断标准时，就会发现大数据证据实际上只涉及一般性知识。这是因为，大数据证据之所以能够解决裁判者所不能解决的事实认定问题，原因并不在于大数据证据所产生的增值信息中具有某种专门性知识，而仅仅是因为大数据系统扩充了普通人的算力，加速了对海量电子数据的逻辑归纳，使得大数据系统可以在极短的时间内处理海量的数据信息，迅速完成裁判者在较短的诉讼期限内所不能完成的数据统计、整理和分析的证据审查任务。正因此，才使得大数据证据在是否涉及专门性知识的问题上表现出了较大的欺骗性和迷惑性。有学者也曾指出，"大数据集之所以无法由人力直接读取，并非因其在内容上艰深晦涩、只能通过填补专业知识才能理解，而只是因其体量庞大，如以司法实践中可支配之人力进行读取，将无法在可容忍时间范围内完成，故必须通过计算机算力予以加速"。⑤也就是说，大数据证据产生的增值信息，仅体现在对海量电子数据内容的快速读取和分析上，而非对专门性知识的填补上。由此可知，裁判者在对涉及海量电子数据的事实认定问题上之所以会无能为力，并非因裁判者缺乏相应的专门性知识，而是由于裁判者无法做到在较短的诉讼期限内完成对所有海量电子数据的收集、整理、读取和分析工作。换言之，大数据证据的内容与一般性知识之间不存在质的区别，而只存在量的区别。因此，从实质的区分标准来看，大数据证据实际上并不

---

① 参见刘品新：《论大数据证据》，载《环球法律评论》2019年第1期。
② 卫晨曙：《论刑事审判中大数据证据的审查》，载《安徽大学学报》（哲学社会科学版）2022年第2期。
③ 参见吴洪淇：《刑事诉讼专门性证据的扩张与规制》，载《法学研究》2022年第4期。
④ 参见李学军：《意见证据规则要义——以美国为视角》，载《证据科学》2012年第5期。
⑤ 元轶：《大数据证据二元实物证据属性及客观校验标准》，载《山西大学学报》（哲学社会科学版）2021年第5期。

涉及专门性知识，也就不能被视作一种专门性意见。

对于以上的理由和结论，认为大数据证据涉及专门性知识的学者可能会反驳道：尽管大数据证据的内容本身不涉及专门性知识，但大数据集与大数据算法显然是涉及的，其真实性往往需要由专门知识的人辅助裁判者审查判断。因此，从间接意义上来看，大数据证据仍然可被看作一种涉及专门性知识的意见证据。然而，前述已论证，大数据证据的本体并不包括大数据集与大数据算法，而仅为大数据报告。这二者所具有的专门性知识显然不能被看作是大数据报告本身所具有的专门性知识。此外，即便退一步认为，大数据证据可以将这三者都包括在内，这种观点也是不能成立的。这是因为，针对大数据集和大数据算法的意见，并不是大数据证据自身所产生的意见，而是由鉴定人或其他有专门知识的人所出具的。故关于大数据集以及大数据算法的专门性意见，实际上属于鉴定意见或有专门知识的人的意见，而与大数据证据本身所含的意见并无关系。因此，这种反驳理由也不能说明大数据证据就是一种涉及专门性知识的意见证据。

### （三）大数据证据不同于普通证人的一般意见

根据以上论述可知，大数据证据"出具"的意见并非涉及专门性知识的意见，而只能将其归入一般性知识的意见之列。然而，尽管大数据证据与普通证人的意见同属于一般性知识的意见，却并不意味着这两者在实质上是相同的。事实上，大数据证据在许多方面都有别于普通证人的意见。普通证人的意见，是以其个人的理性分析、经验感觉和生活常识为依据，对其证言中的一个或多个事实进行分析后所得出的"信念（belief）、想法（thought）、推断（inference）或结论（conclusion）"。[①] 由于普通证人的理性分析和经验归纳能力较为有限，而生活常识又具有很强的例外性，故普通证人的意见可靠程度较低，且很可能脱离事实的基础，因此普通证人的意见在许多情况下都属于"证言中缺乏根据的内容"。[②] 更何况，裁判者对于一般性问题完全有能力作出判断，并不需要普通证人的意见作为裁判的参考。只有当出现事实与意见难以区分等特殊情形时，普通证人的一般意见才被容许纳入诉讼。[③] 因此，在学理上，普通证人所作的意见一般不具有可采性。有鉴于此，我国法律也对普通证人意见的证据资格采取了严格限制，如《民事诉讼证据规定》《行政诉讼证据规定》以及《刑事诉讼司法解释》等司法解释及司法解释性文件中普遍规定，证人的猜测性、评论性、推断性的证言，不得作为证据使用，但根据一般生活经验符合事实的除外。

虽然大数据证据并非涉及专门性知识的意见，应当归入仅涉及一般性知识的意见，但与普通证人的意见相比，大数据证据至少在以下四个方面都要表现得更为真实、可靠。第一，事实基础方面。普通证人的意见未必存在相应的事实基础，而大数据证据的意见建立在海量电子数据的事实基础之上，后者的事实基础在数量和质量上都要优于前

---

① See Bryan A. Garner, *Black's Law Dictionary (9th ed)*, Thomson Reuters published, 2009, p.638.
② ［美］斯特龙主编：《麦考密克论证据》（第 5 版），汤维建等译，北京，中国政法大学出版社 2004 年版，第 26 页。
③ 参见何家弘：《司法证明方法与推定规则》，北京，法律出版社 2018 年版，第 122 页。

者。第二，算法和算力方面。大数据系统的算力显然强过人脑的算力，且在大数据深度学习的加持下，大数据算法在复杂度和容错性上也非人脑算法所能及。[①] 这两方面的优势便使得大数据证据的计算分析能力和经验归纳能力都要远超普通证人，所得出的意见更具有可靠性。第三，影响意见准确的因素方面。普通证人的意见是否准确、可靠，不仅取决于个体的认知和分析能力，而且受其主观意志和情感因素的左右，存在较多影响意见准确性的不可控因素。相比之下，大数据证据意见的准确性则仅取决于两个方面：一是海量电子数据的收集是否准确、全面；二是大数据的算法设计和建模是否合理，这使得大数据证据的意见相较于普通证人的意见而言，更具有可控性和可检验性。第四，证明价值方面。普通证人的证言仅在意见可采的特殊情况下，才具有一定的证明价值。大数据系统却可以发掘出海量电子数据中所隐藏的规律性现象，并将其予以直观地展现出来，故大数据证据还具有显著的信息增值意义。

综合以上这四个方面来看，虽然大数据证据与普通证人的意见同为一般性意见，但前者往往要比后者真实、可靠得多。毫无疑问，不能将这两者等同视之。若用与规制普通证人意见相同的标准来规制大数据证据，则会过分限制大数据证据的证据资格，致使其难以在司法证明中发挥应有的作用。因此，规制普通证人意见的逻辑，并不能简单套用在大数据证据的审查判断上。对于大数据证据这种"特殊类型"的一般性意见，需创设新的证据规则以适应其独特的法律性质。

## 三、大数据证据的种类归属

### （一）大数据证据所属证据种类的观点梳理

当前关于大数据证据所属证据种类的观点，主要有"电子数据说""物证说""鉴定意见说""有专门知识的人的意见说""书证说""侦查实验笔录说"以及"独立证据种类说"这七种不同的观点。在以上学者的观点及其论证过程中，虽然并没有明确以大数据证据的本体、结构及其法律性质作为判断证据种类归属的依据，但这些观点实际上仍然可以反映出其背后的论证前提，这也是上述观点之间出现较大分歧的根本原因所在。具体而言，"电子数据说"与"物证说"这两种观点的共同之处在于，都未揭示出大数据证据的意见证据性质，而是直接将大数据证据看作是广义上的"物"。不同之处则在于，前者认为大数据证据的本体仅为大数据集，表现为单一的证据结构；后者则认为大数据集和大数据报告都属于大数据证据的本体，表现为二元的证据结构。另外五种观点均将大数据证据的本体限定为大数据报告，且肯定了大数据证据是基于大数据算法对大数据集进行分析所生成的一种派生证据，证据结构表现为大数据报告、大数据集、大数据算法三者之间的三方结构。但对于大数据证据的性质，各自的看法又有所差别。"鉴定意见说""有专门知识的人的意见说""书证说"以及"侦查实验笔录说"将大数据证据定性为一种专家意见。"独立证据种类说"虽然暗含了大数据证据的性质系意见的

---

① 参见周慕涵：《证明力评判方式新论——基于算法的视角》，载《法律科学》（西北政法大学学报）2020年第1期。

观点，但并未明确表示这种意见究竟是一种专家意见还是一般意见。以上内容可通过表 6-7-2 以直观地呈现。

表 6-7-2　当前学界关于大数据证据种类归属的学说及其分歧

| 关于大数据证据种类归属的观点 | 证据本体 | 证据结构 | 法律性质 |
| --- | --- | --- | --- |
| 电子数据说 | 大数据集 | 单一结构 | 广义上的"物" |
| 物证说 | 大数据集 + 大数据报告 | 二元结构 | |
| 鉴定意见说 | 大数据报告 | 三方结构 | 专家意见 |
| 有专门知识的人的意见说 | | | |
| 书证说 | | | |
| 侦查实验笔录说 | | | |
| 独立证据说 | | | 意见 |

### （二）大数据证据应被视作独立的证据种类

对于大数据证据的种类归属，一些学者可能会认为，这一问题并不值得探讨。理由在于，我国证据种类的划分逻辑并不周延，①且忽视了证据的规范性，不利于证据规则的建构。②还有学者指出，相关性是证据的根本属性，任何事物只要具备相关性，就可以被作为证据来对待。③因此，关于证据种类的探讨可以休矣。这些学者主张摒弃证据种类探讨的观点均有一定道理，但笔者认为，对大数据证据所属的证据种类进行判断仍然是有必要的。这是因为，在司法实践中，不同种类的证据往往对应着不同的证据审查逻辑，故大数据证据究竟应当被当作何种证据来对待，将会直接影响司法实践中对其采取何种审查判断方式。大数据证据应当归属于一种独立的证据种类，但论证的理由与当前学界的"独立证据种类说"较为不同。笔者将从证据学理和实践后果这两个方面对其分别论证。根据前文论述，大数据证据是在案件发生以后或诉讼进程之中，由当事人或司法人员运用大数据算法对大数据集进行收集、挖掘、清洗、整理和计算后所形成的大数据报告。大数据报告、大数据集与大数据算法所共同构成的外部性证据结构表明，大数据证据与鉴定意见、普通证人意见的证据结构基本相同，具有明显的意见证据的性质。因此，不论是从证据本体、证据结构还是法律性质的角度来看，大数据证据都无法被纳入物证和电子数据。此外，前文已阐明，大数据证据之所以能够解决单凭裁判者自身的能力所不能解决的事实认定问题，原因在于大数据系统扩充了普通人的算力，加速了对海量电子数据的逻辑归纳，完成了较短的诉讼期限内人力所不能完成的数据整理、读取和分析工作。简言之，裁判者在此类事实问题上的"不能"，并非因其缺乏某种专门性知识，而只是因其无法在短期内完成如此庞大的工作量。由此可见，大数据证据虽然也是一种意见，但由于其并不涉及专门性知识，故其与鉴定意见、有专门知识的人的

---

① 参见万毅：《证据概念及其分类制度批判——法解释学角度的反思》，载《兰州学刊》2015 年第 6 期。
② 参见孙远：《论法定证据种类概念之无价值》，载《当代法学》2014 年第 2 期。
③ 参见张保生、阳平：《证据客观性批判》，载《清华法学》2019 年第 6 期。

意见以及检验报告类的书证等专家证据不能相提并论，不能被看作一种专家证人的意见证据。

综合以上两个方面来看，大数据证据从学理上显然与现有的任何一种证据种类都存在着本质区别，因而只能赋予其独立的证据种类地位。若在司法实践中将大数据证据看作是现有的某一证据种类，并按照此类证据的审查逻辑对其进行审查判断，则可能导致以下问题。其一，若将大数据证据归入物证或电子数据的种类，那么就意味着，大数据证据的收集和审查也要遵循"物质交换原理"（the principle of material exchange）和"双联性原理"。前者是指导物证的收集以及物证技术分析的原理，其内容可凝练为"接触即留痕"。[1] 后者则是审查判断实物证据的原理，即实物证据一方面要与案件中任一人、事、物、时、空存在联系，[2] 另一方面要和受审查的人、事、物、时、空存在联系。对于电子数据而言，"双联性"又可体现为"内容与载体的双重关联性"。[3] 基于双联性的认识论原理，实物证据审查判断的认知方法论即"同一认定"。[4] 但实际上，大数据证据的收集和审查判断并不遵循这两大原理，也并不适用同一认定的审查判断方式。（1）证据只有生成于案件发生之前或案件发生过程之中，才能够按照"接触即留痕"的规律对其进行收集。然而，大数据证据是案发之后或诉讼进行中，在大数据集的基础之上所派生出的分析报告，因此，"物质交换原理"显然并不适用于大数据证据。（2）大数据证据仅具有单联性，只能与受审查的人、事、物、时、空相关联，其能否与案件中任一人、事、物、时、空相联系，并不取决于大数据报告，而取决于大数据集能否与案件中的各项事实要素相互关联起来。因此，同一认定的审查办法也只能针对大数据集，而无法针对案发以后派生于前者的大数据报告。其二，鉴定意见、有专门知识的人的意见（专家证人证言）以及检验报告类的书证等证据种类，涉及裁判者所无法单独解决的专门性知识问题，这使得裁判者不得不阶段性地"让渡"一定的事实裁判权给有专门知识的人。[5]

因此，该类证据遵循"专门性问题由有专门知识的人解决"的审查判断原则。同理，若把大数据证据也看作一种涉及专门性知识的意见证据，那么对其审查判断同样应当遵照"专门性问题由有专门知识的人解决"的原则，裁判者也要将一定的事实裁判权"让渡"于生成大数据报告的大数据平台或系统。然而，将事实裁判权"让渡"于大数据平台或系统却较为不妥。在对鉴定意见的审查中，裁判者之所以能够将一定的事实裁判权"让渡"于鉴定人，是因为鉴定意见建立在学界或行业所公认的科学原理和精密仪器分析的基础之上，具备相对的可信赖性。并且，鉴定的过程及其理由必须公开，这又为后续的质证提供了重复检验的可能性。相比之下，虽然大数据证据远比普通证人的一般性意见要可靠得多，但问题在于，大数据系统的分析是由纯粹的算法黑箱完成的。大数据报告究竟是如何作出的，大数据平台或系统并不会对此给出任何演示过程和论证理由。人们只能看到最终会得出一份怎样的分析报告，而无法了解产生这一分析报告的原

---

[1] 参见李学军主编：《物证技术学》（第5版），北京，中国人民大学出版社2021年版，第16页以下。
[2] 参见徐立根：《论物证的双联性》，载《法学家》1997年第2期。
[3] 参见刘品新：《电子证据的关联性》，载《法学研究》2016年第6期。
[4] 参见徐立根主编：《物证技术学》（第2版），北京，中国人民大学出版社1990年版，第22页以下。
[5] 参见李学军：《诉讼中专门性问题的解决之道——兼论我国鉴定制度和法定证据形式的完善》，载《政法论坛》2020年第6期。

因和过程。因此，若在实践中将大数据证据视为专家证据，实际上是对算法黑箱的过分信任，其中暗含的巨大风险几乎是不可控的。其三，将大数据证据视作一种特殊的侦查实验笔录的观点，在诉讼程序上存在较大的局限性。由于刑事诉讼中的大数据证据几乎都是由控方所提供的，"侦查实验笔录说"的观点在刑事诉讼中可能具有一定的合理性。但是，在民事诉讼和行政诉讼中，大数据证据是由当事人（民事主体或行政机关）所提供的，而且也并不需要公安机关为了调查案件事实动用刑事侦查手段进行大数据侦查实验。因此，将大数据证据视作侦查实验笔录的观点，显然无法囊括在民事诉讼或行政诉讼由当事人一方提供的大数据证据的情形中。

综上，不论是基于学理上的理由还是实践中的后果，大数据证据都不能被归入任何一项现有的证据种类，而理应赋予其独立证据种类的法律地位。

## 四、大数据证据的法律地位对于司法实践的启示

### （一）大数据证据的审查以"裁判者独立审查"为原则

在证据法的学理上，涉及专门性知识的证据与涉及一般性知识的证据，遵循着不同的审查原则。对于涉及专门性知识的证据，由于裁判者不具备相应的专业知识，故审查时应遵循"专门性问题由有专门知识的人解决"的审查原则。但对于仅涉及一般性知识的证据，裁判者完全有能力在诉讼双方举证、质证的基础上，作出独立且理性的判断，无须其他人的干预或协助。因此，在仅涉及一般性知识的证据审查上，应遵循"裁判者独立审查"的原则。前述已论证，大数据证据本身并不涉及诉讼中的专门性知识，这就意味着，在大数据证据的审查判断上，作为普通人的裁判者无疑具备一定的自主审查能力，其并不需要将事实裁决的一部分权力"让渡"于大数据平台或系统，而是应当以"裁判者自主审查"为原则。另外，从司法实践的角度来看，裁判者的"不能"主要体现在对海量电子数据的收集、挖掘、清洗、整理和计算上，而非对大数据证据所含信息内容的审查"不能"。实际上，在许多情况下，大数据证据究竟与案件事实之间存在着多强的关联性，具备多少证明力，能在多大程度上实现证据提出方所主张的证明目的，裁判者往往都具备一定的独立审查能力，并不需要"让渡"其审查判断的权力，也不必然需要有专门知识的人参与大数据证据的质证和认证，以辅助裁判者认定案件事实。这一点在笔者检索到的如下司法案例中可以得到体现。例如，在一起民间借贷纠纷案中，被告提交了一份"四川省民间借贷大数据报告"，用以证明原告系职业放贷人。对此，该案审理法院认为，该份大数据报告"系被告从互联网上打印资料，未有证据原始来源显示。大数据系对全省总体大数据进行提取，涉及的案件当事人并非特指，且未有对本案原告就是职业放贷人的明确鉴别结果。"上述认证理由显示，法院从证据的真实性和关联性两个角度，对该份大数据证据予以了否定。在另外一起著作权侵权纠纷案中，被告提交了一份原告涉诉案件大数据报告，用以证明原告是以牟利为目的进行的诉讼，系滥用诉讼权利的行为；该案审理法院认为，"因其结论的客观性及准确性均难以确认，且就证据本身反映的情况而言，并不能证实原告的职业化维权诉讼行为违法，故本院对此亦不予采信"。在该案中，法院基于该份大数据证据的真实性和证明力两个方

面,作出不予采信大数据证据的结论。从以上两个案例可以看出,要判断大数据证据与案件是否具有关联性和真实性,其能否实现证据提出方所主张的证明事项,在许多情况下并非难事,作为普通人的裁判者显然具备一定的审查判断能力。因此,裁判者并不需要将部分事实裁判权"让渡"于生成大数据证据的大数据平台或系统,而应当由裁判者独立进行审查,并作出独立的判断。此外,当诉讼当事人未就大数据证据的原生证据(大数据集)或分析方法(大数据算法)提出质疑,没有主动提出对大数据集中某些电子数据的哈希值,或者对大数据算法的正确性和公正性进行司法鉴定的要求时,通常便不需要聘请有专门知识的人参与诉讼,协助裁判者认定海量电子数据或大数据算法中涉及专门性知识的部分案件事实,进而判定大数据证据本身是否可采。综上,不论是从证据法学理上而言,还是从现实层面的角度来看,裁判者对于大数据证据的审查判断都应当遵循"裁判者独立审查"的原则。

### (二)大数据证据的审查须设置有限采纳规则

虽然大数据证据与鉴定意见有着相同的证据结构,且性质上也都属于意见证据,但由于大数据并不涉及法律专门性知识,其与鉴定意见等专家证据之间存在本质上的差别。因此,大数据证据的审查规则不能照搬"专门性问题由有专门知识的人解决"的逻辑来创设,采取原则上予以采纳,例外情形下应当排除的做法。否则,大数据证据的证据资格便会过于泛滥,在实践中成为定案根据的概率也将不当地增加,甚至可能成为一种"事实上的专家证据"。另外,基于计算机的强大算力和逻辑归纳能力,大数据系统能够在海量电子数据中挖掘并总结出关于某一事实的隐藏规律。相较于普通证人就其证言所作出的猜测性、评论性和推断性的意见,大数据证据显然要可靠得多。所以,大数据证据的规则设置也不能完全参照普通证人意见的审查规则,采取原则上予以排除,例外情形下可采纳的做法。如此一来,便过分限制了大数据证据的证据资格,使其难以被纳入诉讼,无法在司法证明中发挥其应有的作用。综合以上两个方面,在大数据证据审查规则的设置上,既不能照搬专家证据的审查逻辑,也不能完全参照普通证人意见的审查逻辑,最好是设置成"有限采纳规则",以适应其特殊性。所谓"有限采纳规则",即某种事物可以为某个限定的目的而被采纳为证据。例如,证人先前的矛盾陈述可以用来反驳其之后所作的证言,但不得用于直接认定案件事实。[①] 在对大数据证据的审查上设置有限采纳规则,既可以防止出现证据资格泛滥的问题,也可以保证其在司法实践中发挥应有的证明作用。具体而言,大数据证据的有限采纳规则可以考虑设置成两种不同的规制方式:一是将大数据证据限定在某些特定的证明用途,二是将大数据证据限定在某些特定的证明事项。这两种方式所针对的大数据证据的类型也有所不同。事实意见型的大数据证据,适用限定于特定证明用途的规制方式。此类大数据证据对案件事实的证明是基于数据层面的相关性分析,而非对案件事实因果关系的分析。[②] 从根本上而言,事实意见型的大数据证据是一种关于案件事实的概率性证明,不可避免地会存在一定的误

---

① 参见何家弘:《司法证明方法与推定规则》,北京,法律出版社 2018 年版,第 124 页。
② 周蔚:《大数据在事实认定中作用机制分析》,载《中国政法大学学报》2015 年第 6 期。

差,且这种误差的风险是难以准确评估的。故有学者指出,若仅凭大数据证据来证明要件事实,可能产生"以概率推断替代事实推断的隐忧"。[①] 对此,学者指出,相关关系实际上是因果关系的派生,大数据证据的相关关系基于数理上的因果关系。[②] 但即便如此,这种数理之间的因果关系也是无法直观地呈现给裁判者的。因此,仅使用大数据证据认定某一要件事实仍然存在较高的错误风险。

基于以上理由,事实意见型的大数据证据不宜被单独用来证明要件事实,而应当被限定在两种特定的证明用途:其一是用于补强和印证其他真实性存疑或证明力不足的证据。如补强当事人陈述、被告人供述、被害人陈述以及有利害关系的证人证言等真实性存疑的言词证据,或者用大数据证据来印证物证、书证等证据中存疑的内容。其二是用于质疑和反驳其他证据或推定事实,如可用大数据证据来弹劾当事人陈述、被告人供述、证人证言等言词证据中的矛盾内容或不实内容,或者是在对物证、书证等证据的质证中对其真实性或证明力进行质疑,再或者是将其作为推定规则中的"有相反的证据",反驳推定事实的成立。品格意见型的大数据证据,适用限定于特定证明事项的规制方式。这样做的理由在于,此类大数据证据是通过证明诉讼当事人或证人有某种行为或习惯,进而说明其现在或今后有继续实施某种行为的倾向,这与一般意义上的品格证据并无实质性的差别。在大多数情况下,品格证据与案件事实之间并不存在关联性,而只在少数的证明事项上才具有一定的证明价值,故品格意见型的大数据证据只能被限制在某些特定的证明事项上。在民事案件的审理中,只有当诉讼当事人的品格是案件所涉及的法律要件之一,或者与案件处理的实质性问题直接相关时,品格意见型的大数据证据方可被纳入诉讼。例如,婚姻家事类案件中当事人的品格本身便是法官判决双方离婚、婚姻损害赔偿金以及子女抚养权的一项重要事实根据。若有一方当事人提出了有关对方的网络访问记录分析报告及资金流分析报告等大数据证据,以此证明对方有长期网络赌博的恶习,并主张其在婚姻中有重大过错,且不适宜抚养未成年子女时,那么这种品格意见型大数据证据就应当被认为具有证据资格。在刑事案件的审理中,基于无罪推定原则和证据裁判主义,品格意见型的大数据证据无疑不应被用于定罪事实的证明,但在量刑事实的证明中却可以发挥一定的作用。例如,被告人的网络访问记录大数据报告显示,其曾经在手机、电脑等设备上频繁搜索和浏览某些与犯罪行为相关的内容。这一证据虽然并不能用来认定被告人就是具体案件中的犯罪行为实施者,但在量刑事实的证明中可以用来评估被告人的社会危险性,作为确定最终量刑幅度的一项重要事实根据。

### (三)大数据证据的审查须设置证据排除规则

在大数据证据的审查中设置有限采纳规则,可以在充分利用和有效制约之间起到一定的平衡作用,但不得不承认的是,这种制约所能解决的证据资格问题仍然是有限的。因为有限采纳只是从正面的角度划定一个可以采纳的范围,并没有在划定的可采范围之内,进一步从反面的角度排除那些不应当采纳的情形。因此,在大数据证据的审查

---

[①] 参见程龙:《论大数据证据质证的形式化及其实质化路径》,载《政治与法律》2022年第5期。
[②] 参见王燃:《大数据证明的机理及可靠性探究》,载《法学家》2022年第3期。

中还应当设置相应的证据排除规则，以对其证据资格进行全面的规制。从逻辑上而言，派生证据是否可以被纳入诉讼中，取决于生成派生证据的原生证据及其分析方法的关联性、真实性与合法性。当原生证据或分析方法出现与案件事实不存在关联性、真实性存疑或者是不合法的情形时，派生证据便不具有证据资格，应当将其排除在诉讼之外。例如，作为一种最典型的派生证据，鉴定意见能否被纳入诉讼中，主要在于两个方面的因素：一是原生证据方面的因素，如检材是否来源不明，有无被污染的痕迹等；二是分析方法方面的因素，如检验的程序是否合法，检验的方法、原理是否科学，检验仪器有无损坏，鉴定机构及鉴定人是否具备鉴定资质或鉴定资格等。若原生证据或分析方法在以上方面存在问题时，鉴定意见便毫无意义。在《死刑案件证据规定》第 24 条关于鉴定意见证据排除的规定中，许多方面也正是围绕着原生证据和分析方法所展开的。同理，在具体案件的审理中，大数据证据能否被赋予相应的证据资格，在很大程度上也取决于作为原生证据的大数据集，以及作为分析方法的大数据算法。一方面，大数据集是大数据证据的事实基础。当大数据集中存在着较多不实、误导、重复或过时的数据时，大数据证据就很可能建立在虚假的、错误的事实基础之上，其意见的可靠性无法得以保证。[①]另一方面，大数据算法是大数据证据的方法基础。若大数据算法模型不准确或算法模型不公正，[②] 所得出的结论便是对大数据集信息内容的误读或曲解，大数据证据也不可能是对案件事实的准确反映。因此，当大数据集与大数据算法存在以上问题时，大数据证据就不能被给予证据资格，而应被排除在诉讼之外。

## 五、小结

大数据证据的法律地位是大数据证据相关理论研究的一项重要议题，也是助益于实务界解决大数据证据的证据资格问题的理论前提与法理依据。笔者认为，关于大数据证据法律地位的研究应当围绕大数据证据的本体与结构，大数据证据的法律性质，以及大数据证据的种类归属这三个问题逐一展开。在本体与结构方面，大数据证据的本体仅为大数据报告，结构表现为大数据报告与大数据集、大数据算法之间的外部性结构关系。在法律性质方面，大数据证据的法律性质系意见证据，这种意见本身并不涉及专门性知识，但又与普通证人的一般意见有着较大的区别。在证据的种类归属方面，大数据证据的本体、结构与法律性质共同决定了，大数据证据不同于以往任何种类的证据，应当被赋予独立的证据种类地位。综上所述，笔者以为，大数据证据的法律地位对于司法实践的启示意义在于，大数据证据的审查判断应当遵循"裁判者独立审查"原则，并须设立相应的有限采纳规则与证据排除规则。

周慕涵，江西财经大学法学院讲师，法学博士。本节内容以《论大数据证据的法律地位》为题发表于《法律科学》2023 年第 4 期，收录本书时有改动。

---

① 参见刘品新：《论大数据证据》，载《环球法律评论》2019 年第 1 期。
② 参见王燃：《大数据证明的机理及可靠性探究》，载《法学家》2022 年第 3 期。

# 第三编

# 刑事控辩审

**本编导言**

　　刑事检控是检察机关在刑事司法中代表国家提起诉讼的程序。近年来，我国检察制度改革的广度和深度不断拓展。监察委员会的设立旨在完善我国法律监督体系，破解长期存在的"同体监督"难题，进一步明晰检察机关在法律监督和诉讼监督方面的职能定位，实现对国家公职人员职务廉洁性的全面监督。监察体制改革将检察机关原有的职务犯罪侦查权等职权分离并划归监察委员会，为明确定义检察机关职能、构建以公诉权为核心的检察制度改革提供了机遇。在监察体制改革的新形势下，检察机关应合理处理与国家监察委员会的关系，建立相互协作、相互监督的检察监督与监察监督联动机制。检察官的职业保障是新时代检察工作的运行的基础性制度安排，通过对检察官行使职权、检察官的身份、工资保险福利、人身财产、退休等方面予以保障，促使检察官依法公正地履行职责。检察工作现代化已成为中国式现代化的重要方面。

　　刑事审判是刑事司法活动中最终确定被告人是否有罪及罪刑轻重的关键环节，刑事侦查、刑事检控等审前程序是刑事审判程序的准备阶段。刑事审判是法院对被追诉人是否承担刑事责任作出裁决的过程。换言之，刑事审判就是由法院代表国家认定刑事案件的事实并适用相关法律的程序。而刑事审判的核心是依据证据认定案件事实，控辩双方将在审判中提出证据、进行质证，由法院对证据的证据能力和证明力进行裁决。刑事辩护，是被追诉人为维护自身合法权利，以推翻或减轻刑事指控为目的，以防御、辩解为特征的刑事司法活动。程序正义是刑事司法公正的重要保障，审判过程中要充分保障被告人的辩护权和其他诉讼权利。

　　刑事辩护既是刑事审判的重要组成部分，也贯穿刑事司法的各个环节。司法鉴定是刑事司法与法庭科学的交融，刑事司法活动中存在大量专门性问题，这些专门性问题需要专门的知识和技能，或者需要借助特定技术设备才能准确认识和说明，这就需要在刑事司法程序中引入鉴定人员进行鉴定并给出其专业意见。在刑事庭审实质化的要求下，鉴定意见正从"科学权威"走向"意见证据"，证据地位变化的背后彰显出理念的革新，对深入推进以审判为中心的刑事诉讼制度改革具有重要意义。

# 第七章　刑事检察

## 第一节　我国的未检治理

季美君

未成年人犯罪是一个全球性的社会问题。在大数据智能化时代，当前我国的未成年人犯罪虽然总体态势趋好，严重暴力犯罪数量持续下降，但未成年人聚众斗殴、寻衅滋事、强奸犯罪却有人数上升综合治理效果亟待提升。我国未成年人犯罪具有涉及罪名相对集中、流动未成年人犯罪占比超半、社会治理问题严峻等特点。在未成年犯罪治理方面，仍存在理念未能与时俱进、案件办理机械化、配套制度不够完善、专业团队缺乏等诸多问题。为构建以检察机关为核心的涉罪未成年人社会治理体系，必须以刑事一体化思想为指导，转变理念，充分发挥未成年人检察公益诉讼职能，建立罪错未成年人分级干预机制，加强未管所检察监督，完善绩效考核制度，从而提升教育改造效果，促进未检工作长足发展，为培养担当民族复兴大任的时代新人奉献检察智慧。

### 一、问题的提出

未成年人犯罪是一个世界性的社会问题。在全球化网络时代，未成年人犯罪问题日益严重，与毒品传播、环境污染并列成为世界三大治理难题。世界各国都在积极采取相应措施来解决这一棘手问题，我国也不例外。2020年《未成年人保护法》和《预防未成年人犯罪法》的修订，进一步完善了中国特色社会主义未成年人法治体系；2020年5月通过的《民法典》，既是涵盖社会生活方方面面的百科全书，也是明确未成年人权利义务的护身宝典；《刑法修正案（十一）》的通过，更加突出了"双向保护"观念。这一系列法律的修订与实施，为有效打击惩治未成年人犯罪提供了更多法律依据，同时也为完善未成年人保护工作协调机制，构建"家庭、学校、社会、网络、政府、司法"六大保护体系创造了有利条件。可以说，这些有利条件对如何更好地实施相关法律规定，为未成年人的健康成长营造更为有利的环境提供了新平台、提出了新要求。本部分内容试以刑事一体化思想为指导，立足当前我国未成年人犯罪基本样态和科技发展新水平，尝试深入研究未成年人犯罪社会治理体系问题，构建智慧未检穿透式治理模式，提升未成年人犯罪社会综合治理的水平和境界。

### 二、未成年人犯罪进行穿透式治理必要性分析

未成年人对一个国家未来发展的重要性是不言而喻的。未成年人犯罪，不管具体原因是什么，都会与家庭和社会环境密切相关，也会直接关涉一个家庭的幸福指数，

会让一个家庭甚至是整个家族跌入痛苦无望的深渊，进而影响整个社会的安宁和谐与稳定。由于未成年人犯罪涉及方方面面，同时又具有自身的诸多特点，尤其是在"互联网+"时代，新型犯罪和传统犯罪网络化特征越来越明显，喜欢网络善玩网络的未成年人，很容易成为网络犯罪的主要群体。如新型网络赌博犯罪增速快、占比高，具有复杂性、隐蔽性和扩张性等特点，其中未成年人染指网络赌博犯罪的比例也越来越高。未成年人犯罪结构体系正在发生深刻的转变，传统的犯罪治理模式虽有一定的控制效用，但已经不能满足网络时代未成年人犯罪治理需求。如何让刑法发挥出最佳效果，同时又能把握好惩治涉罪的未成年人和保护未成年之间的平衡，运用互联网快速发展的技术和智慧，采用信息化手段增强治理能力、提升治理效果，让整个社会在帮教涉罪未成年人方面形成合力，从而实现社会的安宁与和谐，就有必要对犯罪治理体系进行结构性调整优化，建立以检察机关为核心的智慧未检穿透式治理体系。这里所说的"穿透"，主要是指透过事物的表面现象探寻其本质特点，"拨开云雾见天日"，强调对事物原始、内部、深层次问题的逐层剖析，进而提出有针对性的治理对策。下面就从当前我国未成年人的犯罪态势和特点两个方面来分析、构建智慧未检治理体系的必要性。

### （一）当前未成年人犯罪态势

近年来，最高人民检察院曾三次发布《未成年人检察工作白皮书》（以下简称《白皮书》），这是我们了解当前未成年人犯罪态势的重要依据。据2014年至2019年的《白皮书》介绍：2014年至2019年，五年中，在审查逮捕环节，检察机关共受理未成年犯罪嫌疑人284 569人，作出不批准逮捕决定88 953人；受理审查起诉383 414人，作出不起诉决定的有58 739人（包括附条件不起诉考验期满后不起诉），附条件不起诉的有32 023人，不捕率、不诉率、附条件不起诉率分别为31.43%、16.70%和8.78%，均高于普通刑事犯罪。而且附条件不起诉的人数，自2015年以来逐年增加，被重新提起公诉的人数保持在3%左右。[①] 而2022年，批捕未成年犯罪嫌疑人1.5万人，不批捕3.3万人，未成年犯罪嫌疑人不捕率为68.5%，同比增加18.1个百分点；起诉未成年犯罪嫌疑人2.7万人，不起诉4.1万人，不诉率为59.9%，同比增加20.8个百分点；附条件不起诉2.6万人，同比上升32.2%，附条件不起诉率为36.1%，同比增加6.4个百分点，[②] 可见涉及未成年人犯罪的不捕率、不诉率、附条件不起诉率均呈明显上升趋势，这是各级检察机关落实宽严相济刑事政策的结果。

这些统计数据表明，检察机关在挽救帮助涉罪未成年人和保护未成年人利益方面加大了工作力度。同时也表明，我国当前未成年人犯罪治理依然任务艰巨。《白皮书》的分析结论为："当前未成年人犯罪总体形势趋稳向好，未成年人涉嫌严重暴力犯罪和毒

---

① 最高人民检察院：《未成年人检察工作白皮书（2014—2019）》，2020年6月1日发布。涉未成年人犯罪，包括未成年人犯罪和针对未成年人犯罪，限于讨论的主题和篇幅，本文主要探讨未成年人犯罪治理问题，但在构建智慧未检治理体系时，也包括针对未成年人犯罪问题，如性侵未成年人犯罪、拐卖儿童犯罪等。

② 统计数据来自最高人民检察院案件管理办公室。

品犯罪、校园欺凌和暴力犯罪、14周岁至16周岁未成年人犯罪数量逐步减少，未成年人重新犯罪率整体平稳。但稳中有变，好中有忧，未成年人犯罪数量有所回升，未成年人聚众斗殴、寻衅滋事、强奸犯罪人数上升；同时，侵害未成年人犯罪形势不容乐观，性侵害、暴力伤害未成年人，成年人拉拢、诱迫未成年人参与黑恶犯罪等问题相对突出。"①这一结论，也可以从最高检在2021年6月和2022年6月发布的《白皮书》披露的相关统计数据中得到佐证。受理审查逮捕未成年犯罪嫌疑人的人数，2020年为37 681人，2021年增加到55 379人；提起公诉的人数（含附条件不起诉考验期满后起诉人数），2020年为33 219人，2021年为35 228人，也略有增长。未成年犯罪嫌疑人在被审查逮捕、审查起诉的数量上，2019年同比分别上升7.51%、5.12%，但2020年同比分别下降21.95%、10.35%，这是五年来的最低点。下降的主要原因与2020年初新冠疫情暴发，疫情防控严格，人员流动聚集骤然减少密切相关。2021年，检察机关加大涉罪未成年人工作力度，以最大限度教育感化挽救他们，效果初显。②特别值得关注的是，侵害未成年人的犯罪，2020年共批准逮捕38 854人，提起公诉57 295人，而2021年分别为45 827人和60 553人，呈上升趋势。

从这些统计数据来看，我国涉未成年人犯罪的总体情况为：在多年连续下降趋于平稳后，未成年人犯罪数量又开始回升，而侵害未成年人犯罪的数量依然处于上升状态，这两种现象加剧了保护未成年人的难度。虽然我国未成年人犯罪的总体态势趋好，但绝对数仍然很大，如2021年，检察机关批提起公诉的较严重犯罪的未成年人就有3.5万，而且还呈上升现象。这些涉罪未成年人背后的家庭就会因此支离破碎，因未成年人犯罪所带来的种种负能量，也会让整个家庭的日常生活蒙上阴影。因此，深入分析这些数据背后所隐藏的未成年人犯罪的特点，可以为构建涉罪未成年人社会治理体系提供可靠而坚实的基础。

### （二）未成年人犯罪特点分析

根据最高检2020年《白皮书》数据分析，2020年各季度，受理审查逮捕未成年犯罪嫌疑人数分别为5 695人、7 941人、12 996人和11 049人，前三季度同比分别下降42.09%、42.08%、7.16%，第四季度有所反弹，同比上升2.95%。其原因为：2020年初新冠疫情暴发，我国采取非常严格的疫情防控措施，缩小了社会交往时间和活动空间，犯罪活动也相应受到了限制。从图7-1-1和图7-1-2中可以清晰地看出，2017年至2019年，全国检察机关受理审查逮捕和受理审查起诉的未成年人犯罪人数比较平稳，但2020年突然下降，2021年又开始反弹。③

---

① 最高人民检察院：《未成年人检察工作白皮书（2014—2019）》，2020年6月1日发布。
② 张军：《最高人民检察院工作报告》——2022年3月8日在第十三届全国人民代表大会第五次会议上，第9页。
③ 本节中有关未成年人犯罪的统计数据及相关图表，均来自最高人民检察院2021年6月1日发布的《未成年人检察工作白皮书（2020）》和2022年6月1日发布的《未成年人检察工作白皮书（2021）》。

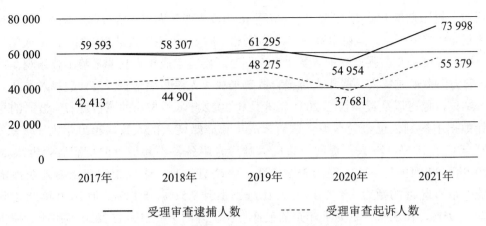

图 7-1-1　2017—2021 年未成年人犯罪情况

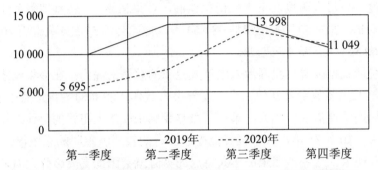

图 7-1-2　2019 年、2020 年各季度受理审查逮捕未成年人犯罪情况

从全国检察机关受理的涉未成年人犯罪刑事案件来分析,当前我国未成年人犯罪呈现出以下几个方面的新特点。

**1. 涉嫌罪名相对集中,严重暴力犯罪持续好转**

2020 年,从全国检察机关受理审查起诉未成年人犯罪的情况来看,排名前三的是盗窃罪、聚众斗殴罪和寻衅滋事罪,这些犯罪种类显然与未成年人心智不够成熟、容易冲动、喜欢聚众闹事的年龄特点密切相关。但是,未成年人涉嫌严重暴力犯罪的总数则持续下降,不但涉罪人数下降,占比也呈下降趋势(见图 7-1-3)。

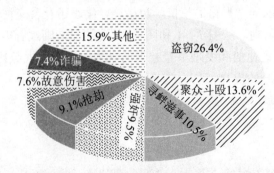

图 7-1-3　2020 年未成年人涉嫌罪名分布图

在涉嫌严重暴力犯罪继续下降,校园欺凌和暴力犯罪数量也明显下降的同时,低龄未成年人犯罪的占比却有所回升。2016 年至 2020 年,年龄在 14 周岁至 16 周岁之间受

审查起诉的未成年人，占全部未成年人受审查起诉的比例分别为 9.97%、8.71%、8.05%、8.88% 和 9.57%，近两年呈上升趋势。

**2. 流动未成年人犯罪占比超半，社会治理问题严峻**

2020 年，各地检察机关受理审查起诉未成年人犯罪案件中非本县 13 923 人、非本市 8 729 人、非本省 5 213 人，占全部受理审查起诉人数的 50.71%，这一统计数据反映出当前我国社会加强流动未成年人管理、教育工作迫在眉睫，必须引起全社会的高度重视。

**3. 未成年人重新犯罪率整体平稳，帮扶工作初显成效**

2016 年至 2020 年，全国检察机关受理审查起诉未成年人中曾受过刑事处罚的分别为 2 246 人、1 938 人、2 054 人、2 349 人、2 092 人，分别占同期受理审查起诉未成年人总数的 3.80%、3.25%、3.52%、3.83%、3.83%，保持在 3% 至 4% 之间，平均重新犯罪率为 3.65% 左右（见图 7-1-4）。

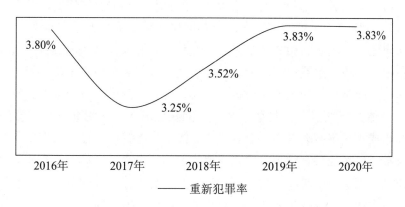

图 7-1-4　2016 年至 2020 年未成年人重新犯罪率

## 三、未成年人犯罪穿透式治理要解决的难点问题

从上述统计数据和未成年人犯罪特点可以看出，当前我国治理未成年人犯罪工作依然艰巨。检察机关采取各种措施积极落实《未成年人保护法》，以司法保护带动促进家庭、学校、社会和网络保护与政府保护相融合，形成一股合力。如持续落实 2018 年针对校园安全发出的"一号检察建议"，采取推动入职查询，解聘有前科劣迹人员，从严追诉性侵、虐待侵害未成年人犯罪以及选派优秀检察官担任中小学法治副校长等措施，携手各方为孩子们撑起一片法治艳阳天。[①] 事实上，保护未成年人的健康成长，就是在保护祖国的未来，这是全社会的共同责任。

不容忽视的是，笔者经实证调研了解到，当前检察机关在办理未成年人犯罪案件时，还存在着以下几个方面的难点与困境，这是治理帮教涉罪未成年人过程中存在的普遍性难题，也是构建穿透式治理体系要着重解决的难点问题。

---

① 张军：《最高人民检察院工作报告》——2022 年 3 月 8 日在第十三届全国人民代表大会第五次会议上，第 8-9 页。

### （一）理念没有与时俱进，办理案件机械化

理念是行动的先导，是指引办案的思想和灵魂。但是，从检察实践来看，有些检察官在办理未成年人犯罪案件时，在理念上并没有与时俱进，既没有考虑到此类案件的特殊性，也没有贯彻"在办案中监督、在监督中办案"这一新的检察理念，而是以办理成年人犯罪的思维来处理未成年犯罪案件。如某基层院办理的一起共同犯罪案件中，一名不满 14 周岁的未成年人周某，既没有到场打架，也没有组织、策划打架事件，但有两波人为帮他"报仇"先后暴打被害人致死。在这起案件中，打架事件确实因他需要"报复"而起，那周某应不应定为此案的主犯？在不同办案理念指导下，答案自然就会完全不同。

在这一共同犯罪案件中，周某到底应认定为主犯还是从犯？定罪问题应以我国《刑法》的相关规定和案件中周某的行为性质及作用为依据。我国《刑法》第 26 条规定：组织、领导犯罪集团进行犯罪活动的或者在共同犯罪中起主要作用的，是主犯。共同犯罪是指两人以上共同故意犯罪，三人以上为共同实施犯罪而组成的较为固定的犯罪组织，是犯罪集团。从刑法的相关规定来看，一名普通的未成年人，心智尚未成熟，事实上也不具备组织、领导犯罪集团的能力，而且他没有到场参与打架，又如何在共同犯罪中起主要作用，即由他作为主力将被害人打死？这么一分析，将他定为主犯显然不太恰当。当然，具体案情细节会更复杂一些。一位办理未成年人犯罪案件的资深检察官认为：在办理未成年人犯罪案件中，若以成年人的眼光去看待，往往会把案子办偏而出现差错。这就涉及办案检察官的理念问题，要是他脑子里存有未成年人犯罪具有特殊性这一理念，在调查核实案件时，就会多问一句，多了解一些案件细节，那犯罪的原因就会更加清晰，从而作出对未成年人有利、也更加贴近现实的判断。心智尚未发展成熟的未成年人，尤其是处于青春期的未成年人，考虑问题、做事情往往直来直去，没有那么多的弯弯绕绕，与成年人犯罪案件相比，其犯罪情节比较简单，在证据搜集上也没有太多困难之处。但此类案件，最大的难点是帮教问题，也即如何让涉罪的未成年人顺利回归社会，走回正道，这就涉及制度的配套设计问题。①

### （二）制度配套不健全，改造效果虚空化

2020 年 10 月新修订的《未成年人保护法》第 4 条规定：保护未成年人，应当坚持最有利于未成年人的原则。同时强调要适用保护与教育相结合原则，充分考虑未成年人的身心特点。但由于我国当前仍处于社会主义发展初级阶段，在涉及未成年人犯罪问题时，相关制度不够完善，配套制度也不够健全。如前所述，人类社会进入大数据网络时代，我国未成年人犯罪数量增加，呈现出诸多新特点，但由于没有针对这些新特点及时完善相关配套制度与应对措施，在一定程度上导致对涉罪未成年人的改造效果虚空化。"短期监禁的矫正效果日益降低这种趋势是由社会开放程度日益提高决定的。改造效果不佳，从根本上说是社会问题。"

---

① 储槐植：《建立刑事一体化思想》，载《中外法学》1989 年第 1 期。

制度配套的不健全表现在许多方面。一是在日常工作生活中，大家都知道未成年人是祖国的花朵，但又没有为花朵的茁壮成长提供足够的阳光雨露、肥沃的土壤、悉心的看护等，恰恰相反，各种陷阱却是无处不在的。如2022年3月7日最高检发布的第145号指导性案例中所揭示，网吧经营者多次违规接纳未成年人进入，行政监督又不到位，这不但损害未成年人身心健康，不少未成年人因沉迷网络游戏而荒废学业，也易滋生违法犯罪。这也是此案被列为最高检指导性案例的关键原因。二是在办案层面，尽管有些地方已建立少年警务制度，但还是有不少地方没有设立专门负责侦查未成年人犯罪案件的警察；在检察机关内虽设有未检办公室（最高检为未成年人检察厅），但很多办理未成年人犯罪案件的检察官没有接受过专门的儿童心理学教育，只是在工作中不断积累经验而已；从事少年法庭审判工作的法官，情况也相类似，只是笼统上要求熟悉少年生理心理特点，2019年4月新修订的《法官法》中并没有对此作出专门的明确规定。此外，员额制改革后，不少基层检察院只有一名员额检察官，没有助理，案多人少矛盾突出，办案压力大，未成年人犯罪的案件又涉及"四大检察十大业务"，要对每起案件中的涉罪未成年人都予以足够的温暖关怀也不太现实。三是在教育改造方面没有注重未成年人犯罪特点。据调研了解，目前我国的少管所、未管所，其管理方式跟成年人的监狱没有本质性差别，虽然法律上规定教育与劳动相结合，即半天学习，半天劳动，但在实际执行中，教育的方式和内容都严重缩水。如内容陈旧，方式单一，改造经费不足，教育矫治评估标准不够科学，未管所职能错位，管教民警素质有待提高等。鉴于目前对未成年人犯罪的帮教效果不太尽如人意，有些基层检察院开始探索建立新的帮教工作机制，以帮助涉罪未成年人顺利回归社会。四是相关配套制度缺乏。我国尚未建立未成年人网络内容分级制度，网吧准入制度，没有建立未成年人前科消灭制度，等等。这些相关制度的建立，事实上是整个社会支持系统的一部分，如在未成年人犯罪记录封存制度基础上，进一步建立未成年人前科消灭制度，及时摘除某些涉罪未成年人的犯罪标签，让他们可以不受歧视、无障碍地回归社会，才能更好地实现对未成年人的教育感化和挽救。

### （三）缺乏专业团队，相关工作表面化

未成年人犯罪，其个体原因是五花八门的，但从检察官办理的众多案件中可以深切地感受到家庭温暖的缺乏是其中一大关键原因。从未成年人相关的各项工作来看，笔者在这里强调的专业团队的缺乏，主要指以下几个方面。

一是专业研究团队缺乏。理论研究虽不能直接转化为实践中的具体行为，但可以指导实践。有了强大的理论研究团队，其研究成果就会影响立法，进而提升司法工作质效，同时也会慢慢改变人们的思维观念和办案人员的执法理念。与一些热门领域如大数据智能化应用问题、公益诉讼问题等相比，未成年人犯罪问题多年来都没有成为热点，即便是《未成年人保护法》和《未成年人犯罪预防法》修订前后，其研究的热度也仅局限于一定范围。事关未成年人犯罪，研究清楚真正的原因，对于完善相关制度、调整预防对策、改善帮教措施等都是至关重要的。

二是专业工作团队缺乏。如前所述，在教育挽救涉罪未成年人过程中，还没有普遍建立起专业的调查评估团队、专业的警察、检察官、法官和管教民警以及专业化的帮教

团队。这些专业团队的缺乏，直接影响到涉罪未成年人的判决、矫正、教育、感化和挽救，特别是帮教工作专业化的缺乏，阻碍了部分涉罪未成年人回归社会。涉罪未成年人的帮教工作是未成年人犯罪社会治理中的重要一环。在司法实践中，虽然确立了司法机关的帮教主体地位，各级检察院也设立了专门的未检部门，但缺乏有关帮教问题的规范性文件，很多做这项工作的检察官主要依靠自身的工作经验，缺少对帮教对象的明确划分、帮教内容的具体确定和相关的评价监督标准。帮教涉罪未成年人是一项专业化程度很高的工作，帮教人员需要具备心理学、教育学和法学等多学科交叉的知识储备，仅仅依靠从事未检工作的检察官的个人素养和职业操守是远远不够的。如在电视剧《守护者》采访会议上，一位社工介绍的"未成年人侵害未成年人生命权"一案中，少年A生于一贫困家庭，妈妈患有精神疾病，父母没有领结婚证，他出生后不久，父亲就离开了。妈妈带着少年A到处要饭，在他3岁时，被村里人发现，才由外公外婆寻回村里。少年A成长于资源匮乏的环境，从小没有得到关爱和温暖，经常被人欺辱，也没有受到过正规教育，六七岁时便以杀死小动物取乐。16岁时，他杀死一位6岁的小女孩，伴有奸尸行为，最终被判无期徒刑。这一案例，就是典型的家庭教育缺位的表现，同时也说明未成年人犯罪与其个人成长经历密切相关。要将这么一名涉罪未成年人教育改造成为品行端正的良好公民，其难度可想而知。记得社工在介绍完这个案子时，曾忧心忡忡地说：只有重养一遍才有可能改造好。针对这么一位特殊的涉罪未成年人，就迫切需要一个专业的矫正帮教团队制定出一整套的教育帮教方案，如此才有可能让这一颗定时炸弹不会再次爆炸。可以说，每一位涉罪未成年人都具有特殊性，为更好地予以教育挽救，在检察工作中，应当探索以人格甄别工作为核心的个性化帮教模式。

上述的治理理念落后、配套制度不健全、专业团队缺乏这三个方面的治理难点，反过来也为构建智慧未检穿透式治理体系提供了思路：在治理理念上，应该从"固守现状"穿透到"积极预防"；在治理主体上，应该从"分散分布"穿透到"检察主导"；在治理方式上，应该从"机械程式"穿透到"专业一体"。具体如何构建，无疑应该从转变理念着手，充分发挥检察机关的未检职能优势，同时重视大数据的赋能作用以及配套制度的健全。

## 四、智慧未检穿透式治理体系构建具体路径

在互联网大数据时代，充分运用信息网络技术，提升检察工作现代化水平，是各级检察机关在新时代面临的重大挑战，同时也是一次千载难逢的历史机遇。智慧检务这一提法早已深入人心，是指在检察工作中运用现代鲜活信息技术，构建"感、传、知、用、管"五维一体的检察信息化应用体系。可以说，在"互联网+"时代，智慧检务是一种顺势而为的检察工作新模式，其目的是借助信息化高科技让检察工作模式实现质的飞跃。作为检察工作的重要组成部分，智慧未检无疑是智慧检务的一个重要分支，为了实现这一飞跃，融审查逮捕、审查起诉、出庭支持公诉、抗诉、补充侦查、帮教、预防、申诉和法律监督等为一体的未检工作，必须以刑事一体化思想为指导，才能合情合理、公平公正地办理好涉及"四大检察十大业务"的未成年人犯罪案件，从而有效地帮

助涉罪未成年人顺利回归社会。

自2018年底最高检实行内设机构改革后，目前已形成了"四大检察十大业务"的机构设置格局，新设立了第九检察厅，也称未成年人检察厅，其主要职能就是依据法律规定，办理涉未成年人的犯罪案件和申诉案件，如审查逮捕、起诉、抗诉、预防和司法保护等，同时承担指导各级地方人民检察院的相关工作。在三年多实践的基础上，不少基层检察院已开始探索智慧未检体系的构建。这些探索无疑有利于智慧未检治理体系的构建。下面笔者就以破解上述难点为目标，以检察机关的实践探索为基础，阐述智慧未检穿透式治理体系的具体构建路径。

### （一）与时俱进，转变办案理念

理念是思想层面的，思想是指导行为的。先进的理念可以指导办案人员能动履职而不是机械地执行法条的规定。尤其是未成年人犯罪的案件，个体原因不同，出于教育和挽救的目的，其处理结果也有可能大不相同，就像一位检察官所说的："你办的其实不是案子，而且别人的人生。""机械执法虽然表面上提高了司法效率，但由于功利主义的导向必然埋下长久的隐患，增加社会的对立面，减损对司法的信任度，甚至滋生报复社会的情绪，社会治理成本大幅度增加。"[①] 因此，与时俱进，紧跟时代步伐，改变办案理念，是每一位办案人员必须具备的素质。

#### 1. 以刑事一体化思想为指导，融合办案各环节

为促进刑法在犯罪治理过程中实现最佳社会效益，储槐植教授早在1989年就提出了"刑事一体化"的构想，其基本观点为："刑法与刑法运行处于内外协调状态才能实现最佳社会效果。"[②] 刑事一体化的目的是实现刑法最佳效益。三十多年来，刑事一体化思想无论是对理论界还是在司法实践中都产生了巨大影响。不少学者在研究相关理论问题时，以刑事一体化思想为指导，打破了刑法与其它刑事法学科的隔阂，对刑法及相关刑事法律、刑事科学进行一体化系统研究，在理论创新方面取得了丰硕成果，穿透式阐释对司法实践也发挥了重要指导作用。在办理未成年人犯罪案件时，更新观念是改变现实，有效解决上述种种难点、走出困境的先导。

"刑事一体化包括观念的和方法的一体化两部分内容，核心要义在于解决刑法实践的具体问题，融通刑事学科之间的联系。"[③] 从观念的刑事一体化出发研究刑法，就涉及刑事政策与刑法的关系问题，即刑事政策在刑法体系中的落实。而方法的一体化，通俗的说法就是：出罪要讲合理性，入罪要讲合法性。换句话说，就是罪刑法定的实质化问题，也就是对罪刑法定要作实质性理解，而不是机械地理解法律条文的规定。在办理案件时，要将天理、国法、人情融为一体，同时要达到法律效果与社会效果的统一，这一点在办理涉未成年人犯罪案件中尤为重要。未成年人犯罪案件办理，特别需要人情上的关怀，需要考虑惩罚的必要性以及特殊预防的需要，出罪时只要具有合理性，就不一定

---

① 刘哲：《你办的其实不是案子，而是别人的人生》，《检察日报》2018年12月20日公众号。
② 储槐植：《建立刑事一体化思想》，载《中外法学》1989年第1期。
③ 储槐植：《刑事一体化的思考与探索——评马聪博士〈刑罚一般预防目的的信条学意义研究〉》，载《人民检察》2017年第19期。

非要将涉罪的未成年人定罪判刑送进监狱不可。如一名高中生，在学校的储藏柜里意外发现一台笔记本电脑，就顺手拿走了。后经调查被发现，就退回这一笔记本电脑。像这样的案例，若按通常的盗窃罪来定罪量刑也无可厚非，但若考虑到一个未成年人拿走笔记本电脑时的特殊场景和未成年人的心理特点与个人前程，作不起诉处理，辅之以批评教育，给未成年人一条出路，反而融天理、国法、人情于一体，也更能体现刑法的温度。因此，在强调社会综合治理时，如何有效预防涉未成年人犯罪也是社会治理中的重大问题。虽然从各种统计数据来看，近几年来，我国的未成年人犯罪总数呈下降趋势，体现了我国综合治理未成年人问题的成效，但因基数大，总体情况仍不容乐观。办案人员，无论是侦查人员、检察官还是法官，在办理涉未成年犯罪案件时，若能以刑事一体化思想为指导，就能挽救不少偶然失足的青少年，让他们的人生重新绽放。

2024年检察工作的目标是：高质效办好每一个案件，提升法律监督能力，以检察工作现代化支撑和服务中国式现代化。实施检察大数据战略，赋能新时化法律监督。作为十大检察业务之一的未检工作，必须更新理念，以刑事一体化思想为指导，聚焦"高质量发展"这个关键，加强对"案"和"人"的管理，在工作机制上对涉罪未成年人予以统一协调把控，理顾各种关系，扎扎实实提升未检工作质效。

**2. 以大数据理念为引领，提升未检监督水平**

在大数据时代，虽然数据就是资源，对数据的有效利用有助于提升检察官的办案能力和水平。但是，若想挖掘数据背后的相关性和大数据的预测功能，就要充分开发利用大数据所具有的种种优势。如预测未成年人犯罪发展规律和趋势、总结某一类未成年人犯罪特点、根据绩效考核结果发现检察官更擅长办理哪类案件等，其首要前提就要树立大数据理念。

近年来从最高检到各级地方检察院都特别重视大数据和人工智能的开发与应用，不少检察院投入了大量的资金和人力。但是，笔者从实证调研情况来看，在智慧检务建设研发过程中，目前仍存在两大问题：一是理念问题。实行员额制改革后，入额的多为资深检察官，他们办案经验丰富，但也有不少人喜欢固守于传统的办案模式，认为大数据与检察工作关系不大，没有树立起大数据理念，对看不见摸不着的大数据心怀恐惧，加上目前开发的一些软件应用起来费时费力，就缺乏主动运用的积极性。特别是中西部相对落后地区，受经济发展和财力技术人才方面的影响，在大数据智能化研发应用方面明显滞后。但也有一些人认为，大数据神通广大，无所不能，特别受部分年轻检察干警的青睐。客观地看，大数据的预测只是一个高概率而已，并不是百分之百的准确。智慧检务的发展是为办案服务的，无论是算法还是机器都是为人服务的，其核心是开发人的智慧。因此，"僵化思维"和"唯大数据论"这两种观点都需要纠偏。二是数据壁垒问题。拥有海量数据是开展大数据应用的基础。首先是检察系统内部的数据壁垒问题，目前检察系统自身的大数据资源远没有得到充分利用开发，数据沉睡问题严重。涉及未成年人犯罪方面的智慧未检研发，做得比较好的有四川成都市武侯区检察院、河南郑州市管城区检察院、浙江湖州市南浔区检察院等，他们的智慧未检工作已初显成效。由于各种原因，这些有益经验并没有普及到全国各地基层检察院。其次是公、检、法、司之间的数据共享问题，目前也没有实现不同系统之间的数据联通与分享，各自聘用相关的技术公司进行研制开发运用。总体上看，最为成熟的是公安机关，检察机关的要相对缓慢一些。最后是司法系统与政府管理系统之间的数据断裂。这一问题在涉未成年人犯罪综合治理方面产生的后果尤为严重，因为涉罪未成年人治理帮教需要动用全社会各方力量才能收到良好的效果。

智慧检务是一项全局性、战略性、基础性工程，智慧未检的建设也离不开人工智能的深度应用。随着大数据智能化的各种优势渐渐被人们所了解，各地检察机关正在加快大数据在办案监督中的应用研究，如"通过统筹运用数字化技术、数字化思维、数字化认知，以数字化改革助推法律监督，以数字化塑造新时代检察监督工作体制机制、组织架构、业务流程样态，从而引领法律监督能力的飞跃式发展。"① 在这一大环境下，未检的监督水平也会随之提高。

**3. 以双赢多赢共赢检察理念为指导，有效开展未检法律监督**

新时代，在各项司法改革叠加、检察机关职权运行作重塑性调整的大背景下，如何实现司法为民、司法公正这一宗旨？这是一个时代之问。要回答好这一问题，检察机关就应从转变检察理念着手。转变理念，关键一点是加强对理念的研究。有关理念研究的重要性，正如张军检察长曾强调的："基础理论研究，很重要的一点就是要加强检察工作理念研究。把理念论清楚、搞端正，具体检察监督工作才有灵魂。"② 为依法能动推进新时代"四大检察"全面协调充分发展，以检察履职更好地维护国家安全、社会安定、人民安宁，使检察工作的强项更优、把弱项补强，数年来，最高检提出了一系列检察工作新理念，如"在办案中监督，在监督中办案"理念，精准监督理念等，其中对法律监督工作发展至关重要的就是"双赢多赢共赢"理念。在中国特色社会主义司法制度中，检察院作为专门的法律监督机关，不仅是司法制度层面的，更重要的是国家制度层面的，但这一法律监督，不论是监督者还是被监督者，都是为了公正司法，让人民群众切实感受到公平正义就在身边。因此，这种监督不是你输我赢的监督，而是"监督和被监督只是法律上、工作中分工不同、职能不同，但目标是共同的，赢则共赢、败则同损。"③ 在构建涉未成年人犯罪治理机制的过程中，检察机关要充分运用政治智慧和法律智慧，以"双赢多赢共赢"理念为指导，在监督和被监督者之间形成一种良性的、积极的关系，从而在全社会营造出适合涉案未成年人有效改造的良好环境，促进未成年人健康成长。④

**（二）发挥制度优势，让检察监督穿透衔接治理体系各环节**

在具体构建未成年人犯罪治理体系时，首先要考虑的是在中国特色社会主义司法制度中，我国检察机关所具有的独特职能作用。我国检察机关在能动履职时，检察监督权可以辐射至众多政府部门，起到穿透衔接智慧未检治理体系各环节的作用，同时还承担着诉源治理的职责。

---

① 季美君：《新时代法律监督工作高质量发展的思考》，载《检察日报》2021年11月16日，第003版。
② 姜洪：《坚定"四个自信"抓好"五个结合"，为新时代检察工作提供强有力理论支撑》，载《检察日报》，2018年4月25日，第001版。
③ 张军：《强化新时代法律监督维护宪法法律权威》，载《学习时报》2019年1月2日，第001版。
④ 参见李文峰：《论双赢多赢共赢的法律监督理念》，载《人民检察》2020年第17期。

**1. 检察职能具有承上启下的作用**

保护未成年人合法权益是一个社会的系统工程,需要动员全社会各行各业的力量,方能形成有益于未成年人健康成长的良好社会环境。在刑事司法系统中,检察机关上接公安机关的侦查,下启法院的刑事审判,处于承上启下环节,也发挥着承前启后的联动作用。根据我国宪法规定,我国的检察机关是国家专门的法律监督机关,既对公权力享有监督职能,也负责监督刑罚执行。因此,由检察机关作为核心来构建未成年人犯罪社会综合治理体系是最为合适的,也是最为节约社会资源的。在检察机关内,其具体工作就由未成年人检察部门来承担。

近年来,随着检察机关在审查起诉时适用认罪认罚从宽制度比率的逐步提高,检察机关在诉前程序中发挥主导作用的地位也日益凸显,尤其是在办理未成年人犯罪案件中,出于保护未成年人利益最大化的考虑,适用不起诉的比率呈逐年上升趋势。可以说,在刑事诉讼程序中,检察机关前可监督公安机关的立案侦查,后可监督法院的审判。被定罪的未成年人在少管所、未管所劳动改造时,检察机关可以监督其刑罚执行情况,在接受考察帮教时,检察机关可以连接社会帮教人员;在普法教育预防时,检察官可以兼任法治副校长,等等。无论是预防还是惩治教育,检察机关的工作都是举足轻重的,有时是穿针引线,有时是一锤定音。

**2. 相关法律规定为未检工作创造了有利条件**

由于未成年人在生理、心理等各方面所具有的特殊性,未成年人容易受周围环境、同龄人行为的影响。因此,出于保护未成年人的需要,2018年10月新修订的《刑事诉讼法》在第五编特别程序中,专门规定了办理未成年人刑事案件的特别程序,第277条明确规定未成年人案件办理的原则为:对犯罪的未成年人实行教育、感化、挽救的方针,坚持教育为主、惩罚为辅的原则。同时,还规定了办案人员必须熟悉未成年人的身心特点以及指派律师、听取辩护律师意见、讯问时要有法定代理人或其他合适成年人到场、调查相关成长经历、犯罪原因、监护教育情况、心理测评疏导、与成年人分别关押、附条件不起诉考察帮教、犯罪记录封存等。这些法律规定的落地,都少不了检察机关的积极参与和执法履职。另外,《刑事诉讼法》第223条第2款还进一步规定了被告人是未成年人的不适用速裁程序。

这些规定表明我国在立法上已对未成年人犯罪的案件作出了区别对待,以满足办理此类案件的特殊需要。"在办理未成年人刑事案件过程中,不仅要帮助那些受到犯罪侵害的未成年人走出困境,同时也要对涉罪未成年人进行教育和挽救,督促其认罪悔罪、痛改前非、走上正途、回归社会。"[①] 这才是立法初衷,同时也表明需要社会各方力量的协助才能实现惩治与帮教的双重目的。可以说,在检察起诉环节,对涉罪未成年人的考察帮教是未成年人检察工作的重点,同时也是当前检察工作的难点,也是当前亟须构建以检察机关为核心的专门针对未成年人犯罪的社会治理体系的关键原因所在。因传统的帮教模式存在手段单一、无法进行实时监督考核等困境,而在大数据互联网时代,就可

---

① 李璟儒、沈劢儿:《智慧未检体系构建的理论基础与实践展开——以南浔区人民检察院智慧未检工作探索为例》,载《青少年犯罪问题》2019年第5期。

以借助信息化高科技，动员相关的社会力量，实现信息共享、在线实时沟通，以网格化管理模式提升综合管理水平，促进未成年人早日走上正道、回归社会。

## （三）以智慧未检为核心，切实发挥智慧检务的穿透辐射效应

由于涉未成年人犯罪具有其自身的独特性，早在 1986 年，我国检察机关就设立了专门的少年检察机构，但因各种因素的影响，检察内设机构几经裁撤合并，该机构一直没有得到应有的重视，直到 2015 年最高检才成立未成年人检察工作办公室，2018 年底在新一轮规模宏大的内设机构改革中设立了未成年人检察厅。至此，未成年人检察工作才开始步入迅速壮大发展的轨道。借着最高检"一号检察建议"的东风，未成年人检察工作渐渐映入社会大众的视野。因此，在"互联网+"时代，针对未成年人犯罪的新趋势新特点，借助高科技信息化的翅膀，为提升涉未成年人犯罪综合治理水平，持续深化未成年人检察专业化、规范化、社会化建设，构建智慧未检治理体系是新时代发展未成年人检察工作的必然选择。以此为核心，构建一套综合性的未成年人犯罪社会治理体系是未来发展的必然之路。

### 1. 智慧未检的前景

在大数据时代，大数据为社会各方面的发展带来前所未有的机遇和挑战，除了迅速而广泛地改变着人们的日常生活、工作方式和思维模式外，对司法环境也带来不可估量的影响。伴随着互联网、大数据时代的到来，网络正迅速改变着社会的各行各业，尤其是新冠疫情期间，人们居家办公、网上视频会议、网上论文答辩等，让人们深深体会到网络在人们生活中的重要性。与此同时，各种网络犯罪也日益猖獗，不仅对公民的人身、财产造成损害，而且对公共安全造成了严重威胁，网络犯罪与网络安全问题已成为我国面临的突出社会问题。这种变化主要表现为：从注重定性分析向注重量化分析转变、从注重因果关系向注重相关关系转变以及从注重精确推理向注重概率思维转变。大数据因自身所具有的容量大、流量大、价值高等特点，引发人们在分析问题、判断问题和解决问题方面思维模式的根本性转变，这种思维方式上的转变又对传统司法模式带来巨大的冲击与挑战。[1]就检察工作而言，如何抓住历史发展机遇，有效运用互联网、大数据等现代技术；如何加强信息化建设，从而提升检察公信力，无疑是当前检察机关必须思考的重点话题。作为十大检察业务之一的未成年人检察，如何加快实现智慧未检的步伐无疑是工作中的重中之重。

### 2. 研发推广未检 App

在大数据智能化时代，形形色色的 App 可谓层出不穷。虽然五花八门的 App 让人应接不暇，但确实方便了人们的生活。由此，可以得到启发，在检察院的日常工作中也可以开发某个领域的 App，从而使相关的业务处理变得快捷、方便、高效。如浙江绍兴市人民检察院自主研发的民事裁判文书智慧监督系统，该系统"突出需求导向，建立了场景式民事类案监督线索发现机制，特别是虚假诉讼类监督线索，构建监督线索分类模型，以'智能排查—人工审查—深入调查—移送侦查—判决监督'五步审查法实现民事

---

[1] 季美君等：《大数据时代检察机关遇到的挑战与应对》，载《人民检察》2017 年第 15 期。

检察监督的转型升级。"①

由此及彼，未检工作也可进行借鉴，邀请专业人员研究开发未检 App，充分利用大数据的预测和跟踪功能，提升未检工作质效。在这方面，目前已有一些基层检察院正在探索并积累了一些经验。如成都市武侯区检察院设立了青少年违法犯罪数据分析平台，运用大数据收集相关信息并进行分类统计、制作图表，让办案人员可以直观、准确、完整地了解未成年人的犯罪行为模式和心理误区，从而有针对性地进行观察、帮扶、教育与预防，既节约了人力资源，又提高了办案效率。与此同时，他们还建立了一个名为"武侯星火法治空间"的智慧未检虚拟工作平台，包括"法治教育预约、帮教考察、心理咨询、亲职教育、我的任务"等模块，成为检察院与未成年人及其家长、未成年人教育工作者、心理咨询师之间的沟通桥梁，促成检、社、家一体共同帮教挽救涉案未成年人，并利用网络空间拓展法治宣传教育工作。又如浙江省湖州市南浔区检察院的"春燕工作室"，就是考虑到未检工作的特殊性，抽调业务能力强、有亲和力的女性检察官组成工作室，并借助专业机构，成立未检心理支持中心，加强"三种审查监督"，即涉未成年人刑事诉讼监督、涉未成年人羁押必要性审查工作和涉未成年人民事行政检察监督，拓展未成年人法治保障新领域。其主导开发的智慧未检 App 分为两大系统板块：办案模块和面向公众的模块。前者的目的是改变传统办案模式，实现智慧化办案；后者设置了"心语热线""普法预约"和"网上课程"三个端口。这一智慧未检 App 的投入使用，极大简化了以往烦琐的办案程序，便利了各方面的沟通协调，调动了相关社会资源，极大提高了办案质效，同时在精准观护帮教和社会支持体系构建等方面也有了明显提升。②

可以预见，在智慧检务建设中，各基层检察院会陆陆续续根据本地涉未成年人犯罪情况以及自身条件，切合实际研发未检工作 App，以打造多功能的智慧未检平台。研发智慧未检 App 需要专业人才，使用相关 App 办理未成年人犯罪案件也需要专业化的检察官。但是，从节约研发成本、打破数据壁垒、共享信息资源角度来看，可以考虑由最高人民检察院的第九检察厅统一协调，总结推广各地成功经验，从而让全国检察机关的未成年人检察工作借助大数据的翅膀，抓住难得的历史机遇，实现案件办理、帮教工作的质的飞跃。

## （四）完善配套工作机制，反向穿透回馈未检监督职权

纵观历史，环顾现实，一项制度或一套治理模式，即便其本身具有科学性和合理性，但能否在现实土壤中有效运行，其配套制度往往起着至关重要的作用，智慧未检治理体系也不例外。以检察机关为核心的智慧未检治理体系，若想顺利落地生根发芽开花结果，需要一些必不可少的配套制度予以辅助运行，同时这些配套制度又能反过来促进未检监督职权的有效行使以及该体系的有效运转。具体而言，这些机制主要包括以下几

---

① 季美君：《新时代法律监督工作高质量发展的思考》，载《检察日报》2021 年 11 月 16 日，第 003 版。
② 参见李璟儒、沈勱儿：《智慧未检体系构建的理论基础与实践展开——以南浔区人民检察院智慧未检工作探索为例》，载《青少年犯罪问题》2019 年第 5 期。

个方面。

### 1. 罪错未成年人分级干预机制

涉未成年人违法犯罪是一个社会性问题，而如何恰如其分地处置未成年人罪错行为，则是治理未成年人犯罪这一难题中的焦点。未成年人的健康成长，关系到千家万户的幸福安宁、社会的和谐稳定和国家的前途未来。因此，多年来，有关涉未成年人犯罪研究一直是一个重要话题，尤其是在《未成年人保护法》《预防未成年人犯罪法》修订前后这几年，未成年人暴力恶性事件、校园霸凌现象不断引起全社会的广泛关注。根据事件、案件的不同严重程度，对未成年人罪错行为实行分级处遇也是一个迫在眉睫的问题，是实现社会管理能力和治理能力现代化的一个重要方面。

根据我国相关政策、法律规定，未成年人的罪错行为主要分为不良行为、严重不良行为、犯罪行为三大类。针对不同罪错程度的不良行为，采取相应的惩治措施，是罪刑相适应原则的应有之义。当前，我国涉未成年人犯罪具有罪错行为主体低龄化、犯罪类型多样化、团伙作案明显、再犯可能性相对较高等特点，与此同时，最让人担忧的是犯错的未成年人得不到及时有效的管教。不少未成年人之所以会犯错，其主要原因就是家庭教育出了问题。未成年人没有得到应有的关心和爱护，就容易导致其没有同理心。事发后流于形式的口头说教难以从根本上认识到所犯罪错，也难以避免类似行为的发生。

建立罪错未成年人分级干预机制的目的是针对不同年龄段、不同的罪错程度，有针对性地、个性化地予以教育、矫正、帮扶、挽救。如违反《治安管理处罚法》的，要予以心理干预和行为矫治，及时阻断其进一步走向犯罪之路；严重危害社会，尚不够刑事处罚的严重不良行为，就有必要予以适当强度的强制性矫正教育和约束管理；构成犯罪的，按《刑法》的相关规定来处理，同时也要根据未成年人的心理特点，从一开始就加以干预。尤其是在起诉环节，对未成年人进行个人危险性等级评估、心理干预平复以及未管所的持续跟踪教育和帮扶。这是一个连环的过程，在实际运作中必须一环紧扣一环。

### 2. 加强未管所检察监督，提升改造效果

当前，我国针对性质严重以及已达刑事责任年龄，被人民法院依法判处有期徒刑或无期徒刑但未满18周岁的罪犯，由各省的未管所负责执行，让他们接受教育改造；而已满14周岁未满18周岁的少年犯以及余刑不满两年的已满18岁的罪犯，由少年犯管教所来负责执行刑罚。无论是少管所还是未管所，其关押的对象都是未成年人罪犯。由于未成年人在生理、心理及行为特征等方面都具有特殊性，其管教方式与关押成年人罪犯的监狱应有较大的不同。按规定未成年人罪犯每天都要学习半天。但目前，因管教未成年人的工作人员很多没有接受过专门的培训，从事这一工作也没有硬性的资质要求，这就导致在有些地区，未管所的管教方式与成年人的监狱并没有什么本质性区别。但也有一些检察院正在探索有效的管教方式，如昆明市检察院，从2018年开始，建立重罪未成年人重返社会体系项目，设立犯罪风险等级评估表，选取重罪案件进行跟踪，为表现好的未成年犯提供职业，帮助他们回归社会。同时，还采取五年回访机制+心理危机的干预，从2016年开始就设立"向日葵青春课堂"，每月一次对未成年罪犯进行引导，包括情绪控制管理，引进国学理念等。这些做法就像温暖的阳光照进了少管所和未管所。

另外，未管所的减刑、假释，事关未成年人的切身利益，为强化人权保障，检察官必须有针对性地加强重点监督、同步监督，切实维护未管所内未成年人的合法权益。如郑州市金水区检察院立足检察工作实际，采取三大举措实现未管所检察监督规范化：一是实行阳光减刑，保障未成年罪犯获得公平的减刑权，如采取"月均计分"制度、减刑计算公式、建立重点罪犯减刑监督档案以及家属旁听减刑庭审等；二是督查衣食住行，保障未成年罪犯应有的生存健康权，如监督落实伙食公开、监舍面积达标安全洁净、监督生活卫生落实情况等；三是强化教育监督，保障未成年罪犯应有的受教育权，如设立未成年罪犯读书吧、成立"郑州少年育才学校"，将未成年人罪犯教育纳入国民义务教育序列，设置不同班次满足不同教育要求以及督促未管所改善教育条件等。[①]

事实上，未成年人犯罪，不少是因其在成长过程中没有得到妥善的抚养、教育、关爱，没有体会到被关心、被爱护的温暖，而这一现象在短期内不可能消失。相关数据显示，2019 年我国离婚率为 3.36‰，同比增长 0.2 个千分点。[②] 离婚虽然是成年人之间的选择，但也带来了家庭的不稳定，而且可能引发更大范围的负面效应，尤其是对未成年人健康成长带来的伤害是不可低估的。因此，在教育改造涉罪未成年人时，必须采取个性化的相应措施，通过温情的接触而不是冷冰冰的改造，来治愈那些心灵受过严重创伤、严重厌世或者以暴力来报复社会，甚至具有反社会性人格的未成年人，因为从本质上来看，他们自身也是"受害者"。要挽救问题严重的涉罪未成年人，需要专业团队的力量，如精通未成年人心理的专业警察、检察官、法官和管教人员，充满爱心的社工帮教人员等，通过一系列的专业措施，尽可能提升未管所的改造效果，从而最大限度地降低刑满释放后正当壮年的这一部分人的社会危险性，让他们变成遵纪守法的社会公民，这是智慧未检治理体系必须承担的社会责任。

### 3. 提升绩效考核功效，促进未检工作长足发展

检察机关绩效考核机制是确保检察权良性运转不可或缺的一部分。公平合理的绩效考核机制可以充分调动检察人员的工作热情和主观能动性，从而有助于推动检察事业的可持续发展。作为检察事业重要组成部分的未检工作自然也不例外。在大数据智能化时代，充分利用大数据、人工智能的诸多优势，无疑有利于构建一套公平合理的检察官绩效考核机制。一套科学合理公平的检察官绩效考核机制，可以让检察队伍良性流动起来，盘活检察人才，同时可以将考核结果作为奖勤罚懒的依据，让司法责任制落地，其最终目的是让检察官能够忠于宪法和法律，能够依法独立地运用自己的知识、经验和能力，融天理国法人情为一体，让人民群众切实感受到公平正义就在身边。

以大数据赋能未检检察人员考核，把科学合理作为考核指标的"生命线"，可以最大限度发挥考核的管理功能。[③] 当前，在总体情况良好的前提下，仍要进一步完善考核指标的合理设计，要在考核职能化方面多下功夫，尤其是要防止考核要求机械落实，避

---

① 参见张孟剑：《三大举措实现未管所检察监督规范化》，载《检察日报》2012 年 12 月 14 日，第 003 版。
② 参见杨菊华、孙超：《我国离婚率变动趋势及离婚态人群特征分析》，载《北京行政学院学报》2021 年第 2 期。
③ 季美君、赖敏娓：《检察官绩效考评机制的完善与发展——兼论大数据在其中的运用》，载《中国法律评论》2018 年第 3 期。

免考核工作异化。同时，就未检工作考核而言，要取消一切不必要、不恰当、不合理的考核，真正让考核结果起到准确区分"干与不干""干好干差""干多干少"的作用，进一步有针对性地完善考核规则和考核指标及分值，助推新时代未检管理水平稳步提升，未检工作长足发展。

**4. 充分发挥未检公益诉讼职能，践行刑事一体化理念**

检察公益诉讼是习近平法治思想在公益保护领域的生动实践。2022年3月7日，最高人民检察院举办"积极履行公益诉讼检察职责 依法保护未成年人合法权益"新闻发布会，发布最高检第三十五批指导性案例。这批指导性案例的意义在于：保护未成年人合法权益，推进社会治理。例如在幼儿园的合法经营，未成年人进入网吧，儿童个人信息保护等问题上相关行政机关监管不到位，或网络运营者未依法履行网络保护义务，侵犯儿童或未成年人切身利益的，检察机关可以依法综合开展行政公益诉讼和民事公益诉讼，在刑事一体化理念指导下，统筹运用四大检察职能，充分发挥未成年人检察工作优势，为未成年人的健康成长提供全面综合司法保护。这一点在2024年最高检发布的《未成年人检察工作白皮书（2023）》得到充分体现。在杭州市余杭区人民检察院对北京某公司侵犯儿童个人信息权益提起民事公益诉讼一案中，该公司运营的短视频App在收集、存储、使用儿童个人信息过程中，侵犯了众多未成年人个人信息权益，使其相关信息存在被泄露、违法使用的风险，严重损害了社会公共利益。因此，杭州市余杭区人民检察院向杭州互联网法院提起民事公益诉讼。杭州互联网法院于2021年3月11日出具调解书结案。

结案后，杭州互联网法院将该行政公益诉讼案件线索移交给北京市人民检察院立案调查，北京市人民检察院向北京市互联网信息办公室提出检察建议。北京市网信办因此制定了《关于开展未成年人信息安全保护专项整治的工作方案》，对属地重点直播和短视频平台进行逐一梳理，压实网站主体责任，并将此次专项整治工作与未成年人网络环境治理等专项工作有效衔接，形成保障未成年人用网安全管理合力。

2021年4月16日，最高人民检察院向国家互联网信息办公室通报该案有关情况，提出检察建议，如开展专项治理，推动行业源头治理，建立健全风险防范长效机制以及加强监管整治网络空间侵犯未成年人合法权益行为等。同年12月31日，国家网信办、工信部、公安部、市场监管总局联合发布《互联网信息服务算法推荐管理规定》，对网络信息服务的治理和相关监管工作作出进一步规范。这一案件的办理，起到了"办理一案，治理一片"的社会效果，同时也向全国各级检察机关和全社会昭示：对未成年人个人信息权益应予以特殊、优先保护。检察机关可以充分发挥公益诉讼职能，以实现对未成年人合法权益最大限度的保护。

## 五、小结

未成年人是一个国家的未来，对涉罪未成年人给予足够的帮扶、关爱与挽救，是国家社会治理能力现代化的重要标志。作为国家专门的法律监督机关，检察机关参与社会治理是其履行专业职责，发挥专业职能的应有之义。检察机关在行使职权时，应与家庭、学校、社会和政府保护形成合力，在全社会树立关心、爱护未成年人的良好风尚，为成年人的健康成长营造良好的环境。与此同时，检察机关还应以刑事一体化思想为指导，构建智慧未检穿透式治理体系，综合发挥智慧未检作用，以生动鲜活的检察探索为完善未成年人法律制度提供丰富的实践经验。为培养有理想、有道德、有文化、有纪律的社会主义建设者和接班人，培养能担当民族复兴大任的时代新人，奉献检察智慧！

季美君，最高人民检察院检察理论研究所研究员，法学博士。本节内容原题目为《智慧未检穿透式治理体系构建》，未公开发表，收录本书时有改动。

## 第二节　我国检察官的职业保障

季美君

检察官职业保障是检察环节实现司法公正的基础。世界各国因历史传统、司法制度和经济条件等因素不同，其检察官职业保障水平多有差异。检察官职业保障可以分为物质保障和身份保障两方面，当前我国检察官职业保障存在各地工资待遇参差不齐，地方化明显，行政气氛浓厚，检察官主体地位偏弱以及救济程序缺乏等诸多问题。新修订的《检察官法》具有众多亮点，在未来检察改革中，应立足我国国情和检察制度现状，从更新观念、重视检察官职业保障入手，以法治观念来处理和解决检察官职业保障问题，查漏补缺，全面提升检察官的职业保障水平，如工资福利待遇透明化，增强可期待性；加强身份保障，体现人性关怀；完善救济程序，畅通申诉渠道，促进检察官队伍的专业化与精英化，从而提升法律监督能力与水平，确保检察环节司法公正的实现。

检察官是行使检察权的主体。检察官的职业保障水平既是一国司法理念在实践中的体现，也是检察官在整个社会中的尊严和地位的展示，还是检察官职业荣誉感的直接载体，其水平高低直接影响检察权行使的充分性与有效性以及司法公正的实现程度。因司法制度、政治体制和历史传统等因素互不相同，世界各国检察制度也各有差异，不但检察官享有的职权大小不一、独立性强弱不同，检察官的职业保障水平也相差甚远。新时代，我国社会主要矛盾发生了历史性变化，司法体制改革正在向纵深推进，检察机关面临着职权范围调整、工作格局重构的新局面。当前，我国检察机关员额制改革已完成，内设机构改革亦已落幕，《人民检察院组织法》与《检察官法》也作了相应修订，党的二十大报告明确指出，要"加强检察机关法律监督工作"，因此，如何强化这些改革成果，加强检察官的职业保障以更好落实《中共中央关于加强新时代检察机关法律监督工作的意见》，做好新时代检察监督工作，以满足人民群众的更高要求、更多期待，无疑是当前各地检察机关面临的重要课题。本部分内容立足我国检察官职业保障的现实水平，对世界主要国家的检察官职业保障制度予以比较研究，意在为当前我国检察官职业保障制度改革提供新的视角与思路。

# 一、检察官职业保障的概念及其现实价值

一个国家的检察制度采取何种模式，其检察官享有多大的职权、享有怎样的职业保障等问题，无疑与该国的历史文化传统、司法制度及国家的总体实力密切相关。因而，世界各国检察官的职业保障水平和具体内容亦如检察制度自身一样，呈现出五花八门的景象。

## （一）检察官职业保障的概念界定

检察官职业保障是当代法治国家司法制度中一个不可回避的话题，也是当前我国司法体制改革的重要内容之一，是检察权得以良好运行的前提条件。新时代背景下，我国"检察权要以代表公共利益为职责使命，以司法权与监督权的交互融合为基本属性，以检察审查为核心内容，三者相辅相成，共同构成检察权新的历史定位和时代坐标"。[①]完善检察官职业保障制度，对于检察官把握新的历史定位，依法履行好肩负的重要职责与使命具有重要的现实意义。

多年来，学者仅对司法官职业保障问题研究多集中于法官职业保障领域。笔者在中国知网上以"法官职业保障制度"为主题不设时间段进行检索，显示的结果为105条，最早研究成果为2004年的一篇硕士论文；以"检察官职业保障制度"为主题，检索的结果仅42条，其中有效信息为20条，有参考价值的最早研究成果是2014年的一篇硕士论文。让人欣喜的是笔者发现了一篇名为《中国检察官职业保障制度研究》的文章，来源为2017年底的《边缘法学论坛》。由此可见，检察官职业保障问题与近几年来的热门话题相比，确实属于边缘地带的冷门话题。但是，笔者相信随着时空的斗转星移，我国司法体制改革的进一步深入，法治水平的逐步提升，这一话题会加快成为检察制度乃至司法制度建设中的重要话题。

检察官职业保障既是检察官职业化建设的核心内容，也是检察队伍精英化的重要条件，其内涵十分丰富，涉及检察官的工资、假期、福利待遇、退休金、奖惩处罚、培训及权力行使的条件等。故有人认为，"检察官职业保障是指以检察官职业化建设为核心，通过建立和完善检察机关内部、外部的相关制度体系，切实保证和落实检察官的职业权力、职业地位和职业素养，以达到增强检察官职业荣誉、维护国家法律尊严和司法权威之目的"。[②]也有人将检察官职业保障定义为："检察官职业保障，是指通过检察官职业化建设，建立和完善检察官的职业保障体系和运行机制，全面落实法律赋予检察官的职业权力和职业地位，从制度上确保检察官依法独立公正行使职权，依法保障检察官的职业收入，保护检察官的人身安全和合法利益，增强检察官的职业荣誉感。"[③]虽然在阐述概念时，不同的专家学者在文字表述上会有所不同，但从中可以看出检察官职业保障在检察制度建设中的重要性以及应包含的主要内容，即检察官职业保障不仅仅指物质待

---

[①] 苗生明：《新时代检察权的定位、特征与发展趋向》，载《中国法学》2019年第6期。
[②] 何强、凌雯：《加强检察官职业保障的几点建议》，载《人民检察》2014年第18期。
[③] 曲波：《完善检察官职业保障机制研究》，载《人民检察院组织法与检察官法修改——第十二届国家高级检察官论坛论文集》，2016年7月12日，第883页。

遇，还包括身份保障；既涉及检察权的独立行使问题，又与检察官的专业化建设密切相关，其最终目的是实现司法公正。

综上所述，笔者将检察官职业保障的概念界定为：检察官职业保障是指以实现司法公正为目的，通过建立和完善检察官的物质待遇机制与身份保障机制，确保检察官依法履行职责，以提升检察职业的尊荣感，实现检察官队伍的职业化与专业化。以这一概念为基础，笔者有关检察官职业保障的研究就从实现司法公正角度切入，以有助于检察官依法行使职权、公正执法为主线来讨论检察官职业保障所涉及的相关话题。本部分内容也因此与通常仅讨论具体某一方面的完善，如强调提升工资、增强检察官的主体地位，或建立检察官的心理疏导机制等，侧重点会有所不同。

## （二）检察官职业保障的主要内容

由于检察官入职门槛高、选拔程序严格，又与实现司法公正息息相关，因此，无论在哪个国家都具有较高的社会地位，受社会民众的尊敬。检察官职业保障包括物质保障与身份保障两方面。物质保障，除了最为根本的工资福利待遇外，不同国家在具体内容上会有较大的差别，有的包括在职培训、提供住宅、子女教育、安全保障等。如白俄罗斯、韩国，其福利待遇中就包含了住宅和子女教育等内容。即便是工资，每个国家所包括的具体项目也会有所不同，如2018年11月29日新修订的《德国联邦公务员工资法》规定，公务员的"工资"包括基本工资（Grundgehalt）、家庭补助（Familienzuschlag）、津贴（Zulagen）、奖金和加班费（Vergütungen）。我国幅员辽阔，东西部经济发展不平衡，检察官工资的具体内容，各地差别也比较大，以北方某县级市检察院的工资为例，该院检察工作人员的工资包括职务工资、工作津贴、生活津贴、特殊行业津贴、基础性绩效工资、艰苦边远津贴等。细分工资与福利待遇，各国的具体情况会大不相同，笔者在研究时，为行文方便，只是从总体上予以比较。

身份保障，主要包括检察官办案的独立性与职业的终身制两大内容。司法独立对于司法公正的重要性众所周知，可以说，"作为现代法治文明的重要标志，司法独立是中国社会主义法治的重要内容，是政治民主化和司法现代化的外部表征，它代表着社会进步和司法文明的时代走向"。[1] 检察官依法独立办案，是司法独立的重要组成部分，同时也是检察官职业保障的核心内容。虽然世界各国检察制度产生的历史环境和文化传统不同，除了检察官职权大小不同外，检察官的身份归属也不太一样。有将检察官视为司法工作人员的，也有将检察官归为公务员的。为了保证检察官能依法公正处理案件，绝大多数国家都以不同方式规定了检察官的独立性。

在我国，由于检察制度起源的复杂性和发展道路的曲折性，我国检察官拥有的职权较为广泛，既有法律监督权，又有职务犯罪侦查权，同时还有起诉权；不但要处理刑事案件，还要抗诉民事案件、行政案件；作为国家利益与公共利益的代表，还要负责提起公益诉讼。与职权行使相适应，检察官职业保障的内容应更加丰富、涉及面更广。除了通常所说的物质保障与身份保障外，有人认为，"检察工作具有高风险、高压力、高强

---

[1] 夏锦文：《世纪沉浮：司法独立的思想与制度变迁》，载《政法论坛》2004年第1期。

度的行业特点,检察官办案要面对各种社会阴暗面,强大的工作压力、严苛的社会要求,再加上案多人少的现状,致使检察官们长期处于超负荷的工作状态,产生了较大的心理压力",① 应建立心理疏导机制,让检察官们面对办案过程中接触到的社会阴暗面时,能保持健康的心理状态;同时,还能有强大的内心世界来积极迎接大数据、人工智能时代检察工作所面临的种种挑战。限于篇幅,本部分内容仅重点探讨物质待遇中的工资问题以及身份保障中的独立性问题。

### (三)检察官职业保障的现实价值

检察官是行使检察权的主体,法律赋予检察机关的各项职权,最终都是通过检察官的职务行为实现的。检察官职业保障是否到位,对于发挥检察官的工作积极性和主观能动性,保障检察职能的有效运转以及顺利完成各项工作任务,从而最终实现个案公正,提升司法公信力,都具有十分重要的现实价值。

**1. 有助于提升检察官的抵抗力,做到廉洁自律**

在检察官职业保障制度中,其最为根本的也是最为重要的内容,是检察官的工资待遇与其他福利待遇。检察官们每月拿到的工资若能体面地生活,在办案过程中,即便有主动送上门来的种种物质诱惑,他们的内心也不会轻易有波动,这无疑有助于检察官队伍的廉政建设,其最终结果是秉公执法,从而有助于实现个案公正。事实上,闻名于世的新加坡高薪养廉制度有其内在的合理性。当然,新加坡高薪养廉制度不仅仅是高工资,而是"由有效的薪俸制度、严格的选拔制度、缜密的法律法规制度、完善的权力监督制度、富有创新的中央公积金制度及财产申报制度等组成"。② 但较高的工资待遇,让公务员或者检察官们能够比较宽裕轻松地养家过上体面的生活,无疑是这一制度的基础。

**2. 有助于增强检察官的职业尊荣感,提升道德水平**

检察官的职业尊荣感是指检察官对自己所从事的检察工作的价值本质、行为规范以及职业伦理的完全认同并深以为傲的一种心理状态与情感。这种情感,以社会民众对该职业予以专门性、定性化的积极评价为基础,检察官因此而对自己的职业产生一份自豪感,对检察官群体产生一种归属感。这份自豪感和归属感,反过来又激励着检察官们更好地尽职尽责,愿意为检察事业奉献自己的一生。"可以说,司法者职业尊荣感左右着司法者的敬业精神和司法质量,最终会影响到推进依法治国实现社会公正的大局。"③ 检察官的职业尊荣感有助于提升检察官对其所从事的检察工作的热情和敬业精神。这种职业情感需要长时间的培育积累,才能在社会中形成一种普遍认同的心理。从世界范围来看,检察官因其执业资格高、福利待遇丰厚,工作又具有挑战性而在社会民众中享有极高的威信和荣誉。

---

① 王红英:《检察官职业保障机制研究——以检察官职业心理压力与疏导机制的构建为视角》,载《湖北师范学院学报》(哲学社会科学版),2016年第5期。
② 杨晓蕾:《论新加坡高薪养廉制度对我国公务员制度的现实意义》,载《洛阳师范学院学报》2016年第4期。
③ 方工:《司法职业尊荣感左右着司法质量——兼谈正确看待和处理监督司法权力与维护司法权威的关系》,载《北京日报》2016年7月25日。

虽然检察官的物质待遇与其日常生活紧密相关，工资待遇的高低也会在一定程度上直接影响着人们的择业方向。但从职业的尊荣感来看，职位的稳定性与身份保障显得更为关键。因此，不少国家明文规定检察官的职位终身制，非因法定事由、非经法定程序不被免职，同时还规定了职业豁免权。

### 3. 有助于吸引优秀人才，防止人才流失

无论哪一行业，要想在同行中出类拔萃，最为关键的是人才竞争，可以说人才是最宝贵的资源，司法系统也是如此。检察队伍的精英化建设一直是建设有中国特色社会主义检察制度的重要内容之一，如何吸引人才、留住人才并用好人才，不仅是各级检察机关当前面临的紧迫任务，也是确保我国检察制度健康快速发展的关键因素。

为促进检察队伍的精英化、专业化建设，除了以丰厚的物质条件来吸引优秀人才加入检察队伍外，另一颇具吸引力的条件就是检察官的职业终身制，也就是检察官职业保障中的身份保障。从根本上说，"检察官的职业保障，其根本目的是让检察官能切实履行法律赋予的检察权以实现公平正义，同时也是检察队伍正规化、专业化、精英化的前提和基础。"[1]正如张军检察长在国家检察官学院2019年春季学期开学典礼上为大检察官们授课时所强调的那样，"要下大气力抓业务建设""2018年开启了新时代检察工作供给侧结构性改革新篇章；2019年，实现刑事、民事、行政、公益诉讼四大检察全面协调充分发展，要做的事更多了，要发挥的作用会更大，检察机关的任务也将更繁重。"2021年，"总体要求是更加注重系统观念、法治思维、强基导向，努力让人民群众在每一个司法案件中感受到公平正义；基本布局是'四大检察''十大业务'全面协调充分发展；战略支点是加强基层组织、基础工作和基本能力建设；总体目标是以检察工作自身高质量发展服务保障经济社会高质量发展。"若想顺利完成这些任务，就必须有相应的人才来承担，检察官们就不能满足于做敏于思考办好案的"工匠"，更要努力成为司法检察政策把握运用的"大家"。

### 4. 有助于依法独立办案，促进司法公正

检察官在依法独立办案时，不必担心自己遭受打击报复，也不必担忧自己的前程会受到不利影响，唯其如此，才能毫无后顾之忧地秉公执法，才有可能逐步实现"让人民群众在每一个司法案件中感受到公平正义"这一最终目标。"公正是司法工作的最高理念"，[2]也是法律工作的根本追求。在处理案件时，虽然检察官负有客观公正义务，这是"世界不同法系国家和地区普遍接受、国际准则确认的一项重要法律制度，也是检察官的重要行为准则"。[3]但在司法实践中，要真正做到这一点，无疑需要相应的配套制度和环境保障。保障检察官在履行职责行使职权时，免受政治等因素的干涉与不当影响，无疑是检察官职业保障中的重要内容。

在普通老百姓心目中，检察官是法律得以公正实施的守护人。同时，随着司法改革的纵深推进，检察机关在审前程序中发挥主导作用的可能性越来越大，尤其是在实施认

---

[1] 李新、季美君：《论澳大利亚检察官的职权与职业保障》，载《比较法研究》2017年第1期。
[2] 谢冬慧：《实现公正：法律及其职业的崇高追求——解读丹宁勋爵的司法公正思想》，载《比较法研究》2010年第3期。
[3] 朱孝清：《检察官客观公正义务及其在中国的发展完善》，载《中国法学》2009年第2期。

罪认罚从宽制度中。该制度"不仅充分体现了现代刑事司法的发展走势，有效助推国家治理体系和治理能力现代化，也使得检察官在刑事诉讼中的主导地位愈发凸显"[①]。因此，"为了吸引优秀的法律人才加入到检察官行列，激发检察官的潜能，形成以维护社会公平与正义为终身追求的检察官职业群体，建立和完善检察官职业保障机制是非常必要的。"[②] 这也是新时代，我国检察工作要实现刑事、民事、行政、公益诉讼四大检察全面协调充分发展的必然趋势，2019年新修订的《检察官法》设专章规定检察官职业保障问题，无疑是这一趋势的最好注解。

## 二、比较视野下检察官职业保障制度现状

检察官职业保障制度的完善是检察官职业化、专业化建设的重要内容之一，其建立与发展与整个检察制度的确立和完善密切相关，没有后者就无所谓前者。从检察制度的起源与历史发展来看，以公诉权为核心的检察机构的确立是社会分工不断细化的结果，尽管公诉职能在不同时期曾由不同身份的人来行使。相比之下，检察制度的历史远不如审判制度的历史那么悠久。

### （一）检察官职业保障的制度背景

环顾全球，世界上最早成立检察制度的是法国，法国被公认为大陆法系检察制度的真正发源地。与源自14世纪国王代理人制度的法国检察制度相比，英美法系国家的检察制度则更年轻，如英国、澳大利亚直至20世纪80年代中期才设立独立的起诉机构。但早在1461年，英国就出现了"检察总长"的头衔，1515年又设立了副总检察长职位，随后英国的检察制度就逐渐形成。随着英国在18、19世纪的殖民扩张，"英国殖民主义把普通法的种子撒在不同的土地上，生根发芽，开出不同的花朵，结出不同的果实，它带给人类法律文化史的，是一个具有共同特征而又纷繁多彩的普通法世界"。[③] 伴随着普通法的发展，英国检察制度也逐步流传到澳大利亚、巴基斯坦、马来西亚、斯里兰卡、巴拿马、加拿大、美国等国家和地区，并为这些国家和地区独立后所沿袭和继受，渐渐形成了英美法系检察制度。美国检察直到17世纪中叶才出现真正意义上的检察制度，而起源于法国的大陆法系的检察制度，随后为德国等其他国家所效仿。由于历史起源和发展路径的不同，"英美法系的检察官大多扮演着控方律师的角色，与既为公诉人又为侦查官以及拥有指挥侦查权的大陆法系检察官相比，在司法职业与政治功能方面存在明显差异"。[④]

有关我国检察制度的起源，学者曾以不同的概念和内容为标准展开过讨论，结论也

---

[①] 贾宇：《认罪认罚从宽制度与检察官在刑事诉讼中的主导地位》，载《法学评论》2020年第3期。
[②] 曲波：《完善检察官职业保障机制研究》，载《人民检察院组织法与检察官法修改——第十二届国家高级检察官论坛论文集》，河北石家庄，2016年7月12日，第883页。
[③] 钱弘道：《英美法讲座》，北京，清华大学出版社2004年版，第105页。
[④] ［法］菲利普·米尔本、卡蒂亚·科斯图斯基、丹尼斯·萨拉斯：《法国检察官》，刘林呐、单春雪译，北京，中国检察出版社2021年版，序言，第2页。

大相径庭。因世界各国的检察制度内容不是"大同小异",而是"小同大异",有学者认为,以法律监督权为基本内容的检察制度在中国古代就已存在,即所谓的广义检察制度最早形成于中国古代的御史制,该制度自西周至清朝一直存在并且是国家政治法律制度的重要组成部分。①这种观点是从我国当前检察制度的内容及文化渊源角度出发的。也有学者认为,检察制度是一个外来的概念,中国在近代以前不存在现代意义上的检察制度,御史制度所体现的行政监察与司法弹劾不分、指控与审判不分等特点,与现代检察制度存在着重大的区别。②

其实,任何制度的产生,都是多重因素共同作用的结果,检察制度的起源不见得就是唯一的。从法律文化传承角度看,以监督官员秉公履行职责为主要职能的御史制度,虽与以公诉为主要职能的现代检察制度不同,但与我国当前检察制度的法律监督职能却有着不少共性,将其作为我国现行检察制度的渊源也未尝不可。当然,从不同角度考察一个制度,其渊源就有可能是多方面的,而且人的认识也有一个逐步深入的过程。我国现行检察制度的职能设置无疑借鉴了西方国家和苏联的做法,所以从现代检察制度的主要职能看,西方检察制度和苏联检察制度无疑是我国现行检察制度的渊源。不管我国检察制度的渊源究竟是什么,是不是多方面的,中国引入近现代意义上的检察制度已有百余年历史,而人民检察制度在1931年11月伴随着中华苏维埃共和国临时中央政府的成立而诞生,至今已风雨兼程走过了九十多年。"人民检察的历史,是一部中国特色社会主义检察制度形成、发展和不断完善的历史……"③尤其是1978年检察机关恢复重建和改革开放以来,我国检察队伍从当年恢复重建时的"十八罗汉"发展成20余万人的检察队伍,"建设一支忠诚、为民、担当、公正、廉洁的检察队伍,是检察工作的永恒主题"。④可以说,我国现行检察制度独树一帜、职权广泛、队伍庞大,是一个不争的事实。另外,由于历史渊源与发展历程不同,大陆法系国家检察官的职权要远大于以公诉权为核心的英美法系国家检察官的职权。

值得研究的问题是:是不是检察机构成立的时间长,其职业保障制度就相对完善?还有,是不是检察官拥有的职权越大,其享受的职业保障水平就越高?或者说,两者之间是否一定成正比的关系?下面我们就以世界上主要国家的检察官职业保障为比较对象,看看这些问题的答案是什么。

### (二)国外检察官职业保障现状

虽然总体上来说,英美法系国家的检察官职权要小于大陆法系国家检察官的职权,但检察官们因其职业的专业性,在各自的国家都享有比较高的社会地位。多数国家也都为检察官履行职责提供身份上的保障和必要的经济条件。为此,1990年9月7日,联合国第八届预防犯罪和罪犯处遇大会通过的《关于检察官作用的准则》第5条规定:"检察

---

① 参见王桂五主编:《中华人民共和国检察制度研究》,北京,中国检察出版社2008年版,第15页。
② 参见孙谦主编:《中国检察制度论纲》,北京,人民出版社2004年版,第5页。
③ 孙谦:《总序》,载何家弘主编,季美君、毛淑玲、袁经义副主编:《检察制度比较研究》,北京,中国检察出版社2008年版,第1页。
④ 王光辉:《伴随改革开放成长的检察队伍》,载《检察日报》2019年1月14日。

官的服务条件、充足的报酬、其任期、退休金及退休年龄，均应由法律或者颁布法规或条例加以规定。"下面就从身份保障与物质保障两方面来阐述。

**1. 身份保障方面**

检察官身份保障是检察官职业保障制度的基础。从世界各主要国家的现实保障条件来看，身份保障可分两大类，即超强型的保障条件与普通型的保障条件。

（1）超强型的保障条件

《俄罗斯联邦检察机关法》对检察官的人身和物质保障措施作出了规定。2020年2月6日刚刚修改的《俄罗斯联邦检察机关法》第45条对检察长和侦查员的法律保护机构与措施作了规定，在联邦一级的检察机关内设立检察机关工作人员人身保护和个人安全保障局，在联邦主体一级设有分支机构，为检察长和侦查员提供特殊保护，这种保护包括检察官的近亲属和财产。为使这种保护落到实处，在《法官、护法机关和检察机关公职人员国家保护法》及其他规范性法律文件中，对保护的具体程序和条件予以明确，如人身保护、住宅保护、改变工作单位、迁徙外地居住，而且还有权持有、携带、使用枪支和特种武器等。[①]

与俄罗斯情形相类似的，还有白俄罗斯。白俄罗斯在人身安全和财产安全方面也为检察官提供了相当充足的保障。《白俄罗斯共和国检察官法》第44条规定：在人身安全方面，检察院必须为检察官提供个人保险，保险事项为因执行公务而发生的身故、伤害、残疾和疾病。保险程序和获保条件由白俄罗斯共和国政府作出规定。有关检察官的诉讼，只有白俄罗斯总检察长或副总检察长可以提出，并依法追究检察官的行政责任。检察官有权保存、携带和使用枪支弹药；在物质财产方面，如果检察官在执行公务时死亡，或因受伤、身残、患病而最终导致死亡，检察机关在取消其职务后一年内向死者家庭或其扶养人发放一次性补助，金额为死者十五年生活费总额。检察官在职期间或离职后一年内因执行公务致残的，检察机关向其发放一次性补助，补助金额按残废一类、二类或三类等级分为五年、四年半或四年生活费补助。检察官因执行公务而导致财产损失的，由国家财政预算全额补偿。[②]

（2）普通型的保障条件

最早建立检察制度的法国，在检察官身份保障方面也比较到位。法国的司法官的职务行为受《刑法典》和特别法的保护，因威胁和袭击而遭受到的直接损害，国家必须予以赔偿。《法国新刑法典》第434—24条规定了危害司法权威罪，即对正在履行职责的司法官以言语、动作威胁或者以各种未公开的文字或形象、寄送任何物品对其进行侮辱，旨在侵犯其尊严或侵犯其所担负之职责之尊重的，处1年监禁并处15 000欧元罚金。通过立法维护检察官的尊严和形象，并确保其能够依法履行职责，其保障也是比较充足的。但由于受历史传统的影响，法国检察官的独立性保障不足，法国的检察体系表

---

① 《俄罗斯联邦检察机关法》在2010年、2012年、2014年、2020年都作了一些小修改，但基本内容变化不大，详细情况可参见何家弘主编，季美君、毛淑玲、袁经义副主编：《检察制度比较研究》，北京，中国检察出版社2008年版，第240-241页。
② 参见季美君［白俄］萨齐科·保罗：《白俄罗斯检察制度的发展》，载《国家检察官学院学报》2012年第6期。

现为司法部长领导下的金字塔式结构。在一个检察机构内，下级检察官必须执行上级检察官发布的指令，该指令或概括或具体，或者仅针对个案。① 如法国曾发生过司法部长发布指令要求正在休假的共和国检察官终止对某个实权人物的追诉程序，甚至派直升机追到喜马拉雅山寻找这位检察官，虽然因其早已离开登山营地而未得逞。② 因此，在当前检察官制度改革中，法国的"核心目标是保障检察官的独立性和中立性，同时顺应欧洲人权法院的要求，调整检察官的职权范围，以最大限度地保障公民的人身自由和权利。"③

德国是世界上较早形成公务员制度的国家，其职业保障制度也比较完善。在德国，狭义上的公务员仅指公法意义上法人团体（尤其是指各级政府）中对于雇主有服务与忠诚义务的公职人员，而广义上的公务员还包括军人、大学教授、法官和检察官等。德国检察官的职业保障基本上规定在《联邦公务员法》中。2019年11月20日修改的《联邦公务员法》第30条规定，成为公务员后，只有在四种情况下，公务员身份才可以被终止：解雇、丧失公务员职位、根据《联邦纪律法》被取消公务员身份（即开除公职）及退休。该法第41条进一步规定，只有经法院判决才会丧失公务员职位。而丧失公务员职位的三种情形，都是公务员故意犯罪，并经法院判决认定有罪，判处六个月以上有期徒刑。换句话说，检察官的职位是检察官本人可以把控的，不必担心意外之祸丢掉自己的饭碗，更不必担忧因自己依法办案而被上司或政治人物免职。

身份保障主要是行使职权时的独立性与职业的终身制。从现实角度来看，在检察官职业保障的所有内容里，检察官的身份保障是首要条件。只有在检察官的身份能够得以充分保障的基础上，才能实现检察官职业保障中的其他内容。

**2. 物质保障方面**

物质保障可细分为工资待遇、休假、津贴、房屋及子女教育等福利待遇。笔者将世界各国检察官享受的物质保障归纳为高薪养廉制和公务员制两大类。

（1）高薪养廉制

检察官待遇的高低，可以从一个侧面反映出该职业的受重视度。"俄罗斯联邦检察机关既不是司法权力机关，也不是执行权力机关，而是一种特殊的国家权力机关，即所谓的'护法机关'。"④ 因而，在俄罗斯，检察官是一个受人敬重的职业，其待遇非常好。《俄罗斯联邦检察机关法》第44条规定，检察机关工作人员的工资由六部分组成：职务工资（应缴纳所得税）；衔级、工龄、特殊工作条件津贴；劳动复杂性、劳动强度和劳动成果津贴；学位和学术称号津贴；每季度和年度工作总结奖金；食品价格补贴（不包括食物补贴）。不仅如此，检察人员还可得到免费的全套制服。每年享受1次在俄罗斯境内连续30天的带薪休假；有权免费乘坐除出租车外的交通工具；房租、水费、电话

---

① 参见 Gwladys Gillieron: *Public Prosecutors in the United States and Europe—A Comparative Analysis with Special Focus on Switzerland, France and Germany*, Springer, 2013, p.288.
② 参见[法]菲利普·米尔本、卡蒂亚·科斯图斯基、丹尼斯·萨拉斯著：《法国检察官》，刘林呐、单春雪译，北京，中国检察出版社2021年版，第90页。
③ 刘林呐：《法国当代检察官制度改革动向及启示》，载《人民检察》2018年第13期。
④ 王圭宇：《检察机关：俄罗斯联邦的'护法机关'》，载《检察日报》2015年9月15日。

费等享受减半优惠;家属的退休费支付、医疗费用报销等诸多保障。

俄罗斯联邦总检察长的职务工资,相当于联邦最高法院院长职务工资的98%,检察官的工资远高其他机关工作人员的工资。检察官的人身保险由国家提供并由国家预算来支付保险金,其金额是月平均工资的180倍。在艰苦和恶劣地方工作的检察官,每年可休假45个连续日。另外,根据工龄的长短,每年还享受一定的附加假期。检察官退休后可领取退休金,工龄满20年、未获得任何退休金的检察长、侦查员、科研和教育工作人员,每月可以得到相当于退休金额50%的补贴;检察官去世后,其家属可享受政府给予的物质保障。《俄罗斯联邦检察机关法》第44条第4款规定,在职检察长和侦查员有权得到由各联邦主体的执行权力机关和地方自治机关提供的独门独户、设备齐全的住宅,而且这一住宅无需排队等待,必须在开始任职的6个月内提供,或者经检察长和侦查员同意,提供与房租金额数量相同的国家预算资金,以便他们能够自己购买住宅或用于住宅建设,条件是在检察机关内至少工作10年。

白俄罗斯也有类似规定。如《白俄罗斯共和国检察官法》第44条规定:检察官可以按照劳动法规定中止劳动合同,也可以根据退休条件自行决定退休,即男性总工龄满25年、女性总工龄满20年,其中从事检察官工作至少15年;或者,男性满55岁、女性满50岁,同时要求男性总工龄满35年,女性总工龄满25年,其中从事检察官工作至少8年。

白俄罗斯检察官离休时,国家会支付离休时平均工资额的60%作为养老金。检察官退休时,国家会支付其6个月的职务工资作为退职金。职务工资包括附加津贴,根据检察官的级别确定。检察官离休后有权受聘工作,领取养老金和全额工资。当检察机关撤销或减员时,检察官只要从事检察工作两年以上的,便可获得6个月工资作为退职金,并按照法律规定的程序和条件获得平均工资额作为失业救济。[①]

韩国检察官的福利待遇也相当高,同时兼顾到子女教育。韩国《检察厅法》规定:检事的地位应受到尊重,其报酬应与其职务相适应。在韩国,检事的工资分为四等。除工资外,韩国还为检察官规定了一些灵活的福利待遇,如对有子女在中学或高等学校就学的检事,在预算范围内支付子女学费补助津贴,为改善检事的待遇,必要时可以在预算范围内支付工资调整津贴等。因此,韩国检察官的社会地位非常高,享有极高的社会威望。

(2)公务员制

法国检察官的工资待遇与法官一样,因两者都被称为司法官,其工资起点与高级公务员的相同,高于一般公务员,实行单独的工资等级和标准。检察官的工资由级别工资和津贴组成。根据工作年限,工资每1~3年晋升一次等次。津贴根据所在岗位确定,约占工资总额的30%,但不计入退休金。据法国一位检察官介绍,法国检察官的工资比一般公务员高出不少,刚入职的代理检察官每月2 300~2 500欧元,随着级别和工龄增加,可到6 000欧元,均为税前。法国普通百姓平均工资税前约2 000欧元。检察官最新的退休年龄是67岁,62岁可以申请退休,而上诉法院总检察长退休年龄为68岁。可

---

[①] 俄罗斯和白俄罗斯的相关资料,由白俄罗斯国立大学国际关系学院(the International Law Department of Faculty of International Relations in Belarusian State University)Nadzeya V. Shakel 博士提供,她曾在白俄罗斯总检察院工作多年,现为该学院的讲师。

见,法国检察官的工资也属于高薪制。

德国检察官的工资标准与法官一样,高于同级公务员的工资水平,这也是因为从事法律工作的人员所受的教育程度较高、入职的资格也更严。德国检察官的工资完全按照职位和年龄来确定,分9个级别,每个级别又根据年龄分成不同层次。根据德国《联邦公务员工资法》第1条规定,公务员"工资"包括基本工资、家庭补助、津贴、奖金和加班费等。基本工资由检察官所在组别决定;家庭补助根据工资子类和家庭成员状况确定,孩子越多,获得的补贴就越多。根据该法第37条和第38条规定,法官、检察官的工资标准被归为R类。在R类中,又从R1到R10分10个类别;其中,R1和R2又细分为八个等级,处于某个特定子类里的检察官,其基础工资又会随着工龄的增长而增长,并在考核合格时自动升级。

2018年11月,德国《联邦公务员工资法》又作了修订,位于R6、R7和R8子类的检察官,其所对应的每月基本工资分别为9 876.22欧元、10 384.73欧元和11 577.13欧元。在检察官工作序列中,工资级别最高的是驻联邦法院总检察长。除工资外,德国公务员(包括检察官)还享受其他各种物质待遇,这些待遇规定在《联邦公务员供养法》中,主要包括"年老时的退休金以及丧失工作能力情形下的休养金;对于死者家属的抚恤金;因公事故情形下的抚恤金;家庭补助,儿童教育补助,儿童教育补充补助"等。

德国检察官(公务员)的工资每两年晋升一次,较低等级的工资依工龄晋升,较高等级的工资依职务晋升,实行基本工资与补贴相结合的挂钩工资制,基本工资体现职务等级、工龄长短、职务高低等,津贴则体现地区和家庭状况差异。检察官的法定退休年龄与公务员一样,不论男女都是67岁。退休工资取决于工作年限和退休前3年内的级别,最高为原工资的75%。检察院的运作经费和工作人员的工资全部由州政府拨款保障。

从上述几个国家的职务保障制度来看,这些国家对检察官的职务保障制度都十分重视,给检察官提供了切实的人身安全保障和丰厚的物质保障,一般情况下,检察官的工资都要高于同级别的公务员。尤其是俄罗斯,不但在法律上规定国家应为检察官提供特殊的保护,而且为防止检察官的人身安全受到犯罪分子的威胁,还规定了一整套措施来保障检察官及其家属的安全,并在各方面为检察官履行职责提供方便,如可以携带枪支,更换工作单位、居住地点或改容易貌,等等。因此,俄罗斯的检察官在社会中享有极高的职业荣誉感。

同时也可以看出,检察官职业保障与一个国家检察机关成立的早晚、检察官享有职权的大小之间,并没有那么密切的关系,或者说,并不是成正比关系,甚至与一个国家的发展水平及经济实力也不成正比关系。而且,即便是放在公务员序列里予以保护,也并不意味着检察官的职业保障水平就不够理想,关键要看其公务员职业保障制度健全与否。由此反观我国检察官职业保障制度,或许可以更加清晰地发现问题之所在。

### (三)我国检察官职业保障制度现状

相比世界上多数国家,我国现行检察制度在职权配置上具有相当的广泛性,我国检察官所享有的职权也比较广泛,而且数十年来,一直处于不断变化和完善中,而今已形成具有中国特色的社会主义检察制度。"五年来,检察机关大力推进'铸才、聚才、育才、扶才、优才、引才'六项重点工程,培养造就一支数量充足、结构优化、布局合理、素质精良的检察人才队伍,为检察事业的壮大发展提供了强大的组织保障、人才支撑和智力支持。"[1] 在论述我国检察官职业保障存在哪些问题之前,必须先搞清楚三个基本问题:一是我国检察官的职业有什么特点?二是当前的职业保障现状和存在的主要问题是什么?三是导致这些问题的根源是什么?然后,才能有的放矢地讨论如何解决这些问题并走出困境。

从比较视角来看,我国检察官具有职权广泛、工作压力大、福利待遇偏低等问题。而从历史角度来看,现有检察官职业保障存在问题的根源,主要是传统观念的局限,症结在于它的不规范性、不统一性及不确定性。在新时代,人民群众对公平正义提出了更高的要求,检察官必然面临着提升专业知识、执业能力等方面的种种挑战。为推进公正、高效、权威的社会主义司法制度建设,必须以法治思维和法治方式健全检察官职业保障制度。也即健全的检察官职业保障必须有赖于它的确定性、标准性和规范性。以法治思维来健全检察官职业保障制度,就是要按照法治的理念、原则、精神和逻辑来认识、分析、研究检察官职业保障问题,并以法的形式系统准确地载明和固定检察官职业保障的内容,同时要以法治的方式来处理和解决检察官职业保障问题。

近几年来,随着我国整体实力的飞速提升,检察制度不断趋向完善,检察官职业保障制度也在快速发展中。最为显著的一点是,从 2013 年实行司法责任制改革、检察官员额制改革后,员额检察官的工资得到了大幅度增长,比同级的公务员要高出 50%。即便没有入额的检察辅助人员和行政人员,其工资也有一定程度的上涨,但检察官与行政人员之间的工资差额就拉大了,这也体现了检察官员额制改革的初衷,通过工资待遇的差距让优秀人才自动流向一线办案岗位。图 7-2-1 及图 7-2-2 是浙江一基层检察院的工资在员额制改革前后的变化及三类不同人员的占比情况。

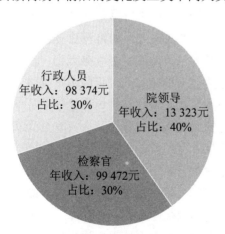

图 7-2-1　2015 年（改革前）三类人员
　　　　　年收入对比图（不含公积金）

图 7-2-2　2018 年（改革后）三类人员
　　　　　年收入对比图（不含公积金）

---

[1] 徐日丹:《五年间检察回眸 | 队伍建设:锻造政治过硬本领高强的检察铁军》,载《检察日报》2018 年 3 月 2 日。

从图 7-2-1 可以看出，检察官员额制改革前，工作年限相同的行政人员与检察官的年工资年收入基本持平，工资收入最高的是单位领导；实行检察官员额制改革后，单位领导的工资占比基本不变，但行政人员与员额检察官之间的差距就拉大了一些。与此同时，检察队伍的专业化、精英化建设也在加快步伐。但如上所述，工资只是物质保障中的一部分，与完善的检察官职业保障相比，我国还存在以下几个方面的主要问题。

**1. 工资福利待遇参差不齐，地方化明显**

由于受经济发展水平的制约，我国检察官的工资和福利实行财政分级负责制，各级检察机关工作人员的工资由当地财政支出，这就在客观上造成检察工作受制于当地的政府部门，缺乏应有的独立性。同时，由于各地经济发展不平衡，造成不同地区检察官之间的待遇相差悬殊，导致经济落后地区的检察人才流失严重。财政拨款地方化，最严重的后果是强化了地方检察机关对地方财政的依赖性，而这种依赖性又在某种程度上导致了司法的地方化。"司法地方化使得司法机关无法克服地方党政等因素的影响，甚至成为地方党政的附属：一方面，司法地方化便于地方党政干预，特别体现在行政辖区与司法辖区的重合方面；另一方面，司法地方化使得司法机关缺乏抗击外部干扰的利器，地方党政的干预能够最终获得实现。"① 虽然"高薪养廉"这种有助于检察官抵制腐败的做法在近期内无法实现，但为平衡不同地区检察官的工资福利待遇，在国家财政拨款方式上或许可以统筹协调一下，这既可以缓解经济欠发达地区检察官的物质困境，同时也有助于最终消除司法的地方化问题。

从国际上的一般做法来看，为了维护司法的独立性、公正性和统一性，检察机关的经费均应由国家财政统一拨款，逐级下发到每个地方检察院。检察官们在日常工作中唯一需要思考的就是如何依法客观公正办理案件，以自己的职务行为维护当事人和国家的合法权益，而不必为自己所在的部门利益或本人的体面生活而费神伤脑、谋利生财。

为贯彻落实党中央重大决策部署，巩固深化司法体制改革的成果，同时也为了推进检察官队伍的正规化、专业化、职业化建设，2019 年 4 月 23 日第十三届全国人大常委会十次会议通过了新修订的《检察官法》。② 该法有诸多亮点，如将司法责任制、司法人员分类管理和员额制管理等一系列改革成果上升为法律，其中最大亮点为：设专章分 14 条对检察官的职业保障问题作了全面规定，这为提升检察官职业保障水平提供了明确的法律依据。如人民检察院设立检察官权益保障委员会、检察官被调离检察业务岗位的几种情形、检察官有权拒绝任何干涉办理案件的行为及其职业尊严和人身安全受法律保护，等等。可以说，此次修订，使检察官的身份保障有了质的提升。"检察官法的立法、修改与施行，对于加强和规范检察官管理，促进检察官队伍正规化、专业化、职业化建设，提升检察队伍素质能力具有十分重要的作用。"因此，这次《检察官法》的修改可谓是适应了新时代下检察工作与检察官队伍建设新形势的需要，也迎合了改革时代对检察官队伍建设和管理体制提出的更高要求。新形势下检察系统对内设机构所作的系统性、重塑性改革，为完善刑事、民事、行政、公益诉讼"四大检察"新格局，提升检察

---

① 陈卫东：《司法机关依法独立行使职权研究》，载《中国法学》2014 年第 2 期。
② 朱宁宁：《解读新修订的法官法检察官法》，载《法制日报》2019 年 4 月 26 日。

官的知识、能力及各方面素质，创造了一个新的契机。

对于检察官职业保障核心内容之一的工资标准问题，《检察官法》第59条明确规定："检察官实行与其职责相适应的工资制度，按照检察官等级享有国家规定的工资待遇，并建立与公务员工资同步调整机制。检察官的工资制度，根据检察工作特点，由国家另行规定。"需要指出的是，多年来，我国检察官的工作制度和工资标准就是比照公务员的规定来执行的，虽说该法还规定了检察官实行定期增资制度，但"定期"的界定及每个级别应增加多少工资等，仍缺乏明确规定。换句话说，新《检察官法》这一规定还是比较粗线条的，有待进一步完善。

实行员额制后，检察官的工资待遇确实有了大幅度的提升。但当前存在的主要问题是各地检察官的工资存在明显的不均衡的情况。在现有国情下，从国家层面予以财政拨款，给各地检察官以较高的工资福利待遇，似乎并不是可望而不可即的，关键是观念上的重视与改变。工资待遇可以说是最为显现的地位象征之一。如前所述，比较优厚的待遇不但有利于保障检察官独立公正地履行检察权，也有利于吸引社会上的优秀人才加入检察队伍，最终有利于检察人员素质的提高和检察队伍的专业化建设。

**2. 法律规定粗疏，福利规定缺乏可操作性**

由上可知，大多数国家检察官除工资外，还有与检察工作岗位相适应的津贴，工资和津贴标准都是明确、公开的，且由立法加以保障，其福利普遍高于同级公务员的薪水，并享受工龄、地区津贴及优厚的养老金等。不仅如此，有关检察官的津贴规定非常具体，贴近实际情况，如韩国法律规定在预算范围内支付检察官子女学费补助津贴等。德国的检察官的津贴包括职务津贴和岗位津贴，具体数额也有详细规定，如某个工资类别中某级（比如R1第3级）的津贴数额，不得高于次高级别（即R1第4级）之多出部分（即R1第4级的工资数额减去R1第3级的工资数额）的75%。工作出色成绩优异的检察官，还有权获得一次性"奖金"和"奖金津贴"。每年获得此类奖金和奖金津贴的人数，不得超过本单位总人数的15%，奖金数额不得超过此人所在类别起始基本工资，而奖金津贴不得超过该起始基本工资的7%。[①]

我国《检察官法》关于检察官福利待遇的规定基本上是原则性的，且多属于委任性条款。比如第59条第2款规定，"检察官的工资制度，根据检察工作的特点，由国家规定"；第60条第2款规定，"经考核确定为优秀、称职的，可以按照规定晋升工资"。原来"有特殊贡献的，可以按照规定提前晋升工资"的规定被删除了。而对检察官应享受的检察津贴、地区津贴以及保险和福利待遇等，都没有进一步规定具体的标准和办法，且在全国检察系统内缺乏统一标准。

**3. 行政气氛浓厚，检察官主体地位偏弱**

由于长期受行政官僚体制影响，我国检察机关内的管理模式一直是行政化的，包括检察官的等级划分，也是比照公务员级别划分为十二级。这一等级又与工资、福利待遇挂钩。这种官僚化的导向，让那些业务能力强、工作业绩出色的检察官，最终选择走

---

① 参见周遵友、季美君：《德国检察官的职业保障及其对中国的借鉴意义》，载《中国法律评论》2020年第5期。

向领导岗位。但被提拔到领导岗位后，他们基本上就不再从事检察业务，不再具体办理案件，而改为从事行政事务性管理工作，如检察官业绩评估、绩效管理、程序性文书的审批签发及政治思想工作等。而在一线办案的检察官，却成为各种考核和管理的对象，如案件流程管理、质量评查，甚至错案追究等，他们面临强大的压力，又缺乏主体地位——这势必影响其工作的积极性与主观能动性。长此以往，无疑会对检察事业的发展带来负面影响。实行员额制改革后，这种局面稍有改变，因最高人民检察院要求各级检察机关的领导带头办理疑难复杂案件，为检察官们做表率。但长期形成的行政化、官僚习气的转变，无疑需要相当时日。

所幸的是，各项改革仍在如火如荼地进行中。十八届三中全会以来的新一轮司法改革，吸纳学界建议，开始推行一系列旨在增进检察官福利与职业保障的改革举措。2017年5月，中央组织部、人力资源和社会保障部、国家工商行政管理总局以及国家公务员局四部门联合印发了《关于规范公务员辞去公职后从业行为的意见》，对规范公务员辞去公职后的从业行为作出了具体规定。这些改革措施和规定，在一定程度上有利于留住检察系统内的优秀人才，[①]而新《检察官法》修订时的重点之一，就是充分吸收本轮司法体制改革的相关经验和丰硕成果，并以法律名义来巩固已取得的改革成效。

**4. 缺乏救济程序，检察官身份保障偏弱**

与工资待遇明显提升相比，当前我国检察官身份保障依然比较薄弱。我国检察官队伍可以说是世界上最为庞大的，转隶后全国仍有检察工作人员21万多人。2016年开始员额制改革后，全国31个省、自治区、直辖市检察机关和新疆生产建设兵团检察机关完成的首批员额检察官就有87 624名。[②]这么庞大的检察官队伍，后勤保障的难度之大可想而知。可喜的是，新《检察官法》至少在法律层面，将检察官的身份保障从依法履行职责、检察官的权利以及保护检察官的职业尊严和人身安全等方面作出了明确规定。

检察官身份保障中的核心内容为办案的独立性和职业的终身制。为保障检察官能客观公正地处理案件，多数国家的法律都明确规定了检察官的独立性，有些是在司法实务中实际享有比较大的独立性，如德国检察官的独立性与法官的审判独立性几乎没有区别，检察机关被认为是"与法官一样独立的机关"。[③]我国法律也明文规定了检察院的独立。2018年10月26日修改通过的《人民检察院组织法》第4条规定：人民检察院依照法律规定独立行使检察权，不受行政机关、社会团体和个人的干涉。新《检察官法》第1条规定："……保障人民检察院依法独立行使检察权，保障检察官依法履行职责……"当然，检察院的独立不能直接等同于检察官办案时的独立，但不可否认的是，实行员额制改革后，我国检察官根据检察官权力清单可以独立处理的刑事案件在60%左右，其独立性得到了大幅提升。

但多年来，我国检察官的身份保障在现实中并无多少起色。之所以这么说，是因为法律层面的规定早就有了，但在现实中却很难落地开花。因此，在调研座谈时，有基层

---

① 张青：《基层法官流失的图景及逻辑：以Y省部分基层法院为例》，载《清华法学》2018年第4期。
② 参见胡泽君：《在全国检察机关司法责任制改革推进会上的讲话》，海口会议，2017年4月11日。
③ 参见万毅：《德国检察官"与法官一样独立"》，载《检察日报》2015年6月23日，第003版。

检察官认为我国还没有建立起真正意义上的检察官身份保障制度，仅有几条粗线条的法律规定，因没有与实际相结合而无法落到实处，不少情况下，检察官有随时面临丧失身份的危机。这种说法可能过于偏激，因为我国《检察官法》早就对检察官的任职资格、免除职务、降职、处罚等作了明确规定；2007年，最高人民检察院通过的《检察人员执法过错责任追究条例（试行）》还进一步规定了检察人员的豁免权。这些规定构成了检察官身份保障的基本内容，是检察官职业保障的法律基础。只是这些规定偏向简单、笼统，缺乏具体操作程序，又没有相应的配套措施。新《检察官法》在法律规定层面作了进一步的完善，但原本存在的问题似乎依旧存在。上述种种问题的解决，在很大程度上有赖于未来数年的检察改革中对检察体制及工作机制层面的进一步完善。

## 三、完善我国检察官职业保障制度的现实路径

检察官职业保障制度是一个系统工程。为保持整个社会状态的和谐稳定，在完善检察官职业保障制度时，也需要统筹规划、逐步适当调整。为此，笔者认为具体路径主要有以下几个方面。

### （一）与时俱进，更新观念

虽然我国检察制度的历史"源远流长"，但建立检察官职业保障制度却是一个相对比较新的命题。如前所述，以"检察官职业保障"为主题，不分时间段在中国知网上进行检索，包括各种会议和期刊在内，剔除内容不相关的文献，才20多篇文章涉及这一主题，可见其受关注的程度与其重要性并不匹配，其中有些论文还是放在检察官职业化建设中予以讨论的。随着反贪的转隶，检察职能的重大调整，"检察工作处于新的时代方位，如何根据新时代社会主要矛盾的变化，适应人民群众在民主、法治、公平、正义、安全、环境等方面的司法需求，为人民群众提供更好、更优、更实在的法治产品、检察产品"，[1]就成了目前检察机关最为急迫解决的四大难题之一。这些难题的解决，无疑需要留住优秀的检察人才，并在未来吸引更多优秀人才从事检察工作。为了实现这一目标，从检察官职业保障这一视角来看，最为根本的是观念上的更新。这种更新，可以分为以下几个层面。

#### 1. 国家层面的高度重视

环顾全球，白俄罗斯应是对检察官行业最为重视的国家之一。白俄罗斯地处内陆，自然资源相对匮乏。作为一个前社会主义国家，白俄罗斯独立后近30年，国内经济仍不太发达。但该国十分重视检察机关的工作与队伍建设，"突出表现在检察机关的经费及物质技术保障均由国家财政预算承担。检察机关支付检察官的基本工资、交通费用和住房费用，有关专家、翻译和其他专业人士的劳动报酬，也由国家预算支出。同时，《检察官法》还规定：地方执行机关和管理机关应当为当地检察院租用办公场所和通信设备；检察机关的交通工具和技术设备由白俄罗斯政府集中保障，费用由国家预算担

---

[1] 郑赫南：《最高检机关内设机构改革侧记：始于司法责任制改革》，载《检察日报》2019年1月15日。

负。"[①] 因有了物质上和权力上的双重保障，白俄罗斯的检察权十分广泛。检察官享有一般监督权，且不受制于地方政府和地方领导，其独立性得到了立法上的保障，在实践中的运行也较为良好。国家层面对某一行业的重视是福利待遇得以切实提升的基础，也是最为关键的前提条件。

### 2. 检察机关自身的足够重视

检察机关自身，从最高检到各基层检察院，也要更新观念，在思想上重视检察官的职业保障问题。若能将其作为一个专门问题提上议事日程，其改革完善的力度就会大得多、速度也会快得多，一如捕诉一体的改革。新修订的《检察官法》第 6 条规定："检察官依法履行职责，受法律保护，不受行政机关、社会团体和个人的干涉。"这一规定，无疑为检察官依法独立行使职权提供了法律依据。

我国检察机关是宪法规定的专门法律监督机关，"承担多种职能，工作繁杂、责任重大，检察机关工作的好坏直接关系到社会的稳定程度和公民合法权益的实现状况，是实现依法治国、公平正义的重要保障"。[②] 因此，国家给予检察官以较高的工资和福利待遇及相应的职业保障，是无可厚非的。检察机关自身在日常工作中，也应该重视检察官职业保障问题，在力所能及范围内多关心检察官的身心健康，化解工作压力，如定期聘请心理咨询师作讲座。检察官队伍的健康发展，尤其是年轻一代检察官的良好心态，无疑有助于检察事业的可持续发展，同时也有利于吸引社会上的优秀人才陆续加入检察队伍。

### （二）全面提升保障水平

近年来，我国检察官的职业保障工作取得了长足的发展。比如工资待遇问题，员额制改革后，检察官的工资比同级公务员就高出不少；还有住房问题，有些地方检察院也做得相当不错；按工龄计算的休假天数，基本上也能兑现。但笔者认为，从应然出发，以下方面可以做得更好。

### 1. 工资福利待遇透明化，利益可期待

检察官作为国家公职人员，其生活费用主要来源于工资收入，生活品质的高低与其所能享受到的福利待遇密切相关。检察官职业保障所涉及的各要素中，工资福利待遇占据十分重要的比重。从社会角度来看，经济收入是大多数人择业时考虑的重要因素之一。工资待遇透明化，可以吸引真正喜欢这一职业的人才加入检察队伍。

在工资待遇津贴透明度方面，做得比较出色的是德国。德国《联邦公务员工资法》对公务员（检察官）在不同级别时能够享受的工资、津贴及加班补贴等，都一一作了详细的规定。[③] 这样，一个人在决定是否选择从事检察官这一职业时，其心理就有足够的预期，一旦作出选择，此后其在工作中的全身心投入足可期待。在这样的团队里工作，每个人既能发挥自己的聪明才智，实现自己的人生价值，又能体会到团队之间那种默契合作的愉悦。从长远来看，这是检察官队伍专业化建设的起步环节，也是最为关键的一关。

---

[①] 季美君、[白俄罗斯] 萨齐科·保罗：《白俄罗斯检察制度的发展》，载《国家检察官学院学报》2012 年第 6 期。

[②] 王红英：《检察官职业保障机制研究——以检察官职业心理压力与疏导机制的构建为视角》，载《湖北师范学院学报》（哲学社会科学版）2016 年第 5 期。

[③] 周遵友、季美君：《德国检察官的职业保障及其对中国的借鉴意义》，载《中国法律评论》2020 年第 5 期。

### 2. 加强身份保障，体现人性关怀

在检察官职业保障中，除了物质待遇外，还有职业上的稳定性。从某种意义上说，检察官的身份保障，就像法律规定中的兜底条款。有了这一保障，在日常工作中，检察官就可以依法独立行使职权，排除各种外来干扰，以自己的专业水平最大限度地实现个案公正。职业上的自豪感、尊荣感，就是由这种底气长年累月熏染积淀而成的。

世界上很多国家，为了维护检察队伍的专业化、精英化建设，除了以丰厚的物质待遇来吸收社会上的优秀人才进入检察行业外，另一颇具吸引力的条件就是检察官职业的终身制。如澳大利亚新南威尔士州《1986年检察长法》与《1986年皇家检察官法》规定："该州的检察长、副检察长、起诉律师和皇家检察官的职位，都是法定的终身职位，一旦被州长任命，就一直担任到65岁才退休，只有当被任命者出现精神错乱、无能力、刑事犯罪、放弃任职或破产等情况时，才可能被免职解雇。"①在德国，其公务员（包括检察官）经公开考试择优录用后，在任职过程中，若没有重大过错，是不能被免职或处分的，也即实行终身任用原则。在白俄罗斯，检察官不但享受丰厚的物质条件、职业的终身制，国家还给检察官提供超强的人身安全保障。②综上可见，身份上的切实保障是这些国家检察官们在办理案件时能够秉公执法的强大支柱。从根本上来说，身份保障的目的是免除检察官的后顾之忧，让其在办案时不必畏惧政治上的干扰与威胁，只依据法律规定独立作出起诉或者不起诉的决定，从而有助于实现个案的公正，最终自然也有助于提升司法的公信力。

从身份保障角度看，当前我国在检察官职业终身制方面做了很多工作，最近就有不少检察院在表彰从检30年的检察官。如2019年3月12日，郑州市对该市检察机关从检满30周年，为检察事业作出贡献的291名检察人员颁发了"检察荣誉章"及检察荣誉证书。

身份保障中的另一重要内容是检察官独立问题，我国有关这一问题的法律规定与其他国家有所不同。我国法律规定的是检察院独立，检察院独立与检察官独立有着本质上的不同。案件是由具体的检察官来办理的，保障检察官依法独立行使职权是实现司法公正的基础，新修订的《检察官法》只规定"保障检察官依法履行职责"，从比较视野和发展眼光看，我国员额检察官在办理案件时的独立性仍有相当大的提升空间。

笔者经实地调研了解到，现实中最让检察官们纠结的，可能是工作调动的任意性和控告申诉权落实难问题。新《检察官法》第65条和第66条规定，对侵犯检察官权利的行为，检察官有权提出控告。关键是，检察官该向哪个部门控告？

## （三）完善救济程序，畅通投诉渠道

救济程序是职业保障的坚强后盾。即使法律规定得再完善，在现实执行中也难免会出现这样或那样的问题。此时，权利救济的价值就得以体现。德国《联邦纪律法》第41条规定，对在职公务员（检察官）的纪律处分共有五种：书面训诫、罚款、减薪、降级以及开除公职。对纪律处分不服的，被处分的公务员有权启动异议程序。对异议程序结果不服的，公务员（检察官）有权通过法院提起诉讼。从某种意义上来说，只有完善的

---

① 季美君著：《中澳检察制度比较研究》，北京，北京大学出版社2013年版，第54页。
② 季美君、[白俄罗斯] 萨齐科·保罗：《白俄罗斯检察制度的发展》，载《国家检察官学院学报》2012年第6期。

救济程序，才能确保相关保障条款的真正落实。

我国在当前的司法责任制改革中，特别强调错案追责。但"对司法错案要不要追究责任，是认识很不一致甚至大相径庭的一个问题。"①虽然加强检察官的责任感是必须的，但案件办理、法律适用是一个非常复杂的过程，不少时候会出现见仁见智的情况，对案件证据的把握和法律适用的理解，可能与办案人员的人生经验密切相关。因此，只要不是故意徇私枉法或重大过失办错案件，就应该免予追责，这不是纵容过错，而是人性关怀。检察官责任豁免制度（包括绝对豁免与相对豁免）可以有效地为检察官提供责任的"安全港"。即便在我国实行司法责任制改革后，强调追究检察官违法办案责任的背景下，检察官在办案时只要忠于法律，就应不必担心潜在责任的产生，不必因司法责任制的存在而影响其敢于担当的责任感和使命感。②

总之，为保证检察官能客观公正地处理案件，避免受案外种种因素的干扰，作为职业保障体系的首要因素，就是要保障检察官非因徇私枉法等故意或重大过失造成错案应免受追究，让检察官不必担心自己的职务行为会被追究而承担赔偿责任，让检察官可以大胆放心地依据法律和自己的内心确信来公正地处理案件。

### （四）适应国情推进改革

检察官职业保障制度的完善，不管是物质待遇还是身份保障方面，每一步改革都必须以我国的国情为基础，既要考虑检察官的现实需要，也要顾及相关利益群体和国家经济实力，比如，提升检察官工资和福利待遇确实需要全方位考虑，平衡各方的利益，最为现实的问题是，检察官待遇提升了，那法官待遇要不要一起提升？

通常情况下，法官与检察官职业存在相似性，两者的工资福利待遇和保障紧密相连。每一项改革，都会牵涉到不同的利益群体，改革就是利益与权力的重新分配组合。因此，检察官职业保障制度的完善，必须立足现实，稳步推进，方能实现初衷。

总之，检察官之所以应享受较高的工资和福利待遇，并保障其独立性和职业的终身制，非经法定事由、法定程序不被免职或者处分，其根本目的是确保检察官能够依法独立公正地处理案件，实现司法公正。为了达成这一目的，就需要各方面相关措施的配套运行，如完善检察官选任制度，确保有真才实学、品质优秀的人凭借自身的出类拔萃进入检察队伍；建立公开透明的升迁机制，让工作勤勉、成绩出色的检察官能顺利升迁；重视检察官的在职培训，让检察官可以及时更新知识和提高业务能力；畅通申诉救济渠道，让身受不公平待遇的检察官有说理的地方。可见，检察官职业保障制度的改革与完善，是一个系统工程，需要方方面面的配合与支持。德国将检察官工资福利待遇放在公务员系统内管理，保障相当到位，其关键原因在于：德国的现代公务员制度萌芽于普鲁士王国时期，再经过德意志帝国、魏玛共和国以及联邦德国的不断演变与改革发展，目前已形成了一套行之有效的制度，如公务员录用制度、管理制度和保障制度等都相当成熟，其相关的配套制度也十分完善。

毫无疑问，检察官职业保障制度是当前我国全面深化检察工作体制改革的重要组成

---

① 朱孝清：《错案责任追究与豁免》，载《中国法学》2016年第2期。
② 参见陈光中、王迎龙：《司法责任制若干问题之探讨》，载《中国政法大学学报》2016年第2期。

部分，对确保检察官独立行使职权、排除外来各种因素的干扰，实现司法公正具有十分重要的意义。但无论哪一种制度的建立、发展与完善都需要一个过程，而且必须与其他措施、制度相配套，按同一方向运行才能实现预期的效果。这也是当前检察工作发展中，总体上要求更加注重系统观念的核心内容之一。

检察官职业保障制度改革，看起来只是我国检察制度发展的一个侧面，事实上会牵涉到检察制度的方方面面，尤其是检察官独立办案问题，更与整个检察机构的权力配置与领导体制密切相关。我国检察制度的改革完善又与我国现阶段所处的社会发展形态密不可分。随着我国经济发展水平的不断提升和城市化进程的加速，各种社会矛盾也呈现出新的阶段性特征。新时代社会主要矛盾的转化，公民权利保护意识的增强，各种矛盾纠纷与利益冲突蜂拥进司法领域，人民群众对检察产品和司法正义的要求越来越高，而检察官职业保障水平的提高，无疑可以从根本上提升检察官的责任感和使命感，从而实现让人民群众在每一个司法案件中感受到公平正义的愿景。

作为司法制度的重要组成部分的检察制度，也必须以服务于新时代中国特色社会主义经济以及构建和谐社会为最高宗旨，走中国特色社会主义检察制度之路。"40 年来，检察队伍始终在改革开放大潮中奋勇拼搏、磨砺成长，始终与检察事业发展相伴相生、同向同行，为人民检察事业不断前行提供了有力的组织保障和人才支持。"[①] 从历史视角来看，随着我国检察改革的不断深化、国力的进一步增强，作为司法公正的检察官们应该享受到更加丰厚的物质待遇以及更为全面而有力的制度保障。因此，在考虑检察官的福利待遇应否改善、改善的幅度多大、检察官的独立性应否加强且如何加强、检察官的责任豁免权应如何规定落实时，都应立足于目前中国的国情，充分考虑中国社会主义道路的历史独特性和司法制度的中国特色，[②] 以及中国检察制度的特殊渊源与发展的曲折性，遵循司法发展规律，科学完善中国特色社会主义检察官职业保障制度。

季美君，最高人民检察院检察理论研究所研究员，法学博士，本节内容原题目为《比较视野下我国检察官职业保障完善路径》，未公开发表，收录本书时有改动。

## 第三节　德国检察官的职业保障

季美君　周遵友

检察官是检察权行使的主体，检察官的职业保障水平既体现了一国的司法理念，也展示了检察官在整个社会中的地位与尊严，同时还是检察官职业荣誉感的直接载体，保障是否到位将直接影响检察权行使的充分性。世界各国检察制度因历史传统、政治体制、司法制度的迥异而呈现出不同样态，不但各国检察官所拥有的职权差异甚大，检察官的职业保障水平和内容也各不相同。当前，我国检察制度的员额制改革已到位，内设机构改革亦基本接近尾声，人民检察院组织法和检察官法新近修订完成，与这些改革紧密相关的检察官职业保障问题无疑是当前各地检察机关面临的重要话题之一。本部分内

---

① 王光辉：《伴随改革开放成长的检察队伍》，载《检察日报》2019 年 1 月 14 日，第 003 版。
② 虞政平：《中国特色社会主义司法制度的"特色"研究》，载《中国法学》2010 年第 5 期。

容以大陆法系国家的主要代表——德国的检察官职业保障为例，通过深层次的比较研究，为当前我国检察官职业保障机制改革提供一个新的视角。

在德国，虽然各级检察院设立于平级的法院内，但在刑事诉讼活动中，检察院与法院之间是各司其职、各负其责的。从性质上说，德国检察机关不属于严格意义上的司法机关，但也不是通常意义上的行政机关，可以说是一种具有司法机关性质的行政机关，这一点与我国的检察机关大不相同。德国检察系统分联邦和州两个层面。德国全国共 16 个州，每个州的情况有所不同。本部分内容的研究对象主要是联邦层面，涉及检察官物质待遇的也以联邦公务员法为标准。

作为大陆法系国家的典型代表，"随着 21 世纪第二个十年的到来，德国显然站在了欧洲的中心位置。作为欧洲经济增长的原动力以及更加动荡的欧洲经济的安全网，在此推动下，德国的影响已成为欧盟持续扩大和形成的驱动力。在欧盟内部，德国的政策在贸易、环境政策、安全与公正以及人权等方面对欧盟政策的框架产生了决定性影响"。一国经济的发展水平无疑与检察官的职业保障能力和水平密切相关。从纵向来看，德国检察制度逐渐形成的过程，也是其检察官职业保障水平不断提高的过程。

## 一、德国检察官职业保障的制度背景

德国检察制度的萌芽被认为是起源于勃兰登堡—普鲁士的司库制度。不过，司库制度的寿命很短，早在 19 世纪初便已消亡。德国在其 1879 年《刑事诉讼法》中第一次规定了法国式的检察制度后，司库制度似乎又获得了新的生命。与《刑事诉讼法》同日生效的还有《法院组织法》，这两部法律都是德国检察制度的主要依据：前者规定了检察官在刑事诉讼中的地位和作用，后者规定了检察院的组织结构和运行方式。

自 1879 年以来，德国数次修订《刑事诉讼法》，但该法的基本框架仍然得以保持；而且《法院组织法》第 10 章（第 141 条至第 152 条）有关检察机构设置方面的规定一直未作过大的修改。但是，德国学术界对德国检察制度的职能及其地位等问题的争论，从未停歇过。尤其是，对于是否应当通过制定新法，将检察院确立为特殊的刑事司法机关，加强检察官的独立性，以适应法治国的发展及司法权地位的变化，政治家们仍存有严重分歧。自 2009 年以来，德国又掀起一波关于改革检察制度尤其是检察官地位的讨论，起因是"欧洲委员会议会大会"（PACE）于 2009 年 9 月 30 日通过了一项决议。该决议呼吁德国废除司法部长对检察院的指示权，以便建立"一个司法自治的制度"。该决议确认，检察官在个案中，必须避免遭受外部的政治影响。

实际上，许多其他欧盟国家的法律已规定检察院独立于政府部门。作为欧洲大陆检察制度之母的法国，也于 2013 年 7 月 25 日修改通过《刑事诉讼法》，废除了司法部长对个案的指示权。在拥有 28 个成员国的欧盟层面上，欧盟委员会已于 2013 年 7 月 17 日，正式通过了成立欧洲检察院（European Public Prosecutor's Office，EPPO）的规定。截至 2020 年 9 月，已有包括德国在内的 22 个欧盟国家加入该机制。2020 年 9 月 28 日，该机制的"欧洲检察长"和 22 名"欧洲检察官"正式宣誓就职。而这个体现了欧盟价值共同体的 EPPO，也是一个独立于行政部门的司法机关。可以说，这些方面都在或多或少地影响着德国检察制度的发展。

环顾全球,检察机关在整个刑事诉讼活动中承上启下,其作用是举足轻重的。但是,各国检察机关的职能大小却大不相同,这是由一国的政体及对检察权的定位决定的,同时也与该国的历史传统、文化背景和司法制度等因素密切相关。从总体上看,大陆法系国家检察机关的职权要远大于英美法系国家以单纯的起诉职能来定位的检察机关的职权。在大陆法系国家中,德国的检察机关是颇具代表性的。因德国司法制度相对成熟,多年来政局稳定,其检察机关的职能基本上保持不变。具体而言,检察官的职能体现在刑事诉讼程序中,主要有侦查职能、起诉职能、上诉职能和执行职能。德国刑事诉讼的一审普通程序包括前程序、中间程序和主程序。从侦查、起诉,到审判、上诉及执行等各个环节,德国检察机关都发挥着独立而关键的作用。在德国,特别强调检察官的客观义务,即检察机关的首要职责是查明案件事实真相,既要查明证明有罪的情况,也要查明证明无罪的情况,这是德国《刑事诉讼法》第160条第1款和第2款明文规定的。

相比较而言,德国检察官的职权还是比较广泛的,可以说比英美法系国家检察官的职权还要大得多。德国检察官不仅拥有公诉职能和上诉职能,还拥有侦查职能、执行职能以及某种意义上的监督职能。那么,德国检察官的职业保障力度是否就比英美法系国家的也强大呢?

## 二、德国检察官职业保障的现状

为了使检察官能更好地依法履行职责,实现司法公正,国家必须为检察官提供职业保障,使检察官在行使职权时享有应有的独立性,而不必听命、受制于他人或受其他因素的干扰;同时还能够体面地生活,并有足够的抵抗力拒绝物质上的引诱,避免步入腐败的深渊。"检察官职业保障是指以检察官职业化建设为核心,通过建立和完善检察机关内部、外部的相关制度体系,切实保证和落实检察官的职业权力、职业地位和职业素养,以达到增强检察官职业荣誉、维护国家法律尊严和司法权威之目的。"为此,1990年9月7日,联合国第八届预防犯罪和罪犯处遇大会通过的《关于检察官作用的准则》第6条规定:"合理的检察官服务条件、充足的报酬,以及在适用情况下的任期、退休金和退休年龄,均应由法律或者公布的规章条例加以规定。"世界上多数国家都为检察官履行职责提供了必要的物质条件和身份上的保障,德国也不例外,尽管具体的待遇千差万别。

**1. 物质保障**

在德国,检察官具有政府公务员的身份。检察官在职权方面多年来基本没什么变化,但是他们的物质待遇却一直在变化中。德国是世界上较早形成公务员制度的国家,其职业保障制度也比较完善。狭义上的公务员仅指公法意义上法人团体(尤其是指各级政府)中对于雇主有服务与忠诚义务的公职人员;广义上的公务员还包括军人、大学教授、法官和检察官等。因此,下文中有关公务员的种种待遇规定,也属于检察官的保障内容。德国公务员工资标准的确定遵循以律养廉原则、职业尊严原则和相称的社会地位原则。但德国公务员制度因继承和发展了旧的文官制度,等级色彩特别明显,强调上下级之间的主从关系、职级分明。

2006 年，德国进行了一次重要的宪法改革，此次改革重新分配了联邦和各州在公务员与法官（包括检察官）工资上的立法权。此前，旧版联邦公务员工资法在全德范围内适用，因而所有的法官和检察官也适用统一的工资规则。此后，新版联邦公务员工资法一般不再适用于各州的公务员，除非某州尚未制定本州的公务员工资法。比如，德国巴登符腾堡州已于 2010 年 11 月 9 日出台了《巴符州公务员工资法》。

（1）工资待遇。

联邦公务员工资法主要适用于四类人：联邦公务员、军人、联邦法官和检察官以及大学教师。公务员的"工资"包括基本工资（Grundgehalt）、家庭补助（Familienzuschlag）、津贴（Zulagen）、奖励（Vergütungen）等。检察官的基本工资主要是由检察官所在的职业类别与工资级别决定的。家庭补助是根据工资子类和家庭成员状况确定的，每个月最少也有一两百欧元，而且孩子越多，获得的补贴就越多。津贴包括职务津贴和岗位津贴，但是某个工资类别中某级（比如 R1 第 3 级）的津贴数额，不得高于次高级别（R1 第 4 级）之多出部分（R1 第 4 级的工资数额减去 R1 第 3 级的工资数额）的 75%。奖励包括绩效奖励和加班奖励。作出优异成绩的检察官，还有权获得绩效奖励，即"绩效奖金"（一次性）和"绩效津贴"（非一次性）。每年获得此类绩效奖金和绩效津贴的人数，不得超过本单位总人数的 15%，绩效奖金数额不得超过此人所在类别起始基本工资，而绩效津贴不得超过该起始基本工资的 7%。超出规定的工作时间进行工作的，可以获得加班奖励。

根据《联邦公务员工资法》的规定，法官（和检察官）的工资标准被归为 R 类（R 是德语"法官"一词的首字母）。在 R 类中，又有 10 个子类，从 R1 到 R10。其中，R1 和 R2 又可细分为八个等级，处于某个特定子类里的检察官，其基础工资又会随着工龄的增长并在考核合格的情况下自动升级；第一个等级持续两年，第二个至第四个等级分别持续三年，第五个至第七个等级分别持续四年。R3 至 R10 不再细分等级。例如，联邦普通法院（BGH）法官和联邦总检察院"联邦检察官"被归为 R6 子类，在联邦总检察院担任部门负责人的"联邦检察官"被归为 R7 子类，联邦总检察长被归为 R9 子类。

比如，根据 2018 年 11 月 29 日版本的联邦公务员工资法，R6、R7 和 R8 子类的检察官所对应的起始每月基本工资分别为 9 876.22 欧元、10 384.73 欧元和 11 577.13 欧元。现以联邦总检察长为例，计算一下其在 2018 年 3 月 1 日至 2019 年 3 月 31 日期间的每月工资。假如其已婚，有两个孩子，正常履行职务，既不申请津贴也不曾加班，那么其基本工资为 11 577.13 欧元，家庭补助为 388.40 欧元，合计起来每月毛收入为 11 965.53 欧元，扣税后的每月净收入为 8 356.74 欧元。在物价涨幅较小，尤其是基本生活消费价格较低的德国，这个数额的月收入足以让联邦总检察长过上较为富裕的生活。

（2）其他物质待遇。

除工资外，德国公务员（包括检察官）还享受其他各种物质待遇，而这些待遇是由《联邦公务员供养法》（BeamtVG）规定的。具体而言，主要待遇包括：年老时的退休金以及丧失工作能力情形下的休养金；对于死者家属的抚恤金；因公事故情形下的抚恤金；家庭补助，儿童教育补助，儿童教育补充补助；等等。

检察官的退休金由联邦和各州的公务员供养法予以规定。以联邦检察官为例，根据《联邦公务员供养法》，退休金的数额取决于退休前工资和退休前工龄。退休前工资包括：基本工资、家庭补贴、工资法中确认为退休前工资的其他工资以及《联邦公务员工资法》第33条确认为退休前工资的"成就工资"。工龄越长，拿到的退休金就越多。退休工资的计算方法是退休前工资乘以一定的百分比，而这个百分比的确定方式是：1.79375%乘以工龄年数，但是总数不得超过71.75%。

检察官的退休年龄，《根据联邦公务员法》（BBG）的规定，无论男女，现在的退休年龄通常为67岁。但是，1947年1月1日以前出生的人，其退休年龄全部为65岁，在1947年1月1日至1963年12月31日之间出生的人，其退休年龄为65岁加1个月与66岁加10个月之间，具体时间视个体情况而定。

由此可见，德国人传统中的那份严谨与细致，在有关公务员的立法中也体现无遗，可以说是事无巨细，这也是法治国家的通常做法。德国法官、检察官的工资虽然都属于公务员系列，但实际的待遇是：同级法官的工资比检察官高，而检察官的工资处于中等偏上水平，高于同级公务员的工资水平。原因是在法律部门任职的公职人员，其所受的教育程度较高、准入条件也更加严格。这也是世界各国的普遍做法。

**2. 身份保障**

总体而言，某个职业的物质保障直接影响着人们的择业去向，而该职业的身份保障可以影响从业者的荣誉感，从而影响到从业人群的稳定性。因此，不少国家都明文规定检察官的职位是终身制，非因法定事由、经法定程序不被免职，同时还规定了职业豁免权。在检察官的身份保障方面，德国的《联邦公务员法》和《联邦纪律法》等法律作出了相当完备的规定，其中包括：检察官的职位是终身的，非因法定事由并经法定程序不得被免职或者被科以其他纪律处分。

德国《联邦公务员法》第7条第1款规定了成为公务员的一般必备条件：拥有德国国籍，或者欧盟其他成员国国籍；确保能够拥护宪法上的自由、民主之基本秩序；达到了规定的教育水平，或者已经通过生活经验或工作经验而获得了必要的能力。第2款规定：当工作任务上有要求时，只有德国人才可以成为公务员。第3款规定：如果在录用过程中存在紧急的工作需求，联邦内务部可以不受以上两款之约束。

成为公务员后，只有在以下四种情况下，公务员身份才可以被终止（《联邦公务员法》第30条）：解雇、丧失公务员职位、根据联邦纪律法被取消公务员身份（"开除公职"）以及退休。

关于第一种情形（解雇），又可分为三种，第一种为依法解雇（第31条）。依法解雇的条件为：其一，第7条第1款的条件已不具备，或者第7条第3款规定的例外情形又被事后取消；其二，该公务员在另外一个公务单位获得了公务员职位；其三，实习期公务员在完成实习期后被转到了一个新的工作岗位。由最高的公务机关确定是否存在以上解雇条件，并确定解雇的日期。第二种为依据紧急事由解雇（第32条）。这些紧急事由包括：拒绝宣誓的；不可被安排提前退休的；在被任命为公务员时还担任着一种与公务员职位相冲突的职位（比如联邦众议院议员），而不能在公务单位规定的时间内卸任先前职位的。在第7条第2款情形下，若该公务员丧失了德国国籍，也可以被解雇。第三种为自愿解雇（第33条）。公务员可以以书面方式向主管部门辞职。

关于第二种情形（丧失公务员职位），根据《联邦公务员法》第41条的规定，只有经由法院判决，才会丧失公务员职位。公务员丧失职位的三种情形为：其一，公务员故意犯罪，并在刑事诉讼程序中被德国法院判处一年以上有期徒刑；其二，该公务员故意犯罪，并依据叛国、内乱以及危害民主法制国体、危害德国的对外对内安全之法律规定被判处六个月以上有期徒刑；其三，该公务员故意犯罪，此罪涉及其全职工作之公务行为，被判处六个月以上有期徒刑。公务员职位自该判决生效之日起被终止。除法律另有规定外，公务员在职位终止后，不得请求获得工资与供养待遇，其官衔以及与该官衔相关而获得的头衔也一并被取消。根据这一规定，公务员只有在故意犯罪并经法院审判认定有罪，判处六个月以上有期徒刑的情形下，才会丧失公务员职位。可以说，这一身份保障是相当到位的。换句话说，公务员职位是公务员本人可以把控的，而不必担心意外之祸就丢掉自己的饭碗，这也是德国检察官所享受的身份方面的保障。

当然，发生尚未构成犯罪的公务违法行为时，德国公务员也是要受到纪律处分的。《联邦公务员法》第77条规定公务违法行为是指，有责地违反公务员工作义务的行为；对于公务违法行为的追究，应当依据《联邦纪律法》。根据《联邦纪律法》的规定，对于在职公务员的纪律处分，不仅包括上文提到的开除公职（终止公务员身份的第三种情形），还有其他四种较轻的处分：书面训诫、罚款、减薪、降级。相比之下，对于退休公务员的纪律处分，总共只有两种：减少退休金和取消退休金（第5条）。在公务员经由刑事诉讼程序或行政处罚程序而被判处不可再被上诉的刑罚或行政罚款时，公务员所在单位仍可依据同一事实对该公务员进行书面训诫、罚款、减薪或者减少退休金（第14条）。如果公务员在已经启动纪律程序后又被提起刑事诉讼，那么该纪律程序应当暂停；若公务违法行为之事实毫无疑义时，或者因该公务员之个人原因而导致刑事诉讼无法进行时，则纪律程序继续进行（第22条）。可见，对公务员因同一事实被处分时，采用的是吸收原则。

如果公务违法行为无法被证实的，或者虽被证实但无处分之必要的，那么应当停止纪律程序；若公务员已经死亡，或者公务员职位已经通过解雇或者丧失公务员职位的方式被终止，那么纪律程序也会被停止（第32条）。如果纪律处分措施是书面训诫、罚款、减薪或者减少退休金，那此类措施应以"纪律决定"的方式作出。遭到纪律调查之公务员的上级领导有权决定书面训诫和罚款这两种措施。至于减薪，受调查之公务员所在单位的最高公务机构可以确定最大值的减薪数额，而该最高公务机构的下一级机构的最高权限为减薪两年且被减数额为1/5薪金（第33条）。

但是，如果涉及的纪律处分是降级、开除公职或者取消退休金，则应当通过纪律诉讼程序予以确定。"纪律起诉"（Disziplinarklage）由公务员所在单位的最高公务机构提起，而该机构也可以通过行政规定的方式将此职权全部或者部分地授予其下属机构（第34条）。对纪律处分不服的，被处分的公务员有权启动异议程序。但是，若遭到异议的处分决定是由公务员所在单位的最高机构作出的，则不可提出异议程序。若对异议程序结果不服，公务员有权通过法院提起诉讼（第41条）。从逻辑意义上来说，只有完善的救济程序才能确保相关保障条款的真正落实。

受理纪律案件的是德国的"行政法院"和"高等行政法院"内部设立的专门负责纪

律案件的审判组织（第 45 条）。如果受理案件的是最低级别的"行政法院"，那么这里的审判组织为"合议庭"；该合议庭可由三名职业法官和两名"荣誉法官"（由公务员担任的参审员）组成，这里的荣誉法官只参与口头审理过程，不参与法庭的书面裁决。担任荣誉法官者，应当与被纪律处分者同属于一个公务行业和职业类别（第 46 条）。

对由公务机构提起的纪律诉讼案件，法院一般既可以裁定（Beschluss）也可以判决（Urteil）方式作出决定，但是应以裁定为优先方式。对于由公务员提起的纪律诉讼案件，法院只能以判决的方式作出决定。在这里，裁定与判决的法律效力等同。

关于裁定方式，《联邦纪律法》第 59 条规定：对由公务机构提起的"纪律起诉"，法院经由或者不经由口头审理，在诉讼参与人的同意下，进行裁定；在书面训诫、罚款、减薪或减少养老金这四种处分决定都不适当的情况下，确定必要的处分措施，或者驳回起诉。

关于判决方式，《联邦纪律法》第 60 条规定：法院在不能以其他方式结案的情况下，经过口头审理后，应当以判决方式作出决定；在由公务机构提起的案件中，法院只可针对被指控之公务行为进行审查，并在判决书中，确定必要的处分措施，或者驳回起诉。在公务员针对处分决定提起的纪律诉讼中，法院既要审查该决定的合法性，又要审查其合目的性。

总之，德国法律为公务员（检察官）提供了切实的身份保障，这尤其体现在：对于公务员的刑事或纪律处分，不仅需要符合法律上的实体要件，也要符合法律上的程序要件；而且，被处分者还可通过行使其救济权利，以实现个案中的公平与正义。值得注意的是，德国行政法院在审理公务员违纪案件时，除了由职业法官审理外，还可以由其同类公务员作为"荣誉法官"参与审理，这样的规定既蕴含着其司法理念中自由民主的核心价值，也体现了法治国家在惩治公务员违法犯罪时的审慎态度。事实上，一个国家内公务员队伍的稳定化是其社会稳定的基石，这也是德国联邦公务员法不仅详细规定了公务员（检察官）的工资、津贴及各种待遇，同时也对处分程序作出详细而又明确规定的价值所在。对于身为国家公务员的检察官而言，职业上的充分保障无疑是最为根本的。当然，在日常工作中，德国检察官具体能享受怎样的权利、该承担哪些义务，联邦公务员法也作了明文规定。

**3. 职业权利**

《德国联邦公务员法》设专章（第六章）规定了公务员的法律地位。该章又分为四节，分别规定了四项内容：一般的义务与权利；工作时间；兼职活动；人事档案。检察官能享受的职业权利，从某种意义上来说是最为直接的职业保障；而应承担的义务，则是享受权利时需要满足的条件。

公务员（包括检察官）的一般义务包括：为人民而不是党派服务的义务（第 60 条）；全心、无私地献身工作的义务（第 61 条）；协助领导工作并服从领导指示的义务（第 62 条）；确保公务活动具有合法性的义务（第 63 条）；宣誓维护宪法与法律的义务（第 64 条）；对于公务活动的保密义务（第 67 条）；不接受报酬、礼物或其他利益的义务（第 71 条）；等等。可见，这些义务从大到小，作为国家公务员都必须一一遵守。

在一般权利方面，德国公务员的权利主要有如下几类。

（1）福利权（第78条）——工作单位应当对工作期内以及退休后的公务员及其家庭的福祉负有责任，单位对履行公务活动和承担其职责的公务员有保护之责。

（2）损害赔偿权（第78a条）——若公务员因其公务员身份而遭受人身伤害，并因而有权通过法院的终审判决向第三人要求损害赔偿时，工作单位在该公务员提出请求时应当事先承担这笔赔偿费用，以避免其遭受不公正的困苦。

（3）母婴保护权（第79条）——联邦政府通过法规的方式制定适应于公务员的母婴保护法。

（4）获得资助权（第80条）——如果公务员的配偶或同居伙伴没有收入或者收入很低，那么在医疗、护理与分娩情形下，有权获得适当的困难资助。

（5）报销搬家费（第82条）——若因工作需要不得不搬家时，公务员有权得到搬家费（包括运输费、旅行费、分隔费、租金补偿以及其他费用）。其中报销分隔费（第83条）是指，若公务员被派往本单位或者其居住地之外的地方工作，则有权获得"分隔费"。

另外，有关工作时间，德国联邦公务员法也作出了详细规定，主要集中在第87条至第96条。比如，对于公务员而言，每周工作时间一般不得超过44小时（第87条）；如果遇到紧急公务，公务员有义务进行无额外报酬的加班，但是这种加班只能属于例外情况（第88条）；公务员每年都应享有一次带薪休假（第89条）；公务员有权在不损害公务的情况下申请非全职（最多可达半职）的工作（第91条）；如果公务员因家庭原因需要照顾、护理未成年人或者其他家人，在不影响公务的前提下，可以申请非全职工作或者不带薪的休假（第92条）；达到60周岁的公务员或者达到55周岁且身有严重残疾的公务员，可以申请非全职（最多可达半职）的工作，直至退休（第93条）。

由上可知，德国《联邦公务员法》对公务员（检察官）从生活到工作，方方面面都作了非常详细的规定，其收入稳定透明，并在补贴、假期、税收等方面向已婚和多子女家庭倾斜，充分体现了以人为本的人性化理念。工作时应尽的义务固然重要，如全心、无私地献身工作，维护宪法等，但作为一个社会中的人，在生活上遇到种种困难时，其所在单位就有义务伸出援助之手，同时在不影响公务的前提下，还可以申请非全职的工作。另外，作为法治国家，最为重要的一点是，一旦感觉自己受到不公待遇或受到处分，"公务员的诉求渠道畅通，终身制公务员可以通过工会组织和行政法院维护自己的权益，雇员制公务员可以通过工会与政府进行谈判"。因德国的公务员是个大概念，包括政府官员、法官、检察官、军官和医务人员等，这些规定无疑极大地维护了民心的安定、社会的稳定。

季美君，最高人民检察院检察理论研究所研究员，法学博士；周遵友，中南民族大学法学院教授，法学博士。本节内容以《德国检察官的职业保障及其对中国的借鉴意义》为题发表于《中国法律评论》2020年第5期，收录本书时有改动。

# 第八章 刑事辩护

## 第一节 刑事辩护方的证明责任

房保国

刑事诉讼中一般由控诉方承担证明责任，但对于量刑事实、非法证据排除、程序性事实、积极抗辩的事实和证明责任倒置的事实则由辩护方证明。辩护方特定情形下承担证明责任，体现了证明责任转移、倒置和推定的要求，没有违反无罪推定原则和不被强迫自证其罪规则。要防止辩护人承担证明责任的两种误区，完善我国的证明责任分配制度和程序性辩护制度。

## 一、问题的提出——从吴大全案件谈起

2006年9月4日，浙江省慈溪市长河镇垫桥村小店女店主沈秀云被人抢劫后杀死在店内。慈溪市公安局侦查后，认定为暂住在该村的贵州省惠水籍外来人员吴大全、史毕么有作案嫌疑。2007年2月27日，宁波市中级人民法院以故意杀人罪一审判决吴大全死刑立即执行；2007年6月29日，浙江省高级人民法院改判吴大全死刑缓期两年执行，史毕么被判处无期徒刑。然而，这个案件的真实情况却是：吴大全与老乡史毕么居住在同一出租房，真凶史毕么和班春全共同作案后，班春全逃跑，史毕么则和吴大全一起从余姚坐火车去广州。在火车上，史毕么向吴大全详细讲述了作案全过程，并告诉作案工具的刀扔到了小桥旁边水井里，导致吴大全对作案的细节比较了解。在经历"屈打成招"，一审丢命，二审保命之后，吴大全竟然在监狱里碰到了真凶班春全，此时，班春全已因为另外一起故意伤害案被判处死缓刑。2010年4月22日，浙江省高级人民法院撤销了对吴大全的死缓判决。①

对于吴大全案件，刑讯逼供无疑是制造冤假错案的根源，口供的自愿性没有得到保障，"证据确实、充分"的证明标准未能严格落实，对于证据不足的案件，法院不敢疑罪从无，而是作出"留有余地的判决"。

但是，我们需要在证据法上进一步反思的是：如果控诉方提供了确实充分的证据证明吴大全犯罪，也排除了非法取证的可能，而吴大全则提出自身没有作案时间、不在犯罪现场，自己之所以详细知道案情是听犯罪嫌疑人叙说的，那么对于这三项辩解理由是否成立，应该由谁承担证明责任呢？是由控诉方进一步举证证明被告人有作案时间、在犯罪现场，不是听别人说的，还是转移到被告人证明自己没有作案时间、不在犯罪现场，听别人叙述得知案情的呢？

---

① 参见陈磊：《吴大全：中国版的"肖申克救赎"》，载《南方周末》2010年11月22日。

这就涉及被告人及其辩护人的证明责任问题，尽管刑事诉讼实行无罪推定，但并不意味着所有的证明责任都由控方承担；尽管被告人处于被刑事追诉的弱者地位，但并不意味着证明责任转移就必然导致被告人的地位雪上加霜。我们要严格奉行控方证明原则，严防冤假错案的发生，但是科学地对待证明责任分配才更有助于诉讼的顺利进行和真相的发现。

我国于 2012 年 3 月 14 日修订的《刑事诉讼法》第 40 条规定："辩护人收集的有关犯罪嫌疑人不在犯罪现场、未达到刑事责任年龄、属于依法不负刑事责任的精神病人的证据，应当及时告知公安机关、人民检察院。"该条文仅是规定了辩护人对于不在犯罪现场、未达到刑事责任年龄、属于依法不负刑事责任的精神病人等三项辩护理由的"告知"义务，并没有明确证明责任的分配。

"在刑事案件审理时，不在场证明是律师反败为胜的最佳工具，但如何证明不在场，却不是那么容易。"[①] 与控诉方原则上承担证明责任相对应，我们需要从整体上研究辩护方的证明责任承担问题。在刑事诉讼中存在控、辩、裁三方，包含控诉职能、辩护职能和审判职能等三大诉讼职能，而辩护职能的行使主体是犯罪嫌疑人、被告人及其辩护人，所以本部分内容中的"辩护方"包括犯罪嫌疑人、被告人及其辩护人。辩护人不仅应从正面为犯罪嫌疑人、被告人进行积极辩护，更应注重证明责任的转移和倒置情形，勇于承担和积极履行辩护方的证明责任。只有合理分配证明义务，才有助于刑事司法正义的实现。

## 二、辩护方证明责任的种类

我国《刑事诉讼法》第 49 条规定了刑事证明责任分配的原则，即"公诉案件中被告人有罪的举证责任由人民检察院承担，自诉案件中被告人有罪的举证责任由自诉人承担。"但是，根据各国法律规定和我国司法现状，作为控诉方承担证明责任的例外，辩护方在特定情形也承担证明责任。由于量刑事实和程序性事实逐步纳入法庭裁判范围，程序性裁判机制相继确立，辩护方证明的情形越来越多，可以总结以下五种情况。

### （一）关于量刑事实的证明

定罪程序与量刑程序应当分离，我们应当克服"重定罪、轻量刑"的观念。影响被告人刑罚轻重的量刑情节包括法定情节和酌定情节两种，无论是在量刑调查还是在量刑辩论阶段，控辩双方都有可能提出各自的量刑事实和量刑情节。《死刑案件证据的规定》规定了死刑案件的主要量刑情节，包括：（1）案件起因；（2）被害人有无过错及过错程度，是否对矛盾激化负有责任及责任大小；（3）被告人的近亲属是否协助抓获被告人；（4）被告人平时表现及有无悔罪态度；（5）被害人附带民事诉讼赔偿情况，被告人是否取得被害人或者被害人近亲属谅解；（6）其他影响量刑的情节。要求既有从轻、减轻处罚等情节，又有从重处罚等情节的，应当依法综合相关情节予以考虑。不能排除被告人

---

① 蔡惠琇：《不在场证据的证明》，载《证据科学》2009 年第 1 期。

具有从轻、减轻处罚等量刑情节的，判处死刑应当特别慎重。

在量刑事实的证明方面，控辩双方都要遵循"谁主张、谁举证"的原则，对本方所提出的积极的量刑事实承担证明责任。[①] 但是，辩护方由于只承担辩护职能，只能提出被告人无罪、从轻、减轻处罚的意见，这就决定了辩护方承担证明责任的量刑事实，只能是有利于被告人的量刑情节，对于不利于被告人的量刑事实，辩护方不能也不需要进行证明。

### （二）非法证据排除辩护的证明

刑事非法证据排除规则在规则定位上反映的是程序理性而非实体理性，在法律效果上对辩护方有利而对控诉方不利，在事实认知上妨碍事实查证而非促进事实查证。刑事非法证据排除规则在我国的实施，存在十大技术难题，即定义难、辨别难、提出难、举证难、调查难、对质难、认定难、排除难、协调难和配套难。[②]

《新刑事诉讼法》第56条、第57条关于非法证据排除辩护的证明责任作了两点分配：第一，当事人及其辩护人、诉讼代理人有权申请人民法院对以非法方法收集的证据依法予以排除，申请排除以非法方法收集的证据的，应当提供相关线索或者材料；第二，在对证据收集的合法性进行法庭调查的过程中，人民检察院应当对证据收集的合法性加以证明。另外，在证明标准上，"对于经过法庭审理，确认或者不能排除存在规定的以非法方法收集证据情形的，对有关证据应当予以排除"，在排除的标准上是比较低的。

可见，对于程序性裁判中非法证据排除程序的启动，包含辩护方在内的申请人要提供线索或者材料证明可能存在非法取证，然后实行证明责任倒置，由控诉方证明取证的合法性。由于实行证明责任倒置，辩护方对于非法证据排除辩护的证明要求不是很高，只要提供"相关线索"或者"材料"就完成了证明义务，证据合法性的最终证明责任由检察院承担。

### （三）对于程序性事实的证明

刑事诉讼尽管实行无罪推定，证明被告人有罪的责任由控诉方承担，但是对于程序性事实的证明，与民事诉讼一样，也实行"谁主张、谁举证"原则，如果辩护方主张一项或多项程序性主张，则应当承担证明责任。

常见的程序性事实主要包括：（1）回避的事由；（2）法院是否有管辖权；（3）延期审理的情形；（4）中止审理的事由；（5）终止审理的情形；（6）撤诉的裁定；（7）执行中止；（8）停止死刑；（9）监外执行；（10）有无违反程序的情形；等等。

程序性事实适用自由证明。例如，在德国对于不涉及定罪量刑的事实，法律只要求作一定程度的证明，比如涉及要求法官回避，要求重新确定开庭日期，或者行使拒绝陈述权，拒绝作证权等诉讼事实，法律只要求作自由证明，对这些诉讼事实只要求一定程度的可信性；而在日本，就将程序法上的事实和被告人的经历及性格、犯罪的动机、是

---

① 陈瑞华：《刑事证据法学》，北京，北京大学出版社2012年版，第240页。
② 张斌：《我国非法证据排除规则运用的十大技术难题》，载《中国刑事法杂志》2010年第10期。

否已赔偿损害及协商成立、被害感情等犯罪的情状作为自由证明的事实。自由证明可以使用没有证据能力的证据，但如果法官认为未在法庭上出现过的证据认定量刑的事实会有失公正时，这些证据就应当在法庭上出示并给当事人争辩的机会。①

### （四）积极抗辩的证明

在英美，对于辩护方提出的一些积极抗辩（affirmative defenses），例如：有精神病、正当防卫、受到强迫、自愿醉酒、极端的情绪障碍等，以证明被告人的行为不构成犯罪或者应被判定较低等级的罪名，那么辩护方承担证明责任。在加拿大，辩护方必须提出证据证明自己的抗辩事由具有存在的可能性（a sense of Reality），法官才会将此辩护意见提交给陪审团加以考虑。在德国，19世纪90年代颁布的《反有组织犯罪法》，在证明责任上要求被告人就某些辩护主张举证，否则就推定为有罪。在我国香港特别行政区，规定在下列法定情形下，被告方也承担证明责任：（1）被告人以患精神病、不适于受审、病理性醉酒等作为主张减免刑事责任的辩护理由时；（2）某些成文法规定的应由被告方负有举证责任的事实，如行为有合法授权、有正当理由或持有执照等；（3）被告方拟推翻成文法对某些事实的推定，或者拟引用条文中的但书、例外或豁免；（4）被告人主张其行为曾取得同意、出于意外、由于受胁迫、基于义愤或目的在于自卫等。②

借鉴其他国家和地区的规定，我国2012年修订的《刑事诉讼法》第40条规定了辩护人对不在犯罪现场、未达到刑事责任年龄、属于依法不负刑事责任的精神病人等三项辩护理由的"告知"义务，而没有明确辩护方的证明责任。应当说，对于刑法中的一些"但书"或者"豁免"的情形，不宜由控诉方一一举证排除，而应由辩护方举证。在吴大全案件中，被告人提出不在犯罪现场、没有作案时间以及道听途说犯罪事实等三项积极辩护，应当由被告人及其辩护人提供证据证明。

### （五）对于证明责任倒置和推定的反证

首先，关于刑事证明责任倒置，我国法律中最典型的情形即对巨额财产来源不明罪的规定。被公诉机关指控犯有巨额财产来源不明罪的被告人，对财产差额巨大的部分负有证明其来源合法的责任。按照2009年2月28日修订后的《刑法》第395条规定："国家工作人员的财产、支出明显超过合法收入，差额巨大的，可以责令该国家工作人员说明来源，不能说明来源的，差额部分以非法所得论，处五年以下有期徒刑或者拘役；差额特别巨大的，处五年以上十年以下有期徒刑。财产的差额部分予以追缴。"也就是说，当公诉机关证明被告人的财产超出合法收入差额达到30万元人民币以上时，证明责任转移给被告人，被告人有义务证明差额部分是合法的，否则推定为非法。巨额财产来源不明罪之所以要实行证明责任倒置，主要是为了更有效地惩治和严厉打击国家工作人员贪污受贿行为，同时也解决了公诉机关的举证不能问题。

其次，我国对于一些非法"持有型"犯罪，也实行证明责任倒置，例如，《刑法》

---

① 宋英辉、孙长永、刘新魁等：《外国刑事诉讼法》，北京，法律出版社2006年版，第605-606页。
② 甄贞：《香港刑事诉讼法》，郑州，河南人民出版社1997年版，第150-151页。

第 128 条第 1 款规定的非法持有、私藏枪支、弹药罪；第 130 条规定的非法携带枪支、弹药、管制刀具、危险物品危及公共安全罪；第 172 条规定的持有、使用假币罪；第 282 条规定第 2 款规定的非法持有属于国家绝密、机密的文件、资料罪；第 297 条规定的非法携带武器、管制刀具、爆炸物参加集会、游行、示威罪；第 348 条规定的非法持有毒品罪；第 352 条规定的非法买卖、运输、携带、持有毒品原植物种子、幼苗罪。对于这些"持有型"犯罪的规定，都是一种证明责任的倒置，被告人必须证明其持有是合法的或者是不明知的，否则就构成相应的犯罪。

另外，我国司法解释关于刑法中"明知"或者"以非法占有为目的"等犯罪主观要件，确立了大量的推定规则，确定在一定的基础事实成立的前提下，不需要提出证据加以证明，就可以直接推定"明知"或者"以非法占有为目的"的成立，从而免除了控诉方的证明责任。这时辩护方只有提出相反的证据推翻这一推定，否则推定的事实成立。这种关于主观要件事实的推定，涉及的罪名主要包括：合同诈骗罪，金融诈骗罪，盗伐、滥伐林木罪，盗窃、抢劫、诈骗、抢夺机动车犯罪，侵犯知识产权犯罪，走私犯罪，以及销售假冒注册商标的商品罪，等等。

总之，控诉方对被告人有罪的证明，属于严格证明范畴，要适用最严格的证据排除规则，确立最高的证明标准；而对于有利于被告人的量刑情节和程序性事实的证明，适用自由证明，不需要达到排除合理怀疑的标准。辩护方关于上述量刑事实的证明和对于证明责任倒置的证明属于实体性辩护的范畴，而对于非法证据排除、程序性事实和积极抗辩的证明，则属于程序性辩护的重要事项。①

## 三、辩护方证明责任的性质

证明责任的分配是证明责任理论的核心，它是指根据一定的标准，将不同法律要件事实的证明责任，在诉讼双方之间预先进行分配的规则。各国法律一般都是预先规定证明责任分配的原则，以方便当事人为维护自己合法权益而积极提供证据，同时也为法院在案件事实真伪不明时如何裁判提供依据。

证明责任与举证责任不同，举证责任仅是一种行为意义上的证明义务，而证明责任除了包含举证义务之外，还包含着论证义务和承担败诉后果的内容。尽管辩护方在特定情形下承担证明责任，但是最终事实不清、真伪不明时的败诉责任仍然由控诉方承担。

### （一）证明责任转移与证明责任倒置

辩护方承担证明责任，与特定情形下证明责任的转移与倒置紧密相关。其中，证明责任转移是对行为意义上的提供证据责任的改变，而证明责任倒置则主要是对结果意义上证明责任的重新分配。

#### 1. 证明责任转移

证明责任转移是指肯定某项事实的一方所提供的证据具有表面上的证明效力（prima

---

① 王俊民、吴云：《程序性辩护的误区及应对思路》，载《法学》2006 年第 10 期。

facie case），即可假定该事实成立，这时相对一方若要推翻该事实就必须提供相反的证据，证明责任在这时发生转移，这种随当事人之间诉辩主张而转移的证明责任可以称为证明责任的自然转移。当负有证明责任的一方当事人证明其主张达到高度盖然性证据的程度时，对方当事人如果提出该主张不成立，应当承担反驳的证明责任。在通常情况下，提出证据责任并不是证明责任承担者一方负责的责任，这种责任在诉讼过程中可以发生转换或转移。

关于证明责任的转移，理论上有三种理解：（1）负有证明责任的一方提供了相当的证据，使法官有可能作出他胜诉的判决，这时对方应当提供证据进行反驳，否则他有可能败诉，这被称为"证明责任的战略转移"。（2）负有证明责任的一方提供了足够证据，迫使法官作出他胜诉的判决，这时对方应当提供证据进行反驳，否则他一定会败诉，这被称为"证明责任的法定转移"。（3）法定的证明责任分配发生了转移，诉讼中的证明责任就会发生转移。① 上述第一种理解是含混的、没有必要的，第三种理解是错误的，它不是证明责任转移而属于证明责任分配的范畴。证明责任转移发生的前提条件，是事实的证明已经达到了规定的高度盖然性的证明标准。当负有证明责任的当事人对其主张的事实证明程度到了高度盖然性的证明标准时，法官有权作出该方当事人胜诉的判决。这时，对方如果提出该主张不成立，应当对其反驳承担证明责任。这里有一个递进的关系，即当负有证明责任的一方没有证明到高度盖然性的证明标准时，对方无需提出反驳证据，负有证明责任的一方就会败诉。②

在刑事诉讼中，只有当辩护方提出积极辩护意义的具体事实主张时，才发生证明责任的转移，如果辩护方只是消极的否定控方的事实主张，如声称被告人没有杀人，那么辩护方对此事实主张就不承担证明责任。

**2. 证明责任倒置**

证明责任倒置是指对一方当事人提出的权利主张由否定其主张成立或否定其部分事实构成要件的对方当事人承担证明责任的一种分配形式，它是基于现代刑法和民法精神中的正义和公平原则而对传统的"谁主张、谁举证"原则的补充、变通和矫正。证明责任倒置一般都是以法律推定的形式明确规定的，立法者在决定某种案件中适用证明责任倒置的理由包括司法证明的需要、各方举证的便利，以及反映一定价值取向的社会政策考虑。

在刑事案件中，控诉方承担证明责任，但在特定情况下实行证明责任倒置，被告人要承担一定的证明责任。例如，在英美法系国家的司法实践中，"持有最近被窃财物"就是很有代表性的证明责任倒置，如果被告人被发现持有最近被窃的财物，而其又不能证明持有该财物的合法性和合理性，那么法官就可以推定被告人是盗窃该财物的人，并判其有罪。英国《道路交通法》规定，驾驶车辆时驾驶人血液中的酒精浓度是否超越法定界限有争议时，证明酒精浓度并未超过法定界限的责任在被告方；1906年《贿赂防范法》规定，由某一特定人支付、给予的现金、礼物或其他实物，除非接受人能提出证据

---

① 沈达明：《英美证据法》，北京，中信出版社1996年版，第44-45页。
② 张保生主编：《〈人民法院统一证据规定〉司法解释建议稿及论证》，北京，中国政法大学出版社2008年版，第346页。

证明这些现金、礼物等来源的合法性和正当性，否则将视为受贿所得，也就是说，证明未受贿的责任在被告方；滥用毒品罪规定，被告人主张他不知道或没有怀疑该物品是毒品时，他负有证明责任；1953年《犯罪预防法》规定，任何人在一个公开场合，没有法律批准或合理理由而携带犯罪凶器均属非法行为，行为人必须证明自己的行为合法和合理的责任，否则将以犯罪论处。我国刑法中关于巨额财产来源不明罪的规定，就属于刑事证明责任倒置的情形。

### （二）辩护方证明责任与无罪推定的关系

无罪推定是现代刑事法治的一项基本原则，是国际公约确认和保护的一项基本人权，也是联合国在刑事司法领域制定和推行的最低限度标准之一。未经人民法院依法作出生效裁判确定有罪，任何人应当被推定为无罪；经过法定举证、质证和认证程序，不能认定被告人有罪或无罪的，应当按无罪处理；不能认定被告人罪重或罪轻的，按罪轻处理，这是无罪推定原则的基本要求。

无罪推定原则包括四个方面的完整含义：（1）在诉讼地位上，犯罪嫌疑人、被告人在被定罪之前应处于无罪的诉讼地位；（2）在证明责任上，证明被告人有罪的责任由控诉方承担，这表现为在公诉案件中由公诉人，在自诉案件中由自诉人承担，犯罪嫌疑人、被告人不承担任何证明自己有罪或者无罪的责任；（3）在诉讼权利上，犯罪嫌疑人、被告人享有不被强迫自证其罪规则等在内的一系列广泛的诉讼权利；（4）"罪疑，有利于被告人""疑罪从无"，当案件发生疑难时，应作有利于被追诉一方的解释。根据无罪推定原则，法律推定被告人处于无罪公民的状态，控诉方承担证明被告人有罪的责任，是不可转移的。

在刑事诉讼中，无罪推定与证明责任相连，是一种可反驳的推定，而辩护方承担证明并没有违反无罪推定原则，一方面辩护方对于非法证据排除、量刑事实和程序性事实的证明，不关涉无罪推定的适用；另一方面，对于巨额财产来源不明等证明责任倒置的情形，主要是基于诉讼的便利，解决证明不能的难题，同时控诉方对犯罪的基础事实仍要负证明责任，当事实不清时，最终的败诉责任仍然由控诉方承担。被告人究竟是否构成犯罪，最后还是要视控诉方能否证明被告人犯罪事实而定。无罪推定原则强调的是定罪的法定性和被告人在诉讼中的地位，并不意味着控诉方对犯罪的追诉承担全部的证明责任，在特定情形下辩护方承担证明责任并没有违反无罪推定原则。

### （三）辩护方证明责任与不被强迫自证其罪规则的关系

不被强迫自证其罪规则又称为自白任意规则、沉默权规则，指的是在刑事案件中，犯罪嫌疑人、被告人有权在"明知、明智、理性"的情况下自愿陈述，不能被强迫成为反对自己的证人。[①] 不被强迫自证其罪包括两方面的含义：一是被告人可以选择不作证，二是即使被告人选择作证，也有权拒绝回答特定的问题。不被强迫自证其罪特权的主体是被告人和证人，不被强迫自证其罪规则是人文精神在刑事诉讼中的体现，是对刑事被

---

① 毕玉谦等：《中国证据法草案建议稿及论证》，北京，法律出版社2003年版，第337页。

追究者人权的保障，也是无罪推定原则的固有内涵。

我国现行《刑事诉讼法》中明确规定不被强迫自证其罪规则，要求"不得强迫任何人证实自己有罪"。应当说，如何保障犯罪嫌疑人、被告人自白的任意性，是口供证据规则的核心问题。作为刑事证据法中的重要规则，口供的自愿性无疑是极为重要的。无论在英美法还是大陆法中，这一规则都属于与被告人当事人地位有关的"黄金规则"。

辩护方承担证明责任是在控诉方承担证明责任的前提下，允许部分案件和对部分情节由被告方举证，以求控辩双方取证能力的平衡，并没有剥夺被告人不得被强迫自证其罪的权利，也不会导致被告人陷于更不利的境地。

### （四）辩护方证明责任与刑事推定

推定是指由一定的基础事实得出一定推论事实的情况，推定与推理不同，"推定是一种事实的假定，即法律要求从另一事实或事实组中得出或在诉讼中加以确认。推定不是证据"；① 而"推理是一种事实的推导，即可以从另一事实或事实组中符合逻辑、合理地被导出或在诉讼中被确认"。② 推定意味着证明责任的解除，本应由一方当事人承担证明责任的案件，如果出现推定的情形，则可以免除该方当事人的证明责任。

推定一般分为事实上的推定和法律上的推定两种。推定涉及两类事实，一是据以作出推断的基础性事实，二是根据基础事实而假定存在的推论性事实。只有根据基础性事实才能得出推论性事实。③ 事实上的推定，是指在诉讼过程中，根据已经确认的事实，按照一定的经验法则和逻辑规则，推断另一事实的存在。事实上的推定具有推论的属性，属于逻辑上的一种演绎推论，它是依据经验规则、论理规则经逻辑上的演绎而得出的结论，是人类理性思维的一种高度产物。法律上的推定，是指法律明确规定，当确认某一事实存在时，就应当据以假定另一事实的存在，而这种被推定的事实不用加以证明。"法律上的推定是依据法律而必须进行如此演绎，具有某种非理性因素的特征，与事实上的推定要采取论理规则才能进行演绎不同。"法律上推定产生于审判活动之前，并适用于任何不特定的事项，是预先设定的审判规则。

法律上的推定分为不可反驳和可以反驳的两种。其中，不可反驳的推定又称为确定性推定，"如果法律规定某种推定或推断是不可反驳的，那它就不能由其他证据所推翻，除非该证据证明作为该推定之基础和导致该推定成立的那些基本事实是不真实的"。④ 而可反驳的推定是可以用一定证据推翻的，法律中的推定绝大多数是可推翻的推定。可反驳推定只能为案件事实提供表面看来确凿无疑的证明，这种证明可以被否定它的证据或与它相冲突的更有力的相反的推定所推翻。推定的实质意义是证明责任的转移，产生免除或减轻一方当事人证明责任的法律效果。我国司法解释中关于"明知"或者"以非法占有为目的"等犯罪主观要件的规定，免除了控诉方的证明责任，增加了辩护方的反证

---

① 美国《加州证据法典》第 600 条 (a)。
② 美国《加州证据法典》第 600 条 (b)。
③ 毕玉谦等：《中国证据法草案建议稿及论证》，北京，法律出版社 2003 年版，第 736 页。
④ ［美］乔恩·R. 华尔兹：《刑事证据大全》，何家弘等译，北京，中国人民公安大学出版社 2004 年版，第 395-396 页。

义务。推定制度的确立,可以减少不必要的证明活动,加速诉讼的进程,消除对推定事实举证和证明的困难,使当事人合理分配证明责任,有利于提高诉讼效率。

总之,辩护方特定情形承担证明责任,是刑事证明责任转移、倒置和推定制度的体现,没有违反无罪推定原则和不得强迫自证其罪规则,是对控诉方承担证明责任的有机补充,体现了刑事证明责任分配的公正性、灵活性和利益衡量的要求。

## 四、辩护方承担证明责任的正当性

司法实践中,关于辩护方承担证明责任的现状,存在"冰火两重天"的两种极端现象。

### (一)法院有意无意地将证明责任转移至被告人

例如,法官经常反问被告人,"你说你是冤枉的,你拿出证据来";"现在公诉提供了充分的证据,由被告人证明自己无罪"。尤其在法院认为公诉方的证据已经足以证明被告人犯罪事实的情况下,加上被告方未能提出证明自己无罪的证据,就会被视为被告人没有承担证明自己无罪的责任,因此,被告方有关自己不构成犯罪的辩解不能成立。①

云南省昆明市中级人民法院对杜培武冤案的一审有罪判决,就体现了这一裁判逻辑:被告人杜培武及其辩护人对公诉机关出示的证据表示异议,被告人杜培武当庭辩称"案发当晚未曾见,也未曾驾驶云OA0455号昌河牌微型汽车,更未实施杀害二被害人的行为。"其辩护人提出"本案指控的有罪证据自相矛盾,且相关物证是违反中华人民共和国刑事诉讼法有关规定所提取的,被告人杜培武在公安机关的有罪供述是在刑讯中产生的假供述,因此,公诉机关出示的证据不能作为认定本案指控事实的证据,本案事实不清,证据不足,被告人杜培武无罪"的辩护意见。但辩护人未能向法庭提供证实其观点的证据,也未能提供证实被告人杜培武无罪的证据……昆明市中级人民法院进而认为:在诉讼中辩护人未能向法庭提供充分证据证明其观点成立,仅就指控证据材料的部分内容加以分析评述,而否定相关证据的整体证明效力,并推出本案事实不清,证据不足,被告人杜培武无罪的结论,纯系主观……的推论,无充分证据加以支持,该辩护意见不予采纳。②这种将证明无罪的责任转移给被告人,实行有罪推定的逻辑是错误的。法院任意转移证明责任,是对无罪推定原则的践踏。

### (二)全部证明责任由控诉方承担,被告人不承担任何证明责任

在我国理论界,有将无罪推定原则意识形态化的倾向,似乎主张被告人就某一事实承担证明责任就是践踏其人权,就是强人所难地要求其提供证明自己无罪的证据,这实在是一个混淆证明责任之双重含义基础上产生的一个重大误解。而且这种误解看似对被告人有利,但实际上并未给被告人带来任何实质利益。因为这种被告人几乎不承担任何

---

① 陈瑞华:《刑事证据法学》,北京,北京大学出版社2012年版,第235页。
② 王达人等:《正义的诉求——美国辛普森和中国杜培武案的笔迹》,北京,法律出版社2003年版,第151-155页。

证明责任的理论设想，完全不具有可操作性。①

可以说，被告人不承担任何证明责任的想法初衷是好的，但是，这会导致加重控诉方的负担，降低诉讼效率，致使在巨额财产来源不明、非法持有型犯罪等本应证明责任倒置的案件中放纵犯罪。《刑事诉讼法》第 40 条只是规定了辩护人对三项辩护向公安机关、检察院的告知义务，并没有规定辩护方举证的情形；《刑事诉讼法》第 49 条也仅仅规定了控诉方（包括公诉案件中的检察院和自诉案件中的自诉人）的证明责任，对于辩护方的证明情形语焉未详，这反映了立法者在辩护方证明责任问题上的慎重态度。

对于上述两种做法，我们应当辩证看待：一方面，任意将证明责任转嫁给被告人的做法，是违背无罪推定精神的；另一方面，完全排除辩护方的证明责任，也是形而上学的认识。首先，证明责任由公诉方完全承担，没有反映证明责任承担的现实状况，不利于被告人积极举证、行使权利参与诉讼；其次，证明标准的单一规定，造成实践中被告人承担证明标准偏高，无法有效举证；最后，证明责任和辩护权关系错位，形成对辩护方证明责任的认识偏差，降低了刑事指控与定罪证据标准。②因此，对于证明责任，"如果不加分配，只以一方有举证责任，实在不过是没有什么实际效益的概念"③。我们应当克服单一的证明责任分配，确立多层次的证明责任分担机制。

应当说，证明责任包括证明有罪的责任和证明无罪的责任，被告方不承担证明有罪的责任是绝对的、无条件的，但在某些特殊情况下，被告方仍要承担提出证据证明自己无罪的局部责任，这在许多诉讼制度和证据法发达的国家和地区是普遍认可的实践。当然，由于我国当前被告人权利保护相对薄弱，无罪推定意识还没有普遍确立，因此不宜赋予辩护方更多的证明责任，以防止被告人及其辩护人诉讼地位的进一步恶化。

## 五、完善我国辩护方证明责任制度的路径

我国刑事证明责任的分配应当奉行利益衡量原则，即在某些特殊的刑事案件中，基于各种综合因素的考虑而将部分或局部的证明责任分配给被告人一方，从而使刑事案件"一边倒"的证明责任分配模式得到适当平衡。例如，美国分配证明责任时要考虑三 P 要素，即政策、公平（包括证据距离）和盖然性（policy, possession of proof, possibility），同时要考虑诉讼便利原则，即根据经验法则判断在某种刑事案件中一般由何方当事人举证更为便利，或者根据对盖然性的预测让主张不符合通常情形的当事人承担证明责任。英国学者认为，在刑事案件中，影响证明责任分配的主要因素有法律上的逻辑、证明获得的难易程度、证据来源的可行性及公众对特定结果的倾向程度等。④我国刑事证明责任的分配要综合考虑上述因素，立法中明确规定无罪推定原则和证明责任转移、倒置的情形，科学设置刑事推定制度，明确辩护方承担证明责任的情形与证明标

---

① 孙远：《法律要件分类说与刑事证明责任分配》，载《法学家》2010 年第 3 期。
② 温长军、陈娜：《被告人承担一定的证明责任有合理性》，载《检察日报》2009 年 4 月 10 日。
③ ［日］小野清一郎：《犯罪构成要件理论》，王泰译，北京，中国人民公安大学出版社 2004 年版，第 244 页。
④ 卞建林主编：《刑事证明理论》，北京，中国人民公安大学出版社 2004 年版，第 190-191 页。

准，确保辩护方证明责任的正常运作。

### （一）严格落实无罪推定原则和不被强迫自证其罪原则，彻底废除犯罪嫌疑人"如实回答"的义务，这是实行辩护方证明责任的前提

首先，应当确立无罪推定的理念。犯罪嫌疑人、被告人不是诉讼的客体，不是被拷打审讯的对象，而是具有尊严的诉讼主体。只有确立犯罪嫌疑人、被告人的独立诉讼地位，自白任意规则才有可能真正实现。

其次，废除犯罪犯罪嫌疑人、被告人"如实陈述"的义务。我国修订后的《刑事诉讼法》第118条规定，"犯罪嫌疑人对侦查人员的提问，应当如实回答"，这既是一种有罪推定，也违背基本诉讼原理，体现了口供中心主义，为讯问人员的刑讯逼供提供了法律上的借口。

最后，对于"坦白从宽，抗拒从严"的刑事政策，重新进行界定，实行"自首应予鼓励，坦白应当从宽，沉默受到保护，抗拒依法从严"的做法，把"坦白从宽"刑法化，以防止"坦白"悖论的发生；沉默不是"抗拒"的法定情形，不能因被追诉者的沉默而加重处罚。[①]

### （二）合理确定刑事推定制度，建立分层次的犯罪构成体系

刑事推定在解决举证不能，提高惩治犯罪效率方面发挥了重要作用，但是我国过于重视犯罪构成要件的严密性，忽略了构成要件事实的可证明性，特别是在主观要件的列明方面，过分重视诸如"明知""以非法占有为目的"等主观要素，并将此类主观要素的认定，视为认定被告人有罪的前提条件。应当说，刑事主观事实的证明是一个世界性难题，仅靠口供等直接证据证明往往不够，刑事推定是目前较为有效的方式，但是推定的适用也不是无限的，应当从刑事立法、证明责任、证明标准和反驳程序等方面加以完善。[②] 同时，事实性推定的滥用会导致事实认定的错误，应当严格限制法官在事实推定上的自由裁量权，减少其产生副作用的空间。

推定作为证明过程的中断和替代性的事实认定方式，在考虑适用推定规范之前，立法者完全可以尽量在刑法典中构建多层次的犯罪构成要件。即按照严密法网的理念，立法者完全可以将同一类型的行为设置多个罪名，并使之具有层层递进、相互包容的关系，完善我国的罪名体系。[③] 事实上，犯罪构成理论能够起到对法律要件进行分类，从而分配客观证明责任的功能。

### （三）建立多元化的证明标准

被告人提出积极辩护主张时，控诉方的反驳证明应当达到充分的程度，否则，应当作出有利于被告人的判决。反驳证明不充分是指：一是被告人能够举出主张其无罪的具体证据，而控诉方没有对该证据提出反驳，或者反驳的理由不充分；二是被告人虽然不

---

① 参见房保国：《你有权保持沉默》，上海，上海社会科学院出版社2001年版，第199-212页。
② 参见孙道萃、黄帅燕：《刑事主观事实的证明问题初探》，载《证据科学》2011年第5期。
③ 参见陈瑞华：《刑事证据法学》，北京，北京大学出版社2012年版，第284-285页。

能提出主张其无罪的具体证据,但提供了确切的、可获得具体证据的线索,控诉方没有对此提出异议,或者提出异议的理由不充分。

第一,在刑事诉讼中,被告人对于积极抗辩的证明标准要达到优势证据的程度。对于被告人积极抗辩的主张,例如,刑事被告人对不在犯罪现场、存在合法授权或者其他正当理由等主张承担证明责任,这与控诉方证明被告人有罪的证明责任不同,不需要达到确信无疑的程度,只需证明到优势证据即可。如果给被告人设定的证明标准过高,很容易导致有罪推定。

第二,控诉方对被告人积极抗辩的反驳证明要达到充分的程度。当被告人证明其抗辩主张成立的可能性大于不成立的可能性时,证明责任就转移到控诉方,控诉方对积极抗辩的反驳,也必须按照同样的标准进行积极抗辩。也就是说,控诉方对抗辩主张的反驳同样不需要达到确信无疑,只要达到充分或者说优势证据的程度即可。控诉方一方面要提供证据,另一方面要说服审判人员相信其举证达到充分的程度。

第三,一方面,被告人能够举出主张其无罪的具体证据,而控诉方没有对该证据提出反驳,或者反驳的理由不充分,也就是说控诉方不能令人信服地证明被告人有罪,对于证明被告人无罪的证据不能推翻,这时应当认定被告人的积极抗辩主张成立;另一方面,被告人虽然不能提出主张其无罪的具体证据,但提供了确切的、可获得具体证据的线索,控诉方没有对此提出异议,或者提出异议的理由不充分,即控诉方对证明被告人有罪的证据线索不能否定和反驳时,也就意味着对被告人定罪存在了合理的怀疑,没能达到确信无疑的程度,这时就应认可被告人的积极抗辩成立,不能认定被告人有罪。

### (四)建立刑事证据开示制度

由于我国刑事证据开示制度尚未建立,辩护人可以到法院、检察院查阅、摘抄、复制所有案卷材料,对于检察院没有出示的有利于被告人的证据,辩护人还可以申请法院向检察院调取。但是,对于辩护人收集的证据,立法却没有规定辩护人的对等开示义务,导致控辩双方获得信息的不对称。

2012年修订的《刑事诉讼法》第182条规定了"庭前会议"制度,即"在开庭以前,审判人员可以召集公诉人、当事人和辩护人、诉讼代理人,对回避、出庭证人名单、非法证据排除等与审判相关的问题,了解情况,听取意见",但仅限于控辩双方程序性事项的交流,并不涉及证据交换问题。同时,尽管《刑事诉讼法》规定了辩护人关于不在犯罪现场、未达到刑事责任年龄、属于依法不负刑事责任的精神病人等"三项积极抗辩"向公安机关、人民检察院的告知义务,但是规范意义上的证据开示制度并没有确立。因此,我国刑事司法应当学习民事诉讼、行政诉讼的做法,确立和完善刑事证据开示制度,确保控辩双方的平衡,防止诉讼突袭。

### (五)完善辩护制度,提高辩护律师的业务水平,严格遵守律师执业道德,维护当事人合法权益

刑事辩护从单一的实体辩护,发展为实体性辩护与程序性辩护并行,乃至程序性辩护先行。面对辩护形态的多元化,对程序性辩护存在认识不足和过度辩护等两种误区。

程序性裁判的确立和辩护人辩护技巧的增强,是确保程序性辩护成功的关键。辩护人尤其是辩护律师应当重视刑事证明责任转移和倒置时的辩护,扩展法律援助范围,全面实行讯问时录音、录像制度,增加讯问时律师在场权,切实保护被告人获得公正审判和不被强迫自证其罪的权利。

## 六、小结

尽管导致吴大全冤案的根源是办案人员的刑讯逼供,非法证据没能排除,未能严格执行刑事证明标准,但是,在被告人不在犯罪现场、没有作案时间以及道听途说犯罪事实等辩解理由的证明上,应当由辩护方承担证明责任。

辩护方承担证明责任是否会导致被告人地位的恶化和合法权益的侵犯,关键是严格落实无罪推定原则和不被强迫自证其罪原则,建立分层次的证明责任体系和多元化的证明标准,建立刑事证据开示制度,提高辩护人办案水平和职业操守,切实保护被告人合法权益。

被告人没有义务证明自己有罪是绝对的,而没有义务证明自己无罪则是相对的。辩护方承担证明责任体现了刑事政策的灵活性,是证明责任转移和倒置,以及刑事推定制度的必然要求,是对控诉方承担证明责任的有效补充。辩护方承担部分证明责任,对于辩护人尤其是辩护律师的辩护技巧和辩护能力提出了更高的要求,对我国对抗制审判方式改革和程序性裁判的进一步完善提出了更高的希冀。

房保国,中国政法大学证据科学研究院副教授,硕士生导师。本节内容以《论辩护方的证明责任》为题发表于《政法论坛》2012年第6期,收录本书时有改动。

## 第二节　电子证据时代的刑事辩护

刘品新

新时代刑事辩护面临革新再造的契机。刑事案件中充斥着海量的电子证据资源,律师群体应当充分挖掘以夯实有效辩护,法学研究者应当突出学术相依以研究辩护升级驱动法治中国建设。电子证据辩护不能被简单理解为证据辩护的具体化,它是以电子证据切入并演进生成的一种新型辩护形态,具有"契合大数据思维""呈现积极进攻态势""实行数字现场勘查"的特色。可以按照其表现形式区分为电子证据小辩护与大辩护两类。前者指的是以"鉴—数(介)—取"体系论、"内容—载体"双联论、理性真实理论为支撑,分别对电子证据合法性、关联性、真实性问题提出抗辩;后者指的是以审查现有电子证据体系、发掘未知电子证据为路径,实施有力的实体辩护、程序辩护、政策辩护及情理辩护等。面向未来,律师群体应当养成精确拷贝、高效审查的专业技能,在法律规范方面应当完善电子证据的相关制度并消减指控简化的负面效应,以开发数字中国的辩护蓝海。

## 一、问题的提出

党的二十大报告首次单独把法治建设作为专章论述，重申"努力让人民群众在每一个司法案件中感受到公平正义"[①]，对"依附于刑事诉讼制度运行"[②]的刑事辩护提出了新要求。一般认为，刑事辩护职能的实现程度在一定意义上决定着一个国家刑事法治的水平。[③]近年来，我国辩护工作依托刑事司法改革和法律科技创新，取得了长足进步、彰显了法治文明，但在整体上仍充斥着观念落伍、技能缺乏与方法守旧等问题，这在如何运用电子证据提升辩护力度和效度方面体现得尤为明显。

电子证据在新时代办案中的重要价值不言而喻。学界流行观点是，"21世纪才走过20年，司法证明便已经跨入了'电子证据时代'"[④]，"我们迎来了一个新的司法证明时代的春天——电子证据时代"[⑤]。特别是自人类社会加速演进百年未有之大变局以来，层出不穷的新兴数字科技为司法裁判提供了许多新型电子证据。这也孵化出许多创新法学研究成果，催生了一批电子证据法律规范。与此同时，电子证据运用在辩护工作中却沦为"被遗忘的角落"。人类社会进入21世纪的第三个十年，我国辩护仍处于"阅纸面卷宗""复印加抄录""肉眼看截屏"的落后状态。

2023年2月，中共中央办公厅、国务院办公厅印发《关于加强新时代法学教育和法学理论研究的意见》，对"强化全面依法治国实践研究"提出明确意见。考虑到刑事辩护是全面依法治国的重要一环，本部分内容拟从电子证据如何重塑刑事辩护的实践摸索切入，启动法学研究与司法办案良性互动的"学术相依"论证。鉴于电子证据辩护具有前沿性且国内外对此的研究均处于起步阶段，本部分内容将以笔者团队多年来开展的试验与摸索为主要研析材料，结合调研情况，论述电子证据辩护的必要性、涵义及类型化原理，抽象出较为完整的理论框架，并据以从进阶配套的维度阐述改善方案。

## 二、电子证据何以重塑辩护

调研中了解到的一种流行观念是，电子证据辩护属于证据辩护的具体化。证据辩护是指"根据证据规则对单个证据能否转化为定案根据以及现有证据是否达到法定证明标准所作的辩护活动"[⑥]。以此为嵌套，电子证据辩护被简化为以电子证据为对象或工具的刑事辩护。这一说法看似不错，但只触及了电子证据引发刑事辩护改变的浅层，忽略了其驱动刑事辩护样态革新再造的前景。要深刻认识这一点，不妨从数据时代背景、有效辩护评价和学术融合创新角度予以观察。

---

[①] 习近平：《习近平：高举中国特色社会主义伟大旗帜为全面建设社会主义现代化国家而团结奋斗——在中国共产党第二十次全国代表大会上的报告》，2022年10月25日，https://www.gov.cn/xinwen/2022-10/25/content_5721685.htm，2023年8月20日。
[②] 顾永忠：《刑事辩护制度改革实证研究》，载《中国刑事法杂志》2019年第5期。
[③] 陈兴良：《为辩护权辩护——刑事法治视野中的辩护权》，在《法学》2004年第1期。
[④] 何家弘：《证据数字化时代》，《检察日报》2020年12月19日。
[⑤] 樊崇义、李思远：《论电子证据时代的到来》，载《苏州大学学报（哲学社会科学版）》2016年第2期。
[⑥] 陈瑞华：《论刑事辩护的理论分类》，载《法学》2016年第7期。

## （一）数据时代的辩护资源

随着数据时代的到来，互联网、大数据、云计算、人工智能、区块链等技术加速创新并日益融入社会发展各领域的全过程。在国际范围内，律师行业积极拥抱数据资源，研发出"RossIntelli-gence""DoNotPay"等人工智能或机器人"律师"产品。在我国，律师行业在开展大数据的法律科技创新方面处于观望状态。虽然有专家提出"人工智能的出现和发展……为推动刑事辩护机制转型升级带来了前所未有的机遇"[①]。然而，实际上，我国律师行业并未自觉拥抱这一机遇。相对于政法机关如火如荼地探索智慧警务、数字检察、智慧法院而言，律师群体在投身数据科技创新驱动方面处于无所作为的状态。

其实，辩护律师天然地不缺少大数据资源。当今，在我国几乎每一起刑事案件的审查起诉环节、审判环节，含有海量数据、文件的固定硬盘、移动硬盘、光盘和优盘等通常都会伴随纸面卷宗被一并移送。它们多数是具有独立证据地位的计算机数据、网络数据和服务器数据等，也有一些是具有辅助证据地位的讯（询）问时同步录音录像视频、勘验检查时同步录像视频、检验鉴定工作数据，以及现场勘查、远程勘验、网络在线提取、封存冻结、查询、调取形成的数据或截图文件等。无论是哪一种形式，移送的电子介质中的数据都可成为被刑事辩护大加利用的大数据资源。

当下个案中电子证据的数量和容量越来越大，有的案件仅涉案即时通信数据就高达几百万、几千万甚至上亿条，各种数据的体量超出了1 000TB。随案移送的电子介质中蕴含的数据就是办案大数据。由此，律师群体应当关注和研究随案移送的电子介质及其中的数据，从中甄别和发现更多的案件事实以形成辩护方案。这是数据时代提供给中国律师群体的一串金钥匙。这是极为宝贵的，因为国外司法机关存在不移送电子证据的做法。例如，德国刑事案件中很大比例的证据由数字格式产生，且以电子数据形式进行收集保存，但庭审中通常是以非数字形式进行提交。[②]

然而调研发现，当前中国律师群体对于如何将电子证据用于辩护普遍存在以下错误做法。错误做法之一是，"仅"审关于电子证据的转化材料。律师们只看电子证据的截图打印材料或司法鉴定意见书，甚至只看司法鉴定意见书的"意见表述"部分。问题在于它们只是转化材料而已。错误做法之二是，"静"审关于电子证据的各种笔录。律师们习惯于对取证笔录中的文字内容进行纸面阅卷，这就容易被花样繁多的勘验笔录、检查笔录、检验笔录、实验笔录、远勘笔录、封存笔录、查封清单、冻结订单、固定清单、调取清单等混淆重点，而忽略了电子证据本身。错误做法之三是，"泛"审电子证据本身。即使极少数律师有意识打开涉案光盘、移动硬盘、固定硬盘等，也仅是蜻蜓点水地浏览其中数据，缺乏必要的专业工具对其展开审查。归结起来，电子证据资源基本被浪费。

---

[①] 王利平：《人工智能对刑事辩护的影响评析》，载《西部学刊》2022年第15期。
[②] Carsten Momsen, Digital Evidence and Criminal Defense: How International Standards Apply in German Criminal Proceedings, https://www.jjay.cuny.edu/sites/default/files/contentgroups/center_international_human_rights/digital_evidence_and_criminal_defense.pdf, 2023-08-20.

## (二)有效辩护的应有之义

有效辩护是我国学术界对美国"有效的律师协助"(effective assistance of counsel)概念的引介,指的是"尽职尽责的辩护",是在辩护过程中忠诚地履行辩护职责,完成"授权委托协议"所约定的辩护义务,要义在于"为辩护所必需的防御准备"[①]。而律师群体对以海量数据形式呈现的电子证据熟视无睹或无能为力,显然是与有效辩护背道而驰的。

早在1984年,美国联邦最高法院即在斯特里克兰案判决中,确立了无效辩护的双重检验标准:一要证明辩护律师工作存在缺陷,即律师不是一个"称职的律师";二要证明律师工作缺陷对辩护造成了不利的影响。[②]依照这两个标准,很容易得出一个结论:当下中国辩护律师不知或者不会审查所移送的电子介质及其中数据,进而不使用或者不会使用电子证据维护被告人权利,是一种无效辩护。忽略电子证据的一个直接后果是,辩方往往缺少支撑其观点的辩护证据,更遑论从控方移交的电子介质中挖掘无罪、罪轻证据。而长期不从所移交的电子介质中找证据,刑事辩护就会缺乏实实在在的证据"子弹",也难免会沦为带有"表演"性质的表演性辩护![③]

有效辩护是由诸多因素和条件共同达成的综合效应。[④]在不缺少数据资源的时代,辩护律师不可因噎废食而放弃取证,没有头绪地盲目取证也是有风险的。我国学者指出,辩护律师在刑事诉讼中有两项权利:一是反向的反驳、检验对方举证的"质证权"或"对质权";二是正向的向法庭提交对本方有利的证据,用以反驳、削弱对方指控的"取证权"[⑤]。而辩护律师要将控方移交的电子介质当成蕴含海量数据的"证据池",从中找寻"宝藏"。同时,我国法律确立了辩护律师调查取证的两种模式:一是自行调查,二是申请调查。我国学者指出,这两种调查取证均存在被拒绝时救济途径不畅的问题,呼吁"引入第三种调查模式"[⑥]。在笔者看来,现在实践中已经产生了第三种调查模式,即辩方要有意识地从所移交的电子介质中找出辩护证据。这一做法能极大地矫治我国刑事辩护中"取证难"的顽疾,使有效辩护切实落地。

## (三)学术相依的融合创新

我国的电子证据学术研究始于20世纪90年代,彼时出现了零散论文和译作。笔者在中国知网上进行简单检索发现,以"电子证据""电子数据""数字证据""信息证据""计算机证据""互联网证据""大数据证据""人工智能证据""区块链证据""区块链存证"为题目的中文期刊论文分别为1 065、6 157、39、1 454、31、222、128、60、

---

[①] 陈瑞华:《有效辩护问题的再思考》,载《当代法学》2017年第6期。
[②] Strickland v. Washington, 466 U.S. 668, 692 (1984), https://supreme.justia.com/cases/federal/us/466/668/, 2023-08-20。
[③] 李奋飞:《论"表演性辩护"——中国律师法庭辩护功能的异化及其矫正》,载《政法论坛》2015年第2期。
[④] 熊秋红:《有效辩护、无效辩护的国际标准和本土化思考》,载《中国刑事法杂志》2014年第6期。
[⑤] 魏晓娜:《审判中心视角下的有效辩护问题》,载《当代法学》2017年第3期。
[⑥] 陈瑞华:《辩护律师调查取证的三种模式》,载《法商研究》2014年第1期。

80、52 篇；至于以更具象的电子证据小概念（如电子邮件、网络聊天记录、电子签名等）为研究主题的中文期刊论文更是不胜枚举。①

然而，在电子证据研究繁荣的背后，理论与实践脱节却是一个事实。研究电子证据理论的人处于曲高和寡的状态，多数学者不真正懂也不愿懂实践中究竟什么是电子证据、电子证据怎么用；而实务部门人员不看理论文章，认为其根本不反映和指导办案。就刑事辩护而言，我国学界虽然作出了一些精到的理论分析②，但对电子证据辩护的探讨少而浅。

"我国之敝，其一则学与术相混；其二则学与术相离。"③1911 年，梁启超先生就在《学与术》一文中抨击了中国几千年来学与术分离的现象。在一个世纪后关于刑事辩护中如何运用电子证据的领域，这一问题仍然甚为典型。笔者带领团队长期参与电子证据在辩护工作中运用的实践，多次以辩护律师、律师顾问、专家辅助人、鉴定人等身份投入办案一线，累积了学术相依的专业感悟。总的来看，在刑事辩护中运用电子证据的专业性较强，难以通过短期师徒"传帮带"的方式传授经验。若要快速转型就得实现"有学有术"的辩护，即以电子证据研究引领刑事辩护的变革，将相关前沿理论转化成辩护中的专业力量，再反过来促进理论研究的精进。

## 三、电子证据辩护的学术诠释

站在辩护学的视野高度，电子证据辩护是以电子证据为切入和演进的高级辩护。它虽然具有证据辩护的外壳，内在承载的却是刑事辩护现代化改造的使命。电子证据辩护已经形塑出刑事辩护的一种新形态，可以抽象出独特的内涵类型与原理规律。

### （一）电子证据辩护的内涵特色及类型化

电子证据辩护不能被简单归为某种具象的证据辩护，而是能够全面改变刑事辩护的创新驱动力。这种广袤的变革前景则是与电子证据辩护所具有的三大特色密切相关。

首先，它是符合大数据思维的辩护。与传统辩护系基于有限数量的传统证据相比，电子证据辩护乃基于无限数量的新型证据——通常表现为伴随时代更迭而悄然嵌入办案环节的海量数据。例如，据调研发现，在 2016 年北京查处的"e 租宝"非法集资案中，侦查机关收集的"e 租宝及芝麻金融数据"至少包括 1 万多个账户的几十亿条资金交易流水信息，"集团 OA 系统中关于会议、财务、合同的数据"涉及 200 多台服务器，全案数据总量达到 30TB 左右。又如，在安徽 2018 年审理至今的谢某某等 62 人诈骗罪一案中，一审判决书中列明的电子证据就包括 21 台电脑硬盘、2 个优盘、17 部手机的检验数据，而律师团队实际拷贝获得的数据达到 2 004 341 个文件总大小 4.81TB，涉及 53

---

① 检索日期为 2023 年 8 月 3 日。
② 相关观点如陈瑞华：《论刑事辩护的理论分类》，载《法学》2016 年第 7 期；谢小剑、揭丽萍：《论辩护律师核实证据的限度》，载《证据科学》2015 年第 5 期；韩旭：《辩护律师核实证据问题研究》，载《法学家》2016 年第 2 期。
③ 汤志钧编：《中国近代思想家文库·梁启超卷》，北京，中国人民大学出版社 2014 年版，第 470-471 页。

个电脑硬盘、9个优盘、201部手机,其中主犯谢某某一部手机的微信聊天记录就达到8 127 510条。这充分说明,电子证据蕴含的信息量之多,远非纸面卷宗的容量能比。因此,以前者开展辩护,其威力显然也要远大于后者。

其次,它是基于事实重建的辩护。理论研究表明,"电子证据可以被看成一个个信息'场'",可以还原案件的来龙去脉;"它与人类社会出现的'人证重建''物证重建'是一脉相承的,但展示的效果更为显著"①。然而调研发现,与电子证据容量急剧扩增不相匹配的是,侦查、调查机关针对电子证据的取证方式却趋向简便化,如直接打印数据文件,直接在电脑、U盘中"寻找涉案电子证据",直接复制手机数据等。也就是说,侦查、调查人员针对海量数据进行勘验检查的"专业判断式取证"断崖式减少,"傻瓜式取证"日益流行。这一现象在域外也有发生,主要是电子证据海量化与司法成本节约的叠加影响导致的。例如,英国过去十年用于警察取证的资金几乎减半,但与犯罪调查相关的电子证据的数据量却在扩增,电子取证需求日益猛增。②这就导致侦查、调查人员普遍忽略了通过电子证据勘验检查进行案件事实的重建,只是将可能赖以重建案件事实的海量数据场固定下来提供给后续的审查起诉、审判环节。这为律师重建案件事实提供了契机。律师应当顺应办案规律的转变,调整辩护思维与方式,将来自司法机关的介质当作案发现场去审查。这一过程相当于辩护律师实施了不同程度的案件事实重建,属于辩方开展勘查检查的专业辩护。

最后,它是辩方积极举证的辩护。整体而言,过去律师在辩护中收集、提交证据是消极被动的,而今电子证据辩护则推动刑事辩护向进攻型转变。这通常表现为辩护律师通过勘验检查获得了有利于被告人的、电子形式的无罪或罪轻证据,进而提出积极抗辩的主张,进行真正进攻性的辩护。这样刑事辩护的情势就会发生极大改变,由无证据变为有证据,由缺证据变为多证据。在一起开设赌场罪案件中,辩护律师团队围绕案件中被告单位是否监管了平台中的赌博行为、平台涉案金额等主要争议事实,聘请具有专门知识的笔者团队,从电子证据勘验检查笔录、司法鉴定意见书的附件数据光盘中,搜索到了能证明被告单位对平台上的赌博行为进行了有效监管的19组6 115份电子文件,这些证据严格地说并不属于辩方的新证据,而是控方所举证据中没有展开或被忽略的部分。辩方在庭上对这一批证据进行展示,起到了震撼性的辩护效果。

进一步以电子证据在辩护中的作用为区分标准,还可以将电子证据辩护类型分为直接指向电子证据的专门辩护和使用电子证据为武器的多维辩护。前者指的是针对案件中的关键电子证据及相关鉴定意见启动证据抗辩;后者指的是借助电子证据实现实体之辩、程序之辩、证据之辩、政策之辩、情理之辩等。它们亦可以被形象化地称为电子证据小辩护与大辩护。

## (二)电子证据小辩护的原理及规律

电子证据小辩护是指以电子证据为抓手启动的特殊辩护。一般来说,证据的采用标

---

① 刘品新:《网络犯罪案件的数字式事实重建》,载《人民检察》2021年第19期。
② Muir R. and Walcott S., Unleashing the Value of Digi-tal Forensics, http://www.police-foundation.org.uk/publication/unleashing-the-value-of-digital-forensics/, 2023-08-20.

准围绕客观性标准、关联性标准和合法性标准展开,[①] 这"三性"是我国开展证据评价的基本要素[②],也是电子证据小辩护的主要对象。当然,这并不意味着辩护范围仅涉及电子证据本身,还会涉及扩大的相关特殊证据体系;这也不意味着辩护方法是围绕证据"三性"概括而论,还需要依托相应的理论支撑展开。笔者将之归纳为不同专门理论支撑的合法性、关联性与真实性之辩。为了深入阐述,这里选择一起网聊平台涉嫌诈骗罪的案件(案例1)展开。在该案中,涉案平台被指控涉嫌招募女会员进行婚恋诈骗,其法定代表人姜某被检察机关求刑13年。由于律师开展了电子证据辩护并起到实效,二审法院最终判处姜某有期徒刑7年。[③] 下面以该案的辩护和质证过程为例,具体阐述小辩护的三方面原理及规律。

**1. 以"鉴—数(介)—取"体系论支撑合法性之辩**

在实务中辩护律师对电子证据的合法性提出的质疑较多。然而,我国现行法律并没有关于电子证据的非法证据排除规则:电子证据并不在《刑事诉讼法》第56条规定的非法证据排除规则的文义之列;后续出台的《严格排除非法证据问题规定》等法律法规亦未将电子证据纳入排非的范围。尽管《刑事电子数据规定》第27条中涵盖排除的情形,但其依据的理由是存在不真实的瑕疵,而不是非法的事由。因此,在刑事辩护中仅以电子数据非法取证为由要求排除,没有对应的法律依据,难以获得好的效果。

此时,可以从电子证据通常不是单独发挥证明作用的角度另辟蹊径,即以"鉴—数(介)—取"体系形成证明合力。"鉴"部分通常指的是电子证据司法鉴定意见(书),有时也指基于电子证据的检验报告、审计报告等,必要时还包括侦查、调查人员遴选部分电子数据进行打印形成的书面材料(包含广义的专业判断)。而"鉴"部分是否具有证据效力,关键在于其所依据的检材,即鉴定、检验或遴选时使用的电子证据。它属于"数"部分,能够用于证明"鉴"的材料来源。由于鉴定、检验或遴选时使用的电子证据可能存储于电脑、手机、服务器等介质中,故"数"部分可能内嵌着"介"部分。本部分内容拓展使用"数(介)"部分来概述。"取"部分指的是证明电子证据来源的各种笔录,包括勘验笔录、远程勘验笔录、在线提取笔录、检查笔录、现场检查笔录、实验笔录、搜查笔录、封存笔录、冻结笔录、扣押清单、固定清单、证据调取通知书及相关笔录等。

援引"鉴—数(介)—取"一体的理论,辩护律师就能发现同电子证据合法性相关的一系列排非问题。这又可细分为三条路径:一是以存储有数据的介质、电子证据的打印材料属于非法取得为由,请求按照物证、书证的非法证据排除规则进行硬性、软性排非。二是以涉案电子数据、相关鉴定意见、勘验检查笔录属于非法取得为由,请求按照电子证据、鉴定意见、勘验检查笔录"不得作为定案的根据"的规定,进行软性排非。三是在前述排非的基础上,还可对"鉴—数(介)—取"体系的其他证据请求整体上的

---

[①] 何家弘:《证据的采用标准》,载《中国刑事法杂志》2000年第3期。
[②] 郑飞:《证据属性层次论——基于证据规则结构体系的理论反思》,载《法学研究》2021年第2期。
[③] 相关案情参见浙江省宁波市中级人民法院刑事判决书(2022)浙02刑终186号。本书对主要被告人等的姓名做了匿名化处理。

排非。主要包括:(1)因电子证据的勘验检查笔录"不得作为定案的根据",相关的电子证据及其存储介质"不得作为定案的根据";(2)因电子证据及其存储介质"不得作为定案的根据",相应的电子证据的鉴定意见、打印材料"不得作为定案的根据"。

【案例1】在该案中,辩护律师初步形成了关于电子证据的简单排非申请。申请理由之一,姜某本人的手机被扣押一个月后才进行检验并出具检验报告;理由之二,姜某手机封条上显示的封存时间是在被扣押半个月后,且该签字经核实并非本人签字……基于此,律师主张上述证据不合法,应予排除。如此排非申请就存在指向不明、理由不充分等弊病。笔者作为专家辅助人介入辩方证据审查之后,建议律师调整排非申请:一是以涉案手机未及时封存和存在虚假签字确认、虚假事后保管等理由申请排除手机、扣押清单;二是以检验报告所选择的极少一部分网络聊天记录存在严重增删改情况等理由申请排除电子数据;三是以检验报告的检材来源不明、不真实为由申请排除检验报告。法院事实上无法将该手机与其中数据及形成的检验报告用作认定案件事实的根据。这一辩护的诀窍就在于将检验报告、所依赖的电子证据以及手机与所对应的封存清单看作一个体系。

### 2. 以"内容—载体"双联论支撑关联性之辩

电子证据用于证明案件事实时必须满足内容与载体的双重关联性。内容关联性是电子证据的信息内容同案件事实之间的关联性;载体关联性是电子证据的信息载体同当事人或其他诉讼参与人间的关联性。前者影响案件事实存在与否的认定,后者关系电子证据所蕴含的信息与诉讼主体的确定问题。① 以此为指导,实践中电子证据的关联性抗辩可以脱离空洞质疑的表浅层面,而有的放矢地从两个维度切入,一是电子证据反映的文字表述等内容是否同案件事实有关,二是电子证据是否具有载体关联性。后者的角度较新且威力更大,常见的"木马抗辩"即是辩方对电子证据载体关联性的否定,② 类似的例子还有幽灵抗辩、他人行为抗辩、机器错误抗辩等。

【案例1(续)】在该案中,控方指控法定代表人姜某明知平台上有女会员从事诈骗活动,构成诈骗罪主犯,其中的重要证据是一份聊天记录:2020年9月17日姜某与公司高管田某某在微信中说道"坑人可以,但是要学会维护"。在这里,"坑人"之说究竟是何种含义变得十分重要。对此,辩护律师展开关联性抗辩采取了以下方法:第一种是用"坑人"及类似表述,搜索姜某的电脑和手机。结果发现,"坑人"一词共出现了十几处,包括指代培训机构坑人、众筹坑人、医生专业坑人等,汇总起来就可以证明"坑人"是互联网行业的惯常说法,不能仅依据该聊天记录的只言片语就推断出姜某是明知故犯。第二种是审查该聊天记录是否确为姜某发出,即排除其他员工或该手机、微信账号的其他使用者"误用"或"共用"该手机、微信账号进行网络聊天的可能性。

### 3. 以理性真实理论支撑真实性之辩

一般来说,控方对用于指控的电子证据属实承担举证责任;辩方对相关电子证据不

---

① 刘品新:《电子证据的关联性》,载《法学研究》2016年第6期。
② Miha Šepec, "The Trojan Horse Defence—A Modern Problem of Digital Evidence," *Digital Evidence and Electronic Signature Law Review*, vol.9(2012), pp.58-66.

属实不承担举证责任，但享有证明权利。至于辩方需要证明到何种程度，研究表明，达到一种理性真实观即可，无须全部证明或排除合理怀疑的否定程度。它是一种"跃升至理性层面的新观念"，强调"原件真实观""具象真实观""整体真实观""空间真实观"，即应当立足于电子证据的原件、结合案件争点、从体系化而非孤立思维、从虚拟场视角讨论电子证据真实性。①

据此而言，辩护律师对电子证据的真实性质疑应当具体有效，仅仅消极提出控方电子证据可能造假的抗辩是不能推翻其真实性的。在实践中，辩护律师可以通过质疑电子证据不完整来技巧性地否定其真实性。这就是学者们论述的"电子证据的完整性是真实性的完全映射或核心要素"②的应有之义。

【案例1（续）】在该案中，关键电子证据系由一份《电子数据检查工作记录》固定。但审查该笔录及所附光盘的电子证据发现，侦查人员仅仅"选择性"地对几部iPhone手机进行了检查和提交，而没有提交存储着关涉被告人姜某是否构成诈骗罪其他重要信息的三部华为手机中的电子证据。这就无法保证涉案电子证据的真实性。笔者建议律师团队从以下三点提出真实性抗辩：第一，控方存在刻意选择所提交电子证据的问题，申请法庭调取完整的涉案电子证据；第二，控方所提交的手机证据存在人为删减数据的情形，如有关手机在很长时间段内只有一两条聊天记录，这极不正常；第三，手机等原始介质没有按照要求封存，而是被不当操作，如一台涉案电脑从被扣押到从中取证并形成取证报告的时间段内，还有人为写入数据的操作记录，故涉案电子证据可能不是在扣押之前形成的。以上均属于结合案件事实提出的理性真实性抗辩。

### （三）电子证据大辩护的原理及规律

辩方还可以将电子证据的价值发挥到极致，全方位地改造辩护。这在形式上类似于当前律师群体推崇的"大辩护"之说③，实际上属于一种由专业证据驱动的大辩护样态。因刑事辩护涉及的场域非常广阔，本部分内容将电子证据大辩护的主要范围圈定为以电子证据支撑实体辩护、程序辩护、证据辩护、政策辩护与情理辩护等。其中，以电子证据支撑证据辩护同前述电子证据小辩护的指向不同，主要以电子证据对其他证据进行质疑，但两者的具体技巧存在诸多雷同，不做赘述。

#### 1. 以电子证据勘验式审查支撑实体辩护

实体辩护是刑事辩护的基本形态，有学者将其描述为"根据事实和法律从实体上提出相关证据材料，发表相关意见，反驳、否定对犯罪嫌疑人、被告人进行的不正确的追诉和指控活动"④。其特点是以实体法为依据，以推翻指控事实或适用法律为目的。辩方可以根据实体法上的辩护主张或方案，充分挖掘相关的电子证据支撑辩护。这一辩护具

---

① 刘品新：《论电子证据的理性真实观》，《法商研究》2018年第4期。
② 褚福民：《电子证据真实性的三个层面——以刑事诉讼为例的分析》，载《法学研究》2018年第4期；郭金霞：《电子数据鉴真规则解构》，载《政法论坛》2019年第3期。
③ 赵运恒：《大辩护：我和我的刑辩故事》，北京，北京大学出版社2022年版，第2页。
④ 顾永忠、李竺娉：《论刑事辩护的有效性及其实现条件——兼议"无效辩护"在我国的引入》，载《西部法学评论》2008年第1期。

有"实现数字现场勘查"的特色,辩方要将"审查"与"勘验"合并处理,形成勘验式审查方案。一个基本规律是只要辩方针对犯罪构成要件提出何种辩护方向,就应在审查电子证据时作出针对性的努力,任务是摧毁控方所指控的事实,并提出支持辩护主张的新事实。

为了深入阐述,笔者选择一起网络支付平台涉嫌开设赌场罪的案件作为讨论(案例2)展开。涉案平台被指控涉嫌利用移动限时通信软件"某某"的群社交功能为房卡类网络棋牌用户提供稳定的赌博空间,利用"某某"的支付功能为该用户群体提供赌资结算,并收取赌博用户5‰的提现手续费实现非法获利。由于律师开展了电子证据辩护并起到实效,最终一、二审裁判中均未将所扣押的12亿多元按照非法所得进行没收。①

【案例2】在该案中,律师团队确定的可能影响定罪量刑的实体问题主要包括:(1)"某某"平台有无为赌博用户提供稳定的赌博空间?(2)被告单位及被告人牛某等人有无开设赌场的主观故意?(3)"某某"平台对其上的赌博行为有无风控措施?……它们均指向被告单位、被告人是否有犯罪的作为或不作为、犯罪故意及主观恶性如何。对此,审查方法之一是针对控方电子证据进行甄别,如控方证据隐藏的数据时间与案发时间是否一致、完整性校验值是否属实以及是否可以反过来证明被告人无罪、罪轻等。审查方法之二是采取关键词、字典库、时间戳、时间段等搜索方式进行数字现场勘查。这里的关键词搜索是指临时确定一个或多个有代表性的关键词(如"封禁""风控"),对涉案电脑、手机、服务器数据进行检索;字典库搜索是指使用日常积累的、被证明行之有效的一批关键词(如"赌博""牌九""六合彩""关停""严加审核""下架"等能反映赌博及监管行为的系列关键词构成的一个搜索字典),对涉案电脑、手机、服务器数据进行检索;时间戳搜索是指根据一般的重点时间点(如世界杯等赌博活跃期间)整理相关电子文件进行甄别;时间段搜索是指根据涉案时间段(如案发期间)进行文件甄别。审查方法之三是甄别案件中的相关地点(如IP、MAC地址)以及涉案人员的相关账号和使用规律。该案中使用这些方法共搜索到证明平台充分履行监管行为的6 000多份电子文件,很好地改变了该案的攻守态势。

**2. 以电子证据再现式审查支撑程序辩护**

程序辩护是伴随辩护专业化而兴起的一种辩护方式,其本质是一种通过指控程序违法、以攻为守的辩护方法。常见的程序辩护包括管辖辩护、趋利执法之辩、非法取证辩护等。而电子证据辩护中可以用于支撑程序辩护的特殊技巧之一,是对电子证据开展再现式审查,以甄别办案中是否存在不当管辖、趋利执法、非法取证等重大程序问题。

【案例2(续)】在该案中,2020—01号勘验检查笔录显示,公安机关勘验时发现被告公司系统上存有大量的封禁数据。这些电子证据本来可以用于证明被告公司履行了对赌博行为的监管义务。但在该案中,侦查人员虽然导出了该公司系统上的许多其他数据,偏偏对此封禁数据未予导出。对此,辩方可以要求法庭依法调取相关电子证据用作辩护证据。若进一步夯实侦查机关此举系趋利执法考量下蓄意为之,辩方即可进行指向

---

① 相关案情参见浙江省舟山市普陀区人民法院刑事判决书(2020)浙0903刑初294号、浙江省舟山市中级人民法院刑事裁定书(2022)浙09刑终6号之二。本书引用时对主要被告人等的姓名作了匿名化处理。

清晰的程序辩护。

所谓再现式审查，也称为还原式审查，是指把电子证据看成一个信息"场"，据此还原案件事实。其理论基础是证据法学的"数字式案件事实重建"理论。[①] 在实践中，辩方要甄别侦查、调查人员是否存在程序违法行为，主要可以分析电子证据中蕴含的"修改时间"等信息。以甄别因配侦公司推动而出现的趋利性执法情形为例，辩方既要识别案件中的主要电子证据的"修改时间信息"是否表明该证据形成于立案之前或者侦查终结之后，还要辨别是否存在由一家诉讼公司（或其出资设立的鉴定机构）全程提供鉴定等专业证据服务的反常情形。重中之重是甄别是否存在批量性电子证据在立案之前集中形成。此外，辩方还可以结合"侦查取证严重不规范""一家机构的鉴定意见书管到底""管辖连接点异常"等特征进行辅助判断。如谢某某等诈骗罪一案中，辩方就发现大批量电子证据笔录记载不实、存在事后统一修改的异常现象。

**3. 以电子证据拓展式审查支撑政策辩护**

我国刑事司法受到国家政策的深刻影响。当前，假如辩方能够结合产业政策、民营企业保护政策、"六保""六稳"政策、遏制趋利执法、鼓励同案同判等政策，在移送的介质中找到有利于被告人的电子证据，就可以成为政策辩护的重要依据。

电子证据支撑的政策辩护以拓展式审查为主，即不能就事论事地只审电子证据，而要实施外引内联的分析判断。通常，辩方要利用前述的电子证据搜索方法，在涉案各种介质中查找被告单位、被告人的被指控行为是否符合国家相关政策激励的方向和内容，进而提出刑事责任从轻、减轻的辩护理由。

【案例2（续）】在该案中，律师遵循"同案同判"的理念与政策，对可以用作证据的相似案例进行搜索，发现2018年最高人民法院第105、106号指导性案例中仅对控制管理微信群的人员认定为开设赌场罪，而未对微信平台及其开发者定罪；在"北大法宝"上搜索到的428个与聊天App相关的网络赌博案例，也没有一起案例对聊天工具适用开设赌场罪，甚至没有一起案例认定聊天工具构成其他任何一种罪名。[②] 这些材料可以用作说服法庭进行罪名权衡的参考。

**4. 以电子证据辅助式审查支撑情理辩护**

情理是衡量司法是否公正的镜鉴。天理、人情常能弥补国法之不足，三者相互统一、相互依存。[③] 既然法律不会强人所难，案中之情理自然不可不察，这就离不开证据。而辩方在情理辩护方面也可以借助电子证据之力。

电子证据对情理辩护的支撑，主要体现在通过电子证据寻找情理上的证据以表明案件定罪量刑不合理，从而让律师结合法律意义上的案情和事理展开辩护。在具体办案中，律师最重要的辩护工作就是了解当事人究竟是什么样的人，可以就被告人个人成长等以及被告单位的运作架构等情况进行取证。这种电子证据辩护以辅助式审查为主，即专家辅助人可以协助律师进行情理方面的证据审查，其背后是《刑事诉讼法》中已经明

---

① 刘品新：《网络犯罪案件的数字式事实重建》，载《人民检察》2021年第19期。
② 搜索日期为2020年11月3日。
③ 牟治伟：《为什么说法律不外乎人情》，《人民法院报》2021年5月14日。

确的有专门知识的人辅助的办案制度。

【案例1（续）】在该案中，被告人姜某是被告单位的实际控制人，一般观念是在认定单位犯罪的情况下将实际控制人作为主犯。公诉人也确实是将其排序为第一被告进行指控的，用于补强的指控证据是"通过投诉的查看、大额投诉金额退还需要姜某审批""姜某手机上有微信支付投诉信息"等电子证据。对此，辩方在庭前聘请专家，专门根据存储介质中的电子证据进行了关系刻画，发现平台女主播只与被告公司的房某、田某某等被告人联系；也检索到房某、田某某明知姜某要求严查约骗，却出于私利或者惰性对主播"放水"并做样子给姜某看的电子证据；还检索到房某、田某某等人长期安排自己及第三方公会主播在多个类似平台直播的电子证据。这些新发现的证据促使二审法院改变了一审法院关于主从犯的认定，改判姜某在共同犯罪中起次要作用，系从犯。这看似主从犯之实体辩护，从证据细节上实则是基于辅助式审查对情理辩护的帮促。

## 四、面向电子证据辩护的实践与制度创新

辩护工作贯穿刑事诉讼的全过程。相较于侦查工作、审查起诉工作、审判工作，辩护工作能更为显著地推动法治进步。这一规律同样适用于电子证据辩护。随着律师群体更多地开展电子证据辩护，一种致力于补足当代事实认定短板的精准辩护将落地生根，一批能保障电子证据辩护有效开展的证据规则也将被创制。

### （一）精准辩护的进阶转型

个案中电子证据辩护取得成功能够促进辩护工作的进阶转型。在2016年快播公司传播淫秽物品牟利罪一案中，控方指控被告人王某等人传播淫秽视频文件超过21 251个，已属情节特别严重，应被判处10年以上有期徒刑，但法院最终对被告人王某等人判处的是3年至3年6个月不等有期徒刑。这归因于辩方开展了有效的电子证据辩护，提出"查扣服务器时未对物证特征进行固定，没有记载内置硬盘的型号、数量、容量，也没有对扣押物品拍照""移交服务器的手续违法""不同份鉴定意见关于服务器内硬盘的数量及容量的表述存在不一致""服务器与快播公司的关联性不明"等辩护意见。这些表明律师辩护从混沌走向精准，成为"精细化辩护"[①]。

当下，律师群体普遍懈怠于对电子证据及关联证据的有效审查和运用。突出表现为他们"不清楚要针对电子证据所能证明的什么事实进行审查，不知道要针对哪些电子证据或其组合进行审查，不明确采用什么标准对电子证据进行审查，也不明确该选择什么电子证据条文对电子证据进行评判"[②]，其结果必然是"劳而无功"，达不到电子证据辩护的理想效果。

律师群体要走向精准辩护，应当"做到刑辩工作精细化，从案件细节中发现问题，

---

① 吴洪淇：《刑事证据辩护的理论反思》，《兰州大学学报（社会科学版）》2017年第1期。
② 刘品新、张艺贞：《电子证据聚焦式审查的原理与方法》，载《人民检察》2023年第13期。

从社会（行业）常识的角度分清毫厘，补齐检察机关视野盲区"[1]。这就要求律师群体面向电子证据辩护进行全方位转型。首先是理念更新。律师要面向大数据时代重新透彻认识电子证据，实施积极进攻性辩护，锻造出基于海量数据辩护的新模式。其次是必要的平台、机制建设。当下我国律师行业获得电子证据服务主要寻求鉴定行业、有专门知识的人帮助，而鲜有建设电子证据服务内设机构的。这是亟待改变的现象。笔者建议，在大中型律师事务所内部探索设置电子证据审查工作站、实验室。最后也是最重要的是技能养成。律师群体需要有效审查电子证据的"鉴—数（介）—取"体系，搜索证明被告人无罪、罪轻的实体证据、程序证据、政策证据与情理证据以及推翻其他证据的辩护证据等，并锁定控方证据体系的实质性问题。这无疑是当务之急。在实践中，律师个体获取和使用电子证据均存在一定的客观困难，故要尽快学习、锻造电子证据辩护的两项基础技能。

一是有效拷贝数据、录像。这是将电子证据纳入精细化阅卷的前提。一些律师进行数据、录像拷贝时，仅在 Windows 操作系统下对来自司法机关的介质中电子文件进行简单复制。该方式不仅容易产生增删改数据的副产品，更重要的是会遗漏或修改侦查、调查人员在提取电子证据时留下的隐藏信息、碎片性文件，如光盘刻录时间、文件夹的"修改日期"、Word 文档的"创建时间""访问时间"等。而这些是甄别侦查、调查人员是否依法真实取证的重要依据。如在谢某某等 62 人诈骗罪一案中，由于律师对来自司法机关的数据光盘、硬盘采取了简单复制数据的方法，导致审查前必须先行厘清哪些"时间"信息不以数据复制而发生改变，对判断是否有违法取证行为徒增麻烦。正确的做法是，律师要用写保护方法打开移送司法机关的介质中电子数据，尽可能地读取各种时间信息，并进行拍照固定；更专业的方法是，律师可以模仿鉴定机构进行数据镜像，同步计算完整性校验值，最大限度地固定保全电子证据的隐藏信息。当然，在条件允许的情况下，律师群体也可以申请检察院、法院督促侦查、调查机关制作电子证据的一式多份件，直接向辩方移交。

二是有效审查"鉴—数（介）—取"体系。由无效审查迈向有效审查是电子证据运用的必然趋势，更是律师开展电子证据辩护的技巧集成。无效审查的表现通常是"只审查纸面材料、侧重审查是否违法违规、完全不审查"等，有效审查则要做到"真审、拷盘审、读数据、掌握技能"等。概括而言，电子证据的有效审查包括聚焦式、还原式、实验式、勘验式、辅助式、对照式、错位式、递进式、体系式、关联式以及组合式等十多种范式。这些为律师群体开展电子证据有效审查提供了指引。

其中，指向"鉴—数（介）—取"的体系式审查是此类辩护的技巧出发点。为此，律师在办案中要按照三步法进行电子证据及关联证据整理：第一步，梳理证明案件主要事实的电子证据"鉴"部分是什么，是哪一份鉴定意见书、审计报告，还是专门遴选出来的部分打印材料，特别是其中内容表述是什么，能否直接覆盖所指向的案件主要事实；第二步，梳理佐证电子证据"鉴"部分的检材是哪些电子证据，计算其完整性校验值并核对是否等同于"鉴"部分所描写的完整性校验值，其内嵌的文件格式、时间、大

---

[1] 李斌：《精细化阅卷、精细化辩护的路径》，载《人民检察》2020 年第 24 期。

小等特征是否同"鉴"部分所描写的一致;第三步,梳理证明电子证据来源的取证笔录是什么,审查其描写的数据完整性校验值是否等同于对电子证据完整性校验值的计算结果,其注明的文件"修改时间"信息是否等同于电子证据的内嵌信息等。以上"三步法"判断,既针对单一证据的审查分析,也针对关联证据的比对分析,更针对多份证据的综合分析。

## (二)证据制度的补缺改进

2012年,电子证据被《刑事诉讼法》正式规定为一种独立的证据形式。该立法例理应扫清了电子证据用于辩护的制度障碍,但事实上由于规定过于原则,在实践中阻碍电子证据辩护顺畅进行的因素还有很多。

阻碍之一是电子证据并未真正作为控方证据提交。调研表明,几乎很少有公诉人将二进制形式的电子证据明确纳入举证目录。对于特别重要的电子证据(如微信聊天记录、网页截屏),公诉人往往是打印出来,按照书证编入举证目录。更为重要的是,鉴定意见书、勘验检查笔录、调取证据清单所附随的光盘、移动硬盘、固定硬盘中刻制的数据,亦不被纳入举证目录。当律师群体向法院、检察院要求拷贝侦查、调查机关所移送的数据介质时,往往还会受到不同程度的阻挠或刁难。有的理由是它们不在举证目录内;有的托词是它们在技术上不好复制;还有的借口则是复制它们可能会造成数据污染、泄密、侵犯个人信息或办案秘密等。如此多的实务"潜规则"均因于法不清,进而造成了律师群体难以顺畅地获得控方指控犯罪的电子证据及关联证据。

阻碍之二是依靠电子证据证明案件事实的路径被不当堵塞。一方面,我国司法解释不当地扩大了"综合认定"的方法以片面简化控方举证难度。例如,2016年《关于办理电信网络诈骗等刑事案件适用法律若干问题的意见》第2条规定可以"综合认定被害人人数及诈骗资金数额等犯罪事实",第4条更是允许对"明知他人实施电信网络诈骗犯罪"进行"综合分析认定"。而这些条款在实践中已被异化。许多公诉人在庭上宣读指控证据后并不对辩护人的异议进行回应,完全放手交由法庭进行综合认定。"综合认定"在很大程度上架空了证据裁判原则。另一方面,在实践中控方日益扩大不规范证明方法的使用。例如,检察官将依法仅能用于"合理解释"非法取证情形的"情况/工作说明"等材料,用于解释电子证据取证中的种种问题;又如,检察官不当依赖源于同一家鉴定机构的多份鉴定意见回应案件中的专门性问题,同时既不明示这些有差异的鉴定意见以哪一份为准,也不明确它们系重新鉴定、补充鉴定还是其他特殊关系。司法强调控辩平衡的艺术,控方如此降解其证明负担,必然影响辩方借助电子证据进行有效辩护。

可见,我国证据制度亟待面向电子证据辩护进行配套完善。一方面,我国需要完善电子证据的骨架制度。一是将电子证据"再次""真正"纳入证据范围。现在看来,2012年电子证据入法过于笼统,并未涉及电子证据同传统证据的交叉融合问题。鉴于这两种证据之间既可以相互转化又可以相互镶嵌,法律也应当明确关于电子证据的鉴定意见书、勘验检查笔录所附的光盘、移动硬盘数据究竟该做何种定位、遵循何种证据规则。2016年《刑事电子数据规定》第1条第2款规定:"以数字化形式记载的证人证言、被害人陈述以及犯罪嫌疑人、被告人供述和辩解等证据，不属于电子数据。确有必要的，对相关证据的收集、提取、移送、审查，可以参照适用本规定。"这就表示我国注意到了两种证据的交融现象，但是覆盖面显然不够，应当加以大规模地扩容。二是将同步录像录屏资料明确纳入证据范围。许多司法人员在是否向律师提供电子证据提取时的同步录像录屏资料问题上，存在明显的错误认识。如有的认为其不属于证据之列，而拒绝律师拷贝；有的认为它们类似于技侦资料或审讯的同录资料，只允许律师到法庭的房间观看；还有的认为它们只能在庭上播放。而事实上，它们理当被认定为勘验检查笔录、远程勘验笔录等笔录证据的重要且必要组成部分。这一定位也应当得到我国法律的认可和明确。另一方面，我国需要消减指控简化的负面效应。一是优化"综合认定"。自我国网络犯罪司法领域出现综合认定机制以来，实务界对此褒贬不一，律师群体多持批评意见。学术界有论者持相对乐观立场，主张"'综合认定'是工业时代'人证中心主义'转向到信息时代'数据中心主义'的结果"，但也提出要防止"综合认定被滥用、成为万能法则"，要"把综合认定纳入刑事诉讼法，确立其合法性"的建议[①]。笔者要特别提醒，办案中滥用"综合认定"会衍生指控、辩护空洞化之弊，建议予以规范化使之回归证据裁判的轨道。这需要明确将其限缩于涉众型资金数额认定的范围，而且控方依然需要针对重点内容进行举证，辩方亦有权要求拷贝数据进行反驳或合理说明等。二是限缩"情况说明"。侦查、调查机关针对电子证据问题出具情况说明，进行补正或作出解释，若过多则易成泛滥。例如，在一起侵犯商业秘密罪案件中，侦查机关在立案前就违法扣押了被告单位的服务器硬盘，且未进行封存和妥善保管，事后虽在该服务器中发现了涉嫌侵犯商业秘密的源代码文件，但辩方提出了该源代码文件系人为植入的明确抗辩。侦查机关先后出具了三份情况说明，解释未立案扣押服务器系公安工作网当日出了运行问题、服务器事后进行了封存和保管、公安机关没有写入数据等。上述情况说明显然并不合适，也不能解释案件中的疑问。基于此，我国应当严格限缩关于电子证据的情况说明使用，包括在适用情形、说明理由、证明目的等方面作出限定。三是否定"多份鉴定"。同一鉴定机构在个案中反复开展鉴定，至少反映了每一份鉴定意见均质量不高。例如，在一起侵犯公民个人信息罪案件中，一家鉴定机构出具了四份相互矛盾的鉴定意见。在这一情况下，法庭传唤鉴定人出庭作证，而鉴定人对许多具体问题无法解释，最终所有鉴定意见均被排除。考虑到刑事案件关乎生杀予夺，我国应当明确否定同一鉴定机构出具多份鉴定意见的情况。如果鉴定意见关涉重大且产生控辩争议的，应当回归到重新鉴定、补充鉴定和鉴定人出庭作证等合法轨道上。

## 五、一个必须完成的蜕变（代结语）

电子证据是推开时代之门的一把钥匙。在建设网络强国、数字中国、智慧社会的当下，尽速推动电子证据辩护落地，既是全面依法治国之路，也是律师群体专业化进阶之责。故律师群体应当提高对电子证据辩护的专业认知，积极践行基于海量数据的、积极

---

[①] 高艳东：《网络犯罪定量证明标准的优化路径：从印证论到综合认定》，载《中国刑事法杂志》2019年第1期。

举证的、重建事实的辩护。这是传统辩护在应变数据大潮的一次蜕变。它有赖于律师群体在执业中积极探索，也有赖于有专门知识的人等群体的协同推动。

关于如何加速走向电子证据辩护，英国埃克塞特大学学者达纳·威尔逊-科瓦奇等人的观点是，"虽然刑事辩护中存在律师无法控制的系统性问题，影响他们获取电子证据、申请专家到庭的速度；但是，提高他们职业上的数字素养，无疑是确保其最好地代表客户利益、获得刑事诉讼利益的关键"。[①] 笔者赞同此论，进一步建议律师群体通过拥抱电子证据学术锻造数字素养。古人有云，世间之人有不学无术者、不学有术者、有学无术者、有学有术者。律师开展电子证据辩护，不能不学无术，因为完全不懂既有研究成果是形不成技能的；也很难做到不学有术，因为缺乏专业知识谈不上累积经验；还要警惕有学无术，虽然学术论著写得好，但仍然同实践根本脱节；而是要走向有学有术，既将前沿理论同实践相结合，又要以丰富的实践反哺学术研究。一言以蔽之，以学养术，可以开拓电子证据辩护的数字蓝海。

刘品新，中国人民大学法学院教授，博士生导师。本节内容以《论电子证据辩护》为题发表于《社会科学辑刊》2023年第6期，收录本书时有改动。

## 第三节　大数据时代的智慧辩护

李奋飞　朱梦妮

以大数据、人工智能等为代表的智能科技正在我国刑事司法空间内主导着全面而深远的变革。相较于法检系统面对这场时代潮流所进行的主动、全面的自我革新，智能科技虽在刑事辩护领域得到了一定程度的应用，但技术与业务的交融协同仍较为有限，故总体上仍停留在初级发展阶段。实际上，刑事辩护可在大数据驱动下实现向智慧辩护的转型，包括改变律师工作方式，使之从办公自动化跨越为业务智能化；在卷宗审阅、证据审查判断、类案/关联法条推送、司法规律挖掘等工作中强化科技支撑成分，辅助律师作出辩护决策；以及重塑业务导向定位，积极开拓风险防控型业务领域。但在转型过程中，应注意在数据来源上另辟蹊径，在借鉴法院、检察院经验时因地制宜地作出调整，尤其是在法律与技术的融合中坚持住法律的主导地位，把握好智慧的根源所在。

## 一、引言

2011年，IBM研发的人工智能系统Watson在美国电视知识竞赛"Jeopardy!"中，以压倒性比分击败了节目有史以来最优秀的两位人类选手。随后，它惊人的认知计算能力开始在不同领域施展颠覆力。对此，法律服务业，这一传统性色彩极其浓厚、长期将量身定制作为本质特征的行业，似乎还认为能像之前"躲过"工业化一样，免受或至少

---

① Wilson-Kovacs D.，Helm R.，Growns B.，Redfern L.，"Digital Evidence in Defence Practice: Prevalence, Challenges and Expertise," *International Journal of Evidence & Proof*, vol.27, Issue 3（2023），p.235.

晚受该轮信息化和智能化革命的影响。但其实，早在1996年，面对信息技术和互联网的飞速发展，牛津大学教授理查德·萨斯坎德就指出法律范式会随之发生改观。2013年，基于大数据、人工智能在内的突破性技术的无限潜能，他进一步勾画出与过去全然不同的法律服务图景。① 2014年，英国伦敦法律顾问公司Jomati也发表报告《文明2030：不久将来的律师事务所》，断言在人工智能、机器人技术及人口统计规律、全球化进程的共同作用下，律所或将迎来结构性坍塌。

如果说，这还只是法律人所预言的十余年或数十年后的明天，那么令人未曾料想的是，仅仅两年后，"入侵者"就已兵临城下、攻破城池。2016年6月，Watson支持开发的世界首位人工智能律师ROSS诞生，并"入职"有百年历史的纽约Baker Hostetler律师事务所，处理破产咨询业务。2018年2月，由以色列法律科技公司Law Geex研发的人工智能系统在标准商业合同审查比拼中，战胜了二十位执业经验丰富的顶尖律师，其平均准确率高出人类9%，在耗时数据上更是形成92分钟比26秒的"碾压"之势。可见，无论自身愿意与否、有无做好准备，法律服务机构和律师都被推向了命运的十字路口。我国当然也不例外，尤其是本就身处诉讼制度变革浪潮的刑事辩护行业。

在我国，以律师辩护为主体的现代刑事辩护只发展了三十余年。相比域外动辄数百年的历史积淀，我们在思维导向、工作模式、程序流程、服务机制等方面均落后一截。2017年10月，"刑事案件律师辩护全覆盖试点工作"在我国8个省份（直辖市）铺开，由此，如何在已有制度保障的前提下切实提升辩护质量、真正释放改革红利，成了新的关注焦点。仅仅按部就班地跟随欧美亦步亦趋，追赶的道路将艰难且漫长。而当下的这场时代变革，其实给我们提供了一次千载难逢的"变道超车"机遇——大数据和人工智能正在刑事辩护领域主导着全面而深远的质变，假若能敏锐把握转型方向、理性分析技术痛点、提前布局发展战略，我们将会获得以科技驱动刑辩的巨大后发优势。

## 二、大数据下的刑事司法

回顾近年来我国审判机关、检察机关的司法理念和工作模式在信息社会下的演化和变迁过程可知，制度改革和科技创新已成为推动我国特色法治建设的车之两轮、鸟之双翼，而后者更发挥出撬动前者未来的重要杠杆作用。

以法院系统为例，国际上信息技术的更新和电子政务的产生让我们发现，在耗时费力的传统式样基础设施建设方案之外，还有一条通过推广计算机应用、加强办公自动化的建设道路，而且它还可以或多或少地解决适格法官人数不足、法律适用差异较大、经费匮乏、腐败蔓延等问题。故我国各级法院自20世纪90年代末起渐次拉开信息化建设的帷幕。② 十余年的发展让信息技术在法院各项工作中的作用日渐显著，特别是随着司法体制改革的深入，相当部分的改革任务均不同程度地依赖着科技手段的支撑。这促使最高人民法院在2007年，重新从审判活动重要组成部分的高度对信息化的基础性地位

---

① ［英］理查德·萨斯坎德：《法律人的明天会怎样？——法律职业的未来》，何广越译，北京，北京大学出版社2015年版，第1页。
② 季卫东：《人工智能时代的司法权之变》，载《东方法学》2018年第1期。

予以明确，提出业务网络建设、审判信息管理和司法资源开发利用等发展重点，以实现高新技术与审判业务的良性互动。2013年，在全国法院第四次司法统计工作会议上，首次提出"大数据、大格局、大服务"的理念。随后，我国法院基本建成了以数据集中管理、业务互联互通为主要特征的人民法院信息化2.0版。[1] 而检察系统二十余年的信息化历程亦表明，在技术的不断迭代和理念的不断进步下，其同样陆续经历了从办公自动化到机关网络化，再到业务信息化的过渡和升级。[2] 2014年，全国检察机关统一业务应用系统的顶层部署和全面上线，标志着我国检察机关迈入了信息检务3.0阶段。

2016年，在"互联网+"的时代背景下，最高法第一次提出"智慧法院"的概念，由此意味着审判机关开始了向信息化3.0版本的跨越。不约而同地，我国检察机关也认识到"互联网+检察工作"模式的必要性和迫切性，并提出了链接科技力量、打造智慧检务4.0时期的战略目标。

应当看到，法检系统提出的"智慧"范畴具有多层内涵，绝非之前信息化工程的简单延伸。根据官方围绕智慧法院与智慧检务之主体架构的解读，前者以"全业务网上办理、全流程依法公开、全方位智能服务"为主要目标，后者亦以"全业务智慧办案、全要素智慧管理、全方位智慧服务、全领域智慧支撑"为基本要求，可见，其均着重强调由办公向办案、由局部向整体、由基础建设向理念导向的巨大转型，以此化信息为智慧。这既因大数据而生，又需依大数据顺势而为，故大数据无疑是它们的核心依托和贯穿载体。概括地说，智慧司法就是基于对不同司法活动之所有流程节点中形成的、能表征关键业务要素的、具有实质意义的海量数据进行获取汇聚、分析解构，挖掘、识别其中隐含的关联变化和模式规律，并为评估犯罪态势、产出实践逻辑、作出司法决策等提供数据支持和技术引领。当然，在技术与业务的融合内容及途径上，实务中各地也依具体情况和自身条件，探索出了不同的模式。例如，上海市高院牵头研发的全国首个"刑事案件智能辅助办案系统"，侧重于从传统办案习惯切入，把证据作为推进主线，以在不同阶段为公检法机关提供明确统一的业务指引；贵州省检察院建设的大数据司法办案辅助系统、分析服务系统和智能研判系统，更顺应大数据办案的特色，绘制犯罪构成知识图谱，将数字化监管设定为工作重心；江苏省检察系统开发的案管大数据应用平台，则选择了折中路径，且以程序瑕疵提示、临近期限警醒、规范履职行为、确保诉讼权利等为主要突破口。整体而言，大数据可谓已经渗透至刑事司法的每一角落，在类案推送、知识索引查询、辅助定罪、量刑参考、证据审查判断、出庭一体化支持、语音/图像读取转化、案件管理、偏离度分析、司法/行政衔接以及文书自动生成、校对等方面凸显出巨大优势。

在法检系统进行激烈的自我革命以积极应对大数据这把新门钥匙的同时，刑事辩护领域的回应又是怎样呢？我们发现，有别于大数据、人工智能在审判空间和检察空间所引发的连锁反应和波及效应，辩护场域对大数据应用的态度却显得低调而克制，似徘徊在新门之外而踟蹰不前。

---

[1] 中国社会科学院法学研究所国家法治指数研究中心法治指数创新工程项目组：《中国法院信息化第三方评估报告》，北京，中国社会科学出版社2016年版，第6-7页。

[2] 赵志刚、金鸿浩：《智慧检务的演化与变迁：顶层设计与实践探索》，载《中国应用法学》2017年第2期。

## 三、辩护场域的有限回应

### （一）法律服务业的智能科技应用

作为世界最古老的行业之一，法律服务业保守而固执。正如延续至今的黑袍和假发一样，上百年来，积案盈箱的书面文件、师徒相传的经验积累、当面沟通的工作方式、量体裁衣的解决方案等，几乎未曾改变。但显然，近年来互联网、大数据给法律服务业带来的冲击绝非之前的蒸汽机、发电机可相比拟。在我国，智能科技已经被不同角度、不同层面地应用于法律服务业。

1. 律师名片和法律咨询

借助大数据将律师与其所办案件关联匹配，生成能展现律师专业领域、执业经验、技能特长的专属名片。于律师而言，它让其办案经历直观明了、更具说服力；于用户而言，它为其提供了法律咨询、案件委托上的便利。例如，用户可在相应网站上通过描述刑事案件的重要信息、提交存疑的法律问题，在选择服务类型后等待相应级别的律师进行在线解答，或者在已经网站认证的律师中进行挑选、直接做一对一咨询；部分网站还支持用户以类似"招标"方式发布案源，在律师竞标中促成辩护委托。

2. 法律专业检索

面向辩护律师，快速提供丰富、精准、易用之法律资料的检索型应用，已有多种成熟"产品"。在内容上，它们有的聚焦于已公开裁判文书和指导性案例、公报案例、典型案例等相关信息，有的还含案例评析、法律法规、权威释义、期刊论文、司法观点、实务指南等资源；在功能上，"标配"基本均包括一般检索、同类案件推送、关键词联想，部分则实现了定位检索、实时统计、图表可视化、一键链接律师信息等。

3. 大数据报告

辩护律师借助适当的司法数据收集和统计方法，针对特定类型、罪名、地区或者法律问题之刑事案件所产生的客观数据，以法律视角进行搜索、筛选、提炼和分析，并用可视化方式予以呈现。一般来说，内容主要包括被告人基本情况、案件事实、是否取保、辩护类型、辩护意见采信情况以及定罪量刑结果等，进而归纳相关案件的特点，帮助辩护律师挖掘司法规律、作出结果预判、提供决策参考。实践中，律师们还摸索、总结出刑事诉讼大数据报告制作的十步流程和团队分工原则等。

4. 律所管理和律师办公

通过设立智能工作平台，使律所管理一侧所涉及的行政、业务、财务、人事等基本模块与律师办公一侧所需求的日程安排、案源处理、案件管理、日志记录、在线会议等工作内容得以信息化。它一般同时拥有 PC 端和客户端，让律师能够实现移动办公和远程协作，并可导出每一个体的工作内容、效果、时长等信息，生成数据画像。除对内办公方式外，辩护律师对外的职能行使方式也有所变化。例如，鉴于远程视频庭审系统的普及，越来越多适用简易程序、速裁程序审理的刑事案件中出现了律师通过视频方式向被告人发问或发表质证、辩护意见的情况。

5. 律师机器人

基于人工智能技术，通过自然语言处理、大数据分析和机器学习，打造出的法律 AI

机器人，它们能根据用户描述的案情分析案由和关键词，并推送常见问题、关联法条和可供参考的相似案例。刑事领域还专门开发有针对量刑结果的预测系统。其从案由、情节、地域方面设置选项，再基于用户勾选的案情在案例大数据库（文书数量达3 000万份）中进行搜索、比对、分析，估算当地法院可能判决的刑期，还能深度解析案件影响要素，从而在降低刑期、争取缓刑上给出建议。

此外，文件加密防篡改、分布式数据存证等其实也已在法律服务业初试锋芒，但主要涉足的是电子合同领域，尚未在刑事辩护中显露潜力和价值。

### （二）辩护领域的大数据应用评析

纵然大数据在我国刑事辩护空间内施展出一定拳脚，也承载起提高工作效率、减少重复劳动等功效，但与大数据司法在法检系统的蔚然大观相比，大数据在辩护场域的应用是浅度、片面的，即技术与业务的交融协同有限，总体仍驻足在初级发展阶段。主要理由如下。

首先，思维方法上没有围绕大数据的技术本质形成合力。大数据的内核并非仅汇集庞大的数据资源，那只是数据的一潭死水；其关键在于利用专业化的数据分析思维和处理模式，尽可能地发掘隐藏在数据背后的附加价值。换言之，就是掌握针对数据的操作、加工能力和基于数据的优化、决策能力，使数据蜕变为能实现规模效应和增值效益的一尾活鱼。[①] 具体到辩护视阈，应能通过对相关数据的挖掘解析，总结实践经验、把握司法趋势、预判公诉方案、制定辩护策略。但目前，刑辩律师和技术人员却对"何为数据的有效利用"互存误解、彼此相轻。一方面，辩护律师认为自行依赖软件工具批量提取数据，再单纯利用编程、公式或者函数完成的计数统计，不具有必要的法律品格，是指导意义极低的客观情况描述，而且还极可能因不熟悉法律业务而得出错误结论，适得其反。另一方面，技术人员则认为由人工进行案例筛选、文书解构、要素表达，再依靠Excel进行后续汇总、统计得出的大数据报告，缺乏起码的技术属性，且数据体量小、投入时间长，只是被虚冠以时髦称谓的传统案例分析报告而已。这其实暴露出辩护领域的大数据应用不容忽视的一个现存问题——思维导向和技术方法间的割裂，它也导致数据价值仍"休眠"于裂口之下。

其次，内容对象上尚未有机融入辩护业务的流程和要素。法检系统的司法大数据演进之路显示，对于办公后台系统的改造只是其技术事实的阶段性目标，它主要被用作跃升至直接影响和支持审判、检察业务之信息管理系统的"跳板"。这里才是能够真正发挥大数据价值的应用场景。美国大数据研发高级指导小组（Big Data SSG）也在2015年度的战略重点中，提出要"理解数据及其结果的可信性"。因为，如果没有加载适合的业务要素、介入特定的业务流程，我们将无法进驻一个拥有真实、有效数据的世界，有针对性的数据分析更会无以为继。当下，投用于法律服务业的办公平台，确实通过对工作内容的模板化，使律师的事务处理和执行更加高效，并能在一定范围内共享信息、协

---

① 李奋飞、朱梦妮：《司法责任制改革的司法大数据方略》，载《郑州大学学报》（哲学社会科学版）2018年第1期。

作配合等。但它仅是基于计算机技术让律师从纸面文件和固定书桌前抽身，并没有脱离办公自动化的阶段。实质性的大数据应用还须在此基础上展开横宽与纵深两个层面的持续推进。前者是指对辩护基本流程的进一步抽象、标准和系统化；后者则要求就辩护工作要素提供数据化的操作指引、难点支招和风险提示等，如在洽谈费用环节，利用大数据帮助律师快速获取并统计相同或类似案件的市场平均价，再结合用户意图、案件难度等寻求合理的报价幅度。①

最后，格局定位上缺乏高屋建瓴的战略视野和综合部署。面对大数据给刑事司法带来的广泛深刻变革，法检系统均从战略高度规划建设任务和实施路线，以谋求主动转型，为大数据下数字中国的"时代高铁"在司法空间的驰骋铺设好铁轨。但辩护领域的工程进度却没有踏准这趟高铁列车的计划"时间表"，轨道数量和方向也难以满足预设"客流量"的要求。这在大数据应用的出发点和落脚点两个方面均有所表现。其一的应用出发点关系到刑事法律服务的触发机制。从触发服务的时间和效用上看，我们所熟知的辩护显然是事后救济型的，而民商事领域开拓的法律风险控制服务启示我们，刑事法律服务理应也能向事前防控型发展。但过去受制于信息上的不充分和方法上的局限性，律师只能依托法理或经验提供刑事风险预防建议，其与客观现实往往存在较大误差，②故防控型服务长期停留于设想状态。现在，大数据技术的出现无疑可弥补信息和方法上的先天不足，这就使刑事法律服务的双重触发成为可能。可惜的是，该内生动力目前却并未引起足够重视，罕有外化为实际的辩护生产力。其二的应用落脚点决定着功能设置的基本定位。其是否合理、科学，应以能否解决辩护服务业存在的主要矛盾为衡量标尺。当下，我国刑事辩护两极分化的现象较为明显，两极有待处理的矛盾也各不相同：低端领域疲于应付低价竞争下的"钱少事多"，高端市场则苦恼于如何确保一定律师并带动更多律师提供客户所需的有效辩护。可与之不相匹配的是，目前以律师名片和法律咨询为导向的应用功能指向主要为辩护服务交易，相当于法律电商，其较低的准入门槛不仅未能缓解，相反还加重了低端割据的混乱；③以法律专业检索和律师机器人为导向的应用虽能发挥信息查询、提取、推送以及一定范围的趋势预测等作用，但它们均位列辩护工作前端且功能属性单一，故其之于辩护效果的增量也有限。

## 四、智慧辩护的目标远景

诚然，刑事辩护界普遍已意识到卢克·多梅尔在《人工智能》一书中预言的机器超越人类的"奇点"正在迫近，可让人们更不安和焦虑的，或许是源自物理学领域的概念，"奇点"本就指一个存在又不存在的点。换言之，法律人在坦然接受大数据未来之必然的同时，也对无法把控的各种偶然和差异感到力不从心。其实，进步的前提是了解它所推倒和摒弃的，因此，我们不妨在上文揭示的辩护大数据现存发展不足的基础上，

---

① 天同诉讼技术研发中心：《小律所，大数据：诉讼的数据化时代》，载《中国律师》2014 年第 5 期。
② 宋晓江、崔利民：《略论大数据对企业家刑事风险预防及辩护的功能》，载《中国律师》2015 年第 12 期。
③ 王映：《法律服务电商难题》，载《法人》2016 年第 1 期。

摆开一间关于其理想愿景的自选餐厅,以供律所和律师根据具体条件和自身定位在不同菜品间自主选择,但餐厅的主题十分明确——让刑事辩护更加智慧。

### (一)微观上:改变工作方式

当前绝大多数法律电商只是把电子商务的运作方式和盈利模式延伸至辩护行业,并没有把大数据思维传输进辩护业务的各流程和要素,因此未能引导辩护工作方式发生根本变化。但诉讼活动的可拆解性,使对其进行流程上的标准化和要素上的系统化具有可行性,检察机关统一业务应用系统就是成功例证。再以此为基础融入大数据分析,将使辩护领域目前的办公自动化跨越为业务智能化,进而对辩护工作方式施以改造,这主要可以从流程管理和功能集合两方面切入。

就流程管理来说,即通过升级现有的律师工作平台,真正地实现网上办案。律师可站在横向流程角度,将辩护全程大致分解为委托磋商、当事人会见、强制措施变更、阅卷、调查取证、法律研究、方案制定、法庭辩护、卷宗归档和结案后客户维系等不同的业务板块,在平台上为每一案件搭建起立体、动态的管控和监督网格。其实,就某些细化部分来说,民商事领域的上市、新三板、并购重组等律师团队,经多年实践已摸索出一定经验、开发有相关产品,如诉讼资料检索、方案模板制作等,可供辩护业务吸收借鉴甚至直接套用。而对平台整体而言,其良好运作还离不开电子化的各种法律文档提供流转动能,包括会见笔录、复制的案卷材料、调查获取的相关证据。这要有语音/图像识别、读取、转化等技术的支撑,也需要律师树立起将办案过程借电子手段留痕化、有形化的新观念。

就功能集合来说,即通过在重要辩护工作要素上深度结合大数据等信息技术,使律师能享受多方位的业务功能服务,改变相关应用功能较为简单的现状。这将提升辩护服务的质量,并相应调整辩护工作的方式。该"集合"可以是直接加载在律师工作平台上的,也可以是另行研发系统后单独应用或配置为平台子系统的。而"功能"则有如下几个方面值得关注。

其一,法律咨询。目前的应用只是将咨询从物理空间转移到网络空间,仍需等待律师做出回答。而基于大数据的咨询功能,能通过搜索和统计得到互联网上指向该问题的最高频次答案,自动生成专业答案;当法律问题较为疑难、复杂时,再切换到人工服务,并匹配网站上最合适的律师进行解决。这也是法律AI机器人界的佼佼者"法小淘"现在的研发目标。

其二,客户沟通。大量有关法律服务满意度的调查显示,律师最被客户看重之处并非经验是否丰富或预判是否准确,而是双方间的互动关系,有时只是交流上的不畅、延迟就会带来对律师专业度或责任心的全盘否定。故这些工具应在律师与客户间牵起有效沟通的技术纽带。例如,可从江苏检察机关"案管机器人"向律师推送程序信息、保障其及时掌握案件进展的功能中汲取灵感,借助手机App或电子邮件将案件相关材料、诉讼动向、工作进度、策略分析报告等发送给客户,营造透明的服务状态、实时的沟通氛围。

其三,出庭支持。我国部分地方检察院研发的大数据远程智能庭审指挥监督系统,可即时采集庭审视频、音像数据,在后方的庭审指挥室同步直播庭审现场情况,在讯问、举证和辩论环节为出庭的公诉人提供远程指导和支援。那么,在公诉方已不再"单打独斗"的情况下,辩护方亦应配备展开"团队作战"的技术力量,如庭审数据资料的传送、远程联系方式的搭建、公诉意见关联问题的自动提示等,方能实现科技对抗上的控辩平等武装。

其四,案件取证。调查取证难是我国刑事辩护中备受诟病的诉讼顽疾。而现代信息科技的发展为解决该难题开辟出一条技术应对路径。一方面,我们可在律师工作平台上集成取证模块、安装技术工具,指引其就视频、音频、图片进行合法可靠的取证和相应的取证管理;另一方面,前文提到的在我国法律服务业已初具规模的合同电签,实际上其背后的相关技术原理也能被应用于刑事辩护活动针对电子数据的调查取证中,以证明该电子数据曾在某个具体时间点出现和存在。对涉及大量电子数据的网络犯罪、知识产权犯罪等高科技犯罪案件的辩护而言,这无疑将很大程度上拓宽律师的取证思路、增强其取证能力。

### (二)中观上:辅助辩护决策

大数据对于辩护工作方式的改变将律师从重复劳动、烦琐事务中解放出来,展现出提高司法效率的工具属性。但"智慧"辩护的内涵绝不囿于该隅,其意义更在于将具有科技支撑成分的判断决定导入律师思维,以凸显大数据辅助辩护决策的属性价值。它使大数据分析能在深层次上与包括证据辩护、法律辩护在内的不同辩护形态取得共鸣,渗透至论证依据、逻辑进路等辩护活动的精髓所在。而这主要依赖于为卷宗审阅、证据审查判断、类案/关联法条推送以及司法规律挖掘等辩护工作插上科技的翅膀。

在我国现行辩护制度下,阅卷是律师获取证据材料和辩护资源的主要来源,也是律师梳理基本案情、发现利己证据、确定下一步工作方向的重要基础。故高质量的辩护要求律师及时、认真、细致地审阅案卷,这无疑需要花费大量的时间。尤其是某些特别重大、复杂的案件,其辩点往往就被淹没于"浩瀚无垠"的控方卷宗里。而大数据技术对不同事物间关联关系的高效分析和识别,可以协助律师针对案件人物社会关系网及其行踪、事件的时间和地点、作案工具的来源和去向、它们之间的逻辑关系等,绘制出完整的案情全景图,变纸质卷宗为可视化的电子卷宗,让律师能事半功倍地完成阅卷任务,把精力更聚焦于后续的证据分析和法律研究工作中。

律师围绕证据适用的合法、合理、合宜问题,在刑事诉讼中针对证据或运用证据进行辩护,是证据裁判原则和有效辩护理念的应有之义,也是律师顺应"以审判为中心"诉讼制度改革的必然选择,[①]它考验着律师审查证据的水平。效仿大数据证据审查在法检系统的应用做法,其面向辩护视角的可能实现路径如下:首先,根据证据学理和司法实践,确定证明犯罪构成要件通常所需的证据数量和内容,形成证据规格体系;其次,围绕不同法定形式的证据,结合现有证据规则和案例经验,明确审查其取证手段是否合

---

① 朱梦妮:《证据辩护理论、制度与实践》,北京,中国法制出版社 2017 年版,第 1-3 页。

法、证据之间是否矛盾、证明链条是否完整等判断要点,制定证据要素指引;最后,将上述体系和指引转化为数据语言,构建证据模型,从而使大数据系统化身协助律师研析证据关系、发现证据漏洞、寻找质证路径的得力助手。[1]例如故意杀人案件中,若犯罪嫌疑人对杀人事实供认不讳,且在其交代的地点挖出了尸骨,但其供述的作案过程为用榔头敲打被害人头部、用匕首捅刺胸部,而尸检报告载明尸体头颅完好、胸骨没有刺戳痕迹,则大数据系统将提示律师注意在案证据存在重大疑点。[2]

迅速、准确、全面地查找和研究相似案件以及关联法条,对律师把握案情、评估案件难度和制定辩护策略等均至关重要。当下的法律检索系统一般按照律师输入的案由、行为方式、相关法条等关键词进行联想后作出推荐,所得案件往往关联性不强、针对性较弱。引入人工智能深度学习技术的类案推送,可在对电子卷宗进行案件要素信息自动抽取的前提下,就反映出案情独特信息的主题词进行不同角度的案件相似度判断,还能从中发现所涉的关键法律问题或既往争议焦点,再进一步展开技术搜索,实现精准、多维的类案推送。此外,它还能基于对相关类案的文本分析,统计适用最多的法条,由此分析指向案件事实的各种法律解读可能性,开阔律师的辩护视野。

大数据引领刑事辩护所承载的智慧意义,还体现在以海量数据反馈出的指控、审判集体经验,以此来替代律师关于检察官、法官控审思路的主观判断或道听途说。其原理即借助文本相似度分析等技术,挖掘隐藏在裁判文书、公诉意见书、起诉意见书等诉讼文书中的司法规律,研究不同行为情节对入罪、刑罚的影响程度,赋予各情节合理的权重系数,生成定罪量刑的"计算公式",保障"计算结果"更加客观、个性和准确。计算公式既可由律师人为设置,也可由机器自主推演。毋庸置疑,大数据辅助定罪量刑系统的应用将使律师在为客户分析案情,尤其是引导认罪认罚时拥有数据支撑,给顺利推进相关工作带来积极作用。例如,它能将认罪与否所带来的不同量刑结果以数据化方式形象展现在被追诉人及其家属面前,增强律师意见的确信度和说服力。

### (三)宏观上:重塑业务导向

刑事法律服务因大数据所增添的生命力并不限于个案业务本身,应当看到,律师和律所在创新服务版图、领跑行业未来的宏观层面上也能从数据理性中获得驱动力和加速度,以重估业务重点、重塑导向定位。的确,面对刑事辩护这块蛋糕,在传统市场几近饱和、优质客户数量有限、大量案件收费触底的大环境下,律所和律所与其争抢,不如做大。正如西奥多·莱维特教授的经典论文《营销短视症》所述:"事实上,我认为根本就不存在增长型行业,只有组织并行动起来创造和利用增长机会的公司。"而刑事法律服务的核心增长机会,即在于通过数据运用产生的智慧,开拓风险防控型的业务领域。

关于刑事辩护的发展转型,陈瑞华教授曾敏锐指出,其趋势之一就是从单一的治疗

---

[1] 严剑漪:《揭秘"206工程":法院未来的人工智能图景》,载《上海人大》2017年第8期;潘庸鲁:《人工智能介入司法领域的价值与定位》,载《探索与争鸣》2017年第10期。
[2] 陈琼珂:《智能206,能有效防范冤假错案吗》,《解放日报》2017年7月10日。

式事后救济走向统筹的体检式风险防控。① 应该说,该判断有充分的理论和实践依据。首先,鉴于社会变化,尤其是风险社会的来临,刑事立法随之发生的变动,使较多先前没有被给予刑事否定评价的行为陷入高危刑事风险中,这就要求利益相关者,尤其是企业家人群增强识别刑事风险的意识和能力。因此,他们更希望获得的刑事法律服务,应非止排难于变切,亦将防患于未然。其次,我国辩护界一直有不成文的"刑事案件黄金救援期"之经验总结,它意指在能否帮助被追诉人争取无罪、恢复人身自由等重大问题上,决定胜负的关键通常不是庭审交锋,而在于审判前的辩护争取,尤其是立案前和批捕前。可见,刑事辩护的效果好坏和空间大小往往与诉讼阶段的推进成反比关系。但如果站在更高格局俯视刑事法律服务整体,那么事后救济型辩护始终只是救火员,措施、器具再好,其所发挥的作用有限,一些损失也无法挽回;而事前防控型服务则是火灾报警器,它在危机出现前就未雨绸缪,改被动应对为主动出击,无疑能为老旧沉闷的刑事法律服务市场带来新鲜活力。最后,从域外现状和我国的实践萌芽来看,美国的企业合规部和刑事风控部早已并存,我国部分知名律所的合规业务中也新增刑事风控且业绩喜人。② 由此可见,刑事法律服务的业务导向、资源重心向事前防控转移,确是时代发展的必然结果。

显然,风险防控型服务要求律师能准确分析犯罪风险的相关诱因、犯罪行为的发生规律,在此基础上预测特定人员可能触罪的高危领域、环节、罪名等,为客户提供有针对性的风险识别和预防举措。而大数据技术在分析相关关系和研判预测事态上的独有优势,使之毫无悬念地成为将防控由盖然变为精准、将转型由理念兑现为实际的催化剂。对此,与刑事辩护相对应的犯罪侦查领域,就给我们提供了借助大数据对风险隐患进行实时监测和科学预警的现实范本。我国和域外的应用实例均表明,警方根据大数据的测算来确定犯罪热点地区、分析可能犯罪模式,再据此提前部署警力,能显著降低犯罪率、提高防范打击犯罪的水平,使有限资源发挥出最大功效。③ 其实在我国,大数据思维已在一定程度上被运用于企业家犯罪预防的研究中。由北京师范大学中国企业家犯罪预防研究中心编制的国内首份刑事风险防控专业研究报告,就基于中国裁判文书网上检索、筛选到的 793 例企业家犯罪案件,进行了总体规模、身份特征、罪种结构特征、刑罚适用特征的统计,总结了企业家刑事风险的高发空间、高发环节、高频罪名,并分析了罪名结构与企业家身份特征、犯罪特征之间的相关性指数,最后给出了企业家刑事风险防控的对策建议与风险提示。④

这显示出刑事法律服务的工作焦点开始在大数据意识下从解决错误向避免错误倾斜,而且我们还能利用大数据技术为之注入更多的智能含量。一方面,目前的大数据分析报告仍是依据主观经验来感知与触罪有关的风险线索,但大数据所开启的相关关系

---

① 参见陈瑞华教授 2017 年 6 月 5 日在"守静刑辩讲堂|第 45 期"的主题演讲"刑事辩护的专业化问题"。
② 参见陈瑞华教授 2017 年 5 月 17 日在北京大学金融犯罪案件研修班上关于未来刑辩八大趋势的讲座。
③ 陈光,蒲松涛,周大铭:《大数据提升政府治理能力国内外案例分析与启示》,载《软件与信息服务研究》2016 年第 1 期。
④ 北京师范大学中国企业家犯罪预防研究中心课题组:《2015 中国企业家刑事风险报告》,载《河南警察学院学报》2016 年第 3 期。

"寻宝游戏"①强调要识别出有价值的所有关联信息,所以我们还有必要利用机器学习等方法从看似与触罪无关的海量信息中寻找隐藏的风险要素。另一方面,根据大数据分析得到刑事风险预警固然重要,但这毕竟停留在纸面,我们还可考虑将其从白纸黑字状态的静态规则,变身为嵌入企业管理系统和操作程序的动态提示,使这些能有效避免刑事风险的规程得到切实遵守,进一步激活它们的风险防控作用。

## 五、转型痛点的理性思考

立足于辩护发展诉求、技术可能空间和法检实践经验的智慧辩护远景畅想,显然不是研究的终点。因为,"预测未来最好的方法是创造未来"②。而革新定然不会一蹴而就,方兴未艾的表面下也早已暗流涌动。这就要求我们对转型之路上可能遇到的来自法律或技术等不同方向的痛点有充分的预估和理智的分析。

### (一)来源上的另辟蹊径

广纳数据是大数据应用的"立身之本"。虽然大数据被下定义时所谓的"数据量大到传统技术无法处理"之量级标准较为模糊,但技术行业对其所含信息的普遍共识至少是,应为达到全样本程度的复杂数据。目前,辩护律师用以进行大数据分析的对象主要是裁判文书。的确,伴随着我国司法公开的不断推进,很多案例查询平台上汇集了四千万至五千万体量的裁判文书资源。尽管这在法律领域堪称全球最大,但裁判文书并不能真实、全面地反映标准的刑事判决与完整的心证逻辑,尤其是在我国裁判文书的说理性不强,甚至常现"无理"判决的客观现实下。换言之,已有的"体量"不等于"质量",此时的"大"不代表"准"③。也因如此,我们看到法检系统正在尽可能地深度挖掘和应用蕴含在其他诉讼文书里的数据价值,如检察院审查报告或法院审结报告等"内部文件",以通过兼顾纵向时间序列与横向文书范围两个数据维度,囊括更翔实的数据信息。

但这尚未引起辩护界的足够重视。律师目前仍埋头于裁判文书数据库内,没有在来源上的另辟蹊径,汇成面向刑事辩护的独属数据池。对此,我们认为可从不同方面多管齐下:首先,积累辩护卷信息。辩护卷记录和反映着律师的工作步骤、分析思维、辩护效果以及策略的变化趋势等。以往,律师并不擅长留下相关痕迹,但辩护工作平台的铺开将自然而然地使案件办理过程留下痕迹、形成规模,并建成数据库,成为进行大数据分析的重要对象。其次,拓宽"搬运"法律数据的渠道。除法律侧面的文书和资料外,社会上的政府数据库和企业数据库等各类数据库,均能为律师办案提供用以调查核实的大量信息,也应进行相应的数据聚合。此外,互联网上的搜索信息,以及企业客户的业务数据,如其商业合同和电邮通信等,亦隐藏着分析价值。前者中或许可发现让某些社

---

① [英]维克托·迈尔-舍恩伯格、肯尼思·库克耶著:《大数据时代:生活、工作与思维的大变革》,盛杨燕、周涛译,杭州,浙江人民出版社2013年版,第20页。
② 这是当代计算机革命先驱艾伦·凯(Alan Kay)的一句名言。原文为 The best way to predict the future is to invent it.
③ 何帆:《我们离"阿尔法法官"还有多远》,载《方圆》2017年第2期。

群备受困扰的具体法律问题,后者则可能供律师提前了解客户所面临的最大法律风险。①最后,协调大、小数据间的平衡应用。数据之于特定主体而言能否算"大",其评析指标应由数据体量、潜在价值和主体自身的应用能力三者共同构成。换言之,技术人员眼中的"小数据"经过正确运算和深度分析,同样可讲出有价值的故事,弥补纯粹的大数据在描述因果关系、反映主观内容、洞察司法行为等方面的局限。②因此,刑辩律师与技术专家须弥合彼此思维导向上的分歧,以便在法律大数据的体量本就远小于其他行业大数据的基本前提下,借助适宜、有效的分析工具和方法,让大小数据各尽其才、材尽所用。

### (二)借鉴下的因地制宜

鉴于法检系统在智慧司法发展上的先行一步,前文数次提及辩护领域在开拓智慧辩护之路上需要参考和学习其已积累的先进经验。但当部分人看到法检系统驾驶的智慧司法之船在改革深水区时有触礁搁浅时,就犹疑着不愿迈开刑事辩护的变革脚步,并以"不想重蹈覆辙"作为似乎很合理的观望借口。

的确,根据三段论推理模式的要求,刑事司法活动应将法律规范涵摄于事实证据。这就需要把握三个关键:对大前提构成要件的解读、对小前提事实证据的认定以及对两者间相符性的判断。③对大数据和人工智能而言,以"立"为宗旨的正向、排他式的知识要点学习无一不存在着技术痛点。例如,除了刑事立法、司法解释、案例规则等正式的大前提构建要素外,法治的特有规律使刑事政策、人文关怀、改革探索等④也是"潜规则"式大前提的重要组成部分。相较于进行棋牌博弈训练时所输入的明确规则,我们并不能为旨在展开法律立论学习的机器提供一套封闭、自给自足的规则体系。就算大前提被"驯服",传统的法检办案模式也将对经机器语言重构的办案流程产生较强的排异反应。以指控活动为例,它通常从构成要件起步,归宿于事实认定,其间不断拉近事实与规范间的距离,该"彼此拉近"在疑难复杂案件中还会出现持久的往返反复。⑤而法检目前研发的大数据证据审查系统,则以特定罪名及其具体类型为前提制定相应的证据标准指引。故司法人员须在作出确定的实体判断后,方能实现与证据指引的顺利对接,这将使其因司法思维和行为方式被改变而产生抵触心理的情况在所难免。此时,问题就从"司法活动是否可能人工智能化"进一步变为"司法活动是否需要人工智能化"⑥。

但当大数据和人工智能立足于"破",从反向、可能式的知识要点学习出发,则相应的司法应用既具有技术可行性,也贴合主体需求性。技术上,可以从同案不同判、发

---

① [英]理查德·萨斯坎德:《法律人的明天会怎样?——法律职业的未来》,何广越译,北京,北京大学出版社2015年版,第62-63页。
② 唐文方:《大数据与小数据:社会科学研究方法的探讨》,载《中山大学学报(社会科学版)》2015年第6期。
③ 张明楷:《案件事实的认定方法》,载《法学杂志》,2006年第2期。
④ 黄京平:《刑事司法人工智能的负面清单》,载《探索与争鸣》2017年第10期。
⑤ 张明楷:《案件事实的认定方法》,载《法学杂志》2006年第2期。
⑥ 吴习彧:《司法裁判人工智能化的可能性及问题》,载《浙江社会科学》2017年第4期。

回重审的案件切入,让机器分析法官作出不同处理或没有支持指控的原因及其权重;主体上,这恰恰吻合了辩护视角的逻辑论证进路。刑事辩护本质上就是剑指犯罪指控的"驳论"活动,它围绕着对控诉方选择和阐释的既定规范的反驳和对控诉方调查和确认的系争事实的否认展开。我们会发现,法检系统在应用大数据时遭遇到的或来自法律特性、或来自司法惯性的阻碍,对刑事辩护而言,将因其与指控、审判在基本立场上的不同而得到消解。因此,不同于法检需要机器将裁判要素尽可能穷尽地考虑在内,并综合评估其影响系数,律师仅需机器展示司法弹性的可能空间,分析多样化的实践主张与实际操作结果间的关系所在;也不同于法检需要机器识别什么情况下全案证据已排除合理怀疑,律师仅需机器提示和预警在案证据所暴露出的引起合理怀疑之处。而这些,正是科学且必要的因地制宜式借鉴思路。

### (三)融合中的主次有别

大数据应用可否帮助我们实现智慧辩护的梦想,取决于其能否将杂乱海量的数据转化为井然有序的信息,以供识别隐形关系、预测趋势规律等。鉴于该转化的技术模型需要在专业的应用场景下变现,故技术与法律的融合是一项必然要求。而融合的铺垫和序曲往往是磨合,它意味着对法律及作为其代言人的律师而言,有的时候需要强势,有的时候又有必要退让。那么在智慧辩护的转型中,律师应把握哪些底线、跨越哪些门槛呢?

第一,对法律服务予以重新定位。一直以来,对法律服务的核心究竟是什么这个问题,我们总以为答案不言而喻且理所当然:无论成文法中的法律规则,抑或律师头脑里的法律知识,它们看上去就是信息。[①]但在互联网时代,这一定位有画地为牢之嫌。我们越来越强烈地意识到,某人的身份越有赖于其接近信息的特权,那么,以贯通并更快传播信息为本性的互联网,将越大地动摇其地位。当下若仅将法律归结为信息的总结,"就意味着任何人都可以提供它"[②]。显然,信息本身与有效辩护之间有漫长的旅途要跋涉。面对刑事案件,律师的工作远不止"查阅案卷材料"或"找到某部法律中的某一条"那么简单,如何去理解并评判才是关键。也正因法律服务来源于信息又高于信息,故以数据汇集、信息转化为竞争优势的大数据,不可能凭一己之力包揽智慧辩护之一切。

第二,积极、深度地参与转型。就算暂且不论超越信息之外的部分,仅信息本身的处理,技术人员也不能再独当一面。目前,大数据应用难以真正落地生根于专业实践是不同行业面临的共性问题,其原因并非技术不够先进,而是专业应用场景里缺乏相应的专业人士,导致数据处理技术与海量专业数据间未能发生预期的化学反应效果。故科技界现已形成一种广泛共识:智能科技若想取得长远发展,就不能在技术角落里"闭门造车",必须仰仗专业力量的推动。可见,律师的参与绝不仅仅是为了体现"存在感",更是为了兑现技术路线的需要。

第三,区分事务性和业务性工作。这引申出有关司法活动本质的问题。司法的终局性注定了要在辩论中明情析理、优胜劣汰,以选出一个正确又正当的最终解决方案。但

---

① [英]理查德·萨斯坎德:《法律人的明天会怎样?——法律职业的未来》,何广越译,北京,北京大学出版社 2015 年版,第 182-183 页。
② [美]博西格诺:《法律之门》,邓子滨译,北京,华夏出版社 2013 年版,第 785 页。

我国的辩护环境却长期处于异化状态，其表征之一即频繁上演鸡同鸭讲般的"你辩你的、我判我的"剧目。在这一司法环境下，试想，若律师将实体决策权拱手相让于算法，而算法又是人工或机器基于主要由判决书结论生成的学习标签所得（且其无疑共通于控辩审三方），那么就很可能将刑事辩护送上"断头台"——既然一切由既定的软件决定，当庭的辩论也就更无足轻重了。我们看到，法检系统目前已经深刻认识到大数据与人工智能等的"辅助"性质。例如，南京市中级人民法院针对媒体误传的其将引进"法律机器人"的报道，在辟谣声明中明确指出："司法是具有经验和价值判断性质的工作，再聪明的机器或软件都不能完全替代法官的工作，只能为法官提供办案支持与辅助。"因此，律师可以将事务性工作交给智能技术，但事关法律建议、论证逻辑和策略抉择等的业务性工作，其则需要牢牢掌握话语权。当然，这并不排除律师在业务性工作内部再进行一定分类，实现自身与大数据辅助系统的不同侧重。例如，前已述及刑事辩护业务呈现出两极分化态势，那么，就低端、可类型化的争议案件，可以借助大数据提炼裁判规律、归纳辩护经验，开发出具备有限智能性的辅助系统，实现相关辩护服务的"大宗商品化"；而就高端、难以规格化的案件，则着力于研发辅助系统的"反向"核查提示、知识图谱参考等功能，使之成为集合老师、秘书、分析师等多重角色于一身的得力助手。

## 六、小结

"法律的生命不在于逻辑，而在于经验。"这句法律界的经典格言我们耳熟能详。我们发现，大数据时代的经验积累主要方式，已由时间变为数据。那么，在法检系统纷纷借助智能技术展开刑事司法空间内的智慧竞赛下，刑事辩护领域当然不能在这场智慧转型中掉队！这是助推律师提升辩护质量的全新燃料，也是我国追赶发达国家的难得后发优势。智慧辩护的未来已来，但我们也应认识到，这里的"智慧"根源仍在于律师，而非智能技术。归根结底，智慧辩护就是把生发于实践的律师智慧整合好，使之能与隐藏的司法规律、动态的服务需求间形成良好的协同互动。因此，假如抛开律师智慧发展智慧辩护，无异于缘木求鱼，此时所谓的智慧辩护只会是摇摇欲坠的空中楼阁。

李奋飞，中国人民大学法学院教授，博士生导师；朱梦妮，中国矿业大学（北京）文法学院副教授，硕士生导师。本节内容以《大数据时代的智慧辩护》为题发表于《浙江工商大学学报》2018年第3期，收录本书时有改动。

## 第四节　刑事辩护人的资格剥夺

刘译矾

近年来，律师被法庭剥夺辩护人资格的情形在刑事审判实践中时有发生。律师不被允许继续参与庭审，通常发生在律师被驱逐出庭、主动退庭、未按时出庭或被法院认为不具备辩护条件等情形中。为了维持法庭秩序、维护司法权威，应当承认法庭在特定情形下剥夺律师的辩护人资格具有一定的正当性。但为了避免法庭权力被滥用，减少负面影响的"外溢"，也应当对法庭实施这一行为加以限制，包括高度重视当事人的意愿、从严限定法庭剥夺辩护人资格的事由、严格界定作出决定的主体并规范相应的程序机制。与此同时，还应系统性地加强对辩护律师的权利救济、重视对被告人的辩护权保护。

## 一、引言

一般来说，在刑事诉讼中，辩护律师是通过与嫌疑人、被告人或其近亲属签订委托代理合同，获得当事人的授权而参与刑事诉讼。即使是在指定辩护的案件中，被指定的律师参与刑事诉讼也须经嫌疑人、被告人的确认。正是基于与嫌疑人、被告人所形成的这种民事代理关系，辩护律师才在约定的授权期限内具有"辩护人"的身份，在授权委托的范围内协助当事人开展各种辩护活动。[①] 同样地，律师退出辩护，结束作为辩护人的身份，一般也属于与嫌疑人、被告人之间的事情：双方可以协商解除合同，当事人可以直接辞去律师，律师也可因当事人不当委托或不法行为而拒绝辩护。总而言之，律师与当事人之间的关系似乎属于私法自治的范畴，可以排斥外界的干预。

但近年来，在我国刑事审判实践中，出现了不少法庭"越过"当事人，直接剥夺律师辩护人资格的案例。例如，2020年7月在内蒙古包头某法院审理的王某明涉黑案中，因该案的开庭时间与其他案件发生冲突，李某军和李某珍两位律师在请求更换开庭时间未获法庭同意的情况下缺席庭审。法庭将这一行为视为"无正当理由不按时出庭参加诉讼"，剥夺了其之后参与法庭审判的资格。又如，2018年在杭州中院审理的保姆纵火案中，辩护律师党某山因提出的多项申请被法庭驳回而当场退庭，之后便被杭州中院剥夺了在该案担任辩护人的资格，不允许其会见被告人及参与之后的庭审。此外，在律师因程序性争议与法官发生冲突，进而被驱逐的案件中，也存在被取消辩护人资格的情况。[②]

上述案件在发生的当时均引起了社会的普遍关注，也使得学界和律师界就诸多问题产生激烈的争论。其中一个问题便是：法庭是否有权剥夺律师的辩护人资格？法庭拒绝被委托的律师参与庭审是否侵犯了当事人的辩护权以及律师的执业权？对于这些争论，2018年4月最高人民法院、司法部出台的《关于依法保障律师诉讼权利和规范律师参与庭审活动的通知》（以下简称《保障和规范律师执业的通知》），作出了初步的回应。该通知重申了各级人民法院及其工作人员要尊重和保障律师诉讼权利，相关执法行为要规范、文明，应保持必要的限度，与此同时也规定当出现特定情形时，律师不得继续在同一案件担任辩护人、诉讼代理人。这些情形包括：擅自退庭；无正当理由不按时出庭参加诉讼；被依法责令退出法庭、强行带出法庭或被处以罚款、具结保证书后，再次被责令退出或被强行带出法庭。之后，2021年的《刑事诉讼法司法解释》第310条完全吸纳了《保障和规范律师执业的通知》中的有关规定，将法官剥夺律师辩护人资格的情形以司法解释条文的形式确定了下来。

---

① 陈瑞华：《论辩护律师的忠诚义务》，载《吉林大学社会科学学报》2016年第3期。
② 陈学权：《法庭驱逐辩护律师问题研究》，载《法学评论》2015年第5期。

作为对实践争议的一种回应，最高司法机关和行政机关确立的规则，对法庭剥夺律师的辩护人资格提供了一定的规范依据。但不可否认的是，这一规定在一定程度上具有"应景之作"的意味，仅为法庭处理类似问题提供了简单的指引，并不能从根本上解决法庭实施这一行为的正当性。正因如此，2020年内蒙古包头某法院剥夺律师辩护人资格的事件发生后，学界和律师界仍然存在各种争议。

基于实践的迫切需要，立法先于理论而行。但法律规则的出台并未消解理论上的争议、实践中的困惑。诸如法庭剥夺律师辩护人资格的正当性、法庭指挥权与尊重辩护权之间的关系、被告人和辩护律师辩护权被不当侵犯后的救济问题等，目前学界均未进行充分的讨论。有鉴于此，本部分内容拟立足我国刑事辩护实践，讨论法庭剥夺律师辩护人资格的正当性，在认可法庭有权实施这一行为的前提下，探讨如何对法庭的权力进行控制，并对可能涉及的权利救济与保护展开讨论。

## 二、我国法庭剥夺律师辩护人资格的实践样态

法庭责令律师退出辩护或者剥夺其辩护人资格，是近年来在我国刑事审判实践中出现的一种新现象。在规范性文件出台之前，这一行为是法官为解决辩审冲突问题而"创造性"地采取的一种应对方式，并在多地自生地发展起来。之后，这一实践探索被最高司法机关吸纳，成为处理辩审冲突等极端情况的一种方式。为了对这一问题有全面的认知，本部分内容首先立足实践，对法庭剥夺律师辩护人资格的情况进行类型化的分析，展现实践运行的大致样态。

### （一）律师被认为严重违反法庭纪律，驱逐出庭

如在2012年吉林王某等人涉黑案件的辩护中，北京律师王某被法官以扰乱法庭秩序为由驱逐出法庭，一度不被允许在随后的庭审中为当事人辩护。根据我国《刑事诉讼法》第199条，"强行带出法庭"（也称"被驱逐出庭"）是法庭对违反法庭秩序的行为人所实施的惩戒方式。实践中律师被驱逐出庭最主要的原因是，律师与审判长就案件审理的程序性问题看法不一、发生冲突。① 例如，律师提出的要求启动非法证据排除程序、申请法官回避、申请证人出庭等诉求被法庭驳回，② 或者没有得到法庭重视，③ 律师认为法庭滥用审判权，侵犯了其质证权，或者认为法庭审判程序严重违法。此时，如若双方发生冲突，律师不听审判长规劝或警告，就可能会被强行带出法庭或被驱逐出庭。

但是，律师被驱逐出庭，不等于被剥夺了辩护人的资格。前者只是剥夺了律师继续参与本次庭审的机会，而后者则是完全将律师排除在案件审理之外。根据《保障和规范律师执业的通知》，律师被强行带出法庭后，并不马上失去辩护人的资格，如果其"具结保证书"，"经法庭许可"，还可以参与庭审。但在此之后，如若再次被强行带出或被

---

① 陈学权：《法庭驱逐辩护律师问题研究》，载《法学评论》2015年第5期。
② 肖仕卫：《庭审实质化目标下庭审指挥之改进》，载《江汉论坛》2019年第4期。
③ 李晓丽：《论庭审实质化的体系化构建——以"顾雏军案"再审为例》，载《浙江工商大学学报》2019年第6期。

责令退出，就不得再继续担任辩护人。当然实践中，律师因各种原因被驱逐出庭后，法庭对于律师辩护权的态度不一，有的直接剥夺了律师的辩护人资格，有的则允许其继续参与。

### （二）律师主动退庭，被法庭视为拒绝辩护

近年来，律师因各种原因主动退庭的情形也时有发生。其中最典型的便是杭州保姆纵火案中党某山律师退出法庭之后，不被允许继续参与庭审。与此相类似，2014年湖南湘西中级法院审理的龙某江等特大涉黑案中，辩护律师王某璋认为审判长在庭审程序上严重违法，因所提异议被无视，直接退庭以示抗议。审判长将该退庭行为视为拒绝辩护，不允许其继续参与法庭审判。实践中，律师主动退庭，大多发生在与法官就程序性问题产生分歧、意见不受重视以及难以获得救济的情况下。此时，律师"主动退庭"多是意在通过这一行为向法庭抗议，表达自己不满的情绪，以此希望影响法庭审理的正常进行，使自己的诉求得到重视。

需要注意的是，在上述案件中，律师虽是主动退庭，但其本意并非退出辩护、终止与被告人的关系。很多情形下，中途退庭只是律师为实现诉求所采取的一种辩护策略，在之后的案件办理中，一些律师仍然要求会见当事人或者参与法庭审判。因此，法官将律师中途退庭视为拒绝辩护，曲解了律师的本意；即使将律师退庭视为本次开庭拒绝辩护，也不意味着在后续开庭中也拒绝辩护。因而，在与杭州保姆纵火案类似的案件中，法官将律师中途退庭视为拒绝辩护，并以此为由不允许其继续参与辩护难以成立。那么，应当如何评价律师的退庭行为呢？在规范层面，根据《律师执业行为规范（试行）》，律师应当遵守法庭纪律、遵守出庭时间，并应当尊重法庭。辩护律师在未经法庭同意的情况下中途退庭，违背了律师的基本行为规范。司法部出台的《律师执业管理办法》也明确规定，律师参与诉讼活动应当遵守法庭规则，不得擅自退庭，否则构成《律师法》规定的扰乱法庭秩序行为。因此，即便辩护律师将擅自退庭作为辩护策略，这一行为本身也已经违反法律。此外，《保障和规范律师执业的通知》以及《刑事诉讼司法解释》明确规定，律师擅自退庭的，不得继续担任同一案件的辩护人、诉讼代理人。可见，与律师被强行带出或被驱逐出法庭不同，在擅自退庭的情况下，律师将不得继续担任辩护人，不再有具结保证的机会。之所以对律师擅自退庭设置如此严重的后果，是因为律师擅自离庭不仅在主观上表现了对法庭规则的漠视，而且在客观上影响了法庭审理的正常进行，尤其是在必须有律师参与的案件中。律师"缺席"，法庭审理就不得不中断。而法院组织庭审并非易事，需要开展多项准备活动，如安排场地、通知诉讼参与人，有时还需考虑办案时效。因此，律师擅自离庭，不仅会使法院的前期准备工作付之东流，而且会严重影响法庭的审理秩序与庭审安排。

### （三）律师未按时出庭或被法庭认为不具备辩护条件

实践中律师未按时出庭被剥夺资格，多发生在以下情形中：律师代理的多起案件的庭审时间发生冲突，律师在与法庭协调不成的情形下缺席庭审，之后法庭不认可其辩护人资格。2020年王某明案件中，李某军和李某珍两位律师被剥夺辩护人资格就是这种情

况。与此类似，2014年江西高院审理的周某华涉嫌受贿案中，其辩护律师也是因代理的多起案件庭审时间产生冲突而缺席，被江西高院剥夺了辩护资格；之后即使重新获得了当事人的委托，仍然不被允许参与庭审。① 律师不具备辩护条件，在实践中则是法官认为律师未会见、未阅卷、未做好庭审准备。例如，2017年江西赣州中院在审理明某国案时，以辩护律师未会见被告人及未阅卷为由，不准其参加辩护。

对于"不按时出庭"，《保障和规范律师执业的通知》将其与"擅自退庭"一并纳入直接剥夺辩护人资格的事由中。那么，应当如何理解"无正当理由"？因开庭时间冲突而无法出庭，是否属于"无正当理由"呢？笔者认为，在律师代理多起案件的情况下，庭审时间发生冲突，再正常不过；律师基于此而无法出庭，并非没有正当理由。法官强行将其视为"无正当理由"，并不具有说服力。另外，在庭审时间发生冲突且与法庭协商未果的情况下，律师书面告知法庭后，就"堂而皇之"地离开法庭也极为不妥。法庭审判并非儿戏，律师缺席将使庭审难以进行。在这种情况下，律师应当向当事人说明情况，就庭审辩护工作做好安排。因此，在李某明涉黑案中，法庭与律师的做法都有不妥。而法庭因律师未会见、未阅卷，就认为其不具备辩护条件，进而不允许其出庭，更是在法理上难以成立。辩护律师未做好辩护准备，并不等于其不具备辩护资格。在这种情况下，法庭正确的做法应当是延期审理，督促律师做好准备，而非直接剥夺其辩护人资格。《保障和规范律师执业的通知》和《刑事诉讼法司法解释》也没有将这一情形纳入律师不得继续担任同一案件的辩护人的事由之中。

在正常运转的刑事诉讼程序中，律师被剥夺辩护人资格并非常态。然而，近年来这一现象却在我国时有发生。这既折射出实践中辩护意见不受重视、对辩护权救济不足，② 律师执业失范，也体现出法官中立性缺失、驾驭庭审能力有限，现有规则应对法庭秩序被挑战时的不足。关于法庭中辩审冲突的根源，已有学者进行了充分研究。③ 由于篇幅有限，本部分内容在此不作深究。立足实践中频发的问题，笔者接下来要讨论的是，法庭剥夺律师辩护人的资格是否具有正当性？

## 三、法庭剥夺律师辩护人资格的正当性

对于法庭剥夺律师辩护人资格的正当性，目前存在两种不同的观点。

一种观点认为法庭剥夺律师辩护人资格不具有正当性，理由在于：其一，律师的辩护权来源于被告人或其近亲属的委托，在他们没有解除委托之前，其他人均无法介入这一私法关系之中。其二，如果律师扰乱法庭秩序，法庭可以责令律师退庭，或者对律师予以惩戒，但律师并不因此而失去辩护人的资格。④ 其三，被告人的委托辩护权优先于指定辩护权，在被告人尚未明确解除委托关系的情况下，法庭强行拒绝律师参与辩护，

---

① 向佳明：《被解除的辩护权》，载《潇湘晨报》2014年6月1日。
② 韩旭：《辩护律师被驱逐出庭的程序法理思考》，载《郑州大学学报》（哲学社会科学版），2013年第1期。
③ 王彪：《刑事诉讼中的"辩审冲突"现象研究》，载《中国刑事法杂志》，2015年第6期。
④ 蔡元培：《论法庭警察权的形态及其界限》，载《法商研究》，2017年第5期。

哪怕之后为其指定法律援助律师，也是对被告人自行委托律师权的侵犯，也有浪费国家司法资源之嫌。①

另一种观点则认为法庭剥夺律师辩护人资格具有正当性。如有律师认为，在法庭审理中，某些退庭行为是一种藐视法庭乃至法律的行为，是绝对不被允许的。在这种情况下，法官剥夺律师辩护人资格的做法可以理解。也有学者认为，"如果辩护律师存在扰乱法庭秩序等严重违法行为，法庭应当有权认定该律师已经不适合继续为此案被告人辩护，这是维护司法权威和保证庭审活动顺利进行的必然要求"。②

可以发现，支持者站在"结果"的角度审视法庭的行为。对于那些严重扰乱法庭秩序、蔑视法庭尊严的律师而言，法庭剥夺律师的辩护人资格无异于釜底抽薪，杜绝了其再次实施违法违规行为的可能。而反对者则从"过程"的视角提出质疑，委托特定的律师是被告人行使辩护权的应有之义，法庭剥夺该律师的辩护人资格，有干预甚至侵犯其辩护权之嫌。即使《保障和规范律师执业的通知》和《刑事诉讼法司法解释》在规范性层面授权法庭实施这一行为，其在正当性上也是有待斟酌的。那么，到底应当如何评价呢？

### （一）行政法比例原则的引入

从应然状态看，法庭剥夺律师的辩护人资格是为了维护法庭秩序等公共利益。这里的问题是：为了维护公共利益，法庭就可以限制公民的权利吗？从"动机"或"目的"来看，以维护公共利益为名，限制公民的权利并非不可，因为"在现代法治社会，正当限制公民权利只能基于'权利与权利冲突'和'公共利益需要'两种情形"③。在刑事司法领域，为保障诉讼程序的进行，限制被追诉人权利的情形并不少见，如被追诉人被拘留或逮捕，人身自由暂时受限；相关财物被查封、扣押，物权暂时受限。除了不可被侵犯的绝对权利，其他相对权利事实上都有被限制的可能。辩护权本身也并非一项绝对的权利，尤其是在我国的司法实践中，这一权利受到诸多限制，如被追诉人不享有沉默权；在强制辩护案件中，无论被追诉人是否愿意，都必须接受指定律师辩护。因此，法庭以公共利益为名，限制公民权利，在法理上是可以成立的。但"目的"正当，并不意味着"手段"亦正当；手段如果超出必要的限度，亦会使原本具有正当目的的行为失去正当性。所以接下来一个更加值得讨论的问题是，如何确定法庭剥夺律师辩护人资格的限度？

与这一问题直接相关的是公法上的比例原则。作为行政法中的基本原则，比例原则的功能在于审查行政权力行使的合理性，被作为"限制公权力滥用"的法律方法或工具来理解。④"比例原则是保证国家权力正当行使的最佳手段，国家权力只有在符合比例原

---

① 王永杰：《论辩护权法律关系的冲突与协调——以杭州保姆放火案辩护律师退庭事件为切入》，载《政治与法律》，2018年第10期。
② 陈学权：《法庭驱逐辩护律师问题研究》，载《法学评论》2015年第5期。
③ 梅扬：《比例原则的适用范围与限度》，载《法学研究》2020年第2期。
④ 蔡宏伟：《作为限制公权力滥用的比例原则》，载《法制与社会发展》2019年第6期。

则的基础上限制公民权利才是正当的限制。"① 因此，在对法庭限制公民辩护权的这一行为进行讨论时，有必要引入比例原则。具体而言，可以从适当性、必要性、均衡性这三个方面加以具体讨论。②

首先，"适当性"是指手段能够满足目的的需要。③ 对于可能扰乱法庭秩序的律师而言，剥夺其继续担任辩护人的资格，无疑从根本上使其失去了再次破坏法庭秩序的机会。

其次，"必要性"是指国家机关要选取对当事人利益侵害或限制最小的手段。在法庭审理中，诉讼参与人或者旁听人员违反法庭秩序的，根据《刑事诉讼法》第199条，法庭有权依次采取"警告制止""强行带出法庭""处以一千元以下的罚款或者十五日以下的拘留"等措施。而根据必要性原则，法庭如果能够通过警告制止、强行带出法庭解决问题，就不要采取罚款、拘留或者剥夺资格的方式。因为相较于后者，前者对当事人利益的侵害或限制显然更小。但是，"警告制止""强行带出法庭"等手段只能解决本次庭审中律师扰乱法庭秩序的问题，如果下次庭审律师继续实施类似的行为，又该如何处理呢？对于习惯性地以扰乱法庭秩序等方式开展辩护的律师而言，在上述手段均无法解决问题的情况下，剥夺其辩护人资格似乎是最后的手段。从这个角度看，在特定的情形下，剥夺律师的辩护人资格也符合必要性的要求。

最后，"均衡性"是指国家机关采取的手段给当事人利益造成的损失，应与手段所追究的目的合乎比例。如果该损失超过了所追求的目的，就属于对手段的滥用。这一原则较为抽象，律师在具体案件中的执业权、被告人对特定律师的选择权以及法庭秩序与权威本身的权益，这三种权益并非同一性质，不能被"量化"，更不能被放置于同一层面进行精准衡量。④ 但基于这一原则，可以得出如下结论：当某一手段不得不使用时，为了避免出现正当性上的质疑，可以从外围减少手段可能带来的不利影响，或者从其他方面对当事人利益加以"补强"，从总体上实现利益的均衡。

## （二）比较法实践经验的证成

在西方国家，针对扰乱法庭秩序的行为，许多国家或地区的法庭不仅可以给予警告、驱逐出庭，而且还可以诉诸刑事制裁，在刑法中均设置有相应的罪名。如在英美法系国家，所有妨害、阻碍法庭审判以及有损法庭权威、尊严、名誉的行为，都可以被定为藐视法庭罪，轻则罚款，重则监禁。⑤ 如《美国刑事诉讼规则》第42条a款规定："任

---

① COHEN-ELIYA M，PORAT I. Proportionality and the Culture of Justification, *The American Journal of Comparative Law*, 2011, 59( 2): 463-481.
② 蒋红珍：《论比例原则——政府规制工具选择的司法评价》，北京，法律出版社2010年版，第42页。
③ 蒋红珍：《目的正当性审查在比例原则中的定位》，载《浙江工商大学学报》2019年第2期。
④ 康兰平：《中国法治评估量化方法研究的龃龉与磨合》，载《东北师范大学学报》（哲学社会科学版）2019年第1期。
⑤ FREEDMAN W. Frivolous Lawsuits and Frivolous Defenses: Unjustifiable Litigation. New York: Greenwood Press，1977: 135.

何犯有藐视法庭罪的人可以因该藐视行为而在经通知起诉后被处罚。"①从权力的位阶来看，既然允许法庭剥夺人身自由这一较高位阶的权力，那么剥夺律师执业资格这一较低位阶的权力似乎也是情理之中的了。此外，在美国的司法实践中，也存在法庭解除律师代理权、不允许其继续参与法庭审理的案例。如在美国诉卡特勒案（United States v.Cutler）中，被告人高某的辩护律师卡特勒违反纽约州律师执业规范有关"不得公布案情信息"的规定，多次接受媒体采访，向媒体泄露监听内容，在检方对法庭提出多次动议后，地区法院的主审法官决定解除卡特勒的代理权。卡特勒不服地区法院决定，提出上诉，上诉法院维持了解除代理权的决定。②

在大陆法系国家，法庭在对律师的惩戒或者监督中，同样扮演着重要的角色。③针对扰乱法庭秩序的行为，律师可能会面临各种形式的处罚，如在德国，法院可以将律师驱逐出庭或者科处一定期限的拘留，④此外，暂停执业及开除也是可能的惩戒方式。而对于藐视法庭的行为，法庭除了科处秩序罚款或拘留，还可以保留刑事追诉的权利。此外，《德国刑事诉讼法》中也规定有辩护人禁止与撤销制度。⑤即在特定的情形下，法庭可以撤销律师作为辩护人的资格。虽然律师违反法庭规则并不在这些特定的情形中，但法庭实施撤销律师辩护人资格这一具有相同结果的行为在实践中已然存在。

### （三）中国辩护实践的需要

在一个理想运行的法治社会中，司法作为化解社会纠纷的最后一道防线，必须具有权威性。为了维护这一权威，对于任何侵犯司法尊严和法庭权威的行为，法庭都应当进行自我防卫。⑥因此，法庭应当有权对包括律师在内的一切人员违反法庭秩序的行为行使当庭惩戒权。⑦对此可以从两方面加以解读。一方面，当庭惩戒权是法庭警察权的体现，是裁判权的附属权限，也是裁判权行使的前提和保障。⑧另一方面，作为诉诸司法裁判的参与者，辩护律师有遵守法庭规则、服从法官指挥的义务；而对于严重违反法庭秩序的人员，基于法庭指挥权的延伸，法庭也应当有权将其"请"出法庭，甚至拒绝其参与。当然，实践中出现律师扰乱法庭秩序的行为，也并非律师一方的原因，正如有观点认为，"律师不像律师，首先是因为法官不像法官"。诚然，承认法庭剥夺律师辩护人资格的正当性，一些律师可能会有一定的忧虑，如这一权力是否会成为法官更有效控制甚至摆布律师的武器？面对法庭的撒手锏，辩护律师是否只剩配合，而无监督？显然，

---

① 《世界各国刑事诉讼法》编辑委员会：《世界各国刑事诉讼法：美洲卷》，《世界各国刑事诉讼法》编辑委员会译，北京，中国检察出版社 2016 年版，第 643 页。
② 吴晨：《从法官判词看对律师言论的规制》，载《中国律师》2017 年第 10 期。
③ 马宏俊：《<律师法>修改中的重大理论问题》，北京，法律出版社 2006 年版，第 114 页。
④ 宗玉琨：《德国刑事诉讼法典》，北京，知识产权出版社 2013 年版，第 208-211 页。
⑤ 《世界各国刑事诉讼法》编辑委员会：《世界各国刑事诉讼法：欧洲卷》，《世界各国刑事诉讼法》编辑委员会译．北京，中国检察出版社 2016 年版，第 282-283 页。
⑥ NELLES W. The Summary Power to Punish for Contempt. *Columbia Law Review*, 1931，31(6).
⑦ 印波，王瑞剑：《律师扰乱法庭秩序的惩戒：困境与纾解》，载《中南大学学报》（社会科学版）2020 年第 2 期。
⑧ [日]田口守一：《刑事诉讼法》，张凌，于秀峰译，北京，中国政法大学出版社 2010 年版，第 171 页。

这些忧虑不无道理，但从辩审关系长远发展的角度来看，肯定法官剥夺律师辩护人资格的正当性，仍是必要的。

首先，囿于律师职业伦理发展的滞后，近年来我国律师不当执业行为频发，有必要赋予法庭剥夺律师辩护人资格的权力，对不当执业行为予以严惩，以规范律师的执业。其次，基于司法体制等多方面的原因，我国法院的权威性一直备受质疑。纵然法官、法庭与法院自身存在诸多问题，如专业性、独立性、能动性均有待提升，对被追诉人及辩护律师的权利保障不够，但作为司法程序中被设定的裁判者，在追求法治的现代社会中，无论在任何时候，法院的权威都应当并值得被维护，在我国尤其如此。其次，辩审关系的健康发展依靠的是双方的正向约束。不能因为法庭自身存在不足，就对其应有的权力加以克减，或者作为一种"交换"，从而对辩护律师的不当行为有更多的"容忍"，这将使得双方都处于一种"亚规范"的行为状态中。正确的处理方式应当是，赋予并充分保障法庭和辩护律师应有的权力与权利，与此同时，也要求法庭和辩护律师履行各自应有的义务，从而正向地规范、约束并保障双方的行为，推动两者之间关系的健康发展。

### （四）对相反观点的回应

笔者从行政法中的比例原则、比较法中的实践经验以及我国辩护实践的需求三方面，对法庭剥夺律师辩护人资格的正当性进行了讨论。接下来笔者也试图对相反观点予以回应，通过证伪使论证更为周延。概括而言，反对者的核心观点主要有二：一是法庭剥夺律师的辩护人资格，侵犯了被告人自行委托律师的自由；二是法庭无权介入被告人与律师之间的私法关系。

对于第一种观点，笔者认为，被告人自行选择律师的自由并非绝对，其前提在于，被选择的律师本身应当具备执业资格或条件。这里不仅包括明示的条件，如具有执业证书，而且也包括默认的条件，如具备参与诉讼的能力、能在法秩序的框架下维护当事人的利益。对于那些不遵守法庭规则，甚至扰乱法庭秩序的律师而言，其在一定程度上并不符合默认的条件，其维护被告人利益的能力也受到了挑战。其实，律师违反法庭秩序，既违反了作为法律执业者的法定义务，也因此给审判人员留下了不好印象，无益于对被告人合法权益的维护。[①] 在非常态的情况下，律师或许可以通过违反法庭规则的方式获得法官的"重视"，实现自己的诉求，但这终究不是长久之计。现代法庭审判是理性的说服与被说服的活动，有效辩护也建立在尽可能地使法官接受己方意见的基础上。所以，在正常的环境下，律师应当尊重法官。如果律师因违反法庭纪律，遭到法庭的斥责、警告，甚至被带出法庭，或者更严重地被处以罚款或者司法拘留，那么，受到法官"厌恶"，甚至人身自由也受限的律师又如何向法官表达意见，维护当事人的权益呢？所以，在这种情况下，律师维护被告人合法权益的能力本身就受到了挑战。基于此，可以总结两个观点：一是被告人自行委托律师应以律师本身满足特定要求为前提；二是被告

---

① 最高人民法院研究室：《新刑事诉讼法及司法解释适用解答》，北京，人民法院出版社 2013 年版，第 259 页。

人委托难以维护其合法权利的律师,与其行使辩护权的初衷不相符。

对于第二种观点,笔者认为,尽管被告人与律师之间以合同关系为基础,但如果合同一方以违反法律的方式履行合同,合同本身也难以成为该关系得以维系的理由。此外,尽管法官无权介入被告人与律师之间的私法关系,但是律师履行合同的重要内容,即获得辩护人的资格、参与法庭审理,也应得到法官的审查和认可。如果律师不适宜或者不具备辩护人的资格,如其作为辩护人可能导致庭审存在合法性危机,法庭有权提醒律师,要求其退出辩护。最典型的例子是律师违反利益冲突规则,① 法庭提示律师不得同时为多名被告人辩护。在域外,也存在类似的实践,如 2019 年 12 月引发全球关注的华为首席律师科尔被美国法庭取消辩护资格事件,也是因为律师涉及利益冲突。再如,德国刑事诉讼中也存在律师因违反规则代理案件而被撤销辩护人资格的规定。② 上述规定与实践都体现了法庭对律师作为辩护人资格的审查。由此可见,如果律师的言行使得法庭认为其确实不宜参与庭审,那么法庭即使不能介入两者之间的私法关系,也可以基于这种审查的权利,否认其参与的资格,将其排除于法庭之外。

## 四、法庭剥夺律师辩护人资格的多重控制

为维持法庭秩序、维护司法权威,法庭剥夺律师辩护人的资格,在目的和动机上是成立的。但一如前文所述,影响行为正当性的更为关键的要素是如何具体实施这一行为,包括时机、条件和限度。因此,尽管肯定了法庭剥夺律师辩护人资格的正当性,仍要对此施以多重控制,确保这一行为实施的必要性,避免法庭滥用权力,并将对被告人及律师辩护权的影响限制在最小的范围。

### (一)被追诉人个人意愿的优先性

选择特定的辩护律师是被告人行使辩护权的应有之义,对法庭剥夺律师辩护资格正当性的质疑也多来源于此。尽管可以从其他方面加以回应,但基于比例原则中"最小侵害"的标准,在剥夺律师辩护人资格时,有必要尽可能地尊重被追诉人的个人意愿,听取其对剥夺律师辩护人资格以及重新聘请新律师的意见。

一方面,在剥夺律师的辩护人资格之前,法庭应当听取被告人的意见。如果被告人仍然希望由该律师担任辩护人,且该律师也承诺保证遵守法庭纪律、服从法庭指挥,那么原则上法庭就应当给予律师再次参与庭审的机会。需要注意的是,被告人希望律师继续参与是前提,律师具结保证是条件,二者缺一不可。目前《刑事诉讼法司法解释》第 310 条仅规定"律师严重扰乱法庭秩序"时,律师具结保证书,可继续担任辩护人,但对律师"擅自退庭""无正当理由不出庭或者不按时出庭"的情形,则没有给予这样的机会。此外,该条规定也没有将被告人的意愿作为律师继续参与的条件。笔者认为,剥

---

① 刘译矾:《论刑事律师的利益冲突规制》,载《比较法研究》2021 年第 2 期。
② 《世界各国刑事诉讼法》编辑委员会:《世界各国刑事诉讼法:欧洲卷》,《世界各国刑事诉讼法》编辑委员会译,北京,中国检察出版社 2016 年版,第 282-283 页。

夺律师辩护人资格作为"最后手段",应当慎重行使。对于律师"擅自退庭""无正当理由不出庭或者不按时出庭"的,法庭也可以在听取被告人意愿的基础上,给予其再次参与的机会。

另一方面,在剥夺律师的辩护人资格之后,法庭应当尊重被告人重新委托律师的意愿。根据《法律援助法》第27条,人民法院等单位通知法律援助机构指派律师担任辩护人时,不得限制或者损害被告人委托辩护人的权利。基于此,法庭不能在剥夺律师辩护人资格之后,立即通知法律援助机构指派律师,而是应当及时休庭,为被告人及其近亲属另行委托律师预留足够的时间。只有当被告人明确放弃自行委托辩护的情况下,法庭才可通知法律援助中心为其指派律师。近年来,有关委托辩护与指定辩护的争议时有发生。如杭州保姆纵火案中,看守所拒绝辩护律师会见被告人,声称其已接受法律援助律师,而原辩护律师则指出莫某晶及其近亲属只接受本人辩护。再如劳某枝案中,被告人近亲属对指定辩护律师提出诸多质疑,认为法庭阻碍了近亲属委托律师的参与。诸如此类的争议在一些敏感、备受关注的案件中时有发生。为了避免社会质疑,体现被告人委托辩护权的优先性,法庭应当更加充分地尊重被告人的意愿,并提供相应的保障措施。如应当为被告人与近亲属就委托律师等事项的交流创造条件,必要时可要求被告人及其近亲属就放弃委托、接受指定辩护的意愿进行书面声明。

### (二)剥夺资格法定事由的有限性

法庭剥夺律师的辩护人资格仅限于实现维持法庭秩序、维护法庭尊严的目的。如果辩护律师仅是不听从法庭指挥或命令,并没有使法庭秩序遭受损害,则不宜剥夺其资格,即"审判长不可借法庭警察权之行使,以迫使诉讼关系人服从其诉讼指挥,否则其所收之效果每每适得其反"。① 基于此,法庭剥夺律师辩护人资格的事项只能局限于"客观上使得法庭存在难以正常进行的风险"。具体而言,是指辩护律师严重扰乱法庭秩序,可能被司法行政机关给予处罚,且律师本人并无更改的意思,允许其参与庭审,可能继续阻碍庭审的进行。例如,辩护律师因扰乱法庭秩序,被强行带出法庭或被责令退出法庭,拒不签署保证书,存在继续扰乱法庭秩序或者不按时出庭的风险。此时,不必等律师再次实施扰乱法庭秩序的行为才对其处罚,为避免法庭审判再遭影响,应当允许法官向司法行政机关通报后,剥夺律师的辩护人资格。

那么,如何判断存在"客观上的风险"呢?笔者认为,法庭应当结合律师的具体表现加以判断。如《刑事诉讼法司法解释》第310条规定的"律师具结保证书"即是重要表现之一。如果律师在扰乱法庭秩序之后,拒不具结保证书;或在具结保证书之后,在庭外或庭上仍有不当执业行为,如在网络等社交媒体上不当发布案件信息继续扰乱法庭秩序等,就可以认为律师存在客观上使得法庭难以正常进行的风险。此外,出于对法庭权力限制的考虑,目前法庭剥夺律师辩护人资格的情形,应仅局限于《刑事诉讼法司法解释》第310条规定的范围。

当然,实践中,律师如果严重违反法庭纪律或规则,可能会被司法行政机关给予一

---

① 蔡墩铭:《刑事审判程序》,台北,五南图书出版公司1992年版,第54页。

段时间的停止执业、被吊销执业证书处罚,或者被法院司法拘留。在这种情况下,律师要么不具有正常执业的资格身份,要么不具备参与庭审的人身自由。此时,法庭虽没有直接剥夺律师的辩护人资格,但也在客观上使其无法继续担任辩护人。由于审判时效的限制,法庭通常也无法一直等待其重获"资格"。在这种情况下,被告人可以选择与律师解除合同,重新委托律师,或者申请法律援助律师;如果其不愿意,对于符合指定辩护条件的,法庭应当通知法律援助中心指派律师;对于不符合条件的,庭审也可在被告人自行辩护的情形下进行。

### (三)剥夺资格权力主体的法定化

与警告制止、责令退出法庭、罚款与拘留等手段一样,剥夺律师辩护人资格也是一种法庭通过行使法庭警察权维护法庭秩序的方式。根据我国《刑事诉讼法》第199条、《刑事诉讼法司法解释》第307条的规定,有关人员危害法庭安全或者扰乱法庭秩序的,审判长应当警告制止或者进行训诫;训诫无效的,责令退出法庭或者指令法警强行带出法庭;情节严重的,经院长批准,可处以罚款或拘留。关于剥夺律师辩护人资格的决定主体,《保障和规范律师执业的通知》和《刑事诉讼法司法解释》均没有作出规定。从实践中的案例来看,这一主体也并不明晰,在法院通告或新闻报道中,合议庭或法院常被作为主体。如在2020年王某明案件中,合议庭宣布取消两位李姓律师的辩护人资格。又如在2014年周某华案件中,两位律师被法院取消辩护人资格。规范性文件对法定主体的规定不明,直接导致了实践中的模糊不清。

一般而言,作出决定的主体应当与对当事人施加不利影响的程度相匹配。对当事人的惩戒越严重,作出决定的主体就应当越权威、相关程序也就应当越正式。同时,为了维护司法的权威性,对于扰乱法庭秩序的行为,还需及时处理。因此在设置决定主体时,还需考虑作出决定的及时性和可行性。具体来说,从对当事人施加不利影响的严重程度来看,与责令律师退出法庭相比,剥夺律师的辩护人资格显然更为严重;与罚款和拘留相比,二者并不容易作出判断。综合上述因素,笔者认为,剥夺律师的辩护人资格应当属于审判程序中较为重大的事项。为了避免审判长受情绪影响,滥用审判指挥权,有必要将这一权力交由合议庭,由合议庭经评议后作出决定。除此之外,取消律师的辩护人资格影响较大,可能发展为公共事件,引发社会广泛关注。因此,为慎重起见,与"处以罚款和拘留"相同,合议庭作出决定后,还应向院长说明情况,获其批准。

### (四)剥夺资格程序机制的规范化

从目前实践中的案例来看,法庭剥夺律师辩护人资格的程序一般都不为人知,向律师告知决定的形式也十分随意。有的以"处理意见"的方式呈现,有的是律师申请会见当事人被拒后由看守所告知,还有的则是再次开庭时不被允许进入法庭。法庭作出决定过程的封闭、告知结果的随意和释法说理的缺失,使得律师普遍认为权利受到侵犯,也引发了社会对法庭决定的质疑。根据比例原则,应当"通过程序控制的调节来形成与性质、强度不同的刑事诉讼措施的适应关系。比如,对轻缓措施采用较宽松的控制程序,以求适用上的便利、及时和效率;对严厉措施采用较严格的控制程序,以避免不当与过度使用，控制损害范围"。①

基于此，笔者认为，作为一种较为严厉的权利限制措施，法庭剥夺律师的辩护人资格也应受到严格的程序控制。如在具有相同法律后果的德国辩护人回避制度中，法官在作出让律师回避的决定时，要遵循严格的审查程序：采用言词化的审理方式，通过依法传唤、开庭审理，以裁决的方式对辩护人是否回避作出决定，并赋予辩护人对裁决上诉的权利。②尽管德国的辩护人回避与我国的法庭剥夺律师辩护人资格的适用事由完全不同，但德国法庭在程序设计上的严格性和完备性可给我国带来很大启发。诉讼固然是一种最正式、最权威的纠纷解决方式，但短期来看，我国通过这一方式解决程序性争议似乎不太现实。程序性争议法庭目前在我国尚处于起步阶段，诸如非法证据排除等重大程序争议事项尚无法完全通过诉讼化的方式加以解决，更遑论剥夺律师的辩护人资格。况且，实践中法庭多将这一行为纳入法庭警察权的范畴，多以行政化的方式和程序作出。但是基于必要的过程控制，笔者认为，法庭应当进一步完善法庭剥夺律师辩护人资格的程序，包括决定的作出与宣告，使其更加规范、正式，更具有公开性和权威性。例如，在条件允许的情况下，法院应当对庭审过程全程录音录像；对于律师违反法庭规则的情形、合议庭作出决定的评议过程记录在案。另外，合议庭剥夺律师辩护人资格的决定也应当以书面方式作出，载明具体理由、法律根据及救济方式，并及时向律师送达。

## 五、法庭剥夺律师辩护人资格的权利救济与保护

剥夺律师的辩护人资格，对于律师而言，是一种在具体案件中对其执业权利的限制；对于被告人而言，则是一种可能对其权益产生风险的行为。因此，法庭剥夺律师的辩护人资格后，还有必要正视律师的权利救济与被告人的权利保护问题。

### （一）辩护律师的权利救济

无救济则无权利。实践中律师在被剥夺辩护人资格之后，大多数都有救济无门的感觉。有的律师诉诸网络，希望借助媒体宣传引发公众关注，进而向法院施压，争取获得重视。但是，这种程序外的救济方式并非常态，与此相伴随的可能还有律师的庭外不当言论，引发对职业伦理的再次违反。在美国、德国等国家，针对律师的处分或处置，立法都设置了较为完善的救济方式，如在美国，律师可就法庭的决定提起上诉，由上诉法院对法庭的决定再次审查；在德国，法庭在对律师进行惩戒时，应当遵循正当程序；律师受到惩罚，哪怕只是训诫，也可以提出上诉。由此可见，美国、德国等国家对律师的救济普遍采取的是诉讼的方式，这一方式为律师争取司法资源、处罚决定接受司法审查提供了有效的路径。③与此相比，我国对律师权利的救济方式较为扁平。根据现有的规

---

① 秦策：《刑事程序比例构造方法论探析》，载《法学研究》2016年第5期。
② 《世界各国刑事诉讼法》编辑委员会：《世界各国刑事诉讼法：欧洲卷》，《世界各国刑事诉讼法》编辑委员会译．北京，中国检察出版社2016年版，第282-283页。
③ 印波，王瑞剑：《律师扰乱法庭秩序的惩戒：困境与纾解》，载《中南大学学报》（社会科学版）2020年第2期。

范性文件，我国律师的救济途径大致包括以下三种。

一是根据《保障和规范律师执业的通知》，"律师认为法官侵犯其诉讼权利的，应当在庭审结束后，向司法行政机关、律师协会申请维护执业权利……"由此可见，辩护律师无法自行直接申请救济，必须向司法行政机关、律师协会申请维护权利。在当下我国"两结合"的管理体制中，司法行政机关和律师协会既要承担规范律师执业、惩戒失范行为的职能，也负有保障律师依法执业、维护律师合法权益的义务。但是目前实践中普遍存在的问题是，无论是在行为规范与惩戒还是权利保障与维护方面，"两结合"的管理体制都没有发挥应有的作用。例如，根据中华全国律师协会发布的数据，2017年各律师协会中心共收到维权申请502件，成功解决279件，成功解决的数量在2016年、2015年分别只有84件、54件。①在全国律协通报的成功维权的案例中，司法行政机关、律师协会帮助律师维权最常见的方式是与办案机关"沟通""协商"，这些都是十分软性的手段。如果办案机关拒绝，律师协会与司法机关通常没有其他的解决方式。这一问题在2017年最高人民法院、最高人民检察院、公安部、司法部等单位联合出台的《关于建立健全维护律师执业权利快速联动处置机制的通知》中已有"伏笔"。针对律师执业权利保障中存在的问题，虽然通知提出建立各单位的快速联动处置机制，但手段也仅是"加强沟通协调"，对于办案机关并没有实质性的约束力。这也是司法行政机关与律师协会难以真正有效帮助律师维权的根本原因。

二是根据《刑事诉讼法》第49条，辩护人、诉讼代理人认为其依法行使诉讼权利受到有关机关及其工作人员阻碍的，有权向同级或者上一级人民检察院申诉或者控告。这一规定是将检察机关视为法律监督机关，申请检察机关纠正法院等机关的不当处置行为，帮助律师维护权利。尽管立法确立了这一救济途径，但实践中律师通过检察机关申请救济的情形十分少见。可能的原因是，检察机关既是法律监督机关，也相当于刑事诉讼中的"原告"，在"对手"的权利受到侵犯时，要求其挺身而出，在落实上具有一定难度。

三是根据《刑事诉讼法司法解释》第307条，对于法庭作出的罚款、拘留的决定不服的，被处罚人可以直接或通过原作出决定的人民法院向上一级人民法院申请复议。但目前被责令退庭、被剥夺辩护人资格的行为并没有被纳入这一救济方式中。

司法行政机关和律师协会的外部协调、检察机关的法律监督、法院系统内部上下级的自我审查，是律师执业权利救济的"三驾马车"。但目前来看，这三驾马车都存在各自的问题，有必要一一优化，形成律师权利救济的基本体系。

首先，律师协会和司法行政机关的外部协调最为柔性，目前来看也最具操作性，因为相对而言，这是一种来自外部的监督。当然，未来这种方式要想发挥更大的作用，一方面有赖于多单位联动机制作用的发挥，另一方面则需要借助多级尤其是上级律师协会和司法行政机关的整体力量，必要时还应通过发送司法建议的方式，督促作出决定的法院予以调查与更正。

---

① 程幽燕，刘耀堂：《2017年，律师协会为律师成功维权279件——全国律协发布2017年度十大典型维权案例》，载《中国律师》2018年第4期。

其次，赋予律师向上一级法院申请复议的权利，通过法院内部上下级的监督，对不当执业行为予以纠正，也是对律师权利予以救济的重要方式。只是这种法院系统内部的自我审查是否可行有效、上一级法院对涉案情况进行专门调查的效率能否得到保证，都是存有疑问的。为了更好地发挥法院系统内部的监督，未来可将这种带有行政化色彩的监督转化为诉讼化的审查。例如，被告人提起上诉的，二审法院可将一审法院剥夺律师辩护人资格的行为纳入审查的范围；对于不当剥夺律师辩护人资格且严重限制被告人诉讼权利的行为，二审法院可以依照《刑事诉讼法》第238条第（3）项的规定，对该审判行为予以程序性制裁。如此一来，既可以保证当事人有机会获得程序内的救济，也可以使上级法院对下级法院的监督更具有权威性和可预期性。

最后，检察机关作为法律监督机关，对于法庭进行监督也是大有可为的。只是这需要检察机关抛开部门利益，以一种更加客观的"局外人"的视角，审视法庭的行为，并在必要时提出检察建议。在检察机关职能多元发展、积极参与社会治理的大背景下，这对延伸检察机关的监督职能、提升检察机关的公信力，具有重要的意义。当然，在具体的操作上，检察机关内部应做好职能区分，由专门负责检察监督的检察官处理律师的申诉或控告，在单位内部实现不同角色的相对独立。

### （二）被告人的权利保护

法庭对律师实施惩戒不能损害当事人的利益。但是，在当事人委托的辩护律师被剥夺辩护人资格的情况下，被告人的权利确实存在被限制的可能，如委托辩护权被限制、获得律师帮助权受影响。对此，《保障和规范律师执业的通知》并没有作出规定，结合实践中已经存在的问题，笔者认为至少有必要对以下两个问题加以讨论。

#### 1. 被告人可否通过程序内的方式获得救济

法庭剥夺律师的辩护人资格，对被告人而言也是一种权利的限制。作为非直接的被处罚者，被告人一般并没有直接申请复核或者复议的资格，那么被告人应当如何获得救济呢？笔者认为，法庭不当剥夺律师的辩护人资格，或者在剥夺之后没有对被告人的权利予以有效的保障，这是对被告人基本权利的一种限制，属于程序性违法。基于此，被告人可以向上一级法院提起上诉，二审法院也应将一审法院剥夺或取消律师辩护人资格的行为，或对被告人诉讼权利保障不足的行为纳入二审审查的范围。如果确实如此，则应当宣告行为违法。至于是否属于《刑事诉讼法》第238条第（3）项规定的"剥夺或者限制了当事人的法定诉讼权利，可能影响公正审判的"，是否应当"撤销原判、发回重审"，则需要结合被告人辩护权实现的程度、对实体结果的影响等多方因素加以判断。

其实，即使二审法院宣告一审法院行为违法，并最终作出"撤销原判、发回重审"的决定，也并不能从实质上弥补被告人与律师可能受到的损失。因为在重新开展的审判程序中，被告人并不一定会再次委托该辩护律师。更何况在非强制性指定辩护的案件中，即使被告人未另行委托律师或者未获得法律援助律师的帮助，原审程序也并不违法。由此可见，尽管理论上在程序内存在"撤销原判、发回重审"的救济方式，但这并不能完全对被告人可能受到的权利侵害予以救济。当然，这种救济方式也并非毫无意义，如果能够得以实践，二审法院的审查至少会对一审法院实施相关行为予以警示，提醒其保持必要的克制、谨慎与谦抑。

### 2. 被告人可否再次聘请被剥夺辩护人资格的律师

在 2014 年周某华案中，辩护律师因庭审时间发生冲突未能到庭，被江西高院取消辩护资格；之后其被当事人再次委托，法庭再次拒绝其参与庭审。那么，对于已被剥夺辩护人资格的律师，被告人可否再次聘请呢？一般而言，如果法庭剥夺律师辩护人资格的决定业已作出，当事人就应当不被允许再次聘请原律师继续担任辩护人。否则，剥夺律师辩护人资格的惩戒手段就等于被架空。当然，这建立在决定已经作出并业已生效的基础上。由于法庭对律师的惩戒并不具有可诉性，即使律师对法庭的决定不服，也不可以诉诸司法审查，只能通过申请复核或复议等行政化方式寻求"再次审查"。而根据我国刑事诉讼法的惯常规定，在复核或复议的过程中，法庭所作的决定一般并不停止执行。因此，法庭作出剥夺律师辩护人资格的决定后，除非该律师通过各种方式获得救济，法庭的行为被"撤回"，否则，律师原则上就不得继续参与诉讼。为了避免出现这种情况的反复，笔者认为法庭在决定剥夺某律师的辩护人资格后，应当立即休庭。在此期间，被告人可以委托新的律师为辩护再次做准备，辩护律师也可以寻求权利救济。如果法庭的决定经调查并无不当，律师救济无果，那么其当然就不得再次参与诉讼。但如果法庭的决定被认为不当并被撤回，那么律师就应当再次被允许继续担任辩护人。

## 六、小结

在我国"辩审冲突"时有发生的刑事司法场域中，剥夺律师的辩护人资格在某种意义上是我国法官的一种"应急反应"。近年来这一现象已在多地多案件中出现，成为引发社会关注的聚焦点。尽管一些律师和学者对法庭的行为提出了诸多质疑，但基于多方价值的考量，还是应从理论上承认法庭实施这一行为的正当性。同时，也应对这一行为加以必要的限制，减少负面影响的"外溢"。这些限制包括但不限于，高度重视被追诉人选择律师的个人意愿、从严限制法庭剥夺律师辩护人资格的事由、严格界定剥夺律师辩护人资格的主体，并规范相应的程序机制。

法庭剥夺律师的辩护人资格这一实践"表象"的背后，涉及诸多的理论问题，例如辩护权与裁判权的角逐与协调、辩护律师职业伦理的缺失与重塑、公权力对私权利干预的正当性与限度等。本部分内容对这一问题的研究仅仅只是一个开始，未来对这些方面更深层次的理论问题，还有待更多的学者参与讨论与研究。

*刘译矾，中国政法大学刑事司法学院副教授，法学博士。本节内容以《法庭剥夺律师辩护人资格的理论反思》为题发表于《浙江工商大学学报》2021 年第 6 期，收录本书时有改动。*

# 第九章 刑事审判

## 第一节 刑事诉讼的理论祛魅

张　帅

近几十年来，在我国蔚为流行一些关于域外刑事诉讼理论的误解，这些看似不言自明的原理在逐渐深入的研究和实践中引起了学者的反思。笔者从域外刑事诉讼理论的现实困境出发，通过比较法视野，试图就刑事诉讼的一些基本原理进行去伪存真式的解构和重塑。

## 一、流行叙事及其现实困境

"教义法学"，区别于所谓的"社科法学"以及实务导向的"律学"。可惜的是，刑诉领域尚未形成如刑事实体法领域那样的教义学体系。

在大学课堂上接触到的刑诉理论体系，现在看来更宜被称为关于刑事程序原理的流行叙事。其经典图示就是一个等腰三角形的结构，这是典型的抗辩模式结构，它主张控辩平等或曰控辩对等，并由法官或者陪审团进行居中裁判。这是大家非常熟悉的，甚至很多非法律领域——但是多少关注公共舆论——的一些"知道分子"都津津乐道的典型结构和叙事。这种流行叙事涉及的刑诉信条，比较典型的总结起来有这么几个。

一是言词审理，反对所谓的"案卷笔录中心主义"；二是审判中心，或干脆称作庭审中心，甚至庭审唯一，认为刑事程序应该严格区分审前程序和审判程序，而证据只能产生于庭上；三是控辩对等，检察官只是原告的律师；四是司法被动，法官应充当一个消极无为的旁观者或裁判，由双方的律师，即原告方的检察官和被告方的律师，来主导整个庭审，即真相发现的过程；五是强调程序公正大于实体公正，来解构我们过去的所谓的客观真相论。凡此种种，读者想必耳熟能详。

然而，上述信条在现实中却出现了非常多的问题，理论和现实相当脱节。当然，笔者说的现实困境不是指当下的现实的困境，因为笔者进行这方面研究，提交博士开题报告的时间是 2012 年，去构思这个课题的时间则要回溯到 2010 年前后，也就上一个 10 年，我说的是那个年代的现实困境。现在的局面我相信应该更好了，但是我没有调研，所以现在是怎么样不好下判断，只能说我在课题立项的时候，这些流行一时的对抗制教条面临着诸多的现实困境：

一是执法人员的权威受到前所未有的挑战，那个时候出现了一些杀害警察或者法官恶性案件；二是许多的热点案件，尤其是话题度高的刑事案件，其裁判结果往往陷入所谓的塔西佗陷阱，就是不管怎么判，总有许多人说三道四，不认可，不买账。像吴英的案子，夏俊峰的案子，法院判了被告人死刑，然后广受批评；像刘勇和李昌奎的案子，法院没判死刑，也广受批评。有的案子老百姓觉得判得太轻了，像李刚的儿子李某明案，李某一案；而像许霆案大家又纷纷觉得判得太重了。这些案子有的翻了，有的没翻，但是不管是翻了的还是没翻的，网上的舆论就是大家都不太领情，所谓宽严皆误。

按照一些专家的理论预言，我们通过十几年的司法改体制改革，几轮的刑诉法大修，刑事程序规则已经被改造成了非常符合对抗制信条的一套规范框架，照理说不应该出现这样严峻的现实困境。我当初百思不得其解，这才萌生了后来的博士研究计划。在博士研究中，我无意间读到了冯象在2008年时写的一篇文章。他对这种现象有一个我觉得非常有象征意义的判断，可谓一针见血，原文是，"每逢宝马霸道名车撞人，专家意见开脱罪犯，都引发了政治意识、阶级觉悟的复苏，法律丧尽尊严。这教义与实践的分裂，又不免削弱了'普世价值'的感召力和工具价值。而且随着腐败愈演愈烈，新法治就很难继续把责任推给宿主，而不独立承担责任。"他说的新法治就是指世纪之交流行起来的，以所谓的"普世价值"等为核心的，我们所谓的自由派的公共知识分子所宣扬的一整套话语体系，在刑事程序的领域，就集中体现在前面提到的各种各样的所谓刑事程序的信条。

还有一个理论困境，我把它作为了我的硕士论文的课题。当时我在最高人民法院某个刑庭实习了相当长一段时间，协助办理死刑复核的案件。按照当时的流行叙事，我们的死刑复核程序被许多专家诟病，说这是一个不公开、不开庭的程序，是一个行政程序，认为它不符合司法的基本要求。但是我通过调研，写了一篇实证的论文来详细考察这一程序"少杀、慎杀"的功能价值，最终结论却是跟流行观点完全相反：流行观点大肆批判的那些所谓的审批式的、行政的、不公开、不开庭的，总之是不符合对抗制教条的那些程序，数据证明反而是在现实中对于实现"少杀、慎杀"的目标最有功能性价值的，是最有效的。而流行观点鼓吹的那些玄乎其技的东西，主要就是按照对抗制教条设计的一系列制度安排，比如受律师帮助的权利，比如公开对质的权利，比如一系列的在联合国ICCPR第14条里面的各种各样的那些要求……在实际中对于实现"少杀、慎杀"的目的的功能性价值并没有想象中的那么大。

这种理论和现实之间的巨大差距就促使我当时产生了一些反思：究竟是哪里出了问题？为什么我学到的那些不言自明的程序教条，它们所预言的结果没有出现，理论和实际差距这么大？这种理论反思有两种思维路径，第一种就是这种流行叙事及其理论框架是没有问题的，是我们的司法实践和社会现实出了问题。我们的老百姓出了问题，我们的法官检察官和公安干警出了问题，前者不懂法，后者没有真正的贯彻好这种放之四海而皆准的刑事司法准则。按照这一思维路径，下一步我们应该怎么办呢？我们应该更加深彻地进行对抗制的改革。不少业界精英就是持这样一种观点，说一定是现实和实践出了问题，那套理论是没有问题的，经是好经，就是被人念歪了。

第二种思维路径是，既然理论和现实出现了冲突，那肯定是理论出了问题，要重新来审视这些所谓的颠扑不破的真理，这些刑诉的教条或信条，到底是不是真像流行叙事和传说中那样的不言自明和普遍适用，是不是需要打破这些教条，这正是我近十年来的研究和思考路径。

## 二、理论祛魅

曾几何时，我也对前述流行叙事和有关教条深信不疑，然而随着博士项目的推进，我的研究思路却逐渐发生了变化，过去认为不言自明的教条也逐渐被颠覆。之所以会发生这种180度的转弯，可以说很大程度上是受到了我的两位荷兰导师，约翰·佛斐勒（John Vervaele）教授和克丽丝·布朗茨（Chrisje Brants）教授的影响和启发。那个时候约翰还没有接手国际刑法学会主席的职务，时间相对宽裕一些，对我抓得自然也就更紧一些。作为我的一导，他还邀请克丽丝这位欧洲比较刑诉的权威加入了导师团队，从博士项目伊始就一起对我进行严格且悉心的指导，项目进行到一半时，他又邀请自己的好友，中国人民大学何家弘教授担任我的中方博导。按照培养计划，我每个月都要阅读几位导师指定的书籍、论文和其他材料，并撰写相应的小论文供导师们共同批改，经过几稿修改后的小论文得到认可，就可以留作后来博士论文的写作素材。我至今仍清楚地记得，最初提交的这些小论文是多么地刷新双方的"三观"：两位荷兰导师惊奇地发现，这个中国学生的学术观点和主张怎么看都像美国三流政客的讲话桥段；而我也惊讶地发觉，自己从课堂上学到的，一直被广大法科生当作不言自明的刑事诉讼原则，两位荷兰导师却并不买账。他们表示那只是美国人的逻辑，而且还是经过歪曲的。当我援引国内一些流行观点对中国刑诉法"缺陷"进行批判，比如案件笔录中心主义、强势的检察官和弱势的辩护人、司法能动主义、重侦查轻庭审等问题时，两位导师也是一脸尴尬地表示，欧洲许多国家，包括荷兰都是这个样子。他们不觉得有什么需要彻底改革的大问题。他们甚至反问我，为什么觉得这样的刑事诉讼模式就一定是不公正的？我被问得一时语塞，这才发现，原本觉得"不言自明"的刑事诉讼原则其实没法"言明"。于是，我抱着怀疑的精神开始重新审视这些所谓的"原则"，并不断拷问自己：刑事诉讼的核心诉求究竟在于什么？难道只是看起来漂亮的"费厄泼赖"（fair play）吗？那样的话，法庭跟赌场又有什么区别呢？刑事诉讼的核心诉求难道不是发现真相吗？说到发现真相，对抗制的刑事程序模式难道是唯一解吗？显然不是！至少，在导师所介绍的欧陆审问制的理想模式下，恪尽职守的警察在客观中立的检察官的指导下，全面收集对嫌疑人有利和不利的所有证据，形成官方的调查报告，再由能动的法官积极调查、核实这份报告，同样是发现真相的一种可行的理论路径。甚至，对抗制都不能说是发现真相的最优解，因为在理论上，它并不比审问制高明到哪里去。既然如此，对抗制作为发现真相的一种经典解法，其程序教条就只是一组逻辑上较为自洽的形而上的命题而已，本身并不自足，它必须得到客观实践的外部支撑才能成立。也就是说，对抗制的那些所谓"不言自明"的程序教条在中国是否成立，必须用客观事实予以检验，不能仅做理念上的循环论证。另外，正如所有的函数都有其各自的"定义域"，任何命题体系要想成立，也都离不开特定的前提条件。对抗制的程序教条也不例外。因此，也有必要考查对抗制教条得以成立的前提条件，并追问中国的国情是否满足这样的条件。于是，我的博士研究也就按照这一逻辑思路重新规划。

经过四年的比较研究，我的博士研究成果终于得以问世，其英文版的题目是*Transparency and Legitimacy in Chinese Criminal Procedure: Beyond Adversarial Dogmas*，

于 2017 年在荷兰海牙 Eleven International Publishing 出版社出版；其中文版的题目是《刑事程序中的透明性与正当性——摆脱对抗制的教条》，于 2021 年在清华大学出版社出版。这两本书的主要发现和观点可以概括如下。

（1）刑事诉讼的核心目的和价值在于发现案件真相，而并非保障人权，保障人权只是一个约束条件，就好比人吃饭的核心目的和价值是活着，当然吃饭也要讲究卫生，不然会生病闹肚子，但后者终归只是约束条件，不能说吃饭就是为了讲卫生，不然的话那干脆什么都别吃，直接靠输液为生。

（2）人类有限的历史经验发现并验证了至少两套基本行之有效的发现案件真相的模式，一种是官方调查模式，另一种是抗辩模式。前者多见于欧洲大陆国家，这些国家的权力组织模式按照达玛什卡（Damaška）的理论分类，通常属于科层式理想型，以官员的职业化、严格的等级秩序和决策的技术性标准为特征，其诉讼活动通常表现为"按部就班的递进式程序"（methodical succession of stages）；而抗辩模式主要见于英美及其曾经的殖民地，其权力组织模式依据达氏的分类通常属于协作式理想型，以非职业官员、权力的平行分配和实质正义为特征，其诉讼活动通常具有"程序活动集中化"（concentration of proceedings）的特征。此外，"在大多数社会主义国家中，司法组织中所呈现出来的严格等级制的倾向远较传统的大陆法系国家来得更为明显，因此科层式理想型也有助于分析社会主义法律程序的某些特征"。

（3）不论是官方调查模式，还是抗辩模式，都是理论抽象，只存在于理论上和观念中，现实中找不到任何国家或制度完全符合某一特定模式。通常认为，起源于罗马，以法国为典型的审问制（Inquisitorial System）刑事诉讼是官方调查模式的代表，而起源于英格兰，以美国多数州和联邦司法体系为典型的对抗制（Adversarial System）刑事诉讼则是抗辩模式的代表。近年来，两种模式有融合趋势，一方面如意大利等传统审问制国家，纷纷在其审判程序中引入对抗制要素；另一方面如英格兰和苏格兰等传统对抗制法域则在审前阶段大量引入审问制要素。这种头痛医头脚痛医脚的法律移植方案效果不一，总体说来，前者收效甚微，且副作用较大；而后者尽管也是一波三折，出现过不同程度的"排异反应"，但总体上进展还是比前者顺利，基本实现了一些结构性的改革目标。学界普遍认为，英格兰实质上已经踏上了审问制改造的道路，而苏格兰已经形成了混合式的刑事诉讼结构。

（4）审问制是民法法系常见的一种司法制度，由其法院或某部门积极参与对案件事实的调查。理想的审问制方法着力于由中立的国家官员实施的对客观的实体真相的官方调查，这些官员包括警察、检察官、调查法官以及初审法院法官，他们被认为与案件事实或被告人不存在私人或单方（partisan）利益，因此会通过全面收集和核实有罪和无罪的证据来尽力查明案件的客观事实。所有证据和其他相关材料将被汇入一套卷宗，在此基础上刑事程序得以进行，实体真相得以发现。总之，审问制刑事程序本质上是一个官方调查过程，主要采用以案卷笔录为中心的方式，旨在查明客观真相。在这个过程中，警察作为唯一的主要侦查力量，其任务在于收集所有服务于真相的证据，不论是有罪证据还是无罪证据；检察官作为中立的司法官员，其任务不仅包括基于警方侦查取得的证据，向法庭报告其相信的关于被告人被指控的犯罪的真相，还包括确保警察按照其结构功能正确履职；法官作为裁判者，其程序职责不光涉及适用法律，还在于积极调查事实真相。

（5）对抗制是普通法系常见的司法制度，其中检方和辩方作为敌对双方应各自收集对本方有利的证据，然后分别向一个或一组中立者——通常是法官或陪审团，讲述他们各自的关于案件的说辞，由后者来试着判断案件真相。"纯正"对抗制的典型特征是一个等腰三角形结构，要求平等武装（equally-armed）、各持立场（partisan）的检控官和辩护人在消极的法官面前进行公平竞争。总之，对抗制刑事程序本质上是原被告之间的一场争端，主要采取以口头辩论为中心的方式，强调两造之间的"费厄泼赖"（fair play）。在这个过程中，控辩双方都有各自的侦查员——警察服务于控方，私人侦探服务于辩方。也就是说，警察并非唯一的侦查力量，其主要服务于控方利益。检察官主要作为单方（partisan）的传声筒，其基本任务在于排除合理怀疑地证明被告有罪从而说服法官或陪审团将其定罪判刑。

（6）本质上讲，"纯正"的审问制和对抗制在正当合法地发现真相的方法上存在的主要分歧是如何分配侦查上的、证据上的和程序上的职责和权力，以及相应地如何定位刑事诉讼不同参与者的程序功能。审问制程序是典型的官方调查模式，真相的发现应当得益于对所有潜在的证明有罪或无罪的相关证据的官方调查。因此，证据上的以及程序上的职责和权力主要应付诸中立的国家官员，尤其是检察官，其任务在于就指控给出全面且客观的表述；而辩方通常（几乎）无权自行侦查，主要是充当信息来源。相反，对抗制是典型的司法竞技模式，其发现真相的过程的正当性建立在对立统一的辩证方法上：平等的控辩双方分别准备相互冲突的各自说辞进行对抗。因此在对抗程序中，证据上的以及程序上的职责和权力应当平等分配，控方负责有罪证据而辩方负责无罪证据。这样一来，辩方就必须具备完全的自主性和充分的权利来自行实施调查。

综上可知，我国流行叙事关于刑事诉讼的相关教条或信条，很大程度上只是对抗制刑事程序的教条，或者更简单点说，只是美国人的信条，而并非什么放之四海而皆准的真理，而且其中还不免掺杂了大量或以讹传讹，或夹带私货，或盲人摸象，或一厢情愿的都市传说；而对我国一些所谓"缺陷"的批判，尽管的确能够反映一些现实问题和现象，但矛头指向的却往往是官方调查模式本身固有的特点，诸如被污名化的案卷笔录中心主义以及控辩不对等乃至与之相嵌套的科层式的权力组织模式等。相应地，流行叙事提出的一系列审判中心主义的改革方案，究其本质也不过是因噎废食般的彻底抛弃"按部就班的递进式程序"（methodical succession of stages），以及相应的司法科层制度，转而拥抱"程序活动集中化"（concentration of proceedings）的抗辩模式。如果说意大利和英格兰等西方国家或地区的相互融合式的法律移植方案是头痛医头脚痛医脚，那么上述流行叙事提出的改革方案则无异于头痛踢屁股脚痛也踢屁股。道理很简单，何家弘老师在其畅销海内外的实证研究成果《亡者归来——刑事司法十大误区》中总结过，在我国造成错案的十大刑事司法误区或曰症结，其中只有最后两项涉及审判，即误区九"形同虚设的法庭审判"以及误区十"证据不足的疑罪从轻"。严格来说，其实只有前者一项真正符合对抗制教条中的听审（hearing）之定义，而后者则属于庭后的评议（deliberation）程序。另外八项误区中，有五项都聚焦于侦查程序，其余三项则涉及舆论与司法独立、公检法三司的程序权力分配和制衡等刑事诉讼基本原则和结构问题，以及法庭科学与证据规则等技术层面的问题。可见，问题主要出在刑事诉讼的整体结构以及审判以外的程序，而流行叙事却把火力都集中于审判程序，不论哪疼都要踢审判程序的屁股，可谓离谱。对此，笔者决定"正本清源"，运用比较法的基本原理和方法论来重新审视我国，以便归纳出符合我国国情和实际的刑事诉讼通论。

## 三、比较法探微

比较法的基本原理首先回答的是法律为什么要比较的问题。法律为什么要比较？这乍看起来似乎是个不言而喻的问题，然而细究起来会发现没那么简单。尤其是对于刑诉法来说，绝大多数一线干警和执业律师终其一生也不会用到外国刑事诉讼法，如此说来这种比较除了用来夸夸其谈、故作高深之外，似乎也别无是处。

当然，有人说它山之石可以攻玉，比较是为了学习借鉴，便于法律移植。但是，正如比较法学家皮埃尔·罗格朗（Pierre Legrand）所言，"法律的规范性的一个关键要素——其涵义——无法在从一个法律体系到另一个法律体系的旅程中存活下来……只要你愿意，以纯粹命题形式构成规范的被引词句和这些词句所关联的思想内涵之间的关系在某种意义上可以是任意的，因为这种关系是文化决定的"。换言之，以借鉴和移植为目的的比较，要么绝无可能，纯粹痴人说梦，要么无限可能，成了"任人打扮的小姑娘"。君不见曾几何时，挟洋自重者蔚然成风，言必称美利坚、德意志，动辄下笔千言，罗列欧美诸国法例，最后一拍脑门，"笔者认为我国当借鉴某国，如何如何"，便可开坛布道，到处指点江山，对埋头干活的"土包子"评头论足，纵然离题万里，奈何后者不掌握学术话语权，也只好虚与委蛇，甚至还要配合前者赶诸如"起诉书一本主义"等学术时髦，搞得鸡飞狗跳。凡此种种，足见借鉴移植之说皆系妄念。

根据比较刑诉权威克丽丝·布朗茨（Chrisje Brants）的理论，比较的真正意义除了满足人类朴素的求知欲外，最重要的其实在于以人为镜，照见自我。"因此，比较的主要目标不只是发现各种法律制度之间的差异或相似性，尽管这是该过程中的必要步骤；更是通过分析差异和相似性发生在何处，为何发生以及后果是什么，不仅在法律上进行分析，而且在法律发挥作用的更广泛的（法律）文化背景下进行分析，从而进一步了解自己的制度。只有这样，才能看到本土法律的各种可能性以及替代解决方案的局限性。"对此，我十分认同，且深有感受：从清末修法开始，我们一向重视对所谓西方"先进"法学理论、法律思想、法律制度和法律术语的译介和引入，也的确产生了丰富的学术成果和一大批令人尊敬的专家，但是对于本土法学理论、法律思想、法律制度和法律术语的外译和输出，以及在外译和输出过程中更深入的比较剖析和自我照见，我们的重视程度和相应成果都相对不足，从而造成了比较突出的"灯下黑"问题。对此，我不禁想起了两个有趣的小故事。

第一个故事是有关翻译家许渊冲先生的。据说，许先生曾与西南联大的同学一起在欢迎陈纳德将军的招待会上做志愿翻译，当国府官员提到孙中山先生的"三民主义"时，随行的译员将"民族、民权、民生"生硬地直译为"nationality, people's sovereignty, people's livelihood"，美国人听得一头雾水，不明所以，许先生当即举手，大声解释道，

"of the people, by the people, for the people,"于是众皆恍然。这一英文表述实际上源自林肯总统的《葛底斯堡演说》,是美国最深入人心的政治理念,如同国人对孟子的"民贵君轻"一样耳熟能详。历史的玄妙之处就在于,将林肯总统的这一经典表述最为信达雅地译作中文"民有、民治、民享"的正是孙先生,而许先生又以其鬼才将孙先生"三民主义"之精神借林肯总统之口而"完璧归赵"。可以说,正是这种比较的方法,使中美两国近代史上两位革命家的光辉思想得以产生跨时空的耦合,并在这种轮回和碰撞中使两国的思想界都更为深刻的照见了自我的价值内涵。

第二个故事则是我个人的留学经历。在荷兰读博期间,因为比较研究的是关于中国的题目,所以需要用英文介绍我国的基本法律框架,在解释"人民民主专政"这一基本宪法概念时,我直接使用了权威数据库及有关官网中《宪法》英文本给出的"people's democratic dictatorship"这一通行译法。没想到,两位荷兰导师在跟我的例行碰头会上神秘兮兮地问我译文的出处,并话里有话地提醒我,这种涉及中国国体的重要基本概念最好采用中国官方或权威学术来源的通行译法,不宜随意使用境外来源的译文。当得知该译文的确是国内的通行译法后,两位导师问我有无其他译法。我搜肠刮肚也找不到贴切的译法,最后只好稳妥地直接用汉语拼音音译这一概念,然后在脚注中以一段话详细解释这一概念的官方定义。

具体到刑事司法领域,我们也就能够发现,正是因为对比较的目的和方法的认识的不足和片面,一段时间以来,一些流行叙事抛弃了我国本土法律文化,反而将英美对抗制的诸多教条奉为圭臬,片面强调所谓当事人主义,却将职权主义和笔录中心主义污名化,使得检察官和法官应有职能受到一定程度的挑战和异化,检律关系也发生了一定程度的扭曲。因此,笔者不揣冒昧,从一些自认为有趣的细节和小故事入手,最后再进行一番比较法探微,希望借此抛砖引玉,引起同仁的关注和讨论。

比较法基本原理要回答的第二个问题是,如何比较?具体到刑事诉讼领域,就是用什么工具或标准进行区分和比较,以便定义和研究不同的刑事诉讼模式,典型如审问制和对抗制的二分。这里有几种不同的方法论,第一种方法叫作最小公约数法,顾名思义,就是从对抗制诸法域里面找到一个大家都有的共同性质,作为一个最小的公约数,然后说具有这一公约数的就是对抗制,然后从审问制里面也找到这样一个公约数。这种方法非常简单,但是它的缺点就是逻辑上很难周延:如果我们只挑最简单的一些公约数。把公约数挑的太小,比方说有陪审团的就是对抗制,没有陪审团的就是审问制,或者说检察官比较强势的就是审问制,会发现这个圈子特别大,有可能全世界会有上百个国家,既是对抗制又是审问制;而如果把公约数做得过大,限制的条件太多,就会发现采用对抗制的只有一个国家,就是美国;采用审问制的可能只有一个国家,就是法国。这是公约数法和它的缺陷。

还有第二种方法,就是所谓韦伯理想型的方法,它用马克斯·韦伯的基本理论,创造了一套所谓的理想型,就是一个现实中不存在的理想模型。它定义了两种理想型的程序模式,一种是对抗制,另一种是审问制。理想状态下,对抗制有子丑寅卯这么多的特点,比如普通法的传统,比如裁判者是业余的老百姓,就是所谓陪审团,以这种司法的大众化为表现;而审问制更趋向于一种职业化的审理,等等。这种方法给对抗制和审问制各设置了一套理想的模式模型，现实中的各个国家的具体的刑事诉讼制度，就可以来对照这两种不同的模型，据以判断它更接近于对抗制，还是更接近于审问制，或者说是一种混合模式，这也是笔者的博士论文采纳的一个基本的方法论。当然这种方法论也有一个缺点，就是它只涉及制度层面的讨论，就是对抗制和审问制是什么样子的，但是对于理念层面，也即对抗制和审问制为什么是这个样子，这一方法论并没有触及。于是就有了第三个补充的方法论，也即笔者在博士研究中也有使用的马克西姆·兰格（Maximo Langer）的方法论。

它将程序的框架分为不同的几个切面，主要的切面有三个。第一个切面兰格将其定义为解释学和构词法，我个人把它称为程序语言；第二个切面是个人倾向，也就是法律人经过法学院的教育，经过职业培训和执业活动这些互动的社会化过程，使得上述解释学和构词法形成了一种程序框架，最终被其个人内化为一种内心的确信。他认为法官应该是这个样子的，检察官应该是这个样子，律师应该是这个样子。相应地，非法律群体，就是普通的老百姓或曰公众，他们也有一些个人的倾向。程序应该是什么样子的？法官、检察官、律师应该是什么样子的？相较于这种个人倾向，一个大的群体的多数成员的个人倾向结合起来，汇集成一种集体意识或集体无意识，笔者把它定义为程序风俗。程序语言和程序风俗，即切面一和切面二，这两者合在一起，就是一种程序文化，这是我个人在兰格方法论基础上的一个定义。第三个切面是程序权力，即公检法包括辩护人律师，他们各自在刑事程序中拥有什么样的职权和能量？此外还有一些其他的相对次要的切面，比如案件管理技术，是主要依赖案卷，还是依赖言辞去办理案件？有没有发达的辩诉交易制度？还有职业伦理以及内在激励，前者不言自明，后者是促使程序参与人进行刑事诉讼活动的内在激励。它们的机制不尽相同，各个层面也是相互影响和相互制约的。

这样解释可能大家还不是很了解，我就具体结合官方调查模式（审问制）和抗辩模式（对抗制）这两种基本的模式，进行具体的比较分析。所谓的解释学和构词法具体是什么意思？它是说进行刑事诉讼活动的时候，基本的载体其实是语言。审案子也好，写判词也罢，所有的活动都体现为语言的活动，而语言就涉及构词法问题。比如刑事审判，我们中国人习惯说审案子，那什么是案子，什么是案件？一提到这个词，我们是如何在头脑中进行视觉构建（visualization）并形成认识的？这里就有一个关键的构词法问题：中文里，"案"是形声字，木字底，本义是指木头小桌子，即"desk"，"件"其实是"item"，案件这个词的本义是案头上的一件件（卷宗），就是"items on the desk"；"审"的本意是仔细地看，英语的对译是"see/inspect"。由此可见，中文语境中的"审案子"主要是用眼睛看的，中国人说"审案子"时，脑海中的画面是青天大老爷坐在案头前，审阅案卷笔录。而且审案子在国人的感性认知里其实审的是人犯，即被告人；而在英文中，案子一词的对译"case"，其本意是箱子，指向的是律师手中提的公文包。英语说"审案子"，用的是"hear a case"，直译的话是"听箱子"，说明英语语境中，"审案子"主要是用耳朵听的。西方人（特别是英美国家的人）说起"审案子"时，脑海中的画面是控辩双方唇枪舌剑，各自兜售自己"箱子"里的故事。所以在英文的法律文化里，关于案件事实，会有对立统一的两个概念，一个叫prosecution case，另一个叫defense case（在中文语境里，这两个词其实根本找不到任何的对应，因为在我们的法律文化里只有一个统一的案件事实概念，我们说公安机关查明什么样的案件事实，然后检察机关查明什么样的案件事实,最后人民法院经过审理发现什么样的案件事实,它只有一个案件事实的概念),控方"箱子"里的故事被称作 prosecution case,辩方"箱子"里的故事被称作 defense case。说到底它们都只是关于案件真相的一套说辞或理论,英文叫作 case theory,最后通过一番较量,看陪审团到底对哪个"箱子"里的故事或说辞更买账,因此西方人(尤其英美)提起"审案子",其感性认知里其实主要是审证人而不是审犯人,其刑事诉讼主要是当庭听故事,而不是庭下看卷宗。这是巨大的法律文化差异。此外,中西方的法神也不一样,中国是獬豸,讲究明察秋毫,"触不直者去之",而且明察秋毫这个词本意也是指眼神儿好;而西方的所谓正义女神(Lady Justice)忒弥斯(Themis)则是蒙着眼睛的,蒙着眼睛肯定没法"明察秋毫",只能"聪辨宫羽",也说明它们的诉讼跟眼睛没什么关系。由此可见,即便是涉及"审判"这种中国古已有之的本土概念和基本术语,尽管我们在将其与英文中的相应术语,如"审判"(trial/hearing/adjudication)或"庭审"(court session/trial session)对译时,不会存在误译的问题,但这却反而容易使人忽略中国人与西方人,尤其是英文使用者之间,关于"审案"这一共有概念的截然不同的法律文化理解和视觉形象构建。通过"审案子"和"听箱子"的例子,我们看到了这就是构词法和解释学这一切面所体现出来的比较法方法论的作用,它反映出不同程序模式下各自的底层逻辑。也即中国人和外国人,即便大家都在说审一个案子,都在说刑事诉讼,但因为大家有各自的构词法,在此基础上形成不同的解释学,导致最终大家在脑海里建构的东西其实是完全不同的,很大程度上是鸡同鸭讲。意识到并理解了这种法律传统和文化差异的程序内涵,有助于国人更加客观理性地看待英美法系所谓的"庭审中心主义"和我国所谓的"案卷笔录中心主义"的程序结构差异的历史必然性和必要性,明白两种"主义"本身在理论上并无高下之别。

实际上,不光我国的程序传统和内涵不兼容英美"庭审中心主义"的相关教条,欧洲大陆也是如此,这种法律文化上的差异也形象地体现在相关术语的表述上。以我留学的荷兰为例,其法官一词写作"rechter",其词根"recht"在日耳曼语系中表示法律或权利,对应于拉丁语系的"jus",或者中文的"法","er"这一后缀的意思是"(做什么的)人",因此该术语的文化内涵更接近我国的"法官"一词,指依职权主动适用法律、维护法律的职业官僚,与英文中对应的,本意为裁判的"judge"一词所指向的消极被动、冷眼旁观的制度内涵截然不同。类似地,荷兰语的法院一词写作"rechtbank","bank"在日耳曼语中的意思是长凳,在此专指法官审案时坐的条凳,因此荷兰语的"法院"一词如果直译的话,应该称为"法席",这种称谓方式与我国的"案子"一词具有法律文化的共通性,都是以法官办案的具体场景来借代相关的主体或对象,并且带有案牍主义和职权主义的色彩,与英文中的"court"一词在文化内涵上大相径庭。后者的本意是庭院,也指赛场,指向的是一片空旷的场地,可用作表演或比赛的舞台,也方便众人围观,这种称谓方式隐含的则是司法竞技主义的文化内涵,我国的"法院"一词在字面上显然也或多或少地受到了英文"court of law"的影响。

除了"审判""法官"和"法院"之外,中西之间关于"检察"和"检察官"的理解和称谓也有许多微妙的差异。英文中普遍以"public prosecutor"统称检察官,但是从字面意思和制度内涵来讲,该词与中文的"检察官"是颇为不同的,其功能含义的范围要明显小于"检察官",按照字面意思翻译为"公诉人"其实更加贴切,与其对应的是"private prosecutor",相当于我国的"自诉人"。在苏格兰,检察官一般被称为"procurator fiscal",其中心语"procurator"根据《朗文当代英语词典》和《元照英美法词典》,是一个源于拉丁语的词汇,指(诉讼)代理人或代表人,尤其是在苏联、罗马教廷和古罗马帝国,带有明显的职权主义色彩,也常指向社会主义法系。正因如此,我国对各级"检察院"的官方英文译名采用"procuratorate",后缀"ate"表示具有前缀所述功能的一群人,因此该官方译名的英文表意为,(带有职权主义色彩和社会主义导向)代表国家进行诉讼的职业群体,这很好地体现了我国检察官的应然定位。而在欧陆国家,其检察官的称谓也大多带有这种国家主义的色彩。以荷兰为例,其检察官被称为"officier van justitie",直译应为正义官或司法官,体现了中立(impartiality)的定位以及追求真相和正义的功能内涵,这与美国相应的"district attorney"的私人化和单方化(partisanship)的法律文化内涵截然相反。以上是关于解释学和构词法这一切面的比较法方法论内涵。

第二个切面个人倾向相对来说比较容易理解,它是指不同的程序参与人,比如检察官,他是怎么样定义自己的位置的,他觉得自己是一个中立的司法官,还是应该扮演控方的律师,以及其他人是怎么样来认识检察官的。法官、辩护律师也一个道理,就是说法官被认为是,并且自己也这么认为,他是积极的真相调查者,还是一个消极的比赛裁判,吹哨的;辩护律师,应该是一个纯粹的控方的对手和程序进程的主导者,是跟检察官去打擂台的,还是配合法官、检察官一起作为真相的校对者——从辩方的特有角度,对官方的调查报告提出自己的质疑和校对,以便让真相更加可靠?大家对自己的程序角色都有不同的认识倾向,而其他人对他也有认识的倾向,这种个人倾向和前面说的解释学和构词法加在一起,就是笔者所谓的程序文化。对抗制和审问制代表两种非常典型的程序文化,而我们国家从自古以来到新中国建立,也有自己一以贯之的职权主义的程序文化。不同的程序文化没有孰优孰劣之分,只有是否适合,不同的程序文化导致不同的程序的架构,于是就有了兰格的比较法方法论的第三个切面,也就是程序权力。程序权力这个切面也很好理解,就是控方的权力,检察官的权力,它应该是怎么样的?检察官是来主导案件的举证质证和证明;还是跟辩方的律师是对等的来,双方共同把游戏玩好?辩方的权力是跟控方对等,同样可以参与案件的调查或侦查,并对等地负有举证质证责任,享有对抗辩论的权力,还是仅仅作为一个有益的补充来共同发现真相?这是程序权力这一切面的内涵。此外还有其他一些相对次要的切面,例如案件管理技术,职业伦理,内在激励等。

基于以上的比较法基本原理,套入之前的对抗制和审问制的基本二分法,我们可以得出(比较)刑事诉讼的一些基本的通论。

(1)检察官在刑事程序中的功能作用是核心性的。首先,从程序结构来讲,任何现代法治国家的控辩审三方中,辩审两方的角色定位和程序职能都相对固定,审判者都处于中立和超然的地位,辩方都处于防御性的非中立地位,而检察官的定位则差异较大,有的偏向中立,有的则更多地站在被告方的对立面上,带有较强的立场倾向性。前者属于审问制的典型特征,而后者属于对抗制的典型特征。简而言之,检察官的角色定位和程序职能是决定刑事程序的基本形态和性质的最大变量(这一点从本部分内容关于刑事诉讼模式的两幅图景也能形象地体现出来。很显然,正是由于控方,即检察官这一顶点的位置或曰定位发生了位移,才导致了整个三角形的结构和形状发生了改变)。其次,正因如此,检察权这一最大变量的配置和行使就具有极强的能动性,这就决定了不论哪个国家、何种形态和性质的刑事程序,对于任一给定的具体制度而言,检察权都是最有力的抓手,检察官的角色定位和程序职能设计是否符合本国的法律文化和宪政框架等国情因素,以及检察机关的履职是否忠实于这一设计,就自然成了决定刑事程序品质的关键。换言之,刑事程序的整体质量很大程度上是由检察官决定的。对于刑事诉讼学界而言,这意味着研究的重心应该落在检察环节,而非咬着审判环节不松口。

(2)对抗制或曰抗辩模式本身不论在理论上还是实践中,都不是实现程序公正的唯一解,甚至都不是最优解,它先天存在着破坏真相的对抗效应(combat effect,因为控方和辩方的直接的目的都是赢,而不是为了真相,双方斗法的过程和结果就是谁力量强,天平就会偏向哪一边,双方都把这个案件事实的发现引向对自己更有利的一套说辞,而不是引向真相的)和破坏公平的财富效应(wealth effect,越有钱有势的人,越能够投入更多资源,争取在司法竞技活动中取得更多的优势,就是所谓的法律面前人人平等,但是有钱人比穷人更加平等)。现代对抗制刑事程序的形成、演变和确立的过程其实是法律史上的偶然,而不是法理上的必然。对此,英格兰法律史学者Langbein略带自嘲地总结道:"对抗制刑事审判出现在英格兰这一传奇更多的是一个法律史的命题,而不是法理的命题,因为这是我们如何最终生活在一个我们对其没有足够理论的刑事程序中的故事。"因此,对抗制教条的适用性更多地在于给定系统的法律史因素而不是法理因素,我国流行叙事关于刑事程序的诸多信条,即便在其发祥地也并不具备充分的法理依据。

(3)对于以官方调查模式为刑事诉讼基本框架的国家而言,其"按部就班的递进式程序"(methodical succession of stages)特征决定了从侦查到审判的每一个环节对于发现真相、实现正义都是同样意义重大的,并不存在哪个环节就是所谓中心,其他环节都要为其服务,更不能说证据只能产生于某一环节,如果硬要厚此薄彼,分个先后。那也毋宁说,侦查和检察环节其实更为要害,尤其是检察官是否能够客观中立履职,能否引导侦查人员全面收集有利和不利于被告人的证据,尽力还原案件真相,这才是最关键最核心的问题。基于权力组织模式和诉讼程序框架的结构性差异,官方调查模式不宜使用审前程序和审判程序的二分,更不宜过分强调所谓审判中心。打个不太恰当的比方,如果说英美对抗制住的是平房,地下室杂物间住着审判之前的各种粗陋手续,地上住着审判程序,审前程序和审判程序的二分就如地下和地上的区别,是有现实基础和实际意义的;欧陆审问制以及我国的递进式程序住的则是四层的楼房,立案住一楼,侦查二楼,审查起诉三楼,审判住顶层,每一层都同样重要。硬做审前程序和审判程序的二分,就好比非要把四层楼房说成是两层,顶层和非顶层,然后愣说顶层就是好,就是比非顶层重要。现实中如果真有人这么说,想必不是痴人,就只能是售楼小姐了。

张帅,北京声驰律师事务所律师,法学博士。本节内容原题目为《"果壳中"的刑诉江湖》,未公开发表,收录本书时有改动。

## 第二节　审判直播的实证研究

王　燃

法院的庭审直播是指法院在法庭审判的同时通过广播、电视或网络等途径对庭审过程进行的图文、音频、视频播放。庭审直播是司法公开的需求与现代科学技术相结合的产物。庭审直播是有利有弊的。就当下中国而言，庭审直播的价值主要表现为有助于增强司法的透明度，提升司法的公信力，维护司法公正，遏止司法腐败，改变庭审虚化的现状，促进司法判例制度的建立等。目前，中国法院的庭审直播存在着地区发展不太平衡、直播体系不很规范、直播技术不够专业、直播内容不甚完整等问题，因此就要健全庭审直播的体系，完善庭审直播的规则，提升庭审直播的水准，加强庭审直播的实效。

2013年，中国法院的庭审实况因两个相当轰动的事件而曝光于华人世界。其一是8月22日至26日在济南市中级人民法院开庭审理的薄某某贪污、受贿、滥用职权案。由于济南中院以"微博直播"的形式发布庭审记录，世人得以间接地看到庭审过程，包括法庭调查中控辩双方的举证、质证以及法官的即席裁定。其二是11月18日《全民目击》在伦敦举行的第5届英国万像国际华语电影节（China Image Film Festival）上获得"最佳影片"等奖项。在该电影中，富豪林泰的未婚妻被害案的庭审实况得到新闻媒体的即时报道，法庭内架满摄像器材，法庭外记者争相采访，庭审过程以全景式呈现在世人面前。这是真的吗？中国法院的庭审真的可以或者应该这样直播吗？为了回答这个问题，我们进行了实证分析与研究，现将收获与心得总结如下。

### 一、法院庭审直播的缘起

审判公开是现代司法原则之一。其实，人类社会早期的司法裁判都是公开的。无论是在东方还是西方，原始部落或氏族的酋长或长老都是当众审理纠纷并作出裁判的。在西方文明的发源地，古希腊和古罗马的司法裁判权最初都属于全体自由民组成的民众大会。在中世纪欧洲流行一时的"冷水审""热水审""热铁审"等神明裁判也都是在公众见证之下进行的。虽然中国古代没有明确的公开审判制度，但是头顶"明镜高悬"匾额的县太爷端坐大堂的审判也是允许民众旁观的。今天，在山西的平遥古城和四川的阆中古城，人们仍然可以看到旧时临街建设的县衙大堂，可以想见当年公开审判的场景。后来，专制国家的司法把审判封闭化、神秘化，而且往往伴随有野蛮的刑讯。再后来，司法的文明化和法治化又把公开审判作为原则，除了涉及个人隐私和国家机密等不适于公开的案件之外，审判的过程都应该向公众开放。然而，在一些重大案件中，感兴趣的民众很多，而法庭的空间有限，无法满足旁听审判的需要，于是，利用现代科学技术对庭审进行直播，就被提上了议事日程。从这个意义上讲，法院的庭审直播是司法公开的需求与现代科学技术相结合的产物。

## (一)外国法院庭审直播的发展

在美国,通过语音的庭审直播可以追溯到1925年发生在田纳西州戴顿市的一起有关进化论课程是否合法的案件。由于该案引起民众的广泛关注,所以当地广播电台对审判进行了现场直播。这大概是美国最早的电台庭审直播案件。其后,越来越多的新闻记者带着照相机涌入热点案件的审判法庭,而1935年发生在新泽西州的布鲁诺·理查德·霍夫曼(BrunoRichard Hauptmann)绑架谋杀男婴案则堪称顶峰。在那起被称为"世纪审判"(Trial of the Century)的案件中,大约700名记者和120名摄影师聚集在法庭内外,从各个视角对庭审进行报道。霍夫曼被判有罪之后立即上诉,主要理由是新闻媒体对法庭审判的过度报道影响了司法公正。新泽西上诉法院驳回了被告方的上诉,认为法官允许媒体记者进入法庭的做法是正确合理的。后来,美国联邦最高法院也支持了这个裁定。该判例为后来的庭审直播提供了法理依据。1955年,德克萨斯州法院审理的哈里·沃什伯恩(Harry L.Washburn)谋杀案成为美国第一起正式由电视台进行庭审直播的案件。

虽然美国最高法院在霍夫曼判例中认可了新闻记者进入法庭的做法,但是在1965年的埃斯蒂斯诉德克萨斯州(Estes v.Texas)一案中,联邦大法官们却表达了反对庭审直播的态度。在该案中,记者们带进法庭的不仅是照相机,还有十几台摄像机。那些连接摄像机的电线和麦克风就摆放在法官、陪审团和律师的旁边,既分散了陪审员的注意力,也影响了证人的作证心理。该案的主审法官汤姆·克拉克(Tom Clark)认为,庭审直播给审判带来了破坏性影响,尤其是对陪审团的干扰最为严重。当陪审员意识到庭审过程被电视直播时,他们可能会感到不安,注意力也容易被干扰。在电视上公开陪审员的肢体动作和表情,会影响陪审员的判断力,而庭审直播对公众的影响也会形成影响判决的偏见。最高法院的法官们最后裁定,摄像机的使用严重违背了被告人享有的获得公正审判的宪法权利。不过,在1977年的钱德勒(Chandler)一案中,美国最高法院又放宽了对庭审直播的态度。目前,美国的联邦法院系统对庭审直播基本上秉持保守态度,但是大部分州的法院都对庭审直播采取开放态度。1984年,"法庭电视台"(Court TV)在美国诞生,每天直播各地法院审判的实况。与美国最高法院不同,世界上很多国家的司法机关都对庭审直播持支持态度。例如,根据加拿大最高法院大法官贝弗利·麦克拉克林(Beverley McLachlin)的讲述,加拿大在20世纪90年代中期就普及了电视庭审直播,并且在2009年开始了网络直播。2009年10月,刚刚成立不久的英国最高法院也给庭审直播开了绿灯。巴西是对庭审直播持积极态度的国家。2002年,巴西最高法院就开始推行庭审直播,包括电台直播和电视直播两种方式。目前,巴西设有专门用于庭审直播的司法电视频道(Justice TV)和司法广播电台(Radio Justice)。巴西的庭审直播还有一个特点,那就是允许直播法官们的评议过程。这在世界上大概是绝无仅有的。

## (二)中国法院庭审直播的发展

在中国,司法机关在很长时期内对庭审直播都持反对态度。例如,1993年的《人民法院法庭规则》就明确规定,"未经审判长或者独任审判员许可,不得在庭审过程中录音、录像、摄影"。在实践中,主持审判的法官一般都不愿意面对录音录像等设备,更不愿意让电视台直播庭审实况。不过,随着社会民众对司法公正问题关注度的提高,人们也希望揭开法庭审判的神秘面纱,而电视工作者在法制栏目发展的背景下也产生了直播庭审实况的兴趣。1996年2月,广州市中级人民法院电视直播番禺"12·22"特大劫钞案。1998年7月11日,国内十大电影制片厂诉电影著作权被侵权案在北京市第一中级人民法院庭审,中央电视台首次做了现场直播,历时4个多小时,完整地反映了法庭调查、辩论和宣判的过程,使得当时的民众了解到知识产权保护的重要性。这在中央电视台尚属首次,被称为"破冰之举",社会反响很大。

1998年,时任最高人民法院院长肖扬在讲话中提出,要逐步实现电视和广播对审判活动的现场直播。1999年3月《最高人民法院关于严格执行公开审判制度的若干规定》第11条规定:"依法公开审理案件,经人民法院许可,新闻记者可以记录、录音、录像、摄影、转播庭审实况。"其后,一些地方的法院和电视台联合对一些重大案件的审判进行了庭审直播。例如,1999年4月綦江虹桥垮塌系列案的审判在中央电视台全程直播,而且有专家点评,引起社会的广泛关注。2001年4月21日,张君、张泽军特大杀人抢劫案在重庆和常德两地法院作出一审宣判,中央人民广播电台直播了两地的宣判实况。

2001年中央人民广播电台与最高人民法院办公厅联合推出大型纪实专栏节目《现在开庭》,这是我国广播界首次将庭审实况制作成广播节目向全国播出。中央电视台法治频道的《庭审现场》则是以电视节目的形式展示法院庭审实况的有益尝试。不过,《现在开庭》和《庭审现场》都不是严格意义上的庭审直播,因为其对庭审过程都有一定的剪辑和评论,而且在播出时间上也具有滞后性,应该属于"录播"的范畴。2009年6月7日,河南省高级人民法院通过河南电视台法制频道的《走进法庭》节目,对河南省通许县法院一起民事案件的审判过程进行了庭审直播。2009年,北京市高级人民法院开通了全国首家以视频庭审直播为主要内容的"北京法院直播网",此后各地法院纷纷建立视频庭审直播网,如江苏省庭审直播网、河南省庭审直播网、新民网法院频道庭审直播网等。

2010年,最高人民法院颁布了《关于人民法院直播录播庭审活动的规定》,用于规范人民法庭的庭审直播、录播活动,主要规定了庭审直播的原则、直播的形式、直播的程序等内容。2011年3月17日,山东莱阳法院通过新浪微博对一起买卖合同纠纷案的庭审进行了微博直播,历时1小时20分钟,展现了法官及双方当事人在庭审过程中的发言内容。这虽然是一起小案,但是作为我国最早的微博庭审直播具有开创意义。2013年8月22日,济南市中级人民法院通过新浪微博对薄某某贪污、受贿、滥用职权一案进行了庭审直播,引起广大网友的关注。该案也大大提升了"微博庭审直播"的社会知名度,进而在全国各地掀起了微博庭审直播的热潮。2013年11月,最高人民法院颁布了《关于推进司法公开三大平台建设的若干意见》,其中强调人民法院应当积极创新庭审公开的方式,以视频、音频、图文、微博等方式适时公开庭审过程。2013年12月11日,"中国法院庭审直播网"正式开通,公众可以通过该网站的视频观看到全国各地法院的庭审实况。

### （三）法院庭审直播的界说

"直播"本是一个广播术语，其含义就是直接播放或播出。"直播"是与"录播"相对应的概念。前者是指广播节目在广播制作室内不经过录音而直接播出；后者是指广播节目先录音后播出。在早期广播中，区分直播和录播的标志就是是否使用录音机。在人类进入电视时代之后，视频取代音频成为传播的主要媒介，于是，直播多指电视台与事件发生同时同地进行的视频转播，而录播则是指电视台在事件发生之后播放录像。一般认为，作为电视节目的播出手法，直播比较适用于资讯类节目，因为它可以及时客观地传递信息；而录播更适用于娱乐类节目，因为它可以通过对声音和画面的编辑加工来获得更佳的娱乐或艺术效果。随着互联网技术的发展，直播的概念又有了新的拓展，如网络的文字直播、图片直播、视频直播，以及后来居上的微博直播等。与录播相比较，直播的优点在于即时与客观，但这并不必然等同于完整或恰当意义上的客观真实。

根据上述定义，法院的庭审直播就是法院在法庭审判的同时通过广播、电视或网络等途径，对庭审过程进行的图文、音频、视频播放。庭审直播的平台主要是广播电台、电视台、互联网站。因此，我们可以把庭审直播相应地划分为以下三种基本方式。（1）电台庭审直播。如前所述，广播电台的庭审直播是最早的庭审直播方式。它简便易行，而且具有一个优点，即可以在声音传播的同时保护诉讼当事人和证人的隐私权。（2）电视庭审直播。在网络尚未普及的年代，电视直播是庭审直播的主要方式。电视庭审直播有两种形式：一种是电视台固定频道或栏目的庭审直播；另一种是重大案件的专案庭审直播。（3）网络庭审直播。随着网络技术的高速发展，网络庭审直播逐渐成为庭审直播的主流方式。网络庭审直播包括视频直播、图文直播和微博直播等。其中，微博庭审直播是法院利用网络微博平台进行的直播，除文字描述外，还可以嵌入庭审视频、图片等，并且可以跟观众进行即时互动，颇受广大网民的欢迎。不过，现在有些法院的微博直播具有滞后性，而且经过了剪辑加工，并非真正的"直播"，大概可以称为"且录且播出"。

## 二、法院庭审直播的价值

法院的庭审直播是有利有弊的，因此人们对庭审直播的态度是既有支持也有反对。2014年春天，我们以庭审直播为主题在北京地区对一些法官、检察官、律师和普通群众进行了随机的问卷调查。调查对象包括23名法官、15名检察官、17名律师和29名普通群众。在对庭审直播的态度问题上，13名法官支持庭审直播，占57%；12名检察官支持庭审直播，占80%；16名律师支持庭审直播，占94%；23名普通群众支持庭审直播，占79%（见图9-2-1）。诚然，这一调查因对象数量少而欠缺代表性，但是可以说明无论是在法律人还是在普通民众中，支持庭审直播者都占多数。

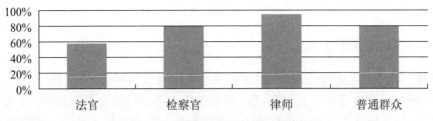

图 9-2-1　不同群体对庭审直播的支持率

关于庭审直播对司法人员的影响问题，69 个调查对象认为庭审直播有利于促进司法公开和程序公正，49 个调查对象认为庭审直播能够起到普法教育的作用。其中，16 名法官和 10 名检察官认为庭审直播的设备和操作人员会对法庭氛围产生干扰；6 名法官和 3 名检察官认为庭审直播会让他们感到紧张并担心表现不佳；14 名法官和 12 名检察官认为庭审直播会使他们做好更加充分的庭审准备并使庭审过程会更加规范（见图 9-2-2）。此外，13 位名律师认为庭审直播有助于辩护、代理工作的展开。

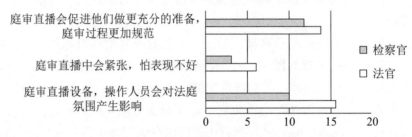

图 9-2-2　庭审直播对司法人员的影响

毫无疑问，庭审直播会对审判产生一些负面影响。例如，庭审直播的摄像机、麦克风、电线以及设备操作人员会占据法庭的空间，会对庭审活动造成一定的干扰。又如，法官、检察官、律师和当事人在面对录音录像设备进行问答或陈述时，都可能在一定程度上感觉不适应，甚至会产生一定的心理压力，从而影响其正常的判断能力和表达能力。再如，庭审直播往往伴有大量的媒体报道和民众关注，并形成带有倾向性的社会舆论，从而给法院的审判工作带来压力，甚至在一定程度上成为法官裁判的导向。不过，庭审直播还是利大于弊的，特别是对当下中国来说，庭审直播的价值主要表现在以下几个方面。

## （一）庭审直播有助于增强司法的透明度

审判公开是我国法律明确规定的诉讼原则之一。但是由于司法机关主客观方面的原因，这一原则在执行中被打了折扣，甚至在一些案件的裁判中出现暗箱操作枉法裁判的情况。因此，如何提升司法裁判的透明度是近年法学界关注的热点问题之一。从 2011 年开始，中国社会科学院法学研究所每年都发布《中国司法透明度指数报告》，从审务公开、立案公开、庭审公开、文书公开和执行公开等方面对我国高级法院和较大城市的中级人民法院进行考察评估，其内容之一就是法院的庭审直播情况。考评结果表明，庭审直播的开展与司法透明度存在密切关系，庭审直播开展较好的法院往往司法透明度指数也较高。例如，根据《2013 中国司法透明度指数报告》：在 31 个高级法院中，得分排在前十名的是上海、海南、浙江、广东、江苏、河南、重庆、新疆、湖南、湖北的高院；在49个较大城市的中级人民法院中，得分排在前十名的是宁波、成都、徐州、厦门、杭州、南京、海口、广州、珠海、深圳的中院。而根据我们的统计，这些法院在庭审直播方面也都做得较好，例如河南高院、海南高院、江苏高院、新疆高院、湖南高院、徐州中院、南京中院、海口中院、广州中院等（见图9-2-3和图9-2-4）。审判公开的目的就是提升司法的透明度，而庭审直播的首位价值也就在于可以增强司法的透明度。庭审直播不仅满足了社会公众对重大案件审判的知情权，也加强了民众对审判活动的监督。

### （二）庭审直播有助于提升司法的公信力

在现代法治国家中，公信力是司法的生命。在封建专制社会中，司法不靠公信力也可以树立权威，因为可以倚靠威权乃至暴力。司法公信力的基础当然是司法公正，但是司法的透明度对于司法公信力也很重要。毋庸讳言，当下中国的司法公信力还不够高。在一些案件中，无论法院怎么判，当事人都有不服，民众都有不信。特别是在微博、微信都很发达的"自媒体"时代，如果司法裁判不透明，各种民间版本的传言就会大肆流行，致使原本公正的司法裁判被戴上了徇私枉法乃至贪赃枉法的帽子。庭审直播可以让感兴趣的民众看到审判的过程，因而可以在一定程度上消除民间的疑虑和误解，提升司法的公信力。顺便说，当下中国的司法公信力偏低的原因之一是司法依附于政府，反向而言，提升司法公信力也就可以作为挽救政府公信力的一条有效路径。近年来，法院领导也很关注提升司法公信力的问题，一些地方的法院甚至提出了创建"公信法院"的口号。但群众的眼睛是雪亮的，法院要提升公信力，不能光靠说好话和喊口号，一定要推出让老百姓看得见、信得过的制度创新，而庭审直播就是其一。

### （三）庭审直播有助于维护司法公正

司法公正是法院审判的基本目标和原生价值，其内涵就是要在司法活动的过程和结果中坚持和体现公平正义。换言之，法院审判既要追求实体公正，也要保证程序公正。庭审直播在这两个方面都有不容忽略的价值。一方面，庭审公开可以促进并展现司法裁判的程序公正；另一方面，庭审公开也可以促进和保障司法裁判的实体公正。历史经验表明，公开透明的裁判一般都是比较公正的——至少就程序而言，暗箱操作的裁判则往往会有失公正，甚至会有肮脏交易。人常说，光明正大，可见光明与正大是如影随形的。庭审直播可以加强民众对司法活动的监督，可以促进司法人员的敬业精神，可以提高法院审判的工作质量。总之，庭审直播是透过程序公正来保障实体公正的一条路径。

### （四）庭审直播有助于遏止司法腐败

司法本应是清正廉明的，但是在当下中国，腐败已经从个体性腐败发展到制度性和社会性腐败，已经蔓延到社会生活的各个领域，司法系统也无法幸免。这些年暴露出来的一些司法腐败大案令人震惊。常言道，阳光养廉，黑暗生腐。审判过程中的"暗箱操作"是产生司法腐败的原因之一,而庭审直播的"阳光"可以成为防止司法腐败的一剂良药。诚然,庭审直播并不能完全消除司法腐败,但是可以在一定程度上遏止司法腐败的泛滥。

### (五)庭审直播有助于改变庭审虚化

在当下中国,刑事庭审虚化是一个不争的事实。法庭审判本应是刑事诉讼的中心环节,但是却被虚化到可有可无的境地。法官对证据的认定和对案件事实的认定主要不是通过法庭上的举证和质证来完成的,而是通过庭审之前或之后对案卷的审查来完成的,庭审沦为走过场,不能发挥裁判的实质作用。自2009年开始,中国人民大学法学院"刑事庭审实证研究"课题组的成员分别以问卷调查、座谈访谈、旁听审判和网上查阅等方式就我国刑事庭审的现状和问题进行了实证研究。例如,2010年末至2011年初,课题组成员对中国法院网上"网络直播"栏目下的"现在开庭"子栏目所登载的2010年1~12月审理的共计292起刑事案件进行了实证分析。我们发现,庭审虚化在刑事诉讼中具有相当的普遍性。笔者在调研中曾经询问法官,若不开庭如何?有法官坦言,照判不误。庭审直播有助于改变这种怪现状,因为在"全民目击"的审判模式下,法官、检察官、律师都会恪尽职守,当事人和证人的权利也能得到较好的保障。即使庭审直播不能彻底改变庭审虚化的现状,也可以对庭审虚化的转变发挥倒逼的作用。

### (六)庭审直播有助于推动司法判例制度的完善

中国在很长时期内都未能建立司法判例制度,除了理论认识和司法观念上的原因之外,法院的裁判文书不够公开也是原因之一。2010年11月26日,最高人民法院发布了《关于案例指导工作的规定》。这对于我国司法判例制度的建立具有指标性意义。2013年11月13日,最高人民法院审判委员会通过了《最高人民法院关于人民法院在互联网公布裁判文书的规定》,该规定于2014年1月1日起施行。根据该规定,除特殊情况外,各级人民法院的生效裁判文书应当在互联网上公布。裁判文书的公开和检索是司法判例制度中的重要组成部分,而法院的庭审直播既可以促进裁判文书公开,又可以作为裁判文书公开的补充,因而可以为完善中国的司法判例制度提供助力。

综上,法院的庭审直播具有多方面的"正能量",因此在法治国家中,司法机关应该积极推广。不过,庭审直播上述价值的实现有一个前提条件,那就是庭审直播的内容应该能够客观完整地展现法庭审判的实况。换言之,庭审直播内容的真实性是至关重要的。

## 三、中国法院庭审直播的现状

如前所述,庭审直播的基本形式有电台直播、电视直播和网络直播三种。目前中国法院使用最多的是网络庭审直播,包括网络视频直播、网络图文直播和网络微博直播,而且在有些地区已然成为常态。因此,我们对中国法院庭审直播现状的分析主要以网络直播为素材。

## （一）网络视频/图文庭审直播的情况

### 1. 最高人民法院的网络视频/图文直播系统

目前，我们在互联网上查询到的覆盖全国范围的法院庭审直播系统有两个，其一是"中国法院网的网络直播栏目"；其二是"中国法院庭审直播网"。"中国法院网的网络直播栏目"是覆盖全国范围的网络图文庭审直播网站，而且与7个高级法院和31个中级人民法院建立了链接。该网站从2003年5月14日至2014年8月1日，共直播案件34 529起，最早的一起是2003年浙江丽水莲都区人民法院审理的变更抚养关系案。该网站主要采取图文直播的方式。中国法院庭审直播网建立了由31个省、自治区、直辖市的高级人民法院、中级人民法院和基层人民法院组成的庭审直播体系，主要采用视频直播的方式。由于该网站于2013年12月11日才开通，截至2014年8月1日，只有49起视频直播案件。

### 2. 高级人民法院的网络视频/图文直播系统

截至2014年4月14日，全国已经开通网络视频/图文直播的省级法院共有18个。其中，河南省高级人民法院以14 000余起直播案件遥遥领先，其次为北京市高级人民法院，直播案件6 000余起；江苏、湖南、上海、辽宁高级人民法院的直播案件数量位于100~1 000之间；海南、云南、山东、黑龙江、安徽、新疆高级人民法院的直播案件数量位于10~100之间；福建、天津、河北、江西、四川、陕西高级人民法院的直播案件不足10起（见图9-2-3）。河南、北京、江苏的庭审直播网发展较为成熟，已经将全部中级人民法院和基层人民法院纳入直播系统。上海法院的庭审直播网（"新民网法院频道"）很有特色，将视频直播、微博直播和网络图文直播集中于同一页面，为观众提供了多元化的选择。各地网站的庭审直播内容一般包括：正在直播、直播预告以及往期的直播回顾。此外，很多网站还开设有法制新闻、嘉宾访谈等栏目。有些省级人民法院虽未建立常规的网络庭审直播系统，但是在发生重大案件时也会采取临时与媒体合作的方式直播法庭审判，例如，2013年10月15日杭州市中级人民法院就通过"杭州在线"等媒体对"萧山纵火案"的审判进行了直播。

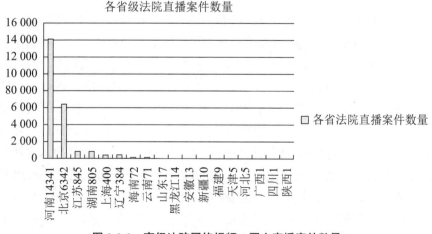

**图9-2-3　高级法院网络视频/图文直播案件数量**

### 3. 中级人民法院的网络视频/图文直播系统

我国中级人民法院的数量很多，我们选择了45个中级人民法院作为研究对象，包括27个省会城市和18个经国务院批准具有地方立法权的较大城市的中级人民法院。截至2014年4月14日，上述45个城市中有18个中级人民法院开展了网络视频/图文庭审直播。其中，广州中级人民法院以405起直播案件位居首位；南宁、徐州、无锡、南京、郑州、洛阳、乌鲁木齐市的中级人民法院的直播案件数量位于100~300之间；苏州、本溪、银川、长沙、福州、合肥、济南市的中级人民法院的直播案件数量位于10~100之间；鞍山、西安、杭州市的中级人民法院的直播案件不足10起（见图9-2-4）。有些法院的庭审直播是与其他网站合作的，例如，广州市中级人民法院的庭审直播是与金羊网合办，无锡市中级人民法院的庭审直播是与太湖明珠网合作，银川市中级人民法院的庭审直播是与宁夏广电总台联网合作的。此外，郑州、长沙、鞍山、本溪、洛阳、苏州等地的中级人民法院是与省高级人民法院联网直播的。

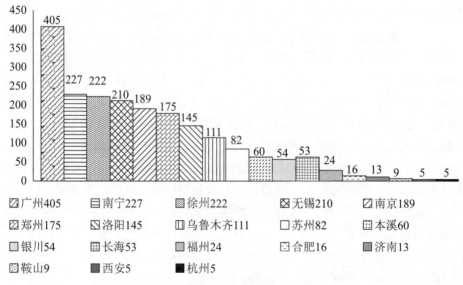

图9-2-4 中级人民法院网络视频/图文直播案件数量

通过对最高人民法院、高级人民法院和中级人民法院网络视频/图文庭审直播情况的统计和分析，我们发现法院网络庭审直播主要有以下几种模式。第一种是全省法院统一管理模式，即将省级法院、地市级法院以及基层法院按照管辖级别整合在一起建立的庭审直播体系，各级法院的庭审直播平台都与当地高级法院的庭审直播系统联网，例如，北京、河南、江苏、湖南、辽宁的法院庭审直播系统。第二种是法院与媒体合作模式，即法院与当地的媒体合作建立网络庭审直播平台，例如，上海法院与新民网的合作，广州法院与金羊网的合作，银川法院与宁夏广电总台的合作，乌鲁木齐法院与新疆都市晨报和亚新网的合作，无锡法院与太湖明珠网的合作，徐州法院与徐州网的合作等。第三种是大要案直播模式，即那些没有建立常规直播平台的法院在当地发生大要案时借助其他网络平台进行庭审直播，例如，湖北汉江中级人民法院于2009年8月在中国法院网的平台上对高勇受贿案进行的庭审直播。

## （二）网络微博庭审直播的情况

随着网络社交媒体的兴起，"微博直播"逐渐成为庭审直播的流行方式。根据《2013年新浪政法微博报告》的数据统计，截至2013年10月31日，我国有近20个省出现微博庭审直播的案例，有关微博庭审直播的报道已经达到89 914条，并且在2013年6月份开始持续走高。根据我们的统计，截至2014年4月20日，已经有26个省、直辖市、自治区使用微博进行了庭审直播，其中不乏在社会上产生很大影响的案件，例如，北京市朝阳区人民法院审理的"秦火火诽谤案"，上海市第二中级人民法院审理的"林森浩故意杀人案"，重庆市第五中级人民法院审理的"广州王老吉大健康产业有限公司诉加多宝（中国）饮料有限公司虚假宣传纠纷案"，南京市中级人民法院审理的"饿死女童案"，河北省高级法院在邯郸市中级人民法院审理的"王书金强奸杀人案"等。根据《中国青年报》的统计，截至2014年4月10日，我国31个高级人民法院都在新浪网开通了官方微博，此外，在腾讯网开通微博的有16个，在人民网开通微博的有7个，在新华网开通微博的有3个。这57个官方微博在2012年发布庭审直播11件，2013年发布16件，2014年1月至4月10日发布18件，共计45件。其中，广东省高级人民法院发布的直播案件数量最多，为12件。截至2014年4月10日，这57个官方微博共发微博约11万条。其中，河南省高级人民法院的官方微博发布的数量最多，为63 175条；15个高级人民法院的官方微博发布数量超过1 000条；湖北省和吉林省高级人民法院发布的微博数量不足100条。我们对新浪微博"全国法院发布厅"平台上各省通过认证的法院微博账号进行了统计，发现数量最多的是河南，共有182个法院微博账号；最少的是西藏，仅有3个法院微博账号（见图9-2-5）。

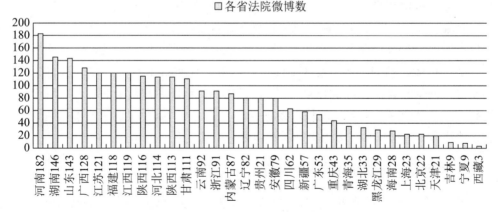

**图9-2-5　高级人民法院在新浪微博平台开通微博数**

### 1. 网络微博庭审直播的内容

从各地法院的微博庭审直播情况来看，微博庭审直播的内容主要是诉讼类案件，但是也包括一些非诉讼类案件，如执行、司法拍卖、减刑假释等。进行直播的案件由法院选定。法院在选择时主要考虑案件的重要性和影响力。北京市高级人民法院官方微博"京法网事"的管理者赵岩说："通常要看案件影响力是否大，关注度是否高，是否具有普法警示教育意义，直播也是为了回复社会关切，满足百姓获取法律知识，打破法院神秘感，同时让法院也接受监督。通常，一个案件能否直播，由法院业务庭进行法律价值的判断后报给法院宣传部门，之后再报北京市高院审核批准。"从实际情况来看，微博直播的诉讼案件主要是两类：一类是社会影响广泛的重大案件，例如，河北省高级人民法院于2013年6月和7月通过官方微博直播的"王书金强奸杀人案"；另一类是与百姓生活密切相关的案件，例如，河南省高级人民法院通过官方微博"豫法阳光"于2014年4月1日直播的"开封龙亭区法院审理刘天保、蔡凤兰生产有毒、有害食品案"。

### 2. 网络微博庭审直播的形式

目前，各地法院的网络微博庭审直播主要有两种形式：原创直播和转发直播。原创庭审直播是指法院微博直接对本院的庭审过程进行直播，大部分案件的庭审直播属于这种形式。例如，在2014年1月21日直播的"安阳郭增喜故意伤害案"中，"豫法阳光"从上午9时至12时共发布了21条微博，配以四张庭审图片，并对起诉、讯问等较为复杂的环节以长微博形式进行展示。直播内容包括案情预告、庭前准备、法庭调查、法庭辩论、被告人最后陈述、休庭等环节，用详细的文字将庭审中的各方发言和庭审过程展示给公众。转发庭审直播是指通过链接、转发等形式对其他法院的微博庭审直播进行转播，一般都是具有较大影响力的案件，例如前文提到的"王书金强奸杀人案"，很多法院的微博都在2013年7月10日对河北省高级法院的庭审直播进行了转发。

### 3. 网络微博庭审直播的特点

目前，网络微博庭审直播很受各地法院的青睐，主要原因就在于微博直播具有以下特点：(1)微博直播成本较低。视频直播需要摄像机、麦克风等电子设备，而微博直播只需要一台电脑甚至一部智能手机即可。(2)微博直播形式多样。微博直播除了传输文字和图片以外，还可以插入视频、录音、链接等多种形式的内容，其直播效果不亚于视频直播。(3)微博直播风险较小。微博直播的内容都要经过法院工作人员的录入和编辑，因此就可以使庭审直播的潜在风险得到管控，也可以使案件当事人和证人的隐私权得到恰当的保护。(4)微博直播受众面广。与法院庭审直播网站相比，法院微博的访问量往往要高得多，例如，活跃度较高的法院微博往往有数十万甚至数百万的"粉丝"。根据新浪网提供的数据，到2013年12月，微博的月活跃用户数量和日活跃用户数量分别达到12 910万和6 140万。此外，微博客户端已经延伸到手机，用户可以通过手机随时随地关注庭审直播信息，大大提升了微博庭审直播的观众数量。

## （三）中国法院庭审直播存在的问题

近年来，我国法院的庭审直播发展很快，特别是以微博直播为代表的网络庭审直播呈快速上升的态势。不过，我国的庭审直播也存在一些问题，主要表现在以下几个方面。

### 1. 地区发展不太平衡

全国各地区之间发展的不平衡是我国庭审直播面临的一个突出问题。如前所述，全国已经开通网络视频/图文直播的省级法院只有18个，其中河南省高级人民法院已经直播了14 000余起案件的庭审，而江西、四川、陕西等省高级人民法院的直播案件数只有1起。在我们考察的中级人民法院中，广州市中级人民法院已经通过网络视频/图文的形式直播了 405 起案件的庭审,而西安和杭州中级人民法院的此类庭审直播案件只有 5 起。另外,河南省已经开通了 182 个法院微博账号,而西藏仅开通了 3 个法院微博账号。河南省高级人民法院的官方微博已经发布了 63 175 条庭审直播的微博,而湖北省和吉林省高级人民法院发布的微博数量都不足 100 条。这些数据表明,无论是网络视频/图文直播还是微博直播,不同地区的法院之间都存在很大差距。这可能与当地司法机关的人力物力资源有关,也可能与当地司法机关领导的司法观念和法治意识有关。

### 2. 直播体系不很规范

根据对各法院网站庭审直播的抽样观看,我们发现有些法院的庭审直播已经相当成熟,具有统一的直播体系和模式。例如,在网络视频/图文庭审直播系统中,河南和江苏的做法就比较规范,按照高级人民法院、中级人民法院和基层人民法院的管辖范围设置全省的庭审直播体系,并且按照案件种类划分为民事案件的庭审直播、刑事案件的庭审直播和行政案件的庭审直播等。但是,有些省区法院的庭审直播体系就不太规范。例如,有些法院的网站开设了庭审直播的栏目,但是对直播的案件没有分类,或者零星或者杂乱;有些法院的网站把庭审直播设置在网站的子栏目之中,非法律专业的人很难查找和观看,影响了庭审直播的效果。在网络微博庭审直播问世之后,各地法院纷纷开设官方微博,并以"各自为战"的方式进行推广宣传,但是相当混乱,既不利于微博管理,也不利于民众收看。2013 年 11 月,最高人民法院在新浪网进行认证并开设"全国法院微博发布厅",对全国已经认证的法院微博账户进行统一管理,这一混乱状况才有所好转。此外,有些地方的法院还对本地法院的微博直播进行了规范,例如,上海市所有法院都已经在新民网微博平台进行了注册认证,并且配以统一的法院图标,形成整齐划一的法院微博系统。不过,许多地方法院的庭审直播体系还没能达到这样的水平。

### 3. 直播技术不够专业

目前,庭审直播的技术问题在网络图文/视频直播中表现得比较突出。第一个问题是网络观看直播的路径不畅通。根据对已开通庭审直播栏目的法院网站的抽样观看,我们发现不少法院网站的庭审直播的链接经常处于无法打开的状态。第二个问题是视频的拍摄或者播放有缺陷。根据抽样观看,我们发现有些法院的庭审直播采用 3~4 个固定摄像镜头进行拍摄,但是在播放中不进行镜头画面的切换,因此多个画面同时出现在屏幕上,显得有些凌乱。第三个问题是有些法院网站的视频直播声音很小,影像也不够清晰,影响直播的观看效果。第四个问题是有些法院网站对庭审直播的案情介绍过于简单,甚至缺少对开庭时间、地点、法院名称和诉讼当事人等案件基本信息的介绍,致使观众一头雾水,很难跟上庭审直播的进程。虽然法院的庭审直播不能用新闻媒体的专业标准去衡量,但是也应该达到保证直播效果的专业水准。

### 4. 直播内容不甚完整

以网络微博直播为主要形式的法院庭审直播还存在一个重要的缺陷。如前所述,庭审直播的价值基础就在于它能够客观全面地反映法庭审判的实况,但是微博直播却有明显不足。一方面,以文字为主要形式的微博直播缺乏直观性,因此其反映庭审实况的效果欠佳;另一方面,微博直播并不是庭审实况的即时完整播放,可能有时间的延迟,也可能有内容的剪辑。

然而，仅根据微博直播中的文字，人们无法判断这究竟是庭审中确实发生的失误，还是法庭速记员出现的失误，抑或法院工作人员在编辑微博时出现的失误。无论如何，类似文字的出现自然会使人们对庭审直播的客观完整性产生疑问。倘若庭审直播的内容并不是或者并不完全是法庭审判的实况，那么庭审直播的价值就会受到贬损，庭审直播甚至就会徒有虚名了。

## 四、中国法院庭审直播的改进

在 2014 年 3 月召开的全国人民代表大会上，最高人民法院的工作报告强调要加强司法公开技术支撑，建设科技法庭，推进庭审全程录音录像。由此可见，推广庭审直播依然是法院为加强审判公开和维护司法公正而作出的努力之一。最高人民法院于 2010 年颁布的《关于人民法院直播录播庭审活动的规定》已经就庭审直播的主体、案件、审核等问题做出了比较具体的规定，因此，法院的庭审直播就应该在落实这些规定的基础上，针对现存的问题，从以下几个方面加以改进和提高。

### （一）健全庭审直播的体系

最高人民法院可以在"中国法院网庭审直播栏目""中国庭审直播网"和"全国法院微博发布厅"这三大平台的基础上，对各地法院的庭审直播平台进行整合，建立全国统一的法院庭审直播系统。具体而言，"中国法院网庭审直播栏目"可以作为图文庭审直播的全国性网站，"中国庭审直播网"可以作为视频庭审直播的全国性网站，"全国法院微博发布厅"可以作为微博庭审直播的统一管理平台，按照最高人民法院、高级人民法院、中级人民法院、基层人民法院的层级设置，将全国各地法院的庭审直播都集中到这三个平台上（可以通过网络链接的方式），建成统一规范的庭审直播体系。全国法院的庭审直播应该设计统一的标识和模板，按照规范化的分类发布相关信息，以便民众的查询、选择和收看。鉴于全国各地庭审直播的发展水平不同，最高人民法院应该及时总结和推广先进地区的经验，并在必要时提供人力物力资源方面的支持，加速落后地区的发展。

### （二）完善庭审直播的规则

#### 1. 庭审直播的案件挑选规则

根据司法资源和社会需要等实际情况，我国法院不可能也无必要对所有案件的庭审都进行直播，因此，法院必须对庭审直播的案件进行挑选，以免浪费资源。但是，法院在挑选直播案件时应该遵循一定的规则，不能太过随意，更不能只把一些简单的案件拿出来凑数。庭审直播的案件挑选规则应包括两类：

（1）禁播规则。首先，根据三大诉讼法关于审判公开的规定，在民事诉讼中，涉及国家秘密、个人隐私、商业秘密以及离婚、抚养等涉及人身关系的案件不得进行直播；在刑事诉讼中和行政诉讼中，涉及国家秘密、个人隐私、商业秘密的案件不得进行直播。此外，刑事案件中被告是未成年人的案件也不得进行直播。其次，根据《最高人民法院关于人民法院直播录播庭审活动的规定》第 2 条的规定，检察机关明确提出不进行庭审直播、录播并有正当理由的刑事案件和当事人明确提出不进行庭审直播、录播并有正当理由的民事、行政案件，也属于禁止直播的案件。笔者认为，在刑事诉讼中，被告人也应该享有申请不得进行庭审直播、录播的权利。当然，被告人或其辩护人提出禁播申请时也要给出正当理由。至于何为正当理由，法官享有一定的自由裁量权，但最好能通过判例加以明确。

（2）选播规则。根据最高人民法院《关于人民法院直播录播庭审活动的规定》第 2 条的规定，法院应该选择公众关注度较高、社会影响较大、具有法制宣传教育意义的案件进行庭审直播。然而，这样的规定太过笼统，特别是"具有法制宣传教育意义"的标准。严格地说，所有案件都具有一定的法制宣传教育意义，即使是那些并非重大的诉讼案件乃至非讼案件亦然。例如，广西高法"八桂法苑"于 2013 年 5 月 22 日对一款担保合同案的听证进行了直播，又于 7 月 3 日对一起房屋租赁合同纠纷的再审立案听证进行了直播。这两次直播都发挥了较好的法制宣传教育作用。为了统一规范选播案件的标准，各省、自治区、直辖市的高级人民法院最好在总结经验的基础上发布一些直播案件的范例。

**2. 庭审直播的审批程序规则**

庭审直播的决定权应该属于法院，在未经法院同意或授权的情况下，电视台或互联网站等媒体都不得自行对法庭审判进行直播。根据最高人民法院《关于人民法院直播录播庭审活动的规定》第 5 条的规定，庭审直播、录播实行一案一审核制度，各审判庭决定进行网络直播时，还需要报本院有关部门批准。在进行电视直播时，通过中央电视台进行庭审直播、录播的，应当经最高人民法院审核；通过省级电视台进行庭审直播、录播的，应当经高级人民法院审核。我们认为，为了推广庭审直播，审批程序不宜繁琐，特别是网络直播的审批。相比于电视直播，网络直播的影响范围较小，各种影响因素也好管控，因此审批程序应该简便。此外，考虑到审判庭的法官往往为了减轻庭审压力而不太愿意进行直播，法院院长应该享有直接决定对某些案件的庭审进行直播的权力，以便其统筹规划，倡导推进。

**3. 庭审直播的权利保护规则**

如前所述，庭审直播可能对法庭审判产生一些负面的影响，包括对诉讼当事人和证人造成的心理压力，也包括对相关人员的权利造成的侵害。因此，法院在推广庭审直播的同时必须加强对相关人员的权利保护。在进行庭审直播的案件中，特别是视频直播的案件中，法官应该事前告知诉讼当事人以及出庭作证的证人和鉴定人等，并且根据本人要求采取必要的技术手段来隐匿其身份信息，包括但不限于改变妆容和声音或者对画面进行模糊处理的手段。这种技术处理一般不适用于刑事诉讼中的被告人。但是在一些非恶性刑事案件的庭审直播中，对于被告人也可以采取类似的技术措施，从而有利于他们的改造和回归社会。

## （三）提升庭审直播的水准

庭审直播既是一项很有意义的工作，也是一项技术性很强的工作，因此各级法院必须高度重视，不能采取"业余"乃至"娱乐"的心态。提升庭审直播的水准，法院可以采取"两条腿走路"的做法。一方面，法院要建立庭审直播的专业化队伍。根据《最高人民法院关于人民法院直播录播庭审活动的规定》第6条的规定，人民法院应当指定有关部门负责庭审直播、录播的监督管理和沟通协调工作。据此，有条件的法院可以组建专门的庭审直播工作部门，由具有法律和直播技术双重知识背景的人员组成，既能为庭审直播提供技术保障，又能正确把握庭审直播中的法律问题。另一方面，法院要充分利用庭审直播的社会资源，特别是在进行视频直播的时候充分利用传统媒体的专业力量。诚然，法院是庭审直播的主体，但是与广播电台和电视台等新闻媒体进行合作是提升直播专业水准的捷径。在庭审直播的过程中，操作人员及其使用的设备都要达到庭审直播所要求的专业技术水准，以保证直播活动不会对法庭审判造成干扰或其他不利的影响。此外，为了保证庭审直播的质量，法院要适当控制庭审直播的案件数量。庭审直播毕竟会增加法院工作人员的负担，而且需要一定的资源保障。虽然庭审直播要逐步走向常态化，但是也不宜太过频繁。一言以蔽之，多而粗不如少而精。

## （四）加强庭审直播的实效

根据我们所作的问卷调查的结果，人们对庭审直播的方式有不同的态度。总体来看，网络视频直播和电视直播更受人们的欢迎。普通群众特别青睐电视直播，但是对微博直播的兴趣不大。律师群体最喜欢网络视频直播，最不喜欢微博直播。检察官群体和法官群体对这四种庭审直播方式的态度比较均衡，但值得注意的是，法官是这四个群体中选择微博直播最多而选择电视直播最少的人（见图9-2-6）。

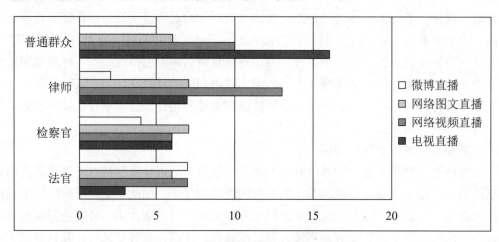

**图9-2-6 不同群体对庭审直播方式的选择**

客观地说，微博直播是法院最容易操控而且对法官影响最小的直播方式，但也是最容易失却客观完整性的直播方式。就庭审实况的信息传送而言，电视直播和网络视频直播最具优势，或者说，最能保证直播内容的直观性、客观性和完整性。群众是庭审直播的主要受众，他们首选电视直播自在情理之中。我们赞成法院采取多元化的庭审直播方式，但是要注重庭审直播的实效。这里所说的"实效"，就是要客观完整地向观众展现法庭审判的过程，展现以庭审为中心的司法公正精神。从这个意义上讲，真正的庭审直播也可以促进我国刑事诉讼制度从"侦查中心"转向"审判中心"。而要做到这一点，法院就应该尽可能多采用视频直播的方式，特别是电视庭审直播的方式。待条件成熟的时候，中国也可以借鉴其他国家的"法庭电视台"模式，设立专门用于庭审直播的电视频道。法谚有云，正义要实现，而且要以看得见的方式实现。在中国，法院庭审直播方兴未艾，势头良好。各级司法机关应该借助这一轮司法改革之东风，乘势前行，使庭审直播真正成为通向司法公正的一条路径。

王燃，中国人民大学纪检监察学院副教授，法学博士。本节内容以《法院庭审直播的实证研究》为题发表于《法律科学》2015年第3期，收录本书时有改动。

## 第三节　刑事错案的申诉再审

刘译矾

及时、有效的错案救济能够使无辜者摆脱不公正的对待，改正刑事司法错误，恢复刑事司法的公信力。近年来我国刑事司法改革多聚焦于防范错案形成，对刑事错案的救济重视不足。本部分内容从比较法的角度讨论刑事错案的救济，以期有助于深化研究建立制度化、规范化、长效化和科学化的刑事错案救济机制。

刑事诉讼中的申诉制度和审判监督程序可概括为"申诉再审制度"。通过梳理和分析近年在社会上产生较大影响的20个错案的判决、申诉、再审等情况，发现错案申诉难和再审改判难是不争的事实。造成这种现状的原因包括：申诉案件复查的职责分工不够明确；错案申诉复查阶段的律师参与不足；自我纠错的申诉再审制度存在缺陷；认定错判的证明标准不够明确。要改变这种状况，就要建立相对中立的刑事申诉复查机构，改良再审刑事案件合议庭的组成模式，明确刑事申诉案件再审的证明标准。

司法裁判是司法人员通过证据对发生在过去的案件事实的逆向认知活动。由于刑事案件中的证据经常处于短缺状态，案件事实便如水中之月镜中之花一般具有模糊性，而司法人员既非神仙亦非超人，所以在认定案件事实上出现一些误差是在所难免的。从这个意义上讲，冤错案件的发生具有一定的不可避免性。不仅在法制不太健全的国家有错案，在那些法制比较健全的国家也有错案。譬如，美国的密歇根大学法学院于2012年5月成立了"全美洗冤登记中心"，统计并发布美国范围内平反昭雪的冤错案件。该中心的第一份报告公布了从1989年到2012年2月的873个洗冤案件。尔后，该中心每年大约录入200个冤案。截至2015年3月，该中心登记并公布的冤案共有1555个。[1] 既然刑事错案不可能完全杜绝，那么我们在关注错案预防的同时也要关注错案救济。换言之，如何保证冤错案件的及时发现和纠正，对于任何国家的刑事司法制度来说都是一个不容忽视的问题。

---

[1] 2015年5月，美国"无辜者援助项目"（Innocence Project，或译为"洗冤行动"）的发起人之一贝里·薛克（Barry C. Scheck）教授应邀到中国人民大学法学院演讲。以上数字来自美方提供的演讲资料，亦可在全美洗冤登记中心的网站上查阅，网址为 https://www.law.umich.edu/special/exoneration/Pages/about.aspx。

## 一、我国刑事错案申诉再审制度的运行现状

我国法律就刑事错案的发现和纠正进行了制度设计，主要是刑事诉讼中的申诉制度和审判监督程序，可概括为"申诉再审制度"。申诉是法律赋予公民的一项权利。《刑事诉讼法》第241条规定："当事人及其法定代理人、近亲属，对已经发生法律效力的判决、裁定，可以向人民法院或者人民检察院提出申诉，但是不能停止判决、裁定的执行。"刑事申诉包括侦查决定申诉、检察决定申诉和生效判决裁定申诉三种，现实中以第三种为多。审判监督程序又称再审程序，是指人民法院、检察院对于已经发生法律效力的判决和裁定，发现在认定事实上或者在适用法律上确有错误，依职权提起并由人民法院对案件进行重新审判的诉讼程序。为了保证错判能够得到及时纠正，法律不仅规定当事人及其亲属在发现人民法院的判决或裁定确有错误时可以提出申诉，而且规定司法机关发现生效的判决或裁定有错误时也要及时纠正。例如，《刑事诉讼法》第243条就对各级人民法院院长、最高人民法院、最高人民检察院发现和纠正错案的程序作出了具体的规定。据此，有权提起审判监督程序的主体包括各级人民法院院长和审判委员会、最高人民法院和上级人民法院、最高人民检察院和上级人民检察院。对于当事人及其法定代理人、近亲属的申诉，人民法院要经过审查才能决定是否再审。

毋庸讳言，"申诉难"和"启动再审难"是当下中国错案救济的现实状况。错判一般都是在司法系统的常规性运转过程中发生的，所以其往往被司法的正当性和正义性所掩盖，混藏在大量的正确裁判之中。在这些蛰伏的错判中，有些是因为偶然事件而浮出昏暗的水面，进入司法机关和公众的视野，从而获得了纠正错判的机会。例如，滕兴善冤案和佘祥林冤案是因为当年被司法机关认定的"被害人""亡者归来"而大白于天下，而呼格吉勒图冤案则是由另案嫌犯认罪的"真凶再现"而平反昭雪。然而，并非所有冤错案件的当事人都有这样的"幸运"，而且那些"幸运"的当事人往往也都有多年狱内申诉和狱外申诉的经历。为了更好地认知我国刑事错案申诉再审制度的运行现状，我们选取了近年披露并且在社会上产生较大影响的20个错案，对这些错案的判决、申诉、再审等情况进行了梳理和分析（见表9-3-1）。

表9-3-1 错案情况表

| 案件名 | 罪名 | 地点 | 宣判时间 | 终审法院 | 纠正时间 | 再审法院 | 改判情况 | 申诉时长 | 纠正的关键因素 | 介入单位 |
|---|---|---|---|---|---|---|---|---|---|---|
| 滕兴善案 | 故意杀人 | 湖南麻阳 | 1989年1月 | 湖南高院 | 2006年1月 | 湖南高院 | 死刑改判无罪 | 1年10个月 | "亡者"归来 | 无 |
| 石东玉案 | 故意杀人 | 黑龙江伊春 | 1992年2月 | 黑龙江高院 | 1995年4月 | 黑龙江高院 | 死缓改判无罪 | 6年 | 真凶再现 | 无 |
| 张高平、张辉案 | 强奸、故意杀人 | 浙江杭州 | 2004年10月 | 浙江高院 | 2012年3月 | 浙江高院 | 死缓、有期徒刑15年改判无罪 | 8年 | 媒体报道，真凶再现 | 无 |
| 浙江萧山命案 | 抢劫、故意杀人 | 浙江杭州 | 1997年12月 | 浙江高院 | 2013年7月 | 浙江高院 | 死缓、无期改判无罪 | 无 | 真凶再现 | 无 |

续表

| 案件名 | 罪名 | 地点 | 宣判时间 | 终审法院 | 纠正时间 | 再审法院 | 改判情况 | 申诉时长 | 纠正的关键因素 | 介入单位 |
|---|---|---|---|---|---|---|---|---|---|---|
| 孙万刚案 | 故意杀人 | 云南巧家 | 1998年11月 | 上海高院 | 2004年2月 | 上海高院 | 死缓改判无罪 | 4年10个月 | 最高检督办 | 最高检 |
| 佘祥林案 | 故意杀人 | 湖北荆州 | 1998年9月 | 荆门中院 | 2005年4月 | 京山县法院 | 有期徒刑15年改判无罪 | 7年 | "亡者"归来 | 无 |
| 赵作海案 | 故意杀人 | 河南柘城 | 2003年2月 | 河南高院 | 2010年5月 | 河南高院 | 死缓改判无罪 | 无 | "亡者"归来 | 无 |
| 呼格吉勒图案 | 强奸、故意杀人 | 内蒙古呼和浩特 | 1996年6月 | 内蒙古高院 | 2014年12月 | 内蒙古高院 | 死刑改判无罪 | 9年 | 真凶再现 | 无 |
| 陈世江案 | 抢劫、杀人 | 山东烟台 | 2001年7月 | 山东高院 | 2006年4月 | 山东高院 | 死缓改判无罪 | 4年7个月 | 山东人大督办 | 全国人大、山东人大 |
| 黄家光案 | 故意杀人 | 海南海口 | 2000年12月 | 海南高院 | 2014年3月 | 海南高院 | 无期改判无罪 | 14年 | 同案犯归案,纠正伪证,媒体报道 | 最高检 |
| 于英生案 | 故意杀人 | 安徽蚌埠 | 2001年7月 | 安徽高院 | 2013年8月 | 安徽高院 | 无期改判无罪 | 12年 | 多年申诉 | 无 |
| 郝金安案 | 抢劫、故意杀人 | 山西临汾 | 1998年12月 | 山西高院 | 2008年1月 | 山西高院 | 死缓改判无罪 | 10年 | 媒体报道,真凶再现 | 无 |
| 杜培武案 | 故意杀人 | 云南昆明 | 1999年11月 | 云南高院 | 2000年7月 | 云南高院 | 死缓改判无罪 | 无 | 真凶再现 | 无 |
| 徐计彬案 | 强奸 | 河北曲周 | 1992年8月 | 曲周县法院 | 2006年7月 | 曲周县法院 | 有期徒刑8年改判无罪 | 8年 | 发现关键无罪证据 | 无 |
| 李青明案 | 贪污 | 河北临汾 | 2003年9月 | 浮山县法院 | 2009年6月 | 尧度区法院 | 有期徒刑2年改判无罪 | 5年10个月 | 多年申诉 | 临汾市中院指令 |
| 谭照华案 | 挪用公款 | 湖南长沙 | 2003年7月 | 湖南高院 | 2011年1月 | 湖南高院 | 有期徒刑8年改判无罪 | 7年 | 多年申诉 | 最高法 |
| 王俊超案 | 强奸 | 河南禹州 | 1999年11月 | 禹州中院 | 2005年8月 | 禹州中院 | 有期徒刑9年改判无罪 | 6年 | 真凶再现 | 无 |

续表

| 案件名 | 罪名 | 地点 | 宣判时间 | 终审法院 | 纠正时间 | 再审法院 | 改判情况 | 申诉时长 | 纠正的关键因素 | 介入单位 |
|---|---|---|---|---|---|---|---|---|---|---|
| 艾小东案 | 故意杀人 | 湖北孝感 | 1996年9月 | 孝感中院 | 1998年7月 | 孝感中院 | 有期徒刑15年改判无罪 | 1年1个月 | 人大、省高院督办 | 湖北人大 |
| 王福成案 | 强奸 | 辽宁大洼 | 1996年11月 | 盘锦市中院 | 2000年9月 | 盘锦中院 | 有期徒刑7年改判无罪 | 3年7个月 | 多年申诉 | 盘锦中院提审 |
| 徐辉案 | 强奸杀人 | 广东珠海 | 2001年12月 | 广东高院 | 2014年9月 | 广东高院 | 死缓改判无罪 | 6年10个月 | 最高检督办 | 最高检 |

在这20个样本案例中,绝大多数不是仅根据申诉就再审改判的,而是一些案外因素推动了再审程序的启动。例如,在呼格吉勒图案中,疑凶赵志红于2005年现身后,呼格吉勒图的父母就向内蒙古高级法院等机关提出申诉,要求再审,历经八年才立案,并在2014年12月再审宣判其无罪。再如,在山东陈世江抢劫杀人案中,陈母八年来数十次前往北京申诉上访。2003年12月,山东高级法院指令烟台市中级人民法院复查该案,但一直没有结果。2004年,全国人大的有关部门指示山东人大督办此案并建议山东高院再审,后者才在2006年4月18日经再审宣告陈世江无罪。在许多案例中,当事人及其近亲属在长期申诉无果之后,借助新闻媒体的宣传报道引起有关领导的关注和介入,以"曲线申诉"或"关系申诉"的方式使案件进入再审程序。在这20个案例中,"得以再审立案的关键因素"为新闻报道和领导重视的分别占13%和22%,见图9-3-1。

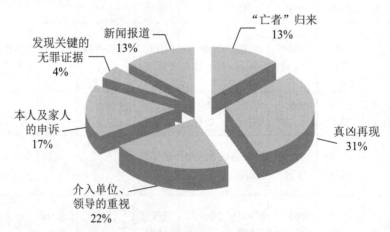

图 9-3-1 得以再审立案的关键因素统计图

在上述样本案例中,当事人及其家人的申诉往往都走过了漫长而艰难的道路。其中,45%的申诉时间在5年至10年之间,最长的达到14年,即云南的黄家光案(见图9-3-2)。

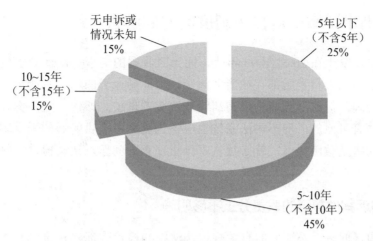

**图 9-3-2　申诉时间统计图**

长期的申诉给那些家庭带来的损失和伤害是多方面的。有些家庭为了申诉而背井离乡，甚至倾家荡产。在家人申诉的同时，许多错判的当事人也在狱内不断申诉。例如，黄家光在狱内不服判，拒绝劳改，不断申诉；张高平在狱内向驻所检察官多次反映情况，等等。有些人的申诉得到了有关人员的注意和帮助。例如，黄家光的申诉得到了监狱民警的帮助，张高平的申诉得到了驻所检察官的帮助。无论是否得到帮助，这些当事人都在监狱中度过了漫长的时光。在上述案例中，除2人已被执行死刑外，当事人被错误羁押的时间少则三五年，多则十几年。其中，云南的黄家光、安徽的于英生、萧山命案五人的错误羁押时间都超过了15年（见图9-3-3）。

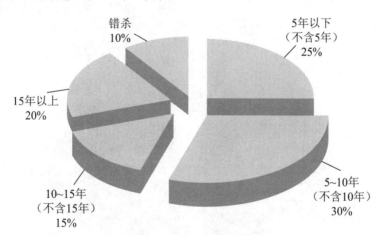

**图 9-3-3　错误羁押的时间统计图**

综上，虽然我国《刑事诉讼法》赋予刑事判决当事人及其家人申诉的权利并规定了审判监督程序，但是申诉难和再审改判难是不争的事实。刑事错案申诉再审制度并没有发挥及时纠正冤错案件的功能，甚至使一些冤错案件的当事人和家人陷入"叫天天不应，叫地地不灵"绝望境地。在强调人权保障和崇尚司法公正的现代中国，这种状况是必须改变的。

## 二、我国刑事错案申诉再审制度的问题解析

上述冤案多发生在 20 世纪 90 年代,而当时我国的刑事司法尚处于较低的发展水平,从制度规则到人员素质都存在诸多问题,因此用今天的标准去衡量当时的工作质量确实不尽合理,但这不应成为阻碍纠错或洗冤的理由。即使一些办案人员在工作中出现错误是情有可原的,刑事司法系统也应该为冤屈者提供畅通的平反昭雪之路。要想完善我国的错案救济制度,就必须认真分析现存的问题,认真检讨这些问题背后的原因。

### （一）申诉案件复查的职责分工不够明确

按照我国《刑事诉讼法》的有关规定,法院和检察院都有权接受当事人及其亲属关于生效判决的申诉材料并提起再审程序。但是,由于法律没有明确规定检法两家在申诉审查上的分工,所以现实中出现相互推诿的情况,"来回踢皮球"的现象屡见不鲜。特别是在申诉上访压力较大的地区或敏感时期,检察院以再审是法院职权为借口把申诉人支使到法院,而法院又规定必须先拿到检察院的抗诉书才能到法院申请再审,结果让申诉人来回奔跑却使问题得不到解决。此外,公安机关、监狱管理机关和地方政法委有时也会受理申诉并推动错案的复查和纠正。在上述 20 个案例中,组织复查的单位有公安机关（占比 30%）、法院（占比 30%）、检察机关（20%）和当地政法委（15%）（见图 9-3-4）。这种"多龙治水"而且职责模糊的体制也在无形中给错案申诉增添了障碍。

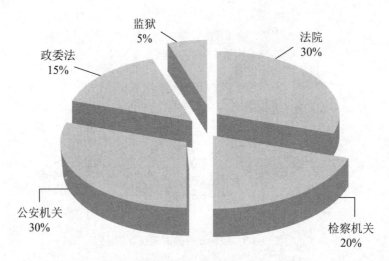

图 9-3-4  再审立案前的复查单位统计图

### （二）错案申诉复查阶段的律师参与不足

在某些错案的申诉和复查过程中,当事人的律师发挥了很大的作用。例如在河北徐计彬案和河南的王俊超案中,代理律师功不可没。但是在现实中,刑事申诉阶段的律师参与并不普遍。在上述 20 个案例中,申诉阶段无律师参与的占 80%（见图 9-3-5）。

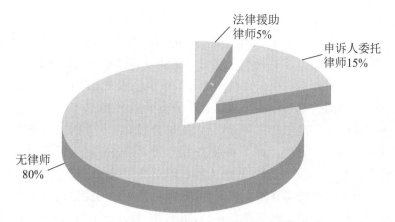

图 9-3-5　再审申诉阶段的律师参与情况统计图

究其原因,一方面是申诉者往往因经济条件的限制而请不起律师;另一方面是大多数律师不愿意代理刑事申诉案件,而我国又缺乏相应的法律援助制度和资源。在这种情况下,错案当事人及其亲属的申诉往往就具有了较大的盲目性、凌乱性和无效性。

### （三）自我纠错的申诉再审制度存在缺陷

如上所示,目前我国的刑事错案申诉再审制度实际上是以"自我纠错"为主的,即一般都是由当年办案的司法机关或其上级机关去决定再审和改判。在上述 20 个案例中,只有李青明案由一审法院的同级其他法院再审,佘祥林案和王俊超案由原一审法院再审,其他案件都是由原二审法院再审。虽然检察机关等也可以受理申诉,但是启动再审的决定一般都是由法院作出的,因此启动再审往往就意味着改判,这实际上也消除了启动再审程序的独立性。另外,根据《关于人民法院审判人员违法审判责任追究办法（试行）》的规定,一旦认定为错案,当年的办案人员就要承担相应的责任,司法机关还要承担国家赔偿责任,而这些都会影响到司法机关的考核或业绩指标。

趋利避害是人的基本行为模式,否认甚至掩盖自己的过错也是人的一种本能,因此,冤案的制造者往往不愿意承认错判,其中有些人甚至会想方设法阻碍翻案。即使那些司法机关的领导者没有参与错案的制造,但是考虑到部门利益或同事关系,也有可能采取推诿或回避的态度,不去触碰那可能得罪同事或朋友并间接损害自身利益的"烫手山芋"。现实中,许多人为了"小群利益"都敢于违反规则甚至冒犯法律,而勇于为同事或朋友担责的行为还会在"圈子内"被誉为"义举"。由此可见,司法机关自我纠错的制度设计不符合人类的行为规律,也违反了"任何人不得做自己的法官"的古训。

河北聂树斌强奸杀人案的申诉和再审为我们提供了一个很好的研究范本。1994 年 8 月 5 日下午,石家庄市液压件厂女工康某在郊区路边的玉米地内被人强奸杀害。警方根据群众反映的情况抓获犯罪嫌疑人聂树斌,并获得有罪供述。1995 年 3 月 15 日,石家庄市中级人民法院以故意杀人罪判处被告人聂树斌死刑,以强奸罪判处被告人聂树彬有期徒刑 15 年,定罪的主要证据就是被告人的口供。4 月 25 日,河北省高级人民法院作出终审判决,核准死刑。两天后,年仅 21 岁的聂树彬即被执行死刑。十年后,在河南被抓获的系列强奸杀人案的被告人王书金供认自己曾经于 1994 年 8 月 5 日在石家庄郊区一路边的玉米地内强奸杀害了一个女青年。他讲述的作案过程和一些细节与康某被强奸杀害案吻合，他后来也对作案现场进行了指认。2007年初，王书金被法院一审判处死刑。随后，他以公诉方没有指控其强奸杀害康某为由提出上诉。7月，河北省高院二审开庭，但一直没有作出判决。聂树斌的母亲张焕枝本来就不相信自己的儿子会强奸杀人，得知这一消息后便不断申诉。河北省政法委虽然于2007年成立专案组进行复查，但一直没给出正式结论。2013年6月25日，王书金强奸杀人案的二审在中断六年之后，河北省高级法院终于再次开庭，并于9月27日作出"维持原判"的裁定。① 2014年12月12日，最高人民法院指定山东省高级人民法院对聂树斌案进行复查。2015年4月28日，山东高院举行了"聂树斌案复查听证会"，而且具有开创性地邀请了15名公民代表参加听证。然而，听证结果却迟迟没有公布。6月11日，山东高院宣布把该案的复查时间延长三个月。9月15日，山东高院宣布复查时间再次延长三个月。② 在聂树斌案这漫长的申诉和复查过程中，我们既看到了"自我纠错"的弊端，也看到了具有积极意义的改革尝试，但最终结果如何，国人仍拭目以待。

### （四）认定错判的证明标准不够明确

对于司法人员来说，案件事实是发生在过去的，而错判往往又是在案发多年之后才被认知的，因此，对错判的认知就成为对过去的认知结果的二次逆向认知。时过境迁，即使有了新证据或者新发现的证据，这种认知的难度也是可想而知的。更为重要的是，错判的认知不仅具有模糊性，还具有对抗性。没有统一明确的证明标准，错判的认知就会因人而异，因事而异，因时而异，因地而异。有些人甚至会以标准不明为借口或者以自己的理解为标准，阻碍错判的认定和纠正，从而导致无休止的上访和申诉。那么，在案件事实具有模糊性的情况下如何确定错判的证明标准？这是个两难的选择。标准定高了，可能会使一些无辜者难得平反。标准定低了，可能会使一些有罪者趁机逃脱。

中国现行法律没有明确规定错判的证明标准，只规定了启动再审的条件。《刑事诉讼法》第242条规定："当事人及其法定代理人、近亲属的申诉符合下列情形之一的，人民法院应当重新审判：（一）有新的证据证明原判决、裁定认定的事实确有错误，可能影响定罪量刑的；（二）据以定罪量刑的证据不确定、不充分、依法应当予以排除，或者证明案件事实的主要证据之间存在矛盾的；（三）原判决、裁定适用法律确有错误的；（四）违反法律规定的诉讼程序，可能影响公正审判的；（五）审判人员在审理该案件的时候，有贪污受贿，徇私舞弊，枉法裁判行为的。"启动再审是认定和纠正错判的基本路径，启动再审的条件与认定错判的标准之间存在密切联系，而认定错判的证明标准可以高于启动再审的标准。由于法律规定不够明确，所以一些司法人员在审查申诉案件时把握的标准比较高，甚至按照刑事诉讼中认定有罪的标准，要求证明申诉人无罪或他人系"真凶"的证据达到确实充分的程度。

诚然，有些错判案件中发现的新证据是确实充分的，甚至是可以称为"铁证"的。

---

① 参见何家弘：《亡者归来——刑事司法十大误区》，北京，北京大学出版社2014年版，第332—338页。
② 参见韩林君：《山东高院复查聂树斌案再延期三个月》，《京华时报》，2015-09-15。

例如，在佘祥林冤案中，"被害人"张在玉生还的新证据就是错判的"铁证"，可以100%地证明"佘祥林杀死张爱青"的判决是错误的。但是在大多数冤错案件中，错判的证明都不能达到如此高的标准，而只能在一定程度上证明原判可能是错误的。有学者根据错判证明程度的不同，把已经纠正的错案分为"冤错案件"和"疑错案件"。前者指新证据证明原判决或裁定所认定的事实确有错误的错案。后者指原判决或裁定所依据的证据不确定、不充分或者主要证据之间存在矛盾的错案。① 在上述 20 个案例中，冤错案件有 11 例，占 55%；疑错案件有 9 例，占 45%（见表 9-3-2）。

表 9-3-2　纠错原因统计表

| 案件类型 | | 案件数量 | 占比 |
|---|---|---|---|
| 冤错案件（11 起） | 真凶再现 | 7 | 35% |
| | "亡者"归来 | 3 | 15% |
| | 出现关键的无罪证据 | 1 | 5% |
| 疑错案件（9 起） | 原案"事实不清、证据不足" | 9 | 45% |
| 总　　计 | | 20 | 100% |

其实，大多数刑事申诉案件可能都属于疑错案件，因为"亡者归来"和"真凶再现"都具有很大的偶然性。如前所示，身陷囹圄的当事人及其亲友因主客观条件的限制而很难收集到确实充分的证据来证明错判。如果一定要有"铁证"才能翻案，那么绝大多数冤案恐怕就都很难平反了。由此可见，我国法律中关于认定错判的证明标准不够明确而且容易做偏高的解释，正是导致再审启动难和错判纠正难的一个原因。而众多冤案无法纠正以及众多申诉的无休无止，不仅会损害司法的公信力，还会影响社会的和谐与稳定。

## 三、我国刑事错案申诉再审制度的改良建议

2014 年 10 月，中共中央十八届四中全会通过的《中共中央关于全面推进依法治国若干重大问题的决定》中提出了"落实终审和诉讼终结制度、实行诉访分离、保障当事人依法行使申诉权利"的改革意见。要完成这一任务，我们必须对现有的刑事错案申诉再审制度进行改良。根据上文的阐释和分析，我们提出以下几点建议。

### （一）建立相对中立的刑事申诉复查机构

如何在错案救济中克服来自原办案机关的阻力，这是世界各国面临的共同难题。为此，一些国家便选择了借助民间力量来推动错案纠正的道路。例如，美国自 20 世纪 90 年代中期开始，各州陆续成立了民间的无辜者救援中心，通过 DNA 检验等方法推动冤错案件的复查和改判，已经形成了影响超越国界的"无辜者洗冤运动"。不过，美国近

---

① 参见郭欣阳：《刑事错案实证研究——以暴力犯罪为视角》，中国人民大学 2008 年博士学位论文，第 215-219 页。

年出现的检察机关"案件公正性监督部"（CIU）又开始发挥越来越重要的纠错功能。该部门负责受理和审查囚犯的申诉。2014 年，美国已有 15 家检察机关设立了"案件公正性监督部"。仅 2014 年，这些部门就推动了 49 起冤案的平反昭雪工作。

在英国，刑事案件的申诉在很长时期内主要由内务部负责审查。当事人把申诉提交内务部的专门机构，如果后者认为申诉理由成立或者说该案可能是错案，便移交上诉法院再审。由于内务部是警察的主管机关，所以其审查的积极性和公正性受到了民众的质疑。1995 年，英国国会通过《刑事上诉法》，设立了刑事案件复查委员会（Criminal CasesReview Commission），于 1997 年开始刑事案件申诉的复查工作。该委员会的成员来自民间，但经费来自政府。该委员会有 80 多名工作人员，包括律师、记者、会计师等。其中有 9 名专员，其他则是辅助调查人员。每个案件的复查由三名专员组成复查组，一人担任主席，听取各方意见并进行必要的调查和听证，然后决定是否把案件提交上诉法院再审。这种半官方的复查体制有效地提升了复查决定的公信力。①

笔者以为，中国不适宜学习美国那种纯民间的"无辜者行动"，但是可以借鉴英国这种"半官方"的刑事错案复查体制。首先，我们要修改有关的法律，明确规定检察机关负责刑事申诉案件审查并决定是否启动再审，而法院只负责再审裁判。其次，最高人民检察院以及各省市自治区人民检察院的申诉部门成立"申诉案件复查委员会"，对重大或复杂的可能是错判的申诉案件进行独立的复查。该委员会聘请 30～60 名品行端正且具有一定社会影响力的法学教授、执业律师、新闻记者、公众代表为兼职复查委员，再为每个复查委员配备 2 名助理。助理可以由法律院系的研究生和高年级本科生以实习的方式担任。检察院的申诉部门仍然负责受理申诉及案卷管理等日常工作，但每个重大申诉案件的正式审查决定要由五名复查委员组成的复查组作出。复查组在每个案件的复查过程中至少举行一次公开的听证会，并享有调查取证权。如果复查组认为该案可能为错案，便提交再审。如果复查组认为申诉理由不能成立或者不符合启动再审的条件，应作出驳回申诉的裁定并给出具体的理由。当事人对于驳回申诉的裁定享有一次申请复议的权利。复查委员会在接到复议申请之后应另外组成三人复查组进行复议。如果复议结果是维持原裁定，则该裁定为终局决定，该案永不再审。检察院要保障复查委员会的工作条件和经费，包括复查委员及其助理的劳务报酬。最高人民检察院应该与最高人民法院协商，明确规定该复查委员会把案件提交再审的决定就是启动再审的决定。最高人民检察院还可以借鉴仲裁委员会的工作模式，制定"申诉案件复查委员会"的工作细则。其实，检察机关目前也经常采取在疑难案件中邀请专家讨论或咨询的作法，而"申诉案件复查委员会"的设立是这种作法的制度化、常规化，而且可以使之更加透明，更加公正，更容易被申诉案件当事人及社会公众所接受。

### （二）改良再审刑事案件合议庭的组成模式

"申诉案件复查委员会"裁定提交再审的案件，一般都应由最高人民法院或高级人

---

① 2011 年 4 月，何家弘教授在美国参加刑事错判国际研讨会期间，结识了英国刑事案件复查委员会的约翰·威登专员，他介绍了该委员会的工作情况。

民法院的审判监督庭组成合议庭直接审理。合议庭最好采用"1+6"的模式，即 1 名法官和 6 名人民陪审员组成，而且要采取当庭随机挑选的方式确定陪审人选，并保证审判程序的公开与合议庭评议的民主。具体规则可包括：（1）法庭在开庭前从本院或下级法院的人民陪审员名单中随机挑选 20 人，通知他们在开庭日到庭参加庭选。庭选时，审判长从到庭的候选人中随机宣叫并提问，以便确认其是否能够公正地参与本案的审判，同时允许控辩双方针对被宣叫的候选人提出回避申请。回避申请必须给出理由，然后由审判长作出是否应该回避的裁定。每方申请回避的次数应有限定，如 3 次。最后确定的 6 名陪审员经宣誓后作为本案审判的合议庭成员。（2）陪审员参加审判可以向被告人、被害人、证人提问，也可以要求公诉人和辩护人就相关问题进行说明；陪审员可以直接审查各种形式的证据。（3）合议庭应在庭审结束之后立即进行评议；陪审员在评议时有权充分发表自己的意见；合议庭在充分评议的基础上就裁判意见进行表决；五人以上（含五人）的多数合议庭成员同意才可以判定被告人有罪。（4）合议庭表决之后应立即开庭宣判，裁判无须报法院审委会批准。合议庭在裁判宣布之后随即解散，其裁判具有终局性。换言之，当事人再找谁去"上访"都不可改变！其实，许多上访者就是要"讨个说法"。陷入诉讼纠纷本是社会生活的非正常状态，而由诉讼演变的"上访"更是对两个家庭或群体的正常生活的颠覆。从这个意义上讲，司法裁判的终局性有助于提升司法裁判的权威性，也有助于维护社会的稳定。

### （三）明确刑事申诉案件再审的证明标准

在刑事申诉案件的复查和再审过程中，司法人员需要掌握的证明标准应该至少有两个：其一是经复查决定启动再审的证明标准；其二是经再审决定改判的证明标准。在英国，刑事案件复查委员会决定把申诉案件提交上诉法院再审的证明标准是"具有推翻原判的真实可能性"；上诉法院在再审中认定错判的证明标准是"新证据足以推翻原来定罪的证据，从而构成对有罪判决的合理怀疑"。无论如何解读，这两个证明标准都明显低于刑事诉讼中证明被告人有罪的"排除合理怀疑"标准。此外，英国对被错判者实行"国家赔偿"，但是上诉法院认定错判并不等于当事人就可以获得赔偿。当事人还要向法院提出赔偿的申请。法院审查之后，如果认为确属应该赔偿的错判，就由司法部支付赔偿金；如果认为不属于应该赔偿的错判，当事人就得不到赔偿金。法院确认赔偿的证明标准高于认定错判的证明标准，即申请人必须能够排除合理怀疑地证明其清白。由于这个标准太高，能够获得错判赔偿的人数就很少。据报道，2009 年和 2010 年，英国平均每 37 个被认定错判的申诉者中只有一人获得赔偿。2011 年，英国最高法院通过判例把这个证明标准降低为"新证据足以否定有罪判决"的标准，但这仍然高于认定错判的证明标准，因为申诉人在赔偿请求中要证明现有证据不可能再导致有罪判决。①

借鉴英国这种"分层设定标准"的做法，我们可以把刑事申诉案件再审的证明标准分为三个层级：第一个层级是启动再审的标准，即《刑事诉讼法》第 242 条规定的启动再审的条件。这主要有两种情况，其一是"确有错误"；其二是"证据缺陷"。在此必须

---

① "UK court sets new standard on compensation for wrongful convictions"，The Associated Press，May 11，2011．；"Tow men jailed for murder can seek compensation"，The Irish Times，May 12，2011。

明确,"确有错误"不能解读为对整个案件事实的认定都是错误的,而应解读为只要对案件中某个事实的认定存在错误就是"确有错误"。而"证据缺陷"就是第242条第2款规定的"证据不确实、不充分"的标准。第二层级是再审认定错判的标准,可以表述为"优势证据",即全案证据证明申诉人无罪的可能性大于有罪的可能性。第三层级是决定国家赔偿的标准,可以表述为"证据确实充分",即有可靠的证据充分地证明申诉人确系无辜者。我们认为,决定国家赔偿的证明标准高于认定错判的证明标准是比较合理的。一方面,认定错判适用较低的证明标准,可以使更多的无辜者获得纠错的机会。另一方面,确定国家赔偿适用较高的证明标准,可以防止国家赔偿成为纠正错判的障碍。此外,这也可以降低政府的刑事赔偿开支,更为合理地使用纳税人交给国家的钱。不过,这项规定需要解决与《国家赔偿法》的衔接问题,我们就不在本部分内容中讨论了。

此外,我们建议司法部和全国律师协会在一些有条件的地方推行刑事申诉再审阶段的法律援助制度,以保证没有经济条件聘请律师的刑事申诉人能够获得具有专业水平的法律服务和帮助。

顺便说明,认定错判与错案责任追究是两个问题,不应混为一谈。换言之,认定错判并不一定要追究当年办案人员的责任。认定错判应该以今天的法律为依据,而追究责任还应该以当年的法律规定为标准,而且要坚持过错责任原则。无论是警察是检察官还是法官,如果确属贪赃枉法、徇私枉法、刑讯逼供或重大过失的,当然要追究错案责任,但是如果只是因为认识偏差而导致错判,而且是在过去那样的制度和社会环境下造成的,则可以不追究错案责任。过度强调错案责任追究,就可能在现实中把一些原本属于过失的恶转化为故意的恶,甚至造成申诉人与原办案人员之间的生死对抗。我们以为,社会的和谐进化,需要一定的宽恕与妥协。

刘译矾,中国政法大学刑事司法学院副教授,法学博士。本节内容以《刑事错案申诉再审制度实证研究》为题发表于《国家检察官学院学报》2015年第6期,收录本书时有改动。

# 第四节 诉讼中的专门性问题

李学军

我国立法虽未明示,但却以多个具体法条确立了"诉讼中专门性问题由具有专门知识的人来解决"这一基本原则。该原则的确立源自"术业专攻"。结合相关法律文本及制度实践可以发现,从证据法学视角言,当前我国聘请有专门知识的人解决诉讼中专门性问题的主要路径为:协助取证人员勘验检查现场并取证、就专门性问题进行分析检验并给出鉴定意见、出庭就已有鉴定意见或专业问题给出意见、在法庭上操作并就技术问题加以说明。现阶段,我国亟须厘清鉴定、鉴定结果、鉴定意见的各自内涵及其相互关系,廓清有关鉴定制度的认识误区,赋予虽无法定鉴定资质但有专门知识者给出的专家意见等同于鉴定意见的法定证据地位。鉴定意见及专家意见,其本质属性均为意见性和专门知识性;其采纳和采信均只能由裁判者定夺,且其采信应格外被关注。

## 一、问题的提出

2016年1月7日，北京海淀法院庭审直播的"快播案"引发全民关注，其中，由证据引发的问题更令我们深入思考。基于辩方对控方提交的"案涉视频中有21 251个淫秽视频"的鉴定意见有异议，且法院认为有必要，"快播案"鉴定人依法被要求出庭作证。面对辩方的问题"贵鉴定机构有无鉴定淫秽视频的资质""您本人有无鉴定淫秽视频的资质""鉴定视频是否淫秽有无国标或行标"等，鉴定人均以"没有"作答。辩方进一步追问"既然这些都没有，那您如何作出了这些视频为淫秽视频的鉴定意见"？此时，鉴定人的回应是，"我每天拖拽鼠标看600~800个视频，然后判断其是否淫秽。"

在这段庭审直播引发民众讥笑的同时，笔者陷入沉思：当前，我们的思维定势是，凡鉴定均应有法定鉴定资质，那么在我国尚未将视频是否淫秽的鉴定纳入颁证管理的当下，若将其纳入，该如何考核相关人员的专业能力？以本案中庭审时鉴定人的回答来看，笔者认为，若真要颁证，此时似乎不需考核鉴定者的专业技能、仅需考核其体能。

再看该案暴露的另一证据问题。欲认定被告构成传播淫秽物品牟利罪，控方必须有证据证明快播公司明知其平台上有淫秽视频，但却未履行平台责任将其删除，而是放任网民上传、下载。也就是说，控方需要诸如P2P专家等具有专门知识的人，基于快播软件的功能、程序设置等出具证据以证明"被告方具有明知而放任"的主观故意。可遗憾的是，控方并无此证据。

仔细回味"快播案"中前述两个证据问题后，笔者认为，这两个问题表面上不相关，但实质上却有内在联系。"案涉视频是否淫秽视频"的判断，从鉴定人当庭的表述看，其并没有动用专业技能，故而此问题并非专门性问题，理应由办案人员自行评判。而"快播软件可否令被告人明知其平台上有淫秽视频却放任用户任意上传或下载"的主观故意之证明，涉及快播软件之程序及相应功能的"解读"，但办案人员并没有此方面的专业知识，所以这是一个专门性问题，理应引入有专门知识者来证明，但"快播案"中的控方并没有为之。换言之，"快播案"中前述两个证据问题涉及的是，举证方未精准履行举证责任：围绕案涉非专门性问题，控方委托了所谓专家去鉴定；而就案涉专门性问题，控方却未委托专家鉴定或让专家介入。

随着科技的发展及其对人们生活、工作的影响加深，各类诉讼不可避免涉及诸多专门性问题。于是，解决诉讼中专门性问题，成为司法治理过程中极为常见的现实需求；委托鉴定更成为诉讼中解决专门性问题的重要路径。然而，许多诉讼并无理想状态下那种有鉴定资质的机构或人员可接受某些专门性问题的鉴定委托。例如，某品牌家具的材质是海南黄花梨还是越南黄花梨，关系到供货方是否违约，但却没有具备相关鉴定资质的鉴定机构可就此出具鉴定意见。即便某些案件成功委托他方鉴定，也有可能引发新问题：委托鉴定所针对的并非专门性问题；或者鉴定意见作出后鉴定人会被质疑其没有鉴定资质……此外，还有可能出现诸如"快播案"中的困态，即控方极想就案涉专门性问题求助于有专门知识者，但却发现其并无法让有专门知识者介入法庭以解决该问题。

意识到鉴定于诉讼纠纷之解决的重要性，更因实务中围绕鉴定而产生的争议层出不穷，全国人大常委会于2005年2月28日出台了《关于司法鉴定管理问题的决定》（下称

"2.28 决定"），开启了我国司法鉴定行政管理的路程。然而，十五年过去了，虽有多重努力，但实务中依然对鉴定有着各种不满。特别是 2018 年司法部办公厅"司办通 [2018]164 号"《关于严格依法做好司法鉴定人和司法鉴定机构登记工作的通知》颁行后，从事"法医类""物证类""声像资料类""环境损害类"四大类司法鉴定之外鉴定业务的法人、其他组织及有关人员，将不再受司法行政管理部门（下称"司行管部门"）的颁证约束；而同时，谢某某等 60 人特大诈骗案中，相关价格鉴定意见书的出具机构"杭州市价格鉴定专家委员会奢侈品价格鉴定中心"则被主审法院以该中心没有鉴定资质为由而拒绝采纳其鉴定意见的案例不时出现……那么，面对一方面司行管部门限缩其管理范围，另一方面诉讼参与方或诉讼专门机关迫切需要就诉中所涉专门性问题委托有资质鉴定机构和鉴定人进行鉴定的情形，我们不得不反思的是，诉讼中专门性问题的解决，究竟有没有一个基本的处理原则，即"解决之道理"，以便我们不单单依赖司行管部门颁发的资质证书等来评价和决策？如果我们探究出了该基本处理原则，那么，在此"道理"的指引下，从证据法学的视角而言，[①]诉讼中专门性问题的"解决之道路"又有哪几条？

笔者从"道理"及"道路"的探究入手，尝试廓清有关鉴定制度存在的一些认识误区，并建议未来修改诉讼法时或将我国法定证据形式之一的"鉴定意见"更名为"专家意见"，或将"专家意见"赋予等同于"鉴定意见"的法定证据地位，使二者并列。

## 二、诉讼中专门性问题的基本处理原则——解决之道理

### （一）基本处理原则：诉讼中专门性问题由具有专门知识者解决

有专门知识的人（下称"有专门知识者"）参与诉讼在世界各国普遍存在，只是受不同司法传统、诉讼模式、法律文化等的影响，各国就此有着不同规定。在英美法系国家，有专门知识者被称为专家证人，其提供的意见被称为专家证言或专家意见；在大陆法系国家，有专门知识者多被称为鉴定人，其给出的意见被称作鉴定意见。虽然专家证人模式与鉴定人模式在具体制度安排上有所不同，但如同汪建成教授所言，在帮助裁判者获得关于案件中专门性事实的认识这一目标上二者却是相似的。

在规范层面，我国立法虽未明示诉讼中专门性问题的解决应遵循何准则，但笔者认为，我国却以多种法律条文表达了如下基本处理原则，即"诉讼中专门性问题由具有专门知识的人来解决"。例如我国早在 1979 年颁行的《刑事诉讼法》第 71 条和第 88 条便明确规定："侦查人员对于与犯罪有关的场所、物品……应当进行勘验或者检查。在必要的时候，可以指派或者聘请具有专门知识的人，在侦查人员的主持下进行勘验、检查"。"为了查明案情，需要解决案件中某些专门性问题的时候，应当指派、聘请有专门知识的人进行鉴定。"我国 1982 年《民事诉讼法》第 72 条、1989 年《行政诉讼法》第 35 条则规定："人民法院对专门性问题认为需要鉴定的，应当交由法定鉴定部门鉴定；没有法定鉴定部门的，由人民法院指定的鉴定部门鉴定。""在诉讼过程中，人民法院认为对专

---

① 郑飞：《论中国司法专门性问题解决的"四维模式"》，载《政法论坛》2019 年第 5 期。

门性问题需要鉴定的，应当交由法定部门鉴定，没有法定部门的，由人民法院指定的鉴定部门鉴定。"2018 年《监察法》第 27 条规定："监察机关在调查过程中，对于案件中的专门性问题，可以指派、聘请有专门知识的人进行鉴定……"

除了法律层面的规制外，司法解释、部门规章等也对诉讼中专门性问题的解决作出了具体规定。最高法《刑事诉讼法司法解释》第 87 条第 1 款规定："对案件中的专门性问题需要鉴定，但没有法定司法鉴定机构，或者法律、司法解释规定可以进行检验的，可以指派、聘请有专门知识的人进行检验……"最高法《民事诉讼法司法解释》第 122 条第 2 款规定："具有专门知识的人在法庭上就专业问题提出的意见，视为当事人的陈述。"

对于环境侵权、医疗纠纷、毒品犯罪等涉专门性问题案件，立法也对有专门知识者参与办案作出了规定。如最高法《关于审理环境民事公益诉讼案件适用法律若干问题的解释》第 15 条、《关于审理环境侵权责任纠纷案件适用法律若干问题的解释》第 9 条、《关于审理医疗损害责任纠纷案件适用法律若干问题的解释》第 14 条，及最高法、最高检、公安部《办理毒品犯罪案件毒品提取、扣押、称量、取样和送检程序若干问题的规定》第 21 条第 1 款。

在新一轮信息革命浪潮的冲击下，社会领域均已被大数据、人工智能等技术所渗透或影响，相应地，电子数据在诉讼中则被广泛运用。作为一种密切关联科学技术的证据，电子数据在收集提取和审查判断时往往面临专门性问题。为有效解决这类问题，相关部门出台的一系列规定对此都有所涉及。如最高法、最高检、公安部的《关于办理刑事案件收集提取和审查判断电子数据若干问题的规定》《刑事电子数据规定》第 21 条，最高法《关于互联网法院审理案件若干问题的规定》第 11 条第 3 款等。

笔者认为，前述具体条文等实际以暗示的方式就诉讼中专门性问题的解决确立了一项最为基本的原则，即"诉讼中专门性问题由具有专门知识的人解决"。那么何为"有专门知识的人"，何为"专门性问题"？这不仅是"快播案"抛出的问题，更是正确理解并得当适用该原则的关键。

立法和学理上就"有专门知识的人"的界定并不统一，大致可分为广义说和狭义说两类。广义说认为，诉讼中凭借专门知识解决专门性问题的人均为有专门知识者。《刑事诉讼法》第 146 条便是其代表——鉴定人在此规定中便被明确纳入有专门知识者的范围。狭义说则认为，"有专门知识的人"的特质在于其具有某一领域、学科过于常人的专门性知识，进而可协助控辩双方对鉴定意见提出意见。最高检《关于指派、聘请有专门知识的人参与办案若干问题的规定（试行）》〔下称《规定（试行）》〕无疑是狭义说的典范——其第 2 条规定，有专门知识者是指"运用专门知识参与人民检察院的办案活动，协助解决专门性问题或者提出意见的人，但不包括以鉴定人身份参与办案的人"。诚然，立法者就此做了一定解说，即这并非排除有鉴定资格的人作为有专门知识者参与办案，也不是禁止有专门知识者参与鉴定，而是要排除那些已经以鉴定人身份出具鉴定意见的人再以有专门知识者的身份介入检察院的办案活动中，但其终归是将"有专门知识的人"作了限定，此时"有专门知识的人"便可更名为"专家辅助人"了。[①]

---

① 李学军、朱梦妮：《专家辅助人制度研析》，载《法学家》2015 年第 1 期。

对照英美法系的证人制度，更考虑到我国的鉴定人及《规定（试行）》所表达的专家辅助人于诉讼的功用均源自其拥有的专门知识，故本部分内容指称的"有专门知识的人"实为广义说。为更直观明了地明悉广义与狭义"有专门知识的人"间的相互关系，笔者借英美法系证人体系以图9-4-1加以说明。

由图9-4-1可知，所谓"有专门知识的人"，不论广义还是狭义，均是指相对有基本认知及常识的普通人士而言那些具有别样、特殊学识或经验的人。正是借助其拥有的别样、特殊学识或经验，其方可针对诉讼中某专门性问题，以鉴定人或专家辅助人的身份给出相应的分析、解说或判断意见。

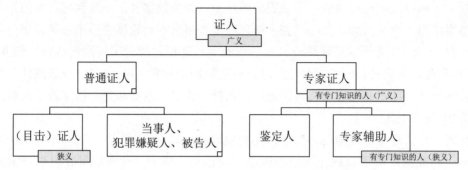

图9-4-1　英美法系证人与我国证人、鉴定人、专家辅助人等的照应关系

在明了什么是"有专门知识的人"之后，再需判断的便是"专门性问题"了。就何为"专门性问题"，难以一言以蔽之，但在分析判断"其是否专门性问题"时，可以从以下几点切入：（1）专门性问题通常不应是法律问题。因为如若是法律问题，那么对于从事法律职业人员而言其自身便能解决，否则其不应成为法律职业的从业者。（2）专门性问题的解决需凭借科学知识、专业技能、专门领域的工作经验等专门知识。对于一些常识性、日常生活中经常出现的不需借助专门知识就可以解决的问题，法官、检察官、侦查人员、律师等应自行判断。（3）从内容上看，专门性问题既包括自然科学领域的，也包括人文社科领域的，其中尤以自然科学领域的问题为典型，例如ABO血型的确定、DNA异同的判断、大数据证据的分析等。

### （二）确立基本处理原则的法理

为何我国以前述法律法规等具体条文确立了"诉讼中的专门性问题由具有专门知识的人来解决"这一基本原则？这是必须探讨的理论问题，否则，该原则便会缺失正当性基础。

就笔者看来，我国立法之所以确立了前述基本原则，是因为劳动分工细化导致的"术业专攻"，使得裁判者等决断者"没有能力"去面对隔行如隔山的由不同专家"各自专攻"的"各个术业"。作为裁判者，其需以权威理由为基础围绕事实问题作出裁决，从而实现证据法追求的事实认定之准确性目标。但裁判者面对"隔行"的专门性问题，显然"没有能力"去解决，此"不能"致使其不得不阶段性"让渡"自己的裁判权，以期有专门知识者就此专门性问题替自己作出判断。

事实认定的准确性——也称作"避免错误"，或用边沁之语，乃"裁决公正"——是证据法理所当然的追求目标。(依据证据)得到正确的事实,更是对所诉权利、义务作出恰当裁决的前提。司法中的事实认定是实践推理的个例,即裁判者必须以此种或彼种方式解决争议事实问题,并且无权因为存在不确定性而拒绝裁判。[①] 在功利主义信条下,提高事实认定的准确性就是要避免错误或确保"裁决公正"使错误风险最小化。而诉讼活动中,作为事实认定者的裁判者,通常不具有专门技术知识,若仅仅依靠其自身拥有的非专门能力去解决专门性问题,他们可能会手足无措,更遑论实现事实认定准确性的目标。为化解该难题,有专门知识者介入其中,或者允许有专门知识者"僭越"裁判者的裁判权就格外必要。

借助有专门知识者的"能"弥补裁判者的"不能",可保证与专门性问题有关的推理、判断更为可靠,因为,就专门性问题,专家给出的意见相较法官的判断而言无疑更为权威。虽然有专门知识者给出的意见并不当然是真理或当然正确,且仍然需要经过裁判者主导的质证程序才能成为定案的根据,但相比于一般人,有专门知识者提供的意见更具说服力,能在一定程度上体现权威性。换言之,裁判者在解决专门性问题上的"不能",是"诉讼中的专门性问题由具有专门知识的人来解决"这一基本原则得以确立的最为朴实且科学的缘由。

再从哲学视角看,该原则的确立,是意欲借助工具理性实现价值理性。"一般认为,对于价值判断不能以科学的方法来审查,其仅是判断这个人确信的表达,因为它们不像事实判断是以感官的知觉为基础,因此也不能以观察及实验的方法来证明。"但这并不意味着价值理性与工具理性相对立,相反,二者在内涵上互通互补、在功能上互动互联:工具理性是价值理性的前提;工具理性对于提高治理能力、增进治理效果无疑有显著作用,是审视和理解治理不可或缺的向度。司法中,准确认定案件事实、实现裁判公正,无疑是价值理性的体现;而允许裁判者借助有专门知识者的力量提升自己的认识能力,则是工具理性的表达。当我们谈及司法治理时,为了价值理性,不得不立足工具理性。具体到诉讼中专门性问题的解决,我国通过具体条文允许有专门知识者介入,正是工具理性的完美体现:借用有专门知识者的专业能力,弥补的虽只是裁判者在专门知识方面的匮乏,可提升裁判者的认知能力和认知水平,最终实现公正裁判的价值理性。当然,这并不意味着裁判者必须对有专门知识者言听计从,更不意味着工具理性可以僭越价值理性。相反,正确认识有专门知识者于诉讼的价值,准确定位裁判的职责,通过提升工具理性实现司法公正等价值理性,才是我们追求的目标。

## 二、诉讼中专门性问题的主要解决方式——解决之道路

我国立法不仅以法律条文的形式表达了诉讼中专门性问题的解决之"道理",而且同时指明了在此"道理"下解决诉讼中专门性问题的如下主要方式,即四条"道路"。

---

[①] 参见[美]亚历克斯·斯坦:《证据法的根基》,樊传明等译,北京,中国人民大学出版社2018年版,第40页。

### (一)聘请有专门知识的人协助取证

我国早在 1979《刑事诉讼法》第 71 条(现行《刑事诉讼法》第 128 条)即明确规定,"侦查人员对于与犯罪有关的场所、物品……应进行勘验或者检查。在必要的时候,可以指派或者聘请具有专门知识的人,在侦查人员的主持下进行勘验、检查。"

诚然,单从字面来看,该条规定不过是必要时有专门知识者助力侦查人员的勘验、检查工作,但其实质是强调,当证据收集者例如侦查人员,在收集证据时遭遇专门性问题而无力自行解决时,可以求助有专门知识者:侦查人员的勘验、检查工作,最终均是为了获得回建案件事实的基石,即证据。

"快播案"在证据的收集方面为我们敲响了警钟。辩护方围绕控方举出的淫秽视频鉴定意见展开质证后,就这些视频的来源进一步质疑:姑且同意控方的观点,即这些视频是淫秽的。但新问题是,这些淫秽视频原始就在案涉服务器的硬盘上吗?这些硬盘原始就在案涉服务器上吗?

即便淫秽视频多达 25 000 千余个,甚至更多,但只要这些以电子数据形式存在的视频来源不明或不确定,便无法用作定案证据。而之所以"快播案"出现此致命问题,其根源在于这些电子数据式淫秽视频的收集者在收集证据时专业能力不到位,且未寻求有专门知识者的帮助。回溯"快播案"可知,接到举报的海淀区文化委员会依法于 2013 年 11 月从北京网联光通技术有限公司查封、扣押了快播公司托管的四台服务器。经鉴定,该四台服务器上的大量视频并非举报信所言的盗版视频而是淫秽视频,故而海淀文委会将本案移送海淀公安机关立案侦查。基于当时第 52 条现为第 54 条第 2 款刑事诉讼法的规定,海淀文委会移交的服务器及相关电子数据可以用作刑事诉讼中的证据。诚然,该款规定打通了行刑衔接案件中实物证据的运用障碍,但却带来了新问题,即该条款实质上将刑事诉讼证据收集、运用的"苛严"规定的适用疆域无形扩张到了行政执法领域。换言之,诸如海淀文委会等行政执法部门查办行政案件收集提取电子数据等实物证据时,均应严格按照刑事诉讼证据规定的相关要求来操作。但遗憾的是,海淀文委会未意识到这个问题,更未曾想到在查获服务器时要针对视频这些电子数据的专业特性,聘请有专门知识者对服务器上的硬盘及硬盘上的电子数据视频进行专业固定和镜像备份。于是,公诉方在法庭上便遭遇了辩护方前述质疑且无从证明!

可以说,恰恰是"快播案"反映出的证据收集时需要有专业能力者或者专业人士介入这样的问题,《刑事电子数据规定》第 2 条、第 7 条方专门强调了取证时的专业技术性:"侦查机关应当遵守法定程序,遵循有关技术标准,全面、客观、及时地收集、提取电子数据;人民检察院、人民法院应当围绕真实性……关联性审查判断电子数据。""收集、提取电子数据,应当由二名以上侦查人员进行。取证方法应当符合相关技术标准。"再结合我国《刑事诉讼法》第 128 条的规定,如若侦查人员无力亲自按照这些"技术标准"收集固定电子数据,那么便可聘请或委托有专门知识者,并在其主持下收集、提取,因为,技术标准是供技术人士使用的。

当然,不单单是在收集、提取电子数据时需要有专门知识者介入,事实上,其他实物证据如指纹、足迹、血液、DNA 等,均可能需要有专门知识者的介入方能提取,否则，这些实物证据赖以发挥证明作用的物理、化学或生物属性等，或将遭到破坏、毁损，其来源也可能不具备唯一性或确切性。

### （二）委托或聘请有专门知识的人进行鉴定

我国的刑事诉讼法、民事诉讼法以及行政诉讼法均允许办案人员为解决案涉专门性问题而委托鉴定。

由此可知，鉴定是我国解决诉讼中专门性问题的一条重要路径。而且实务中但凡遭遇专门性问题，无论是法官、检察官、侦查人员，还是律师、当事人等，都会依法启动鉴定程序。诚然，有些鉴定因多种原因致使鉴定意见（曾经的"鉴定结论"）并不可靠，最终导致错案出现，但实践表明，如若没有以鉴定解决诉讼中专门性问题这一重要路径，诉讼之实体公正的价值诉求更难实现。

此外，不得不提及的是，2014年11月1日全国人大常委会通过、2015年5月1日生效的《行政诉讼法》删除了旧法第35条的规定。在行政诉讼中，面对专门性问题时应否启动鉴定、如何启动鉴定，行政诉讼法就此已不再有相关规定。为何作这样的修改？立法界没给出解释，学界也未发声，但实务界却以判例表明，行政诉讼中仍有专门性问题需启动鉴定方能解决。

因此，鉴定仍是我国三大诉讼中解决专门性问题的一个不可或缺之路径。当然，鉴定在实务中的不可或缺性并不意味着鉴定意见绝对正确。相反，在以鉴定途径解决诉讼中的专门性问题时，应强调法院对鉴定意见的司法审查，即组织当事人对鉴定意见质证，由法院对鉴定意见的取舍作出决断。

### （三）聘请有专门知识的人就鉴定意见或专门性问题发表意见

2002年，我国便准许民事诉讼及行政诉讼中有专门知识者围绕专门性问题发表意见，即《民事诉讼证据规定》第61条和《行政诉讼证据规定》第48条。2013年之后也允许刑事诉讼中有专门知识者围绕案涉鉴定意见发表意见。诚然，我国现行法律规定中有关有专门知识者介入诉讼中的前述规定有一定的差异，但不可否认的是，这些规定都极为在意诉讼中专门性问题之解决的科学性、合理性及得当性，更是"诉讼中专门性问题由具有专门知识的人来解决"这一基本原则落地的重要路径。

事实上，即便就诉讼中专门性问题的解决启动了鉴定，即便鉴定人依法出庭作证，但如若异议方没有专家辅助人来帮助其就鉴定意见展开"切中要害的"质疑，那么，缺乏相应专业能力的法官依然难以确定鉴定意见是否可靠。换言之，专家辅助人针对已有鉴定意见发表专业意见，不仅令当事方的质证权得以实现，更使法官履行评判、取舍鉴定意见等证据的法定职责有了坚实的基础。同时，依法出庭的鉴定人也不再只是出庭走个过场，而是实实在在地以动态证明的方式参与到己方当事人的举证活动中。可以说，专家辅助人就支撑鉴定意见的科学原理、技术方法、操作过程、检验结果及推理论证等对鉴定人展开的质疑及追问，增加了庭审的实质对抗性，更落地了十八大以来以审判为中心的诉讼制度改革。

此外，还有些专门性问题，没有对应的检验或鉴定机构可接受委托进行鉴定，此时，则应允许有专门知识者，仅就这些无法鉴定的案涉专门性问题发表意见。此方面，我国民事诉讼及行政诉讼层面均走在了前列，但刑事诉讼层面还需进一步完善。可以说，伴随着诉讼中越来越多未经鉴定或无法鉴定的专门性问题需要以合理、科学的方式解决，伴随着我国立法对专家辅助人制度的日益重视及不断细化、完善，越来越多的诉讼中，当事方及办案人员均会启用此解决专门性问题的路径。

### （四）聘请有专门知识的人在法庭上操作并就技术问题加以说明

讨论此路径时，不得不再次提及"快播案"。因为，该解决路径之规定的出台，可以说是"快播案"曝出的"痛"促使相关部门为现行《刑事诉讼法》第197条（原《刑事诉讼法》第192条）第2款"补锅"。

对比《刑事诉讼法》第197条第2款与《民事诉讼法》第79条规定，可以发现二者的专家辅助人制度明显不同：有专门知识者出庭，在刑事诉讼中只可"就鉴定人作出的鉴定意见提出意见"；但在民事诉讼中则可"就鉴定人作出的鉴定意见或者专业问题提出意见"。

恰恰是这样的差异，致使"快播案"中控方将拟证明被告人具有"明知而放任"之主观罪状的P2P专家引入法庭的想法落空。尽管控方曾求助P2P专家并获得了他们的意见，但他们却无法让P2P专家出现在法庭。因为，我国的证人是狭义层面的，仅指了解案情的目击证人，故而"快播案"中的P2P专家无法以证人的身份出现在法庭。诚然，P2P专家是有专门知识者，但受刑事诉讼法前述规定的限制，且"快播案"第一次开庭时仅有的鉴定意见不过是围绕视频是否淫秽视频而出具的，因此，这些专家实际无法以专家辅助人的身份出现在法庭。

可以说，正是民事与刑事专家辅助人规定的这一差异，"快播案"第二次开庭之际（2016年9月9日）出台的《刑事电子数据规定》才有了第21条的表述："控辩双方向法庭提交的电子数据需要展示的，可以根据电子数据的具体类型，借助多媒体设备出示、播放或者演示。必要时，可以聘请具有专门知识的人进行操作，并就相关技术问题作出说明。"换言之，电子数据的收集、提取、固定，特别是举证，难免涉及专门性问题，此时若需要专门知识者的介入，可以允许专门知识者在法庭上操作甚至说明。无疑，此条规定弥补了我国刑事诉讼专家辅助人制度关于"没有鉴定意见但有专门性问题情形下专家辅助人不能出现在法庭上"的立法漏洞——新增此规定使得诉讼中专门性问题的解决有了新路径，如有需要，围绕电子数据示证时可聘请有专门知识的人在法庭操作并作出说明。

之后，最高检《规定（试行）》第11条，"刑事案件法庭审理中，公诉人出示、播放、演示涉及专门性问题的证据材料需要协助的，人民检察院可以指派、聘请有专门知识的人进行操作"，则扩张了该路径的适用对象：不单是电子数据，而是所有"证据材料"均可让有专门知识者介入。事实上，有专门知识者在法庭上操作并就技术问题加以说明，能够将有关专门性问题的解说及评判通俗化、可视化，进而促使案件事实得以准确、直观、快速还原。

近年来，网络犯罪、互联网金融犯罪等新型犯罪日益增多，案件规模呈现出巨型化、科技化的态势，涉专门性问题的诉讼证明更是时常出现。例如，在证明涉众型犯罪行为人的主观故意时，需利用大数据挖掘法发现并证明行为人在规避打击；在证明涉众型犯罪案件的组织架构时，需利用分析模型分析资金流向从而识别涉案人员，进而揭示他们在犯罪组织中的具体角色。再如，某起利用黄金交易虚开增值税专用发票案中，专家建立了资金特征分析模型，利用统计概率、挖掘分类算法等技术，快速完成可疑资金网络的刻画，其可视化技术展现出的可疑资金来源与去向、其自动标注的账号和主体类别标签，为侦查提供了方向及证据。无疑，这些案件中，数据挖掘、模型建构、分类算法等专业术语无法为常人所理解，办案中涉及的技术问题更令人捉摸不透，但若让有专门知识者步入法庭，操作相关设备并就技术问题加以说明，显然能让相关的专门性问题迎刃而解，相关的证明责任得以很好地完成。

## 三、诉讼中专门性问题解决的鉴定路径及其制度反思

### （一）鉴定、鉴定结果及鉴定意见

解决诉讼中专门性问题的四条路径中，最常见、最频繁适用的路径无疑是鉴定。

何为鉴定？现有法律中，仅"2.28 决定"第 1 条涉及，即"司法鉴定是指在诉讼活动中鉴定人运用科学技术或者专门知识对诉讼涉及的专门性问题进行鉴别和判断并提供鉴定意见的活动"。而学界，或认为所谓"司法鉴定是指在诉讼过程中对案件中的专门性问题，由司法机关指派或当事人委托，聘请具有专门知识的人对专门性问题作出判断的一种活动"。或认为所谓鉴定即"在争议解决过程中，鉴定人运用科学技术或者专门知识对争议解决中涉及的专门性问题进行鉴别和判断并提供鉴定意见的活动"。

分析、比较前述界定可知，鉴定，其本质是有专门知识者利用自身的专门知识、技术、经验，对案涉专门性问题予以检测、分析、鉴别、检验等之后，作出判断、给出意见的活动。至于谁有权申请或启动鉴定、如何选择鉴定机构或得出的鉴定意见将用于哪些场域，笔者认为均非鉴定概念应涵及的内容。相反，就鉴定而言，我们更应在意的是，由鉴定到鉴定意见的得出，经历了怎样的过程。为此，必然涉及与鉴定和鉴定意见密切相关的"鉴定结果"。可以说，正确认识鉴定意见的前置基础即"鉴定结果"，方可得当利用鉴定意见。

所谓"鉴定结果"，通俗地说，即承载着专门性问题的鉴定客体经有专门知识者检测、分析、鉴别、试验等之后，所呈现出的各种数据、图片图谱、现象等。这些数据、图片图谱，类似于医院的血象化验单、心电图、X 光片、CT 图片等；而现象，则是沉淀的生成、气体的产生、颜色的变化、出血点的出现等表象。无疑，这些数据、图谱等，是经检测、鉴别、分析等鉴定后呈现出的各种客观存在（见图 9-4-2）但却并非直接用于解决案件争议的证据；真正能作为证据发挥证明作用的，是基于这些鉴定结果所得出的鉴定意见——没有专家的解说，无人能明了图 9-4-2 中各个图片意味着什么——专家的解说，方是鉴定意见。

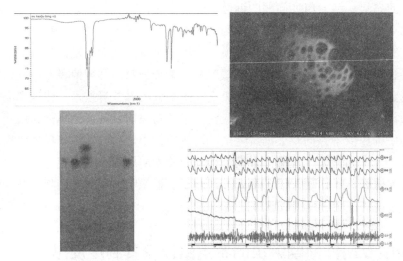

图 9-4-2　各种鉴定结果：红外光谱图、扫描电镜图、薄层色谱图和测谎图

在我国，鉴定意见最初被称为鉴定结论。但"2.28 决定"将"鉴定结论"更名为"鉴定意见"。之后，刑事诉讼法、民事诉讼法、行政诉讼法均作出了相应的修正。

立法的这番变更，核心用意在于修正对"鉴定结论"的普遍误解：鉴定"结论"并非"盖棺定论"，不过是"意见"，不过是有专门知识者对鉴定对象或客体展开系列鉴定工作后，围绕需解决的专门性问题发表的个人看法。再结合前文有关鉴定结果的讨论，笔者更认为，鉴定意见实乃言词证据，是有专门知识者对鉴定所得鉴定结果的成因或内涵等，给出的推断、解读或"翻译"。固然，鉴定意见的得出，多数都可能经由一些技术原理、科学手段的介入，还时不时动用一些现代仪器设备，但这并不表明鉴定意见便一定科学可靠并且是唯一结论。

事实上，鉴定、鉴定结果与鉴定意见，既有关联又有区别：（1）鉴定的启动，是为了获得鉴定意见。诚然，我国刑事诉讼法就证据予以了界定，即"可以用于证明案件事实的材料，都是证据"。但这是从功能角度陈词了什么是证据。若从形成过程来看，证据多数是伴随着案涉行为，如杀人、借贷、赠与等的实施同步引发的外界变化。这些变化或发生在物理空间如债权人持有的借条、摄像装置拍摄的视频等，也可能是留在目击证人脑海的印象或记忆，还可能是留在虚拟世界的二进制电子数据，如手机通话数据、微信交流记录、支付宝转账数据、Wi-Fi 接入记录等。因此，案后或纠纷发生后去取证，其实质是设法从物理空间、人的脑海及虚拟世界去找寻并固定由相关行为带来的前述各种变化。但因有些证据，如指印、足迹、血迹等实物证据无法自我言说，由电、磁、光等信号构成的二进制电子数据还无法被人看见、摸到，所以，办案人员或当事人不得不聘请或委托有专门知识者就这些指印、足迹、电子数据进行鉴定进而给出鉴定意见。也就是说，所谓鉴定意见，是案件发生后，"故意制造出"的证据——有意委托专门知识者通过鉴定而得出鉴定意见。（2）鉴定结果是鉴定意见的基础，鉴定意见是鉴定人对鉴定后呈现出的鉴定结果予以的解说或评判。即便面对相同的鉴定结果，不同鉴定人仍然可能得出不同的鉴定意见。因为由结果上升为意见的过程，是鉴定人学识、经验以及职业道德共同作用的过程；鉴定人的个体差异，有可能造成针对同一鉴定结果出现不同鉴定意见的样态。鉴定结果的客观存在与鉴定意见的主观色彩,决定了我们应理性对待案件中的每一份鉴定意见。

## (二)有关鉴定等相关制度的认识误区及思考

从 1979 年《刑事诉讼法》颁行起,我国鉴定制度便正式开启了其构建历程。随后的 41 年里,于 2005 年 10 月 1 日生效"2.28 决定",可谓我国鉴定制度建设的分水岭,因为自那时起,我国设立了司法鉴定行政许可制度,对鉴定人和鉴定机构等开始突出强调行政管理。但遗憾的是,15 年过去了,被寄予厚望的鉴定新制度并未实现立法初衷,即实现鉴定中立化、鉴定意见唯一化。相反,却仍存在有失公正的鉴定;多头鉴定、重复鉴定则依然频出。这些情形的出现,与人们对鉴定及相关制度一直存在的一些认识误区密不可分,只有正本清源,鉴定制度才有进一步完善的可能。

**1. 关于鉴定管理的有限性与专门性问题的多样性之冲突**

无论是学界还是实务界,均普遍认为应加强鉴定管理,特别是统一管理。但现实证明,"2.28 决定"生效至今,无论是司行管部门管理的社会鉴定机构还是公安、检察系统管理的专属鉴定机构,均有了相应鉴定资质证书,但其出具的鉴定意见仍时有不一致甚至错误的情形。就此,笔者认为,这种情形依然存在,其根本原因在于,人们误以为对鉴定加强了管理,对鉴定机构、鉴定人颁发了证书,就能确保鉴定意见的质量。但如前所述,鉴定、鉴定结果、鉴定意见是三个相互关联但却又有着根本区别的术语。即便主管部门管理手段及路径得当、科学、合理,但其至多确保就同一鉴定事项,不同鉴定机构、不同鉴定人予以检测、分析、鉴别后,所得出的鉴定结果基本一致,如图 9-4-3 所示。

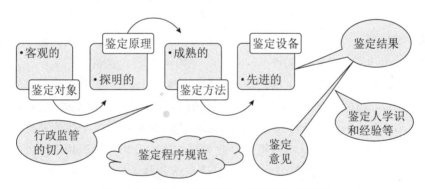

**图 9-4-3 鉴定、鉴定结果、鉴定意见关联图**

图 9-4-3 清晰地表明,依照规范的鉴定程序,针对客观不变的鉴定对象,根据已探明的鉴定原理、借用业已成熟的鉴定方法,动用先进的仪器设备,所能得出的,不过是鉴定结果。而意欲得出鉴定意见,则必须由鉴定人借助其学识及经验等将这些鉴定结果升华为鉴定意见——而此过程,无疑是主观判断的过程。此外,该图还告诉我们,如若确实要强调对鉴定的管理,那么只能从规范鉴定程序,引领鉴定原理的探究、鉴定方法的研发及标准化,主导仪器设备方面的投入及更新这几方面切入。如此,方能保证鉴定结果精准、无差错,相应地,鉴定意见才有客观、可靠的基本前提。此时,还应特别提及的是,如若依然强调鉴定的统一管理,便只能倾力统合多方力量,制定同时适用于专

属鉴定机构及社会鉴定机构的（统一）鉴定程序、鉴定标准和鉴定方法，而不是单单只注重给鉴定机构、鉴定人颁发许可证、鉴定资质等的形式管理。

以上，是就鉴定管理究竟能发挥何等功用，即鉴定管理与鉴定意见的可靠性之关系展开的思考。此外，笔者认为，我们还应清楚地认识到，鉴定管理无论如何都相对有限，而专门性问题则复杂多样，因此，不能对诉讼中所有专门性问题的鉴定均寄望有相应的资质管理。但遗憾的是，司法实践中普遍认为，大凡从事鉴定者，均应有鉴定资质即鉴定证书，即从事鉴定的有专门知识者，在介入案件争议解决之前，便应获得主管部门颁发的鉴定执业证书。这是目前大家特别中意的管理方式，因为人们普遍认为，加强鉴定管理方可实现鉴定意见可靠的目标，而鉴定管理，首先应确保鉴定人有资质即获得执业证书，否则其出具的鉴定意见便不具有证据资格。如《刑事诉讼法司法解释》第84条即规定"对鉴定意见应当着重审查以下内容：（一）鉴定机构和鉴定人是否具有法定资质；……"便表达了这种对资质无比依赖的思想。但是，单单只是考察一下我国由司行管部门管理的社会鉴定机构的资质证书就可以发现，我们相当依赖的颁证管理极为有限，因为"2.28决定"第2条规定明确，国家仅对从事法医类、物证类、声像资料及根据诉讼需要由国务院司法行政部门商最高人民法院、最高人民检察院确定的其他应当对鉴定人和鉴定机构实行登记管理的鉴定事项实行登记管理，而其所言的"商"项，也只是在2015年12月，方借环境损害司法鉴定才首次落地。换言之，至今，社会鉴定机构中具有法定资质即证书的，仅有前述四大类。但显然，无论是诉讼还是非诉纠纷解决中的鉴定需求，并不仅限于这四大类；如司法会计鉴定、艺术品鉴定、奢侈品鉴定、茶叶鉴定等，当前均没有如上所言的有法定资质的鉴定机构，但纠纷解决中却难免遭遇前述专门性问题，那么，仅仅因为受理这些鉴定的鉴定机构和鉴定人没有法定资质，就应"粗暴"地否定他们出具的鉴定意见吗？显然不能。

当然，司行管部门曾经扩张其管理范围，即对一些未纳入"2.28决定"第2条规定的鉴定类别如司法会计鉴定、知识产权鉴定、电力类鉴定、建筑工程质量鉴定、工程造价司法鉴定等，也予以了登记审核式颁证管理。这似乎可满足实务对资质证书的依赖需求。但是，这样的扩张，已被司法部办公厅2018年12月5日颁发的"司办通〔2018〕164号"文《关于严格依法做好司法鉴定人和司法鉴定机构登记工作的通知》叫停，因为该通知明确规定：要"坚定不移推进'四大类'鉴定人和鉴定机构规范整改工作，对于没有法律依据，拟申请从事'四类外'司法鉴定业务的有关人员、法人和其他组织，司法行政机关一律不予准入登记。……对明确属于从事'四大类'鉴定业务的鉴定人和鉴定机构，要依法坚决注销登记；……司法行政机关虽然不再登记从事'四类外'鉴定业务的法人或其他组织、有关人员，但其仍然可以依法接受办案机关或者有关组织、个人委托，为案件或者其他活动中涉及的专门性问题提供鉴定服务。"

司行管部门的前述变更，无疑恪守了"2.28决定"第2条的规定。但却更明确告诉我们，鉴定管理极为有限，而诉讼中需解决的专门性问题却极为多样，因此，我们不能单单依赖鉴定人及鉴定机构的资质证书等来评判相关鉴定意见的可靠与否，更不能仅仅因为"四类外"鉴定机构及鉴定人出具的鉴定意见没有法定的鉴定资质就排除其证据资格。

### 2. 关于鉴定机构的隶属

早在"2.28 决定"颁行前，实务界、理论界甚至民众均有着这样的声音，即公安检察机关以及法院的专属鉴定机构均不中立，因为其履行着侦查或裁判职责，其内设专属鉴定机构去承接鉴定则有"自侦自鉴""自审自鉴"之嫌，难免令人质疑鉴定结论的可靠性。而社会鉴定机构，其不隶属诉讼中任何专门机关，其给出的鉴定结论不受专门机关办案人员及领导等的影响，故而中立可靠。

考虑到鉴定实为侦查机关不可或缺的取证手段，"2.28 决定"并未取消公安检察系统专属鉴定机构的存在，但其第 7 条规定"侦查机关根据侦查工作的需要设立的鉴定机构，不得面向社会接受委托从事司法鉴定业务。人民法院和司法行政部门不得设立鉴定机构"，实质上令社会鉴定机构凸显其价值，更在一定程度上应和了之前大家的偏向性观点：社会鉴定机构更可靠！诚然，服务于侦查工作的专属鉴定机构确实存在一些错误鉴定意见进而导致错案的出现，但不得不承认的是，"2.28 决定"实施后近 15 年里，被寄予厚望的社会鉴定机构，却不时令人大失所望。事实上，司法部 2017 年 12 月 4 日发布的《关于严格准入严格监管、提高司法鉴定质量和公信力的意见》之标题便表明，社会鉴定机构的鉴定质量及公信力并不尽如人意。而现实中某些社会鉴定机构及鉴定人的所作所为更让人不得不反思：鉴定机构的隶属，与鉴定意见的可靠性真的有关联吗？显然不是。因此，认为公安检察专属鉴定机构的鉴定意见涉嫌"自侦自鉴"，进而不比社会鉴定机构鉴定意见可靠的观点，纯属拍脑子而成。

例如，北京明正司法鉴定中心经北京天目司法鉴定所之手，于 2016 年受理了某 DNA 鉴定案并出具了鉴定意见，认定陈某娇和吕某福系陈某的生物学父母。但事后经调查得知，陈某系陈某娇和陈某涛的非婚生子。该错误鉴定意见起因于"天目所"机构负责人杨某某从陈某涛处采取血样后，将血样标为吕某福的并转给有 DNA 鉴定资质的"明正中心"鉴定。杨某娇与户口在京的吕某福领取结婚证后，基于该鉴定意见，陈某得以落户北京。又如，2019 年 6 月 27 日，上海华东政法大学司法鉴定中心原主任闵某龙教授及原鉴定人朱某福等涉嫌保险诈骗案在上海青浦法院一审开庭。闵某龙等之所以被诉至法院，是因为其与上海隆祥法律咨询事务所负责人杨某等涉嫌合谋保险诈骗：在数起交通事故的伤残鉴定中，闵等人涉嫌故意出具伤残等级高于实际伤残程度的鉴定意见。

单单北京和上海的这两个事件便足以表明，社会鉴定机构并不必然中立可靠，我们不能"以'帽'取人"。相反，笔者更认为，应允许不同属性、不同类别的鉴定机构同时并存，哪怕它不是国家级鉴定机构，我们也不能就此便否认其鉴定意见的证据价值；我们更应关注的是，如何依法质证、认证鉴定意见，而不是拍脑袋决定，哪些部门的鉴定机构该否存在——"2.28 决定"第 7 条规定尽管明确，"……司法行政部门不得设立鉴定机构"，但众所周知，至今，司法部属的上海司法鉴定科学研究院始终承接着全国各地的各类鉴定委托。诚然，上海司鉴院的做法似乎违反了前述规定，但笔者认为，该第 7 条规定原本就缺乏法理。那么，为何"2.28 决定"制订时要规定"……司法行政部门不得设立鉴定机构"，且其施行后上海司鉴院却还"违反该规定"一直受理鉴定？其原因是当时的立法被大家的错误认识即"以'帽'取鉴定意见"所左右，而之后的实务又无法不借力于上海司鉴院格外突出、耀眼的专业能力。

### 3. 关于鉴定投诉制度的设置

2010年6月1日，司法部颁发的《司法鉴定执业活动投诉处理办法》（以下称《投诉处理办法》）正式生效。正如其第1条所规定的，该办法的颁行，是为了监督司法鉴定执业活动，也即投诉是司行管部门管理社会鉴定机构的路径之一。但实践表明，这种管理，反倒"节外生枝"，使得司行管部门"头疼不已"：2011—2017年的7年里，我国各省级司法行政机关接到的司法鉴定投诉总量分别为1 104、1 411、1 436、1 619、1 372、1 466、1 624件，① 虽只占全年鉴定总量的万分之几，但相对于同样由司行管部门管理的公证及律师业务来说，其投诉、信访问题却明显突出，有时甚至比律师和公证领域的投诉，信访还多。各级司行管部门不仅要经常面对重复投诉、缠访闹访、越级上访等，还不时成为行政诉讼中的被告。在鉴定所涉当事人不满、司行管部门疲于应对的同时，鉴定机构及鉴定人则因投诉、信访的潜在威胁不得不尽量减少鉴定受理量，② 或因被投诉，或因被当事人以自杀相威胁而不得不撤回已经出具甚至是已生效判决之关键证据的鉴定书。可以说，正是基于涉鉴定投诉、信访等的巨大压力，2019年6月1日始司法部颁发了《投诉处理办法》，以限定投诉时效、进一步明确投诉范围等。

但笔者认为，修订后的《投诉处理办法》依然无法实质解决司行管部门疲于应对投诉的压力以及鉴定机构"挑挑拣拣"受理鉴定的做法。因为，看似规范司行管部门处理涉鉴定投诉工作，进而监管鉴定执业活动的《投诉处理办法》，其实质是为涉鉴定的当事人开辟了一条比贿买鉴定人更为可怕的干预鉴定之中立性的路径，也为法官等决断者怠于审查判断鉴定意见的证据资格和证明力给了一个理由。换言之，给涉鉴定当事人设置投诉路径缺乏法理基础。

如前所述，委托鉴定，实为"故意制造"证据。作为事实重建之依据的法定证据之一，鉴定意见一旦出具，与其他种类法定证据一样，必然于一方当事人不利。但我国八种法定证据形式中，唯给鉴定意见以投诉质疑该证据之证据资格特别是证明力的救济方式，显然另眼看待鉴定意见。再者，司法部2016年5月1日修正的《司法鉴定程序通则》第29条第1款第（3）项中增加规定"……或者鉴定活动受到严重干扰，致使鉴定无法继续进行的"，实质上表明，鉴定活动意欲中立可靠，是不能受到外界干扰的。而允许涉鉴定当事人去投诉鉴定，便是允许当事人干扰鉴定的正常进行。实务中，不乏当事人在鉴定受理后三番两次独自前往鉴定机构以"若鉴定意见对我不利，我会投诉你们，或会死人"来威胁鉴定人的现象。此外，自2010年《投诉处理办法》生效确立鉴定投诉制度至今，所有涉鉴定投诉的当事人，没有一个不是鉴定意见对其不利者。换言之，鉴定意见有利方的当事人，绝不会投诉；而前去投诉者，不管其投诉的具体内容是什么，其终极目标均是推翻于己不利的鉴定意见。对鉴定意见这种法定证据，应与其他证据一样，严格按照诉讼程序规定予以质证并最终由裁判者决定是否采用，而不得以这种诉讼外的行政投诉的方式来干预。故笔者以为，应该废除《投

---

① 数字来自司法部司法鉴定管理局的李禹、党凌云、郑振玉等于2012—2018年每年载于期刊《中国司法鉴定》上的"全国司法鉴定情况统计分析"。
② 陈如超：《司法鉴定管理体制改革的方向与逻辑》，载《法学研究》2016年第1期。

诉处理办法》。

**4. 关于鉴定费、出庭作证费的高低或多寡**

鉴定费和出庭作证费是有专门知识者解决专门性问题并出庭参与庭审质证的智力劳动成果的必要对价。专职从事鉴定工作的公安检察专属鉴定机构及鉴定人，其硬件的投入、工资的支付等均由国家财政承担，故而无论是受理鉴定还是出庭作证，他们都不涉及费用问题。因此，此处言及的问题，只关乎社会鉴定机构、鉴定人或有专门知识者，也更关乎我国社会鉴定机构的可持续发展。

"2.28 决定"于 2015 年 4 月修正后，曾由司法部商国家发改委确定鉴定收费标准的规定，更新为"司法鉴定的收费标准由省、自治区、直辖市人民政府价格主管部门会同同级司法行政部门制定"。无疑，将收费定价权下放至省级相关部门，不仅解决了鉴定机构收费标准全国一刀切的问题，更重要的是，有可能一定程度上提高鉴定收费的标准，进而缓解某些鉴定机构入不敷出的为难局面、确保鉴定业的可持续发展。但此后不久，四川便曝出了"天价鉴定"案：不过就几份文件上的签名、指印和印文进行一下鉴定，竟然要收费 172 800 元。①

目前，依照现行"2.28 决定"，各省、自治区均已出台新的鉴定收费标准，且基本还是或计项收费，或关联争议标的收费，并未提高。即使如此，众者仍质疑鉴定费高昂，但目前的收费，真的高吗？笔者认为，这背后实质上隐藏着关于"鉴定很简单"的片面认识，即觉得鉴定不过只是比较一下笔迹间、印章印文间的差异或符合之类嘛！但他们完全未在意有专门知识者的这种比较，是以"人、机、料、法、环"等综合要素为基础的。作为有专门知识的鉴定人，其创造的价值是以其前期学习、投入而生成的无形财产即专门知识为基础的，其曾经付出的大量经济、时间等成本，必然要以获得高于普通劳动者之报酬的方式来补偿。亚当·斯密认为，劳动者担负的责任大小也会引起劳动工资的差异：人们把财产甚至生命和名誉委托给律师，这样重大的信任断不能安然委托给微不足道者，因此律师的报酬必然要使他们能够保持这种托付所需的社会地位。而这种社会地位的保持，无疑需要长期教育并花费巨额的学习费用，这就使得他们的劳动价格增高。同理，鉴定人也需获得委托人的信任，他们获取的报酬应能够维持其相应的社会地位，进而承担起委托人托付的重任。因此，单单从"人"这一视角，便无以区分律师和鉴定人之伯仲，再考虑到鉴定展开时，还必须投入各种昂贵仪器设备之"机"、各种高价耗材之"料"，还要研发、探索各种方法之"法"，还要确保鉴定必需之"环"境，故而认为"鉴定费不应高于诉讼费或律师费"的观点实在值得商榷。

经过多年努力，当前实务界及学界基本已认可鉴定人出庭或专家辅助人出庭可另行收费。但大家却认为这样的收费如同证人出庭一样，仅涉及因出庭作证所发生的交通费、住宿费、餐费和误工补贴等必要费用。无疑，这是将有专门知识者等同于普通证人了。但专家证人即有专门知识的人，与普通证人有本质上的区别，前者必须针对专门性问题发表独立的意见，而后者则只是给出其"所闻所见"——前者，是专门知识的运用、

---

① 尹志烨：《天价鉴定》，载《光明日报》，2017 年 4 月 4 日 2 版。

是创造价值的过程,应得到报酬;后者,是记忆的回放,没有创作。并且司法实践中鉴定意见的证明力比证人证言高得多,鉴定人一般都是职业司法鉴定人员,实际上是一种职业证人,不同于一般证人偶然作证。可喜的是,笔者的观点,一定程度上得到了认可,即2018年11月14日山东省高院、检察院、公安厅、司法厅联合颁行的《关于侦查人员、鉴定人、有专门知识的人出庭的规定(试行)》的第18条至第20条规定,实质性表明,鉴定人及有专门知识者出庭作证,不仅应予以基本费用的补偿,还应支付一定报酬。

当然,在坚持有专门知识者解决诉讼中专门性问题应获得报酬的同时,笔者认为,有专门知识者还应参照律师制度,对必要人员施以费用减免的鉴定援助。于此,我国诉讼中专门性问题解决之道才能得以有序、正常、科学地行走下去。

## 四、鉴定意见的更名或专家意见的增入——法定证据形式的完善

诚然,明确证据在诉讼中的具体表现形式无疑便于司法中对各类证据的充分利用,但也令人形成一个固定思维模式:诉讼中拟用作证据的材料若无法归于某一法定证据形式中,那么该材料便会因其不具有"合法性"——即不符合法律规定的法定证据形式——而不得用作定案证据。如此请求排除某证据之证据资格的,实务中时有出现,如"王永芬不服上述判决,向本院上诉称……案件监督管理室出具的关于王永芬扰乱其单位秩序的《情况说明》,不是法定的证据种类,不具有证据资格";又如"对有争议的证据,本院认定如下:原告提供的《长丰县黄家坝水库2018年渔业生产力及其价值的评估意见》,该意见不属于法定证据种类,不能作为本案证据使用"。还如,某案中就当事人一方要求以测谎结论作证据的诉求,最高法裁定"关于是否应以测谎方式查明案件事实的问题。因测谎的形式及内容并不属于《中华人民共和国民事诉讼法》第六十三条规定的民事诉讼中合法的证据形式,故原审法院未采取该形式调查案件事实并无不当"。

也就是说,直至当前,我国三大诉讼法虽较为周延地规定了多达八种的法定证据形式,但具体适用起来,就某些材料是否可以归于其中却还存有异议,且不乏涉及诉讼中专门性问题的解决。

如前所述,测谎结论是否属于法定证据之一,最高法借案例发了声,但笔者对其在裁判中的说理有着完全不同的看法。

鉴定意见,其本质不过是"意见",且这些"意见",均是有专门知识者给出的。而测谎结论呢?最高法拒绝使用的理由是:"因测谎的形式及内容并不属于《中华人民共和国民事诉讼法》第六十三条规定的民事诉讼中合法的证据形式,故原审法院未采取该形式调查案件事实并无不当。"当然,笔者也不同意将测谎结论轻易当作诉讼证据使用,但理由却与最高法的前述观点相异。最高法关于测谎结论(其表达为"测谎")不是"合法的证据形式"即不是鉴定意见,所以不能用作定案证据的解释过于肤浅。因为,我国诉讼法没有任何法条明确过何为"鉴定意见"且其具体形式和内容是什么,相反,只是概括性地就这类由专家围绕专门性问题给出的观点、判断给出了一个法律术语即鉴定意见。测谎,要借用CPS多道心理测试仪,这显然是专业性活动,且其测试过程

还要基于一定的原理、方法等，特别是经过一番操作后，面对得出的测谎图（图9-4-2中第4张图谱），专家将就该图谱中峰的高低、峰的疏密等形成缘由，结合测谎时的具体问题给出自己的观点或判断——这个过程，无疑正是专家意见的形成过程，与其他鉴定意见的形成没有异样；所不同的，只是测谎专家们最终未给其判断或解释冠以"鉴定意见"之名而已。试想，如若最高法裁判的那个案件中测谎专家以"测谎鉴定意见书"表达其意见，那么，最高法还能以此为由拒绝使用该材料吗？

自1999年最高检《关于CPS多道心理测试鉴定结论能否作为诉讼证据使用问题的批复》的颁发至2018年最高法前述判例的出现，已经过去了20年，看似证据法学的研究在此20年里被普遍关注，其运用也格外被强调，但围绕测谎结论不能用作证据的法理却始终不当。笔者认为，不敢轻易视测谎结论为证据的关键点在于，至今为止，测谎的原理尚未在业界达成共识，相关的测谎方法也就难以得到业内普遍认可，故而其得出的测谎图谱难免有问题——当不能确保测谎图谱即"鉴定结果"可靠时，又如何能保证基于该图谱能得出可靠的意见？换言之，当方法的可靠性本身便令人质疑时，由此得出的测谎图谱更难以保证客观；再基于此测谎图谱去形成测谎结论，那么其证明力即可靠性无疑更会存在问题。恰恰是担心测谎结论的可靠性也即证明力不大可靠，我国才不得不如同美国弗莱伊案一样，从测谎结论之证据资格层面便干预其使用——测谎原理未达成共识的当下，测谎结果便难以客观。最高法出具前批复拒绝在刑事案件中将测谎结论用作证据，无疑格外在意刑诉中被追诉者人身自由、生命及健康，是担心基于客观性都难保的测谎结果得出的测谎结论更不可靠，进而可能导致错案，但其说理并不到位，更不得当。

与测谎结论类似的其他由专业人士即有专门知识者给出的意见，如价格认定书等，虽没有冠名为"鉴定意见"，但无疑也是"专家意见"，单纯地认为它们不具有法定证据形式之地位便将其排除在法庭之外，无疑过于简单粗暴，更不符合法理。

再看《刑事诉讼法司法解释》第87条，"对案件中的专门性问题需要鉴定，但没有法定司法鉴定机构，或者法律、司法解释规定可以进行检验的，可以指派、聘请有专门知识的人进行检验，检验报告可以作为定罪量刑的参考。对检验报告的审查与认定，参照适用本节的有关规定。经人民法院通知，检验人拒不出庭作证的，检验报告不得作为定罪量刑的参考"。

该条款力图解决诉讼中某些专门性问题无法找到法定鉴定机构予以鉴定的现实难题，毕竟我国追求了十几年的所谓对鉴定机构加强管理的制度迄今不过仅仅管理四大类鉴定。故而，此第87条不得不将法定鉴定机构与其他专业机构予以区分。遗憾的是，其却未认可其他专业人员所出具意见的证据地位，而仅让其成为"参考"。"参考"与作为事实重建之基石的"证据"该如何厘清？显然法官们又面临了新难题。特别是上述规定只是单独提及了"检验报告"，而严格来说，许多法定鉴定工作的展开，均施以了各种"检验"手段，如足迹检验、酒精检验，那么：（1）其他专业机构经检验后出具的报告为何不能称为"鉴定意见"，而一定要冠以"检验报告"之名？（2）其他专门性问题，如司法会计、价格、知识产权、电力、建筑工程质量、传销等案中海量资金大数据等等，委托其他专业机构做了专业分析（如大数据分析等）并得到了专业意见，那么，面对这些其他专业机构给出的专业性判断法官们又该如何处理？显然，第87条的规定并没有实质解决司法实务中的棘手问题，其不过是选择性地对检验报告这种特定材料给予了一定指导性规定——但这种挂一漏万的解决方式意义实在有限。

就笔者看来，从根本上解决此问题，要基于诉讼中专门性问题的解决法理、鉴定意见的本质、鉴定管理的有限性与诉讼中专门性问题的多样化等，考虑修改我国法定证据形式之一的"鉴定意见"这一术语为"专家意见"，即无论是由法定鉴定机构出具的鉴定意见还是由其他专业机构出具的诸如检验报告之类的专业看法，其实质均是专家意见；由"专家意见"替代我国现有法律规定中的"鉴定意见"，将更好弥补裁判者的"不能"，更好证明诉讼中的各种待证事实。如若依旧要保留"鉴定意见"这一术语，则应将诉讼法中相关法条中的"鉴定意见"变更为"鉴定意见、专家意见"，即允许"鉴定意见"与"专家意见"并存：前者，特指法定鉴定机构给出的专业判断；后者，则普适于非法定鉴定机构即其他专业机构出具的专业判断。当然，这在一定程度上加重了法院审查判断证据的负担，但也恰恰是法官智慧发挥重要作用的渠道。

## 五、鉴定意见或专家意见的审查判断

前文已明确，鉴定意见与专家意见，虽表达上有文字差异，但其实质无异样，故本处论及的鉴定意见之审查判断，包括对专家意见的审查判断。

### （一）鉴定意见的主要特征及相应影响

学界从不同角度对鉴定意见的特征进行了分析。有观点认为，鉴定意见是科学性与诉讼性的统一，也是主观性与客观性的统一；其科学性是鉴定意见区别于其他证据的实质特征。也有观点认为，鉴定意见具有法律性、科学性、主观性。鉴定意见的科学性是相对诉讼证明而言的特点。还有观点认为，鉴定意见的真实性由科学性决定，科学性的评价指标包括可验证、可证伪、可反驳。换言之，学界普遍认可鉴定意见的科学属性，但鉴定意见真具有科学性这一特征吗？

诚然，鉴定意见的作出往往需要凭借科学知识或科学原理，并时常用到先进仪器设备，但据此仅能体现鉴定意见与科学关联紧密，却不能认为鉴定意见具有科学性。因为如前所述，即便原理已探明、方法已成熟、程序均规范、仪器皆先进，但针对客观的鉴定对象或客体展开系列检测、检验、分析等之后，得到的不过是鉴定结果，而鉴定结果本身非诉讼中的证据，唯经有专门知识者对鉴定结果给出判断、解说即形成鉴定意见，才可能以此为基础重建案件事实。无疑，我们至多可以说，符合前面描述的鉴定活动是科学的，却不能说鉴定意见是科学的。因鉴定意见的形成，与有专门知识者的学识、经验等密切相关，否则，对"科学的"鉴定意见我们便不再需质疑或进行审查判断。事实上，即便是面对完全相同的鉴定结果，不同专门知识者也可能给出不同的意见，正是因此我国才经数部法律的出台或修正，将"鉴定结论"更名为"鉴定意见"，并引领我们综合评断鉴定意见的证据资格和证明力。

基于鉴定或专家意见的形成过程，笔者认为，我们应走出鉴定意见具有科学性的认识误区，精准知悉鉴定意见的主要特征不过是"意见性"和"专门知识性"。

所谓"意见性"，是因为鉴定意见乃鉴定人等具有专门知识者个人的判断、推论或解说，带有主观色彩。而此主观色彩，源自其形成时受制于鉴定人专业能力、知识水平、经验、价值观等。可以说，湖南黄静案中围绕其死因出现的各不相同的鉴定意见，恰恰是鉴定意见之意见性的经典体现：即便都是专家，也难免"各执己见"。

所谓"专门知识性"则是因为：（1）交付鉴定的事项原本就涉及专门知识。在司法场域，专门知识通常独立于法律知识而存在。虽然个案中专门性问题各有不同，问题需要专门到何等程度也无法精确界定，但这些专门性问题的共同特点是其严重影响了法官的认识能力，法官不得不将其交付有专门知识者去解决，进而确保事实认定的准确性。（2）在解决这些专门性问题的过程中，有专门知识者运用的原理、方法，遵循的程序操作，依赖的仪器设备，甚至最终得出的鉴定结果等，均充满了各种专门知识，由此再得出鉴定意见，都不可避免涉及专门知识。

明确了鉴定意见的"意见性"和"专门知识性"，可以得出如下两个基本判断：一是鉴定意见仅具有普通的证据地位；如若认为其特殊，那么其特殊之处仅在于其是"故意制造"的证据。当然，"故意制造"不具贬义，只是如实陈述了其形成之缘由，即为了裁判的需要，有心委托他人给出证据。但恰恰是其"制造"的过程，即从鉴定客体或对象的获得，至原理、方法的使用，及具体的操作和结果的得出、意见的形成，都有各种出错的可能，故而，任何鉴定意见或专家意见，"在诉讼中与其他证据一样，不具有预先的证明效力"，必须接受审查判断。二是鉴定意见的专门知识性决定了对之审查判断，应借力于有专门知识者。鉴定意见能否成为定案依据，核心在于其证明力的有无及大小，即鉴定意见是否真实可靠，以及真实可靠的鉴定意见究竟能证明怎样的事实。任何证据的证明力，均无法由法律统一规定，只能个案分别审查、各自定夺，鉴定意见也不例外；只是由于鉴定意见具有专门知识性，故而对其审查判断往往要依赖于鉴定人和专家辅助人的出庭作证。

### （二）鉴定意见的审查判断方式及核心内容

#### 1. 审查判断的基本原则

鉴定意见的采纳和采信，只能由裁判者定夺。虽诉讼各方可参与鉴定意见的审查判断，给出各种建议、意见甚至质疑，但最终的审查判断结果，即鉴定意见可否成为定案依据，只能由法官说了算。

遗憾的是，实务中不乏"鉴定意见怎么说，我即怎么判"的情形。更因存在着鉴定投诉制度，故而许多对鉴定意见有异议者均被法院要求"去找鉴定机构；鉴定机构更改了鉴定意见，我们就作出不同的判决……"事实上，这种"以鉴代审"，实"缘于对司法鉴定意见的过于'迷信'……从而在很大程度上扭曲了司法鉴定原有的功能和定位，异化了司法审查自身的特质"。

因此，必须强调，无论鉴定意见嵌入的专门知识性多么高深，但基于其证据定位，基于法官的裁判职责，法官必须自行判断鉴定意见是否有证据资格，特别是是否有证明力，并要将对其取或舍之理由陈词于裁判文书中，实现裁判公开。

### 2. 审查判断的主要方式以及应切入的核心内容

围绕鉴定意见的审查判断，笔者认为，可借如下方式完成：（1）对于表面的、浅显的问题，可依据常识、经验、逻辑规律及相关法律法规等规定自行判断。（2）对于深层次、深奥复杂的问题，经过法定审查判断程序即质证，方能科学、有效完成。如前所述，鉴定意见具有专门知识性之特点，使得对鉴定意见的审查判断远远难于其他证据；但我们也应明确，鉴定人出庭作证制度及专家辅助人制度的建立及完善，宏观上言，是以审判为中心诉讼制度改革的落实举措之一，微观上看，则是辅佐法官公正、科学评判鉴定意见不可或缺的路径，更是"诉讼中专门性问题由具有专门知识者解决"之基本原则的落地。

从图 9-4-4 可知，鉴定人、专家辅助人的出庭能为裁判者提供专门智慧弥补其认知局限，为其履行认证证据之职责奠定基础。保障对质权的实现是要求鉴定人出庭和引入专家辅助人的理论基础。主持法庭调查的法官，应允许诉讼双方出庭的鉴定人、专家辅助人充分发声，并认真倾听他们的声音，适时提问。如此既充实了当事人的诉讼权利，均衡了双方的诉讼力量，庭审质证得以实质化，同时司法的民主性、专业性也得以体现。

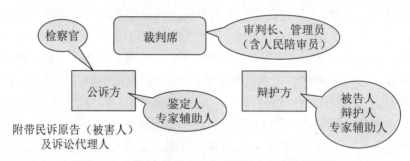

**图 9-4-4　刑诉中鉴定人、专家辅助人出庭作证图示**

诚然，为更好助力法官对鉴定意见的审查判断，更好引导鉴定人等有专门知识者的鉴定工作及鉴定意见的出具，我国三大诉讼法均以司法解释的方式规定了鉴定意见的审查内容，但这些规定的实际效果并不明显，因为其大多仅涉及鉴定意见的形式问题。

此外，法官在裁判文书中公开的一些鉴定意见之取舍理由更令我们深思：鉴定意见的审查判断能否仅仅单从鉴定方法是否规范、鉴定机构鉴定人有无法定鉴定资质等形式方面切入？当既有资质，鉴定方法也规范，但不同鉴定机构出具了不同的鉴定意见时，又该如何取舍？例如，马某与徐某酒后因劝架而互殴。后经当地市公安局刑事科学技术室鉴定，徐某右眼眶内侧壁及下壁骨折并右筛窦积血，构成轻伤。公诉后，马某认为伤情鉴定过重，申请重新鉴定。经市法院委托，湖北同济法医学司法鉴定中心对徐某的伤情重新鉴定，鉴定意见为轻微伤。本案发生在 2014 年，无疑，无论是公安鉴定机构还是社会鉴定机构，均拥有相关的资质，并遵循了科学的鉴定方法，此时，法院该如何取舍这两个并不一样的鉴定意见？

换言之，围绕鉴定意见的审查判断，我们究竟该机械地在意其形式上是否合法等皮毛问题，还是要切入本里关注鉴定意见是否真实可靠即其证明力如何这样的实质问题？最高法公布的典型案例"（2013）辽审三民提字第 45 号"《倪旭龙诉丹东海洋红风力发电有限责任公司环境污染侵权纠纷案判决书》让理论界、实务界充分明了，对案涉鉴定意见的审查，不能简单看其有无鉴定资质，而应深入研判其拥有的资质是否能实质性解决诉讼中争议的专门性问题。该案中再审法院未采信鉴定报告的理由同样是从鉴定机构的资质切入，但其切入时却紧紧关联了案涉的专门性问题：再审法院精准认定了案涉专门性问题是什么，再结合调查结果，确认该鉴定报告出具机构的现有资质未能覆盖本案中的专门性问题，其实质是认为该机构没有专门能力解决发电噪声、光影等与甲鱼死亡间的关联度——也就是说，该法院无法认可鉴定报告所得出结论的可靠性，进而不能采信之。显然，此案一审、二审法院单单依赖鉴定机构的资质证书，却未对该资质下其专门能力予以探究便采用鉴定报告的做法被再审法院否定了。

此外，念斌案中专家辅助人制度的启用及功效更表明，面对有资质、有证书者出具的鉴定意见，唯有深入到鉴定的具体方法、操作过程、鉴定结果层面，方能实实在在为法官决策鉴定意见的取舍奠定基础。

基于鉴定意见也为证据之一，故而鉴定意见的审查判断当然要从关联性、合法性、客观性、可靠性等方面全面介入，但鉴定意见的证明力即可靠性更值得我们格外关注。至于实务中时常认为鉴定意见出具者不具有法定鉴定资质、鉴定人未按程序规定由授权签字人复核签发，或未在数天内完成鉴定等，因而不合法应排除的诉求，从根本上言，并非非法证据排除规则的目标，即保护人权。所谓加强鉴定管理，所谓颁证，所谓制定统一的鉴定程序等，均为追求鉴定意见的真实可靠而展开。故而笔者认为，我们应更新理念，撇开单纯看有无资质证书等的惯常表面做法，针对鉴定意见等专家意见的核心所在，即证明力，展开有效的审查判断。如此，尽管不具有专门知识的法官们责任重大，但现有的鉴定人出庭作证制度和专家辅助人制度足以为法官履职提供实质性帮助。

李学军，中国人民大学法学院教授，博士生导师。本节内容以《诉讼中专门性问题的解决之道——兼论我国鉴定制度和法定证据形式的完善》为题发表于《政法论坛》2020年第6期，收录本书时有改动。

## 第五节 刑事审判与鉴定制度

季美君

随着科学技术的飞速发展，专家证据在诉讼中发挥着越来越重要的作用。在英美法系国家，专家证据制度在专家证人资格规定上的广泛性和选任上的自由性，使其在适用上具有灵活性和实用性的特点，其详细而完备的专家证据可采性规则，更是司法经验的积累与法官智慧的结晶。英美法系国家的专家证据制度和大陆法系国家的鉴定制度，在近些年的改革中呈现出共同的趋向，如启动程序的多样化、过错责任的严格化和庭审对抗的强化，这为完善我国司法鉴定制度、准确适用新刑诉法中有关专家辅助人的规定以及充分发挥专家证据的作用提供了新的思路。面对我国司法鉴定制度中较为混乱的鉴定主体问题，构建鉴定人、专家顾问和专家辅助人三位一体的司法鉴定主体格局，或许是一条比较合理可行的出路。

人类社会跨进20世纪以来，科学技术突飞猛进，司法证明方式逐步从人证时代步入物证时代。随着物证在司法证明活动中的作用日益显著，科学技术对证据法的影响也越来越大。在科技发达的国家，专家证据已成为现代诉讼证明活动中的主角，各个领域的专家们不时走进法庭，就案件中遇到的疑难问题和专门性问题，向法庭提供科学的、有说服力的"答案"。我国2012年修改后的《刑事诉讼法》完善了原有的司法鉴定制度，如将"鉴定结论"修改为"鉴定意见"；规定控辩双方对鉴定意见有异议的，鉴定人必须出庭；明确了鉴定人拒不出庭作证的法律后果；规定控辩双方可以聘请具有相应专业知识和实践经验的专家（专家辅助人）出庭对鉴定意见发表意见。这无疑有利于进一步发挥专家证据在刑事诉讼中的作用。在《刑事诉讼法》修订完成之际，深入研究专家证据制度的特点及其改革趋势，对于准确理解和适用我国相关的立法规定，以及走出我国司法鉴定制度较为的混乱局面，具有重要的理论价值和实践意义。

## 一、我国有关专家证据新规定的解读与适用

《刑事诉讼法》第192条第2款规定："公诉人、当事人和辩护人、诉讼代理人可以申请法庭通知有专门知识的人出庭，就鉴定人作出的鉴定意见提出意见。"这一规定意味着今后在我国法庭上，除了原有的司法鉴定人之外，人们将会时不时地看到专家辅助人的身影。来自于立法机关的有关专家指出，"为了使法庭对鉴定意见的庭审质证更加公开、深入，修改后的刑事诉讼法引入了类似国外专家证人参加诉讼对鉴定意见质证的做法，规定当事人有权聘请专家辅助人出席法庭，协助辩护人对鉴定意见进行质证。这样有助于搞清一些技术性很强的专业问题。"① 但是，在司法实践中，如何判断一个人是真正的专家还是冒牌的？如何对专家辅助人的资格进行实质性的审查？在什么情况下需要专家辅助人出庭？专家辅助人提供的意见能否成为一种新的证据——专家证言？这些都是《刑事诉讼法》实施过程中亟待解答的问题。既然设立专家辅助人制度是对国外专家证据制度的借鉴，因此，在回答这些问题之前，考察一下英美法系国家的专家证据制度及其运行是很有裨益的。

### （一）何为专家证人（专家辅助人）

在英美法系国家，所谓专家证人，就是指具有专门知识的人在法庭上提供专家意见以帮助事实裁判者解决案件中存有争议的专门性问题。当事人聘请专家证人的目的是借助专家证人的专业知识在法庭上提供有利于己方的陈述。尽管英国的法律并没有明确规定专家证人的概念，但从英国几个世纪积累的众多判例来看，只要在特定领域或特定学科中具有超越常人的知识及经验的人，都可以成为法庭上的专家，而不一定非要受过系统的、正规的教育或拥有什么头衔或是某一领域内的权威不可，英国专家学会主席Roger指出，"专家是在特殊领域中具有相当知识及技能的人。"② 《美国联邦证据规则》

---

① 黄太云：《刑事诉讼法修改释义》，载《人民检察》2012年第8期。

② See Roger.T.Trett, *the Expert System in the United Kingdom*, Euro-Expert Conference, Madrid, 2000.

第702条规定：凭其知识、技能、经验、训练或教育，在科学、技术或其他专业知识方面能帮助事实裁判者理解证据或确定争议事实的人，就有资格成为专家。澳大利亚有关专家证人的概念与英国基本相同。澳大利亚联邦《1995年证据法》第79条在规定意见证据时也将专家定位于基于训练、研究或者经验而具有专门知识的人。目前，在澳洲，各方面的专家都可以出庭作证，如医学、科学、会计或工程方面的专家等，正如奥密斯顿（Ormiston JA）法官在诺尔（Noll）一案中所说："以专家名义出现的专业人士不再是学识渊博、无所不知的人。在这个现代化的时代，他们必须依赖其他人来提供其要获得的专业知识。他们所独有的才能是知道从什么地方以可靠的方式获得所需要的知识。"

由此可见，在英美法系国家，只要具有陪审团和法官所没有的某一领域内的专门知识或技能，能够为他们在解决案件中有争议的事实方面提供帮助的人，就被认为是专家，并可以以专家证人的身份在法庭上发表自己的意见或观点。因此，英美法系国家的专家证人，除了我们常说的工程师、科学家以外，具有多年从业经验的技工、机械师、泥瓦匠、木匠、电工，甚至是街上巡逻的警察或动物的训练师等都可以成为专家证人，在法庭上就某一特殊或专业问题提供专家证据。

我国《刑事诉讼法》第192条中也将专家辅助人规定为"有专门知识的人"，同时还规定"有专门知识的人出庭，适用鉴定人的有关规定"。那么，专家辅助人是否需要具备"司法鉴定人"资格呢？笔者认为，借鉴英美法系国家关于专家证人制度的规定，在我国，只要具有专门知识的人就可以在法庭上作为专家辅助人，而不管其专门知识是通过何种途径获得的，这样做有利于维护控辩双方的权利，也有利于法庭上存有争议的专门性问题的解决。专家辅助人的范围比鉴定人广得多，而且无需事先通过考核注册登记。那么，一个人是否具备专门知识，即是否有资格以专家辅助人的身份出庭，就涉及专家辅助人的资格及其审查问题。对此，同样有必要考察英美法系国家有关专家证人资格的规定及其实践。

### （二）如何审查专家证人（专家辅助人）的资格

在法庭上，如何确认控辩双方聘请的专家辅助人是某一方面的专家，即是否具备专家资格？这是适用专家辅助人规定的关键性问题之一。在英美法系国家，由于有关专家证人的概念十分宽泛，专家证人的资格问题常常成为法庭辩论的重点，控辩双方都希望通过交叉询问揭露对方专家证人在资格上存在的瑕疵，以降低对方专家证人的可信度或最终达到阻止其作证的目的。但一个人是否真的有资格以专家证人的身份作证，最终由法庭判断决定。

虽然英美法系国家的法律并没有明文规定专家证人应具备什么样的具体条件，但从其众多的判例中可以归纳出带有普遍性的有关专家证人资格的标准，如英国法庭曾允许一位毒品使用者对他所拥有的大麻进行辨别，而他既没有经过正规的科学训练，也没有什么相关的科学知识；1993年英国上诉法院还让一位有人体画专长的艺术家提供脸部描述方面的证据,这位艺术家也没受过什么特殊的训练。①在英美法系国家,对于一个人能否在法庭上以专家证人的身份为聘请他的当事人提供专家意见,审理案件的法官拥有很大的自由裁量权,而且对于法官的决定,如果没有充分的证据证明法官在作出该决定时带有偏见或滥用了自由裁量权,其决定就不容推翻。

在澳大利亚,专家证人的资格是通过法庭上适用专家资格规则来审查的。尽管专家资格规则强调的必须是真正的专家,但所说的专家也并非必须是该领域的带头人或者资深的执业者,而是只需拥有成为专家所必需的足够技能即可。但一个专家是否被允许提供意见证据,关键要看其证言的有效性及该专家所擅长的技能与所要证明的案件事实之间是否具有相关性。目前,在澳洲经常出现在法庭上担任专家证人的有心理学家、会计师、人类学家、历史学家、外科大夫、警察等,人们对前几类人担任专家证人比较容易理解,因为很显然,他们都是在某一方面具有常人所不能比及的专业知识的专家,但对通常担任控方证人的警察有时也可以成为专家证人,很多人就心存疑问。法官认为允许警察担任专家证人的理由是:警察没日没夜地与各种各样的社会现象打交道,如酗酒、毒品等,尤其是对那些成天在大街上游逛的人的性格及毒品的特性和价格等,警察都是非常了解的。因此,在这些方面他们确实可以称得上是专家,自然也可以就某一特定问题在法庭上以专家证人的身份提供意见。可见,澳洲在适用专家资格问题上也是十分灵活的。

但是,与过去相比,澳大利亚适用专家资格规则的要求越来越严格。目前,澳洲法院有一个明显的趋势是法官会主动审查案件中有关专家证人的资格及其证言的有效性问题,如1989年在"Murphy v. the Queen"一案中,一位心理学家就心理语言问题提供证据,其资格就受到了澳大利亚高等法院的查问;在另一案中,一位著名科学家就统计学问题在法庭上提供证据,其资格也受到了质疑;此外,一位摩托车修理工被认为没有权利就事故的原因提供证据;一位没有临床经验的医生(普通的执业者和外科大夫)也曾被认为不具有专家的资格就伤害是否属于自残问题提供证据;甚至连一位资深的警官也被认为没有资格就交通事故的原因提供意见证据。因此,尽管澳洲的法律并没有对专家证人的资格问题作出明确的规定,但一个证人能否以专家的身份在法庭上就案件所涉的相关事实提供意见证据,这属于法官自由裁量权的范围,而且对专家资格的要求也越来越高,其审查也越来越严。

在英美法系国家,目前对专家证人的资格审查主要是通过法庭上控辩双方的询问和交叉询问来进行的,这可以为我国法庭在审查专家辅助人的资格时所借鉴。这种审查,从表面上看,似乎比较宽松随意,但事实上,控辩双方为了赢得官司,会绞尽脑汁、费尽心思地找出对方聘请的专家证人在资格上存在的瑕疵以降低其证言的可信度和说服力。因此,这种方式的审查又是相当严格,甚至是十分苛刻的,尤其是在对证人进行交叉询问质证这一关,在能言善辩、语词犀利、经验丰富的律师的步步逼问下,一般的冒牌专家是很难蒙混过关的。可以说,通过询问和交叉询问这一程序对专家证人的资格及

---

① Roberts and Zuckerman, *Criminal Evidence (1st edition)*, Oxford University Press, 2004, p.309.

专家意见的可靠性问题进行严格审查，是对抗制诉讼模式下的一大优势，这在欣克利刺杀美国总统里根一案中得到了充分的验证。在此案中，控辩双方聘请的精神病专家提供的有关欣克利是否患有精神病的结论完全相反。在法庭上，双方的专家证人都出庭进行激烈的辩论和交叉询问，最后陪审团认为辩方专家证言的可信度高于控方的专家证言，因而法庭采纳了辩方的专家证据，认为欣克利患有精神病，不必负刑事责任而送医院治疗。

由上可知，在我国《刑事诉讼法》的实施过程中，要想充分发挥专家辅助人在解决案件事实所涉及的特殊的专业知识问题时的作用，其前提条件是庭审过程的真正对抗和辩论，而控辩式诉讼模式在我国1996年《刑事诉讼法》修改中已作了明确规定，只是在司法实践中，这种对抗性仍有待进一步加强和推进，尤其是应当充分保障被告人获得辩护律师的帮助。唯此，控辩双方聘请并得到法庭同意而出庭的专家辅助人才能真正为解决案件中有争议的专业问题提供切实的帮助，从而实现立法的意图和初衷。

### （三）如何认识专家证据（专家辅助人意见）的价值

作为专家证人，也不是对什么问题都可以发表意见的，这就涉及专家证人的作证范围和排除规则问题，即专家证言的可采性问题。在我国，根据《刑事诉讼法》的规定，控辩双方仅可针对"鉴定人作出的鉴定意见"提出意见。在司法实践中，法庭应当根据什么样的标准来作出是否同意专家辅助人出庭的决定，这与聘请专家辅助人的必要性问题紧密相关。

在英美法系国家，法官通常根据自己对科学与法律的理解，运用普通人的经验和逻辑，遵循已有的判例规则，对专家证人所提出的专家证言的可采性作出判断。判断专家证言是否具有可采性，主要考虑两大标准——相关性标准和有用性标准。所谓"相关的证据"，是指能证明某一事实存在的证据比没有这一证据其结果更能够判断某一行为是更有可能存在或更没可能存在的证据。由于专家证言是针对案件中具有法律意义的待证事实所作出的意见或推论，故其相关性在通常情况下是不成问题的。所谓"有用性"，即专家证言能否为事实裁判者解决争议问题提供实质性的帮助。对于专家证据中的科学证据而言，如测谎结论、DNA 鉴定等，则更要考虑其从有用性衍生出来的可靠性问题。科学证据的可靠性是指专家证据所依据的"理论和方法的正确性"，[①] 即专家在加工证据资料时所依据的科学理论是否可靠、其推理的方法是否正确。如果所依据的理论是可靠的，其采用的推理方法亦正确，那么该科学证据就具有可靠性。

在我国，由于采取以司法鉴定为主的制度，专家辅助人的定位与英美法系国家的专家证人显然有所差异，专家辅助人发挥作用的范围限定于针对"鉴定人作出的鉴定意见"提出意见。目前对于专家辅助人所提供的意见的定性，存在两种不同的主张：一种认为，该意见应当视为专家证言，具有证据资格；另一种认为，该意见只是控辩双方的一种质证方式，旨在协助法官认识案件中的争议事实，不应将其视为一种新的证据。

---

① Dale A.Nance, *Reliability and the Admissibility of Experts*, Seton Hall Law Review, Vol.34：192.(2003).

《刑事诉讼法》以及最高法《刑事诉讼法解释》对此未作明确规定。如果借鉴英美法系国家的做法，将专家辅助人意见视为专家证言，这样有利于更为充分地发挥专家辅助人在刑事证明中的作用，同时对于专家辅助人意见的审查判断要受到严格的证据规则的制约，这就需要构建类似于英美法系国家专家证人制度的一系列配套性机制，如控辩双方对于专家证人资格的强有力质证、法官审查专家证言可采性所运用的专家资格规则、专业技术领域规则、普通知识规则、终局性问题规则和有用性规则等。在我国律师辩护率明显偏低、证据制度尚不完善的情况下，赋予专家辅助人意见以证据资格，将会使法官对于专家证言的审查判断面临较大的困难。基于此，笔者认为，在现阶段，选择第二种主张，将专家辅助人出庭作为控辩双方的一种质证方式较为合适，即将专家辅助人意见的功能定位在发挥控辩双方在审查判断鉴定意见这种专家证据中的作用，强化对于鉴定意见的质证程序，从而帮助法官更好地认识鉴定意见的真伪以及证明力高低。

## 二、我国司法鉴定制度仍将面临的主要困境

司法实践中，司法鉴定常常遭受质疑。刑事诉讼中，一旦涉及专门性问题，就容易出现多头鉴定、重复鉴定等现象，司法鉴定成为导致冤案、错案发生的主要因素之一，[①]司法鉴定制度也一度成为学者们口诛笔伐与争相研究的热门话题。据中国知网统计，从1998年到2011年，在各类期刊上发表的有关司法鉴定制度方面的论文多达570余篇，学者们对司法鉴定制度的现状和原因进行了深刻反思，并从不同角度探讨了司法鉴定制度的改革思路与完善之策。但是，看似热闹的背后却没有形成高度共识，这可能也是立法者感觉许多意见还不够成熟而没有将其立法化的主要原因。

近几年来我国学者发表的有关司法鉴定制度的论文和专著，比较一致地认为我国的司法鉴定制度在具体环节上存在一些问题。[②]如鉴定机构的设置、鉴定人的资格认定、鉴定人的权利义务、鉴定程序的启动权、鉴定结论的可采性以及重复鉴定、多头鉴定等诸多问题，还有程序不透明、鉴定结论缺乏当事人和社会的认同等，都是司法鉴定制度改革中亟须解决的问题。而2005年全国人大常委会通过的《关于司法鉴定管理问题的决定》（以下简称《决定》）也没有从根本上解决上述种种问题，只是将鉴定机构分为侦查机关的鉴定机构和面向社会服务的鉴定机构，而面向社会服务的鉴定机构在市场机制下，也出现了虚假鉴定问题。

为了适应司法实践的需要，《刑事诉讼法》对司法鉴定制度作了一些修改，[③]吸收了司法鉴定制度研究的部分成果，但"细究其修改的实质性内容与修法的基本原则却发现，实践中争议颇多的鉴定启动权配置以及司法鉴定在侦查阶段中如何定性等问题均未有触及，而新增的具有制度创新意义的'公诉人、当事人和辩护人、诉讼代理人'申请'专门知识的人出庭'的内容也因相关程序阙如而导致认识上的分歧"，[④]而且也没有从

---

[①] 参见汪建成：《中国刑事司法鉴定制度实证调研报告》，载《中外法学》2010年第2期。
[②] 参见何家弘：《我国司法鉴定制度改革的基本思路》，载《人民检察》2007年第5期。
[③] 卞建林、郭志媛：《解读新〈刑事诉讼法〉推进司法鉴定制度建设》，载《中国司法鉴定》2012年第3期。
[④] 郭华：《切实保障刑事诉讼法中司法鉴定条款的实施》，载《法学》2012年第6期。

根本上解决我国司法鉴定制度中长期存在的那些主要问题。在《刑事诉讼法》实施过程中，有不少问题将继续成为我国司法鉴定制度有效运行的障碍。鉴于学界对司法鉴定制度中存在的具体问题和缺陷已多有论述，限于篇幅及研究旨趣，笔者仅从比较的视角对我国鉴定人资格选任这一困境进行反思与评析，以期构建比较合理可行的司法鉴定主体格局。

在讨论我国司法鉴定制度面临的主要困境时，首先需要对我国司法鉴定的概念进行清晰的界定。我国学者对司法鉴定的概念有不同的理解，如有人认为我国的司法鉴定一般是指在诉讼过程中，由司法机关指派或当事人委托，聘请具有专门知识的人对案件中的专门性问题作出判断的一种活动；[①] 也有人将司法鉴定界定为，在诉讼活动中鉴定人运用科学技术或者专门知识对诉讼所涉及的专门性问题进行鉴别和判断并提供鉴定意见的活动，[②] 这也是《决定》第 1 条对司法鉴定的界定。随着司法改革的不断深入和对司法鉴定需求的不断增长，司法鉴定的启动权、鉴定的主体、范围及对象等都发生了变化，但是，无论司法鉴定的组成要素如何发展变化，司法鉴定的本质特征都不会改变，那就是由具有专业知识、技能或经验的专家，对案件中的专门性问题作出分析和判断并形成专家意见——这也是我们讨论、比较和借鉴世界各国专家证据制度和鉴定制度的基础。而将司法鉴定制度放到刑事诉讼体系中进行考察，其中最为基础的问题是谁有资格进行鉴定、谁有权选任鉴定人，即鉴定的主体问题和鉴定程序的启动权问题。

我国法律长期以来没有对鉴定人的资格作出明确具体的规定，无论是 1996 年的《刑事诉讼法》还是 2005 年的《决定》，都只作了笼统的规定，如"具有与所申请从事的司法鉴定业务相关的高级专业技术职称"，或者"具有与所申请从事的司法鉴定业务相关的专业执业资格或者高等院校相关专业本科以上学历，从事相关工作五年以上"，或者"具有与所申请从事的司法鉴定业务相关工作十年以上经历，具有较强的专业技能"的人，都可以申请登记从事司法鉴定业务。现行《刑事诉讼法》也只规定了鉴定人和专家辅助人出庭问题，而没有涉及鉴定人的资格问题。尽管从表面上看，我国目前的这些规定与大陆法系国家比较相似，但实则相差甚远，因为我国一直没有建立严格的鉴定人入门考试制度，内设鉴定机构的技术人员在参与具体案件的鉴定工作前，其资格无须受到有关主管部门的审查。加上多年来在庭审时，这些鉴定人基本上不出庭，辩护方也无法对其资格进行质询。因此，即便在资格上存在问题，一时间也难以暴露。由于多方面因素的影响，不可避免地造成目前我国鉴定人整体素质不高、业务水平参差不齐的局面。

相比之下，大陆法系国家通常都对鉴定人的资格问题事先作出严格的规定，并由法官决定是否聘任鉴定人，这一规定与大陆法系国家信奉权威的传统文化与职权主义诉讼模式相适应，法官在整个诉讼过程中扮演着积极主动的角色。在大陆法系国家，是否需要鉴定及聘请鉴定人的权利由法官行使，控辩双方只享有有限的为制约法官这一权利

---

[①] 何家弘：《完善司法鉴定制度是科学证据时代的呼唤》，载《中国司法鉴定》2001 年第 1 期。
[②] 参见徐景和编著：《司法鉴定制度改革探索》，北京，中国检察出版社 2006 年版，第 1 页。

而设的回避申请权,有人称之为限权的平等。[①] 在意大利,存在颇具特色的专家辅助人(技术顾问)制度,从其在诉讼中所扮演的角色及所拥有的权利看,在某种程度上与英美法系国家的专家证人颇为相似,该制度强化了诉讼过程中控辩双方的对抗色彩,可以看作意大利刑事诉讼程序的混合特征在鉴定制度上的重要体现。但无论是英美法系国家的放权平等,还是大陆法系国家的限权平等,抑或是意大利水涨船高式的平等,控辩双方在诉讼过程中所享有的权利都是对等的,这与现代刑事诉讼的内在要求和理念是相符合的。

反观我国的司法鉴定制度,可以称为不平等的诉讼模式。《刑事诉讼法》第144条规定,侦查机关为了查明案情,需要解决案件中某些专门性问题时,应当指派、聘请有专门知识的人进行鉴定。最高人民检察院根据立法的这一规定,在2012年10月颁布了《人民检察院刑事诉讼规则(试行)》该规则第247条也作了相应规定,即"人民检察院为了查明案情,解决案件中某些专门性的问题,可以进行鉴定",而且还在第248条到第256条对如何具体实施鉴定问题作了细化解释。另外,《刑事诉讼法》第191条还规定,法官在审理案件过程中,为了调查核实证据,可以进行鉴定。但作为被控方的犯罪嫌疑人、被告人则不享有自行聘请鉴定人的权利,只能根据《刑事诉讼法》第146条和第192条的规定,提出补充鉴定或重新鉴定的申请,虽然他们也像大陆法系国家规定的那样享有申请鉴定人回避的权利。但《刑事诉讼法》在第192条第2款中规定了控辩双方均享有申请专家辅助人出庭的权力(权利)。

在鉴定人资格问题上,我国的做法与大陆法系国家的有些相似,鉴定人多为某一法定鉴定机构的成员,只要鉴定人在法定鉴定机构内任职,就当然地被认定为有鉴定资格。我国从新中国成立之初开始组建司法鉴定机构,现已形成门类齐全、功能完备的司法鉴定系统,目前共有28类涉及各专业领域的司法鉴定机构或涉及司法鉴定工作的机构。有不少学者认为,我国对鉴定人资格的规定不够完善,有必要像大陆法系那样作出严格规定,但在笔者看来,即使对鉴定人资格作出严格规定,如果没有相关配套的制度予以保证和制约,再完善的规定也会流于形式。让鉴定人出庭作证,除了能较好地解决目前我国比较混乱的鉴定人资格问题外,还有助于限制为关系、为人情、为金钱而鉴定的行为,减少司法鉴定领域内的腐败现象,从而提高司法鉴定的质量。对此,《刑事诉讼法》在第187条第3款中已作出明确规定,即"公诉人、当事人或者辩护人、诉讼代理人对鉴定意见有异议,人民法院认为鉴定人有必要出庭的,鉴定人应当出庭作证。经人民法院通知,鉴定人拒不出庭作证的,鉴定意见不得作为定案的根据。"但是,如何保障纸面上的法律能够不折不扣地在实践中得到执行,可能还有很长的路要走,一如刑事诉讼中的证人出庭问题。

事实上,在法律上对鉴定人的资格作出规定只是问题的一个方面,不具备鉴定人资格的人所出具的鉴定意见当然不具有可采性,但具备资格的人在鉴定过程中如果不尽职尽责或所使用的技术设备落后,也会导致鉴定意见不准确甚至出现故意作虚假鉴定的情况。对鉴定人资格和鉴定意见的审查,最为有效而简便的方法就是法庭上的质证。尽管

---

① 参见汪建成、孙远:《刑事鉴定结论研究》,载《中国刑事法杂志》2001年第2期。

我国诉讼模式从传统上来说属于职权主义，但 1996 年的改革吸收了对抗式诉讼模式的合理因素，庭审中对抗色彩已大大加强，这为通过法庭质证控制鉴定人资格和对鉴定意见进行严格审查，提供了一定的条件。《刑事诉讼法》所确立的鉴定人出庭原则无疑适应了时代发展的需要，同时也使我国司法鉴定制度的完善迈出了重要一步。司法鉴定制度与专家辅助人制度的有效实施，可谓殊途同归，它们均需法庭上的质证程序为其提供保障，这就需要进一步完善我国的司法鉴定制度及其配套制度。

## 三、我国司法鉴定制度改革的模式选择

我国司法鉴定制度应该改革，这在学术界和司法实务界早已形成共识，而且在刑事诉讼法的再修改中也得到了一定的体现。但是改革的力度和广度还有待进一步探索，具体应如何进行改革更是一个见仁见智的问题，尤其是在英美法系专家证据制度和大陆法系鉴定制度之间，我国应该借鉴哪一种模式，更是一个艰难的问题。有学者主张引进英美的专家证据制度，有学者则赞成以德法的鉴定制度为蓝本加以修补和完善，[①] 也有学者认为应借鉴融合了两大法系的意大利模式。从世界范围看，英美法系国家的专家证据制度与大陆法系国家的鉴定制度是运用专家证据颇具代表性的两种模式。由于两大法系在诉讼理念和诉讼结构上存在明显的差异，两种模式各具特色并在具体的操作程序上表现出诸多的差异。在讨论改革模式的选择之前，先考察一下这两大专家证据制度各自存在的缺陷和改革措施以及两者在近些年的改革中所表现出来的共同趋向，或许可以为我们的选择带来一些启迪。

### （一）英美法系专家证据制度及其改革措施

英美法系专家证据制度与当事人主义诉讼模式相适应，其优点是能够充分保障当事人双方根据自己的意志来决定是否聘请专家证人，可以满足不同当事人的不同需要，同时也能使法官处于超然的地位而真正做到居中裁判。20 世纪以来，随着案件复杂程度及专业性的提高，专家们可以在法庭上作证的领域不断扩展。在当事人主义诉讼模式下，双方专家证人在诉讼中旗鼓相当地对质和交叉询问，可以在法庭的对抗竞争中，有效地将案件各方面展现在法官面前，[②] 专家证据的价值及其重要性不仅体现在交叉询问阶段，还体现在庭审准备过程中，这些优点是大陆法系国家的鉴定制度所不能比拟的。从整体上看，其特点主要表现以下几个方面：（1）主体的广泛性。在英美法系国家，只要满足两个条件就能成为专家证人：一是证人具有足够的专业知识或经验；二是能为事实审理者解决案件中的专门性问题提供帮助。因此，不管是科学家、教授，还是汽车修理工、木匠，各行各业的人都可以因案件的需要而成为专家证人。（2）选择的自主性。在诉讼过程中是否需要聘请专家证人以及聘请谁作为己方的专家证人，完全由当事人自己

---

① 参见郭华：《鉴定人与专家证人制度的冲突及其解决——评最高院有关专家证人的相关答复》，载《法学》2010 年第 5 期。
② 参见洪秀娟：《司法鉴定改革模式评析——基于比较法视野的考察》，《厦门大学法律评论》总第 11 期，厦门，厦门大学出版社 2006 年版，第 145 页以下。

决定。如加拿大《证据法》第 7 条规定:"在任何刑事的和民事的审判或其他程序中,若原告、被告或其他当事人依法或根据惯例意欲让专业人员或其他专家提供意见证据,无须法庭、法官或程序主持人准许,各方最多可邀请五名这样的证人参加。"①(3)适用的灵活性。由于专家证人在资格规定上比较宽松,在选择上又很自由,因此,专家证人在适用上具有很大的灵活性,不管案件中出现的专门知识问题属于哪个领域,都能找到相应的专家证人提供帮助。在英美法系国家,除当事人可以聘请专家证人外,法庭也可以聘请专家证人,同时还可以根据审理案件的需要指定"法庭指定专家"(Court-appointed Expert)、"法庭技术顾问"(Assessor)或"专家裁判员(Referee)"为法庭提供专业知识方面的服务,这种做法目前在澳洲越来越普遍。

法庭聘请的三类专家的区别是:"法庭指定专家"受法庭聘任后,在审判中必须出庭接受双方当事人的询问和交叉询问,其所起作用与当事人聘请的专家证人基本相同。"法庭技术顾问"是因具有特别的技术、知识或经验而受到法庭的聘请,主要为法官解决涉及习惯法、航海技术、海损及海上救援等专业领域的问题,他们只需回答法官提出的疑问,不必接受当事人的询问和交叉询问,其提供的意见不属于专家证言。②"专家裁判员"是法庭在审理商业纠纷过程中遇到复杂的技术性问题时,指定为法庭提供帮助的专家,如在有关计算机是否得到恰当安装的争议中,各方的专家证人都会提出涉及组成及运作程序方面的报告,法官如何选择?方法之一就是指定一位独立的专家裁判员(expert Referee),其在听取针锋相对的观点后作出判断并报告法庭。因而,该专家裁判员对事实问题的分析判断将成为法庭作出判决的部分或全部的理由。澳大利亚仲裁法规定,当事人在法庭外解决部分争议或全部争议后可以让法庭采纳其结果,但在司法实践中,当案件涉及某些问题时,往往由专家裁判员根据法庭规则中的特殊指示予以解决,这一做法已越来越普遍,尤其是在澳大利亚的新南威尔士州。

每一种制度都有其长处和短处,根据英美法系国家学者的研究与总结,专家证据制度主要存在以下缺陷。

**1. 专家证人的意见缺乏中立性**

当事人聘请专家证人的目的,就是通过专家意见这一特殊的证据,来支持和加强己方的观点或主张。这一点在民事诉讼中尤为突出,因专家证人与当事人之间的关系是雇佣与被雇佣的关系,专家证人往往只会发表对自己的当事人有利的意见;专家证人在出庭前都会与当事人的律师商讨如何在法庭上进行有效陈述,因而其向法庭提供的专家意见带有倾向性,几乎是不可避免的。正如学者所说:"至于专家证人,既然是一方当事人挑选和准备的,而且又是由该方当事人支付费用的,其为该方当事人作证也就在所难免了。"③就某种程度而言,专家证人在诉讼中扮演着具有专门知识的辩护人的角色,而失去了专家证言本该具有的客观性和公正性。尽管法庭上的询问和交叉询问有助于揭露出对方专家证据中存在的问题、瑕疵或偏见,但在司法实践中,这种公说公有理、婆说婆

---

① 何家弘、张卫平主编:《外国证据法选译》下卷,北京,人民法院出版社 2000 年版,第 1235 页。
② See Ian Freckelton, Hugh Selby, *Expert Evidence*, Lawbook Co. 2005, p.8.
③ [美]米尔建·R.达马斯卡《漂移的证据法》,李学军等译,北京,中国政法大学出版社 2003 年版,第 106 页。

有理的唇枪舌剑，有时反而会让陪审团和法官如坠云雾之中而难辨案件的事实真相。

2. 专家证人的滥用

由于当事人可以自主地聘请专家证人为自己说话，当案件起诉到法院以后，各方当事人为最大限度地赢得官司，就会想方设法聘请有名望、有权威的专家证人为自己"撑腰"。在有些案件中，富有的被告人可能同时聘请好几位专家证人为自己作证，这在一定程度上造成了专家证人的滥用。虽然聘请专家证人是当事人自己的事，并由当事人支付报酬，但其带来的负面影响，如造成诉讼的延长、费用的增长等问题，却是不容忽视的事实。

3. 诉讼的拖延和成本的提高

这一缺陷与专家证人滥用密切相关。英美法系国家的诉讼特别强调程序正义，每一位受聘的专家证人都必须出庭接受对方律师的询问和质证，尤其是双方的意见相互矛盾时，双方律师都会花大量时间询问专家证人，使庭审变成一个漫长而缺乏实效的过程——这甚至正中专家证人和律师的下怀，因为专家证人和律师的服务是按时收费的，时间的延长意味着财源滚滚而来。为满足专家证人的市场需求，英国专家协会开设了一系列培训课程，指导专家如何撰写报告、如何在法庭上准确而简洁地陈述自己的意见、如何沉着地回答对方律师的交叉询问等，这些课程收费昂贵，但还是深受欢迎。这些学费不少是由聘请专家的当事人支付，也有一些专家为日后能赚大钱而自掏腰包接受培训。①

针对上述缺陷和问题，从20世纪90年代开始，英美法系国家采取了一些改革措施，以解决专家证据制度面临的困境。在英国，采取了四个方面的改革措施：(1)为提高专家证据的客观性和降低诉讼成本，在1999年《民事诉讼规则》中增加规定了"单一共同专家证人"(single joint experts)和法庭技术顾问(assessor)。前者为双方当事人共同选定的专家证人，后者是由法庭直接任命的专家，其职责是为法官理解、解决专业技术性问题提供帮助。这两种专家证人与一般专家证人的最大区别是其身份的中立性，他们不是为某一方当事人提供专家意见，不与任何一方当事人的利益直接相关。(2)为了提高诉讼效率和减少诉讼成本，英国开始将有争议的专家证据从原来的庭审中解决前移到审前解决。(3)为限制专家证人的滥用，加强法官对使用专家证人的控制，英国1999年的《民事诉讼规则》第35.4条第1款规定：未经法院许可，当事人不得传唤专家证人，也不得在法庭上出示专家报告作为证据。(4)在观念上，强调专家证人的社会责任感，转变专家证人的角色定位，认为专家证人的职责是为法庭服务而不是为当事人服务，要求专家证人客观真实地提供专家意见以帮助法庭发现案件的事实真相。

英国规定"单一共同专家证人"的做法，有助于消除专家意见的倾向性。事实上，这一改革措施借鉴了大陆法系国家鉴定制度的做法，只是与鉴定人由法官任命的做法稍有不同而已。"单一共同专家证人"不是由法官任命，而是由双方当事人共同商量选定的，这体现了英美法系国家对当事人自由意志的尊重。这种做法在民事诉讼中实施起来比较容易，但在刑事诉讼中，被告人个人的微薄之力根本无法与以国家的强制力为后盾的检警力量相抗衡，因此，强调通过正当法律程序尽可能地保障被告人的权利和利益显得尤为必要。

---

① 参见徐继军：《专家证人研究》，北京，中国人民大学出版社2004年版，第7页以下。

聘请法庭技术顾问的做法与大陆法系国家的鉴定人基本相同，其职责也是帮助法官解决案件中遇到的专门性问题，为法官的判断提供专业知识上的帮助，事实上起着充当法官助手的作用。另外，针对专家证言存在倾向性的问题，近年来，英美法系国家在众多的批评声中对专家证人传统上的角色定位进行了反思，并在立法和司法中都强调要加强专家证人的社会责任感，要求专家证人端正自己的角色定位——用自己的知识、经验或技能为法庭提供中立的、无偏见的专家证言。这种要求尽管从理论上来说无可厚非，也颇为公众所接受，但在司法实践中，对专家证人来说实在有些勉为其难，"法律规定和现实需要间的巨大裂痕将专家证人推向了困窘的前台，尤其当专家证人日益发展成为一项赖以谋生的职业时，社会正义价值与个人利益价值的冲突使承载这两者于一身的专家证人更为迷惘与无奈。"

从英国的具体改革措施来看，强调专家证人的中立性、对使用专家证人的限制以及庭前解决有争议的专家证据等做法，都在不同程度上吸收了大陆法系国家鉴定制度中的合理因素。

## （二）大陆法系鉴定制度及其改革措施

大陆法系国家实行的是职权主义诉讼模式，与其相适应的鉴定制度体现了职权主义的特点和对权威的信任。按照这一制度，侦查阶段是否聘请鉴定人由检察官决定，审判阶段则由法官决定是否聘请鉴定人和决定聘请鉴定人的人数，鉴定过程从启动到结束都处于法官的控制之下。由法官任命的鉴定人只对法官负责，而不对案件当事人负责，客观上有利于保证鉴定结论的客观性和中立性。大陆法系国家鉴定制度所具有的优点，恰好是英美法系国家专家证据制度的缺点。但这并不意味着大陆法系国家的鉴定制度当然地优越于英美法系国家的专家证据制度。从司法实践看，大陆法系的鉴定制度也存在着一些缺陷，主要表现在以下几个方面。

### 1. 对鉴定意见缺乏制约程序

设立鉴定制度的目的是期望鉴定人凭借其专业知识为法庭提供客观、真实的鉴定意见，成为法官审理案件的助手。但在不少情况下，法官对相关专业知识知之甚少，有时很难辨别判断鉴定意见的科学性，这是问题的一方面。另一方面，鉴定人由法官选定，意味着法官对选定的鉴定人有充分的信任，所以其对鉴定意见往往比较容易接受，而不像英美法系国家的法官那样对专家证据持有一种怀疑态度。在职权主义诉讼模式下，法庭对抗程度远不如当事人主义诉讼模式那样激烈，鉴定人是法庭上唯一懂得专业知识的人，有时甚至只提交书面鉴定意见就能起到关键性作用。要是当事人无法（实际上也不具备这样的能力）对鉴定意见进行有效质询以发现其可能存在的问题时，鉴定人就会从法官的"助手"摇身一变成为法官的"主人"。对鉴定意见缺乏相应的制约，是大陆法系国家鉴定制度中存在的最大缺陷。

### 2. 对鉴定意见缺乏有效的审查程序

这一缺陷与第一个问题是相辅相成的。由于法官对鉴定意见具有天然的信任感，加上大陆法系国家在判断证据时采用的是自由心证制度，因而对鉴定意见的判断就缺少了一套科学、独立的审查程序。由于大陆法系国家的庭审模式无法对鉴定意见进行有效的质证和交叉询问，因而很难揭示出伪科学或错误的专家意见的真面目。对法官来说，鉴定意见在诉讼中的证明力似乎天经地义，法律也没有为判断鉴定意见的客观性和正确性设定明确的且行之有效的方法。

**3. 缺乏当事人的信任**

由于当事人无权选择鉴定人，又缺乏了解鉴定过程的知情权，对那些于己不利的鉴定意见，当事人往往会持怀疑态度。如果鉴定意见是法院最终判决的主要依据，当事人就很难从心底里接受判决。法官与鉴定人之间的密切关系，也是当事人担心鉴定意见存在偏见的因素之一。

针对上述缺陷，近年来，大陆法系国家也采取了一些改革措施，在基本保持职权主义色彩的鉴定制度的同时，适当地吸收了英美专家证据制度中的某些优点。

首先，在鉴定程序启动权方面加大了当事人对法官的影响。依据德国新修改的《刑事诉讼法》第161a条的规定，在侦查程序中，虽然由检察官选择鉴定人，但允许犯罪嫌疑人及其辩护人参与选择鉴定人。法官仍保留着选择鉴定人的权力，只是一般情况下，法官在主审程序中不会再委托其他鉴定人，虽然在理论上可以这么做。

德国的《刑事诉讼程序与罚金刑程序准则》第70条第1款规定，辩护人在检察官选择鉴定人前享有发表意见的权利。由于该准则只是行政规定，不少刑法学者和司法界人士认为应将这一规定上升为法律。德国新《刑事诉讼法》第73条第3款吸收了这一意见，明确规定辩护人在检察官选择鉴定人之前享有提出意见的权利。有意思的是，辩护人在提出意见后就失去了拒绝鉴定人的权利。这一改革方案得到了普遍的认同，因为这一规定可以使庭审程序从鉴定意见的争论中解脱出来，也可以使庭审程序不必再考虑重新指定鉴定人问题。在辩护人和检察官难以就鉴定人的选择问题达成一致时，《刑事诉讼法》第162条规定，检察官应向侦查法官申请指定鉴定人。在审判阶段，检察官、被告人如果认为案件中的某一事实问题需要专家鉴定，可以向法官提出请求，如果法官不同意，还可以向上级法院申请司法救济。尽管如此，但迄今为止，被告人还不能直接决定启动鉴定程序。在民事诉讼中，大陆法系国家的法典越来越频繁地规定，双方当事人选任鉴定人的一致意见可约束法庭的决定。

其次，庭审中控辩双方可以像英美法系国家那样平等地传唤鉴定人出庭作证，向法庭提供有利于己方的证据。[①]

最后，为了避免单一的鉴定制度可能给诉讼带来误判的巨大风险，法国采取了"双重鉴定原则"，除了极为简单的鉴定事项外，预审法官应聘请两名以上鉴定人分别对同一事项进行鉴定。德国则允许被告人在不影响官方鉴定人工作的情况下，可以聘请自己的鉴定人参与官方的鉴定活动。德国联邦律师协会认为，在侦查阶段仅仅规定辩护人在检察官选择鉴定人时的参与权是不够的，辩护人应在鉴定的题目、内容和形式上也享有

---

① 参见陈瑞华：《司法鉴定制度改革的主要课题》，陈兴良主编：《刑事法评论》第5卷，北京，中国政法大学出版社2000年版，第467页以下。

参与权,以避免检察官对鉴定的单方面的"领导"。[①] 无疑,这些改革措施增强了当事人对鉴定程序的影响力和参与感,增强了司法鉴定制度的对抗因素,有助于提高鉴定结论的公正性和社会认同感,同时也表明了大陆法系鉴定制度与英美法系专家证据制度的相互借鉴和融合。

### (三)两大法系专家证据制度在改革中的共同趋向

从上述分析中可以看出,英美法系国家的专家证据制度与大陆法系国家的鉴定制度,虽然当初设计的目的都是解决案件中的专门知识问题,但由于两大法系的文化传统、诉讼理念及诉讼模式等方面的差异,在有关鉴定人的资格、选任、启动权及鉴定意见的可采性规则等方面大不相同。从实践运作看,两者都存在着某些自身难以克服的缺陷,而且存在不少互补之处。在近几年的改革中,两者出现了互相吸收和融合的趋势,归纳起来,主要表现在以下几个方面:

#### 1. 启动程序的变化

为解决专家证人的过分滥用、诉讼拖延和费用飞涨等问题,英美法系国家如英国、澳大利亚等都采取了相应的改革措施:一是对专家证人使用的必要性作出规定;二是限制专家证人的报酬水平;三是在民事案件中提倡尽可能使用"单一专家证人"。这些改革表明,法官对当事人聘请专家证人权利的干预和法官启动专家证人程序权力的扩大。

原本完全由法官决定是否任命鉴定人的大陆法系国家,因鉴定人太容易从"法官的助手"转变成"法官的主人"而在改革中适当地注入了当事人对法官鉴定启动权的制约。在侦查阶段,被告人的辩护人可以在检察官选择鉴定人前发表意见;在审判过程中,当事人可以向法官提出鉴定的申请,如果双方有合意的鉴定人,法官若无正当理由不能拒绝等。

专家证据制度和鉴定制度在启动程序上的互相借鉴表明,专家证人和鉴定人选择上的绝对自由与绝对垄断都不是最佳选择。根据各自的诉讼模式和相关制度,在以当事人自由聘请为主或以法官任命为主的做法中作出某些让步,在权利和权力之间选择一个恰当的平衡点,是现代专家证据制度改革中的一个共同趋势。

#### 2. 加强专家证人的过错责任与强化庭审对抗

在最近几年的司法改革中,英美法系国家在民事诉讼中开始规定专家证人的责任和义务,强调专家证人的职责是以其拥有的专业知识、经验或技能帮助事实裁判者解决诉讼中所涉及的争议事实,应优先为法庭服务。这种做法与英美法系国家对专家证人的传统角色定位有较大的差别。为消弭专家意见的倾向性痼疾,英美法系国家明确规定专家证人首先应对法庭负责,在诉讼中必须如实发表专家意见,同时还规定了违反真实义务

---

[①] 德国联邦律师协会刑法委员会:《侦查程序中辩护权之改革——观点及理由》(Strafrenchtsausschuss der Bundesrechtsanwaltskammer, Reform der Verteidigung im Ermittlungsverfahren. Thesen mit Begruendung). Verlag C.H. Veck Muenchen 2004, S. 82。

应承担的法律责任。加强专家证人的责任虽然没有从根本上消除专家证人为当事人利益发表虚假证言的可能性,但其确实收到了一定成效,使一度失去公信力的专家证言又重新获得了生命力。

与专家证据制度相比,司法鉴定制度在设计上就是为法庭服务的,鉴定人被定位为法官的"助手"。鉴定制度的最大缺陷是缺乏对鉴定意见的审查与制约,大陆法系国家在近几年的改革中不断加强庭审中的对抗色彩,如法国法官聘请两名以上鉴定人各自对同一事项进行鉴定的做法,就可避免单一鉴定在法庭上唱"独角戏"的现象。

两大法系在几十年来的司法改革中,根据原有制度的特点不断地汲取其他制度中的优点以弥补自身的缺陷。表现在专家证据制度和鉴定制度上,就是当事人主义诉讼模式和职权主义诉讼模式的界限不断模糊,模式类型不断淡化,意大利的技术顾问制度就是一个典型的例子。技术顾问的任命不同于司法鉴定人,不是由法官掌握选任权,而是由公诉人和当事人根据案件的需要自行决定,具体任命的方式有两种:一是由公诉人和当事人聘任;二是由国家为当事人公费指定。另外,与鉴定人不同的是,法律并没要求技术顾问的意见必须保持中立,尽管"忠于事实"仍是其应当遵循的基本行为准则。技术顾问的地位也不同于鉴定人,但技术顾问在诉讼中享有的权利为:(1)参加聘任鉴定人的活动并向法官提出要求、评论和保留性意见;(2)参加鉴定工作,向鉴定人提议进行具体的调查工作,发表评论和保留性意见;(3)对鉴定报告加以研究,并要求法官允许他询问接受鉴定的人和考查被鉴定的物品和地点,等等。[①] 因此,从其工作性质来看,技术顾问从事的是司法鉴定的辅助工作,在诉讼中扮演监督和制约鉴定程序的角色,使整个鉴定过程透明化、科学化。他们可以就案件中的专门性问题提出意见,这些意见能够影响法官对鉴定结论的审查判断。从证据法的角度看,技术顾问是一类特殊的证人,其提供的专家意见是对鉴定结论构成证明的证言。从技术顾问的选任、资格条件、法律地位和作用来看,其相当于英美法系专家证据制度中的"专家证人",这就为鉴定制度注入了专家证据制度的合理因子,即专家辅助人制度的出现,为大陆法系其他国家鉴定制度的改革提供了一套可资借鉴的方案,同时也为我国司法鉴定制度的改革与完善提供了参照模式和有益的启示。

### (四)我国司法鉴定制度的改革走向

从世界范围看,即便一个总体上有用、有益的制度,也绝不可能是万能的,不存在只有好处而没有缺点的制度。[②] 比较研究的方法不但能够擦亮法律学者的眼睛,使其发现本国法律机制的一些缺陷与弱点,也能提高人们对概念主义价值的鉴赏力。[③] 通过前文的比较分析可以看出,无论是英美法系国家的专家证据制度还是大陆法系国家的鉴定制度,都不是十全十美的,即便是融合了两大法系特点的意大利专家辅助人制度也是如

---

[①] 黄敏:《我国应当建立"专家辅助人"制度——意大利"技术顾问"制度之借鉴》,载《中国司法》2003年第4期。
[②] 苏力:《制度是如何形成的——关于马歇尔诉麦迪逊案的故事》,载《比较法研究》1998年第1期。
[③] [德]伯恩哈德·格罗斯菲尔德:《比较法的力量与弱点》,孙世彦,姚建宗译,北京,清华大学出版社2002年版,第19页。

此。世界上不少制度的设计都建立在理想和理性的基础上,如专家证据制度赖以存在的母体对抗式诉讼制度,就是假定诉讼双方都完全具有提供己方案件事实的能力,但现实并非总是如此,在聘请专家证人这一点上,就很难做到事实上的真正平等,有钱的当事人就有能力聘请到顶尖专家证人,经济条件不允许的当事人只能依靠自己的微薄之力收集证据为自己辩护。大陆法系国家鉴定制度的设计初衷是在法官的职权运作下,鉴定人成为法官判断案件中专门知识和解决疑难问题的助手,但司法实践中因法官缺乏相关的专业知识背景,过于依赖鉴定人,使原本只是证据之一的鉴定意见成为案件的判决结果。可见,制度本身存在的天然缺陷和现实运作中的异化,直接影响着制度的有效运行。

从上述比较研究中还可以看出,专家证据制度与鉴定制度存在很强的互补性,此方的缺陷恰好是彼方的优势所在。"司法鉴定制度的客观中立无疑是避免专家证人倾向性的可取之道,法官职权的适当应用也是改善诉讼低效率的良方;而在相反的方向上,充分应用当事人从自身权利追求所生发出的诉讼激情,寻找当事人技术手段的有效扩张则为司法鉴定走出权力制约真空的困境提供了一个全新的观察视角。专家辅助人制度更是融二者于一身的一项开创之举。"而且,"我国法治正在从以偏重于学习和借鉴西方法律制度和理论为取向的追仿型法治进路,转向以适应中国具体国情、解决中国实际问题为基本目标,立足于自我发展和自主创新的自主型法治进路。"① 事实上,无论是英美法系国家的专家证据制度还是大陆法系国家的鉴定制度,都是与其整个司法制度相配套的。"一种制度、做法或规则,往往是在其他因素的配合下发挥作用的,离开了与之相配套的制度、做法或规则,就很难保持它的价值。""任何成功的经验都有其生长的特殊土壤和与之相配的条件,离开了特定的历史条件和文化背景,离开了相应的社会基础和人文环境,成功的经验也会把改革引入歧途。单纯强调接轨、照搬,最终会失去民族特色。"② 在我国司法鉴定制度改革中,最佳的选择无疑是根据我国的国情及原有的司法资源,从各种制度模式中汲取合理因素,以完善现行司法鉴定制度。

值得注意的是,任何诉讼模式的选择都是历史的产物,不是在某一具体的时间点进行选择的结果,而是经过几十年甚至几百年的发展累积而成的,虽然其形成过程不排除诸多偶然因素的巧合。"不同诉讼模式的各组成部分之间彼此相连,从而形成了一套该模式特有的制度逻辑。当一个个具体制度集合而成模式之后,任何一种新制度的加入就不仅要具有抽象的合目的性,同时还必须接受该模式所特有的制度逻辑的检验。在进行制度设计时,后一方面的因素甚至更为重要,而且可能随时充满着风险。"③ 在改革我国司法鉴定制度时,除了应考虑我国目前的诉讼模式下制度选择的合目的性外,还应与该模式下其他具体制度之间存在内在的逻辑关系,从而使各种制度和谐相处并最大限度地发挥效用。在司法鉴定制度内部,应该考虑各环节之间的相互协调,从鉴定人的资格、选任、鉴定权的启动到鉴定人的权利、义务及鉴定意见的采纳等,应具有其内在的合理

---

① 顾培东:《中国法治的自主型进路》,载《法学研究》2010 年第 1 期。
② 刘立宪、张智辉主编:《司法改革热点问题》,北京,中国人民公安大学出版社 2000 年版,第 12 页。
③ 汪建成:《刑事诉讼法再修订过程中面临的几个选择》,载《中国法学》2006 年第 6 期。

性,以确保虚假的、有瑕疵的鉴定意见能被及时有效地发现和剔除,使鉴定意见在刑事审判中能真正起到"科学证据"的作用。这一切都涉及司法鉴定主体问题,在刑事诉讼法的实施过程中,如何使鉴定人与专家辅助人之间能够协调地为刑事诉讼提供优质的服务,是否还需要另一角来形成稳定而有序的平衡,无疑是我国司法鉴定制度进一步完善中需要解决的关键问题。

## 四、构建三位一体的司法鉴定主体格局

### (一)如何构建司法鉴定主体

现代法治的一项重要原则是,法律不能规定人们做不到的事,即任何法律规定都必须不能是太脱离实际的"新颖"。① 因此,在完善我国司法鉴定主体问题时,不能脱离我国国情设计一套根本无法实现的制度。由于《刑事诉讼法》已增加规定新的主体——专家辅助人,而且控辩双方享有平等的聘请权和申请权。这虽在一定程度上可以改变犯罪嫌疑人、被告人因缺乏司法鉴定启动权而陷入不利的局面,但为了使法庭能够根据案件中存有争议的专门性问题灵活机动地对控辩双方聘请的专家辅助人在法庭上发表的意见准确地作出评断与选择,笔者认为,在我国当前特定的司法语境下,可以考虑在刑事诉讼中建立三位一体的司法鉴定主体格局。具体而言,我国的司法鉴定主体包括三种不同类型的专家,即鉴定人、专家顾问和专家辅助人,三者互相补充,构成一个有机整体,共同为解决案件中的专门知识问题服务。公安机关、人民检察院、人民法院指定鉴定人的做法基本保持现状不变,犯罪嫌疑人、被告人享有聘请专家辅助人的权利,同时法庭享有指定专家顾问帮助解决案件中有争议的专门知识问题的权力。

1. 鉴定人

鉴定人是三位一体司法鉴定主体格局中的主要成员,其资格应符合《决定》的规定,是经过事先申请登记批准可以从事司法鉴定业务的人,而且在某个鉴定机构中任职。鉴于目前我国鉴定人员的水平参差不齐,各个行业应根据自身的行业要求,制订一定的考核标准择优选用,同时为鉴定人建立档案资料,内容包括鉴定人的个人简历、鉴定科目、擅长领域以及鉴定次数及结果等,司法鉴定管理部门应将这些信息上网公布。公安机关和检察机关内部鉴定机构中的从业人员,除应比照社会鉴定人员的资格准入标准进行考核外,还应在刑事犯罪侦查方面有一技之长。

2. 专家辅助人

在刑事诉讼中,控辩双方聘请的专家,就案件中遇到的专业问题为己方提供帮助。我国《刑事诉讼法》中增加规定控辩双方享有聘请专家辅助人的目的是增强法庭对鉴定意见的庭审质证,使鉴定意见的采纳更加公开,同时也更具可靠性和可信度。专家辅助人与鉴定人的关系是平等的,但前者的范围要远大于后者。两者的最大区别为:专家辅助人无须事先取得从业资格;与专家顾问的不同是,他们受聘于公诉人、当事人和辩护

---

① 苏力:《制度是如何形成的》,广州,中山大学出版社1999年版,第159页。

人以及诉讼代理人。专家辅助人可以是各行各业中拥有专业知识、经验或技术的人，且不管其专业知识、技能或经验从何而来。专家辅助人的资格在法庭上由法官根据控辩双方的质证情况进行审查，其标准可以比照鉴定人的资格，但应根据案件的具体情况进行判断。增加专家辅助人是为了加强司法鉴定制度在现实中适用的灵活性，有助于犯罪嫌疑人或被告人根据案件中遇到的专业问题，按照自己的意愿聘请专家为自己提供专业知识方面的帮助，而不仅仅限于那些已登记注册的鉴定人。

根据《刑事诉讼法》第192条第2款的规定，控辩双方均享有申请专家辅助人出庭的权力（利），虽然最终能否有专家证人在法庭上就专业知识问题为己方提供帮助，取决于法庭的决定。这一规定吸取了英美法系国家在运用专家证人方面的有益经验，顺应了大陆法系国家鉴定制度的改革趋势，在我国目前的具体国情下具有现实可行性和合理性。

3. 专家顾问

法庭在审案过程中遇到特别的专业问题或技术问题，或遇到控辩双方聘请的专家辅助人对某一专业性问题提供的意见结论分歧很大或截然相反时，可以指定或聘请专家顾问提供帮助。这些专家具有特别的知识、技术或经验，能为法庭解决特殊的专业性疑难问题提供客观中立的专家意见。比如房屋倒塌是否因地基不够牢固所致，法庭就可以聘请建筑专家提供相应的服务。专家顾问受聘于法庭，在案件中与任何一方当事人都不存在利益冲突，立场比较超脱，其提供的意见更易于保持客观、公正。专家顾问与鉴定人的不同之处在于，专家顾问事先无须登记申请资格，而是法庭根据审理不同案件的实际需要予以聘请。法庭聘请的专家在听取控辩双方的观点后，根据自己的专业知识或经验作出判断并告知法庭。专家顾问对事实问题的分析意见，很有可能成为法官判决的主要理由。

## （二）构建三位一体鉴定主体格局的理由

鉴定主体问题是司法鉴定制度中的核心环节，尽管《刑事诉讼法》已规定了鉴定人和专家辅助人出庭制度，但基于实证调研的结果，笔者认为，为了使整个司法鉴定制度在适用时具有更强的灵活性和实用性，同时又能充分发挥专家证据在刑事诉讼过程中的重要价值，在今后的完善过程中，有必要设计三位一体的鉴定主体格局，这主要基于以下几个方面的考虑。

1. 鉴定人中立是司法鉴定制度的核心

鉴定人能否保持中立，是司法鉴定制度能否真正发挥作用的关键因素。这里需要厘清两个问题：一是现有鉴定人制度是否需要存续；二是在存续的前提下如何提高鉴定人的各方面水平。

（1）现行鉴定人制度存续的合理性。

刑事诉讼中，在侦查、起诉和审判阶段，公安机关、检察院和法院都有权聘请鉴定人，对案件中存在争议的专门性问题进行鉴定，其鉴定结论通常比较客观公正。这些鉴定结论有助于侦查人员判断侦查方向、排除或确定犯罪嫌疑人，也有助于检察官准确判断是否应该提起公诉，有助于法官对案件的公正审理。在没有设立审前司法审查程序的情况下，出于提高侦查效率的需要，保留公安机关、检察机关内部的鉴定机构并无多大不妥，关键是要确保这些内设机构中鉴定人员的业务水平。

（2）提高鉴定人的业务水平和职业素养。

提高鉴定人水业务水平和职业素养，不仅是公安机关、检察院内设司法鉴定机构的事，也是其他司法鉴定机构面临的共同任务。提高鉴定人业务水平最为有效的办法就是对鉴定人的资格进行严格审查和考核，同时为鉴定人举办相应的培训班，以充实、更新鉴定人的专业知识和技能，并着力提高鉴定人的职业素养。目前，我国仍像大陆法系国家那样实行名册制度，该制度不但有利于司法机关和诉讼当事人选择合适的鉴定机构和鉴定人，也有利于对鉴定机构和鉴定人的管理监督。面对司法鉴定工作中存在的若干混乱状况，我国的司法鉴定管理部门应切实加强对名册登记工作的管理，提高管理的透明度，同时要加强审判机关和司法鉴定管理部门的协调工作，尽快建立起科学合理、公开公平的名册使用制度。

**2. 辩护方应享有聘请专家辅助人的权利**

从渊源上看，我国的司法鉴定制度与大陆法系国家的鉴定制度颇为相似，该制度的优点是在诉讼活动中强调鉴定人鉴定活动的职权性，同时通过事先严格规定鉴定人的资格和身份以提高鉴定意见的权威性和公信力，但由此带来的弊端是鉴定人出庭率偏低、对鉴定意见的质证流于形式、审判人员往往以鉴定意见代替事实认定等。大陆法系鉴定制度在运行中存在的鉴定人容易从法官的"助手"摇身变成法官的"主人"的弊端，在我国刑事诉讼活动中也难以避免。因此，规定辩护方享有聘请专家辅助人的权利，可以从制度上预防法官的"助手"变成法官的"主人"，同时还可以充分保障当事人根据自己的意志来决定是否聘请专家辅助人，以便满足不同当事人的不同需要。另外，由于专家辅助人与鉴定人一样拥有相当的专业知识，在庭外可以为辩护方就鉴定意见提供有针对性的辩护意见，在庭上可以与鉴定人就专业问题展开旗鼓相当、针锋相对的询问和质证，这样才能发现鉴定意见中可能存在的错误或瑕疵。这无疑有助于法官充分理解相关的专业知识，从而对案件事实作出准确的判断，这也恰好体现了设立司法鉴定制度的本意与初衷。

值得注意的是，我国《刑事诉讼法》规定控辩双方同时享有聘请专家辅助人的权力（利），自然与控辩双方地位平等这一现代刑事诉讼的基本理念相一致，但另一原因是现实中的案件是五花八门的，案件中出现的专门性问题也是层出不穷，尽管作为控方的检察机关原本享有聘请鉴定人的权力，但因鉴定人的范围相对较窄，案件中时常会出现一些经验方面的专业问题，如家养狗的习性问题、吸毒犯的生活特征等，非一般的鉴定人所能解决，尤其是在我国目前鉴定人的素质高低不一的现状下，同时赋予控辩双方以聘请专家辅助人的权力（利），以增加司法鉴定制度在司法实践中适用的灵活性，就显得尤为必要。不过，在刑事诉讼活动中，控方应处理好聘请鉴定人与专家辅助人的关系，在一起案件中，可以根据存在争议的专门性问题的实际需要来决定是聘请鉴定人还是专家辅助人。从节约司法资源角度来看，通常情况下不应同时使用这两项权力，尽管法律并没有作出禁止性规定。在一些特别重大疑难的案件中，为了弥补鉴定人个体在专业知识上的不足，也可以聘请相应的专家辅助人以增强控方证据的说服力和可信度。

(1) 专家辅助人的类别

专家辅助人可以分为不出庭的专家辅助人和出庭的专家辅助人两种。两者的区别是：前者由犯罪嫌疑人或被告人聘请后，只是帮助他们审查控方的证据，尤其是鉴定意见，也可以进行核查或重做试验，并告知辩护律师控诉方鉴定意见证据存在的优势和弱点，还可指导辩护律师如何对鉴定意见进行有效的质证等，但最终并不出庭，而是在幕后为被告人和辩护律师的成功辩护出谋划策。出庭的专家辅助人则受辩护方的委托或聘请，经申请并经法庭同意出席法庭，为解决案件中的专业性问题提供帮助。当然，在我国目前的庭审现状下，专家辅助人出庭接受控辩双方质证的概率可能不会太高，但这无疑是今后努力发展的方向。不过，在人民法院要求鉴定人出庭作证的案件中，法庭应同意辩护方要求专家辅助人出庭的申请，这样才能实现专家辅助人制度的立法预期。

(2) 专家辅助人的立场

出庭的专家辅助人为被告方进行辩护，其意见难免会带有倾向性，尽管理论上强调专家辅助人要为法庭服务，其提供的专家意见必须客观真实，但鉴定结论并不是非白即黑的意见，经常出现"灰色地带"，允许专家证人在灰色结论面前带有倾向性的意见，可以避免其处于尴尬的境地。专家辅助人在诉讼中的立场与辩护律师相仿，是为被告人的利益服务的，并与辩护律师密切配合，最大限度地保护被告人的利益。当然，专家辅助人在法庭上提出的意见是否可采，最终应由法官裁决。

### 3. 法庭应享有聘请专家顾问的权力

(1) 设立专家顾问的必要性

从法庭角度来考虑，除享有聘请鉴定人的权力外，在审理过程中遇到专业知识问题时，如果控辩双方向法庭提供的专家证据意见相左，甚至完全相反，而法官又因缺乏相应的专业知识背景而无法作出准确判断时，法官享有指定专家顾问来帮助解决案件中的专业问题的权力。专家顾问在接受法庭指定后，先听取控辩双方专家辅助人的意见，然后凭借自己的专业知识或经验，客观中立地出具结论报告并提交给法庭，但专家顾问并不出庭接受控辩双方的询问或交叉询问。专家顾问报告的结论，就成为法庭对此专业问题作出判断的部分或全部的依据。由于鉴定人和专家顾问在诉讼过程中所起的作用不尽相同，法庭可以根据案件的不同需要来决定聘请鉴定人还是专家顾问。

(2) 防止权利（力）的滥用

为了避免出现鉴定人或专家辅助人被滥用的局面，无论是公安机关、检察机关聘请的鉴定人，还是犯罪嫌疑人或被告人聘请的专家辅助人，在尚未设立审前证据开示制度的情况下，是否可以在法庭上出示鉴定意见或专家意见，以及传唤鉴定人或专家辅助人出庭，决定权完全在法庭。但是，鉴定人经人民法院通知拒不出庭作证的，其鉴定意见不能作为定案的根据。这一规定无疑有助于增强鉴定人的责任心和鉴定意见的客观性。[①]

在民事诉讼中，可以提倡使用"单一的"或"中立的"专家证人。

---

① 参见陈光中等：《刑事诉讼法制建设的重大进步》，载《清华法学》2012 年第 3 期。

#### 4. 司法鉴定模式与诉讼模式须互相配套

（1）司法鉴定模式外部的配套问题

司法鉴定模式与诉讼模式之间存在着一种内在的联系。鉴定制度与大陆法系国家的职权主义诉讼模式相适应，专家证据制度则与英美法系国家的当事人主义诉讼模式相适应。从20世纪中期以来，我国的诉讼制度从原来的职权主义诉讼制度，逐渐转向当事人主义诉讼制度，而《刑事诉讼法》又赋予控辩双方聘请专家辅助人的权利，这将有助于法庭上控辩双方对鉴定意见进行有效的质证。可以说，控辩式诉讼制度是构建三位一体鉴定主体格局不可缺少的外部条件。同时，有一个公开透明的、可供司法机关和当事人自由选择的名册使用制度，也是三位一体鉴定主体格局必不可少的条件。在社会上还需要有一批未经登记为鉴定人的各领域专家，以及统一的检材保管制度等。只有同时具备这些条件，三类不同的鉴定主体才能在诉讼中充分发挥其应有的作用。

（2）司法鉴定模式内部的配套问题

司法鉴定制度要真正实现高效公正的鉴定活动，为刑事诉讼提供客观真实的鉴定意见或专家意见，除必须具备的外部条件外，在司法鉴定制度内部也应具备相应的条件，如必须明确规定鉴定人或专家辅助人的权利义务与赔偿责任等，同时，还应有行业纪律和职业道德等约束其行为。作为司法鉴定机构，除人员条件、设备条件和资金条件外，还应有一整套详细的运作程序，如由鉴定机构统一接受委托业务，经审核统一登记后再安排相应的鉴定人员并告知委托方是否需要申请回避等，然后再进行具体的鉴定工作。

作为鉴定人，也可以像专家顾问和专家辅助人那样兼职，平时有一份正常的工作，同时受聘于某一司法鉴定机构，有鉴定业务时受聘请而从事鉴定活动。例如，2007年11月在北京成立的首家中国电力企业联合会司法鉴定中心，其聘用的40多位鉴定人员，平时都在各自的岗位上工作，中心有鉴定业务时才请他们就具体事项进行鉴定，并给付报酬，但不发工资。另外，大学里的教授或医院里的医生，若受聘于某一鉴定机构，其情况也相类似。

#### 5. 刑事诉讼与民事诉讼在司法鉴定的启动权上应有所不同

（1）刑事诉讼与民事诉讼的性质不同

在刑事诉讼中，案件在侦查阶段时，有时甚至连谁是犯罪嫌疑人都有待查证，侦查机关是否需要聘请鉴定人不可能与犯罪嫌疑人商量，其指定鉴定人对专门性的疑难问题进行鉴定，其目的就是确定被害人是属于自杀还是他杀，是疾病死亡还是食物中毒，从而确定侦查的方向。如做DNA检测，通常是为了确定犯罪嫌疑人的身份，因而无法像民事诉讼那样由双方共同商量选择合意的鉴定人。所以，在这一问题上，民、刑诉讼可以分别作出适合各自程序的规定。在民事诉讼中，原被告双方可以就鉴定人或专家辅助人的选任问题进行协商，若能达成一致，就可以节约诉讼开支和辩论时间，单一、中立的鉴定人无疑是双方当事人最佳的选择。在刑事诉讼侦查起诉阶段，我国目前控方的司法鉴定机构均属内设机构的现状下，取消这些机构或将这些机构完全市场化都不太现实。比较可行的办法是，赋予犯罪嫌疑人、被告人按照自己的意愿聘请专家辅助人的权利，这是最简便易行的改革措施，也是对侦查机关提供的鉴定意见进行有效制约和审查的最好方法。

（2）当事人双方的力量对比不同

在民事诉讼中，虽然当事人双方可能存在贫富强弱的差别，但双方的法定权利和地位是平等的。平等是民事诉讼的精髓。这种平等体现在聘请鉴定人或专家辅助人的权利上，就是双方享有同等的机会和权利聘请哪个机构的哪位鉴定人或专家辅助人来解决案件中遇到的专门性问题。在民事诉讼中，法官通常都会鼓励双方当事人共同商量聘请合意的鉴定人或专家辅助人。在刑事诉讼中，犯罪嫌疑人、被告人面对的是公安机关和检察机关，后者在侦查或起诉过程中是否需要聘请鉴定人由办案人员根据案件的需要决定，作为受追捕或被起诉的对象，犯罪嫌疑人或被告人根本不可能与之商讨聘请鉴定人或专家辅助人这一问题。正由于双方力量对比的悬殊，在刑事诉讼程序的设计中，才有必要特别强调保护犯罪嫌疑人或被告人的权利。为了增强犯罪嫌疑人和被告人在诉讼过程中的抗辩能力，让他们也享有聘请专家的权利，无疑是十分必要的，这也是英美法系国家的专家证据制度多年来一直受人推崇的原因所在。

此外，必须加强对专家辅助人的职业管理和行业自律，提高专家辅助人的素质，同时在法庭上加强对专家辅助人资格的审查。对于鉴定人的管理，我国已从立法上作出了某些规定，如《决定》明确规定：根据侦查工作的需要，侦查机关设立的鉴定机构，不得面向社会接受委托从事司法鉴定业务，人民法院和司法行政部门不得设立鉴定机构，同时还规定实施鉴定人和鉴定机构的名册制度，以方便法院和当事人的选择。而对专家辅助人，笔者认为只需作出原则性的规定，要求其具有某一领域的专门知识或经验即可。

季美君，最高人民检察院检察理论研究所研究员，法学博士。本节内容以《专家证据的价值与我国司法鉴定制度的修改》为题发表于《法学研究》2013年第2期，收录本书时有改动。

# 第四编
# 刑事司法与社会治理的中国智慧

**本编导言**

刑事司法作为社会秩序的守护者与社会公正的捍卫者，是社会治理体系中的重要一环。让人民群众在每一个司法案件中感受到公平正义是我国刑事司法的重要目标。建构司法判例制度，实现个案中的公平正义，利用法律权威手段制止和惩处危害社会的行为是实现这一目标的有效途径。当前，随着经济发展和社会安定，我国犯罪结构明显变化，重罪占比持续下降，国家治理体系和治理能力现代化对轻罪治理提出新要求，传统以重罪为主轴构建的刑事制裁体系需要转向"重罪惩治与轻罪治理并重""轻重有别、区别对待"的治理体系，推进"治罪"与"治理"并重，实现标本兼治，实现刑事司法的社会治理效果，以刑事法治助力社会整体法治。刑事司法具有教育和预防功能，向公众传递明确的价值观和行为准则，引导公民遵法守法，预防犯罪发生。在当代中国，刑事司法的实践的现代化既为社会治理提供防护屏障，也是社会进步的重要标志。

# 第十章 犯罪治理

## 第一节 我国的新型网络犯罪治理

皮 勇

新型网络犯罪是网络犯罪的新发展，遏制网络犯罪必须打击新型网络犯罪，但由于其不同于传统犯罪的"积量构罪"构造特征，刑法相关规定的适用遇到困难，按照实质预备犯、帮助犯相关理论解释难以实现理论自洽。新型网络犯罪立法是回应网络犯罪新变化的正当性立法，利用信息网络实施的特殊犯罪方法和限定犯罪危害量的情节要件是其满足刑事违法性和刑罚可罚性条件的关键。新型网络犯罪具有"积量构罪"特征，危害行为的危害基量低，情节要件弹性大，加之司法适用标准不明确，导致适用率低并出现犯罪圈的不当扩张。为了充分发挥新型网络犯罪立法的功效，必须根据其特殊的罪行构造，制定合理的适用规则，对构成要件要素合理缩限和对情节要件类型化限定化解释。

随着网络社会的发展，在传统网络犯罪的基础上衍生出具有"积量构罪"构造的新网络犯罪，表现为利用信息网络大量实施低危害性行为，但累积的危害后果或者危险已达到应处刑罚的严重程度，这类网络犯罪被称为新型网络犯罪。与直接侵犯计算机信息系统安全或其他传统法益造成危害结果或危险结果的传统网络犯罪不同，新型网络犯罪不直接引起危害后果或侵害法益的危险，却为传网络犯罪提供了关键的环境条件和技术支持，使网络犯罪案件侦诉审难度更大，遏制网络犯罪必须打击新型网络犯罪。为了全面、有效惩治网络犯罪，《中华人民共和国刑法修正案（九）》（以下简称《刑法修正案（九）》）新增了第 286 条之一、第 287 条之一、第 287 条之二，规定了拒不履行信息网络安全管理义务罪、非法利用信息网络罪和帮助信息网络犯罪活动罪三种新型网络犯罪。以上三罪具有前述特殊的犯罪构造，危害行为边界宽泛，情节要件弹性大，不便把握定罪量刑标准，司法适用率低，没有实现有效遏制新型网络犯罪的立法目的。针对以上立法及其适用问题，有学者试图以实质预备犯、[①]帮助犯的正犯化等理论来解决，[②]也有学者对立法持否定态度。[③]"法律不是嘲笑的对象"，笔者认为，以上否定立法的观点不可取，上述理论解释没有为解决其司法困难提供正确的理论指导，本部分内容从分析新型网络犯罪立法相关评论出发，研究新型网络犯罪的立法原理，为其司法适用探索合理的适用规则。

---

① 参见阎二鹏：《预备行为实行化的法教义学审视与重构——基于〈中华人民共和国刑法修正案（九）〉的思考》，载《法商研究》2016 年第 5 期。
② 参见于志刚：《共犯行为正犯化的立法探索与理论梳理——以"帮助信息网络犯罪活动罪"立法定位为角度的分析》，载《法律科学》（西北政法大学学报）2017 年第 3 期。
③ 参见张明楷：《论帮助信息网络犯罪活动罪》，载《政治与法律》2016 年第 2 期；刘艳红：《网络犯罪帮助行为正犯化之批判》，载《法商研究》2016 年第 3 期。

# 一、以传统刑法理论解读新型网络犯罪立法的困境

新型网络犯罪是典型的情节犯，不直接引起危害结果或者侵害法益的危险，间接侵犯的法益具有"广谱性"，不限于重大法益，其单次危害行为的社会危害程度低，甚至与一般的网络违法行为没有明显区别，因此，情节要件实际上起到主要决定着罪与非罪的作用。然而，情节要件定型性差、弹性大，缺乏区别该类犯罪与一般行政违法行为的司法规则，以至于新型网络犯罪立法的正当性和合理适用限度成为需要研究的问题，有学者依据传统犯罪理论进行解释或者批判，相关评述如下。

## （一）非法利用信息网络罪立法的实质预备犯解读

有学者认为非法利用信息网络罪是实质预备犯。如有的学者认为，因为"大量网络犯罪案件中，仅能查实行为人在网络上实施联络或者其他活动，对于网络下实施的各种危害性行为，很难一一查实。因此，设立非法利用信息网络罪，……有针对性地对尚处于预备阶段的网络犯罪行为独立入罪处罚"，[①] 目的是解决网络犯罪中带有预备性质的行为如何处理的问题，将刑法规制的环节前移，以适应惩治犯罪的需要。还有学者认为，"'设立网站或者通讯群组、发布信息'构成该罪客观行为的核心要素，此类行为原本只是实施后续犯罪的预备行为，通过本款之设置达到了'网络预备行为'实行化之目的，并且从形式上看此种规定亦符合实质预备犯对行为的'类型性、定型性'之要求"。[②] 以上实质预备犯解读与立法机关的说明相呼应，为该罪立法提供了一定的理论支撑。但是，这些观点至少在以下方面难以自洽。

**1. 不满足实质预备犯的下游实行犯条件**

国内外刑法理论区分形式预备犯和实质预备犯，"实质预备犯则是构成要件形式上虽然不是其他犯罪的预备行为，但立法是因其可能成为其他犯罪的预备行为而将其规定为独立的犯罪"。[③] 无论是形式预备犯还是实质预备犯，都要求下游行为只能是犯罪而不能是一般的违法行为，目的是及早预防能造成严重危害的下游犯罪，如果下游行为只是一般违法行为，设立实质预备犯就缺乏必要性和合理性。非法利用信息网络罪不符合预备犯的构造特征：（1）不符合预备犯的主观违法要件要素。该罪规定了三项危害行为，其主观违法要素指向的目的行为都包含"违法活动"，这与预备犯是"为了犯罪"不相符。有学者认为该罪是实质预备犯，提出"这里的'违法犯罪'仅指犯罪，'违法'两字纯属表达上的赘言。"理由是："只有犯罪行为的预备行为才可能成立犯罪，而违法行为的预备行为不可能成立犯罪"；依据《刑法》第 310 条、第 312 条之间的关系，提出"刑法条文的某些规定暗含着'违法犯罪'就是指'犯罪'的意思"；"域外网络犯罪立法没有将网络违法行为的预备行为犯罪化的规定，而只有将网络犯罪行为的预备行为实行

---

[①] 喻海松：《网络犯罪的立法扩张与司法适用》，载《法律适用》2016 年第 9 期。
[②] 阎二鹏：《预备行为实行化的法教义学审视与重构——基于〈中华人民共和国刑法修正案（九）〉的思考》，载《法商研究》2016 年第 5 期。
[③] 梁根林：《预备犯普遍处罚原则的困境与突围》，载《中国法学》2011 年第 2 期。

行为化的规定"。① 以上论述不仅缺乏法律依据,相关论据反成其观点的反证。(2)该罪行为并非都对下游行为发挥预备作用。该罪第二项行为中的"发布有关制作违禁物品、管制物品"行为在客观上不具有"准备工具、制造条件"的作用,甚至因在网络上暴露犯罪意图起反作用,如果是为了使他人学会制作以上物品,则不是预备犯而可能是其他犯罪,第二项行为中的"发布销售以上物品的违法信息"行为和第三项行为中的"为实施诈骗活动发布信息"属于"销售"的"着手"和诈骗罪的"着手"或初期行为,而非预备行为。

### 2. 不具有侵害重大法益的抽象危险

我国《刑法》规定了犯罪预备的行为构造和预备犯的处罚原则,但司法实践中并未普遍处罚犯罪预备行为,犯罪预备的可罚性成为争议问题。有学者认为,普遍处罚预备犯缺乏正当性、必要性、操作性和实效性,不为结果无价值、行为无价值理论所支持,各国立法和刑事政策只要求"对少量侵犯重大法益特别是重大国家法益、社会法益或者个人生命的重大犯罪的预备行为,设置形式预备犯的罚则。"具有"侵犯重大法益的抽象危险"是处罚预备犯的必要条件,也是设置实质预备犯的前提条件,否则,"就可能在实质预备犯的形式合法性外衣掩护下,堂而皇之地、不当地前置和扩大预备行为的刑罚处罚范围。"② 笔者认同以上观点,实质预备犯属于抽象危险犯,具有"侵犯重大法益的抽象危险"是实质预备犯的构成特征,非法利用信息网络罪不具有侵害重大法益的抽象危险,理由是:(1)该罪被规定在"妨害社会管理秩序罪"一章的"扰乱公共秩序罪"中,公共秩序的种类繁多,并非各类公共秩序都属于重大法益,如使用虚假身份证件、盗用身份证件罪和故意延误投递邮件罪等轻罪没有侵犯重大法益。非法利用信息网络侵犯的是信息网络安全管理秩序,并非都属于"重大法益",如设立"人肉搜索"的通讯群组就难以评价为侵犯重大法益;(2)实质预备犯侵犯的重大法益只能通过下游行为间接侵犯。"犯罪预备行为本身对法益侵犯的'间接性'决定了立法者通过刑法分则规定预备行为入罪的范围,必须是针对重大法益才有正当性。"③ 非法利用信息网络罪行为的下游行为侵犯的并非"重大法益",如诈骗行为只有针对数额巨大的公私财产时侵犯的才是重大法益,传授犯罪方法行为侵犯法益的重要性程度与所传授的犯罪方法的内容相关,并不都是重大法益,当其侵犯非重大法益时,就不符合实质预备犯的构成条件,将该罪整体解读为实质预备犯不恰当。

### 3. 不能解释情节要件的必要性

抽象危险犯的构造不同于结果犯或者具体危险犯,"行为人实施某一具有典型危险性的行为就构成犯罪,至于法益的侵害或者具体危险对构成要件的实现没有任何意

---

① 欧阳本祺、王倩:《〈刑法修正案(九)〉新增网络犯罪的法律适用》,载《江苏行政学院学报》2016年第4期。
② 梁根林:《预备犯普遍处罚原则的困境与突围》,载《中国法学》2011年第2期。
③ 阎二鹏:《预备行为实行化的法教义学审视与重构——基于〈中华人民共和国刑法修正案(九)〉的思考》,载《法商研究》2016年第5期。

义",① 不需要达到"情节严重",如"背叛国家罪","组织、领导、参加恐怖组织罪"等公认的抽象危险犯都不要求"情节严重"。非法利用信息网络罪是典型的情节犯,对于典型的情节犯,"情节严重"以外的构成要件还不足以使危害行为达到应受刑罚处罚的程度,② 需要情节要件发挥补充可罚性的作用,补足罪行的刑罚可罚性的"量",使之达到成立犯罪的"质",因而不是实质预备犯。

### (二) 帮助信息网络犯罪活动罪的帮助犯解读

有学者认为帮助信息网络犯罪活动罪只是帮助犯的特殊量刑规则,或者认为是帮助犯的正犯化,笔者不同意这两种观点,理由如下。

#### 1. 帮助信息网络犯罪活动罪不是帮助犯的量刑规则

有学者认为,"我国《刑法》第 287 条之二所规定的帮助信息网络犯罪活动罪,并不是帮助犯的正犯化,只是帮助犯的量刑规则",③ 否认其独立犯罪化的价值,适用该条规定必须符合共同犯罪的构成条件。笔者认为,如果按照这种观点适用,该罪立法目的将落空。该罪的主体是利用信息网络为他人提供技术支持或帮助的个人或单位,当其仅为某一个具体的下游犯罪提供帮助时,的确可以按照传统的帮助犯定罪处罚,但追究其刑事责任要依附于对实行犯的查证和责任追究。但是,在网络犯罪产业链化态势下,"被帮助的正犯作为犯罪行为的直接实行行为人,不仅服务器可能设置在境外,而且其人可能也躲避在境外。对网络共同犯罪进行刑事归责时,经常面临提供网络服务的帮助犯被追诉而正犯却逍遥法外的困境",④ 难以将帮助者认定为帮助犯,而按其他犯罪处理也往往缺乏事实和法律依据。

此外,前述观点没有反映该罪行为的独立性。该观点依据的是传统共同犯罪理论,它建立在"一人对一人"或者"一人对少数人"传统物态社会活动基础上,受人力物力成本的限制,传统帮助犯的帮助对象数有限。而在网络社会环境中,计算机、互联网技术应用的自动信息处理、低成本、高效便捷的特性,造就了"一人服务于人人、人人服务于一人"的新社会行为样态,利用信息网络的帮助行为突破了传统行为的成本和效率限制,不限于支持某一个或者少数下游犯罪,能够为众多下游网络犯罪提供技术支持,并牟取自身独立的经济利益,从而具有了不同于帮助犯的独立性。从犯罪作用上看,"网络空间中某些犯罪的帮助行为的社会危害性已经远远超过了实行行为的危害性",⑤ 这种比实行行为更严重的社会危害性不可能为从属性行为所具有,只能是其自身已具有的独立犯罪性质。因此,将该罪行为仍按照帮助犯定罪处罚,不能做到罚当其罪,不利于有效遏制网络犯罪。

最后,该观点不能解释情节要件的必要性。帮助犯是我国刑法总则规定的共同犯罪

---

① 徐凯:《抽象危险犯正当性问题研究:以德国法为视角》,北京,中国政法大学出版社 2014 年版,第 27 页。
② 参见张明楷:《刑法分则的解释原理》,北京,中国人民大学出版社 2004 年版,第 226 页。
③ 张明楷:《论帮助利用信息网络犯罪活动罪》,载《政治与法律》2016 年第 2 期。
④ 梁根林:《传统犯罪网络化:归责障碍、刑法应对与教义限缩》,载《法学》2017 年第 2 期。
⑤ 于志刚:《论共同犯罪的网络异化》,载《人民论坛》2010 年第 29 期。

形态，构成帮助犯无需"情节严重"，只要不是"情节显著轻微危害不大"，就可以构成帮助犯。然而，"情节严重"是帮助信息网络犯罪活动罪的构成要件，不具备该情节要件的，不能成立该罪，将帮助信息网络犯罪活动罪解释为帮助犯，不能说明该罪情节要件的必要性。

### 2. 帮助信息网络犯罪活动罪不是帮助犯的正犯化，而是独立犯罪

有学者认为，该罪立法是帮助犯的正犯化，"完全可以脱离正犯去评价共犯行为，共犯行为的独立属性为这种刑法评价预留了足够的理论空间，对共犯正犯化的立法规定在共同犯罪理论体系中不存在障碍。"① 笔者不同意这种观点，理由是：（1）该观点认为帮助犯也可以具有独立性，而根据我国刑法的规定，仅教唆犯具有从属性和独立性的双重属性，其论述缺乏法律依据和刑法理论支撑；（2）该观点认为帮助信息网络犯罪活动罪本质上仍属于帮助犯，只是因为新的犯罪立法，其定罪脱离原来的正犯。这种解读没有摆脱前文分析的传统帮助犯的认知桎梏，还会制造犯罪立法与帮助犯理论的矛盾，因为该罪立法"弱化了正犯责任应有的独立性，也造成了正犯责任和片面共犯责任的适用冲突，一旦通过总则性司法解释将片面共犯全面引入后，帮助利用信息网络犯罪活动罪就会被空置"；② （3）帮助犯的正犯化在刑事责任上具有从属性。如果该罪仍定位为帮助犯，按照刑法总则关于从犯责任的规定，其刑事责任必然要从属于正犯，与其主张的犯罪的独立性相互矛盾。有学者提出"必要帮助犯的主犯化"③"帮助行为可以在共同犯罪中起主要作用"等观点，④ 试图解决帮助犯的刑罚从属性或较轻的问题，难以获得共同犯罪理论上的广泛认同。不过，其承认了下游犯罪对这类帮助性质行为的依赖性，认可后者在犯罪链活动中起主要作用、是核心的犯罪行为，既如此，便没有理由不对其刑事责任进行独立评价。

笔者认为，行为对其他犯罪能起到帮助作用，不等于就是帮助犯，也不应据此被评价为帮助犯的正犯化。从罪刑单元的结构看，该罪设置了独立的法定刑，不受下游犯罪法定刑的影响，不可能是下游犯罪的帮助犯的量刑规则。但是，该罪法定刑较轻似乎意味着立法者将其定性为从属性的犯罪。实际上我国刑法中具有帮助性质的犯罪较多，如运输毒品罪、提供非法侵入、非法控制计算机信息系统的程序、工具罪等，由于其自身在犯罪产业链条中的独立性，被立法设立为有严重危害性的独立犯罪并规定了包含轻重档次的法定刑。因此，符合帮助犯特征的犯罪并非都是帮助犯的正犯化，还要看该犯罪在犯罪生态中是否具有独立地位，以及立法是否对其规定了独立、完整的罪刑单元，如果是，没有理由强作帮助犯认定。帮助利用信息网络犯罪活动罪在客观实际上和刑法立法上都具有独立地位，应破除其帮助犯性质的认识，按照独立犯罪认定。对帮助信息网络犯罪活动、情节特别严重的，还应设立更高档次的法定刑。

---

① 陆旭：《网络服务提供者的刑事责任及展开——兼评〈刑法修正案（九）〉的相关规定》，载《法治研究》2015年第6期。
② 于志刚：《网络空间中犯罪帮助行为的制裁体系与完善思路》，载《中国法学》2016年第2期。
③ 参见李民、高凤立：《必要帮助犯之主犯化——以网络涉枪犯罪中提供"交易平台"和"技术信息"为例》，载《大连海事大学学报》(社会科学版)2015年第6期。
④ 参见谢彤：《帮助行为可以在共同犯罪中起主要作用》，载《华东政法学院学报》2002年第1期。

### （三）对拒不履行信息网络安全管理义务罪和帮助信息网络犯罪活动罪的批判

有学者认为，"网络服务提供者并不属于国家职能部门，从事的都是商事经营活动，那么，从正当性的角度讲，就难以当然认为其在刑法上负有信息网络安全管理义务和预防他人实施违法犯罪活动的义务。"只是因为"国家基于维护网络信息安全的政策考量，强制施与网络服务提供者刑法上的管理义务，以促使网络服务提供者积极参与信息网络安全，这显然是预防刑法的逻辑。"①还有学者认为网络服务提供者"只具备中立义务"，②并以中立的帮助行为理论批判拒不履行信息网络安全管理义务罪和帮助信息网络犯罪活动罪立法，认为帮助信息网络犯罪活动罪立法封堵了"明知非促进型"帮助行为出罪的可能性。③笔者认为，以上批判立法的观点既没有法律依据，不符合网络社会及网络犯罪发展的实际。

网络服务提供者应当承担、实际依法承担着信息网络安全管理义务。从网络服务提供者的社会地位和作用上分析，它是网络社会生态环境的主要创建者、网络活动规则的主要制定者，与包括违法犯罪者在内的服务接受者共生互利，有责任向社会平衡提供便捷和安全产品。当前网络违法犯罪数量巨大且具有跨区域性，仅靠以条块架构组织起来的传统国家管理部门难以管控，只有网络服务提供者才能及时、直接管控网络违法犯罪活动，应当是"网络社会重要的组织力量，对维护网络信息安全负有重要社会责任"。④如果不要求其承担必要的安全管理义务，其社会作用实际上偏向于网络违法犯罪，在法理上网络服务提供者不应当"中立"。目前信息发达国家普遍对网络服务提供者设立信息网络安全管理义务，我国法律和行政法规也对网络服务提供者规定了七类信息网络安全管理义务，并且，有外国立法对网络服务提供者不履行网络安全管理义务行为规定了刑罚，⑤因此，只要把握好拒不履行信息网络安全管理义务罪的合理适用边界，不应完全否定该罪立法的必要性和正当性。

帮助信息网络犯罪活动罪的危害行为不属于中立帮助行为。我国《网络安全法》使用了"网络服务提供者"的概念，但未给予界定，在实际社会中网络服务提供者必须获得许可或备案，才能在指定的范围内提供服务，并承担相应的信息网络安全管理义务。构成帮助信息网络犯罪活动罪，并非仅因为行为人不履行信息网络安全管理义务，而是行为人在客观方面帮助了他人犯罪，主观上明知他人犯罪而故意提供技术支持和帮助，具有积极加功的认识和决意。即使行为人是出于自身谋利的目的，非积极追求帮助支持他人犯罪，也对帮助支持他人犯罪持接受的立场，而不是"非促进"的放任或反对心态。该罪主体是一般主体，不限于网络服务提供者，任何单位和个人实施该罪都应依法认定犯罪，网络服务提供者的身份或业务活动性质不是阻却其刑事法律责任的理由。网

---

① 何荣功：《预防刑法的扩张及其限度》，载《法学研究》2017年第4期。
② 刘艳红：《网络时代言论自由的刑法边界》，载《中国社会科学》2016年第10期。
③ 参见刘艳红：《网络犯罪帮助行为正犯化之批判》，载《法商研究》2016年第3期。
④ 李源粒：《网络安全与平台服务商的刑事责任》，载《法学论坛》2014年第6期。
⑤ 参见皮勇：《论网络服务提供者的管理义务及刑事责任》，载《法商研究》2017年第5期。

络服务提供者作为信息网络安全管理义务的承担者，能更明确地认识相关禁止性法律规范，故意实施该罪行为的，理应从重处罚。外国相关立法和司法实践采取的也是这一立场，如美国司法判例显示，网络服务提供者可能因为明知他人上传的儿童色情、诈骗等内容仍提供服务而受到刑事处罚，被认为触犯了共同犯罪条款、《美国法典》第 18 章第 1952 条、第 2252 条、第 2257 条、第 1961 ～ 1968 条等。① 前述学者提出我国应对实施该罪行为的网络服务提供者豁免刑事责任，缺乏理论和法律依据。

综上所述，前述理论解读都存在不足，在实践中没有也不可能为新型网络犯罪的司法适用提供有效的理论支持。理论研究应根植于实际并与时俱进，正如地形变化后应及时更新地图一样，应首先分析新型网络犯罪本身及其存在的社会环境，从立法目的、犯罪的实质条件出发来研究新型网络犯罪立法与司法问题。

## 二、新型网络犯罪的立法原理

网络空间是现代社会的新组成部分，新型网络犯罪是网络犯罪的新发展，网络犯罪的新治理策略要求对网络犯罪整体进行全过程、系统化治理。新型网络犯罪立法回应了当前遏制网络犯罪的迫切需要，设置了独立的、具有"积量构罪"构造的新网络犯罪，对信息网络安全管理秩序提供刑法保护。

### （一）新型网络犯罪的立法背景

随着网络社会的发展，网络犯罪向网络空间犯罪的转变。当前网络犯罪已经不限于以计算机信息系统为对象或工具的犯罪，而是与"网络空间的社会化"同步发展为"社会化的网络犯罪"，可以称为网络空间犯罪或者新网络犯罪。除了电子化、全球化、高技术性，新网络犯罪还表现出以下新特点和发展趋势：（1）网络犯罪族群化、社会化。当前网络犯罪表现为侵犯计算机信息系统安全犯罪、传统犯罪的网络化、与之有共生关系的新型网络犯罪和侵犯数据的犯罪，这四类犯罪既各自独立又相互支持，表现出明显的社会分工特征，形成"四位一体"的网络犯罪家族。（2）新型网络犯罪独立化、产业化、主体作用化。相对于前两类网络犯罪，新型网络犯罪是为前者创造环境条件或提供支持帮助的"外围"犯罪，但其并不依附于前者，凭借其直接联络广大网络用户的能力，在犯罪产业链上独立生存，所起的作用并非只是辅助性的，而是不可或缺的关键条件。②（3）衍生出"微网络犯罪"形式。除了侵犯重大法益的网络犯罪如破坏特定金融计算机信息系统、盗窃巨额电子资金等，还出现了新的"微网络犯罪"形态，表现为"海量行为 × 微量损失"和"海量行为 × 低量损害"两种新行为样态。前者是利用互联网应用的广泛联络和近零成本特性，对不特定的海量公众进行尝试性侵害，虽然犯罪成功率很低，且只对部分个体造成微量损失，但实际被害人数量巨大，累积危害后果严

---

① Lawrence G. Walters：《美国网络服务提供者的刑事责任——基于网上色情信息的视角》，杨新绿、涂龙科译，载赵秉志主编：《刑法论丛》（总第 44 卷），北京，法律出版社，2015 年，第 468-484 页。
② 参见于志刚：《共犯行为正犯化的立法探索与理论梳理——以"帮助信息网络犯罪活动罪"立法定位为角度的分析》，载《法律科学》（西北政法大学学报）2017 年第 3 期。

重；后者为新型网络犯罪所特有，单次危害行为的社会危险性低，通过利用信息网络大量实施，累积危害达到严重程度。这两类"微网络犯罪"过去被认为只是一般的网络违法行为，随着网络空间的社会化发展，它们对网络犯罪整体的作用越来越大，社会危害越来越严重。

原有网络犯罪立法落后于网络犯罪的新发展，网络犯罪案件办案难度很大，惩治网络犯罪的效果不佳。首先，原有网络犯罪立法适用困难，难以有效遏制新型网络犯罪。当前网络犯罪跨地区跨境作案常态化，大部分犯罪的主犯及其违法所得隐匿于境外，或者难以发现其踪迹，抓获的犯罪人多为起次要作用的境内"外围"犯罪人，涉案证据大多数甚至全部是电子数据，且分散于境内外的网络服务器中，案件的侦破、取证、抓捕罪犯、挽回损失等困难大，能够进入司法程序的案件有限。对"外围"犯罪人案通常按共犯定罪，由于主犯不到案、危害后果未查明等原因，最终追究刑事责任的较少。加之，当前网络犯罪案件增长迅速、数量大，专业办案力量严重不足，只能集中有限的专业司法资源应付影响较大、造成严重后果的网络犯罪案件，无力全面查处数量庞大的、危害较小的"外围"网络犯罪人，新型网络犯罪没有得到有效遏制。其次，以传统犯罪理论为指导的网络犯罪司法规则不合理、效果不佳。司法解释仅规定，为他人实施赌博、传播淫秽电子信息犯罪提供互联网接入、服务器托管、投放广告、资金支付结算等服务的，按共同犯罪论处或直接认定为实行犯，但是，无论按以上哪种方式处理，要么遇到实际办案困难，要么与客观事实相违背。而且，以上司法解释具有"定向性"，没有对新型网络犯罪制定统一的处理标准，[①]更没有客观反映其独立性和严重危害性、做到罚当其罪，不利于有效遏制新型网络犯罪。

为了应对网络犯罪的新发展、充分发挥刑法打击网络犯罪的作用，我国改变网络犯罪的治理策略，对其进行全过程、系统化惩治：（1）针对新网络犯罪族群化、社会化态势，我国把治理网络犯罪的生存环境、打击其关联违法行为作为重要目标，目标是掘除助长其滋生的"社会土壤"，惩治为其提供支持帮助的行为，切断网络犯罪族群的黑产业链联系，对网络犯罪"打早打小"，将严重犯罪遏止在萌芽阶段。以上新治理策略体现在《刑法修正案（九）》中，该修正案在"妨害社会管理秩序罪"的"扰乱公共秩序罪"中设立新型网络犯罪，以保护信息网络安全管理秩序，其中，非法利用信息网络罪的立法目的是对网络犯罪"打早打小"，帮助信息网络犯罪活动罪立法是阻断对网络犯罪的支持帮助，拒不履行信息网络安全管理义务罪立法是使网络服务提供者履行信息网络安全协助管理义务，共同营造有利于遏制网络犯罪的安全网络空间。（2）针对新型网络犯罪的独立化和作用主体化特点，新型网络犯罪被赋予独立犯罪的地位，不再附属于其他网络犯罪，解决了前述困扰案件办理的定罪问题，客观反映了新型网络犯罪的真实特征。（3）针对网络犯罪的"微犯罪"形式，新型网络犯罪立法适用范围设置得较宽，处罚的行为范围广、门槛低，能规制更多的新形式网络犯罪行为，同时，通过限定"利用信息网络实施"的犯罪方法，突出了其积累危害后果的特点，并通过情节要件将犯罪圈限制在正当的范围内。

---

① 参见于志刚：《网络空间中犯罪帮助行为的制裁体系与完善思路》，载《中国法学》2016年第2期。

网络犯罪的新治理策略是对网络犯罪新发展的必要回应，新型网络犯罪立法是新治理策略的法制化，对其解读不应脱离以上背景。新型网络犯罪立法不是盲目地扩大网络犯罪圈，而是适应网络犯罪新发展的必要刑法应对，唯此才能遏制网络犯罪泛滥的态势，保护国家利益、社会安全和公众的合法利益，其立法必要性是其正当性的基石。

## （二）新型网络犯罪的罪行构造

新型网络犯罪是独立的妨害信息网络安全管理秩序罪。网络空间是新的社会，[①]信息网络安全管理秩序是公共秩序的新的重要组成部分，当前大多数网络犯罪利用信息网络实施，保护信息网络安全管理秩序成为刑法的新的重要任务。新型网络犯罪是刑法规定的独立犯罪，被规定在"妨害社会管理秩序罪"章的"扰乱公共秩序罪"节中，"利用信息网络"是法定的犯罪方法，表明该类犯罪的法益是公共秩序类属下的信息网络安全管理秩序。这种独立犯罪地位有其事实基础。当前网络犯罪具有社会化、族群化、黑产化、独立化特性，新型网络犯罪已经不依附于下游犯罪，如电信网络诈骗犯罪内部有细致的产业化分工，有专门的犯罪群体以设立用于违法犯罪活动的网站、发布违法犯罪信息为生，以独立主体身份与下游犯罪人进行非法交易，是犯罪链上的独立环节，不符合共同犯罪的构成条件。

新型网络犯罪是具有"积量构罪"罪行构造的正当性立法。我国刑法规定的犯罪绝大部分采取"单量构罪"结构，即，罪状描述的是单次危害行为引起一个严重危害后果或其重大危险。当然，也有少数犯罪规定的危害行为是多次实施、造成多个危害结果，如多次盗窃、多次受贿、常习赌博等，但危害行为的实施次数通常不特别大，且以直接侵害法益为特征，后者在传统犯罪理论中被称为蓄积犯或者累积犯。[②] 新型网络犯罪的罪行构造既不是"单量构罪"结构，也不同于传统的蓄积犯或累积犯，其危害行为的危险基量更低，"积数"远超蓄积犯或累积犯，不过，其"积量构罪"的罪行构造满足犯罪的实质条件。"刑罚法规及其适用，不仅要满足于形式的法律原则，而且还要在内容上适应实质的法治国家原则体现的公正要求。"[③] 除了前述立法目的的正当性、立法的必要性，新型网络犯罪立法的正当性还体现在符合犯罪的实质条件。

行为具有刑事违法性和刑罚可罚性是犯罪的实质条件。德日两国刑法学理论认为，犯罪是符合构成要件的该当性、违法性和有责性的行为，"违法性表明的是行为与规范之间抽象的冲突关系，那么它就不可能具有高低大小的差别"。[④] "构成要件该当性大多时候也就决定了是否有进行保护的需要……但是，这种立法技术并非总是够用的。有这么一些行为，对其进行刑罚处罚的需要，只有通过具体案件中的除了不法和罪责之外的其他补充性情况，才能确定、减弱或者免除。这些因素构成了可罚性的最后一组条

---

[①] 引自［美］曼纽尔·卡斯特：《网络社会的崛起》，夏铸九、王志弘等译，北京，社会科学文献出版社，2001年版，第504-506页。

[②] 参见黎宏：《论"帮助利用信息网络犯罪活动罪"的性质及其适用》，《法律适用》2017年第21期。

[③] ［德］汉斯-海因里希·耶塞克、托马斯·魏根特：《德国刑法教科书》，许久生译，北京，中国法制出版社2001年版，第156页。

[④] 陈璇：《德国刑法学中结果无价值与行为无价值的流变、现状与趋势》，载《中外法学》2011年第2期。

件。"① 因此，虽然在多数情况下具有刑事违法性就具备刑罚可罚性，但有例外，具有刑罚可罚性是独立的犯罪成立条件，只有行为的社会危害性达到应处刑罚的程度才满足这一条件。以上理论观点与我国刑法规定和刑法通说相契合，我国刑法学理论通说认为，犯罪具有一定的社会危害性、刑事违法性和应受刑罚处罚性，② 同样认为刑事违法性和刑罚可罚性是成立犯罪的实质条件。不过，德日刑法规定的犯罪成立条件限于定性而未定量，采取"立法定性、司法定量"的方式，③ 通过相关刑事诉讼程序的特殊安排，在司法实践中将轻微行为排除在犯罪之外。而我国刑法规定的犯罪将"量"规定在犯罪成立条件中，不仅在《刑法》总则通过第13条"但书"将"情节显著轻微危害不大的"行为排除在犯罪范围之外，还在分则中规定结果犯、危险犯、行为犯、情节犯等犯罪类型，将犯罪的危害量通过实害结果、危险结果、严重情节等形式规定在构成要件中，"情节严重""情节恶劣"是典型的情节犯满足刑罚可罚性条件的定量要件，有学者称之为罪量要素。④

新型网络犯罪立法符合刑事违法性和刑罚可罚性条件。首先，新型网络犯罪行为在形式上和实质上都符合刑事违法性条件。实质的刑事违法性不仅要求刑法明确规定了构成要件，还要求符合构成要件的行为原则上达到应处刑罚的严重程度，如贪污罪通常表现为贪污公共财物、数额较大，符合前述条件的行为就符合贪污罪的刑罚可罚性条件，单次贪污数额未达较大但多次贪污达到的，贪污罪立法通过增加多次贪污和数额累积较大这两个具体条件来表明行为达到了刑罚可罚性条件，而不是笼统地放在"情节严重"中评价。新型网络犯罪立法规定了具体的危害行为、利用信息网络的犯罪方法和"情节严重"要件，形式上符合刑事违法性条件，而且，通过规定"利用信息网络"实施的犯罪方法和情节要件，将受刑罚处罚行为的范围限定为严重危害行为，符合实质刑事违法性。

新型网络犯罪不同于蓄积犯或累积犯，其单次危害行为的危害性可以很小，如《刑法》第287条之一规定的"发布违法信息"的行为。如果仅靠"情节要件"笼统地限制该类犯罪的入罪范围，难以认为该罪行为具有类型性和限定性，不符合实质的刑事违法性。新型网络犯罪符合实质的刑事违法性条件的关键是其法定的犯罪方法——利用信息网络实施。由于计算机、互联网应用具有自动信息处理、低成本、便捷快速、广泛联系等技术优势，网络空间环境中的危害行为具有在不长的时间内大量反复实施的能力和现实条件，利用信息网络实施使得该罪行为具有倍增危害量的特性，能够累积危害达到应受刑罚处罚的程度。因此，判断新型网络犯罪是否符合实质刑事违法性条件，不能只看其低危害量的单次危害行为，应将其"利用信息网络实施"倍增危害量的特性结合起来评价。

---

① [德] 冈特·施特拉腾韦特、洛塔尔·库伦：《刑法总论I——犯罪论》，杨萌译，北京，法律出版社2004年版，第86页。
② 参见高铭暄、马克昌主编：《刑法学》，北京，北京大学出版社、高等教育出版社2011年版，第44-47页。
③ 参见李翔：《情节犯研究》，上海，上海交通大学出版社2006年版，第73-74页。
④ 参见陈兴良：《作为犯罪构成要件的罪量要素——立足于中国刑法的探讨》，载《环球法律评论》2003年秋季号。

其次，新型网络犯罪的情节要件使之符合刑罚可罚性条件。典型情节犯的情节要件主要是补足行为的危害"量"，使之从"质"上转变为应受刑罚处罚的犯罪行为。新型网络犯罪是典型的情节犯，"情节严重"要件从主客观方面限制成立犯罪的行为范围，其客观方面的限制作用与新型网络犯罪的"积量构罪"构造相适应，一方面限制危害行为的类型，要求其具有相当程度的社会危害性，另一方面通过提高客观因素的"积数"使累积危害量达到应受刑罚处罚的严重程度，从而使违法行为"质变"为犯罪行为。

新型网络犯罪都具有"积量构罪"的构造，但三罪的构造也有一定区别，分析如下。

### 1. 拒不履行信息网络安全管理义务罪的消极型"积量构罪"构造

该罪是行政犯、不作为犯和典型的情节犯，具有消极型"积量构罪"构造，其行为不是积极引起危害后果，而是拒不履行信息网络安全管理义务。在网络社会中，网络服务提供者"对于危险源的监督，产生了保护他人法益不受来自于自己控制领域的危险威胁的义务。这种对于危险源的控制是不作为犯的义务。这种保证人义务的根据在于，复杂社会系统中的秩序必须依赖于（处分权人所管理的）特定空间和特定控制领域的安全。"① 我国《网络安全法》等法律和行政法规要求网络服务提供者承担信息网络安全管理义务，刑法进一步将该义务规定为网络服务提供者的刑法义务，当网络服务提供者有能力履行而不履行，经相关监管部门责令改正而拒不改正，且符合法定情形的，构成犯罪。以上行为具有刑事违法性的原因，不仅是违反了以上刑法规范，更重要的是事实上具有严重的社会危害性，理由是：网络服务提供者为网络违法犯罪活动提供了犯罪空间环境，为犯罪的实施和完成发挥了支持作用，客观上对"违法信息大量传播"，"致使用户信息泄露，造成严重后果"，"致使刑事案件证据灭失"起促成作用；而且，以上结果是在"监管部门责令采取改正措施而拒不改正"的情况下发生的，行为人在主观心态上存在对抗执法的决意，对前述后果至少有过失。因此，将以上严重危害社会的行为规定为犯罪，符合主客观相统一、罪责刑相适应等刑法基本原则，也符合实质刑事违法性条件。

该罪的刑罚可罚性由其主客观构成要件综合决定。该罪行为是不作为，主观上不追求引起严重后果，社会危害性低于故意造成严重后果的作为犯，与相应的一般行政违法行为没有差别，如果仅靠笼统的"严重情节"不应认为该罪符合实质刑事违法性条件。《刑法》第286条之一第（1）项至第（3）项规定的物质性危害结果或者行为后果，对该罪立法正当性是关键的，第（4）项仅概括规定"其他严重情节"存在前述笼统地估堆评价的不足，需要比照前三项情节的规定，在"严重后果"的范围内对其进行类型化和限定化解释，后文详述。虽然该罪的严重危害后果或者行为后果可以在短时间内一次性发生，在多数情况下是在较长时间内累积达到严重程度，由拒不履行管理义务行为的实际情况、违法信息传播的数量、用户信息泄露的数量及相关危害后果、刑事案件证据灭失涉及的犯罪性质和证据数量等定量要素的综合作用造成，即其主要的罪行形式采取

---

① ［德］乌尔里希·齐白：《网络服务提供者的刑法责任——刑法总论中的核心问题》，王华伟译，载赵秉志主编：《刑法论丛》（第48卷），北京，法律出版社2016年版，第330页。

"积量构罪"构造。

**2. 非法利用信息网络罪和帮助信息网络犯罪活动罪的积极型"积量构罪"构造**

非法利用信息网络罪和帮助信息网络犯罪活动罪是故意犯罪、典型的情节犯,刑法明确规定了二罪的犯罪方法和具体危害行为,符合犯罪行为的定型性。二者都不能独立引起下游违法犯罪的危害后果,单次危害行为的危害量底限低,其应受刑罚处罚性主要通过"利用信息网络"的犯罪方法和"情节要件"的限制来实现,采取"海量积数×低量损害"的"积量构罪"罪行构造。

非法利用信息网络罪与蓄积犯或累积犯的构造相似但有差别。"以'作为单个行为是不可能的,但大量实施的话'就会引起一定的法益侵害、危险的个别行为"为要件的蓄积犯,其特点是"大量反复,将来会引起法益侵害、危险的可能性"。① 该罪也具有以上特征,只是其单次危害行为的危害量底限更低,"积数"更高,能通过利用信息网络大量实施的方法倍增危害量,达到应处刑罚的严重危害程度。该罪立法规定的三项危害行为都不能直接引起下游违法犯罪活动的危害后果,但在危害程度上有一定差别,"设立用于违法犯罪活动的网站、通讯群组"具有预备或帮助行为性质,而后二项危害行为"发布违法犯罪信息"和"为实施违法犯罪活动发布信息"具有实行行为的"着手"性质。第一项危害行为离下游违法犯罪活动所侵害的法益更远,危害性程度更低,要达到应受刑罚处罚的程度,评价其情节要件时必须更高的"积数",如用于违法犯罪活动的网站或通讯群组的人数必须较大。

帮助信息网络犯罪活动罪与帮助犯的罪行构造相似但有区别。如果符合该罪立法的多个帮助行为中,有单个危害行为被评价为"情节严重",属于该罪与帮助犯的竞合,在此情形下该罪与下游犯罪的帮助犯没有区别;如果都不足以单独成立犯罪,如行为人向无关联关系的多人实施轻罪提供帮助,单个帮助行为都属于"情节显著轻微危害不大",但危害行为整体评价为"情节严重"的,只能成立帮助信息网络犯罪活动罪。后者情形符合"积量构罪"构造,帮助他人实施轻罪决定了行为的危害单量,帮助次数是"积数",综合评价所有帮助行为达到应受刑罚处罚的"情节严重"程度。当前电信网络诈骗犯罪猖獗,有些单位或者个人以提供网络技术支持和网络服务为业,仅概括认识他人实施诈骗犯罪活动的内容而提供交易链接等技术支持或帮助,下游诈骗犯罪的诈骗金额未达"数额巨大",单独评价各帮助行为都不成立诈骗罪的共犯,但下游诈骗者数量大或诈骗数额总数巨大,对所有帮助行为整体评价"情节严重"的,应当认定构成帮助信息网络犯罪活动罪。

### (三)新网络犯罪立法的司法反馈

笔者在中国裁判文书网、无讼网、北大法宝上检索新型网络犯罪案例,从 2015 年 11 月 1 日《刑法修正案(九)》生效至 2018 年 5 月 1 日共 2 年 6 个月时间里,全国新型网络犯罪判决案件总数为 93 件,以各罪起诉、判决的案件数都不高。对以上案件判决的分类统计分析的结论如下。

---

① 黎宏:《论"帮助信息网络犯罪活动罪"的性质及其适用》,载《法律适用》2017 年第 21 期。

1. 对非法利用信息网络罪案件的统计分析

以非法利用信息网络罪判决的案件共34件,其中,2015年1件,2016年9件,2017年23件,2018年1件,如图10-1-1所示。

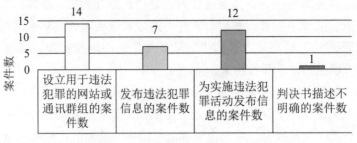

图10-1-1 非法利用信息网络罪分类

按照案件中实施的危害行为对案件进行分类统计,数据分布如上图所示,具体数据详述如下:(1)在设立用于违法犯罪的网站或通讯群组的14件案件中,设立通讯群组的为4件,设立网站的为10件。值得注意的是,设立通讯群组的案件判决中涉及的违法活动包括盗取网络账号、非法宗教活动、传播淫秽信息、泄露国家秘密,群组成员数最低的为10余人,中等的为100人、130人,较高的为200人、250人。(2)发布违法犯罪信息的7件案件主要涉及发布销售淫秽视频信息、枪支及其配件等管制物品、迷幻水等违禁物品信息,相应信息数量最低的只有51条淫秽视频截图,中等的为300条、400条枪支等管制物品信息,高的达到1 800条枪支管制品信息。值得注意的是,有的案件判决没有描述发布违法犯罪信息的数量,只写明了发布的时间周期和引起的严重后果。(3)在为实施违法发布信息的12件案件中,为实施诈骗发布信息的占绝大多数,只有1件是为了赌博发布信息,发布的信息数通常在5 000条以上,甚至几十万条。值得注意的是,有个别案件只概括描述发布信息数为上千条,违法所得或者造成的损失数额不足5000元,还有案件没有提到诈骗信息的数量,只描述犯罪人发送诈骗信息的时间周期和影响正常的移动通信使用者数量。

该罪具有"积量构罪"构造,评价该罪的"情节严重"时,下游违法犯罪活动的性质是影响危害行为的危害基量的重要因素,也影响到成立犯罪必需的"积数"条件。当下游违法犯罪的性质严重时,"积数"条件如违法犯罪活动的通讯群组成员数或网站数、违法信息数、犯罪人违法所得或者被害人损失数额等可以相应较低。但是,以上个别案件评价"情节要件"的标准不明或者过低,动摇了有罪判决的正当性,存在以刑代管的嫌疑,如有的案件对下游违法犯罪活动的性质放得过宽,有的案件对通讯群组成员数量标准放得过低,有的案件将作案时长、影响正常移动通信的时长或者用户人数作为主要评价依据,反映出该罪司法缺乏合理的适用标准,该罪立法在不法行为的定型化、限定化上也可能存在不足。

检法机关在以上案件的定罪方面认识比较接近。前述34件被判处非法利用信息网络罪的案件中,以非法利用信息网络罪起诉的31件,以诈骗罪起诉的1件,以破坏公用电信设施罪起诉的1件,以聚众扰乱社会秩序罪起诉的1件。不过,也有4件以非法利用信息网络罪起诉的案件,被法院变更罪名为诈骗罪和组织领导传销活动罪。以上案件的定罪有以下特点：（1）为自己和为他人实施下游违法犯罪都是该罪犯罪人的行为目的，且后者情况占大多数。可见，前述对该罪作实质预备犯解读不符合案件处理实际，因为预备犯是为自己或者共同犯罪人准备工具或创造条件，如果是为了他人犯罪则可能构成帮助犯。以上案件中犯罪人与下游违法犯罪人之间只有非法交易关系，难以认定共同犯罪，如果按照实质预备犯定性处理，以上大部分案件是错案。（2）该罪行为与帮助信息网络犯罪活动罪的行为相似但有区别。前文谈到，该罪行为能对下游违法犯罪起帮助作用，容易与帮助信息网络犯罪活动罪混淆，存在将不同共同犯罪人分别判处以上两罪的判决。笔者归纳出的规律是，如果犯罪人明知下游违法犯罪的内容并专门为其实施本身不可能独立、合法地存在的行为的，应认定为该罪，否则认定为帮助信息网络犯罪活动罪，这种实践中沉淀下来的做法具有一定的合理性。（3）对于犯罪人概括认识或具体认识下游违法犯罪的内容的，定罪标准不统一。以上案件判决绝大部分将概括认识下游违法犯罪内容的按照该罪定罪处罚，个别案件将以上两种明知情形都认定为帮助犯。这一问题也出现在帮助信息网络犯罪活动罪案件判决中，后文继续分析。

**2. 对帮助信息网络犯罪活动罪案件的统计分析**

以帮助信息网络犯罪活动罪判决的案件共11件，其中，2015年2件，2016年4件，2017年5件。根据犯罪人的主观心态将以上案件分为四类：A. 帮助者明知下游犯罪的具体情况并有双向意思联络的；仅概括认识下游犯罪内容的分为三种情形，其中：B. 下游犯罪人为1人且下游犯罪严重的；C. 下游犯罪人为多人，部分下游犯罪严重，相应的单次帮助行为可成立犯罪的；D. 下游犯罪人为多人，各下游犯罪构成轻罪，单次帮助行为都不成立犯罪的。分类统计结果如图10-1-2所示。

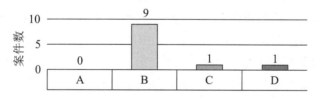

**图10-1-2 帮助信息网络犯罪活动罪的案件分类**

分析以上数据，结论如下：（1）A类案件数为零，B类和C类案件数量之和为10件，表明以上判决大部分区别对待该罪与典型的帮助犯。B类和C类案件中的下游犯罪都构成严重犯罪，这是认定帮助者成立该罪的重要影响因素，也是认定该罪的常见模式，如果对此情形按下游犯罪的帮助犯认定，其刑罚更重。由于该罪犯罪人大多只概括明知下游犯罪内容，主观上是弱认知和片面帮助的意识，主观恶性比典型的帮助犯小，加之，其行为本身可以是独立的合法行为，按帮助犯处罚可能偏重，这可能是以上大部分案件判决将其认定为该罪的原因。（2）D类案件仅1件，说明司法实践中较少对具有"积量构罪"构造的行为按该罪处理。这反映了司法机关不易接受以上定罪思路，在审判及其他刑事诉讼环节"过滤"了此类案件，如被害人损失数额较小没有报案或者未被立案，或者因为被害人数量大且分散导致司法成本过高而终止侦查，或者因没有完整掌握所有下游犯罪造成的严重危害后果而没有引起足够的重视等。以上案件判决证实了两个事实：第一，该罪已经成为不同于帮助犯的独立适用犯罪，具有"单量构罪"和"积量构罪"两种罪行构造,对后者适用率不高,需要司法机关给予重视,否则可能放纵利用信息网络实施的"蚂蚁搬家"式犯罪及为其提供技术支持和帮助的犯罪行为;第二,以该罪判决的案件数低,表明司法机关对该罪的适用存在顾虑。这一顾虑还通过检法机关对该罪罪名的态度反映出来,以上 11 件案件中,以帮助信息网络犯罪活动罪起诉的案件数仅 4 件,以诈骗罪起诉的有 6 件,以开设赌场罪起诉的 1 件,占比关系如图 10-1-3 所示。可见,司法机关接受帮助信息网络犯罪活动罪仍有较长的过程,需要最高司法机关制定更具操作性的适用规则,并以指导性案例来引导适用。

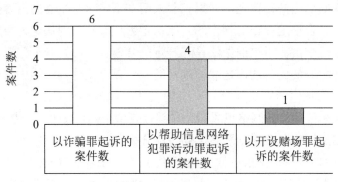

图 10-1-3　起诉案件分类

**3. 对拒不履行信息网络安全管理安全罪立法适用状况的分析**

迄今查不到以拒不履行信息网络安全管理义务罪判决的案件,表明该罪没有被适用或者极少适用,说明该罪立法或者司法存在问题,如果不解决这一问题,可能导致该罪立法的空置。一般而言,除了不再有犯罪发生,如私自开拆、隐匿、毁弃电报罪,出现以上情形的原因主要是犯罪成立的门槛过高,而该罪不属于以上情形。当前网络服务行业蓬勃发展,不可能完全没有触犯该罪立法的行为。同时,该罪规定的信息网络安全管理义务、情节等要素有较大的弹性,入罪门槛不可能过高反而可能偏低,如有学者批评该罪是处罚中立帮助行为。①笔者认为,该罪立法极少适用的原因是该罪构成要件边界不清、司法适用规则不明以及实际操作困难较大,如信息网络安全管理义务范围不明确,缺乏认定拒不履行该义务的具体标准,情节要件类型化不足且缺乏可操作性规则,涉案电子证据难以提取,部分网络服务提供者的社会影响力干扰了办案决心等。

新型网络犯罪的以上司法问题与该类犯罪的罪行构造和缺乏明确的适用规则有关,应当深入研究该类犯罪立法与司法实践,制定合理的适用规则,以避免新型网络犯罪立法的不当扩张适用或者空置。

## 三、新型网络犯罪立法的适用规则

为了解决前述司法适用问题,充分发挥新型网络犯罪立法的功效,应根据新型网络犯罪的立法目的及其特殊的罪行构造探索合理的适用规则。

---

① 刘艳红:《无罪的快播与有罪的思维——"快播案"有罪论之反思与批判》,载《政治与法律》2016 年第 12 期。

## (一) 适用原则

新型网络犯罪立法的适用应坚持独立适用和符合实质正当两项原则。

坚持独立适用原则要求该罪司法注意以下几点：(1) 新型网络犯罪是扰乱公共秩序罪中的妨害信息网络安全管理秩序罪。该罪的主要客体的是公共法益而非个体法益，不能因为其主要与侵犯财产犯罪如诈骗罪关系紧密，就将其认定为侵犯财产罪等犯罪的帮助犯，只有坚持其侵犯公共法益的犯罪性质，才能使该罪的司法符合立法目的。(2) 隔断违法犯罪活动之间的联系独立评价新型网络犯罪行为。新型网络犯罪不仅在立法上有独立性，其在事实上也具有独立性，评价新型网络犯罪行为时应当隔断与其他犯罪的联系进行独立评价，不因其对其他犯罪有预备、未遂、帮助行为性质，就一概认定为相关犯罪的未完成形态或者共同犯罪形态。(3) 处理好新型网络犯罪与相似犯罪的关系。新型网络犯罪的罪行构造类似预备犯、未遂犯、帮助犯，该类犯罪内部也有交叉部分，应依据刑法的规定及该类犯罪的立法目的把握区别适用的标准。对于符合典型的帮助犯特征的，一般认定为相应犯罪的帮助犯，除非按照帮助信息网络犯罪活动罪处罚更重，以上处理规则也适用于按预备犯或未遂犯处理的情形。如果行为人仅概括认识下游违法犯罪活动内容，一般情况下认定为利用信息网络罪或帮助信息网络犯罪活动罪，其中，如果犯罪行为是可以独立、合法存在的，如设立话费、游戏点卡的充值、回收网站，一般认定为帮助信息网络犯罪活动罪，否则认定为非法利用信息网络罪。

坚持实质正当原则要求该罪司法注意以下几点：(1) 对构成要件要素进行类型化、限定性解释适用。为了有效应对形式多样的新网络犯罪，新型网络犯罪的罪状使用了内涵较宽泛的法律用语，如"违法犯罪""管制物品""违禁物品""违法信息大量传播""情节严重"等，这些构成要件要素的边界不清晰，导致出现前述立法空置或不当扩张适用问题，解决以上问题的关键是对相关构成要件要素进行合理的类型化和缩限解释。(2) 将犯罪圈控制在应受刑罚处罚的行为范围内。新型网络犯罪是采用"积量构罪"构造的典型的情节犯，不直接引起有形的、物质性危害后果，需要通过对主客观事实的综合评价来认定"情节严重"要件，这使得犯罪圈边界"富有弹性"，容易将一般网络违法行为认定为犯罪。司法机关在认定该类犯罪时，应当坚持实质正当原则，将犯罪圈限定在应受刑罚处罚的严重网络违法行为范围内，是对"积量构罪"中"积量"要素的数量要求应明显高于应受最重行政处罚的网络违法行为。

## (二) 犯罪构成要件要素的合理缩限

新型网络犯罪对构成要件要素边界宽泛，单次危害行为的危害量底限过低，司法工作人员难以把握定罪标准，解决前述司法适用问题，应对相关的构成要件要素进行合理缩限解释。

### 1. 对拒不履行信息网络安全管理义务罪构成要件要素的合理缩限

拒不履行信息网络安全管理义务罪的以下构成要件要素需要进行合理缩限，划清该罪的合理边界。

(1) 依法合理确定信息网络安全管理义务的范围。

该罪是不作为犯，"不履行法律、行政法规规定的信息网络安全管理义务"是成立该罪的前提，目前该义务来源应限于《网络安全法》《反恐怖主义法》《全国人民代表大会常务委员会关于加强网络信息保护的决定》《国务院互联网信息服务管理办法》的规定，而不能是其他部门规章和地方性法规。① 而且，该义务内容应限于能产生刑法规定后果的义务，即造成"违法信息传播""用户信息泄露""刑事案件证据灭失"及相当的后果，违反网络用户身份实名验证和服务限制义务等以上后果不具有刑法上的因果关系，不能制造出刑法所不允许的风险，② 不属于该罪规定的义务。

（2）合理认定网络服务提供者有能力履行法定义务、执行监管部门责令的改正措施。

网络服务提供者的管理能力不同于服务能力，其受限于互联网技术及其整体构架、信息系统的软硬件设备设施、网络服务平台管理的技术和条件、网络服务的经营成本等多方面。在当前管理技术水平和企业合理经营成本条件下，网络服务提供者不可能实时、无遗漏地发现使用了隐藏技术、非通用语言和密码技术等的色情、暴恐等违法信息。因此，应从"在技术上有可能阻止""进行阻止不超过其承受能力"的两方面，合理认定网络服务提供者履行法定义务的能力，即以当时网络服务单位履行义务能力的一般水平为基础，具体考察特定单位实际履行义务的可能性和承受能力，③ 进行客观的综合判断。同时，认定"拒不执行"应同时满足主客观方面要求，即行为人主观上应具有拒不履行义务的心态，客观上有能力改正而拒不改正。如果超出了行为人的管理能力，或者是改正的工作量巨大导致改正过程时间长，或其能力不足以完全改正，即使发生法定后果，也不应认定为故意不执行改正措施。④

**2. 对非法利用信息网络罪构成要件要素的合理缩限**

非法利用信息网络罪立法的主要问题是行为的危害基量底限低，情节要件类型化不足，为了防止该罪扩张的适用，有必要将该罪的下游行为限定为刑法分则规定的危害行为。

该罪的第一项危害行为是设立用于违法犯罪的网站和通讯群组，并非都具有侵犯重大法益的危险，也不直接引起侵害法益的后果，比其下游行为的社会危害性更低，如果其下游行为的性质不严重，则没有必要追究其刑事责任。因此，该项危害行为的下游违法行为应当是刑法分则规定的危害行为，而不能是一般行政违法行为。例如，为了在微信朋友圈售卖自制工艺品而设立通信群组，即使群员逾千，也不应认定为非法利用信息网络罪，因为在微信群中销售手工制品只是一般行政违法行为，即使销量巨大也不构成犯罪。此外，《刑法》第287条之一第（1）项列举了"诈骗、传授犯罪方法、制作或者销售违禁物品、管制物品"三类违法犯罪行为，其中，制作、销售其他违禁物品、管制物品如非法制作、销售管制刀具不构成犯罪，设立用于此类违法行为的网站、通讯群组的，不应认定为非法利用信息网络罪。由于我国法律、行政法规未明确违禁

---

① 秦天宁、张铭训：《网络服务提供者不作为犯罪要素解构——基于"技术措施"的考察》，载《中国刑事法杂志》2009年第9期。
② 参见陈兴良：《从归因到归责：客观归责理论研究》，载《法学研究》2006年第2期。
③ 参见钱叶六：《不作为犯的实行行为及其着手之认定》，载《法学评论》2009年第1期。
④ 参见周光权：《网络服务商的刑事责任范围》，载《中国法律评论》2015年第2期。

物品、管制物品的范围，如果不对"违法行为"作以上限定，将难以防止该罪的扩大适用。

该罪第（2）、第（3）项危害行为是"发布违法犯罪信息""为实施违法犯罪活动发布信息"，由于该两项"行为具有对被保护法益造成现实危险的性质（行为的相称性），并以明确的方式指向实施犯罪（行为的明确性），并且具有完成犯罪的故意"，① 属于违法犯罪活动的初期或者着手行为，如为实施诈骗活动发布信息属于诈骗行为的着手。如果以上行为只是不具有刑事违法性的一般行政违法行为，即使累积危害也不能成立犯罪，作为其初期行为的发布违法信息行为的危害性更小，更不可能成立犯罪。因此，该罪第（2）、第（3）项危害行为的下游违法犯罪也应限于刑法分则规定的危害行为。

**3. 对帮助信息网络犯罪活动罪的合理缩限**

帮助信息网络犯罪活动罪有三种成立犯罪情形：（1）行为人与他人合谋，为后者利用信息网络实施严重犯罪提供技术支持和帮助，情节严重的；（2）行为人片面帮助他人利用信息网络实施严重犯罪，情节严重的；（3）行为人与相互独立的多人合谋或者片面帮助多人利用信息网络实施轻罪，单独评价对各人的帮助行为尚不达应受刑罚处罚的严重程度，但是，帮助多人犯轻罪整体属于严重情节。第三种情形不构成帮助犯，只构成帮助信息网络犯罪活动罪，具有"积量构罪"结构，即"可能存在所有的实行行为均未达到入罪标准，但帮助犯由于向数以万计的实行行为提供了帮助，其行为性质反而更重的情况，对帮助更有惩罚的必要"。② 它以行为人而非被帮助者为中心独立评价其刑事责任，无需依附于被帮助者的刑事责任。前两种情形属于帮助信息网络犯罪活动罪和相应犯罪帮助犯的竞合，根据《刑法》第 287 条之二第 3 款的规定，应按重罪定罪处罚，由于客观原因不能按帮助犯处理时，可以按照帮助信息网络犯罪活动罪定罪处罚。无论在以上哪种情形中认定帮助信息网络犯罪活动罪，应合理认定该罪立法规定的"明知"和下游"犯罪"要素。

"明知"他人犯罪是帮助信息网络犯罪活动罪的主观构成要件要素，直接证明"明知"的证据只有被告人的有罪供述，但往往难以取得且不稳定。为了解决该司法证明困难问题，司法解释规定了推定证明的方法，依据反常的事实来推定行为人"明知"他人犯罪。③ 该罪的犯罪主体包括自然人和单位，当犯罪主体是网络服务提供者，按推定证明方式证明其"明知"时，其拒不履行信息网络安全管理义务的行为容易被当作存在"明知"的依据。笔者认为，无论是个人还是单位成立该罪，包括网络服务提供者，该罪的"明知"应当限定解释为"确切知道"下游犯罪的性质和现实发生，认识到所实施的是刑法分则规定的严重危害行为即可，但不要求知道其具体活动内容。④ 如果将该罪的"明知"的内容降低为认识到其网络服务有被他人用于实施犯罪的可能性，必然造成

---

① 梁根林：《预备犯普遍处罚原则的困境与突围》，载《中国法学》2011 年第 2 期。
② 刘仁文、杨雪文：《帮助行为正犯化的网络语境——兼及对犯罪参与理论的省思》，载《法律科学》（西北政法大学学报）2017 年第 3 期。
③ 参见皮勇、黄琰：《论刑法中的"应当知道"》，载《法学评论》2012 年第 1 期。
④ 参见刘科：《帮助信息网络犯罪活动罪探析——以为网络知识产权犯罪活动提供帮助的犯罪行为为视角》，载《知识产权》2015 年第 12 期。

帮助信息网络犯罪活动罪的扩大适用，①迫使网络服务提供者主动监控客户的网络活动，侵犯公众网络活动自由，阻碍我国社会信息化的正常发展。

在认定该罪立法规定的下游"犯罪"时，既不能失之于过严，也不能失之过宽，既不应把下游犯罪行为已被定罪处罚作为该罪成立的条件，也不应将没有达到应受刑罚处罚程度的危害行为和一般行政违法行为认定为该罪中的下游"犯罪"。该罪立法中的下游"犯罪"应当是"客观上引起了侵害法益的结果，符合客观犯罪构成的行为，其并不一定要受到刑罚处罚"，②由于客观原因被帮助者没有被追究刑事责任，或者因为被帮助者存在从宽情节而免于刑事处罚的，也属于该罪的下游"犯罪"。

### （三）情节要件的类型化与合理限制

新型网络犯罪是典型的情节犯，通过"情节严重"要件将犯罪圈限制在应受刑罚处罚的行为范围内，情节要件的评价依据包括主客观方面各种因素，由于新型网络犯罪的主观恶性不严重，其主要评价依据是客观因素。在司法实践中，严重危害后果通常是评价"情节严重"的主要指标，而新型网络犯罪不直接引起危害后果，以"危害结果"为主要指标的司法思维不适应该类犯罪司法。笔者认为，应当根据新型网络犯罪的"积量构罪"构造特征，对其情节要件进行类型化归纳，从司法实践中总结出主要影响其社会危害性评价的客观因素，并确定典型客观因素的积量危害达到"情节严重"的"单量"和"积数"标准，逐步制定和执行合理的适用规则。当前新型网络犯罪案件判决反映出，影响"情节严重"的客观因素主要有以下几类：（1）下游违法行为的性质及其引起的危害后果。下游违法犯罪行为的性质是指是不是性质严重或者法定刑较高的犯罪，目前主要是诈骗、传播淫秽物品牟利等犯罪，其危害后果主要是被害人财物损失数额，或者是犯罪人违法所得数额等。（2）危害行为的行为次数及其行为后果。如所设立的通讯群组的成员数、违法网站数量和访问量等、危害行为实施次数、涉案信息的数量，前述相关案件中将作案时长当作评价依据值得商榷。（3）其他客观性因素。包括是否有后续违法犯罪行为，如销售管制、违禁物品的数量及其非法交易额以及严重妨害正常社会活动秩序如导致社会管理、刑事诉讼等司法活动不能正常进行等。由于以上各要素相互关联，可以先确定主要客观要素的评价标准，然后，按照比例关系评价各类客观要素的积量危害，综合判断是否达到应受刑罚处罚的程度。以下具体分析新型网络犯罪各罪的情节要件的类型化评价规则。

#### 1. 拒不履行信息网络安全管理义务罪情节要件的类型化和合理限制

拒不履行信息网络安全管理义务罪情节要件应类型化和客观化。该罪立法规定了四项严重情节，仅对违反用户信息保护义务的按照结果犯认定，对其他情形则要求法定的行为后果或情节严重。笔者认为，该罪情节要件类型化限定化不足是导致该罪边界不清的重要原因。"情节严重"是对主客观方面事实的综合评价，评价的依据范围宽泛。从刑法学理论发展趋势看，一元行为无价值的立场已经不是主流，一元结果无价值和二元

---

① 参见黄京平：《新型网络犯罪认定中的规则判断》，载《中国刑事法杂志》2017年第6期。
② 黎宏：《论"帮助信息网络犯罪活动罪"的性质及其适用》，载《法律适用》2017年第21期。

论在大陆法系国家占据通说地位,[①]造成法益侵害结果或者现实危险是犯罪成立的主要决定要素,而主观要素居于次位。因此,在评价情节要件上,法益侵害结果及其危险应当起主要作用,不能本末倒置,单纯以行为和主观要素来认定"情节严重"。该罪是法定犯和不作为犯,不直接引起危害后果,虽有违法性但危害性程度低,只有在未防止他人违法行为或者系统危险导致严重后果,才具备应受刑罚处罚的现实可能性和必要性,因此,应以造成严重结果作为评价情节严重的基础。对比作为同样违反管理义务的玩忽职守罪和消防责任事故罪,后二罪都以造成严重后果为构成要件,而该罪既不是危害公共安全罪,犯罪性质不如消防责任事故罪严重,其义务性质也低于国家机关工作人员的职责。如果没有发生严重后果,仅具有其他主观方面或者危害行为方面的严重情节,不足以认定危害行为达到了应受刑罚处罚的严重程度。此外,从立法的社会效果看,"情节严重"边界宽泛使网络服务提供者的刑事法律风险更大,迫使其强化对信息网络活动的筛查监控,侵犯公众的网络表达和言论自由权利,阻碍我国社会信息化的正常发展。因此,只有将"情节严重"限制在"造成严重后果"的范围内,才能有效平衡保护社会安全和保障人权与自由的需要,划清信息网络行政管理和惩治网络犯罪的界限。

  《刑法》第286条之一的第(1)项至第(3)项规定规定了该罪的几种情节,包括"致使违法信息大量传播""致使用户信息泄露,造成严重后果""致使刑事案件证据灭失,情节严重",对该罪的情节要件进行了一定程度的类型化和限定化,列举的以上情形可以解释为广义的"严重后果",分为行为后果和有形的、物质性危害结果。前者是指危害行为引起的事实后果,如违法信息大量传播数量巨大,以及其他可以结合行为的性质、次数、危害后果的数量标准评价的事实,前述第(1)项和第(3)项规定的情形即属于此类。后者是指传统的危害结果,如2018年Facebook公司的用户数据泄露引起的危机事件,或者导致他人经济损失数额巨大等,前述第(2)项规定的情形属于此类。笔者认为,前述行为后果应当更具限定性,如将"致使刑事案件证据灭失,情节严重"可以在适用中限制解释为"致使应被判处最高法定刑在3年以上刑事案件的基本构成要件事实证据灭失,并造成刑事诉讼程序终止的";关于"致使违法信息大量传播"的违法信息数量标准,应当根据违法信息的性质来设定,由于该罪是不作为犯,相应的违法信息的数量标准应当比故意传播违法信息犯罪如传播淫秽物品罪高,建议确定为传播淫秽物品牟利罪的数量标准的3~5倍以上。需要指出的是,由于违法信息的种类繁多,我国刑法没有对所有违法信息规定故意传播类犯罪,不能都采取参照的方法,法官在裁量时应当对比最重的行政处罚的数量标准,避免轻易入刑。对该罪立法第(4)项规定的"其他情节严重的"也应比照前述第(1)项至第(3)项的规定进行同类解释,同时,比照相应的行政违法行为进行体系性解释,[②]从危害后果和行为后果中确定评价标准,确定与前三项情节评价标准基本均衡的认定规则。

---

① 参见陈璇:《德国刑法学中结果无价值与行为无价值的流变、现状与趋势》,载《中外法学》2011年第2期。

② 参见柏浪涛:《罪量要素的性质与评价》,载《上海政法学院学报》2017年第1期。

## 2. 非法利用信息网络罪情节要件的类型化和合理限定

非法利用信息网络罪的危害行为比较复杂，对不同项危害行为的情节评价应有不同的积数标准，根据对前述案件判决的分析，建议考虑以下适用规则。

设立用于违法犯罪活动的网站或通讯群组具有帮助或预备行为性质，应当根据下游违法犯罪活动的性质来设定"积数"标准。当前该项行为主要表现为设立用于向诈骗犯罪出租平台的网站，如果实际诈骗数额未达诈骗罪数额巨大标准的，可以考虑将向10人以上诈骗人员出租评价为"情节严重"，如果实际诈骗所得或者被害人损失数额巨大，或者实施其他比诈骗更严重的犯罪如暴力恐怖犯罪、诈骗性质特别恶劣如冒充国家机关诈骗或者网站访问量巨大的，即使人数不达10人也可认定。设立用于违法犯罪活动通讯群组，一般应要求群组人数达到相当的数量，由于下游违法犯罪种类繁多，社会危害性不同，不应适用统一的"积数"标准。《关于办理利用互联网、移动通讯终端、声讯台制作、复制、出版、贩卖、传播淫秽电子信息刑事案件具体应用法律若干问题的解释（二）》第3条规定，"利用互联网建立主要用于传播淫秽电子信息的群组，成员达到三十人以上或者造成严重后果的"，对建立者、管理者和主要传播者依照传播淫秽物品罪定罪处罚。该条规定"成员达到三十人"即应受刑罚处罚，参照该条的评价标准，设立用于违法犯罪活动的通讯群组"成员达到三十人"的，可以评价为该罪的"情节严重"。如果行为人设立用于性质更严重、法定刑更高的犯罪的通讯群组的，如设立用于宣扬恐怖主义的通讯群组，通讯群组人数可以低于30人。不过，该项行为毕竟不同于实行行为，离法益侵害后果更远，其"积数"因素是入罪的关键要素，因此，即使下游违法犯罪活动性质严重，前述成员数、通讯群组或网站的设立时间等"积数"标准都不应定得太低，如通讯群组人数不低于10人。

该罪的第（2）、第（3）项危害行为属于违法犯罪活动的初期或者着手行为，但不足以单独引起法益侵害的结果，是"不完整"的实行行为，危害性较低，相关"情节严重"要件的评价应主要考虑"违法犯罪"的性质和信息发布的数量，综合评价累积危害达到应受刑罚处罚的严重程度。《关于办理电信网络诈骗等刑事案件适用法律若干问题的意见》第2条规定，"在互联网上发布诈骗信息，页面浏览量累计五千次以上"，诈骗数额难以查证的，以诈骗（未遂）罪定罪处罚。参照该条的评价标准，发布诈骗信息的"积数"不应低于5 000条，发布其他违法犯罪信息或者为实施其他违法犯罪活动而发布信息的，可以与诈骗行为的性质进行比较，相应地调整"积数"。由于以上两项行为的危害程度比实行行为低，即使是发布比诈骗更严重的犯罪信息，"积数"的底限也不应太低，如发布销售毒品信息的，浏览量累积不应低于3 000次，否则难以使累积危害达到应受刑罚处罚的程度。

## 3. 帮助信息网络犯罪活动罪情节要件的类型化和合理限定

前文谈到，成立帮助信息网络犯罪活动罪有三种情形，前两种情形中的"情节严重"可以参照成立帮助犯的情节评价，第三种情形下的"情节严重"是对帮助无关联关系的多人犯罪的整体评价，对各人犯罪的帮助未达"情节严重"程度。评价后者"情节严重"的依据主要是被帮助者犯罪的严重性、帮助行为介入被帮助者犯罪的深度、帮助行为实施或作用的次数以及引起的后果等，前两项因素决定帮助行为的危害基量，这是因为：(1) 虽然在认定该罪时，"不应以正犯是否构成犯罪为前提，否则，仍是遵循'共犯从属'性思维的司法倒退，无法发挥切断犯罪链条的立法意图"。① 但是，该罪行为人明知他人实施严重犯罪而提供技术支持或帮助，显然要比帮助他人实施较轻犯罪的危害更大。(2) 帮助行为的介入深度也对危害基量有影响。《刑法》第 287 条之二列举的帮助行为类型包括提供技术支持和其他帮助，"互联网接入、服务器托管、网络存储、通讯传输"等技术支持具有明显的中间技术特征，离被帮助者犯罪本体较远，对这些中间技术服务活动国外立法通常作条件免除法律责任处理，② 可见，前述中间技术支持行为的危害基量相对较低。而"广告推广、支付结算"等帮助行为的违法性特征更明显，对被帮助者犯罪的作用更关键，如明知他人利用信息网络实施诈骗犯罪，而为其提供网络支付结算，导致被害人资金被迅速分散转移出境的，这类帮助行为的危害基量应认为更高。应受刑罚处罚行为的危害总量是确定的，当帮助行为的危害基量越大，成立犯罪所需要的"积数"就越小，如帮助 3 人分别实施诈骗犯罪，总计诈骗数额巨大的，可以评价为"情节严重"。如果被帮助的犯罪人数量大，则无需被帮助者实施了严重犯罪，如设立网络交易平台，为几百人诈骗提供网络通信线路，即使各诈骗人员诈骗数额都未达"数额巨大"，或者总数达不到诈骗罪"数额巨大"，也可以认定为"情节严重"。

## 四、小结

当前网络社会已经形成，并成为我国社会的新组成部分，网络社会中产生了新的财富形式、社会活动和社会关系，新型网络犯罪也是这一新社会环境的产物，具有不同于传统犯罪的新特点。传统刑法理论形成于研究物态社会环境中传统犯罪的过程中，将其直接用于解释网络社会环境中的新型网络犯罪在有些方面已是"捉襟见肘"。在新世纪研究新社会环境中的新型网络犯罪，应当坚持实事求是、与时俱进的学术精神，以网络社会良性治理、有效遏制网络犯罪为目标，推进刑法理论的发展创新。我国正在建设智慧社会，并迎来人工智能时代，将会面对更多新型犯罪的挑战，刑法理论创新不仅对解释新型网络犯罪立法是必要的，对正确指导未来人工智能犯罪等其他新型犯罪的立法司法工作也是重要的。

新型网络犯罪立法的直接动力是惩治犯罪的紧迫需要，对应的刑法理论应当做到两点：第一，应当看到新型网络犯罪立法的实践基础。立法是对实际犯罪现象的必要回应，其罪状设置反映了新型网络犯罪的特点，目的是有针对性地惩治犯罪，需要肯定立法的有益性创造。第二，应当看到新型网络犯罪立法的不足。立法通过限定犯罪方法、规定"积量构罪"罪行构造和典型情节犯，希望兼顾较宽的适用范围和立法的正当性，但存在导致前述司法适用困难的缺憾，而以正确理论为指导的刑事司法能有效克制立法缺失的实际影响。刑法教义学理论能够发挥合理解释立法、使之正当适用的作用，但其理论价值不应止于法律理念层面，还应与司法实践紧密结合，提供可操作性的司法规则建

---

① 张铁军：《帮助信息网络犯罪活动罪的若干司法适用难题疏解》，载《中国刑事法杂志》2017 年第 6 期。
② 皮勇：《论网络服务提供者的管理义务及刑事责任》，载《法商研究》2017 年第 5 期。

议，为完善立法和制定司法解释提供参考。

皮勇，同济大学上海国际知识产权学院教授，博士生导师，本节内容以《论新型网络犯罪立法及适用》为题发表于《中国社会科学》2018年第10期，收录本书时有改动。

## 第二节　我国的轻微犯罪治理

王晓霞　张恒飞

新时代我国刑事犯罪结构呈明显轻缓化趋势，但轻罪刑罚附随后果"不轻"的问题，让众多有轻微犯罪的人员因犯罪"标签"产生了一系列再社会化难题，成为社会治理的隐患。笔者认为，应该建立轻罪记录消除制度，构建"重罪惩治与轻罪治理并重""轻重有别、区别对待"的治理体系，"治罪"与"治理"并重，以刑事法治助力社会整体法治。

党的二十大报告指出，改革开放和社会主义现代化建设深入推进，书写了经济快速发展和社会长期稳定两大新篇章。进入新时代，人民群众对社会的安全感和满意度持续提升。根据最高人民检察院工作报告，① 我国经济发展和社会安定，犯罪结构明显变化，重罪占比持续下降，轻罪案件不断增多，刑事犯罪结构呈明显轻缓化趋势。国家治理体系和治理能力现代化对轻罪治理提出新要求，传统以重罪为主轴构建的刑事制裁体系需要转向"重罪惩治与轻罪治理并重""轻重有别、区别对待"的治理体系，并建立轻罪记录消除制度，推进"治罪"与"治理"并重，实现标本兼治，进而实现刑法的社会治理责任，以刑事法治助力社会整体法治。笔者以轻罪记录消除制度为视角，对宽严相济刑事政策下轻罪治理作了认真思考，以求教于同仁。

### 一、犯罪结构变化的总体概观

无论从刑法修正案增设轻罪的数量和比例来看，还是从司法实践来看，当前的犯罪结构正呈现"双降"与"双升"的趋势，即严重暴力犯罪数量及重刑率下降、轻罪数量及轻刑率大幅上升，刑事犯罪结构呈明显轻缓化趋势。

#### （一）立法上的"轻罪"结构变化

截止到目前，《刑法》已经过12次修正，以"3年说"（法定最高刑3年以下）作为轻罪的界定，统计显示轻罪罪名在整个罪名体系中的占比从1997年《刑法》的19.13%上升到2023年《刑法修正案（十二）》出台后的22.29%。若从首次增加轻罪罪名的《刑法修正案（六）》统计至《刑法修正案（十二）》，新增轻罪罪名30个占全部新增70个

---

① 张军：《最高人民检察院工作报告》，2021年3月8日在第十三届全国人民代表大会第四次会议上。

罪名的比例达 42.86%，其中 2015 年《刑法修正案（九）》增加轻罪占全部新增罪名的 82.35%。可见，从明显增加的轻罪罪名来看，立法上犯罪结构呈现轻罪化趋势（详见表 10-2-1）。

表 10-2-1　立法上的"轻罪"结构文化

| 年份 | 新增轻罪罪名 | 共计轻罪罪名 | 所有罪名 | 占比 |
| --- | --- | --- | --- | --- |
| 1997 年《刑法》 | 79 | 79 | 413 | 19.13% |
| 1999 年《刑法修正案（一）》 | 0 | 79 | 413 | 19.13% |
| 2001 年《刑法修正案（二）》 | 0 | 79 | 413 | 19.13% |
| 2001 年《刑法修正案（三）》 | 0 | 79 | 414 | 19.08% |
| 2002 年《刑法修正案（四）》 | 0 | 79 | 416 | 18.99% |
| 2005 年《刑法修正案（五）》 | 0 | 79 | 419 | 18.85% |
| 2006 年《刑法修正案（六）》 | 1 | 80 | 428 | 18.69% |
| 2009 年《刑法修正案（七）》 | 2 | 82 | 445 | 18.43% |
| 2011 年《刑法修正案（八）》 | 1 | 83 | 451 | 18.40% |
| 2015 年《刑法修正案（九）》 | 14 | 97 | 468 | 20.73% |
| 2017 年《刑法修正案（十）》 | 1 | 98 | 469 | 20.90% |
| 2020 年《刑法修正案（十一）》 | 8 | 106 | 486 | 21.81% |
| 2023 年《刑法修正案（十二）》 | 3 | 109 | 489 | 22.29% |

### （二）判处刑罚的"轻刑"结构变化

根据全国法院司法统计公报数据，按法定最高刑 3 年以下作为统计标准，2011 年至 2020 年，轻刑案件占 85% 左右，重刑案件占 15% 左右。[①] 根据最高人民法院通报数据，2021 年被判处 3 年以下有期徒刑的罪犯人数占判决生效罪犯总人数的比例已经达到 84.6%。2022 年，被判处 5 年有期徒刑以上的被告人仅占 8.3%，判处有期徒刑 3 年以下被告人的超过 85.5%。可见，从法院审判的刑事案件来看，犯罪结构也呈现轻刑化趋势。

### （三）检察机关提起公诉的"轻案"罪名结构变化

根据浙江省人民检察院工作报告相关数据，2021 年度起诉被告人人数排前五位的罪名分别是危险驾驶罪、盗窃罪、开设赌场罪、帮助信息网络犯罪活动罪、掩饰隐瞒犯罪所得罪，其中排名第一的危险驾驶罪起诉人数达 11 267 人，占起诉总人数的 11.92%。帮助信息网络犯罪活动罪增速明显，当年上升为起诉人数第四的罪名，占比达 7.3%（详见图 10-2-1）。可见，从检察机关起诉被告所涉罪名来看，犯罪结构也呈现轻罪化趋势。

---

① 卢建平：《轻罪时代的犯罪治理方略》，载《政治与法律》2022 年第 1 期。

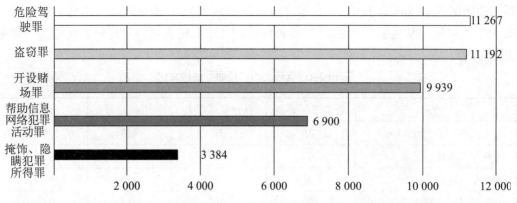

图 10-2-1　2021 年度浙江省检察机关起诉人数前五名的罪名

## 二、轻罪化背景下犯罪治理的现实审视

随着犯罪结构发生根本变化，犯罪治理策略也应当作出相应调整。然而，我国犯罪前科制度所产生的"犯罪标签"溢出效应，给有前科者再就业带来困难，产生了一系列再社会化难题。

### （一）轻罪刑罚附随后果"不轻"的现实难题

综合来看，刑罚附随后果在现实中的表现主要有以下四种。

**1. 对犯罪前科者本人的职业禁止或限制**

《公务员法》《人民陪审员法》《公证法》《村民委员会组织法》《拍卖法》等法律明确规定，因犯罪受过刑事处罚的，不得担任公务员、人民陪审员、公证员、村委会成员、拍卖师。对于尚未从业或担任这一类职务的，今后不能任职或参加此类岗位的申请和考试，已担任此类职务的人员，则会被开除。另外，一些职业对犯罪前科者设置了禁入年限，例如注册医师和乡村医师、注册会计师、证券从业人员、进出口商品检验鉴定人员，在法定禁业年限内，不得申请从业资格或参加相应的资格考试。还有一些特殊行业对犯了特定罪名的人，规定其终身不得再次从事该行业，如会计从业人员、商业银行高级管理人员、学校教职人员等。

**2. 对犯罪前科者本人荣誉剥夺和信誉评级的降低**

国务院《社会信用体系建设规划纲要（2014—2020）》明确，"对违法违规等典型失信行为予以公开"，之后陆续出现地方性法规将违法、犯罪行为作为失信行为加以规定的现象如《深圳市个人信用征信及信用评级管理办法》规定，"征信机构征集的个人信息包括有可能影响个人信用状况的涉及民事、刑事、行政诉讼和行政处罚的记录"。将犯罪信息作为重要的负面信用信息纳入社会信用评估，给犯罪前科者带来重大的负面影响，包括取消相关荣誉资格、大城市落户资格，降低银行授信、贷款资格或额度，降低纳税信誉等级等。

**3. 对犯罪前科者民事行为的限定**

如《民法典》第 1098 条规定，收养人应当同时具备的条件之一为"无不利于被收养人健康成长的违法犯罪记录"。法律对犯罪前科者的收养民事行为予以限制，当其违法犯罪记录被认定为不利于被收养人健康成长的，则无法收养子女。

#### 4. 对犯罪前科者亲属的牵连

这是轻罪刑罚附随后果引起社会各界争议的焦点。比如警校招生、征兵的政审中明确规定，相关犯罪前科者的亲属将被判定为政审不合格，类似对亲属的牵连还发生在入学、落户、报考公务员等事项上。现有前科制度对犯罪前科者亲属的附随影响之大，并不亚于甚至超出所判处的刑罚本身，尤其醉酒型危险驾驶罪等轻罪案件，数量不断上升，受到负面影响的家庭及其亲属数量更是庞大，是轻罪治理亟待研究解决的问题。

### （二）轻罪化立法与刑罚后果"倒挂"问题凸显

随着犯罪结构的变化，轻罪化的刑事立法和以轻罪为主体的刑事司法已然成为目前刑事法治的现实样态。轻罪前科者面临的虽是短暂的刑期，但犯罪标签则会长期伴随甚至一生伴随。以危险驾驶罪为例，其刑期固然不高，但随之而来的犯罪标签与其他犯罪无异。固然前科制度大大加强了刑罚的制裁效果，但对于轻罪者来说，前科制度所带来的长期的惩罚效应则远远超出了刑法所设定的轻罪责任程度，这显然与我国轻罪化刑事立法宗旨和宽严相济刑事政策不符。

### （三）轻罪前科者面临回归社会的现实障碍

前科制度的适用，可以进一步强化刑罚的威慑效果，进而有效降低刑满释放人员的再犯可能，但对于主观恶性和人身危险性小的轻微犯罪、过失犯罪等，这一威慑作用不一定有效。不区别的前科制度，让重新进入社会的犯罪前科者行使如劳动权等本可正常享有的权利，现实中却遭受不可逆转的损害，同时还受到了来自社会部分领域的歧视和不平等待遇，使其在工作、婚恋和生活中更容易遭受阻碍。不加区分的前科"标签"如果没有有效引导举措，某种程度上会让犯罪前科者的希望和出路进一步渺茫，增加其铤而走险再犯罪的风险，加剧其再社会化的难度。

### （四）轻罪化背景下社会治理成本增加的现实风险

刑事治理是相对较为简单和高效的社会治理方式，但轻罪化时代刑事司法过度犯罪化，易削弱犯罪行为的非难性与可谴责性，消解刑法的社会认同，容易引发或激化新的社会矛盾，进而导致社会治理成本增加、难度增大。以醉驾型危险驾驶罪为例，众多醉驾犯罪前科者，难以再就业，或因失业心情低落，或因失业积累对社会的怨恨，无法顺利融入社会，容易再次成为社会治理隐患，进一步增加社会治理成本，导致轻罪治理演变为"惩处了一种犯罪却又引发另一种犯罪"，使犯罪治理结构失衡。

## 三、轻罪记录消除制度构建的必要性与可行性

前科制度的设立有其特殊的背景和积极的意义，但不加区分的前科附随后果在现实中的严苛性却超出了民众朴素的正义观，也引发理论界和实务界的众多争议。新时代宽

严相济刑事政策下,轻罪记录消除制度再一次进入社会各界的视野,具有一定的必要性和可行性。

## (一) 新时代构建轻罪记录消除制度的原因解析

**1. 从法理上看,轻罪记录消除制度在于个人权益与社会公共利益的平衡**

犯罪前科的存在,源于国家刑罚权的行使,减少或者消除犯罪前科的不当影响,主要基于保护公民人格权的需要。建立轻罪记录消除制度的法理基础也正是基于平衡国家刑罚权行使与公民人格权保护之间的关系。

**2. 从社会基础上看,犯罪结构的变化悄然影响着人们的社会观念以及对刑法、刑罚的价值判断**

醉驾入刑以来,醉驾型的危险驾驶罪案件数量不断攀升,建立轻罪记录消除制度的呼声也越来越大。基于社会的进步以及犯罪结构发生的深刻变化,其在一定程度上影响着社会观念与价值判断。

**3. 从法治环境看,宽严相济刑事政策下认罪认罚从宽制度的深入适用,对轻罪案件被告人判处缓刑和不起诉的比率大幅提升**

实践中检察机关依法履职,在适用认罪认罚从宽制度中积极作为,维护好受害方的合法权益,让受害方感受到、能认同、愿接受被告人的认罪悔罪,最大限度减少社会对立面,有效促进社会和谐稳定,①在平衡社会利益与刑事处罚的关系上发挥了重要作用,这也将成为轻罪记录消除制度构建的重要前提之一。

## (二) 轻罪记录消除制度构建的必要性与可行性

**1. 轻罪化背景下从"治罪"转向"治理"的现实需要**

随着社会主要矛盾的变化,社会上恶性、暴力或者其他严重危害人民群众权益的犯罪比例在逐步下降,轻罪案件的数量不断上升。这一现实样态决定了司法机关在实践办案过程中也需要从理念上逐步从打击犯罪即"治罪"角度转向对社会治理即"治理"思考。

**2. 完善社会治理体系的现实需要**

在轻罪化背景下,轻罪占比高、前科群体庞大,而实践中轻罪者的后端治理失灵,犯罪前科制度弊端日益凸显。为构建新时代社会治理新格局,不断提升社会治理能力和治理水平现代化,立法需要积极回应社会治理需求,注重轻罪者的后端治理,适度消除轻罪标签负面效应,为完善社会治理提供有力供给。

**3. 构建轻罪治理体系的现实需要**

轻罪治理体系是国家有关预防、惩治、改造轻型犯罪的理念、政策、立法、执法、司法、社会应对的各种方式、方法、措施的系统集成,②轻罪治理体系的主要目的在于有效应对轻罪化形势,促进社会治理能力提高、提升治理现代化水平,消解社会矛盾、减少社会对抗、维护社会和谐稳定。构建"重罪惩治与轻罪治理并重"的治理体系是新时

---

① 参见《最高人民检察院关于人民检察院适用认罪认罚从宽制度情况的报告》,载《检察日报》2020年10月17日,第2版。
② 孙春雨:《因应犯罪结构变化协力推动轻罪治理》,载《人民检察》2023年第11期。

代宽严相济刑事政策的内在要求，而轻罪记录消除制度则是在当前以轻罪为主的犯罪结构下，实现"轻重有别、区别对待"犯罪治理的重要手段之一，也是整个轻罪治理体系的重要一环。

**4. 现有制度基础为轻罪记录消除制度的构建提供了可行性依据**

宽严相济刑事政策一定程度上可以进一步提高相对不起诉的适用率，从源头上避免定罪处刑之后对轻罪者本人及其亲属的影响。如审查起诉阶段积极推动轻罪当事人达成刑事和解，目的也在于为犯罪嫌疑人争取更多不诉的机会，实现打击犯罪与预防犯罪的统一。这也为轻罪记录消除制度的构建提供了依据。当前刑事诉讼法建立了未成年人犯罪记录封存制度，实践效果良好。但对轻罪记录消除制度来说，在短期内并不容易实现，可采取分步走策略，先行探索将未成年人犯罪记录封存制度拓展到部分轻罪成年人，通过限制犯罪记录公开的对象，减少对犯罪者及其亲属的附随影响。

## 四、轻罪记录消除制度构建的应然路径

当前，我国犯罪记录消除制度尚未体现在整个法律体系中，仅在《刑法》第 100 条设置了前科报告制度及其除外情形，在《刑事诉讼法》第 286 条规定了未成年人犯罪记录封存制度。2022 年 5 月 24 日，最高人民法院、最高人民检察院、公安部、司法部印发的《关于建立未成年人犯罪记录封存制度的实施办法》对未成年人犯罪记录封存制度进行了细化，但该制度仅适用于未成年人犯罪。宽严相济刑事政策下的轻罪治理，应当在未成年人犯罪记录封存的实践经验基础上，探索构建适应当前轻罪治理现代化现实需要的轻罪记录消除制度。

### （一）科学审慎确定轻罪记录消除的条件

无论是从司法机关探索轻罪记录消除制度适用角度，还是从社会民众接受度角度，对轻罪记录消除制度的适用一定是科学慎重的，需要在实践中有一个缓慢引导和适应的过程。综合理论研究和司法实践，可从以下五个方面，确定轻罪记录消除的条件（详见表 10-2-2）。

表 10-2-2 轻罪记录消除制度适用的条件

| | 主体要件 | 时间要件 |
|---|---|---|
| 适用对象 | 仅进行有罪宣告但未被判处刑罚，或虽被判处刑罚但因被赦免或免于处罚而未被实际执行 | 考验期为 1 年 |
| | 单处剥夺政治权利或罚金、没收财产 | 考验期为 2 年 |
| | 微罪（被判处管制、拘役、1 年以下有期徒刑） | 考验期为 3 年 |
| | 犯罪时未满 18 周岁 | 考验期为 1～3 年 |
| 实质条件 | 考验期间未再犯新罪、表现良好 | |

（1）轻罪记录消除制度应适用于宣告有罪的所有情形，包括判处刑罚、非刑罚处理方法，刑罚后被赦免，以及单纯宣告有罪但未判处刑罚等，这是与前科概念保持一致的

需要，也是多数国家和地区的做法。需要特别指出的是轻罪案件宣告有罪的所有情形须将危害国家安全罪、严重的暴力犯罪、收买被拐卖的妇女儿童罪、虐待罪等人身危险性、社会危害性严重的这几类犯罪排除在外，即使这几类犯罪的刑期在3年以下，也仍需通过前科报告义务对犯罪前科者予以防卫和考察。

（2）轻罪记录消除制度的适用对象范围宜先限于微罪和未成年人犯罪，再逐步扩大至3年有期徒刑以下刑罚的犯罪，以此推进。按照法定刑的界定标准，微罪，即法定最高刑为1年有期徒刑以下（包括拘役）的罪名。目前，《刑法》的微罪名主要包括醉酒型危险驾驶罪、妨害安全驾驶罪、危险作业罪、使用虚假身份证件、盗用身份证件罪、代替考试罪、高空抛物罪、侵犯通信自由罪。微罪罪名较少，但从犯罪结构组成和犯罪数量占比来看适用比例非常大。之所以在适用范围上先从微罪和未成年人犯罪着手，既是从司法机关探索轻罪记录消除制度的可行性角度，借鉴认罪认罚从宽、刑事和解等制度的实践探索，先从轻罪、微罪开始试点，再逐步拓宽适用范围；从社会民众的接受度考虑，先从微罪探索记录消除制度，可以让司法机关在实践中对社会民众有一个慢慢引导的过程，从而提升社会民众对新制度的感知度和认同感，同时也更具有可操作性。

（3）适用轻罪记录消除应设置一定的考验期，即在行为人有罪宣告、服刑完毕、被赦免后经过一定的时间才能适用。参照刑法对于缓刑考验期的规定，刑法采取预防为主、惩罚为辅的方针，给犯罪者一个较为宽松的改过环境，《刑法》第73条对拘役的缓刑考验期为"原判刑期以上一年以下，但不能少于二个月；对有期徒刑的缓刑考验期限为原判刑期以上五年以下，但不能少于一年"，对于轻罪记录消除也可参照设置梯度考验期，根据适用刑罚的不同设置不一样的梯度考验期，详见表10-2-2中的时间要件。

（4）轻罪记录消除只适用于自然人犯罪。自然人犯罪前科的消灭更多的是从道德层面考虑，通过降低附随后果减少对轻罪前科者的消极道德评判，而法人犯罪并不存在这一问题，也就不存在犯罪记录消除的问题。

### （二）设置轻罪记录消除的适用程序

按照多数国家和地区通行的做法，犯罪记录消除的方式主要有法律规定、法院裁定以及依犯罪前科者申请三种。笔者建议采取人民法院依职权启动和依申请人请求启动相结合的轻罪记录消除方式，人民法院依职权启动方式可适用于表10-2-2中的前两种情形，微罪中被判处管制、拘役及犯罪时未满18周岁情形；其他微罪类型犯罪可依申请人请求启动。法院应设专人审理轻罪记录消除申请的案件，法官依职权调取相关的资料，包括前罪的判决情况、犯罪前科者在前科期间表现情况等，然后依法作出是否允许轻罪记录消除的裁决。关于法院审查的程序，可在现有《刑事诉讼法》的基础上，分别设置针对成年犯罪和未成年犯罪的特别程序，专门审查轻罪记录消除的申请。此外，人民法院作出的是否消灭轻罪前科的裁决，需同时送检察机关备案，接受检察机关的法律监督，以充分保障轻罪前科犯罪者的权益。

### （三）明确轻罪记录消除的法律后果

关于轻罪记录消除的法律后果系轻罪记录消除制度的关键，应涉及以下四方面内容。

1. 封存犯罪记录

这是轻罪记录消除最先涉及的法律效果。封存犯罪记录是指将犯罪前科者的犯罪记录加设封存标记，并封存相关材料，未经法定查询程序，不得进行信息查询、共享及复用，封存的犯罪记录数据不得向外部平台提供或与之对接。

2. 免除前科报告义务

这是轻罪记录消除的应有之义，在封存犯罪记录的情况下，如无特殊情况无须前科报告。

3. 恢复被限制、剥夺的资格与权利

其中包括恢复从事特定职业的资格，解除禁止令、禁治产等。

4. 允许权利救济

已消灭的犯罪记录是对个人不利也不愿让人知悉的负面信息，在法律性质上宜定位为个人隐私，除法律规定的情形外，他人不得非法获取、使用、披露或者公开。如果他人恶意获取、使用、披露或者散布已封存的犯罪记录信息给轻罪犯罪前科者带来不利影响，应当允许其提起隐私权侵权之诉，并有权请求损害赔偿。

### （四）完善轻罪记录消除的配套措施

除前述明确轻罪记录消除的法律后果外，还应立足现状完善轻罪记录消除相关配套措施保障，使之与轻罪犯罪前科者回归社会和维护社会和谐稳定的现实需要相适应，这就需要立法、司法、执法、政策的统筹协调，相互配合执行，从而将这一制度真正落到实处。

1. 立法上的及时跟进完善

建议在《刑法》总则中增加"犯罪记录消灭"一章，集中规定犯罪记录消灭的条件、程序、效力等基本内容；在《刑法》第100条之后增加1条："对于不满十八周岁的未成年人犯罪、因过失犯罪被判处三年以下有期徒刑，因犯罪被判处管制、拘役或者被宣告缓刑的罪犯，在刑罚执行完毕、缓刑考验期满或者被赦免以后，五年内未再实施犯罪的，作出生效判决的人民法院可以对其作出消除犯罪记录的裁定，有关机关根据人民法院的裁定应当删除前述罪犯的犯罪记录。"[①] 使立法规定能够与犯罪记录消灭制度有机衔接。同时应对民事、行政法规中设置的犯罪记录效应加以清理和整合。

2. 相关职能部门的协助配合

比如轻罪记录消除者在考验期间的行为表现需要社区矫正工作的协助配合，在观察行为表现的同时也可在实践中帮助轻罪记录消除者切实解决实际困难，有助于实现轻罪记录消除者的再社会化。比如与户籍、人事档案、政审等工作的协助配合，轻罪记录消除者的犯罪记录封存，需要剥离户籍制度中的前科记载事项；人事档案中轻罪记录消除者的犯罪记录；政审对轻罪记录消除者亲属的政治状况评价消除影响，如此才能真正实现犯罪记录封存的实际效果。

---

① 参见《专家建议修改刑法给轻罪罪犯以"出路"加快构建有中国特色的犯罪记录消除制度》，载《法治日报》2023年4月4日，第5版。

### 3. 轻罪犯罪记录登记与查询制度的规范统一

当前公安机关、审判机关、检察机关、司法行政机关分别建立有犯罪记录信息库，但缺少有效的犯罪记录信息互联共享机制。轻罪记录消除制度下，犯罪记录封存，需要统筹处理好以上机关建立的信息库之间的关系，并可在时机成熟时，建立统一的犯罪记录登记和严格规范的犯罪记录查询制度。

### 4. 赋予轻罪记录消除者及其近亲属在遭受歧视时的诉权

轻罪犯罪记录消除后，应当赋予轻罪记录消除者在遭受歧视时为保障自己的公平就业、受教育等权利而提起诉讼。同时，对于带给近亲属的相关附随后果，如在就业、入伍、升学的资格审查中受到限制的，也应赋予其近亲属相应的诉权，以法治方式保障犯罪记录消灭制度的顺畅运行。

王晓霞，浙江省人民检察院法律政策研究室主任，法学博士；张恒飞，浙江省人民检察院法律政策研究室检察官助理。本节内容原题目为《新时代宽严相济刑事政策下轻罪治理的审视与完善》，未公开发表，收录本书时有改动。

## 第三节 我国的刑民交叉治理

王婵婵　吴周求

司法实践中，公司内部人员涉嫌职务侵占的行为表现出越来越隐蔽、越来越复杂的特征，尤其是民营企业实际控制人、董事、监事、高级管理人员利用其内部管理、实际控制公司的地位，利用职务之便利，进行不当关联交易，虚增交易环节，侵占公司财产和利益，损害公司、股东和其他第三方利益的情况越来越普遍。而此类犯罪，司法实践中存在案情复杂，犯罪手段极其隐蔽，职务侵占认定难，公安机关立案难的现实困境。在罪名认定、救济方式等方面存在制度疏漏。公司中小股东、债权人利益、社会相关方利益被侵害后无法得到法律救济保障，刑法目的无法实现。本部分内容试图厘清职务侵占的民事责任与刑罚，破解刑民关系与刑民交叉难题，完善职务侵占的立案标准，加强检察机关的立案监督，以求更好地发挥刑法打击犯罪保障相关方利益的功能，优化法治环境并促进民营经济发展壮大。

### 一、案例——A 公司实际控制人侵占公司预期收益案

A 公司成立于 2017 年，股东为 A 集团公司（A 集团公司股东为 A1、A2 两自然人，属于兄弟关系，各持有 A 集团公司 50% 股权，执行董事、总经理、法定代表人为 A1），A 集团公司持股 100%，注册资本 3 亿元。主营新能源材料碳酸锂相关产品。A 公司年产能 6 万吨碳酸锂产品。其中，A1 为执行董事，A2 为总经理。

A 公司拟融资找到 B（B 为自然人，外部投资者），B 和 A 集团公司、A1、A2、A 公司签署于 2020 年 3 月《增资协议》，由 B 向 A 公司投资 2 亿元，增资完成后 A 公司

注册资本变更为5亿元，其中B持有A公司40%股权，A集团公司公司持有60%股权。B委派3名董事，和A1、A2两人组成5人董事会，A1为董事长，B为副董事长，A2为总经理。同时，B向公司委派1名监事（不设监事会）。A公司由A1、A2实际控制、经营管理。增资完成后，A公司股权架构如图10-3-1所示。

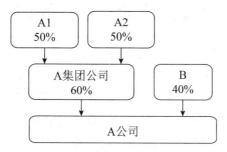

**图10-3-1　增资完成后的A公司股权架构图**

2021年之后，碳酸锂价格逐渐走高，行情逐渐变好，A公司股东之间产生纠纷。A1、A2多次提出低价回购B所持A公司的股权，均遭B拒绝。大股东A集团公司向市中级人民法院提起民间借贷纠纷诉讼，诉请A公司清偿大股东A集团公司提供的借款5.3亿元和利息。此项关联借款，A公司的另一股东B不知情，而根据《A公司章程》约定，关联交易或超2 000万元以上的交易均须经公司董事会、股东会审议通过。针对上述民事借贷纠纷诉讼，市中级人民法院从立案到判决历时39天，并以涉及商业秘密为由未公开审理。该案判决生效后，A集团公司将生效的判决书发送至B。后于2022年7月份A公司主要的核心资产（厂房、生产设备、生产线）被司法拍卖，被A1、A2实控控制的C集团的旗下子公司——D公司以最低价竞买。

公开资料显示，C集团成立于2021年8月。其从事的业务范围与A公司相类似，C集团的股东和实际控制人为A1、A2的子女。A1、A2的子女系C集团董事会组成人员。后C集团经过多轮融资。A2任C集团名誉董事长。公开新闻报道显示，A1、A2经常出席C集团及其子公司活动。

另根据《增资协议》约定，A集团公司、A1和A2应将E公司（即A集团公司的全资子公司，主营业务与A公司近似）和其他几个矿山资产打包装入A公司，但A集团公司、A1和A2将E公司经多次转让、增资至C集团旗下，成为C集团所属全资孙公司。公开资料显示，2022年碳酸锂价格常年维持在50万元/吨以上，D公司、E公司2022年收入均过百亿元（但实际上相比D公司、E公司，A公司碳酸锂产能最高，D、E公司产能远不如A公司）。D、E公司之所以获取高额收入的原因：A1、A2实控人让A公司变成D公司、E公司的来料加工受托方，使得A公司原有的自产自销经营模式发生变更，通过D公司、E公司采购原材料，利用A公司的产能进行关联交易，将A公司由自产自销变更成为D公司、E公司提供来料加工角色。2021年、2022年，还存在将A公司碳酸锂产品以远低于市场价的价格销售给E公司（该交易属关联交易），E公司后高价转卖市场第三方。A公司的客户、核心资产、预期收益通过系列关联交易安排被转移至C集团旗下D公司和E公司，A公司云母提锂技术被C集团、D公司、E公司无偿利用，且A公司主要核心资产被司法拍卖陷入严重亏损，面临司法解散、清算。

A1、A2 作为实控人欲通过上述方式试图使 C 集团、D 公司和 E 公司取代 A 公司，进而转移 A 公司原有资产、收入及利润。后 B 提起多个诉讼、仲裁。但是刑事报案受阻，A 公司所在当地区（县）级公安机关不予立案。

## 二、问题的提出——保护民营企业家视角下的职务侵占犯罪的认定及立案难

上述案例中，A 公司大股东 A 集团公司、实际控制人 A1、A2 通过系列不当关联交易、同业竞争的方式，转移、侵占 A 公司预期利益，掏空 A 公司，损害了 A 公司及股东 B、第三方利益，涉案金额特别巨大，甚至损害社会公共利益的，涉嫌职务侵占罪。此外 A1、A2 还涉嫌挪用 A 公司资金。

由于公司内部人员犯罪手段极其隐蔽，财务数据也由内部人员控制，外部人员难以获取直接证据。通常公司股东内部发生纠纷，公安机关一般会认为是股东间内部纠纷，是民事纠纷，刑事立案困难。

这个问题，在司法实践中容易走向两个极端。要么认定难、立案难、不立案，要么以刑事手段干预经济纠纷。

有研究机构调查，2022 年企业家犯罪高频罪名排前十的有非法吸收公众存款罪、职务侵占罪、挪用资金罪、非国家工作人员受贿罪、串通投标罪、诈骗罪、合同诈骗罪、集资诈骗罪、贪污罪、拒不支付劳动报酬罪。其中有不少罪名，比如职务侵占罪、挪用资金罪是企业家缺乏现代企业观念，把公司、企业的钱等同于自己的钱。但也有个别司法机关机械地适用法律，认为只要民营企业家只要利用职务之便，侵占公司财物，或者挪用资金，就构成职务侵占罪或挪用资金罪，完全忽视了本罪侵犯财产权的本质。

从近年司法实践中一些经济纠纷"刑事化"案例来看，地方保护主义和腐败分子不规范或者恶意滥用公权力干涉司法裁判是导致经济纠纷"刑事化"的一个重要原因，如在少数地方，干预司法、随意执法、错用刑事手段干预一般民事纠纷、滥用强制措施、处置涉案财产时扩大牵连范围等。当公权力被不正当利益驱动时，企业、企业家就很容易成为被"围猎"的对象，不但直接影响其人身及财产安全，更严重影响到良好的投资、创业和经营市场及法治环境。《中共中央国务院关于促进民营经济发展壮大的意见》（2023 年 7 月 14 日）中指出，防止和纠正利用行政或刑事手段干预经济纠纷，以及执法司法中的地方保护主义。依法保护民营企业产权和企业家权益。《最高人民检察院关于全面履行检察职能推动民营经济发展壮大的意见》中强调，强化对履行诉讼监督职责中发现的行政机关以行政手段插手民事经济纠纷、违法行使职权或者不行使职权，损害民营企业合法权益行为的监督。

《最高人民法院关于优化法治环境促进民营经济发展壮大的指导意见》（2023 年 9 月 25 日）第 18 条规定了推动完善民营企业治理结构的相关内容。严守法人财产独立原则，规范股东行为，依法追究控股股东、实际控制人实施关联交易"掏空"企业、非经营性占用企业资金、违规担保向企业转嫁风险等滥用支配地位行为的法律责任，依法维护股东与公司之间财产相互独立、责任相互分离、产权结构明晰的现代企业产权结构。对股

东之间的纠纷，在尊重公司自治的同时，积极以司法手段矫正公司治理僵局，防止内部治理失序拖垮企业生产经营，损害股东和社会利益。

司法实务中关于职务侵占罪的理解适用，如何做到既注重法益保护，也贯彻罪刑法定原则，已成为一个难题。①在保护民营企业家视角下，不能一味地保护，而且要兼顾打击犯罪。实际上，打击犯罪，就是保护法益。

公安机关刑事立案存在立案难、立案不实及违法立案等问题，其原因是多方面的，如传统政绩观念的偏差，刑事立案标准及程序的不完善，公安机关基层警力人员、专业人员不足、地方保护主义等。②尤其在保护民营企业家视角下，职务侵占犯罪的刑事立案更为复杂、困难。

《最高人民检察院、公安部关于公安机关管辖的刑事案件立案追诉标准的规定（二）》（2022年4月6日）第76条规定，[职务侵占案（《刑法》第271条第1款）]公司、企业或者其他单位的工作人员，利用职务上的便利，将本单位财物非法占为己有，数额在3万元以上的，应予立案追诉。第77条规定，[挪用资金案（刑法第272条第1款）]公司、企业或者其他单位的工作人员，利用职务上的便利，挪用本单位资金归个人使用或者借贷给他人，涉嫌下列情形之一的，应予立案追诉：（1）挪用本单位资金数额在5万元以上，超过3个月未还的；（2）挪用本单位资金数额在5万元以上，进行营利活动的；（3）挪用本单位资金数额在3万元以上，进行非法活动的。

《刑事诉讼法》第109条至第114条规定刑事立案需要满足几个条件：公安机关或检察机关有管辖权、存在犯罪事实或犯罪嫌疑人。实际上，法律对于职务侵占、挪用资金的立案标准是很明确的，只是司法实务中，定性、立案较为复杂、困难。这其中涉及法律适用的问题，如职务侵占，需要利用职务的便利，非法占有公司财物，数额超过3万元。前述案例中，A1、A2为公司董事长、总经理，满足主体资格要求，其利用职务之便，通过系列不当关联交易，增加交易环节，抢夺A公司客户、订单，转移A公司收入、利润、现金流（2022年碳酸锂行情高涨，供不应求，市场销售模式一般为先款后货），金额特别巨大，超过三万元的立案标准，从理论上应该涉嫌职务侵占罪，公安机关应当予以立案。但实际中，本案却存在刑事立案、认定难的问题。

## 三、同业竞争、竞业禁止、非法经营同类营业罪与职务侵占罪的区分

### （一）同业竞争、竞业禁止与非法经营同类营业罪的认定

实践中不乏对于"同业竞争""竞业限制"及"竞业禁止"存在概念上的混淆，而将三者混用的情形。"同业竞争""竞业限制"及"竞业禁止"有着相似的法理基础，但

---

① 刘艳红：《保护民营企业视角下职务侵占罪的司法适用研究》，载《现代法学》2023年5月第45卷第3期。
② 董邦俊、马君子：《公安机关刑事立案问题及对策研究》，载《中南民族大学学报》（人文社会科学版）第36卷第5期。

实际意义却有不同。首先，我国现行法律并未对"同业竞争""竞业限制"和"竞业禁止"的概念作出明确的法律定义。根据学界及实践当中的通常理解，"同业竞争"指上市公司的控股股东或实际控制人或其控制的其他企业（关联方）所从事的业务与该上市公司相同或近似，双方构成或可能构成直接或间接的竞争关系；而对于"竞业限制"和"竞业禁止"，在我国法律语境中二者统一规定在"竞业禁止"的概念之下，因此在很多场合下都作为同义语使用。但由于二者本质上的不同，在具体论述和实际应用时产生了"花开两朵"的局面，分别衍生出两种不同的竞业禁止制度。通常我们所称的"竞业限制"是劳动法领域规定的员工的竞业禁止义务，"竞业禁止"则是公司法领域规定的董事及高级管理人员的竞业禁止义务。在我国法律语境下，同业竞争的适用主体为上市公司的控股股东、实际控制人及实际控制人控制的其他企业。而在实际操作上，证监会审核时往往遵循"实质重于形式"的原则，对上述主体的范围作扩大解释，不仅是公司的实际控制人，对于公司的重要股东、直系亲属之类的关联方也同样给予关注。根据现行公司法，竞业禁止的适用主体为公司的董事及高级管理人员，监事并非法律规定的适用主体，但公司对此享有自主权，可以在制定公司章程时将监事纳入竞业禁止的范围之内；根据劳动合同法，竞业限制的适用主体为受劳动合同约束且负有保密义务的劳动者。

《最高人民法院关于优化法治环境促进民营经济发展壮大的指导意见》第18条规定，以法治手段破解"代理成本"问题，依法追究民营企业董事、监事、高管违规关联交易、谋取公司商业机会、开展同业竞争等违背忠实义务行为的法律责任……

《公司法》第148条规定："董事、高级管理人员不得有下列行为：……（五）未经股东会或者股东大会同意，利用职务便利为自己或者他人谋取属于公司的商业机会，自营或者为他人经营与所任职公司同类的业务。"

《证券期货法律适用意见第17号》指出，同业竞争的"同业"是指竞争方从事与发行人主营业务相同或者相似的业务。核查认定该相同或者相似的业务是否与发行人构成"竞争"时，应当按照实质重于形式的原则，结合相关企业历史沿革、资产、人员、主营业务（包括但不限于产品服务的具体特点、技术、商标商号、客户、供应商等）等方面与发行人的关系，以及业务是否有替代性、竞争性、是否有利益冲突、是否在同一市场范围内销售等，论证是否与发行人构成竞争；不能简单以产品销售地域不同、产品的档次不同等认定不构成同业竞争。竞争方的同类收入或者毛利占发行人主营业务收入或者毛利的比例达百分之三十以上的，如无充分相反证据，原则上应当认定为构成重大不利影响的同业竞争。

如果发行人控股股东、实际控制人是自然人，其配偶及夫妻双方的父母、子女控制的企业与发行人存在竞争关系的，应当认定为构成同业竞争。

同业竞争本质上是一种侵权行为。主要表现为公司控股股东、实际控制人抢夺公司商业机会，侵害公司利益。在民事诉讼案由为：损害公司利益责任纠纷，股东损害股东利益责任纠纷等。

非法经营同类营业罪可视为《公司法》中董事、经理"竞业禁止义务"在刑法中的具体体现，制定本罪的立法原意即贯彻《公司法》中有关公司董事、经理等高级管理人员竞业禁止义务的规定，防止国有公司、企业董事、经理利用职务便利恶性竞争现象的发生，切实保护国有公司、企业利益。

非法经营同类营业罪原来只会发生在国有公司、国有企业。《刑法修正案（十二）》通过后，非法经营同类营业罪也会发生在民营企业中。《刑法修正案（十三）》规定：在刑法第一百六十五条中增加一款作为第二款，将该条修改为："国有公司、企业的董事、监事、高级管理人员，利用职务便利，自己经营或者为他人经营与其所任职公司、企业同类的营业，获取非法利益，数额巨大的，处三年以下有期徒刑或者拘役，并处或者单处罚金；数额特别巨大的，处三年以上七年以下有期徒刑，并处罚金。其他公司、企业的董事、经理有前款行为的，依照前款的规定处罚。"

这是平等保护国企与民企的体现，也是社会文明的进步。此处笔者的看法与罗翔老师持相反的态度。罗翔老师认为民营企业工作人员实施类似行为除了侵犯公司、企业的管理秩序，不可能侵犯公职行为的廉洁性等相关法益，因此对于国家工作人员和民营企业工作人员实施相关行为采取同等的惩罚规则并不合理。①

非法经营同类营业罪，是在刑法中规制董事、经理的忠实、勤勉义务。保护的法益是公司、企业的管理秩序以及公司、股东财产权，并不需要侵犯公职行为的廉洁性等相关法益，私权利也同样予以保护。但是另一点笔者是赞成的，即民营企业的非法经营同类营业罪应该为亲告罪，告诉才处理。

### （二）同业竞争、抢夺业务机会不构成职务侵占罪

同时，还应该注意罪与非罪的区别，民商法领域的同业竞争终究是民商事纠纷，目前没有用刑法规制，法无明文规定不为罪。单纯的同业竞争、侵占商业机会的行为，不构成职务侵占罪。假如前述案例中，继续让 A 公司正常生产经营，自产自销，A1、A2 仅仅是抢占 A 公司的客户、订单，设立同行业公司与 A 公司进行同业竞争，在目前阶段，并不构成犯罪。而本案不仅仅涉及同业竞争，还涉及巨额的不当关联交易，侵占公司利益非常明显，而非简单的同业竞争问题。

同业竞争、抢夺业务机会的行为虽损害了公司的获利机会并最终损害了公司利益，但其损害的直接标的是公司的签约机会，而非公司的现成利益或公司财物，公司财物的占有状态并未改变。这是同业竞争、抢夺业务机会不构成职务侵占罪的最主要原因。②

需要注意的是，同业竞争，虽然不构成职务侵占罪，但《刑法修正案（十二）》生效后会涉及非法经营同类营业罪。

### （三）职务侵占罪与非法经营同类营业罪的区分

本部分内容主要讨论民营企业中的犯罪，未讨论国有企业的非法经营同类营业罪。

---

① 罗翔：《〈刑法修正案（十二）草案〉与民营企业平等保护》，https://mp.Beixin.qq.com/s/adXQk4Sj9iVcDTUd8Y5xDg，2023 年 12 月 26 日访问。
② 郑绪华：《高管损害公司利益侵权行为与职务侵占罪之识别与区分》，https://mp.Beixin.qq.com/s/dgx5ng2u8_M5Uv1CFFJGYg?search_click_id=11609028385138375984-1702207998302-5842430047，2023 年 12 月 10 日访问。

职务侵占罪和非法经营同类营业罪都是以营利（非法占有）为目的，利用职务之便利，侵犯财产关系的犯罪。但是它们的犯罪客观方面、犯罪主体和量刑方面等都有很大的不同。

（1）职务侵占罪是指公司、企业或者其他单位的工作人员利用职务上的便利，将本单位的财物非法占为己有，数额较大的行为。而非法经营同类营业罪是指国有公司、企业的董事、经理利用职务上的便利，自己经营或为他人经营与其所任职公司、企业同类的营业，获取非法利益，数额巨大的行为。

（2）犯罪主体方面，职务侵占罪的犯罪主体是公司、企业或者其他单位的工作人员，而非法经营同类营业罪犯罪主体是董事、经理，犯罪主体更窄。

（3）犯罪客观方面，对于职务侵占罪而言，行为人必须是将本单位的财物非法占为己有，才成立犯罪；而对于非法经营同类营业罪而言，只要行为人在任期间从事了或为他人经营与其所任职公司、企业同类的营业活动，并且获取了非法利益，就构成犯罪。

（4）量刑方面，职务侵占罪的最高刑是无期徒刑并处罚金，非法经营同类营业罪最高刑是七年以下有期徒刑并处罚金。

## 四、增加不必要的交易环节之职务侵占的认定

在职务侵占犯罪中，增加不必要的交易环节是经常发生的情形。

一般认为虚增交易环节分为两种形式：第一种是虚假增加交易环节，行为人在单位与客户（供应商）之间故意设置了不必要的中间环节，通过这些中间环节获取不正当利益，形成一种无风险的赚钱方式，也就是所谓的……空手套白狼……；第二种是实际增加交易环节，中间商作为增加的交易环节实际经营了一些业务，承担了一定的成本和风险，获利非纯属不劳而获。①虚增交易环节一般包括增加虚假的交易环节和实际增加交易环节，本质是一样的，都是增加不必要的交易环节。

最高人民检察院2022年4月19日发布了《检察机关依法办理民营企业职务侵占犯罪典型案例》，其中"D科技公司营销中心总监张某某、经理罗某某职务侵占案"显示，公司营销中心总监、经理设立中间公司，通过低买高卖的方式增加交易环节，赚取差价的方式侵占公司财产，构成职务侵占罪。

（2018）京0105刑初781号宋某职务侵占一案中，被告人宋某伙同被告人修某乐于2016年6月间，在西藏某华公司及相关受托公司邀请王某1参演综艺节目的项目中，虚报价格，采取与第三方幸福某海（北京）文化传媒有限公司签订虚假合同的方式，通过幸福某海（北京）文化传媒有限公司将截留的钱款转移到宋某控制的银行账户内，后被告人宋某与被告人修某乐将该笔钱款平分，共计骗取应支付给王某1（上海）影视文化工作室的演出费人民币167.5万元。

---

① 李时增：《增加交易环节的行为性质认定——兼论职务侵占罪、贪污罪与非法经营同类营业罪的界分》，https://mp.Beixin.qq.com/s/kb277y5kMqmeZrQKqmY9gB，2023年12月10日访问。

在（2019）皖 0123 刑初 450 号案林松某、许某职务侵占、非国家工作人员受贿一审刑事判决书中，行为人利用职务之便将其实际掌控的第三方公司强行引入交易环节，目的是通过增加所属企业负担成本将截留的企业利润据为己有。总结来说，若是中间增加的交易环节目的并非在于为中间公司赚取利润，而在于为中间公司背后的控制人截留上下游交易利润，致使中间公司沦为他人截留、侵占利益的工具，可以将增设此类中间交易环节的行为定性为"虚设中间交易环节"。①

此类案件的共同点，是被告人在本单位与客户之间虚增了不必要的交易环节，利用中间环节赚取差价，"空手套白狼"。从表面上看，本单位的销售价格被控制在单位容许的价格幅度内，获得的销售总价跟正常销售方式似乎没有差别，公司貌似没有损失。然而，正是由于被告人虚设了中间环节，产生了嵌套的法律关系，导致本单位的利益格局发生了变化，"中间的差价款"是本单位"必然可得的利润"，被告人对这一利润的侵占，导致了本单位财产利益的减少。

前述案例中，A1、A2 通过关联交易的方式，改变 A 公司经营模式，由自产自销改为委托加工，而且是为关联公司 D 公司和 E 公司委托加工，低买高卖，转移利润。也是跟上述案例一样，犯罪嫌疑人增加（虚增）交易环节侵占公司财产和利益，只是增加的交易环节具体方式不同，一个是设立中间贸易商，一个是变更公司经营模式，引入不必要的交易环节由自产自销，变更为加工厂，角色变为委外加工。此犯罪过程较为隐蔽。从理论上分析，在 2022 年碳酸锂行情高涨的情况下，产品供不应求，行业普遍是先款后货，整个行业都赚得盆满钵满，A 公司拥有 6 万吨碳酸锂的产能，为何要改变经营模式呢？A 公司由自产自销的有利经营模式变更为不利的受托加工模式这一行为不符合商业逻辑，且还是变更为 A 公司的系列关联公司提供委托加工服务，仅从中赚取微薄的加工费。合理的解释是为了将 A 公司利润进行转移，因为本质上并不需要此委外加工环节，A 公司生产后直接向客户销售产品即可，中间商没有存在的必要，中间商存在的目的就是侵占转移 A 公司的利润。由于交易已经完成，差价已经确定，故 A 公司的预期利益是可确定的。显然理论上构成职务侵占罪，应该刑事立案。

具体而言，企业经营的目的是赚取利润，成本最小的经营方式是与客户单位直接联系，以实现利润的最大化。但在现代市场经济中，受专业细化、信息不对称以及资源占有量等因素的制约，企业经营往往难以与客户单位直接发生关系，此时就需要中间环节的辅助，这是市场经济发展的必然产物。中间环节的出现，有利于促进市场交易，增加社会财富，其本身并不具有刑事违法性。在虚设中间环节型的职务侵占中，中间环节本无存在的价值和必要性，行为人却利用职务之便将其实际掌控的第三方公司强行引入交易环节，目的是通过增加所属企业负担成本将截留的企业利润据为己有。

就本案而言，其一，E 公司是由 A1、A2 共同实际控制，同时新设 D 公司并实际共同控制，该委托加工的交易环节的运作依赖 A1、A2 在 A 公司的职务便利，获利由两嫌疑人控制的主体实际占有，受两嫌疑人实际支配。

---

① 汪银平、周巧沁：《虚设中间交易环节型侵占单位财物案件中"关联关系"的认定｜企业交易对手关联关系调查》https://mp.Beixin.qq.com/s/Vg5481hF4HZSA6Fk24cgDA，2023 年 12 月 1 日访问。

其二，法律确实应当平等保护市场经济中各市场主体的商业利益，不能仅凭赚取差价的多少作为衡量商业行为正当性和违法性的依据，司法机关也应当通过案件办理维护正常的商业秩序，树立良好的价值导向，本案中的 E 公司和 D 公司虽然均非碳酸锂产品的最终采购商，均以赚取差价为目的出现在交易环节中并为交易的顺利完成作出了贡献，但两家公司在整个交易流程中的性质、作用和普通的中间商贸易公司却有着本质的不同。D 公司和 E 公司完全依赖 A 公司的巨额产能（对于 A 公司而言，巨额的产能意味着巨大利益）。在现代市场经济中，公司是公司，个人是个人，两者各自享有独立人格，系不同的市场主体，股东、高管可以通过分红和工资福利等正当方式获取合法的经济利益，但不能滥用公司法人的外壳违法牟取个人私利。

就 E 公司和 D 公司而言，表面上，A1、A2 虽然以公司的名义分别与 A 公司签订了采购合同、委托加工合同，A 公司本质上已沦落为两嫌疑人牟取个人利益的一个外壳工具，假借公司外壳，以中间交易环节之名，行牟取个人利益之实，截取 A 公司利润，其行为不具有正当性。

其三，中间商可以通过正当手段赚取差价，也可以向交易方隐瞒其与其他市场主体签订的合同价格等正常商业秘密，这本身并无不当，但不能恶意操控公司转移利润。本案中被告人很明显地通过转变公司经营模式，增加交易环节，转移了 A 公司利润。且涉案金额十分巨大，具有严重社会危害性。

## 五、不当自我交易、关联交易与职务侵占罪的交叉认定

自我交易，是指董事、高管与公司之间发生的交易。关联关系，按照《公司法》第 216 条第（4）项的定义，是指公司控股股东、实际控制人、董事、监事、高级管理人员与其直接或者间接控制的企业之间的关系，以及可能导致公司利益转移的其他关系，但是，国家控股的企业之间不仅因为同受国家控股而具有关联关系。关联交易，也称关联方交易，即关联方之间的交易，根据财政部《企业会计准则第 36 号——关联方披露》第 7 条的规定，关联方交易，是指关联方之间转移资源、劳务或义务的行为，而不论是否收取价款。显然，从文义解释来看，关联交易的范围比自我交易广。①

作为新类型的非一般的合同交易，关联交易合同给传统民法奉行的平等原则、自愿原则及公平原则带来了严重挑战，不公平的关联交易严重损害了公司的利益，为保护公司的合法利益，应遏制不公平关联交易行为。②《民法典》第 84 条规定，营利法人的控股出资人、实际控制人、董事、监事、高级管理人员不得利用其关联关系损害法人的利益；利用关联关系造成法人损失的，应当承担赔偿责任。

《公司法》第 21 条规定，公司的控股股东、实际控制人、董事、监事、高级管理人员不得利用其关联关系损害公司利益。违反前款规定，给公司造成损失的，应当承担赔偿责任。

---

① 参见王军：《中国公司法》，北京，高等教育出版社 2015 年出版，第 346-347 页。
② 人民法院出版社编著：《最高人民法院民事案件案由适用要点与请求权规范指引》（下册），北京，人民法院出版社 2019 年版，第 700 页。

公司法不禁止关联交易，而是禁止通过不当关联交易损害公司利益。在民商事诉讼中，关联方交易产生的纠纷，即公司关联交易损害责任纠纷，这是一种案由。如果不是因为关联产生的纠纷，则不属于这种案由。公司可以提起公司关联交易损害责任纠纷诉讼，股东可以提起股东代表诉讼维护权益。

在前述案例中，因为 E 公司和 D 公司系 A 公司关联方，故本案既属于增加不必要的交易环节型职务侵占，同时也属于不当关联交易型职务侵占。通过关联（委托加工）交易，低买高卖关联交易，转移公司预期利润（具体金额应经过司法审计后认定的金额）。具体的预期利润金额为：正常经营情况下，产量一定的情况下，A 公司对外销售自身生产产品的利润减去因为增加了交易环节，E 公司和 D 公司多获得的利润。此预期利益（利润）是可以通过司法审计、鉴定确定的，因此犯罪所得是可以确定的。

预期利益也可以作为职务侵占的财物。从财物内容上看，"本单位财物"包括单位现存的财物，也包括确定的收益。随着现代社会经济的高速发展，狭义财物的概念早已不能适应经济发展的需要。《法学词典》将"财产"一词也解释为"金钱、财物及民事权利、义务的总和"。[①]"本单位财物"包括单位现存的财物，也包括确定的收益。若"预期利益"属于单位"必然可得"的财产性利益，亦属于"确定的收益"。如果预期利益是"未必可得的利益"（不确定的利益），则不属于"本单位财物"。

以"恶意自我交易"掩盖犯罪的手段不能改变恶意串通侵占公司财物的本质，不影响职务侵占罪的认定。上述争议实际上在于对"侵占"的解释存在分歧。既然通过"恶意自我交易"或"直接"的方式占有本单位的财物，无论侵害的法益，还是对本单位造成的损害，甚至是行为人的主观故意，都是一致的，那么仅靠民事救济显然难以修复原有的社会关系，而应采用刑法手段予以救济。

## 六、职务侵占犯罪刑事立案及认定难的对策与建议

### （一）通过民事诉讼获取犯罪线索和证据

作为股东方或者相关利益方，如果发现公司利益被侵害，可以通过民事诉讼、刑事报案等一切合法手段维护自身和公司利益。

在企业内部，犯罪是很隐蔽的。外部人员很难获取相关犯罪线索和证据。而公司股东知情权纠纷诉讼，是股东斗争之利器。以有限公司为例（有限公司和股份公司有所区别），股东通过发起股东知情权之诉讼，法院会依照《公司法》第 33 条，《最高人民法院关于适用〈中华人民共和国公司法〉若干问题的规定（四）》第 7 条、第 8 条、第 10 条，《民事诉讼法》第 145 条规定依法判决：（1）公司提供公司章程、股东会会议决议、董事会会议决议、监事会会议决议、财务会计报告供原告股东进行查阅和复制。股东委托的会计师事务所（或注册会计师）、律师依据执业行为规范负有保密义务的中介机构执业人员可以予以协助；（2）公司提供公司会计账簿和会计凭证（包括总账、明细账、

---

① 黄威、郑焱燕：《非公企业股东"恶意自我交易"侵犯产权案件办理难点与应对——以封某某职务侵占二审抗诉案件办理为例》，载《中国检察官》2022 年第 20 期。

日记账、原始凭证和记账凭证）供原告股东进行查阅。在原告股东本人在场的情况下，原告股东委托的会计师事务所（或注册会计师）、律师、依据执业行为规范负有保密义务的中介机构执业人员可以予以协助。

通过执行人民法院生效判决、裁定，查阅公司会计账簿和凭证，或者其他如监事代表诉讼、股东代表诉讼，损害公司利益责任纠纷、与公司相关的纠纷等民事诉讼，向人民法院申请调取相关证据，获取更多的犯罪线索和证据，促使公安机关立案。也即线索、证据越多，公安机关越容易立案。

### （二）向上级公安机关报案

最高人民检察院、公安部《关于公安机关办理经济犯罪案件的若干规定》第8条规定，经济犯罪案件由犯罪地的公安机关管辖。如果由犯罪嫌疑人居住地的公安机关管辖更为适宜的，可以由犯罪嫌疑人居住地的公安机关管辖。第9条规定，非国家工作人员利用职务上的便利实施经济犯罪的，由犯罪嫌疑人工作单位所在地公安机关管辖。如果由犯罪行为实施地或者犯罪嫌疑人居住地的公安机关管辖更为适宜的，也可以由犯罪行为实施地或者犯罪嫌疑人居住地的公安机关管辖。第10条规定，上级公安机关必要时可以立案侦查或者组织、指挥、参与侦查下级公安机关管辖的经济犯罪案件。对重大、疑难、复杂或者跨区域性经济犯罪案件，需要由上级公安机关立案侦查的，下级公安机关可以请求移送上一级公安机关立案侦查。

实践中，遇到重大、疑难、复杂案件之时，当事人可以尽可能地准备更充分的案件资料、证据，向上级公安机关报案，也可以分别同时向区（县）级、市级、省级公安机关报案，公安机关内部自行协调，具体由哪个部门受理和立案。

### （三）完善公安机关立案标准

最高人民检察院、公安部《关于公安机关管辖的刑事案件立案追诉标准的规定（二）》第76条规定，公司、企业或者其他单位的人员，利用职务上的便利，将本单位财物非法占为己有，数额在3万元以上的，应予立案追诉。

实质上，上述规定过于模糊，实践中可操作性有待加强。

笔者认为，有必要细化各类案件的立案标准和程序，建议在上述规定中采用描述及列举式，将需要立案侦查的几种常见情形具体列举，并描述立案的核心实质。笔者建议如下。

公司、企业或者其他单位的人员，利用职务上的便利，将本单位财物非法占为己有，数额在3万元以上的，应予立案追诉。

（1）无正当理由直接将单位银行存款向其本人或其控制的账户转账、取现，非法占为己有，金额达到立案标准的；

（2）单位人员为其个人利益，侵吞、拒不归还本属于本单位或为本单位代收的货款、账款的；

（3）单位人员故意增加交易环节（设立中间贸易公司等），低买高卖赚取差价，非法转移公司资产和利润的；

……

此外，也可由公安部联合最高人民检察院发表一些典型案例，将职务侵占的类型及标准更明细化便于实务工作者理解与适用。

### （四）加强检察机关的立案监督

《公安机关办理刑事案件程序规定》第178条规定，"公安机关接受案件后，经审查，认为有犯罪事实需要追究刑事责任，且属于自己管辖的，经县级以上公安机关负责人批准，予以立案……"据此总结可知，法律规定的立案条件主要有：一是犯罪事实；二是需要追究刑事责任；三是接受报案的公安机关有管辖权。《公安部关于改革完善受案立案制度的意见》规定："接报案件后，应当立即进行受案立案审查。对于违法犯罪事实清楚的案件，公安机关各办案警种、部门应当即受即立即办，不得推诿拖延。行政案件受案审查期限原则上不超过24小时，疑难复杂案件受案审查期限不超过3日。刑事案件立案审查期限原则上不超过3日；涉嫌犯罪线索需要查证的，立案审查期限不超过7日；重大疑难复杂案件，经县级以上公安机关负责人批准，立案审查期限可以延长至30日。"但是实践中，办案机关不出具《立案决定书》《不予立案通知书》的情况时有发生。《最高人民检察院公安部关于刑事立案监督有关问题的规定（试行）》第3条的规定："公安机关对于接受的案件或者发现的犯罪线索，应当及时进行审查，依照法律和有关规定作出立案或者不予立案的决定。"为加强和规范刑事立案监督工作，保障刑事侦查权的正确行使，最高人民检察院公安部制定了《关于刑事立案监督有关问题的规定（试行）》。据此，在符合前述规定的情况下，检察机关可以介入监督刑事立案，发挥检察机关的监督职能。

### （五）加大专业人才、刑事专家参与力度

有学者提出，应控制犯罪圈扩张，保持立案的谦抑性。刑事立案无非存在三种情形：一是罪行严重的当然立案，二是罪行轻微的可以立案，三是罪行尚不够严重的无须立案。在这三种情形中，发挥刑法谦抑价值的主要是后两种。但是，这里所谓的"立案谦抑性"并非一律不能立案。上述三种情形均符合立案条件，在具体操作中要慎重对待，辩证分析。尤其是针对疑难、复杂、重大案件，应该加强刑事专家参与力度，寻求专家论证，也是符合立案谦抑性的一种表现。

在专业人士参与方面，公安部、最高人民检察院、最高人民法院可以建立专家库，遇有疑难、复杂刑事案件可以邀请专家参与论证，专家意见作为办案的参考。

## 七、小结

民营企业内部人员发生犯罪行为，通过不当关联交易、设立不必要的交易环节转移利润，此类犯罪往往较为隐蔽且案情复杂。罪证不足的情况下，公安机关立案、认定困难。当事人可以通过民事诉讼获取更多的内部证据，取得犯罪线索，疑难、复杂案件通过向上级公安机关报案，巧用复议程序进行解决。立法层面，须完善、细化职务侵占

罪的立案标准，破解职务侵占罪刑民交叉的难题。司法层面可以通过加强检察院立案监督，加大专业人才、刑事专家参与力度。采用综合手段更好发挥刑法打击犯罪，保障企业合法利益的功能。

王婵婵，中国人民大学法学硕士；吴周求，中南财经政法大学法学博士。本节内容原题目为《保护民营企业视角下职务侵占罪的刑民交叉问题研究——以A公司实际控制人侵占公司预期利益案为例》，未公开发表，收录本书时有改动。

# 第十一章 社会治理

## 第一节 我国司法判例制度的实践

张 晶

法律规则的适用需要判例。人们不能奢望立法者制定出包罗万象且尽善尽美的法律规则，因此只能由司法者在实践中面对具体案件时进行解释性适用，而司法判例就是这种适用的最佳方式。从法律发达的历史来看，司法判例制度起源于自然法的发现和习惯法的传承，而且在很大程度上受到制定法发展的影响。于是，英美法系国家和大陆法系国家的司法判例制度走上了不同的发展道路，却于近代以来又呈现出融合的趋势。在当今世界，无论是在英美法系国家还是在大陆法系国家，也无论是否被专家学者所认知，判例制度都以某种形式在司法活动中发挥作用，维系着具体案件中的公平正义。前者毋庸赘述，后者值得关注。正如梅利曼教授在《大陆法系》一书中所指出的，"尽管'遵循先例'的原则在理论上并未获得承认，但在实践中，法院实际上已在坚持同类案件同样审判的做法。这在很大程度上与普通法法院的实践已相近似。"[①] 两大法系国家中司法判例制度的发展轨迹可以为我国司法判例制度的完善提供有益的借鉴。在本部分内容中，我们从实证研究入手，分析我国现行司法判例制度的欠缺，并探讨改革完善的路径。

## 一、关于"同案不同判"的实例分析

"同案不同判"的说法本身似乎就有"适用"的问题。有人质疑，这世界上存在"同案"吗？或者说，这世界上存在事实完全相同的两个案件吗？我们赞成世界上不存在完全相同的两个案件的观点，因为案件事实的构成要素包括何事、何时、何地、何物、何人、如何、为何，而世界上不可能存在上述事实要素完全相同的两个案件。但是，"同案不同判"的说法还是可以成立的，因为这里所说的"同案"，不是个体的同一，而是法律适用的同类。换言之，"同案"不是指事实完全相同的两个或多个案件，而是指根据相似的案件事实而应该适用同一个法律规则的案件。"同案同判"是司法公正的基本要求，也是司法判例制度的基本功能。

法律规则既要有稳定性，又要有灵活性；既要有普遍适用性，也要有个别适用性。前者要求法律规则的内容抽象概括；后者要求法律规则的内容具体明确。立法者的着眼点是社会的普遍情况，因此更强调法律规则的普遍适用性和相对稳定性；司法者的着眼点是个案的具体情况，因此更重视法律规则的个案适用性和灵活适用性。诚然，立法者也会竭力制定出具体明确的法律规则，但往往力所难及。一方面，社会状况是复杂多样

---

① [美] 约翰·亨利·梅利曼：《大陆法系》，顾培东、禄正平译，北京，法律出版社2004年版，第153页。

的，立法要保持其普遍适用性，就不得不保持一定的抽象性和模糊性，就不可能非常具体，不可能为每一个具体案件制定规则。另一方面，社会是不断发展变化的，立法要保持其相对稳定性，也不可能设计得非常详细，总要留有一定的宽容度。此外，立法者既非神仙又非超人，他们对社会生活的认识难免具有局限性。他们既不可能对社会生活每个角落的情况都做到明察秋毫，也不可能对未来社会中可能发生的一切变化都做到精确预报。因此，立法的滞后性和局限性是不可避免的，立法中存在一些漏洞或空白也是毋庸讳言的。司法者必须发挥主观能动性和自由裁量权才能在具体案件中恰当地适用法律规则，发现法的规律，实现法的精神，维护社会生活的公平正义。然而，司法者对法律规则的理解并非尽同，于是在司法实践中就出现了各种"同案不同判"的状况。

## （一）因为法律规定滞后而产生的"同案不同判"

2009年7月23日，成都市中级人民法院对发生在2008年12月14日的孙伟铭无证驾驶且醉酒驾车造成四死一伤案进行公开宣判，认定孙伟铭的行为已构成以危险方法危害公共安全罪，判处其死刑。四川省高级人民法院于2009年9月8日二审改判孙伟铭无期徒刑。该案的判决引起了争议。面对这样的案件事实，法院应该适用《刑法》第114条和第115条规定的"以其他危险方法危害公共安全罪"的规定，还是应该适用《刑法》第133条的交通肇事罪的规定，人们众说纷纭。2009年9月11日，最高人民法院发布了《关于醉酒驾车犯罪法律适用问题的意见》以及两起典型案例，供各级人民法院审理相关案件时参照执行。该《意见》规定，"行为人明知酒后驾车违法、醉酒驾车会危害公共安全，却无视法律醉酒驾车，特别是在肇事后继续驾车冲撞，造成重大伤亡，说明行为人主观上对持续发生的危害结果持放任态度，具有危害公共安全的故意。对此类醉酒驾车造成重大伤亡的，应依法以以危险方法危害公共安全罪定罪。"

毫无疑问，我国《刑法》中关于醉酒驾车犯罪的法律规定已然滞后，因为立法之时醉酒驾车在中国还不是一个严重的社会问题。但是套用"以危险方法危害公共安全罪"来加大对醉酒驾车行为的处罚，似有违背法治原则之嫌。另外，在这类醉酒驾车导致死伤的刑事案件中，行为人主观犯意的认定是法律适用的关键和难题。因为缺乏证明主观犯意的直接证据，所以司法者往往要通过推定或推断来认定，而根据该《意见》中的语言表述却可能作出不相一致的判断。在具体案件中，司法者应该仅根据"行为人明知酒后驾车违法、醉酒驾车会危害公共安全，却无视法律醉酒驾车"就得出"行为人主观上对持续发生的危害结果持放任态度，具有危害公共安全的故意"的结论，还是需要在同时符合"肇事后继续驾车冲撞，造成重大伤亡"的情形下才能得出"行为人主观上对持续发生的危害结果持放任态度，具有危害公共安全的故意"的结论？于是，在该《意见》出台之后，我们就看到了"同案不同判"的情况。

**案例一　孙建党交通肇事案**

2010年10月25日，行为人孙建党醉酒后无驾驶资格驾驶车辆，将王某及所骑自行车撞倒，并碾轧于轿车下方，王某一只手抓住轿车左后门手柄不断呼救，孙建党驾车继续前行，中途有群众挥手让其停车，直至两辆车对轿车拦截相碰后停下。王某身体下肢部分在轿车车体下被拖拽约400米，使其双下肢受伤，经治疗左下肢截肢，鉴定属重伤。经交警部门的事故认定，孙建党负该事故的全部责任。本案判决最终认定孙建党违反交通运输管理法规，在无驾驶资格和醉酒状态下驾驶机动车辆，发生重大交通事故，致一人重伤，负事故的全部责任，构成交通肇事罪，判处有期徒刑1年6个月。

**案例二 韩善存交通肇事案**

2012年8月20日，无驾驶资格的韩善存不顾友人劝阻，醉酒后驾车与另一轿车相撞，造成一人死亡两车损坏的后果。经检测，韩善存血液中乙醇含量为241.77mg/100ml。该事故经交警处理，认定韩善存负全部责任。本案一审以交通肇事罪判处韩善存2年10个月有期徒刑。在二审中，被害人家属提出，应当以以危险方法危害公共安全罪追究韩善存的刑事责任，但二审判决认为，"韩善存驾车撞人后采取了制动措施，能够证实韩善存主观上对其行为所造成的危害后果不具有希望或放任的主观故意，其行为符合交通肇事罪的犯罪构成，不符合以危险方法危害公共安全罪的犯罪构成"。

**案例三 王国挪以危险方法危害公共安全案**

2012年11月19日，行为人王国挪在明知无驾驶资格的情况下，酒后驾车发生交通事故，致两人受伤，经鉴定其中一人为轻伤。审理认定：被告人王国挪在申请学习驾驶证期间，应当明知酒后驾驶机动车辆的危害性，且与他人一起酗酒，其静脉血液酒精含量高达560.65mg/100ml，属高度严重醉酒，并且酒后驾车在交通要道上行驶，亦应当明知该行为会危及公共安全，会造成危害社会的结果，并且放任危害结果的发生，进而发生交通事故，致二人受伤，且负此事故的全部责任，其行为符合以其他危险方法危害公共安全罪的构成要件，构成以危险方法危害公共安全罪。最终认定被告人王国挪犯以危险方法危害公共安全罪，判处有期徒刑3年。

以上三起案件，均属行为人醉酒后无证驾驶造成严重事故的情形。在案例一中，行为人被直接认定为交通肇事罪。案例二则根据行为人"驾车撞人后采取了制动措施"推定其不符合以危险方法危害公共安全罪的主观犯意，被认定为交通肇事罪。案例三则仅根据行为人醉酒驾车造成严重事故的事实，推定其符合以危险方法危害公共安全罪的主观犯意，认定为以危险方法危害公共安全罪。

## （二）因为法律规定模糊而产生的"同案不同判"

法律规定的载体是语言，而法律规定的语言既有精确性，也有模糊性。正如国际法律语言学协会第四任主席约翰·吉本斯教授所指出的，"因为这些（法律）文件是如此具有影响力，所以他们在措词上的准确无误十分重要。如果它们的措辞过于严格，它们可能会对我们的生活施加一些不适当的、不必要的限制。如果它们在措词上过于宽松，则又可能会让一些令人生厌的行为获得认可或导致产生一些不必要的后果。根据巴提亚（Bhatia）的解释，精确（precision）是法律文件的独有特征得以形成的驱动力量。精确不一定就意味着极度清晰——它也可能包括采用适当程度的模糊性或灵活性。"[①] 法律的行为规范功能要求法律语言具有精确性，法律的普遍适用原则又要求法律语言具有模糊性，这是个矛盾。一般来说，法律语言的主要含义应该相对明晰而边缘含义则可以相对

---

① ［澳］约翰·吉本斯：《法律语言学导论》，程朝阳等译，北京，法律出版社2007年版，第45页。

模糊，或者说，在较为抽象的层面上相对明晰而在较为具体的层面上相对模糊。

例如民事诉讼中举证责任分配问题，《民事诉讼法》第 64 条第 1 款规定："当事人对自己提出的主张，有责任提供证据。"这项规定体现了"谁主张谁举证"的举证责任分配原则，看起来是明确清晰的，但司法者在具体案件中适用时却往往面临难题而不知所措，因为诉讼当事人的"主张"是复杂而多样的。于是，最高人民法院在《关于民事诉讼证据的若干规定》第 2 条又作出了更加具体的规定："当事人对自己提出的诉讼请求所依据的事实或者反驳对方诉讼请求所依据的事实有责任提供证据加以证明。"然而，这样的规定在面对具体案件时仍然具有一定的模糊性。例如，在因他人盗刷银行卡导致储户资金损失的案件中，对于储户是否在保管密码的问题上具有过错这一事实的举证责任分配，司法者就可能有不同的理解，从而导致了"同案不同判"。

**案例一**　上诉人中国建设银行股份有限公司郑州经八路支行与被上诉人肖平储蓄存款合同纠纷案

肖平在经八路支行办理了一张理财金卡并存入现金，与银行建立了储蓄合同关系。2011 年 9 月 8 日 19 时 36 分，肖平收到短信，显示其相关账户 9 月 8 日 19 时 34 分消费金额人民币（钞）312 200 元，余额 73.52 元。经查询，该笔消费是在江西某地刷卡消费。肖平遂于次日报案，称此卡一直随身携带，本人没有时间在江西刷卡消费。经公安机关调查查明：一犯罪嫌疑人冒用陈伟峰的身份盗刷了 312 200 元，而此笔款项被结算至肖平借记卡的账户。一审法院认定：犯罪嫌疑人是使用伪造的银行卡在刷卡机上盗取肖平存款 312 200 元。银行对银行卡负有技术安全保障义务，由于银行的管理疏漏被犯罪嫌疑人利用才致使银行卡被非法复制。盗刷银行卡损失的是银行的财产，肖平作为储户没有过错，不应由肖平来承担银行的损失。而认定储户的过错，应由银行来举证，银行若无法举证，则应认定储户无过错，由银行承担全部损失。遂判决经八路支行赔偿肖平存款 312 200 元，并支付存款利息损失。二审法院认定：经八路支行对其发行的银行卡负有技术安全保障义务，由于其管理及管理疏漏的原因给持卡人肖平造成的损失，应由经八路支行承担，二审判决维持原判。最终由经八路支行对储户肖平的存款损失承担全部的赔偿责任。

**案例二**　卢力梅与中国银行股份有限公司东莞大朗支行借记卡纠纷上诉案

卢力梅在中国银行大朗支行办理借记卡，与大朗支行建立了储蓄存款合同关系。2013 年 1 月 19 日，卢力梅发现卡内资金不见后随即通过手机与银行取得联系，并向派出所报案。经查，卢力梅卡内的资金于 2013 年 1 月 7 日在广东省湛江市被他人在中国银行的 ATM 机转账和取现。卢力梅并未委托他人代为取款，除借记卡给丈夫张卫军使用外，未向其他人提供，亦未向其他人泄露过该卡的密码。案发当时，卢力梅的银行卡由卢力梅自行保管，卢力梅也在东莞。一审法院认为：在银行卡交易中，银行应负有识别真实银行卡并提供安全的交易环境的义务。中行大朗支行作为涉案银行卡的发卡行，未能保障其银行卡的唯一识别性，应承担未正确识别伪卡导致资金损失的赔偿责任。同时，使用银行卡支取存款还需要正确的密码，而银行卡密码具有私密性和唯一性。卢力梅作为储户，应负有保障其密码安全并不被泄露的义务。中行大朗支行主张卢力梅保管密码不善导致密码外泄，应提出相应证据证明；而卢力梅作为银行卡的持有人，也应就其已尽到了妥善保管义务,以及密码系由于银行原因外泄提出相应的证据予以证明。但在本案中,双方当事人均未提出证据证明系对方的过错造成密码泄露,双方均应就密码泄露导致的损失承担相应的责任。法院依据双方当事人的过错程度,最终认定由中行大朗支行承担七成的赔偿责任、由卢力梅自行负担三成的损失。二审法院认为:借记卡的真实性与密码的唯一性是案涉交易能够进行的两个关键要素。首先,中行大朗支行或其委托的机构未能识别伪卡交易,应承担相应责任。其次,案涉交易能正常进行,可以推定案涉交易输入的密码是正确的。持卡人卢力梅具有妥善保管密码的义务,其对密码的泄漏亦应承担相应责任。故二审维持原判。

以上两起案件,均属因他人盗刷银行卡导致储户资金损失引起的纠纷。在案例一中,法院将"储户是否在保管密码事项上有过错"的举证责任分配给了银行,最终作出了银行对储户的全部损失负赔偿责任的判决。在案例二中,法院将该举证责任分配给了储户,最终做出了储户对损失负相应责任的判决。

法治的基本原则之一是法律面前人人平等。在司法活动中,同案同判就是这一原则的体现。以上两组案例表明,由于法律规则的滞后性或模糊性,不同的司法者在适用这些规则时形成了不同的认识,从而导致了"同案不同判"的后果。分别来看,每个案件中的司法者对相关法律规则的理解和适用都有一定道理,但是综合来看,这样的"同案不同判"就破坏了法律适用的统一,也就在国家整体的层面上破坏了司法公正。有些不熟悉司法工作的人以为,法院裁判是一件很容易的事情,因为法律都有明确规定,只要法官秉公执法就行了。其实不然。案件的情况是复杂多样的,法律的规定也有疏漏模糊之处,法官裁判时经常会遇到左右为难"法槌难落"的境况。我们认为,面对这类法律适用的难题,完善司法判例制度是合理的选择,因为司法判例制度的基本功能就是保证同案同判。换言之,保证在个案裁判中平等地实现司法公正就是判例制度之善。

## 二、关于司法判例制度的问卷调查

为了客观地评估和分析我国司法人员对判例制度的认知情况,我们于 2012 年 11 月至 2013 年 1 月在河南省、广东省、广西区、浙江省、福建省、湖北省、辽宁省、广东省、上海市等地向从事审判工作的法官进行了问卷调查,共收回有效问卷 1 542 份。我们将这些问卷的统计分析情况概述如下。

问题一:您从事审判工作的年限是?

选项:A.5 年以下;B.5 到 10 年;C.10 年以上。

在 1 542 份问卷中,1 人未作答,占 0.06%;从事审判工作 5 年以下的为 492 人,占 31.91%;从事审判工作 5 到 10 年的为 380 人,占 24.64%;从事审判工作 10 年以上为 669 人,占 43.39%(见图 11-1-1)。

问题二:您认为是否只在承认判例法的国家中才有判例?

选项:A. 是;B. 否。

在 1 542 份问卷中,2 人未作答,占 0.13%;323 人选"是",占 20.95%;1217 人选"否",占 78.92%(见图 11-1-2)。

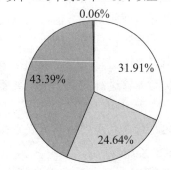

图 11-1-1　调查样本构成—审判工作年限

图 11-1-2　是否认为只在承认判例法的国家才有判例

问题三：您在审理案件时参照既往判决之案例的比例是多少？

选项：A.80%左右；B.50%左右；C.20%左右；D.无。

在 1 542 份问卷中，4 人未作答；151 人认为该比例为 80% 左右；477 人认为该比例为 50% 左右；758 人认为该比例为 20% 左右；148 人认为从未参照过既往判决。另外，1 人回答为"极个别"，1 人回答为"10% 以下"，2 人回答为"5%"（见图 11-1-3）。

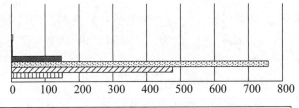

| | |
|---|---|
| 未作答 | 4 |
| 5%左右 | 2 |
| 10%左右 | 1 |
| 极个别 | 1 |
| 从未参照既往判决 | 148 |
| 20%左右 | 758 |
| 50%左右 | 477 |
| 80%左右 | 151 |

图 11-1-3　审理案件时照既往判决之案例的比例

**问题四**：如果您曾参照，您一般参照哪些法院的案例？

选项：A. 本法院的；B. 上级法院的；C. 所有法院的。

在 1542 份问卷中，单选 A 项的 215 人；单选 B 项的 736 人；单选 C 项的 480 人；同选 AB 的 82 人；同选 ABC 的 5 人；同选 BC 的 1 人；未作回答的 23 人。为便于说明，我们将多项选择的数据均加在具体选项上进行统计。即在 1 542 份问卷中：23 人未作答；选择"本法院的"为 302 人；选择"上级法院"的为 824 人；选择"所有法院的"为 486 人（见图 11-1-4）。

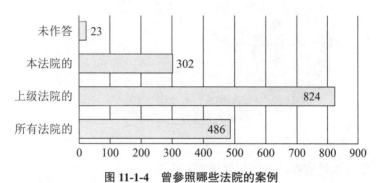

图 11-1-4　曾参照哪些法院的案例

**问题五**：如果您的判决参照了既往判决的案例，您是如何使用该案例的？

选项：A. 将该案例作为自己判决的依据；B. 将该案例作为自己判决的说理理由；C. 不作出任何说明。

在 1 542 份问卷中，单选 A 项的 126 人；单选 B 项的 534 人；单选 C 项的 863 人；同选 AB 的 2 人；同选 BC 的 1 人，未作回答的 16 人。为便于说明，我们将多项选择的数据均加在具体选项上进行统计。即在 1 542 份问卷中：16 人未作答；选择 A 项"将该案例作为自己判决的依据"的为 128 人；选择 B 项"将该案例作为自己判决的说理理由"的为 537 人；选择 C 项"不作出任何说明"的为 864 人（见图 11-1-5）。

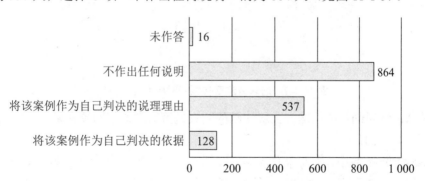

图 11-1-5　如何使用既往判决的案例

**问题六**：在您所审理的案件中，有多少当事人或律师曾提出应参照既往判决的案例？

选项：A.80% 左右；B.50% 左右；C.20% 左右；D. 无。

在 1 542 份问卷中，4 人未作答，占 0.26%；选"80% 左右"的为 104 人，占 6.74%；选"50% 左右"的为 349 人，占 22.63%；选"20% 左右"的为 933 人，占 60.51%；选

"无"的为142人,占9.21%。此外,在选项之外回答属于"不足10%"情况的为8人,占0.52%,其中回答为"1%""2%""3%""5%""10%"的各1人;回答为"10%以下"的1人;"2%～5%"的2人。另有回答为"有此情况,百分比未统计"的2人,占0.13%(见图11-1-6)。

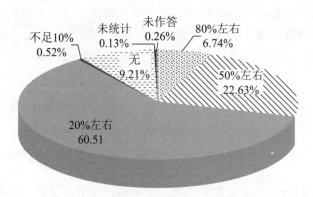

图11-1-6　有多少当事人或律师曾提出应参照既往判决的案例

问题七：您认为法官在裁判时应否遵循前例？

选项：A.应；B.否。

在1 542份问卷中,12人未作答,占0.78%;选"应"的为1 002人,占64.98%;选"否"的为515人;占33.40%。此外,认为"要看具体情况"的为13人,占0.84%(见图11-1-7)。

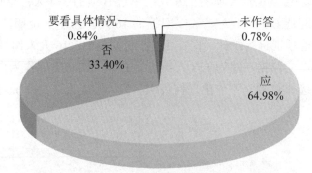

图11-1-7　您认为法官在裁判时应否遵循前例

问题八：针对同样的问题,上级法院的判决是否对您的裁判具有事实上的约束力？

选项：A.是；B.否。

在1 542份问卷中,4人未作答,占0.26%;选"是"的为1 109人,占71.92%;选"否"的为427人,占27.69%。另有回答"大部分是"的1人;占0.06%;回答"否,但有很大影响"的1人,占0.06%(见图11-1-8)。

问题九：英美法系国家的判例法只是司法判例制度的一种形式,大陆法系国家也有司法判例制度。您认为我们是否有必要建立中国式的司法判例制度？

选项：A.是；B.否。

在1 542份问卷中,4人未作答,占0.26%;选"是"的有1 218人,占78.99%;选"否"的有320人,占20.75%(见图11-1-9)。

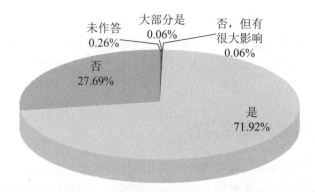

图 11-1-8　针对同样的问题，上级法院的判决是否对您的裁判具有事实上的约束力

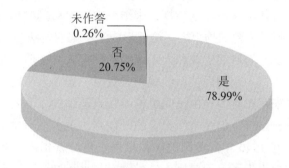

图 11-1-9　您认为我们是否有必要建立中国式的司法判例制度

问题十：您认为现行的案例指导制度对您的审判工作有多大作用？

选项：A. 很大；B. 一般；C. 很小。

在 1 542 份问卷中，2 人未作答，占 0.13%；选"很大"的有 646 人，占 41.89%；选"一般"的有 676 人，占 43.84%；选"很小"的有 218 人，占 14.14%（见图 11-1-10）。

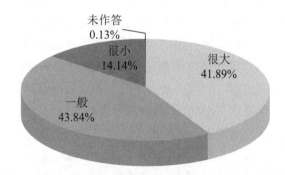

图 11-1-10　您认为现行的案例指导制度对您的审判工作有多大作用

以上统计结果表明，大多数调查对象（78.92%）认为非判例法国家中也存在判例，而且绝大多数调查对象（90.14%）在其审理案件时曾经参照过既往的判决，其中参照最多的是上级法院的判决，但多数调查对象选择"沉默式"参照，即不在裁判中作出相关的说明。另外，绝大多数调查对象（90.53%）在审判案件的过程中都曾遇到当事人或律师提出应当参照既往判决的情况。多数调查对象（64.98%）认为司法裁判应该遵循前例；大多数调查对象（71.98%）承认上级法院的既往判决对其裁判具有事实上的拘束力。

大多数调查对象（78.99%）赞成建立具有中国特色的司法判例制度，但多数调查对象（57.98%）认为我国现行的案例指导制度对其审判工作的作用为"一般"或"很小"。以上数据在一定程度上反映了我国司法人员对判例制度的认知和态度，说明我国近年推行的案例指导制度已经取得一定成效，但也存在缺陷，仍需改进和完善。

## 三、我国司法判例制度的完善

判例是法院的既往判决，其形式是一个个具体的案例，其内涵是适用法律的裁判要点和理由。虽然所有既往判决都具有成为判例的潜质，但是只有当既往判决作为后续相关性裁判之规范时，它们才成为判例。而既往判决对后续裁判的规范作用主要体现于前判对后判的拘束力。有些国家通过法律规定来维系前判对后判的拘束力，有些国家则通过司法习惯来维系前判对后判的拘束力。这就形成了不同的司法判例制度。

司法判例制度可以分为自然生成和人工选编两种模式。在前一种模式下，法院的所有既往判决都可以直接作为判例而被后续裁判者援引，无须人工的筛选和编辑，譬如英国。虽然英国长期以来存在着多种由民间机构或私人选编的作为判例发表形式的"法律报告"（The Law Reporting），但是未经报告的既往判决至少在理论上也可以作为判例在后续审判中援引。早在 1940 年，英国的法律报告委员会就指出，英格兰法之所以为英格兰法，不是因为它被报告了，而是因为它被法官如此判决过。[1] 诚然，允许援引未经报告之判决会增加律师、法官的工作量，但无论是法学理论界还是司法实务界对此均无实质性异议。在德国，虽然法律规定只有联邦宪法法院的判例具有正式的拘束力，但是判例可以包括与待判案件可能相关的所有先前裁判。[2] 从这个意义上说，作为判例使用的裁判既可以是本法院的裁判，也可以是上级法院的裁判，甚至是其他与其没有管辖关系的法院的裁判。[3]

在后一种模式下，既往判决必须经由一定的机构按照一定的程序筛选乃至编辑加工之后才能作为判例，譬如我国台湾地区。作为具有大陆法系传统的台湾地区，虽然以成文法为法律的主要渊源，但是判例也在司法实践中发挥重要作用，可以作为法官在具体案件中裁判的依据。台湾地区"法院组织法"第 57 条就对判例的选编主体和程序以及判例的变更作出了明确的规定，只有"最高法院"和"最高行政法院"具有判例的制定权和变更权。正如台湾学者所指出的，"判例乃'最高法院'（或行政法院）裁判所持之法律见解，认有编为判例之必要者，在经由一定程序后，选编而成者……"我国大陆地区现行的司法判例制度也属于人工选编的模式。

我国在半个多世纪内之所以未能建立司法判例制度，除了认识和观念上的原因之外，还因为法院的裁判文书不够公开以及前案判决意见对后案裁判的拘束力不够明确。

---

[1] 参见英格兰威尔士法律报告委员会 1940 年的报告，转引自 Michale Zander, *The Law-Making Process*, 6th edition, Cambridge: Cambridge University Press, 2004, p. 311.
[2] 参见 Robert Alexy and Ralf Dreier, Precedent in the Federal Republic of Germany, in D. Neil MacCormick/Robert S. Summers, *Interpreting Precedents: A Comparative Study*, Ashgate 1997, p. 23.
[3] 参见最高人民法院课题组：《关于德国判例考察情况的报告》，载《人民司法》2006 年第 7 期。

多年来，我国的司法机关和法律学者编纂过多种多样的案例汇编。例如，《最高人民法院公报》自1985年创刊开始就会筛选公布典型性案例；1992年，最高人民法院中国应用法学研究所开始编著《人民法院案例选》丛书；同年，中国高级法官培训中心（现国家法官学院）和中国人民大学法学院开始编著《中国审判案例要览》；自2001年起，最高人民法院相关庭室开始编著《中国审判指导丛书》；2003年，人民法院出版社出版了《中华人民共和国最高人民法院判案大系》丛书，由时任最高人民法院院长的肖扬担任主编；最高人民法院机关刊《人民司法》自2007年1月开始，改为半月刊，每下半月出版的《人民司法·案例》公布典型案例。然而，这些选编的案例对法官裁判并没有拘束力，只是学习研究的参考资料而已。

2005年，最高人民法院制定的《人民法院第二个五年改革纲要》第13条提出："建立和完善案例指导制度，重视指导性案例在统一法律适用标准、指导下级法院审判工作、丰富和发展法学理论等方面的作用。最高人民法院制定关于案例指导制度的规范性文件，规定指导性案例的编选标准、编选程序、发布方式、指导规则等。"2010年，我国的公检法机关开始推行"案例指导工作"。7月30日，最高人民检察院发布了《关于案例指导工作的规定》。9月10日，公安部发布了《关于建立案例指导制度有关问题的通知》。11月26日，最高人民法院发布了《关于案例指导工作的规定》。这些举措推进了我国司法判例制度的建立，具有很强的指标性意义。

2011年12月20日，最高人民法院发布了第一批4个指导性案例，引起了社会的广泛关注。迄今为止，最高人民法院发布了五批22个指导性案例，其中民事案件11个，海事案件1个，刑事案件6个，行政案件4个。最高人民法院发布的指导性案例，来源于各高级人民法院的推荐报送，并经最高人民法院审判委员会讨论通过。在所发布的指导性案例的正文中，包括"关键词""裁判要点""相关法条""基本案情""裁判结果""裁判理由"几个部分。根据《关于案例指导工作的规定》，这些指导性案例是最高人民法院为统一法律适用而按照一定程序在全国各审级法院生效判决中选取编发的，而且在今后的裁判中具有"应当参照"的效力。

这种以最高法院发布的指导性案例为代表的司法判例制度确实很有中国特色，但是也存在一些问题。首先，指导性案例虽然是最高法院精选后发布的，但并不都是最高法院自己审理的案件，其中有些案件甚至是基层法院审理的。下级法院审理的案件经过最高法院发布之后便作为比审理该案之法院的级别更高之法院的"指导"，这种带有"上级法院遵从下级法院"意味的案例指导制度似乎有违司法判例制度的原理。其次，这些指导性案例是最高法院"制作"或"改编"的，并非"原汁原味"的判决。虽然这种做法可以实现指导性案例格式的统一化并可能提高指导性案例的水平，但是似乎不太符合司法判例的生成规律。再次，"指导性案例"的效力定位也不够明确，其关键词语的选用就谨慎得近乎犹豫。"指导"一词显然不能体现作为司法判例制度之灵魂的"前判对后判的拘束力"。虽然"应当"一词带有刚性规则的色彩，但是"参照"一词又使之柔弱乏力了。最后，最高人民法院发布的指导性案例的数量太少，很难满足司法实践中对于判例制度的需求。与立法相比较，判例的优势就在于数量众多和细致入微。但是在两年多的时间内，最高人民法院仅仅发布了22个指导性案例，涉及的法律问题也不够广泛，难怪上述问卷调查的多数对象都认为这项制度的实际效果差强人意。

综上所述，当下中国的司法判例制度还需要改进与完善。笔者的具体建议如下：第一，扩大发布指导性案例的主体，增加指导性案例的数量。这可以采取分步骤的方式，逐渐把发布指导性案例的主体扩大到高级人民法院和中级人民法院，而且把指导性案例转变为各发布法院自己审理的案件。第二，明确指导性案例的拘束力，建立以管辖权和审级为基础的保障机制。例如，同一个法院先前的判决意见应该对后案的裁判具有拘束力，上级法院的判决意见应该对下级法院的裁判具有拘束力，而拘束力的维系主要依靠上诉审的制度。这就是说，某个法院的裁判违反了先前具有拘束力的判例，当事人就可以提出上诉，上诉审法院就可以推翻原判。第三，制定指导性案例的援引规则，规范法官在裁判中援引判例的行为。既然法官在裁判时采用了既往判决中对法律的适用意见，那就应该在裁判文书中有所体现。这既是维护法制统一的要求，也是维护诉讼当事人权益的要求。第四，探索建立指导性案例冲突的解决机制，以达到指导性案例之间的协调，并明确法官在面对多个具有拘束力的指导性案例时该如何适用。第五，加强裁判文书写作的规范化，应尽力避免裁判文书的"不说理"以及论证不充分现象，因为对于后继案件来讲，既往判决的价值往往蕴含在其判决理由之中。第六，完善法院判决的发表制度，加强司法判例数据库的建设。2013年11月13日，最高人民法院审判委员会通过了《最高人民法院关于人民法院在互联网公布裁判文书的规定》，该规定将于2014年1月1日起施行。根据该规定，除特殊情况外，各级人民法院的生效裁判文书应当在互联网上公布。裁判文书的公开检索为司法判例制度的进一步发展奠定了基础。总之，中国的司法判例制度已有良好开端，但欲尽其善，尚任重道远。

张晶，天津商业大学讲师，法学博士。本节内容以《法律适用之难与判例制度之善》为题发表于《法律适用》2014年第6期，收录本书时有改动。

## 第二节　我国数字社会正义的实现

房保国

随着数字化时代的到来，数字治理和数字正义成为重要的研究课题。当前存在数字治理不公问题，数字正义面临技术难题、数据鸿沟、算法歧视、隐私保护、数字身份和监管难度等困难和挑战，需要采取针对性的措施，保障公民的合法权益，实现数字化时代的公正和公平。

什么时候我们才能真正明白，这个世界上并不存在少数人所希冀的百分之百的公正，我们能做的是尽量消除这些不公正，实现"矫正正义"。

——马蒂亚·森（Amartya Sen）：《非正义的理论》

随着科技的快速发展，我们正在迈入数字社会。数字治理是指利用数字技术对社会发展进行管理和规范，随着数字化技术的不断发展和应用，数字治理已经成为社会治理的重要组成部分。而数字正义（Digital Justice）则是指在数字技术的开发和应用过程中，保障公民的权益和利益，实现公正和公平。数字治理和数字正义相互促进，数字正义是数字治理的核心价值。

## 一、数字治理中的不公问题

### （一）数字治理的广泛应用

数字治理是一种将现代数字化技术与治理理论融合的新型治理模式，通过数字技术赋能政府、优化治理，提升人民群众在数字时代的获得感、幸福感和安全感。数字治理通常包括大数据、人工智能等技术，以及数字化平台、数字化应用等工具，旨在提高治理效率、优化公共服务、促进经济发展等方面发挥重要作用。

数字治理具有广泛的应用领域，如下述场景。

第一，智慧城市：数字治理可以通过数字化技术，优化城市管理、提高城市服务水平，打造智慧城市。比如，通过数字化平台，实现城市资源的智能化配置，提高城市交通、环保、安全等方面的管理效率。

第二，公共卫生：数字治理可以通过数字化技术，实现疫情监控、健康管理等方面的智能化，提高公共卫生服务水平。比如，通过数字化平台，实现疫情信息的实时共享和交流，提高疫情的防控效果。

第三，社会治理：数字治理可以通过数字化技术，实现社会问题的精准识别和分析，提高社会治理的精准性和效果。比如，通过大数据分析，实现对社会问题的精准研判和预警，提高社会治理的预见性和针对性。

第四，经济发展：数字治理可以通过数字化技术，促进数字经济的发展，带动产业升级和转型。比如，通过数字化平台，实现企业信息的实时共享和交流，提高企业的竞争力和市场占有率。

第五，教育文化：数字治理可以通过数字化技术，优化教育文化服务，提高教育文化的发展质量和效益。比如，通过数字化平台，实现优质教育资源的共享和交流，促进教育公平和文化多样性的发展。

第六，环境保护：数字治理可以通过数字化技术，实现环境监测、污染治理等方面的智能化，提高环境保护服务水平。比如，通过数字化平台，实现环境数据的实时监测和分析，提高环境保护的预见性和针对性。

数字治理的具体实践包括：（1）数字化平台建设。建立数字化平台，整合各部门、各行业的数据资源，实现数据共享和信息交流，提高治理效率和服务质量。（2）数字化应用开发。根据实际需求，开发数字化应用，例如移动应用、在线服务等，方便公众获取信息和办理业务，提高公共服务的便捷性和高效性。（3）数据共享和开放。通过数据共享和开放，促进数据的流通和利用，挖掘数据的潜在价值，为政府决策和社会发展提供支持。（4）数字化监管和评估。利用数字化技术，实现对政府部门的监管和评估，提高政府工作的透明度和公信力，促进政府与公众的互动和沟通。

数字治理的意义在于：(1) 提高治理效率。数字技术的应用可以大大提高治理效率，减少人力成本，提高决策的科学性和准确性。(2) 优化公共服务。数字化平台和应用可以提供更加便捷、高效、个性化的公共服务，满足公众的需求。(3) 促进经济发展。数字治理可以促进数字经济的发展，带动产业升级和转型，提高经济发展的质量和效益。(4) 增强社会参与。数字化平台和应用可以增强社会参与度，促进社会互动和交流，提高社会的和谐度和稳定性。(5) 实现精准治理。数字治理可以通过数字化技术，实现对社会问题的精准识别和分析，提高治理的精准性和效果。(6) 降低管理成本。数字治理可以通过数字化技术，优化管理流程，减少人力成本和管理成本。(7) 提高数据安全性。数字治理可以通过数字化技术，提高数据的安全性和保密性，保障公众的信息安全和隐私权益。

总之，数字治理具有提高治理效率、优化公共服务、促进经济发展、增强社会参与、实现精准治理、降低管理成本和提高数据安全性等优势，是一种新型的治理模式，正在被越来越多的政府和组织所采用。

### （二）数字治理不公的危害

数字治理给人们带来极大的便利的同时，也会存在不公问题，也会产生一定的危害后果：(1) 社会不公和信任危机。数字治理不公，可能导致社会不公和信任危机。数字平台可能会滥用用户数据，侵犯用户隐私，这会对用户的个人信息安全和隐私造成威胁。同时，如果数字治理不公，公众对数字治理的公正性和公平性产生怀疑和不信任，那么数字治理的公信力就会下降，这会对数字治理的实施和效果产生负面影响。(2) 市场垄断和不正当竞争。数字治理不公，可能导致市场垄断和不正当竞争。一些数字平台可能会利用自身的优势地位进行不正当竞争，操纵市场价格或排挤竞争对手，这会对市场竞争和消费者利益造成损害。同时，也可能导致创新受阻，数字治理的不公问题可能会对创新和发展造成负面影响。(3) 数字鸿沟扩大。数字治理不公，可能导致数字鸿沟扩大。一些人可能享受到数字技术的便利和效益，而另一些人则可能无法享受到这些好处，这会导致社会不平等问题的加剧。同时，这也可能导致数字技术的普及和应用受到限制，对经济发展和社会进步产生阻碍。(4) 国家安全和主权受到威胁。数字治理不公，可能导致国家安全和主权受到威胁。一些数字平台可能对国家的政治、经济、文化等方面产生负面影响，甚至可能对国家的安全和主权造成威胁。因此，数字治理中的不公问题需要得到重视和有效解决，以确保数字技术的普及和应用能够更好地服务于经济和社会的发展。同时，也需要加强数字治理的监管和管理，建立健全的数字治理机制和法律法规，以保障公众的利益和权益。

在评估数字治理中的不公问题时，需要注意以下几点：首先，评估的客观性和公正性。评估数字治理中的不公问题需要保证客观性和公正性，避免主观臆断和偏见影响评估结果。其次，数据来源的可靠性和准确性。评估数字治理中的不公问题需要保证数据来源的可靠性和准确性，以便得出更加准确和客观的评估结果。再次，评估方法的科学性和可行性。评估数字治理中的不公问题需要采用科学、可行、有效的评估方法，以便得出更加准确、客观、全面的评估结果。最后，评估结果的可解释性和可操作性。评估数字治理中的不公问题需要保证评估结果的可解释性和可操作性，以便为相关决策提供科学依据和指导。

数字治理不公的来源有很多方面。（1）技术原因：数字治理涉及技术的应用和推广，而技术的应用和推广本身就存在着不公问题。例如，数字技术的普及和应用存在着差异，一些地区、群体和行业可能无法享受到数字技术的便利和效益。（2）制度原因：数字治理的制度和政策不完善，缺乏有效的监管和管理机制，导致一些人或企业能够通过不正当手段获取利益，或者通过操纵市场价格等手段进行不正当竞争，造成市场垄断和不公问题的出现。（3）利益关系：数字治理涉及利益关系的调整和平衡，而不同的人和企业之间的利益关系是复杂和多样化的。一些人或企业可能出于自身利益的考虑，采取不正当手段来获取利益，或者通过抵制改革等手段来维护自己的既得利益，从而导致数字治理的不公问题。（4）社会认知：数字治理的实施需要公众的参与和支持，而公众对数字治理的认识和理解程度也会影响数字治理的实施效果。如果公众对数字治理缺乏了解和信任，或者对数字治理的效果持怀疑态度，就可能导致数字治理的不公问题的出现。

## 二、数字正义面临的问题

数字正义是指人类发展到数字社会对公平正义更高水平的需求的体现，是数字社会司法文明的重要组成部分，是互联网司法的最高价值目标。它以保护数字社会主体合法权益为出发点，以激励和保护数字经济依法有序发展为原则，以互联网司法模式的深度改革和高度发展为保障，以多方联动的数字治理为手段，以满足数字经济高质量发展对司法的新需求、规范数字空间秩序和数字技术应用伦理、消减因数字技术发展带来的数字鸿沟，进而实现数字社会更高水平的公平正义为目标。

### （一）数字正义的影响

数字正义对数字社会的影响主要体现在以下几个方面。

#### 1. 保障公民权益

数字正义是保障公民在数字社会中权益的重要手段。随着互联网和数字技术的快速发展，人们在数字空间的活动越来越频繁，数字空间中的权益也越来越重要。数字正义通过规范数字空间秩序和保障公民合法权益，为数字社会的稳定和健康发展提供了基础保障。

#### 2. 促进数字经济发展

数字正义是促进数字经济发展的重要因素。在数字社会中，数据成了一种重要的生产要素，而数据的获取、使用和保护都需要遵循一定的规则和原则。数字正义通过规范数据的获取、使用和保护等行为，为数字经济的发展提供法律保障和制度支持。

#### 3. 推动数字治理创新

数字正义是推动数字治理创新的重要动力。随着数字社会的不断发展，传统的治理模式已经无法适应数字时代的需求，需要不断创新和完善。数字正义通过引入互联网技术和在线诉讼规则等新型制度，推动了数字治理的创新和发展，提高了治理效率和公正性。

#### 4. 增强社会信任

数字正义是增强社会信任的重要途径。在数字社会中，人们之间的相互信任是维护社会稳定和促进经济发展的重要因素之一。数字正义通过保障公民权益、促进数字经济发展和推动数字治理创新等手段，增强了社会信任，为数字社会的稳定和健康发展提供了有力支持。

近年来，数字正义的具体实践案例有很多，具体可参见以下：

案例一　徐玉玉案：2016 年，徐玉玉因被电信诈骗导致心脏骤停不幸离世。该案引发了社会对电信诈骗和网络安全问题的关注，推动了相关部门对电信行业监管和法律制度的完善。

案例二　杭州健康码：2020 年初，杭州市政府推出了健康码系统，通过数字化手段对市民的出行和健康状况进行管理。该系统在保障市民的健康和出行安全方面发挥了重要作用，也为数字化治理提供了成功的案例。

案例三　赵泽良诉百度案：2016 年，学者赵泽良因发现"百度推广"以 1 000 元的价格出售"雅礼中学吧"吧主管理权而起诉百度。该案引发了社会对网络平台管理和权益保障的关注，推动了相关法律的完善。

案例四　快播传播淫秽物品牟利案：快播公司在其平台上大规模传播淫秽物品，给社会带来严重危害。该案引发了社会对网络平台内容和监管问题的关注，推动了相关部门对网络平台的监管和法律的完善。

案例五　魏则西事件：2016 年，大学生魏则西因在百度搜索上看到"武警北京总队第二医院"能够治疗癌症，但实际治疗无效导致死亡。该事件引发了社会对网络平台信息真实性和监管问题的关注，推动了相关部门对网络平台的管理和法律的完善。

这些案例都是数字正义的具体实践，它们通过不同的方式保障了公民的权益和利益，推动了数字治理的创新和发展。

### （二）数字正义的原则

数字正义要坚持以下几个原则。

#### 1. 尊重和保护人权

数字正义要求尊重和保护每个人的基本人权，包括言论自由、信息自由、隐私权等。在数字社会中，人们的个人信息和数据被广泛收集和使用，因此，数字正义要求规范数据的获取和使用，保障公民的合法权益。

#### 2. 平等和无歧视

数字正义要求在数字社会中实现平等和无歧视。这意味着每个人应该享有平等的权利和机会，不因种族、性别、社会经济地位等因素而受到歧视。

#### 3. 公开和透明

数字正义要求公开和透明。在数字社会中，信息的传播和获取变得异常便捷，因此，政府和企业应该公开其政策和决策，让公众了解其运作和行为。

#### 4. 尊重知识产权

数字正义要求尊重知识产权。在数字社会中，知识产权的保护变得尤为重要。因此，数字正义要求规范数据的获取和使用，保障知识产权所有者的合法权益。

5. 保障网络安全

数字正义要求保障网络安全。在数字社会中，网络安全是保障公民权益的重要方面之一。因此，数字正义要求政府和企业采取措施保障网络安全，防止黑客攻击和网络犯罪。

6. 合作和包容

数字正义要求合作和包容。在数字社会中，各种利益相关者之间需要合作和协调，以实现共同的目标和利益。同时，数字正义也要求包容不同的观点和利益诉求，以实现社会的公正和平等。

### （三）数字正义面临的挑战

当前数字正义面临着多方面的挑战和困难，主要包括以下几个方面。

第一，技术难题：数字技术发展迅速，而相关的法律、制度等调整则相对滞后。这导致了一些技术应用在实践中存在合法性和合规性的问题，例如数据隐私保护、算法公平性、人工智能的伦理等。

第二，数据鸿沟：数字技术的发展导致了数据资源日益重要，但同时也造成了数据鸿沟。一些人能够获得更多的数字资源，而另一些人则可能被排除在外，这加剧了社会的不平等。

第三，算法歧视：算法的设计和使用可能存在偏见和歧视，例如在人工智能的决策过程中可能存在性别、种族、民族等偏见。算法歧视问题的根源可以包括以下几个方面。

（1）数据偏差：算法训练和验证所使用的数据集可能存在偏差，导致算法在某些特定人群上表现不佳。数据偏差可能是由于数据收集过程中的偏见、数据来源的局限性或其他因素造成的。

（2）模型偏差：算法模型可能存在偏差，导致在某些特定人群上表现不佳。模型偏差可能是由于算法设计过程中的偏见、模型本身的局限性或其他因素造成的。

（3）偏见编码：算法可能存在偏见编码，导致在某些特定人群上表现不佳。偏见编码可能是由于算法设计者或使用者的偏见、文化背景或社会环境等因素造成的。

（4）人为因素：算法设计者或使用者可能存在偏见，导致算法在某些特定人群上表现不佳。人为因素可能包括个人的文化背景、价值观、经验等，这些因素可能影响算法的设计和使用过程。

（5）数据和模型的滥用：利用数据和模型来维护和加深现有的社会歧视。这可能是由于利益驱动、意识形态等原因造成的，也可能是由于缺乏监管和监督机制导致的。

（6）数据和模型的缺陷：由于缺少数据或模型并不能完全反映复杂的社会现实，因此会导致歧视。这可能与数据的质量、完整性、多样性等因素有关，也可能与模型的设计、训练和使用过程有关。

需要注意的是，算法歧视问题的根源可能不是单一因素，而是多个因素相互作用的结果。此外，不同国家和地区的算法歧视问题也可能存在差异，与当地的社会文化、政策法规等因素有关。

第四，隐私保护：数字技术使得个人信息的收集和使用更加普遍，但这也带来了隐私保护的问题。如何在保证个人信息合理利用的同时，防止个人信息被滥用和侵犯，是亟待解决的问题。

第五，数字身份：数字技术的发展使得数字身份成为越来越重要的身份标识，但这也带来了数字身份的认同和安全问题。如何保证数字身份的安全和可信，防止数字身份被盗用和滥用，也是需要解决的问题。

第六，监管难度：数字技术的复杂性和快速变化性使得监管难度加大。如何制定有效的法律法规和监管措施，以保障数字正义的实现，是具有挑战性的问题。

## 三、如何实现数字正义

数字正义的实现需要政府、企业和社会各方面的共同努力，应当建立完善的法律体系、强化政府的监管职责、促进企业的社会责任、加强公众教育和舆论引导、建立多方参与的治理机制等综合措施。只有这样，才能保障公民的合法权益，实现数字化时代的公正和公平。

### 1. 要完善数字法律法规

制定适应数字时代的法律法规，对数字犯罪、网络安全、个人信息保护等方面进行规范，确保数字社会的安全和秩序。

### 2. 要确立数据权属及保护规则

明确数据的所有权、使用权、经营权、收益权等权利，以及数据的类型化、确权、采集、共享、分析处理、分级保护、跨境流通等问题，为数据治理提供制度规范和裁判规则。具体可以从以下几方面着手。

（1）明确数据的所有权。数据的所有权是数据权益的核心，需要明确数据的所有权归属于哪一方。在个人数据方面，个人数据的所有权应该归属于个人，但在某些情况下，个人数据可能会被授权给其他方使用。

（2）规定数据的保护规则。数据的保护规则包括数据的保密性、完整性、可用性和可追溯性等方面。在数字时代，数据的保护至关重要，需要制定相应的规则来确保数据的保护。

（3）建立数据共享机制。在很多情况下，数据需要被共享和利用，才能发挥其最大的价值。因此，需要建立数据共享机制，明确数据共享的规则和流程，促进数据的流通和利用。

（4）规定数据的责任和义务。在数据的产生、使用、传播和处置过程中，各方都有相应的责任和义务。需要明确各方的责任和义务，以保障数据的权益和安全。

（5）建立数据纠纷解决机制。在数据的产生、使用、传播和处置过程中，可能出现各种纠纷。需要建立相应的纠纷解决机制，明确纠纷解决的方式和流程，保障各方的合法权益。

### 3. 实现数据的可追溯性

数据可追溯性的实现需要从数据的收集、存储和使用等方面入手。具体包括以下内容。

（1）收集数据时记录来源和时间。收集数据时，需要记录每个数据的来源和时间，以便后续的追溯。

（2）存储数据时保留原始状态。存储数据时，应该尽可能保留数据的原始状态，包括数据的格式、内容、时间戳等，以便后续的追溯和分析。

（3）使用数据时注明用途和时间。使用数据时，需要注明数据的用途和时间，以便后续的追溯和审计。

（4）建立数据字典和元数据管理系统。数据字典和元数据管理系统可以帮助组织对数据进行分类、命名、定义和其他属性描述，方便后续的追溯和分析。

（5）采用版本控制工具。版本控制工具可以帮助记录数据的修改历史，包括修改时间、修改者、修改内容等，方便后续的追溯和审计。

（6）建立数据质量管理体系。数据质量管理体系可以帮助评估和管理数据的质量，包括数据的完整性、准确性、一致性等方面，从而提高数据的可追溯性。

（7）采用数据可视化工具。数据可视化工具可以帮助以图表、图像等形式展示数据，从而更好地理解数据的分布和关系，提高数据的可追溯性。

#### 4. 经常数据清洗

数据清洗的主要对象是数据，包括数据的完整性和一致性等。它涉及发现并纠正数据文件中可识别的错误，包括检查数据一致性，处理无效值和缺失值等。具体来说，数据清洗包括以下方面。

（1）纠正数据中的错误。数据中的错误可能包括拼写错误、格式错误、重复数据等。数据清洗需要识别并纠正这些错误，以确保数据的准确性。

（2）处理缺失值。在数据中，有些字段可能没有值，数据清洗需要处理这些缺失值，以避免对数据分析造成影响。

（3）删除重复数据。在数据中，有些记录可能重复出现，这可能对数据分析造成干扰。数据清洗需要删除这些重复数据，以确保数据的唯一性和准确性。

（4）转换数据格式。在数据中，有些字段的格式可能不正确，或者不符合数据分析的要求。数据清洗需要将这些字段转换为正确的格式，以确保数据的可读性和可分析性。

（5）补充遗漏的数据。在数据中，有些字段可能遗漏了某些值。数据清洗需要补充这些遗漏的值，以确保数据的完整性和准确性。

总之，数据清洗是数据处理过程中的一个重要环节，它能够提高数据的准确性和可读性，为后续的数据分析提供更好的保障。

#### 5. 确保算法的公正性

确保算法的公正性是避免算法歧视的重要方面。以下的一些方法可以促进算法的公正性。

（1）建立公正的数据集。在算法训练和验证过程中，使用公正和无偏的数据集。数据集应该来自多个来源，并且涵盖不同的群体和特征，以减少数据偏差对算法公正性的影响。

（2）避免数据过拟合。在算法训练过程中，要避免数据过拟合。过拟合是指算法在训练数据上表现很好，但在测试数据上表现不佳的现象。为了减少过拟合的风险，可以使用正则化、交叉验证等技术来评估算法的泛化能力。

（3）实现透明性和可解释性。算法应该具备透明性和可解释性，使得人们能够理解和解释算法的决策过程。通过提供算法的输入、输出和决策逻辑的详细说明，帮助人们更好地理解算法的运作方式，从而增加对算法的信任和接受度。

（4）验证算法的公正性。在算法设计和实施过程中，要充分考虑算法的公正性。通过使用公正性指标对算法进行评估和验证，确保算法在处理不同群体时具有一致的表现。同时，可以采用多样化的测试方法，对算法在不同场景下的表现进行全面验证。

（5）引入多方参与和监管。在算法设计过程中，邀请不同领域专家、利益相关者和用户参与讨论和审查，确保算法的公正性和合理性。同时，建立有效的监管机制，对算法的设计、实施和应用进行监督和管理，及时发现并纠正偏见问题。

验证算法公正性的具体方法包括以下几种。

（1）边界条件测试。边界条件是指输入的极端情况，例如输入规模为0、最大值或最小值等。通过测试这些边界条件，可以验证算法在这些特殊情况下的表现，以评估算法的公正性。

（2）随机抽样测试。随机选择多个数值分别进行测试，观察算法在不同样本上的表现。如果结果符合预期，则此算法基本无误。

（3）使用多个数据集进行训练和验证。使用多个数据集进行训练和验证，可以避免数据集偏差对算法公正性的影响。每个数据集都应该来自不同的来源，涵盖不同的特征和群体，以确保算法在处理不同群体时具有一致的表现。

（4）评估算法的鲁棒性。算法的鲁棒性是指算法在面对异常输入或干扰时的表现。通过测试算法在不同类型的数据集上的鲁棒性，可以评估算法的公正性。

（5）对比其他算法。将所提出的算法与其他相关算法进行对比，以评估算法的公正性。如果所提出的算法在性能指标上与其他算法相当或更好，且没有表现出明显的偏见，则可以认为该算法具有较好的公正性。

（6）建立公正性指标。建立公正性指标是评估算法公正性的重要方法之一。这些指标可以包括准确性、召回率、F1得分等，用于衡量算法在不同类别上的性能表现。通过比较不同类别上的性能指标，可以评估算法是否具有偏见。

（7）引入外部专家或利益相关者参与评估。邀请外部专家或利益相关者参与评估算法的公正性，可以增加对算法的信任和接受度。这些专家或利益相关者可以提供独立的意见和建议，帮助改进和优化算法的设计和实施。

总之，验证算法公正性的具体方法多种多样，可以根据不同的应用场景和需求选择合适的方法。通过综合使用这些方法，可以有效地评估和验证算法的公正性，确保算法在处理不同群体时具有一致的表现，并减少对个人权利、社会公平和道德伦理的侵犯。

### 6. 加强伦理审查

伦理审查在数字技术中的作用主要是确保数字技术的安全性和可靠性，保障人们的合法权益和尊严。在数字技术的研究和应用过程中，伦理审查是一个非常重要的环节。它通过对数字技术的安全性、合理性和道德性进行审查和评估，确保数字技术在应用过程中不会给人们带来安全风险、隐私泄露、不公平待遇等问题。具体来说，伦理审查可以包括以下几个方面。

（1）安全性审查：对数字技术的安全性和可靠性进行审查和评估，确保数字技术在应用过程中不会给人们带来安全风险和隐私泄露等问题。

（2）合理性审查：对数字技术的合理性和科学性进行审查和评估，确保数字技术在应用过程中符合社会伦理和道德标准，保障人们的合法权益和尊严。

（3）道德性审查：对数字技术的道德性和人文性进行审查和评估，确保数字技术在应用过程中尊重人权，遵守公正、透明等原则，避免数字技术的滥用和误用。

伦理审查的目的是保障人们的合法权益和尊严，促进数字技术的健康、可持续发展。通过伦理审查，可以避免数字技术在应用过程中出现不可预测的后果和风险，保障人们的生命财产安全和社会稳定。同时，也可以提高数字技术的可信度和公信力，促进数字技术在各个领域的应用和发展。

**7. 建立健全数据的质量管理体系**

数据质量管理体系的不断完善需要从以下几个方面入手。

（1）制定数据质量标准。数据质量标准包括数据的完整性、准确性、一致性、唯一性等方面。这些标准可以基于组织业务需求和数据使用场景来确定，也可以参考行业标准和国际标准确定。

（2）在制定数据质量标准的基础上，建立数据质量管理体系，包括数据的采集、处理、存储和使用等环节。管理体系应明确各环节的责任和分工，确保数据的正确性、可靠性、可用性和可追溯性。

（3）设立数据质量管理机构。专门的数据质量管理机构或团队，负责监督和执行数据质量管理体系。该机构或团队应具备相应的技术能力和管理权限，能够进行数据质量检查、评估、清洗和纠正等工作。

（4）提高分析团队的数据素养和技能水平。使其能够更好地理解和使用数据。培训团队成员要了解数据的来源、处理过程、分析方法和结果解释等，以提高数据的可追溯性和可靠性。

（5）建立数据质量监控机制。通过建立数据质量监控机制，对数据进行实时监测和评估，及时发现和解决数据质量问题。监控机制应包括数据质量检查、数据清洗、数据纠正等方面的内容。

（6）持续改进和优化数据质量管理体系。数据质量管理体系不是一成不变的，而是需要不断改进和优化的。实践中有必要定期评估数据质量管理体系的有效性和适用性，根据业务变化和数据使用需求进行调整和优化。

除上述几点，还要建立健全反垄断制度，消除数字利维坦以及由此带来的数字强权结果，消减资本聚集效应，防止互联网企业利用自身优势侵犯公民的权益。完善司法保障机制，拓展权利救济渠道，丰富权利实现和恢复的保障机制，加强对数字弱势群体的权益保障。完善社会福利制度，如建立数字能力培训制度体系。建立全面的算法规制和评估机制，加强算法的伦理和法律审查和评估，增强算法的透明性和可监测性，并制定针对算法黑箱、算法歧视、算法违法行为的惩戒机制。推动公共参与，政府应该通过各种渠道，让公众了解数字正义的重要性和实现方式，鼓励公民参与数字治理，发挥公众的智慧和力量，共同推动数字正义的实现。

## 四、数字正义的发展趋势

数字正义未来发展趋势，可能表现在以下几个方面。

**1. 数字化转型和智能化发展**

随着数字技术的不断进步，法院体系的信息化建设也将不断深化。未来，数字正义将更加依赖于数字化和智能化技术，例如大数据分析、人工智能等，以提升司法效率、优化资源配置、提高司法公正性。

**2. 深度融合产业应用**

数字正义将与产业应用深度融合，共同培养具备先进科技知识和实践能力的专业人才，推动数字正义领域的发展。这种融合有助于更好地实现司法公正和社会公平。

**3. 保障公民权益**

随着数字技术的发展，对取证数字技术滥用、侵犯公民隐私权等问题的担忧也在增加。未来，数字正义将更加注重保障公民权益，通过加强法律监管和技术规范，确保数字技术在司法中的应用不会侵犯公民的合法权益。

**4. 适应社会变迁**

社会的变迁将不断改变数字正义的内涵和需求。未来，数字正义将更加注重结合具体的历史情境和社会生产方式来认识和解决正义问题，以更好地适应社会的变迁和发展。

数字正义要适应技术的变迁，需要采取以下措施。

（1）了解新兴技术。数字正义需要了解新兴技术的发展趋势，包括人工智能、大数据、区块链等。了解新兴技术可以帮助法院体系更好地应用新技术提高司法效率和公正性。

（2）建立技术团队。数字正义需要建立专业的技术团队，团队应包括数据分析师、工程师等，以应对新兴技术的挑战。技术团队可以帮助法院体系更好地应用新兴技术，提高司法效率和公正性。

（3）建立技术标准和规范。数字正义需要建立技术标准和规范，以确保法院体系应用新兴技术时符合相关法律法规和伦理标准。例如，在应用人工智能时，需要制定相应的规范来确保人工智能的公正性和透明度。

（4）加强技术培训。数字正义需要加强技术培训，提高法院体系工作人员的技术素养和技能水平。例如，开展人工智能和大数据分析的培训课程，提高工作人员的技术能力和应用水平。

（5）关注技术的社会影响。数字正义需要关注技术的社会影响，了解新兴技术对社会和公众的影响，以更好地适应技术的变迁。例如，关注人工智能和大数据分析的隐私保护问题、算法偏见等问题，制定相应的政策和规范。

**5. 完善在线诉讼的审理**

由于替代性纠纷解决方式（Alternative Dispute Resolution, ADR）的发展，法院不再是解决现代纠纷的唯一途径，那些由于不断发展的科技环境产生的诸多纠纷，有些不是实体法院能够解决的。

正如布里格斯勋爵所言："传统法院是工业化时代的结果，而在线法院是互联网时代的产物；传统法院必将衰落，在线法院必将兴起。为了实现建立在线法院的目标，即便付出的时间、金钱和努力都付诸东流也在所不惜！在线法院将是这个时代里最具革命性、最具颠覆性的新型法院；在线法院将改变法院生产正义的方式以及当事人实现正义的途径。"在数字社会，平等、自由、民主以及法律、秩序与正义，都将重新被定义。

### 6. 加强国际合作

数字正义不仅是一个国家内部的问题，也是全球范围内面临的挑战。未来，各国之间的合作将更加紧密，通过共享资源、交流经验、协调政策等途径，共同推动数字正义的发展。

房保国，中国政法大学证据科学研究院副教授，硕士生导师。本节内容原题目为《论数字正义的实现》，未公开发表，收录本书时有改动。

# 后记

刑事司法涉及刑事法律运行的方方面面。在全面深化司法改革的当下，以刑事一体化视角开展刑事法研究，既是理论研究的必然趋势，也是司法实践的现实需求。2023年5月，由中国人民大学法学院主办，中国人民大学法学院证据学研究所、中国人民大学刑事法律科学研究中心承办的"刑事司法的回顾与展望"主题研讨会在北京召开，与会学者共话刑事司法改革，共谈刑事司法的发展，为刑事司法一体化研究奠定基础。不少专家建议以中国人民大学法学院证据学科的相关研究为主要资源，归纳整理关于刑事司法框架知识的专业贡献。这成为本书出版的契机。

本书以"刑事司法通论"为题，在细致考察"刑事司法"词源、探索研究域外刑事司法内容的基础上，对刑事司法的概念作出一体化界定。书中收录的论文涵盖"刑事侦查""刑事司法的证据与证明""刑事控辩审"以及"刑事司法与社会治理的中国智慧"等领域的代表性研究成果，虽不全面却可以管中窥豹，呈现刑事司法内容的丰富多彩。我们希望本书能够承前启后、抛砖引玉，带动刑事司法一体化研究的持续扩展，并为之作出有益探索。

需要说明的是，为充分展现刑事司法不同领域的研究内容和不同时期的研究样貌，本书编者未对收录论文作实质性修改，仅考虑全书体例而作相应调整。书中所涉观点均为学者个人观点；书中所涉法律规范、实证数据等均以论文发表时间为准。

随着本书的完稿付梓，我们满怀感慨与期待。本书能够顺利出版，离不开各位作者的鼎力支持，他们不仅慷慨分享自己的研究成果，且在百忙之中抽出时间对书稿进行细致的审阅和修改。在此，我们向他们表示最诚挚的感谢和敬意！同时，我们还要感谢为本书整体编辑提供建议的何家弘、李学军、时延安、李训虎、邓矜婷、刘晓丹、季美君、张斌等专家、学者（以上排名不分先后）。我们还要感谢所有参与本书校对、编辑工作的张晶、徐月笛、陈婕、赵琦等人，感谢你们的辛勤付出！本书编辑出版的任务繁重，我们还要向清华大学出版社领导和刘晶编辑等出版工作者表达谢意！

本书得到中国人民大学刑事法律科学研究中心资助。在此，感谢中国人民大学法学院、中国人民大学刑事法律科学研究中心的领导对本书顺利出版给予的帮助！

不足之处，请学界同仁不吝赐教！